U0901153

中华人民共和国审计法规与审计准则及政策解读

2016年权威解读版

中华人民共和国审计法规编委会 编

编审委员会主任

俞光远（全国人大常委会预算工委法案室原主任）

翟继光（中国政法大学教授，著名税法专家）

编审委员会成员

卢富添　郭欣慰　王洋林　赵德芳

谢云旺　伍玉联　余启平　王　玲

李劲松　卢培伟　高广彬　吴东华

张志军　段家星　阮耀明　李善愚

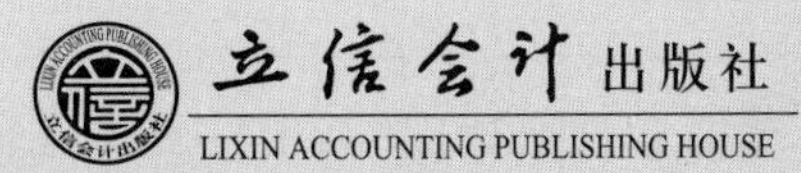
立信会计出版社

LIXIN ACCOUNTING PUBLISHING HOUSE

图书在版编目(CIP)数据

中华人民共和国审计法规与审计准则及政策解读：2016年权威解读版/中华人民共和国审计法规编委会编．—上海：立信会计出版社，2016.3

ISBN 978-7-5429-4929-5

Ⅰ.①中… Ⅱ.①中… Ⅲ.①审计法—汇编—中国②审计标准—汇编—中国 Ⅳ.①D922.279 ②F239.221

中国版本图书馆CIP数据核字(2016)第022303号

策划编辑　蔡伟莉

责任编辑　蔡伟莉　何颖颖

中华人民共和国审计法规与审计准则及政策解读(2016年权威解读版)

出版发行　立信会计出版社

地　　址　上海市中山西路2230号　　邮政编码　200235

电　　话　(021)64411389　　传　　真　(021)64411325

网　　址　www.lixinaph.com　　电子邮箱　lxaph@sh163.net

网上书店　www.shlx.net　　电　　话　(021)64411071

经　　销　各地新华书店

印　　刷　北京通州皇家印刷厂

开　　本　787毫米×1092毫米　1/16

印　　张　59

字　　数　1930千字

版　　次　2016年3月第1版

印　　次　2016年3月第1次

书　　号　ISBN 978-7-5429-4929-5/D

定　　价　390.00元

编写说明

本书是由权威审计法规与审计准则专家组织具有丰富实践经验的专业人员编写而成，并由国家权威部门组织审定的审计法律法规专业工具书。该书收集了截至2015年12月31日国家出台的最新最权威的审计法规、审计准则与政策解读，分为六个部分，共收录现行有效的审计法规、审计准则与政策解读200余部。

第一部分为审计基本法律法规，收录规范审计事项的基本法律法规以及相关事项的法律法规；第二部分为国家审计准则与政策解读，收录审计署发布的国家审计准则与相关政策解读；第三部分为经济责任审计法律法规，收录审计署及其他部门、地方政府发布的经济责任法律法规与相关政策解读；第四部分为内部审计准则与政策解读，收录中国内部审计协会发布的内部审计准则与相关政策解读；第五部分为外部审计准则与政策解读，收录中国注册会计师审计准则与相关政策解读；第六部分为其他审计制度与政策解读，收录其他审计制度与相关政策解读。

本书适宜审计机关、企事业单位审计部门从事审计工作使用，也适宜广大企事业单位遵守审计法律法规和相关政策参考使用，同时，本书也可以作为广大高等院校审计专业学生学习审计制度以及审计教学科研人员研究审计制度的参考书。

编　者

目　录

第一部分

审计基本法律法规

中华人民共和国审计法

（1994年8月31日第八届全国人民代表大会常务委员会第九次会议通过根据2006年2月28日第十届全国人民代表大会常务委员会第二十次会议《关于修改〈中华人民共和国审计法〉的决定》修正）

目　录

第一章　总　　则

第一条　为了加强国家的审计监督，维护国家财政经济秩序，提高财政资金使用效益，促进廉政建设，保障国民经济和社会健康发展，根据宪法，制定本法。

第二条　国家实行审计监督制度。国务院和县级以上地方人民政府设立审计机关。

国务院各部门和地方各级人民政府及其各部门的财政收支，国有的金融机构和企业事业组织的财务收支，以及其他依照本法规定应当接受审计的财政收支、财务收支，依照本法规定接受审计监督。

审计机关对前款所列财政收支或者财务收支的真实、合法和效益，依法进行审计监督。

第三条　审计机关依照法律规定的职权和程序，进行审计监督。

审计机关依据有关财政收支、财务收支的法律、法规和国家其他有关规定进行审计评价，在法定职权范围内作出审计决定。

第四条　国务院和县级以上地方人民政府应当每年向本级人民代表大会常务委员会提出审计机关对预算执行和其他财政收支的审计工作报告。审计工作报告应当重点报告对预算执行的审计情况。必要时，人民代表大会常务委员会可以对审计工作报告作出决议。

国务院和县级以上地方人民政府应当将审计工作报告中指出的问题的纠正情况和处理结果向本级人民代表大会常务委员会报告。

第五条　审计机关依照法律规定独立行使审计监督权，不受其他行政机关、社会团体和个人的干涉。

第六条　审计机关和审计人员办理审计事项，应当客观公正，实事求是，廉洁奉公，保守秘密。

第二章　审计机关和审计人员

第七条　国务院设立审计署，在国务院总理领导下，主管全国的审计工作。审计长是审计署的行政首长。

第八条　省、自治区、直辖市、设区的市、自治州、县、自治县、不设区的市、市辖区的人民政府的审计机关，分别在省长、自治区主席、市长、州长、县长、区长和上一级审计机关的领导下，负责本行政区域内的审计工作。

第九条　地方各级审计机关对本级人民政府和上一级审计机关负责并报告工作，审计业务以上级审计机关领导为主。

第十条　审计机关根据工作需要，经本级人民政府批准，可以在其审计管辖范围内设立派出机构。

派出机构根据审计机关的授权，依法进行审计工作。

第十一条 审计机关履行职责所必需的经费，应当列入财政预算，由本级人民政府予以保证。

第十二条 审计人员应当具备与其从事的审计工作相适应的专业知识和业务能力。

第十三条 审计人员办理审计事项，与被审计单位或者审计事项有利害关系的，应当回避。

第十四条 审计人员对其在执行职务中知悉的国家秘密和被审计单位的商业秘密，负有保密的义务。

第十五条 审计人员依法执行职务，受法律保护。

任何组织和个人不得拒绝、阻碍审计人员依法执行职务，不得打击报复审计人员。

审计机关负责人依照法定程序任免。审计机关负责人没有违法失职或者其他不符合任职条件的情况的，不得随意撤换。地方各级审计机关负责人的任免，应当事先征求上一级审计机关的意见。

第三章 审计机关职责

第十六条 审计机关对本级各部门(含直属单位)和下级政府预算的执行情况和决算以及其他财政收支情况，进行审计监督。

第十七条 审计署在国务院总理领导下，对中央预算执行情况和其他财政收支情况进行审计监督，向国务院总理提出审计结果报告。

地方各级审计机关分别在省长、自治区主席、市长、州长、县长、区长和上一级审计机关的领导下，对本级预算执行情况和其他财政收支情况进行审计监督，向本级人民政府和上一级审计机关提出审计结果报告。

第十八条 审计署对中央银行的财务收支，进行审计监督。审计机关对国有金融机构的资产、负债、损益，进行审计监督。

第十九条 审计机关对国家的事业组织和使用财政资金的其他事业组织的财务收支，进行审计监督。

第二十条 审计机关对国有企业的资产、负债、损益，进行审计监督。

第二十一条 对国有资本占控股地位或者主导地位的企业、金融机构的审计监督，由国务院规定。

第二十二条 审计机关对政府投资和以政府投资为主的建设项目的预算执行情况和决算，进行审计监督。

第二十三条 审计机关对政府部门管理的和其他单位受政府委托管理的社会保障基金、社会捐赠资金以及其他有关基金、资金的财务收支，进行审计监督。

第二十四条 审计机关对国际组织和外国政府援助、贷款项目的财务收支，进行审计监督。

第二十五条 审计机关按照国家有关规定，对国家机关和依法属于审计机关审计监督对象的其他单位的主要负责人，在任职期间对本地区、本部门或者本单位的财政收支、财务收支以及有关经济活动应负经济责任的履行情况，进行审计监督。

第二十六条 除本法规定的审计事项外，审计机关对其他法律、行政法规规定应当由审计机关进行审计的事项，依照本法和有关法律、行政法规的规定进行审计监督。

第二十七条 审计机关有权对与国家财政收支有关的特定事项，向有关地方、部门、单位进行专项审计调查，并向本级人民政府和上一级审计机关报告审计调查结果。

第二十八条 审计机关根据被审计单位的财政、财务隶属关系或者国有资产监督管理关系，确定审计管辖范围。

审计机关之间对审计管辖范围有争议的，由其共同的上级审计机关确定。

上级审计机关可以将其审计管辖范围内的本法第十八条第二款至第二十五条规定的审计事项，授权下级审计机关进行审计；上级审计机关对下级审计机关审计管辖范围内的重大审计事项，可以直接进行审计，但是应当防止不必要的重复审计。

第二十九条 依法属于审计机关审计监督对象的单位，应当按照国家有关规定建立健全内部审计制度；其内部审计工作应当接受审计机关的业务指导和监督。

第三十条 社会审计机构审计的单位依法属于审计机关审计监督对象的，审计机关按照国务院的规定，有权对该社会审计机构出具的相关审计报告进行核查。

第四章 审计机关权限

第三十一条 审计机关有权要求被审计单位按照审计机关的规定提供预算或者财务收支计划、预算执行情况、决算、财务会计报告，运用电子计算机储存、处理的财政收支、财务收支电子数据和必要的电子计算机技术文档，在金融机构开立账户的情况，社会审计机构出具的审计报告，以及其他与财政收支或者财务收支有关的资料，被审计单位不得拒绝、拖延、谎报。

被审计单位负责人对本单位提供的财务会计资料的真实性和完整性负责。

第三十二条 审计机关进行审计时，有权检查被审计单位的会计凭证、会计账簿、财务会计报告和运用电子计算机管理财政收支、财务收支电子数据的系统，以及其他与财政收支、财务收支有关的资料和资产，被审计单位不得拒绝。

第三十三条 审计机关进行审计时，有权就审计事项的有关问题向有关单位和个人进行调查，并取得有关证明材料。有关单位和个人应当支持、协助审计机关工作，如实向审计机关反映情况，提供有关证明材料。

审计机关经县级以上人民政府审计机关负责人批准，有权查询被审计单位在金融机构的账户。

审计机关有证据证明被审计单位以个人名义存储公款的，经县级以上人民政府审计机关主要负责人批准，有权查询被审计单位以个人名义在金融机构的存款。

第三十四条 审计机关进行审计时，被审计单位不得转移、隐匿、篡改、毁弃会计凭证、会计账簿、财务会计报告以及其他与财政收支或者财务收支有关的资料，不得转移、隐匿所持有的违反国家规定取得的资产。

审计机关对被审计单位违反前款规定的行为，有权予以制止；必要时，经县级以上人民政府审计机关负责人批准，有权封存有关资料和违反国家规定取得的资产；对其中在金融机构的有关存款需要予以冻结的，应当向人民法院提出申请。

审计机关对被审计单位正在进行的违反国家规定的财政收支、财务收支行为，有权予以制止；制止无效的，经县级以上人民政府审计机关负责人批准，通知财政部门和有关主管部门暂停拨付与违反国家规定的财政收支、财务收支行为直接有关的款项，已经拨付的，暂停使用。

审计机关采取前两款规定的措施不得影响被审计单位合法的业务活动和生产经营活动。

第三十五条 审计机关认为被审计单位所执行的上级主管部门有关财政收支、财务收支的规定与法律、行政法规相抵触的，应当建议有关主管部门纠正；有关主管部门不予纠正的，审计机关应当提请有权处理的机关依法处理。

第三十六条 审计机关可以向政府有关部门通报或者向社会公布审计结果。

审计机关通报或者公布审计结果，应当依法保守国家秘密和被审计单位的商业秘密，遵守国务院的有关规定。

第三十七条 审计机关履行审计监督职责，可以提请公安、监察、财政、税务、海关、价格、工商行政管理等机关予以协助。

第五章 审计程序

第三十八条 审计机关根据审计项目计划确定的审计事项组成审计组，并应当在实施审计三日前，向被审计单位送达审计通知书；遇有特殊情况，经本级人民政府批准，审计机关可以直接持审计通知书实施审计。

被审计单位应当配合审计机关的工作，并提供必要的工作条件。

审计机关应当提高审计工作效率。

第三十九条 审计人员通过审查会计凭证、会计账簿、财务会计报告，查阅与审计事项有关的文件、资料，检查现金、实物、有价证券，向有关单位和个人调查等方式进行审计，并取得证明材料。

审计人员向有关单位和个人进行调查时，应当出示审计人员的工作证件和审计通知书副本。

第四十条 审计组对审计事项实施审计后，应当向审计机关提出审计组的审计报告。审计组的审计报告报送审计机关前，应当征求被审计对象的意见。被审计对象应当自接到审计组的审计报告之日起十日内，将其书面意见送交审计组。审计组应当将被审计对象的书面意见一并报送审计机关。

第四十一条 审计机关按照审计署规定的程序对审计组的审计报告进行审议，并对被审计对象对审计组的审计报告提出的意见一并研究后，提出审计机关的审计报告；对违反国家规定的财政收支、财务收支行为，依法应当给予处理、处罚的，在法定职权范围内作出审计决定或者向有关主管机关提出处理、处罚的意见。

审计机关应当将审计机关的审计报告和审计决定送达被审计单位和有关主管机关、单位。审计决定自送达之日起生效。

第四十二条 上级审计机关认为下级审计机关作出的审计决定违反国家有关规定的，可以责成下级审计机关予以变更或者撤销，必要时也可以直接作出变更或者撤销的决定。

第六章 法律责任

第四十三条 被审计单位违反本法规定，拒绝或者拖延提供与审计事项有关的资料的，或者提供的资料不真实、不完整的，或者拒绝、阻碍检查的，由审计机关责令改正，可以通报批评，给予警告；拒不改正的，依法追究责任。

第四十四条 被审计单位违反本法规定，转移、隐匿、篡改、毁弃会计凭证、会计账簿、财务会计报告以及其他与财政收支、财务收支有关的资料，或者转移、隐匿所持有的违反国家规定取得的资产，审计机关认为对直接负责的主管人员和其他直接责任人员依法应当给予处分的，应当提出给予处分的建议，被审计单位或者其上级机关、监察机关应当依法及时作出决定，并将结果书面通知审计机关；构成犯罪的，依法追究刑事责任。

第四十五条 对本级各部门（含直属单位）和下级政府违反预算的行为或者其他违反国家规定的财政收支行为，审计机关、人民政府或者有关主管部门在法定职权范围内，依照法律、行政法规的规定，区别情况采取下列处理措施：

（一）责令限期缴纳应当上缴的款项；

（二）责令限期退还被侵占的国有资产；

（三）责令限期退还违法所得；

（四）责令按照国家统一的会计制度的有关规定进行处理；

（五）其他处理措施。

第四十六条 对被审计单位违反国家规定的财务收支行为，审计机关、人民政府或者有关主管部门在法定职权范围内，依照法律、行政法规的规定，区别情况采取前条规定的处理措施，并可以依法给予处罚。

第四十七条 审计机关在法定职权范围内作出的审计决定，被审计单位应当执行。

审计机关依法责令被审计单位上缴应当上缴的款项，被审计单位拒不执行的，审计机关应当通报有关主管部门，有关主管部门应当依照有关法律、行政法规的规定予以扣缴或者采取其他处理措施，并将结果书面通知审计机关。

第四十八条 被审计单位对审计机关作出的有关财务收支的审计决定不服的，可以依法申请行政复议或者提起行政诉讼。

被审计单位对审计机关作出的有关财政收支的审计决定不服的，可以提请审计机关的本级人民政府裁决，本级人民政府的裁决为最终决定。

第四十九条 被审计单位的财政收支、财务收支违反国家规定，审计机关认为对直接负责的主管人员和其他直接责任人员依法应当给予处分的，应当提出给予处分的建议，被审计单位或者其上级机关、监察机关应当依法及时作出决定，并将结果书面通知审计机关。

第五十条 被审计单位的财政收支、财务收支违反法律、行政法规的规定，构成犯罪的，依法追究刑事责任。

第五十一条 报复陷害审计人员的，依法给予处分；构成犯罪的，依法追究刑事责任。

第五十二条 审计人员滥用职权、徇私舞弊、玩忽职守或者泄露所知悉的国家秘密、商业秘密的，依法给予处分；构成犯罪的，依法追究刑事责任。

第七章 附 则

第五十三条 中国人民解放军审计工作的规定，由中央军事委员会根据本法制定。

第五十四条 本法自1995年1月1日起施行。1988年11月30日国务院发布的《中华人民共和国审计条例》同时废止。

中华人民共和国审计法实施条例

（1997年10月21日中华人民共和国国务院令第231号公布 2010年2月2日国务院第100次常务会议修订通过）

第一章 总 则

第一条 根据《中华人民共和国审计法》（以下简称审计法）的规定，制定本条例。

第二条 审计法所称审计，是指审计机关依法独立检查被审计单位的会计凭证、会计账簿、财务会计报告以及其他与财政收支、财务收支有关的资料和资产，监督财政收支、财务收支真实、合法和效益的行为。

第三条 审计法所称财政收支，是指依照《中华人民共和国预算法》和国家其他有关规定，纳入预算管理的收入和支出，以及下列财政资金中未纳入预算管理的收入和支出：

（一）行政事业性收费；

（二）国有资源、国有资产收入；

（三）应当上缴的国有资本经营收益；

（四）政府举借债务筹措的资金；

（五）其他未纳入预算管理的财政资金。

第四条 审计法所称财务收支，是指国有的金融机构、企业事业组织以及依法应当接受审计机关审计监督的其他单位，按照国家财务会计制度的规定，实行会计核算的各项收入和支出。

第五条 审计机关依照审计法和本条例以及其他有关法律、法规规定的职责、权限和程序进行审计监督。

审计机关依照有关财政收支、财务收支的法律、法规，以及国家有关政策、标准、项目目标等方面的规定进行审计评价，对被审计单位违反国家规定的财政收支、财务收支行为，在法定职权范围内作出处理、处罚的决定。

第六条 任何单位和个人对依法应当接受审计机关审计监督的单位违反国家规定的财政收支、财务收支行为，有权向审计机关举报。审计机关接到举报，应当依法及时处理。

第二章 审计机关和审计人员

第七条 审计署在国务院总理领导下，主管全国的审计工作，履行审计法和国务院规定的职责。

地方各级审计机关在本级人民政府行政首长和上一级审计机关的领导下，负责本行政区域的审计工作，履行法律、法规和本级人民政府规定的职责。

第八条 省、自治区人民政府设有派出机关的，派出机关的审计机关对派出机关和省、自治区人民政府审计机关负责并报告工作，审计业务以省、自治区人民政府审计机关领导为主。

第九条 审计机关派出机构依照法律、法规和审计机关的规定，在审计机关的授权范围内开展审计工作，不受其他行政机关、社会团体和个人的干涉。

第十条 审计机关编制年度经费预算草案的依据主要包括：

（一）法律、法规；

（二）本级人民政府的决定和要求；

（三）审计机关的年度审计工作计划；

（四）定员定额标准；

（五）上一年度经费预算执行情况和本年度的变化因素。

第十一条 审计人员实行审计专业技术资格制度，具体按照国家有关规定执行。

审计机关根据工作需要，可以聘请具有与审计事项相关专业知识的人员参加审计工作。

第十二条 审计人员办理审计事项，有下列情形之一的，应当申请回避，被审计单位也有权申请审计人员回避：

（一）与被审计单位负责人或者有关主管人员有夫妻关系、直系血亲关系、三代以内旁系血亲或者近姻亲关系的；

（二）与被审计单位或者审计事项有经济利益关系的；

（三）与被审计单位、审计事项、被审计单位负责人或者有关主管人员有其他利害关系，可能影响公正执行公务的。

审计人员的回避，由审计机关负责人决定；审计机关负责人办理审计事项时的回避，由本级人民政府或者上一级审计机关负责人决定。

第十三条 地方各级审计机关正职和副职负责人的任免，应当事先征求上一级审计机关的意见。

第十四条 审计机关负责人在任职期间没有下列情形之一的，不得随意撤换：

（一）因犯罪被追究刑事责任的；

（二）因严重违法、失职受到处分，不适宜继续担任审计机关负责人的；

（三）因健康原因不能履行职责 1 年以上的；

（四）不符合国家规定的其他任职条件的。

第三章 审计机关职责

第十五条 审计机关对本级人民政府财政部门具体组织本级预算执行的情况，本级预算收入征收部门征收预算收入的情况，与本级人民政府财政部门直接发生预算缴款、拨款关系的部门、单位的预算执行情况和决算，下级人民政府的预算执行情况和决算，以及其他财政收支情况，依法进行审计监督。经本级人民政府批准，审计机关对其他取得财政资金的单位和项目接受、运用财政资金的真实、合法和效益情况，依法进行审计监督。

第十六条 审计机关对本级预算收入和支出的执行情况进行审计监督的内容包括：

（一）财政部门按照本级人民代表大会批准的本级预算向本级各部门（含直属单位）批复预算的情况、本级预算执行中调整情况和预算收支变化情况；

（二）预算收入征收部门依照法律、行政法规的规定和国家其他有关规定征收预算收入情况；

（三）财政部门按照批准的年度预算、用款计划，以及规定的预算级次和程序，拨付本级预算支出资金情况；

（四）财政部门依照法律、行政法规的规定和财政管理体制，拨付和管理政府间财政转移支付资金情况以及办理结算、结转情况；

（五）国库按照国家有关规定办理预算收入的收纳、划分、留解情况和预算支出资金的拨付情况；

（六）本级各部门（含直属单位）执行年度预算情况；

（七）依照国家有关规定实行专项管理的预算资金收支情况；

（八）法律、法规规定的其他预算执行情况。

第十七条 审计法第十七条所称审计结果报告，应当包括下列内容：

（一）本级预算执行和其他财政收支的基本情况；

（二）审计机关对本级预算执行和其他财政收支情况作出的审计评价；

（三）本级预算执行和其他财政收支中存在的问题以及审计机关依法采取的措施；

（四）审计机关提出的改进本级预算执行和其他财政收支管理工作的建议；

（五）本级人民政府要求报告的其他情况。

第十八条 审计署对中央银行及其分支机构履行职责所发生的各项财务收支，依法进行审计监督。

审计署向国务院总理提出的中央预算执行和其他财政收支情况审计结果报告，应当包括对中央银行的财务收支的审计情况。

第十九条 审计法第二十一条所称国有资本占控股地位或者主导地位的企业、金融机构，包括：

（一）国有资本占企业、金融机构资本（股本）总额的比例超过50%的；

（二）国有资本占企业、金融机构资本（股本）总额的比例在50%以下，但国有资本投资主体拥有实际控制权的。

审计机关对前款规定的企业、金融机构，除国务院另有规定外，比照审计法第十八条第二款、第二十条规定进行审计监督。

第二十条 审计法第二十二条所称政府投资和以政府投资为主的建设项目，包括：

（一）全部使用预算内投资资金、专项建设基金、政府举借债务筹措的资金等财政资金的；

（二）未全部使用财政资金，财政资金占项目总投资的比例超过50%，或者占项目总投资的比例在50%以下，但政府拥有项目建设、运营实际控制权的。

审计机关对前款规定的建设项目的总预算或者概算的执行情况、年度预算的执行情况和年度决算、单项工程结算、项目竣工决算，依法进行审计监督；对前款规定的建设项目进行审计时，可以对直接有关的设计、施工、供货等单位取得建设项目资金的真实性、合法性进行调查。

第二十一条 审计法第二十三条所称社会保障基金，包括社会保险、社会救助、社会福利基金以及发展社会保障事业的其他专项基金；所称社会捐赠资金，包括来源于境内外的货币、有价证券和实物等各种形式的捐赠。

第二十二条 审计法第二十四条所称国际组织和外国政府援助、贷款项目，包括：

（一）国际组织、外国政府及其机构向中国政府及其机构提供的贷款项目；

（二）国际组织、外国政府及其机构向中国企业事业组织以及其他组织提供的由中国政府及其机构担保的贷款项目；

（三）国际组织、外国政府及其机构向中国政府及其机构提供的援助和赠款项目；

（四）国际组织、外国政府及其机构向受中国政府委托管理有关基金、资金的单位提供的援助和赠款项目；

（五）国际组织、外国政府及其机构提供援助、贷款的其他项目。

第二十三条 审计机关可以依照审计法和本条例规定的审计程序、方法以及国家其他有关规定，对预算管理或者国有资产管理使用等与国家财政收支有关的特定事项，向有关地方、部门、单位进行专项审计调查。

第二十四条 审计机关根据被审计单位的财政、财务隶属关系，确定审计管辖范围；不能根据财政、财务隶属关系确定审计管辖范围的，根据国有资产监督管理关系，确定审计管辖范围。

两个以上国有资本投资主体投资的金融机构、企业事业组织和建设项目，由对主要投资主体有审计管辖权的审计机关进行审计监督。

第二十五条 各级审计机关应当按照确定的审计管辖范围进行审计监督。

第二十六条 依法属于审计机关审计监督对象的单位的内部审计工作，应当接受审计机关的业务指导和监督。

依法属于审计机关审计监督对象的单位，可以根据内部审计工作的需要，参加依法成立的内部审计自律组织。审计机关可以通过内部审计自律组织，加强对内部审计工作的业务指导和监督。

第二十七条 审计机关进行审计或者专项审计调查时，有权对社会审计机构出具的相关审计报告进行核查。

审计机关核查社会审计机构出具的相关审计报告时，发现社会审计机构存在违反法律、法规或者执业准则等情况的，应当移送有关主管机关依法追究责任。

第四章 审计机关权限

第二十八条 审计机关依法进行审计监督时，被审计单位应当依照审计法第三十一条规定，向审计机关提供与财政收支、财务收支有关的资料。被审计单位负责人应当对本单位提供资料的真实性和完整性作出书面承诺。

第二十九条 各级人民政府财政、税务以及其他部门（含直属单位）应当向本级审计机关报送下列资料：

（一）本级人民代表大会批准的本级预算和本级人民政府财政部门向本级各部门（含直属单位）批复的

预算，预算收入征收部门的年度收入计划，以及本级各部门(含直属单位)向所属各单位批复的预算；

(二)本级预算收支执行和预算收入征收部门的收入计划完成情况月报、年报，以及决算情况；

(三)综合性财政税务工作统计年报、情况简报，财政、预算、税务、财务和会计等规章制度；

(四)本级各部门(含直属单位)汇总编制的本部门决算草案。

第三十条 审计机关依照审计法第三十三条规定查询被审计单位在金融机构的账户的，应当持县级以上人民政府审计机关负责人签发的协助查询单位账户通知书；查询被审计单位以个人名义在金融机构的存款的，应当持县级以上人民政府审计机关主要负责人签发的协助查询个人存款通知书。有关金融机构应当予以协助，并提供证明材料，审计机关和审计人员负有保密义务。

第三十一条 审计法第三十四条所称违反国家规定取得的资产，包括：

(一)弄虚作假骗取的财政拨款、实物以及金融机构贷款；

(二)违反国家规定享受国家补贴、补助、贴息、免息、减税、免税、退税等优惠政策取得的资产；

(三)违反国家规定向他人收取的款项、有价证券、实物；

(四)违反国家规定处分国有资产取得的收益；

(五)违反国家规定取得的其他资产。

第三十二条 审计机关依照审计法第三十四条规定封存被审计单位有关资料和违反国家规定取得的资产的，应当持县级以上人民政府审计机关负责人签发的封存通知书，并在依法收集与审计事项相关的证明材料或者采取其他措施后解除封存。封存的期限为7日以内；有特殊情况需要延长的，经县级以上人民政府审计机关负责人批准，可以适当延长，但延长的期限不得超过7日。

对封存的资料、资产，审计机关可以指定被审计单位负责保管，被审计单位不得损毁或者擅自转移。

第三十三条 审计机关依照审计法第三十六条规定，可以就有关审计事项向政府有关部门通报或者向社会公布对被审计单位的审计、专项审计调查结果。

审计机关经与有关主管机关协商，可以在向社会公布的审计、专项审计调查结果中，一并公布对社会审计机构相关审计报告核查的结果。

审计机关拟向社会公布对上市公司的审计、专项审计调查结果的，应当在5日前将拟公布的内容告知上市公司。

第五章 审计程序

第三十四条 审计机关应当根据法律、法规和国家其他有关规定，按照本级人民政府和上级审计机关的要求，确定年度审计工作重点，编制年度审计项目计划。

审计机关在年度审计项目计划中确定对国有资本占控股地位或者主导地位的企业、金融机构进行审计的，应当自确定之日起7日内告知列入年度审计项目计划的企业、金融机构。

第三十五条 审计机关应当根据年度审计项目计划，组成审计组，调查了解被审计单位的有关情况，编制审计方案，并在实施审计3日前，向被审计单位送达审计通知书。

第三十六条 审计法第三十八条所称特殊情况，包括：

(一)办理紧急事项的；

(二)被审计单位涉嫌严重违法违规的；

(三)其他特殊情况。

第三十七条 审计人员实施审计时，应当按照下列规定办理：

(一)通过检查、查询、监督盘点、发函询证等方法实施审计；

(二)通过收集原件、原物或者复制、拍照等方法取得证明材料；

(三)对与审计事项有关的会议和谈话内容作出记录，或者要求被审计单位提供会议记录材料；

(四)记录审计实施过程和查证结果。

第三十八条 审计人员向有关单位和个人调查取得的证明材料，应当有提供者的签名或者盖章；不能取得提供者签名或者盖章的，审计人员应当注明原因。

第三十九条 审计组向审计机关提出审计报告前，应当书面征求被审计单位意见。被审计单位应当自接到审计组的审计报告之日起10日内，提出书面意见；10日内未提出书面意见的，视同无异议。

审计组应当针对被审计单位提出的书面意见，进一步核实情况，对审计组的审计报告作必要修改，连同被审计单位的书面意见一并报送审计机关。

第四十条 审计机关有关业务机构和专门机构或者人员对审计组的审计报告以及相关审计事项进行复核、审理后，由审计机关按照下列规定办理：

（一）提出审计机关的审计报告，内容包括：对审计事项的审计评价，对违反国家规定的财政收支、财务收支行为提出的处理、处罚意见，移送有关主管机关、单位的意见，改进财政收支、财务收支管理工作的意见；

（二）对违反国家规定的财政收支、财务收支行为，依法应当给予处理、处罚的，在法定职权范围内作出处理、处罚的审计决定；

（三）对依法应当追究有关人员责任的，向有关主管机关、单位提出给予处分的建议；对依法应当由有关主管机关处理、处罚的，移送有关主管机关；涉嫌犯罪的，移送司法机关。

第四十一条 审计机关在审计中发现损害国家利益和社会公共利益的事项，但处理、处罚依据又不明确的，应当向本级人民政府和上一级审计机关报告。

第四十二条 被审计单位应当按照审计机关规定的期限和要求执行审计决定。对应当上缴的款项，被审计单位应当按照财政管理体制和国家有关规定缴入国库或者财政专户。审计决定需要有关主管机关、单位协助执行的，审计机关应当书面提请协助执行。

第四十三条 上级审计机关应当对下级审计机关的审计业务依法进行监督。

下级审计机关作出的审计决定违反国家有关规定的，上级审计机关可以责成下级审计机关予以变更或者撤销，也可以直接作出变更或者撤销的决定；审计决定被撤销后需要重新作出审计决定的，上级审计机关可以责成下级审计机关在规定的期限内重新作出审计决定，也可以直接作出审计决定。

下级审计机关应当作出而没有作出审计决定的，上级审计机关可以责成下级审计机关在规定的期限内作出审计决定，也可以直接作出审计决定。

第四十四条 审计机关进行专项审计调查时，应当向被调查的地方、部门、单位出示专项审计调查的书面通知，并说明有关情况；有关地方、部门、单位应当接受调查，如实反映情况，提供有关资料。

在专项审计调查中，依法属于审计机关审计监督对象的部门、单位有违反国家规定的财政收支、财务收支行为或者其他违法违规行为的，专项审计调查人员和审计机关可以依照审计法和本条例的规定提出审计报告，作出审计决定，或者移送有关主管机关、单位依法追究责任。

第四十五条 审计机关应当按照国家有关规定建立、健全审计档案制度。

第四十六条 审计机关送达审计文书，可以直接送达，也可以邮寄送达或者以其他方式送达。直接送达的，以被审计单位在送达回证上注明的签收日期或者见证人证明的收件日期为送达日期；邮寄送达的，以邮政回执上注明的收件日期为送达日期；以其他方式送达的，以签收或者收件日期为送达日期。

审计机关的审计文书的种类、内容和格式，由审计署规定。

第六章 法律责任

第四十七条 被审计单位违反审计法和本条例的规定，拒绝、拖延提供与审计事项有关的资料，或者提供的资料不真实、不完整，或者拒绝、阻碍检查的，由审计机关责令改正，可以通报批评，给予警告；拒不改正的，对被审计单位可以处5万元以下的罚款，对直接负责的主管人员和其他直接责任人员，可以处2万元以下的罚款，审计机关认为应当给予处分的，向有关主管机关、单位提出给予处分的建议；构成犯罪的，依法追究刑事责任。

第四十八条 对本级各部门（含直属单位）和下级人民政府违反预算的行为或者其他违反国家规定的财政收支行为，审计机关在法定职权范围内，依照法律、行政法规的规定，区别情况采取审计法第四十五条规定的处理措施。

第四十九条 对被审计单位违反国家规定的财务收支行为，审计机关在法定职权范围内，区别情况采取审计法第四十五条规定的处理措施，可以通报批评，给予警告；有违法所得的，没收违法所得，并处违法所得1倍以上5倍以下的罚款；没有违法所得的，可以处5万元以下的罚款；对直接负责的主管人员和其他直接责任人员，可以处2万元以下的罚款，审计机关认为应当给予处分的，向有关主管机关、单位提出给予处分的建议；构成犯罪的，依法追究刑事责任。

法律、行政法规对被审计单位违反国家规定的财务收支行为处理、处罚另有规定的，从其规定。

第五十条 审计机关在作出较大数额罚款的处罚决定前，应当告知被审计单位和有关人员有要求举行听证的权利。较大数额罚款的具体标准由审计署规定。

第五十一条 审计机关提出的对被审计单位给予处理、处罚的建议以及对直接负责的主管人员和其他直接责任人员给予处分的建议，有关主管机关、单位应当依法及时作出决定，并将结果书面通知审计机关。

第五十二条 被审计单位对审计机关依照审计法第十六条、第十七条和本条例第十五条规定进行审计监督作出的审计决定不服的，可以自审计决定送达之日起 60 日内，提请审计机关的本级人民政府裁决，本级人民政府的裁决为最终决定。

审计机关应当在审计决定中告知被审计单位提请裁决的途径和期限。

裁决期间，审计决定不停止执行。但是，有下列情形之一的，可以停止执行：

（一）审计机关认为需要停止执行的；

（二）受理裁决的人民政府认为需要停止执行的；

（三）被审计单位申请停止执行，受理裁决的人民政府认为其要求合理，决定停止执行的。

裁决由本级人民政府法制机构办理。裁决决定应当自接到提请之日起 60 日内作出；有特殊情况需要延长的，经法制机构负责人批准，可以适当延长，并告知审计机关和提请裁决的被审计单位，但延长的期限不得超过 30 日。

第五十三条 除本条例第五十二条规定的可以提请裁决的审计决定外，被审计单位对审计机关作出的其他审计决定不服的，可以依法申请行政复议或者提起行政诉讼。

审计机关应当在审计决定中告知被审计单位申请行政复议或者提起行政诉讼的途径和期限。

第五十四条 被审计单位应当将审计决定执行情况书面报告审计机关。审计机关应当检查审计决定的执行情况。

被审计单位不执行审计决定的，审计机关应当责令限期执行；逾期仍不执行的，审计机关可以申请人民法院强制执行，建议有关主管机关、单位对直接负责的主管人员和其他直接责任人员给予处分。

第五十五条 审计人员滥用职权、徇私舞弊、玩忽职守，或者泄露所知悉的国家秘密、商业秘密的，依法给予处分；构成犯罪的，依法追究刑事责任。

审计人员违法违纪取得的财物，依法予以追缴、没收或者责令退赔。

第七章 附 则

第五十六条 本条例所称以上、以下，包括本数。

本条例第五十二条规定的期间的最后一日是法定节假日的，以节假日后的第一个工作日为期间届满日。审计法和本条例规定的其他期间以工作日计算，不含法定节假日。

第五十七条 实施经济责任审计的规定，另行制定。

第五十八条 本条例自 2010 年 5 月 1 日起施行。

中华人民共和国注册会计师法

（1993 年 10 月 31 日第八届全国人民代表大会常务委员会第四次会议通过，2014 年 8 月 31 日第十二届全国人民代表大会常务委员会第十次会议《关于修改〈中华人民共和国预算法〉的决定》修正）

第一章 总 则

第一条 为了发挥注册会计师在社会经济活动中的鉴证和服务作用，加强对注册会计师的管理，维护社会公共利益和投资者的合法权益，促进社会主义市场经济的健康发展，制定本法。

第二条 注册会计师是依法取得注册会计师证书并接受委托从事审计和会计咨询、会计服务业务的执业人员。

第三条　会计师事务所是依法设立并承办注册会计师业务的机构。

注册会计师执行业务，应当加入会计师事务所。

第四条　注册会计师协会是由注册会计师组成的社会团体。中国注册会计师协会是注册会计师的全国组织，省、自治区、直辖市注册会计师协会是注册会计师的地方组织。

第五条　国务院财政部门和省、自治区、直辖市人民政府财政部门，依法对注册会计师、会计师事务所和注册会计师协会进行监督、指导。

第六条　注册会计师和会计师事务所执行业务，必须遵守法律、行政法规。

注册会计师和会计师事务所依法独立、公正执行业务，受法律保护。

第二章　考虑和注册

第七条　国家实行注册会计师全国统一考试制度。注册会计师全国统一考试办法，由国务院财政部门制定，由中国注册会计师协会组织实施。

第八条　具有高等专科以上学校毕业的学历、或者具有会计或者相关专业中级以上技术职称的中国公民，可以申请参加注册会计师全国统一考试；具有会计或者相关专业高级技术职称的人员，可以免予部分科目的考试。

第九条　参加注册会计师全国统一考试成绩合格，并从事审计业务工作二年以上的，可以向省、自治区、直辖市注册会计师协会申请注册。

除有本法第十条所列情形外，受理申请的注册会计师协会应当准予注册。

第十条　有下列情形之一的，受理申请的注册会计师协会不予注册：

(一)不具有完全民事行为能力的；

(二)因受刑事处罚，自刑罚执行完毕之日起至申请注册之日止不满五年的；

(三)因在财务、会计、审计、企业管理或者其他经济管理工作中犯有严重错误受行政处罚、撤职以上处分，自处罚、处分决定之日起至申请注册之日止不满二年的；

(四)受吊销注册会计师证书的处罚，自处罚决定之日起至申请注册之日止不满五年的；

(五)国务院财政部门规定的其他不予注册的情形的。

第十一条　注册会计师协会应当将准予注册的人员名单报国务院财政部门备案。国务院财政部门发现注册会计师协会的注册不符合本法规定的，应当通知有关的注册会计师协会撤销注册。

注册会计师协会依照本法第十条的规定不予注册的，应当自决定之日起十五日内书面通知申请人。申请人有异议的，可以自收到通知之日起十五日内向国务院财政部门或者省、自治区、直辖市人民政府财政部门申请复议。

第十二条　准予注册的申请人，由注册会计师协会发给国务院财政部门统一制定的注册会计师证书。

第十三条　已取得注册会计师证书的人员，除本法第十一条第一款规定的情形外，注册后有下列情形之一的，由准予注册的注册会计师协会撤销注册，收回注册会计师证书：

(一)完全丧失民事行为能力的；

(二)受刑事处罚的；

(三)因在财务、会计、审计、企业管理或者其他经济管理工作中犯有严重错误受行政处罚、撤职以上的处分的；

(四)自行停止执行注册会计师业务满一年的。

被撤销注册的当事人有异议的，可以自接到撤销注册、收回注册会计师证书的通知之日起十五日内向国务院财政部门或者省、自治区、直辖市人民政府财政部门申请复议。

依照第一款规定被撤销注册的人员可以重新申请注册，但必须符合本法第九条、第十条的规定。

第三章　业务范围和规则

第十四条　注册会计师承办下列审计业务：

(一)审查企业会计报表，出具审计报告；

（二）验证企业资本，出具验资报告；

（三）办理企业合并、分立、清算事宜中的审计业务，出具有关的报告；

（四）法律、行政法规规定的其他审计业务。

注册会计师依法执行审计业务出具的报告，具有证明效力。

第十五条 注册会计师可以承办会计咨询、会计服务业务。

第十六条 注册会计师承办业务，由其所在的会计师事务所统一受理并与委托人签订委托合同。

会计师事务所对本所注册会计师依照前款规定承办的业务，承担民事责任。

第十七条 注册会计师执行业务，可以根据需要查阅委托人的有关会计资料和文件，查看委托人的业务现场和设施，要求委托人提供其他必要的协助。

第十八条 注册会计师与委托人有利害关系的，应当回避；委托人有权要求其回避。

第十九条 注册会计师对在执行业务中知悉的商业秘密，负有保密义务。

第二十条 注册会计师执行审计业务，遇有下列情形之一的，应当拒绝出具有关报告：

（一）委托人示意其作不实或者不当证明的；

（二）委托人故意不提供有关会计资料和文件的；

（三）因委托人有其他不合理要求，致使注册会计师出具的报告不能对财务会计的重要事项作出正确表述的。

第二十一条 注册会计师执行审计业务，必须按照执业准则、规则确定的工作程序出具报告。

注册会计师执行审计业务出具报告时，不得有下列行为：

（一）明知委托人对重要事项的财务会计处理与国家有关规定相抵触，而不予指明；

（二）明知委托人的财务会计处理会直接损害报告使用人或者其他利害关系人的利益，而予以隐瞒或者作不实的报告；

（三）明知委托人的财务会计处理会导致报告使用人或者其他利害关系人产生重大误解，而不予指明；

（四）明知委托人的会计报表的重要事项有其他不实的内容，而不予指明。

对委托人有前款所列行为，注册会计师按照执业准则、规则应当知道的，适用前款规定。

第二十二条 注册会计师不得有下列行为：

（一）在执行审计业务期间，在法律、行政法规规定不得买卖被审计单位的股票、债券或者不得购买被审计单位或者个人的其他财产的期限内，买卖被审计的单位的股票、债券或者购买被审计单位或者个人所拥有的其他财产；

（二）索取、收受委托合同约定以外的酬金或者其他财物，或者利用执行业务之便，谋取其他不正当的利益；

（三）接受委托催收债款；

（四）允许他人以本人名义执行业务；

（五）同时在两个或者两个以上的会计师事务所执行业务；

（六）对其能力进行广告宣传以招揽业务；

（七）违反法律、行政法规的其他行为。

第四章 会计师事务所

第二十三条 会计师事务所可以由注册会计师合伙设立。

合伙设立的会计师事务所的债务，由合伙人按照出资比例或者协议的约定，以各自的财产承担责任。合伙人对会计师事务所的债务承担连带责任。

第二十四条 会计师事务所符合下列条件的，可以是负有限责任的法人：

（一）不少于三十万元的注册资本；

（二）有一定数量的专职从业人员，其中至少有五名注册会计师；

（三）国务院财政部门规定的业务范围和其他条件。

负有限责任的会计师事务所以其全部资产对其债务承担责任。

第二十五条 设立会计师事务所，由省、自治区、直辖市人民政府财政部门批准。

申请设立会计师事务所，申请者应当向审批机关报送下列文件：

（一）申请书；

（二）会计师事务所的名称、组织机构和业务场所；

（三）会计师事务所章程，有合伙协议的并应报送合伙协议；

（四）注册会计师名单、简历及有关证明文件；

（五）会计师事务所主要负责人、合伙人的姓名、简历及有关证明文件；

（六）负有限责任的会计师事务所的出资证明；

（七）审批机关要求的其他文件。

第二十六条　审批机关应当自收到申请文件之日起三十日内决定批准或不批准。

省、自治区、直辖市人民政府财政部门批准的会计师事务所，应当报国务院财政部门备案。国务院财政部门发现批准不当的，应当自收到备案报告之日起三十日内通知原审批机关重新审查。

第二十七条　会计师事务所设立分支机构，须经分支机构所在地的省、自治区、直辖市人民政府部门批准。

第二十八条　会计师事务所依法纳税。

会计师事务所按照国务院财政部门的规定建立职业风险基金，办理职业保险。

第二十九条　会计师事务所受理业务，不受行政区域，行业的限制；但是，法律、行政法规另有规定的除外。

第三十条　委托人委托会计师事务所办理业务，任何单位和个人不得干预。

第三十一条　本法第十八条至第二十一条的规定，适用于会计师事务所。

第三十二条　会计师事务所不得有本法第二十二条第（一）项至第（四）项、第（六）项、第（七）项所列的行为。

第五章　注册会计师协会

第三十三条　注册会计师应当加入注册会计师协会。

第三十四条　中国注册会计师协会的章程由全国会员代表大会制定，并报国务院财政部门备案；省、自治区、直辖市注册会计师协会的章程由省、自治区、直辖市会员代表大会制定，并报省、自治区、直辖市人民政府财政部门备案。

第三十五条　中国注册会计师协会依法拟订注册会计师执业准则、规则，报国务院财政部门批准后施行。

第三十六条　注册会计师协会应当支持注册会计师依法执行业务，维护其合法权益，向有关方面反映其意见和建议。

第三十七条　注册会计师协会应当对注册会计师的任职资格和执业情况进行年度检查。

第三十八条　注册会计师协会依法取得社会团体法人资格。

第六章　法律责任

第三十九条　会计师事务所违反本法第二十条、第二十一条规定的，由省级以上人民政府财政部门给予警告，没收违法所得，可以并处违法所得一倍以上五倍以下的罚款；情节严重的，并可以由省级以上人民政府财政部门暂停其经营业务或者予以撤销。

注册会计师违反本法第二十条、第二十一条规定的，由省级以上人民政府财政部门给予警告；情节严重的，可以由省级以上人民政府财政部门暂停其执行业务或者吊销注册会计师证书。

会计师事务所、注册会计师违反本法第二十条、第二十一条的规定，故意出具虚假的审计报告、验资报告，构成犯罪的，依法追究刑事责任。

第四十条　对未经批准承办本法第十四条规定的注册会计师业务的单位，由省级以上人民政府财政部门责令其停止违法活动，没收违法所得，可以并处违法所得一倍以上五倍以下的罚款。

第四十一条　当事人对行政处罚决定不服的，可以在接到处罚通知之日起十五日内向作出处罚决定的机关的上一级机关申请复议；当事人也可以在接到处罚决定通知之日起十五日内直接向人民法院起诉。

复议机关应当在接到复议申请之日起六十日内作出复议决定。当事人对复议决定不服的，可以在接到复议决定之日起十五日内向人民法院起诉。复议机关逾期不作出复议决定的，当事人可以在复议期满之日起十五日内向人民法院起诉。

当事人逾期不申请复议，也不向人民法院起诉，又不履行处罚决定的，作出处罚决定的机关可以申请人民法院强制执行。

第四十二条 会计师事务所违反本法规定，给委托人、其他利害关系人造成损失的，应当依法承担赔偿责任。

第七章 附 则

第四十三条 在审计事务所工作的注册审计师，经认定为具有注册会计师资格的，可以执行本法规定的业务，其资格认定和对其监督、指导、管理的办法由国务院另行规定。

第四十四条 外国人申请参加中国注册会计师全国统一考试和注册，按照互惠原则办理。外国会计师事务所需要在中国境内临时办理有关业务的，须经有关的省、自治区、直辖市人民政府财政部门批准。外国会计师事务所与中国的会计师事务所共同举办中外合作会计师事务所，须经国务院对外经济贸易主管部门或者国务院授权的部门和省级人民政府审查同意后报国务院财政部门批准。

除前款规定的情形外，外国会计师事务所需要在中国境内临时办理有关业务的，须经有关的省、自治区、直辖市人民政府财政部门批准。

第四十五条 国务院可以根据本法制定实施条例。

第四十六条 本法自 1994 年 1 月 1 日起施行。1986 年 7 月 3 日国务院发布的《中华人民共和国注册会计师条例》同时废止。

中华人民共和国预算法

（1994 年 3 月 22 日第八届全国人民代表大会第二次会议通过 根据 2014 年 8 月 31 日第十二届全国人民代表大会常务委员会第十次会议《关于修改〈中华人民共和国预算法〉的决定》修正）

第一章 总 则

第一条 为了规范政府收支行为，强化预算约束，加强对预算的管理和监督，建立健全全面规范、公开透明的预算制度，保障经济社会的健康发展，根据宪法，制定本法。

第二条 预算、决算的编制、审查、批准、监督，以及预算的执行和调整，依照本法规定执行。

第三条 国家实行一级政府一级预算，设立中央，省、自治区、直辖市，设区的市、自治州，县、自治县、不设区的市、市辖区，乡、民族乡、镇五级预算。

全国预算由中央预算和地方预算组成。地方预算由各省、自治区、直辖市总预算组成。

地方各级总预算由本级预算和汇总的下一级总预算组成；下一级只有本级预算的，下一级总预算即指下一级的本级预算。没有下一级预算的，总预算即指本级预算。

第四条 预算由预算收入和预算支出组成。

政府的全部收入和支出都应当纳入预算。

第五条 预算包括一般公共预算、政府性基金预算、国有资本经营预算、社会保险基金预算。

一般公共预算、政府性基金预算、国有资本经营预算、社会保险基金预算应当保持完整、独立。政府性基金预算、国有资本经营预算、社会保险基金预算应当与一般公共预算相衔接。

第六条 一般公共预算是对以税收为主体的财政收入，安排用于保障和改善民生、推动经济社会发展、维护国家安全、维持国家机构正常运转等方面的收支预算。

中央一般公共预算包括中央各部门（含直属单位，下同）的预算和中央对地方的税收返还、转移支付预算。

中央一般公共预算收入包括中央本级收入和地方向中央的上解收入。中央一般公共预算支出包括中央本级支出、中央对地方的税收返还和转移支付。

第七条 地方各级一般公共预算包括本级各部门（含直属单位，下同）的预算和税收返还、转移支付预算。

地方各级一般公共预算收入包括地方本级收入、上级政府对本级政府的税收返还和转移支付、下级政府的上解收入。地方各级一般公共预算支出包括地方本级支出、对上级政府的上解支出、对下级政府的税收返还和转移支付。

第八条 各部门预算由本部门及其所属各单位预算组成。

第九条 政府性基金预算是对依照法律、行政法规的规定在一定期限内向特定对象征收、收取或者以其他方式筹集的资金，专项用于特定公共事业发展的收支预算。

政府性基金预算应当根据基金项目收入情况和实际支出需要，按基金项目编制，做到以收定支。

第十条 国有资本经营预算是对国有资本收益作出支出安排的收支预算。

国有资本经营预算应当按照收支平衡的原则编制，不列赤字，并安排资金调入一般公共预算。

第十一条 社会保险基金预算是对社会保险缴款、一般公共预算安排和其他方式筹集的资金，专项用于社会保险的收支预算。

社会保险基金预算应当按照统筹层次和社会保险项目分别编制，做到收支平衡。

第十二条 各级预算应当遵循统筹兼顾、勤俭节约、量力而行、讲求绩效和收支平衡的原则。

各级政府应当建立跨年度预算平衡机制。

第十三条 经人民代表大会批准的预算，非经法定程序，不得调整。各级政府、各部门、各单位的支出必须以经批准的预算为依据，未列入预算的不得支出。

第十四条 经本级人民代表大会或者本级人民代表大会常务委员会批准的预算、预算调整、决算、预算执行情况的报告及报表，应当在批准后二十日内由本级政府财政部门向社会公开，并对本级政府财政转移支付安排、执行的情况以及举借债务的情况等重要事项作出说明。

经本级政府财政部门批复的部门预算、决算及报表，应当在批复后二十日内由各部门向社会公开，并对部门预算、决算中机关运行经费的安排、使用情况等重要事项作出说明。

各级政府、各部门、各单位应当将政府采购的情况及时向社会公开。

本条前三款规定的公开事项，涉及国家秘密的除外。

第十五条 国家实行中央和地方分税制。

第十六条 国家实行财政转移支付制度。财政转移支付应当规范、公平、公开，以推进地区间基本公共服务均等化为主要目标。

财政转移支付包括中央对地方的转移支付和地方上级政府对下级政府的转移支付，以为均衡地区间基本财力、由下级政府统筹安排使用的一般性转移支付为主体。

按照法律、行政法规和国务院的规定可以设立专项转移支付，用于办理特定事项。建立健全专项转移支付定期评估和退出机制。市场竞争机制能够有效调节的事项不得设立专项转移支付。

上级政府在安排专项转移支付时，不得要求下级政府承担配套资金。但是，按照国务院的规定应当由上下级政府共同承担的事项除外。

第十七条 各级预算的编制、执行应当建立健全相互制约、相互协调的机制。

第十八条 预算年度自公历 1 月 1 日起，至 12 月 31 日止。

第十九条 预算收入和预算支出以人民币元为计算单位。

第二章 预算管理职权

第二十条 全国人民代表大会审查中央和地方预算草案及中央和地方预算执行情况的报告；批准中央预算和中央预算执行情况的报告；改变或者撤销全国人民代表大会常务委员会关于预算、决算的不适当的决议。

全国人民代表大会常务委员会监督中央和地方预算的执行；审查和批准中央预算的调整方案；审查和批准中央决算；撤销国务院制定的同宪法、法律相抵触的关于预算、决算的行政法规、决定和命令；撤销省、自治区、直辖市人民代表大会及其常务委员会制定的同宪法、法律和行政法规相抵触的关于预算、决算的地方性法规和决议。

第二十一条 县级以上地方各级人民代表大会审查本级总预算草案及本级总预算执行情况的报告；批准本级预算和本级预算执行情况的报告；改变或者撤销本级人民代表大会常务委员会关于预算、决算的不适当的决议；撤销本级政府关于预算、决算的不适当的决定和命令。

县级以上地方各级人民代表大会常务委员会监督本级总预算的执行；审查和批准本级预算的调整方案；审查和批准本级决算；撤销本级政府和下一级人民代表大会及其常务委员会关于预算、决算的不适当的决定、命令和决议。

乡、民族乡、镇的人民代表大会审查和批准本级预算和本级预算执行情况的报告；监督本级预算的执行；审查和批准本级预算的调整方案；审查和批准本级决算；撤销本级政府关于预算、决算的不适当的决定和命令。

第二十二条 全国人民代表大会财政经济委员会对中央预算草案初步方案及上一年预算执行情况、中央预算调整初步方案和中央决算草案进行初步审查，提出初步审查意见。

省、自治区、直辖市人民代表大会有关专门委员会对本级预算草案初步方案及上一年预算执行情况、本级预算调整初步方案和本级决算草案进行初步审查，提出初步审查意见。

设区的市、自治州人民代表大会有关专门委员会对本级预算草案初步方案及上一年预算执行情况、本级预算调整初步方案和本级决算草案进行初步审查，提出初步审查意见，未设立专门委员会的，由本级人民代表大会常务委员会有关工作机构研究提出意见。

县、自治县、不设区的市、市辖区人民代表大会常务委员会对本级预算草案初步方案及上一年预算执行情况进行初步审查，提出初步审查意见。县、自治县、不设区的市、市辖区人民代表大会常务委员会有关工作机构对本级预算调整初步方案和本级决算草案研究提出意见。

设区的市、自治州以上各级人民代表大会有关专门委员会进行初步审查、常务委员会有关工作机构研究提出意见时，应当邀请本级人民代表大会代表参加。

对依照本条第一款至第四款规定提出的意见，本级政府财政部门应当将处理情况及时反馈。

依照本条第一款至第四款规定提出的意见以及本级政府财政部门反馈的处理情况报告，应当印发本级人民代表大会代表。

全国人民代表大会常务委员会和省、自治区、直辖市、设区的市、自治州人民代表大会常务委员会有关工作机构，依照本级人民代表大会常务委员会的决定，协助本级人民代表大会财政经济委员会或者有关专门委员会承担审查预算草案、预算调整方案、决算草案和监督预算执行等方面的具体工作。

第二十三条 国务院编制中央预算、决算草案；向全国人民代表大会作关于中央和地方预算草案的报告；将省、自治区、直辖市政府报送备案的预算汇总后报全国人民代表大会常务委员会备案；组织中央和地方预算的执行；决定中央预算预备费的动用；编制中央预算调整方案；监督中央各部门和地方政府的预算执行；改变或者撤销中央各部门和地方政府关于预算、决算的不适当的决定、命令；向全国人民代表大会、全国人民代表大会常务委员会报告中央和地方预算的执行情况。

第二十四条 县级以上地方各级政府编制本级预算、决算草案；向本级人民代表大会作关于本级总预算草案的报告；将下一级政府报送备案的预算汇总后报本级人民代表大会常务委员会备案；组织本级总预算的执行；决定本级预算预备费的动用；编制本级预算的调整方案；监督本级各部门和下级政府的预算执行；改变或者撤销本级各部门和下级政府关于预算、决算的不适当的决定、命令；向本级人民代表大会、本级人民代表大会常务委员会报告本级总预算的执行情况。

乡、民族乡、镇政府编制本级预算、决算草案；向本级人民代表大会作关于本级预算草案的报告；组织本级预算的执行；决定本级预算预备费的动用；编制本级预算的调整方案；向本级人民代表大会报告本级预算的执行情况。

经省、自治区、直辖市政府批准，乡、民族乡、镇本级预算草案、预算调整方案、决算草案，可以由上一级政府代编，并依照本法第二十一条的规定报乡、民族乡、镇的人民代表大会审查和批准。

第二十五条 国务院财政部门具体编制中央预算、决算草案；具体组织中央和地方预算的执行；提出中央预算预备费动用方案；具体编制中央预算的调整方案；定期向国务院报告中央和地方预算的执行情况。

地方各级政府财政部门具体编制本级预算、决算草案；具体组织本级总预算的执行；提出本级预算预备费动用方案；具体编制本级预算的调整方案；定期向本级政府和上一级政府财政部门报告本级总预算的执行情况。

第二十六条　各部门编制本部门预算、决算草案；组织和监督本部门预算的执行；定期向本级政府财政部门报告预算的执行情况。

各单位编制本单位预算、决算草案；按照国家规定上缴预算收入，安排预算支出，并接受国家有关部门的监督。

第三章　预算收支范围

第二十七条　一般公共预算收入包括各项税收收入、行政事业性收费收入、国有资源(资产)有偿使用收入、转移性收入和其他收入。

一般公共预算支出按照其功能分类，包括一般公共服务支出，外交、公共安全、国防支出，农业、环境保护支出，教育、科技、文化、卫生、体育支出，社会保障及就业支出和其他支出。

一般公共预算支出按照其经济性质分类，包括工资福利支出、商品和服务支出、资本性支出和其他支出。

第二十八条　政府性基金预算、国有资本经营预算和社会保险基金预算的收支范围，按照法律、行政法规和国务院的规定执行。

第二十九条　中央预算与地方预算有关收入和支出项目的划分、地方向中央上解收入、中央对地方税收返还或者转移支付的具体办法，由国务院规定，报全国人民代表大会常务委员会备案。

第三十条　上级政府不得在预算之外调用下级政府预算的资金。下级政府不得挤占或者截留属于上级政府预算的资金。

第四章　预算编制

第三十一条　国务院应当及时下达关于编制下一年预算草案的通知。编制预算草案的具体事项由国务院财政部门部署。

各级政府、各部门、各单位应当按照国务院规定的时间编制预算草案。

第三十二条　各级预算应当根据年度经济社会发展目标、国家宏观调控总体要求和跨年度预算平衡的需要，参考上一年预算执行情况、有关支出绩效评价结果和本年度收支预测，按照规定程序征求各方面意见后，进行编制。

各级政府依据法定权限作出决定或者制定行政措施，凡涉及增加或者减少财政收入或者支出的，应当在预算批准前提出并在预算草案中作出相应安排。

各部门、各单位应当按照国务院财政部门制定的政府收支分类科目、预算支出标准和要求，以及绩效目标管理等预算编制规定，根据其依法履行职能和事业发展的需要以及存量资产情况，编制本部门、本单位预算草案。

前款所称政府收支分类科目，收入分为类、款、项、目；支出按其功能分类分为类、款、项，按其经济性质分类分为类、款。

第三十三条　省、自治区、直辖市政府应当按照国务院规定的时间，将本级总预算草案报国务院审核汇总。

第三十四条　中央一般公共预算中必需的部分资金，可以通过举借国内和国外债务等方式筹措，举借债务应当控制适当的规模，保持合理的结构。

对中央一般公共预算中举借的债务实行余额管理，余额的规模不得超过全国人民代表大会批准的限额。

国务院财政部门具体负责对中央政府债务的统一管理。

第三十五条　地方各级预算按照量入为出、收支平衡的原则编制，除本法另有规定外，不列赤字。

经国务院批准的省、自治区、直辖市的预算中必需的建设投资的部分资金，可以在国务院确定的限额内，通过发行地方政府债券举借债务的方式筹措。举借债务的规模，由国务院报全国人民代表大会或者全国人民代表大会常务委员会批准。省、自治区、直辖市依照国务院下达的限额举借的债务，列入本级预算调整方案，报本级人民代表大会常务委员会批准。举借的债务应当有偿还计划和稳定的偿还资金来源，只能用于公益性资本支出，不得用于经常性支出。

除前款规定外，地方政府及其所属部门不得以任何方式举借债务。

除法律另有规定外，地方政府及其所属部门不得为任何单位和个人的债务以任何方式提供担保。

国务院建立地方政府债务风险评估和预警机制、应急处置机制以及责任追究制度。国务院财政部门对地方政府债务实施监督。

第三十六条 各级预算收入的编制，应当与经济社会发展水平相适应，与财政政策相衔接。

各级政府、各部门、各单位应当依照本法规定，将所有政府收入全部列入预算，不得隐瞒、少列。

第三十七条 各级预算支出应当依照本法规定，按其功能和经济性质分类编制。

各级预算支出的编制，应当贯彻勤俭节约的原则，严格控制各部门、各单位的机关运行经费和楼堂馆所等基本建设支出。

各级一般公共预算支出的编制，应当统筹兼顾，在保证基本公共服务合理需要的前提下，优先安排国家确定的重点支出。

第三十八条 一般性转移支付应当按照国务院规定的基本标准和计算方法编制。专项转移支付应当分地区、分项目编制。

县级以上各级政府应当将对下级政府的转移支付预计数提前下达下级政府。

地方各级政府应当将上级政府提前下达的转移支付预计数编入本级预算。

第三十九条 中央预算和有关地方预算中应当安排必要的资金，用于扶助革命老区、民族地区、边疆地区、贫困地区发展经济社会建设事业。

第四十条 各级一般公共预算应当按照本级一般公共预算支出额的百分之一至百分之三设置预备费，用于当年预算执行中的自然灾害等突发事件处理增加的支出及其他难以预见的开支。

第四十一条 各级一般公共预算按照国务院的规定可以设置预算周转金，用于本级政府调剂预算年度内季节性收支差额。

各级一般公共预算按照国务院的规定可以设置预算稳定调节基金，用于弥补以后年度预算资金的不足。

第四十二条 各级政府上一年预算的结转资金，应当在下一年用于结转项目的支出；连续两年未用完的结转资金，应当作为结余资金管理。

各部门、各单位上一年预算的结转、结余资金按照国务院财政部门的规定办理。

第五章 预算审查和批准

第四十三条 中央预算由全国人民代表大会审查和批准。

地方各级预算由本级人民代表大会审查和批准。

第四十四条 国务院财政部门应当在每年全国人民代表大会会议举行的四十五日前，将中央预算草案的初步方案提交全国人民代表大会财政经济委员会进行初步审查。

省、自治区、直辖市政府财政部门应当在本级人民代表大会会议举行的三十日前，将本级预算草案的初步方案提交本级人民代表大会有关专门委员会进行初步审查。

设区的市、自治州政府财政部门应当在本级人民代表大会会议举行的三十日前，将本级预算草案的初步方案提交本级人民代表大会有关专门委员会进行初步审查，或者送交本级人民代表大会常务委员会有关工作机构征求意见。

县、自治县、不设区的市、市辖区政府应当在本级人民代表大会会议举行的三十日前，将本级预算草案的初步方案提交本级人民代表大会常务委员会进行初步审查。

第四十五条 县、自治县、不设区的市、市辖区、乡、民族乡、镇的人民代表大会举行会议审查预算草案前，应当采用多种形式，组织本级人民代表大会代表，听取选民和社会各界的意见。

第四十六条 报送各级人民代表大会审查和批准的预算草案应当细化。本级一般公共预算支出，按其功能分类应当编列到项；按其经济性质分类，基本支出应当编列到款。本级政府性基金预算、国有资本经营预算、社会保险基金预算支出，按其功能分类应当编列到项。

第四十七条 国务院在全国人民代表大会举行会议时，向大会作关于中央和地方预算草案以及中央和地方预算执行情况的报告。

地方各级政府在本级人民代表大会举行会议时，向大会作关于总预算草案和总预算执行情况的报告。

第四十八条 全国人民代表大会和地方各级人民代表大会对预算草案及其报告、预算执行情况的报告重点审查下列内容：

(一)上一年预算执行情况是否符合本级人民代表大会预算决议的要求；

(二)预算安排是否符合本法的规定；

(三)预算安排是否贯彻国民经济和社会发展的方针政策，收支政策是否切实可行；

(四)重点支出和重大投资项目的预算安排是否适当；

(五)预算的编制是否完整，是否符合本法第四十六条的规定；

(六)对下级政府的转移性支出预算是否规范、适当；

(七)预算安排举借的债务是否合法、合理，是否有偿还计划和稳定的偿还资金来源；

(八)与预算有关重要事项的说明是否清晰。

第四十九条 全国人民代表大会财政经济委员会向全国人民代表大会主席团提出关于中央和地方预算草案及中央和地方预算执行情况的审查结果报告。

省、自治区、直辖市、设区的市、自治州人民代表大会有关专门委员会，县、自治县、不设区的市、市辖区人民代表大会常务委员会，向本级人民代表大会主席团提出关于总预算草案及上一年总预算执行情况的审查结果报告。

审查结果报告应当包括下列内容：

(一)对上一年预算执行和落实本级人民代表大会预算决议的情况作出评价；

(二)对本年度预算草案是否符合本法的规定，是否可行作出评价；

(三)对本级人民代表大会批准预算草案和预算报告提出建议；

(四)对执行年度预算、改进预算管理、提高预算绩效、加强预算监督等提出意见和建议。

第五十条 乡、民族乡、镇政府应当及时将经本级人民代表大会批准的本级预算报上一级政府备案。县级以上地方各级政府应当及时将经本级人民代表大会批准的本级预算及下一级政府报送备案的预算汇总，报上一级政府备案。

县级以上地方各级政府将下一级政府依照前款规定报送备案的预算汇总后，报本级人民代表大会常务委员会备案。国务院将省、自治区、直辖市政府依照前款规定报送备案的预算汇总后，报全国人民代表大会常务委员会备案。

第五十一条 国务院和县级以上地方各级政府对下一级政府依照本法第五十条规定报送备案的预算，认为有同法律、行政法规相抵触或者有其他不适当之处，需要撤销批准预算的决议的，应当提请本级人民代表大会常务委员会审议决定。

第五十二条 各级预算经本级人民代表大会批准后，本级政府财政部门应当在二十日内向本级各部门批复预算。各部门应当在接到本级政府财政部门批复的本部门预算后十五日内向所属各单位批复预算。

中央对地方的一般性转移支付应当在全国人民代表大会批准预算后三十日内正式下达。中央对地方的专项转移支付应当在全国人民代表大会批准预算后九十日内正式下达。

省、自治区、直辖市政府接到中央一般性转移支付和专项转移支付后，应当在三十日内正式下达到本行政区域县级以上各级政府。

县级以上地方各级预算安排对下级政府的一般性转移支付和专项转移支付，应当分别在本级人民代表大会批准预算后的三十日和六十日内正式下达。

对自然灾害等突发事件处理的转移支付，应当及时下达预算；对据实结算等特殊项目的转移支付，可以分期下达预算，或者先预付后结算。

县级以上各级政府财政部门应当将批复本级各部门的预算和批复下级政府的转移支付预算，抄送本级人民代表大会财政经济委员会、有关专门委员会和常务委员会有关工作机构。

第六章 预算执行

第五十三条 各级预算由本级政府组织执行，具体工作由本级政府财政部门负责。

各部门、各单位是本部门、本单位的预算执行主体，负责本部门、本单位的预算执行，并对执行结果负责。

第五十四条 预算年度开始后，各级预算草案在本级人民代表大会批准前，可以安排下列支出：

(一)上一年度结转的支出；

(二)参照上一年同期的预算支出数额安排必须支付的本年度部门基本支出、项目支出，以及对下级政府的转移性支出；

(三)法律规定必须履行支付义务的支出，以及用于自然灾害等突发事件处理的支出。

根据前款规定安排支出的情况，应当在预算草案的报告中作出说明。

预算经本级人民代表大会批准后，按照批准的预算执行。

第五十五条 预算收入征收部门和单位，必须依照法律、行政法规的规定，及时、足额征收应征的预算收入。不得违反法律、行政法规规定，多征、提前征收或者减征、免征、缓征应征的预算收入，不得截留、占用或者挪用预算收入。

各级政府不得向预算收入征收部门和单位下达收入指标。

第五十六条 政府的全部收入应当上缴国家金库(以下简称国库)，任何部门、单位和个人不得截留、占用、挪用或者拖欠。

对于法律有明确规定或者经国务院批准的特定专用资金，可以依照国务院的规定设立财政专户。

第五十七条 各级政府财政部门必须依照法律、行政法规和国务院财政部门的规定，及时、足额地拨付预算支出资金，加强对预算支出的管理和监督。

各级政府、各部门、各单位的支出必须按照预算执行，不得虚假列支。

各级政府、各部门、各单位应当对预算支出情况开展绩效评价。

第五十八条 各级预算的收入和支出实行收付实现制。

特定事项按照国务院的规定实行权责发生制的有关情况，应当向本级人民代表大会常务委员会报告。

第五十九条 县级以上各级预算必须设立国库；具备条件的乡、民族乡、镇也应当设立国库。

中央国库业务由中国人民银行经理，地方国库业务依照国务院的有关规定办理。

各级国库应当按照国家有关规定，及时准确地办理预算收入的收纳、划分、留解、退付和预算支出的拨付。

各级国库库款的支配权属于本级政府财政部门。除法律、行政法规另有规定外，未经本级政府财政部门同意，任何部门、单位和个人都无权冻结、动用国库库款或者以其他方式支配已入国库的库款。

各级政府应当加强对本级国库的管理和监督，按照国务院的规定完善国库现金管理，合理调节国库资金余额。

第六十条 已经缴入国库的资金，依照法律、行政法规的规定或者国务院的决定需要退付的，各级政府财政部门或者其授权的机构应当及时办理退付。按照规定应当由财政支出安排的事项，不得用退库处理。

第六十一条 国家实行国库集中收缴和集中支付制度，对政府全部收入和支出实行国库集中收付管理。

第六十二条 各级政府应当加强对预算执行的领导，支持政府财政、税务、海关等预算收入的征收部门依法组织预算收入，支持政府财政部门严格管理预算支出。

财政、税务、海关等部门在预算执行中，应当加强对预算执行的分析；发现问题时应当及时建议本级政府采取措施予以解决。

第六十三条 各部门、各单位应当加强对预算收入和支出的管理，不得截留或者动用应当上缴的预算收入，不得擅自改变预算支出的用途。

第六十四条 各级预算预备费的动用方案，由本级政府财政部门提出，报本级政府决定。

第六十五条 各级预算周转金由本级政府财政部门管理，不得挪作他用。

第六十六条 各级一般公共预算年度执行中有超收收入的，只能用于冲减赤字或者补充预算稳定调节基金。

各级一般公共预算的结余资金，应当补充预算稳定调节基金。

省、自治区、直辖市一般公共预算年度执行中出现短收，通过调入预算稳定调节基金、减少支出等方式仍不能实现收支平衡的，省、自治区、直辖市政府报本级人民代表大会或者其常务委员会批准，可以增列赤字，报国务院财政部门备案，并应当在下一年度预算中予以弥补。

第七章　预算调整

第六十七条　经全国人民代表大会批准的中央预算和经地方各级人民代表大会批准的地方各级预算，在执行中出现下列情况之一的，应当进行预算调整：

（一）需要增加或者减少预算总支出的；

（二）需要调入预算稳定调节基金的；

（三）需要调减预算安排的重点支出数额的；

（四）需要增加举借债务数额的。

第六十八条　在预算执行中，各级政府一般不制定新的增加财政收入或者支出的政策和措施，也不制定减少财政收入的政策和措施；必须作出并需要进行预算调整的，应当在预算调整方案中作出安排。

第六十九条　在预算执行中，各级政府对于必须进行的预算调整，应当编制预算调整方案。预算调整方案应当说明预算调整的理由、项目和数额。

在预算执行中，由于发生自然灾害等突发事件，必须及时增加预算支出的，应当先动支预备费；预备费不足支出的，各级政府可以先安排支出，属于预算调整的，列入预算调整方案。

国务院财政部门应当在全国人民代表大会常务委员会举行会议审查和批准预算调整方案的三十日前，将预算调整初步方案送交全国人民代表大会财政经济委员会进行初步审查。

省、自治区、直辖市政府财政部门应当在本级人民代表大会常务委员会举行会议审查和批准预算调整方案的三十日前，将预算调整初步方案送交本级人民代表大会有关专门委员会进行初步审查。

设区的市、自治州政府财政部门应当在本级人民代表大会常务委员会举行会议审查和批准预算调整方案的三十日前，将预算调整初步方案送交本级人民代表大会有关专门委员会进行初步审查，或者送交本级人民代表大会常务委员会有关工作机构征求意见。

县、自治县、不设区的市、市辖区政府财政部门应当在本级人民代表大会常务委员会举行会议审查和批准预算调整方案的三十日前，将预算调整初步方案送交本级人民代表大会常务委员会有关工作机构征求意见。

中央预算的调整方案应当提请全国人民代表大会常务委员会审查和批准。县级以上地方各级预算的调整方案应当提请本级人民代表大会常务委员会审查和批准；乡、民族乡、镇预算的调整方案应当提请本级人民代表大会审查和批准。未经批准，不得调整预算。

第七十条　经批准的预算调整方案，各级政府应当严格执行。未经本法第六十九条规定的程序，各级政府不得作出预算调整的决定。

对违反前款规定作出的决定，本级人民代表大会、本级人民代表大会常务委员会或者上级政府应当责令其改变或者撤销。

第七十一条　在预算执行中，地方各级政府因上级政府增加不需要本级政府提供配套资金的专项转移支付而引起的预算支出变化，不属于预算调整。

接受增加专项转移支付的县级以上地方各级政府应当向本级人民代表大会常务委员会报告有关情况；接受增加专项转移支付的乡、民族乡、镇政府应当向本级人民代表大会报告有关情况。

第七十二条　各部门、各单位的预算支出应当按照预算科目执行。严格控制不同预算科目、预算级次或者项目间的预算资金的调剂，确需调剂使用的，按照国务院财政部门的规定办理。

第七十三条　地方各级预算的调整方案经批准后，由本级政府报上一级政府备案。

第八章　决　　算

第七十四条　决算草案由各级政府、各部门、各单位，在每一预算年度终了后按照国务院规定的时间编制。

编制决算草案的具体事项，由国务院财政部门部署。

第七十五条 编制决算草案，必须符合法律、行政法规，做到收支真实、数额准确、内容完整、报送及时。

决算草案应当与预算相对应，按预算数、调整预算数、决算数分别列出。一般公共预算支出应当按其功能分类编列到项，按其经济性质分类编列到款。

第七十六条 各部门对所属各单位的决算草案，应当审核并汇总编制本部门的决算草案，在规定的期限内报本级政府财政部门审核。

各级政府财政部门对本级各部门决算草案审核后发现有不符合法律、行政法规规定的，有权予以纠正。

第七十七条 国务院财政部门编制中央决算草案，经国务院审计部门审计后，报国务院审定，由国务院提请全国人民代表大会常务委员会审查和批准。

县级以上地方各级政府财政部门编制本级决算草案，经本级政府审计部门审计后，报本级政府审定，由本级政府提请本级人民代表大会常务委员会审查和批准。

乡、民族乡、镇政府编制本级决算草案，提请本级人民代表大会审查和批准。

第七十八条 国务院财政部门应当在全国人民代表大会常务委员会举行会议审查和批准中央决算草案的三十日前，将上一年度中央决算草案提交全国人民代表大会财政经济委员会进行初步审查。

省、自治区、直辖市政府财政部门应当在本级人民代表大会常务委员会举行会议审查和批准本级决算草案的三十日前，将上一年度本级决算草案提交本级人民代表大会有关专门委员会进行初步审查。

设区的市、自治州政府财政部门应当在本级人民代表大会常务委员会举行会议审查和批准本级决算草案的三十日前，将上一年度本级决算草案提交本级人民代表大会有关专门委员会进行初步审查，或者送交本级人民代表大会常务委员会有关工作机构征求意见。

县、自治县、不设区的市、市辖区政府财政部门应当在本级人民代表大会常务委员会举行会议审查和批准本级决算草案的三十日前，将上一年度本级决算草案送交本级人民代表大会常务委员会有关工作机构征求意见。

全国人民代表大会财政经济委员会和省、自治区、直辖市、设区的市、自治州人民代表大会有关专门委员会，向本级人民代表大会常务委员会提出关于本级决算草案的审查结果报告。

第七十九条 县级以上各级人民代表大会常务委员会和乡、民族乡、镇人民代表大会对本级决算草案，重点审查下列内容：

（一）预算收入情况；

（二）支出政策实施情况和重点支出、重大投资项目资金的使用及绩效情况；

（三）结转资金的使用情况；

（四）资金结余情况；

（五）本级预算调整及执行情况；

（六）财政转移支付安排执行情况；

（七）经批准举借债务的规模、结构、使用、偿还等情况；

（八）本级预算周转金规模和使用情况；

（九）本级预备费使用情况；

（十）超收收入安排情况，预算稳定调节基金的规模和使用情况；

（十一）本级人民代表大会批准的预算决议落实情况；

（十二）其他与决算有关的重要情况。

县级以上各级人民代表大会常务委员会应当结合本级政府提出的上一年度预算执行和其他财政收支的审计工作报告，对本级决算草案进行审查。

第八十条 各级决算经批准后，财政部门应当在二十日内向本级各部门批复决算。各部门应当在接到本级政府财政部门批复的本部门决算后十五日内向所属单位批复决算。

第八十一条 地方各级政府应当将经批准的决算及下一级政府上报备案的决算汇总，报上一级政府备案。

县级以上各级政府应当将下一级政府报送备案的决算汇总后，报本级人民代表大会常务委员会备案。

第八十二条　国务院和县级以上地方各级政府对下一级政府依照本法第八十一条规定报送备案的决算，认为有同法律、行政法规相抵触或者有其他不适当之处，需要撤销批准该项决算的决议的，应当提请本级人民代表大会常务委员会审议决定；经审议决定撤销的，该下级人民代表大会常务委员会应当责成本级政府依照本法规定重新编制决算草案，提请本级人民代表大会常务委员会审查和批准。

第九章　监　　督

第八十三条　全国人民代表大会及其常务委员会对中央和地方预算、决算进行监督。

县级以上地方各级人民代表大会及其常务委员会对本级和下级预算、决算进行监督。

乡、民族乡、镇人民代表大会对本级预算、决算进行监督。

第八十四条　各级人民代表大会和县级以上各级人民代表大会常务委员会有权就预算、决算中的重大事项或者特定问题组织调查，有关的政府、部门、单位和个人应当如实反映情况和提供必要的材料。

第八十五条　各级人民代表大会和县级以上各级人民代表大会常务委员会举行会议时，人民代表大会代表或者常务委员会组成人员，依照法律规定程序就预算、决算中的有关问题提出询问或者质询，受询问或者受质询的有关的政府或者财政部门必须及时给予答复。

第八十六条　国务院和县级以上地方各级政府应当在每年六月至九月期间向本级人民代表大会常务委员会报告预算执行情况。

第八十七条　各级政府监督下级政府的预算执行；下级政府应当定期向上一级政府报告预算执行情况。

第八十八条　各级政府财政部门负责监督检查本级各部门及其所属各单位预算的编制、执行，并向本级政府和上一级政府财政部门报告预算执行情况。

第八十九条　县级以上政府审计部门依法对预算执行、决算实行审计监督。

对预算执行和其他财政收支的审计工作报告应当向社会公开。

第九十条　政府各部门负责监督检查所属各单位的预算执行，及时向本级政府财政部门反映本部门预算执行情况，依法纠正违反预算的行为。

第九十一条　公民、法人或者其他组织发现有违反本法的行为，可以依法向有关国家机关进行检举、控告。

接受检举、控告的国家机关应当依法进行处理，并为检举人、控告人保密。任何单位或者个人不得压制和打击报复检举人、控告人。

第十章　法律责任

第九十二条　各级政府及有关部门有下列行为之一的，责令改正，对负有直接责任的主管人员和其他直接责任人员追究行政责任：

（一）未依照本法规定，编制、报送预算草案、预算调整方案、决算草案和部门预算、决算以及批复预算、决算的；

（二）违反本法规定，进行预算调整的；

（三）未依照本法规定对有关预算事项进行公开和说明的；

（四）违反规定设立政府性基金项目和其他财政收入项目的；

（五）违反法律、法规规定使用预算预备费、预算周转金、预算稳定调节基金、超收收入的；

（六）违反本法规定开设财政专户的。

第九十三条　各级政府及有关部门、单位有下列行为之一的，责令改正，对负有直接责任的主管人员和其他直接责任人员依法给予降级、撤职、开除的处分：

（一）未将所有政府收入和支出列入预算或者虚列收入和支出的；

（二）违反法律、行政法规的规定，多征、提前征收或者减征、免征、缓征应征预算收入的；

（三）截留、占用、挪用或者拖欠应当上缴国库的预算收入的；

（四）违反本法规定，改变预算支出用途的；

（五）擅自改变上级政府专项转移支付资金用途的；

(六)违反本法规定拨付预算支出资金,办理预算收入收纳、划分、留解、退付,或者违反本法规定冻结、动用国库库款或者以其他方式支配已入国库库款的。

第九十四条 各级政府、各部门、各单位违反本法规定举借债务或者为他人债务提供担保,或者挪用重点支出资金,或者在预算之外及超预算标准建设楼堂馆所的,责令改正,对负有直接责任的主管人员和其他直接责任人员给予撤职、开除的处分。

第九十五条 各级政府有关部门、单位及其工作人员有下列行为之一的,责令改正,追回骗取、使用的资金,有违法所得的没收违法所得,对单位给予警告或者通报批评;对负有直接责任的主管人员和其他直接责任人员依法给予处分:

(一)违反法律、法规的规定,改变预算收入上缴方式的;

(二)以虚报、冒领等手段骗取预算资金的;

(三)违反规定扩大开支范围、提高开支标准的;

(四)其他违反财政管理规定的行为。

第九十六条 本法第九十二条、第九十三条、第九十四条、第九十五条所列违法行为,其他法律对其处理、处罚另有规定的,依照其规定。

违反本法规定,构成犯罪的,依法追究刑事责任。

第十一章　附　　则

第九十七条 各级政府财政部门应当按年度编制以权责发生制为基础的政府综合财务报告,报告政府整体财务状况、运行情况和财政中长期可持续性,报本级人民代表大会常务委员会备案。

第九十八条 国务院根据本法制定实施条例。

第九十九条 民族自治地方的预算管理,依照民族区域自治法的有关规定执行;民族区域自治法没有规定的,依照本法和国务院的有关规定执行。

第一百条 省、自治区、直辖市人民代表大会或者其常务委员会根据本法,可以制定有关预算审查监督的决定或者地方性法规。

第一百零一条 本法自 1995 年 1 月 1 日起施行。1991 年 10 月 21 日国务院发布的《国家预算管理条例》同时废止。

中共中央关于全面推进依法治国若干重大问题的决定

(二〇一四年十月二十三日中国共产党第十八届中央委员会第四次全体会议通过)

为贯彻落实党的十八大作出的战略部署,加快建设社会主义法治国家,十八届中央委员会第四次全体会议研究了全面推进依法治国若干重大问题,作出如下决定。

一、坚持走中国特色社会主义法治道路,建设中国特色社会主义法治体系

依法治国,是坚持和发展中国特色社会主义的本质要求和重要保障,是实现国家治理体系和治理能力现代化的必然要求,事关我们党执政兴国,事关人民幸福安康,事关党和国家长治久安。

全面建成小康社会、实现中华民族伟大复兴的中国梦,全面深化改革、完善和发展中国特色社会主义制度,提高党的执政能力和执政水平,必须全面推进依法治国。

我国正处于社会主义初级阶段,全面建成小康社会进入决定性阶段,改革进入攻坚期和深水区,国际形势复杂多变,我们党面对的改革发展稳定任务之重前所未有、矛盾风险挑战之多前所未有,依法治国在党和国家工作全局中的地位更加突出、作用更加重大。面对新形势新任务,我们党要更好统筹国内国际两个大局,更好维护和运用我国发展的重要战略机遇期,更好统筹社会力量、平衡社会利益、调节社会关系、规范社会行为,使我国社会在深刻变革中既生机勃勃又井然有序,实现经济发展、政治清明、文化昌盛、社会公正、生态良好,实现我国和平发展的战略目标,必须更好发挥法治的引领和规范作用。

我们党高度重视法治建设。长期以来,特别是党的十一届三中全会以来,我们党深刻总结我国社会主义法治建设的成功经验和深刻教训，提出为了保障人民民主，必须加强法治，必须使民主制度化、法律化，把依法治国确定为党领导人民治理国家的基本方略，把依法执政确定为党治国理政的基本方式，积极建设社会主义法治，取得历史性成就。目前，中国特色社会主义法律体系已经形成，法治政府建设稳步推进，司法体制不断完善，全社会法治观念明显增强。

同时，必须清醒看到，同党和国家事业发展要求相比，同人民群众期待相比，同推进国家治理体系和治理能力现代化目标相比，法治建设还存在许多不适应、不符合的问题，主要表现为：有的法律法规未能全面反映客观规律和人民意愿，针对性、可操作性不强，立法工作中部门化倾向、争权诿责现象较为突出；有法不依、执法不严、违法不究现象比较严重，执法体制权责脱节、多头执法、选择性执法现象仍然存在，执法司法不规范、不严格、不透明、不文明现象较为突出，群众对执法司法不公和腐败问题反映强烈；部分社会成员尊法信法守法用法、依法维权意识不强，一些国家工作人员特别是领导干部依法办事观念不强、能力不足，知法犯法、以言代法、以权压法、徇私枉法现象依然存在。这些问题，违背社会主义法治原则，损害人民群众利益，妨碍党和国家事业发展，必须下大气力加以解决。

全面推进依法治国，必须贯彻落实党的十八大和十八届三中全会精神，高举中国特色社会主义伟大旗帜，以马克思列宁主义、毛泽东思想、邓小平理论、“三个代表”重要思想、科学发展观为指导，深入贯彻习近平总书记系列重要讲话精神，坚持党的领导、人民当家做主、依法治国有机统一，坚定不移走中国特色社会主义法治道路，坚决维护宪法法律权威，依法维护人民权益、维护社会公平正义、维护国家安全稳定，为实现“两个一百年”奋斗目标、实现中华民族伟大复兴的中国梦提供有力法治保障。

全面推进依法治国，总目标是建设中国特色社会主义法治体系，建设社会主义法治国家。这就是，在中国共产党领导下，坚持中国特色社会主义制度，贯彻中国特色社会主义法治理论，形成完备的法律规范体系、高效的法治实施体系、严密的法治监督体系、有力的法治保障体系，形成完善的党内法规体系，坚持依法治国、依法执政、依法行政共同推进，坚持法治国家、法治政府、法治社会一体建设，实现科学立法、严格执法、公正司法、全民守法，促进国家治理体系和治理能力现代化。

实现这个总目标，必须坚持以下原则。

——坚持中国共产党的领导。党的领导是中国特色社会主义最本质的特征，是社会主义法治最根本的保证。把党的领导贯彻到依法治国全过程和各方面，是我国社会主义法治建设的一条基本经验。我国宪法确立了中国共产党的领导地位。坚持党的领导，是社会主义法治的根本要求，是党和国家的根本所在、命脉所在，是全国各族人民的利益所系、幸福所系，是全面推进依法治国的题中应有之义。党的领导和社会主义法治是一致的，社会主义法治必须坚持党的领导，党的领导必须依靠社会主义法治。只有在党的领导下依法治国、厉行法治，人民当家做主才能充分实现，国家和社会生活法治化才能有序推进。依法执政，既要求党依据宪法法律治国理政，也要求党依据党内法规管党治党。必须坚持党领导立法、保证执法、支持司法、带头守法，把依法治国基本方略同依法执政基本方式统一起来，把党总揽全局、协调各方同人大、政府、政协、审判机关、检察机关依法依章程履行职能、开展工作统一起来，把党领导人民制定和实施宪法法律同党坚持在宪法法律范围内活动统一起来，善于使党的主张通过法定程序成为国家意志，善于使党组织推荐的人选通过法定程序成为国家政权机关的领导人员，善于通过国家政权机关实施党对国家和社会的领导，善于运用民主集中制原则维护中央权威、维护全党全国团结统一。

——坚持人民主体地位。人民是依法治国的主体和力量源泉，人民代表大会制度是保证人民当家做主的根本政治制度。必须坚持法治建设为了人民、依靠人民、造福人民、保护人民，以保障人民根本权益为出发点和落脚点，保证人民依法享有广泛的权利和自由、承担应尽的义务，维护社会公平正义，促进共同富裕。必须保证人民在党的领导下，依照法律规定，通过各种途径和形式管理国家事务，管理经济文化事业，管理社会事务。必须使人民认识到法律既是保障自身权利的有力武器，也是必须遵守的行为规范，增强全社会学法遵法守法用法意识，使法律为人民所掌握、所遵守、所运用。

——坚持法律面前人人平等。平等是社会主义法律的基本属性。任何组织和个人都必须尊重宪法法律权威，都必须在宪法法律范围内活动，都必须依照宪法法律行使权力或权利、履行职责或义务，都不得有超越宪法法律的特权。必须维护国家法制统一、尊严、权威，切实保证宪法法律有效实施，绝不允许任何人以任何借口任何形式以言代法、以权压法、徇私枉法。必须以规范和约束公权力为重点，加大监督力度，做到有权必有责、用权受监督、违法必追究，坚决纠正有法不依、执法不严、违法不究行为。

——坚持依法治国和以德治国相结合。国家和社会治理需要法律和道德共同发挥作用。必须坚持一手抓法治、一手抓德治，大力弘扬社会主义核心价值观，弘扬中华传统美德，培育社会公德、职业道德、家庭美德、个人品德，既重视发挥法律的规范作用，又重视发挥道德的教化作用，以法治体现道德理念、强化法律对道德建设的促进作用，以道德滋养法治精神、强化道德对法治文化的支撑作用，实现法律和道德相辅相成、法治和德治相得益彰。

——坚持从中国实际出发。中国特色社会主义道路、理论体系、制度是全面推进依法治国的根本遵循。必须从我国基本国情出发，同改革开放不断深化相适应，总结和运用党领导人民实行法治的成功经验，围绕社会主义法治建设重大理论和实践问题，推进法治理论创新，发展符合中国实际、具有中国特色、体现社会发展规律的社会主义法治理论，为依法治国提供理论指导和学理支撑。汲取中华法律文化精华，借鉴国外法治有益经验，但决不照搬外国法治理念和模式。

全面推进依法治国是一个系统工程，是国家治理领域一场广泛而深刻的革命，需要付出长期艰苦努力。全党同志必须更加自觉地坚持依法治国、更加扎实地推进依法治国，努力实现国家各项工作法治化，向着建设法治中国不断前进。

二、完善以宪法为核心的中国特色社会主义法律体系，加强宪法实施

法律是治国之重器，良法是善治之前提。建设中国特色社会主义法治体系，必须坚持立法先行，发挥立法的引领和推动作用，抓住提高立法质量这个关键。要恪守以民为本、立法为民理念，贯彻社会主义核心价值观，使每一项立法都符合宪法精神、反映人民意志、得到人民拥护。要把公正、公平、公开原则贯穿立法全过程，完善立法体制机制，坚持立改废释并举，增强法律法规的及时性、系统性、针对性、有效性。

（一）健全宪法实施和监督制度。宪法是党和人民意志的集中体现，是通过科学民主程序形成的根本法。坚持依法治国首先要坚持依宪治国，坚持依法执政首先要坚持依宪执政。全国各族人民、一切国家机关和武装力量、各政党和各社会团体、各企业事业组织，都必须以宪法为根本的活动准则，并且负有维护宪法尊严、保证宪法实施的职责。一切违反宪法的行为都必须予以追究和纠正。

完善全国人大及其常委会宪法监督制度，健全宪法解释程序机制。加强备案审查制度和能力建设，把所有规范性文件纳入备案审查范围，依法撤销和纠正违宪违法的规范性文件，禁止地方制发带有立法性质的文件。

将每年十二月四日定为国家宪法日。在全社会普遍开展宪法教育，弘扬宪法精神。建立宪法宣誓制度，凡经人大及其常委会选举或者决定任命的国家工作人员正式就职时公开向宪法宣誓。

（二）完善立法体制。加强党对立法工作的领导，完善党对立法工作中重大问题决策的程序。凡立法涉及重大体制和重大政策调整的，必须报党中央讨论决定。党中央向全国人大提出宪法修改建议，依照宪法规定的程序进行宪法修改。法律制定和修改的重大问题由全国人大常委会党组向党中央报告。

健全有立法权的人大主导立法工作的体制机制，发挥人大及其常委会在立法工作中的主导作用。建立由全国人大相关专门委员会、全国人大常委会法制工作委员会组织有关部门参与起草综合性、全局性、基础性等重要法律草案制度。增加有法治实践经验的专职常委比例。依法建立健全专门委员会、工作委员会立法专家顾问制度。

加强和改进政府立法制度建设，完善行政法规、规章制定程序，完善公众参与政府立法机制。重要行政管理法律法规由政府法制机构组织起草。

明确立法权力边界，从体制机制和工作程序上有效防止部门利益和地方保护主义法律化。对部门间争议较大的重要立法事项，由决策机关引入第三方评估，充分听取各方意见，协调决定，不能久拖不决。加强法律解释工作，及时明确法律规定含义和适用法律依据。明确地方立法权限和范围，依法赋予设区的市地方立法权。

（三）深入推进科学立法、民主立法。加强人大对立法工作的组织协调，健全立法起草、论证、协调、审议机制，健全向下级人大征询立法意见机制，建立基层立法联系点制度，推进立法精细化。健全法律法规规章起草征求人大代表意见制度，增加人大代表列席人大常委会会议人数，更多发挥人大代表参与起草和修改法律作用。完善立法项目征集和论证制度。健全立法机关主导、社会各方有序参与立法的途径和方式。探索委托第三方起草法律法规草案。

健全立法机关和社会公众沟通机制，开展立法协商，充分发挥政协委员、民主党派、工商联、无党派人士、人民团体、社会组织在立法协商中的作用,探索建立有关国家机关、社会团体、专家学者等对立法中涉及的重大利益调整论证咨询机制。拓宽公民有序参与立法途径,健全法律法规规章草案公开征求意见和公众意见采纳情况反馈机制,广泛凝聚社会共识。

完善法律草案表决程序,对重要条款可以单独表决。

(四)加强重点领域立法。依法保障公民权利,加快完善体现权利公平、机会公平、规则公平的法律制度,保障公民人身权、财产权、基本政治权利等各项权利不受侵犯,保障公民经济、文化、社会等各方面权利得到落实,实现公民权利保障法治化。增强全社会尊重和保障人权意识,健全公民权利救济渠道和方式。

社会主义市场经济本质上是法治经济。使市场在资源配置中起决定性作用和更好发挥政府作用,必须以保护产权、维护契约、统一市场、平等交换、公平竞争、有效监管为基本导向,完善社会主义市场经济法律制度。健全以公平为核心原则的产权保护制度,加强对各种所有制经济组织和自然人财产权的保护,清理有违公平的法律法规条款。创新适应公有制多种实现形式的产权保护制度,加强对国有、集体资产所有权、经营权和各类企业法人财产权的保护。国家保护企业以法人财产权依法自主经营、自负盈亏,企业有权拒绝任何组织和个人无法律依据的要求。加强企业社会责任立法。完善激励创新的产权制度、知识产权保护制度和促进科技成果转化的体制机制。加强市场法律制度建设,编纂民法典,制定和完善发展规划、投资管理、土地管理、能源和矿产资源、农业、财政税收、金融等方面法律法规,促进商品和要素自由流动、公平交易、平等使用。依法加强和改善宏观调控、市场监管,反对垄断,促进合理竞争,维护公平竞争的市场秩序。加强军民融合深度发展法治保障。

制度化、规范化、程序化是社会主义民主政治的根本保障。以保障人民当家做主为核心,坚持和完善人民代表大会制度,坚持和完善中国共产党领导的多党合作和政治协商制度、民族区域自治制度以及基层群众自治制度,推进社会主义民主政治法治化。加强社会主义协商民主制度建设,推进协商民主广泛多层制度化发展,构建程序合理、环节完整的协商民主体系。完善和发展基层民主制度,依法推进基层民主和行业自律,实行自我管理、自我服务、自我教育、自我监督。完善国家机构组织法,完善选举制度和工作机制。加快推进反腐败国家立法,完善惩治和预防腐败体系,形成不敢腐、不能腐、不想腐的有效机制,坚决遏制和预防腐败现象。完善惩治贪污贿赂犯罪法律制度,把贿赂犯罪对象由财物扩大为财物和其他财产性利益。

建立健全坚持社会主义先进文化前进方向、遵循文化发展规律、有利于激发文化创造活力、保障人民基本文化权益的文化法律制度。制定公共文化服务保障法,促进基本公共文化服务标准化、均等化。制定文化产业促进法,把行之有效的文化经济政策法定化,健全促进社会效益和经济效益有机统一的制度规范。制定国家勋章和国家荣誉称号法,表彰有突出贡献的杰出人士。加强互联网领域立法,完善网络信息服务、网络安全保护、网络社会管理等方面的法律法规,依法规范网络行为。

加快保障和改善民生、推进社会治理体制创新法律制度建设。依法加强和规范公共服务,完善教育、就业、收入分配、社会保障、医疗卫生、食品安全、扶贫、慈善、社会救助和妇女儿童、老年人、残疾人合法权益保护等方面的法律法规。加强社会组织立法,规范和引导各类社会组织健康发展。制定社区矫正法。

贯彻落实总体国家安全观,加快国家安全法治建设,抓紧出台反恐怖等一批急需法律,推进公共安全法治化,构建国家安全法律制度体系。

用严格的法律制度保护生态环境,加快建立有效约束开发行为和促进绿色发展、循环发展、低碳发展的生态文明法律制度,强化生产者环境保护的法律责任,大幅度提高违法成本。建立健全自然资源产权法律制度,完善国土空间开发保护方面的法律制度,制定完善生态补偿和土壤、水、大气污染防治及海洋生态环境保护等法律法规,促进生态文明建设。

实现立法和改革决策相衔接,做到重大改革于法有据、立法主动适应改革和经济社会发展需要。实践证明行之有效的,要及时上升为法律。实践条件还不成熟、需要先行先试的,要按照法定程序作出授权。对不适应改革要求的法律法规,要及时修改和废止。

三、深入推进依法行政,加快建设法治政府

法律的生命力在于实施,法律的权威也在于实施。各级政府必须坚持在党的领导下、在法治轨道上开展工作,创新执法体制,完善执法程序,推进综合执法,严格执法责任,建立权责统一、权威高效的依法行政体制,加快建设职能科学、权责法定、执法严明、公开公正、廉洁高效、守法诚信的法治政府。

(一)依法全面履行政府职能。完善行政组织和行政程序法律制度,推进机构、职能、权限、程序、责任法定化。行政机关要坚持法定职责必须为、法无授权不可为，勇于负责、敢于担当，坚决纠正不作为、乱作为，坚决克服懒政、怠政，坚决惩处失职、渎职。行政机关不得法外设定权力，没有法律法规依据不得作出减损公民、法人和其他组织合法权益或者增加其义务的决定。推行政府权力清单制度，坚决消除权力设租寻租空间。

推进各级政府事权规范化、法律化，完善不同层级政府特别是中央和地方政府事权法律制度，强化中央政府宏观管理、制度设定职责和必要的执法权，强化省级政府统筹推进区域内基本公共服务均等化职责，强化市县政府执行职责。

（二）健全依法决策机制。把公众参与、专家论证、风险评估、合法性审查、集体讨论决定确定为重大行政决策法定程序，确保决策制度科学、程序正当、过程公开、责任明确。建立行政机关内部重大决策合法性审查机制，未经合法性审查或经审查不合法的，不得提交讨论。

积极推行政府法律顾问制度，建立政府法制机构人员为主体、吸收专家和律师参加的法律顾问队伍，保证法律顾问在制定重大行政决策、推进依法行政中发挥积极作用。

建立重大决策终身责任追究制度及责任倒查机制，对决策严重失误或者依法应该及时作出决策但久拖不决造成重大损失、恶劣影响的，严格追究行政首长、负有责任的其他领导人员和相关责任人员的法律责任。

（三）深化行政执法体制改革。根据不同层级政府的事权和职能，按照减少层次、整合队伍、提高效率的原则，合理配置执法力量。

推进综合执法，大幅减少市县两级政府执法队伍种类，重点在食品药品安全、工商质检、公共卫生、安全生产、文化旅游、资源环境、农林水利、交通运输、城乡建设、海洋渔业等领域内推行综合执法，有条件的领域可以推行跨部门综合执法。

完善市县两级政府行政执法管理，加强统一领导和协调。理顺行政强制执行体制。理顺城管执法体制，加强城市管理综合执法机构建设，提高执法和服务水平。

严格实行行政执法人员持证上岗和资格管理制度，未经执法资格考试合格，不得授予执法资格，不得从事执法活动。严格执行罚缴分离和收支两条线管理制度，严禁收费罚没收入同部门利益直接或者变相挂钩。

健全行政执法和刑事司法衔接机制，完善案件移送标准和程序，建立行政执法机关、公安机关、检察机关、审判机关信息共享、案情通报、案件移送制度，坚决克服有案不移、有案难移、以罚代刑现象，实现行政处罚和刑事处罚无缝对接。

（四）坚持严格规范公正文明执法。依法惩处各类违法行为，加大关系群众切身利益的重点领域执法力度。完善执法程序，建立执法全过程记录制度。明确具体操作流程，重点规范行政许可、行政处罚、行政强制、行政征收、行政收费、行政检查等执法行为。严格执行重大执法决定法制审核制度。

建立健全行政裁量权基准制度，细化、量化行政裁量标准，规范裁量范围、种类、幅度。加强行政执法信息化建设和信息共享，提高执法效率和规范化水平。

全面落实行政执法责任制，严格确定不同部门及机构、岗位执法人员执法责任和责任追究机制，加强执法监督，坚决排除对执法活动的干预，防止和克服地方和部门保护主义，惩治执法腐败现象。

（五）强化对行政权力的制约和监督。加强党内监督、人大监督、民主监督、行政监督、司法监督、审计监督、社会监督、舆论监督制度建设，努力形成科学有效的权力运行制约和监督体系，增强监督合力和实效。

加强对政府内部权力的制约，是强化对行政权力制约的重点。对财政资金分配使用、国有资产监管、政府投资、政府采购、公共资源转让、公共工程建设等权力集中的部门和岗位实行分事行权、分岗设权、分级授权，定期轮岗，强化内部流程控制，防止权力滥用。完善政府内部层级监督和专门监督，改进上级机关对下级机关的监督，建立常态化监督制度。完善纠错问责机制，健全责令公开道歉、停职检查、引咎辞职、责令辞职、罢免等问责方式和程序。

完善审计制度，保障依法独立行使审计监督权。对公共资金、国有资产、国有资源和领导干部履行经济责任情况实行审计全覆盖。强化上级审计机关对下级审计机关的领导。探索省以下地方审计机关人财物统一管理。推进审计职业化建设。

（六）全面推进政务公开。坚持以公开为常态、不公开为例外原则，推进决策公开、执行公开、管理公开、服务公开、结果公开。各级政府及其工作部门依据权力清单，向社会全面公开政府职能、法律依据、实施主体、职责权限、管理流程、监督方式等事项。重点推进财政预算、公共资源配置、重大建设项目批准和实施、社会公益事业建设等领域的政府信息公开。

涉及公民、法人或其他组织权利和义务的规范性文件，按照政府信息公开要求和程序予以公布。推行行政执法公示制度。推进政务公开信息化，加强互联网政务信息数据服务平台和便民服务平台建设。

四、保证公正司法，提高司法公信力

公正是法治的生命线。司法公正对社会公正具有重要引领作用，司法不公对社会公正具有致命破坏作用。必须完善司法管理体制和司法权力运行机制，规范司法行为，加强对司法活动的监督，努力让人民群众在每一个司法案件中感受到公平正义。

(一)完善确保依法独立公正行使审判权和检察权的制度。各级党政机关和领导干部要支持法院、检察院依法独立公正行使职权。建立领导干部干预司法活动、插手具体案件处理的记录、通报和责任追究制度。任何党政机关和领导干部都不得让司法机关做违反法定职责、有碍司法公正的事情，任何司法机关都不得执行党政机关和领导干部违法干预司法活动的要求。对干预司法机关办案的，给予党纪政纪处分；造成冤假错案或者其他严重后果的，依法追究刑事责任。

健全行政机关依法出庭应诉、支持法院受理行政案件、尊重并执行法院生效裁判的制度。完善惩戒妨碍司法机关依法行使职权、拒不执行生效裁判和决定、藐视法庭权威等违法犯罪行为的法律规定。

建立健全司法人员履行法定职责保护机制。非因法定事由，非经法定程序，不得将法官、检察官调离、辞退或者作出免职、降级等处分。

(二)优化司法职权配置。健全公安机关、检察机关、审判机关、司法行政机关各司其职，侦查权、检察权、审判权、执行权相互配合、相互制约的体制机制。

完善司法体制，推动实行审判权和执行权相分离的体制改革试点。完善刑罚执行制度，统一刑罚执行体制。改革司法机关人财物管理体制，探索实行法院、检察院司法行政事务管理权和审判权、检察权相分离。

最高人民法院设立巡回法庭，审理跨行政区域重大行政和民商事案件。探索设立跨行政区划的人民法院和人民检察院，办理跨地区案件。完善行政诉讼体制机制，合理调整行政诉讼案件管辖制度，切实解决行政诉讼立案难、审理难、执行难等突出问题。

改革法院案件受理制度，变立案审查制为立案登记制，对人民法院依法应该受理的案件，做到有案必立、有诉必理，保障当事人诉权。加大对虚假诉讼、恶意诉讼、无理缠诉行为的惩治力度。完善刑事诉讼中认罪认罚从宽制度。

完善审级制度，一审重在解决事实认定和法律适用，二审重在解决事实法律争议、实现二审终审，再审重在解决依法纠错、维护裁判权威。完善对涉及公民人身、财产权益的行政强制措施实行司法监督制度。检察机关在履行职责中发现行政机关违法行使职权或者不行使职权的行为，应该督促其纠正。探索建立检察机关提起公益诉讼制度。

明确司法机关内部各层级权限，健全内部监督制约机制。司法机关内部人员不得违反规定干预其他人员正在办理的案件，建立司法机关内部人员过问案件的记录制度和责任追究制度。完善主审法官、合议庭、主任检察官、主办侦查员办案责任制，落实谁办案谁负责。

加强职务犯罪线索管理，健全受理、分流、查办、信息反馈制度，明确纪检监察和刑事司法办案标准和程序衔接，依法严格查办职务犯罪案件。

(三)推进严格司法。坚持以事实为根据、以法律为准绳，健全事实认定符合客观真相、办案结果符合实体公正、办案过程符合程序公正的法律制度。加强和规范司法解释和案例指导，统一法律适用标准。

推进以审判为中心的诉讼制度改革，确保侦查、审查起诉的案件事实证据经得起法律的检验。全面贯彻证据裁判规则，严格依法收集、固定、保存、审查、运用证据，完善证人、鉴定人出庭制度，保证庭审在查明事实、认定证据、保护诉权、公正裁判中发挥决定性作用。

明确各类司法人员工作职责、工作流程、工作标准，实行办案质量终身负责制和错案责任倒查问责制，确保案件处理经得起法律和历史检验。

(四)保障人民群众参与司法。坚持人民司法为人民，依靠人民推进公正司法，通过公正司法维护人民权益。在司法调解、司法听证、涉诉信访等司法活动中保障人民群众参与。完善人民陪审员制度,保障公民陪审权利,扩大参审范围,完善随机抽选方式,提高人民陪审制度公信度。逐步实行人民陪审员不再审理法律适用问题,只参与审理事实认定问题。

构建开放、动态、透明、便民的阳光司法机制,推进审判公开、检务公开、警务公开、狱务公开,依法及时公开执法司法依据、程序、流程、结果和生效法律文书,杜绝暗箱操作。加强法律文书释法说理,建立生效法律文书统一上网和公开查询制度。

(五)加强人权司法保障。强化诉讼过程中当事人和其他诉讼参与人的知情权、陈述权、辩护辩论权、申请权、申诉权的制度保障。健全落实罪刑法定、疑罪从无、非法证据排除等法律原则的法律制度。完善对限制人身自由司法措施和侦查手段的司法监督,加强对刑讯逼供和非法取证的源头预防,健全冤假错案有效防范、及时纠正机制。

切实解决执行难,制定强制执行法,规范查封、扣押、冻结、处理涉案财物的司法程序。加快建立失信被执行人信用监督、威慑和惩戒法律制度。依法保障胜诉当事人及时实现权益。

落实终审和诉讼终结制度,实行诉访分离,保障当事人依法行使申诉权利。对不服司法机关生效裁判、决定的申诉,逐步实行由律师代理制度。对聘不起律师的申诉人,纳入法律援助范围。

(六)加强对司法活动的监督。完善检察机关行使监督权的法律制度,加强对刑事诉讼、民事诉讼、行政诉讼的法律监督。完善人民监督员制度,重点监督检察机关查办职务犯罪的立案、羁押、扣押冻结财物、起诉等环节的执法活动。司法机关要及时回应社会关切。规范媒体对案件的报道,防止舆论影响司法公正。

依法规范司法人员与当事人、律师、特殊关系人、中介组织的接触、交往行为。严禁司法人员私下接触当事人及律师、泄露或者为其打探案情、接受吃请或者收受其财物、为律师介绍代理和辩护业务等违法违纪行为,坚决惩治司法掮客行为,防止利益输送。

对因违法违纪被开除公职的司法人员、吊销执业证书的律师和公证员,终身禁止从事法律职业,构成犯罪的要依法追究刑事责任。

坚决破除各种潜规则,绝不允许法外开恩,绝不允许办关系案、人情案、金钱案。坚决反对和克服特权思想、衙门作风、霸道作风,坚决反对和惩治粗暴执法、野蛮执法行为。对司法领域的腐败零容忍,坚决清除害群之马。

五、增强全民法治观念,推进法治社会建设

法律的权威源自人民的内心拥护和真诚信仰。人民权益要靠法律保障,法律权威要靠人民维护。必须弘扬社会主义法治精神,建设社会主义法治文化,增强全社会厉行法治的积极性和主动性,形成守法光荣、违法可耻的社会氛围,使全体人民都成为社会主义法治的忠实崇尚者、自觉遵守者、坚定捍卫者。

(一)推动全社会树立法治意识。坚持把全民普法和守法作为依法治国的长期基础性工作,深入开展法治宣传教育,引导全民自觉守法、遇事找法、解决问题靠法。坚持把领导干部带头学法、模范守法作为树立法治意识的关键,完善国家工作人员学法用法制度,把宪法法律列入党委(党组)中心组学习内容,列为党校、行政学院、干部学院、社会主义学院必修课。把法治教育纳入国民教育体系,从青少年抓起,在中小学设立法治知识课程。

健全普法宣传教育机制,各级党委和政府要加强对普法工作的领导,宣传、文化、教育部门和人民团体要在普法教育中发挥职能作用。实行国家机关"谁执法谁普法"的普法责任制,建立法官、检察官、行政执法人员、律师等以案释法制度,加强普法讲师团、普法志愿者队伍建设。把法治教育纳入精神文明创建内容,开展群众性法治文化活动,健全媒体公益普法制度,加强新媒体新技术在普法中的运用,提高普法实效。

牢固树立有权力就有责任、有权利就有义务观念。加强社会诚信建设,健全公民和组织守法信用记录,完善守法诚信褒奖机制和违法失信行为惩戒机制,使遵法守法成为全体人民共同追求和自觉行动。

加强公民道德建设,弘扬中华优秀传统文化,增强法治的道德底蕴,强化规则意识,倡导契约精神,弘扬公序良俗。发挥法治在解决道德领域突出问题中的作用,引导人们自觉履行法定义务、社会责任、家庭责任。

(二)推进多层次多领域依法治理。坚持系统治理、依法治理、综合治理、源头治理,提高社会治理法治化水平。深入开展多层次多形式法治创建活动,深化基层组织和部门、行业依法治理,支持各类社会主体自我约束、自我管理。发挥市民公约、乡规民约、行业规章、团体章程等社会规范在社会治理中的积极作用。

发挥人民团体和社会组织在法治社会建设中的积极作用。建立健全社会组织参与社会事务、维护公共利益、救助困难群众、帮教特殊人群、预防违法犯罪的机制和制度化渠道。支持行业协会商会类社会组织发挥行业自律和专业服务功能。发挥社会组织对其成员的行为导引、规则约束、权益维护作用。加强在华境外非政府组织管理，引导和监督其依法开展活动。

高举民族大团结旗帜，依法妥善处置涉及民族、宗教等因素的社会问题，促进民族关系、宗教关系和谐。

（三）建设完备的法律服务体系。推进覆盖城乡居民的公共法律服务体系建设，加强民生领域法律服务。完善法律援助制度，扩大援助范围，健全司法救助体系，保证人民群众在遇到法律问题或者权利受到侵害时获得及时有效法律帮助。

发展律师、公证等法律服务业，统筹城乡、区域法律服务资源，发展涉外法律服务业。健全统一司法鉴定管理体制。

（四）健全依法维权和化解纠纷机制。强化法律在维护群众权益、化解社会矛盾中的权威地位，引导和支持人们理性表达诉求、依法维护权益，解决好群众最关心最直接最现实的利益问题。

构建对维护群众利益具有重大作用的制度体系，建立健全社会矛盾预警机制、利益表达机制、协商沟通机制、救济救助机制，畅通群众利益协调、权益保障法律渠道。把信访纳入法治化轨道，保障合理合法诉求依照法律规定和程序就能得到合理合法的结果。

健全社会矛盾纠纷预防化解机制，完善调解、仲裁、行政裁决、行政复议、诉讼等有机衔接、相互协调的多元化纠纷解决机制。加强行业性、专业性人民调解组织建设，完善人民调解、行政调解、司法调解联动工作体系。完善仲裁制度，提高仲裁公信力。健全行政裁决制度，强化行政机关解决同行政管理活动密切相关的民事纠纷功能。

深入推进社会治安综合治理，健全落实领导责任制。完善立体化社会治安防控体系，有效防范化解管控影响社会安定的问题，保障人民生命财产安全。依法严厉打击暴力恐怖、涉黑犯罪、邪教和黄赌毒等违法犯罪活动，绝不允许其形成气候。依法强化危害食品药品安全、影响安全生产、损害生态环境、破坏网络安全等重点问题治理。

六、加强法治工作队伍建设

全面推进依法治国，必须大力提高法治工作队伍思想政治素质、业务工作能力、职业道德水准，着力建设一支忠于党、忠于国家、忠于人民、忠于法律的社会主义法治工作队伍，为加快建设社会主义法治国家提供强有力的组织和人才保障。

（一）建设高素质法治专门队伍。把思想政治建设摆在首位，加强理想信念教育，深入开展社会主义核心价值观和社会主义法治理念教育，坚持党的事业、人民利益、宪法法律至上，加强立法队伍、行政执法队伍、司法队伍建设。抓住立法、执法、司法机关各级领导班子建设这个关键，突出政治标准，把善于运用法治思维和法治方式推动工作的人选拔到领导岗位上来。畅通立法、执法、司法部门干部和人才相互之间以及与其他部门具备条件的干部和人才交流渠道。

推进法治专门队伍正规化、专业化、职业化，提高职业素养和专业水平。完善法律职业准入制度，健全国家统一法律职业资格考试制度，建立法律职业人员统一职前培训制度。建立从符合条件的律师、法学专家中招录立法工作者、法官、检察官制度，畅通具备条件的军队转业干部进入法治专门队伍的通道，健全从政法专业毕业生中招录人才的规范便捷机制。加强边疆地区、民族地区法治专门队伍建设。加快建立符合职业特点的法治工作人员管理制度，完善职业保障体系，建立法官、检察官、人民警察专业职务序列及工资制度。

建立法官、检察官逐级遴选制度。初任法官、检察官由高级人民法院、省级人民检察院统一招录，一律在基层法院、检察院任职。上级人民法院、人民检察院的法官、检察官一般从下一级人民法院、人民检察院的优秀法官、检察官中遴选。

（二）加强法律服务队伍建设。加强律师队伍思想政治建设，把拥护中国共产党领导、拥护社会主义法治作为律师从业的基本要求，增强广大律师走中国特色社会主义法治道路的自觉性和坚定性。构建社会律师、公职律师、公司律师等优势互补、结构合理的律师队伍。提高律师队伍业务素质，完善执业保障机制。加强律师事务所管理，发挥律师协会自律作用，规范律师执业行为，监督律师严格遵守职业道德和职业操守，强化准入、退出管理，严格执行违法违规执业惩戒制度。加强律师行业党的建设，扩大党的工作覆盖面，切实发挥律师事务所党组织的政治核心作用。

各级党政机关和人民团体普遍设立公职律师，企业可设立公司律师，参与决策论证，提供法律意见，促进依法办事，防范法律风险。明确公职律师、公司律师法律地位及权利义务，理顺公职律师、公司律师管理体制机制。

发展公证员、基层法律服务工作者、人民调解员队伍。推动法律服务志愿者队伍建设。建立激励法律服务人才跨区域流动机制，逐步解决基层和欠发达地区法律服务资源不足和高端人才匮乏问题。

（三）创新法治人才培养机制。坚持用马克思主义法学思想和中国特色社会主义法治理论全方位占领高校、科研机构法学教育和法学研究阵地，加强法学基础理论研究，形成完善的中国特色社会主义法学理论体系、学科体系、课程体系，组织编写和全面采用国家统一的法律类专业核心教材，纳入司法考试必考范围。坚持立德树人、德育为先导向，推动中国特色社会主义法治理论进教材进课堂进头脑，培养造就熟悉和坚持中国特色社会主义法治体系的法治人才及后备力量。建设通晓国际法律规则、善于处理涉外法律事务的涉外法治人才队伍。

健全政法部门和法学院校、法学研究机构人员双向交流机制，实施高校和法治工作部门人员互聘计划，重点打造一支政治立场坚定、理论功底深厚、熟悉中国国情的高水平法学家和专家团队，建设高素质学术带头人、骨干教师、专兼职教师队伍。

七、加强和改进党对全面推进依法治国的领导

党的领导是全面推进依法治国、加快建设社会主义法治国家最根本的保证。必须加强和改进党对法治工作的领导，把党的领导贯彻到全面推进依法治国全过程。

（一）坚持依法执政。依法执政是依法治国的关键。各级党组织和领导干部要深刻认识到，维护宪法法律权威就是维护党和人民共同意志的权威，捍卫宪法法律尊严就是捍卫党和人民共同意志的尊严，保证宪法法律实施就是保证党和人民共同意志的实现。各级领导干部要对法律怀有敬畏之心，牢记法律红线不可逾越、法律底线不可触碰，带头遵守法律，带头依法办事，不得违法行使权力，更不能以言代法、以权压法、徇私枉法。

健全党领导依法治国的制度和工作机制，完善保证党确定依法治国方针政策和决策部署的工作机制和程序。加强对全面推进依法治国统一领导、统一部署、统筹协调。完善党委依法决策机制，发挥政策和法律的各自优势，促进党的政策和国家法律互联互动。党委要定期听取政法机关工作汇报，做促进公正司法、维护法律权威的表率。党政主要负责人要履行推进法治建设第一责任人职责。各级党委要领导和支持工会、共青团、妇联等人民团体和社会组织在依法治国中积极发挥作用。

人大、政府、政协、审判机关、检察机关的党组织和党员干部要坚决贯彻党的理论和路线方针政策，贯彻党委决策部署。各级人大、政府、政协、审判机关、检察机关的党组织要领导和监督本单位模范遵守宪法法律，坚决查处执法犯法、违法用权等行为。

政法委员会是党委领导政法工作的组织形式，必须长期坚持。各级党委政法委员会要把工作着力点放在把握政治方向、协调各方职能、统筹政法工作、建设政法队伍、督促依法履职、创造公正司法环境上，带头依法办事，保障宪法法律正确统一实施。政法机关党组织要建立健全重大事项向党委报告制度。加强政法机关党的建设，在法治建设中充分发挥党组织政治保障作用和党员先锋模范作用。

（二）加强党内法规制度建设。党内法规既是管党治党的重要依据，也是建设社会主义法治国家的有力保障。党章是最根本的党内法规，全党必须一体严格遵行。完善党内法规制定体制机制，加大党内法规备案审查和解释力度，形成配套完备的党内法规制度体系。注重党内法规同国家法律的衔接和协调，提高党内法规执行力，运用党内法规把党要管党、从严治党落到实处，促进党员、干部带头遵守国家法律法规。

党的纪律是党内规矩。党规党纪严于国家法律，党的各级组织和广大党员干部不仅要模范遵守国家法律，而且要按照党规党纪以更高标准严格要求自己，坚定理想信念，践行党的宗旨，坚决同违法乱纪行为作斗争。对违反党规党纪的行为必须严肃处理，对苗头性倾向性问题必须抓早抓小，防止小错酿成大错、违纪走向违法。

依纪依法反对和克服形式主义、官僚主义、享乐主义和奢靡之风，形成严密的长效机制。完善和严格执行领导干部政治、工作、生活待遇方面各项制度规定，着力整治各种特权行为。深入开展党风廉政建设和反腐败斗争，严格落实党风廉政建设党委主体责任和纪委监督责任，对任何腐败行为和腐败分子，必须依纪依法予以坚决惩处，决不手软。

(三)提高党员干部法治思维和依法办事能力。党员干部是全面推进依法治国的重要组织者、推动者、实践者，要自觉提高运用法治思维和法治方式深化改革、推动发展、化解矛盾、维护稳定能力，高级干部尤其要以身作则、以上率下。把法治建设成效作为衡量各级领导班子和领导干部工作实绩重要内容，纳入政绩考核指标体系。把能不能遵守法律、依法办事作为考察干部重要内容，在相同条件下，优先提拔使用法治素养好、依法办事能力强的干部。对特权思想严重、法治观念淡薄的干部要批评教育，不改正的要调离领导岗位。

(四)推进基层治理法治化。全面推进依法治国，基础在基层，工作重点在基层。发挥基层党组织在全面推进依法治国中的战斗堡垒作用，增强基层干部法治观念、法治为民的意识，提高依法办事能力。加强基层法治机构建设，强化基层法治队伍，建立重心下移、力量下沉的法治工作机制，改善基层基础设施和装备条件，推进法治干部下基层活动。

(五)深入推进依法治军从严治军。党对军队绝对领导是依法治军的核心和根本要求。紧紧围绕党在新形势下的强军目标，着眼全面加强军队革命化现代化正规化建设，创新发展依法治军理论和实践，构建完善的中国特色军事法治体系，提高国防和军队建设法治化水平。

坚持在法治轨道上积极稳妥推进国防和军队改革，深化军队领导指挥体制、力量结构、政策制度等方面改革，加快完善和发展中国特色社会主义军事制度。

健全适应现代军队建设和作战要求的军事法规制度体系，严格规范军事法规制度的制定权限和程序，将所有军事规范性文件纳入审查范围，完善审查制度，增强军事法规制度科学性、针对性、适用性。

坚持从严治军铁律，加大军事法规执行力度，明确执法责任，完善执法制度，健全执法监督机制，严格责任追究，推动依法治军落到实处。

健全军事法制工作体制，建立完善领导机关法制工作机构。改革军事司法体制机制，完善统一领导的军事审判、检察制度，维护国防利益，保障军人合法权益，防范打击违法犯罪。建立军事法律顾问制度，在各级领导机关设立军事法律顾问，完善重大决策和军事行动法律咨询保障制度。改革军队纪检监察体制。

强化官兵法治理念和法治素养，把法律知识学习纳入军队院校教育体系、干部理论学习和部队教育训练体系，列为军队院校学员必修课和部队官兵必学必训内容。完善军事法律人才培养机制。加强军事法治理论研究。

(六)依法保障“一国两制”实践和推进祖国统一。坚持宪法的最高法律地位和最高法律效力，全面准确贯彻“一国两制”、“港人治港”、“澳人治澳”、高度自治的方针，严格依照宪法和基本法办事，完善与基本法实施相关的制度和机制，依法行使中央权力，依法保障高度自治，支持特别行政区行政长官和政府依法施政，保障内地与香港、澳门经贸关系发展和各领域交流合作，防范和反对外部势力干预港澳事务，保持香港、澳门长期繁荣稳定。

运用法治方式巩固和深化两岸关系和平发展，完善涉台法律法规，依法规范和保障两岸人民关系、推进两岸交流合作。运用法律手段捍卫一个中国原则、反对“台独”，增进维护一个中国框架的共同认知，推进祖国和平统一。

依法保护港澳同胞、台湾同胞权益。加强内地同香港和澳门、大陆同台湾的执法司法协作，共同打击跨境违法犯罪活动。

(七)加强涉外法律工作。适应对外开放不断深化，完善涉外法律法规体系，促进构建开放型经济新体制。积极参与国际规则制定，推动依法处理涉外经济、社会事务，增强我国在国际法律事务中的话语权和影响力，运用法律手段维护我国主权、安全、发展利益。强化涉外法律服务，维护我国公民、法人在海外及外国公民、法人在我国的正当权益，依法维护海外侨胞权益。深化司法领域国际合作，完善我国司法协助体制，扩大国际司法协助覆盖面。加强反腐败国际合作，加大海外追赃追逃、遣返引渡力度。积极参与执法安全国际合作，共同打击暴力恐怖势力、民族分裂势力、宗教极端势力和贩毒走私、跨国有组织犯罪。

各级党委要全面准确贯彻本决定精神，健全党委统一领导和各方分工负责、齐抓共管的责任落实机制，制定实施方案，确保各项部署落到实处。

全党同志和全国各族人民要紧密团结在以习近平同志为总书记的党中央周围，高举中国特色社会主义伟大旗帜，积极投身全面推进依法治国伟大实践，开拓进取，扎实工作，为建设法治中国而奋斗！

中共中央办公厅 国务院办公厅印发《关于完善审计制度若干重大问题的框架意见》及相关配套文件

（中办发〔2015〕58 号）

关于完善审计制度若干重大问题的框架意见

根据《中共中央关于全面推进依法治国若干重大问题的决定》和《国务院关于加强审计工作的意见》要求，为保障审计机关依法独立行使审计监督权，更好发挥审计在党和国家监督体系中的重要作用，现就完善审计制度有关重大问题提出如下框架意见。

一、总体要求

（一）指导思想。全面贯彻党的十八大和十八届二中、三中、四中、五中全会精神，以邓小平理论、“三个代表”重要思想、科学发展观为指导，深入学习贯彻习近平总书记系列重要讲话精神，紧紧围绕协调推进“四个全面”战略布局，按照党中央、国务院决策部署，认真贯彻落实宪法、审计法等法律法规，紧密结合审计工作的职责任务和履职特点，着眼依法独立行使审计监督权，创新体制机制，加强和改进新形势下的审计工作，强化审计队伍建设，不断提升审计能力和水平，更好服务于经济社会持续健康发展。

（二）总体目标。加大改革创新力度，完善审计制度，健全有利于依法独立行使审计监督权的审计管理体制，建立具有审计职业特点的审计人员管理制度，对公共资金、国有资产、国有资源和领导干部履行经济责任情况实行审计全覆盖，做到应审尽审、凡审必严、严肃问责。到 2020 年，基本形成与国家治理体系和治理能力现代化相适应的审计监督机制，更好发挥审计在保障国家重大决策部署贯彻落实、维护国家经济安全、推动深化改革、促进依法治国、推进廉政建设中的重要作用。

（三）基本原则

——坚持党的领导。加强党对审计工作的领导，围绕党委和政府的中心任务，研究提出审计工作的目标、任务和重点，严格执行重要审计情况报告制度，支持审计机关依法独立开展工作。坚持党管干部原则，加强审计机关领导班子和队伍建设，健全审计干部培养和管理机制，合理配置审计力量。

——坚持依法有序。运用法治思维和法治方式推动审计工作制度创新，充分发挥法治的引领和规范作用，破解改革难题，依法有序推进。重大改革措施需要取得法律授权的，按法律程序实施。

——坚持问题导向。针对制约审计监督作用发挥的体制机制障碍、影响审计事业长远发展的重点难点问题，积极探索创新，推进审计制度完善。

——坚持统筹推进。充分考虑改革的复杂性和艰巨性，做到整体谋划、分类设计、分步实施，及时总结工作经验，确保各项措施相互衔接、协调推进。

二、主要任务

（一）实行审计全覆盖。按照协调推进“四个全面”战略布局的要求，依法全面履行审计监督职责，坚持党政同责、同责同审，对公共资金、国有资产、国有资源和领导干部履行经济责任情况实行审计全覆盖。摸清审计对象底数，充分考虑审计资源状况，明确审计重点，科学规划、统筹安排、分类实施，有重点、有步骤、有深度、有成效地推进。建立健全与审计全覆盖相适应的工作机制，统筹整合审计资源，创新审计组织方式和技术方法，提高审计能力和效率。

（二）强化上级审计机关对下级审计机关的领导。围绕增强审计监督的整体合力和独立性，强化全国审计工作统筹。加强审计机关干部管理，任免省级审计机关正职，须事先征得审计署党组同意；任免省级审计机关副职，须事先征求审计署党组的意见。上级审计机关要加强审计项目计划的统筹和管理，合理配置审计资源，省级审计机关年度审计项目计划要报审计署备案。上级审计机关要根据本地区经济社会发展实际需要，统筹组织本地区审计机关力量，开展好涉及全局的重大项目审计。健全重大事项报告制度，审计机关的重大事项和审计结果必须向上级审计机关报告，同时抄报同级党委和政府。上级审计机关要加强对下级审计机关的考核。

（三）探索省以下地方审计机关人财物管理改革。2015 年选择江苏、浙江、山东、广东、重庆、贵州、云南等 7 省市开展省以下地方审计机关人财物管理改革试点，试点地区省级党委和政府要按照党管干部、统一管理的要求，加强对本地区审计试点工作的领导。市地级审计机关正职由省级党委（党委组织部）管理，其他领导班子成员和县级审计机关领导班子成员可以委托市地级党委管理。完善机构编制和人员管理制度，省级机构编制管理部门统一管理本地区审计机关的机构编制，省级审计机关协助开展相关工作，地方审计人员由省级统一招录。改进经费和资产管理制度，地方审计机关的经费预算、资产由省级有关部门统一管理，也可以根据实际情况委托市地、县有关部门管理。地方审计机关的各项经费标准由各地在现有法律法规框架内结合实际确定，确保不低于现有水平。建立健全审计业务管理制度，试点地区审计机关审计项目计划由省级审计机关统一管理，统筹组织本地区审计机关力量，开展好涉及全局的重大项目审计。

（四）推进审计职业化建设。根据审计职业特点，建立分类科学、权责一致的审计人员管理制度和职业保障机制，确保审计队伍的专业化水平。根据公务员法和审计职业特点，建立适应审计工作需要的审计人员分类管理制度，建立审计专业技术类公务员职务序列。完善审计人员选任机制，审计专业技术类公务员和综合管理类公务员分类招录，对专业性较强的职位可以实行聘任制。健全审计职业岗位责任追究机制。完善审计职业保障机制和职业教育培训体系。

（五）加强审计队伍思想和作风建设。要加强思想政治建设，强化理论武装，坚定理想信念，严守政治纪律和政治规矩，不断提高审计队伍的政治素质。切实践行社会主义核心价值观，加强审计职业道德建设，培育和弘扬审计精神，恪守审计职业操守，做到依法审计、文明审计。加强党风廉政建设，从严管理审计队伍，严格执行廉政纪律和审计工作纪律，坚持原则、无私无畏、敢于碰硬，做到忠诚、干净、担当。

（六）建立健全履行法定审计职责保障机制。各级党委和政府要定期听取审计工作情况汇报，帮助解决实际困难和问题，支持审计机关依法履行职责，保障审计机关依法独立行使审计监督权，不受其他行政机关、社会团体和个人的干涉。审计机关不得超越职责权限、超越自身能力、违反法定程序开展审计，不参与各类与审计法定职责无关的、可能影响依法独立进行审计监督的议事协调机构或工作。健全干预审计工作行为登记报告制度。凡是涉及管理、分配、使用公共资金、国有资产、国有资源的部门、单位和个人，都要自觉接受审计、配合审计，及时、全面提供审计所需的财务会计、业务和管理等资料，不得制定限制向审计机关提供资料和开放计算机信息系统查询权限的规定，已经制定的应予修订或废止。对拒不接受审计监督，阻挠、干扰和不配合审计工作，或威胁恐吓、打击报复审计人员的，要依纪依法查处。审计机关要进一步优化审计工作机制，充分听取有关主管部门和审计对象的意见，客观公正地作出审计结论，维护审计对象的合法权益。

（七）完善审计结果运用机制。建立健全审计与组织人事、纪检监察、公安、检察以及其他有关主管单位的工作协调机制，把审计监督与党管干部、纪律检查、追责问责结合起来，把审计结果及整改情况作为考核、任免、奖惩领导干部的重要依据。对审计发现的违纪违法问题线索或其他事项，审计机关要依法及时移送有关部门和单位，有关部门和单位要认真核实查处，并及时向审计机关反馈查处结果，不得推诿、塞责。对审计发现的典型性、普遍性、倾向性问题和提出的审计建议，有关部门和单位要认真研究，及时清理不合理的制度和规则，建立健全有关制度规定。领导干部经济责任审计结果和审计发现问题的整改情况，要纳入所在单位领导班子民主生活会及党风廉政建设责任制检查考核的内容，作为领导班子成员述职述廉、年度考核、任职考核的重要依据。有关部门和单位要加强督促和检查，推动抓好审计发现问题的整改。对整改不力、屡审屡犯的，要与被审计单位主要负责人进行约谈，严格追责问责。各级人大常委会要把督促审计查出突出问题整改工作与审查监督政府、部门预算决算工作结合起来，建立听取和审议审计查出突出问题整改情况报告机制。审计机关要依法依规公告审计结果，被审计单位要公告整改结果。

（八）加强对审计机关的监督。各级党委、人大、政府要加强对审计机关的监督，定期组织开展审计法律法规执行情况检查，督促审计机关切实加强党风廉政建设、严格依法审计、依法查处问题、依法向社会公告审计结果。探索建立对审计机关的外部审计制度，加强对审计机关主要领导干部的经济责任审计，外部审计由同级党委和政府及上级审计机关负责组织。完善聘请民主党派和无党派人士担任特约审计员制度。审计机关要坚持阳光法则，加大公开透明度，自觉接受人民监督。

三、加强组织领导

（一）加强组织实施。完善审计制度，保障依法独立行使审计监督权，是党中央、国务院作出的重大决策部署。有关部门和地方各级党委、政府要从党和国家事业发展全局出发，充分认识完善审计制度的重大意义，加强工作统筹，形成合力，推动各项改革措施贯彻落实。

（二）有序部署推进。审计署要会同有关部门按照本框架意见和《关于实行审计全覆盖的实施意见》、《关于省以下地方审计机关人财物管理改革试点方案》、《关于推进国家审计职业化建设的指导意见》确定的目标要求和任务，加强组织协调，密切配合，有重点、有步骤地抓好落实。省级党委和政府要加强对本地区有关工作的领导，抓紧研究制定本地区的落实意见和方案，明确具体措施和时间表。实施过程中遇到的重大问题，要及时报告。

（三）推动完善相关法律制度。根据完善审计制度的需要，在充分总结试点及实施经验的基础上，及时推动修订完善审计法及其实施条例，健全相关配套规章制度，使各项工作于法有据，确保各项任务顺利实施。根据我国国情，进一步研究完善有关制度设计，切实解决重点难点问题。

关于实行审计全覆盖的实施意见

为全面履行审计监督职责，对公共资金、国有资产、国有资源和领导干部履行经济责任情况实行审计全覆盖，根据《关于完善审计制度若干重大问题的框架意见》，制定本实施意见。

一、实行审计全覆盖的目标要求

对公共资金、国有资产、国有资源和领导干部履行经济责任情况实行审计全覆盖，是党中央、国务院对审计工作提出的明确要求。审计机关要建立健全与审计全覆盖相适应的工作机制，科学规划，统筹安排，分类实施，注重实效，坚持党政同责、同责同审，通过在一定周期内对依法属于审计监督范围的所有管理、分配、使用公共资金、国有资产、国有资源的部门和单位，以及党政主要领导干部和国有企事业领导人员履行经济责任情况进行全面审计，实现审计全覆盖，做到应审尽审、凡审必严、严肃问责。对重点部门、单位要每年审计，其他审计对象 1 个周期内至少审计 1 次，对重点地区、部门、单位以及关键岗位的领导干部任期内至少审计 1 次，对重大政策措施、重大投资项目、重点专项资金和重大突发事件开展跟踪审计，坚持问题导向，对问题多、反映大的单位及领导干部要加大审计频次，实现有重点、有步骤、有深度、有成效的全覆盖。充分发挥审计监督作用，通过审计全覆盖发现国家重大决策部署执行中存在的突出问题和重大违纪违法问题线索，维护财经法纪，促进廉政建设；反映经济运行中的突出矛盾和风险隐患，维护国家经济安全；总结经济运行中好的做法和经验，注重从体制机制层面分析原因和提出建议，促进深化改革和体制机制创新。

二、对公共资金实行审计全覆盖

审计机关要依法对政府的全部收入和支出、政府部门管理或其他单位受政府委托管理的资金，以及相关经济活动进行审计。主要检查公共资金筹集、管理、分配、使用过程中遵守国家法律法规情况，贯彻执行国家重大政策措施和宏观调控部署情况，公共资金管理使用的真实性、合法性、效益性以及公共资金沉淀等情况，公共资金投入与项目进展、事业发展等情况，公共资金管理、使用部门和单位的财政财务收支、预算执行和决算情况，以及职责履行情况，以促进公共资金安全高效使用。根据公共资金的重要性、规模和管理分配权限等因素，确定重点审计对象。坚持以公共资金运行和重大政策落实情况为主线，将预算执行审计与决算草案审计、专项资金审计、重大投资项目跟踪审计等相结合，对涉及的重点部门和单位进行重点监督，加大对资金管理分配使用关键环节的审计力度。

三、对国有资产实行审计全覆盖

审计机关要依法对行政事业单位、国有和国有资本占控股或主导地位的企业（含金融企业，以下简称国有企业）等管理、使用和运营的境内外国有资产进行审计。主要检查国有资产管理、使用和运营过程中遵守国家法律法规情况，贯彻执行国家重大政策措施和宏观调控部署情况，国有资产真实完整和保值增值情况，国有资产重大投资决策及投资绩效情况，资产质量和经营风险管理情况，国有资产管理部门职责履行情况，以维护国有资产安全，促进提高国有资产运营绩效。根据国有资产的规模、管理状况以及管理主体的战略地位等因素，确定重点审计对象。对国有企业资产负债损益情况进行审计，将国有资产管理使用情况作为行政事业单位年度预算执行审计或其他专项审计的内容。

四、对国有资源实行审计全覆盖

审计机关要依法对土地、矿藏、水域、森林、草原、海域等国有自然资源，特许经营权、排污权等国有无形资产，以及法律法规规定属于国家所有的其他资源进行审计。主要检查国有资源管理和开发利用过程中遵守国家法律法规情况，贯彻执行国家重大政策措施和宏观调控部署情况，国有资源开发利用和生态环境保护情况，相关资金的征收、管理、分配和使用情况，资源环境保护项目的建设情况和运营效果、国有资源管理部门的职责履行情况，以促进资源节约集约利用和生态文明建设。根据国有资源的稀缺性、战略性和分布情况等因素，确定重点审计对象。加大对资源富集和毁损严重地区的审计力度，对重点国有资源进行专项审计，将国有资源开发利用和生态环境保护等情况作为领导干部经济责任审计的重要内容，对领导干部实行自然资源资产离任审计。

五、对领导干部履行经济责任情况实行审计全覆盖

审计机关要依法对地方各级党委、政府、审判机关、检察机关，中央和地方各级党政工作部门、事业单位、人民团体等单位的党委（党组、党工委）和行政正职领导干部（包括主持工作1年以上的副职领导干部），国有企业法定代表人，以及实际行使相应职权的企业领导人员履行经济责任情况进行审计。主要检查领导干部贯彻执行党和国家经济方针政策、决策部署情况，遵守有关法律法规和财经纪律情况，本地区本部门本单位发展规划和政策措施制定、执行情况及效果，重大决策和内部控制制度的执行情况及效果，本人遵守党风廉政建设有关规定情况等，以促进领导干部守法、守纪、守规、尽责。根据领导干部的岗位性质、履行经济责任的重要程度、管理资金资产资源规模等因素，确定重点审计对象和审计周期。坚持任中审计和离任审计相结合，经济责任审计与财政审计、金融审计、企业审计、资源环境审计、涉外审计等相结合，实现项目统筹安排、协同实施。

六、加强审计资源统筹整合

适应审计全覆盖的要求，加大审计资源统筹整合力度，避免重复审计，增强审计监督整体效能。加强审计项目计划统筹，在摸清审计对象底数的基础上，建立分行业、分领域审计对象数据库，分类确定审计重点和审计频次，编制中长期审计项目规划和年度计划时，既要突出年度审计重点，又要保证在一定周期内实现全覆盖。整合各层级审计资源，开展涉及全局或行业性的重点资金和重大项目全面审计，发挥审计监督的整体性和宏观性作用。在充分总结经验的基础上，完善国家审计准则和审计指南体系，明确各项审计应遵循的具体标准和程序，提高审计的规范性。集中力量、重点突破，对热点难点问题进行专项审计，揭示普遍性、典型性问题，深入分析原因，提出对策建议，推动建立健全体制机制、堵塞制度漏洞，达到以点促面的效果。建立审计成果和信息共享机制，加强各级审计机关、不同审计项目之间的沟通交流，实现审计成果和信息及时共享，提高审计监督成效。加强内部审计工作，充分发挥内部审计作用。有效利用社会审计力量，除涉密项目外，根据审计项目实施需要，可以向社会购买审计服务。

七、创新审计技术方法

构建大数据审计工作模式，提高审计能力、质量和效率，扩大审计监督的广度和深度。有关部门、金融机构和国有企事业单位应根据审计工作需要，依法向审计机关提供与本单位本系统履行职责相关的电子数据信息和必要的技术文档，不得制定限制向审计机关提供资料和开放计算机信息系统查询权限的规定，已经制定的应予修订或废止。审计机关要建立健全数据定期报送制度，加大数据集中力度，对获取的数据资料严格保密。适应大数据审计需要，构建国家审计数据系统和数字化审计平台，积极运用大数据技术，加大业务数据与财务数据、单位数据与行业数据以及跨行业、跨领域数据的综合比对和关联分析力度，提高运用信息化技术查核问题、评价判断、宏观分析的能力。探索建立审计实时监督系统，实施联网审计。

国务院办公厅关于加强和改进企业国有资产监督防止国有资产流失的意见

（国办发〔2015〕79号，2015年10月31日）

各省、自治区、直辖市人民政府，国务院各部委、各直属机构：

我国企业国有资产是全体人民的共同财富，保障国有资产安全、防止国有资产流失，是全面建成小康社会、实现全体人民共同富裕的必然要求。改革开放以来，我国国有经济不断发展壮大，国有企业市场活力普遍增强、效率显著提高,企业国有资产监管工作取得积极进展和明显成效。但与此同时,一些国有企业逐渐暴露出管理不规范、内部人控制严重、企业领导人员权力缺乏制约、腐败案件多有发生等问题,企业国有资产监督工作中多头监督、重复监督和监督不到位的现象也日益突出。为贯彻落实中央关于深化国有企业改革的有关部署,切实加强和改进企业国有资产监督、防止国有资产流失,经国务院同意,现提出以下意见。

一、总体要求

(一)指导思想。认真贯彻落实党的十八大和十八届二中、三中、四中、五中全会精神,按照党中央、国务院有关决策部署,以国有资产保值增值、防止流失为目标,坚持问题导向,立足体制机制制度创新,加强和改进党对国有企业的领导,切实强化国有企业内部监督、出资人监督和审计、纪检监察、巡视监督以及社会监督,严格责任追究,加快形成全面覆盖、分工明确、协同配合、制约有力的国有资产监督体系,充分体现监督的严肃性、权威性、时效性,促进国有企业持续健康发展。

(二)基本原则。

坚持全面覆盖,突出重点。实现企业国有资产监督全覆盖,加强对国有企业权力集中、资金密集、资源富集、资产聚集等重点部门、重点岗位和重点决策环节的监督,切实维护国有资产安全。

坚持权责分明,协同联合。清晰界定各类监督主体的监督职责,有效整合监督资源,增强监督工作合力,形成内外衔接、上下贯通的国有资产监督格局。

坚持放管结合,提高效率。正确处理好依法加强监督和增强企业活力的关系,改进监督方式,创新监督方法,尊重和维护企业经营自主权,增强监督的针对性和有效性。

坚持完善制度,严肃问责。建立健全企业国有资产监督法律法规体系,依法依规开展监督工作,完善责任追究制度,对违法违规造成国有资产损失以及监督工作中失职渎职的责任主体,严格追究责任。

二、着力强化企业内部监督

(三)完善企业内部监督机制。企业集团应当建立涵盖各治理主体及审计、纪检监察、巡视、法律、财务等部门的监督工作体系,强化对子企业的纵向监督和各业务板块的专业监督。健全涉及财务、采购、营销、投资等方面的内部监督制度和内控机制,进一步发挥总会计师、总法律顾问作用,加强对企业重大决策和重要经营活动的财务、法律审核把关。加强企业内部监督工作的联动配合,提升信息化水平,强化流程管控的刚性约束,确保内部监督及时、有效。

(四)强化董事会规范运作和对经理层的监督。深入推进外部董事占多数的董事会建设,加强董事会内部的制衡约束,依法规范董事会决策程序和董事长履职行为,落实董事对董事会决议承担的法定责任。切实加强董事会对经理层落实董事会决议情况的监督。设置由外部董事组成的审计委员会,建立审计部门向董事会负责的工作机制,董事会依法审议批准企业年度审计计划和重要审计报告,增强董事会运用内部审计规范运营、管控风险的能力。

(五)加强企业内设监事会建设。建立监事会主席由上级母公司依法提名、委派制度,提高专职监事比例,增强监事会的独立性和权威性。加大监事会对董事、高级管理人员履职行为的监督力度,进一步落实监事会检查公司财务、纠正董事及高级管理人员损害公司利益行为等职权,保障监事会依法行权履职,强化监事会及监事的监督责任。

(六)重视企业职工民主监督。健全以职工代表大会为基本形式的企业民主管理制度,规范职工董事、职工监事的产生程序,切实发挥其在参与公司决策和治理中的作用。大力推进厂务公开,建立公开事项清单制度,保障职工知情权、参与权和监督权。

(七)发挥企业党组织保证监督作用。把加强党的领导和完善公司治理统一起来,落实党组织在企业党风廉政建设和反腐败工作中的主体责任和纪检机构的监督责任,健全党组织参与重大决策机制,强化党组织对企业领导人员履职行为的监督,确保企业决策部署及其执行过程符合党和国家方针政策、法律法规。

三、切实加强企业外部监督

(八)完善国有资产监管机构监督。国有资产监管机构要坚持出资人管理和监督的有机统一,进一步加强出资人监督。健全国有企业规划投资、改制重组、产权管理、财务评价、业绩考核、选人用人、薪酬分配等规范国有资本运作、防止流失的制度。加大对国有资产监管制度执行情况的监督力度,定期开展对各业务领域制度执行情况的检查,针对不同时期的重点任务和突出问题不定期开展专项抽查。国有资产监管机构设立稽查办公室，负责分类处置和督办监督工作中发现的需要企业整改的问题，组织开展国有资产重大损失调查，提出有关责任追究的意见建议。开展国有资产监管机构向所出资企业依法委派总会计师试点工作，强化出资人对企业重大财务事项的监督。加强企业境外国有资产监督，重视在法人治理结构中运用出资人监督手段，强化对企业境外投资、运营和产权状况的监督，严格规范境外大额资金使用、集中采购和佣金管理，确保企业境外国有资产安全可控、有效运营。

（九）加强和改进外派监事会监督。对国有资产监管机构所出资企业依法实行外派监事会制度。外派监事会由政府派出，作为出资人监督的专门力量，围绕企业财务、重大决策、运营过程中涉及国有资产流失的事项和关键环节、董事会和经理层依法依规履职情况等重点，着力强化对企业的当期和事中监督。进一步完善履职报告制度，外派监事会要逐户向政府报告年度监督检查情况，对重大事项、重要情况、重大风险和违法违纪违规行为"一事一报告"。按照规定的程序和内容，对监事会监督检查情况实行"一企一公开"，也可以按照类别和事项公开。切实保障监事会主席依法行权履职，落实外派监事会的纠正建议权、罢免或者调整建议权，监事会主席根据授权督促企业整改落实有关问题或者约谈企业领导人员。建立外派监事会可追溯、可量化、可考核、可问责的履职记录制度，切实强化责任意识，健全责任倒查机制。

（十）健全国有企业审计监督体系。完善国有企业审计制度，进一步厘清政府部门公共审计、出资人审计和企业内部审计之间的职责分工，实现企业国有资产审计监督全覆盖。加大对国有企业领导人员履行经济责任情况的审计力度，坚持离任必审，完善任中审计，探索任期轮审，实现任期内至少审计一次。探索建立国有企业经常性审计制度，对国有企业重大财务异常、重大资产损失及风险隐患、国有企业境外资产等开展专项审计，对重大决策部署和投资项目、重要专项资金等开展跟踪审计。完善国有企业购买审计服务办法，扩大购买服务范围，推动审计监督职业化。

（十一）进一步增强纪检监察和巡视的监督作用。督促国有企业落实"两个责任"，实行"一案双查"，强化责任追究。加强对国有企业执行党的纪律情况的监督检查，重点审查国有企业执行党的政治纪律、政治规矩、组织纪律、廉洁纪律情况，严肃查处违反党中央八项规定精神的行为和"四风"问题。查办腐败案件以上级纪委领导为主，线索处置和案件查办在向同级党委报告的同时，必须向上级纪委报告。严肃查办发生在国有企业改制重组、产权交易、投资并购、物资采购、招标投标以及国际化经营等重点领域和关键环节的腐败案件。贯彻中央巡视工作方针，聚焦党风廉政建设和反腐败斗争，围绕"四个着力"，加强和改进国有企业巡视工作，发现问题，形成震慑，倒逼改革，促进发展。

（十二）建立高效顺畅的外部监督协同机制。整合出资人监管、外派监事会监督和审计、纪检监察、巡视等监督力量，建立监督工作会商机制，加强统筹，减少重复检查，提高监督效能。创新监督工作机制和方式方法，运用信息化手段查核问题，实现监督信息共享。完善重大违法违纪违规问题线索向纪检监察机关、司法机关移送机制，健全监督主体依法提请有关机关配合调查案件的制度措施。

四、实施信息公开加强社会监督

（十三）推动国有资产和国有企业重大信息公开。建立健全企业国有资产监管重大信息公开制度，依法依规设立信息公开平台，对国有资本整体运营情况、企业国有资产保值增值及经营业绩考核总体情况、国有资产监管制度和监督检查情况等依法依规、及时准确披露。国有企业要严格执行《企业信息公示暂行条例》，在依法保护国家秘密和企业商业秘密的前提下，主动公开公司治理以及管理架构、经营情况、财务状况、关联交易、企业负责人薪酬等信息。

（十四）切实加强社会监督。重视各类媒体的监督，及时回应社会舆论对企业国有资产运营的重大关切。畅通社会公众的监督渠道，认真处理人民群众有关来信、来访和举报，切实保障单位和个人对造成国有资产损失行为进行检举和控告的权利。推动社会中介机构规范执业，发挥其第三方独立监督作用。

五、强化国有资产损失和监督工作责任追究

（十五）加大对国有企业违规经营责任追究力度。明确企业作为维护国有资产安全、防止流失的责任主体，健全并严格执行国有企业违规经营责任追究制度。综合运用组织处理、经济处罚、禁入限制、纪律处分和追究刑事责任等手段，依法查办违规经营导致国有资产重大损失的案件，严厉惩处侵吞、贪污、输送、挥霍国有资产和逃废金融债务的行为。对国有企业违法违纪违规问题突出、造成重大国有资产损失的，严肃追究企业党组织的主体责任和企业纪检机构的监督责任。建立完善国有企业违规经营责任追究典型问题通报制度，加强对企业领导人员的警示教育。

（十六）严格监督工作责任追究。落实企业外部监督主体维护国有资产安全、防止流失的监督责任。健全国有资产监管机构、外派监事会、审计机关和纪检监察、巡视部门在监督工作中的问责机制，对企业重大违法违纪违规问题应当发现而未发现或敷衍不追、隐匿不报、查处不力的，严格追究有关人员失职渎职责任，视不同情形分别给予纪律处分或行政处分，构成犯罪的，依法追究刑事责任。完善监督工作中的自我监督机制，健全内控措施，严肃查处监督工作人员在问题线索清理、处置和案件查办过程中违反政治纪律、组织纪律、廉洁纪律、工作纪律的行为。

六、加强监督制度和能力建设

（十七）完善企业国有资产监督法律制度。做好国有资产监督法律法规的立改废释工作，按照法定程序修订完善企业国有资产法等法律法规中有关企业国有资产监督的规定，制定出台防止企业国有资产流失条例，将加强企业国有资产监督的职责、程序和有关要求法定化、规范化。

（十八）加强监督队伍建设。选派政治坚定、业务扎实、作风过硬、清正廉洁的优秀人才，进一步充实监督力量。优化监督队伍知识结构，重视提升监督队伍的综合素质和专业素养。加强对监督队伍的日常管理和考核评价，健全与监督工作成效挂钩的激励约束机制，强化监督队伍履职保障。

本意见适用于全国企业国有资产监督工作。金融、文化等企业国有资产监督工作，中央另有规定的依其规定执行。

国务院关于加强审计工作的意见

（国发〔2014〕48号）

各省、自治区、直辖市人民政府，国务院各部委、各直属机构：

为切实加强审计工作，推动国家重大决策部署和有关政策措施的贯彻落实，更好地服务改革发展，维护经济秩序，促进经济社会持续健康发展，现提出以下意见：

一、总体要求

（一）指导思想。坚持以邓小平理论、“三个代表”重要思想、科学发展观为指导，深入贯彻落实党的十八大和十八届二中、三中全会精神，依法履行审计职责，加大审计力度，创新审计方式，提高审计效率，对稳增长、促改革、调结构、惠民生、防风险等政策措施落实情况，以及公共资金、国有资产、国有资源、领导干部经济责任履行情况进行审计，实现审计监督全覆盖，促进国家治理现代化和国民经济健康发展。

（二）基本原则。

——围绕中心，服务大局。紧紧围绕国家中心工作，服务改革发展，服务改善民生，促进社会公正，为建设廉洁政府、俭朴政府、法治政府提供有力支持。

——发现问题，完善机制。发现国家政策措施执行中存在的主要问题和重大违法违纪案件线索，维护财经法纪，促进廉政建设；发现经济社会运行中的突出矛盾和风险隐患，维护国家经济安全；发现经济运行中好的做法、经验和问题，注重从体制机制制度层面分析原因和提出建议，促进深化改革和创新体制机制。

——依法审计，秉公用权。依法履行宪法和法律赋予的职责，敢于碰硬，勇于担当，严格遵守审计工作纪律和各项廉政、保密规定，注意工作方法，切实做到依法审计、文明审计、廉洁审计。

二、发挥审计促进国家重大决策部署落实的保障作用

（三）推动政策措施贯彻落实。持续组织对国家重大政策措施和宏观调控部署落实情况的跟踪审计，着力监督检查各地区、各部门落实稳增长、促改革、调结构、惠民生、防风险等政策措施的具体部署、执行进度、实际效果等情况，特别是重大项目落地、重点资金保障，以及简政放权推进情况，及时发现和纠正有令不行、有禁不止行为，反映好的做法、经验和新情况、新问题，促进政策落地生根和不断完善。

（四）促进公共资金安全高效使用。要看好公共资金，严防贪污、浪费等违法违规行为，确保公共资金安全。把绩效理念贯穿审计工作始终，加强预算执行和其他财政收支审计，密切关注财政资金的存量和增量，促进减少财政资金沉淀，盘活存量资金，推动财政资金合理配置、高效使用，把钱用在刀刃上。围绕中央八项规定精神和国务院“约法三章”要求，加强“三公”经费、会议费使用和楼堂馆所建设等方面审计，促进厉行节约和规范管理，推动俭朴政府建设。

（五）维护国家经济安全。要加大对经济运行中风险隐患的审计力度，密切关注财政、金融、民生、国有资产、能源、资源和环境保护等方面存在的薄弱环节和风险隐患，以及可能引发的社会不稳定因素，特别是地方政府性债务、区域性金融稳定等情况，注意发现和反映苗头性、倾向性问题，积极提出解决问题和化解风险的建议。

（六）促进改善民生和生态文明建设。加强对"三农"、社会保障、教育、文化、医疗、扶贫、救灾、保障性安居工程等重点民生资金和项目的审计，加强对土地、矿产等自然资源，以及大气、水、固体废物等污染治理和环境保护情况的审计，探索实行自然资源资产离任审计，深入分析财政投入与项目进展、事业发展等情况，推动惠民和资源、环保政策落实到位。

（七）推动深化改革。密切关注各项改革措施的协调配合情况，促进增强改革的系统性、整体性和协调性。正确把握改革和发展中出现的新情况，对不合时宜、制约发展、阻碍改革的制度规定，及时予以反映，推动改进和完善。

三、强化审计的监督作用

（八）促进依法行政、依法办事。要加大对依法行政情况的审计力度，注意发现有法不依、执法不严等问题，促进法治政府建设，切实维护法律尊严。要着力反映严重损害群众利益、妨害公平竞争等问题，维护市场经济秩序和社会公平正义。

（九）推进廉政建设。对审计发现的重大违法违纪问题，要查深查透查实。重点关注财政资金分配、重大投资决策和项目审批、重大物资采购和招标投标、贷款发放和证券交易、国有资产和股权转让、土地和矿产资源交易等重点领域和关键环节，揭露以权谋私、失职渎职、贪污受贿、内幕交易等问题，促进廉洁政府建设。

（十）推动履职尽责。深化领导干部经济责任审计，着力检查领导干部守法守纪守规尽责情况，促进各级领导干部主动作为、有效作为，切实履职尽责。依法依纪反映不作为、慢作为、乱作为问题，促进健全责任追究和问责机制。

四、完善审计工作机制

（十一）依法接受审计监督。凡是涉及管理、分配、使用公共资金、国有资产、国有资源的部门、单位和个人，都要自觉接受审计、配合审计，不得设置障碍。有关部门和单位要依法、及时、全面提供审计所需的财务会计、业务和管理等资料，不得制定限制向审计机关提供资料和开放计算机信息系统查询权限的规定，已经制定的应予修订或废止。对获取的资料，审计机关要严格保密。

（十二）提供完整准确真实的电子数据。有关部门、金融机构和国有企事业单位应根据审计工作需要，依法向审计机关提供与本单位、本系统履行职责相关的电子数据信息和必要的技术文档；在确保数据信息安全的前提下，协助审计机关开展联网审计。在现场审计阶段，被审计单位要为审计机关进行电子数据分析提供必要的工作环境。

（十三）积极协助审计工作。审计机关履行职责需要协助时，有关部门、单位要积极予以协助和支持，并对有关审计情况严格保密。要建立健全审计与纪检监察、公安、检察以及其他有关主管单位的工作协调机制，对审计移送的违法违纪问题线索，有关部门要认真查处，及时向审计机关反馈查处结果。审计机关要跟踪审计移送事项的查处结果，适时向社会公告。

五、狠抓审计发现问题的整改落实

（十四）健全整改责任制。被审计单位的主要负责人作为整改第一责任人，要切实抓好审计发现问题的整改工作，对重大问题要亲自管、亲自抓。对审计发现的问题和提出的审计建议，被审计单位要及时整改和认真研究，整改结果在书面告知审计机关的同时，要向同级政府或主管部门报告，并向社会公告。

（十五）加强整改督促检查。各级政府每年要专题研究国家重大决策部署和有关政策措施落实情况审计，以及本级预算执行和其他财政收支审计查出问题的整改工作，将整改纳入督查督办事项。对审计反映的问题，被审计单位主管部门要及时督促整改。审计机关要建立整改检查跟踪机制，必要时可提请有关部门协助落实整改意见。

（十六）严肃整改问责。各地区、各部门要把审计结果及其整改情况作为考核、奖惩的重要依据。对审计发现的重大问题，要依法依纪作出处理，严肃追究有关人员责任。对审计反映的典型性、普遍性、倾向性问题,要及时研究,完善制度规定。对整改不到位的,要与被审计单位主要负责人进行约谈。对整改不力、屡审屡犯的,要严格追责问责。

六、提升审计能力

(十七)强化审计队伍建设。着力提高审计队伍的专业化水平,推进审计职业化建设,建立审计人员职业保障制度,实行审计专业技术资格制度,完善审计职业教育培训体系,努力建设一支具有较高政治素质和业务素质、作风过硬的审计队伍。审计机关负责人原则上应具备经济、法律、管理等工作背景。招录审计人员可加试审计工作必需的专业知识和技能,部分专业性强的职位可实行聘任制。

(十八)推动审计方式创新。加强审计机关审计计划的统筹协调,优化审计资源配置,开展好涉及全局的重大项目审计,探索预算执行项目分阶段组织实施审计的办法,对重大政策措施、重大投资项目、重点专项资金和重大突发事件等可以开展全过程跟踪审计。根据审计项目实施需要,探索向社会购买审计服务。加强上级审计机关对下级审计机关的领导,建立健全工作报告等制度,地方各级审计机关将审计结果和重大案件线索向同级政府报告的同时,必须向上一级审计机关报告。

(十九)加快推进审计信息化。推进有关部门、金融机构和国有企事业单位等与审计机关实现信息共享,加大数据集中力度,构建国家审计数据系统。探索在审计实践中运用大数据技术的途径,加大数据综合利用力度,提高运用信息化技术查核问题、评价判断、宏观分析的能力。创新电子审计技术,提高审计工作能力、质量和效率。推进对各部门、单位计算机信息系统安全性、可靠性和经济性的审计。

(二十)保证履行审计职责必需的力量和经费。根据审计任务日益增加的实际,合理配置审计力量。按照科学核算、确保必需的原则,在年度财政预算中切实保障本级审计机关履行职责所需经费,为审计机关提供相应的工作条件。加强内部审计工作,充分发挥内部审计作用。

七、加强组织领导

(二十一)健全审计工作领导机制。地方各级政府主要负责人要依法直接领导本级审计机关,支持审计机关工作,定期听取审计工作汇报,及时研究解决审计工作中遇到的突出问题,把审计结果作为相关决策的重要依据。要加强政府监督检查机关间的沟通交流,充分利用已有的检查结果等信息,避免重复检查。

(二十二)维护审计的独立性。地方各级政府要保障审计机关依法审计、依法查处问题、依法向社会公告审计结果,不受其他行政机关、社会团体和个人的干涉,定期组织开展对审计法律法规执行情况的监督检查。对拒不接受审计监督,阻挠、干扰和不配合审计工作,或威胁、恐吓、报复审计人员的,要依法依纪查处。

中央预算执行情况审计监督暂行办法

(中华人民共和国国务院令第 181 号)

第一条 为了做好对中央预算执行和其他财政收支的审计监督工作,根据《中华人民共和国审计法》(以下简称《审计法》),制定本办法。

第二条 审计署在国务院总理领导下,对中央预算执行情况进行审计监督,维护中央预算的法律严肃性,促进中央各部门(含直属单位,下同)严格执行预算法,发挥中央预算在国家宏观调控中的作用,保障经济和社会的健康发展。

第三条 对中央预算执行情况进行审计,应当有利于国务院对中央财政收支的管理和全国人民代表大会常务委员会对中央预算执行和其他财政收支的监督;有利于促进国务院财政税务部门和中央其他部门依法有效地行使预算管理职权;有利于实现中央预算执行和其他财政收支审计监督工作的法制化。

第四条 审计署依法对中央预算执行情况,省级预算执行情况和决算,以及中央级其他财政收支的真实、合法和效益,进行审计监督。

第五条 对中央预算执行情况进行审计监督的主要内容:

(一)财政部按照全国人民代表大会批准的中央预算向中央各部门批复预算的情况、中央预算执行中调整情况和预算收支变化情况；

（二）财政部、国家税务总局、海关总署等征收部门，依照有关法律、行政法规和国务院财政税务部门的有关规定，及时、足额征收应征的中央各项税收收入、中央企业上缴利润、专项收入和退库拨补企业计划亏损补贴等中央预算收入情况；

（三）财政部按照批准的年度预算和用款计划、预算级次和程序、用款单位的实际用款进度，拨付中央本级预算支出资金情况；

（四）财政部依照有关法律、行政法规和财政管理体制，拨付补助地方支出资金和办理结算情况；

（五）财政部依照有关法律、行政法规和财政部的有关规定，管理国内外债务还本付息情况；

（六）中央各部门执行年度支出预算和财政、财务制度，以及相关的经济建设和事业发展情况；有预算收入上缴任务的部门和单位预算收入上缴情况；

（七）中央国库按照国家有关规定，办理中央预算收入的收纳和预算支出的拨付情况；

（八）国务院总理授权审计的按照有关规定实行专项管理的中央级财政收支情况。

第六条 对中央级其他财政收支进行审计监督的主要内容：

（一）财政部依照有关法律、行政法规和财政部的有关规定，管理和使用预算外资金和财政有偿使用资金的情况；

（二）中央各部门依照有关法律、行政法规和财政部的有关规定，管理和使用预算外资金的情况。

第七条 为了做好中央预算执行情况审计监督工作，对省级政府预算执行和决算中，执行预算和税收法律、行政法规，分配使用中央财政补助地方支出资金和省级预算外资金管理和使用情况等关系国家财政工作全局的问题，进行审计或者审计调查。

第八条 根据《审计法》有关审计工作报告制度的规定，审计署应当在每年第一季度对上一年度国家税务总局、海关总署所属机构和中央有关部门实施中央预算情况和其他财政收支，进行就地审计；第二季度对上一年度中央预算执行情况进行审计。审计署对预算执行中的特定事项，应当及时组织专项审计调查。

审计署每年第二季度应当向国务院总理提出对上一年度中央预算执行和其他财政收支的审计结果报告。

审计署应当按照全国人民代表大会常务委员会的安排，受国务院委托，每年向全国人民代表大会常务委员会提出对上一年度中央预算执行和其他财政收支的审计工作报告。

第九条 国务院财政税务部门和中央其他部门应当向审计署报送以下资料：

（一）全国人民代表大会批准的中央预算和财政部向中央各部门批复的预算，税务、海关征收部门的年度收入计划，以及中央各部门向所属各单位批复的预算；

（二）中央预算收支执行和税务、海关收入计划完成情况月报、决算和年报，以及预算外资金收支决算和财政有偿使用资金收支情况；

（三）综合性财政税务工作统计年报，情况简报，财政、预算、税务、财务和会计等规章制度；

（四）中央各部门汇总编制的本部门决算草案。

第十条 对国务院财政税务部门和中央其他部门在组织中央预算执行和其他财政收支中，违反预算的行为或者其他违反国家规定的财政收支行为，审计署在法定职权范围内，依照有关法律、行政法规的规定，出具审计意见书或者作出审计决定，重大问题向国务院提出处理建议。

第十一条 国务院财政税务部门和中央其他部门发布的财政规章、制度和办法有同有关法律、行政法规相抵触或者有不适当之处，应当纠正或者完善的，审计署可以提出处理建议，报国务院审查决定。

第十二条 违反《审计法》的规定，拒绝或者阻碍审计检查的，由审计署责令改正，可以通报批评，给予警告；拒不改正的，依法追究责任。

第十三条 中国人民解放军审计署对中国人民解放军预算执行和其他财政收支的审计结果报告，报中央军事委员会的同时，并报审计署。

第十四条 省、自治区、直辖市审计机关，可以参照本办法，结合本地方的实际情况，制定地方预算执行情况审计监督实施办法，报同级人民政府批准，并报审计署备案。

第十五条 本办法自发布之日起施行。

全国人民代表大会常务委员会
关于加强中央预算审查监督的决定

（1999 年 12 月 25 日第九届全国人民代表大会常务委员会第十三次会议通过）

为履行宪法赋予全国人民代表大会及其常务委员会的职责，贯彻依法治国的基本方略，规范预算行为，厉行节约，更好地发挥中央预算在发展国民经济、促进社会进步、改善人民生活和深化改革、扩大开放中的作用，必须加强对中央预算的审查和监督。为此，特作如下决定：

一、加强和改善预算编制工作。要坚持先有预算，后有支出，严格按预算支出的原则，细化预算和提前编制预算。各部门、各单位应当按照预算法的要求编好部门预算和单位预算，有关部门要按时批复预算、拨付资金。积极创造条件做到：中央本级预算的经常性支出按中央一级预算单位编制，中央预算建设性支出、基金支出按类别以及若干重大项目编制，中央财政对地方总的补助性支出按补助类别编制。在每个财政年度开始前将中央预算草案全部编制完毕。

二、加强和改善中央预算的初步审查工作。对中央预算的审查，应当按照真实、合法、效益和具有预测性的原则进行。国务院财政部门应当及时向全国人民代表大会财政经济委员会和全国人民代表大会常务委员会预算工作委员会通报有关中央预算编制的情况，在全国人民代表大会会议举行的一个半月前，将中央预算初步方案提交财政经济委员会，由财政经济委员会对上一年预算执行情况和本年度中央预算草案的主要内容进行初步审查。国务院财政部门应积极创造条件，做到提交审查的材料包括：科目列到类、重要的列到款的预算收支总表和中央政府性基金预算表，中央各预算单位收支表，建设性支出、基金支出的类别表和若干重大的项目表，按类别划分的中央财政返还或补助地方支出表，中央财政对农业、教育、科技、社会保障支出表等，以及有关说明。

三、全国人民代表大会会议期间，财政经济委员会根据各代表团和有关专门委员会的意见对中央及地方预算草案进行审查，并提出审查结果报告。全国人民代表大会关于中央及地方预算的决议，国务院应当贯彻执行。

四、加强对预算超收收入使用的监督。中央预算超收收入可以用于弥补中央财政赤字和其他必要的支出。中央预算执行过程中，需要动用超收收入追加支出时，应当编制超收收入使用方案，由国务院财政部门及时向财政经济委员会和预算工作委员会通报情况，国务院应向全国人民代表大会常务委员会作预计超收收入安排使用情况的报告。

五、严格控制不同预算科目之间的资金调剂，各部门、各单位的预算支出应当按照预算科目执行。中央预算安排的农业、教育、科技、社会保障预算资金的调减，须经全国人民代表大会常务委员会审查和批准，以后根据需要还可以逐步增加新的项目。

六、加强对中央预算调整方案的审查工作。因特殊情况必须调整中央预算时，国务院应当编制中央预算调整方案，并于当年 7 月至 9 月之间提交全国人民代表大会常务委员会。国务院财政部门应当及时向财政经济委员会和预算工作委员会通报中央预算调整的情况，在常务委员会举行会议审批中央预算调整方案的一个月前，将中央预算调整方案的初步方案提交财政经济委员会，由财政经济委员会进行初步审查。

七、中央决算草案应当按照全国人民代表大会批准的预算所列科目编制，按预算数、调整或变更数以及实际执行数分别列出，变化较大的要作出说明。中央决算草案应在全国人民代表大会常务委员会举行会议审查和批准的一个月前，提交财政经济委员会，由财政经济委员会结合审计工作报告进行初步审查。

八、加强对中央预算执行的审计。国务院审计部门要按照真实、合法和效益的要求，对中央预算执行情况和部门决算依法进行审计，审计出的问题要限时依法纠正、处理。国务院应当向全国人民代表大会常务委员会提出对中央预算执行和其他财政收支的审计工作报告，必要时，常务委员会可以对审计工作报告作出决议。

九、加强对中央预算执行情况的监督。在全国人民代表大会及其常务委员会领导下，财政经济委员会和预算工作委员会应当做好有关工作。国务院有关部门应及时向财政经济委员会、预算工作委员会提交落实全国人民代表大会关于预算决议的情况，对部门、单位批复的预算，预算收支执行情况，政府债务、社会保障基金等重点资金和预算外资金收支执行情况，有关经济、财政、金融、审计、税务、海关等综合性统计报告、规章制度及有关资料。

十、加强对预算外资金的监督。要采取措施将中央预算外资金纳入中央预算，对暂时不能纳入预算的要编制收支计划和决算。预算外资金的收支情况要向全国人民代表大会常务委员会报告。

十一、要依法执行备案制度。国务院应将全国人民代表大会授权其制定的经济体制改革和对外开放方面有关预算的暂行规定或条例，中央预算与地方预算有关收入和支出项目的划分、地方向中央上解收入、中央对地方返还或者给予补助的具体办法，省、自治区、直辖市政府报送国务院备案的预算的汇总，以及其他应报送的事项，及时报送全国人民代表大会常务委员会备案。

十二、预算工作委员会是全国人民代表大会常务委员会的工作机构，协助财政经济委员会承担全国人民代表大会及其常务委员会审查预决算、审查预算调整方案和监督预算执行方面的具体工作，受常务委员会委员长会议委托，承担有关法律草案的起草工作，协助财政经济委员会承担有关法律草案审议方面的具体工作，以及承办本决定第十一条规定的和常务委员会、委员长会议交办以及财政经济委员会需要协助办理的其他有关财政预算的具体事项。经委员长会议专项同意，预算工作委员会可以要求政府有关部门和单位提供预算情况，并获取相关信息资料及说明。经委员长会议专项批准，可以对各部门、各预算单位、重大建设项目的预算资金使用和专项资金的使用进行调查，政府有关部门和单位应积极协助、配合。

国务院关于贯彻落实《全国人民代表大会常务委员会关于加强中央预算审查监督的决定》的通知

(国发〔2000〕39 号)

《全国人民代表大会常务委员会关于加强中央预算审查监督的决定》(以下简称《决定》)已经 1999 年 12 月 25 日第九届全国人民代表大会常务委员会第十三次会议通过。认真贯彻实施《决定》，对促进中央预算管理体制改革，加强依法理财、从严治财，具有十分重要的意义。各部门要高度重视，采取有效措施，认真贯彻落实。为此，特作如下通知：

一、提高思想认识，严格依法行政

《决定》的发布，对于贯彻依法治国方针，规范预算行为，进一步改进和规范预算管理工作，更好地发挥中央预算在发展国民经济、促进社会进步、改善人民生活和深化改革、扩大开放中的作用具有重要的意义。各部门要认真学习，深刻领会，全面贯彻《决定》精神，进一步加强中央预算管理，依法理财，从严治财，开创中央预算管理工作的新局面。

二、改进预算编制工作，加强预算资金管理

《决定》在中央预算的编制、审查和批准、执行、调整、决算以及监督等方面，将《宪法》和《预算法》中有关预算审查监督的规定具体化，对改进和加强中央预算管理提出了新的更高的要求。财政部要严格按照《决定》精神，进一步改进工作作风，加强和改善中央预算管理工作。各部门要严格按照《预算法》和《决定》的要求，认真履行职责，积极做好各项工作。

(一)各部门要进一步改进和加强中央预算的编制工作，积极创造条件提前编制和细化预算；要严格按照国务院关于编制中央预算的指示和财政部的具体规定，统一由财务机构编制包含本部门所有财务收支的预算草案，并在规定的时间内报送财政部审核汇总。国家计委、国家经贸委、科技部、国务院机关事务管理局等具有预算分配权的部分，要按照财政部统一规定的时间表，及时审核和落实各部门预算指标，在年初预算中确需预留的待分配支出，不得超过国务院规定的比例。各部门要根据法律和政策规定，认真分析本部门上一年度实际收支情况和下一年度收支变动因素，按照类别逐项测算预算收入和预算支出，实事求是地编制本部门预算草案；财政部在审核汇总各部门预算草案的基础上编制中央预算草案，并在规定的时间内报送国务院。中央预算草案经全国人民代表大会批准后，财政部和各部门要及时批复下达。

（二）各部门财务收支要严格按照财政部和上级预算主管部门批复的预算执行；预算执行中不得随意调剂使用不同预算科目的资金，因特殊情况确需调剂使用的，应于每年第三季度，由有关部门统一提出调剂使用方案，报财政部审核同意后执行。中央预算安排的农业、教育、科技、社会保障等预算资金如有调减，有关部门要列明调减的原因、项目、数额，经财政部报国务院审核，确需调减的，提请全国人民代表大会常务委员会审查批准。

（三）各部门要按照国务院有关规定，加强和是预算外资金管理，逐步将预算外资金纳入预算；对暂时不能纳入预算的，要根据收入情况和支出需要编制预算外资金收支计划。对预算外资金要加强财政专户管理，全面落实“收支两条线”的规定。

（四）进一步改进和加强对中央预算执行情况和部门决算的审计。审计署要认真履行宪法赋予审计机关的职责，按照真实、合法和效益的要求，严格依照审计法律、行政法规的规定，对中央预算执行情况和部门决算进行审计，促进各部门严格执行《预算法》，规范预算行为，加强预算管理。同时，要积极探索新的审计形式，不断提高审计质量。

三、自觉接受全国人大及其常委会对中央预算的审查和监督

各部门要严格按照《决定》的要求，自觉接受全国人大及其常委会对中央预算的审查和监督，积极协助、配合全国人大财政经济委员会（简称财政经济委员会）和全国人大常委会预算工作委员会（简称预算工作委员会）地开展工作。

（一）在各部门预算草案和中央预算草案编制过程中，由财政部统一向财政经济委员会和预算工作委员会通报预算编制的有关情况。中央预算草案编制完成后，在报送国务院批准之前，财政部应当及时向财政经济委员会和预算工作委员会通报编制情况。中央预算草案经国务院审定后，财政部应当在规定的时间内将中央预算草案提交财政经济委员会进行初步审查。

（二）在中央预算执行过程中，有关部门应当按照《决定》的要求，及时向财政经济委员会、预算工作委员会提交有关情况和资料。其中，落实全国人大关于预算决议的情况，对部门批复的预算，预算收支执行情况，政府债务、社会保障基金等重点资金和预算外资金收支执行情况，由财政部负责提交；直接要求有关部门提供的，由有关部门与财政部核实后负责提交；各部门对所属单位批复的预算，由各部门按照财政经济委员会和预算工作委员会的要求负责提交；有关经济、财政、金融、审计、税务、海关等综合性统计报告、规章制度及有关资料，由有关部门负责提交。

（三）对预算工作委员会经全国人大常委会委员长会议专项同意，要求有关部门提供的预算情况、相关信息资料和说明，有关部门在接到预算工作委员会的通知后，应当及时报告国务院并通报财政部，在与财政部进行核实后，及时予以提供。对预算工作委员会经委员长会议专项批准，对各部门、各预算单位预算资金使用情况进行的调查，有关部门应当积极予以协助和配合，并及时通报财政部。

国务院关于2014年度中央预算执行和其他财政收支的审计工作报告

——2015年6月28日在第十二届全国人民代表大会常务委员会第十五次会议上

审计署审计长　刘家义

全国人民代表大会常务委员会：

我受国务院委托，向全国人大常委会报告2014年度中央预算执行和其他财政收支的审计情况，请予审议。

2014年，各部门各地区在党中央、国务院领导下，认真执行十二届全国人大二次会议批准的财政预算和发展计划，扎实推进有关工作，财政保障能力进一步增强。

——财政收入稳定增长。统筹稳增长、促改革、调结构、惠民生、防风险，创新完善宏观调控的思路和方式，国民经济运行保持在合理区间。依法加强税收征管，实行定向减税和普遍性降费，中央一般公共预算收入完成100.2%、增长7.1%。

——重点支出得到较好保障。优化财政支出结构，从严控制一般性支出，持续增加民生投入，中央财政用于医疗卫生、住房保障、就业和社会保障、农林水的支出分别增长11%、9%、8.5%、8.4%。

——财税体制改革取得积极进展。配合完成预算法修订，制定实施深化财税体制改革总体方案，作出深化预算管理制度改革的决定，完善转移支付制度，建立地方政府性债务管理机制。大力推进简政放权，取消和下放行政审批事项246项，继续缩减投资项目核准范围。

对上年审计工作报告指出的问题，国务院常务会议专题部署整改。各部门各地区认真落实，促进增收节支和挽回损失等1000多亿元，制定完善制度3100多项；对审计移送的314起重大违法违纪问题，有关部门已依法依纪处理1400多人。具体整改情况已向全国人大常委会报告，并向社会公告。

一、中央预算执行及决算草案审计情况

据财政部提供的中央决算草案报表，2014年一般公共预算收入总量65 493.45亿元、支出总量74 993.45亿元，赤字9500亿元，与预算持平；政府性基金预算收入总量5039.59亿元、当年支出4319.49亿元，结转下年720.1亿元；国有资本经营预算收入总量1563.1亿元、当年支出1419.12亿元，结转下年143.98亿元。

与向人大报告的预算执行情况的差异：一般公共预算决算收入增加3.44亿元，主要是整理期入库收入；支出减少13.25亿元，主要是税收返还减少；以上资金全部用于补充预算稳定调节基金。政府性基金预算决算收入增加10.57亿元，主要是整理期入库收入；支出减少0.05亿元，另有地方上解收入增加24.38亿元；以上资金全部结转下年。审计发现的主要问题：

(一)决算草案报表体系不够完善。一是未包括资产负债表，且总预算会计核算发行国债取得资金时，未按规定计入负债类科目，而是作为债务收入，不能准确反映政府的资产和负债等情况。二是未按经济性质分类编列一般公共预算支出。

(二)预算变更偏多。包括：中央本级支出调增724.47亿元、调减660.43亿元，税收返还和转移支付支出调增596.94亿元、调减879.87亿元。

(三)未披露用以前年度超拨资金抵顶的支出。如直接使用“农作物良种补贴”等7个专项的以前年度超拨资金47.05亿元，抵顶2014年度应安排支出。

(四)中央决算草案与部门决算草案衔接不够。如抽查的22个部门2014年度决算收入5657.19亿元，中央决算草案仅反映财政拨款收入2805.65亿元(占49.6%)，未包括事业收入等。

二、中央财政管理审计情况

从审计情况看，2014年，财政部、发展改革委等部门注重加强宏观调控，积极推进财税改革，加大预决算公开力度，预算执行的规范化程度有所提高，但预算管理体系还不够完善，财政管理方式还不完全适应，部分财政资金被骗取挪用，影响财政资金的安全和高效使用。

(一)各本预算间收支划分不够清晰。

1. 政府性基金预算中包含非政府性基金项目。在2014年政府性基金预算核算的29个项目中，有11个不在基金目录中，当年收入1864.26亿元(占45%)。财政部2015年仅将其中3项转至一般公共预算核算，对无线电频率占用费等8项未作调整。

2. 一般公共预算和国有资本经营预算向中央企业安排支出存在交叉。如厂办大集体改革支出分别安排1.99亿元、11.05亿元，外经贸发展专项支出分别安排6.89亿元、41.51亿元。

3. 国有资本经营预算范围还不完整。2014年，中央部门和单位下属企业仍有4500多家未纳入实施范围，应结合事业单位和国有企业改革加快推进。

(二)税费收缴执法不到位。

1. 征管不严造成税收流失。2013年至2014年，6个省的国税部门违规批准延期申报、缓缴、暂存过渡户等延压税款159.64亿元，其中2014年20.32亿元；10个省的国税部门纳税审核不严，少征37家企业税款3.18亿元；还有15个省的国税部门违规为104家企业办理税收减免5亿元。

2. 发票监管不严，药品购销领域偷逃税仍较突出。抽查的65家企业虚开药品销售发票200多亿元，偷逃税60多亿元。税务机关对其中36家企业从未进行过稽查，对其他29家企业的稽查也不到位。有的企业是专门的开票公司，如辽宁省黑山县周宗武等人2年间在不足50平方米的同一场所重复注销、开设6家企业，涉嫌向100多家医药企业虚开增值税专用发票30多亿元。

3. 未及时足额收缴非税收入。至2014年底,中央非税收入有193.36亿元未收缴入库,包括:国际金融组织贷款还贷准备金利息等61.34亿元,探矿权采矿权价款中央分成128.76亿元,中央部门资产出租出借或处置收入3.19亿元。此外,抽查地方非税收入征缴情况发现,有3个省少征国有股权出让价款等27.27亿元,8个省收入过渡户中有30.81亿元未及时缴入国库。

(三)预算批复下达不及时、不规范。

1. 部分预算下达不及时。一般公共预算中,本级支出有480.53亿元(占3.7%)未按要求在9月30日前下达,专项转移支付有2495.9亿元(占13%)未按要求在批准后90日内下达;国有资本经营预算12月支出411.45亿元(占29%),其中12月20日后支出310.06亿元。

2. 财政部批复的部门预算中个别事项不规范。一是63个部门年初预算少编报已确认结余1.94亿元。二是在项目单位未提交申报文本、未确定具体项目等情况下,直接安排39所高校专项资金44.76亿元。三是预算安排结构不合理,以公用经费等抵顶人员经费。如人力资源社会保障部下达银监会、证监会、保监会的工资总额,与财政部安排的人员经费存在差异,财政部2012年以来每年都在年初预算中安排这3家单位公用经费25亿多元,执行中再将4亿多元调整为人员经费。

3. 发展改革委安排的投资计划中个别事项不规范。一是未严格按照投资计划的级次和投向安排资金,将274.79亿元对地方补助上划为中央本级;调减2个投向27.02亿元,调增3个投向65.71亿元。二是采取直接将投资补助分配到企业的方式,安排"产业转型升级"、"战略性新兴产业"等5个专项83.78亿元。三是在未公开标准或无规划的情况下分配"动物防疫体系建设"等专项1.3亿元,还向不符合条件的项目安排"煤矿安全改造"等专项2010万元。四是少数专项分配较随意,如对同处西部的两个"残疾人康复和托养设施建设"项目,安排补助占项目总投资的比例分别为80%、18%;"畜禽水产良种工程"专项补助的124个项目中,有101个项目的补助占比超过50%的规定上限,最高97%;超出建设规划安排8个省"农户科学储粮设施"51.6万套,最高超出90%。

(四)转移支付改革和规范还不到位。

1. 部分一般性转移支付有限定用途。其中:有9188.49亿元(占19%)指定用于专门事项,还有18个专项转移支付转入的140.56亿元(占0.3%)也有专门用途,地方难以统筹使用。

2. 专项转移支付清理整合不到位。近年清理归并工作取得一定成效,但仍存在"碎片化、部门化、司处化"现象。财政部2014年上报专项转移支付133个,执行中实际安排明细专项362个;抽查343个明细专项有43个部门参与分配,涉及123个司局、209个处室。如"公共卫生服务补助"专项细分为21个明细专项,其中卫生计生委疾病预防控制局有10个处参与13个明细专项的分配。

3. 部分专项转移支付分配审核不够严格。如财政部2014年自行分配应由农业部提出分配意见的"农林业科技成果转化与技术推广"专项41.04亿元、"农民培训"专项9000万元;未经评审下达9个项目"国家重点文物保护"专项5714万元;未经江苏省申报,将"文化体育与传媒事业发展"专项332万元,直接下达给"锦绣堂维修"等苏州吴中区金庭镇东村的3个项目。有的项目审核中掌握具体情况不及时,如财政部向一家公司下达"中小企业发展"专项190万元时,该公司已因非法集资被调查。

4. 部分专项资金被骗(套)取。审计发现,一些企业和个人采取伪造社保证明、签订虚假合同、虚报职工人数、重复申报等方式,骗(套)取专项资金12.6亿元。其中:"关闭小企业中央财政补助"1.03亿元(占抽查企业数的54%、金额的47%)、"国际服务外包业务发展专项"9181.24万元(占抽查企业数的40%、金额的39%)、"产业化经营中央财政补助"4210万元(占抽查企业数的39%、金额的37%)、"文化产业发展专项补助"7100万元(占抽查企业数的9.7%、金额的3.5%)、"产业振兴和技术改造"等中央投资专项2.13亿元(占抽查企业数的81%、金额的63%)、"农机具购置补贴"等涉农专项7.38亿元(占抽查金额的3.2%)。此外,还发现8个省的财政等部门挤占挪用或出借资金等29亿多元,用于楼堂馆所建设、发放补贴或招商引资奖励等。

(五)政府性债务管理需进一步加强。

1. 国债发行与库款管理衔接不够。一是短期国债占比低,2014年发行的短期国债占比不到7%,其灵活性高、成本低的优势得不到充分发挥,也不利于国债市场培育和开展公开市场操作。二是发债筹资与预算执行、国库库款余额管理缺乏统筹,库款余额高、波动大,影响财政资金使用效益。如2014年10月13日至12月17日,在库款从5373.89亿元持续增至11 784.25亿元的情况下,财政部19次发行国债筹资共

4601.92 亿元。

2. 主权外债项目审批管理还不够严格。主要是尚未建立规范透明的项目审批流程，抽查 145 个项目的审批过程未作详细记录，至 2014 年底尚有财政部垫款等 14.82 亿美元未能追偿。

3. 个别地方政府性债务偿债压力较大。至 2013 年 6 月底全国地方政府负偿还责任债务中，需在 2015 年偿还的有 1.86 万亿元（占 17%）。重点抽查的 9 个省本级、9 个省会城市本级和 9 个县，2014 年底政府负偿还责任债务余额比 2013 年 6 月底增加 46%；今年以来增速放缓，3 月底比年初增长 0.1%（县级下降 3.5%），但这些地区上年综合财力呈负增长的有三分之一，大部分地方政府债券尚未发行，个别地区债务偿还出现困难。

三、中央部门预算执行审计情况

审计 44 个中央部门及 303 个所属单位，抽查财政拨款预算 2213.49 亿元（占其财政拨款预算总额的 41%）。这些部门 2014 年度预算执行总体较好，“三公”经费和会议费支出比上年下降 27%，部门本级公务用车改革基本完成。审计发现的主要问题：

（一）有的部门预算编报和执行还不够严格。农业部、司法部在部门预算中编报对地方专项转移支付 6.14 亿元；工商总局、文化部等 8 个部门和单位多申领人员经费或项目经费 1635.19 万元。预算执行中，国土资源部、交通运输部等 7 个部门和 65 个单位将项目经费或公用经费 4.75 亿元调剂用于人员支出，有的是事业单位分类改革中人员经费来源渠道尚不规范，有的是人员经费预算安排不足。此外，还发现政府采购、资产管理和账务处理不规范等问题金额 39 亿元。

（二）“三公”经费、会议费等管理使用中还存在违反财经纪律的问题。

1. 因公出国（境）方面。一是卫生计生委、贸促会等 5 个部门和单位的 8 个团组擅自更改行程或境外停留时间，如故宫博物院的 5 人团组在智利、巴西期间，擅自增加 4 个参观城市，还向审计提供虚假行程单。二是海洋局、新华社等 26 个部门和单位超范围、超标准列支或由企事业单位等承担出国（境）费用 1105.33 万元。

2. 公务用车和公务接待方面。一是科技部、文化部等 33 个部门和单位长期占用其他单位车辆，或以租赁方式变相配备公务用车 122 辆。二是贸促会、中科院声学研究所等 21 个部门和单位挤占其他支出用于车辆购置、运行维护，以及违规发放交通补贴等，共计 1058.19 万元。三是工程院、商务部等 10 个部门和单位超标准列支或由其他单位承担公务接待费 169.66 万元。

3. 会议费方面。一是国家民委、司法部等 27 个部门和单位在京外、非定点饭店召开会议 134 个。二是环境保护部、工业和信息化部等 26 个部门和单位超标准支付、虚列支出或由其他单位承担会议费 346.05 万元。

4. 津补贴方面。一是住房城乡建设部、外交学院等 40 个部门和单位转移、挪用或套取财政资金等 2.54 亿元，用于发放劳务费、职工福利等。二是国土资源部、中国海事服务中心等 36 个部门和单位违规发放津补贴或奖金、实物等共计 6466.41 万元。三是环境保护部、税务总局等 26 个部门和单位的 103 名干部，违规在所属企业、社团兼职取酬 473.18 万元。

（三）信息系统建设统筹规划不够。有 24 个部门尚未制定信息化发展总体规划，16 个部门的 578 个信息系统未进行安全等级保护定级，22 个部门的 124 个行业性或敏感信息系统数据存放在有业务往来的企业。部分信息资源共享程度不高，有 31 个部门的 714 个信息系统使用范围局限在处室或司局以内。有的单位还通过提供公共信息查询服务收费，如工商总局经济信息中心在“企业信息对比查询收费”项目取消后，改由下属企业提供查询服务并收费 768.32 万元，其中 368.22 万元上交经济信息中心使用。

四、财政存量资金审计情况

从审计情况看，由于相关规定未及时修改、统筹管理力度不够，各级财政均有大量资金结存未用。至 2014 年底，抽查的 22 个中央部门有存量资金 1495.08 亿元，18 个省本级财政有存量资金 1.19 万亿元。至 2015 年 2 月底，上述中央部门按财政部要求应统筹安排的存量资金盘活 97.86 亿元；18 个省应清理由中央统筹的专项结转资金上缴 1800 多万元。影响存量资金盘活的因素主要有：

（一）预算中有专项用途的收入较多，按现行管理办法不能统筹安排。2014 年，纳入一般公共预算管理但有专项用途的收入有 6257.25 亿元（占 9.7%），如车辆购置税收入连年结转，在不断扩大支出范围的情况下，年底仍结转 39.69 亿元；政府性基金预算年底结转 720.1 亿元（相当于当年收入的 17.53%）。

(二)法定挂钩事项支出预算刚性增长,资金闲置量大。如中央本级科技支出至 2014 年底在财政部累计结转 426 亿元,超过一半结转 5 年以上;中央部门存量资金近一半是教育和科技资金。同时,这种挂钩事项“一刀切”的做法还造成区域间的不平衡。

(三)一些改革措施或工作部署推进滞后,影响项目资金的有效使用。至 2014 年底,14 个省 2009 年以来筹集的创业投资基金中有 397.56 亿元(占 84%)结存未用,其中 4 个省从未支用;17 个省 82 个未完工的“十二五”重金属污染综合防治项目中,有 21 个已停建或未开工,19 个进度远滞后于计划,中央财政安排 11 个省的专项资金有 3.38 亿元(占 11%)结存两年以上。

(四)财政专户清理不到位,大量资金结存。地方财政存量资金清理范围未包括财政专户,18 个省本级财政专户存量资金至 2015 年 2 月底有 2145.69 亿元,其中 600 多亿元结存超过 2 年。重点抽查的 9 个省本级在 141 个银行网点开设专户 175 个,其中 35 个应取消;专户资金规模相当于同期国库存款余额的 35%,其中 4 个省本级还虚列支出将国库资金 667.08 亿元转入财政专户。

五、政策措施贯彻落实跟踪审计情况

按照国务院部署,从 2014 年 8 月起,各级审计机关对稳增长、促改革、调结构、惠民生、防风险政策措施贯彻落实情况进行跟踪审计,按季度上报审计情况,并督促及时整改。从今年 1 季度审计情况看,一些领域还存在推进不及时、执行不到位等问题。

(一)部分重大投资项目审批周期长、开工不及时、建设推进慢。抽查 600 个项目(申报或计划投资 9100 多亿元)发现,至 2015 年 3 月底,有 43 个项目向中央主管部门申报超过半年未获批复,最长 4 年 7 个月,涉及能源、交通水利、节能环保、自主创新等领域;另 557 个已批准项目未按计划开工,其中 56 个是 2013 年及以前批准的。从在建项目推进情况看,46 个重大水利工程 2014 年度投资计划(中央投资 382.37 亿元)至年底仅完成 68%,其中 4 个低于 20%;国家石油储备二期规划的 8 个基地中,有 3 个工期延长,最长延迟 3 年;还有 6 个铁路项目多报投资完成额 29.31 亿元(占 25%),5 个水利项目多报 22.3 亿元(占 21%)。

(二)一些部门和地方简政放权力度不够。至 2015 年 3 月底,质检总局、林业局、财政部、民航局等管理的 12 项行政审批事项尚未按要求取消或合并,15 个省自行设置的 133 项职业资格许可认定事项尚未取消。有的部门单位还将行政审批相关事项直接委托或变相指定所属单位办理,2014 年违规收费 7.24 亿元,其中 11 个中央部门和 4 个省的环保、住建部门违规收取评审、认证等费用 2.77 亿元,16 家中央部门所属单位违规自定项目收费 4.47 亿元。

(三)有关部门推进商事制度改革的具体措施不够协调。至 2015 年 3 月底,“三证合一”尚未出台全国统一办法,各地有“三证统发”、“一证三号”和“一照一码”等不同做法,造成跨区域办理业务困难。商事审批相关制度尚未修订完善,如在调整为后置审批的 152 项工商登记事项中,有 18 项涉及的 14 部法律尚未完成修订;在注册资本实缴改认缴、年检改年报等措施实行后,要求提交验资或年检证明的 50 多部规章未及时清理。

(四)有关部门落实进出口通关服务便利化措施未完全到位。服务性收费方面,抽查 80 家进出口企业发现,2014 年进出口环节服务性收费仍有 81 项,有的单笔业务涉及 20 项收费,有的收费额相当于货值的 12%。免税方面,抽查 59 家企业办理重大技术装备关键零部件及原材料进口免税情况发现,审批涉及 6 个部门、周期 5 个月左右;审批期间这些企业按免税额提供担保 2090 笔,造成免税优惠缩水约 25%。报关报检方面,海关与质检、口岸与产地之间尚未实现检验检疫结果全面互认,仍须分别办理。

六、重点专项资金审计情况

(一)土地出让收支和耕地保护审计情况。审计了 29 个省本级、200 个市本级和 709 个县。2008 年至 2013 年,这些地区批准建设用地 207.57 万公顷,取得土地出让收入 13.34 万亿元,支出 12.93 万亿元,为经济社会发展提供了重要基础和支持。这些地区至 2013 年底尚未供应或使用建设用地 86.66 万公顷,土地出让收入累计结余 5908.96 亿元。审计发现的主要问题:

1. 土地出让收支方面。主要是土地出让收入少征 3664.23 亿元,通过收入空转等方式虚增 1467.78 亿元;支出中违规用于弥补行政经费、对外出借、修建楼堂馆所等 7807.46 亿元;征地拆迁中,一些地方和单位少支付补偿 17.41 亿元,编造虚假资料等套取或骗取补偿 10.57 亿元。此外,一些地方土地出让收支核算不够规范,有 8358.75 亿元滞留在财政专户或直接坐支;有的地方为支持经济发展,减免或返还土地出让收入 7218.11 亿元。

2. 建设用地方面。主要是违规超计划或超规划审批、越权或拆分审批、少批多征或未批先征等批地征地38.77万公顷，违规协议出让、虚假“招拍挂”或“毛地”出让等供地14.43万公顷，违规以租代征、改变规划条件等用地21.86万公顷。一些管理人员为特定关系人低价购地、非法倒卖牵线搭桥，造成国有权益损失。

3. 土地利用和耕地保护方面。抽查236个城市新区中，有88个突破土地或城市规划，152个占用的12.21万公顷（占规划的8%）土地长期未用；1742个地方开发区中，违规审批设立的有1135个（建成面积69.1万公顷），还有553个违规扩区379.15万公顷。耕地保护方面，至2013年底，抽查的709个县中有67个县的基本农田面积低于考核目标7.25万公顷（低3%），划定基本农田中有非耕地141.76万公顷（占4%）；抽查的1万多个土地整治项目中，虚增耕地、质量不达标的分别占10%和33%，整治资金被挤占挪用等109.46亿元。

审计指出问题后，各地盘活闲置土地2.55万公顷、闲置资金2643亿元，纠正违法用地2.4万起，处理2500多人，制定完善制度2800多项。审计已向有关部门移送重大违法违纪问题397起。

（二）城镇保障性安居工程跟踪审计情况。2014年，各级政府安排财政资金5601.55亿元，通过银行贷款、发行企业债券等方式筹资10 631.77亿元，为安居工程建设提供了资金保障。审计发现，一些地方建设资金筹集与使用的统筹衔接不够、管理还不到位，有92.48亿元专项资金被挪用于出借、还贷、资金周转等，还有6.2亿元被套取或用于弥补经费不足等。待遇分配方面，有4.4万户不符合条件的家庭（占抽查享受待遇家庭的1%）违规享受住房2.55万套、补贴3612万元；有5895套住房被违规用于经营或出售。审计指出问题后，有关地方追回资金或补贴41.15亿元，清理收回住房8320套，取消2.84万户家庭的保障资格。审计已向有关部门移送重大违法违纪问题39起。

（三）彩票发行费和彩票公益金审计情况。审计了中央和18个省的彩票主管部门以及228个彩票销售机构、4965个彩票公益金资助项目。从审计情况看，2012年以来彩票发行规模快速增长，有力支持了社会公益事业发展，但一些地区彩票资金管理不严格，抽查发现虚报套取、挤占挪用等问题金额169.32亿元（占抽查资金额的26%），其中31.47亿元违规用于购建办公楼、培训中心等，4.55亿元违规用于发放津补贴、购车、组织出国（境）旅游等，这些问题有4.01亿元发生在中央八项规定出台后，如江苏省常州市武进区福彩中心使用彩票公益金2680万元超标准购置办公用房，人均100多平方米；云南省福彩中心和体彩中心用彩票发行费向职工及其他单位公职人员违规发放津补贴等1308.1万元。审计还发现，有17个省未经财政部批准利用互联网销售彩票630.4亿元。审计指出问题后，中央8部门联合发文严禁违规利用互联网销售彩票，有关部门和地方已整改问题金额145.1亿元。审计已向有关部门移送重大违法违纪问题90起。

（四）矿产资源开发利用保护及相关资金征管审计情况。审计的14个省近年不断加强矿产资源管理，开发利用效率有所提高，但一些地方矿产资源清理整治还不到位，抽查的2448宗矿业权中，地方矿产部门违规越权审批或办理矿业权登记464宗，以招商引资等名义违规协议出让252宗，违规定价出让收购90宗，还发现一些管理人员采取先定价再评估、隐瞒储量或编造资料等操控定价，内外勾结倒卖矿业权；抽查矿产相关资金征管使用情况发现，欠征200.09亿元、未按规定使用106.39亿元。审计指出问题后，有关地方已整改问题金额106.13亿元，制定完善制度50多项。审计已向有关部门移送重大违法违纪问题170多起。

七、金融审计情况

重点审计了交通银行、国家开发银行和中国出口信用保险公司，并继续跟踪调查重点商业银行贷款投放情况。这些金融机构不断加大对重点领域的支持，加强业务创新和风险管控，金融服务能力逐步提升。审计发现的主要问题：

（一）一些分支机构违规经营、内部管理不到位。审计3家金融机构发现违规放贷168亿元，如交通银行武汉青山支行在银监部门提示钢贸业务骗贷风险的情况下，未认真核查武汉市佳创科工贸有限责任公司的钢贸业务贷款申请，使其利用伪造的合同和发票等骗贷1.6亿元，取得贷款后不足1个月企业即停业，造成银行损失1.45亿元。此外，3家金融机构还在工资总额之外发放薪酬补贴、购买年金保险等17.91亿元。

（二）对中小企业融资的支持力度还不够。抽查银行对415家中小企业的268.11亿元贷款，利率上浮幅度最高75%；抽查转贷机构对196家中小企业的转贷款，转贷利率平均上浮幅度超过75%。企业民间借贷风险也日益凸显，审计发现10起涉嫌地下钱庄、非法集资等问题金额巨大。

对上述问题，有关金融机构已整改176亿元，处理260人次，完善制度110项。审计已向有关部门移送重大违法违纪问题49起。

八、企业审计情况

主要审计了国家电网、南方电网、中远集团等14家中央企业。这些企业注重加强市场开拓和经营管理，多数企业财务报表反映经营规模和业绩持续增长。审计发现的主要问题：

（一）一些企业违规决策、违规经营造成重大损失。抽查的474项重大经营决策事项中，有70项（占15%）存在未按规定程序决策、不符合产业政策、前期调查不充分等问题，造成损失浪费16.42亿元，形成亏损或资产闲置354.45亿元。审计移送的重大违法违纪问题中，有26起是集团公司及二级单位高级管理人员直接参与的，如上海市电力公司原总经理冯军在所属集体企业资产处置中，涉嫌违规决策、暗箱操作，使最优质的一家企业以最低溢价率定向转让给特定关系人。

（二）一些企业财务和内部管理存在薄弱环节。审计发现，14家企业2013年收入、利润和资产不实金额分别为297.65亿元、193.57亿元和42.91亿元，还存在超标准配置公务车、在工资总额之外发放薪酬福利等问题金额8.57亿元；13家企业物资采购和工程建设中未执行招投标规定，涉及金额1598亿元。

审计指出问题后，相关企业补缴税款和挽回损失40亿元，建立健全规章制度800多项，处理250多人次。审计已向有关部门移送重大违法违纪问题56起。

九、审计移送的重大违法违纪问题情况

上述各项审计移送的重大违法违纪问题，主要有以下特点：

（一）多发生在公共资金、国有资产和国有资源相对集中的领域。其中：土地和矿产处置方面问题567起，财政资金分配、信贷发放、企业改制等方面问题151起，有的涉及民生领域，如云南省第一医院原院长王天朝违规要求进口医疗设备供应商在中标后，将采购合同“委托”其亲属参股企业代理牟取暴利，并接受药品供应商出资购买的房产等财物。

（二）多与公职人员滥用权力、内外勾结有关。审计移送的重大违法违纪问题涉及公职人员2200多名，以权谋私大都有中介撮合，主要采取“包装”申报资料、操纵资产评估、攻关采购招标、“搭桥”巨额融资等手法，公职人员则暗中支持或直接参与。如湖南省发展改革委原总经济师杨世芳等人利用审核中央投资补助的便利，通过亲属控制的3家中介承揽有关申报和评审等服务牟利，仅3个项目就涉嫌骗取中央投资补助1300多万元。

（三）利用各种“软权力”牟利。主要是通过掌控国有资源储量、建设发展规划、证券市场交易等未披露信息，以及设定相关交易准入标准等不当获利，审计发现此类问题涉嫌个人非法牟利50多亿元。一些人员的亲友还“迂回”获取内幕信息牟利，如南方电网原副总经理肖鹏的亲属涉嫌利用多家电力供应商的内幕信息炒股，连续8年无一亏损、年均收益率近50%。

（四）以社会公益事业、落实政策等为招牌暗箱操作。在新闻宣传、涉外招商引资等方面发现此类问题50多起，如中央电视台财经频道原总监郭振玺等人涉嫌利用组织有关评选活动的影响，以广告代理或接受赞助的名义牟取私利。有的还利用境外业务监管漏洞，或夸大境外矿产资源勘探规模，或以引进高新技术为名引入过时技术、废旧设备，从而骗取或侵占国有资金。

本报告反映的有关审计情况已向社会公告，并以附件形式印送各位委员。下一步，我们将认真督促整改，全面整改情况将在年底前向全国人大常委会专题报告。

十、加强财政管理的意见

审计发现的问题，有些长期存在但尚未得到有效解决，影响积极财政政策的实施力度，也不利于重大改革措施的落实。一方面资金分散、管理“碎片化”现象还较突出，有的领域大量资金长期闲置；另一方面许多重点事项需要统筹推进，有的重点工作缺乏财力保障。究其原因，主要是相关体制机制还不健全，一些领域的具体制度规定未及时修改完善，特别是一些部门规章与改革发展形势不相适应，部分领域简政放权、职能转变不到位，迫切需要加快推进改革，从根本上予以解决。

（一）进一步深化财税体制改革。结合简政放权，明确划分各级政府事权，改革和完善转移支付制度，健全事权与财权相匹配的财税体制。健全政府预算体系，按照功能定位清晰划分收入、科学安排支出，加大国有资本经营收益调入一般公共预算使用的力度。压缩专项收入的种类和规模，建立专项收入、专项转移支付目录清单，并向社会公开。

（二）加快建立完善有关制度规定。完善商事制度等简政放权相关法律法规。在修订有关挂钩事项法律法规的同时，明确重点支出所需资金要优先保障。对决定取消、合并、调整的政府性基金、专项收入、专项转移支付等，应及时修订相关法律法规，增强财政统筹能力。制定决算编制有关办法，完善总预算会计制度，明确决算的编制内容、报表格式、上报程序和时限等。

（三）提高财政管理绩效，切实防范各类风险。依法加强收入征管，清理财政专户，确保应收尽收，防止过头征税。优化财政支出结构，建立项目动态调整机制，推进重点财政资金统筹使用，切实盘活存量资金，增加公共产品供给。在保证支付需要的前提下合理安排国债发行期限和节奏，做好地方政府性债务过渡期政策安排，加快建立债务风险评估和预警机制，防范债务风险。

（四）严格预算约束，严肃财经法纪。健全基本支出定员定额和项目支出标准体系，进一步细化预算，提高预算编制的准确性。加快财政资金拨付和重大项目实施进度，增强"三公"经费透明度，降低行政成本。健全财政资金预算、分配和监督相分离的机制，加强从项目申报到资金拨付的全过程监控，加大对骗取财政资金、侵占国有权益等问题的打击力度，严格责任追究。

我们将在以习近平同志为总书记的党中央领导下，全面贯彻落实党的十八大和十八届二中、三中、四中全会精神，诚恳接受全国人大常委会的指导和监督，按照党中央、国务院决策部署，围绕"四个全面"战略布局，依法履行审计监督职责，为实现中华民族伟大复兴的中国梦作出应有贡献！

国务院关于加强预算外资金管理的决定

（国发〔1996〕29 号，1996 年 7 月 6 日）

各省、自治区、直辖市人民政府，国务院各部委、各直属机构：

改革开放以来，预算外资金增长较快，对经济建设和社会事业发展起到了一定的积极作用。但是，近几年来有的地方违反《中华人民共和国预算法》和国务院的有关规定，擅自将财政预算资金通过各种非法手段转为预算外资金，有些部门和单位擅自设立基金或收费项目，导致国家财政收入流失，预算外资金不断膨胀。同时，上于管理制度不健全，预算外资金的使用脱离财政管理和各级人大监督，乱支滥用现象十分严重。这些问题不仅了国家财政资金分散和政府以共分配秩序混乱，而且加剧了固定资产和消费基金膨胀，助长了不正之风和腐败现象的发生。根据中共中央十四届五中全会精神，现就进一步加强预算外资金管理作出如下决定：

一、严格执行《中华人民共和国预算法》，禁止将预算资金转移到预算外

各级人民政府要严格按照《中华人民共和国预算法》和财政法规的要求，切实加强对财政预算资金和预算外资金的管理，完善对财政资金的监督检查制度。任何地区、部门和单位都不得隐瞒财政收入，将财政预算资金转为预算外资金。财政部门要严格按照"控制规模、限定投向、健全制度、加强监督"的原则，加强财政周转金管理。各部门、各单位未经财政部门批准，不得擅自将财政拨款转为有偿使用，更不得设置账外账和"小金库"。财政部门尤其不能设置"小金库"。

二、将部分预算外资金纳入财政预算管理

各地区、各部门要认真贯彻《中共中央办公厅、国务院办公厅关于转发财政部〈关于对行政性收费、罚没收入实行预算管理的规定〉的通知》（中办发〔1993〕19 号）精神，将财政部已经规定的 83 项行政性收费项目纳入财政预算。

从 1996 年起将养路费、车辆购置附加费、铁路建设基金、电力建设基金、三峡工程建设基金、新菜地开发基金、公路建设基金、民航基础设施建设基金、农村教育事业附加费、邮电附加、港口建设费、市话初装基金、民航机场管理建设费等 13 项数额较大的政府性基金（收费）纳入财政预算管理。基金（收费）收入要按现行体制及时上缴中央金库或地方金库，使用由主管部门提出计划，财政部门按规定拨付，属于基本建设用途的，由财政部门按计划批准的项目计划安排支出，实行收支两条线管理，加强财政、审计监督。基金（收费)收支在预算上单独编列反映,按规定专款专用,不得挪作他用,也不能平衡预算。具体管理办法由财政部会同有关部门制定。

地方财政部门按国家规定收取的各项税费附加,从1996年起统一纳入地方财政预算,作为地方财政的固定收入,不再作为预算外资金管理。

今后要积极创造条件,将应当纳入财政预算管理的预算外资金逐步纳入财政预算管理。

三、预算外资金管理范围

预算外资金,是指国家机关、事业单位和社会团体为履行或代行政府职能,依据国家法律、法规和具有法律效力的规章而收取、提取和安排使用的未纳入国家预算管理的各种财政性资金。其范围主要包括:法律、法规规定的行政事业性收费、基金和附加收入等;国务院或省级人民政府及其财政、计划(物价)部门审批的行政事业性收费;国务院以及财政部审批建立的基金、附加收入等;主管部门从所属单位集中的上缴资金;用于乡镇政府开支的乡自筹和乡统筹资金;其他未纳入预算管理的财政性资金。

社会保障基金在国家财政建立社会保障预算制度以前,先按预算外资金管理制度进行管理,专款专用,加强财政、审计监督。

按照《企业财务通则》和《企业会计准则》的规定,国有企业税后留用资金不再作为预算外资金管理。事业单位和社会团体通过市场取得的不体现政府职能的经营、服务性收入,不作为预算外资金管理,收入可不上缴财政专户,但必须依法纳税,并纳入单位财务收支计划,实行收支统一核算。

四、加强收费、基金管理,严格控制预算外资金规模

收取或提取预算外资金必须依照法律、法规和有关法律效力的规章制度所规定的项目、范围、标准和程序执行。

行政事业性收费要严格执行中央、省两级审批的管理制度。收费项目按隶属关系分别报国务院和省、自治区、直辖市人民政府的财政部门会同计划(物价)部门批准;确定和调整收费标准,按隶属关系分别报国务院和省、自治区、直辖市人民政府的计划(物价)部门会同财政部门批准;重要的收费项目和标准制定及调整应报请国务院或省级人民政府批准。省、自治区、直辖市人民政府批准的行政事业性收费项目和收费标准报财政部、国家计委备案。省、自治区、直辖市以下各级人民政府(包括计划单列市)及其部门无权审批设立行政事业性收费项目或调整收费标准。行政性收费中的管理性收费、资源性收费、全国性的证照收费和公共事业收费,以及涉及中央和其他地区的地方性收费,具体征收管理办法的制定和修改由财政部、国家计委会同有关部门负责。地方性法规中已明确的收费,具体征收管理办法的制定和修改由省级财政、计划(物价)部门会同有关部门负责。未按规定报经批准的或不符合审批规定的各种行政事业性收费,都属乱收费行为,必须停止执行。财政部、国家计委要会同有关部门抓紧起草《行政性收费管理条例》,报国务院审批发布。

征收政府性基金必须严格按国务院规定统一财政部审批,重要的报国务院审批。基金立项的申请和批准要以国家法律、法规和中共中央、国务院有关文件规定为依据,否则一律不予立项。地方无权批准设立基金项目,也不得以行政事业性收费的名义变相批准设立基金项目。对地方已经设立的基金项目,必须按照《国务院办公厅转发财政部、审计署、监察部对各种基金进行清理登记意见的通知》(国办发〔1995〕25号)的规定进行清理登记,由财政部负责审查处理,重要的报国务院审批。

财政部门要建立健全行政事业性收费和政府性基金的票据管理与监督制定。各部门和各单位在执收时,必须按隶属关系使用中央或省级财政部门统一印制或监制的票据。

五、预算外资金要上缴财政专户,实收收支两条线管理

预算外资金是国家财政性资金,不是部门和单位自有资金,必须纳入财政管理。财政部门要在银行开设统一的专户,用于预算外资金收入和支出管理。部门和单位的预算外收入必须上缴同级财政专户,支出由同级财政按预算外资金收支计划和单位财务收支计划统筹安排,从财政专户中拨付,实行收支两条线管理。

对部门和单位的预算外资金收支按不同性质实行分类管理。国家机关和受政府委托的部门、单位统一收取和使用的专项用于公共工程和社会公共事业的基金、收费,以及以政府信誉强制建立的社会保障基金等,收入全额缴入同级财政专户,支出按计划和规定和用途专款专用,不得挪作他用,收支结余可结转下年度专项使用;各部门和各单位的其他预算外资金,收入缴入同级财政专户,支出由财政结合预算内资金统筹安排，其中少数费用开支有特殊需要的预算外资金，经财政部门核定收支计划后，可按确定的比例或按收支结余的数额定期缴入同级财政专户。

预算外资金结余，除专项资金按规定结转下年度专项使用以外，财政部门经同级政府批准可按隶属关系统筹调剂使用。

有预算外收支活动的部门和单位经财政部门批准可在指定银行开设预算外资金支出账户，确有必要的，也可再开设一个收入过渡性账户。未经财政部门审核同意，银行不得为部门和单位开设预算外资金账户。

部门和单位上缴财政专户的预算外资金，必须按财政部门规定的时间及时缴入财政部门在银行开设的预算外资金专户，不得拖欠、截留和坐收坐支。逾期未缴的，由银行从单位资金账户中直接划入财政专户。

六、加强预算外资金收支计划管理

财政部门要建立预算外资金预决算管理制度。各部门、各单位要按规定编制预算外资金收支计划和单位财务收支计划，并及时报送同级财政部门，对预算内拨款和预算外收入统一核算，统一管理。财政部门要在认真审核单位预算外资金收支计划和单位财务收支计划的基础上，编制本级预算外资金收支计划，报经同级人民政府批准后组织实施。年度终了，财政部门要审批单位的预算外资金收支决算，编制本级预算资金收支决算，并报同级政府审批，在此基础上，编制包括预算内、外收支的综合财政计划。

七、严格预算外资金支出管理，严禁违反规定乱支挪用

各部门、各单位要严格按国家规定和经财政部门核定的预算外资金收支计划和单位财务收支计划使用预算外资金。专项用于公共工程、公共事业的基金和收费，以及其他专项资金，要按计划和规定用途专款专用，由财政部门审核后分期拨付资金；用于工资、奖金、补贴、津贴和福利等方面的支出，必须严格执行财政部门核定的项目、范围和标准；用于固定资产投资的支出，要按国家规定立项，纳入国家固定资产投资计划，并按计划部门确定的国家投资计划和工程进度分期拨付；用于购买专项控制商品方面的支出，要报财政部门审查同意后，按国家有关规定办理控购审批手续。严禁将预算外资金转交非财务机构管理、账外设账、私设“小金库”和公款私存；严禁用预算外资金搞房地产等计划外投资，从事股票、期货等交易活动以及各种形式的高消费。

财政部门要认真履行职责，建立健全各项管理制度，积极做好各项服务工作，有时拨付预算外资金，切实加强对预算外资金的管理。

八、建立健全监督检查与处罚制度

各级人民政府要接受同级人民代表大会对预算外资金使用情况的监督。各级财政部门要加强对预算外资金收入和支出的管理，建立健全各项收费、基金的稽查制度，并会同人民银行共同做好预算外资金账户的开设和管理工作。

各级计划（物价）部门要按照收费管理的职责分工，认真做好收费标准的审核工作，严肃查处各种乱收费行为。各级审计、监察等部门要根据国家政策和宏观管理的要求，与财政部门协调配合，对同级各部门和下级政府预算外资金的财务管理进行监督检查，促进资金的合理使用。

对违反预算外资金管理规定者，要依照国家法律、法规予以处罚：

对隐瞒财政预算收入，将预算资金转为预算外的，要将违反规定的收入全部上缴上一级财政。同时，要追究有关部门和本级政府领导人的责任，依据情节轻重予处分直至撤销其职务。

对违反国家规定擅自设立行政事业性收费、基金项目或扩大范围、提高标准的，违法金额一律没收上缴财政。同时追究有关领导的责任，依据情节轻重给予处分直至撤销其职务。

对用预算外资金私设“小金库”、搞房地产等计划外投资、从事股票、期货交易和不按规定要求开设预算外资金账户等违反规定的活动，以及滥发奖金和实物的，除责令追回资金上缴同级财政外，还要依照有关规定予以处罚，并依据情节轻重给予当事人和有关领导处分。

对擅自将财政预算拨款挪作他用或转为有偿使用的，其资金一律追回上缴上一级财政，并相应核减以后年度的财政预算拨款，同时给予有关责任人相应的处分。

财政、计划（物价）、银行等部门工作人员在预算外资金管理工作中要忠于职守、秉公办事。对玩忽职守的，由所在单位或上级主管部门给予行政处分。

以上违反规定者，情节严重构成犯罪的，要移送司法机关依法追究刑事责任。

九、各级政府必须重视和加强预算外资金的管理

加强预算外资金管理是当前和今后一个时期各级人民政府的一项重要任务。各级人民政府要根据本决定精神，按照《国务院批转财政部等部门关于清理检查预算外资金意见的通知》(国发〔1996〕12 号)要求，立即组织力量对预算外资金认真进行清理整顿，属于国家规定应纳入预算管理的资金，要坚决按规定执行。对不符合国家规定设立的收费和基金项目一律取消。今后国家原则上不再出台新的基金。各级人民政府要把预算外资金管理工作列入重要的议事日程，定期听取有关预算外资金管理情况的汇报，及时解决管理中出现的问题，协调好政府有关部门之间的工作关系，统一认识，密切配合，共同做好预算外资金的管理工作。各级人民政府要按本决定的要求，认真部署，尽快落实。各地区、各部门要在 1996 年底前将加强预算外资金管理的情况上报国务院，同时抄送财政部。

本决定自发布之日起实行。凡与本决定不一致的政策和规定，一律以本决定为准。

中华人民共和国会计法

(1985 年 1 月 21 日第六届全国人民代表大会常务委员会第九次会议通过，根据 1993 年 12 月 29 日第八届全国人民代表大会常务委员会第五次会议《关于修改〈中华人民共和国会计法〉的决定》修正，1999 年 10 月 31 日第九届全国人民代表大会常务委员会第十二次会议修订)

目　　录

第一章　总　　则

第一条　为了规范会计行为，保证会计资料真实、完整，加强经济管理和财务管理，提高经济效益，维护社会主义市场经济秩序，制定本法。

第二条　国家机关、社会团体、公司、企业、事业单位和其他组织(以下统称单位)必须依照本法办理会计事务。

第三条　各单位必须依法设置会计账簿，并保证其真实、完整。

第四条　单位负责人对本单位的会计工作和会计资料的真实性、完整性负责。

第五条　会计机构、会计人员依照本法规定进行会计核算，实行会计监督。

任何单位或者个人不得以任何方式授意、指使、强令会计机构、会计人员伪造、变造会计凭证、会计账簿和其他会计资料，提供虚假财务会计报告。

任何单位或者个人不得对依法履行职责、抵制违反本法规定行为的会计人员实行打击报复。

第六条　对认真执行本法，忠于职守，坚持原则，做出显著成绩的会计人员，给予精神的或者物质的奖励。

第七条　国务院财政部门主管全国的会计工作。

县级以上地方各级人民政府财政部门管理本行政区域内的会计工作。

第八条　国家实行统一的会计制度。国家统一的会计制度由国务院财政部门根据本法制定并公布。

国务院有关部门可以依照本法和国家统一的会计制度制定对会计核算和会计监督有特殊要求的行业实施国家统一的会计制度的具体办法或者补充规定，报国务院财政部门审核批准。

中国人民解放军总后勤部可以依照本法和国家统一的会计制度制定军队实施国家统一的会计制度的具体办法，报国务院财政部门备案。

第二章 会计核算

第九条 各单位必须根据实际发生的经济业务事项进行会计核算，填制会计凭证，登记会计账簿，编制财务会计报告。

任何单位不得以虚假的经济业务事项或者资料进行会计核算。

第十条 下列经济业务事项，应当办理会计手续，进行会计核算：

(一)款项和有价证券的收付；

(二)财物的收发、增减和使用；

(三)债权债务的发生和结算；

(四)资本、基金的增减；

(五)收入、支出、费用、成本的计算；

(六)财务成果的计算和处理；

(七)需要办理会计手续、进行会计核算的其他事项。

第十一条 会计年度自公历1月1日起至12月31日止。

第十二条 会计核算以人民币为记账本位币。

业务收支以人民币以外的货币为主的单位，可以选定其中一种货币作为记账本位币，但是编报的财务会计报告应当折算为人民币。

第十三条 会计凭证、会计账簿、财务会计报告和其他会计资料，必须符合国家统一的会计制度的规定。

使用电子计算机进行会计核算的，其软件及其生成的会计凭证、会计账簿、财务会计报告和其他会计资料，也必须符合国家统一的会计制度的规定。

任何单位和个人不得伪造、变造会计凭证、会计账簿及其他会计资料，不得提供虚假的财务会计报告。

第十四条 会计凭证包括原始凭证和记账凭证。

办理本法第十条所列的经济业务事项，必须填制或者取得原始凭证并及时送交会计机构。

会计机构、会计人员必须按照国家统一的会计制度的规定对原始凭证进行审核，对不真实、不合法的原始凭证有权不予接受，并向单位负责人报告；对记载不准确、不完整的原始凭证予以退回，并要求按照国家统一的会计制度的规定更正、补充。

原始凭证记载的各项内容均不得涂改；原始凭证有错误的，应当由出具单位重开或者更正，更正处应当加盖出具单位印章。原始凭证金额有错误的，应当由出具单位重开，不得在原始凭证上更正。

记账凭证应当根据经过审核的原始凭证及有关资料编制。

第十五条 会计账簿登记，必须以经过审核的会计凭证为依据，并符合有关法律、行政法规和国家统一的会计制度的规定。会计账簿包括总账、明细账、日记账和其他辅助性账簿。

会计账簿应当按照连续编号的页码顺序登记。会计账簿记录发生错误或者隔页、缺号、跳行的，应当按照国家统一的会计制度规定的方法更正，并由会计人员和会计机构负责人(会计主管人员)在更正处盖章。

使用电子计算机进行会计核算的，其会计账簿的登记、更正，应当符合国家统一的会计制度的规定。

第十六条 各单位发生的各项经济业务事项应当在依法设置的会计账簿上统一登记、核算，不得违反本法和国家统一的会计制度的规定私设会计账簿登记、核算。

第十七条 各单位应当定期将会计账簿记录与实物、款项及有关资料相互核对，保证会计账簿记录与实物及款项的实有数额相符、会计账簿记录与会计凭证的有关内容相符、会计账簿之间相对应的记录相符、会计账簿记录与会计报表的有关内容相符。

第十八条 各单位采用的会计处理方法，前后各期应当一致，不得随意变更；确有必要变更的，应当按照国家统一的会计制度的规定变更，并将变更的原因、情况及影响在财务会计报告中说明。

第十九条 单位提供的担保、未决诉讼等或有事项，应当按照国家统一的会计制度的规定，在财务会计报告中予以说明。

第二十条 财务会计报告应当根据经过审核的会计账簿记录和有关资料编制，并符合本法和国家统一的会计制度关于财务会计报告的编制要求、提供对象和提供期限的规定；其他法律、行政法规另有规定的，从其规定。

财务会计报告由会计报表、会计报表附注和财务情况说明书组成。向不同的会计资料使用者提供的财务会计报告，其编制依据应当一致。有关法律、行政法规规定会计报表、会计报表附注和财务情况说明书须经注册会计师审计的，注册会计师及其所在的会计师事务所出具的审计报告应当随同财务会计报告一并提供。

第二十一条 财务会计报告应当由单位负责人和主管会计工作的负责人、会计机构负责人（会计主管人员）签名并盖章；设置总会计师的单位，还须由总会计师签名并盖章。

单位负责人应当保证财务会计报告真实、完整。

第二十二条 会计记录的文字应当使用中文。在民族自治地方，会计记录可以同时使用当地通用的一种民族文字。在中华人民共和国境内的外商投资企业、外国企业和其他外国组织的会计记录可以同时使用一种外国文字。

第二十三条 各单位对会计凭证、会计账簿、财务会计报告和其他会计资料应当建立档案，妥善保管。会计档案的保管期限和销毁办法，由国务院财政部门会同有关部门制定。

第三章 公司、企业会计核算的特别规定

第二十四条 公司、企业进行会计核算，除应当遵守本法第二章的规定外，还应当遵守本章规定。

第二十五条 公司、企业必须根据实际发生的经济业务事项，按照国家统一的会计制度的规定确认、计量和记录资产、负债、所有者权益、收入、费用、成本和利润。

第二十六条 公司、企业进行会计核算不得有下列行为：

（一）随意改变资产、负债、所有者权益的确认标准或者计量方法，虚列、多列、不列或者少列资产、负债、所有者权益；

（二）虚列或者隐瞒收入，推迟或者提前确认收入；

（三）随意改变费用、成本的确认标准或者计量方法，虚列、多列、不列或者少列费用、成本；

（四）随意调整利润的计算、分配方法，编造虚假利润或者隐瞒利润；

（五）违反国家统一的会计制度规定的其他行为。

第四章 会计监督

第二十七条 各单位应当建立、健全本单位内部会计监督制度。单位内部会计监督制度应当符合下列要求：

（一）记账人员与经济业务事项和会计事项的审批人员、经办人员、财物保管人员的职责权限应当明确，并相互分离、相互制约；

（二）重大对外投资、资产处置、资金调度和其他重要经济业务事项的决策和执行的相互监督、相互制约程序应当明确；

（三）财产清查的范围、期限和组织程序应当明确；

（四）对会计资料定期进行内部审计的办法和程序应当明确。

第二十八条 单位负责人应当保证会计机构、会计人员依法履行职责，不得授意、指使、强令会计机构、会计人员违法办理会计事项。

会计机构、会计人员对违反本法和国家统一的会计制度规定的会计事项，有权拒绝办理或者按照职权予以纠正。

第二十九条 会计机构、会计人员发现会计账簿记录与实物、款项及有关资料不相符的，按照国家统一的会计制度的规定有权自行处理的，应当及时处理；无权处理的，应当立即向单位负责人报告，请求查明原

因，作出处理。

第三十条 任何单位和个人对违反本法和国家统一的会计制度规定的行为，有权检举。收到检举的部门有权处理的，应当依法按照职责分工及时处理；无权处理的，应当及时移送有权处理的部门处理。收到检举的部门、负责处理的部门应当为检举人保密，不得将检举人姓名和检举材料转给被检举单位和被检举人个人。

第三十一条 有关法律、行政法规规定，须经注册会计师进行审计的单位，应当向受委托的会计师事务所如实提供会计凭证、会计账簿、财务会计报告和其他会计资料以及有关情况。

任何单位或者个人不得以任何方式要求或者示意注册会计师及其所在的会计师事务所出具不实或者不当的审计报告。

财政部门有权对会计师事务所出具审计报告的程序和内容进行监督。

第三十二条 财政部门对各单位的下列情况实施监督：

(一)是否依法设置会计账簿；

(二)会计凭证、会计账簿、财务会计报告和其他会计资料是否真实、完整；

(三)会计核算是否符合本法和国家统一的会计制度的规定；

(四)从事会计工作的人员是否具备从业资格。

在对前款第(二)项所列事项实施监督，发现重大违法嫌疑时，国务院财政部门及其派出机构可以向与被监督单位有经济业务往来的单位和被监督单位开立账户的金融机构查询有关情况，有关单位和金融机构应当给予支持。

第三十三条 财政、审计、税务、人民银行、证券监管、保险监管等部门应当依照有关法律、行政法规规定的职责，对有关单位的会计资料实施监督检查。

前款所列监督检查部门对有关单位的会计资料依法实施监督检查后，应当出具检查结论。有关监督检查部门已经作出的检查结论能够满足其他监督检查部门履行本部门职责需要的，其他监督检查部门应当加以利用，避免重复查账。

第三十四条 依法对有关单位的会计资料实施监督检查的部门及其工作人员对在监督检查中知悉的国家秘密和商业秘密负有保密义务。

第三十五条 各单位必须依照有关法律、行政法规的规定，接受有关监督检查部门依法实施的监督检查，如实提供会计凭证、会计账簿、财务会计报告和其他会计资料以及有关情况，不得拒绝、隐匿、谎报。

第五章 会计机构和会计人员

第三十六条 各单位应当根据会计业务的需要，设置会计机构，或者在有关机构中设置会计人员并指定会计主管人员；不具备设置条件的，应当委托经批准设立从事会计代理记账业务的中介机构代理记账。

国有的和国有资产占控股地位或者主导地位的大、中型企业必须设置总会计师。总会计师的任职资格、任免程序、职责权限由国务院规定。

第三十七条 会计机构内部应当建立稽核制度。

出纳人员不得兼任稽核、会计档案保管和收入、支出、费用、债权债务账目的登记工作。

第三十八条 从事会计工作的人员，必须取得会计从业资格证书。

担任单位会计机构负责人(会计主管人员)的，除取得会计从业资格证书外，还应当具备会计师以上专业技术职务资格或者从事会计工作三年以上经历。

会计人员从业资格管理办法由国务院财政部门规定。

第三十九条 会计人员应当遵守职业道德，提高业务素质。对会计人员的教育和培训工作应当加强。

第四十条 因有提供虚假财务会计报告，做假账，隐匿或者故意销毁会计凭证、会计账簿、财务会计报告，贪污，挪用公款，职务侵占等与会计职务有关的违法行为被依法追究刑事责任的人员，不得取得或者重新取得会计从业资格证书。

除前款规定的人员外，因违法违纪行为被吊销会计从业资格证书的人员，自被吊销会计从业资格证书之日起五年内，不得重新取得会计从业资格证书。

第四十一条 会计人员调动工作或者离职，必须与接管人员办清交接手续。

一般会计人员办理交接手续，由会计机构负责人(会计主管人员)监交；会计机构负责人(会计主管人员)办理交接手续，由单位负责人监交，必要时主管单位可以派人会同监交。

第六章 法律责任

第四十二条 违反本法规定，有下列行为之一的，由县级以上人民政府财政部门责令限期改正，可以对单位并处三千元以上五万元以下的罚款；对其直接负责的主管人员和其他直接责任人员，可以处二千元以上二万元以下的罚款；属于国家工作人员的，还应当由其所在单位或者有关单位依法给予行政处分：

(一)不依法设置会计账簿的；

(二)私设会计账簿的；

(三)未按照规定填制、取得原始凭证或者填制、取得的原始凭证不符合规定的；

(四)以未经审核的会计凭证为依据登记会计账簿或者登记会计账簿不符合规定的；

(五)随意变更会计处理方法的；

(六)向不同的会计资料使用者提供的财务会计报告编制依据不一致的；

(七)未按照规定使用会计记录文字或者记账本位币的；

(八)未按照规定保管会计资料，致使会计资料毁损、灭失的；

(九)未按照规定建立并实施单位内部会计监督制度或者拒绝依法实施的监督或者不如实提供有关会计资料及有关情况的；

(十)任用会计人员不符合本法规定的。

有前款所列行为之一，构成犯罪的，依法追究刑事责任。

会计人员有第一款所列行为之一，情节严重的，由县级以上人民政府财政部门吊销会计从业资格证书。

有关法律对第一款所列行为的处罚另有规定的，依照有关法律的规定办理。

第四十三条 伪造、变造会计凭证、会计账簿，编制虚假财务会计报告，构成犯罪的，依法追究刑事责任。

有前款行为，尚不构成犯罪的，由县级以上人民政府财政部门予以通报，可以对单位并处五千元以上十万元以下的罚款；对其直接负责的主管人员和其他直接责任人员，可以处三千元以上五万元以下的罚款；属于国家工作人员的，还应当由其所在单位或者有关单位依法给予撤职直至开除的行政处分；对其中的会计人员，并由县级以上人民政府财政部门吊销会计从业资格证书。

第四十四条 隐匿或者故意销毁依法应当保存的会计凭证、会计账簿、财务会计报告，构成犯罪的，依法追究刑事责任。

有前款行为，尚不构成犯罪的，由县级以上人民政府财政部门予以通报，可以对单位并处五千元以上十万元以下的罚款；对其直接负责的主管人员和其他直接责任人员，可以处三千元以上五万元以下的罚款；属于国家工作人员的，还应当由其所在单位或者有关单位依法给予撤职直至开除的行政处分；对其中的会计人员，并由县级以上人民政府财政部门吊销会计从业资格证书。

第四十五条 授意、指使、强令会计机构、会计人员及其他人员伪造、变造会计凭证、会计账簿，编制虚假财务会计报告或者隐匿、故意销毁依法应当保存的会计凭证、会计账簿、财务会计报告，构成犯罪的，依法追究刑事责任；尚不构成犯罪的，可以处五千元以上五万元以下的罚款；属于国家工作人员的，还应当由其所在单位或者有关单位依法给予降级、撤职、开除的行政处分。

第四十六条 单位负责人对依法履行职责、抵制违反本法规定行为的会计人员以降级、撤职、调离工作岗位、解聘或者开除等方式实行打击报复，构成犯罪的，依法追究刑事责任；尚不构成犯罪的，由其所在单位或者有关单位依法给予行政处分。对受打击报复的会计人员，应当恢复其名誉和原有职务、级别。

第四十七条 财政部门及有关行政部门的工作人员在实施监督管理中滥用职权、玩忽职守、徇私舞弊或者泄露国家秘密，商业秘密，构成犯罪的，依法追究刑事责任；尚不构成犯罪的，依法给予行政处分。

第四十八条 违反本法第三十条规定，将检举人姓名和检举材料转给被检举单位和被检举人个人的，由所在单位或者有关单位依法给予行政处分。

第四十九条 违反本法规定，同时违反其他法律规定的，由有关部门在各自职权范围内依法进行处罚。

第七章　附　　则

第五十条　本法下列用语的含义：

单位负责人，是指单位法定代表人或者法律、行政法规规定代表单位行使职权的主要负责人。

国家统一的会计制度，是指国务院财政部门根据本法制定的关于会计核算，会计监督、会计机构和会计人员以及会计工作管理的制度。

第五十一条　个体工商户会计管理的具体办法，由国务院财政部门根据本法的原则另行规定。

第五十二条　本法自 2000 年 7 月 1 日起施行。

中华人民共和国行政复议法

（1999 年 4 月 29 日第九届全国人民代表大会常务委员会第九次会议通过）

第一章　总　　则

第一条　为了防止和纠正违法的或者不当的具体行政行为，保护公民、法人和其他组织的合法权益，保障和监督行政机关依法行使职权，根据宪法，制定本法。

第二条　公民、法人或者其他组织认为具体行政行为侵犯其合法权益，向行政机关提出行政复议申请，行政机关受理行政复议申请、作出行政复议决定，适用本法。

第三条　依照本法履行行政复议职责的行政机关是行政复议机关。行政复议机关负责法制工作的机构具体办理行政复议事项，履行下列职责：

（一）受理行政复议申请；

（二）向有关组织和人员调查取证，查阅文件和资料；

（三）审查申请行政复议的具体行政行为是否合法与适当，拟订行政复议决定；

（四）处理或者转送对本法第七条所列有关规定的审查申请；

（五）对行政机关违反本法规定的行为依照规定的权限和程序提出处理建议；

（六）办理因不服行政复议决定提起行政诉讼的应诉事项；

（七）法律、法规规定的其他职责。

第四条　行政复议机关履行行政复议职责，应当遵循合法、公正、公开、及时、便民的原则，坚持有错必纠，保障法律、法规的正确实施。

第五条　公民、法人或者其他组织对行政复议决定不服的，可以依照行政诉讼法的规定向人民法院提起行政诉讼，但是法律规定行政复议决定为最终裁决的除外。

第二章　行政复议范围

第六条　有下列情形之一的，公民、法人或者其他组织可以依照本法申请行政复议：

（一）对行政机关作出的警告、罚款、没收违法所得、没收非法财物、责令停产停业、暂扣或者吊销许可证、暂扣或者吊销执照、行政拘留等行政处罚决定不服的；

（二）对行政机关作出的限制人身自由或者查封、扣押、冻结财产等行政强制措施决定不服的；

（三）对行政机关作出的有关许可证、执照、资质证、资格证等证书变更、中止、撤销的决定不服的；

（四）对行政机关作出的关于确认土地、矿藏、水流、森林、山岭、草原、荒地、滩涂、海域等自然资源的所有权或者使用权的决定不服的；

（五）认为行政机关侵犯合法的经营自主权的；

（六）认为行政机关变更或者废止农业承包合同，侵犯其合法权益的；

（七）认为行政机关违法集资、征收财物、摊派费用或者违法要求履行其他义务的；

(八)认为符合法定条件,申请行政机关颁发许可证、执照、资质证、资格证等证书,或者申请行政机关审批、登记有关事项,行政机关没有依法办理的;

(九)申请行政机关履行保护人身权利、财产权利、受教育权利的法定职责,行政机关没有依法履行的;

(十)申请行政机关依法发放抚恤金、社会保险金或者最低生活保障费,行政机关没有依法发放的;

(十一)认为行政机关的其他具体行政行为侵犯其合法权益的。

第七条 公民、法人或者其他组织认为行政机关的具体行政行为所依据的下列规定不合法,在对具体行政行为申请行政复议时,可以一并向行政复议机关提出对该规定的审查申请:

(一)国务院部门的规定;

(二)县级以上地方各级人民政府及其工作部门的规定;

(三)乡、镇人民政府的规定。

前款所列规定不含国务院部、委员会规章和地方人民政府规章。规章的审查依照法律、行政法规办理。

第八条 不服行政机关作出的行政处分或者其他人事处理决定的,依照有关法律、行政法规的规定提出申诉。

不服行政机关对民事纠纷作出的调解或者其他处理,依法申请仲裁或者向人民法院提起诉讼。

第三章 行政复议申请

第九条 公民、法人或者其他组织认为具体行政行为侵犯其合法权益的,可以自知道该具体行政行为之日起六十日内提出行政复议申请;但是法律规定的申请期限超过六十日的除外。

因不可抗力或者其他正当理由耽误法定申请期限的,申请期限自障碍消除之日起继续计算。

第十条 依照本法申请行政复议的公民、法人或者其他组织是申请人。

有权申请行政复议的公民死亡的,其近亲属可以申请行政复议。有权申请行政复议的公民为无民事行为能力人或者限制民事行为能力人的,其法定代理人可以代为申请行政复议。有权申请行政复议的法人或者其他组织终止的,承受其权利的法人或者其他组织可以申请行政复议。

同申请行政复议的具体行政行为有利害关系的其他公民、法人或者其他组织,可以作为第三人参加行政复议。

公民、法人或者其他组织对行政机关的具体行政行为不服申请行政复议的,作出具体行政行为的行政机关是被申请人。

申请人、第三人可以委托代理人代为参加行政复议。

第十一条 申请人申请行政复议,可以书面申请,也可以口头申请;口头申请的,行政复议机关应当当场记录申请人的基本情况、行政复议请求、申请行政复议的主要事实、理由和时间。

第十二条 对县级以上地方各级人民政府工作部门的具体行政行为不服的,由申请人选择,可以向该部门的本级人民政府申请行政复议,也可以向上一级主管部门申请行政复议。

对海关、金融、国税、外汇管理等实行垂直领导的行政机关和国家安全机关的具体行政行为不服的,向上一级主管部门申请行政复议。

第十三条 对地方各级人民政府的具体行政行为不服的,向上一级地方人民政府申请行政复议。

对省、自治区人民政府依法设立的派出机关所属的县级地方人民政府的具体行政行为不服的,向该派出机关申请行政复议。

第十四条 对国务院部门或者省、自治区、直辖市人民政府的具体行政行为不服的,向作出该具体行政行为的国务院部门或者省、自治区、直辖市人民政府申请行政复议。对行政复议决定不服的,可以向人民法院提起行政诉讼;也可以向国务院申请裁决,国务院依照本法的规定作出最终裁决。

第十五条 对本法第十二条、第十三条、第十四条规定以外的其他行政机关、组织的具体行政行为不服的,按照下列规定申请行政复议:

(一)对县级以上地方人民政府依法设立的派出机关的具体行政行为不服的,向设立该派出机关的人民政府申请行政复议;

(二)对政府工作部门依法设立的派出机构依照法律、法规或者规章规定,以自己的名义作出的具体行政行为不服的,向设立该派出机构的部门或者该部门的本级地方人民政府申请行政复议;

（三）对法律、法规授权的组织的具体行政行为不服的，分别向直接管理该组织的地方人民政府、地方人民政府工作部门或者国务院部门申请行政复议；

（四）对两个或者两个以上行政机关以共同的名义作出的具体行政行为不服的，向其共同上一级行政机关申请行政复议；

（五）对被撤销的行政机关在撤销前所作出的具体行政行为不服的，向继续行使其职权的行政机关的上一级行政机关申请行政复议。

有前款所列情形之一的，申请人也可以向具体行政行为发生地的县级地方人民政府提出行政复议申请，由接受申请的县级地方人民政府依照本法第十八条的规定办理。

第十六条 公民、法人或者其他组织申请行政复议，行政复议机关已经依法受理的，或者法律、法规规定应当先向行政复议机关申请行政复议、对行政复议决定不服再向人民法院提起行政诉讼的，在法定行政复议期限内不得向人民法院提起行政诉讼。

公民、法人或者其他组织向人民法院提起行政诉讼，人民法院已经依法受理的，不得申请行政复议。

第四章 行政复议受理

第十七条 行政复议机关收到行政复议申请后，应当在五日内进行审查，对不符合本法规定的行政复议申请，决定不予受理，并书面告知申请人；对符合本法规定，但是不属于本机关受理的行政复议申请，应当告知申请人向有关行政复议机关提出。

除前款规定外，行政复议申请自行政复议机关负责法制工作的机构收到之日起即为受理。

第十八条 依照本法第十五条第二款的规定接受行政复议申请的县级地方人民政府，对依照本法第十五条第一款的规定属于其他行政复议机关受理的行政复议申请，应当自接到该行政复议申请之日起七日内，转送有关行政复议机关，并告知申请人。接受转送的行政复议机关应当依照本法第十七条的规定办理。

第十九条 法律、法规规定应当先向行政复议机关申请行政复议、对行政复议决定不服再向人民法院提起行政诉讼的，行政复议机关决定不予受理或者受理后超过行政复议期限不作答复的，公民、法人或者其他组织可以自收到不予受理决定书之日起或者行政复议期满之日起十五日内，依法向人民法院提起行政诉讼。

第二十条 公民、法人或者其他组织依法提出行政复议申请，行政复议机关无正当理由不予受理的，上级行政机关应当责令其受理；必要时，上级行政机关也可以直接受理。

第二十一条 行政复议期间具体行政行为不停止执行；但是，有下列情形之一的，可以停止执行：

（一）被申请人认为需要停止执行的；

（二）行政复议机关认为需要停止执行的；

（三）申请人申请停止执行，行政复议机关认为其要求合理，决定停止执行的；

（四）法律规定停止执行的。

第五章 行政复议决定

第二十二条 行政复议原则上采取书面审查的办法，但是申请人提出要求或者行政复议机关负责法制工作的机构认为有必要时，可以向有关组织和人员调查情况，听取申请人、被申请人和第三人的意见。

第二十三条 行政复议机关负责法制工作的机构应当自行政复议申请受理之日起七日内，将行政复议申请书副本或者行政复议申请笔录复印件发送被申请人。被申请人应当自收到申请书副本或者申请笔录复印件之日起十日内，提出书面答复，并提交当初作出具体行政行为的证据、依据和其他有关材料。

申请人、第三人可以查阅被申请人提出的书面答复、作出具体行政行为的证据、依据和其他有关材料，除涉及国家秘密、商业秘密或者个人隐私外，行政复议机关不得拒绝。

第二十四条 在行政复议过程中，被申请人不得自行向申请人和其他有关组织或者个人收集证据。

第二十五条 行政复议决定作出前，申请人要求撤回行政复议申请的，经说明理由，可以撤回；撤回行政复议申请的，行政复议终止。

第二十六条 申请人在申请行政复议时，一并提出对本法第七条所列有关规定的审查申请的，行政复议机关对该规定有权处理的，应当在三十日内依法处理；无权处理的，应当在七日内按照法定程序转送有权处理的行政机关依法处理，有权处理的行政机关应当在六十日内依法处理。处理期间，中止对具体行政行为的审查。

第二十七条 行政复议机关在对被申请人作出的具体行政行为进行审查时，认为其依据不合法，本机关有权处理的，应当在三十日内依法处理；无权处理的，应当在七日内按照法定程序转送有权处理的国家机关依法处理。处理期间，中止对具体行政行为的审查。

第二十八条 行政复议机关负责法制工作的机构应当对被申请人作出的具体行政行为进行审查，提出意见，经行政复议机关的负责人同意或者集体讨论通过后，按照下列规定作出行政复议决定：

（一）具体行政行为认定事实清楚，证据确凿，适用依据正确，程序合法，内容适当的，决定维持；

（二）被申请人不履行法定职责的，决定其在一定期限内履行；

（三）具体行政行为有下列情形之一的，决定撤销、变更或者确认该具体行政行为违法；决定撤销或者确认该具体行政行为违法的，可以责令被申请人在一定期限内重新作出具体行政行为：

1. 主要事实不清、证据不足的；
2. 适用依据错误的；
3. 违反法定程序的；
4. 超越或者滥用职权的；
5. 具体行政行为明显不当的。

（四）被申请人不按照本法第二十三条的规定提出书面答复、提交当初作出具体行政行为的证据、依据和其他有关材料的，视为该具体行政行为没有证据、依据，决定撤销该具体行政行为。

行政复议机关责令被申请人重新作出具体行政行为的，被申请人不得以同一的事实和理由作出与原具体行政行为相同或者基本相同的具体行政行为。

第二十九条 申请人在申请行政复议时可以一并提出行政赔偿请求，行政复议机关对符合国家赔偿法的有关规定应当给予赔偿的，在决定撤销、变更具体行政行为或者确认具体行政行为违法时，应当同时决定被申请人依法给予赔偿。

申请人在申请行政复议时没有提出行政赔偿请求的，行政复议机关在依法决定撤销或者变更罚款，撤销违法集资、没收财物、征收财物、摊派费用以及对财产的查封、扣押、冻结等具体行政行为时，应当同时责令被申请人返还财产，解除对财产的查封、扣押、冻结措施，或者赔偿相应的价款。

第三十条 公民、法人或者其他组织认为行政机关的具体行政行为侵犯其已经依法取得的土地、矿藏、水流、森林、山岭、草原、荒地、滩涂、海域等自然资源的所有权或者使用权的，应当先申请行政复议；对行政复议决定不服的，可以依法向人民法院提起行政诉讼。

根据国务院或者省、自治区、直辖市人民政府对行政区划的勘定、调整或者征用土地的决定，省、自治区、直辖市人民政府确认土地、矿藏、水流、森林、山岭、草原、荒地、滩涂、海域等自然资源的所有权或者使用权的行政复议决定为最终裁决。

第三十一条 行政复议机关应当自受理申请之日起六十日内作出行政复议决定；但是法律规定的行政复议期限少于六十日的除外。情况复杂，不能在规定期限内作出行政复议决定的，经行政复议机关的负责人批准，可以适当延长，并告知申请人和被申请人；但是延长期限最多不超过三十日。

行政复议机关作出行政复议决定，应当制作行政复议决定书，并加盖印章。

行政复议决定书一经送达，即发生法律效力。

第三十二条 被申请人应当履行行政复议决定。

被申请人不履行或者无正当理由拖延履行行政复议决定的，行政复议机关或者有关上级行政机关应当责令其限期履行。

第三十三条 申请人逾期不起诉又不履行行政复议决定的，或者不履行最终裁决的行政复议决定的，按照下列规定分别处理：

（一）维持具体行政行为的行政复议决定，由作出具体行政行为的行政机关依法强制执行，或者申请人民法院强制执行；

（二）变更具体行政行为的行政复议决定，由行政复议机关依法强制执行，或者申请人民法院强制执行。

第六章　法律责任

第三十四条　行政复议机关违反本法规定，无正当理由不予受理依法提出的行政复议申请或者不按照规定转送行政复议申请的，或者在法定期限内不作出行政复议决定的，对直接负责的主管人员和其他直接责任人员依法给予警告、记过、记大过的行政处分；经责令受理仍不受理或者不按照规定转送行政复议申请，造成严重后果的，依法给予降级、撤职、开除的行政处分。

第三十五条　行政复议机关工作人员在行政复议活动中，徇私舞弊或者有其他渎职、失职行为的，依法给予警告、记过、记大过的行政处分；情节严重的，依法给予降级、撤职、开除的行政处分；构成犯罪的，依法追究刑事责任。

第三十六条　被申请人违反本法规定，不提出书面答复或者不提交作出具体行政行为的证据、依据和其他有关材料，或者阻挠、变相阻挠公民、法人或者其他组织依法申请行政复议的，对直接负责的主管人员和其他直接责任人员依法给予警告、记过、记大过的行政处分；进行报复陷害的，依法给予降级、撤职、开除的行政处分；构成犯罪的，依法追究刑事责任。

第三十七条　被申请人不履行或者无正当理由拖延履行行政复议决定的，对直接负责的主管人员和其他直接责任人员依法给予警告、记过、记大过的行政处分；经责令履行仍拒不履行的，依法给予降级、撤职、开除的行政处分。

第三十八条　行政复议机关负责法制工作的机构发现有无正当理由不予受理行政复议申请、不按照规定期限作出行政复议决定、徇私舞弊、对申请人打击报复或者不履行行政复议决定等情形的，应当向有关行政机关提出建议，有关行政机关应当依照本法和有关法律、行政法规的规定作出处理。

第七章　附　　则

第三十九条　行政复议机关受理行政复议申请，不得向申请人收取任何费用。行政复议活动所需经费，应当列入本机关的行政经费，由本级财政予以保障。

第四十条　行政复议期间的计算和行政复议文书的送达，依照民事诉讼法关于期间、送达的规定执行。

本法关于行政复议期间有关"五日"、"七日"的规定是指工作日，不含节假日。

第四十一条　外国人、无国籍人、外国组织在中华人民共和国境内申请行政复议，适用本法。

第四十二条　本法施行前公布的法律有关行政复议的规定与本法的规定不一致的，以本法的规定为准。

第四十三条　本法自1999年10月1日起施行。1990年12月24日国务院发布、1994年10月9日国务院修订发布的《行政复议条例》同时废止。

中华人民共和国行政复议法实施条例

（国务院令第499号，2007年5月29日）

第一章　总　　则

第一条　为了进一步发挥行政复议制度在解决行政争议、建设法治政府、构建社会主义和谐社会中的作用，根据《中华人民共和国行政复议法》（以下简称行政复议法），制定本条例。

第二条　各级行政复议机关应当认真履行行政复议职责，领导并支持本机关负责法制工作的机构（以下简称行政复议机构）依法办理行政复议事项，并依照有关规定配备、充实、调剂专职行政复议人员，保证行政复议机构的办案能力与工作任务相适应。

第三条　行政复议机构除应当依照行政复议法第三条的规定履行职责外，还应当履行下列职责：

（一）依照行政复议法第十八条的规定转送有关行政复议申请；

（二）办理行政复议法第二十九条规定的行政赔偿等事项；

(三)按照职责权限,督促行政复议申请的受理和行政复议决定的履行;

(四)办理行政复议、行政应诉案件统计和重大行政复议决定备案事项;

(五)办理或者组织办理未经行政复议直接提起行政诉讼的行政应诉事项;

(六)研究行政复议工作中发现的问题,及时向有关机关提出改进建议,重大问题及时向行政复议机关报告。

第四条 专职行政复议人员应当具备与履行行政复议职责相适应的品行、专业知识和业务能力,并取得相应资格。具体办法由国务院法制机构会同国务院有关部门规定。

第二章 行政复议申请

第一节 申 请 人

第五条 依照行政复议法和本条例的规定申请行政复议的公民、法人或者其他组织为申请人。

第六条 合伙企业申请行政复议的,应当以核准登记的企业为申请人,由执行合伙事务的合伙人代表该企业参加行政复议;其他合伙组织申请行政复议的,由合伙人共同申请行政复议。

前款规定以外的不具备法人资格的其他组织申请行政复议的,由该组织的主要负责人代表该组织参加行政复议;没有主要负责人的,由共同推选的其他成员代表该组织参加行政复议。

第七条 股份制企业的股东大会、股东代表大会、董事会认为行政机关作出的具体行政行为侵犯企业合法权益的,可以以企业的名义申请行政复议。

第八条 同一行政复议案件申请人超过5人的,推选1至5名代表参加行政复议。

第九条 行政复议期间,行政复议机构认为申请人以外的公民、法人或者其他组织与被审查的具体行政行为有利害关系的,可以通知其作为第三人参加行政复议。

行政复议期间,申请人以外的公民、法人或者其他组织与被审查的具体行政行为有利害关系的,可以向行政复议机构申请作为第三人参加行政复议。

第三人不参加行政复议,不影响行政复议案件的审理。

第十条 申请人、第三人可以委托1至2名代理人参加行政复议。申请人、第三人委托代理人的,应当向行政复议机构提交授权委托书。授权委托书应当载明委托事项、权限和期限。公民在特殊情况下无法书面委托的,可以口头委托。口头委托的,行政复议机构应当核实并记录在卷。申请人、第三人解除或者变更委托的,应当书面报告行政复议机构。

第二节 被申请人

第十一条 公民、法人或者其他组织对行政机关的具体行政行为不服,依照行政复议法和本条例的规定申请行政复议的,作出该具体行政行为的行政机关为被申请人。

第十二条 行政机关与法律、法规授权的组织以共同的名义作出具体行政行为的,行政机关和法律、法规授权的组织为共同被申请人。

行政机关与其他组织以共同名义作出具体行政行为的,行政机关为被申请人。

第十三条 下级行政机关依照法律、法规、规章规定,经上级行政机关批准作出具体行政行为的,批准机关为被申请人。

第十四条 行政机关设立的派出机构、内设机构或者其他组织,未经法律、法规授权,对外以自己名义作出具体行政行为的,该行政机关为被申请人。

第三节 行政复议申请期限

第十五条 行政复议法第九条第一款规定的行政复议申请期限的计算,依照下列规定办理:

(一)当场作出具体行政行为的,自具体行政行为作出之日起计算;

(二)载明具体行政行为的法律文书直接送达的,自受送达人签收之日起计算;

(三)载明具体行政行为的法律文书邮寄送达的,自受送达人在邮件签收单上签收之日起计算;没有邮件签收单的,自受送达人在送达回执上签名之日起计算;

（四）具体行政行为依法通过公告形式告知受送达人的，自公告规定的期限届满之日起计算；

（五）行政机关作出具体行政行为时未告知公民、法人或者其他组织，事后补充告知的，自该公民、法人或者其他组织收到行政机关补充告知的通知之日起计算；

（六）被申请人能够证明公民、法人或者其他组织知道具体行政行为的，自证据材料证明其知道具体行政行为之日起计算。

行政机关作出具体行政行为，依法应当向有关公民、法人或者其他组织送达法律文书而未送达的，视为该公民、法人或者其他组织不知道该具体行政行为。

第十六条 公民、法人或者其他组织依照行政复议法第六条第（八）项、第（九）项、第（十）项的规定申请行政机关履行法定职责，行政机关未履行的，行政复议申请期限依照下列规定计算：

（一）有履行期限规定的，自履行期限届满之日起计算；

（二）没有履行期限规定的，自行政机关收到申请满60日起计算。

公民、法人或者其他组织在紧急情况下请求行政机关履行保护人身权、财产权的法定职责，行政机关不履行的，行政复议申请期限不受前款规定的限制。

第十七条 行政机关作出的具体行政行为对公民、法人或者其他组织的权利、义务可能产生不利影响的，应当告知其申请行政复议的权利、行政复议机关和行政复议申请期限。

第四节 行政复议申请的提出

第十八条 申请人书面申请行政复议的，可以采取当面递交、邮寄或者传真等方式提出行政复议申请。

有条件的行政复议机构可以接受以电子邮件形式提出的行政复议申请。

第十九条 申请人书面申请行政复议的，应当在行政复议申请书中载明下列事项：

（一）申请人的基本情况，包括：公民的姓名、性别、年龄、身份证号码、工作单位、住所、邮政编码；法人或者其他组织的名称、住所、邮政编码和法定代表人或者主要负责人的姓名、职务；

（二）被申请人的名称；

（三）行政复议请求、申请行政复议的主要事实和理由；

（四）申请人的签名或者盖章；

（五）申请行政复议的日期。

第二十条 申请人口头申请行政复议的，行政复议机构应当依照本条例第十九条规定的事项，当场制作行政复议申请笔录交申请人核对或者向申请人宣读，并由申请人签字确认。

第二十一条 有下列情形之一的，申请人应当提供证明材料：

（一）认为被申请人不履行法定职责的，提供曾经要求被申请人履行法定职责而被申请人未履行的证明材料；

（二）申请行政复议时一并提出行政赔偿请求的，提供受具体行政行为侵害而造成损害的证明材料；

（三）法律、法规规定需要申请人提供证据材料的其他情形。

第二十二条 申请人提出行政复议申请时错列被申请人的，行政复议机构应当告知申请人变更被申请人。

第二十三条 申请人对两个以上国务院部门共同作出的具体行政行为不服的，依照行政复议法第十四条的规定，可以向其中任何一个国务院部门提出行政复议申请，由作出具体行政行为的国务院部门共同作出行政复议决定。

第二十四条 申请人对经国务院批准实行省以下垂直领导的部门作出的具体行政行为不服的，可以选择向该部门的本级人民政府或者上一级主管部门申请行政复议；省、自治区、直辖市另有规定的，依照省、自治区、直辖市的规定办理。

第二十五条 申请人依照行政复议法第三十条第二款的规定申请行政复议的，应当向省、自治区、直辖市人民政府提出行政复议申请。

第二十六条 依照行政复议法第七条的规定，申请人认为具体行政行为所依据的规定不合法的，可以在对具体行政行为申请行政复议的同时一并提出对该规定的审查申请；申请人在对具体行政行为提出行政复议申请时尚不知道该具体行政行为所依据的规定的，可以在行政复议机关作出行政复议决定前向行政复议机关提出对该规定的审查申请。

第三章　行政复议受理

第二十七条　公民、法人或者其他组织认为行政机关的具体行政行为侵犯其合法权益提出行政复议申请，除不符合行政复议法和本条例规定的申请条件的，行政复议机关必须受理。

第二十八条　行政复议申请符合下列规定的，应当予以受理：

(一)有明确的申请人和符合规定的被申请人；

(二)申请人与具体行政行为有利害关系；

(三)有具体的行政复议请求和理由；

(四)在法定申请期限内提出；

(五)属于行政复议法规定的行政复议范围；

(六)属于收到行政复议申请的行政复议机构的职责范围；

(七)其他行政复议机关尚未受理同一行政复议申请，人民法院尚未受理同一主体就同一事实提起的行政诉讼。

第二十九条　行政复议申请材料不齐全或者表述不清楚的，行政复议机构可以自收到该行政复议申请之日起 5 日内书面通知申请人补正。补正通知应当载明需要补正的事项和合理的补正期限。无正当理由逾期不补正的，视为申请人放弃行政复议申请。补正申请材料所用时间不计入行政复议审理期限。

第三十条　申请人就同一事项向两个或者两个以上有权受理的行政机关申请行政复议的，由最先收到行政复议申请的行政机关受理；同时收到行政复议申请的，由收到行政复议申请的行政机关在 10 日内协商确定；协商不成的，由其共同上一级行政机关在 10 日内指定受理机关。协商确定或者指定受理机关所用时间不计入行政复议审理期限。

第三十一条　依照行政复议法第二十条的规定，上级行政机关认为行政复议机关不予受理行政复议申请的理由不成立的，可以先行督促其受理；经督促仍不受理的，应当责令其限期受理，必要时也可以直接受理；认为行政复议申请不符合法定受理条件的，应当告知申请人。

第四章　行政复议决定

第三十二条　行政复议机构审理行政复议案件，应当由 2 名以上行政复议人员参加。

第三十三条　行政复议机构认为必要时，可以实地调查核实证据；对重大、复杂的案件，申请人提出要求或者行政复议机构认为必要时，可以采取听证的方式审理。

第三十四条　行政复议人员向有关组织和人员调查取证时，可以查阅、复制、调取有关文件和资料，向有关人员进行询问。

调查取证时，行政复议人员不得少于 2 人，并应当向当事人或者有关人员出示证件。被调查单位和人员应当配合行政复议人员的工作，不得拒绝或者阻挠。

需要现场勘验的，现场勘验所用时间不计入行政复议审理期限。

第三十五条　行政复议机关应当为申请人、第三人查阅有关材料提供必要条件。

第三十六条　依照行政复议法第十四条的规定申请原级行政复议的案件，由原承办具体行政行为有关事项的部门或者机构提出书面答复，并提交作出具体行政行为的证据、依据和其他有关材料。

第三十七条　行政复议期间涉及专门事项需要鉴定的，当事人可以自行委托鉴定机构进行鉴定，也可以申请行政复议机构委托鉴定机构进行鉴定。鉴定费用由当事人承担。鉴定所用时间不计入行政复议审理期限。

第三十八条　申请人在行政复议决定作出前自愿撤回行政复议申请的，经行政复议机构同意，可以撤回。

申请人撤回行政复议申请的，不得再以同一事实和理由提出行政复议申请。但是，申请人能够证明撤回行政复议申请违背其真实意思表示的除外。

第三十九条　行政复议期间被申请人改变原具体行政行为的，不影响行政复议案件的审理。但是，申请人依法撤回行政复议申请的除外。

第四十条 公民、法人或者其他组织对行政机关行使法律、法规规定的自由裁量权作出的具体行政行为不服申请行政复议，申请人与被申请人在行政复议决定作出前自愿达成和解的，应当向行政复议机构提交书面和解协议；和解内容不损害社会公共利益和他人合法权益的，行政复议机构应当准许。

第四十一条 行政复议期间有下列情形之一，影响行政复议案件审理的，行政复议中止：

（一）作为申请人的自然人死亡，其近亲属尚未确定是否参加行政复议的；

（二）作为申请人的自然人丧失参加行政复议的能力，尚未确定法定代理人参加行政复议的；

（三）作为申请人的法人或者其他组织终止，尚未确定权利义务承受人的；

（四）作为申请人的自然人下落不明或者被宣告失踪的；

（五）申请人、被申请人因不可抗力，不能参加行政复议的；

（六）案件涉及法律适用问题，需要有权机关作出解释或者确认的；

（七）案件审理需要以其他案件的审理结果为依据，而其他案件尚未审结的；

（八）其他需要中止行政复议的情形。

行政复议中止的原因消除后，应当及时恢复行政复议案件的审理。

行政复议机构中止、恢复行政复议案件的审理，应当告知有关当事人。

第四十二条 行政复议期间有下列情形之一的，行政复议终止：

（一）申请人要求撤回行政复议申请，行政复议机构准予撤回的；

（二）作为申请人的自然人死亡，没有近亲属或者其近亲属放弃行政复议权利的；

（三）作为申请人的法人或者其他组织终止，其权利义务的承受人放弃行政复议权利的；

（四）申请人与被申请人依照本条例第四十条的规定，经行政复议机构准许达成和解的；

（五）申请人对行政拘留或者限制人身自由的行政强制措施不服申请行政复议后，因申请人同一违法行为涉嫌犯罪，该行政拘留或者限制人身自由的行政强制措施变更为刑事拘留的。

依照本条例第四十一条第一款第（一）项、第（二）项、第（三）项规定中止行政复议，满 60 日行政复议中止的原因仍未消除的，行政复议终止。

第四十三条 依照行政复议法第二十八条第一款第（一）项规定，具体行政行为认定事实清楚，证据确凿，适用依据正确，程序合法，内容适当的，行政复议机关应当决定维持。

第四十四条 依照行政复议法第二十八条第一款第（二）项规定，被申请人不履行法定职责的，行政复议机关应当决定其在一定期限内履行法定职责。

第四十五条 具体行政行为有行政复议法第二十八条第一款第（三）项规定情形之一的，行政复议机关应当决定撤销、变更该具体行政行为或者确认该具体行政行为违法；决定撤销该具体行政行为或者确认该具体行政行为违法的，可以责令被申请人在一定期限内重新作出具体行政行为。

第四十六条 被申请人未依照行政复议法第二十三条的规定提出书面答复、提交当初作出具体行政行为的证据、依据和其他有关材料的，视为该具体行政行为没有证据、依据，行政复议机关应当决定撤销该具体行政行为。

第四十七条 具体行政行为有下列情形之一，行政复议机关可以决定变更：

（一）认定事实清楚，证据确凿，程序合法，但是明显不当或者适用依据错误的；

（二）认定事实不清，证据不足，但是经行政复议机关审理查明事实清楚，证据确凿的。

第四十八条 有下列情形之一的，行政复议机关应当决定驳回行政复议申请：

（一）申请人认为行政机关不履行法定职责申请行政复议，行政复议机关受理后发现该行政机关没有相应法定职责或者在受理前已经履行法定职责的；

（二）受理行政复议申请后，发现该行政复议申请不符合行政复议法和本条例规定的受理条件的。

上级行政机关认为行政复议机关驳回行政复议申请的理由不成立的，应当责令其恢复审理。

第四十九条 行政复议机关依照行政复议法第二十八条的规定责令被申请人重新作出具体行政行为的，被申请人应当在法律、法规、规章规定的期限内重新作出具体行政行为；法律、法规、规章未规定期限的，重新作出具体行政行为的期限为 60 日。

公民、法人或者其他组织对被申请人重新作出的具体行政行为不服，可以依法申请行政复议或者提起行政诉讼。

第五十条 有下列情形之一的，行政复议机关可以按照自愿、合法的原则进行调解：

（一）公民、法人或者其他组织对行政机关行使法律、法规规定的自由裁量权作出的具体行政行为不服申请行政复议的；

（二）当事人之间的行政赔偿或者行政补偿纠纷。

当事人经调解达成协议的，行政复议机关应当制作行政复议调解书。调解书应当载明行政复议请求、事实、理由和调解结果，并加盖行政复议机关印章。行政复议调解书经双方当事人签字，即具有法律效力。

调解未达成协议或者调解书生效前一方反悔的，行政复议机关应当及时作出行政复议决定。

第五十一条 行政复议机关在申请人的行政复议请求范围内，不得作出对申请人更为不利的行政复议决定。

第五十二条 第三人逾期不起诉又不履行行政复议决定的，依照行政复议法第三十三条的规定处理。

第五章 行政复议指导和监督

第五十三条 行政复议机关应当加强对行政复议工作的领导。

行政复议机构在本级行政复议机关的领导下，按照职责权限对行政复议工作进行督促、指导。

第五十四条 县级以上各级人民政府应当加强对所属工作部门和下级人民政府履行行政复议职责的监督。

行政复议机关应当加强对其行政复议机构履行行政复议职责的监督。

第五十五条 县级以上地方各级人民政府应当建立健全行政复议工作责任制，将行政复议工作纳入本级政府目标责任制。

第五十六条 县级以上地方各级人民政府应当按照职责权限，通过定期组织检查、抽查等方式，对所属工作部门和下级人民政府行政复议工作进行检查，并及时向有关方面反馈检查结果。

第五十七条 行政复议期间行政复议机关发现被申请人或者其他下级行政机关的相关行政行为违法或者需要做好善后工作的，可以制作行政复议意见书。有关机关应当自收到行政复议意见书之日起 60 日内将纠正相关行政违法行为或者做好善后工作的情况通报行政复议机构。

行政复议期间行政复议机构发现法律、法规、规章实施中带有普遍性的问题，可以制作行政复议建议书，向有关机关提出完善制度和改进行政执法的建议。

第五十八条 县级以上各级人民政府行政复议机构应当定期向本级人民政府提交行政复议工作状况分析报告。

第五十九条 下级行政复议机关应当及时将重大行政复议决定报上级行政复议机关备案。

第六十条 各级行政复议机构应当定期组织对行政复议人员进行业务培训，提高行政复议人员的专业素质。

第六十一条 各级行政复议机关应当定期总结行政复议工作，对在行政复议工作中做出显著成绩的单位和个人，依照有关规定给予表彰和奖励。

第六章 法律责任

第六十二条 被申请人在规定期限内未按照行政复议决定的要求重新作出具体行政行为，或者违反规定重新作出具体行政行为的，依照行政复议法第三十七条的规定追究法律责任。

第六十三条 拒绝或者阻挠行政复议人员调查取证、查阅、复制、调取有关文件和资料的，对有关责任人员依法给予处分或者治安处罚；构成犯罪的，依法追究刑事责任。

第六十四条 行政复议机关或者行政复议机构不履行行政复议法和本条例规定的行政复议职责，经有权监督的行政机关督促仍不改正的，对直接负责的主管人员和其他直接责任人员依法给予警告、记过、记大过的处分；造成严重后果的，依法给予降级、撤职、开除的处分。

第六十五条 行政机关及其工作人员违反行政复议法和本条例规定的，行政复议机构可以向人事、监察部门提出对有关责任人员的处分建议，也可以将有关人员违法的事实材料直接转送人事、监察部门处理；接受转送的人事、监察部门应当依法处理，并将处理结果通报转送的行政复议机构。

第七章 附 则

第六十六条 本条例自2007年8月1日起施行。

审计机关审计复议的规定

（审计署令第1号，2000年1月28日）

第一条 为保证审计机关依法行使审计监督权，防止和纠正违法或者不当的审计具体行政行为，保护公民、法人或者其他组织的合法权益，根据《中华人民共和国审计法》和《中华人民共和国行政复议法》（以下简称《行政复议法》），制定本规定。

第二条 审计复议机关办理审计复议事项，适用本规定。

本规定所称审计复议机关，是指有权受理复议申请，依法对审计具体行政行为进行审查并作出决定的审计机关。

第三条 被审计单位认为审计机关的具体行政行为侵犯其合法权益，可以依照有关法律、法规和本规定，向审计复议机关申请复议。

第四条 向审计机关申请复议的审计具体行政行为包括：

（一）审计机关作出的责令限期缴纳、上缴应当缴纳或者上缴的收入、限期退还违法所得、限期退还被侵占的国有资产等审计处理行为；

（二）审计机关作出的罚款、没收违法所得等审计处罚行为；

（三）审计机关采取的通知有关部门暂停拨付有关款项、责令暂停使用有关款项等强制措施行为；

（四）法律、法规规定可以申请复议的其他具体行政行为。

第五条 被审计单位可以自知道该审计具体行政行为之日起六十日内提出审计复议申请。

因不可抗力或者其他正当理由耽误法定申请期限的，申请期限自障碍消除之日起继续计算。

第六条 被审计单位申请审计复议时，该被审计单位是审计复议的申请人。

申请人可以委托代理人代为参加审计复议。

委托代理人参加审计复议应当向审计复议机关提交授权委托书。

第七条 被审计单位对审计机关的具体行政行为不服申请审计复议，作出该审计具体行政行为的审计机关是被申请人。

第八条 申请人申请审计复议应当书面申请。申请人口头申请的，审计复议机关应当告知其以书面形式申请。复议申请书应当写明申请人的基本情况、复议请求、申请复议的主要事实和理由、申请时间等。

第九条 审计复议机关负责法制工作的机构是审计复议机构，具体办理审计复议事项，履行下列职责：

（一）审查、受理审计复议申请；

（二）查阅文件和资料，向有关组织和人员调查取证；

（三）审查申请审计复议的审计具体行政行为是否合法、适当，拟订审计复议决定；

（四）向审计复议机关提出对《行政复议法》第七条所列有关规定的处理意见；

（五）对被申请人违反《行政复议法》和本规定的行为依照法定的权限和程序提出处理建议；

（六）办理因不服审计复议决定提起行政诉讼的应诉事项；

（七）法律、法规和规章规定的其他职责。

第十条 审计复议机关履行复议职责，应当遵循合法、公正、公开的原则，坚持依法行政、有错必纠，保障法律、法规的正确实施。

第十一条 对审计署作出的具体行政行为不服的，向审计署申请审计复议。

对审计署依法设立的派出机构以自己的名义作出的具体行政行为不服的，向审计署申请审计复议。

第十二条 对地方审计机关作出的审计具体行政行为不服的，可以向上一级审计机关申请审计复议，也可以向本级人民政府申请审计复议。但对地方审计机关办理地方政府授权交办的事项和依照地方性法规、规章和有关规定办理的审计事项所作出的具体行政行为不服的，应当向该审计机关的本级人民政府申请复议。

对地方审计机关依法设立的派出机构以自己的名义作出的具体行政行为不服的，向设立该派出机构的审计机关或者该审计机关的本级人民政府申请审计复议。

第十三条 对审计机关与其他行政机关以共同的名义作出的具体行政行为不服的，向其共同的上一级行政机关申请复议。

第十四条 被审计单位对审计机关作出的具体行政行为不服的，应当先依法申请审计行政复议。在法定行政复议期限内不得向人民法院提起行政诉讼。

第十五条 审计复议机关收到审计复议申请后，应当在五日内进行审查，对不符合法定条件的审计复议申请，决定不予受理，并书面告知被审计单位；对符合法定条件，但是不属于本机关受理的审计复议申请，应当告知被审计单位向有关审计复议机关提出。

除前款规定外，审计复议申请自审计复议机关负责法制工作的机构收到之日起即为受理。

第十六条 申请人依法提出审计复议申请，审计复议机关无正当理由不予受理的，上级审计机关应当责令其受理；必要时，上级审计机关也可以直接受理。

第十七条 审计复议期间审计具体行政行为不停止执行；但是有下列情形之一的，可以停止执行：

（一）被申请人认为需要停止执行的；

（二）审计复议机关认为需要停止执行的；

（三）申请人申请停止执行，审计复议机关认为要求合理，决定停止执行的；

（四）法律规定停止执行的。

第十八条 审计复议机关办理审计复议事项原则上采取书面审查的办法，但是申请人提出要求或者审计复议机构认为必要时，可以采取适当的方式向有关组织和人员调查情况，听取申请人、被申请人和其他有关单位和个人的意见。

第十九条 审计复议机构应当自复议受理之日起七日内，将审计复议申请书副本发送被申请人。被申请人应当自收到申请书副本之日起十日内，提出复议答辩书，并提交作出审计具体行政行为的证据、依据和其他有关材料。

申请人及其委托代理人可以查阅被申请人提出的答辩书、作出审计具体行政行为的证据、依据和其他有关材料，除涉及国家秘密、商业秘密或者个人隐私外，审计复议机关、被申请人不得拒绝。

第二十条 在审计复议过程中，被申请人不得自行向申请人和其他有关组织或者个人收集证据。

第二十一条 审计复议决定作出前，申请人要求撤回审计复议申请的，经说明理由，可以撤回；申请人撤回审计复议申请的，审计复议终止。

审计复议机关应当将申请人撤回审计复议申请的情况记录在案。

第二十二条 审计复议机构应当对被申请人作出的审计具体行政行为进行审查，拟出审计复议决定稿，经审计复议机关的负责人同意或者集体讨论通过后，分别作出下列审计复议决定，制作审计复议决定书：

（一）审计具体行政行为认定事实清楚，证据确凿，适用依据正确，程序合法，内容适当的，决定维持；

（二）审计具体行政行为有下列情形之一的，决定撤销、变更或者确认该行为违法；决定撤销或者确认审计具体行政行为违法的，可以责令被申请人在一定期限内重新作出审计具体行政行为：

1. 主要事实不清、证据不足的；
2. 适用依据错误的；
3. 违反法定程序的；
4. 超越或者滥用职权的；
5. 审计具体行政行为明显不当的。

（三）被申请人不按照本规定第十九条规定提出书面答复、提交当初作出审计具体行政行为的证据、依据和其他有关材料的，视为该审计具体行政行为没有证据、依据，决定撤销该审计具体行政行为。

审计复议机关责令被申请人重新作出审计具体行政行为的，被申请人不得以同一事实和理由作出与原审计具体行政行为相同或者基本相同的审计具体行政行为。

第二十三条　申请人在申请审计复议时可以一并提出行政赔偿请求，审计复议机关按照国家有关法律的规定办理。

第二十四条　审计复议机关应当自受理审计复议申请之日起六十日内作出审计复议决定；情况复杂，不能在规定期限内作出审计复议决定的，经审计复议机构的负责人批准，可以适当延长，并告知申请人和被申请人；但是延长期限最多不超过三十日。

审计复议机关作出审计复议决定，应当制作审计复议决定书。

第二十五条　审计复议决定书可以直接送达，也可以邮寄送达。直接送达的，以受送达人在送达回证上注明的签收日期为送达日期。邮寄送达的，以受送达人在回执上注明的收件日期为送达日期。

第二十六条　审计复议决定书一经送达即发生法律效力。

第二十七条　被申请人应当履行审计复议决定。

被申请人不履行或者无正当理由拖延履行审计复议决定的，审计复议机关或者有关上级主管部门应当责令其限期履行。

第二十八条　申请人对审计复议决定不服的，可以依照《行政诉讼法》的规定向人民法院提起行政诉讼。但对审计署作出的审计具体行政行为不服提起审计复议后，又对审计复议决定不服的，也可以向国务院申请裁决，国务院作出的裁决为最终裁决，申请人不得再向人民法院起诉。

第二十九条　申请人、委托代理人弄虚作假、欺骗审计复议机关、扰乱复议工作秩序或者有其他违规行为的，审计复议机关可以给予警告、责令改正，并可以移送公安机关依法处置。

第三十条　申请人逾期不起诉、不申请裁决，又不履行审计复议决定的，按照下列规定分别处理：

（一）维持审计具体行政行为的审计复议决定，由作出审计具体行政行为的审计机关申请人民法院强制执行；

（二）变更审计具体行政行为的审计复议决定，由审计复议机关申请人民法院强制执行。

第三十一条　审计复议机关及其工作人员、被申请人有违反《行政复议法》规定的行为的，应当依照该法追究责任。

第三十二条　个人对审计机关作出的罚款不服的，按照有关法律、法规规定办理。

第三十三条　本规定由审计署负责解释。

第三十四条　本规定自发布之日起施行。审计署于1996年12月16日发布的《审计机关审计行政复议的规定》（审法发〔1996〕358号）同时废止。

审计机关审计项目质量检查暂行规定

第一条　为了促进审计机关正确履行职责，加强对审计项目质量的监督和管理，保证审计质量，根据《中华人民共和国审计法》以及其他有关法律、法规，制定本规定。

第二条　本规定所称审计项目质量检查，是指审计机关依据有关法律、法规和规章的规定，对本级派出机构、下级审计机关完成审计项目质量情况进行审查和评价。

第三条　审计署领导全国的审计项目质量检查工作。

地方各级审计机关负责本级行政区域内的审计项目质量检查工作。

审计机关负责法制工作的机构具体办理审计项目质量检查事项。

第四条　审计署负责组织对省、自治区、直辖市审计厅（局），各特派员办事处、各派出审计局审计项目质量的检查。必要时，可以对其他地方各级审计机关审计项目质量进行抽查。

地方审计机关负责组织对本级派出机构、本地区下一级审计机关审计项目质量的检查。

第五条　审计机关审计项目质量检查工作实行计划管理。

审计署制定对省、自治区、直辖市审计厅（局），各特派员办事处、各派出审计局审计项目质量检查的计划。

地方审计机关制定对本级派出机构、本地区下一级审计机关审计项目质量检查的计划。

第六条　审计机关组成审计项目质量检查组，并在实施检查前，向被检查审计机关送达审计项目质量检查通知书。

第七条 审计机关对本级派出机构、下一级审计机关审计项目质量检查的内容是：

(一)审计工作中执行有关法律、法规的情况；

(二)建立和执行审计质量控制制度的情况；

(三)执行各项审计准则的情况；

(四)审计项目成果反映的客观性、真实性以及成果所发挥作用的情况；

(五)上级审计机关统一组织的审计项目的实施和反映情况。

(六)其他有关审计项目质量的事项。

第八条 审计项目质量检查，主要通过检查审计档案的方式进行，必要时可以到被审计单位核查。

第九条 审计项目质量检查结束后，向被检查审计机关下达审计项目质量检查结论。

第十条 上级审计机关认为被检查审计机关审计项目质量较好的，可以给予表扬；有问题的，应当责成被检查审计机关予以纠正或者采取相应的改进措施；质量问题严重的，给予通报批评。

被检查审计机关对于审计项目质量检查中发现的问题，应当认真整改。

第十一条 每年 11 月底之前，省、自治区、直辖市审计厅(局)，应当将对本地区审计机关审计项目质量检查情况的综合报告，报审计署。

第十二条 本规定由审计署负责解释。

第十三条 本规定自发布之日起施行。

中华人民共和国行政诉讼法

(1994 年 4 月 4 日第七届全国人民代表大会第二次会议通过)

第一章 总 则

第一条 为保证人民法院正确、及时审理行政案件，保护公民、法人和其他组织的合法权益，维护和监督行政机关依法行使行政职权，根据宪法制定本法。

第二条 公民、法人或者其他组织认为行政机关和行政机关工作人员的具体行政行为侵犯其合法权益，有权依照本法向人民法院提起诉讼。

第三条 人民法院依法对行政案件独立行使审判权，不受行政机关、社会团体和个人的干涉。

人民法院设行政审判庭，审理行政案件。

第四条 人民法院审理行政案件，以事实为根据，以法律为准绳。

第五条 人民法院审理行政案件，对具体行政行为是否合法进行审查。

第六条 人民法院审理行政案件，依法实行合议、回避、公开审判和两审终审制度。

第七条 当事人在行政诉讼中的法律地位平等。

第八条 各民族公民都有用本民族语言、文字进行行政诉讼的权利。

在少数民族聚居或者多民族共同居住的地区，人民法院应当用当地民族通用的语言、文字进行审理和发布法律文书。

人民法院应当对不通晓当地民族通用的语言、文字的诉讼参与人提供翻译。

第九条 当事人在行政诉讼中有权进行辩论。

第十条 人民检察院有权对行政诉讼实行法律监督。

第二章 受案范围

第十一条 人民法院受理公民、法人和其他组织对下列具体行政行为不服提起的诉讼：

(一)对拘留、罚款、吊销许可证和执照、责令停产停业、没收财物等行政处罚不服的；

(二)对限制人身自由或者对财产的查封、扣押、冻结等行政强制措施不服的；

（三）认为行政机关侵犯法律规定的经营自主权的；

（四）认为符合法定条件申请行政机关颁发许可证和执照，行政机关拒绝颁发或者不予答复的；

（五）申请行政机关履行保护人身权、财产权的法定职责，行政机关拒绝履行或者不予答复的；

（六）认为行政机关没有依法发给抚恤金的；

（七）认为行政机关违法要求履行义务的；

（八）认为行政机关侵犯其他人身权、财产权的。

除前款规定外，人民法院受理法律、法规规定可以提起诉讼的其他行政案件。

第十二条　人民法院不受理公民、法人或者其他组织对下列事项提起的诉讼：

（一）国防、外交等国家行为；

（二）行政法规、规章或者行政机关制定、发布的具有普遍约束力的决定、命令；

（三）行政机关对行政机关工作人员的奖惩、任免等决定；

（四）法律规定由行政机关最终裁决的具体行政行为。

第三章　管　　辖

第十三条　基层人民法院管辖第一审行政案件。

第十四条　中级人民法院管辖下列第一审行政案件：

（一）确认发明专利权的案件、海关处理的案件；

（二）对国务院各部门或者省、自治区、直辖市人民政府所作的具体行政行为提起诉讼的案件；

（三）本辖区内重大、复杂的案件。

第十五条　高级人民法院管辖本辖区内重大、复杂的第一审行政案件。

第十六条　最高人民法院管辖全国范围内重大、复杂的第一审行政案件。

第十七条　行政案件由最初作出具体行政行为的行政机关所在地人民法院管辖。经复议的案件，复议机关改变原具体行政行为的，也可以由复议机关所在地人民法院管辖。

第十八条　对限制人身自由的行政强制措施不服提起的诉讼，由被告所在地或者原告所在地人民法院管辖。

第十九条　因不动产提起的行政诉讼，由不动产所在地人民法院管辖。

第二十条　两个以上人民法院都有管辖权的案件，原告可以选择其中一个人民法院提起诉讼。原告向两个以上有管辖权的人民法院提起诉讼的，由最先收到起诉状的人民法院管辖。

第二十一条　人民法院发现受理的案件不属于自己管辖时，应当移送有管辖权的人民法院。受移送的人民法院不得自行移送。

第二十二条　有管辖权的人民法院由于特殊原因不能行使管辖权的，由上级人民法院指定管辖。

人民法院对管辖权发生争议，由争议双方协商解决。协商不成的，报它们的共同上级人民法院指定管辖。

第二十三条　上级人民法院有权审判下级人民法院管辖的第一审行政案件，也可以把自己管辖的第一审行政案件移交下级人民法院审判。

下级人民法院对其管辖的第一审行政案件，认为需要由上级人民法院审判的，可以报请上级人民法院决定。

第四章　诉讼参加人

第二十四条　依照本法提起诉讼的公民、法人或者其他组织是原告。

有权提起诉讼的公民死亡，其近亲属可以提起诉讼。

有权提起诉讼的法人或者其他组织终止，承受其权利的法人或者其他组织可以提起诉讼。

第二十五条　公民、法人或者其他组织直接向人民法院提起诉讼的，作出具体行政行为的行政机关是被告。

经复议的案件，复议机关决定维持原具体行政行为的，作出原具体行政行为的行政机关是被告；复议机关改变原具体行政行为的，复议机关是被告。

两个以上行政机关作出同一具体行政行为的，共同作出具体行政行为的行政机关是共同被告。

由法律、法规授权的组织所作的具体行政行为，该组织是被告。由行政机关委托的组织所作的具体行政行为，委托的行政机关是被告。

行政机关被撤销的，继续行使其职权的行政机关是被告。

第二十六条 当事人一方或者双方为二人以上，因同一具体行政行为发生的行政案件，或者因同样的具体行政行为发生的行政案件、人民法院认为可以合并审理的，为共同诉讼。

第二十七条 同提起诉讼的具体行政行为有利害关系的其他公民、法人或者其他组织，可以作为第三人申请参加诉讼，或者由人民法院通知参加诉讼。

第二十八条 没有诉讼行为能力的公民，由其法定代理人代为诉讼。法定代理人互相推诿代理责任的，由人民法院指定其中一人代为诉讼。

第二十九条 当事人、法定代理人，可以委托一至二人代为诉讼。

律师、社会团体、提起诉讼的公民的近亲属或者所在单位推荐的人，以及经人民法院许可的其他公民，可以受委托为诉讼代理人。

第三十条 代理诉讼的律师，可以依照规定查阅本案有关材料，可以向有关组织和公民调查，收集证据。对涉及国家秘密和个人隐私的材料，应当依照法律规定保密。

经人民法院许可，当事人和其他诉讼代理人可以查阅本案庭审材料，但涉及国家秘密和个人隐私的除外。

第五章 证 据

第三十一条 证据有以下几种：

(一)书证；

(二)物证；

(三)视听资料；

(四)证人证言；

(五)当事人的陈述；

(六)鉴定结论；

(七)勘验笔录、现场笔录。

以上证据经法庭审查属实，才能作为定案的根据。

第三十二条 被告对作出的具体行政行为负有举证责任，应当提供作出该具体行政行为的证据和所依据的规范性文件。

第三十三条 在诉讼过程中，被告不得自行向原告和证人收集证据。

第三十四条 人民法院有权要求当事人提供或者补充证据。

人民法院有权向有关行政机关以及其他组织、公民调取证据。

第三十五条 在诉讼过程中，人民法院认为对专门性问题需要鉴定的，应当交由法定鉴定部门鉴定；没有法定鉴定部门的，由人民法院指定的鉴定部门鉴定。

第三十六条 在证据可能灭失或者以后难以取得的情况下，诉讼参加人可以向人民法院申请保全证据，人民法院也可以主动采取保全措施。

第六章 起诉和受理

第三十七条 对属于人民法院受案范围的行政案件，公民、法人或者其他组织可以先向上一级行政机关或者法律、法规规定的行政机关申请复议，对复议不服的，再向人民法院提起诉讼；也可以直接向人民法院提起诉讼。

法律、法规规定应当先向行政机关申请复议，对复议不服再向人民法院提起诉讼的，依照法律、法规的规定。

第三十八条 公民、法人或者其他组织向行政机关申请复议的，复议机关应当在收到申请书之日起两个月内作出决定。法律、法规另有规定的除外。

申请人不服复议决定的，可以在收到复议决定书之日起十五日内向人民法院提起诉讼。复议机关逾期不作决定的，申请人可以在复议期满之日起十五日内向人民法院提起诉讼。法律另有规定的除外。

第三十九条 公民、法人或者其他组织直接向人民法院提起诉讼的，应当在知道作出具体行政行为之日起三个月内提出。法律另有规定的除外。

第四十条 公民、法人或者其他组织因不可抗力或者其他特殊情况耽误法定期限的，在障碍消除后的十日内，可以申请延长期限，由人民法院决定。

第四十一条 提起诉讼应当符合下列条件：

（一）原告是认为具体行政行为侵犯其合法权益的公民、法人或者其他组织；

（二）有明确的被告；

（三）有具体的诉讼请求和事实根据；

（四）属于人民法院受案范围和受诉人民法院管辖。

第四十二条 人民法院接到起诉状，经审查，应当在七日内立案或者作出裁定不予受理。原告对裁定不服的，可以提起上诉。

第七章 审理和判决

第四十三条 人民法院应当在立案之日起五日内，将起诉状副本发送被告。被告应当在收到起诉状副本之日起十日内向人民法院提交作出具体行政行为的有关材料，并提出答辩状。人民法院应当在收到答辩状之日起五日内，将答辩状副本发送原告。

被告不提出答辩状的，不影响人民法院审理。

第四十四条 诉讼期间，不停止具体行政行为的执行。但有下列情形之一的，停止具体行政行为的执行：

（一）被告认为需要停止执行的；

（二）原告申请停止执行，人民法院认为该具体行政行为的执行会造成难以弥补的损失，并且停止执行不损害社会公共利益，裁定停止执行的；

（三）法律、法规规定停止执行的。

第四十五条 人民法院公开审理行政案件，但涉及国家秘密、个人隐私和法律另有规定的除外。

第四十六条 人民法院审理行政案件，由审判员组成合议庭，或者由审判员、陪审员组成合议庭。合议庭的成员，应当是三人以上的单数。

第四十七条 当事人认为审判人员与本案有利害关系或者有其他关系可能影响公正审判，有权申请审判人员回避。

审判人员认为自己与本案有利害关系或者有其他关系，应当申请回避。

前两款规定，适用于书记员、翻译人员、鉴定人、勘验人。

院长担任审判长时的回避，由审判委员会决定；审判人员的回避，由院长决定；其他人员的回避，由审判长决定。当事人对决定不服的，可以申请复议。

第四十八条 经人民法院两次合法传唤，原告无正当理由拒不到庭的，视为申请撤诉；被告无正当理由拒不到庭的，可以缺席判决。

第四十九条 诉讼参与人或者其他人有下列行为之一的，人民法院可以根据情节轻重，予以训诫、责令具结悔过或者处一千元以下的罚款、十五日以下的拘留；构成犯罪的，依法追究刑事责任：

（一）有义务协助执行的人，对人民法院的协助执行通知书，无故推拖、拒绝或者妨碍执行的；

（二）伪造、隐藏、毁灭证据的；

（三）指使、贿买、胁迫他人作伪证或者威胁、阻止证人作证的；

（四）隐藏、转移、变卖、毁损已被查封、扣押、冻结的财产的；

（五）以暴力、威胁或者其他方法阻碍人民法院工作人员执行职务或者扰乱人民法院工作秩序的；

（六）对人民法院工作人员、诉讼参与人、协助执行人侮辱、诽谤、诬陷、殴打或者打击报复的。

罚款、拘留须经人民法院院长批准。当事人不服的，可以申请复议。

第五十条 人民法院审理行政案件，不适用调解。

第五十一条 人民法院对行政案件宣告判决或者裁定前，原告申请撤诉的，或者被告改变其所作的具体行政行为，原告同意并申请撤诉的，是否准许，由人民法院裁定。

第五十二条 人民法院审理行政案件，以法律和行政法规、地方性法规为依据。地方性法规适用于本行政区域内发生的行政案件。

人民法院审理民族自治地方的行政案件，并以该民族自治地方的自治条例和单行条例为依据。

第五十三条 人民法院审理行政案件，参照国务院部、委根据法律和国务院的行政法规、决定、命令制定、发布的规章以及省、自治区、直辖市和省、自治区的人民政府所在地的市和经国务院批准的较大的市的人民政府根据法律和国务院的行政法规制定、发布的规章。

人民法院认为地方人民政府制定、发布的规章与国务院部、委制定、发布的规章不一致的，以及国务院部、委制定、发布的规章之间不一致的，由最高人民法院送请国务院作出解释或者裁决。

第五十四条 人民法院经过审理，根据不同情况，分别作出以下判决：

(一)具体行政行为证据确凿，适用法律、法规正确，符合法定程序的，判决维持。

(二)具体行政行为有下列情形之一的，判决撤销或者部分撤销，并可以判决被告重新作出具体行政行为：

1. 主要证据不足的；
2. 适用法律、法规错误的；
3. 违反法定程序的；
4. 超越职权的；
5. 滥用职权的。

(三)被告不履行或者拖延履行法定职责的，判决其在一定期限内履行。

(四)行政处罚显失公正的，可以判决变更。

第五十五条 人民法院判决被告重新作出具体行政行为的，被告不得以同一的事实和理由作出与原具体行政行为基本相同的具体行政行为。

第五十六条 人民法院在审理行政案件中，认为行政机关的主管人员、直接责任人员违反政纪的，应当将有关材料移送该行政机关或者其上一级行政机关或者监察、人事机关；认为有犯罪行为的，应当将有关材料移送公安、检察机关。

第五十七条 人民法院应当在立案之日起三个月内作出第一审判决。有特殊情况需要延长的，由高级人民法院批准，高级人民法院审理第一审案件需要延长的，由最高人民法院批准。

第五十八条 当事人不服人民法院第一审判决的，有权在判决书送达之日起十五日内向上一级人民法院提起上诉。当事人不服人民法院第一审裁定的，有权在裁定书送达之日起十日内向上一级人民法院提起上诉。逾期不提起上诉的，人民法院的第一审判决或者裁定发生法律效力。

第五十九条 人民法院对上诉案件，认为事实清楚的，可以实行书面审理。

第六十条 人民法院审理上诉案件，应当在收到上诉状之日起两个月内作出终审判决。有特殊情况需要延长的，由高级人民法院批准，高级人民法院审理上诉案件需要延长的，由最高人民法院批准。

第六十一条 人民法院审理上诉案件，按照下列情形，分别处理：

(一)原判决认定事实清楚，适用法律、法规正确的，判决驳回上诉，维持原判；

(二)原判决认定事实清楚，但适用法律、法规错误的，依法改判；

(三)原判决认定事实不清，证据不足，或者由于违反法定程序可能影响案件正确判决的，裁定撤销原判，发回原审人民法院重审，也可以查清事实后改判。当事人对重审案件的判决、裁定，可以上诉。

第六十二条 当事人对已经发生法律效力的判决、裁定，认为确有错误的，可以向原审人民法院或者上一级人民法院提出申诉，但判决、裁定不停止执行。

第六十三条 人民法院院长对本院已经发生法律效力的判决、裁定，发现违反法律、法规规定认为需要再审的，应当提交审判委员会决定是否再审。

上级人民法院对下级人民法院已经发生法律效力的判决、裁定，发现违反法律、法规规定的，有权提审或者指令下级人民法院再审。

第六十四条 人民检察院对人民法院已经发生法律效力的判决、裁定，发现违反法律、法规规定的，有权按照审判监督程序提出抗诉。

第八章　执　　行

第六十五条　当事人必须履行人民法院发生法律效力的判决、裁定。

公民、法人或者其他组织拒绝履行判决、裁定的，行政机关可以向第一审人民法院申请强制执行，或者依法强制执行。

行政机关拒绝履行判决、裁定的，第一审人民法院可以采取以下措施：

（一）对应当归还的罚款或者应当给付的赔偿金，通知银行从该行政机关的账户内划拨；

（二）在规定期限内不履行的，从期满之日起，对该行政机关按日处五十元至一百元的罚款；

（三）向该行政机关的上一级行政机关或者监察、人事机关提出司法建议。接受司法建议的机关，根据有关规定进行处理，并将处理情况告知人民法院；

（四）拒不履行判决、裁定，情节严重构成犯罪的，依法追究主管人员和直接责任人员的刑事责任。

第六十六条　公民、法人或者其他组织对具体行政行为在法定期限内不提起诉讼又不履行的，行政机关可以申请人民法院强制执行，或者依法强制执行。

第九章　侵权赔偿责任

第六十七条　公民、法人或者其他组织的合法权益受到行政机关或者行政机关工作人员作出的具体行政行为侵犯造成损害的，有权请求赔偿。

公民、法人或者其他组织单独就损害赔偿提出请求，应当先由行政机关解决。对行政机关的处理不服，可以向人民法院提起诉讼。

赔偿诉讼可以适用调解。

第六十八条　行政机关或者行政机关工作人员作出的具体行政行为侵犯公民、法人或者其他组织的合法权益造成损害的，由该行政机关或者该行政机关工作人员所在的行政机关负责赔偿。

行政机关赔偿损失后，应当责令有故意或者重大过失的行政机关工作人员承担部分或者全部赔偿费用。

第六十九条　赔偿费用，从各级财政列支。各级人民政府可以责令有责任的行政机关支付部分或者全部赔偿费用。具体办法由国务院规定。

第十章　涉外行政诉讼

第七十条　外国人、无国籍人、外国组织在中华人民共和国进行行政诉讼，适用本法。法律另有规定的除外。

第七十一条　外国人、无国籍人、外国组织在中华人民共和国进行行政诉讼，同中华人民共和国公民、组织有同等的诉讼权利和义务。

外国法院对中华人民共和国公民、组织的行政诉讼权利加以限制的，人民法院对该国公民、组织的行政诉讼权利，实行对等原则。

第七十二条　中华人民共和国缔结或者参加的国际条约同本法有不同规定的，适用该国际条约的规定。中华人民共和国声明保留的条款除外。

第七十三条　外国人、无国籍人、外国组织在中华人民共和国进行行政诉讼，委托律师代理诉讼的，应当委托中华人民共和国律师机构的律师。

第十一章　附　　则

第七十四条　人民法院审理行政案件，应当收取诉讼费用。诉讼费用由败诉方承担，双方都有责任的由双方分担。收取诉讼费用的具体办法另行规定。

第七十五条　本法自一九九〇年十月一日起施行。

最高人民法院关于执行《中华人民共和国行政诉讼法》若干问题的解释

（2000 年 3 月 10 日）

为正确理解和适用《中华人民共和国行政诉讼法》(以下简称行政诉讼法)，现结合行政审判工作实际，对执行行政诉讼法的若干问题作出如下解释：

一、受案范围

第一条 公民、法人或者其他组织对具有国家行政职权的机关和组织及其工作人员的行政行为不服，依法提起诉讼的，属于人民法院行政诉讼的受案范围。

公民、法人或者其他组织对下列行为不服提起诉讼的，不属于人民法院行政诉讼的受案范围：

(一)行政诉讼法第十二条规定的行为；

(二)公安、国家安全等机关依照刑事诉讼法的明确授权实施的行为；

(三)调解行为以及法律规定的仲裁行为；

(四)不具有强制力的行政指导行为；

(五)驳回当事人对行政行为提起申诉的重复处理行为；

(六)对公民、法人或者其他组织权利义务不产生实际影响的行为。

第二条 行政诉讼法第十二条第(一)项规定的国家行为，是指国务院、中央军事委员会、国防部、外交部等根据宪法和法律的授权，以国家的名义实施的有关国防和外交事务的行为，以及经宪法和法律授权的国家机关宣布紧急状态、实施戒严和总动员等行为。

第三条 行政诉讼法第十二条第(二)项规定的“具有普遍约束力的决定、命令”，是指行政机关针对不特定对象发布的能反复适用的行政规范性文件。

第四条 行政诉讼法第十二条第(三)项规定的“对行政机关工作人员的奖惩、任免等决定”，是指行政机关作出的涉及该行政机关公务员权利义务的决定。

第五条 行政诉讼法第十二条第(四)项规定的“法律规定由行政机关最终裁决的具体行政行为”中的“法律”，是指全国人民代表大会及其常务委员会制定、通过的规范性文件。

二、管辖

第六条 各级人民法院行政审判庭审理行政案件和审查行政机关申请执行其具体行政行为的案件。

专门人民法院、人民法庭不审理行政案件，也不审查和执行行政机关申请执行其具体行政行为的案件。

第七条 复议决定有下列情形之一的，属于行政诉讼法规定的“改变原具体行政行为”：

(一)改变原具体行政行为所认定的主要事实和证据的；

(二)改变原具体行政行为所适用的规范依据且对定性产生影响的；

(三)撤销、部分撤销或者变更原具体行政行为处理结果的。

第八条 有下列情形之一的，属于行政诉讼法第十四条第(三)项规定的“本辖区内重大、复杂的案件”：

(一)被告为县级以上人民政府，且基层人民法院不适宜审理的案件；

(二)社会影响重大的共同诉讼、集团诉讼案件；

(三)重大涉外或者涉及香港特别行政区、澳门特别行政区、台湾地区的案件；

(四)其他重大、复杂案件。

第九条 行政诉讼法第十八条规定的“原告所在地”，包括原告的户籍所在地、经常居住地和被限制人身自由地。

行政机关基于同一事实既对人身又对财产实施行政处罚或者采取行政强制措施的，被限制人身自由的公民、被扣押或者没收财产的公民、法人或者其他组织对上述行为均不服的，既可以向被告所在地人民法院提起诉讼，也可以向原告所在地人民法院提起诉讼，受诉人民法院可一并管辖。

第十条 当事人提出管辖异议，应当在接到人民法院应诉通知之日起 10 日内以书面形式提出。

对当事人提出的管辖异议，人民法院应当进行审查。异议成立的，裁定将案件移送有管辖权的人民法院；异议不成立的，裁定驳回。

三、诉讼参加人

第十一条 行政诉讼法第二十四条规定的“近亲属”，包括配偶、父母、子女、兄弟姐妹、祖父母、外祖父母、孙子女、外孙子女和其他具有扶养、赡养关系的亲属。

公民因被限制人身自由而不能提起诉讼的，其近亲属可以依其口头或者书面委托以该公民的名义提起诉讼。

第十二条 与具体行政行为有法律上利害关系的公民、法人或者其他组织对该行为不服的，可以依法提起行政诉讼。

第十三条 有下列情形之一的，公民、法人或者其他组织可以依法提起行政诉讼：

(一)被诉的具体行政行为涉及其相邻权或者公平竞争权的；

(二)与被诉的行政复议决定有法律上利害关系或者在复议程序中被追加为第三人的；

(三)要求主管行政机关依法追究加害人法律责任的；

(四)与撤销或者变更具体行政行为有法律上利害关系的。

第十四条 合伙企业向人民法院提起诉讼的，应当以核准登记的字号为原告，由执行合伙企业事务的合伙人作诉讼代表人；其他合伙组织提起诉讼的，合伙人为共同原告。

不具备法人资格的其他组织向人民法院提起诉讼的，由该组织的主要负责人作诉讼代表人；没有主要负责人的，可以由推选的负责人作诉讼代表人。

同案原告为 5 人以上，应当推选 1 至 5 名诉讼代表人参加诉讼；在指定期限内未选定的，人民法院可以依职权指定。

第十五条 联营企业、中外合资或者合作企业的联营、合资、合作各方，认为联营、合资、合作企业权益或者自己一方合法权益受具体行政行为侵害的，均可以自己的名义提起诉讼。

第十六条 农村土地承包人等土地使用权人对行政机关处分其使用的农村集体所有土地的行为不服，可以自己的名义提起诉讼。

第十七条 非国有企业被行政机关注销、撤销、合并、强令兼并、出售、分立或者改变企业隶属关系的，该企业或者其法定代表人可以提起诉讼。

第十八条 股份制企业的股东大会、股东代表大会、董事会等认为行政机关作出的具体行政行为侵犯企业经营自主权的，可以企业名义提起诉讼。

第十九条 当事人不服经上级行政机关批准的具体行政行为，向人民法院提起诉讼的，应当以在对外发生法律效力的文书上署名的机关为被告。

第二十条 行政机关组建并赋予行政管理职能但不具有独立承担法律责任能力的机构，以自己的名义作出具体行政行为，当事人不服提起诉讼的，应当以组建该机构的行政机关为被告。

行政机关的内设机构或者派出机构在没有法律、法规或者规章授权的情况下，以自己的名义作出具体行政行为，当事人不服提起诉讼的，应当以该行政机关为被告。

法律、法规或者规章授权行使行政职权的行政机关内设机构、派出机构或者其他组织，超出法定授权范围实施行政行为，当事人不服提起诉讼的，应当以实施该行为的机构或者组织为被告。

第二十一条 行政机关在没有法律、法规或者规章规定的情况下，授权其内设机构、派出机构或者其他组织行使行政职权的，应当视为委托。当事人不服提起诉讼的，应当以该行政机关为被告。

第二十二条 复议机关在法定期间内不作复议决定，当事人对原具体行政行为不服提起诉讼的，应当以作出原具体行政行为的行政机关为被告；当事人对复议机关不作为不服提起诉讼的，应当以复议机关为被告。

第二十三条 原告所起诉的被告不适格，人民法院应当告知原告变更被告；原告不同意变更的，裁定驳回起诉。

应当追加被告而原告不同意追加的，人民法院应当通知其以第三人的身份参加诉讼。

第二十四条 行政机关的同一具体行政行为涉及两个以上利害关系人，其中一部分利害关系人对具体行政行为不服提起诉讼，人民法院应当通知没有起诉的其他利害关系人作为第三人参加诉讼。

第三人有权提出与本案有关的诉讼主张，对人民法院的一审判决不服，有权提起上诉。

第二十五条 当事人委托诉讼代理人，应当向人民法院提交由委托人签名或者盖章的授权委托书。委托书应当载明委托事项和具体权限。公民在特殊情况下无法书面委托的，也可以口头委托。口头委托的，人民法院应当核实并记录在卷；被诉机关或者其他有义务协助的机关拒绝人民法院向被限制人身自由的公民核实的，视为委托成立。当事人解除或者变更委托的，应当书面报告人民法院，由人民法院通知其他当事人。

四、证据

第二十六条 在行政诉讼中，被告对其作出的具体行政行为承担举证责任。

被告应当在收到起诉状副本之日起 10 日内提交答辩状，并提供作出具体行政行为时的证据、依据；被告不提供或者无正当理由逾期提供的，应当认定该具体行政行为没有证据、依据。

第二十七条 原告对下列事项承担举证责任：

（一）证明起诉符合法定条件，但被告认为原告起诉超过起诉期限的除外；

（二）在起诉被告不作为的案件中，证明其提出申请的事实；

（三）在一并提起的行政赔偿诉讼中，证明因受被诉行为侵害而造成损失的事实；

（四）其他应当由原告承担举证责任的事项。

第二十八条 有下列情形之一的，被告经人民法院准许可以补充相关的证据：

（一）被告在作出具体行政行为时已经收集证据，但因不可抗力等正当事由不能提供的；

（二）原告或者第三人在诉讼过程中，提出了其在被告实施行政行为过程中没有提出的反驳理由或者证据的。

第二十九条 有下列情形之一的，人民法院有权调取证据：

（一）原告或者第三人及其诉讼代理人提供了证据线索，但无法自行收集而申请人民法院调取的；

（二）当事人应当提供而无法提供原件或者原物的。

第三十条 下列证据不能作为认定被诉具体行政行为合法的根据：

（一）被告及其诉讼代理人在作出具体行政行为后自行收集的证据；

（二）被告严重违反法定程序收集的其他证据。

第三十一条 未经法庭质证的证据不能作为人民法院裁判的根据。

复议机关在复议过程中收集和补充的证据，不能作为人民法院维持原具体行政行为的根据。

被告在二审过程中向法庭提交在一审过程中没有提交的证据，不能作为二审法院撤销或者变更一审裁判的根据。

五、起诉与受理

第三十二条 人民法院应当组成合议庭对原告的起诉进行审查。符合起诉条件的，应当在 7 日内立案；不符合起诉条件的，应当在 7 日内裁定不予受理。

7 日内不能决定是否受理的，应当先予受理；受理后经审查不符合起诉条件的，裁定驳回起诉。

受诉人民法院在 7 日内既不立案，又不作出裁定的，起诉人可以向上一级人民法院申诉或者起诉。上一级人民法院认为符合受理条件的，应予受理；受理后可以移交或者指定下级人民法院审理，也可以自行审理。

前三款规定的期限，从受诉人民法院收到起诉状之日起计算；因起诉状内容欠缺而责令原告补正的，从人民法院收到补正材料之日起计算。

第三十三条 法律、法规规定应当先申请复议，公民、法人或者其他组织未申请复议直接提起诉讼的，人民法院不予受理。

复议机关不受理复议申请或者在法定期限内不作出复议决定，公民、法人或者其他组织不服，依法向人民法院提起诉讼的，人民法院应当依法受理。

第三十四条 法律、法规未规定行政复议为提起行政诉讼必经程序，公民、法人或者其他组织既提起诉讼又申请行政复议的，由先受理的机关管辖；同时受理的，由公民、法人或者其他组织选择。公民、法人或者其他组织已经申请行政复议，在法定复议期间内又向人民法院提起诉讼的，人民法院不予受理。

第三十五条 法律、法规未规定行政复议为提起行政诉讼必经程序，公民、法人或者其他组织向复议机关申请行政复议后,又经复议机关同意撤回复议申请,在法定起诉期限内对原具体行政行为提起诉讼的,人民法院应当依法受理。

第三十六条 人民法院裁定准许原告撤诉后,原告以同一事实和理由重新起诉的,人民法院不予受理。

准予撤诉的裁定确有错误,原告申请再审的,人民法院应当通过审判监督程序撤销原准予撤诉的裁定,重新对案件进行审理。

第三十七条 原告或者上诉人未按规定的期限预交案件受理费,又不提出缓交、减交、免交申请,或者提出申请未获批准的,按自动撤诉处理。在按撤诉处理后,原告或者上诉人在法定期限内再次起诉或者上诉,并依法解决诉讼费预交问题的,人民法院应予受理。

第三十八条 人民法院判决撤销行政机关的具体行政行为后,公民、法人或者其他组织对行政机关重新作出的具体行政行为不服向人民法院起诉的,人民法院应当依法受理。

第三十九条 公民、法人或者其他组织申请行政机关履行法定职责,行政机关在接到申请之日起60日内不履行的,公民、法人或者其他组织向人民法院提起诉讼,人民法院应当依法受理。法律、法规、规章和其他规范性文件对行政机关履行职责的期限另有规定的,从其规定。

公民、法人或者其他组织在紧急情况下请求行政机关履行保护其人身权、财产权的法定职责,行政机关不履行的,起诉期间不受前款规定的限制。

第四十条 行政机关作出具体行政行为时,没有制作或者没有送达法律文书,公民、法人或者其他组织不服向人民法院起诉的,只要能证明具体行政行为存在,人民法院应当依法受理。

第四十一条 行政机关作出具体行政行为时,未告知公民、法人或者其他组织诉权或者起诉期限的,起诉期限从公民、法人或者其他组织知道或者应当知道诉权或者起诉期限之日起计算,但从知道或者应当知道具体行政行为内容之日起最长不得超过2年。

复议决定未告知公民、法人或者其他组织诉权或者法定起诉期限的,适用前款规定。

第四十二条 公民、法人或者其他组织不知道行政机关作出的具体行政行为内容的,其起诉期限从知道或者应当知道该具体行政行为内容之日起计算。对涉及不动产的具体行政行为从作出之日起超过20年、其他具体行政行为从作出之日起超过5年提起诉讼的,人民法院不予受理。

第四十三条 由于不属于起诉人自身的原因超过起诉期限的,被耽误的时间不计算在起诉期间内。因人身自由受到限制而不能提起诉讼的,被限制人身自由的时间不计算在起诉期间内。

六、审理与判决

第四十四条 有下列情形之一的,应当裁定不予受理;已经受理的,裁定驳回起诉:

(一)请求事项不属于行政审判权限范围的;

(二)起诉人无原告诉讼主体资格的;

(三)起诉人错列被告且拒绝变更的;

(四)法律规定必须由法定或者指定代理人、代表人为诉讼行为,未由法定或者指定代理人、代表人为诉讼行为的;

(五)由诉讼代理人代为起诉,其代理不符合法定要求的;

(六)起诉超过法定期限且无正当理由的;

(七)法律、法规规定行政复议为提起诉讼必经程序而未申请复议的;

(八)起诉人重复起诉的;

(九)已撤回起诉,无正当理由再行起诉的;

(十)诉讼标的为生效判决的效力所羁束的;

(十一)起诉不具备其他法定要件的。

前款所列情形可以补正或者更正的,人民法院应当指定期间责令补正或者更正;在指定期间已经补正或者更正的,应当依法受理。

第四十五条 起诉状副本送达被告后,原告提出新的诉讼请求的,人民法院不予准许,但有正当理由的除外。

第四十六条 有下列情形之一的,人民法院可以决定合并审理:

(一)两个以上行政机关分别依据不同的法律、法规对同一事实作出具体行政行为,公民、法人或者其他组织不服向同一人民法院起诉的；

（二）行政机关就同一事实对若干公民、法人或者其他组织分别作出具体行政行为，公民、法人或者其他组织不服分别向同一人民法院起诉的；

（三）在诉讼过程中，被告对原告作出新的具体行政行为，原告不服向同一人民法院起诉的；

（四）人民法院认为可以合并审理的其他情形。

第四十七条 当事人申请回避，应当说明理由，在案件开始审理时提出；回避事由在案件开始审理后知道的，应当在法庭辩论终结前提出。

被申请回避的人员，在人民法院作出是否回避的决定前，应当暂停参与本案的工作，但案件需要采取紧急措施的除外。

对当事人提出的回避申请，人民法院应当在3日内以口头或者书面形式作出决定。

申请人对驳回回避申请决定不服的，可以向作出决定的人民法院申请复议一次。复议期间，被申请回避的人员不停止参与本案的工作。对申请人的复议申请，人民法院应当在3日内作出复议决定，并通知复议申请人。

第四十八条 人民法院对于因一方当事人的行为或者其他原因，可能使具体行政行为或者人民法院生效裁判不能或者难以执行的案件，可以根据对方当事人的申请作出财产保全的裁定；当事人没有提出申请的，人民法院在必要时也可以依法采取财产保全措施。

人民法院审理起诉行政机关没有依法发给抚恤金、社会保险金、最低生活保障费等案件，可以根据原告的申请，依法书面裁定先予执行。

当事人对财产保全或者先予执行的裁定不服的，可以申请复议。复议期间不停止裁定的执行。

第四十九条 原告或者上诉人经合法传唤，无正当理由拒不到庭或者未经法庭许可中途退庭的，可以按撤诉处理。

原告或者上诉人申请撤诉，人民法院裁定不予准许的，原告或者上诉人经合法传唤无正当理由拒不到庭，或者未经法庭许可而中途退庭的，人民法院可以缺席判决。

第三人经合法传唤无正当理由拒不到庭，或者未经法庭许可中途退庭的，不影响案件的审理。

第五十条 被告在一审期间改变被诉具体行政行为的，应当书面告知人民法院。

原告或者第三人对改变后的行为不服提起诉讼的，人民法院应当就改变后的具体行政行为进行审理。

被告改变原具体行政行为，原告不撤诉，人民法院经审查认为原具体行政行为违法的，应当作出确认其违法的判决；认为原具体行政行为合法的，应当判决驳回原告的诉讼请求。

原告起诉被告不作为，在诉讼中被告作出具体行政行为，原告不撤诉的，参照上述规定处理。

第五十一条 在诉讼过程中，有下列情形之一的，中止诉讼：

（一）原告死亡，须等待其近亲属表明是否参加诉讼的；

（二）原告丧失诉讼行为能力，尚未确定法定代理人的；

（三）作为一方当事人的行政机关、法人或者其他组织终止，尚未确定权利义务承受人的；

（四）一方当事人因不可抗力的事由不能参加诉讼的；

（五）案件涉及法律适用问题，需要送请有权机关作出解释或者确认的；

（六）案件的审判须以相关民事、刑事或者其他行政案件的审理结果为依据，而相关案件尚未审结的；

（七）其他应当中止诉讼的情形。

中止诉讼的原因消除后，恢复诉讼。

第五十二条 在诉讼过程中，有下列情形之一的，终结诉讼：

（一）原告死亡，没有近亲属或者近亲属放弃诉讼权利的；

（二）作为原告的法人或者其他组织终止后，其权利义务的承受人放弃诉讼权利的。

因本解释第五十一条第一款第（一）、（二）、（三）项原因中止诉讼满90日仍无人继续诉讼的，裁定终结诉讼，但有特殊情况的除外。

第五十三条 复议决定维持原具体行政行为的，人民法院判决撤销原具体行政行为，复议决定自然无效。

复议决定改变原具体行政行为错误，人民法院判决撤销复议决定时，应当责令复议机关重新作出复议决定。

第五十四条 人民法院判决被告重新作出具体行政行为，被告重新作出的具体行政行为与原具体行政行为的结果相同，但主要事实或者主要理由有改变的，不属于行政诉讼法第五十五条规定的情形。

人民法院以违反法定程序为由，判决撤销被诉具体行政行为的，行政机关重新作出具体行政行为不受行政诉讼法第五十五条规定的限制。

行政机关以同一事实和理由重新作出与原具体行政行为基本相同的具体行政行为，人民法院应当根据行政诉讼法第五十四条第(二)项、第五十五条的规定判决撤销或者部分撤销，并根据行政诉讼法第六十五条第三款的规定处理。

第五十五条 人民法院审理行政案件不得加重对原告的处罚，但利害关系人同为原告的除外。

人民法院审理行政案件不得对行政机关未予处罚的人直接给予行政处罚。

第五十六条 有下列情形之一的，人民法院应当判决驳回原告的诉讼请求：

(一)起诉被告不作为理由不能成立的；

(二)被诉具体行政行为合法但存在合理性问题的；

(三)被诉具体行政行为合法，但因法律、政策变化需要变更或者废止的；

(四)其他应当判决驳回诉讼请求的情形。

第五十七条 人民法院认为被诉具体行政行为合法，但不适宜判决维持或者驳回诉讼请求的，可以作出确认其合法或者有效的判决。

有下列情形之一的，人民法院应当作出确认被诉具体行政行为违法或者无效的判决：

(一)被告不履行法定职责，但判决责令其履行法定职责已无实际意义的；

(二)被诉具体行政行为违法，但不具有可撤销内容的；

(三)被诉具体行政行为依法不成立或者无效的。

第五十八条 被诉具体行政行为违法，但撤销该具体行政行为将会给国家利益或者公共利益造成重大损失的，人民法院应当作出确认被诉具体行政行为违法的判决，并责令被诉行政机关采取相应的补救措施；造成损害的，依法判决承担赔偿责任。

第五十九条 根据行政诉讼法第五十四条第(二)项规定判决撤销违法的被诉具体行政行为，将会给国家利益、公共利益或者他人合法权益造成损失的，人民法院在判决撤销的同时，可以分别采取以下方式处理：

(一)判决被告重新作出具体行政行为；

(二)责令被诉行政机关采取相应的补救措施；

(三)向被告和有关机关提出司法建议；

(四)发现违法犯罪行为的，建议有权机关依法处理。

第六十条 人民法院判决被告重新作出具体行政行为，如不及时重新作出具体行政行为，将会给国家利益、公共利益或者当事人利益造成损失的，可以限定重新作出具体行政行为的期限。

人民法院判决被告履行法定职责，应当指定履行的期限，因情况特殊难于确定期限的除外。

第六十一条 被告对平等主体之间民事争议所作的裁决违法，民事争议当事人要求人民法院一并解决相关民事争议的，人民法院可以一并审理。

第六十二条 人民法院审理行政案件，适用最高人民法院司法解释的，应当在裁判文书中援引。

人民法院审理行政案件，可以在裁判文书中引用合法有效的规章及其他规范性文件。

第六十三条 裁定适用于下列范围：

(一)不予受理；

(二)驳回起诉；

(三)管辖异议；

(四)终结诉讼；

(五)中止诉讼；

(六)移送或者指定管辖；

(七)诉讼期间停止具体行政行为的执行或者驳回停止执行的申请；

(八)财产保全;

(九)先予执行;

(十)准许或者不准许撤诉;

(十一)补正裁判文书中的笔误;

(十二)中止或者终结执行;

(十三)提审、指令再审或者发回重审;

(十四)准许或者不准许执行行政机关的具体行政行为;

(十五)其他需要裁定的事项。

对第(一)、(二)、(三)项裁定,当事人可以上诉。

第六十四条 行政诉讼法第五十七条、第六十条规定的审限,是指从立案之日起至裁判宣告之日止的期间。鉴定、处理管辖争议或者异议以及中止诉讼的时间不计算在内。

第六十五条 第一审人民法院作出判决和裁定后,当事人均提起上诉的,上诉各方均为上诉人。

诉讼当事人中的一部分人提出上诉,没有提出上诉的对方当事人为被上诉人,其他当事人依原审诉讼地位列明。

第六十六条 当事人提出上诉,应当按照其他当事人或者诉讼代表人的人数提出上诉状副本。

原审人民法院收到上诉状,应当在 5 日内将上诉状副本送达其他当事人,对方当事人应当在收到上诉状副本之日起 10 日内提出答辩状。

原审人民法院应当在收到答辩状之日起 5 日内将副本送达当事人。

原审人民法院收到上诉状、答辩状,应当在 5 日内连同全部案卷和证据,报送第二审人民法院。已经预收诉讼费用的,一并报送。

第六十七条 第二审人民法院审理上诉案件,应当对原审人民法院的裁判和被诉具体行政行为是否合法进行全面审查。

当事人对原审人民法院认定的事实有争议的,或者第二审人民法院认为原审人民法院认定事实不清楚的,第二审人民法院应当开庭审理。

第六十八条 第二审人民法院经审理认为原审人民法院不予受理或者驳回起诉的裁定确有错误,且起诉符合法定条件的,应当裁定撤销原审人民法院的裁定,指令原审人民法院依法立案受理或者继续审理。

第六十九条 第二审人民法院裁定发回原审人民法院重新审理的行政案件,原审人民法院应当另行组成合议庭进行审理。

第七十条 第二审人民法院审理上诉案件,需要改变原审判决的,应当同时对被诉具体行政行为作出判决。

第七十一条 原审判决遗漏了必须参加诉讼的当事人或者诉讼请求的,第二审人民法院应当裁定撤销原审判决,发回重审。

原审判决遗漏行政赔偿请求,第二审人民法院经审查认为依法不应当予以赔偿的,应当判决驳回行政赔偿请求。

原审判决遗漏行政赔偿请求,第二审人民法院经审理认为依法应当予以赔偿的,在确认被诉具体行政行为违法的同时,可以就行政赔偿问题进行调解;调解不成的,应当就行政赔偿部分发回重审。

当事人在第二审期间提出行政赔偿请求的,第二审人民法院可以进行调解;调解不成的,应当告知当事人另行起诉。

第七十二条 有下列情形之一的,属于行政诉讼法第六十三条规定的"违反法律、法规规定":

(一)原判决、裁定认定的事实主要证据不足;

(二)原判决、裁定适用法律、法规确有错误;

(三)违反法定程序,可能影响案件正确裁判;

(四)其他违反法律、法规的情形。

第七十三条 当事人申请再审,应当在判决、裁定发生法律效力后 2 年内提出。

当事人对已经发生法律效力的行政赔偿调解书,提出证据证明调解违反自愿原则或者调解协议的内容违反法律规定的,可以在 2 年内申请再审。

第七十四条 人民法院接到当事人的再审申请后，经审查，符合再审条件的，应当立案并及时通知各方当事人；不符合再审条件的，予以驳回。

第七十五条 对人民检察院按照审判监督程序提出抗诉的案件，人民法院应当再审。

人民法院开庭审理抗诉案件时，应当通知人民检察院派员出庭。

第七十六条 人民法院按照审判监督程序再审的案件，发生法律效力的判决、裁定是由第一审人民法院作出的，按照第一审程序审理，所作的判决、裁定，当事人可以上诉；发生法律效力的判决、裁定是由第二审人民法院作出的，按照第二审程序审理，所作的判决、裁定是发生法律效力的判决、裁定；上级人民法院按照审判监督程序提审的，按照第二审程序审理，所作的判决、裁定是发生法律效力的判决、裁定。

人民法院审理再审案件，应当另行组成合议庭。

第七十七条 按照审判监督程序决定再审的案件，应当裁定中止原判决的执行；裁定由院长署名，加盖人民法院印章。

上级人民法院决定提审或者指令下级人民法院再审的，应当作出裁定，裁定应当写明中止原判决的执行；情况紧急的，可以将中止执行的裁定口头通知负责执行的人民法院或者作出生效判决、裁定的人民法院，但应当在口头通知后 10 日内发出裁定书。

第七十八条 人民法院审理再审案件，认为原生效判决、裁定确有错误，在撤销原生效判决或者裁定的同时，可以对生效判决、裁定的内容作出相应裁判，也可以裁定撤销生效判决或者裁定，发回作出生效判决、裁定的人民法院重新审判。

第七十九条 人民法院审理二审案件和再审案件，对原审法院受理、不予受理或者驳回起诉错误的，应当分别情况作如下处理：

（一）第一审人民法院作出实体判决后，第二审人民法院认为不应当受理的，在撤销第一审人民法院判决的同时，可以发回重审，也可以迳行驳回起诉；

（二）第二审人民法院维持第一审人民法院不予受理裁定错误的，再审法院应当撤销第一审、第二审人民法院裁定，指令第一审人民法院受理；

（三）第二审人民法院维持第一审人民法院驳回起诉裁定错误的，再审法院应当撤销第一审、第二审人民法院裁定，指令第一审人民法院审理。

第八十条 人民法院审理再审案件，发现生效裁判有下列情形之一的，应当裁定发回作出生效判决、裁定的人民法院重新审理：

（一）审理本案的审判人员、书记员应当回避而未回避的；

（二）依法应当开庭审理而未经开庭即作出判决的；

（三）未经合法传唤当事人而缺席判决的；

（四）遗漏必须参加诉讼的当事人的；

（五）对与本案有关的诉讼请求未予裁判的；

（六）其他违反法定程序可能影响案件正确裁判的。

第八十一条 再审案件按照第一审程序审理的，适用行政诉讼法第五十七条规定的审理期限。

再审案件按照第二审程序审理的，适用行政诉讼法第六十条规定的审理期限。

第八十二条 基层人民法院申请延长审理期限，应当直接报请高级人民法院批准，同时报中级人民法院备案。

七、执行

第八十三条 对发生法律效力的行政判决书、行政裁定书、行政赔偿判决书和行政赔偿调解书，负有义务的一方当事人拒绝履行的，对方当事人可以依法申请人民法院强制执行。

第八十四条 申请人是公民的，申请执行生效的行政判决书、行政裁定书、行政赔偿判决书和行政赔偿调解书的期限为 1 年，申请人是行政机关、法人或者其他组织的为 180 日。

申请执行的期限从法律文书规定的履行期间最后一日起计算；法律文书中没有规定履行期限的，从该法律文书送达当事人之日起计算。

逾期申请的，除有正当理由外，人民法院不予受理。

第八十五条 发生法律效力的行政判决书、行政裁定书、行政赔偿判决书和行政赔偿调解书，由第一审人民法院执行。

第一审人民法院认为情况特殊需要由第二审人民法院执行的，可以报请第二审人民法院执行；第二审人民法院可以决定由其执行，也可以决定由第一审人民法院执行。

第八十六条 行政机关根据行政诉讼法第六十六条的规定申请执行其具体行政行为，应当具备以下条件：

（一）具体行政行为依法可以由人民法院执行；

（二）具体行政行为已经生效并具有可执行内容；

（三）申请人是作出该具体行政行为的行政机关或者法律、法规、规章授权的组织；

（四）被申请人是该具体行政行为所确定的义务人；

（五）被申请人在具体行政行为确定的期限内或者行政机关另行指定的期限内未履行义务；

（六）申请人在法定期限内提出申请；

（七）被申请执行的行政案件属于受理申请执行的人民法院管辖。

人民法院对符合条件的申请，应当立案受理，并通知申请人；对不符合条件的申请，应当裁定不予受理。

第八十七条 法律、法规没有赋予行政机关强制执行权，行政机关申请人民法院强制执行的，人民法院应当依法受理。

法律、法规规定既可以由行政机关依法强制执行，也可以申请人民法院强制执行，行政机关申请人民法院强制执行的，人民法院可以依法受理。

第八十八条 行政机关申请人民法院强制执行其具体行政行为，应当自被执行人的法定起诉期限届满之日起180日内提出。逾期申请的，除有正当理由外，人民法院不予受理。

第八十九条 行政机关申请人民法院强制执行其具体行政行为，由申请人所在地的基层人民法院受理；执行对象为不动产的，由不动产所在地的基层人民法院受理。

基层人民法院认为执行确有困难的，可以报请上级人民法院执行；上级人民法院可以决定由其执行，也可以决定由下级人民法院执行。

第九十条 行政机关根据法律的授权对平等主体之间民事争议作出裁决后，当事人在法定期限内不起诉又不履行，作出裁决的行政机关在申请执行的期限内未申请人民法院强制执行的，生效具体行政行为确定的权利人或者其继承人、权利承受人在90日内可以申请人民法院强制执行。

享有权利的公民、法人或者其他组织申请人民法院强制执行具体行政行为，参照行政机关申请人民法院强制执行具体行政行为的规定。

第九十一条 行政机关申请人民法院强制执行其具体行政行为，应当提交申请执行书、据以执行的行政法律文书、证明该具体行政行为合法的材料和被执行人财产状况以及其他必须提交的材料。

享有权利的公民、法人或者其他组织申请人民法院强制执行的，人民法院应当向作出裁决的行政机关调取有关材料。

第九十二条 行政机关或者具体行政行为确定的权利人申请人民法院强制执行前，有充分理由认为被执行人可能逃避执行的，可以申请人民法院采取财产保全措施。后者申请强制执行的，应当提供相应的财产担保。

第九十三条 人民法院受理行政机关申请执行其具体行政行为的案件后，应当在30日内由行政审判庭组成合议庭对具体行政行为的合法性进行审查，并就是否准予强制执行作出裁定；需要采取强制执行措施的，由本院负责强制执行非诉行政行为的机构执行。

第九十四条 在诉讼过程中，被告或者具体行政行为确定的权利人申请人民法院强制执行被诉具体行政行为，人民法院不予执行，但不及时执行可能给国家利益、公共利益或者他人合法权益造成不可弥补的损失的，人民法院可以先予执行。后者申请强制执行的，应当提供相应的财产担保。

第九十五条 被申请执行的具体行政行为有下列情形之一的，人民法院应当裁定不准予执行：

（一）明显缺乏事实根据的；

（二）明显缺乏法律依据的；

（三）其他明显违法并损害被执行人合法权益的。

第九十六条 行政机关拒绝履行人民法院生效判决、裁定的，人民法院可以依照行政诉讼法第六十五条第三款的规定处理，并可以参照民事诉讼法第一百零二条的有关规定，对主要负责人或者直接责任人员予以罚款处罚。

八、其他

第九十七条　人民法院审理行政案件，除依照行政诉讼法和本解释外，可以参照民事诉讼的有关规定。

第九十八条　本解释自发布之日起施行，最高人民法院《关于贯彻执行〈中华人民共和国行政诉讼法〉若干问题的意见（试行）》同时废止；最高人民法院以前所作的司法解释以及与有关机关联合发布的规范性文件，凡与本解释不一致的，按本解释执行。

中华人民共和国行政处罚法

（1996 年 3 月 17 日第八届全国人民代表大会第四次会议通过）

第一章　总　　则

第一条　为了规范行政处罚的设定和实施，保障和监督行政机关有效实施行政管理，维护公共利益和社会秩序，保护公民、法人或者其他组织的合法权益，根据宪法，制定本法。

第二条　行政处罚的设定和实施，适用本法。

第三条　公民、法人或者其他组织违反行政管理秩序的行为，应当给予行政处罚的，依照本法由法律、法规或者规章规定，并由行政机关依照本法规定的程序实施。

没有法定依据或者不遵守法定程序的，行政处罚无效。

第四条　行政处罚遵循公正、公开的原则。

设定和实施行政处罚必须以事实为依据，与违法行为的事实、性质、情节以及社会危害程度相当。

对违法行为给予行政处罚的规定必须公布；未经公布的，不得作为行政处罚的依据。

第五条　实施行政处罚，纠正违法行为，应当坚持处罚与教育相结合，教育公民、法人或者其他组织自觉守法。

第六条　公民、法人或者其他组织对行政机关所给予的行政处罚，享有陈述权、申辩权；对行政处罚不服的，有权依法申请行政复议或者提起行政诉讼。

公民、法人或者其他组织因行政机关违法给予行政处罚受到损害的，有权依法提出赔偿要求。

第七条　公民、法人或者其他组织因违法受到行政处罚，其违法行为对他人造成损害的，应当依法承担民事责任。

违法行为构成犯罪，应当依法追究刑事责任，不得以行政处罚代替刑事处罚。

第二章　行政处罚的种类和设定

第八条　行政处罚的种类：

（一）警告；

（二）罚款；

（三）没收违法所得、没收非法财物；

（四）责令停产停业；

（五）暂扣或者吊销许可证、暂扣或者吊销执照；

（六）行政拘留；

（七）法律、行政法规规定的其他行政处罚。

第九条　法律可以设定各种行政处罚。

限制人身自由的行政处罚，只能由法律设定。

第十条　行政法规可以设定除限制人身自由以外的行政处罚。

法律对违法行为已经作出行政处罚规定，行政法规需要作出具体规定的，必须在法律规定的给予行政处罚的行为、种类和幅度的范围内规定。

第十一条 地方性法规可以设定除限制人身自由、吊销企业营业执照以外的行政处罚。

法律、行政法规对违法行为已经作出行政处罚规定，地方性法规需要作出具体规定的，必须在法律、行政法规规定的给予行政处罚的行为、种类和幅度的范围内规定。

第十二条 国务院部、委员会制定的规章可以在法律、行政法规规定的给予行政处罚的行为、种类和幅度的范围内作出具体规定。

尚未制定法律、行政法规的，前款规定的国务院部、委员会制定的规章对违反行政管理秩序的行为，可以设定警告或者一定数量罚款的行政处罚。罚款的限额由国务院规定。

国务院可以授权具有行政处罚权的直属机构依照本条第一款、第二款的规定，规定行政处罚。

第十三条 省、自治区、直辖市人民政府和省、自治区人民政府所在地的市人民政府以及经国务院批准的较大的市人民政府制定的规章可以在法律、法规规定的给予行政处罚的行为、种类和幅度的范围内作出具体规定。

尚未制定法律、法规的，前款规定的人民政府制定的规章对违反行政管理秩序的行为，可以设定警告或者一定数量罚款的行政处罚。罚款的限额由省、自治区、直辖市人民代表大会常务委员会规定。

第十四条 除本法第九条、第十条、第十一条、第十二条以及第十三条的规定外，其他规范性文件不得设定行政处罚。

第三章 行政处罚的实施机关

第十五条 行政处罚由具有行政处罚权的行政机关在法定职权范围内实施。

第十六条 国务院或者经国务院授权的省、自治区、直辖市人民政府可以决定一个行政机关行使有关行政机关的行政处罚权，但限制人身自由的行政处罚权只能由公安机关行使。

第十七条 法律、法规授权的具有管理公共事务职能的组织可以在法定授权范围内实施行政处罚。

第十八条 行政机关依照法律、法规或者规章的规定，可以在其法定权限内委托符合本法第十九条规定条件的组织实施行政处罚。行政机关不得委托其他组织或者个人实施行政处罚。

委托行政机关对受委托的组织实施行政处罚的行为应当负责监督，并对该行为的后果承担法律责任。

受委托组织在委托范围内，以委托行政机关名义实施行政处罚；不得再委托其他任何组织或者个人实施行政处罚。

第十九条 受委托组织必须符合以下条件：

（一）依法成立的管理公共事务的事业组织；

（二）具有熟悉有关法律、法规、规章和业务的工作人员；

（三）对违法行为需要进行技术检查或者技术鉴定的，应当有条件组织进行相应的技术检查或者技术鉴定。

第四章 行政处罚的管辖和适用

第二十条 行政处罚由违法行为发生地的县级以上地方人民政府具有行政处罚权的行政机关管辖。法律、行政法规另有规定的除外。

第二十一条 对管辖发生争议的，报请共同的上一级行政机关指定管辖。

第二十二条 违法行为构成犯罪的，行政机关必须将案件移送司法机关，依法追究刑事责任。

第二十三条 行政机关实施行政处罚时，应当责令当事人改正或者限期改正违法行为。

第二十四条 对当事人的同一个违法行为，不得给予两次以上罚款的行政处罚。

第二十五条 不满十四周岁的人有违法行为的，不予行政处罚，责令监护人加以管教；已满十四周岁不满十八周岁的人有违法行为的，从轻或者减轻行政处罚。

第二十六条 精神病人在不能辨认或者不能控制自己行为时有违法行为的，不予行政处罚，但应当责令其监护人严加看管和治疗。间歇性精神病人在精神正常时有违法行为的，应当给予行政处罚。

第二十七条 当事人有下列情形之一的，应当依法从轻或者减轻行政处罚：

（一）主动消除或者减轻违法行为危害后果的；

（二）受他人胁迫有违法行为的；

（三）配合行政机关查处违法行为有立功表现的；

（四）其他依法从轻或者减轻行政处罚的。

违法行为轻微并及时纠正，没有造成危害后果的，不予行政处罚。

第二十八条　违法行为构成犯罪，人民法院判处拘役或者有期徒刑时，行政机关已经给予当事人行政拘留的，应当依法折抵相应刑期。

违法行为构成犯罪，人民法院判处罚金时，行政机关已经给予当事人罚款的，应当折抵相应罚金。

第二十九条　违法行为在二年内未被发现的，不再给予行政处罚。法律另有规定的除外。

前款规定的期限，从违法行为发生之日起计算；违法行为有连续或者继续状态的，从行为终了之日起计算。

第五章　行政处罚的决定

第三十条　公民、法人或者其他组织违反行政管理秩序的行为，依法应当给予行政处罚的，行政机关必须查明事实；违法事实不清的，不得给予行政处罚。

第三十一条　行政机关在作出行政处罚决定之前，应当告知当事人作出行政处罚决定的事实、理由及依据，并告知当事人依法享有的权利。

第三十二条　当事人有权进行陈述和申辩。行政机关必须充分听取当事人的意见，对当事人提出的事实、理由和证据，应当进行复核；当事人提出的事实、理由或者证据成立的，行政机关应当采纳。

行政机关不得因当事人申辩而加重处罚。

第一节　简易程序

第三十三条　违法事实确凿并有法定依据，对公民处以五十元以下、对法人或者其他组织处以一千元以下罚款或者警告的行政处罚的，可以当场作出行政处罚决定。当事人应当依照本法第四十六条、第四十七条、第四十八条的规定履行行政处罚决定。

第三十四条　执法人员当场作出行政处罚决定的，应当向当事人出示执法身份证件，填写预定格式、编有号码的行政处罚决定书。行政处罚决定书应当当场交付当事人。

前款规定的行政处罚决定书应当载明当事人的违法行为、行政处罚依据、罚款数额、时间、地点以及行政机关名称，并由执法人员签名或者盖章。

执法人员当场作出的行政处罚决定，必须报所属行政机关备案。

第三十五条　当事人对当场作出的行政处罚决定不服的，可以依法申请行政复议或者提起行政诉讼。

第二节　一般程序

第三十六条　除本法第三十三条规定的可以当场作出的行政处罚外，行政机关发现公民、法人或者其他组织有依法应当给予行政处罚的行为的，必须全面、客观、公正地调查，收集有关证据；必要时，依照法律、法规的规定，可以进行检查。

第三十七条　行政机关在调查或者进行检查时，执法人员不得少于两人，并应当向当事人或者有关人员出示证件。当事人或者有关人员应当如实回答询问，并协助调查或者检查，不得阻挠。询问或者检查应当制作笔录。

行政机关在收集证据时，可以采取抽样取证的方法；在证据可能灭失或者以后难以取得的情况下，经行政机关负责人批准，可以先行登记保存，并应当在七日内及时作出处理决定，在此期间，当事人或者有关人员不得销毁或者转移证据。

执法人员与当事人有直接利害关系的，应当回避。

第三十八条　调查终结，行政机关负责人应当对调查结果进行审查，根据不同情况，分别作出如下决定：

（一）确有应受行政处罚的违法行为的，根据情节轻重及具体情况，作出行政处罚决定；

（二）违法行为轻微，依法可以不予行政处罚的，不予行政处罚；

（三）违法事实不能成立的，不得给予行政处罚；

（四）违法行为已构成犯罪的，移送司法机关。

对情节复杂或者重大违法行为给予较重的行政处罚，行政机关的负责人应当集体讨论决定。

第三十九条 行政机关依照本法第三十八条的规定给予行政处罚，应当制作行政处罚决定书。行政处罚决定书应当载明下列事项：

（一）当事人的姓名或者名称、地址；

（二）违反法律、法规或者规章的事实和证据；

（三）行政处罚的种类和依据；

（四）行政处罚的履行方式和期限；

（五）不服行政处罚决定，申请行政复议或者提起行政诉讼的途径和期限；

（六）作出行政处罚决定的行政机关名称和作出决定的日期。

行政处罚决定书必须盖有作出行政处罚决定的行政机关的印章。

第四十条 行政处罚决定书应当在宣告后当场交付当事人；当事人不在场的，行政机关应当在七日内依照民事诉讼法的有关规定，将行政处罚决定书送达当事人。

第四十一条 行政机关及其执法人员在作出行政处罚决定之前，不依照本法第三十一条、第三十二条的规定向当事人告知给予行政处罚的事实、理由和依据，或者拒绝听取当事人的陈述、申辩，行政处罚决定不能成立；当事人放弃陈述或者申辩权利的除外。

第三节 听证程序

第四十二条 行政机关作出责令停产停业、吊销许可证或者执照、较大数额罚款等行政处罚决定之前，应当告知当事人有要求举行听证的权利；当事人要求听证的，行政机关应当组织听证。当事人不承担行政机关组织听证的费用。听证依照以下程序组织：

（一）当事人要求听证的，应当在行政机关告知后三日内提出；

（二）行政机关应当在听证的七日前，通知当事人举行听证的时间、地点；

（三）除涉及国家秘密、商业秘密或者个人隐私外，听证公开举行；

（四）听证由行政机关指定的非本案调查人员主持；当事人认为主持人与本案有直接利害关系的，有权申请回避；

（五）当事人可以亲自参加听证，也可以委托一至二人代理；

（六）举行听证时，调查人员提出当事人违法的事实、证据和行政处罚建议；当事人进行申辩和质证；

（七）听证应当制作笔录；笔录应当交当事人审核无误后签字或者盖章。

当事人对限制人身自由的行政处罚有异议的，依照治安管理处罚条例有关规定执行。

第四十三条 听证结束后，行政机关依照本法第三十八条的规定，作出决定。

第六章 行政处罚的执行

第四十四条 行政处罚决定依法作出后，当事人应当在行政处罚决定的期限内，予以履行。

第四十五条 当事人对行政处罚决定不服申请行政复议或者提起行政诉讼的，行政处罚不停止执行，法律另有规定的除外。

第四十六条 作出罚款决定的行政机关应当与收缴罚款的机构分离。

除依照本法第四十七条、第四十八条的规定当场收缴的罚款外，作出行政处罚决定的行政机关及其执法人员不得自行收缴罚款。

当事人应当自收到行政处罚决定书之日起十五日内，到指定的银行缴纳罚款。银行应当收受罚款，并将罚款直接上缴国库。

第四十七条 依照本法第三十三条的规定当场作出行政处罚决定，有下列情形之一的，执法人员可以当场收缴罚款：

（一）依法给予二十元以下的罚款的；

（二）不当场收缴事后难以执行的。

第四十八条 在边远、水上、交通不便地区，行政机关及其执法人员依照本法第三十三条、第三十八条的规定作出罚款决定后，当事人向指定的银行缴纳罚款确有困难，经当事人提出，行政机关及其执法人员可以当场收缴罚款。

第四十九条 行政机关及其执法人员当场收缴罚款的，必须向当事人出具省、自治区、直辖市财政部门统一制发的罚款收据；不出具财政部门统一制发的罚款收据的，当事人有权拒绝缴纳罚款。

第五十条 执法人员当场收缴的罚款，应当自收缴罚款之日起二日内，交至行政机关；在水上当场收缴的罚款，应当自抵岸之日起二日内交至行政机关；行政机关应当在二日内将罚款缴付指定的银行。

第五十一条 当事人逾期不履行行政处罚决定的，作出行政处罚决定的行政机关可以采取下列措施：

(一)到期不缴纳罚款的，每日按罚款数额的百分之三加处罚款；

(二)根据法律规定，将查封、扣押的财物拍卖或者将冻结的存款划拨抵缴罚款；

(三)申请人民法院强制执行。

第五十二条 当事人确有经济困难，需要延期或者分期缴纳罚款的，经当事人申请和行政机关批准，可以暂缓或者分期缴纳。

第五十三条 除依法应当予以销毁的物品外，依法没收的非法财物必须按照国家规定公开拍卖或者按照国家有关规定处理。

罚款、没收违法所得或者没收非法财物拍卖的款项，必须全部上缴国库，任何行政机关或者个人不得以任何形式截留、私分或者变相私分；财政部门不得以任何形式向作出行政处罚决定的行政机关返还罚款、没收的违法所得或者返还没收非法财物的拍卖款项。

第五十四条 行政机关应当建立健全对行政处罚的监督制度。县级以上人民政府应当加强对行政处罚的监督检查。

公民、法人或者其他组织对行政机关作出的行政处罚，有权申诉或者检举；行政机关应当认真审查，发现行政处罚有错误的，应当主动改正。

第七章 法律责任

第五十五条 行政机关实施行政处罚，有下列情形之一的，由上级行政机关或者有关部门责令改正，可以对直接负责的主管人员和其他直接责任人员依法给予行政处分：

(一)没有法定的行政处罚依据的；

(二)擅自改变行政处罚种类、幅度的；

(三)违反法定的行政处罚程序的；

(四)违反本法第十八条关于委托处罚的规定的。

第五十六条 行政机关对当事人进行处罚不使用罚款、没收财物单据或者使用非法定部门制发的罚款、没收财物单据的，当事人有权拒绝处罚，并有权予以检举。上级行政机关或者有关部门对使用的非法单据予以收缴销毁，对直接负责的主管人员和其他直接责任人员依法给予行政处分。

第五十七条 行政机关违反本法第四十六条的规定自行收缴罚款的，财政部门违反本法第五十三条的规定向行政机关返还罚款或者拍卖款项的，由上级行政机关或者有关部门责令改正，对直接负责的主管人员和其他直接责任人员依法给予行政处分。

第五十八条 行政机关将罚款、没收的违法所得或者财物截留、私分或者变相私分的，由财政部门或者有关部门予以追缴，对直接负责的主管人员和其他直接责任人员依法给予行政处分；情节严重构成犯罪的，依法追究刑事责任。

执法人员利用职务上的便利，索取或者收受他人财物、收缴罚款据为己有，构成犯罪的，依法追究刑事责任；情节轻微不构成犯罪的，依法给予行政处分。

第五十九条 行政机关使用或者损毁扣押的财物，对当事人造成损失的，应当依法予以赔偿，对直接负责的主管人员和其他直接责任人员依法给予行政处分。

第六十条 行政机关违法实行检查措施或者执行措施，给公民人身或者财产造成损害、给法人或者其他组织造成损失的，应当依法予以赔偿，对直接负责的主管人员和其他直接责任人员依法给予行政处分；情节严重构成犯罪的，依法追究刑事责任。

第六十一条 行政机关为牟取本单位私利，对应当依法移交司法机关追究刑事责任的不移交，以行政处罚代替刑罚，由上级行政机关或者有关部门责令纠正；拒不纠正的，对直接负责的主管人员给予行政处分；徇私舞弊、包庇纵容违法行为的，比照刑法第一百八十八条的规定追究刑事责任。

第六十二条 执法人员玩忽职守，对应当予以制止和处罚的违法行为不予制止、处罚，致使公民、法人或者其他组织的合法权益、公共利益和社会秩序遭受损害的，对直接负责的主管人员和其他直接责任人员依法给予行政处分；情节严重构成犯罪的，依法追究刑事责任。

第八章 附 则

第六十三条 本法第四十六条罚款决定与罚款收缴分离的规定，由国务院制定具体实施办法。

第六十四条 本法自1996年10月1日起施行。

本法公布前制定的法规和规章关于行政处罚的规定与本法不符合的，应当自本法公布之日起，依照本法规定予以修订，在1997年12月31日前修订完毕。

附：刑法有关条文

第一百八十八条 司法工作人员徇私舞弊，对明知是无罪的人而使他受追诉、对明知是有罪的人而故意包庇不使他受追诉，或者故意颠倒黑白做枉法裁判的，处五年以下有期徒刑、拘役或者剥夺政治权利；情节特别严重的，处五年以上有期徒刑。

审计署审计结果公告办法

（审法发〔2006〕37号，2006年6月20日）

第一条 为了规范审计署公告审计结果工作，提高审计结果公告质量，根据《中华人民共和国审计法》第三十六条和国务院《全面推进依法行政实施纲要》，制定本办法。

第二条 本办法所称公告审计结果，是指审计署依法向社会公布审计报告所反映内容及相关情况的行为。

第三条 凡审计署统一组织审计项目的审计结果，除受委托的经济责任审计项目和涉及国家秘密、被审计单位商业秘密的内容外，原则上都要向社会公告。

第四条 审计署公告审计结果，应保证质量，做到事实清楚，证据确凿，定性准确，评价客观公正。

第五条 审计署需要公告下列审计结果的，应当事先报经国务院同意：

（一）中央预算执行和其他财政收支的审计工作报告以及审计查出问题纠正情况报告；

（二）向国务院报送的综合性专题报告；

（三）其他认为需要报经国务院同意的审计结果。

其他审计事项的审计结果需要公告的，由审计署决定。

第六条 审计署公告审计结果需要报经国务院同意的，应当在向国务院呈送的相关报告中加以说明，并形成公告稿报国务院审批。

第七条 审计署公告审计结果，应在审计报告和审计决定书生效90日（提请裁决、申请行政复议或者提起行政诉讼期满）后的适当时机进行。

被审计单位对审计结果提请裁决、申请行政复议或者提起行政诉讼的，审计署公告审计结果，应在裁决、行政复议、行政诉讼结束后进行。

第八条 审计署公告审计结果，由审计署办公厅统一组织办理，履行规定的审批手续。审计署机关各单位、派出审计局、驻地方特派员办事处不得向社会公告审计结果。

第九条 审计署公告审计结果一般应包括以下内容：

（一）被审计单位基本情况及审计评价意见；

（二）审计发现的主要问题；

（三）审计处理处罚及建议；

（四）审计整改情况；

（五）其他认为需要公告的内容。

第十条 审计署通过公开出版《中华人民共和国审计署审计结果公告》向社会公告审计结果，同时在审计署网站发布。

第十一条 审计署公告审计结果，应按照审计法的有关规定，在审计报告出具前将其送被审计单位和有关部门征求意见，并注明审计署将以适当方式公告审计结果。公告时一般不再征求意见，但被审计单位对审计报告有重大分歧意见的，必须再次征求意见，在事实和定性等主要问题上取得一致。

需公告涉嫌违法违纪或者犯罪案件移送事项情况的，应当与受理移送部门协商一致。

第十二条 审计署出具审计报告、审计决定书后，审计署有关部门应及时跟踪了解审计整改情况。审计署在公告审计结果时，应如实反映审计整改情况。

第十三条 公告涉及的有关单位对公告的有关内容提出异议的，由审计署办公厅商有关司局负责解释。

第十四条 违反本办法规定，有下列行为之一的，依法追究有关单位和个人的责任：

（一）未经批准擅自公告审计结果的；

（二）审计结果公告后发现有重大事实差错并造成不良后果的；

（三）泄露国家秘密或者被审计单位及相关单位的商业秘密的。

第十五条 审计署公告专项审计调查结果，遵照本办法执行。

第十六条 本办法由审计署办公厅负责解释。

第十七条 本办法自发布之日起施行。审计署于 2002 年 3 月 19 日印发的《审计署审计结果公告试行办法》（审法发〔2002〕49 号）同时废止。

国务院办公厅关于印发审计署主要职责内设机构和人员编制规定的通知

（国办发〔2008〕84 号，2008 年 7 月 10 日）

审计署主要职责内设机构和人员编制规定根据第十一届全国人民代表大会第一次会议批准的国务院机构改革方案和《国务院关于机构设置的通知》（国发〔2008〕11 号），设立审计署，为国务院组成部门。

一、职责调整

（一）取消办理地方性审计法规、规章的备案审查职责。

（二）调整对社会审计机构审计业务质量的监督范围，不再核查社会审计机构对审计机关审计监督对象以外的单位出具的相关审计报告。

（三）加强对经济责任、关系国计民生的资源能源、环境保护和社会保障资金、境外中央国有资产、财政资金使用效益的审计职责。

二、主要职责

（一）主管全国审计工作。负责对国家财政收支和法律法规规定属于审计监督范围的财务收支的真实、合法和效益进行审计监督，维护国家财政经济秩序，提高财政资金使用效益，促进廉政建设，保障国民经济和社会健康发展。对审计、专项审计调查和核查社会审计机构相关审计报告的结果承担责任，并负有督促被审计单位整改的责任。

（二）起草审计法律法规草案，拟订审计政策，制定审计规章、审计准则和指南并监督执行。制定并组织实施审计工作发展规划和专业领域审计工作规划，制定并组织实施年度审计计划。参与起草财政经济及其相关的法律法规草案。对直接审计、调查和核查的事项依法进行审计评价，做出审计决定或提出审计建议。

（三）向国务院总理提出年度中央预算执行和其他财政收支情况的审计结果报告。受国务院委托向全国人大常委会提出中央预算执行和其他财政收支情况的审计工作报告、审计发现问题的纠正和处理结果报告。向国务院报告对其他事项的审计和专项审计调查情况及结果。依法向社会公布审计结果。向国务院有关部门和省级人民政府通报审计情况和审计结果。

（四）直接审计下列事项，出具审计报告，在法定职权范围内做出审计决定或向有关主管机关提出处理处罚的建议：

1. 中央预算执行情况和其他财政收支，中央各部门（含直属单位）预算的执行情况、决算和其他财政收支。

2. 省级人民政府预算的执行情况、决算和其他财政收支，中央财政转移支付资金。

3. 使用中央财政资金的事业单位和社会团体的财务收支。

4. 中央投资和以中央投资为主的建设项目的预算执行情况和决算。

5. 中国人民银行、国家外汇管理局的财务收支，中央国有企业和金融机构、国务院规定的中央国有资本占控股或主导地位的企业和金融机构的资产、负债和损益。

6. 国务院部门、省级人民政府管理和其他单位受国务院及其部门委托管理的社会保障基金、社会捐赠资金及其他有关基金、资金的财务收支。

7. 国际组织和外国政府援助、贷款项目的财务收支。

8. 法律、行政法规规定应由审计署审计的其他事项。

（五）按规定对省部级领导干部及依法属于审计署审计监督对象的其他单位主要负责人实施经济责任审计。

（六）组织实施对国家财经法律、法规、规章、政策和宏观调控措施执行情况、财政预算管理或国有资产管理使用等与国家财政收支有关的特定事项进行专项审计调查。

（七）依法检查审计决定执行情况，督促纠正和处理审计发现的问题，依法办理被审计单位对审计决定提请行政复议、行政诉讼或国务院裁决中的有关事项。协助配合有关部门查处相关重大案件。

（八）指导和监督内部审计工作，核查社会审计机构对依法属于审计监督对象的单位出具的相关审计报告。

（九）与省级人民政府共同领导省级审计机关。依法领导和监督地方审计机关的业务，组织地方审计机关实施特定项目的专项审计或审计调查，纠正或责成纠正地方审计机关违反国家规定做出的审计决定。按照干部管理权限协管省级审计机关负责人。负责管理派驻地方的审计特派员办事处。

（十）组织审计国家驻外非经营性机构的财务收支，依法通过适当方式组织审计中央国有企业和金融机构的境外资产、负债和损益。

（十一）组织开展审计领域的国际交流与合作，指导和推广信息技术在审计领域的应用，组织建设国家审计信息系统。

（十二）承办国务院交办的其他事项。

三、内设机构

根据上述职责，审计署设 13 个内设机构：

（一）办公厅（经济责任审计司）。

负责文电、会务、机要、档案等机关日常运转工作，承担财务、保卫、信访、政务公开和信息化等工作；拟订审计工作的政策、规划和年度计划；牵头起草审计结果报告、审计工作报告及审计发现问题的纠正和处理结果报告；联系特约审计员；起草经济责任审计行政法规草案，组织开展经济责任审计工作，承担中央有关部委经济责任审计工作联席会议有关工作。

（二）法规司。

承担有关法律法规草案、规章制度、审计准则和指南的起草工作；审理有关审计业务事项；承担机关有关规范性文件的合法性审核工作；承担机关行政复议、行政应诉等工作。

（三）财政审计司。

组织审计中央预算执行和其他财政收支情况，组织审计省级人民政府预算执行、决算和其他财政收支情况，开展相关专项审计调查。

（四）行政事业审计司。

组织审计国务院主管部门和省级人民政府管理的教科文卫专项资金，开展相关专项审计调查。联系协调派出审计局的审计业务工作。

（五）农业与资源环保审计司。

组织审计国务院主管部门和省级人民政府管理的农业专项资金、资源能源和生态环境保护资金，开展相关专项审计调查。

（六）固定资产投资审计司。

组织审计中央投资和以中央投资为主的建设项目的预算执行情况和决算，开展相关专项审计调查。

（七）金融审计司。

组织审计中央国有金融机构和国务院规定的中央国有资本占控股或主导地位金融机构的资产、负债和损益，开展相关专项审计调查。

（八）企业审计司。

组织审计中央国有企业和国务院规定的中央国有资本占控股或主导地位企业的资产、负债和损益，开展相关专项审计调查。

（九）社会保障审计司。

组织审计国务院主管部门、省级人民政府管理和其他单位受国务院及其部门委托管理的社会保障基金、社会捐赠资金，开展相关专项审计调查。

（十）外资运用审计司。

组织审计国际组织和外国政府援助、贷款项目的财务收支，开展相关专项审计调查。

（十一）境外审计司。

组织审计国家驻外非经营性机构的财务收支，依法通过适当方式组织审计中央国有企业和金融机构的境外资产、负债和损益，开展相关专项审计调查。

（十二）国际合作司。

组织开展与外国审计机关和国际审计组织的交流和合作，开展对外宣传，负责外事工作。

（十三）人事教育司。

承担机关、派出机构和直属单位的人事管理、机构编制、教育培训和审计专业技术职称考评等工作；承办协管省级审计机关负责人的有关事项。

机关党委负责机关、派出审计局和在京直属单位的党群工作。

离退休干部办公室负责机关、派出审计局的离退休干部工作，指导直属单位的离退休干部工作。

四、人员编制

审计署机关行政编制为682名（含两委人员编制6名、援派机动编制3名、离退休干部工作人员编制15名以及派出审计局人员编制）。其中：审计长1名、副审计长4名，总审计师1名（副部级），司局级领导职数102名（含派出审计局领导职数60名、机关党委专职副书记1名、离退休干部办公室领导职数1名）。

五、其他事项

（一）审计署跨部门设立派出审计局。派出审计局根据审计署的授权，依法进行审计工作。派出审计局人员有权列席、参加被审计单位领导班子和其他方面的有关会议。被审计单位应为派出审计局提供必要的、长期使用的办公用房和其他办公设施。

（二）审计署跨地区派驻审计特派员办事处，行政编制为2710名。审计特派员办事处根据审计署的授权，依法进行审计工作。

（三）地方各级审计机关领导干部的管理，实行双重领导、以地方党委为主的体制。省级党委在任免、调动、奖惩省级审计机关负责人时，应事先征求审计署的意见。审计署要协助省级党委加强对省级审计机关领导班子的考察了解，经常反映情况，主动提出领导班子配备、调整的建议。

（四）审计署审计长担任联合国审计委员会委员期间，审计署承担相应的审计工作。

（五）所属事业单位的设置、职责和编制事项另行规定。

六、附则

本规定由中央机构编制委员会办公室负责解释，其调整由中央机构编制委员会办公室按规定程序办理。

审计署办公厅关于国家机关事业单位隐匿销毁会计资料情节严重构成犯罪问题的批复

（审办法发〔2002〕6 号，2002 年 2 月 4 日）

审计署驻济南特派员办事处：

你办《关于国家机关事业单位会计人员能否构成隐匿或故意销毁会计资料罪的犯罪主体的请示》收悉。我们就此向全国人大常委会法制工作委员会进行了函询。全国人大常委会法制工作委员会复函我署进一步明确：任何单位和个人隐匿、销毁会计资料，情节严重的，均构成犯罪，并由公安机关立案侦查。请你办按照全国人大常委会法制工作委员会意见执行。

附件：

全国人民代表大会常务委员会法制工作委员会关于对“隐匿、销毁会计凭证、会计账簿、财务会计报告构成犯罪的主体范围”问题的答复意见

审计署：

你署 2001 年 11 月 22 日来函（审函〔2001〕126 号）收悉，经研究，现答复如下：

根据全国人大常委会 1999 年 12 月 25 日刑法修正案第一条的规定，任何单位和个人在办理会计事务时对依法应当保存的会计凭证、会计账簿、财务会计报告，进行隐匿、销毁，情节严重的，构成犯罪，应当依法追究其刑事责任。

根据刑事诉讼法第十八条关于刑事案件侦查管辖的规定，除法律规定的特定案件由人民检察院立案侦查以外，其他刑事案件的侦查应由公安机关进行。隐匿、销毁会计凭证、会计账簿、财务会计报告，构成犯罪的，应当由公安机关立案侦查。

法工委复字（2002）3 号
2002 年 1 月 14 日

审计署关于深入学习宣传贯彻党的十八大精神的意见

（审办发〔2012〕153 号，2012 年 11 月 18 日）

各省、自治区、直辖市和计划单列市、新疆生产建设兵团审计厅（局），署机关各单位、各特派员办事处、各派出审计局，南京审计学院：

党的十八大是在我国进入全面建成小康社会决定性阶段召开的一次重要会议。深入学习宣传贯彻党的十八大精神，对于坚定不移走中国特色社会主义道路，全面建成小康社会，加快推进社会主义现代化，指导今后一个时期审计监督工作具有重大意义。根据中央要求，结合审计工作实际，现就学习宣传贯彻党的十八大精神提出以下意见：

一、充分认识学习宣传贯彻党的十八大精神的重大意义，切实把思想统一到中央的要求部署上来

（一）要深刻认识重大意义。党的十八大全面总结了中国特色社会主义建设取得的伟大成就，科学制定了适应时代要求和人民愿望的大政方针，描绘了全面建成小康社会的宏伟蓝图，为我们继续推动党和国家事业发展指明了前进方向，是我们党团结带领全国各族人民坚定不移地走中国特色社会主义道路、在新的历史起点上继续发展中国特色社会主义的政治宣言和行动纲领。深入学习宣传贯彻党的十八大精神，关系党和国家工作全局，关系中国特色社会主义事业长远发展，也关系到审计工作的发展方向，是我们做好一切工作的根本指针，学习宣传贯彻党的十八大精神，是各级审计机关当前和今后一个时期的首要政治任务。

（二）要深刻领会精神实质。各级审计机关要认真研读党的十八大文件，原原本本地学习党的十八大报告和党章，深刻领会党的十八大的重大意义，深刻领会党的十八大的主题，深刻领会过去 5 年和 10 年党和国家取得的新的历史性成就，深刻领会科学发展观的历史地位和指导意义，深刻领会中国特色社会主义的丰富内涵，深刻领会夺取中国特色社会主义新胜利的基本要求，深刻领会全面建成小康社会和全面深化改革开放的目标，深刻领会社会主义经济建设、政治建设、文化建设、社会建设、生态文明建设等方面的重大部署，深刻领会全面提高党的建设科学化水平的重大任务。

（三）要切实统一思想和行动。审计机关的各级组织和广大党员干部要认真学习宣传和全面贯彻党的十八大精神，坚持用中国特色社会主义道路、理论体系、制度武装头脑、引领航向、投身实践，切实把思想统一到党的十八大精神上来，把力量凝聚到实现党的十八大确定的各项任务上来，把党的十八大精神落实到审计事业发展的各项工作中。

二、进一步深化学习实践活动，迅速掀起学习贯彻党的十八大精神热潮

各级审计机关要在党委、政府的统一领导下，结合本单位实际，对深入学习贯彻党的十八精神作出安排，不断深化学习实践活动，切实以十八大精神统领审计工作、指导审计实践。

（一）要抓好党的十八精神的传达学习。各级审计机关要按照中央要求和署党组的部署，高度重视，迅速行动，及时把党的十八大精神传达到全体党员、全体审计干部。审计署将安排专题培训班，组织署机关及派出审计局全体干部集中、深入地学习十八大精神；其他各类培训班，都要把学习十八大精神作为一项重要的内容予以安排。要以各司局、各支部、各现场审计组及联合国审计组临时党支部为单位，就近就地、及时深入地开展好学习活动。各特派办党组要结合当前审计工作实际，采取集中培训、对异地审计人员就地组织传达和学习等方式进行。各单位对离退休干部可根据各自具体情况，采取集中传达学习和个别传达辅导相结合的方式安排好传达和学习。地方审计机关要结合实际，采取中心组学习、集中培训、理论研讨、形势报告、党课教育等多种形式，抓住重点，列出专题，认真组织学习，迅速掀起学习宣传贯彻党的十八大精神的热潮。

（二）要组织开展中国特色社会主义理论体系学习实践活动。针对当前审计干部的思想、作风和工作实际，以提高能力、保持先进性和纯洁性为主线，以建立创先争优长效机制、推动党员发挥先锋模范作用为抓手，在审计系统开展中国特色社会主义理论体系学习实践活动，主要目的是恢复和发扬党的优良传统，进一步提高党员干部的先进性、纯洁性和工作能力。学习实践活动重点是读书学习、对照检查和整改提高。读书学习的主要内容是：党的十八大报告和新党章、党的十一届三中全会以来历次党代会报告及重要文件，通过学习加深对党的十八大提出的一系列新思想、新观点、新理论的理解，全面完整地把握中国特色社会主义制度产生的实践基础，深入理解中国特色社会主义制度的精神实质，坚定走中国特色社会主义道路的信心和决心。对照检查的主要方式是：对照党章深入查找自身不足，看思想上、行动上与先进性、纯洁性有什么差距，通过对照正确认识自己，努力改造自己，改进工作。整改提高的主要目的是：通过召开专题民主生活会，开展批评与自我批评和民主评议，找出问题，制定措施，限时整改，督促检查，推动党员干部学习、遵守和践行党章，做合格党员干部。

（三）要加强学习交流。加强对学习宣传贯彻党的十八大精神活动的统筹安排，署机关党委和培训中心要及时将审计署组织安排的各类学习活动的录像、资料发送给各级审计机关，各单位应及时上报学习中取得的好的经验。要充分利用署内外媒体，开设富有特色的专栏和专题，全方位、多角度地宣传各级审计机关学习贯彻党的十八大精神情况，营造浓厚的学习氛围。

三、依法履行审计监督职责，切实推进全面建成小康社会各项要求落实到位

学习宣传贯彻党的十八大精神，要紧密联系审计工作实际，坚持学以致用，落实到具体的审计工作实践中。当前和今后一个时期，审计工作要以党的十八大精神为指导，以推进法治、维护民生、推动改革、促进发展作为出发点和落脚点，依法履行审计监督职责，推动五位一体总体布局的全面实施，推动全面建成小康社会目标的如期实现，切实发挥国家审计保障国家经济社会健康运行、推动完善国家治理的作用。重点是突出 10 个方面的工作：加大对重大经济政策和宏观调控措施贯彻落实情况的审计力度，促进政令畅通；加大对重大违法违规、经济犯罪和腐败问题的查处力度，推进反腐倡廉建设；加大对权力运行的监督和制约力度，促进责任追究和问责机制的健全完善；加大对经济社会运行中突出矛盾和潜在风险的揭示力度，维护国家安全；加大对环境保护和资源能源利用情况的审计力度，服务生态文明建设；加大对重点民生资金和民生项目的审计力度，保障惠民强民富民政策落实，维护人民群众的根本利益；加大绩效审计和绩效评估力度，促进效益、速度和质量的统一，推动经济发展方式转变；加大对有法不依、执法不严问题的揭示力度，促进依法行政和民主法治建设；加大对审计信息的依法公开力度，促进公开透明，让权力在阳光下运行；加大从体制机制制度层面揭示问题、分析原因和提出建议的力度，促进深化改革和制度创新。

四、坚持走中国特色社会主义审计道路，发展和完善中国特色社会主义审计制度

中国特色社会主义道路、中国特色社会主义理论体系和中国特色社会主义制度，是党和人民 90 多年奋斗、创造、积累的根本成就，必须倍加珍惜，始终坚持，不断发展。中国特色社会主义审计监督制度是中国特色社会主义制度的组成部分。审计工作要坚持以中国特色社会主义道路、理论体系、制度为指导，努力深化实践，总结探索规律，不断丰富完善中国特色社会主义审计制度，为促进中国特色社会主义制度发展做出贡献。

（一）要坚持从实际出发。既要学习借鉴别国经验，又要立足于我国的实际情况，把握中国特色社会主义的需要，把握维护人民群众根本利益的需要，把握全面建成小康社会的需要，把握民主法治建设和反腐倡廉的需要，不断发展和完善符合中国国情、具有中国特色的社会主义审计监督制度。

（二）要注重探索和把握规律。理论来源于实践，要深入总结 30 年来中国审计实践创造的新鲜经验、取得的重大成果，从审计实践中探索规律，提炼精华，及时把工作当中好的做法和经验加以完善，并运用到新的审计实践中。

（三）要坚持实践创新。创新推动发展，发展永无止境。要以创新的思维、创新的勇气、创新的姿态、创新的行动推动审计理念、方式、管理创新，以创新驱动制度发展，不断发展和完善中国特色社会主义审计制度。

五、大力弘扬审计人员核心价值观，筑牢审计事业发展根基

深入开展社会主义核心价值体系学习教育，用社会主义核心价值体系引领社会思潮、凝聚社会共识，是党的十八大提出的明确要求。各级审计机关要以社会主义核心价值体系为引领，大力弘扬和积极践行“责任、忠诚、清廉、依法、独立、奉献”的审计人员核心价值观，为审计事业发展提供思想基础、精神动力、行为引领和人才支撑，并推动各项审计基础建设不断强化。

（一）要深入推进审计队伍建设。教育和引导审计人员努力做合格党员、合格公务员和合格审计干部，坚定理想信念，把先进性、纯洁性体现在审计实践行动上，体现在对党、国家、人民、历史和法律的无限忠诚上。要加强干部培养锻炼，严格执行审计“八不准”纪律和各项廉政规定，切实提升审计能力。

（二）要深入推进审计法治化建设。坚持依法审计、文明审计，严格执行审计法律法规，实事求是、客观公正地反映和处理问题。要健全完善审计规章制度，构建有中国特色的审计指南体系，持续关注审计实践中的新情况和新问题，对相关制度规范不断加以改进和完善。

（三）要深入推进审计信息化建设。着力构建国家电子审计体系，积极应用计算机审计技术，提升联网审计能力，开展信息系统审计，加强国家审计信息资源体系建设，研究建设数字化审计指挥中心，切实增强信息化环境下查找问题和分析问题的能力。

（四）要深入推进审计文化建设。学习好、宣传好和弘扬好审计人员核心价值观，真正做到内化于心、外化于行，不断提高审计队伍的责任感、归属感和荣誉感，提升审计队伍的“精气神”，做到以责立志，以德立身，以能立业，以行立信。

（五）要深入推进审计理论建设。系统总结中国审计监督制度建立 30 年的经验，把握审计发展规律，编纂中国共产党审计工作史，建立健全中国特色社会主义审计理论体系，发展完善中国特色社会主义审计制度，提炼中国审计精神，为审计实践发展提供基础和指导。

六、审计机关领导干部要率先垂范，做学习和实践的表率

在学习贯彻党的十八精神中，审计机关的领导干部要率先垂范，从我做起，做到真学真懂真信真用。要自觉做坚定理想信念的表率，坚定马克思主义和共产主义理想信念，时刻牢记全心全意为人民服务的宗旨。要自觉做认真学习实践的表率，带头学习贯彻十八大精神，带头落实科学发展观，带头研究审计规律，以自身的模范行动，引领审计干部投身到审计事业中来。要自觉做坚持民主集中制的表率，审计机关各级领导特别是一把手要在坚持民主集中制上率先垂范，科学决策，民主决策。要自觉做弘扬优良作风的表率，恢复继承和大力弘扬党多年以来形成的理论联系实际、密切联系群众、批评和自我批评等优良作风，切实防止作风飘浮、脱离群众、官僚主义等倾向，做到求真务实。

各级审计机关要深入学习贯彻落实党的十八大精神，紧密地团结在以习近平同志为总书记的党中央周围，深入落实科学发展观，牢固树立科学审计理念，进一步解放思想，求真务实，团结奋进，为全面建成小康社会奋斗目标做出积极贡献！

审计署

2012 年 11 月 18 日

审计署关于深入贯彻落实党的十八届四中全会精神和《国务院关于加强审计工作的意见》的意见

（审办发〔2014〕100 号）

各省、自治区、直辖市和计划单列市、新疆生产建设兵团审计厅（局）：

为深入贯彻落实党的十八届四中全会精神，以及《国务院关于加强审计工作的意见》（以下简称《意见》）要求，切实加强审计工作，更好地发挥审计作用，现提出以下意见：

一、深入学习宣传和贯彻中央精神，把思想和行动统一到中央重大决策部署上来。当前，要把学习宣传、贯彻落实十八届四中全会精神和国务院《意见》要求，作为全国审计系统的首要政治任务。要深刻领会全面推进依法治国的重大意义，深入学习全面推进依法治国的总目标、总布局和各项重大任务，深入学习国务院关于加强审计工作的指导思想、基本原则和任务部署，使各级审计机关、广大审计人员自觉践行，切实做到知法、守法、执法。要深刻领会党中央、国务院加强审计工作的战略意图，从国家治理现代化和全面推进依法治国的高度来深化对审计职能作用的认识。要把文件的精神吃准、吃深、吃透，准确理解每一句话的深刻含义，认真把握好每一条规定蕴含的具体政策措施，增强工作的积极性、主动性和适应性。要把学习十八届四中全会精神同深入学习党的十八大、十八届二中、三中全会精神，学习习近平总书记系列重要讲话结合起来，切实把思想统一到中央精神上来，把行动统一到中央的部署上来，把力量凝聚到实现中央确定的各项任务上来，把党中央、国务院各项要求落到实处。同时，要加强政策宣传力度，不仅让审计机关、审计人员领会精神、把握实质，还要面向社会各方面、各级领导干部、各相关部门，把党中央、国务院的要求部署宣传到位，让全社会了解政策，理解、支持和配合审计。

二、领会精神实质，切实用中央精神指导审计工作。十八届四中全会提出，要加强党的监督、人大监督、民主监督、行政监督、司法监督、审计监督、社会监督、舆论监督，同时作出了完善审计制度的重大部署，把审计地位提升到了一个新高度。《意见》提出了实现审计监督全覆盖、充分发挥审计作用、完善审计工作机制、狠抓审计发现问题整改落实、推进审计职业化等要求，是当前和今后一个时期开展审计工作的纲领性文件。各级审计机关要切实用中央精神指导审计工作，进一步完善审计制度，依法履行审计职责，加大审计力度，创新审计方式，提高审计效率，切实把党中央、国务院各项要求部署落到实处。审计工作中，要始终坚持围绕中心、服务大局，站在国家治理的高度谋划审计、实施审计，服务改革发展，服务改善民生，促进社会公平公正，发挥好国家审计在国家治理中的基石和重要保障作用；要始终坚持发现问题、完善机制，发现国家政策措施执行中存在的主要问题和重大违法违纪案件线索，发现经济社会运行中的突出矛盾和风险隐患，发现经济运行中好的做法、经验和存在的问题，注重从体制机制制度层面分析原因和提出建议，推动廉政建设,维护财经法纪和国家经济安全,促进深化改革和创新体制机制;要始终坚持依法审计、秉公用权,依法履行宪法和法律赋予的职责,敢于碰硬,勇于担当,严格遵守审计工作纪律和各项廉政、保密规定,注意工作方法,切实做到依法审计、文明审计、廉洁审计。

三、依法履行职责,充分发挥审计作用。审计工作要认真贯彻十八届四中全会精神和国务院要求,围绕党和国家中心工作,依法履行审计监督职责,对稳增长、促改革、调结构、惠民生、防风险等政策措施落实情况,以及公共资金、国有资产、国有资源、领导干部经济责任履行情况进行审计,实现审计监督全覆盖,切实发挥审计促进国家重大决策部署落实的保障作用,强化审计的监督作用,为推进依法治国、实现国家治理体系和治理能力现代化做出积极贡献。当前及今后一个时期,要重点抓好8个方面的工作:一是持续组织对国家重大政策措施和宏观调控部署落实情况的跟踪审计,着力监督检查各地区、各部门落实稳增长、促改革、调结构、惠民生、防风险等政策措施的具体部署、执行进度、实际效果等情况,推动政策措施贯彻落实;二是加强预算执行和其他财政收支审计,加强"三公"经费、会议费使用和楼堂馆所建设等方面审计,促进公共资金安全高效使用;三是加大对经济运行中风险隐患的审计力度,密切关注财政、金融、民生、国有资产、能源、资源和环境保护等方面存在的薄弱环节和风险隐患,以及可能引发的社会不稳定因素,维护国家经济安全;四是加强对"三农"、社会保障、教育、文化、医疗、扶贫、救灾、保障性安居工程等重点民生资金和项目的审计,加强对土地、矿产等自然资源,以及大气、水、固体废物等污染治理和环境保护情况的审计,探索实行领导干部自然资源资产离任审计,促进改善民生和生态文明建设;五是密切关注各项改革措施的协调配合情况,对不合时宜、制约发展、阻碍改革的制度规定,及时予以反映,推动改进和完善,推动深化改革;六是加大对依法行政情况的审计力度,注意发现有法不依、执法不严等问题,促进依法行政、依法办事;七是重点关注财政资金分配、重大投资决策和项目审批、重大物资采购和招标投标、贷款发放和证券交易、国有资产和股权转让、土地和矿产资源交易等重点领域和关键环节,揭露以权谋私、失职渎职、贪污受贿、内幕交易等问题,推进廉政建设;八是加大对权力运行的监督和制约力度,深化领导干部经济责任审计,依法依纪反映不作为、慢作为、乱作为问题,推动履职尽责,促进责任追究和问责机制的健全完善。

四、完善工作机制,健全制度法规体系。把十八届四中全会精神和国务院要求落到实处,必须坚持以创新精神做好各项工作,特别是要推进制度创新,形成贯彻落实的长效机制,要在贯彻执行好党中央、国务院以及审计机关已发布施行的行之有效的制度法规的基础上,进一步制定、修订和完善相关制度办法,使全会关于审计的有关部署、《意见》的每一项要求都有具体落实措施,收到实际效果。一是加强审计系统内部制度规章建设。将中央部署和国务院要求逐项逐条分解,切实加强调查研究,制定完善相关制度办法。要加快审计指南编制,着力构建涵盖通用审计指南和专业审计指南的国家审计指南体系,促进审计规范化建设;研究制定推进审计职业化、专业化建设的相关办法,提升审计干部能力素质,强化审计队伍建设;研究制定电子数据归集、管理、运用的系列制度规定,不断适应大数据环境下审计工作的需要;按照完善审计制度的要求,深入研究强化上级审计机关对下级审计机关领导的措施办法。二是协助本级党委政府制定相关规定。落实好中央部署和国务院要求,需要各级党委、政府的坚强领导和大力支持。各级审计机关要紧紧依靠党委、政府的领导,及时主动报告工作中遇到的问题和障碍,积极协助党委、政府制定相关推动措施,在修订审计制度规范、推动建立问责机制、落实整改督查规定、修订限制性规章、促进审计成果利用等方面取得积极进展,推动有关单位和个人自觉接受审计、配合审计,及时整改审计发现问题。三是协同相关部门建立工作协调机制。各级审计机关要加强与纪检监察、公安、检察、税务、工商、国资、金融等部门的沟通,在案件会商、情况沟通、资料查询、调查取证等方面形成制度办法,建立健全工作协调机制,促进审计效能提升。

五、从严管理审计队伍,努力打造审计铁军。把十八届四中全会精神和国务院要求落到实处,必须抓好审计队伍建设,要始终坚持以品格为核心、作风为基础、能力为重点、业绩为导向,从严管理审计队伍。一是要加强思想建设。始终坚定理想信念,以维护人民群众根本利益为审计工作的根本目标,以维护国家经济安全为首要任务,以惩治腐败、促进反腐倡廉建设为重要职责,以保障中央政令畅通为重要基点,以推进法治、促进深化改革和科学发展为神圣使命,自觉做一名合格的共产党员、合格的公务员、合格的审计人员。二是要加强组织建设。牢固树立组织观念,增强党性修养,树立宗旨意识,严格执行和落实民主集中制,严格组织生活制度,坚持五湖四海的选人用人观念。三是要加强纪律建设。严守政治纪律和政治规矩,自觉按照党的组织原则和党内政治生活准则办事,在思想上、政治上、行动上要始终自觉地与党中央保持高度一致。严守组织纪律，坚守党纪国法和道德品质"两条底线"，深入践行"责任、忠诚、清廉、依法、独立、奉献"的审计人员核心价值观。严守廉政纪律和财经纪律，认真落实中央八项规定精神和审计干部"八不准"的纪律要求，努力做执行财经法纪的表率。严守保密纪律，遵守保密规章制度，切实纠正工作中可能存在的不知密、不懂密、不标密问题。四是要加强作风建设。深入落实习近平总书记关于"三严三实"的要求，自觉做到严以修身、严以用权、严以律己，自觉做到谋事要实、创业要实、做人要实，切实落实"实、高、新、严、细"的作风要求，做到学风扎实、工作踏实。五是要加强能力建设。努力提升学习能力、鉴别能力和工作能力，更好地适应新要求，承担新使命，打造一支对党绝对忠诚、对法律绝对忠诚，敢于并善于审计，纪律严明、作风优良的审计铁军。

六、紧密联系实际，积极探索创新。把十八届四中全会精神和国务院要求落到实处，必须增强大局意识、忧患意识、责任意识，必须珍惜机遇、抢抓机遇、主动作为，积极探索贯彻落实的新思路、新举措。各级审计机关要从本地经济社会发展实际出发，根据各地党委、政府的中心工作，结合审计所面临的具体工作情况进行谋划，制定出符合本地实际和特色的贯彻落实意见。各级审计机关要摒弃"等、靠、要"的思想，敢于先行先试、大胆实践，努力开拓新路子、创造新经验。上级审计机关要认真总结下级审计机关的工作经验，及时指导解决实践中遇到的新问题，对于实践证明行之有效的、具有普遍适用价值的成熟做法和经验，要加大总结和提炼力度，推动其上升成为一般性制度和规范性文件，适时加以推广。

审计署
2014 年 11 月 9 日

2016 年全国审计工作会议在京召开

2016 年全国审计工作会议于 2015 年 12 月 28 日至 29 日在京召开。审计署审计长刘家义在会上作了题为《继往开来 锐意创新做好全面建成小康社会决胜阶段的审计工作》的讲话。会议围绕深入学习贯彻党的十八大、十八届三中、四中、五中全会和中央经济工作会议精神，贯彻落实《国务院关于加强审计工作的意见》和李克强总理的重要指示，总结"十二五"以来的审计工作，表彰全国审计优秀审计项目，研究"十三五"审计工作发展思路，部署 2016 年审计工作。审计长刘家义作了大会讲话；副审计长孙宝厚传达了国务院领导同志近日听取审计工作汇报后所作的指示，并宣读审计署关于表彰 2015 年优秀审计项目的决定。

刘家义指出，五年来全国共审计 70 万个单位，促进增收节支和挽回损失 1.7 万多亿元，移送重大违纪违法问题线索 2.2 万多件，推动健全完善制度规定 2.7 万多项。

在回顾总结 2015 年审计工作时，刘家义指出，1 至 11 月，全国审计近 10 万个单位，为国家增收节支和挽回损失 3800 多亿元，推动建立健全规章制度 2100 多项，移送重大违纪违法问题线索 3600 多件。

在谋划"十三五"审计工作时，刘家义首次提出，"十三五"时期，要加快实施"金审三期"工程，拓展大数据技术运用，形成独特的"国家审计云"。

在部署 2016 年审计工作时，刘家义强调，当前要抓住审计全覆盖、地方审计机关人财物管理改革、职业化建设这 3 个重点，全覆盖要突出重点资金、重点事项、重点领域，做好中长期审计项目安排，有计划地组织实施；人财物管理改革要突出"人"这个重点和根本，管人的问题落实了，才能保障审计的独立性；职业化建设要突出"能力"和"责任"，各项措施都必须有利于审计能力的提高、工作责任的落实。

人财物管理"省以下审计部门实行条管"改革工作已在在江苏、浙江、山东、广东、重庆、贵州、云南等 7 个省市展开。

刘家义最后要求，紧密团结在以习近平同志为总书记的党中央周围，围绕协调推进"四个全面"战略布局，聚焦五大发展理念，承前启后，继往开来，勇于担当，主动作为，奋力做好全面建成小康社会决胜阶段的审计工作，为实现中华民族伟大复兴的中国梦做出应有的贡献！

来自地方审计厅(局)，审计署机关各单位、驻地方特派办、派出审计局的会议代表，以及审计署特约审计员、特邀单位代表等共 300 多人参加了此次会议。

继往开来 锐意创新
做好全面建成小康社会决胜阶段的审计工作

——刘家义在全国审计工作会议上的讲话

（2015 年 12 月 28 日）

同志们：

这次会议的主要任务是：深入贯彻党的十八大、十八届三中、四中、五中全会和中央经济工作会议精神，总结“十二五”以来审计工作，研究“十三五”审计工作发展思路，部署 2016 年审计工作。下面我讲 4 个问题。

一、过去五年审计工作稳步发展，在推动完善国家治理中发挥了重要作用

“十二五”时期，在党中央、国务院的坚强领导下，我国审计工作稳步发展。党中央作出了完善审计制度、保障依法独立行使审计监督权的决策部署；中办、国办下发《关于完善审计制度若干重大问题的框架意见》及相关配套文件，国务院下发《关于加强审计工作的意见》。这些都为审计事业发展指明了方向，提供了强有力的制度保证。五年来，我们始终以抓铁有痕、踏石留印的作风，以对党和人民、对历史和法律高度负责的精神，紧紧围绕党和国家工作中心，站在国家治理的高度谋划和推进审计工作，依法全面履行职责，审计服务发展、改革、法治、反腐，审计法治化、规范化、科学化、信息化建设，审计队伍建设，审计理论和制度建设都迈上了新的台阶，“十二五”时期各项目标任务全面完成。

五年来，我们对国家审计的本质和规律有了新认识。我们坚持以中国特色社会主义理论体系为指导，深入学习贯彻习近平总书记系列重要讲话精神，加强对审计发展规律的总结和提炼，深化中国特色社会主义审计发展历程、审计理论、审计制度等方面研究，深刻认识到国家审计是党和国家监督体系的重要组成部分，具有预防、揭示和抵御的“免疫系统”功能，通过对公共资金、国有资产、国有资源和领导干部履行经济责任情况的审计监督，摸清真实情况、揭示风险隐患、反映突出问题和体制机制性障碍，并推动及时有效解决，是提升国家治理能力的重要力量，是实现国家治理现代化的基石和重要保障。这些理念和认识，引领和保障我国审计工作实现了质的飞跃。

五年来，审计服务大局不断取得新成效。我们牢固树立科学审计理念，自觉融入经济社会发展大局，持续开展重大政策落实跟踪审计，不断深化财政、金融、企业、资源环境、经济责任和涉外审计，全国共审计近 70 万个单位，促进增收节支和挽回损失 1.7 万多亿元，移送重大违纪违法问题线索 2.2 万多件，推动健全完善制度规定 2.7 万多项，审计监督在维护中央权威、促进政令畅通、推动深化改革和科学发展、保障国家经济安全和人民群众利益、推进民主法治建设和反腐败斗争等方面发挥了重要作用。

五年来，审计方式方法实现新突破。我们坚持全国审计“一盘棋”，集中力量、上下联动，统一组织政府债务、社会保障资金、土地出让收支和耕地保护、财政存量资金、保障性安居工程等全国性审计，创新多专业融合、多视角分析、多方式结合的组织方式，推行跟踪审计。广泛运用现代审计技术，推广“总体分析、发现疑点、分散核实、系统研究”的数字化审计方式，完成“金审二期”工程建设，建成包括一套平台（SOA 服务架构平台）、两个中心（国家审计数据中心和交换中心）、三大系统（AO、OA 和联网审计系统）的审计信息化建设总体框架，加大数据分析力度，审计监督效能实现大幅提升。

五年来，审计法治化建设迈向新阶段。我们强化法治思维和法治观念，坚持尊法学法守法用法，坚持依法审计、文明审计，把牢审计质量“生命线”。严格规范审计行为，认真执行审计法及其实施条例等法律法规，健全国家审计准则和专业指南体系，制定经济责任审计规定实施细则，沿着审计计划、现场实施、复核审理、报告处理、结果公告全过程，构建起环环相扣的审计权力监督制约机制，做到审计职责权限法定、审计程序法定、审计方式法定、审计标准法定、审计保障法定。

五年来，审计队伍素质能力得到新提升。我们认真落实全面从严治党和党风廉政建设主体责任，深入开展党的群众路线教育实践活动和“三严三实”专题教育，认真落实中央八项规定精神和国务院“约法三章”要求，严格执行审计“八不准”工作纪律，审计队伍的思想政治素质进一步提升，纪律和规矩意识进一步增强,“责任、忠诚、清廉、依法、独立、奉献”的审计人员核心价值观深入人心,“实、高、新、严、细”的作风进一步落实。完善选人用人机制,加强审计干部培养,建设审计领军人才和骨干人才队伍,建设审计干部教育学院,推动高校设立审计专业硕士学位,开展优秀审计博士论文评选,设立审计署博士后工作站,高层次审计人才培养机制进一步完善。

五年来,中国审计在国际舞台上展现了新形象。我们认真履行联合国审计委员职责,对联合国维持和平行动、人权事务高级专员办事处等进行了220次审计,涉及900亿美元资金、50多个国家和地区,推动联合国通过绩效审计立法和实施多项改革。成功竞选世界审计组织主席,承办第21届世界审计组织大会,发布《北京宣言》,获得世界审计组织章程修订主导权。成功竞选国际标准化组织“审计数据采集”项目委员会主席,并获得“审计数据采集”国际标准的制定权。完善中美、中俄审计会商机制,组织14期国际审计培训班,为超过90%的非洲国家和超过80%的南太平洋地区国家以及周边多数国家培训高级审计官员300多人次。

2015年是“十二五”收官之年。全国审计机关围绕协调推进“四个全面”战略布局,积极适应经济发展新常态,坚持依法审计、实事求是,坚持“两手抓、两手硬”,积极作为、主动作为、有效作为,为“十二五”审计工作画上了圆满句号。

(一)坚持以推动重大政策措施贯彻落实为主线,积极主动履职尽责。1至11月,全国审计近10万个单位,为国家增收节支和挽回损失3800多亿元,推动建立健全规章制度2100多项,移送重大违纪违法问题线索3600多件。一是持续开展政策落实跟踪审计。我们把稳增长、促发展作为重中之重,除开展政策落实跟踪审计外,其他各项审计都关注政策落实情况,按期报告和公告审计结果,促进新开工和完工项目1700多个,推动了资金落实、项目实施、政策落地和追责问责,促进了政令畅通。二是不断深化财政审计。我们组织预算执行、决算草案、财政存量资金、转移支付、税收征管等多项审计,重点关注财政资金统筹使用和绩效情况、“三公”经费及会议费等管理使用情况,促进厉行节约和财政资金高效使用。三是着力揭示经济社会运行中的风险隐患。我们持续跟踪审计地方政府债务、重点商业银行信贷投放、资本市场风险管控和跨境资金流动、证券市场贯彻落实国家政策等情况,发现并移送了一批涉嫌操纵市场、内幕交易、非法集资等违法犯罪线索,切实维护国家经济安全。四是强化民生审计。我们加大对“三农”、教育、医疗、社保、扶贫等资金和项目的审计力度,持续开展全国城镇保障性安居工程跟踪审计,促进追回和归还资金等100多亿元,整改违规分配使用住房等1.7万多套。五是加强资源环境审计。我们深入落实中央关于开展领导干部自然资源资产离任审计的部署,研究制定审计试点方案,积极推进试点。组织矿产资源开发利用、环境污染防治等专项审计,推动资源能源集约节约利用和环境保护。六是加强领导干部经济责任审计。全国共审计领导干部2万多人。通过审计,查出领导干部负有直接责任的问题金额2500多亿元,101名被审计领导干部和220名其他人员被移送司法、纪检监察机关处理。七是严肃揭露和查处重大违纪违法问题。全国审计机关移送重大违纪违法问题线索3600多件,并选派人员参加巡视、专案及专项调查工作,协助查处了一批重特大腐败案件。八是注重揭示体制机制制度性问题。我们密切关注改革措施的推进和协调配合情况,关注体制性障碍和制度性缺陷,提出解决突出问题和推动长远发展的建议,促进深化改革和制度创新。全国提交审计报告11万多篇,提出审计建议19.9万多条,促进建立健全制度2100多项。

(二)坚持以完善体制机制制度为重点,积极推进审计改革创新。2015年是探索审计制度改革力度最大的一年。一是研究完善审计制度的措施和路径。按照党的十八届四中全会精神,中办、国办下发了《关于完善审计制度若干重大问题的框架意见》及相关配套文件,对完善审计制度作出了部署。各级审计机关加大了内部规章制度清理力度,审计署对建署以来制定的近500项制度进行全面清理整合,形成了6大类40多万字的内部规章制度体系。二是完善审计发现问题整改及问责机制。全国人大常委会首次听取整改情况报告,进行专题询问;各地也积极推进此项工作。国务院和地方各级政府将整改情况纳入督查督办事项,严肃追责问责。三是探索大数据审计工作模式。我们积极探索建立分领域审计电子数据定期报送机制,不断扩大数据采集范围,加强数据多维分析,有效提高了审计的精准度和效能。四是完善审计结果公告和信息公开机制。全国发布审计结果公告5300多篇。立足讲好中国审计故事,构建有重点、多角度、全方位的审计宣传工作机制,设立审计自媒体工作站和审计政务微信,审计信息公开的及时性和广泛性不断增强。

(三)坚持以落实全面从严治党要求为核心,从严管理审计队伍。严格遵守党的政治纪律和政治规矩,牢固树立管党治党意识,把管党治党作为最大的政绩、第一位的工作抓实抓好。一是落实全面从严治党和党风廉政建设主体责任。我们组织学习党章、廉洁自律准则和纪律处分条例，健全审计机关各级党组织及领导班子成员的责任体系，修订审计“八不准”工作纪律和巡视、廉政风险防控等规定。抓好基层党组织建设，强化审计一线党组织功能，设立特派办分党组，将特派办机关党的关系划转署机关党委统一管理。二是扎实开展“三严三实”专题教育。我们紧密联系实际，认真学、深入查、着力改，坚持自上而下查问题、以下看上寻根源，深入查找党员尤其是领导干部的不严不实问题，认真落实整改，以严和实的作风搞好专题教育。三是加强对干部的监督、教育和管理。我们坚持从严管理审计队伍，强化监督，严格执纪问责。完善干部选拔任用、考核激励和培养培训制度，审计署培训全国审计人员5400多人次；积极创造机会、搭建平台，采取不同层级审计机关干部交流挂职、全国性审计项目混合编组、有计划交流轮岗等方式进行实战培训，促进审计干部全面锻炼、进步和成长。

回顾过去的工作，我们深感成绩来之不易。这些成绩的取得，离不开党中央、国务院和地方各级党委、政府的正确领导，离不开有关部门和社会各界对审计工作的大力支持，离不开全国审计机关和全体审计人员的辛勤努力。在此，我代表署党组表示衷心的感谢！向全国审计人员及家属表示诚挚的问候！

二、适应新形势新任务新要求，以创新精神谋划好“十三五”审计工作

创新是民族兴旺、国家富强、事业发展的灵魂和主题。“十三五”时期，我国要在战胜诸多困难和挑战的基础上，实现全面建成小康社会的宏伟目标，经济社会发展任务异常艰巨繁重。在这样一个关键时期，围绕党和国家工作中心，积极有效地履行审计监督职责，更加充分地发挥审计作用，根本在于创新。审计适应新形势新要求，必须把创新作为更好履职的动力源泉。党的十八届五中全会提出，要牢固树立创新、协调、绿色、开放、共享的发展理念，加快形成引领经济发展新常态的体制机制，确保如期全面建成小康社会；中央经济工作会议提出，要按照“五位一体”总体布局和“四个全面”战略布局，适应经济发展新常态，推进供给侧结构性改革，抓好去产能、去库存、去杠杆、降成本、补短板五大任务。创新审计理念，要把握“十三五”时期经济社会发展的新特点新要求，既要坚持依法依规加强审计监督，坚持问题导向，查深查实查透；也要坚持实事求是地客观看待问题，注重保护改革发展中的新生事物，把最终落脚点放在推动完善国家治理上、放在推动改革发展上。创新审计理念，还要把握“十三五”时期审计工作的目标任务，既要有重点、有步骤、有深度、有成效地推进审计全覆盖，也要深刻认识到，全覆盖不仅是对审计职责范围的要求，更是审计理念思路的创新；不仅要实现审计对象的全覆盖，更要讲求审计作用的全覆盖。这些都是新时期审计工作的新常态，也是审计人员更好履职尽责的前提和保障。审计承担新变革新任务，必须把创新作为事业发展的坚强引领。《框架意见》明确了新时期新阶段国家审计的新定位，为改革创新审计制度指明了方向，也对审计机关和审计人员提出了严峻考验。改革创新审计制度是保障审计事业长远发展的重大任务，是发展和完善中国特色社会主义审计制度的重要举措，更是历史赋予我们这代审计人的神圣责任和崇高使命。改革创新的前景是光明的，是令人期待的，但推动改革创新的过程从来不会一帆风顺，会遇到很多阻力和风险，会“涉险滩”、“闯难关”。开弓没有回头箭，我们要有责任有担当，有攻坚克难的勇气和决心，坚定不移、坚韧不拔地把中央的要求落到实处；要时刻保持清醒和谨慎，有久久为功的耐心和毅力，蹄疾步稳、扎扎实实地推进改革任务落地生根；要解放思想、锐意创新，牢牢把握时代发展脉搏，实现审计理念思路的与时俱进、审计制度机制的与时俱进、审计方式方法的与时俱进，使中国特色社会主义审计事业永葆生机和活力。审计应对新困难新挑战，必须把创新作为破解难题的有力武器。当前，审计工作中一些老问题亟待解决，随着形势发展，又出现一些新困难新挑战，科学审计理念还没有完全落实到位，审计队伍素质、组织管理模式和技术方法等还不适应发展需要，工作效率和质量还有差距；制度建设和理论研究滞后，对实践的引领和指导作用还没有充分发挥；全国审计工作发展不平衡、尚未形成整体合力，一些基层审计机关建设需要加强。破解这些难题，必须依靠创新，让创新成为审计干部头脑中的第一信号、成为审计工作中的一种习惯，用新理念、新思路、新举措解决新问题。总之，创新是贯穿“十三五”审计工作的主旋律，我们要始终保持昂扬向上的精神状态，树立创新意识，焕发创新激情，激发创新活力，过去问题不回避，现实困难迎着上，尖锐矛盾不后推，夯实基础向前奔，推动审计工作取得新的更大发展，使审计监督作用发挥更加充分、中国特色社会主义审计制度不断完善。

（一）要增强独立性，创新审计管理体制。依法独立是有效监督的保障。“十三五”时期，我们要坚持在党的领导下，围绕依法独立行使审计监督权这个核心，加强全国审计工作的统筹和管理。一方面要完善机制，强化上级审计机关对下级审计机关的领导，推进省以下地方审计机关人财物管理改革，优化审计机关内部架构，推动健全履行法定审计职责保障机制。另一方面要规范行为，加强对审计权力运行的监督制约，自觉接受各方面对审计机关的监督，同时不断完善国家审计准则和指南体系，明确各项审计应遵循的具体标准和程序，切实做到依法审计。

（二）要立足全覆盖，创新审计工作机制。全覆盖是全面履行审计监督职责的必然要求。“十三五”时期，要实现审计全覆盖，就必须创新审计工作机制，增强审计监督的整体效能。要加强计划统筹，摸清审计对象底数，确定不同审计对象的审计频次和组织管理模式，科学编制中长期审计项目计划和年度计划。要加强资源整合，对涉及全局或行业性的重点资金和重大项目进行全面审计，形成完整的监督链条。要坚持重点突破，对热点难点问题进行专项审计，确保审深审透，实现以点促面。要加强信息共享，建立各级审计机关、不同审计项目之间的审计成果和信息共享机制，提高审计成果利用水平。

（三）要突出职业化，创新审计人员管理制度。职业化是建设高素质审计队伍、全面提升审计能力的基础。“十三五”时期，我们要建立符合审计职业特点、分类科学、权责一致的审计人员管理制度和职业保障机制，形成比较完善的审计职业化管理制度。总体上讲，就是要明确准入标准，完善审计人员选任机制，把好“入口”关；合理确定职务层级，建立审计人员分类管理制度和职务晋升机制，把好“进阶”关；持续提升审计人员的职业胜任能力，完善审计职业教育培训体系，把好“提质”关；坚持权责一致，健全审计职业岗位责任追究机制和职业保障机制，把好“管理”关。审计职业化建设既是大势所趋，又非常复杂，还有很多问题需要深入细致地研究，要进一步精心谋划和科学设计。

（四）要着眼一体化，创新组织管理模式。实行一体化的综合审计，是审计组织管理模式的深刻变革。“十三五”时期，我们要适应经济发展新常态和审计工作发展需要，把审计监督嵌入经济社会运行发展全过程，在审计组织管理模式上实现“七个一体化”和“六大转变”。“七个一体化”，就是在审计内容和范围上，形成财政、金融、企业、经济责任、资源环境、民生审计一体化，境内与境外审计一体化；在审计资源整合上，形成审计发展规划、年度计划、项目方案、组织实施一体化，审计一线作业与后台数据分析一体化，审计实践总结与理论研究一体化；在审计作用发挥上，形成查处问题与促进发展、分析原因与推进改革、促进整改与推动问责一体化，惩治腐败与促进廉政、揭示风险与维护安全、促进公平正义与推进民主法治一体化。“六大转变”，就是实现由单点离散审计向多点联动审计转变、由局部审计向全覆盖审计转变、由静态审计向静态与动态审计相结合转变、由事后审计向事后与事中审计相结合转变、由现场审计向现场审计与非现场审计相结合转变、由微观审计向微观与宏观审计相结合转变。这些措施的落实，将从根本上提升审计工作的层次和水平。

（五）要运用大数据，创新审计技术方法。推进以大数据为核心的审计信息化建设是应对未来挑战的重要法宝，也是实现审计全覆盖的必由之路。“十三五”时期，我们要加快实施“金审三期”工程，拓展大数据技术运用，形成独特的“国家审计云”。实现这些目标，要抓好三个方面的工作：一是推动全国同步“建起来”，建成数字化审计指挥平台、大数据综合分析平台、审计综合作业平台、模拟仿真实验室和综合服务支撑系统，构建国家和省级审计数据系统。二是推动上下内外“联起来”，推进上下级审计机关之间网络互联、审计机关与审计现场之间信息共享，推进实时监控、动态监测的联网审计，靠科技实现全覆盖。三是推动及时有效“用起来”，不仅要广泛运用数字化审计方式，归集数据、分析数据、查找疑点、综合提炼，为现场审计“升级”、“导航”，大幅提高审计的精准度和时效性；还要从宏观层面进行大数据关联分析，提高研判宏观经济发展趋势、感知经济社会运行风险、发现违纪违法问题线索的能力。

（六）要把握规律性，创新审计理论。科学的理论是行动的指南。“十三五”时期，我们要以丰富和发展中国特色社会主义审计理论体系为目标，不断总结规律、认识规律、运用规律，创新和深化审计理论研究。要加强对国家战略、公共政策、宏观经济形势及审计监督对象和事项的研究，为更好发挥审计在国家治理中的基石和重要保障作用提供理论支撑；加强审计基础理论研究，不断深化对国家审计本质和发展规律的认识；加强审计实践的理论总结和提炼，把行之有效的做法上升为理论或制度规范，为审计实践提供指引。要加强审计决策咨询新型智库建设，健全不同层级科研机构间、科研机构与政策研究机构间的协作机制，围绕重大问题开展联合攻关，推出一批有用、管用、好用的理论研究成果，更好地服务和指导审计实践。

以上是对“十三五”时期审计工作的初步设想。根据这些考虑，形成了“十三五”国家审计工作发展规划的讨论稿。这是第一次从全国审计工作发展层面作出的规划，请大家结合实际，认真研究思考，提出意见建议。

三、高起点开局起步，奋发有为完成2016年各项工作任务

2016年是“十三五”开局之年。审计工作总的要求是，全面贯彻党的十八大和十八届三中、四中、五中全会精神，深入学习贯彻习近平总书记系列重要讲话精神，紧紧围绕中央经济工作会议确定的重点任务，按照李克强总理的指示，牢固树立和落实创新、协调、绿色、开放、共享的发展理念，加大改革创新力度，进一步完善审计制度，依法全面履行审计监督职责，将推动中央重大决策部署贯彻落实作为重中之重，严肃揭露和查处重大违纪违法问题，及时反映重大风险隐患，注重揭示制约发展的深层次问题，着力促进提高经济发展的质量和效益，着力促进供给侧结构性改革，着力促进改善宏观调控和调整产业结构，着力促进保障改善民生和保护生态环境，充分发挥审计在国家治理中的基石和重要保障作用。

关于2016年的工作任务，审计署制定了统一组织的审计项目计划，提出了地方审计机关要抓好的10项重点工作，已经印发给大家讨论。在这里，我重点强调两个方面：

(一)关于完善审计制度各项改革措施的落实。2016年是《框架意见》明确的各项改革措施在实践中推进的第一年，至关重要。我们要精心谋划、积极探索，坚实起步、行稳致远。

一要提高认识。推进审计制度改革，是为了保障审计机关依法独立行使审计监督权，更好发挥审计在党和国家监督体系中的重要作用，这是改革的根本。通过完善审计制度，形成有利于依法独立行使审计监督权的审计管理体制，健全与审计全覆盖相适应的工作机制，建立具有审计职业特点的审计人员管理制度，形成与国家治理体系和治理能力现代化相适应的审计监督机制，这是改革的目标。我们一定要牢牢把握这两个基本点，绝不能片面理解为机构升格、编制增加、待遇提高，那样就背离了改革的方向。要紧紧围绕保障依法独立行使审计监督权来确定目标、设计制度、制定措施，绝不能断章取义、选择性落实。根据工作需要，可以增加编制，但绝不允许突击提干、突击进人、突击花钱，切实做到思想不散、纪律不松、秩序不乱、工作不断、资产不流失。

二要深度谋划。《框架意见》及配套文件针对性强，每一项任务、每一项政策都要研究具体办法、方案，落实什么、谁来落实、什么时候落实、落实到什么程度都必须十分明确。中央文件下发后，署里做了认真梳理，逐条提出了落实措施，相关单位要认真落实，有关地方要搞好配合。特别是职业化建设，没有现成的经验，希望大家集思广益、深入研究，积极向署里提出意见建议，为推进这项改革出谋划策。

三要突出重点。《框架意见》确定的8项任务涉及方方面面，要突出重点、抓纲带目，不能眉毛胡子一把抓。当前，要抓住审计全覆盖、地方审计机关人财物管理改革、职业化建设这3个重点，这3件大事抓好了，其他5件事就能够同时带动起来。其中，全覆盖要突出重点资金、重点事项、重点领域，做好中长期审计项目安排，有计划地组织实施；人财物管理改革要突出“人”这个重点和根本，管人的问题落实了，才能保障审计的独立性；职业化建设要突出“能力”和“责任”，无论是分类管理、职务层次，还是人员选任、职业保障，各项措施都必须有利于审计能力的提高、工作责任的落实。

四要把握节奏。8项任务包括很多具体措施和要求，难易程度和轻重缓急不同，要坚持整体谋划、分类设计、分步实施，除人财物管理改革试点需要7个省市探索、职业化建设需要审计署会同有关部门制定具体办法外，其他工作各级审计机关要马上行动、逐一落实。有些事情不能等，如摸清审计对象底数、制定审计全覆盖计划、实行重大事项报告、队伍思想和作风建设、干预审计行为登记报告、退出无关的议事协调机构等，要马上落实；有些事情不能靠，需要其他部门参与的，要抓紧提出初步意见，尽快与有关方面对接，防止走弯路；有些事情不能拖，特别是人财物管理改革，7个试点省市要立即行动起来，在落实中央精神的前提下，精心谋划、大胆尝试，因地制宜、差异探索，确保早动手、早见效、早总结、早推广。

五要于法有据。《框架意见》及配套文件中很多措施都是开创性的，需要在试点和实践探索的基础上，尽快完善相关法律法规。当前，要启动审计法及其实施条例的修订，完善国家审计准则和审计指南体系，也要积极推动地方审计法规的修订完善。同时，还要增强工作的主动性，对一些规章制度中限制向审计机关提供资料、开放计算机信息系统查询权限的规定，各级审计机关都要认真梳理、主动沟通，促其修订或废止。

(二)关于2016年的审计任务安排。安排部署2016年审计任务，既要考虑“十三五”时期国家经济社会发展的总体要求，也要紧扣当前党和国家的工作中心；既要突出年度审计重点，也要保证“十三五”期间实现审计全覆盖的需要。审计中，要切实把握以下原则：

——坚持依法审计。对审计发现的问题，凡是严重损害国家和人民利益的，凡是重大违纪违法的，凡是不作为、慢作为、假作为等重大履职不到位的，凡是造成重大损失浪费的，凡是造成重大环境污染和资源毁损的，要坚决揭露查处，大力推动整改问责。

——坚持鼓励创新。对改革发展中的积极探索和创新举措，凡是有利于调结构、补短板、化解产能过剩的，凡是有利于降低企业成本、提质增效的，凡是有利于化解房地产库存的，凡是有利于扩大有效供给的，凡是有利于防范化解金融风险的，要坚决促进总结完善，大力推动形成新的制度规范。

——坚持推动改革。对体制机制制度性问题，凡是制约和阻碍中央重大政策措施贯彻落实的，凡是制约和阻碍结构性改革推进的，凡是制约和阻碍创业创新、激发活力的，凡是制约和阻碍简政放权、政府职能转变的，凡是制约和阻碍转型升级、提高绩效的，要坚决揭示反映，大力推动完善制度和深化改革。

审计中，要切实突出以下重点：

一是大力推进政策落实。我们要围绕宏观政策要稳、产业政策要准、微观政策要活、改革政策要实、社会政策要托底的部署，持续跟踪审计重大政策措施落实情况，抓住项目落地、资金保障、简政放权、政策落实、风险防范5个方面，重点关注去产能、去库存、去杠杆、降成本、补短板任务落实，以及创业创新、扩大有效投资、促进转型升级、推进新型城镇化、精准扶贫、电子商务、节能环保等领域政策措施的贯彻情况和效果。要注重总结跟踪审计经验，防止四面出击、浅尝辄止，每季度确定一个主攻方向、聚焦一个重点方面，把问题查清、责任定准，切实发挥审计作用。

二是大力推进公共资金高效使用。我们要牢牢树立绩效审计理念，把公共资金使用与项目推进、事业发展、经济社会环境效益结合起来，不仅要监督检查预决算管理法律法规和财经纪律执行情况，关注中央八项规定精神和国务院“约法三章”贯彻落实情况，更要关注财政支出绩效和积极财政政策的实施效果，促进整合专项、盘活存量、用好增量、优化结构、深化改革、提高绩效。

三是大力推进风险防范。我们要牢牢盯住风险易发高发的领域和环节，重点关注政府债务、银行信贷、企业投资负债、资本市场运行、互联网金融等方面的薄弱环节和风险隐患。要坚持境内境外审计一体化，加强对中央和地方国有企业、国有金融机构的审计，揭示国有资产流失或“坐失”、经营效益下降或不真实等问题及其原因，促进企业深化改革、提质增效、做强主业，维护境内外国有资产安全。

四是大力推进民生保障。坚持共享发展、增进人民福祉，是社会主义的本质要求。我们要把握坚守底线、突出重点、完善制度、引导预期的要求，加强对扶贫、“三农”、社会保障、教育、就业、医疗等民生资金和项目的审计，重点监督检查政策执行、资金使用、项目实施等情况，更加关注相关领域改革发展中的新情况、新问题，更加关注公共资金、公共资产、公共服务的公平合理分配，促进完善制度、规范管理、发挥效益。审计署将组织全国审计机关对基本医疗保险基金和医疗救助资金进行审计，继续开展全国城镇保障性安居工程跟踪审计，各地要做好准备。

五是大力推进资源能源集约节约利用和环境保护。坚持绿色发展，着力改善生态环境，是永续发展的必要条件。各项审计中都要关注与资源环境保护相关的政策措施、资金项目情况，还要加大资源环境相关专项审计力度。审计署将对重点流域水污染防治资金进行审计，在8个地区开展领导干部自然资源资产离任审计试点。各地要根据本地实际，加大资源环境审计力度，并至少选择1个地市开展领导干部自然资源资产离任审计试点，积极探索有效的方式方法。

六是大力推进依法行政。要坚持党政同责、同责同审，继续深化经济责任审计，全面推行党政主要领导干部经济责任同步审计。要根据不同类别领导干部的职责权限，结合政府职能转变和权力清单制度，突出审计重点，实事求是地界定责任、作出评价。要加强审计结果运用，推动将经济责任审计结果和整改情况，纳入所在单位领导班子民主生活会、党风廉政建设责任制检查考核的内容，作为领导班子成员述职述廉、年度考核、任职考核的重要依据。

七是大力推进反腐倡廉。我们要坚持问题导向，加大对权力集中、资金密集、资源富集、资产聚集的重点部门、重点岗位、重点环节的审计力度，严肃揭露和查处重大违纪违法，以及不作为、慢作为、假作为等问题。要加强对重大违纪违法问题和腐败案件发生规律的剖析，坚持查源头、查原因、查责任、查后果，推动建立完善制度，铲除腐败滋生的土壤。

八是大力推动体制机制创新。审计中要始终关注体制机制性问题，根据中央出台的重大政策措施，及时跟踪检查有关部门规章和地方性法规修订完善情况，促进及时建立健全与新政策新要求相适应的新办法、新规则；对不合时宜、制约发展、阻碍政策落实的法律和行政法规，推动及时清理完善；对改革推进中出现的政策措施不衔接、不配套等问题，及时反映、提出建议，促进增强改革的系统性和协调性。

四、强化自我管理和约束，夯实审计事业发展根基

打铁还要自身硬。审计机关作为监督部门，监督别人就要用更高的标准来约束自己，严格管理、严格要求、严格监督，为各项任务的顺利完成提供坚实保障。

（一）强化队伍建设，打造审计铁军。怎么抓队伍建设？就是要坚持信仰就是灵魂、使命高于生命、责任重于泰山、纪律决定一切，以品德为核心、作风为基础、能力为重点、业绩为导向，着力打造一支政治强、业务精、作风优、纪律严的审计铁军。2016 年，我们要扎实搞好学习习近平总书记系列重要讲话、学习党章、学习准则条例等党规，做合格共产党员的"三学一做"主题教育，各级审计机关要早做安排部署。这里我着重强调几点。一要建设信念坚定、忠诚可靠的审计队伍，做到政治强。我们要加强马克思主义基本原理的学习，深入学习党的十八大以来的中央精神，特别是深入学习贯彻习近平总书记系列重要讲话精神，做到理论上明白、思想上清醒、灵魂上干净，更加坚定理想信念，增强党性修养，严守党的政治纪律和政治规矩，对党绝对忠诚，在思想上政治上行动上始终自觉与以习近平同志为总书记的党中央保持高度一致。要始终谦虚谨慎、戒骄戒躁，忠诚于审计事业，做到"四个服从"，时刻牢记自己的责任和使命，做政治坚定的审计人。二要建设结构合理、能力过硬的审计队伍，做到业务精。审计人员要具备过硬的基本功，敢于和善于审计，既能查处重大违纪违法问题，又善于推动体制机制制度完善。要强化自我提高能力，树立终身学习理念，认真学习哲学、历史、政治、经济、管理、科技等知识，厚积履职尽责的知识储备。要强化培养培训，完善审计职业教育培训体系，加大交流和轮岗力度，促进全面发展、快速成长成才。要树立正确的选人用人导向，着眼事业发展、注重品德实绩、尊重成长规律，做到组织不选"黑马"、领导不藏私心、干部不抄近道，把好干部及时发现出来、迅速培养起来、合理使用起来，形成优势互补、结构优化、梯次合理的干部队伍。三要建设勇于担当、甘于奉献的审计队伍，做到作风优。作风建设永远在路上，只有进行时、没有完成时，只能抓紧、不能懈怠。要形成自觉践行"三严三实"的长效机制，持续不断地查找修身做人、用权律己、干事创业方面的不严不实问题，经常洗洗脸、照镜子、正衣冠，持续抓好整改。要坚守"责任、忠诚、清廉、依法、独立、奉献"的审计人员核心价值观，特别是主要领导干部，要有铁肩膀、钢腰杆，顶压力、抗干扰、敢亮剑，要有"戴着乌纱想事、揣着乌纱干活"的品格，做到依法审计、无私无畏、敢于碰硬、勇于担当。要始终保持昂扬向上、奋发有为的精神状态，特别是工作暂时落后的地区、单位，要加油、加力、加速，迎头赶上。四要建设清正廉洁、遵纪守法的审计队伍，做到纪律严。我们要深入学习准则、条例，严格遵守党的政治纪律、组织纪律、廉洁纪律、群众纪律、工作纪律和生活纪律，严格执行审计"八不准"工作纪律，强化底线思维，培养健康的生活情趣，做到心中有畏、心中有止、行为有度、干净干事、清白做人。

（二）强化制度建设，扎紧制度笼子。制度建设是强化自身约束、促进依法行政、提高管理效能的一项基础性工作。今后一个时期，审计管理体制和管理方式将会发生重大变化，加强制度建设更具特殊重要的意义。一方面，要加强对已有制度的清理修订，使之适应新形势新要求；另一方面，要及时将改革的要求和落实措施转化为清晰、明确的制度规定，确保审计工作于法有据、有章可循。前面我讲到，审计署通过制度清理，形成了 2015 年版的《审计署制度》，今后贯彻落实法律法规和党中央、国务院精神的事项，均要形成具体条款，以"修正案"的形式补充下发，按照"一张蓝图干到底"的原则不断修订完善。这样既保证了制度的稳定性和系统性，又有利于增强制度的适应性和创新性。各级审计机关也要进一步加大制度清理整合力度，健全完善制度体系。一要"齐"，做到全面覆盖。要把制度建设覆盖到审计机关的管党、用人、治审、促廉等各个方面，既要符合上级精神、又要广泛听取干部职工意见，既要有正面约束、又要有问责条款，确保制度的广泛性和完整性。二要"精"，做到管用好用。要坚持问题导向，每项制度都针对某个方面的突出问题，用制度的形式规范解决问题的措施和办法，还要请法律专家进行合法性审查，提高审计制度建设的程序化和科学化水平。三要"严"，做到不打折扣。要坚持制度面前人人平等、执行制度没有例外，不留"暗门"，不开"天窗"。领导干部要习惯用制度管业务、带队伍，带头学习制度、严格执行制度、自觉维护制度，绝不能破规矩；审计人员要习惯按制度办事情、干事业，做到心中有制度、行动遵制度、工作用制度，绝不能废规矩。

（三）强化监督制约，规范权力运行。党和人民高度信任我们，但信任不能代替监督。我多次讲，审计机关不是净土，审计人员不是生活在真空中，也没有天然免疫力，必须健全监督机制，保障审计监督权依法规范运行。一要坚决落实管党治党要求，加强党内监督。严格落实全面从严治党和党风廉政建设主体责任，审计机关各级党组和党组织书记要亲自部署重要工作、过问重大问题、协调重点环节、督办重要案件，切实履行第一责任人职责。要严肃党内政治生活，积极开展批评与自我批评，严格执行民主集中制，让咬耳扯袖、红脸出汗成为常态。二要强化内部控制，加强自我监督。建立审计职业岗位权力清单和责任清单，分层级落实责任。上级审计机关要强化对下级审计机关的监督，加强和改进巡视、考核、审计机关领导干部经济责任审计等工作，每年组织党风廉政建设、干部选拔任用、依法履职、审计业务质量、预算执行和财务管理、档案管理、保密管理等专项或综合检查，督促下级审计机关严格依法审计、依法履职。三要坚持阳光法则，主动接受外部监督。我们要自觉接受党委、人大、政府的监督，定期报告工作。要主动接受纪检监察、巡视、专项检查等外部监督，积极推动建立对审计机关的外部审计制度。要自觉接受社会公众的监督，加大审计结果公开力度，完善特约审计员制度。四要强化监督执纪问责，维护法纪严肃性。要切实把纪律和规矩挺在前面，围绕"四种形态"，把监督执纪问责做深做细做实。要建立责任分解、检查监督、责任追究、结果运用的完整链条，凡是违纪违法违规的，不管涉及到谁，都要严肃追责，绝不姑息迁就；凡是被问责的组织和个人，都要与评先评优、提拔使用等挂钩，增强问责的严肃性。各级审计机关要把自己的"房间"打扫干净、"门户"清理好，对不作为、慢作为以及违纪违法乱作为的，要严肃追究责任！

（四）强化统筹管理，发挥整体合力。要按照党的十八届四中全会和《框架意见》的要求，强化上级审计机关对下级审计机关的领导，增强审计监督的独立性和整体性。一要加强组织领导。上级审计机关要加强对下级审计机关队伍建设和业务工作的领导，目前署里正在研究制定省级审计机关领导干部管理办法，试点地区的省级审计机关要协助省级党委管好干部，非试点地区也要做好相关基础性工作。要增强组织观念，审计项目计划要报上级审计机关备案或批准，重大审计结果、重大问题线索、重大事项要及时向上级审计机关报告。二要加强资源统筹。上级审计机关要根据经济社会发展实际需要，统筹组织审计力量，开展好涉及全局的重大项目审计。在这方面，各级审计机关要摒弃狭隘的地盘意识，切实树立全国审计"一盘棋"理念。三要加强检查考核。上级审计机关要协助配合地方党委、政府，加强对下级审计机关领导班子、干部队伍的考核；要加强对下级审计机关审计质量的监督检查，强化对下级审计机关履职尽责情况的考核。署里正在研究制定对地方审计机关的考核办法，各地也要积极探索。

同志们，审计工作在新形势下更加充分有效地发挥作用，任务艰巨，责任重大。让我们紧密团结在以习近平同志为总书记的党中央周围，围绕协调推进"四个全面"战略布局，聚焦五大发展理念，承前启后，继往开来，勇于担当，主动作为，奋力做好全面建成小康社会决胜阶段的审计工作，为实现中华民族伟大复兴的中国梦做出应有的贡献！

李克强主持召开国务院常务会议部署整改审计查出问题
把宝贵的公共资金资源用到促发展惠民生上

（2015 年 07 月 08 日）

国务院总理李克强 7 月 8 日主持召开国务院常务会议，部署整改审计查出问题，把宝贵的公共资金资源用到促发展惠民生上。

会议强调，2014 年度中央预算执行和其他财政收支审计结果日前已向社会公布。会议指出，加强对审计查出问题的整改，对于提高公共资金统筹能力和使用效益、使积极财政政策更加有效，改进政府管理，具有重要意义。为此，一要建立整改台账，明确时限，严格问责，着力在完善制度上下功夫，坚决防止一些问题屡改屡犯。整改情况 11 月底前报国务院，并在向全国人大报告后公布。二要以整改为契机，进一步加大简政放权、放管结合、优化服务的转变政府职能力度，及时修改完善与改革发展不适应的规章制度，激发大众创业、万众创新活力和社会创造力，增强经济发展"内力"和后劲。三要建立健全监督制约长效机制，加大对骗取财政资金、侵占国有权益等行为的打击力度，确保公共资金安全有效运行，发挥最大效益。

第二部分

国家审计准则与政策解读

中华人民共和国国家审计准则

（审计署令第 8 号）

目　录

第一章　总　　则

第一条　为了规范和指导审计机关和审计人员执行审计业务的行为，保证审计质量，防范审计风险，发挥审计保障国家经济和社会健康运行的“免疫系统”功能，根据《中华人民共和国审计法》、《中华人民共和国审计法实施条例》和其他有关法律法规，制定本准则。

第二条　本准则是审计机关和审计人员履行法定审计职责的行为规范，是执行审计业务的职业标准，是评价审计质量的基本尺度。

第三条　本准则中使用“应当”、“不得”词汇的条款为约束性条款，是审计机关和审计人员执行审计业务必须遵守的职业要求。

本准则中使用“可以”词汇的条款为指导性条款，是对良好审计实务的推介。

第四条　审计机关和审计人员执行审计业务，应当适用本准则。其他组织或者人员接受审计机关的委托、聘用，承办或者参加审计业务，也应当适用本准则。

第五条　审计机关和审计人员执行审计业务，应当区分被审计单位的责任和审计机关的责任。

在财政收支、财务收支以及有关经济活动中，履行法定职责、遵守相关法律法规、建立并实施内部控制、按照有关会计准则和会计制度编报财务会计报告、保持财务会计资料的真实性和完整性，是被审计单位的责任。

依据法律法规和本准则的规定，对被审计单位财政收支、财务收支以及有关经济活动独立实施审计并作出审计结论，是审计机关的责任。

第六条　审计机关的主要工作目标是通过监督被审计单位财政收支、财务收支以及有关经济活动的真实性、合法性、效益性，维护国家经济安全，推进民主法治，促进廉政建设，保障国家经济和社会健康发展。

真实性是指反映财政收支、财务收支以及有关经济活动的信息与实际情况相符合的程度。

合法性是指财政收支、财务收支以及有关经济活动遵守法律、法规或者规章的情况。

效益性是指财政收支、财务收支以及有关经济活动实现的经济效益、社会效益和环境效益。

第七条 审计机关对依法属于审计机关审计监督对象的单位、项目、资金进行审计。

审计机关按照国家有关规定，对依法属于审计机关审计监督对象的单位的主要负责人经济责任进行审计。

第八条 审计机关依法对预算管理或者国有资产管理使用等与国家财政收支有关的特定事项向有关地方、部门、单位进行专项审计调查。

审计机关进行专项审计调查时，也应当适用本准则。

第九条 审计机关和审计人员执行审计业务，应当依据年度审计项目计划，编制审计实施方案，获取审计证据，作出审计结论。

审计机关应当委派具备相应资格和能力的审计人员承办审计业务，并建立和执行审计质量控制制度。

第十条 审计机关依据法律法规规定，公开履行职责的情况及其结果，接受社会公众的监督。

第十一条 审计机关和审计人员未遵守本准则约束性条款的，应当说明原因。

第二章 审计机关和审计人员

第十二条 审计机关和审计人员执行审计业务，应当具备本准则规定的资格条件和职业要求。

第十三条 审计机关执行审计业务，应当具备下列资格条件：

（一）符合法定的审计职责和权限；

（二）有职业胜任能力的审计人员；

（三）建立适当的审计质量控制制度；

（四）必需的经费和其他工作条件。

第十四条 审计人员执行审计业务，应当具备下列职业要求：

（一）遵守法律法规和本准则；

（二）恪守审计职业道德；

（三）保持应有的审计独立性；

（四）具备必需的职业胜任能力；

（五）其他职业要求。

第十五条 审计人员应当恪守严格依法、正直坦诚、客观公正、勤勉尽责、保守秘密的基本审计职业道德。

严格依法就是审计人员应当严格依照法定的审计职责、权限和程序进行审计监督，规范审计行为。

正直坦诚就是审计人员应当坚持原则，不屈从于外部压力；不歪曲事实，不隐瞒审计发现的问题；廉洁自律，不利用职权谋取私利；维护国家利益和公共利益。

客观公正就是审计人员应当保持客观公正的立场和态度，以适当、充分的审计证据支持审计结论，实事求是地作出审计评价和处理审计发现的问题。

勤勉尽责就是审计人员应当爱岗敬业，勤勉高效，严谨细致，认真履行审计职责，保证审计工作质量。

保守秘密就是审计人员应当保守其在执行审计业务中知悉的国家秘密、商业秘密；对于执行审计业务取得的资料、形成的审计记录和掌握的相关情况，未经批准不得对外提供和披露，不得用于与审计工作无关的目的。

第十六条 审计人员执行审计业务时，应当保持应有的审计独立性，遇有下列可能损害审计独立性情形的，应当向审计机关报告：

（一）与被审计单位负责人或者有关主管人员有夫妻关系、直系血亲关系、三代以内旁系血亲以及近姻亲关系；

（二）与被审计单位或者审计事项有直接经济利益关系；

（三）对曾经管理或者直接办理过的相关业务进行审计；

（四）可能损害审计独立性的其他情形。

第十七条 审计人员不得参加影响审计独立性的活动，不得参与被审计单位的管理活动。

第十八条 审计机关组成审计组时，应当了解审计组成员可能损害审计独立性的情形，并根据具体情况采取下列措施，避免损害审计独立性：

（一）依法要求相关审计人员回避；

（二）对相关审计人员执行具体审计业务的范围作出限制；

（三）对相关审计人员的工作追加必要的复核程序；

（四）其他措施。

第十九条 审计机关应当建立审计人员交流等制度，避免审计人员因执行审计业务长期与同一被审计单位接触可能对审计独立性造成的损害。

第二十条 审计机关可以聘请外部人员参加审计业务或者提供技术支持、专业咨询、专业鉴定。

审计机关聘请的外部人员应当具备本准则第十四条规定的职业要求。

第二十一条 有下列情形之一的外部人员，审计机关不得聘请：

（一）被刑事处罚的；

（二）被劳动教养的；

（三）被行政拘留的；

（四）审计独立性可能受到损害的；

（五）法律规定不得从事公务的其他情形。

第二十二条 审计人员应当具备与其从事审计业务相适应的专业知识、职业能力和工作经验。

审计机关应当建立和实施审计人员录用、继续教育、培训、业绩评价考核和奖惩激励制度，确保审计人员具有与其从事业务相适应的职业胜任能力。

第二十三条 审计机关应当合理配备审计人员，组成审计组，确保其在整体上具备与审计项目相适应的职业胜任能力。

被审计单位的信息技术对实现审计目标有重大影响的，审计组的整体胜任能力应当包括信息技术方面的胜任能力。

第二十四条 审计人员执行审计业务时，应当合理运用职业判断，保持职业谨慎，对被审计单位可能存在的重要问题保持警觉，并审慎评价所获取审计证据的适当性和充分性，得出恰当的审计结论。

第二十五条 审计人员执行审计业务时，应当从下列方面保持与被审计单位的工作关系：

（一）与被审计单位沟通并听取其意见；

（二）客观公正地作出审计结论，尊重并维护被审计单位的合法权益；

（三）严格执行审计纪律；

（四）坚持文明审计，保持良好的职业形象。

第三章 审计计划

第二十六条 审计机关应当根据法定的审计职责和审计管辖范围，编制年度审计项目计划。

编制年度审计项目计划应当服务大局，围绕政府工作中心，突出审计工作重点，合理安排审计资源，防止不必要的重复审计。

第二十七条 审计机关按照下列步骤编制年度审计项目计划：

（一）调查审计需求，初步选择审计项目；

（二）对初选审计项目进行可行性研究，确定备选审计项目及其优先顺序；

（三）评估审计机关可用审计资源，确定审计项目，编制年度审计项目计划。

第二十八条 审计机关从下列方面调查审计需求，初步选择审计项目：

（一）国家和地区财政收支、财务收支以及有关经济活动情况；

（二）政府工作中心；

（三）本级政府行政首长和相关领导机关对审计工作的要求；

（四）上级审计机关安排或者授权审计的事项；

（五）有关部门委托或者提请审计机关审计的事项；

（六）群众举报、公众关注的事项；

（七）经分析相关数据认为应当列入审计的事项；

（八）其他方面的需求。

第二十九条 审计机关对初选审计项目进行可行性研究，确定初选审计项目的审计目标、审计范围、审计重点和其他重要事项。

进行可行性研究重点调查研究下列内容：

（一）与确定和实施审计项目相关的法律法规和政策；

（二）管理体制、组织结构、主要业务及其开展情况；

（三）财政收支、财务收支状况及结果；

（四）相关的信息系统及其电子数据情况；

（五）管理和监督机构的监督检查情况及结果；

（六）以前年度审计情况；

（七）其他相关内容。

第三十条 审计机关在调查审计需求和可行性研究过程中，从下列方面对初选审计项目进行评估，以确定备选审计项目及其优先顺序：

（一）项目重要程度，评估在国家经济和社会发展中的重要性、政府行政首长和相关领导机关及公众关注程度、资金和资产规模等；

（二）项目风险水平，评估项目规模、管理和控制状况等；

（三）审计预期效果；

（四）审计频率和覆盖面；

（五）项目对审计资源的要求。

第三十一条 年度审计项目计划应当按照审计机关规定的程序审定。

审计机关在审定年度审计项目计划前，根据需要，可以组织专家进行论证。

第三十二条 下列审计项目应当作为必选审计项目：

（一）法律法规规定每年应当审计的项目；

（二）本级政府行政首长和相关领导机关要求审计的项目；

（三）上级审计机关安排或者授权的审计项目。

审计机关对必选审计项目，可以不进行可行性研究。

第三十三条 上级审计机关直接审计下级审计机关审计管辖范围内的重大审计事项，应当列入上级审计机关年度审计项目计划，并及时通知下级审计机关。

第三十四条 上级审计机关可以依法将其审计管辖范围内的审计事项，授权下级审计机关进行审计。对于上级审计机关审计管辖范围内的审计事项，下级审计机关也可以提出授权申请，报有管辖权的上级审计机关审批。

获得授权的审计机关应当将授权的审计事项列入年度审计项目计划。

第三十五条 根据中国政府及其机构与国际组织、外国政府及其机构签订的协议和上级审计机关的要求，审计机关确定对国际组织、外国政府及其机构援助、贷款项目进行审计的，应当纳入年度审计项目计划。

第三十六条 对于预算管理或者国有资产管理使用等与国家财政收支有关的特定事项，符合下列情形的，可以进行专项审计调查：

（一）涉及宏观性、普遍性、政策性或者体制、机制问题的；

（二）事项跨行业、跨地区、跨单位的；

（三）事项涉及大量非财务数据的；

（四）其他适宜进行专项审计调查的。

第三十七条 审计机关年度审计项目计划的内容主要包括：

（一）审计项目名称；

（二）审计目标，即实施审计项目预期要完成的任务和结果；

（三）审计范围，即审计项目涉及的具体单位、事项和所属期间；

（四）审计重点；

（五）审计项目组织和实施单位；

（六）审计资源。

采取跟踪审计方式实施的审计项目，年度审计项目计划应当列明跟踪的具体方式和要求。

专项审计调查项目的年度审计项目计划应当列明专项审计调查的要求。

第三十八条 审计机关编制年度审计项目计划可以采取文字、表格或者两者相结合的形式。

第三十九条 审计机关计划管理部门与业务部门或者派出机构，应当建立经常性的沟通和协调机制。

调查审计需求、进行可行性研究和确定备选审计项目，以业务部门或者派出机构为主实施；备选审计项目排序、配置审计资源和编制年度审计项目计划草案，以计划管理部门为主实施。

第四十条 审计机关根据项目评估结果，确定年度审计项目计划。

第四十一条 审计机关应当将年度审计项目计划报经本级政府行政首长批准并向上一级审计机关报告。

第四十二条 审计机关应当对确定的审计项目配置必要的审计人力资源、审计时间、审计技术装备、审计经费等审计资源。

第四十三条 审计机关同一年度内对同一被审计单位实施不同的审计项目，应当在人员和时间安排上进行协调，尽量避免给被审计单位工作带来不必要的影响。

第四十四条 审计机关应当将年度审计项目计划下达审计项目组织和实施单位执行。

年度审计项目计划一经下达，审计项目组织和实施单位应当确保完成，不得擅自变更。

第四十五条 年度审计项目计划执行过程中，遇有下列情形之一的，应当按照原审批程序调整：

（一）本级政府行政首长和相关领导机关临时交办审计项目的；

（二）上级审计机关临时安排或者授权审计项目的；

（三）突发重大公共事件需要进行审计的；

（四）原定审计项目的被审计单位发生重大变化，导致原计划无法实施的；

（五）需要更换审计项目实施单位的；

（六）审计目标、审计范围等发生重大变化需要调整的；

（七）需要调整的其他情形。

第四十六条 上级审计机关应当指导下级审计机关编制年度审计项目计划，提出下级审计机关重点审计领域或者审计项目安排的指导意见。

第四十七条 年度审计项目计划确定审计机关统一组织多个审计组共同实施一个审计项目或者分别实施同一类审计项目的，审计机关业务部门应当编制审计工作方案。

第四十八条 审计机关业务部门编制审计工作方案，应当根据年度审计项目计划形成过程中调查审计需求、进行可行性研究的情况，开展进一步调查，对审计目标、范围、重点和项目组织实施等进行确定。

第四十九条 审计工作方案的内容主要包括：

（一）审计目标；

（二）审计范围；

（三）审计内容和重点；

（四）审计工作组织安排；

（五）审计工作要求。

第五十条 审计机关业务部门编制的审计工作方案应当按照审计机关规定的程序审批。在年度审计项目计划确定的实施审计起始时间之前，下达到审计项目实施单位。

审计机关批准审计工作方案前，根据需要，可以组织专家进行论证。

第五十一条 审计机关业务部门根据审计实施过程中情况的变化，可以申请对审计工作方案的内容进行调整，并按审计机关规定的程序报批。

第五十二条 审计机关应当定期检查年度审计项目计划执行情况，评估执行效果。

审计项目实施单位应当向下达审计项目计划的审计机关报告计划执行情况。

第五十三条 审计机关应当按照国家有关规定，建立和实施审计项目计划执行情况及其结果的统计制度。

第四章 审计实施

第一节 审计实施方案

第五十四条 审计机关应当在实施项目审计前组成审计组。

审计组由审计组组长和其他成员组成。审计组实行审计组组长负责制。审计组组长由审计机关确定，审计组组长可以根据需要在审计组成员中确定主审，主审应当履行其规定职责和审计组组长委托履行的其他职责。

第五十五条 审计机关应当依照法律法规的规定，向被审计单位送达审计通知书。

第五十六条 审计通知书的内容主要包括被审计单位名称、审计依据、审计范围、审计起始时间、审计组组长及其他成员名单和被审计单位配合审计工作的要求。同时，还应当向被审计单位告知审计组的审计纪律要求。

采取跟踪审计方式实施审计的，审计通知书应当列明跟踪审计的具体方式和要求。

专项审计调查项目的审计通知书应当列明专项审计调查的要求。

第五十七条 审计组应当调查了解被审计单位及其相关情况，评估被审计单位存在重要问题的可能性，确定审计应对措施，编制审计实施方案。

对于审计机关已经下达审计工作方案的，审计组应当按照审计工作方案的要求编制审计实施方案。

第五十八条 审计实施方案的内容主要包括：

(一)审计目标；

(二)审计范围；

(三)审计内容、重点及审计措施，包括审计事项和根据本准则第七十三条确定的审计应对措施；

(四)审计工作要求，包括项目审计进度安排、审计组内部重要管理事项及职责分工等。

采取跟踪审计方式实施审计的，审计实施方案应当对整个跟踪审计工作作出统筹安排。

专项审计调查项目的审计实施方案应当列明专项审计调查的要求。

第五十九条 审计组调查了解被审计单位及其相关情况，为作出下列职业判断提供基础：

(一)确定职业判断适用的标准；

(二)判断可能存在的问题；

(三)判断问题的重要性；

(四)确定审计应对措施。

第六十条 审计人员可以从下列方面调查了解被审计单位及其相关情况：

(一)单位性质、组织结构；

(二)职责范围或者经营范围、业务活动及其目标；

(三)相关法律法规、政策及其执行情况；

(四)财政财务管理体制和业务管理体制；

(五)适用的业绩指标体系以及业绩评价情况；

(六)相关内部控制及其执行情况；

(七)相关信息系统及其电子数据情况；

(八)经济环境、行业状况及其他外部因素；

(九)以往接受审计和监管及其整改情况；

(十)需要了解的其他情况。

第六十一条 审计人员可以从下列方面调查了解被审计单位相关内部控制及其执行情况：

(一)控制环境，即管理模式、组织结构、责权配置、人力资源制度等；

(二)风险评估，即被审计单位确定、分析与实现内部控制目标相关的风险，以及采取的应对措施；

(三)控制活动，即根据风险评估结果采取的控制措施，包括不相容职务分离控制、授权审批控制、资产保护控制、预算控制、业绩分析和绩效考评控制等；

(四)信息与沟通，即收集、处理、传递与内部控制相关的信息，并能有效沟通的情况；

(五)对控制的监督,即对各项内部控制设计、职责及其履行情况的监督检查。

第六十二条 审计人员可以从下列方面调查了解被审计单位信息系统控制情况:

(一)一般控制,即保障信息系统正常运行的稳定性、有效性、安全性等方面的控制;

(二)应用控制,即保障信息系统产生的数据的真实性、完整性、可靠性等方面的控制。

第六十三条 审计人员可以采取下列方法调查了解被审计单位及其相关情况:

(一)书面或者口头询问被审计单位内部和外部相关人员;

(二)检查有关文件、报告、内部管理手册、信息系统的技术文档和操作手册;

(三)观察有关业务活动及其场所、设施和有关内部控制的执行情况;

(四)追踪有关业务的处理过程;

(五)分析相关数据。

第六十四条 审计人员根据审计目标和被审计单位的实际情况,运用职业判断确定调查了解的范围和程度。

对于定期审计项目,审计人员可以利用以往审计中获得的信息,重点调查了解已经发生变化的情况。

第六十五条 审计人员在调查了解被审计单位及其相关情况的过程中,可以选择下列标准作为职业判断的依据:

(一)法律、法规、规章和其他规范性文件;

(二)国家有关方针和政策;

(三)会计准则和会计制度;

(四)国家和行业的技术标准;

(五)预算、计划和合同;

(六)被审计单位的管理制度和绩效目标;

(七)被审计单位的历史数据和历史业绩;

(八)公认的业务惯例或者良好实务;

(九)专业机构或者专家的意见;

(十)其他标准。

审计人员在审计实施过程中需要持续关注标准的适用性。

第六十六条 职业判断所选择的标准应当具有客观性、适用性、相关性、公认性。

标准不一致时,审计人员应当采用权威的和公认程度高的标准。

第六十七条 审计人员应当结合适用的标准,分析调查了解的被审计单位及其相关情况,判断被审计单位可能存在的问题。

第六十八条 审计人员应当运用职业判断,根据可能存在问题的性质、数额及其发生的具体环境,判断其重要性。

第六十九条 审计人员判断重要性时,可以关注下列因素:

(一)是否属于涉嫌犯罪的问题;

(二)是否属于法律法规和政策禁止的问题;

(三)是否属于故意行为所产生的问题;

(四)可能存在问题涉及的数量或者金额;

(五)是否涉及政策、体制或者机制的严重缺陷;

(六)是否属于信息系统设计缺陷;

(七)政府行政首长和相关领导机关及公众的关注程度;

(八)需要关注的其他因素。

第七十条 审计人员实施审计时,应当根据重要性判断的结果,重点关注被审计单位可能存在的重要问题。

第七十一条 需要对财务报表发表审计意见的,审计人员可以参照中国注册会计师执业准则的有关规定确定和运用重要性。

第七十二条 审计组应当评估被审计单位存在重要问题的可能性,以确定审计事项和审计应对措施。

第七十三条 审计组针对审计事项确定的审计应对措施包括：

（一）评估对内部控制的依赖程度，确定是否及如何测试相关内部控制的有效性；

（二）评估对信息系统的依赖程度，确定是否及如何检查相关信息系统的有效性、安全性；

（三）确定主要审计步骤和方法；

（四）确定审计时间；

（五）确定执行的审计人员；

（六）其他必要措施。

第七十四条 审计组在分配审计资源时，应当为重要审计事项分派有经验的审计人员和安排充足的审计时间，并评估特定审计事项是否需要利用外部专家的工作。

第七十五条 审计人员认为存在下列情形之一的，应当测试相关内部控制的有效性：

（一）某项内部控制设计合理且预期运行有效，能够防止重要问题的发生；

（二）仅实施实质性审查不足以为发现重要问题提供适当、充分的审计证据。

审计人员决定不依赖某项内部控制的，可以对审计事项直接进行实质性审查。

被审计单位规模较小、业务比较简单的，审计人员可以对审计事项直接进行实质性审查。

第七十六条 审计人员认为存在下列情形之一的，应当检查相关信息系统的有效性、安全性：

（一）仅审计电子数据不足以为发现重要问题提供适当、充分的审计证据；

（二）电子数据中频繁出现某类差异。

审计人员在检查被审计单位相关信息系统时，可以利用被审计单位信息系统的现有功能或者采用其他计算机技术和工具，检查中应当避免对被审计单位相关信息系统及其电子数据造成不良影响。

第七十七条 审计人员实施审计时，应当持续关注已作出的重要性判断和对存在重要问题可能性的评估是否恰当，及时作出修正，并调整审计应对措施。

第七十八条 遇有下列情形之一的，审计组应当及时调整审计实施方案：

（一）年度审计项目计划、审计工作方案发生变化的；

（二）审计目标发生重大变化的；

（三）重要审计事项发生变化的；

（四）被审计单位及其相关情况发生重大变化的；

（五）审计组人员及其分工发生重大变化的；

（六）需要调整的其他情形。

第七十九条 一般审计项目的审计实施方案应当经审计组组长审定，并及时报审计机关业务部门备案。

重要审计项目的审计实施方案应当报经审计机关负责人审定。

第八十条 审计组调整审计实施方案中的下列事项，应当报经审计机关主要负责人批准：

（一）审计目标；

（二）审计组组长；

（三）审计重点；

（四）现场审计结束时间。

第八十一条 编制和调整审计实施方案可以采取文字、表格或者两者相结合的形式。

第二节 审计证据

第八十二条 审计证据是指审计人员获取的能够为审计结论提供合理基础的全部事实，包括审计人员调查了解被审计单位及其相关情况和对确定的审计事项进行审查所获取的证据。

第八十三条 审计人员应当依照法定权限和程序获取审计证据。

第八十四条 审计人员获取的审计证据，应当具有适当性和充分性。

适当性是对审计证据质量的衡量，即审计证据在支持审计结论方面具有的相关性和可靠性。相关性是指审计证据与审计事项及其具体审计目标之间具有实质性联系。可靠性是指审计证据真实、可信。

充分性是对审计证据数量的衡量。审计人员在评估存在重要问题的可能性和审计证据质量的基础上，决定应当获取审计证据的数量。

第八十五条 审计人员对审计证据的相关性分析时，应当关注下列方面：

（一）一种取证方法获取的审计证据可能只与某些具体审计目标相关，而与其他具体审计目标无关；

（二）针对一项具体审计目标可以从不同来源获取审计证据或者获取不同形式的审计证据。

第八十六条 审计人员可以从下列方面分析审计证据的可靠性：

（一）从被审计单位外部获取的审计证据比从内部获取的审计证据更可靠；

（二）内部控制健全有效情况下形成的审计证据比内部控制缺失或者无效情况下形成的审计证据更可靠；

（三）直接获取的审计证据比间接获取的审计证据更可靠；

（四）从被审计单位财务会计资料中直接采集的审计证据比经被审计单位加工处理后提交的审计证据更可靠；

（五）原件形式的审计证据比复制件形式的审计证据更可靠。

不同来源和不同形式的审计证据存在不一致或者不能相互印证时，审计人员应当追加必要的审计措施，确定审计证据的可靠性。

第八十七条 审计人员获取的电子审计证据包括与信息系统控制相关的配置参数、反映交易记录的电子数据等。

采集被审计单位电子数据作为审计证据的，审计人员应当记录电子数据的采集和处理过程。

第八十八条 审计人员根据实际情况，可以在审计事项中选取全部项目或者部分特定项目进行审查，也可以进行审计抽样，以获取审计证据。

第八十九条 存在下列情形之一的，审计人员可以对审计事项中的全部项目进行审查：

（一）审计事项由少量大额项目构成的；

（二）审计事项可能存在重要问题，而选取其中部分项目进行审查无法提供适当、充分的审计证据的；

（三）对审计事项中的全部项目进行审查符合成本效益原则的。

第九十条 审计人员可以在审计事项中选取下列特定项目进行审查：

（一）大额或者重要项目；

（二）数量或者金额符合设定标准的项目；

（三）其他特定项目。

选取部分特定项目进行审查的结果，不能用于推断整个审计事项。

第九十一条 在审计事项包含的项目数量较多，需要对审计事项某一方面的总体特征作出结论时，审计人员可以进行审计抽样。

审计人员进行审计抽样时，可以参照中国注册会计师执业准则的有关规定。

第九十二条 审计人员可以采取下列方法向有关单位和个人获取审计证据：

（一）检查，是指对纸质、电子或者其他介质形式存在的文件、资料进行审查，或者对有形资产进行审查；

（二）观察，是指察看相关人员正在从事的活动或者执行的程序；

（三）询问，是指以书面或者口头方式向有关人员了解关于审计事项的信息；

（四）外部调查，是指向与审计事项有关的第三方进行调查；

（五）重新计算，是指以手工方式或者使用信息技术对有关数据计算的正确性进行核对；

（六）重新操作，是指对有关业务程序或者控制活动独立进行重新操作验证；

（七）分析，是指研究财务数据之间、财务数据与非财务数据之间可能存在的合理关系，对相关信息作出评价，并关注异常波动和差异。

审计人员进行专项审计调查，可以使用上述方法及其以外的其他方法。

第九十三条 审计人员应当依照法律法规规定，取得被审计单位负责人对本单位提供资料真实性和完整性的书面承诺。

第九十四条 审计人员取得证明被审计单位存在违反国家规定的财政收支、财务收支行为以及其他重要审计事项的审计证据材料，应当由提供证据的有关人员、单位签名或者盖章；不能取得签名或者盖章不影响事实存在的，该审计证据仍然有效，但审计人员应当注明原因。

审计事项比较复杂或者取得的审计证据数量较大的，可以对审计证据进行汇总分析，编制审计取证单，由证据提供者签名或者盖章。

第九十五条 被审计单位的相关资料、资产可能被转移、隐匿、篡改、毁弃并影响获取审计证据的，审计机关应当依照法律法规的规定采取相应的证据保全措施。

第九十六条 审计机关执行审计业务过程中，因行使职权受到限制而无法获取适当、充分的审计证据，或者无法制止违法行为对国家利益的侵害时，根据需要，可以按照有关规定提请有权处理的机关或者相关单位予以协助和配合。

第九十七条 审计人员需要利用所聘请外部人员的专业咨询和专业鉴定作为审计证据的，应当对下列方面作出判断：

（一）依据的样本是否符合审计项目的具体情况；

（二）使用的方法是否适当和合理；

（三）专业咨询、专业鉴定是否与其他审计证据相符。

第九十八条 审计人员需要使用有关监管机构、中介机构、内部审计机构等已经形成的工作结果作为审计证据的，应当对该工作结果的下列方面作出判断：

（一）是否与审计目标相关；

（二）是否可靠；

（三）是否与其他审计证据相符。

第九十九条 审计人员对于重要问题，可以围绕下列方面获取审计证据：

（一）标准，即判断被审计单位是否存在问题的依据；

（二）事实，即客观存在和发生的情况。事实与标准之间的差异构成审计发现的问题；

（三）影响，即问题产生的后果；

（四）原因，即问题产生的条件。

第一百条 审计人员在审计实施过程中，应当持续评价审计证据的适当性和充分性。

已采取的审计措施难以获取适当、充分审计证据的，审计人员应当采取替代审计措施；仍无法获取审计证据的，由审计组报请审计机关采取其他必要的措施或者不作出审计结论。

第三节 审计记录

第一百零一条 审计人员应当真实、完整地记录实施审计的过程、得出的结论和与审计项目有关的重要管理事项，以实现下列目标：

（一）支持审计人员编制审计实施方案和审计报告；

（二）证明审计人员遵循相关法律法规和本准则；

（三）便于对审计人员的工作实施指导、监督和检查。

第一百零二条 审计人员作出的记录，应当使未参与该项业务的有经验的其他审计人员能够理解其执行的审计措施、获取的审计证据、作出的职业判断和得出的审计结论。

第一百零三条 审计记录包括调查了解记录、审计工作底稿和重要管理事项记录。

第一百零四条 审计组在编制审计实施方案前，应当对调查了解被审计单位及其相关情况作出记录。调查了解记录的内容主要包括：

（一）对被审计单位及其相关情况的调查了解情况；

（二）对被审计单位存在重要问题可能性的评估情况；

（三）确定的审计事项及其审计应对措施。

第一百零五条 审计工作底稿主要记录审计人员依据审计实施方案执行审计措施的活动。

审计人员对审计实施方案确定的每一审计事项，均应当编制审计工作底稿。一个审计事项可以根据需要编制多份审计工作底稿。

第一百零六条 审计工作底稿的内容主要包括：

（一）审计项目名称；

（二）审计事项名称；

(三)审计过程和结论；

(四)审计人员姓名及审计工作底稿编制日期并签名；

(五)审核人员姓名、审核意见及审核日期并签名；

(六)索引号及页码；

(七)附件数量。

第一百零七条　审计工作底稿记录的审计过程和结论主要包括：

(一)实施审计的主要步骤和方法；

(二)取得的审计证据的名称和来源；

(三)审计认定的事实摘要；

(四)得出的审计结论及其相关标准。

第一百零八条　审计证据材料应当作为调查了解记录和审计工作底稿的附件。一份审计证据材料对应多个审计记录时，审计人员可以将审计证据材料附在与其关系最密切的审计记录后面，并在其他审计记录中予以注明。

第一百零九条　审计组起草审计报告前，审计组组长应当对审计工作底稿的下列事项进行审核：

(一)具体审计目标是否实现；

(二)审计措施是否有效执行；

(三)事实是否清楚；

(四)审计证据是否适当、充分；

(五)得出的审计结论及其相关标准是否适当；

(六)其他有关重要事项。

第一百一十条　审计组组长审核审计工作底稿，应当根据不同情况分别提出下列意见：

(一)予以认可；

(二)责成采取进一步审计措施，获取适当、充分的审计证据；

(三)纠正或者责成纠正不恰当的审计结论。

第一百一十一条　重要管理事项记录应当记载与审计项目相关并对审计结论有重要影响的下列管理事项：

(一)可能损害审计独立性的情形及采取的措施；

(二)所聘请外部人员的相关情况；

(三)被审计单位承诺情况；

(四)征求被审计对象或者相关单位及人员意见的情况、被审计对象或者相关单位及人员反馈的意见及审计组的采纳情况；

(五)审计组对审计发现的重大问题和审计报告讨论的过程及结论；

(六)审计机关业务部门对审计报告、审计决定书等审计项目材料的复核情况和意见；

(七)审理机构对审计项目的审理情况和意见；

(八)审计机关对审计报告的审定过程和结论；

(九)审计人员未能遵守本准则规定的约束性条款及其原因；

(十)因外部因素使审计任务无法完成的原因及影响；

(十一)其他重要管理事项。

重要管理事项记录可以使用被审计单位承诺书、审计机关内部审批文稿、会议记录、会议纪要、审理意见书或者其他书面形式。

第四节　重大违法行为检查

第一百一十二条　审计人员执行审计业务时，应当保持职业谨慎，充分关注可能存在的重大违法行为。

第一百一十三条　本准则所称重大违法行为是指被审计单位和相关人员违反法律法规、涉及金额比较大、造成国家重大经济损失或者对社会造成重大不良影响的行为。

第一百一十四条　审计人员检查重大违法行为，应当评估被审计单位和相关人员实施重大违法行为的动机、性质、后果和违法构成。

第一百一十五条 审计人员调查了解被审计单位及其相关情况时，可以重点了解可能与重大违法行为有关的下列事项：

（一）被审计单位所在行业发生重大违法行为的状况；

（二）有关的法律法规及其执行情况；

（三）监管部门已经发现和了解的与被审计单位有关的重大违法行为的事实或者线索；

（四）可能形成重大违法行为的动机和原因；

（五）相关的内部控制及其执行情况；

（六）其他情况。

第一百一十六条 审计人员可以通过关注下列情况，判断可能存在的重大违法行为：

（一）具体经济活动中存在的异常事项；

（二）财务和非财务数据中反映出的异常变化；

（三）有关部门提供的线索和群众举报；

（四）公众、媒体的反映和报道；

（五）其他情况。

第一百一十七条 审计人员根据被审计单位实际情况、工作经验和审计发现的异常现象，判断可能存在重大违法行为的性质，并确定检查重点。

审计人员在检查重大违法行为时，应当关注重大违法行为的高发领域和环节。

第一百一十八条 发现重大违法行为的线索，审计组或者审计机关可以采取下列应对措施：

（一）增派具有相关经验和能力的人员；

（二）避免让有关单位和人员事先知晓检查的时间、事项、范围和方式；

（三）扩大检查范围，使其能够覆盖重大违法行为可能涉及的领域；

（四）获取必要的外部证据；

（五）依法采取保全措施；

（六）提请有关机关予以协助和配合；

（七）向政府和有关部门报告；

（八）其他必要的应对措施。

第五章 审计报告

第一节 审计报告的形式和内容

第一百一十九条 审计报告包括审计机关进行审计后出具的审计报告以及专项审计调查后出具的专项审计调查报告。

第一百二十条 审计组实施审计或者专项审计调查后，应当向派出审计组的审计机关提交审计报告。审计机关审定审计组的审计报告后，应当出具审计机关的审计报告。遇有特殊情况，审计机关可以不向被调查单位出具专项审计调查报告。

第一百二十一条 审计报告应当内容完整、事实清楚、结论正确、用词恰当、格式规范。

第一百二十二条 审计机关的审计报告（审计组的审计报告）包括下列基本要素：

（一）标题；

（二）文号（审计组的审计报告不含此项）；

（三）被审计单位名称；

（四）审计项目名称；

（五）内容；

（六）审计机关名称（审计组名称及审计组组长签名）；

（七）签发日期（审计组向审计机关提交报告的日期）。

经济责任审计报告还包括被审计人员姓名及所担任职务。

第一百二十三条 审计报告的内容主要包括：

（一）审计依据，即实施审计所依据的法律法规规定；

（二）实施审计的基本情况，一般包括审计范围、内容、方式和实施的起止时间；

（三）被审计单位基本情况；

（四）审计评价意见，即根据不同的审计目标，以适当、充分的审计证据为基础发表的评价意见；

（五）以往审计决定执行情况和审计建议采纳情况；

（六）审计发现的被审计单位违反国家规定的财政收支、财务收支行为和其他重要问题的事实、定性、处理处罚意见以及依据的法律法规和标准；

（七）审计发现的移送处理事项的事实和移送处理意见，但是涉嫌犯罪等不宜让被审计单位知悉的事项除外；

（八）针对审计发现的问题，根据需要提出的改进建议。

审计期间被审计单位对审计发现的问题已经整改的，审计报告还应当包括有关整改情况。

经济责任审计报告还应当包括被审计人员履行经济责任的基本情况，以及被审计人员对审计发现问题承担的责任。

核查社会审计机构相关审计报告发现的问题，应当在审计报告中一并反映。

第一百二十四条 采取跟踪审计方式实施审计的，审计组在跟踪审计过程中发现的问题，应当以审计机关的名义及时向被审计单位通报，并要求其整改。

跟踪审计实施工作全部结束后，应当以审计机关的名义出具审计报告。审计报告应当反映审计发现但尚未整改的问题，以及已经整改的重要问题及其整改情况。

第一百二十五条 专项审计调查报告除符合审计报告的要素和内容要求外，还应当根据专项审计调查目标重点分析宏观性、普遍性、政策性或者体制、机制问题并提出改进建议。

第一百二十六条 对审计或者专项审计调查中发现被审计单位违反国家规定的财政收支、财务收支行为，依法应当由审计机关在法定职权范围内作出处理处罚决定的，审计机关应当出具审计决定书。

第一百二十七条 审计决定书的内容主要包括：

（一）审计的依据、内容和时间；

（二）违反国家规定的财政收支、财务收支行为的事实、定性、处理处罚决定以及法律法规依据；

（三）处理处罚决定执行的期限和被审计单位书面报告审计决定执行结果等要求；

（四）依法提请政府裁决或者申请行政复议、提起行政诉讼的途径和期限。

第一百二十八条 审计或者专项审计调查发现的依法需要移送其他有关主管机关或者单位纠正、处理处罚或者追究有关人员责任的事项，审计机关应当出具审计移送处理书。

第一百二十九条 审计移送处理书的内容主要包括：

（一）审计的时间和内容；

（二）依法需要移送有关主管机关或者单位纠正、处理处罚或者追究有关人员责任事项的事实、定性及其依据和审计机关的意见；

（三）移送的依据和移送处理说明，包括将处理结果书面告知审计机关的说明；

（四）所附的审计证据材料。

第一百三十条 出具对国际组织、外国政府及其机构援助、贷款项目的审计报告，按照审计机关的相关规定执行。

第二节 审计报告的编审

第一百三十一条 审计组在起草审计报告前，应当讨论确定下列事项：

（一）评价审计目标的实现情况；

（二）审计实施方案确定的审计事项完成情况；

（三）评价审计证据的适当性和充分性；

（四）提出审计评价意见；

（五）评估审计发现问题的重要性；

(六)提出对审计发现问题的处理处罚意见；

(七)其他有关事项。

审计组应当对讨论前款事项的情况及其结果作出记录。

第一百三十二条 审计组组长应当确认审计工作底稿和审计证据已经审核，并从总体上评价审计证据的适当性和充分性。

第一百三十三条 审计组根据不同的审计目标，以审计认定的事实为基础，在防范审计风险的情况下，按照重要性原则，从真实性、合法性、效益性方面提出审计评价意见。

审计组应当只对所审计的事项发表审计评价意见。对审计过程中未涉及、审计证据不适当或者不充分、评价依据或者标准不明确以及超越审计职责范围的事项，不得发表审计评价意见。

第一百三十四条 审计组应当根据审计发现问题的性质、数额及其发生的原因和审计报告的使用对象，评估审计发现问题的重要性，如实在审计报告中予以反映。

第一百三十五条 审计组对审计发现的问题提出处理处罚意见时，应当关注下列因素：

(一)法律法规的规定；

(二)审计职权范围：属于审计职权范围的，直接提出处理处罚意见，不属于审计职权范围的，提出移送处理意见；

(三)问题的性质、金额、情节、原因和后果；

(四)对同类问题处理处罚的一致性；

(五)需要关注的其他因素。

审计发现被审计单位信息系统存在重大漏洞或者不符合国家规定的，应当责成被审计单位在规定期限内整改。

第一百三十六条 审计组应当针对经济责任审计发现的问题，根据被审计人员履行职责情况，界定其应当承担的责任。

第一百三十七条 审计组实施审计或者专项审计调查后，应当提出审计报告，按照审计机关规定的程序审批后，以审计机关的名义征求被审计单位、被调查单位和拟处罚的有关责任人员的意见。

经济责任审计报告还应当征求被审计人员的意见；必要时，征求有关干部监督管理部门的意见。

审计报告中涉及的重大经济案件调查等特殊事项，经审计机关主要负责人批准，可以不征求被审计单位或者被审计人员的意见。

第一百三十八条 被审计单位、被调查单位、被审计人员或者有关责任人员对征求意见的审计报告有异议的，审计组应当进一步核实，并根据核实情况对审计报告作出必要的修改。

审计组应当对采纳被审计单位、被调查单位、被审计人员、有关责任人员意见的情况和原因，或者上述单位或人员未在法定时间内提出书面意见的情况作出书面说明。

第一百三十九条 对被审计单位或者被调查单位违反国家规定的财政收支、财务收支行为，依法应当由审计机关进行处理处罚的，审计组应当起草审计决定书。

对依法应当由其他有关部门纠正、处理处罚或者追究有关责任人员责任的事项，审计组应当起草审计移送处理书。

第一百四十条 审计组应当将下列材料报送审计机关业务部门复核：

(一)审计报告；

(二)审计决定书；

(三)被审计单位、被调查单位、被审计人员或者有关责任人员对审计报告的书面意见及审计组采纳情况的书面说明；

(四)审计实施方案；

(五)调查了解记录、审计工作底稿、重要管理事项记录、审计证据材料；

(六)其他有关材料。

第一百四十一条 审计机关业务部门应当对下列事项进行复核，并提出书面复核意见：

(一)审计目标是否实现；

(二)审计实施方案确定的审计事项是否完成；

（三）审计发现的重要问题是否在审计报告中反映；

（四）事实是否清楚、数据是否正确；

（五）审计证据是否适当、充分；

（六）审计评价、定性、处理处罚和移送处理意见是否恰当，适用法律法规和标准是否适当；

（七）被审计单位、被调查单位、被审计人员或者有关责任人员提出的合理意见是否采纳；

（八）需要复核的其他事项。

第一百四十二条 审计机关业务部门应当将复核修改后的审计报告、审计决定书等审计项目材料连同书面复核意见，报送审理机构审理。

第一百四十三条 审理机构以审计实施方案为基础，重点关注审计实施的过程及结果，主要审理下列内容：

（一）审计实施方案确定的审计事项是否完成；

（二）审计发现的重要问题是否在审计报告中反映；

（三）主要事实是否清楚、相关证据是否适当、充分；

（四）适用法律法规和标准是否适当；

（五）评价、定性、处理处罚意见是否恰当；

（六）审计程序是否符合规定。

第一百四十四条 审理机构审理时，应当就有关事项与审计组及相关业务部门进行沟通。

必要时，审理机构可以参加审计组与被审计单位交换意见的会议，或者向被审计单位和有关人员了解相关情况。

第一百四十五条 审理机构审理后，可以根据情况采取下列措施：

（一）要求审计组补充重要审计证据；

（二）对审计报告、审计决定书进行修改。

审理过程中遇有复杂问题的，经审计机关负责人同意后，审理机构可以组织专家进行论证。

审理机构审理后，应当出具审理意见书。

第一百四十六条 审理机构将审理后的审计报告、审计决定书连同审理意见书报送审计机关负责人。

第一百四十七条 审计报告、审计决定书原则上应当由审计机关审计业务会议审定；特殊情况下，经审计机关主要负责人授权，可以由审计机关其他负责人审定。

第一百四十八条 审计决定书经审定，处罚的事实、理由、依据、决定与审计组征求意见的审计报告不一致并且加重处罚的，审计机关应当依照有关法律法规的规定及时告知被审计单位、被调查单位和有关责任人员，并听取其陈述和申辩。

第一百四十九条 对于拟作出罚款的处罚决定，符合法律法规规定的听证条件的，审计机关应当依照有关法律法规的规定履行听证程序。

第一百五十条 审计报告、审计决定书经审计机关负责人签发后，按照下列要求办理：

（一）审计报告送达被审计单位、被调查单位；

（二）经济责任审计报告送达被审计单位和被审计人员；

（三）审计决定书送达被审计单位、被调查单位、被处罚的有关责任人员。

第三节 专题报告与综合报告

第一百五十一条 审计机关在审计中发现的下列事项，可以采用专题报告、审计信息等方式向本级政府、上一级审计机关报告：

（一）涉嫌重大违法犯罪的问题；

（二）与国家财政收支、财务收支有关政策及其执行中存在的重大问题；

（三）关系国家经济安全的重大问题；

（四）关系国家信息安全的重大问题；

（五）影响人民群众经济利益的重大问题；

（六）其他重大事项。

第一百五十二条 专题报告应当主题突出、事实清楚、定性准确、建议适当。

审计信息应当事实清楚、定性准确、内容精炼、格式规范、反映及时。

第一百五十三条 审计机关统一组织审计项目的，可以根据需要汇总审计情况和结果，编制审计综合报告。必要时，审计综合报告应当征求有关主管机关的意见。

审计综合报告按照审计机关规定的程序审定后，向本级政府和上一级审计机关报送，或者向有关部门通报。

第一百五十四条 审计机关实施经济责任审计项目后，应当按照相关规定，向本级政府行政首长和有关干部监督管理部门报告经济责任审计结果。

第一百五十五条 审计机关依照法律法规的规定，每年汇总对本级预算执行情况和其他财政收支情况的审计报告，形成审计结果报告，报送本级政府和上一级审计机关。

第一百五十六条 审计机关依照法律法规的规定，代本级政府起草本级预算执行情况和其他财政收支情况的审计工作报告(稿)，经本级政府行政首长审定后，受本级政府委托向本级人民代表大会常务委员会报告。

第四节 审计结果公布

第一百五十七条 审计机关依法实行公告制度。审计机关的审计结果、审计调查结果依法向社会公布。

第一百五十八条 审计机关公布的审计和审计调查结果主要包括下列信息：

(一)被审计(调查)单位基本情况；

(二)审计(调查)评价意见；

(三)审计(调查)发现的主要问题；

(四)处理处罚决定及审计(调查)建议；

(五)被审计(调查)单位的整改情况。

第一百五十九条 在公布审计和审计调查结果时，审计机关不得公布下列信息：

(一)涉及国家秘密、商业秘密的信息；

(二)正在调查、处理过程中的事项；

(三)依照法律法规的规定不予公开的其他信息。

涉及商业秘密的信息，经权利人同意或者审计机关认为不公布可能对公共利益造成重大影响的，可以予以公布。

审计机关公布审计和审计调查结果应当客观公正。

第一百六十条 审计机关公布审计和审计调查结果，应当指定专门机构统一办理，履行规定的保密审查和审核手续，报经审计机关主要负责人批准。

审计机关内设机构、派出机构和个人，未经授权不得向社会公布审计和审计调查结果。

第一百六十一条 审计机关统一组织不同级次审计机关参加的审计项目，其审计和审计调查结果原则上由负责该项目组织工作的审计机关统一对外公布。

第一百六十二条 审计机关公布审计和审计调查结果按照国家有关规定需要报批的，未经批准不得公布。

第五节 审计整改检查

第一百六十三条 审计机关应当建立审计整改检查机制，督促被审计单位和其他有关单位根据审计结果进行整改。

第一百六十四条 审计机关主要检查或者了解下列事项：

(一)执行审计机关作出的处理处罚决定情况；

(二)对审计机关要求自行纠正事项采取措施的情况；

(三)根据审计机关的审计建议采取措施的情况；

(四)对审计机关移送处理事项采取措施的情况。

第一百六十五条 审计组在审计实施过程中，应当及时督促被审计单位整改审计发现的问题。

审计机关在出具审计报告、作出审计决定后，应当在规定的时间内检查或者了解被审计单位和其他有关单位的整改情况。

第一百六十六条 审计机关可以采取下列方式检查或者了解被审计单位和其他有关单位的整改情况：

（一）实地检查或者了解；

（二）取得并审阅相关书面材料；

（三）其他方式。

对于定期审计项目，审计机关可以结合下一次审计，检查或者了解被审计单位的整改情况。

检查或者了解被审计单位和其他有关单位的整改情况应当取得相关证明材料。

第一百六十七条 审计机关指定的部门负责检查或者了解被审计单位和其他有关单位整改情况，并向审计机关提出检查报告。

第一百六十八条 检查报告的内容主要包括：

（一）检查工作开展情况，主要包括检查时间、范围、对象和方式等；

（二）被审计单位和其他有关单位的整改情况；

（三）没有整改或者没有完全整改事项的原因和建议。

第一百六十九条 审计机关对被审计单位没有整改或者没有完全整改的事项，依法采取必要措施。

第一百七十条 审计机关对审计决定书中存在的重要错误事项，应当予以纠正。

第一百七十一条 审计机关汇总审计整改情况，向本级政府报送关于审计工作报告中指出问题的整改情况的报告。

第六章 审计质量控制和责任

第一百七十二条 审计机关应当建立审计质量控制制度，以保证实现下列目标：

（一）遵守法律法规和本准则；

（二）作出恰当的审计结论；

（三）依法进行处理处罚。

第一百七十三条 审计机关应当针对下列要素建立审计质量控制制度：

（一）审计质量责任；

（二）审计职业道德；

（三）审计人力资源；

（四）审计业务执行；

（五）审计质量监控。

对前款第二、三、四项应当按照本准则第二至五章的有关要求建立审计质量控制制度。

第一百七十四条 审计机关实行审计组成员、审计组主审、审计组组长、审计机关业务部门、审理机构、总审计师和审计机关负责人对审计业务的分级质量控制。

第一百七十五条 审计组成员的工作职责包括：

（一）遵守本准则，保持审计独立性；

（二）按照分工完成审计任务，获取审计证据；

（三）如实记录实施的审计工作并报告工作结果；

（四）完成分配的其他工作。

第一百七十六条 审计组成员应当对下列事项承担责任：

（一）未按审计实施方案实施审计导致重大问题未被发现的；

（二）未按照本准则的要求获取审计证据导致审计证据不适当、不充分的；

（三）审计记录不真实、不完整的；

（四）对发现的重要问题隐瞒不报或者不如实报告的。

第一百七十七条 审计组组长的工作职责包括：

（一）编制或者审定审计实施方案；

（二）组织实施审计工作；

（三）督导审计组成员的工作；

（四）审核审计工作底稿和审计证据；

（五）组织编制并审核审计组起草的审计报告、审计决定书、审计移送处理书、专题报告、审计信息；

（六）配置和管理审计组的资源；

（七）审计机关规定的其他职责。

第一百七十八条 审计组组长应当从下列方面督导审计组成员的工作：

（一）将具体审计事项和审计措施等信息告知审计组成员，并与其讨论；

（二）检查审计组成员的工作进展，评估审计组成员的工作质量，并解决工作中存在的问题；

（三）给予审计组成员必要的培训和指导。

第一百七十九条 审计组组长应当对审计项目的总体质量负责，并对下列事项承担责任：

（一）审计实施方案编制或者组织实施不当，造成审计目标未实现或者重要问题未被发现的；

（二）审核未发现或者未纠正审计证据不适当、不充分问题的；

（三）审核未发现或者未纠正审计工作底稿不真实、不完整问题的；

（四）得出的审计结论不正确的；

（五）审计组起草的审计文书和审计信息反映的问题严重失实的；

（六）提出的审计处理处罚意见或者移送处理意见不正确的；

（七）对审计组发现的重要问题隐瞒不报或者不如实报告的；

（八）违反法定审计程序的。

第一百八十条 根据工作需要，审计组可以设立主审。主审根据审计分工和审计组组长的委托，主要履行下列职责：

（一）起草审计实施方案、审计文书和审计信息；

（二）对主要审计事项进行审计查证；

（三）协助组织实施审计；

（四）督导审计组成员的工作；

（五）审核审计工作底稿和审计证据；

（六）组织审计项目归档工作；

（七）完成审计组组长委托的其他工作。

第一百八十一条 审计组组长将其工作职责委托给主审或者审计组其他成员的，仍应当对委托事项承担责任。受委托的成员在受托范围内承担相应责任。

第一百八十二条 审计机关业务部门的工作职责包括：

（一）提出审计组组长人选；

（二）确定聘请外部人员事宜；

（三）指导、监督审计组的审计工作；

（四）复核审计报告、审计决定书等审计项目材料；

（五）审计机关规定的其他职责。

业务部门统一组织审计项目的，应当承担编制审计工作方案，组织、协调审计实施和汇总审计结果的职责。

第一百八十三条 审计机关业务部门应当及时发现和纠正审计组工作中存在的重要问题，并对下列事项承担责任：

（一）对审计组请示的问题未及时采取适当措施导致严重后果的；

（二）复核未发现审计报告、审计决定书等审计项目材料中存在的重要问题的；

（三）复核意见不正确的；

（四）要求审计组不在审计文书和审计信息中反映重要问题的。

业务部门对统一组织审计项目的汇总审计结果出现重大错误、造成严重不良影响的事项承担责任。

第一百八十四条 审计机关审理机构的工作职责包括：

(一)审查修改审计报告、审计决定书；

(二)提出审理意见；

(三)审计机关规定的其他职责。

第一百八十五条 审计机关审理机构对下列事项承担责任：

(一)审理意见不正确的；

(二)对审计报告、审计决定书作出的修改不正确的；

(三)审理时应当发现而未发现重要问题的。

第一百八十六条 审计机关负责人的工作职责包括：

(一)审定审计项目目标、范围和审计资源的配置；

(二)指导和监督检查审计工作；

(三)审定审计文书和审计信息；

(四)审计管理中的其他重要事项。

审计机关负责人对审计项目实施结果承担最终责任。

第一百八十七条 审计机关对审计人员违反法律法规和本准则的行为，应当按照相关规定追究其责任。

第一百八十八条 审计机关应当按照国家有关规定，建立健全审计项目档案管理制度，明确审计项目归档要求、保存期限、保存措施、档案利用审批程序等。

第一百八十九条 审计项目归档工作实行审计组组长负责制，审计组组长应当确定立卷责任人。

立卷责任人应当收集审计项目的文件材料，并在审计项目终结后及时立卷归档，由审计组组长审查验收。

第一百九十条 审计机关实行审计业务质量检查制度，对其业务部门、派出机构和下级审计机关的审计业务质量进行检查。

第一百九十一条 审计机关可以通过查阅有关文件和审计档案、询问相关人员等方式、方法，检查下列事项：

(一)建立和执行审计质量控制制度的情况；

(二)审计工作中遵守法律法规和本准则的情况；

(三)与审计业务质量有关的其他事项。

审计业务质量检查应当重点关注审计结论的恰当性、审计处理处罚意见的合法性和适当性。

第一百九十二条 审计机关开展审计业务质量检查，应当向被检查单位通报检查结果。

第一百九十三条 审计机关在审计业务质量检查中，发现被检查的派出机构或者下级审计机关应当作出审计决定而未作出的，可以依法直接或者责成其在规定期限内作出审计决定；发现其作出的审计决定违反国家有关规定的，可以依法直接或者责成其在规定期限内变更、撤销审计决定。

第一百九十四条 审计机关应当对其业务部门、派出机构实行审计业务年度考核制度，考核审计质量控制目标的实现情况。

第一百九十五条 审计机关可以定期组织优秀审计项目评选，对被评为优秀审计项目的予以表彰。

第一百九十六条 审计机关应当对审计质量控制制度及其执行情况进行持续评估，及时发现审计质量控制制度及其执行中存在的问题，并采取措施加以纠正或者改进。

审计机关可以结合日常管理工作或者通过开展审计业务质量检查、考核和优秀审计项目评选等方式，对审计质量控制制度及其执行情况进行持续评估。

第七章　附　　则

第一百九十七条 审计机关和审计人员开展下列工作，不适用本准则的规定：

(一)配合有关部门查处案件；

(二)与有关部门共同办理检查事项；

(三)接受交办或者接受委托办理不属于法定审计职责范围的事项。

第一百九十八条 地方审计机关可以根据本地实际情况，在遵循本准则规定的基础上制定实施细则。

第一百九十九条 本准则由审计署负责解释。

第二百条 本准则自 2011 年 1 月 1 日起施行。附件所列的审计署以前发布的审计准则和规定同时废止。

附件:废止的审计准则和规定目录

附件

废止的审计准则和规定目录

1. 中华人民共和国国家审计基本准则(2000 年审计署第 1 号令)
2. 审计机关审计处理处罚的规定(2000 年审计署第 1 号令)
3. 审计机关审计方案准则(2000 年审计署第 2 号令)
4. 审计机关审计证据准则(2000 年审计署第 2 号令)
5. 审计机关审计工作底稿准则(试行)(2000 年审计署第 2 号令)
6. 审计机关审计报告编审准则(2000 年审计署第 2 号令)
7. 审计机关审计复核准则(2000 年审计署第 2 号令)
8. 审计机关专项审计调查准则(2001 年审计署第 3 号令)
9. 审计机关公布审计结果准则(2001 年审计署第 3 号令)
10. 审计机关审计人员职业道德准则(2001 年审计署第 3 号令)
11. 审计机关国家建设项目审计准则(2001 年审计署第 3 号令)
12. 审计机关审计重要性与审计风险评价准则(2003 年审计署第 5 号令)
13. 审计机关分析性复核准则(2003 年审计署第 5 号令)
14. 审计机关内部控制测评准则(2003 年审计署第 5 号令)
15. 审计机关审计抽样准则(2003 年审计署第 5 号令)
16. 审计机关审计事项评价准则(2003 年审计署第 5 号令)
17. 国有企业财务审计准则(试行)(审法发〔1999〕10 号)
18. 审计机关审计项目质量控制办法(试行)(2004 年审计署第 6 号令)
19. 审计署关于国有金融机构财务审计实施办法(审金发〔1996〕331 号)
20. 审计署关于中央银行财务审计实施办法(审金发〔1996〕332 号)
21. 审计机关对社会保障基金审计实施办法(审行发〔1996〕350 号)
22. 审计机关对社会捐赠资金审计实施办法(审行发〔1996〕351 号)
23. 审计机关对国外贷援款项目审计实施办法(审外资发〔1996〕353 号)
24. 审计机关审计行政强制性措施的规定(审法发〔1996〕359 号)
25. 审计机关指导监督内部审计业务的规定(审管发〔1996〕367 号)
26. 审计署关于派出审计局开展审计工作的暂行办法(审发〔1998〕314 号)
27. 中央预算执行审计工作程序实施细则(审财发〔1999〕32 号)
28. 审计机关审计项目计划管理办法(审办发〔2002〕104 号)

解读《中华人民共和国国家审计准则》

《中华人民共和国国家审计准则》(以下简称《审计准则》)于 2010 年 7 月 8 日经审计长会议审议通过,2010 年 9 月 1 日刘家义审计长签署审计署第 8 号令予以公布,自 2011 年 1 月 1 日起施行。为了更好地指导学习、宣传和贯彻落实修订后的国家审计准则,特作如下解读:

一、修订的意义

《审计准则》的修订和颁布,是继审计法和审计法实施条例修订后我国审计法制建设的又一件大事,是完善我国审计法律制度的重大举措，是国家审计准则体系建设史上一个重要的里程碑，对规范审计机关和审计人员执行审计业务的行为，保证审计质量，防范审计风险，发挥审计保障国家经济和社会健康运行的“免疫系统”功能有十分重大的意义。《审计准则》适用于审计机关开展的各项审计业务，对执行审计业务基本程序作了系统规范，体现了很强的综合性；《审计准则》以贯彻落实科学发展观为指针，坚持运用科学的审计理念和先进的审计技术方法，体现了很强的科学性；《审计准则》系统总结了我国国家审计二十多年来的实践经验，将行之有效的做法确定下来，体现了很强的实用性；《审计准则》充分借鉴国际政府审计准则的内容和外国审计机关有益做法，体现了很强的国际性。

二、修订的必要性

近些年来，我国社会经济形势发生了深刻变化，审计工作也得到了深入发展。一是审计法和审计法实施条例修订后，原有准则需做相应修订，以便与审计法律法规保持一致。二是近年来，各级审计机关深入贯彻落实科学发展观，树立科学审计理念，不断加大审计监督力度，创新审计监督方式方法，积累了许多经验，需要加以总结并通过准则予以规定。三是审计实践也证明，原有准则中的一些规定不能完全适应新形势下审计工作发展要求，同时原有准则体系比较庞杂，有些准则间部分内容存在交叉重复。原有的准则和规定不能适应审计工作要求，需要加以修订。

三、修订遵循的原则

（一）依照审计法和审计法实施条例的规定，与原有准则保持一定连续性。2006 年全国人大常委会修改的审计法和 2010 年国务院修订的审计法实施条例对审计机关的审计职责、审计权限和审计程序等都作出了一些新的规定。此次修订的《审计准则》，作为部门规章，严格依照了审计法和审计法实施条例的规定，并明确了执行的具体要求，确保审计法律法规全面贯彻落实。同时，对于原有准则，特别是《审计机关审计项目质量控制办法（试行）》中一些经过实践证明比较成熟的规定，均吸收到修订后的《审计准则》中，保持审计规范的连续性和稳定性。

（二）总结多年来审计实践经验，体现中国国家审计特色。近年来，在各级党委、政府的正确领导下，各级审计机关坚持“依法审计、服务大局、围绕中心、突出重点、求真务实”的审计工作方针，认真履行法定审计职责，创新审计工作方式方法，在监督财政财务收支真实、合法基础上，全面推进绩效审计，深入开展经济责任审计，加强专项审计调查和跟踪审计，严肃查处重大违法行为，注重从体制、机制、制度和政策层面发现和分析问题并提出审计建议，加大公布审计结果力度，促进被审计单位整改，较好地发挥了审计监督的建设性作用。实践证明，这些基本做法和经验是符合我国国情和审计工作发展要求的。修订的《审计准则》主要从我国实际出发，立足于总结审计实践经验，体现中国国家审计的特色。

（三）借鉴外国政府审计准则的有益内容，努力与国际通行做法相衔接。国际审计组织和有的外国审计机关相继颁布了审计准则，其中有些基本审计理念和技术方法对我国审计机关也有借鉴意义。此次修订准则，重点借鉴了外国政府审计准则的有益内容，并适当参考了社会审计和内部审计准则的相关要求。一方面，有利于完善我国审计规范，推动审计事业发展；另一方面，借鉴外国政府审计的一些好的内容，努力使修订的《审计准则》与国际通行做法相衔接，便于加强国际审计交流与合作。

（四）坚持约束与指导相结合，增强《审计准则》的指导作用。修订的《审计准则》适用于中央到县的各级审计机关，适用于审计机关开展的各项审计业务。考虑到各地实际情况和审计项目的不同特点，修订的《审计准则》坚持约束与指导相结合的原则，将一些条款设定为约束性条款、一些条款设定为指导性条款，注重对执行审计业务过程中相关实质性环节的管理和指导，增强《审计准则》的适用性和指导作用，便于各级审计机关和广大审计人员贯彻执行。

四、《审计准则》的体系结构

修订前的国家审计准则体系由一个国家审计基本准则、若干个通用审计准则和专业审计准则构成。这种体系结构比较零散，相关准则间的内容存在交叉，不便于审计人员系统学习和掌握。此次修订，参考《审计机关审计项目质量控制办法（试行）》的体系结构，将原有国家审计基本准则和通用审计准则规范的内容统一纳入《审计准则》，形成一个完整单一的国家审计准则。在审计准则的下一层次研究开发审计指南，进一步细化相关审计业务操作的具体要求。据此构建起由宪法、审计法和审计法实施条例、审计准则和审计指南等不同级次规定组成的审计法律规范体系。

按照上述体系结构，《审计准则》正文分为七章，即总则、审计机关和审计人员、审计计划、审计实施、审计报告、审计质量控制和责任、附则。共200条。同时,《审计准则》在吸收原有审计准则和相关规定中能够继续适用的内容后,废止了审计署以前发布的28项审计准则和相关规定,并在《审计准则》附件中列明了废止的规定名称。

五、修订的主要内容

(一)关于《审计准则》的适用。

1.《审计准则》的适用范围。《审计准则》是审计机关和审计人员履行法定审计职责的行为规范,是执行审计业务的职业标准,是评价审计质量的基本尺度,适用于各级审计机关和审计人员执行的各项审计业务和专项审计调查业务。同时,其他组织或者人员接受审计机关的委托、聘用,承办或者参加审计业务,也应当适用《审计准则》。但审计机关和审计人员配合有关部门查处案件、与有关部门共同办理检查事项、接受交办或者接受委托办理不属于法定审计职责范围的事项,不适用《审计准则》,应当按照其他有关规定和要求办理。《审计准则》第二条、第四条、第八条和第一百九十七条对此作了规定。

2.《审计准则》条款的具体应用。考虑到我国各级审计机关的实际情况和具体审计项目之间的差异,为增强《审计准则》的适用性,将使用"应当"、"不得"词汇的条款规定为约束性条款,即各级审计机关和审计人员执行审计业务都必须遵守的职业要求;而使用"可以"词汇的条款为指导性条款,是对良好审计实务的推介。审计机关和审计人员未遵守约束性条款的,应当说明原因,并在审计记录中加以记载。《审计准则》第三条、第十一条和第一百一十一条对此作了规定。

(二)关于审计人员的独立性和职业道德要求。

1. 审计人员的独立性。依法独立行使审计监督权是审计工作的基本要求。宪法、审计法和审计法实施条例从审计机关组织和领导体制、审计职责和权限、审计经费和审计人员履行职务的保护等方面,对审计机关和审计人员依法独立行使审计监督权作出了规定。《审计准则》第十六条至二十三条主要明确了审计人员保持独立性的要求,规定了审计机关针对可能损害审计独立性的情形应当采取的措施,并对审计机关聘请外部人员的相关要求作了规定。

2. 审计职业道德要求。各级审计机关十分重视加强审计职业道德建设,在长期审计实践中形成了具有审计职业特色的道德规范和要求。国际审计组织和许多外国审计机关也制定了审计职业道德规范和守则。在立足我国审计工作实际情况,借鉴国际政府审计职业道德规范内容的基础上,《审计准则》第十五条明确了严格依法、正直坦诚、客观公正、勤勉尽责、保守秘密五项基本审计职业道德,并规定了审计人员遵守各项基本职业道德的要求。

(三)关于审计计划。

1. 年度审计项目计划的编制程序和要求。年度审计项目计划是审计机关对年度审计工作做出的统筹部署和安排,对依法履行审计监督职责,保障审计工作科学和有序运行有着十分重要的作用。为了加强对编制年度审计项目计划工作的指导,确保计划的科学性和可行性,在总结我国年度审计项目计划管理经验的基础上,《审计准则》第三章从调查审计需求、对初选审计项目进行可行性研究和评估、配置审计项目资源,以及年度审计项目计划审定、调整和执行情况检查等方面,明确了年度审计项目计划编制和执行的要求。同时,为更好地指导审计机关确定专项审计调查项目计划,《审计准则》第三十六条对开展专项审计调查的项目提出了指导性原则,即对于预算管理或者国有资产管理使用中涉及宏观性、普遍性、政策性或者体制、机制问题的事项,跨行业、跨地区、跨单位的事项,涉及大量非财务数据的事项等,可以作为专项审计调查项目予以安排。

2. 审计工作方案的编制。根据审计实践,审计机关统一组织多个审计组共同实施一个审计项目或者分别实施同一类项目,一般需要编制审计工作方案,以加强对这些项目组织实施工作的管理,便于审计结果的汇总和综合利用,确保年度审计项目计划的执行。审计机关业务部门应当根据年度审计项目计划形成过程中调查审计需求、进行可行性研究的情况,开展进一步调查,对审计目标、范围、重点和项目组织实施等进行确定,编制审计工作方案,按照审计机关规定的程序审批后,在实施审计起始时间之前下达项目实施单位。《审计准则》第四十七条至第五十一条对此作了规定。

(四)关于审计实施。

1. 审计实施方案的编制要求。为增强审计实施方案的科学性和可操作性,发挥其指导作用,在总结我国审计实践经验并借鉴外国政府审计有益做法的基础上,《审计准则》第四章第一节将编制审计实施方案作为项目审计实施的第一个环节加以了规定。

一是明确了编制审计实施方案的实质性要求。根据全面审计、突出重点的审计工作基本要求，运用审计风险理论和重要性原则，首先要求审计组调查了解被审计单位及其相关情况，包括相关内部控制及其执行情况和信息系统控制情况。其次，审计组根据调查了解的情况，结合适用的标准，判断被审计单位可能存在的问题，即风险领域或者风险点。第三，审计人员运用职业判断，根据可能存在问题的性质、数额及其发生的具体环境，判断其重要性，评估可能存在的重要问题，即重要风险领域或者重要风险点。在判断重要性时，对财政收支、财务收支合法性和效益性进行审计的项目一般不需确定量化的重要性水平(金额标准)，可只对重要性作出定性判断。第四，在评估被审计单位存在重要问题可能性的基础上，确定审计事项和审计应对措施，包括对各审计事项的审计步骤和方法、审计时间、执行审计的人员等，形成审计实施方案。《审计准则》第五十七条至第七十三条对此作了规定。

二是强调及时调整审计实施方案。对大中型或者业务比较复杂的审计项目，审计组调查了解被审计单位及其各项业务情况往往不能通过一次调查了解就全部完成，实践中需要将调查了解工作贯穿审计实施过程的始终。随着调查了解的不断深入和审计工作的展开，审计人员应当持续关注已作出的重要性判断和对存在重要问题可能性的评估是否恰当；对原先作出的不恰当判断和评估结果及时修正，并考虑其他相关情况的变化，调整审计事项和审计应对措施，即及时调整审计实施方案。《审计准则》第七十七条和第七十八条对此作了规定。同时，考虑到调查了解工作的持续性和调查了解已属于项目审计实施工作的组成部分，《审计准则》不再将审前调查作为项目审计工作的一个单独阶段。

三是调整了审计实施方案的审批权限。为了使审计组能够根据实际情况及时采取审计应对措施，提高审计工作效率，《审计准则》第七十九条和第八十条规定，一般审计项目的审计实施方案应当经审计组组长审定，并及时报审计机关业务部门备案；重要审计项目的审计实施方案应当报经审计机关负责人审定。审计组调整审计实施方案中的审计目标、审计组组长、审计重点和现场审计结束时间，应当报经审计机关主要负责人批准。

2. 获取审计证据的要求。获取审计证据是审计实施阶段的核心工作，也是审计机关和审计人员作出正确审计结论的基础。《审计准则》第四章第二节规定了获取审计证据的要求。

一是明确了审计证据应当具有的基本特性。《审计准则》第八十四条至第八十六条从质量和数量两个方面，明确了审计证据应当具有适当性和充分性。适当性是对审计证据质量的衡量，包括审计证据的相关性和可靠性；充分性是对审计证据数量的衡量。

二是对采取不同审查方法获取审计证据提出了指导意见。《审计准则》第八十八条至第九十一条规定，审计人员可以在审计事项中选取全部项目进行审查(详查)或者选取部分特定项目进行审查(抽查)，也可以进行审计抽样，以获取审计证据。同时，明确了各种审查方法适用的情形以及审查结果是否可用于推断审计事项总体特征。

三是规定了审计人员获取审计证据的具体方法和要求。《审计准则》第九十二条规定了审计人员可以采取检查、观察、询问、外部调查、重新计算、重新操作和分析等 7 种基本方法获取审计证据。同时，为了确保审计人员对重要问题查深查透，《审计准则》第九十九条规定审计人员应当围绕认定问题所依据的标准、事实、影响和原因 4 个方面获取审计证据。

3. 审计记录的类型和内容。为了支持审计人员编制审计实施方案和审计报告，证明审计人员遵循相关法律法规和《审计准则》，便于对审计人员的工作实施指导、监督和检查，《审计准则》第四章第三节对审计记录作了规定。

一是调整了审计记录的类型。在总结我国项目审计中需要记录的事项和原有做法的基础上，《审计准则》第一百零一条和第一百零三条规定，审计人员应当对审计实施过程、得出的审计结论和与审计项目有关的重要管理事项作出记录，并将审计记录划分为 3 种类型，即调查了解记录、审计工作底稿和重要管理事项记录，取消了审计日记的做法。

二是规范了各类记录的内容和要求。调查了解记录的主要内容包括对被审计单位及其相关情况的调查了解情况、对被审计单位存在重要问题可能性的评估情况和据此确定的审计事项及其应对措施，是编制审计实施方案的重要基础。审计工作底稿主要记录实施审计的步骤和方法、取得的审计证据的名称和来源、审计认定的主要事实和得出的审计结论及其相关标准，并经审计组组长审核，以支持审计人员编制审计报告；审计人员对审计实施方案确定的每一审计事项均应当编制审计工作底稿，而不是仅对审计发现的问题编制审计工作底稿。重要管理事项记录用于记载与审计项目相关并对审计结论有重要影响的管理事项。《审计准则》第一百零四条至第一百一十一条对此作了规定。

4. 检查重大违法行为的特别规定。在总结我国审计机关多年来查处重大违法行为和经济犯罪案件线索实践经验的基础上，《审计准则》第四章第四节对检查重大违法行为作出了特别规定，包括检查重大违法行为过程中应当评估的因素、调查了解的重点内容、需关注的异常情况以及采取的应对措施等。审计机关和审计人员在检查重大违法行为时，除遵守《审计准则》第四章第一节至第三节的规定外，还应当遵守上述这些特别规定，以便有效检查重大违法行为，打击经济犯罪，维护国家财政经济秩序和经济安全，促进廉政建设。

（五）关于审计报告。

1. 专项审计调查报告及其编审。依照审计法和审计法实施条例关于专项审计调查的规定，为督促被调查单位整改专项审计调查发现的问题，公布专项审计调查结果，更好地发挥专项审计调查的作用，《审计准则》将专项审计调查报告作为向被调查单位出具的一种审计文书。专项审计调查报告除符合审计报告要素和内容要求外，还应当根据专项审计调查目标重点分析宏观性、普遍性、政策性或者体制、机制问题并提出改进建议。一般情况下，审计组实施专项审计调查后，应当提出专项审计调查报告，以审计机关名义征求被调查单位意见后，向审计机关提交专项审计调查报告。审计机关按照审定审计报告的程序对专项审计调查报告进行审定后，送达被调查单位。专项审计调查中发现属于审计监督对象的单位违反国家规定的财政收支、财务收支行为，依法应当由审计机关在法定职权范围内作出处理处罚决定的，审计机关应当出具审计决定书；依法需要移送其他有关主管机关或者单位纠正、处理处罚或者追究有关人员责任的，审计机关应当出具审计移送处理书。《审计准则》第五章第一节和第二节相关条款对此作了规定。

2. 审理机构对审计项目的审理。为了贯彻审计法实施条例关于审计机关专门机构对审计报告以及相关审计事项进行审理的新规定，《审计准则》将审计机关法制工作机构原来对审计结论性文书的复核调整为审理机构对审计项目的审理。审理机构以审计实施方案为基础，重点关注审计实施的过程及结果，审理的主要内容包括：审计实施方案确定的审计事项是否完成，审计发现的重要问题是否在审计报告中反映，主要事实是否清楚，相关证据是否适当、充分，适用法律法规和标准是否适当，审计评价、定性、处理处罚意见是否恰当，以及审计程序是否符合规定。审理过程中，审理机构应当与审计组及相关业务部门进行沟通；必要时，可以参加与被审计单位交换意见的会议或者向被审计单位和有关人员了解相关情况。审理机构审理后应当出具审理意见书，并根据情况，可以要求审计组补充重要审计证据，对审计报告、审计决定书进行修改。《审计准则》第一百四十二条至第一百四十六条对此作了规定。

3. 专题报告与综合报告。为了加强审计成果的开发利用，提升审计成果的质量和水平，《审计准则》第五章第三节对专题报告和综合报告进行了规范，规定了可以采用专题报告、审计信息等方式向本级政府和上一级审计机关报告的事项范围，明确了可以编制审计综合报告的情形和审计综合报告、经济责任审计结果的报送对象，以及审计机关在起草、报送审计结果报告和审计工作报告等方面的要求。

4. 审计整改检查。为了贯彻落实审计法和审计法实施条例的规定，促进被审计单位整改，确保审计效果，充分发挥审计监督作用，《审计准则》第五章第五节对审计整改检查作出具体规范，明确要求审计机关建立审计整改检查机制，督促被审计单位和其他有关单位根据审计结果进行整改，并对审计机关检查的主要内容、检查的方式和时间、检查报告以及检查后应采取的措施等作出了规定。

（六）关于审计质量控制和责任。

为了加强全员全过程审计质量控制，明确审计责任，《审计准则》第六章要求审计机关应当针对审计质量责任、审计职业道德、审计人力资源、审计业务执行、审计质量监控 5 个要素建立审计质量控制制度，并通过审计业务质量检查等方式对审计质量控制制度的建立和执行情况进行检查和评估。同时，从审计项目质量控制的角度，规定审计机关实行审计组成员、审计组主审、审计组组长、审计机关业务部门、审理机构、总审计师和审计机关负责人对审计业务的分级质量控制，并分别明确了审计组成员、审计组主审、审计组组长、审计机关业务部门、审理机构和审计机关负责人的工作职责和应承担的责任。

（七）关于信息技术环境下审计的特别规定。

考虑到信息技术环境下开展审计工作的特殊性，《审计准则》作出了一些特别规定。如审计组信息技术方面胜任能力的要求；调查了解相关的信息系统控制、评估对信息系统的依赖程度，检查相关信息系统的有效性、安全性等要求；审计人员在检查中应当避免对被审计单位相关信息系统及其电子数据造成不良影响的要求；电子审计证据的特殊取证要求；审计发现被审计单位信息系统存在重大漏洞或者不符合国家规定的处理措施等。

此外，根据各级审计机关开展跟踪审计的实际需要，总结近年来的实践经验，《审计准则》对采取跟踪审计方式实施的审计项目，从编制年度审计项目计划、制发审计通知书、编制审计实施方案、出具审计报告等方面作了一些特殊规定。

审计署办公厅关于印发审计署审计现场管理办法的通知

（审办法发〔2015〕144号，2015年10月28日）

署机关各单位、各特派员办事处、各派出审计局：

《审计署审计现场管理办法》已经审计长会议审议通过，现予印发，请认真遵照执行。执行中遇到问题，请及时向法规司反馈。

审计署办公厅

2015年10月28日

审计署审计现场管理办法

第一条　为了规范审计现场管理，进一步提高效率，保证质量，防范风险，落实责任，根据《中华人民共和国审计法》及其实施条例、《国务院关于加强审计工作的意见》、《中华人民共和国国家审计准则》和其他有关法律法规，制定本办法。

第二条　本办法适用于审计署及其派出机构（以下统称审计机关）的审计现场管理工作。

第三条　本办法所称的审计现场管理，是指审计组进入被审计单位开始工作至审计组提交审计结果文书期间，审计机关为执行审计业务及相关事项而进行的组织、协调和控制等一系列活动。

第四条　开展现场审计，应当依照审计法的规定组成审计组。审计组实行审计组组长负责制。审计组组长是审计现场业务、廉政、保密、安全等工作的第一责任人。审计组副组长根据审计实施方案的分工协助审计组组长履行审计现场管理和审计查证等职责。

审计署领导或者司（局、特派办）领导担任审计组组长的，根据工作需要，可以指定审计现场负责人。审计现场负责人根据审计组组长的委托，履行审计现场管理职责，对审计组组长负责，并承担相应责任。

审计组主审根据审计组组长的委托和审计分工，履行起草审计文书和信息、对主要审计事项进行审计查证、协助组织实施现场审计、督促审计组成员工作等职责。

审计组设审计小组的，审计小组的审计现场管理应当遵守本办法的相关规定，具体要求由审计组组长视实际情况确定。

审计组成员根据审计分工，认真履行职责并承担相应责任。

第五条　审计组应当设立兼职廉政监督员，协助审计组组长抓好审计现场各项廉政风险防控工作，监督审计人员严格按照《审计署关于登记报告干预审计工作行为试行办法》处理遇到的说情、打招呼、威胁、恐吓等干预行为；严格按照《审计署关于礼品礼金处理暂行规定》处理有关单位和个人赠送礼品、礼金的行为。

符合设立临时党组织的审计组还应当按照《中共审计署党组关于在审计组设立临时党组织的意见》，成立临时党小组、党支部或党总支。审计组临时党组织书记应当履行党风廉政建设第一责任人的责任，负责落实廉政责任制，执行审计署关于廉政风险防控的规定等工作。

第六条 审计组组成后，审计组组长应当围绕审计工作任务，组织必要的审计业务学习和培训，同时开展有针对性的廉政、保密、安全等教育。

审计组进驻被审计单位时，应组织被审计单位相关人员召开审计进点会议，宣读审计通知书，告知审计工作纪律相关规定，提出配合审计工作的要求等。

审计期间，审计组应当在被审计单位公示审计项目名称、审计纪律八项规定及举报电话等内容。

第七条 审计组组长应当及时组织编制审计实施方案，并采取以下措施提高方案的科学性和可操作性：

（一）充分调查了解被审计单位及其相关情况，确保调查了解的深度和效果；

（二）根据审计项目总体目标、被审计对象实际情况和审计人力及时间资源等，合理确定审计内容和重点；

（三）将审计内容和重点细化到具体审计事项，提出审计步骤方法和时限要求；

（四）合理配置审计资源，将审计事项分解落实到人，明确审计组成员各自承担的工作任务和相关要求。

审计组应当根据审计进展及相关情况变化，按规定权限和程序及时调整审计实施方案。

审计组组长对审计实施方案的质量负责。

第八条 审计组组长可以根据审计实施方案确定的审计事项，组织编制审计任务清单，对审计事项的执行、调整和完成情况进行管理，确保审计实施方案落实。审计人员应当对相关审计事项的完成情况进行确认，对未按要求完成的审计事项作出书面说明。

审计人员应当认真执行审计实施方案，按照方案确定的审计事项、分工和进度要求，依照法定职责、权限和程序实施审计，不得擅自减少审计事项和扩大审计范围。

第九条 审计组应当充分运用审计管理系统（OA）、现场审计实施系统（AO）和项目执行管理软件等信息化手段，对审计现场的信息进行收集、分析、处理和共享，与审计机关实现信息的实时传递，加强对审计现场的动态管理，提高审计现场信息化管理水平。

第十条 审计组实施审计前，可以对被审计单位提出资料需求清单（明确资料提供时间），作为审计通知书附件一并送达被审计单位。审计过程中，审计组可以根据需要，依法要求被审计单位、相关单位和个人按要求提供其他与审计事项有关的资料。

被审计单位、相关单位和个人提供的资料应当包括财政财务收支、业务和管理等方面资料（含电子数据）。对于投资、运营、管理和使用境外国有资产的被审计单位、相关单位和个人，审计组应当要求其提供与境外国有资产有关的财政财务收支、业务和管理等方面资料。

在获取审计资料的过程中，审计人员应当与被审计单位、相关单位和个人做好交接手续，认真清点、核对，及时、准确、完整地填写资料交接清单。

审计人员获取审计资料时，不得超越法定审计职责，索取与审计事项无关的资料；不得影响被审计单位合法的业务活动和生产经营活动。

第十一条 审计组应当加强对审计现场资料（含电子数据存储介质）的管理，采取必要的保存和保密等措施，严格履行资料借阅交接手续，妥善保管和使用，防止资料的丢失和损毁。无关人员未经允许不得接触审计现场资料和计算机等设备。

审计组获取的电子数据资料的保管和使用，应当严格按照《审计署审计业务电子数据管理办法（试行）》的规定办理。

第十二条 遇有被审计单位和相关单位违反法律规定，拒绝、拖延提供与审计事项有关的资料，或者提供的资料不真实、不完整，或者拒绝、阻碍检查等不配合审计工作，或者制定限制向审计机关提供资料和开放计算机信息系统查询权限的情形的，审计组应当积极协调沟通，要求被审计单位或相关人员改正，并注意收集其不配合审计工作的相关证据。经协调沟通仍无法解决的，审计组应当及时将有关情况上报派出审计组的审计机关。

需要约谈被审计单位负责人的，应当严格按照审计署关于约谈被审计单位主要负责人的规定办理。

第十三条 审计人员应当按照审计实施方案确定的单位或者事项开展外部调查。对审计实施方案中没有明确但属于审计项目范围的单位或者事项开展外部调查，应当经审计组组长同意，必要时，应当调整审计实施方案。

外部调查不得偏离审计目标；不得借外部调查的名义，调查了解与审计项目无关的事项。特殊情况下，遇有超出审计项目范围的问题需调查的，应当报经审计机关负责人依照有关规定审批。

第十四条 审计人员应当依照法定权限和程序获取审计证据，获取的审计证据应当符合适当性和充分性的要求，不得片面收集证据，不得涂改、伪造、隐匿和销毁审计证据。

审计人员查询被审计单位在金融机构账户和存款、有关单位和个人房屋权属登记信息的，应当严格按照《审计署查询被审计单位在金融机构账户和存款管理办法》和《审计查询房屋权属登记信息暂行办法》的规定办理。

第十五条 审计人员执行现场审计业务，遇有以下情形，应当至少有两名审计人员参加或者在场：

（一）向被审计单位及相关人员了解重要审计事项或者交接重要资料；

（二）外部调查取证；

（三）查勘现场；

（四）监督盘点资产；

（五）采取审计证据保全措施；

（六）结算就餐、住宿等费用；

（七）审计组组长认为需要两人参加的其他情形。

第十六条 审计组组长应当加强审计现场管理督导，跟踪检查审计实施方案的执行情况，督促落实审计事项，对审计人员给予必要的指导，解决审计现场出现的问题。对不能胜任的审计人员，应当及时调整分工。

审计组组长应当按照审计机关的有关规定严格控制审计现场时间，把握工作进度，提高工作效率。如需延期，应当按照有关规定报批。

第十七条 审计组应当适时召开会议，研究审计实施过程中的情况和问题，以及廉政、保密等事项。会议召开形式和参加人员由审计组组长视具体情况确定。

以下事项，审计组应当及时召开会议集体研究：

（一）编制和调整审计实施方案；

（二）研究重大审计事项；

（三）讨论审计工作底稿及证据材料，研究起草审计报告；

（四）研究被审计单位或者被审计人员的反馈意见；

（五）审计组组长认为需要集体研究的其他事项。

重大事项及存在分歧审计事项的讨论过程和结果必须如实记录，并由参会人员签字确认。

第十八条 审计人员对审计实施方案确定的所有审计事项均应当及时编制审计工作底稿，真实、完整记录实施审计的主要步骤和方法、获取的相关证据，以及得出的审计结论等。审计人员对审计工作底稿的质量负责。

审计组组长、主审应当及时审核审计工作底稿，确认具体审计目标的完成情况和审计措施的有效执行情况。对经审核需补充审计证据或者修改审计结论的底稿，审计人员应当及时补充修改。经审核后修改审计结论的，原底稿应当附于审定的底稿之后一并留存归档。

第十九条 审计组内的请示汇报事项，应当遵循逐级请示汇报原则。对请示事项，被请示人应当明确答复。审计人员应当主动、如实汇报审计工作进展情况、发现的问题和被审计单位意见，不得拖延、瞒报。遇有重大事项或不同意见，审计人员可直接向审计组组长汇报，也可直接向审计机关负责人直至审计长报告。

审计组必须依法、如实、客观地向派出审计组的审计机关报告审计工作情况和结果。如隐瞒不报，一经发现，将依法追究责任。

审计期间，审计人员遇有可能损害审计独立性的情形，应当主动提出回避。

第二十条 以下情形，审计组组长应当及时向派出审计组的审计机关请示汇报：

（一）发现重大违法违规问题线索；

（二）收到重要信访举报材料；

（三）出现重大廉政、保密、安全等问题；

（四）出现可能损害审计独立性的重要情形；

（五）需提请有关机关协助或者配合审计工作；

（六）出现严重影响审计工作开展的情形；

（七）其他需要请示汇报的情形。

第二十一条 审计组需要上报专题报告和审计信息的，审计组组长、主审应当严格审核相关证据材料。反映的事实和结论，原则上应当征求被审计单位及相关单位的意见。已有整改、处理情况的，应当一并反映。

涉及重大经济案件调查等特殊事项的专题报告、审计信息，原则上应当经审计机关审理机构审核，并严格限制知晓范围，经办人员应当妥善保管相关资料，不得泄露办理过程与结果信息。

第二十二条 审计期间，除涉及重大经济案件调查等特殊事项外，审计组对每个审计事项、发现的每个问题，必须就事实、证据等，与被审计单位不同层级充分交换意见。

审计组起草和提交审计报告前，应当确认审计实施方案中的审计事项是否完成，审计工作底稿是否经过审核，审计发现的重要问题是否如实反映，问题定性、处理处罚意见和审计评价是否恰当等。审计组组长对审计报告的质量负责。

审计现场工作结束前，审计组一般应当召开会议与被审计单位交换意见。审计组可商被审计单位确定其参加人员，必要时可提请审计机关审理机构等派人参加。对存在分歧的事项，审计组应当进一步研究核实有关情况。

审计发现的问题经审计组会议研究后决定不在审计报告中反映的，审计组应当编制清单并作出说明，与相关的审计工作底稿和证据一并提交审计机关审理部门。

审计发现的暂不具备移送条件的事项，应当严格按照审计署有关对暂不具备移送条件的审计问题线索进行登记管理的规定办理。

第二十三条 撤离现场工作地点前，审计组应当对以下事项进行检查和确认：

（一）需补充证据的审计事项，是否进行了补充完善；

（二）审计现场形成的重要管理事项记录是否完善；

（三）是否与被审计单位结清了相关费用；

（四）外聘人员使用的审计资料是否收回，电子数据是否按规定处理；

（五）应当归还的资料和借用的设备是否如数归还被审计单位、有关单位和个人，是否认真清点、核对并做好交接手续；

（六）不需归还的审计资料是否按规定完整保存，涉密资料和数据的处理是否符合规定；

（七）需要销毁审计资料的，是否编造审计资料销毁清册并报经审计组组长批准后销毁。

（八）是否按规定完成审计数据的归集、积累工作。

第二十四条 审计组应当严格遵守国家保密法律法规和审计署保密规定，严格保守国家秘密、工作秘密和商业秘密，加强对涉密信息资料和涉密电子设备的安全保密管理，严格按规定控制知晓和使用范围。在审计现场应当采取有效措施，防止被审计单位有关人员未经允许接触审计工作资料。

审计人员不得打听不宜知悉的审计工作秘密，不得向被审计单位人员泄露审计工作秘密，不得在网络、报刊等公共媒体上泄露审计工作秘密，不得擅自向新闻媒体披露审计情况，不得违反审计组提出的其他保密工作要求。

第二十五条 审计组应当加强审计现场人员管理，严格执行考勤制度和请销假制度。

对无正当理由，拒不服从工作安排，严重影响审计工作的审计人员，审计组组长报经审计机关批准，可以停止其现场审计工作。

第二十六条 审计组应当加强审计外勤经费管理，及时报账。审计组外勤经费支出明细、考勤记录和经费报销情况应当在审计组范围内以适当形式公布。

第二十七条 审计组应当加强审计现场安全管理，发生可能严重影响审计工作开展和审计人员人身、资料、设备和财产安全等突发事件时，应当严格按照《审计署审计现场突发事件处置办法》的规定办理。

第二十八条 审计组应当加强人文关怀,尽可能帮助审计人员排忧解难,并适时组织开展健康有益的文体活动,保障审计人员的身心健康。异地审计的,应当按照规定安排休整。

第二十九条 违反本办法规定,有下列行为之一,情节轻微的,由审计组或者派出审计组的审计机关批评教育并责令改正;情节较重的,由派出审计组的审计机关责令作出检查、诫勉谈话、通报批评,或者采取调离岗位、引咎辞职、免职、降职等组织处理;依法应当追究行政责任或者党纪政纪责任的,依照《中华人民共和国审计法》及其实施条例、《中华人民共和国公务员法》、《行政机关公务员处分条例》和《中国共产党纪律处分条例》等有关规定,给予行政处分和纪律处分;涉嫌犯罪的,移送司法机关依法追究刑事责任:

(一)不严格执行审计实施方案,擅自减少审计内容或者扩大审计范围;

(二)审计资料或者设备管理不善,造成损毁或者丢失;

(三)超越法定审计职责,索取与审计事项无关的资料;

(四)影响被审计单位合法的业务活动和生产经营活动;

(五)片面收集证据,涂改、伪造、隐匿审计证据;

(六)须两人以上共同参与的事项擅自单独实施;

(七)须提交审计组会议讨论事项没有提交,或者擅自改变集体决定;

(八)须请示汇报事项隐瞒不报或者擅自处置;

(九)与被审计单位沟通协调时言谈举止失当,影响审计形象;

(十)经费开支、考勤记录、报销情况不公布,或者经费管理混乱;

(十一)向被审计单位通风报信、出谋划策,帮助其阻挠、拖延审计工作;

(十二)违反现场纪律,不服从管理;

(十三)违反本办法的其他行为。

第三十条 违反本办法规定的处理处罚结果应当作为对相关人员、单位年度考核的依据。

第三十一条 审计组的外聘人员应当遵守本办法和审计署对外聘人员管理的相关规定。

第三十二条 本办法由审计署负责解释。

第三十三条 本办法自印发之日起施行。《审计署办公厅关于印发审计署审计现场管理办法(试行)的通知》(审办法发〔2013〕64 号)同时废止。

审计机关审计档案工作准则

(审计署令第 3 号,2001 年 8 月 1 日)

第一条 为了规范审计档案工作,保证审计档案的质量,发挥审计档案的作用,根据《中华人民共和国档案法》、《中华人民共和国审计法》和《中华人民共和国国家审计基本准则》,制定本准则。

第二条 本准则所称审计档案,是指审计机关在项目审计或者专项审计调查活动中直接形成的,具有保存价值的以纸质、磁质、光盘和其他介质形式存在的历史记录。

审计档案是国家档案的重要组成部分。

第三条 本准则所称审计档案工作,是指审计机关建立审计档案并进行收集、整理、保管、利用、编研、统计、鉴定和移交的活动。

第四条 审计档案工作实行统一领导、分级管理的原则。审计署主管全国的审计档案工作,同时接受国家档案行政管理部门的监督和指导;地方各级审计机关的审计档案工作,接受上一级审计机关和同级档案行政管理部门的监督和指导。

第五条 审计机关应当设立档案管理机构或者配备专职(兼职)档案工作人员负责本单位的审计档案工作。

第六条 审计机关档案管理机构和档案工作人员的职责是:

(一)贯彻执行国家档案工作法律、法规,拟定审计档案工作规章制度;

(二)对本机关各部门审计文件材料的立卷和归档工作进行监督和指导;

（三）按照国家有关规定，做好审计档案的收集、整理、保管、利用、编研和统计工作；

（四）定期对本机关库存审计档案进行鉴定，如期移交应由同级档案馆保管的审计档案；

（五）监督和指导下级审计机关的审计档案工作；

（六）开展审计档案工作的检查、总结、培训、研究等活动。

第七条 审计档案的建立实行审计组负责制。

第八条 应归入项目审计档案的文件材料是：

（一）立项性文件材料，如审计通知书、审计实施方案；

（二）证明性文件材料，如审计证据（含承诺书）、审计工作底稿；

（三）结论性文件材料，如审计报告、审定审计报告的会议纪要、审计报告征求意见书、复核意见书、审计意见书、审计决定书、审计建议书、移送处理书、审计处罚决定书、审计听证告知书、审计文书送达回证；

（四）其他备查文件材料。

第九条 审计文件材料按审计项目立卷，一个审计项目可立一个卷或者若干卷，不得将几个审计项目合并立为一个卷。

跨年度的审计项目，在项目审计终结的年度立卷。

第十条 审计案卷内文件材料按结论性文件材料、证明性文件材料、立项性文件材料、其他备查文件材料四个单元进行排列。

结论性文件材料，采用逆审计程序并结合文件材料的重要程度进行排列。

证明性文件材料，按与审计方案所列审计事项或者会计报表科目对应的顺序排列。

立项性文件材料，按文件材料形成的时间顺序，并结合文件材料的重要程度进行排列。

其他备查文件材料，按文件材料形成的时间顺序，并结合文件材料的重要程度进行排列。

第十一条 审计案卷内的每份或者每组文件之间的排列规则是：

（一）正件在前，附件在后；

（二）定稿在前，修改稿在后；

（三）批复在前，请示在后；

（四）批示在前，报告在后；

（五）重要文件在前，次要文件在后；

（六）汇总性文件在前，基础性文件在后。

第十二条 审计组确定的立卷责任人应当及时收集审计项目的文件材料；审计终结后，立卷责任人对审计项目形成的全部文件材料按立卷方法和规则进行归类整理，经审计组组长（或业务部门负责人）复查，并经档案管理机构或者档案工作人员检查后，依照有关规定进行编目和装订。

第十三条 审计复议案件的文件材料由复议机构按案件单独立卷归档。

为了便于查找和利用，档案管理机构应当将审计复议案件归档情况在被复议的审计项目案卷备考表中加以说明。

第十四条 审计项目案卷的归档，应当以审计项目案卷为单位进行交接，归档时间不得迟于该审计项目结束后的次年 4 月底。

第十五条 审计机关应当根据审计项目案卷的保存价值确定保管期限。

第十六条 审计档案在划定保管期限的基础上，应当采用“年度—组织机构—保管期限—审计类别”的方法排列和编目。审计案卷排列方法应当统一，前后保持一致，不可任意变动。

第十七条 审计档案的密级及其保密期限，按卷内文件的最高密级及其保密期限确定，由档案工作人员按有关规定作出标识。

第十八条 审计机关应当按照国家有关规定设置专用、坚固的审计档案库房，配备必要的设备，建立健全审计档案保管制度，定期对审计档案保管情况进行检查，确保审计档案的安全。

第十九条 审计机关应当建立科学的管理制度，采取先进技术，编制适用的检索工具和参考材料，加强审计档案信息化管理，积极开展审计档案的利用工作。

第二十条 借阅审计档案，仅限定在审计机关内部，审计机关以外的单位不得查阅，但有特殊情况需要查阅审计档案或者要求出具审计档案证明的，须经该审计机关主管领导批准。

第二十一条　审计机关应当按照有关规定向档案馆移交审计档案。

第二十二条　审计机关应当及时对本机关和本地区的审计档案收进、移出、保管、利用等情况进行统计与分析，并按规定向上一级审计机关和同级档案行政管理部门报送审计档案工作基本情况统计表。

第二十三条　对损毁、丢失、涂改、伪造、出卖、转卖、擅自提供审计档案者或者因玩忽职守造成审计档案损失的档案工作人员，由主管部门对直接负责人和其他有关责任人依法给予行政处分；构成犯罪的，依法追究刑事责任。

第二十四条　专项审计调查档案比照项目审计档案立卷归档。电子审计档案另行规定。

第二十五条　本准则由审计署负责解释。

第二十六条　本准则自发布之日起施行。审计署于1996年12月16日发布的《审计机关审计档案工作的规定》(审办发〔1996〕356号)同时废止。

审计机关封存资料资产规定

（审计署令第9号）

第一条　为了规范审计机关封存被审计单位有关资料和违反国家规定取得的资产的行为，保障审计机关和审计人员严格依法行使审计监督职权，提高依法审计水平，维护国家利益和被审计单位的合法权益，根据审计法、审计法实施条例和其他有关法律法规，制定本规定。

第二条　审计机关对被审计单位有关资料和违反国家规定取得的资产采取封存措施适用本规定。

审计机关在审计证据可能灭失或者以后难以取得的情况下，采取的先行登记保存措施，依照行政处罚法和有关行政法规的规定执行。

第三条　审计机关采取封存措施，应当遵循合法、谨慎的原则。

审计机关应当严格依照审计法、审计法实施条例和本规定确定的条件、程序采取封存措施，不得滥用封存权。

审计机关通过制止被审计单位违法行为、及时取证或者采取先行登记保存措施可以达到审计目的的，不必采取封存措施。

第四条　有下列情形之一的，审计机关可以采取封存措施：

(一)被审计单位正在或者可能转移、隐匿、篡改、毁弃会计凭证、会计账簿、财务会计报告以及其他与财政收支或者财务收支有关的资料的；

(二)被审计单位正在或者可能转移、隐匿违反国家规定取得的资产的。

第五条　审计机关依法对被审计单位的下列资料进行封存：

(一)会计凭证、会计账簿、财务会计报告等会计资料；

(二)合同、文件、会议记录等与被审计单位财政收支或者财务收支有关的其他资料。

上述资料存储在磁、光、电等介质上的，审计机关可以依法封存相关存储介质。

第六条　审计机关依法对被审计单位违反国家规定取得的现金、实物等资产或者有价证券、权属证明等资产凭证进行封存。

第七条　审计机关采取封存措施，应当经县级以上人民政府审计机关(含县级人民政府审计机关和省级以上人民政府审计机关派出机构，下同)负责人批准，由两名审计人员实施。

第八条　审计机关采取封存措施，应当向被审计单位送达封存通知书。

封存通知书包括下列内容：

(一)被审计单位名称；

(二)封存依据；

(三)封存资料或者资产的名称、数量等；

(四)封存期限；

(五)被审计单位申请行政复议或者提起行政诉讼的途径和期限；

（六）审计机关的名称、印章和日期。

在被审计单位正在转移、隐匿、篡改、毁弃有关资料或者正在转移、隐匿违反国家规定取得的资产等紧急情况下，审计人员报经县级以上人民政府审计机关负责人口头批准，可以采取必要措施，当场予以封存，再补送封存通知书。

第九条 审计机关采取封存措施时，审计人员应当会同被审计单位相关人员对有关资料或者资产进行清点，开列封存清单。

封存清单一般登记封存资料的名称、数量，封存资产的名称、规格、型号、数量等。封存资料存储在磁、光、电等介质上的，还应当列明存储介质的名称、规格等。

封存清单一式两份，由审计人员和被审计单位相关人员核对后签名或者盖章，双方各执一份。

第十条 审计机关应当对存放封存资料或者资产的文件柜、保险柜、档案室、库房等加贴封条。

封条上应当注明审计机关名称、封存日期并加盖审计机关印章。

第十一条 审计机关具备保管条件的，可以自行保管封存的资料或者资产；不具备保管条件的，可以指定被审计单位对存放封存资料、资产的设备或者设施进行保管或者看管；特殊情况下，也可以委托与被审计单位无利害关系的第三人保管。

审计机关指定被审计单位保管或者看管存放封存资料、资产的设备或者设施的，应当在封存通知书中一并载明被审计单位的保管责任。

第十二条 被审计单位或者受托保管的第三人应当履行保管责任，除本规定第十三条规定的情形外，不得擅自启封，不得损毁或者转移存放封存资料、资产的设备或者设施。

第十三条 遇有自然灾害等突发事件，可能导致封存的资料或者资产损毁的，负有保管责任的被审计单位或者第三人，应当将封存的资料或者资产转移到安全的地方，并将情况及时报告采取封存措施的审计机关。

第十四条 封存的期限一般不得超过7个工作日；有特殊情况需要延长的，经县级以上人民政府审计机关负责人批准，可以适当延长，但延长的期限不得超过7个工作日。

第十五条 审计机关封存资料或者资产后，审计人员应当及时进行审查，获取审计证据，或者提请有关主管部门对被审计单位违反国家规定取得的资产进行处理。

第十六条 审计机关在封存期限届满或者在封存期限内完成对有关资料或者资产处理的，审计人员应当与被审计单位相关人员共同清点封存的资料或者资产后予以退还，并在双方持有的封存清单上注明解除封存日期和退还的资料或者资产，由双方签名或者盖章。

第十七条 审计机关违反规定采取封存措施，给国家利益或者被审计单位的合法权益造成重大损害的，依照有关法律法规的规定追究相关人员的责任。

第十八条 被审计单位或者负有保管责任的第三人有下列行为之一的，依照有关法律法规的规定追究相关人员的责任：

（一）除本规定第十三条规定的情形外，擅自启封的；

（二）故意或者未尽保管责任，导致封存的资料被转移、隐匿、篡改、毁弃的；

（三）故意或者未尽保管责任，导致封存的资产被转移、隐匿、损毁的。

第十九条 本规定由审计署负责解释。

第二十条 本规定自2011年2月1日起施行。

国务院办公厅关于利用计算机信息系统开展审计工作有关问题的通知

（国办发〔2001〕88号，2001年11月16日）

各省、自治区、直辖市人民政府，国务院各部委、各直属机构：

为了适应我国国民经济信息化的发展，并将高新技术运用于审计工作之中，更有效地对财政收支、财务收支进行审计监督，根据《中华人民共和国审计法》、《中华人民共和国审计法实施条例》的有关规定，现就利用计算机信息系统开展审计工作的有关问题通知如下：

一、审计机关有权检查被审计单位运用计算机管理财政收支、财务收支的信息系统（以下简称计算机信息系统）。被审计单位应当按照审计机关的要求，提供与财政收支、财务收支有关的电子数据和必要的计算机技术文档等资料。审计机关在对计算机信息系统实施审计时，被审计单位应当配合审计机关的工作，并提供必要的工作条件。

被审计单位拒绝、拖延提供与审计事项有关的电子数据资料，或者拒绝、阻碍检查的，由审计机关按照《中华人民共和国审计法实施条例》第四十九条的规定处理。

二、被审计单位的计算机信息系统应当具备符合国家标准或者行业标准的数据接口；已投入使用的计算机信息系统没有设置符合标准的数据接口的，被审计单位应将审计机关要求的数据转换成能够读取的格式输出。

审计机关发现被审计单位的计算机信息系统不符合法律、法规和政府有关主管部门的规定、标准的，可以责令限期改正或者更换。在规定期限内不予改正或者更换的，应当通报批评并建议有关主管部门予以处理。审计机关在审计过程中发现开发、故意使用有舞弊功能的计算机信息系统的，要依法追究有关单位和人员的责任。

三、被审计单位应当按照关于纸质会计凭证、会计账簿、会计报表和其他会计资料以及有关经济活动资料保存期限的规定，保存计算机信息系统处理的电子数据，在规定期限内不得覆盖、删除或者销毁。

四、审计机关对被审计单位电子数据真实性产生疑问时，可以对计算机信息系统进行测试。测试计算机信息系统时，审计人员应当提出测试方案，监督被审计单位操作人员按照方案的要求进行测试。

审计机关应积极稳妥地探索网络远程审计。

五、审计人员应当严格执行审计准则，在审计过程中，不得对被审计单位计算机信息系统造成损害，对知悉的国家秘密和商业秘密负有保密的义务，不得用于与审计工作无关的目的。审计人员泄露知悉的国家秘密和被审计单位的商业秘密，由审计机关给予相应的行政处分；构成犯罪的，移送司法机关依法处理。

各地区、各有关部门要高度重视利用计算机信息系统开展审计工作，对审计机关的工作给予支持和配合。审计机关要加强业务和技术培训，培养熟悉利用计算机信息系统开展审计工作的专业人员，保障审计工作顺利进行。

国务院办公厅关于做好地方政府性债务审计工作的通知

（国办发明电〔2011〕6号，2011年2月13日）

各省、自治区、直辖市人民政府，国务院各部委、各直属机构：

近年来，各地区、各有关部门积极筹集资金，着力保障地方经济和社会发展、改善民生、应对亚洲和国际金融危机冲击，取得了明显成效，但也出现了一些亟须高度关注的问题。为加强地方政府性债务管理、建立规范的地方举债融资机制、有效防范和化解潜在风险，国务院决定，由审计署统一组织全国各级审计机关对全国地方政府性债务情况进行一次全面审计，以摸清全国地方政府性债务的规模、结构、类型、成因和管理情况。各地区、各有关部门要从全局出发，充分认识此项工作的重要性，统一思想，高度重视，加强领导，明确责任，密切合作，确保审计工作顺利进行。审计署要把地方政府性债务审计作为今年工作的重中之重，精心组织，周密部署，集中力量，下大力气保质保量地完成。财政部、发展改革委、人民银行、银监会等部门和机构，要加强与审计署的协调配合，如实、客观、完整地提供资料、数据和情况，深入细致地做好相关工作。各省（区、市）人民政府要积极支持、配合审计署工作，精心组织地方审计机关按照审计署的统一安排实施审计，支持和要求地方审计机关实事求是、如实报告审计情况，确保审计数据和情况的真实、准确和完整，并做好人力、物力和财力等方面的保障，务必在规定时间内、按要求、高质量地完成好本地区政府性债务审计任务。

附件:地方政府性债务审计工作方案

国务院办公厅
二〇一一年二月十三日

附件:

地方政府性债务审计工作方案

为落实中央经济工作会议和国务院领导同志指示精神,做好地方政府性债务审计工作,根据《中华人民共和国审计法》、《中华人民共和国审计法实施条例》,提出如下工作方案。

一、审计工作目标

此次审计按照“摸清规模,分清类型,分析结构,揭示问题,查找原因,提出建议”的工作思路,实现以下工作目标:一是分年度摸清全国省、市、县三级地方政府性债务的规模、结构及增减变化情况;二是根据政府偿债责任分清债务类型;三是分析债务偿还能力,揭示存在的风险隐患;四是揭示和反映有关部门和地方在债务管理中存在的突出问题;五是深入分析地方政府性债务形成的主要原因,提出加强地方政府性债务管理,建立健全规范的地方举债融资机制,有效防范和化解潜在风险的意见和建议。

二、审计范围和对象

(一)审计的债务范围。

此次对地方政府性债务的审计,主要是对地方政府负有偿还责任的债务进行审计。我国法律规定,地方政府不得进行债务担保(法律和国务院另有规定除外)。按照财政部会计报告准则,担保债务不计入担保单位的资产负债表,而是作为或有债务在会计报表附注中加以说明。为全面摸清地方政府可能承担的债务风险情况,此次审计也要对地方政府担保债务、其他相关债务进行审计。

1. 地方政府负有偿还责任的债务,是指地方政府(含政府部门和机构)、经费补助事业单位、公用事业单位、政府融资平台公司和其他相关单位举借,确定由财政资金偿还,政府负有直接偿债责任的债务。一是地方政府债券、国债转贷、外债转贷、农业综合开发借款、其他财政转贷债务中确定由财政资金偿还的债务;二是政府融资平台公司、政府部门和机构、经费补助事业单位、公用事业单位及其他单位举借、拖欠或以回购等方式形成的债务中,确定由财政资金(不含车辆通行费、学费等收入)偿还的债务;三是地方政府粮食企业和供销企业政策性挂账。

2. 地方政府负有担保责任的债务,是指因地方政府(含政府部门和机构)提供直接或间接担保,当债务人无法偿还债务时,政府负有连带偿债责任的债务。一是政府融资平台公司、经费补助事业单位、公用事业单位和其他单位举借,确定以债务单位事业收入(含学费收入)、经营收入(含车辆通行费收入)等非财政资金偿还,且地方政府(含政府部门和机构)提供直接或间接担保的债务。二是地方政府(含政府部门和机构)举借,以非财政资金偿还的债务,视同政府担保债务。

3. 其他相关债务,是指政府融资平台公司、经费补助事业单位和公用事业单位为公益性项目举借,由非财政资金偿还,且地方政府(含政府部门和机构)未提供担保的债务(不含拖欠其他单位和个人的债务)。政府在法律上对该类债务不承担偿债责任,但当债务人出现债务危机时,政府可能需要承担救助责任。

(二)审计的地区和时间范围。

审计的地区范围是:31个省(自治区、直辖市)和5个计划单列市本级及所属市(地、州、盟、区,以下简称市)、县(市、区、旗,以下简称县)三级政府。

审计的时间范围是:债务发生的起始年、1997年、1998年、2002年以及2007年、2008年、2009年和2010年。

(三)审计对象。

审计对象是:省、市、县三级地方政府(含政府部门和机构)、经费补助事业单位、公用事业单位、政府融资平台公司和其他相关单位。

三、审计内容和重点

(一)调查了解地方政府性债务在支持地方经济、社会发展方面所发挥的积极作用,以及各地在加强债务管理方面所采取的主要措施。

1. 地方政府通过举债融资，在支持地方经济和社会发展、改善民生以及应对亚洲和国际金融危机冲击等方面发挥的积极作用；在夯实地方经济社会发展基础方面取得的主要成效。

2. 地方政府债务管理的模式、管理制度，以及在加强政府性债务管理方面采取的主要措施及成效。

3. 地方政府在清理化解历史债务，清理规范融资平台公司及其债务方面采取的主要措施和取得的成效。

（二）摸清各级次、各年度地方政府负有偿还责任的债务、负有担保责任的债务和其他相关债务（以下简称三类债务）的规模、结构及变化情况。

1. 三类债务的年末余额及年度增减变化情况。

2. 三类债务的债务人构成情况。包括：地方政府（含政府部门和机构）、经费补助事业单位、公用事业单位、融资平台公司和其他单位等各类债务人年末债务余额的规模、比重及年度增减变化情况。

3. 三类债务的来源构成情况。包括：银行贷款、发行债券（地方政府债券、企业债券、银信政等）、上级财政转贷和借款（外债转贷、国债转贷、农业综合开发借款、其他财政转贷等）、其他单位及个人借款或拖欠的规模、比重及年度增减变化情况。

4. 三类债务余额的资金投向情况。摸清年末债务余额中尚未支出到项目的债务、用于项目支出的债务和用于非项目支出的债务规模、比重及年度增减变化情况。用于项目支出的债务，按项目市场化属性分为：用于公益性项目的债务和用于非公益性项目的债务；按项目的行业性质分为：用于工业、能源、交通运输、市政建设、农林水、生态建设和环境保护、教育、卫生、科学文化、保障性住房、农网改造、乡村公路和桥梁等项目的债务。用于非项目支出的债务，主要是指化解地方金融风险、未用于项目的流动资金贷款等债务。

5. 三类债务未来各年度需偿付的债务本金情况。调查 2011 年、2012 年、2013 年、2014 年、2015 年 5 个年度，2016 年至 2020 年，2021 年至 2025 年，2026 年以后 3 个时间段内分别需要偿还的债务本金额，分析未来可能出现的偿债高峰期。

（三）重点分析各级次、各年度地方政府负有偿还责任债务的总体风险状况，并对债务规模比较大的行业、部门和融资平台公司等单位债务风险状况进行分析。

1. 地方各级政府负有偿还责任债务的总体风险状况。

（1）债务率（年末债务余额占当年综合可用财力的比率）分析。如债务率超过 100%（多数国家确定的债务率指标控制上限），表明该地区债务风险较高；如低于 100%，表明该地区债务风险较低。

（2）偿债率（当年偿还债务本息占当年综合可用财力的比率）分析。如偿债率超过 20%（国际常用的偿债率指标控制上限），表明该地区到期债务的偿债压力较大，风险较高；如低于 20%，表明该地区偿债压力较小，风险较低。

（3）逾期债务率和借新还旧偿债率分析。如逾期债务率（年末逾期债务额占年末债务总余额的比重）较高，表明政府已出现偿债困难，存在较高风险。如借新还旧偿债率（举借新债偿还债务本息额占当年债务还本付息总额的比重）较高，表明政府对举借新债偿还债务的依赖程度较高，存在一定偿债风险。

2. 对交通运输、市政建设、高校、医院和融资平台公司等重点行业和单位的三类债务情况和偿债风险进行分析。

（1）交通运输部门债务情况及偿债风险。

一是摸清交通运输部门三类债务的规模及其比重情况；二是分析交通运输部门利用自身经营收入偿还到期政府担保债务和其他相关债务的能力；三是分析债务逾期情况和举借新债偿还旧债情况；四是分析其中政府担保债务、其他相关债务实际转化为地方政府负有偿还责任债务的情况。

（2）用于市政建设的债务情况及偿债风险。

一是摸清用于市政建设的三类债务的规模及其比重情况；二是分析用于市政建设的政府性债务余额中，以土地出让收入为偿债资金来源的债务规模及偿债能力，是否存在债务偿还过度依赖土地出让收入，易受房地产政策调控影响，引发偿债风险的问题；三是分析债务逾期情况和举借新债偿还旧债情况；四是分析其中政府担保债务、其他相关债务实际转化为地方政府负有偿还责任债务的情况。

（3）高校、医院等单位债务情况及偿债风险。

一是摸清高校、医院等单位三类债务的规模及其比重情况；二是分析高校、医院等单位利用事业收入、经营收入等偿还到期政府担保债务和其他相关债务的能力;三是债务逾期情况和举借新债偿还旧债情况;四是分析其中政府担保债务、其他相关债务实际转化为地方政府负有偿还责任债务的情况。

(4)融资平台公司债务情况、运营状况及偿债风险。

一是摸清融资平台公司的个数、类别及三类债务的规模、比重情况;二是调查融资平台公司资产质量、财务状况、盈利能力,包括:融资平台公司不能或不宜变现的资产(如学校、广场、党政机关办公楼以及市政道路、设施等)所占比重,以及注册资本不到位、抽逃资本、资产不实等影响资产质量的情况,根据资产负债率及盈利情况,分析融资平台公司偿债能力。

(四)债务举借、管理和债务资金使用方面存在的主要问题。

1. 审查地方政府性债务管理制度是否健全,债务的举借、使用、偿还管理是否规范,有无债务缺乏归口管理、多头举债、造成规模底数不清,债务资金管理不到位、使用审批手续不健全,偿债责任不落实、风险预警和控制机制不完善等问题。

2. 审查地方政府债务资金使用是否合规有效,有无违反国家产业政策规定投向"两高一剩"、低水平重复建设项目,违规进入资本市场、房地产市场的问题;有无投资建设"形象工程"、楼堂馆所的问题;有无未按核准用途使用债务资金的问题;有无长期闲置债务资金的问题。

3. 审查地方政府(含政府部门和机构)及主要依靠财政拨款的经费补助事业单位,在2010年6月《国务院关于加强地方政府融资平台公司管理有关问题的通知》(国发〔2010〕19号)下发后,有无以承诺函、宽慰函等形式,或以财政性收入、行政事业等单位的国有资产为政府融资平台公司融资行为违规提供直接或间接担保的问题。

4. 审查融资平台公司是否存在以虚假或不合法的抵(质)押物作为担保,或高估抵押物价值获得贷款,以及用同一抵押物重复抵押获得超出抵押物价值的贷款等问题;有无注册资本不到位、将贷款用作项目资本金、抽逃资本、资产不实的问题。在发行债券过程中,有无通过违规注资、虚报收入等方式粉饰业绩发行债券,或主管部门审批不严等问题。

5. 审查地方政府(含政府部门和机构)、经费补助事业单位、公用事业单位、政府融资平台公司有无违反国家规定,以各种形式向单位职工或社会公众集资的问题。

(五)地方政府性债务形成原因分析。

结合被审计地区经济社会发展实际,从财政体制、地方举债融资和风险防范机制、领导干部业绩考核制度等方面对债务形成的原因进行分析。

结合债务资金的构成和投向,重点分析2010年末政府负有偿债责任的债务余额形成原因。分清以前年度举借形成的债务余额规模,2010年当年举借用于偿还以前年度债务本息、续建以前年度项目、化解以前年度地方金融风险和当年新开工项目(其中:用于2010年中央扩内需项目配套的债务)形成的债务余额规模,以及尚未支出的债务资金额。

(六)提出审计建议。

针对审计发现的问题,着眼于促进地方经济社会发展,有效防范和化解地方政府性债务风险,维护财政和金融安全,提出妥善处理存量债务,健全完善地方政府性债务管理制度,建立规范的地方举债融资机制的审计建议。

四、有关要求

(一)统一思想,提高认识。此次地方政府性债务审计,是国务院部署的一项重要工作,是全国审计机关的一项重要任务,也是推动地方加快转变经济发展方式、实现科学发展的重大举措。通过审计,摸清当前地方政府性债务基本情况,不仅可以为中央经济决策提供重要参考,也可以为地方各级政府加强本地区政府性债务管理提供基础数据和情况,具有十分重大的意义。各有关部门、地方各级政府、各级审计机关要充分认识此项工作的极端重要性,牢固树立大局意识和宏观意识,以高度的政治责任感和历史使命感,克服一切困难,保质保量地完成审计工作任务。

(二)明确目标,突出重点。各有关部门、地方各级政府要认真学习国务院领导同志指示精神,按照"摸清规模,分清类型,分析结构,揭示问题,查找原因,提出建议"的工作思路,切实做好审计工作。通过审计,要全面摸清地方政府性债务的规模、结构,分类型、分级次、分年度摸清情况;要深入分析债务形成的原因,是否合理合规;要调查有关部门和地方对债务的管理情况,反映存在的突出问题;要分析偿债能力,揭示是否存在风险隐患，积极提出防范和化解风险的建议。

（三）精心组织，确保质量。本次地方政府性债务审计由审计署统一组织全国各级审计机关实施。审计署要于2011年2月下旬统一向各省（自治区、直辖市及计划单列市）人民政府下达审计通知书，并抄送各市、县人民政府；3月1日前开始审计，6月底之前向国务院提交审计报告。审计中要严格执行审计法律法规，确保审计的债务数据和其他相关数据真实、准确和完整，防止漏报、重报、多报。各级审计机关要认真组织，突出重点，确保审计工作目标的实现。

（四）及时沟通，加强协调。各级审计机关要做好与地方政府及各级财政、发展改革、人民银行、银监等相关部门的沟通联系，协调解决工作中的问题。审计署要加强组织领导和工作指导。各级审计机关要及时向审计署报告工作进展情况、发现的重大案件线索和其他重大事项。

（五）依法审计，严守纪律。各级审计机关要严格执行审计纪律及各项廉政规定，切实做到依法审计、文明审计。审计人员要严格遵守保密纪律，未经批准，任何单位和个人不得对外披露审计情况和审计数据。

具体审计方案及相关报表由审计署另行制定。

国务院办公厅关于印发《稳增长促改革调结构惠民生政策措施落实情况跟踪审计工作方案的通知》

（国办发明电〔2014〕16号，2014年8月19日）

各省、自治区、直辖市人民政府，国务院各部委、各直属机构：

为进一步推动稳增长、促改革、调结构、惠民生政策措施的贯彻落实，国务院决定，从今年8月中旬起，由审计署组织全国审计机关对上述政策措施贯彻落实情况进行跟踪审计。

《关于稳增长促改革调结构惠民生政策措施落实情况的跟踪审计工作方案》已经国务院同意，现印发给你们，请认真贯彻执行。

国务院办公厅

2014年8月19日

关于稳增长促改革调结构惠民生政策措施落实情况的跟踪审计工作方案

为做好稳增长、促改革、调结构、惠民生政策措施落实情况的跟踪审计工作，根据《中华人民共和国审计法》等相关规定，制定本工作方案。

一、审计目标

推动国务院出台的稳增长、促改革、调结构、惠民生政策措施落实到位，促进经济平稳运行、健康发展。

二、审计对象和范围

地方各级人民政府、国务院相关部门贯彻落实稳增长、促改革、调结构、惠民生政策措施情况（详见附件），必要时延伸审计相关企业和建设项目。

三、审计重点

围绕国务院出台的稳增长、促改革、调结构、惠民生一系列政策措施，重点审计以下方面：

（一）总体情况。包括：各相关部门按照职责范围和分工制定具体落实措施、任务分解、工作进展和完善制度保障等情况；各地区因地制宜制定具体措施、承接并制订目标任务细化方案、明确责任主体、建立健全保障机制等情况；各地区、各相关部门落实措施的具体内容、时间表、路线图和执行进度，以及取得的实际效果。

（二）存在的主要问题和出现的新情况。包括：项目建设进度是否符合时间要求，财政和信贷等资金保障是否到位，各类资金是否及时投入使用，简政放权等相关改革措施是否落地，各项政策措施是否充分发挥作用，以及经济发展过程中可能出现的财政、金融、产业、外贸等方面的风险隐患。

（三）问题产生的主要原因及各地区、各相关部门下一步将采取的措施。包括：针对跟踪审计发现的问题，深入分析问题产生的原因，落实各环节的责任主体，提出意见和建议；各地区、各相关部门针对跟踪审计指出的问题，下一步将采取的措施。

四、工作要求

（一）依法开展跟踪审计。对各地区、各相关部门贯彻落实国务院出台的稳增长、促改革、调结构、惠民生政策措施情况的跟踪审计，是审计法赋予审计机关的法定职责，各级审计机关要认真部署、周密安排，持续跟踪政策措施落实情况。各地区、各相关部门要全力支持配合审计工作，及时完整地提供相关资料、情况和电子数据。

（二）切实突出审计重点。各级审计机关在跟踪审计过程中，要将国务院政策措施与各地区的经济发展特点、各相关部门的工作职责范围紧密结合，因地制宜，抓住政策措施落实的重点环节、重点项目、重点内容等，揭示和反映影响经济发展的重大问题。

（三）坚持揭示问题和督促整改相结合。对跟踪审计发现的问题，要及时向被审计的地方、部门通报情况，提出具体可行的整改意见，督促各地区、各相关部门及时整改落实，促进各项政策措施落实到位。

（四）上下协调，抓好衔接。贯彻落实国务院稳增长、促改革、调结构、惠民生政策措施，需要部门和地方联动。要做好对国务院相关部门的跟踪审计和对各地区跟踪审计的衔接，分清政策措施落实不到位的各环节责任，推动各项政策措施不打折扣地落实。

（五）抓好组织实施，建立定期报告制度。各级审计机关在跟踪审计过程中，既要审查相关资料，也要深入到地方、部门、企业和项目，采取召开座谈会等方式深入了解情况，分析原因、研究提出解决问题的对策。审计署每季度向国务院报告跟踪审计情况，地方各级审计机关每季度向本级政府和上级审计机关报告跟踪审计情况，重大事项随时报告。

（六）严格纪律，文明审计。各级审计机关和审计人员要遵守各项廉政纪律、审计纪律、保密纪律，坚持文明审计，客观公正、实事求是地反映情况。

附件

稳增长促改革调结构惠民生相关政策措施落实情况跟踪审计主要内容

一、取消和下放行政审批事项、推进简政放权政策措施落实情况

根据《国务院关于严格控制新设行政许可的通知》（国发〔2013〕39 号）、《国务院关于清理国务院部门非行政许可审批事项的通知》（国发〔2014〕16 号）以及 2013 年以来国务院取消和下放一系列行政审批事项的相关文件，主要审计：

（一）取消和下放行政审批事项进展情况和地方承接情况，以及加强事中事后监管和服务情况。

（二）全面清理非行政许可审批事项、严格规范和控制新增行政审批事项落实情况，以及地方自行设立的审批、核准、备案、登记、注册、收费等清理情况。

（三）注册资本金登记制度改革和工商登记前置审批改为后置审批推进情况。

（四）现有行政审批事项向社会公开情况，以及优化审批流程、规范审批程序、提高审批效率等情况。

二、加快棚户区改造、加大保障性安居工程建设力度政策措施落实情况

根据《国务院关于加快棚户区改造工作的意见》（国发〔2013〕25 号）、《国务院办公厅关于进一步加强棚户区改造工作的通知》（国办发〔2014〕36 号）等文件，主要审计：

（一）2014 年棚户区改造工程进展情况，包括改造规划、项目落实、开工数量、基本建成数量、完成投资以及配套设施建设等情况。

（二）金融支持棚户区改造情况和中央财政资金下达、地方财政资金配套、土地供应、税费政策等落实情况。

（三）棚户区改造安置住房分配入住情况。

三、深化铁路投融资体制改革、加快铁路建设政策措施落实情况

根据《国务院关于改革铁路投融资体制加快推进铁路建设的意见》（国发〔2013〕33 号）等文件，主要审计：

（一）铁路建设项目前期工作情况，包括铁路总公司组织项目立项、可研、设计、报送情况，地方政府相关手续办理情况，有关部门审批完成情况等。

（二）铁路建设投资完成情况，包括铁路总公司、地方政府铁路投资完成情况，地方政府负责的征收拆迁、配套资金落实情况等。

（三）铁路投融资体制改革重大事项完成情况，包括铁路发展基金设立、铁路土地综合开发利用、铁路企业改革和引导社会资本进入铁路建设等情况。

四、加快城市基础设施建设政策措施落实情况

根据《国务院关于加强城市基础设施建设的意见》（国发〔2013〕36 号）、《国务院办公厅关于加强城市地下管线建设管理的指导意见》（国办发〔2014〕27 号）等文件，主要审计：

（一）城市道路交通、城市管网建设和改造、污水和垃圾处理设施、供水和排水防涝、生态园林建设等任务完成情况，开展城市地下综合管廊试点工程情况。

（二）落实污水处理、生活垃圾处理、城镇供水、城镇燃气、供热管网改造等“十二五”规划，加快在建项目建设、推进新项目开工、做好后续项目储备情况。

（三）推进投融资体制和运营机制改革，特别是吸收民间资金参与城市基础设施建设，研究出台配套财政扶持政策，落实税收优惠政策情况。

五、促进节能环保产业发展政策措施落实情况

根据《国务院关于加快发展节能环保产业的意见》（国发〔2013〕30 号）等文件，主要审计：

（一）加快污染治理重点工程实施，采用先进环保工艺、技术和装备，落实脱硫脱硝电价政策，推进相关设施改造情况。

（二）加快节能技术装备升级换代，包括推广高效锅炉、加快新能源汽车技术攻关和示范推广情况，重点用能装备节能改造进展情况。

（三）节能产品惠民政策、政府采购节能环保产品政策等推进情况；壮大节能环保服务业，合同能源管理、环境治理财税政策落实和建立市场化融资模式情况。

六、加快发展养老、健康服务业政策措施落实情况

根据《国务院关于加快发展养老服务业的若干意见》（国发〔2013〕35 号）、《国务院关于促进健康服务业发展的若干意见》（国发〔2013〕40 号）、《国务院办公厅关于印发深化医药卫生体制改革 2014 年重点工作任务的通知》（国办发〔2014〕24 号）、《国务院办公厅印发关于县级公立医院综合改革试点意见的通知》（国办发〔2012〕33 号）等文件，主要审计：

（一）加快养老服务设施和机构、居家养老服务网络建设，促进医疗卫生和养老服务相结合等任务进展情况。

（二）发展医疗服务、健康管理与促进、健康保险以及相关服务等任务进展情况。

（三）完善养老、健康服务业市场准入、财税价格、投融资、土地规划、人才政策等保障措施落实情况。

（四）加快推进公立医院改革，启动实施第二批县级公立医院综合改革试点，新增县级公立医院改革试点县（市）700 个，使试点县（市）的数量覆盖 50％以上的县（市），覆盖农村 5 亿人口等工作任务推进情况。

七、促进信息消费政策措施落实情况

根据《国务院关于促进信息消费扩大内需的若干意见》（国发〔2013〕32 号）和《国务院关于印发“宽带中国”战略及实施方案的通知》（国发〔2013〕31 号）等文件，主要审计：

（一）加快信息基础设施升级，特别是实施“宽带中国”工程、加快第四代移动通信（4G）基础设施建设、全面推进三网融合进展情况。

（二）鼓励智能终端产品发展，增强电子基础产业创新能力，大力推动集成电路产业发展，设立国家集成电路产业投资基金进展情况。

（三）培育信息消费需求，构建安全可信的信息消费环境基础，提升信息安全保障能力情况。

八、推进文化创意和设计服务与相关产业融合发展政策措施落实情况

根据《国务院关于推进文化创意和设计服务与相关产业融合发展的若干意见》（国发〔2014〕10号）等文件，主要审计：

（一）文化创意和设计服务在促进制造业、数字内容产业、人居环境、旅游、特色农业、体育产业、文化产业发展方面的进展情况。

（二）增强创新动力、强化人才培养、壮大市场主体、培育市场需求、引导集约发展、加大财税支持、加强金融服务、优化发展环境等政策措施落实情况。

（三）编制专项规划或行动计划、建立工作机制、加强宣传、加强统计核算和分析等组织实施要求落实情况。

九、落实企业投资自主权，向非国有资本推出一批投资项目政策措施落实情况

根据《国务院关于发布政府核准的投资项目目录（2013年本）的通知》（国发〔2013〕47号）等文件，主要审计：

（一）《政府核准的投资项目目录（2013年本）》实施情况，尤其是进一步缩减投资核准范围、下放核准权限，建立完善纵横联动协同管理机制、加快建设和用好全国联网的项目审批、核准和备案信息系统等情况。

（二）根据《国家发展改革委关于发布首批基础设施等领域鼓励社会投资项目的通知》（发改基础〔2014〕981号），首批80个鼓励社会资本以合资、独资、特许经营等方式参与建设营运的基础设施等领域示范项目进展情况。

（三）改进和规范核准行为，尽快发布企业投资核准办法、外商投资核准备案办法等工作进展情况。

十、金融支持实体经济特别是小微企业和“三农”政策措施落实情况

根据《国务院办公厅关于金融支持经济结构调整和转型升级的指导意见》（国办发〔2013〕67号）、《国务院办公厅关于金融支持小微企业发展的实施意见》（国办发〔2013〕87号）和《国务院办公厅关于多措并举着力缓解企业融资成本高问题的指导意见》（国办发〔2014〕39号）等文件，主要审计：

（一）加大“定向降准”措施力度，对支持“三农”、小微企业达到一定标准的银行业金融机构适当降低准备金率情况。

（二）扩大支小再贷款和专项金融债规模、支持小微企业贷款增速和增量“两个不低于”落实情况；大力发展农村普惠金融，推动农村基础金融服务全覆盖进展情况；扩大民间资本进入金融业，鼓励民间资本投资入股金融机构和参与金融机构重组改造情况。

（三）采取保持货币信贷总量合理适度增长、抑制金融机构筹资成本不合理上升、缩短企业融资链条等综合措施，着力缓解企业融资成本高问题，促进金融与实体经济良性互动等工作任务进展情况。

（四）加快推进信贷资产证券化和加大呆账核销力度，改进宏观审慎管理指标和存贷比管理办法的进展情况。

十一、促进对外贸易稳定增长政策措施落实情况

根据《国务院办公厅关于支持外贸稳定增长的若干意见》（国办发〔2014〕19号）和《国务院办公厅关于促进进出口稳增长、调结构的若干意见》（国办发〔2013〕83号）等文件，主要审计：

（一）提高贸易便利化水平，特别是整顿和规范进出口环节经营性服务和收费，免收2014年度出口商品法检费用、减少出口法检商品种类情况。

（二）加大对有订单、有效益外贸企业特别是中小企业的金融支持，加大出口信用保险支持，鼓励保险公司扩大短期出口信用保险业务进展情况。

（三）创新和完善多种贸易平台，尽快将市场采购贸易的相关政策落实到位并扩大试点范围，出台跨境电子商务贸易便利化措施进展情况。

（四）完善出口退税政策，进一步加快出口退税进度，确保及时足额退税进展情况。

十二、以创新支撑引领经济结构优化升级政策措施落实情况

根据《国务院关于印发“十二五”国家自主创新能力建设规划的通知》（国发〔2013〕4号）和政府工作报告等文件，主要审计：

（一）强化企业技术创新主体地位，鼓励和支持企业提高创新能力情况。

（二）完善和落实调动科技人员积极性创造性政策措施情况。

（三）加大政府科技投入，健全公共科技服务平台等情况；科技重大专项实施进展情况。

（四）促进信息化与工业化深度融合、推动企业加快技术改造等政策实施情况，设立新兴产业创业新平台等进展情况。

十三、夯实农业基础、推进现代农业发展政策措施落实情况

根据《中共中央国务院关于加快发展现代农业进一步增强农村发展活力的若干意见》（中发〔2013〕1号）、《国务院办公厅关于落实中共中央国务院关于加快发展现代农业进一步增强农村发展活力若干意见有关政策措施分工的通知》（国办函〔2013〕34 号）和《国务院关于黑龙江省"两大平原"现代农业综合配套改革试验总体方案的批复》（国函〔2013〕70 号）等文件，主要审计：

（一）以黑龙江"两大平原"现代农业综合配套改革试验区为试点，统筹整合涉农资金情况。

（二）贯彻落实《国务院关于全国高标准农田建设总体规划的批复》（国函〔2013〕111 号），"十二五"期间建成 4 亿亩旱涝保收高标准农田进展情况。

（三）农村土地承包经营权确权登记颁证整省、整县试点工作推进情况。

（四）深化种业体制改革，强化企业技术创新主体地位，调动科研人员积极性，构建商业化育种体系，促进现代种业健康发展情况。

十四、加快重大水利工程建设，2014 年再解决 6000 万农村人口饮水安全问题政策措施落实情况

根据政府工作报告等文件，主要审计：

（一）在建重大水利工程建设和 2014 年、2015 年拟开工重大水利工程的前期工作情况，"十三五"拟开工重大水利工程前期论证情况。

（二）2014 年农村饮水安全投资安排和工程实施情况。

（三）统筹使用税费、价格等改革措施促进节水增效，加强终端配套服务设施建设，解决好"最后一公里"问题等进展情况。

十五、实行精准扶贫，2014 年再减少农村贫困人口 1000 万人以上政策措施落实情况

根据《中共中央办公厅 国务院办公厅印发〈关于创新机制扎实推进农村扶贫开发工作的意见〉的通知》（中办发〔2013〕25 号）等文件，主要审计：

（一）进一步加强扶贫资金管理，增强扶贫资金使用的针对性，整合扶贫资金和各类相关涉农资金情况。

（二）2014 年各地落实减少农村贫困人口计划的主要措施，310 个中央国家机关等单位定点扶贫 592 个县，18 个东部发达省市对口帮扶西部 10 个省（区、市）落实情况。

（三）贫困县考核机制改革推进情况；每个贫困村、贫困户建档立卡和全国扶贫信息网络系统建设情况。

十六、加强生态环境保护政策措施落实情况

根据《国务院关于印发节能减排"十二五"规划的通知》（国发〔2012〕40 号）、《国务院关于印发大气污染防治行动计划的通知》（国发〔2013〕37 号）、《国务院关于印发"十二五"节能减排综合性工作方案的通知》（国发〔2011〕26 号）等文件，主要审计：

（一）实施大气污染防治行动计划情况，淘汰燃煤小锅炉 5 万台，推进燃煤电厂脱硫改造 1500 万千瓦、脱硝改造 1.3 亿千瓦、除尘改造 1.8 亿千瓦，促进低速汽车（三轮汽车、低速货车）升级换代情况，淘汰黄标车和老旧车 600 万辆情况，在全国供应符合国家第四阶段标准的车用柴油进展情况。

（二）京津冀、长三角、珠三角区域大气污染治理联防联控情况；研究制定水污染防治行动计划，加强饮用水源保护，推进重点流域污染治理情况；研究制定土壤污染防治行动计划，实施土壤修复工程，整治农业面源污染情况。

（三）提前一年完成钢铁、水泥、电解铝、平板玻璃等 21 个重点行业的"十二五"淘汰落后产能任务进展情况；对未按期完成淘汰任务的地区，暂停对该地区重点行业建设项目办理审批、核准和备案手续情况；严格控制"两高"行业新增产能，新建、改建、扩建项目实行产能等量或减量置换情况。

十七、扩大"营改增"试点、减轻和公平企业税负政策措施落实情况

根据经国务院同意的《营业税改征增值税试点方案》（财税〔2011〕110 号）和《财政部 国家税务总局关于在全国开展交通运输业和部分现代服务业营业税改征增值税试点税收政策的通知》（财税〔2013〕37 号），

以及《国务院办公厅关于进一步加强涉企收费管理减轻企业负担的通知》(国办发〔2014〕30 号)等文件,主要审计:

(一)交通运输业、部分现代服务业、邮政业和电信业营改增试点运行情况;营改增应税服务出口适用零税率政策和免税政策的执行情况。

(二)暂免征收部分小微企业增值税和营业税有关工作落实情况,小型微利企业减半征收企业所得税优惠政策实施情况。

(三)清理取消不合理、不合法的行政事业性收费,建立健全非税收入管理制度情况。

十八、促进高校毕业生就业创业政策措施落实情况

根据《国务院办公厅关于做好 2014 年全国普通高等学校毕业生就业创业工作的通知》(国办发〔2014〕22 号)等文件,主要审计:

(一)2014 届高校毕业生就业创业情况。

(二)落实引导高校毕业生到城乡基层就业、鼓励小微企业吸纳就业、激励高校毕业生自主创业、就业服务和就业援助等政策措施,拓宽就业领域,开发更多就业岗位情况。

(三)深化高等教育综合改革,推动创新高校人才培养机制情况。

十九、加强社会救助、保障困难群众基本生活政策措施落实情况

根据《社会救助暂行办法》(国务院令第 649 号)和《国务院关于进一步加强和改进最低生活保障工作的意见》(国发〔2012〕45 号)等文件,主要审计:

(一)建立健全社会救助体系,加强最低生活保障、特困人员供养、受灾人员救助、医疗救助、教育救助、住房救助、就业救助、临时救助和引导社会力量参与等工作情况。

(二)中央及地方各级财政低保、医疗救助、临时救助、特困人员供养等社会救助资金投入和工作经费落实情况。

(三)社会救助统筹协调机制、一门受理机制、居民家庭经济状况核对机制、社会救助绩效评价机制、完善社会救助和保障标准与物价上涨挂钩联动机制的实施情况。

审计署办公厅关于加强审计监督进一步推动财政资金统筹使用的意见

(审办财发〔2015〕122 号,2015 年 9 月 7 日)

各省、自治区、直辖市和计划单列市、新疆生产建设兵团审计厅(局),署机关各单位、各特派员办事处、各派出审计局:

近年来,国务院多次就推动财政资金的统筹使用提出要求。审计机关按照国务院的部署和要求,持续组织对财政存量资金盘活和统筹使用等情况的审计,高度关注国务院加强财政资金统筹使用有关政策措施的落实情况,及时反映影响财政资金统筹使用的体制机制制度性障碍,取得积极成效。为进一步加强对财政资金统筹使用的审计监督,切实落实国务院政策要求,现提出以下意见:

一、充分认识加强财政资金统筹使用审计监督的重要意义。加强财政资金统筹使用,是创新宏观调控的重要内容,也是深化财政体制改革的重要举措,对于贯彻落实稳增长、促改革、调结构、惠民生、防风险各项政策措施具有重要意义。当前,一些地方和单位专项过多、过散、过小的现象仍然比较突出,资金统筹力度和存量盘活力度不大、使用效益较低的问题依然比较突出。各级审计机关要认真贯彻国务院部署,按照国务院要求,在财政、金融、企业、经济责任、资源环境、民生等相关领域审计中,应紧紧围绕"整合专项、盘活存量、优化支出、提高效益"目标开展工作,进一步推动整合资金,统筹安排财政资金,盘活存量、用好增量,促进财政资金尽快形成有效支出,提高财政资金使用绩效,促进经济平稳健康运行。

二、切实把握审计推动财政资金统筹使用的要求。对审计发现的情况和问题,各级审计机关要坚持依法审计、实事求是。要认真研究分析,坚持历史地、辩证地、客观地看待改革和发展中出现的新情况、新问题,慎重稳妥地反映和处理,更好地发挥审计促进国家重大决策部署落实的保障作用。

（一）坚持实事求是，着力推动财政资金的统筹使用。审计中，对于跨科目调剂预算的，或者同一类事项变更财政资金投向地区或具体项目的，要仔细甄别，大力推动改革创新，使之更加有利于政策落实、有利于项目实施、有利于加快预算执行进度、有利于财政资金尽快发挥效益，并督促依法依规办理预算调整调剂、项目变更等相关审批手续，规范资金管理使用，提高资金绩效。

（二）坚持客观分析，着力推动消除阻碍财政资金统筹使用的制度障碍。审计中，对于扩大专项资金使用范围、改变专项资金用途等问题，要全面分析、客观判断。积极促进采取创新举措，使之更加有利于科学发展、扩大就业、改善民生，有利于调结构、转方式、利长远，有利于整合资源、提高绩效、集中力量办大事，有利于生态建设、环境保护，有利于科技创新、增强发展后劲，有利于化解矛盾、防范风险，并从完善相关政策规定角度，提出消除不适应改革发展制度障碍的建议。

（三）坚持严肃查处重大违法违规问题，着力维护财政资金安全。审计中，要严肃揭露和查处骗取套取、贪污侵占、损失浪费等违法违纪和腐败问题，严肃揭露和查处违规建设楼堂馆所、公款吃喝、公款送礼、公款旅游、奢侈浪费等违反中央八项规定精神的问题，严肃揭露和查处“形象工程”、“政绩工程”，确保有限的财政资金用到急需的方面；要加大对扶贫、“三农”、养老设施建设、民政社保、教育、医疗等民生资金和项目的审计力度，严肃揭露和查处侵害群众利益的问题，确保人民群众真正从中受益。

三、进一步加强组织领导。各级审计机关要从大局出发，充分认识统筹盘活财政资金的重要性，统一思想，加强领导。上级审计机关要加大对下级审计机关的业务指导力度，下级审计机关要及时反映统筹盘活财政资金中的新情况、新问题。对于需要健全完善体制机制的，要及时向有关部门提出建议；对于财政资金长期闲置、统筹盘活不力的，要推动加强问责；对于好的典型、好的做法，要及时总结推广；对于涉嫌犯罪的，要及时办理移送。稳增长等政策措施贯彻落实跟踪审计、预算执行审计等各项目要将统筹、盘活财政资金作为重要审计内容，在审计目标、审计内容、审计问题处理和审计成果利用等方面有机衔接，统筹兼顾，切实发挥审计在宏观政策实施中的重要保障作用。

审计署关于印发进一步加大审计力度促进稳增长等政策措施落实意见的通知

（审政研发〔2015〕58 号，2015 年 9 月 18 日）

各省、自治区、直辖市和计划单列市、新疆生产建设兵团审计厅（局），署机关各单位、各特派员办事处、各派出审计局：

现将《关于进一步加大审计力度促进稳增长等政策措施落实的意见》印发给你们，请结合本地区、本单位实际，切实抓好贯彻落实。

审计署

2015 年 9 月 18 日

关于进一步加大审计力度促进稳增长等政策措施落实的意见

去年以来，各级审计机关按照国务院的部署和要求，加强对国家重大决策部署落实情况的审计监督，开展稳增长等政策措施落实情况的跟踪审计，取得很好效果。当前，我国经济发展的基本面没有改变，经济运行总体缓中趋稳、稳中向好，但稳中有难，稳增长任务还很艰巨。为进一步加大审计力度，更加有效地推动稳增长等政策措施落实，现提出以下意见：

一、总体要求

（一）围绕中心、服务大局，把稳增长、促发展作为当前审计工作的首要任务。各级审计机关要按照国务院的部署和地方各级党委、政府的要求，集中力量、全力以赴、主动作为，把监督检查稳增长等政策措施的落实情况作为各项审计的重要内容，持续进行跟踪审计，促进政策落地生根、不断完善和发挥实效。

（二）吃透政策、把握重点，切实增强审计的针对性、时效性和建设性。各级审计机关要加强对稳增长等政策措施的学习，深入研究政策背景，深刻领会政策意图，及时掌握政策要求。围绕项目落地、资金保障、简政放权、政策落实、风险防范"五个抓手"，结合所审计地区经济社会发展实际和部门特点，确定审计重点，加大审计力度。

（三）依法审计、实事求是，历史、客观、辩证地反映政策落实中存在的问题并积极提出建议。各级审计机关要坚持原则，依法履职尽责。要正确把握改革和发展中出现的新情况新问题，客观审慎地反映和处理，既不能以新出台的制度规定去衡量以前的老问题，也不能生搬硬套或机械地使用原有的制度规定来衡量当前的创新事项。

二、把握原则

（四）坚决查处，大力推动整改问责。对审计发现的问题，凡是不作为、慢作为、假作为等重大履职不到位的，凡是重大失职渎职的，凡是造成重大损失浪费的，凡是造成重大风险隐患的，凡是重大违法违纪的，要坚决查处，大力推动整改问责。

（五）坚决促进，大力推动总结完善。对突破原有制度和规定的创新举措或应变措施，凡是有利于稳增长、科学发展的，凡是有利于调结构、转变发展方式的，凡是有利于创新驱动、增强发展后劲的，凡是有利于环境治理、生态保护的，凡是有利于惠民生、维护社会稳定的，凡是有利于防风险、维护经济安全的，要坚决促进，大力推动总结完善。

（六）坚决揭示，大力推动深化改革。对体制机制制度性问题，凡是制约和阻碍稳增长、促改革、调结构、惠民生、防风险政策措施贯彻落实的，凡是制约和阻碍探索创新、激发市场活力的，凡是制约和阻碍提高绩效、实现有质量、有效益、可持续发展的，要坚决揭示反映，大力推动深化改革。

三、重点任务

（七）促进重大政策有效落实。财政税收政策方面，重点监督检查各地区优化财政支出结构、加快财政支出进度、对实体经济和中小企业税收优惠政策的执行、项目资金到位、保证重大项目建设等情况。金融政策方面，重点关注金融机构支持实体经济特别是小微企业发展、保障重大项目融资等情况。产业政策方面，重点关注加大对养老、保险、科技等服务以及信息技术、新能源、电子商务、物流、节能环保、文化体育等产业的支持力度情况。民生政策方面，重点关注加大对扶贫、"三农"、民政社保、教育、医疗等民生领域的投入力度情况。

（八）促进简政放权。监督检查各部门、各地区取消下放行政审批事项，推动规范和公开行政审批流程，压缩和明确审批时限等情况；对已取消下放的行政审批事项，重点揭示明放暗留、变相审批、弄虚作假等行为。推进收费项目清理，严肃查处违规设立的基金和收费项目；促进清理规范行政审批中介服务，推动整顿规范行业协会商会收费。推进商事制度改革和职业资格改革，推动通关便利化。推进监管方式创新，促进提升监管效能，营造公平竞争、良性发展环境。

（九）促进重大建设项目加快推进。加强对信息电网油气网络、生态环保、清洁能源、粮食水利、交通运输、健康养老服务、能源矿产资源保障、轨道交通、现代物流、新兴产业、增强制造业核心竞争力等11类国家重大工程项目的审计，重点对水利、铁路、城市基础设施、保障性安居工程等进行全过程跟踪审计。对已批复但开工和建设滞后的项目，推动尽快形成实物工作量。对建设项目的程序性问题，按照有利于项目实施、政策目标落实、促进经济增长的要求，督促尽快完善。对正在报批项目，重点揭示审批环节多、耗时长、效率低等突出问题，促进优化审批流程、加快进度。

（十）促进财政专项资金整合和统筹使用。加强对民生改善、结构调整等重要领域专项资金的审计，促进整合政策目标相近、支持方向相同、扶持领域相关的专项资金，推动国务院确定的有关试验地区、试点领域加大专项资金整合力度，推进完善专项资金管理制度。对确因无法使用而需改变用途、跨科目调剂预算、变更资金投向，凡是有利于政策落实、项目实施和财政资金尽快发挥效益的，要积极促进预算调剂、用途改变和项目变更。对长期闲置不能形成有效支出的，要在揭示问题的基础上，积极提出建议，推动专项资金统筹安排。

(十一)促进盘活存量、优化结构、提高效益。继续加强对各级财政存量资金的审计,把财政资金投入与项目进展、事业发展以及政策目标实现统筹考虑,重点揭示应投未投、该用未用问题,推动财政资金合理配置。研究分析存量资金的成因、结构、闲置时间和资金性质,区别对待、分类施策,推动加快清理盘活进度。对项目已无法实施的长期结转资金,要督促及时收回。对确定当年预算不能执行的项目,要推动及时调整预算,防止形成新的资金沉淀。对清理收回的存量资金,要督促及时安排使用,推动重点投向民生领域,保障重点民生项目的资金需求。

(十二)促进闲置土地有效利用。结合国家土地宏观调控政策和区域发展战略,重点审查建设用地投资强度、建筑密度等情况,推进土地的深度开发和高效利用。要准确反映闲置土地的规模、结构和变化情况,积极推动整合盘活,优先投入经济社会发展急需和民生建设领域。对闲置期限较长的,积极推动有关方面明确处置方案,采取依法依规收回或回购等措施,重新整合利用;对近期闲置的,推动采取追加投资、合作开发、依法置换等措施,尽快启动项目建设。

(十三)促进创业创新。加强对国家支持"大众创业、万众创新"相关政策落实情况的审计,重点检查支持创新的各类资金运行、促进传统产业技术改造的有关措施落实等情况。加强对科技项目和科技资金的审计,推动深化科技体制改革有关政策落实。对创新投融资体制机制的积极探索,要从发展的角度推动总结和完善,促进发挥政府投资的引导和放大效应。对战略性新兴产业和生态产业项目,要积极推动解决产业发展和项目建设中遇到的困难,促进新兴产业成为稳增长的新引擎。

(十四)促进防范风险、维护经济安全。关注政府性债务风险,跟踪存量债务的结构、置换和增量债务管理等情况,防范区域性风险。关注金融风险,跟踪反映金融机构资产质量变化、资本市场发展、金融创新、民间金融发展、跨境资本流动等情况,防范系统性风险。关注资源环境风险,加强对水、矿产、土地等资源以及环境保护情况的审计,防范危害资源环境安全等问题。严肃揭露和查处以权谋私、权力寻租等腐败问题,严肃揭露和查处骗取套取财政资金、侵占国有权益、侵害群众利益等问题,严肃揭露和查处违规建设楼堂馆所、公款吃喝、公款旅游、奢侈浪费等违反中央八项规定精神的问题,切实维护公共资金和国有资产安全。

(十五)促进健全完善制度规定。根据中央出台的重大政策措施,跟踪检查有关部门和地区是否及时修订不符合要求的部门规章和地方法规,促进及时建立健全与新政策新要求相适应的新办法、新规则。对不合时宜、制约发展、阻碍政策落实的法律和行政法规,要切实予以反映,提出废止或修改建议,推动及时清理完善。对改革发展过程中的积极探索和新情况新问题,要注重加强调查研究,积极提出建议,推动形成新的制度规定。

四、强化领导、改进方法

(十六)整合力量、统筹推进。各级审计机关要进一步做好项目计划安排,统筹调配力量,创新方式方法,努力实现对稳增长等政策措施的审计全覆盖。强化上下联动,审计署和省级审计机关要加强指导、培训和总结,明确阶段性工作方案和要点。加强稳增长等政策措施跟踪审计与其他专项审计的衔接配合,其他审计中发现的涉及政策措施落实方面的问题,跟踪审计报告中要及时、充分反映,发挥审计合力。

(十七)严明纪律、改进作风。各级审计机关要严格在法定职责权限范围内开展审计工作,既要敢于碰硬、又要善于解决问题。要严格遵守廉政纪律、保密纪律、审计工作纪律,做到审计程序合法,审计方式遵法,审计标准依法,审计保障用法。要切实做到文明审计,坚持客观公正、平等待人、以理服人,充分听取被审计单位和有关方面意见。

(十八)精心组织、确保质量。各级审计机关要加强项目组织实施,明确和落实审计质量控制责任,确保实现预定的审计工作目标。审计署将加强督促和检查,建立对各级审计机关跟踪审计组织实施、审计结果上报以及审计质量情况的检查、考核和通报制度。发现跟踪审计工作推进不力、质量不符合要求的,要与有关单位主要负责同志和审计组长进行约谈。发现严重审计质量问题的,要严肃追责问责。

(十九)及时报告、依法公开。各级审计机关要按月上报跟踪审计结果,重点报告审计发现的重大政策措施不落实或落实中出现的突出问题和典型事例,并提出相关建议。重大情况要随时报告。要依法加大对跟踪审计情况的公告和宣传力度,加强舆论引导,营造良好审计环境。

审计署办公厅关于印发国家重大政策措施和宏观调控部署落实情况跟踪审计实施意见(试行)的通知

(审办财发〔2015〕30 号,2015 年 3 月 9 日)

各省、自治区、直辖市和计划单列市、新疆生产建设兵团审计厅(局),署机关各单位、各特派员办事处、各派出审计局:

现将《国家重大政策措施和宏观调控部署落实情况跟踪审计实施意见(试行)》印发给你们,请认真贯彻执行。执行过程中 如有问题或者建议,请与审计署财政审计工作领导小组办公室联系。

审计署办公厅
2015 年 3 月 9 日

国家重大政策措施和宏观调控部署落实情况跟踪审计实施意见(试行)

第一条 为做好对国家重大政策措施和宏观调控部署落实情况的跟踪审计(以下简称跟踪审计),根据《中华人民共和国审计法》和《国务院关于加强审计工作的意见》(国发〔2014〕48 号),制定本实施意见。

第二条 本实施意见适用于审计署组织开展的国家重大政策措施和宏观调控部署落实情况跟踪审计项目。

第三条 国家重大政策措施和宏观调控部署,是指党中央、国务院在一定时期制定、实施的经济社会领域重大改革措施、国民经济与社会发展规划、年度计划和工作任务,以及对国家经济运行进行调节和控制所运用的各种政策安排。

第四条 在跟踪审计中,通过揭示重大政策措施和宏观调控部署贯彻落实中存在的问题,反映好的经验和做法,推动国家重大决策部署和政策措施落实到位,促进政策落地生根和不断完善,确保中央政令畅通、令行禁止;同时关注经济社会发展过程中出现的新情况、新问题,深入分析原因,提出对策建议,保障经济社会平稳健康运行。

第五条 跟踪审计的对象,包括中央各有关部门和各级地方政府,必要时延伸审计相关企事业单位、社会组织和项目建设单位等。

第六条 跟踪审计以一个自然年度为一个审计周期,每个审计周期按季度划分为 4 个工作阶段。审计机关应当在全面审计基础上,把握每个工作阶段的工作重点,其中,第一季度着重关注当年工作的计划部署情况,以及上年未如期完成事项的推进情况;第二、三季度着重关注已到达规定时间节点的各项工作任务完成情况,国家重大建设项目、重点工程的进展情况,财政资金、信贷资金到位与使用情况,以及各项政策措施持续落实情况;第四季度全面反映全年工作任务的完成情况,各项政策措施的贯彻落实情况及取得的实际效果。

第七条 跟踪审计的内容

围绕党中央、国务院经济工作重心,全面审计国家重大政策措施和宏观调控部署落实情况。同时,根据不同时期经济社会发展的要求和国家宏观调控的主要方向,突出不同时期、不同地域的审计重点。主要包括:

(一)贯彻落实的总体情况。

——中央各有关部门按照职责范围和任务分工,制定具体落实措施、进行任务分解、推动工作进展和完善制度保障等情况。

——各地区因地制宜制定具体措施、承接并制定目标任务细化方案、明确责任主体、建立健全保障机制、保障政策落地等情况，以及各项目标任务分解到市县后的推进情况。

——相关落实措施的具体内容、时间表、路线图、执行进度和实际效果。

(二)政策落实过程中具体审计内容。

各类规划制定和修订工作是否按期完成；国家的各项改革措施是否落实；国家规划的重点建设项目在实施过程中遇到的主要困难和问题、建设进度是否符合要求；与政策落实直接相关的各类财政资金、信贷资金是否及时到位并投入使用；国家产业政策是否执行到位，财政资金、信贷资金和土地等要素投向是否符合国家产业政策和宏观调控部署；政府简政放权的各项措施是否落实到位等。其中，重点关注：

——重大项目完成情况。对水利、铁路、城市基础设施、棚户区改造等重大项目进行全过程跟踪审计，关注规划、立项、审批、建设、竣工验收、运营等各环节任务分解和落实情况，促进项目科学规划，严格管理，有效推进。

——重点资金保障情况。对落实政策所需的财政资金、信贷资金管理使用情况进行审计，关注资金是否保障到位、是否及时投入使用并发挥效益，是否存在一方面承担信贷资金财务成本，而另一方面形成新的沉淀资金等情况，确保资金安全运行。

——重大政策落实情况。对重大政策落实情况进行审计，关注促进培育新的经济增长点、增强经济发展内生动力、减轻企业负担、支持小微企业发展、淘汰落后产能、推动产业转型升级、保障和改善民生等重大政策是否落实到位。

——简政放权推进情况。对政府职能转变和简政放权情况进行审计，关注取消和下放行政审批事项、转变政府职能、转变监管方式、规范中介服务、释放市场活力等改革措施落实情况，审查是否存在懒政庸政怠政、不作为、乱作为以及权力寻租、贪污腐败等问题。

(三)遇到的制度瓶颈和出现的新情况。

反映相关政策措施落实过程中的体制机制障碍和制度瓶颈，包括与其他正在执行的制度法规的不衔接、不配套问题；揭示相关调控部署实施过程中出现的新情况、新问题以及经济运行中可能出现的风险隐患。

(四)揭示问题产生的原因、提出审计建议并及时督促整改。

针对跟踪审计发现的问题，深入解剖问题所涉及的各个环节并分析原因，落实各环节的责任主体；针对审计发现的问题，要按照审慎的原则，提出审计意见和建议，并在审计实施过程中和下一阶段跟踪审计中督促有关单位加强问题整改、落实责任追究。

(五)注意总结反映各地区、各部门在贯彻落实国家重大政策措施和宏观调控部署中，取得的好经验和做法。

第八条 跟踪审计的组织和分工

跟踪审计纳入审计署年度审计项目计划管理，审计署财政审计工作领导小组办公室具体负责跟踪审计的组织协调工作。

——对中央部门的跟踪审计，由财政司按照审计计划确定的部门组织相关业务司局和派出审计局实施。

——对地方政府的跟踪审计，分别由特派办和省级审计机关实施。其中，特派办负责审计署年度审计计划和审计方案确定的地区和单位；省级审计机关按照审计署年度工作安排和审计方案的要求，组织对所在地区的跟踪审计工作。各特派办延伸审计相关市、县、部门、单位和建设项目时，要与省级审计机关做好工作衔接，尽量避免不必要的重复和交叉。

——除单独立项的跟踪审计项目之外，各级审计机关在组织开展财政、金融、企业、资源环保、投资、民生、经济责任等各审计项目时，都要关注国家重大政策措施和宏观调控部署落实情况，并将审计发现的问题形成专题材料，纳入跟踪审计报告。

第九条 跟踪审计工作的职责界定

(一)审计署财政审计工作领导小组办公室的职责。

1. 加强对国家重大政策措施和宏观调控部署的研究，组织梳理国家重大政策措施和宏观调控部署具体工作任务情况。

2. 根据已确定的审计项目计划，制定跟踪审计工作方案。

3. 审核中央各部门和各省审计组制定的跟踪审计实施方案。

4. 建立跟踪审计项目平台，加强对各审计组现场审计的业务指导和过程控制；组织各中央部门审计组与各省审计组之间开展上下联动，及时掌握各单位工作开展情况，汇总编发审计信息。

5. 复核审计署直接派出的跟踪审计组起草的审计报告，重要事项送法规司审理。

6. 汇总各单位报送的审计结果，形成综合报告上报国务院。

(二)各参审特派办、派出审计局和相关业务司职责。

1. 根据审计署制定的跟踪审计工作方案，制定审计实施方案。

2. 根据审计实施方案开展现场审计。

3. 及时向审计署财政审计工作领导小组办公室报送跟踪审计过程中发现的重大情况。

4. 按时向审计署上报跟踪审计报告。

5. 督促落实整改。

(三)各省级审计机关职责。

1. 根据审计署制定的跟踪审计工作方案，制定审计实施方 案。

2. 根据审计实施方案组织开展现场审计。

3. 及时向审计署财政审计工作领导小组办公室报送跟踪审 计过程中发现的重大情况。

4. 按时向审计署和地方党委、政府上报跟踪审计报告。

5. 督促落实整改。

第十条 建立跟踪审计结果定期报告制度，跟踪审计报告分为季度报告和年度报告。

审计署派出机构和省级审计机关应当在每个季度结束后的 15 日内，将跟踪审计季度报告报审计署，报告反映的数据应当截止到该季度末，每年 1 月 15 日上报的跟踪审计年度报告应当包括相关部门和地区上年全年的数据和情况。审计组完成每个季度的跟踪审计后要向有关部门和地方政府反馈审计发现问题并督促整改。审计署向被审计单位出具年度审计报告。

审计署各业务司局组织实施的其他审计项目，发现国家重大政策措施和宏观调控部署落实方面问题汇总形成的专题材料，于每个季度结束后的 15 日内提交审计署财政审计工作领导小组办公室。

审计署于每个季度结束后的 20 日内将跟踪审计综合报告上报国务院；重大情况随时向国务院报告。

第十一条 各审计项目实施单位和各审计组应当严格执行《中华人民共和国国家审计准则》、《审计署审计现场管理办法(试行)》等规定，加强过程管理和质量控制，落实审计方案确定的各项审计内容。审计组实行组长负责制，实施全过程质量控制，明确各环节质量管理的分工和责任。对因组织实施不力造成重大问题未被发现、审计结论不恰当、审计文书失实以及瞒报重大问题的，区分不同情况予以处理，并追究有关人员责任。

审计署财政审计工作领导小组办公室要及时向各审计组传达审计署的相关部署和要求，掌握审计组的工作进展情况，加强现场审计过程控制，确保跟踪审计工作按照审计署制定的跟踪审计工作方案有序开展。

第十二条 实施意见由审计署财政审计工作领导小组办公室负责解释。

第十三条 本实施意见自发布之日起施行。

审计署办公厅关于加强对奢华浪费建设审计的通知

(审办行发〔2014〕120 号，2014 年 8 月 21 日)

各省、自治区、直辖市和计划单列市、新疆生产建设兵团审计厅(局)，署机关各单位、各特派员办事处、各派出审计局：

为深入贯彻落实中央八项规定精神和国务院“约法三章”要求，充分发挥审计经常性监督作用，促进全面清理整治奢华浪费建设，推动厉行节约反对浪费，按照中央要求，现就加强奢华浪费建设审计监督有关事项通知如下：

一、提高思想认识

近年来，一些地方和部门违反中央有关规定，举债建豪楼造地标，搞华而不实的形象工程、奢华工程，不仅造成国家财力和社会资源的巨大浪费，加重人民群众负担，而且助长享乐主义和奢靡之风，败坏党风政风和社会风气，损害党和政府形象，群众反映强烈。中央对此高度重视，要求把整治奢华浪费建设纳入党的群众路线教育实践活动专项整治和整改范围，进行全面清理，公开曝光典型案例，严肃追究责任。各级审计机关要充分认识奢华浪费建设的严重性和危害性，切实增强工作的责任感和紧迫感，不断加大审计监督力度，推动全面清理整治奢华浪费建设工作，取得让群众满意的效果，切实发挥好审计机关的职能作用。

二、加大审计力度

各级审计机关要对照《党政机关厉行节约反对浪费条例》和中央办公厅、国务院办公厅《关于进一步严格控制党政机关办公楼等楼堂馆所建设问题的通知》、《关于党政机关停止新建楼堂馆所和清理办公用房的通知》以及《关于在党的群众路线教育实践活动中全面清理整治奢华浪费建设的通知》(群组发〔2014〕19号)的规定，将清理整治奢华浪费建设作为重点内容，特别是对党的十八大以来各级党政机关、各人民团体、国有企事业单位挪用扶贫、救灾等财政专项资金，举借和使用政府性债务资金等，违规修建楼堂馆所和地标性建筑等奢华浪费建设情况进行审计，重点关注：一是超审批权限、超规模、超标准、超概算以及化整为零审批建设楼堂馆所；二是以建设技术业务用房名义变相建设楼堂馆所；三是以下属单位名义违规为上级机关建设楼堂馆所；四是借出让国有建设用地使用权违规要求企业代建楼堂馆所；五是以“公共服务中心”、“市民服务中心”、“行政审批中心”等名义违规建设楼堂馆所；六是以“改善人居环境”名义修大广场、挖人工湖、建大喷泉；七是以“文化惠民工程”名义建庙、建大佛以及华而不实的公共文化设施；八是以“美化亮化城市”名义种植名贵树种、建设形象雕塑、筑坝截水造人工水景观以及打造“不夜城”等问题。

三、加强组织领导

各级审计机关要切实加强组织领导，统筹调配资源，每年在各项审计工作中都要认真落实审计奢华浪费建设的要求，上级审计机关要加强对下级审计机关的工作指导和督促检查。要加大对典型案例的查处力度，对违反党纪政纪或涉嫌违法违规问题要按规定及时移送纪检监察机关、司法机关和有关主管部门处理。要着力揭示和反映楼堂馆所等建设管理中存在的体制机制问题，促进完善制度体系，建立健全控制奢华浪费建设长效机制。要加强同发展改革、财政、国土资源、环境保护、住房城乡建设、交通运输、水利、文化、银监、扶贫等部门的协调配合，切实发挥监督合力。要加大审计结果公开力度，及时公告违规建设楼堂馆所、地标性建筑等典型案例，狠刹奢华浪费建设之风。

各省、自治区、直辖市和新疆生产建设兵团审计厅(局)要及时汇总本地区 2013 年和 2014 年审计结果，2014 年 11 月 15 日前向审计署报送；各特派员办事处于 2014 年 11 月 15 日前向审计署报送全国土地出让收支和耕地保护情况审计中发现的奢华浪费建设问题。

审计署办公厅
2014 年 8 月 21 日

附件

中央党的群众路线教育实践活动领导小组关于在党的群众路线教育实践活动中全面清理整治奢华浪费建设的通知

群组发〔2014〕19 号

各省、自治区、直辖市党委教育实践活动领导小组，各副省级城市党委教育实践活动领导小组，中央和国家机关各部委、各人民团体教育实践活动领导小组，新疆生产建设兵团党委教育实践活动领导小组，各中管金融企业党委，部分国有重要骨干企业党组(党委)，部分高等学校党委，各中央巡回督导组：

遵照中央指示，在党的群众路线教育实践活动中，要把整治奢华浪费建设纳入整改范围，进行全面清理。现就有关事项通知如下。

一、充分认识清理整治奢华浪费建设的重要意义

近年来，一些地方和部门违反中央有关规定，建豪楼造地标，搞华而不实的形象工程、奢华工程。有的盲目攀比，贪大求洋，贷款、举债修建富丽堂皇的办公楼；有的超规模、超标准、超投资概算，大拆大建，修建会议中心、景观大道、奢华地标；有的打着改善民生的旗号，挪用扶贫款、救灾款等专项资金，修大广场、挖大湖、建大喷泉，等等。这些奢华浪费建设，不仅造成国家财力和社会资源的巨大浪费，加重人民群众负担，而且助长享乐主义和奢靡之风，败坏党风政风和社会风气，群众反映强烈。各地区各部门各单位要充分认识奢华浪费建设的严重性和危害性，自觉把清理整治奢华浪费建设纳入党的群众路线教育实践活动整改范围，作为落实中央八项规定精神、践行党的群众路线、维护党和政府形象的重要举措，采取坚决有力措施，全面清理整治奢华浪费建设问题，确保取得让群众满意的效果。

二、抓紧开展清理整治工作

各地区各部门各单位要认真贯彻落实中共中央、国务院《党政机关厉行节约反对浪费条例》和中央办公厅、国务院办公厅《关于进一步严格控制党政机关办公楼等楼堂馆所建设问题的通知》（中办发〔2007〕11号）、《关于党政机关停止新建楼堂馆所和清理办公用房的通知》（中办发〔2013〕17号）精神，紧密结合实际，认真研究部署，重点对挪用扶贫款、救灾款等专项资金，超规模、超标准、超投资概算，举借和使用政府性债务资金，建豪楼、造地标等奢华浪费建设进行清理整治。第一批教育实践活动单位要把清理整治奢华浪费建设作为整改的重要内容，第二批教育实践活动单位要把清理整治奢华浪费建设作为专项整治的重要项目，认真开展全面清理。对违规违纪行为特别是党的十八大以来顶风违纪的要严肃查处，并追究相关责任人的责任。要加强舆论引导，及时宣传报道清理整治工作进展情况及成效，加大对典型问题的曝光力度，营造清理整治工作的良好氛围。

三、切实加强组织领导

各省（区、市）和中央国家机关各部委、各人民团体、国有企事业单位党委（党组）要把清理整治奢华浪费建设工作摆上议事日程，切实负起领导责任，一把手亲自过问，组织专门力量，明确专人负责，统筹协调推进。发展改革和财政、国土资源、环境保护、住房城乡建设、交通运输、水利、文化、审计、银监、扶贫等职能部门要各负其责，加强工作指导，注重政策研究，搞好协调配合。各级党的群众路线教育实践活动领导小组及办公室要加强督促，推动落实。

中央党的群众路线教育实践活动领导小组

审计署关于印发切实发挥审计监督作用促进经济平稳健康运行若干意见的通知

（审办发〔2014〕第73号，2014年6月3日）

各省、自治区、直辖市和计划单列市、新疆生产建设兵团审计厅（局），署机关各单位、各特派员办事处、各派出审计局：

《关于切实发挥审计监督作用促进经济平稳健康运行的若干意见》已经署党组会议研究通过，现印发给你们，请结合本地区、本单位实际抓好贯彻落实。

审计署

2014年6月3日

关于切实发挥审计监督作用促进经济平稳健康运行的若干意见

当前，我国经济运行的基本面是好的。但是也要看到，经济发展正处于增长速度换挡期、结构调整阵痛期、前期刺激政策消化期三重叠加阶段，各种深层次矛盾和问题逐步显现，经济面临较大下行压力。面对新形势，各级审计机关要切实做到依法审计、实事求是，紧紧围绕党中央、国务院和地方各级党委、政府工作中心，坚持一手抓促进经济平稳健康运行，一手抓反腐倡廉和推动深化改革，结合改革发展的新要求，实事求是地揭示、分析和反映问题，客观审慎地做出审计处理和提出审计建议，更好地促进经济平稳健康发展。

一、切实增强责任意识和使命感。各级审计机关要深刻领会中央关于全面深化改革、促进经济发展的总体部署，牢牢把握党中央、国务院关于切实保障国家粮食安全、大力调整产业结构、着力防控债务风险、积极促进区域协调发展、着力做好保障和改善民生工作、不断提高对外开放水平的任务要求。深刻理解关于加强财政、货币和产业、投资等政策协同配合，做好政策储备，适度适时预调微调的重要指示，了解政策背景，掌握政策目标，提高对宏观经济形势的总体把握水平和分析研判能力，增强责任意识和使命感，努力提高审计的针对性、建设性、时效性，充分发挥审计对经济平稳健康运行的推动和促进作用。

二、促进中央重大政策措施贯彻落实。围绕中央关于稳增长、调结构、惠民生、促改革的政策目标，监督检查财政、金融、产业、投资、惠民等政策措施执行和完成情况，及时查处上有政策、下有对策，有令不行、有禁不止行为，促进各项政策及时落实和政令畅通。结合国家政策的着力点和资金投向要求，加强对农业、重大水利、铁路、节能环保、城市基础设施、社会事业等重点项目的审计，监督好社会保障、保障性安居工程、棚户区改造、扶贫开发、生态环境保护等民生资金的使用，着力发挥投资拉动经济增长的积极作用。针对国务院下发的金融服务“三农”、支持文化企业发展、保护中小企业等相关意见决定，高度关注财政投入、企业投资、银行贷款投向，促进各类资金向“三农”、文化、民生、中小企业等领域倾斜。

三、正确把握改革和发展中出现的新情况新问题。一方面坚持依法审计，对严重违法违纪、以权谋私和腐败问题，要严肃查处；另一方面坚持实事求是，既不能以现在的规定制度去查处以前的老问题，也不能用过时的制度规定来衡量当前的创新事项。对突破原有制度或规定，但符合中央精神和改革方向，有利于科学发展、有利于深化改革、有利于中央政策措施落实的创新举措，要予以支持，促进规范和完善，消除经济发展的制度障碍。对改革和发展中出现的工作失误，不能一味简单地套用现成的标准和规定，要认真研究分析，历史地、辩证地、客观地看待，慎重稳妥地反映和处理。

四、促进各级领导干部切实履职尽责。通过开展党政领导干部和国有企业领导人员经济责任审计，强化对权力运行的监督制约，着力监督检查各级各部门各单位领导干部守法守规守纪尽责情况，特别是领导干部贯彻落实中央政策措施情况，促进各级领导干部结合本地实际，落实中央关于改革、发展和稳定的各项任务要求，领导经济发展，主动作为、有效作为，切实履职尽责。对不作为、假作为、乱作为的领导干部，依法依纪揭示和反映，促进有关方面追责和问责。

五、积极推动政府职能转变。围绕转变政府职能、简政放权的要求，监督检查行政审批权和行政事业性收费项目的清理工作，着力关注行政审批权力下放后，政府职能是否转变到位，转变过程中存在哪些突出问题，提出改进建议，推动创新行政管理方式。密切关注市场运行情况和政府监管职责履行情况，注重分析法律法规、发展规划、政策标准的约束和引导作用，促进厘清政府和市场的关系，充分释放发展活力和动力，为经济发展创造良好的市场环境。

六、积极促进各类资金整合。围绕优化财政支出结构，加强对民生改善、结构调整等重要领域专项资金的审计监督，揭示专项资金多头管理、多头分配、交叉重复、拨付链条长等问题，推动同类别专项资金整合优化，推进完善专项资金管理办法和制度。注重揭示财政资金分配使用过程中的虚报冒领、骗取套取、截留侵占等问题，促进专项资金规范使用，保障相关政策目标的实现。

七、促进提高财政资金使用绩效。在关注财政、财务收支真实性、合法性的基础上，更加突出效益性，把财政资金投入与项目进展、事业发展以及政策目标实现统筹考虑，把规范支出与促进投入有机结合，把问效、问绩、问责贯穿始终，推动财政资金合理配置、高效使用。加强重大政府投资项目审计，监督检查政府投资的规划布局和投向结构、分配依据和计划下达、资金使用和建设管理情况，综合分析经济效益、社会效益和环境效益，促进发挥政府投资对结构调整的引导作用。加强政府性债务审计，促进债务资金更多地用于棚户区改造、保障性住房、城市地下管网改造等民生工程，发挥债务资金更大作用。

八、促进激活财政存量资金。加强对各级财政存量资金的审计，关注该投未投、该用未用以及财政资金使用效益低下问题，促进存量资金尽快落实到项目和发挥效益。研究分析存量资金的成因和结构，提出改进财政资金分配、管理和使用办法，推动各类存量资金重点投向民生领域，保障重点民生项目的资金需求，避免大量资金闲置或低效运转。

九、促进厉行勤俭节约。围绕中央八项规定精神、国务院“约法三章”要求和厉行节约反对浪费条例等规定的贯彻落实，在各级预算执行审计中，加大对各地方、各部门“三公”经费、会议费使用和楼堂馆所建设的检查力度，努力降低行政运转支出，促进建设俭朴政府。

十、注重揭示经济运行中的风险隐患。关注政府性债务风险，跟踪检查存量债务化解情况，密切关注新增债务的举借、管理和使用情况，防止形成浪费和新的风险隐患。关注金融风险，跟踪检查信贷资金投向、互联网金融的发展、跨境资本流动，严肃查处债券市场和资本市场中的利益输送、非法集资、网络赌博和诈骗等重大违法违规问题，守住不发生系统性区域性金融风险的底线。关注资源环境风险，加强对水、矿产、土地等资源以及环境保护情况的审计，揭露和查处破坏浪费资源、造成国有资源流失和危害资源环境安全等问题。

十一、推动深化改革和制度创新。积极关注体制机制制度性问题，对不合时宜、制约发展、阻碍政策落实的制度规定，要切实予以反映和提出修改完善建议。要推动财政体制改革，促进各级政府预算和决算公开，建立财权与事权相匹配的财政体制。要推动金融改革，保障利率汇率市场化改革的有序推进和存款保险制度的建立，促进加强金融监管协调，加强新增贷款流向监控，规范互联网金融的发展和民间借贷管理。要推动国有企业改革，引导社会资本投资入股国有企业，强化内部管控，促进建立健全现代企业制度和完善公司法人治理结构。

十二、严肃揭露和查处重大违法违纪案件。坚持推动发展改革和惩治腐败“两手抓”，对审计中发现的重大违法违纪问题，要查深查透查实。要重点关注财政、金融、企业、投资和资源环境等领域，关注重大项目审批、土地交易、非法集资、项目招标投标、重大物资采购、重大项目投资决策、银行贷款发放、债券交易、国有股权转让、专项资金分配等环节，严肃查处公职人员特别是领导干部以权谋私、权钱交易、失职渎职、贪污受贿及侵吞国有资产等问题，严厉打击职务犯罪，惩治权力运行中的贪腐行为。

审计机关审计统计工作的规定

（审综发〔1996〕第369号，1996年12月17日）

第一条 为了规范审计统计工作，保障审计统计资料的准确性、及时性和完整性，根据《中华人民共和国审计法》和《中华人民共和国统计法》，制定本规定。

第二条 审计统计工作的基本任务是：对审计工作发展情况和工作成果进行统计调查，开展统计分析，提供统计资料，实行统计监督，为加强审计工作管理和促进宏观调控服务。

第三条 各级审计机关，国务院各部门和地方人民政府各部门、国有金融机构和企业事业组织的内部审计机构，社会审计机构，必须依照国家有关法律规定，如实提供审计统计资料和相关情况。

第四条 审计统计工作实行统一领导，分级负责，归口管理。

审计署主管全国的审计统计工作；审计署派出机构负责组织本单位的审计统计工；地方各级审计机关负责组织本地区的审计统计工作。

第五条 各级审计机关和审计机构，应指定一个部门具体负责和管理审计统计工作，并配备审计统计人员。

审计署设立审计统计机构；省、自治区和直辖市审计机关应当配备专职审计统计人员；设区的市、自治州、县、自治县和不设区的市、市辖区的审计机关应当配备专职或兼职审计统计人员。

内部审计机构和社会审计机构应当配备专职或兼职审计统计人员。

第六条 审计统计人员应当具备与其从事的工作相适应的审计、统计、计算机等方面的专业知识和业务能力。

审计统计人员应当保持相对稳定。

审计机关应当对审计统计人员有计划地进行专业培训。

第七条 各级审计机关和审计机构应当领导、监督审计统计机构和审计统计人员，认真贯彻统计法规和统计制度，履行职责，准确、及时地提供审计统计资料，完成各项审计统计工作任务，并保障其必要的工作条件。

审计机关和审计机构如发现统计数据计算或者来源有错误，应当责成审计统计机构、审计统计人员和有关人员核实、订正。

第八条 审计统计人员有权要求有关单位和审计人员提供审计统计资料和相关情况，检查审计统计资料的准确性，要求改正不确实的审计统计资料。有关单位和审计人员不得拒绝或阻挠。

审计统计人员不得虚报、瞒报、伪造、篡改或拒报审计统计资料；未经批准，不得自行编制、发布统计调查表；未经核定和批准，不得自行公布审计统计资料。

第九条 审计署负责制定全国性审计统计调查计划，规定统一的审计统计制度，制定统一的统计指标、统计标准、统计方法和基本审计统计报表表式，报国家统计局备案。

各级审计机关和审计机构应当按照审计署的规定，组织实施审计统计工作。

第十条 省级以上审计机关可以临时组织地区性或专业性审计统计调查，但应征得本级审计统计管理部门的同意，并按规定向本级统计主管部门备案，且不得与审计署下达的基本审计统计报表重复或抵触。

违反规定自行编制、发布的审计统计调查表，有关单位有权拒绝填报。

第十一条 各级审计机关和审计机构应当建立、健全审计统计的各项基础工作制度，严格审计统计工作程序。

审计统计机构和审计统计人员应当会同审计业务部门和审计人员，根据审计意见书、审计决定等审计公文中的数据资料，登记审计统计台账，依据审计统计台账填制审计情况统计报表，切实保证数出有据，并健全审计统计档案。

第十二条 为了反映审计项目计划执行情况和审计工作成果，揭示审计工作管理和社会经济运行中带普遍性、倾向性的问题，发挥审计统计的信息监督和咨询服务作用，应当实行按季度上报审计统计分析报告的制度。

第十三条 审计统计资料应当按照国家规定，实行保密制度。定期上报和通报审计统计资料时，应当经单位负责人审核、签署或盖章。

第十四条 审计机关应当对审计统计工作质量实行年度考核、半年报表汇审和不定期抽查制度。

第十五条 审计机关依据考核、检查的结果，应当对于有下列情况之一的审计统计机构和审计统计人员予以表彰：

(一)改进和完善审计统计制度、方法，有重要贡献的；

(二)提供审计统计资料准确、及时、完整，成绩优异的；

(三)开展审计统计分析成效显著，对促进加强审计管理和宏观调控发挥重要作用的；

(四)有其他特殊贡献，需要予以表彰的。

第十六条 发现审计统计机构和有关责任人员违反统计法规和统计制度，情节严重，造成不良后果的，应当严肃处。

第十七条 本规定由审计署负责解释。

第十八条 本规定自 1997 年 1 月 1 日起施行。

审计机关审计信息工作的规定

(审办发〔1996〕372 号，1996 年 12 月 17 日)

第一条 为了加强审计信息工作，提高审计信息质量，根据《中华人民共和国审计法》和国务院办公厅《政务信息工作暂行办法》，制定本规定。

第二条 审计信息工作的主要任务是：反映审计工作中的重要情况和审计查出的重大问题，交流审计工作经验和方法，宣传审计工作成果和作用，为领导科学决策，审计机关指导工作，以及扩大审计的社会影响服务。

第三条 审计信息工作必须坚持党的基本路线和实事求是的原则。

第四条 审计信息工作坚持分层次服务，各级审计机关以为本级政府和上一级审计机关服务为重点，同时努力为上一级政府、有关部门和下级审计机关服务。

第五条 审计信息工作应当围绕国家经济工作中心和财经活动中的重点、难点、热点问题，通过审计和审计调查，反映建立社会主义市场经济体制进程和审计事业发展中出现的新情况、新问题。

第六条 各级审计机关应当加强对审计信息工作的领导，提出要求，布置任务，组织协调，支持和指导审计信息机构发挥整体功能，做好审计信息工作。

第七条 审计署负责对审计系统审计信息工作进行指导。

各级审计机关及其派出机构应当确定负责审计信息工作的机构，加强审计信息工作的管理。

第八条 负责审计信息工作的机构履行下列主要职责：

(一)依据党和国家的方针、政策，结合本地区、本部门的工作部署，研究制定审计信息工作计划，并组织实施；

(二)做好信息的采集、筛选、加工、传送、反馈和存储等日常工作；

(三)结合政府的中心工作、审计工作的重点和领导关心的问题，以及从信息中发现的重要情况，组织专题调研，挖掘深层次的信息；

(四)为本级政府和上级审计机关提供信息服务；

(五)组织开展审计信息工作经验交流，了解和指导下级单位的审计信息工作；

(六)组织本级和下级审计信息工作人员的业务培训；

(七)组织审计工作的对外宣传报道。

第九条 审计信息网络是审计信息工作的基础，信息直报点是审计信息网络的组成部分。各级审计机关应当根据本地区的实际情况和需要，建立和完善审计信息网络。

第十条 审计信息队伍由专职和兼职审计信息工作人员组成。各级审计机关负责审计信息工作的机构应当配备专职审计信息工作人员。专职审计信息工作人员的人数根据工作需要在编制范围内确定。

第十一条 地方各级审计机关应当及时向本级政府和上级审计机关报送信息。审计机关各部门、各派出机构应当及时向本级审计机关报送信息。下级审计机关对上级审计机关要求报送的信息，应当严格按照要求报送。

第十二条 上级审计机关负责信息工作的机构，应当定期向下级审计机关通报信息采用情况，并根据工作实际，适时提出信息报送参考要点。

第十三条 审计机关根据需要，组织相互之间的信息业务研讨和经验交流，在依法保守秘密的前提下，实现信息资源共享。

第十四条 下级审计机关向本级政府和上级审计机关报送的信息，必须经本级审计机关主要或分管领导审核、签发。

第十五条 上级审计机关采用下级审计机关报送的揭露问题的信息，应当征求下级审计机关的意见。

第十六条 各级审计机关应当对审计信息工作实行考核制度，对成绩突出的单位和个人给予表彰。

第十七条 审计信息应当符合下列要求：

(一)反映的情况真实、可靠，重大问题上报前必须核实；

(二)信息中的事例、数字、单位准确，单位名称规范；

(三)重要情况和突发性事件迅速报送，必要时连续报送；

(四)实事求是，喜忧兼报，防止弄虚作假，以偏概全；

(五)主题鲜明，文题相符，言简意赅；

(六)反映工作中的情况、问题、思路、举措等，应当有新意；

(七)反映的情况和问题力求有一定的深度，努力做到有情况、有分析、有预测、有建议，既有定量分析，又有定性分析；

(八)适应领导需要，为科学决策提供依据。

第十八条 各级审计机关应当加快审计信息工作现代化手段的建设，实现信息迅速、准确、安全地处理、传递和存储。

第十九条　本规定由审计署负责解释。

第二十条　本规定自1997年1月1日起施行。

审计署关于印发聘请外部人员参与审计工作管理办法的通知

（审办发〔2010〕68号，2010年5月9日）

署机关各单位、各特派员办事处、各派出审计局：

《审计署聘请外部人员参与审计工作管理办法》已经审计长会议修订通过，现予印发。请署机关各单位、各特派员办事处和各派出审计局遵照执行。地方各级审计机关应当参照本办法的有关规定，结合当地实际，严格规范审计机关聘请外部人员参与审计工作。

二〇一〇年五月十九日

审计署聘请外部人员参与审计工作管理办法

第一章　总　　则

第一条　为了充分履行审计职责，规范聘请外部人员参与审计工作的行为，根据《中华人民共和国审计法》和《中华人民共和国审计法实施条例》，制定本办法。

第二条　审计署遇有审计力量不足、相关专业知识不能满足审计工作需要时，可以从外部聘请相关专业人员参与审计（含专项审计调查，下同）工作，主要包括：

（一）从地方审计机关、社会中介机构和其他专业机构聘请外部人员参与审计；

（二）聘请外部专家对与其专业相关的特定事项提供咨询意见或者专业鉴定意见。

第三条　审计署可以聘请外部人员参与下列审计：

（一）固定资产投资审计；

（二）企业和金融机构资产、负债、损益及其主要负责人任期经济责任审计；

（三）事业单位、社会团体和其他社会组织财务收支及其主要负责人任期经济责任审计；

（四）资源环境项目审计；

（五）社会保障项目审计；

（六）国外贷援款项目审计；

（七）其他需要聘请外部人员参与的审计。

第二章　外部人员的聘请

第四条　聘请外部人员实行计划管理。署机关和特派办（以下简称各单位）每年制定审计项目计划时，应“尽力而为，量力而行，留有余地”，确因工作需要或特殊事项必需外聘相关专业人员的，应向审计署提出包括聘请人员的数量、专业、资质和聘请时间等内容的外聘工作计划（草案）。

署机关外聘工作计划（草案）由办公厅审核并报经审计长会议审定；特派办外聘工作计划（草案）由办公厅会同业务司审核并报分管特派办和财务工作的署领导审定。形成审计署年度外聘工作计划（草案），作为申请分配外聘经费的重要依据。

第五条　从社会中介机构和其他专业机构聘请外部人员的，拟聘请人员所在机构一般应当符合下列条件：

（一）依法设立，能够独立享有民事法律权利、承担民事法律责任；

(二)具备与审计事项相适应的资质、等级；

(三)社会信誉好，近3年未因业务质量问题和违法违规行为受到有关部门处理处罚；

(四)聘请审计机关退休人员的，应符合退休人员从业的有关规定。

第六条 拟聘请的外部人员应当符合下列条件：

(一)具有与审计事项相适应的专业技能和资格；

(二)从事相关专业工作3年以上；

(三)职业道德良好，近3年未受到有关部门处理处罚，未受到纪律处分或者行政处分；

(四)身体健康。

如有特定审计事项，可以向拟聘请人员提出除上述条件之外的其他特殊聘请要求。

第七条 从社会中介机构和其他专业机构聘请外部人员的，一般应从财政部、国资委、证监会和审计署确立的社会中介机构或其他专业机构名单中选择。在办理聘请外部人员参与审计的相关工作时，各单位与拟聘用的社会中介机构和其他专业机构或个人有利害关系的人员应回避。

第八条 协议签订。从社会中介机构和其他专业机构聘请外部人员的，应当由各单位与拟聘请人员所在机构签订聘请协议。聘请协议应当明确以下内容：

(一)审计目标、内容和职责范围；

(二)工作时限和要求；

(三)受聘人员姓名、资质条件及其权利；

(四)费用及支付方式；

(五)廉政、回避和保密承诺；

(六)违约责任；

(七)其他应当约定的事项。

第九条 凡与被审计单位或者审计事项有利害关系的外部单位和外部人员，应当要求其回避。

第三章 外聘人员的工作管理

第十条 各单位应当对外聘人员进行国家审计法律、法规、规章和相关审计业务培训，并对其进行审计工作纪律、审计职业道德教育。

第十一条 各单位应当将外聘人员编入相关审计项目的审计组，但不得担任审计组组长、副组长和主审。

审计组组长在审计实施中应当加强对外聘人员的督导和业务复核，审计组所在部门和审计署相关部门应当加强对外聘人员工作的监督检查，有效保证其审计质量。

第十二条 外聘人员在审计实施中享有审计法第三十一条、第三十二条和第三十三条规定的要求被审计单位提供资料、检查和调查取证等相关权限。

外聘人员有权如实向审计机关反映审计中发现的问题和处理建议，对审计机关有关人员阻止受聘人员如实反映情况的，外聘人员可越级直至向审计署领导反映有关情况，提出相应意见和建议。审计署和各单位对于反映真实情况的外聘人员应予保护和奖励。

第十三条 外聘人员应当在审计项目完成后，及时移交审计实施过程中所形成的全部纸质资料和电子资料。外聘人员不得将其参与审计工作获取的相关信息用于与所审计事项无关的目的。

第十四条 外聘人员应当对其工作结果负责，各单位应当对利用其结果所形成的审计结论负责。

第十五条 审计项目完成后，各单位应当组织对外聘人员参与审计工作的业务质量和履行聘请协议情况进行考评。各单位应当逐步建立外聘人员备选库，根据考评结果，将业务能力强和职业道德水平高的外聘人员列入外聘人员备选库，并实行动态管理。

第四章 纪律管理

第十六条 外聘人员参与审计工作，必须遵守《审计署关于加强审计纪律的八项规定》和各项审计纪律、廉政纪律、保密规定等法律法规和纪律。

第十七条 外聘人员有下列情形之一的，应当依法依纪作出处理处罚：

(一)隐瞒审计发现的问题或者与被审计单位串通舞弊的；
(二)利用受聘工作从被审计单位获取不正当利益的；
(三)将参与审计工作获取的信息用于与审计事项无关目的的；
(四)违反保密纪律或回避规定的；
(五)拒绝接受聘请单位和审计组统一领导和监督的；
(六)不履行聘请协议规定的其他义务的。

第十八条　审计人员有下列情形之一，造成严重后果的，应当依法依纪作出处理处罚：
(一)未按本办法规定履行聘请外部人员相关职责的；
(二)通过聘请外部人员工作获取不正当利益的；
(三)要求外聘人员或者与其串通实施违反审计工作有关规定的活动的；
(四)有其他违法违纪行为的。

第五章　外聘经费的管理

第十九条　外聘经费应纳入各单位年度财政预算，按照下列程序申请、审批和使用。

(一)办公厅依据财政部下达的年度预算控制数、署年度外聘工作计划和各单位人力资源状况，提出外聘经费分配草案，并报审计长会议批准后，列入各单位年度预算。

办公厅根据外聘经费预算执行情况，可在每年第四季度进行一次预算调整。

(二)各单位在年度预算确定的外聘经费控制数内，依据年度外聘工作计划开展外部人员聘请工作。执行中需要调整外聘经费预算的，应当履行相应的审批程序。

(三)署本级需要支付外聘经费的，由相关业务司局提出费用支付申请和依据，按经费审批权限报经批准后，在署本级年度预算控制数内按聘请协议支付。

第二十条　外聘费用标准。各单位统一按审计外勤经费标准报销外聘人员相关费用，并在下述标准内支付外聘费用，除此之外不再承担其他任何费用。

从社会中介机构和其他专业机构聘请外部人员参与审计的，向外聘人员所在机构按下述标准支付外聘费用：

高级职称人员 500 元/人天(税前，下同)。

中级职称人员(含注册会计师等执业资格人员)300 元/人天。

一般人员 200 元/人天。

聘请相关特殊专业专家的，按相关规定标准支付费用。

第二十一条　审计过程中，聘请外部专家对与其专业相关的特定事项提供咨询意见或者专业鉴定意见，需要支付咨询费、检测费等其他费用时，必须提供相应的收费依据和收费标准，无依据的不得支付外聘费用。

第二十二条　外聘经费的结算。

(一)审计组应安排专人做好考勤记录，由记录人、外聘人员、审计组组长和有关单位负责人签字认可，报销时须附考勤表。

(二)外聘人员的城市间交通费、住宿发票等报销票据应与本单位职工分开填列，单独报销。

第二十三条　各单位应按照规定的程序和范围管理使用外聘经费，严禁违规使用外聘经费。

第二十四条　办公厅及各特派办办公室负责对外聘经费使用进行监督检查。年度预算执行结束后，办公厅将抽查外聘经费使用情况。

第二十五条　同等条件下，聘请外部人员参与审计应优先聘请地方审计机关人员。从地方审计机关聘请人员参与审计的，可经双方协商，向参审人员派出单位适当支付外聘费用。

第六章　附　　则

第二十六条　本办法由审计署办公厅负责解释。

第二十七条　本办法自发布之日起施行，原《审计署关于印发〈审计署聘请外部人员参与审计工作管理办法〉的通知》(审法发〔2006〕39 号)和《审计署办公厅关于加强聘请外部人员参与审计工作经费预算管理和支付管理的通知》(审办办发〔2007〕63 号)同时作废。

审计机关审计听证的规定

（审计署令第1号，2000年1月28日）

第一条 为规范审计机关的审计处罚程序，保证审计质量，维护公民、法人或者其他组织的合法权益，根据《中华人民共和国行政处罚法》和《中华人民共和国审计法》，制定本规定。

第二条 审计机关进行审计听证应当遵循公正、公平、公开的原则。

第三条 审计机关对被审计单位和有关责任人员（以下简称当事人）作出下列审计处罚前，应当向当事人送达审计听证告知书，告知当事人在收到审计听证告知书之后三日内有权要求举行审计听证会：

（一）对被审计单位处以违反国家规定的财务收支金额百分之五以上且金额在十万元以上罚款；

（二）对违反国家规定的财务收支行为负有直接责任的有关责任人员处以二千元以上罚款。

第四条 审计听证告知书主要包括以下内容：

（一）当事人的名称或姓名；

（二）建议作出的审计处罚；

（三）审计处罚的事实依据；

（四）审计处罚的法律依据；

（五）当事人有要求审计听证的权利；

（六）当事人申请审计听证的期限；

（七）审计听证主持人的姓名；

（八）审计机关的名称（印章）和日期。

第五条 审计听证告知书可以直接送达、委托送达或者邮寄送达。

第六条 当事人要求举行审计听证会的，应当自收到审计听证告知书之日起三日内，向审计机关提出书面申请，列明听证要求，并由申请人签名或者盖章。逾期不提出审计听证要求的，视为放弃审计听证权利。

当事人直接送达、委托送达审计听证申请的，以审计机关收到审计听证申请之日为送达日；当事人邮寄送达审计听证申请的，以该申请寄出的邮戳日期为送达日。

第七条 审计机关收到审计听证申请后，应当进行审核。对符合审计听证条件的，应当组织审计听证；对不符合审计听证条件的，裁定不予审计听证。

第八条 审计机关应当在举行审计听证会七日前向当事人送达审计听证会通知书，告知当事人举行审计听证会的时间、地点。

裁定不予审计听证的，审计机关应当作出不予审计听证裁定书，载明理由告知当事人。

第九条 除涉及国家秘密、商业秘密或者个人隐私外，审计听证会应当公开举行。

第十条 审计听证会应当由审计机关指定的非本案审计人员主持。

第十一条 审计机关应当根据实际情况确定审计听证会的主持人、书记员。

主持人负责审计听证会的组织、主持工作。一般审计事项的审计听证会由一人主持；重大审计事项的审计听证会由三人主持，但审计机关应指定首席主持人。

书记员负责审计听证会的记录工作，可以由一至二人组成。

第十二条 当事人认为主持人或者书记员与本案有直接利害关系的，有权申请其回避并说明理由。

当事人申请主持人回避应当在审计听证会举行之前提出；申请书记员回避可以在审计听证会举行时提出。

当事人申请回避可以以书面形式提出，也可以以口头形式提出。以口头形式提出的，由书记员记录在案。

第十三条 主持人的回避，由听证机关决定；书记员的回避，由主持人决定。

主持人应当回避，需要重新确定主持人的，听证机关可以裁定延期审计听证；主持人不需回避的，听证机关裁定审计听证如期举行。

第十四条 当事人可以亲自参加审计听证，也可以委托一至二人代理参加审计听证。委托他人代理参加审计听证会的，代理人应当出具当事人的授权委托书。

当事人的授权委托书应当载明代理人的代理权限。

第十五条 当事人接到审计听证通知书后，不能按时参加审计听证会的，应当及时告知听证机关。

当事人无正当理由不按时参加审计听证会的，视为放弃听证权利，听证机关予以书面记载。在审计听证会举行过程中当事人放弃申辩或者无故退出审计听证会的，听证机关可以宣布终止听证，并记入审计听证笔录。

第十六条 审计听证会应当制作笔录。笔录应当交当事人确认无误后，由当事人签字或者盖章。当事人如认为笔录有差错，可以要求补正。

具备条件的审计机关应当对审计听证会情况进行录音、录像。

第十七条 审计听证会参加人和旁听人员应当遵守以下听证纪律：

(一)审计听证会参加人应当在主持人的主持下发言、提问、辩论；

(二)未经主持人允许，审计听证会参加人不得提前退席；

(三)未经主持人允许，任何人不得录音、录像或摄影；

(四)旁听人员要保持肃静，不得发言、提问或者议论。

第十八条 主持人在审计听证会主持过程中，有以下权利：

(一)对审计听证会参加人的不当辩论或者其他违反审计听证会纪律的行为予以制止、警告；

(二)对违反审计听证会纪律的旁听人员予以制止、警告、责令退席；

(三)对违反审计听证纪律的人员制止无效的，移交公安机关依法处置。

第十九条 审计听证会应当按照下列程序进行：

(一)主持人宣布审计听证会开始；

(二)主持人宣布案由并宣读参加审计听证会的主持人、书记员、听证参加人的姓名、工作单位和职务；

(三)主持人宣读审计听证会的纪律和应注意的事项；

(四)主持人告知当事人或其代理人有申请书记员回避的权利，并询问当事人或其代理人是否申请回避；

(五)参与审计的人员提出当事人违法违规的事实、证据、建议作出的审计处罚及其法律依据；

(六)当事人进行陈述、申辩；

(七)在主持人允许下，双方进行质证、辩论；

(八)双方作最后陈述；

(九)书记员将所作的笔录交听证双方当场确认并签字或者盖章；

(十)主持人宣布审计听证会结束。

第二十条 在听证会举行过程中当事人申请书记员回避的，由主持人当场作出是否回避的裁定。

第二十一条 有下列情形之一的，可以延期举行审计听证会：

(一)当事人有正当理由未到场的；

(二)需要通知新的证人到场，或者有新的事实需要重新调查核实的；

(三)其他需要延期的情形。

第二十二条 审计听证会结束后，听证主持人应当根据审计听证情况和有关法律、法规的规定，向审计机关提交审计听证报告。审计听证报告连同审计听证笔录、案卷材料一并报送审计机关。

第二十三条 审计听证报告主要包括以下内容：

(一)听证案由；

(二)主持人、书记员和听证参加人的姓名、工作单位和职务；

(三)审计听证的时间、地点；

(四)审计听证建议；

(五)听证主持人签名或盖章。

审计听证建议主要包括以下内容：

(一)确有应受审计处罚的违法行为的,根据情节轻重及具体情况,建议作出审计处罚;
(二)违法事实不成立或者没有处罚的法律、法规依据的,建议不给予审计处罚;
(三)违法行为情节轻微,依法可以不予审计处罚的,建议不予审计处罚。

第二十四条 审计机关应当对听证主持人提出的审计听证建议进行审查,作出决定。

审计机关不得因当事人要求审计听证、在审计听证中进行申辩和质证而加重处罚。

第二十五条 审计听证笔录和审计听证报告应当归入审计档案。

第二十六条 本规定由审计署负责解释。

第二十七条 本规定自发布之日起施行。

审计机关审计行政应诉管理的规定

(审法发〔1996〕第357号,1996年12月16日)

第一条 为了维护审计机关依法行使职权,促进审计行政争议的有效解决,根据《中华人民共和国审计法》、《中华人民共和国行政诉讼法》,制定本规定。

第二条 本规定所称审计行政应诉,是指审计机关以被告身份参加行政诉讼的活动。

第三条 审计机关在审计行政应诉中,应当接受人民法院的监督,坚持以事实为根据、以法律为准绳,严格依法办事。

第四条 审计机关应当区分下列情况应诉:

(一)复议机关决定维持原审计具体行政行为的,由作出原审计具体行政行为的审计机关应诉;
(二)复议机关决定改变原审计具体行政行为的,由复议机关应诉。

第五条 审计机关的法制机构是本机关的行政应诉代理机构。未设立法制机构的审计机关,应当确定本机关的行政应诉代理机构或者专职代理人员。

第六条 审计行政应诉代理机构的职责是:

(一)组织、办理具体的审计行政应诉案件;
(二)指导下级审计机关的审计行政应诉工作;
(三)了解、研究审计行政应诉工作中带有普遍性的问题,并有针对性地向本机关领导提出改进审计行政执法工作的建议。

第七条 审计机关接到起诉状副本后,应诉代理机构应当根据法定代表人的授权,委托诉讼代理人。

第八条 诉讼代理人可以由本机关工作人员担任,也可以聘请律师担任。

第九条 法定代表人应当与诉讼代理人签订授权委托书。授权委托书应当具体明确诉讼代理人的代理事项、权限和期限。

第十条 审计机关、复议机构应当将与作出审计具体行政行为有关的材料移交给诉讼代理人,配合诉讼代理人做好应诉前的准备工作。

第十一条 诉讼代理人应当根据案件的具体情况草拟答辩状。

答辩状应当事实清楚,理由充分,观点明确,针对性强,法律依据准确。

第十二条 审计行政应诉代理机构应当在收到起诉状副本之日起10日内向人民法院提交下列材料:

(一)答辩状;
(二)作出审计具体行政行为的有关材料;
(三)法定代表人身份证明;
(四)授权委托书;
(五)人民法院要求提交的其他材料。

第十三条 诉讼代理人在开庭审理前,应当草拟代理词。

代理词应当客观陈述事实,正确引用法律、法规,理由确实充分,要求合理合法。

第十四条 法定代表人、诉讼代理人应当根据人民法院的通知按时出庭,并应当服从法庭指挥,遵守法庭纪律。

第十五条 庭审期间,诉讼代理人应当对法庭的审理情况作出记录。

第十六条 在案件审理过程中,诉讼代理人应当保守国家秘密。

第十七条 审计机关不服人民法院第一审判决的,应当在判决书送达之日起15日内向上一级人民法院提起上诉;不服第一审裁定的,应当在裁定书送达之日起10日内向上一级人民法院提起上诉。

第十八条 审计机关应当严格执行人民法院已经生效的判决或者裁定。

第十九条 被审计单位不执行人民法院已经生效的判决或者裁定的,审计机关可以按照《审计机关审计处理处罚的规定》的有关规定处理,还可以依法申请人民法院强制执行。

第二十条 诉讼期间,不停止审计具体行政行为的执行。但有下列情形之一的,停止审计具体行政行为的执行:

(一)审计机关认为需要停止执行的;

(二)被审计单位申请停止执行,人民法院裁定停止执行的;

(三)法律、法规规定停止执行的。

第二十一条 案件结案后,审计行政应诉代理机构应当写出结案报告。结案报告应当载明下列主要内容:

(一)审计机关与被审计单位争议的事实及理由;

(二)人民法院审理的主要过程;

(三)判决或者裁定的结果;

(四)其他需要说明的事项。

第二十二条 下级审计机关应当自审计行政应诉案件结案之日起1个月内,将案件的有关材料报上一级审计机关备案。

地方审计机关应当于半年和年度终了后,将本地区半年和年度的审计行政诉讼情况报告上一级审计机关。

第二十三条 本办法由审计署负责解释。

第二十四条 本办法自1997年1月1日起施行。《审计机关办理行政诉讼的暂行规定》同时废止。

审计署关于严禁通过社会审计组织获取非法收入的通知

(审纪监发〔2001〕99号,2001年12月13日)

各省、自治区、直辖市和计划单列市审计厅(局),署机关各单位、各特派员办事处、各派出审计局:

按照《中共中央办公厅、国务院办公厅关于中央党政机关与所办经济实体和管理的直属企业脱钩有关问题的通知》(中办发〔1998〕27号)关于"各类审计、会计师事务所一律与各部门脱钩"的要求,各级审计机关对过去兴办的社会审计组织进行了脱钩改制,目前已基本完成。社会审计组织真正成了自主经营、自担风险、自我约束、自我发展的社会中介机构。但是,仍有一些审计机关和审计人员利用审计职权或影响,为社会审计组织介绍审计业务,从中获取非法收入,直接影响了审计机关的形象和声誉。从群众来信反映的情况看,主要问题:一是有的审计机关与社会审计组织脱钩后,仍然存在明脱暗不脱的现象;二是有的审计机关利用审计职权,将一些审计项目交给社会审计组织预审或审计,从中收取协作费或参与收费分成;三是有的审计人员利用工作便利条件,为社会审计组织介绍审计业务,从中收取介绍费、回扣;四是个别审计人员甚至参与社会审计组织审计,从中收取劳务费。

为保证中央关于社会审计组织与各部门彻底脱钩的要求落到实处,促进审计机关和审计人员为政清廉,现将有关事项通知如下:

一、尚未与社会审计组织在人、财、物和业务等方面彻底脱钩的审计机关,必须于2002年3月31日前彻底脱钩。

二、审计机关不准将审计工作计划内的审计项目，交给社会审计组织预审或审计，不得通过社会审计组织取得非法收入。

三、审计机关和审计人员不准利用职权为社会审计组织介绍审计业务或直接参与其审计，从中收取业务介绍费、劳务费或参与收费分成。

四、违反上述规定的，要严肃查处，并追究所在单位主管领导及直接责任人的责任。情节轻微的，要作出检查，进行批评教育；情节严重、性质恶劣、影响较大的，要依照《国家公务员暂行条例》，给予行政处分。

审计署办公厅关于国家工商总局同意将审计机关列为查询企业档案不交费单位的通知

（审办办发〔2002〕14 号，2002 年 1 月 29 日）

各省、自治区、直辖市和计划单列市、新疆生产建设兵团审计厅（局），署机关各单位、各特派员办事处、各派出审计局：

现将国家工商行政管理总局《关于对商请将审计机关列为查询企业档案不交费单位的复函》（办函字〔2002〕第 6 号）转发给你们，请将此复函作为审计工作中查询企业档案不交费的依据。

附件：关于对商请将审计机关列为查询企业档案不交费单位的复函

附件：

关于对商请将审计机关列为查询企业档案不交费单位的复函

办函字〔2002〕第 6 号
国家工商行政管理总局
2002 年 1 月 17 日

审计署办公厅：

你厅《关于商请将审计机关列为查询企业档案不交费单位的函》（审办函〔2001〕165 号）收悉。经研究，同意将审计机关列为查询企业档案不交费的单位。

特此函告。

国务院法制办公室关于审计机关是否有权要求国有商业银行提供存款电子数据的意见

（国法函〔2003〕42 号　2003 年 4 月 22 日）

审计署：

你署送来的《关于请明确审计机关是否有权要求国有商业银行提供存款电子数据的函》（审函〔2003〕37 号）收悉。经研究，现提出以下意见，供参考：

一、按照审计法和审计法实施条例的有关规定，审计机关对被审计单位进行审计监督时，有权要求被审计单位报送与其财务收支有关的资料，有权检查被审计单位与其财务收支有关的资料和资产，包括检查被审计单位运用电子计算机管理财务收支的财务会计核算系统；被审计单位应当向审计机关提供与其财务收支有关的情况和资料，包括运用电子计算机存储、处理的财务收支电子数据以及有关资料。

二、审计机关对被审计单位进行审计监督时，应当严格遵循审计法和国家其他有关法律的规定。审计机关要求提供和检查的资料，应当以履行审计监督职责所必需为限，并且应当用于审计监督目的；审计机关要求提供和检查的材料，不应当超出履行审计监督职责所必需的范围，也不应当用于审计监督以外的目的。

三、审计机关在履行审计监督职责中，对所知悉的国家秘密、商业秘密和其他受法律保护的秘密，应当依法承担保密责任。

审计署关于内蒙古自治区审计厅明确有关法律法规是否可以作为审计机关处理(处罚)依据请示的批复

(审法发〔2014〕3 号)

内蒙古自治区审计厅：

《内蒙古自治区审计厅关于明确有关法律法规是否可以作为审计机关处理(处罚)依据的请示》(内审法发〔2013〕82 号)收悉。你厅在来文中请示：对于招标投标、土地管理等方面没有明确规定审计机关为处理、处罚执法主体的法律法规，审计机关能否将其作为审计处理、处罚的依据。经研究，对你厅请示的问题批复如下：

根据《中华人民共和国行政处罚法》第十五条“行政处罚由具有行政处罚权的行政机关在法定职权范围内实施”，《中华人民共和国审计法》第三条第二款“审计机关依据有关财政收支、财务收支的法律、法规和国家其他有关规定进行审计评价，在法定职权范围内作出审计决定”和《中华人民共和国审计法实施条例》第四十条“审计机关……(二)对违反国家规定的财政收支、财务收支行为，依法应当给予处理、处罚的，在法定职权范围内作出处理、处罚的审计决定；(三)对依法应当追究有关人员责任的，向有关主管机关、单位提出给予处分的建议；对依法应当由有关主管机关处理、处罚的，移送有关主管机关；涉嫌犯罪的，移送司法机关”的规定，对于招标投标、土地管理等方面没有明确规定审计机关为处理、处罚执法主体的法律法规，审计机关不得将其作为审计处理、处罚的依据，不得依据其对审计发现的问题直接进行处理、处罚，而应当依法移送给具有执法主体资格的部门进行处理、处罚。

审计署办公厅转发住房城乡建设部办公厅关于依法配合审计机关查询房屋权属登记信息函的通知

(2014 年 7 月 30 日)

各省、自治区、直辖市和计划单列市、新疆生产建设兵团审计厅(局)，署机关各单位、各特派员办事处、各派出审计局：

近日，住房城乡建设部办公厅下发了《关于依法配合审计机关查询房屋权属登记信息的函》(建办房函〔2014〕430 号)，要求住房城乡建设机关配合审计机关依法查询房屋权属登记信息，现予转发，请各单位遵照执行。

审计署办公厅

2014 年 7 月 30 日

附件：

住房城乡建设部办公厅关于依法配合审计机关查询房屋权属登记信息的函

建办房函〔2014〕430号

各省、自治区住房和城乡建设厅，北京市住房和城乡建设委员会，天津、重庆市国土资源和房屋管理局，上海市住房保障和房屋管理局：

根据《物权法》、《审计法》等有关规定，现就审计机关查询房屋权属登记信息的有关事项通知如下：

一、对于审计机关因履行审计监督职责需要，申请查询房屋权属登记信息的，房屋交易与权属登记部门应当予以协助配合。

二、审计机关查询房屋权属登记信息的查询方式、查询范围、查询程序以及所需提交的要件等，比照《房屋权属登记信息查询暂行办法》、《房屋登记簿管理试行办法》中关于国家安全机关、公安机关、检察机关、审判机关、纪检监察部门和证券监管部门查询的相关规定执行。

住房城乡建设部办公厅
2014年7月28日

财政违法行为处罚处分条例

（2004年11月30日中华人民共和国国务院令第427号公布根据2011年1月8日《国务院关于废止和修改部分行政法规的决定》修订）

第一条 为了纠正财政违法行为，维护国家财政经济秩序，制定本条例。

第二条 县级以上人民政府财政部门及审计机关在各自职权范围内，依法对财政违法行为作出处理、处罚决定。

省级以上人民政府财政部门的派出机构，应当在规定职权范围内，依法对财政违法行为作出处理、处罚决定；审计机关的派出机构，应当根据审计机关的授权，依法对财政违法行为作出处理、处罚决定。

根据需要，国务院可以依法调整财政部门及其派出机构（以下统称财政部门）、审计机关及其派出机构（以下统称审计机关）的职权范围。

有财政违法行为的单位，其直接负责的主管人员和其他直接责任人员，以及有财政违法行为的个人，属于国家公务员的，由监察机关及其派出机构（以下统称监察机关）或者任免机关依照人事管理权限，依法给予行政处分。

第三条 财政收入执收单位及其工作人员有下列违反国家财政收入管理规定的行为之一的，责令改正，补收应当收取的财政收入，限期退还违法所得。对单位给予警告或者通报批评。对直接负责的主管人员和其他直接责任人员给予警告、记过或者记大过处分；情节严重的，给予降级或者撤职处分：

（一）违反规定设立财政收入项目；

（二）违反规定擅自改变财政收入项目的范围、标准、对象和期限；

（三）对已明令取消、暂停执行或者降低标准的财政收入项目，仍然依照原定项目、标准征收或者变换名称征收；

（四）缓收、不收财政收入；

（五）擅自将预算收入转为预算外收入；

（六）其他违反国家财政收入管理规定的行为。

《中华人民共和国税收征收管理法》等法律、行政法规另有规定的，依照其规定给予行政处分。

第四条 财政收入执收单位及其工作人员有下列违反国家财政收入上缴规定的行为之一的，责令改正，调整有关会计账目，收缴应当上缴的财政收入，限期退还违法所得。对单位给予警告或者通报批评。对直接负责的主管人员和其他直接责任人员给予记大过处分；情节较重的，给予降级或者撤职处分；情节严重的，给予开除处分：

（一）隐瞒应当上缴的财政收入；

（二）滞留、截留、挪用应当上缴的财政收入；

（三）坐支应当上缴的财政收入；

（四）不依照规定的财政收入预算级次、预算科目入库；

（五）违反规定退付国库库款或者财政专户资金；

（六）其他违反国家财政收入上缴规定的行为。

《中华人民共和国税收征收管理法》、《中华人民共和国预算法》等法律、行政法规另有规定的，依照其规定给予行政处分。

第五条 财政部门、国库机构及其工作人员有下列违反国家有关上解、下拨财政资金规定的行为之一的，责令改正，限期退还违法所得。对单位给予警告或者通报批评。对直接负责的主管人员和其他直接责任人员给予记过或者记大过处分；情节较重的，给予降级或者撤职处分；情节严重的，给予开除处分：

（一）延解、占压应当上解的财政收入；

（二）不依照预算或者用款计划核拨财政资金；

（三）违反规定收纳、划分、留解、退付国库库款或者财政专户资金；

（四）将应当纳入国库核算的财政收入放在财政专户核算；

（五）擅自动用国库库款或者财政专户资金；

（六）其他违反国家有关上解、下拨财政资金规定的行为。

第六条 国家机关及其工作人员有下列违反规定使用、骗取财政资金的行为之一的，责令改正，调整有关会计账目，追回有关财政资金，限期退还违法所得。对单位给予警告或者通报批评。对直接负责的主管人员和其他直接责任人员给予记大过处分；情节较重的，给予降级或者撤职处分；情节严重的，给予开除处分：

（一）以虚报、冒领等手段骗取财政资金；

（二）截留、挪用财政资金；

（三）滞留应当下拨的财政资金；

（四）违反规定扩大开支范围，提高开支标准；

（五）其他违反规定使用、骗取财政资金的行为。

第七条 财政预决算的编制部门和预算执行部门及其工作人员有下列违反国家有关预算管理规定的行为之一的，责令改正，追回有关款项，限期调整有关预算科目和预算级次。对单位给予警告或者通报批评。对直接负责的主管人员和其他直接责任人员给予警告、记过或者记大过处分；情节较重的，给予降级处分；情节严重的，给予撤职处分：

（一）虚增、虚减财政收入或者财政支出；

（二）违反规定编制、批复预算或者决算；

（三）违反规定调整预算；

（四）违反规定调整预算级次或者预算收支种类；

（五）违反规定动用预算预备费或者挪用预算周转金；

（六）违反国家关于转移支付管理规定的行为；

（七）其他违反国家有关预算管理规定的行为。

第八条 国家机关及其工作人员违反国有资产管理的规定，擅自占有、使用、处置国有资产的，责令改正，调整有关会计账目，限期退还违法所得和被侵占的国有资产。对单位给予警告或者通报批评。对直接负责的主管人员和其他直接责任人员给予记大过处分；情节较重的，给予降级或者撤职处分；情节严重的，给予开除处分。

第九条 单位和个人有下列违反国家有关投资建设项目规定的行为之一的，责令改正，调整有关会计账目，追回被截留、挪用、骗取的国家建设资金，没收违法所得，核减或者停止拨付工程投资。对单位给予警告或者通报批评，其直接负责的主管人员和其他直接责任人员属于国家公务员的，给予记大过处分；情节较重的，给予降级或者撤职处分；情节严重的，给予开除处分：

（一）截留、挪用国家建设资金；

（二）以虚报、冒领、关联交易等手段骗取国家建设资金；

（三）违反规定超概算投资；

（四）虚列投资完成额；

（五）其他违反国家投资建设项目有关规定的行为。

《中华人民共和国政府采购法》、《中华人民共和国招标投标法》、《国家重点建设项目管理办法》等法律、行政法规另有规定的，依照其规定处理、处罚。

第十条 国家机关及其工作人员违反《中华人民共和国担保法》及国家有关规定，擅自提供担保的，责令改正，没收违法所得。对单位给予警告或者通报批评。对直接负责的主管人员和其他直接责任人员给予警告、记过或者记大过处分；造成损失的，给予降级或者撤职处分；造成重大损失的，给予开除处分。

第十一条 国家机关及其工作人员违反国家有关账户管理规定，擅自在金融机构开立、使用账户的，责令改正，调整有关会计账目，追回有关财政资金，没收违法所得，依法撤销擅自开立的账户。对单位给予警告或者通报批评。对直接负责的主管人员和其他直接责任人员给予降级处分；情节严重的，给予撤职或者开除处分。

第十二条 国家机关及其工作人员有下列行为之一的，责令改正，调整有关会计账目，追回被挪用、骗取的有关资金，没收违法所得。对单位给予警告或者通报批评。对直接负责的主管人员和其他直接责任人员给予降级处分；情节较重的，给予撤职处分；情节严重的，给予开除处分：

（一）以虚报、冒领等手段骗取政府承贷或者担保的外国政府贷款、国际金融组织贷款；

（二）滞留政府承贷或者担保的外国政府贷款、国际金融组织贷款；

（三）截留、挪用政府承贷或者担保的外国政府贷款、国际金融组织贷款；

（四）其他违反规定使用、骗取政府承贷或者担保的外国政府贷款、国际金融组织贷款的行为。

第十三条 企业和个人有下列不缴或者少缴财政收入行为之一的，责令改正，调整有关会计账目，收缴应当上缴的财政收入，给予警告，没收违法所得，并处不缴或者少缴财政收入10%以上30%以下的罚款；对直接负责的主管人员和其他直接责任人员处3000元以上5万元以下的罚款：

（一）隐瞒应当上缴的财政收入；

（二）截留代收的财政收入；

（三）其他不缴或者少缴财政收入的行为。

属于税收方面的违法行为，依照有关税收法律、行政法规的规定处理、处罚。

第十四条 企业和个人有下列行为之一的，责令改正，调整有关会计账目，追回违反规定使用、骗取的有关资金，给予警告，没收违法所得，并处被骗取有关资金10%以上50%以下的罚款或者被违规使用有关资金10%以上30%以下的罚款；对直接负责的主管人员和其他直接责任人员处3000元以上5万元以下的罚款：

（一）以虚报、冒领等手段骗取财政资金以及政府承贷或者担保的外国政府贷款、国际金融组织贷款；

（二）挪用财政资金以及政府承贷或者担保的外国政府贷款、国际金融组织贷款；

（三）从无偿使用的财政资金以及政府承贷或者担保的外国政府贷款、国际金融组织贷款中非法获益；

（四）其他违反规定使用、骗取财政资金以及政府承贷或者担保的外国政府贷款、国际金融组织贷款的行为。

属于政府采购方面的违法行为，依照《中华人民共和国政府采购法》及有关法律、行政法规的规定处理、处罚。

第十五条 事业单位、社会团体、其他社会组织及其工作人员有财政违法行为的，依照本条例有关国家机关的规定执行；但其在经营活动中的财政违法行为，依照本条例第十三条、第十四条的规定执行。

第十六条 单位和个人有下列违反财政收入票据管理规定的行为之一的，销毁非法印制的票据，没收违法所得和作案工具。对单位处5000元以上10万元以下的罚款;对直接负责的主管人员和其他直接责任人员处3000元以上5万元以下的罚款。属于国家公务员的,还应当给予降级或者撤职处分;情节严重的,给予开除处分:

(一)违反规定印制财政收入票据;

(二)转借、串用、代开财政收入票据;

(三)伪造、变造、买卖、擅自销毁财政收入票据;

(四)伪造、使用伪造的财政收入票据监(印)制章;

(五)其他违反财政收入票据管理规定的行为。

属于税收收入票据管理方面的违法行为,依照有关税收法律、行政法规的规定处理、处罚。

第十七条 单位和个人违反财务管理的规定,私存私放财政资金或者其他公款的,责令改正,调整有关会计账目,追回私存私放的资金,没收违法所得。对单位处3000元以上5万元以下的罚款;对直接负责的主管人员和其他直接责任人员处2000元以上2万元以下的罚款。属于国家公务员的,还应当给予记大过处分;情节严重的,给予降级或者撤职处分。

第十八条 属于会计方面的违法行为,依照会计方面的法律、行政法规的规定处理、处罚。对其直接负责的主管人员和其他直接责任人员,属于国家公务员的,还应当给予警告、记过或者记大过处分;情节较重的,给予降级或者撤职处分;情节严重的,给予开除处分。

第十九条 属于行政性收费方面的违法行为,《中华人民共和国行政许可法》、《违反行政事业性收费和罚没收入收支两条线管理规定行政处分暂行规定》等法律、行政法规及国务院另有规定的,有关部门依照其规定处理、处罚、处分。

第二十条 单位和个人有本条例规定的财政违法行为,构成犯罪的,依法追究刑事责任。

第二十一条 财政部门、审计机关、监察机关依法进行调查或者检查时,被调查、检查的单位和个人应当予以配合,如实反映情况,不得拒绝、阻挠、拖延。

违反前款规定的,责令限期改正。逾期不改正的,对属于国家公务员的直接负责的主管人员和其他直接责任人员,给予警告、记过或者记大过处分;情节严重的,给予降级或者撤职处分。

第二十二条 财政部门、审计机关、监察机关依法进行调查或者检查时,经县级以上人民政府财政部门、审计机关、监察机关的负责人批准,可以向与被调查、检查单位有经济业务往来的单位查询有关情况,可以向金融机构查询被调查、检查单位的存款,有关单位和金融机构应当配合。

财政部门、审计机关、监察机关在依法进行调查或者检查时,执法人员不得少于2人,并应当向当事人或者有关人员出示证件;查询存款时,还应当持有县级以上人民政府财政部门、审计机关、监察机关签发的查询存款通知书,并负有保密义务。

第二十三条 财政部门、审计机关、监察机关依法进行调查或者检查时,在有关证据可能灭失或者以后难以取得的情况下,经县级以上人民政府财政部门、审计机关、监察机关的负责人批准,可以先行登记保存,并应当在7日内及时作出处理决定。在此期间,当事人或者有关人员不得销毁或者转移证据。

第二十四条 对被调查、检查单位或者个人正在进行的财政违法行为,财政部门、审计机关应当责令停止。拒不执行的,财政部门可以暂停财政拨款或者停止拨付与财政违法行为直接有关的款项,已经拨付的,责令其暂停使用;审计机关可以通知财政部门或者其他有关主管部门暂停财政拨款或者停止拨付与财政违法行为直接有关的款项,已经拨付的,责令其暂停使用,财政部门和其他有关主管部门应当将结果书面告知审计机关。

第二十五条 依照本条例规定限期退还的违法所得,到期无法退还的,应当收缴国库。

第二十六条 单位和个人有本条例所列财政违法行为,财政部门、审计机关、监察机关可以公告其财政违法行为及处理、处罚、处分决定。

第二十七条 单位和个人有本条例所列财政违法行为,弄虚作假骗取荣誉称号及其他有关奖励的,应当撤销其荣誉称号并收回有关奖励。

第二十八条 财政部门、审计机关、监察机关的工作人员滥用职权、玩忽职守、徇私舞弊的,给予警告、记过或者记大过处分;情节较重的,给予降级或者撤职处分;情节严重的,给予开除处分。构成犯罪的,依法追究刑事责任。

第二十九条 财政部门、审计机关、监察机关及其他有关监督检查机关对有关单位或者个人依法进行调查、检查后，应当出具调查、检查结论。有关监督检查机关已经作出的调查、检查结论能够满足其他监督检查机关履行本机关职责需要的，其他监督检查机关应当加以利用。

第三十条 财政部门、审计机关、监察机关及其他有关机关应当加强配合，对不属于其职权范围的事项，应当依法移送。受移送机关应当及时处理，并将结果书面告知移送机关。

第三十一条 对财政违法行为作出处理、处罚和处分决定的程序，依照本条例和《中华人民共和国行政处罚法》、《中华人民共和国行政监察法》等有关法律、行政法规的规定执行。

第三十二条 单位和个人对处理、处罚不服的，依照《中华人民共和国行政复议法》、《中华人民共和国行政诉讼法》的规定申请复议或者提起诉讼。

国家公务员对行政处分不服的，依照《中华人民共和国行政监察法》、《中华人民共和国公务员法》等法律、行政法规的规定提出申诉。

第三十三条 本条例所称"财政收入执收单位"，是指负责收取税收收入和各种非税收入的单位。

第三十四条 对法律、法规授权的具有管理公共事务职能的组织以及国家行政机关依法委托的组织及其工勤人员以外的工作人员，企业、事业单位、社会团体中由国家行政机关以委任、派遣等形式任命的人员以及其他人员有本条例规定的财政违法行为，需要给予处分的，参照本条例有关规定执行。

第三十五条 本条例自2005年2月1日起施行。1987年6月16日国务院发布的《国务院关于违反财政法规处罚的暂行规定》同时废止。

审计署关于贯彻实施《财政违法行为处罚处分条例》的通知

（审法发〔2005〕9号，2005年2月28日）

各省、自治区、直辖市和计划单列市、新疆生产建设兵团审计厅（局），各特派员办事处：

《财政违法行为处罚处分条例》（以下简称《条例》）已经2004年11月5日国务院第69次常务会议通过，2004年11月30日，温家宝总理签署国务院第427号令发布了该《条例》，自2005年2月1日起施行。《条例》的颁布施行，有利于维护国家财经秩序，有效制止各种财政违法行为，更好地促进我国社会主义市场经济的健康发展。为保证《条例》的贯彻实施，现作出如下通知。

一、切实搞好《条例》的学习、宣传和培训工作

《条例》的颁布施行，不仅有利于维护国家财经秩序，同时也是我国审计法制建设的一件大事，必将有利于更好地促进审计机关依法审计，规范审计处理处罚行为，提高审计工作水平。因此，各级审计机关要充分认识贯彻实施好《条例》，对促进依法审计、维护国家财经秩序的重要意义。在当前及今后一个时期，要把《条例》的学习、宣传和培训工作作为一项重要任务，切实抓紧抓好。各级审计机关的领导要带头学习《条例》，正确理解和掌握《条例》的立法精神和主要内容。同时，要认真组织好本单位的学习宣传和培训工作，通过加强培训，尽快使全体审计人员深刻领会《条例》的立法原意，熟练掌握其内容，为在审计执法中更好地运用《条例》奠定基础。要将学习宣传《条例》纳入"四五"普法计划，并将学习掌握和贯彻执行《条例》情况作为"四五"普法验收的重要内容。要突出重点，着力抓好审计法制人员的培训。审计署计划在2005年3月举办省级审计机关和各特派办法制处长《条例》培训班，进行集中学习辅导。要通过多种形式，及时向社会宣传《条例》精神，为《条例》的顺利实施创造良好的社会环境。

二、建立和完善相关制度，规范审计执法程序

《条例》明确规定了审计机关及其派出机构的执法主体资格，同时为有效监控和及时查处财政违法行为，还进一步强化了审计机关等执法主体的执法手段和措施，明确规定审计机关在进行调查或者检查时，可以向与被调查、检查单位有经济业务往来的单位查询有关情况；可以向金融机构查询被调查、检查单位的存款；在有关证据可能灭失或者以后难以取得的情况下，可以先行登记保存；可以对财政违法行为及处理、处罚决定予以公告，等等。与此同时，《条例》还对采用这些手段和措施规定了严格的条件，并规定有关单位和个人对审计机关作出的处理、处罚不服的，可依照《行政复议法》、《行政诉讼法》的规定申请复议或者提起诉讼。因此，各级审计机关要严格遵守《条例》的这些规定，并结合各地实际，抓紧研究制定相关的配套制度，进一步规范审计执法程序，严格按照程序办事，切实防止审计执法中的违法行为。

三、以贯彻实施《条例》为契机，严格审计执法行为

各级审计机关要以《条例》的颁布施行为契机，采取有效措施，进一步加大审计力度，工作严谨细致，严格审计执法行为，做到有法必依，执法必严，违法必究，切实提高审计工作质量和水平。要按照《条例》的有关规定正确行使审计处理、处罚权，严肃查处各类财政违法行为，促进整顿和规范财经秩序。需要特别强调的是，这次《条例》对财政违法行为按照单位性质不同区分为国家机关及其工作人员、企业和个人两大类，并明确对国家机关及其工作人员的财政违法行为，一般不予以罚款，但加大了对有关责任人员的行政处分力度，对单位可给予警告或者通报批评，对其直接负责的主管人员和其他直接责任人员依法给予行政处分。各级审计机关要坚持正确的指导思想，严格依照《条例》的规定实施罚款处罚措施，切实防止由于财政管理体制和执法人员素质、执法环境等因素的影响，出现滥用罚款、以罚款代替处理等现象。要加强与财政部门、监察机关及其他有关监督检查机关的协调配合，相互利用监督成果，尽量减少重复检查，维护行政执法机关的形象。对审计中发现的不属于审计职权范围内的事项，应当视其情节轻重，分别依法移送监察机关或任免机关以及司法机关进行查处，不得故意隐瞒和拖延。

四、加强检查与调查研究，促进《条例》的有效贯彻落实

各级审计机关要及时将本部门、本地区学习和贯彻实施《条例》情况上报上级审计机关，并注意利用多种形式，开展审计执法情况的监督检查，及时发现和纠正执行中存在的问题。上级审计机关要加强对下级审计机关贯彻执行《条例》情况的督促检查和指导，帮助研究解决执行中遇到的困难和问题。各级审计机关都要对照《条例》的有关规定，严格内部管理，模范遵守国家财政、财务法律、法规和制度。审计署将适时组织各地对贯彻实施《条例》的有关情况进行专项检查，促进提高审计执法水平。要广泛开展调查研究，及时了解和掌握《条例》执行中遇到的新情况、新问题，确保《条例》的有效贯彻落实，为维护财经秩序，促进廉政建设，保障社会主义市场经济健康发展作出积极的贡献。

国外贷援款项目公证审计工作管理办法(暂行)

（审外资发〔2005〕13号，2005年3月7日）

根据《审计署2003至2007年审计工作发展规划》要求，审计署外资司（简称外资司）承担的国外贷援款项目公证审计业务将逐步由审计署国外贷援款项目审计服务中心（简称署外资审计中心）承担。为明确和规范署外资司、各省级审计机关、各特派员办事处和署外资审计中心各自的职责，保证国外贷援款项目公证审计工作的顺利进行，特制定如下办法：

一、外资司是审计署对全国国外贷援款项目公证审计工作进行管理的职能部门，负责国外贷援款项目公证审计的业务指导、制订审计规范、审计质量监督，负责办理国外贷援款项目公证审计的授权和委托，负责与国家主管部门沟通并达成国外贷援款项目公证审计框架协议，负责与国外贷援款机构的官方往来。

二、署外资审计中心是审计署从事国外贷援款项目公证审计业务的事业单位。接受审计署外资司的委托，具体实施国外贷援款项目的公证审计，独立对国外贷援款机构出具项目公证审计报告，就公证审计事项与国家主管部门和国外贷援款机构进行沟通。

三、外资司除每年保留少量与本司年度审计工作重点有关的国外贷援款项目公证审计外，从2005年起，将其执行的国外贷援款项目公证审计业务在3年内逐步移交给署外资审计中心。

四、从2005审计年度起，外资司和各特派员办事处出具的国外贷援款项目公证审计报告，将统一以署外资审计中心名义对外出具，外资司将有关国外贷援款项目的公证审计任务委托给各特派员办事处和署外资审计中心。审计署对各省级审计机关的国外贷援款项目审计授权方式和各省级审计机关出具公证审计报告的程序不变。

五、外资司和各特派员办事处出具的项目公证审计报告（中英文），经本单位负责人签发后（不需在公证审计报告审计师意见栏内签字或加盖公章)，以书面和电子形式在规定时间内送署外资审计中心。署外资审计中心对公证审计报告进行复核、印制并盖章后提交给国外贷援款机构。外资司和各特派员办事处对各自审计项目和公证审计报告(中英文)的质量负责，署外资审计中心对公证审计报告格式和文字表述的规范性负复核责任。

六、为保证公证审计报告及时提交给国外贷援款机构，外资司和各特派员办事处应在国外贷援款机构规定的提交公证审计报告截止期前15日，将公证审计报告(中英文)送署外资审计中心，待署外资审计中心对外出具公证审计报告后，在该审计报告副本上盖本单位公章送被审计单位。

七、各审计机构对拟出具有保留意见、拒绝发表意见和反对意见的公证审计报告应向外资司通报，对重大问题应按规定程序与外资司协商处理。

八、外资司将不定期地对授权或委托审计的国外贷援款项目公证审计质量进行检查，对违反审计规范和其他存在审计风险的问题进行纠正。

审计署审计报告审核审定暂行办法

(审法发〔2005〕27号，2005年7月21日)

第一条 为了规范审计署审计报告审核审定程序，明确审核审定责任，提高审计质量，防范审计风险，根据《审计机关审计项目质量控制办法(试行)》的有关规定，制定本办法。

第二条 审计署业务司、派出审计局直接实施的所有审计项目的审计报告，审计署业务司负责汇总特派办提交的审计报告，以及特派办直接实施需由审计署出具(但不需要经过业务司审核)的审计报告，均应按本办法规定进行审核审定。

第三条 审计署审计报告的审核审定，实行审计报告代拟部门和复核机构各司其职、总审计师统一把关、署领导分工负责、审计业务会议集体研究审定相结合的原则。

第四条 审计报告审核审定的程序：

(一)审计报告代拟部门在研究审核审计组或特派办提交的审计报告后，代拟审计署审计报告(含审计决定书、审计移送处理书，下同)，一并送复核机构进行复核；

(二)复核机构进行复核后，提出复核意见，由审计报告代拟部门作出相应的修改并附采纳复核意见情况说明，送总审计师审核；

(三)总审计师审核后，经分管副审计长审核并提交审计业务会议审议。不需要召开审计业务会议的，直接送分管副审计长审定、签发。

第五条 总审计师在审核审计报告过程中，可视需要召集有关人员，聘请有关专家，召开专题会议。

第六条 自审计报告代拟部门收到审计组或特派办审计报告至审计署正式出具审计报告的时间，一般应控制在30个工作日以内。其中：审计报告代拟部门代拟审计报告、复核机构复核审计报告、总审计师审核审计报告的时间，分别控制在7个工作日以内；提交审计业务会议审议的时间控制在6个工作日以内，分管副审计长审定、签发时间控制在3个工作日以内。如遇特殊情况可适当延长控制时间，但每个环节延长时间一般不超过3个工作日。

第七条 凡列入审计署统一组织项目计划且符合本办法第二条规定的审计项目的审计报告，均应提交审计业务会议进行审议。

审计署业务司、派出审计局实施的非统一组织项目计划的其他项目的审计报告，有下列情况的也提交审计业务会议进行审议：

(一)审计查出金额巨大或情节严重的；

(二)涉及国家秘密或被审计单位商业秘密的；

(三)被审计单位与审计组对问题认定存在较大分歧的；

(四)审计问题定性、处理、处罚涉及的法律、法规等规定不明确，较难作出审计结论的；

(五)审计处理处罚决定执行后以及审计结果向社会公告后，可能引起社会关注或产生较大影响的。

第八条 确定召开审计业务会议后，由署办公厅负责安排会议时间、地点，通知参加会议人员，并于会前至少1个工作日分送会议材料。

第九条 审计报告代拟部门应为审计业务会议准备并经办公厅提交下列材料：

(一)审计署审计报告代拟稿，或审计署业务司汇总特派办的审计报告代拟稿，特派办直接实施需由审计署出具的审计报告代拟稿；

(二)审计组审计报告征求意见稿及被审计单位反馈意见；

(三)审计组审计报告修订稿及被审计单位反馈意见采纳情况说明；

(四)复核机构复核意见、总审计师审核意见及审计报告代拟部门采纳复核、审核意见情况的说明；

(五)其他相关材料，如重要问题的审计取证材料、相关的法律法规等。

第十条 审计业务会议由审计长主持，或者由其委托的副审计长主持。

第十一条 审计业务会议参加人员包括：审计长、副审计长、总审计师，办公厅、复核机构、审计报告代拟部门和相关业务部门负责人等。审计组、复核机构及办公厅有关人员，可以视具体情况列席会议。

第十二条 审计业务会议后，由审计报告代拟部门根据会议决定，修改审计报告代拟稿，送分管副审计长审定、签发。

第十三条 复核机构负责审计业务会议的记录工作。审计报告代拟部门应当将审计业务会议记录归入相应的审计项目档案。

第十四条 审计报告审核审定及相关的责任划分是：

(一)审计人员主要对审计报告列示问题所需审计证据的相关性、客观性、充分性和合法性负责；

(二)审计组组长主要对审计报告所列审计发现问题的真实性和完整性负责；

(三)审计报告代拟部门主要对审计署审计报告代拟稿中审计评价的恰当性，审计事实的准确性，审计定性和处理处罚及引用法规的正确性，审计建议的针对性、可行性，以及整个审计报告的规范性负直接责任；

(四)复核机构对本条第三项所列事项负间接责任；

(五)总审计师、分管副审计长、审计长对审核和审定、签发的审计报告负领导责任；

(六)审计业务会议对审计报告负集体决策责任。

第十五条 复核机构复核和总审计师审核时，发现未充分履行第十四条第三项职责，存在多处不当或差错的，可将审计报告退回审计报告代拟部门进行修改。

第十六条 发现违反本办法的行为，情况严重的，应予以通报批评，并追究有关人员的责任。相关审计项目不得参加优秀审计项目评选。

第十七条 对专项审计调查报告，应当参照本办法有关规定进行审核、审定。

第十八条 本办法自发布之日起施行。以前发布的有关规定同时废止。

审计署关于进一步深化财政审计工作的意见

(审财发〔2005〕33号，2005年9月2日)

署机关各单位、各特派员办事处、各派出审计局：

财政审计是国家审计机关的基本职责和永恒主题。《审计署2003至2007年审计工作发展规划》(以下简称“五年规划”)实施以来，财政审计在规范预算管理，提高财政资金使用效益，促进建立社会主义公共财政制度等方面发挥了积极作用。为进一步推动财政审计一体化进程，充分发挥财政审计的整体合力，实现“五年规划”确定的财政审计总体目标，现就进一步深化财政审计工作提出以下意见。

一、进一步统一思想认识，切实转变财政审计工作思路。当前，财政管理中存在的问题根源在于体制不完善，制度不健全，管理不规范，需要通过不断深化改革、加强管理逐步加以解决。为此，财政审计必须转变工作思路，在揭露问题的基础上，注重从体制、机制、制度的高度分析原因，提出建议，推动财政管理逐步走向制度化、规范化、科学化。今后一段时期的财政审计，要全面贯彻“依法审计，服务大局，围绕中心，突出重点，求真务实”的审计工作方针，按照“守土有责，把握总体，突出重点”的工作要求，坚持以“揭露问题，规范管理，促进改革”的工作思路开展工作，不断提高财政审计的整体效能。

二、今后三年财政审计的总体目标是，通过揭露财权缺乏制约、管理秩序不规范、职责履行不到位等问题，进一步完善财政权力的监督制约机制，促进中央各部门依法履行职责，规范预算管理，提高财政资金使用效益，建立社会主义公共财政制度。

中央本级支出审计，以促进建立科学的支出标准和预算定额为目标，深化部门预算制度改革。着力加强三个方面的工作：一是揭露和查处虚报冒领预算资金、私存私放资金、违规收费或截留坐支非税收入，以及管理不善、决策失误造成国有资产重大损失浪费等重大违法违规和管理薄弱的问题；二是促使中央部门预算编报、预算分配和批复基本符合国家规定，管理基本规范，在此基础上，推动部门预算改革，促进建立科学合理的预算的支出标准和预算定额；三是积极开展政府部门效益审计。

中央补助地方支出审计，以促进建立科学规范的财政转移支付制度为目标，着力加强三个方面的工作：一是规范转移支付资金管理；二是推动财政体制改革，主要是完善省以下财政体制；三是提高转移支付资金使用效益。通过审计，力争推动财政部门按地区和项目编制中央补助地方支出预算，理顺部门分配专项转移支付资金的职责，规范资金分配行为，提高财政资金使用效益。

三、改进审计工作模式，全面整合财政审计资源。财政审计要坚持“统一审计计划、统一审计方案，统一审计实施，统一审计报告，统一审计处理”的“五统一”原则。

——以计划为载体统一审计目标，整合审计力量。每年7月底之前，财政审计协调领导小组办公室根据财政审计总体目标，在征求有关方面意见的基础上，提出下一年度财政审计计划的建议，经财政审计协调领导小组研究后报办公厅，经审计长会议审定后执行。

中央本级支出审计，要做好财政部、发展改革委具体组织中央本级预算执行情况的审计和中央部门预算执行情况的审计之间的横向结合，研究确定审计目标，提出审计计划建议。财政审计协调领导小组统一协调组织财政司、行政事业司、投资司和各派出审计局的力量，开展中央本级支出审计。

中央补助地方支出审计，要把财政部、发展改革委具体组织中央补助地方预算执行情况和地方管理使用中央各类补助收入情况作为一个统一的整体研究确定审计目标，提出审计计划建议。从2006年起，对地方管理使用的各类中央补助资金开展全面审计。财政审计协调领导小组按计划统一协调组织实施，整合署机关和特派办财政、行政事业、农业、投资、社保等审计力量，每年集中审计若干省、自治区、直辖市(统称为省，下同)。特派办对其管辖范围内的省，在审计署统一组织开展中央补助地方支出审计之后，按照就近、就地原则，可自主安排进行审计。特派办自主安排的审计项目要纳入审计署的年度审计计划。中央补助地方支出审计以审计调查为主。对中央补助地方支出的审计，可以吸收地方审计机关的力量参加，同时，要注重运用地方审计机关的相关审计成果。

——以方案为载体整合审计内容。财政审计协调领导小组办公室负责提出年度财政审计总体方案。财政司负责提出财政部具体组织中央预算执行情况的审计工作方案；行政事业司负责提出中央部门预算执行审计工作方案；投资司负责提出发展改革委管理分配中央预算内和国债基本建设资金审计工作方案；财政审计协调领导小组办公室负责提出中央补助地方支出审计工作方案。财政审计总体方案和各项审计工作方案经财政审计协调领导小组研究并报审计长会议审定后严格执行。

对财政部、发展改革委、中央部门和中央补助地方支出的审计，要在审计内容上形成一个横向、纵向相互关联的统一整体，在审计目标取向一致的基础上，确定每年的审计内容和重点，并体现到审计工作方案和审计实施方案之中。

——以报告为载体整合审计成果。要通过严格审计质量控制和加大分析力度等措施，提升审计报告的质量和水平。审计报告要充分体现财政审计在促进体制改革、机制完善和制度改进等方面的审计成果。审计组要按照审计工作方案和审计实施方案的要求，精细组织实施，加大宏观分析力度，确保审计报告质量。行政事业司负责汇总提出中央部门预算执行审计报告，财政审计协调领导小组办公室负责汇总提出中央补助地方支出审计报告。对财政部和发展改革委的审计要充分运用和体现中央部门预算执行和中央补助地方支出的审计成果。

四、认真贯彻“全面审计，突出重点”的工作方针。财政审计协调领导小组在提出财政审计工作方案时，要根据财政审计目标，研究确定每年的审计重点，努力做到有所为，有所不为。

五、围绕社会关注的热点和难点问题开展审计和专项审计调查。财政审计协调领导小组要围绕社会关注的热点和难点问题，每年选择1～2项组织开展审计和专项审计调查，着力反映和促进解决关系国计民生的突出问题。

六、积极推行计算机审计，提高审计工作效率。财政审计协调领导小组、署机关各有关业务司和各派出机构，要全面运用审计管理系统加强工作联系和沟通。中央本级支出审计要开展联网审计试点，积极开发审计软件和模块，解决实际工作中遇到的技术难题。中央补助地方支出审计和其他专项审计也要积极创造条件推广运用现场审计实施系统，切实提高工作效率。

七、加强调查研究，为财政审计工作提供理论和实践支持。财政审计协调领导小组每年都要集中一段时间开展调查研究，走访国务院主管部门、相关理论研究机构和部分地区，从体制、机制和制度上研究目前财政管理中的薄弱环节和审计的着力点，为提出财政审计年度工作目标、审计项目安排和审计方案奠定扎实基础，充分发挥财政审计在规范财政管理，促进财政改革方面的积极作用。

中央审计项目授权地方审计机关审计管理办法

（审办发〔2005〕34号，2005年9月9日）

第一条　为了规范中央审计项目授权地方审计机关审计的管理工作，保证审计质量和成效，更好地发挥授权审计作用，根据《中华人民共和国审计法》第二十八条的有关规定，制定本办法。

第二条　中央审计项目授权地方审计机关审计，实行统一管理、一年一定的原则。

第三条　安排授权审计项目计划，应当以整合审计资源、发挥审计机关的整体效能为目标，注重与审计署统一组织审计项目计划的配合和协调，逐步扩大审计监督覆盖面，加强对中央部门和企事业单位分布在基层的分支机构的审计监督。

第四条　法律法规明确规定不能授权地方审计机关审计的事项，必要时由审计署统一组织或以其他形式安排地方审计机关参与审计。

第五条　中央审计项目只授权给省级审计机关（含新疆生产建设兵团、计划单列市审计局，下同），由省级审计机关直接进行审计或统一组织下级审计机关实施。省级审计机关对审计署负责并报告审计结果。

第六条　审计署在调查研究的基础上，于每年10月底前提出次年授权审计项目安排意见，明确授权审计项目安排的指导思想、拟授权范围或行业、选择被审计单位的原则和要求等。省级审计机关本着自愿原则，根据授权审计项目安排意见，选定审计项目，于11月底前向审计署提交授权审计项目立项申请书（格式见附件），说明拟安排项目的基本情况，立项理由，审计目标，审计内容、范围和重点，审计的组织分工等事项。

第七条　审计署收到省级审计机关申请授权的文件后，由办公厅统一汇总，进行综合平衡，并征求相关业务司、派出机构意见，形成授权审计项目计划草案，报审计长会议研究审定后，正式下达省级审计机关执行。

第八条　授权审计项目计划一经下达，必须确保在当年完成，并在计划规定的期限内向审计署报告审计结果。因特殊原因当年无法完成的，应当及时向审计署申请调减计划。

第九条　地方审计机关在实施授权审计项目过程中，应当严格执行审计法、相关审计准则和《审计机关审计项目质量控制办法（试行）》的规定，规范审计行为，确保审计质量。审计查出被审计单位违反国家财经法规的问题，应当严格按照国家有关法律法规进行处理。在违法违规问题的定性和处理处罚上，遇有政策界限不清，或与被审计单位有重大意见分歧的，省级审计机关应当报告审计署，由审计署有关职能机构研究提出意见。必要时由审计署统一提出处理处罚的原则。

第十条　省级审计机关统一组织下级审计机关实施授权审计项目时，由省级审计机关制定审计工作方案，签发审计通知书，提出审计报告，出具审计移送处理书，作出审计决定。省级审计机关的法制工作机构应当对相关审计文书进行复核，提出复核意见。正式印发的审计工作方案，应当抄报审计署。

第十一条 在实施授权审计项目过程中，发现下列问题之一的，省级审计机关应当及时向审计署报告，由审计署转送有关部门查处，或以《审计要情》、《重要信息要目》等形式上报：

（一）因决策失误、失职渎职、管理不善造成国有资金、资产损失金额较大；

（二）厅（局）级以上领导干部涉嫌严重违法犯罪，涉案金额较大；

（三）影响国家重要宏观政策执行的重大问题，涉及金额较大；

（四）其他性质特别恶劣，金额巨大的严重违法违规问题或案件。

第十二条 省级审计机关制发授权审计项目的审计报告、审计决定书及审计移送处理书时，应当抄送审计署及其有审计管辖权的派出机构。审计终结后，对涉及多个被审计单位的行业性授权审计项目，省级审计机关应当及时汇总审计成果，编制授权审计综合报告报送审计署。

第十三条 授权审计项目的审计档案由省级审计机关统一保存。

第十四条 授权审计项目可以参加审计署优秀审计项目的评选。

第十五条 审计署每年组织对授权审计项目计划执行情况、项目实施质量、审计成果等进行考核和重点抽查，并通报考核和抽查结果。

第十六条 在实施授权审计项目过程中，地方审计机关应当严格遵守审计工作纪律和各项廉政规定。发生以审计权力牟取私利问题的，审计署暂停对其授权并限期整改。因审计人员失职、渎职或故意行为造成审计项目重大质量问题的，依法追究有关领导和直接责任人员的责任。

第十七条 本办法由审计署负责解释。

第十八条 本办法自发布之日起执行。此前审计署有关授权审计的规定与本办法有抵触的，按本办法执行。

附件：授权审计项目立项申请书（略）

最高人民检察院关于进一步加强检察机关和审计机关工作联系的通知

（1990 年 8 月 7 日）

各省、自治区、直辖市人民检察院、审计局，军事检察院，审计署各派出机构：

为进一步加强检察机关和审计机关的工作联系，互相协调，密切配合，查处违法犯罪案件和违纪行为，维护国家法律、法规的统一实施，现将有关事项通知如下：

一、审计机关在审计监督活动中，对认为已触犯刑律、机构犯罪的被审计单位的有关人员，应当按照检察机关受理案件范围的规定，将案件连同《移送处理意见书》、涉及该事项的有关证据材料，送交有管辖权的检察机关处理。

二、检察机关对审计机关提请处理的案件，应当及时进行审查。对决定立案侦查的，应将查处结果通知审计机关；对决定不予立案的，应将有关材料退回审计机关处理。

三、检察机关在检察活动中，发现有关单位有违反国家财经法规行为，属于审计监督范围的，应将有关材料及《检察建议书》送交审计机关。

四、审计机关对已送交检察机关查处的案件，在商检察机关同意后，可以公开报道。

五、检察机关和审计机关要加强联系，经常互通情况，搞好协调和配合。对于执行本通知中遇到的重要情况或重大不同意见，应当及时报告各自上级机关。

最高人民法院关于建设工程承包合同案件中双方当事人已确认的工程决算价款与审计部门审计的工程决算价款不一致时如何适用法律问题的电话答复意见

（〔2001〕民一他字第 2 号，2001 年 4 月 2 日）

河南省高级人民法院：

你院"关于建设工程承包合同案件中双方当事人已确认的工程决算价款与审计部门审计的工程决算价款不一致时如何适用法律问题的请示"收悉。经研究认为，审计是国家对建设单位的一种行政监督，不影响建设单位与承建单位的合同效力。建设工程承包合同案件应以当事人的约定作为法院判决的依据。只有在合同明确约定以审计结论作为结算依据或者合同约定不明确、合同约定无效的情况下，才能将审计结论作为判决的依据。

最高人民法院关于对《审计署关于咨询虚开增值税专用发票罪问题的函》的复函

（法函〔2001〕66 号，2001 年 10 月 17 日）

国家审计署：

你署审函〔2001〕75 号《审计署关于咨询虚开增值税专用发票罪问题的函》收悉。经研究，现提出以下意见供参考：

地方税务机关实施"高开低征"或者"开大征小"等违规开具增值税专用发票的行为，不属于刑法第二百零五条规定的虚开增值税专用发票的犯罪行为，造成国家税款重大损失的，对有关主管部门的国家机关工作人员，应当根据刑法有关渎职罪的规定追究刑事责任。

此复

最高人民检察院、审计署关于进一步加强检察机关与审计机关在反腐败工作中协作配合的通知

（高检会〔2004〕5 号，2004 年 11 月 19 日）

各省、自治区、直辖市人民检察院、审计厅（局），审计署各派出机构：

2000 年 3 月，《最高人民检察院、审计署关于建立案件移送和加强工作协作配合制度的通知》（审法发〔2000〕30 号）下发后，各级检察机关与审计机关认真执行通知要求，在工作中相互支持配合，为及时准确地查处腐败犯罪行为，维护社会主义市场经济秩序，促进廉政、勤政建设，作出了积极贡献。但是，由于目前审计监督工作与查办职务犯罪案件工作相衔接的工作机制还不够完善，实践中还存在信息沟通不够、案件线索移送与处理不及时、协作配合不规范等问题，影响了对腐败犯罪行为的打击力度和效果。为了解决上述问题，健全检察机关与审计机关协作配合的长效工作机制，现就进一步加强检察机关与审计机关在反腐败工作中协作配合的有关事项通知如下：

一、提高协作配合的积极性和主动性

检察机关是惩治贪污贿赂、渎职等职务犯罪的专门机关。审计机关是发现国家工作人员重大经济违法违规问题以及贪污贿赂、渎职等职务犯罪案件线索的重要部门。加强检察机关与审计机关的协作配合，实现审计监督与法律监督的紧密衔接，整合资源，优势互补，有助于形成反腐败工作的合力，对于深入推进反腐败斗争，维护社会主义市场经济秩序，保障社会主义现代化建设顺利进行具有十分重要的意义。各级检察机关和审计机关要从党和国家反腐败工作的大局出发，在充分发挥各自法定职能的基础上，进一步提高协作配合的积极性与主动性，健全协作配合机制，提高协作配合效率。

二、健全工作联系和协调机构

最高人民检察院与审计署联合成立协调配合领导小组，由最高人民检察院主管职务犯罪侦查工作的副检察长和审计署主管法制工作的副审计长组成。协调配合领导小组原则上每半年召开一次联席例会，相互交流、通报工作情况，研究解决检察机关与审计机关协作配合中出现的重大问题，协调重大个案的查处。在特殊情况下，经一方提议，联席例会也可随时召开。协调配合领导小组下设办公室，由最高人民检察院职务犯罪侦查部门负责人和审计署法制部门负责人组成，作为协调配合领导小组的日常办事机构，负责最高人民检察院与审计署之间日常工作的联系与协调、落实联席例会作出的决定。地方各级检察机关与审计机关也要建立相应的协调配合领导小组和联席例会制度，加强在反腐败工作中的联系与配合。

三、加强信息交流和情况通报

检察机关就查处国家工作人员贪污贿赂、国家机关工作人员渎职案件的阶段性情况，贪污贿赂、渎职等职务犯罪发生的原因、特点、手段、变化规律和趋势，以及所出台的与审计监督工作联系紧密的政策、措施、指导意见等，在允许的范围内要及时向审计机关通报。审计机关就审计监督中发现的国家工作人员严重违反国家规定的财政收支、财务收支行为的阶段性情况，严重违反国家规定的财政收支、财务收支行为发生的原因、特点、手段、变化规律和趋势，以及所出台的与查办职务犯罪工作联系紧密的政策、措施、指导意见等，在允许的范围内也要及时向检察机关通报。

四、完善案件线索移送制度

检察机关在查办案件过程中、审计机关在审计监督过程中，发现应当移送对方处理的案件线索，应当在7日内将所有相关的证据材料移送给对方处理。审计署发现的职务犯罪案件线索，移送给最高人民检察院；审计署各特派员办事处发现的一般性职务犯罪案件线索，移送给有管辖权的省级人民检察院，对于涉及重大问题的职务犯罪案件线索，需要由审计署专题报告国务院或需经最高人民检察院介入处理的，应当报告审计署，由审计署移送给最高人民检察院或者由审计署指定特派员办事处移送给有管辖权的省级人民检察院；省、市、县级审计机关发现的职务犯罪案件线索，分别移送给同级的人民检察院。最高人民检察院发现的违反国家财政、财务收支规定的违法案件线索，属于审计监督范围的，移送给审计署；省、市、县级检察机关发现的违反国家财政、财务收支规定的违法案件线索，属于审计监督范围的，分别移送给同级的审计机关。检察机关与审计机关对对方移送的案件线索应当及时进行审查，并在作出相应处理决定后7日内，向对方通报处理结果。

五、实行移送案件线索备案审查制度

各级检察机关与审计机关在接到对方移送的案件线索后7日内和作出相应处理决定后7日内，应当分别将相关材料报上一级检察机关与审计机关备案。涉及厅局级以上干部的案件线索和在全国有影响的案件线索，应当在接到移送后7日内和作出相应处理决定后7日内，分别层报最高人民检察院与审计署备案。上级检察机关与审计机关要及时对下级机关报送的备案材料进行审查，定期对下级机关的个案线索移送处理情况进行检查和督办，发现问题及时纠正。

六、及时解决协作配合中出现的争议

对于双方在协作配合中出现的争议，检察机关与审计机关要本着积极、慎重的态度，及时进行沟通，通过本级协调配合领导小组办公室协商解决。无法解决的，应提交本级联席例会解决。仍难以解决的，应分别上报上一级检察机关与审计机关进行协调，不得直接自行处理或拖延不办。

各级检察机关与审计机关应当严格按照本通知的规定执行。在执行过程中遇到的问题，请分别上报最高人民检察院与审计署。

审计署、中国人民银行、中国银行业监督管理委员会、中国证券监督管理委员会关于审计机关查询被审计单位在金融机构账户和存款有关问题的通知

（审法发〔2006〕67号，2006年11月22日）

人民银行上海总部，各分行、营业管理部、省会（首府）城市中心支行，副省级城市中心支行；各省、自治区、直辖市和计划单列市、新疆生产建设兵团审计厅（局），审计署机关各单位、各特派员办事处，各派出审计局；各银监局，各政策性银行、国有商业银行、股份制商业银行，各金融资产管理公司，国家邮政局邮政储汇局，各省级农村信用联社，银监会直接监管的信托投资公司、财务公司、金融租赁公司，中央国债登记结算公司；证监会各省、自治区、直辖市、计划单列市监管局，各证券、期货交易所，中国证券登记结算公司，各证券公司、证券投资基金管理公司、期货经纪公司：

2006年2月28日，十届全国人大常委会第二十次会议审议通过了关于修改审计法的决定。修改后的审计法第三十三条第二、三款规定："审计机关经县级以上人民政府审计机关负责人批准，有权查询被审计单位在金融机构的账户。""审计机关有证据证明被审计单位以个人名义存储公款的，经县级以上人民政府审计机关主要负责人批准，有权查询被审计单位以个人名义在金融机构的存款。"为进一步落实上述规定，规范审计机关查询被审计单位在金融机构的账户（以下简称查询单位账户）和被审计单位以个人名义在金融机构的存款（以下简称查询个人存款）工作，经审计署、人民银行、银监会、证监会研究，现就有关事项通知如下：

一、审计机关在审计（含专项审计调查，下同）过程中，有权依法向有关金融机构查询单位账户和个人存款，并取得证明材料，有关金融机构应当予以协助。审计机关查询的单位账户，包括被审计单位在政策性银行、商业银行、城市信用合作社、农村信用合作社、信托投资公司、财务公司、金融租赁公司、中央国债登记结算公司、证券公司、证券投资基金管理公司、期货经纪公司以及经国务院金融监督管理机构批准设立的其他金融机构（以下统称金融机构）开立的银行、资金、证券、基金、信托等各类账户。审计机关查询的个人存款，包括被审计单位以个人名义在金融机构办理的储蓄账户、结算账户以及买卖证券、基金等的资金账户的资金。

二、审计机关查询单位账户或者个人存款应当严格履行审批程序。查询单位账户应当经县级以上人民政府审计机关（含省级以上人民政府审计机关派出机构，下同）负责人批准，签发《协助查询单位账户通知书》；查询个人存款应当取得相关的证明材料（主要涉及个人与被审计单位之间的关系、款项的来源、款项使用情况、相关当事人确认的以个人名义存储公款的调查记录等），以此认定被审计单位以个人名义存储公款，并经县级以上人民政府审计机关主要负责人批准，签发《协助查询个人存款通知书》。

三、审计机关查询单位账户或者个人存款时，应当向有关金融机构送达《协助查询单位账户通知书》或者《协助查询个人存款通知书》。审计人员具体执行查询任务时，应当由两名以上审计人员参加，并出示审计人员的工作证件和审计通知书。

四、审计机关查询单位账户，应当向有关金融机构提供被审计单位的账户名称及账号。对因群众举报等原因，审计机关无法提供被审计单位准确的账户名称或者账号的，应当向有关金融机构做出说明，由金融机构协助查询。查询个人存款应当向有关金融机构提供存款人的姓名、账号或者身份证件号码。

五、审计机关查询单位账户或者个人存款的内容，主要包括其开户销户情况、交易日期、内容、金额和账户余额情况，以及交易资金流向等记录。

六、审计机关查询单位账户或者个人存款时，可以对相关资料进行抄录、复印、照相，但不得带走原件。取得有关证明材料后，应当注明来源，并由提供证明材料的金融机构盖章。对金融机构提供的有关资料，审计机关及其审计人员应当保密。

七、金融机构应当依法协助审计机关办理查询工作，如实提供相关资料，不得隐匿。金融机构协助复制

存款资料等支付了成本费用的，可以按照相关规定向审计机关收取工本费。对审计机关查询单位账户或者个人存款的情况和内容，有关金融机构及其有关工作人员应当保密，不得告知被审计单位或者存款人。

八、审计机关需要到异地查询单位账户或者个人存款的，可以直接到异地金融机构进行查询，也可以委托当地审计机关查询。

九、审计机关和审计人员违反本通知的规定进行查询，由上级审计机关依法追究有关人员的责任；金融机构和有关工作人员未按本通知的规定协助查询，由有关金融监管机构依法追究有关人员的责任。

以上各项规定请各级审计机关、各金融机构认真贯彻执行。对执行中遇到的问题，请及时报告上级审计机关和相应的金融监管机构。1998 年审计署、中国人民银行联合下发的《关于审计机关在审计执法过程中查询被审计单位存款问题的通知》(审发〔1998〕308 号)同时废止。

审计署关于进一步规范审计移送工作的意见

(审法发〔2006〕66 号，2006 年 12 月 1 日)

署机关各业务司、各特派员办事处，各派出审计局：

为进一步规范审计移送行为，提高审计移送工作的质量和水平，更好地履行审计监督职责，根据《中华人民共和国审计法》和《行政执法机关移送涉嫌犯罪案件的规定》(国务院令第 310 号)等有关规定，现就规范审计署及其派出机构的审计移送工作提出以下意见：

一、审计发现的超越审计机关职权范围需要移送的事项，应区分不同情况办理移送：有关单位或个人涉嫌经济犯罪的案件，应移送公安机关或检察机关查处；没有涉嫌经济犯罪，但有关人员违反党纪政纪规定需要追究责任的，应移送纪检监察机关或相关干部管理部门查处；应由主管部门(单位)、监管部门或各级政府进行处理的其他问题，应移送有关部门(单位)或政府。审计署以《审计要情》形式上报有关案件线索和问题需要有关部门查处的，也应比照上述不同情况，在《审计要情》中提出具体的审计建议。

审计发现的有关移送处理事项，一般应通过《审计移送处理书》(格式见附件 1.2.3)向有管辖权的部门(单位)、机关或政府进行移送，或通过《审计要情》等形式向上级反映。同一事项不得同时向多个部门(单位)、机关或政府移送，也不得既通过《审计要情》等形式反映，又通过《审计移送处理书》进行移送。

二、审计发现的涉嫌经济犯罪案件，应依照国家有关规定分别移送相关司法机关查处，其中涉嫌贪污贿赂、渎职以及国家机关工作人员利用职权实施的其他重大犯罪等职务犯罪案件，移送检察机关查处；涉嫌其他经济犯罪案件，移送公安机关查处。涉嫌经济犯罪案件只向一个机关移送。同一案件既涉嫌职务犯罪又涉嫌其他犯罪，检察和公安机关分别具有管辖权的，应向对主要涉嫌的犯罪有管辖权的机关移送，不得向两个或两个以上机关同时移送。

三、审计署各业务司、各派出审计局审计发现的涉嫌经济犯罪案件，全部以审计署名义移送给有管辖权的厅(局)级及以上的公安机关或检察机关，原则上不向市(地)级及以下的公安机关或检察机关移送案件。

各特派员办事处审计发现的涉嫌经济犯罪案件，应区别以下情况进行移送：涉案金额在 1000 万元以上的案件，涉及副厅(局)级以上领导干部且涉案金额在 100 万元以上的案件，其他性质特别恶劣或具有一定社会影响的案件，统一交由审计署移送；其他涉嫌经济犯罪的案件，由相关特派员办事处直接向有管辖权的公安机关或检察机关移送。

四、审计发现有关人员违反党纪政纪规定需要追究责任的，应向涉及的被反映人其担任职务的同级纪检监察机关移送，同时担任两个以上职务的，一般应向与其担任最高职务同级的纪检监察机关移送。根据党政机关行文的规定以及纪检与监察部门合署办公的实际情况，审计发现需要向纪检监察机关移送的事项，一般应向监察机关移送。

五、审计发现需要由有关主管部门(单位)、监管部门或各级政府移送进行处理的，根据被审计单位级别或问题的性质向直接具有管辖权的主管部门(单位)、监管部门或各级政府移送。

各特派员办事处审计发现需要向部级监察机关、主管部门(单位)或监管部门以及省级政府移送的事项，统一交由审计署移送；其他需要移送的事项，由相关特派员办事处直接办理移送。

六、各单位在办理移送事项或通过《审计要情》等形式反映有关问题之前，对已经与有关部门、机关建立会商机制的，可以根据实际需要或经领导同意，经法制机构与相关部门、机关进行会商。

七、署机关各业务司、各派出审计局审计发现的所有应移送事项，由署法制司进行复核。各特派员办事处审计发现应交由审计署移送的事项，经特派员办事处复核机构复核和特派员办事处主要负责人审定后，将审计移送处理书代拟稿正式函送署主管业务司，抄送分管署领导。署主管业务司对审计移送处理书代拟稿审核修改，并作为发文主办单位办理发文，经法制司复核、分管署领导审核后，由审计长签发。署主管业务司发文办理的特派员办事处移送事项，审计移送处理书要抄送该特派员办事处。

八、各单位办理移送事项应明确责任，分工负责。审计人员、审计组组长及审计组所在部门负责人对审计移送处理书涉及有关事实的真实性和适用法律的准确性负责；复核人员、复核机构负责人对出具复核意见的恰当性负责；审计机关负责人对审计机关出具的审计移送处理书应严格审核把关。

九、署法制司和各特派员办事处法制机构分别负责定期对署机关及派出审计局、各特派员办事处移送事项的有关落实情况进行了解、跟踪和统计。署法制司负责对全署审计移送事项及落实情况进行统计汇总分析，并及时向署领导报告移送处理进展情况和结果。各特派员办事处应在向有关机关、部门送达审计移送处理书同时抄报审计署，并按要求向法制司报送《审计移送处理情况统计表》和《审计移送处理落实情况统计表》(见附件4，第4季度报表为全年累计数，即为年报)。

附件：1. 审计移送处理书格式(适用公安、检察机关)
2. 审计移送处理书格式(适用纪检监察机关)
3. 审计移送处理书格式(适用主管、监管部门或政府)
4. 审计移送处理和落实情况统计表

行政执法机关移送涉嫌犯罪案件的规定

(中华人民共和国国务院令第310号，2001年7月9日)

中华人民共和国国务院令

(第310号)

《行政执法机关移送涉嫌犯罪案件的规定》已经2001年7月4日国务院第42次常务会议通过，现予公布，自公布之日起施行。

总理 朱镕基

二〇〇一年七月九日

行政执法机关移送涉嫌犯罪案件的规定

第一条 为了保证行政执法机关向公安机关及时移送涉嫌犯罪案件，依法惩罚破坏社会主义市场经济秩序罪、妨害社会管理秩序罪以及其他罪，保障社会主义建设事业顺利进行，制定本规定。

第二条 本规定所称行政执法机关，是指依照法律、法规或者规章的规定，对破坏社会主义市场经济秩序、妨害社会管理秩序以及其他违法行为具有行政处罚权的行政机关，以及法律、法规授权的具有管理公共事务职能、在法定授权范围内实施行政处罚的组织。

第三条 行政执法机关在依法查处违法行为过程中，发现违法事实涉及的金额、违法事实的情节、违法事实造成的后果等，根据刑法关于破坏社会主义市场经济秩序罪、妨害社会管理秩序罪等罪的规定和最高人民法院、最高人民检察院关于破坏社会主义市场经济秩序罪、妨害社会管理秩序罪等罪的司法解释以及最高人民检察院、公安部关于经济犯罪案件的追诉标准等规定，涉嫌构成犯罪，依法需要追究刑事责任的，必须依照本规定向公安机关移送。

第四条 行政执法机关在查处违法行为过程中，必须妥善保存所收集的与违法行为有关的证据。

行政执法机关对查获的涉案物品，应当如实填写涉案物品清单，并按照国家有关规定予以处理。对易腐烂、变质等不宜或者不易保管的涉案物品，应当采取必要措施，留取证据；对需要进行检验、鉴定的涉案物品，应当由法定检验、鉴定机构进行检验、鉴定，并出具检验报告或者鉴定结论。

第五条 行政执法机关对应当向公安机关移送的涉嫌犯罪案件，应当立即指定 2 名或者 2 名以上行政执法人员组成专案组专门负责，核实情况后提出移送涉嫌犯罪案件的书面报告，报经本机关正职负责人或者主持工作的负责人审批。

行政执法机关正职负责人或者主持工作的负责人应当自接到报告之日起 3 日内作出批准移送或者不批准移送的决定。决定批准的，应当在 24 小时内向同级公安机关移送；决定不批准的，应当将不予批准的理由记录在案。

第六条 行政执法机关向公安机关移送涉嫌犯罪案件，应当附有下列材料：

（一）涉嫌犯罪案件移送书；

（二）涉嫌犯罪案件情况的调查报告；

（三）涉案物品清单；

（四）有关检验报告或者鉴定结论；

（五）其他有关涉嫌犯罪的材料。

第七条 公安机关对行政执法机关移送的涉嫌犯罪案件，应当在涉嫌犯罪案件移送书的回执上签字；其中，不属于本机关管辖的，应当在 24 小时内转送有管辖权的机关，并书面告知移送案件的行政执法机关。

第八条 公安机关应当自接受行政执法机关移送的涉嫌犯罪案件之日起 3 日内，依照刑法、刑事诉讼法以及最高人民法院、最高人民检察院关于立案标准和公安部关于公安机关办理刑事案件程序的规定，对所移送的案件进行审查。认为有犯罪事实，需要追究刑事责任，依法决定立案的，应当书面通知移送案件的行政执法机关；认为没有犯罪事实，或者犯罪事实显著轻微，不需要追究刑事责任，依法不予立案的，应当说明理由，并书面通知移送案件的行政执法机关，相应退回案卷材料。

第九条 行政执法机关接到公安机关不予立案的通知书后，认为依法应当由公安机关决定立案的，可以自接到不予立案通知书之日起 3 日内，提请作出不予立案决定的公安机关复议，也可以建议人民检察院依法进行立案监督。

作出不予立案决定的公安机关应当自收到行政执法机关提请复议的文件之日起 3 日内作出立案或者不予立案的决定，并书面通知移送案件的行政执法机关。移送案件的行政执法机关对公安机关不予立案的复议决定仍有异议的，应当自收到复议决定通知书之日起 3 日内建议人民检察院依法进行立案监督。

公安机关应当接受人民检察院依法进行的立案监督。

第十条 行政执法机关对公安机关决定不予立案的案件，应当依法作出处理；其中，依照有关法律、法规或者规章的规定应当给予行政处罚的，应当依法实施行政处罚。

第十一条 行政执法机关对应当向公安机关移送的涉嫌犯罪案件，不得以行政处罚代替移送。

行政执法机关向公安机关移送涉嫌犯罪案件前已经作出的警告，责令停产停业，暂扣或者吊销许可证、暂扣或者吊销执照的行政处罚决定，不停止执行。

依照行政处罚法的规定，行政执法机关向公安机关移送涉嫌犯罪案件前，已经依法给予当事人罚款的，人民法院判处罚金时，依法折抵相应罚金。

第十二条 行政执法机关对公安机关决定立案的案件，应当自接到立案通知书之日起 3 日内将涉案物品以及与案件有关的其他材料移交公安机关，并办结交接手续；法律、行政法规另有规定的，依照其规定。

第十三条 公安机关对发现的违法行为，经审查，没有犯罪事实，或者立案侦查后认为犯罪事实显著轻微，不需要追究刑事责任，但依法应当追究行政责任的，应当及时将案件移送同级行政执法机关，有关行政执法机关应当依法作出处理。

第十四条 行政执法机关移送涉嫌犯罪案件，应当接受人民检察院和监察机关依法实施的监督。

任何单位和个人对行政执法机关违反本规定，应当向公安机关移送涉嫌犯罪案件而不移送的，有权向人民检察院、监察机关或者上级行政执法机关举报。

第十五条 行政执法机关违反本规定，隐匿、私分、销毁涉案物品的，由本级或者上级人民政府，或者实行垂直管理的上级行政执法机关，对其正职负责人根据情节轻重，给予降级以上的行政处分；构成犯罪的，依法追究刑事责任。

对前款所列行为直接负责的主管人员和其他直接责任人员，比照前款的规定给予行政处分；构成犯罪的，依法追究刑事责任。

第十六条 行政执法机关违反本规定，逾期不将案件移送公安机关的，由本级或者上级人民政府，或者实行垂直管理的上级行政执法机关，责令限期移送，并对其正职负责人或者主持工作的负责人根据情节轻重，给予记过以上的行政处分；构成犯罪的，依法追究刑事责任。

行政执法机关违反本规定，对应当向公安机关移送的案件不移送，或者以行政处罚代替移送的，由本级或者上级人民政府，或者实行垂直管理的上级行政执法机关，责令改正，给予通报；拒不改正的，对其正职负责人或者主持工作的负责人给予记过以上的行政处分；构成犯罪的，依法追究刑事责任。

对本条第一款、第二款所列行为直接负责的主管人员和其他直接责任人员，分别比照前两款的规定给予行政处分；构成犯罪的，依法追究刑事责任。

第十七条 公安机关违反本规定，不接受行政执法机关移送的涉嫌犯罪案件，或者逾期不作出立案或者不予立案的决定的，除由人民检察院依法实施立案监督外，由本级或者上级人民政府责令改正，对其正职负责人根据情节轻重，给予记过以上的行政处分；构成犯罪的，依法追究刑事责任。

对前款所列行为直接负责的主管人员和其他直接责任人员，比照前款的规定给予行政处分；构成犯罪的，依法追究刑事责任。

第十八条 行政执法机关在依法查处违法行为过程中，发现贪污贿赂、国家工作人员渎职或者国家机关工作人员利用职权侵犯公民人身权利和民主权利等违法行为，涉嫌构成犯罪的，应当比照本规定及时将案件移送人民检察院。

第十九条 本规定自公布之日起施行。

审计署、公安部关于建立案件移送制度和加强工作协作配合的通知

（审法发〔2000〕42 号，2000 年）

各省、自治区、直辖市审计厅(局)、公安厅(局)，新疆生产建设兵团公安局，审计署各派出机构：

近年来，各级审计机关严格执行《中华人民共和国审计法》和其他有关法律、法规，按照国务院领导关于审计机关要突出重点，注重查处大案要案的指示精神，在审计过程中发现了大量犯罪线索，并根据有关法律关于案件管辖分工的规定，及时移送公安机关查处，取得了显著的成效。特别是 1997 年 10 月 1 日修订后的刑法施行之后，各级审计机关和公安机关密切配合，加大了查处和打击破坏社会主义市场经济秩序、侵犯财产和其他违法犯罪活动的力度。为进一步规范案件移送工作，加强协作配合，认真贯彻落实《中华人民共和国刑法》、《中华人民共和国刑事诉讼法》、《中华人民共和国审计法》及其他法律的有关规定，充分发挥审计机关和公安机关在维护财经秩序，打击经济犯罪方面的作用，现将有关事项通知如下：

一、建立健全案件移送制度。审计机关在审计过程中，发现被审计单位或者有关责任人员有犯罪嫌疑，属于公安机关管辖刑事案件范围(见附件 1)的，应当填写《审计机关移送处理书》(见附件 2)，连同案件有关证据材料一并及时移送同级公安机关。公安机关对于审计机关移送的犯罪案件线索，应当填写《审计机关移送处理书送达回执》(见附件 3)，予以接受，并迅速进行审查。审查后，及时将立案的决定或者不立案的理由通知移送犯罪案件线索的审计机关，并将不立案的案件有关材料退还审计机关。经审查，对于属于其他公安机关管辖范围的犯罪案件，应当在 24 小时内，转送有关公安机关，并告知移送犯罪案件线索的审计机关。接受转送的公安机关经过审查后，应当将是否立案的决定及时通知移送犯罪案件线索的审计机关。审计机关对公安机关不立案的决定有异议的，可以提请公安机关进行复查；公安机关应当复查，并将复查结果通知审计机关。公安机关对接受的犯罪案件线索立案侦查终结，移送检察机关审查起诉后，应当及时通知移送犯罪案件线索的审计机关。公安机关在侦查活动中，发现有关单位有违反国家规定的财政、财

务收支行为，属于审计机关的审计监督范围(见附件 4)的，应当将违法行为线索移送审计机关处理。审计机关应当及时向公安机关通报处理结果。

二、加强办案协调与配合。审计机关和公安机关在查处经济违法犯罪案件工作中，要本着各司其职、通力合作的原则，互相支持，互相配合。为加强联系，有利工作，各级审计机关和公安机关要经常交流、通报情况，也可以根据需要建立联席会议制度，研究解决工作中存在的问题。审计机关在审计过程中，发现被审计单位或者有关责任人员有犯罪的重大嫌疑，并且有毁灭、伪造证据或者串供可能，或者企图自杀、逃跑或者在逃等情况，需要采取紧急措施的，应当立即报告公安机关，公安机关应当及时予以处置。公安机关在查处经济犯罪案件过程中，需要审计机关协助查证的，审计机关应当予以配合。

三、突出重点，加强对大案要案的查处。各级审计机关和公安机关应当充分发挥各自的优势，加强协作配合，加大打击力度，重点揭露走私，妨害对公司、企业的管理秩序，破坏金融管理秩序，金融诈骗，危害税收征管，扰乱市场秩序和侵犯财产等类案件，并依法进行严肃处理。审计机关对涉嫌犯罪的，要及时移送有管辖权的公安机关处理。各级公安机关对审计机关移送的犯罪案件线索，要集中优势警力，运用多种侦查手段，快侦快破，及时查处。

四、严格依法办案。在查处经济违法犯罪案件过程中，各级审计机关和公安机关应当严格依照法定的职责、权限和程，严格区分罪与非罪，既要防止以罚代刑，降格处理，又要防止扩大打击面。

五、各级审计机关和公安机关应当严格按照本通知的规定执行。在执行过程中遇到的问题，请分别报审计署、公安部。

附件：1. 审计机关在审计工作中常见的依法应移送公安机关管辖的刑事案件范围
2. 审计机关移送处理书格式
3. 审计机关移送处理书送达回执格式
4. 审计机关的审计监督范围

审计署公安部关于进一步加强协作配合的通知

(审法发〔2006〕16 号，2006 年 2 月 17 日)

各省、自治区、直辖市审计厅(局)、公安厅(局)，各计划单列市审计局，新疆生产建设兵团审计局、公安局，审计署各特派员办事处、各派出审计局：

近年来，各级审计机关、公安机关按照《审计署、公安部关于建立案件移送制度和加强工作协作配合的通知》(审法发〔2000〕42 号)的要求，相互支持配合，在打击经济犯罪中发挥了积极作用。为认真贯彻落实 2005 年 10 月 21 日国务院召开的建立打击经济犯罪协调会商机制会议精神，进一步加大查处和打击经济犯罪的力度，密切审计机关与公安机关之间的协作配合，充分发挥审计机关和公安机关在维护国家经济安全、打击经济犯罪中的作用，根据《中华人民共和国审计法》、《行政执法机关移送涉嫌犯罪案件的规定》等法律法规的规定，现就审计机关、公安机关在打击经济犯罪工作中进一步加强协作配合的有关事项通知如下：

一、建立审计署和公安部打击经济犯罪工作联席会议制度

审计署和公安部建立打击经济犯罪工作联席会议(以下简称联席会议)制度，联席会议成员由审计署分管法制工作的副审计长、总审计师和公安部分管经济犯罪侦查工作的部领导，以及审计署法制司和公安部经济犯罪侦查局等相关部门的负责人组成。根据工作需要，邀请最高人民法院、最高人民检察院等相关单位参加。联席会议主要负责研究提出打击经济犯罪协作配合工作的方针和总体要求；沟通交流查处和打击经济犯罪的工作情况；研究部署协作配合的重大事项和重要工作；协商解决协作配合中遇到的政策性、技术性问题；研究向国务院报告和向社会公告中涉及双方工作的重大问题。

联席会议原则上每年度召开一至两次，遇有重大、紧急事项可随时召开。

二、设立联席会议办事机构

审计署和公安部打击经济犯罪工作联席会议办公室设在审计署法制司，负责承担联席会议的日常工作。联席会议办公室由审计署办公厅、法制司和公安部经济犯罪侦查局的相关人员组成。联席会议办公室的主要任务是分析经济犯罪的形势和特点，通报涉嫌经济犯罪案件的移送、查处等办理情况；共同研判涉嫌重大经济犯罪案件和线索的性质和移送、查处工作；统一协调审计署与公安部之间涉嫌经济犯罪案件的移送工作和双方有关协作事宜；交流打击经济犯罪的工作经验，剖析典型案例，商讨预防和打击经济犯罪的对策、措施；负责联系公安部派驻审计署联络员；组织筹备联席会议等工作。

三、公安部向审计署派驻联络员

为及时沟通信息，加强对重大案件的协调会商，公安部向审计署派驻联络员，与联席会议办公室进行对口联系。公安部派驻审计署联络员的主要职责：一是负责与审计署的日常业务联络，了解审计署相关工作计划、进度和重点，做好相应的协作和配合工作；二是对审计署拟移送公安部查处的涉嫌经济犯罪案件进行研究，提供参考意见；三是及时研究和协调解决公安机关、审计机关办案协作中遇到的重大问题，协调开展对涉嫌重大经济犯罪案件的查处工作和依法采取必要的控制措施；四是掌握、反馈审计移送涉嫌经济犯罪案件的查处进展情况。

四、改进案件移送，强化管理工作

为加强和规范涉嫌经济犯罪案件的移送、查处工作，确保移送案件质量，加大督办力度，今后审计署各特派员办事处向公安机关移送的案件实行分类管理，重大案件统一由审计署向公安部移送，一般案件由各特派员办事处向省级公安机关移送。地方各级审计机关、公安机关应当严格按照《行政执法机关移送涉嫌犯罪案件的规定》的要求，规范案件移送受理行为，做好涉嫌经济犯罪案件的移送、查处工作。

审计署和公安部对移送查处的涉嫌经济犯罪案件应当建立规范、有效的管理制度，确定专人负责统计工作，定期汇总掌握总体情况，跟踪督办案件查处工作，注意总结经验和发现问题，不断改进和完善案件管理工作。各特派员办事处、省级公安机关应当及时沟通涉嫌经济犯罪案件的移送、查处情况，并将有关情况分别上报审计署和公安部。地方各级审计机关、公安机关也应当做好情况上报、移送处理、受理查处等环节的密切联系和协作衔接。

五、加强日常办案协作配合

各级审计机关、公安机关要通力合作，相互支持，积极开展和有力推动经济犯罪案件的查处工作。一方面，对审计移送涉嫌经济犯罪案件的定性、处理等咨询问题，公安机关应当及时提出意见。在审计工作中，需要对涉嫌经济犯罪情况进行调查的，需要对涉案嫌疑人员、可疑资金、证据资料采取紧急措施的，公安机关应当依法提供必要的协助。另一方面，对审计移送的涉嫌经济犯罪案件，公安机关认为需要进行补充审计、延伸审计的，对公安机关发现属于审计监督范围的案件、线索，以及对公安机关查办不属于审计监督范围的涉嫌重大经济犯罪案件，需要审计查证支持的，审计机关应当提供必要的协助。

六、加强培训、宣传工作

各级审计机关、公安机关应当加强查办经济犯罪业务培训工作，采取举办培训、专题研讨、联合办案等多种形式，增进彼此了解，提高执法办案的整体水平。加强对外宣传工作的协调沟通，适时曝光典型案件，揭露犯罪手法，以案释法，扩大打击经济犯罪的社会影响。

审计署办公厅关于加强聘请外部人员参与审计工作经费预算管理和支付管理的通知

（审办发〔2007〕63 号，2007 年 3 月 28 日）

署机关各单位、各特派员办事处、各派出审计局：

根据《审计署关于印发〈审计署聘请外部人员参与审计工作管理办法〉的通知》（审法发〔2006〕39 号），经署领导同意，现就加强聘请外部人员参与审计工作经费（以下简称外聘经费）预算管理和支付管理通知如下：

一、每年 7 月底前，有关业务司应在测算聘请外部人员参与审计工作量的基础上，单独编制下一年度外聘人员工作方案和经费预算，送办公厅统筹平衡、报署领导审定后，纳入审计署向财政部上报的部门“一上”预算。外聘经费应按照使用单位的不同区分为业务司外聘经费和特派办外聘经费，按照聘请外部人员类别的不同区分为聘请社会中介机构与其他机构人员经费和聘请专家经费。

二、财政部"一下"预算控制指标下达后，办公厅依据署统一组织审计划（或草案）进行统筹平衡后，提出有关业务司下年度外聘经费预算控制指标，报署领导审定后，纳入审计署向财政部上报的部门"二上"预算。有关业务司应依据办公厅下达的预算控制指标进一步细化外聘工作方案，明确外聘人员工作的目标、任务进度安排、质量要求和检查保障措施，统筹管理业务司和特派办外聘人员及相关事务。

三、聘请社会中介机构与其他机构人员一般应采取招标的方式确定人选，并与拟聘请人员所在机构签定协议。从外部聘请专家的，可不采取招标方式，只签定协议即可。外聘协议应符合合同法的有关规定，应明确双方的权利和义务，包括审计目标、内容和职责范围，工作时限和要求，外聘经费的付款方式和办法以及违约责任等。

四、有关业务司应加强对外聘工作的考核和管控。要在外聘协议中明确考核和管控的具体要求。使用外聘人员的单位应依据外聘人员工作质量和进度及时出具外聘人员（单位）工作质量和进度确认书（格式附后）。

五、外聘人员经费由审计署统一对外支付。有关业务司应依据外聘协议、外聘人员（单位）工作质量和进度确认书，提出外聘经费付款申请，经办公厅审核会签后，由相关业务司报分管审计长审批。分管审计长同意后，有关业务司应将领导签批件的原件及复印件送办公厅，由办公厅通知其他机构、专家所在单位或专家本人。有外聘人员参与的年度项目计划执行完毕后，有关业务应向办公厅提交外聘工作情况报告，包括外聘工作方面执行情况、取得的主要成效、存在的不足和改进的建议等。

六、由其他资金支付的外聘经费，其预算管理和支付管理参照以上要求办理。

以上通知要求，请各单位遵照和、执行。执行中如遇有问题，请与办公厅财务处联系。

附件：外聘人员（单位）工作质量和进度确认书（格式）（略）

审计署关于商业银行审计指南的通知

（审金发〔2013〕122 号，2013 年 11 月 19 日）

各省、自治区、直辖市和计划单列市、新疆生产建设兵团审计厅（局），署机关各单位、各特派员办事处、各派出审计局：

为进一步推进审计工作法治化、规范化，贯彻落实审计法律法规和国家审计准则，审计署于 2011 年制定《国家审计指南开发方案》，全面部署国家审计指南体系的开发构建工作。经 2013 年 6 月 14 日审计署国家审计指南专家委员会会议审议，该体系中的《商业银行审计指南》已经开发完成，现予印发（该指南另行成册）。

审计指南是根据审计法律法规和国家审计准则开发的，是对良好审计实务的指引，请各单位和从事商业银行审计的人员，在实际工作中参考利用。利用中发现审计指南与审计法律法规、国家审计准则不一致的，应当以审计法律法规和国家审计准则为准，并将有关情况及时反馈给审计署国家审计指南专家委员会办公室（法规司）。

审计署

2013 年 11 月 19 日

附：

关于《商业银行审计指南》的说明

一、法律效力

本指南是依据国家审计基本准则和其他相关准则制定的，为审计机关和审计人员实施商业银行审计提供指导性的审计操作规程和方法，有利于规范审计行为，控制审计风险，提高审计效率和质量，但不具有法律强制效力。审计机关和审计人员开展商业银行审计时，建议参照本指南进行。

二、适用范围

本指南定位于对大型化、信息化的国有大型商业银行或股份制商业银行审计。各级审计机关开展其他商业银行审计、政策性银行审计、商业银行行长任期经济责任审计时，可参照本指南的部分内容实施审计。

本指南以审计机关对商业银行实施初次审计为前提，当对商业银行实施定期轮流审计或连续审计时，可根据以前年度审计情况，选择本指南部分内容予以实施。

三、编写特点

（一）以防范和化解金融风险，确保金融安全为商业银行审计的最终目标。本指南以防范和化解金融风险、确保金融安全为最终目标，围绕商业银行“风险、管理、效益”，将审计业务经营与审计财务收支结合起来，在所有业务循环审计中贯穿审计资产质量这个主线，突出对商业银行资产质量、内部控制、会计信息和遵守法规等情况的审计。

（二）以风险基础审计理论为指导。本指南采用国际上先进的风险基础审计理论，从分析风险入手，在全面了解被审计商业银行基本情况的基础上，充分关注商业银行的特殊风险，确认影响实现审计目标的风险因素，即通过测试和评估商业银行固有风险、控制风险，根据风险基础审计策略模型原理和一定的可接受审计风险水平，确定实施实质性检查所需达到的检查风险水平，然后针对这些风险因素存在的状况和程度采取相应审计对策，确定和实施适当的审计程序，确保商业银行审计能够发现业务经营活动中的重大错误和舞弊与财务会计报告中存在的重大错报和漏报，将审计风险控制在可以接受的范围内。

（三）以业务循环审计为主展开商业银行审计。由于商业银行审计的最终目标是确保金融安全，而影响金融安全的风险主要发生在商业银行业务经营各环节，因此，本指南以业务循环审计为主展开商业银行审计，将商业银行的主要业务分为存款业务、贷款业务、中间业务、资金融通业务、联行清算业务、筹资及投资业务、其他业务，将审计业务经营与审计与业务经营相关的财务收支有机地结合起来，确保审计最终目标的实现。

（四）以计算机审计技术为商业银行审计工作平台。商业银行在处理业务交易和资金划拨中，愈来愈广泛地使用计算机信息系统和电子资金转账系统，经济活动所产生的绝大部分信息由计算机来处理。为了适应这种变化，本指南以计算机审计技术为基本工作平台，在逐步开展对商业银行计算机信息系统审计的基础上，全面应用计算机辅助审计技术实施各业务循环的审计，提高审计效率和质量。

（五）注重应用分析性复核方法。本指南将审计人员基于自身经验而在审计实践中用到的分析性复核方法，如趋势分析、比率分析、比较分析等进行总结和提炼后，形成一门系统的审计技术，并将其广泛地运用于审计计划、实质性测试、财务会计报告评价等审计各阶段，以充分识别特定风险、发现审计线索、确定审计范围和重点。

四、结构体例

本指南共十四章，基本按审计程序顺序排列，其中第四章至第十三章现场实施审计部分按商业银行业务循环分章介绍（因中间业务审计内容较多，编写时按照中国人民银行发布的规范中间业务分类的最新规定，分为三章介绍）：

第一章　概述，简要介绍商业银行审计目标、审计环境、审计策略、审计技术与方法、审计程序，以及相关的重要概念，并对商业银行审计的发展趋势进行展望。

第二章　审计准备，介绍审计准备阶段应完成的主要工作，包括选派审计人员组成审计组、确定审计组长，调查了解被审计商业银行基本情况，获取商业银行的电子数据、执行初步分析性复核，初步确定重要性水平，分析审计风险、确定审计策略，制定审计方案，制发审计通知书并向商业银行提出书面承诺要求等。

第三章　内部控制测评程序与一般性内部控制测评，在简要介绍商业银行内部控制的基础上，介绍商业银行内部控制测评程序与方法，以及一般性内部控制的测评。

第四章至第十三章介绍业务循环审计，各章编写体例基本相同，第一节业务概述及审计目标介绍业务内容与流程、审计目标及应索取的相关文件和会计账簿，第二节内部控制测评介绍各业务的主要风险及表现、内部控制调查和测试，第三节实质性测试介绍对各业务进行实质性测试的程序和方法。各章介绍的主要业务分别是：

第四章　存款业务审计，介绍对商业银行各项存款业务及其所涉及财务会计报告科目的审计。

第五章　贷款业务审计，介绍对商业银行各项贷款业务及其所涉及财务会计报告科目的审计。

第六章　支付结算业务审计，介绍对商业银行包括国内外结算业务在内的支付结算类中间业务及其所涉及财务会计报告科目的审计。

第七章　银行卡业务审计，介绍对商业银行包括信用卡和借记卡等业务在内的银行卡业务及其所涉及财务会计报告科目的审计。

第八章 其他中间业务审计，介绍对商业银行代理类中间业务、担保类中间业务、承诺类中间业务、交易类中间业务、基金托管业务、咨询顾问类业务、其他中间业务及其所涉及财务会计报告科目的审计。

第九章 资金融通业务审计，介绍对商业银行拆借、再贷款、再贴现、证券回购、自营外汇买卖等资金融通业务及其所涉及财务会计报告科目的审计。

第十章 联行清算业务审计，介绍对商业银行系统内联行、跨系统联行等联行清算业务及其所涉及财务会计报告科目的审计。

第十一章 筹资及投资业务审计，介绍对商业银行所有者权益类业务及发行债券筹资，按照国家规定进行投资等业务及其所涉及财务会计报告科目的审计。

第十二章 其他业务审计，介绍对商业银行现金资产、长期无息资产、过渡性资金、其他损益等业务及其财务会计报告科目的审计。

第十三章 财务会计报告审计与评价，介绍利用分析性复核等方法对商业银行财务会计报告进行审计和评价。

第十四章 审计终结，介绍审计终结阶段的主要工作，包括汇总审计结果、形成审计报告并征求被审计商业银行意见，审计机关审定审计报告、作出审计意见和审计决定，综合分析审计结果、提出建议报告，归集整理审计档案。

附录 经济责任审计，对商业银行领导人员经济责任审计的依据和目的、审计原则、审计程序、审计内容与评价指标体系、责任划分及审计结果报告等进行了初步探索。

五、注意事项

（一）与其他相关审计准则相衔接。本指南依据国家审计基本准则和其他相关审计准则，在总结商业银行审计经验的基础上，设计了各项审计工作底稿，以工作底稿的形式体现审计的内容、程序和方法。实施审计时，审计人员可视被审计商业银行具体情况进行选择、增减和调整，或自行设计其他适用的审计工作底稿。对商业银行审计中涉及的有关审计法律文书等，本指南仅作一般性描述，其格式和要求均按照相关审计准则执行。

（二）充分做好审计准备阶段工作。本指南强调审计准备阶段的工作一定要充分，特别是要做好详细周密的审前调查和初步分析性复核工作。审计人员应全面了解被审计商业银行业务经营、内部控制、财务状况、盈利能力、发展趋势等情况，进行系统地风险分析，初步确定合理的重要性水平，确定适当的审计策略，据以制定详细和有针对性的审计工作方案和实施方案，明确审计范围与重点，指导审计人员有目的地开展工作，提高现场实施审计的工作效率。在确定重要性水平时，应充分结合审计人员专业判断，对总行和不同的分支机构、对资产负债表科目和利润表科目，分别确定不同的重要性水平。

（三）优先采用依赖内部控制的审计策略。由于银行具有相对较强的内部控制、大量的经济业务以及非常复杂的计算机应用系统等特点，审计人员如果不考虑内部控制的作用，不依赖内部控制测试，而完全通过详细的实质性测试是根本无法完成审计工作的，因此，本指南建议一般情况下优先采用依赖内部控制的审计策略，即通过调查和测试相关的内部控制活动，获取最大程度或适中程度的内控保证，然后执行较低保证程度的实质性测试。应注意的是，审计人员并不需要每次审计时都必须对所有业务循环、所有分支机构进行内控调查和测试，而是可以根据专业判断采用轮流测试等方法，对重要的业务循环如贷款业务循环、联行清算业务循环，以及对重要的计算机控制、重要的分支机构等进行内控测试，对连续审计的商业银行着重了解发生变化的部分，合理地安排好审计力量。当然，依赖内部控制审计策略也不排斥对重要账户、敏感业务、异常事项等重大项目进行详细检查。

（四）利用内部审计和其他工作成果。随着商业银行内部控制约束机制的增强和外部监管的强化，内部审计、中央银行监管和注册会计师审计从不同的角度对商业银行进行监督，审计人员充分利用内部审计和其他工作成果，即可有效地确定审计重点，保证审计质量，又可提高审计效率，降低审计风险。审计人员在利用这些工作成果时，应考虑这些部门工作的独立性和工作能力，对工作成果进行适当地审核利用，并对利用后果负责。

（五）审计人员专业判断的重要性。审计工作是一项专业性和实践性都非常强的工作，审计工作所面临的不确定性始终无法完全消除，任何先进的审计理论和审计技术都不能解决审计中的所有问题，因此，本指南强调在整个审计过程中必须充分运用审计人员专业判断。从审计准备阶段的识别特定风险、确定重要性水平、选择适当审计策略，审计实施阶段的运用分析性复核方法、应用计算机审计技术，到审计终结阶段对审计事项的判断和作出审计结论等，都需要审计人员大量地运用专业判断。只有将审计人员的专业判断与审计理论、审计技术方法的应用等有机结合起来，才能提高审计效率，确保审计质量。

第一章 概　　述

本章共分六节，第一节介绍商业银行审计的目标定位、总体审计目标与具体审计目标；第二节介绍商业银行审计环境；第三节介绍为实现审计目标，根据商业银行审计环境，所采用的风险审计策略；第四节介绍实施风险基础审计策略所使用的主要审计方法，包括计算机审计技术；第五节介绍商业银行审计程序；第六节对商业银行审计发展趋势进行展望。

第一节 审计目标

一、商业银行审计的目标定位

商业银行是指依照《中华人民共和国公司法》和《中华人民共和国商业银行法》设立的从事吸收公众存款、发放贷款、办理结算等业务的企业法人，包括国有独资商业银行、股份制商业银行、城市合作商业银行、农村合作商业银行、外资商业银行、中外合资商业银行等。

本指南所称商业银行审计，定位于对大型化、信息化的国有大型商业银行或股份制商业银行进行审计，其长远目标是强化管理、规范秩序、维护公平、提高效益、防范风险、促进发展，近期目标是降低不良资产比例、消化历史财务包袱、严格内部运行管理、建立风险监管体系。

本指南将以防范和化解金融风险、确保金融安全为最终目标，围绕商业银行“风险、管理、效益”，将审计业务经营与审计财务收支结合起来，在所有业务循环审计中贯穿审计资产质量这个主线，突出对商业银行资产质量、内部控制、会计信息和遵守法规等情况的审计。

二、商业银行审计的总体审计目标

商业银行审计的总体审计目标，是指对被审计商业银行业务经营活动及相关财务收支的真实、合法、效益性实施审计监督，并对其违反国家规定的行为进行审计处理、处罚。

本指南将围绕上述总体审计目标，确定具体审计目标，并根据商业银行审计环境，确定基本审计策略、主要审计程序和方法。

三、商业银行审计的具体审计目标

商业银行审计的具体审计目标是总体审计目标的进一步具体化，主要包括以下八个方面：

真实性，指商业银行各项业务所形成的、列示于资产负债表中的各项资产、负债、所有者权益以及有关表外科目在资产负债表日确实存在，列示于利润表的各项收入和支出在会计期间内确实发生。

完整性，指商业银行发生的所有业务均已按规定记入有关账簿并列入财务会计报告。

准确性，指商业银行各项业务均已准确地记入相关账户，业务交易金额和账户余额记录准确。

所有权，指商业银行各项业务所形成的、列示于资产负债表中的各项资产确实为企业所有，各项负债确实为企业所欠。

合法性，指商业银行各项业务活动符合法律法规的要求。

计价，指商业银行各项业务所形成的各项资产、负债、所有者权益、收入和支出等要素均已按适当方法进行估价和计量，列入财务会计报告的金额正确。

截止期，指商业银行各项业务均按规定准确地记录于恰当的会计期间。

分类与披露，指商业银行各项业务所形成的、列示于财务会计报告上的各要素均已被适当地加以分类，财务会计报告恰当地反映了账户余额或发生额，披露了所有应该披露的信息。

第二节 审计环境

由于商业银行审计具有较高的固有风险及内部控制风险，要求审计人员对商业银行特征及主要风险、会计核算体系等方面有深入的了解，并具备一定的商业银行审计经验。因此，本节介绍审计人员必须考虑和了解商业银行的特征和面临的风险等审计环境方面的总体情况，保持应有的职业谨慎，实施相应的审计程序和方法，以提高审计质量，将审计风险降低至可接受的水平。

一、商业银行的特征

（一）经营对象。商业银行通过货币存贷及结算服务获取货币的增值利润，以大量的货币性项目为经营对象，这就要求商业银行具备比生产性企业更加严密、健全、有效的内部控制，以保证经营的安全、顺利、有序进行。

（二）交易特征。商业银行主要经营筹资、信用、中间及外汇等业务，交易方式及种类繁杂，交易次数频繁，单笔或累计金额巨大，手续繁简不一。数量和价值的巨大而多样，要求建立严密的会计处理程序及控制；同时，由于异地交易及瞬时交易的需要，计算机信息系统及电子资金转账系统等计算机技术的应用日益广泛。

（三）机构分布。商业银行因客户分散及异地服务，需要建立众多的分支机构，如分理处、储蓄所等，因国际业务发展的需要还可能在国外设立分支机构，各分支机构的资金流程、会计处理等职能分散，内控相对薄弱，要求高度统一的操作规程和会计处理系统，以保证银行的正常经营秩序。

（四）表外中间业务。商业银行存在大量的不涉及资金流动、不列入资产负债表内的经营活动，如担保、承诺、期权及远期利率协议等，这些表外中间业务可能会为银行带来潜在风险。由于这些潜在风险巨大的业务，在表外单项记录反映，必须严格这些业务的审批操作程序，记录必须及时、充分、完整，监控严密。

（五）社会影响。商业银行主要的资金来源是向社会公众吸收存款，高负债经营，债权人众多，与社会公众利益密切相关，如有不慎，则会引发挤兑等信用危机，因此，要求有银行监管法规的约束和政府有关部门的严格监管。

二、商业银行的风险及其表现

参照巴塞尔银行业监管委员会1997年发布的《有效银行监管的核心原则》中的分类方法，我国商业银行目前和将来面临的主要风险有信用风险、国家风险和转移风险、市场风险、利率风险、流动性风险、操作风险、法律风险、声誉风险。在相当一段时期内，我国商业银行体系还将潜伏着较大的风险。这些风险表现按照来源不同，可分为内源型、外源型和混合型风险：

（一）内源型风险。内源型风险由银行内部管理不善、风险控制机制不健全等原因造成，主要表现为资产负债总量控制失衡、流动性要求难以满足、资产结构中贷款比重过高，贷款合同要素不全、信贷决策失误和贷后管理缺乏、人情贷款和关系贷款、银行及分支机构之间缺乏信息沟通造成对恶意贷款人的交叉贷款审查控制不力，高息揽储恶性竞争、违规开立信用证和签发承兑汇票、银行有关人员以权谋私违规操作、搞账外经营和违规自办实体等方面。随着1998年以来防范金融风险意识的增强和中央银行等部门监管力度的加大，各商业银行通过深化信贷管理体制改革，加强信贷风险约束，一定程度上改善了内源型风险的控制机制。

（二）外源型风险。外源型风险由银行业外部各因素造成，主要表现在：

1. 社会信用风险。由于当前社会信用基础较为薄弱，社会经济生活中缺乏诚信的现象时有发生，银行在经营活动中遇到相当部分因企业不讲信誉而形成的风险，如在申请银行贷款时不披露企业真实经营情况，提供水分大的报表；借款人还款意愿差，特别是近年来企业借改制等形式逃废银行债务的情况较为普遍。

2. 金融诈骗风险。金融诈骗案件时有发生，如以高息为诱饵，或借助高科技手段作案，诈骗金额巨大。

3. 政府干预风险。中央政府作为国有商业银行所有者代表，给定银行经营者的目标是多维的且存在一定的不协调的地方，加大了经营风险；此外，由于国有商业银行风险最终由中央政府而不是地方政府承担，地方政府为了支持地方经济发展，不同程度地存在直接或间接干预银行经营的行为。

4. 其他行业传递风险。如中央银行允许符合条件的证券公司进入银行间同业拆借市场、允许银行向个人提供股票质押贷款等，扩展了证券公司和个人融资渠道，同时由于利益驱动，银行也会通过各种渠道将资金注入股市，产生新的经营风险。又如，各银行开办的有关证券交易的新业务，一定程度上突破了银行、证券分业经营的模式，尤其是在申购新股时导致银行资金波动量大，加大银行流动性风险。

（三）混合型风险。多数情况下，外源型风险是通过银行内部管理漏洞发生的，这就是混合型风险，一方面，犯罪分子利用被收买的银行内部人员为内线，内外勾结进行诈骗，另一方面，由于银行内部管理不善、风险控制机制不健全，也在一定程度上放大了外源型风险。

作为上述风险的集中反映，就是银行体系中积累了大量的不良资产。因此，关注资产质量的审计是商业银行审计的一条主线。

第三节 审计策略

本指南根据商业银行审计环境，选用风险基础审计策略来实现商业银行审计的总体审计目标和具体审计目标。

一、审计风险

（一）审计风险的概念。审计风险是指被审计商业银行财务会计报告存在重大错报或漏报，业务经营活动中存在重大的错误或舞弊，而审计人员审计后发表不恰当审计意见，作出不恰当审计结论的可能性。由于被审计商业银行自身的复杂性、审计技术的固有限制，以及审计人员能力和素质等原因，商业银行审计风险客观存在，审计人员只能控制审计风险，而不能完全消除审计风险。因此，审计时，审计人员应设计合理审计程序、应用必要审计技术，把审计风险控制在可以接受的范围内。

（二）审计风险的要素。审计风险包括固有风险、控制风险和检查风险。固有风险是指假定不存在相关内部控制时，某一账户或交易类别单独或连同其他账户、交易类别产生重大错报或漏报的可能性；控制风险是指某一账户或交易类别单独或连同其他账户、交易类别产生错报或漏报，而未能被内部控制防止、发现或纠正的可能性；检查风险是指某一账户或交易类别单独或连同其他账户、交易类别产生错报或漏报，而未能被实质性测试发现的可能性。

（三）审计风险要素之间的关系。审计风险要素中，固有风险、控制风险与被审计商业银行有关，独立于审计过程之外，审计人员不能改变固有风险与控制风险水平，但可以通过对被审计商业银行的了解，评估其固有风险与控制风险水平的高低；在此基础上，根据审计风险三要素之间的关系，在一定的可接受审计风险水平下，得出可接受的检查风险水平，并据以确定实质性测试的程序和范围。这样，审计人员就可以通过控制检查风险将审计风险降低到可接受水平。

审计风险三要素之间关系如下公式所示：

$$检查风险=\frac{可接受审计风险}{固有风险\times控制风险}$$

二、审计风险水平与审计保证程度

（一）审计风险水平。本指南假定在一般情况下，审计机关商业银行审计可接受的最大审计风险为5%。对被审计商业银行的固有风险和控制风险，可以视情况定性评估为高、中、低，也可以定量以百分比表示。

（二）审计保证程度。审计保证程度是审计机关对被审计商业银行财务会计报告正确发表审计意见、作出审计结论的把握程度。审计保证程度可以以百分比方式表述，也可以以系数方式表述。审计保证程度系数越大，审计风险水平就越低。假定在一般情况下，审计机关要求商业银行审计必须达到的最低审计保证程度系数为3，相应的审计保证程度为95%，此时可接受审计风险为5%。

（三）审计风险水平和审计保证程度系数的关系。如表1-1所示：

表1-1 审计风险和审计保证程度系数关系表

审计保证程度系数	以百分比表示的审计保证程度	以百分比表示的审计风险	定性描述的审计风险
0	0	100%	高 ↓ 低
0.7	50%	50%	
1.0	63%	37%	
1.3	74%	26%	
2.0	86%	14%	
2.3	90%	10%	
3.0	95%	5%	

(四)审计保证程度的要素。与审计风险相类似,审计保证程度由商业银行的固有保证程度和控制保证程度,以及审计的检查保证程度构成。按审计保证程度系数方式表述,则可将审计风险的乘法表达式演变为下列的审计保证程度系数加法表达式:

审计保证程度系数=固有保证程度系数+控制保证程度系数+检查保证程度系数

三、风险基础审计策略模型及应用

(一)风险基础审计策略模型。对某一特定的商业银行而言,其固有保证程度和控制保证程度是一定的,审计机关为了降低审计风险,提高审计保证程度,要求审计人员必须在了解和评估商业银行固有保证程度和控制保证程度的基础上,确定实质性测试必须达到的检查保证程度,亦即确定实质性测试时可以接受的最大检查风险。

本指南采用的风险基础审计策略模型如表 1-2 所示:

表 1-2　风险基础审计策略模型

检查保证程度系数		固有保证程度系数	
		0	1
控制保证程度系数	0	检查保证程度系数为 3,应实施详细检查	检查保证程度系数为 2,应实施较大量的实质性测试
	1.3	检查保证程度系数为 1.7,应实施较大量的实质性测试	检查保证程度系数为 0.7,可实施较少量的实质性测试
	2	检查保证程度系数为 1,应实施较大量的实质性测试	检查保证程度系数趋近于 0,少量抽样检查即可满足要求
	2.3	检查保证程度系数为 0.7,可实施较少量的实质性测试	检查保证程度系数趋近于 0,少量抽样检查即可满足要求

注:

1. 内控调查发现商业银行存在特定风险时,固有保证程度系数为 0;不存在特定风险时,固有保证程度系数为最大,取值为 1。

2. 根据内控测试结果,确定控制保证程度系数值:内控风险为高,不依赖内控时,控制保证程度系数为 0;内控风险为较高、中、低时,控制保证程度系数分别为 1.3、2、2.3。

可以看出,审计人员必须达到的检查保证系数越大,实质性测试工作量越大;必须达到的检查保证系数越小,实质性测试工作量越小。

(二)风险基础审计策略的应用。由于商业银行固有风险较高,内部控制对防止、发现和纠正错误与舞弊至关重要,审计人员在确定应达到的检查保证程度系数时,必须综合评估商业银行的固有保证程度系数和控制保证程度系数。应用风险基础审计策略时,主要有以下步骤:

1. 确定审计保证程度系数。本指南假定实施商业银行审计时要使审计保证程度系数达到 3。

2. 通过了解,评估确定商业银行的固有保证程度系数。

3. 通过了解和测试,评估确定商业银行的控制保证程度系数。

4. 按照风险基础审计策略模型,确定实质性测试必须达到的检查保证程度系数,并在此基础上,确定适当的实质性测试程序、范围和程度,以及适当的抽样检查规模。

如何选用适当的审计抽样方法以及确定样本规模,建议审计人员使用审计署《统计抽样软件》并参照《审计统计抽样的技术与方法》(中国时代经济出版社审计技术方法丛书,2002 年版),选用货币单位抽样方法来选择样本和推断总体。需要注意的是,利用任何方法推断的总体差错,只能作为审计人员专业判断的基础,审计人员不能将此视为被审计商业银行的实际差错,也不能据此提出审计意见、作出审计决定。

四、重要性原则

重要性是指被审计商业银行财务会计报告中存在错报或漏报的程度，这一程度在特定环境下可能会影响审计目标的和财务会计报告使用者的判断或决策。确定重要性水平需要审计人员专业判断和职业谨慎，重要性水平越低，实质性测试工作量以及应获取的审计证据就越多。审计人员审计时应根据商业银行面临的环境，综合考虑各类因素，合理确定重要性水平，如对总行及分支行应分别确定不同的重要性水平。

(1)重要性原则在审计过程中的应用。

1. 审计准备阶段初步评估重要性水平。审计准备阶段初步评估重要性水平是为了编制审计方案，合理确定实质性测试范围和应收集审计证据的数量。审计人员可采用一定的方法并结合专业判断评估确定重要性水平。

2. 审计实施阶段对重要性水平修订和使用。审计过程中，需要根据情况重新考虑重要性水平，对初步确定的重要性水平进行修订，同时，审计人员应将重要性水平作为判断和记录审计情况的一项重要标准。

3. 审计终结阶段运用重要性水平衡量。审计终结阶段，审计人员应利用重要性水平衡量发现问题或差错的严重程度，并发挥专业判断，决定是否需要进一步扩大测试范围，收集更多的审计证据。如果单个问题或差错达到或超过了重要性水平，或所有问题或差错汇总后总体上达到了重要性水平，均应在审计报告上予以揭露，出具相应的审计意见和审计决定。

(2)确定重要性水平应考虑的主要方面。

1. 重要性水平需考虑金额和性质。一般情况下，金额大的错报或漏报比金额小的更重要，但有时，某项错报或漏报从量上看可能并不重要，但从性质上看却很重要，如涉及违法行为或舞弊的错报或漏报、可能引起履行合同义务的错报或漏报，以及频繁发生的小金额错报或漏报等，可能比相同金额的其他错报或漏报更重要。

2. 确定商业银行重要性水平时需重点考虑商业银行业务特征的影响。如相对小的错报对资产负债表的影响可能不重要，但对利润表和资本充足率可能产生重大影响；既影响资产负债表又影响利润表的错报比只影响资产、负债和资产负债表表外承诺的错报更重要；商业银行严重违反监管法规(如资本充足率等刚性的银行监管指标)，即使金额较小的错报也可能对财务会计报告造成重大影响等，应对上述情况作特殊考虑。

第四节　审计技术与方法

本节介绍在风险基础审计策略下，实施商业银行审计所采用的主要技术与方法，包括内部控制的了解和测试、实质性测试、计算机审计技术和审计取证方法等。

一、内部控制的了解和测试

内部控制是商业银行为了保证业务活动有效进行，保护资产安全完整，防止、发现、纠正错误与舞弊，保证会计资料的真实、合法、完整而制定和实施的政策与程序所形成的调整、检查和制约系统，由内部控制环境、风险识别与评估、内部控制措施、信息交流与反馈、监督评价与纠正等五要素组成。

建立健全内部控制，维护财产物资的安全完整，保证会计信息真实、合法和完整，是被审计商业银行的会计责任。审计人员审计准备阶段的任务是根据被审计商业银行的实际情况，采用适当的方式方法了解和测试其内部控制。通过了解和测试内部控制，可以初步评价控制风险，初步确定控制保证程度系数，决定是否采取依赖内部控制审计策略，为确定实质性测试的程序和范围服务。了解和测试内部控制时应注意：

(一)采用“自上而下”原则，关注主要控制环节，了解、测试和评价内部控制。一般而言，了解和测试内部控制，评价控制风险，并不需要详细了解内部控制的所有方面，也没有必要评价内部控制的所有环节，审计人员应关注主要的控制环节，“自上而下”地实施内部控制的了解、测试和评价。

(二)采用按照商业银行经济业务循环综合测试和评价内部控制。了解、测试和评价内部控制，既可按经济业务循环综合测试和评价，也可按财务会计报告科目分别测试和评价。由于商业银行审计的最终目标是确保金融安全，而影响金融安全的风险主要发生在商业银行业务经营环节，审计过程中必须将审计业务经营和审计财务收支结合起来。本指南针对此特点，采用按商业银行经济业务循环来综合测试和评价内部控制，将商业银行经济业务分为存款业务、贷款业务、中间业务、资金融通业务、联行清算业务、筹资及投资业务、其他业务等业务循环，分别进行相关内部控制的测试和评价，在此基础上进行实质性测试。每个业务循环与相对应的主要会计账户除在每个业务循环审计分别介绍外，还将列表作为本指南附录供参阅。

（三）采用调查表法、流程图法和描述法等方法了解和记录内部控制。本指南主要介绍调查表法，审计人员可根据具体情况决定使用何种形式来了解和记录被审计商业银行的内部控制。对多次接受审计的商业银行，审计人员不必重复进行内部控制了解，只需了解发生变化的部分。

二、实质性测试

实质性测试是指审计人员为了实现具体审计目标，对商业银行各项业务及其所影响的财务会计报告项目余额进行的详细检查和分析性复核。商业银行的固有保证和控制保证只能降低实质性检查保证程度，而不能替代实质性测试，实质性测试是任何审计项目都必不可少的环节，审计人员应根据对内部控制了解和测试情况，对固有保证和控制保证进行评估，据以合理确定实质性测试的程序和范围。

对不同性质的账户和交易，根据其特点和复式记账原理，可以确定实质性测试的重点，如对资产业务、支出类账户等，应主要检查真实性、所有权、高估金额、截止日等方面的差错；对负债业务、所有者权益业务和收入类账户等，应主要检查完整性、低估金额和截止日等方面的差错。

实质性测试过程中，建议审计人员使用审计署《统计抽样软件》并参照《审计统计抽样的技术与方法》（中国时代经济出版社审计技术方法丛书，2002 年版），结合应达到的检查保证程度系数和重要性水平，灵活运用抽样审计技术，如在对业务和账户余额进行测试时，可首先考虑采用非统计抽样技术，选择金额重大、性质重要的业务或账户进行测试；对业务和账户进行测试采用统计抽样时，建议采用货币单位抽样方法。当然，对长期投资、所有者权益等一些比较敏感或交易量很少、但金额重大的业务或账户，可不进行抽样审计，代之以详细检查。

三、计算机审计技术

商业银行在处理业务交易和资金划拨中，愈来愈广泛地使用计算机信息系统和电子资金转账系统，经济活动所产生的绝大部分信息由计算机来处理，审计人员必须适应审计对象的这种变化。

（一）计算机信息系统对审计环境的影响。计算机信息系统并不改变审计的总体目标和范围，但是计算机的使用改变了财务资料的处理过程和存储方式，并可能影响被审计商业银行为达到适当的内部控制而采用的组织和程序。这些影响表现为：

1. 审计内容实体发生变化。计算机信息系统环境下，除了部分原始凭证和打印出的账表外，大量会计数据和业务数据都是以电、磁信号的形式被存储在计算机中，不经显示或输出是看不见、摸不着的。这些信息既容易销毁也容易伪造，而且可以不留任何痕迹。单靠原有的手工审计方法和审计手段是不够的，必须补充新的审计方法和审计手段才能满足客观需要。

2. 审计对象内部控制发生变化。计算机信息系统环境下，数据处理集中由计算机自动完成，并改变了原有的业务和账务处理程序，使得原有的内部控制功能丧失，需要制定新的内部控制系统，审计人员需要应用一套新的技术和衡量标准对计算机环境下的内部控制进行测试和评价。

3. 审计线索发生变化。计算机信息系统环境下，传统的账簿和文字记录被存有业务、会计资料的磁性介质所取代，无法按传统的每一步文字记录来追踪审计线索。此外，从原始数据输入到报表输出，其间的全部会计处理都由计算机按程序指令自动完成，传统的审计线索在这里中断了。因此，为了能在计算机信息环境下有效的审计，除制定一些规章制度外，还必须在计算机信息系统的设计和开发中提出审计要求，以便使这些系统在会计核算和业务处理过程中留下审计线索。

4. 审计工作难度加大，对审计人员素质要求提高。计算机信息系统环境下，会计数据、业务数据的处理结果是否真实可靠，不仅取决于会计人员、业务人员的业务水平、工作态度等因素，而且还取决于数据处理过程中所使用的计算机硬件、系统软件和应用软件是否准确可靠，业务操作、处理流程是否符合要求等，这些方面内容复杂、技术性强，可能进行舞弊的手段和途径较多，且不易防范和检查，增加了审计难度，审计人员除要具有丰富的财务会计、审计等相关知识技能，熟悉有关政策法规外，还必须掌握一定的计算机基本知识和操作技能，充分了解计算机信息系统，才能满足计算机环境下审计的需要。

(二)计算机信息系统环境下审计方式及应用。一般可分为以下几种审计方式:

1. 绕过计算机审计。即审计人员用传统的手工方式对计算机系统的输入以及输出结果进行审计,不考虑计算机系统对数据的处理过程。由于商业银行计算机信息化程度的日益提高,审计人员若仍然回避审计对象的这种变化而绕过计算机来审计,已不能满足审计工作的需要。因此,这种审计方式在商业银行审计中已不再适用。

2. 对计算机信息系统进行审计。即对计算机信息系统程序设计、系统功能、数据处理过程及相关控制进行审计,重点强调对计算机数据处理过程内部控制的审计。计算机信息系统内部控制分为一般控制和应用控制,一般控制包括组织控制、操作控制、系统开发和维护控制、硬件和软件控制以及访问和数据库控制,应用控制包括输入控制、处理控制和输出控制。对商业银行计算机信息系统的审计,重在对影响计算机信息系统开发、修改、接触、数据登录、网络安全和应急计划的相关内部控制的测评,和对商业银行使用电子资金转账系统的程序,评价其交易前监督控制和交易后确认及调节程序的完整性。通过测评评价系统的可靠性,确定对系统的依赖程度。经过近几年商业银行审计的探索,已逐步具备开展对计算机信息系统审计的条件,对计算机信息系统内部控制测评成为商业银行审计中一个不可或缺的重要内容。

计算机信息系统审计主要有数据检验技术、平行模拟技术:

数据检验技术是指审计人员根据检测目的,设计出一些虚拟的经济业务数据(包括合法的和非法的数据),提交给被审计商业银行的计算机数据处理系统进行处理。将系统对检测数据的处理结果与审计人员的预期结果进行对比,以确定系统控制是否存在并有效地执行。

平行模拟技术是指模拟被审计商业银行对实际数据的处理而设计一种软件,通过将被审计商业银行的真实数据用审计人员的软件重新处理,以验证数据处理的正确性。

3. 计算机辅助审计技术。即审计人员应用计算机技术作为审计工具来完成审计任务。在近几年商业银行审计中,已广泛应用计算机辅助审计技术,尤其是应用通用审计软件、审计管理和作业自动化方面成效显著,为提高审计效率、确保审计质量发挥了积极作用。

计算机辅助审计技术主要有通用审计软件、嵌入审计模块技术、审计管理和作业自动化技术:

通用审计软件是辅助审计人员完成审计任务的审计工具软件,可用于对被审计商业银行的内部控制测评和实质性测试,如在实质性测试时,可实现选取和打印样本、检查计算结果、汇总和分析数据、比较计算机数据和审计人员的处理结果等功能。

嵌入审计模块技术是指在被审计商业银行的计算机数据处理系统中加入为完成审计目的而编写的程序。

审计管理自动化技术是指审计机关运用计算机技术对审计工作进行全面管理,如建立被审计单位信息数据库、建立审计计划系统、建立审计档案管理系统;审计作业自动化技术主要是指实施具体审计项目时运用计算机技术实现工作底稿的自动化,如审计通知书、审计工作底稿、审计结果、审计档案归集等。

4. 网络审计技术。网络审计技术是指利用网络技术将商业银行的会计信息数据与审计机关的网上审计中心联结起来,通过审计软件对这些会计信息数据实施网上实时审计,包括对计算机网络系统及环境的审计以及利用计算机网络进行辅助审计。审计机关运用计算机网络技术对商业银行进行审计监督已成为一种必然的发展趋势,目前我国审计机关已基本具备开展网络实时审计的条件。

应该强调的是,对计算机信息系统审计和应用计算机辅助审计技术、网络审计技术的主体是审计人员,计算机审计技术不能解决审计中的所有问题。因此,在商业银行审计中,既要求审计人员掌握一定的计算机知识,熟练运用计算机审计技术,同时也要求将运用计算机审计技术与审计人员专业判断充分结合起来,这样才能有效地提高审计效率,确保审计质量。

四、审计取证方法

审计证据按照证据形式分类,可分为书面证据、言词证据、实物证据和行为证据。为获取上述证据,最常用的取证方法有检查、监盘、观察、查询、函证、计算、分析性复核和调节。

检查,是指审计人员对被审计商业银行的会计资料和其他书面文件可靠程度进行的审阅与复核,是取得书面证据的方法。检查可运用于原始凭证、记账凭证、账簿、报表及预算、合同、计划等书面材料。

监盘即监督盘点，是指审计人员现场监督被审计商业银行各种实物资产及现金、有价证券等的盘点，并进行适当的抽查，是取得实物证据的方法。

观察，是指审计人员对被审计商业银行的经营场所、实物资产和有关业务活动及其内部控制的执行情况等所进行的实地察看，是取得实物证据的方法。审计人员可以利用各种感官来获取被审计商业银行经营环境、资产状况、业务运转情况及有关内部控制执行情况等方面的证据。

查询，是指审计人员通过向被审计商业银行内部和外部有关方面调查、询问来了解审计事项。查询结果应形成书面记录，并由被查询人签字盖章。通过查询方式获得的证据，还需通过其他审计程序获得的相关证据来佐证。

函证，是指审计人员通过向有关单位寄发询证函来取得证据的方法。函证多用于存款、贷款及其他往来款项的查证，分为积极函证和消极函证二种。一般应采用积极函证方法，即要求被函询单位对函询事项无论与事实是否相符均需复函，以取得书面证据。采用函证方法，应要求被函询单位将复函直接寄给审计人员。

计算，是指审计人员对会计核算、业务档案等资料反映的数据进行验算或重新计算。

分析性复核，是指审计人员对被审计商业银行重要的比率或趋势进行分析，包括调查异常变动以及这些重要比率或趋势与预期数额和相关信息的差异，从而对被审计事项进行核实的方法。常用的分析性复核方法有比较分析法、比率分析法、因素分析法和趋势分析法等，此外，还可根据需要采用时间序列分析、回归分析、财务模型分析等方法。分析性复核可运用于审计的全过程，如审计准备阶段，审计人员可以通过对被审计商业银行所提供的会计资料及其他有关资料进行分析性复核，更加全面地了解被审计商业银行的基本情况，发现可能存在审计风险的领域，为确定实质性测试的程序与范围服务；审计实施阶段，如果被审计商业银行相关内部控制较强，检查风险较低，分析性复核的结果与预期数额和相关信息差别不大，则可直接作为证实账户余额和发生额的审计证据，如有异常变动现象或差别较大，审计人员则应重新考虑所采用审计方法的适当性，必要时应追加其他适当程序，以获取相应的审计证据。

调节，是指在检查某一审计事项时，为了验证数据的正确性而对其中某些因素进行必要的增减调节。调节一般分为两种，一是对未达账项的调节，二是对财产物资收发存的调节。审计人员在运用调节法时，应将自结账日至盘点日期间内的未达账项或财产物资收发业务事先加以审阅和核对。

第五节　审计程序

本节介绍运用风险基础审计理论开展商业银行审计的主要审计程序，包括审计准备阶段、审计实施阶段和审计终结阶段。由于商业银行实行统一法人制度，商业银行审计程序也体现出与其他专业审计程序不同的特点。

一、审计准备阶段

审计准备阶段工作主要由审计署金融司组织完成，主要是：

(一)根据法律、法规和国家其他有关规定，围绕政府工作重点，考虑审计机关的审计资源条件等因素，经过一定程序确定商业银行审计项目计划。

(二)组成总行审计组，了解被审计商业银行基本情况，确定影响审计目标的主要风险因素。

(三)总行审计组组织各特派办部分金融审计人员开展试点审计或审前调查，执行初步分析性复核，进一步确定审计的重要风险领域。(注：此处只提特派办是因国有大型商业银行的审计主要由审计署组织各特派办完成，如组织地方审计机关审计时，此处及以后各处则应相应更改为地方审计机关。)

(四)审核和利用内部审计、社会审计的审计成果，利用监管部门监管报告。

(五)初步确定重要性水平，分析审计风险，确定审计策略。

(六)制订审计工作方案，确定内部控制测试和实质性测试的程序和范围。

(七)对总行下达审计通知书，附送《审计署关于加强审计纪律的规定》等有关资料。

(八)各特派办组成审计组，根据审计工作方案，结合所审计商业银行分支行的实际情况，制订审计实施方案，并向所审计商业银行分支行下达执行审计通知书。

(九)各审计组要求被审计商业银行总行及其分支行行长和财务主管人员就与审计事项有关会计资料

的真实、完整和其他有关情况作出书面承诺。

二、审计实施阶段

审计实施阶段工作由审计署金融司和各特派办共同完成，主要是：

（一）各审计组分别进点开展现场审计。

（二）根据审计实施方案实施内部控制测试和评价，验证初步评估控制风险的准确性。

（三）根据内部控制测试和评价的结果，调整和完善审计实施方案。

（四）根据完善后的审计实施方案对商业银行业务循环实施实质性测试。

（五）审计署金融司、总行审计组通过编发《商业银行审计动态》和到各分支行审计组进行检查、调研等方式，加强对各分支行审计组实施审计工作的指导和质量控制。

（六）审计工作底稿编制及复核。

三、审计终结阶段

审计终结阶段的主要工作是：

（一）总行审计组和各分支行审计组汇总审计结果，运用重要性水平，评价审计结果。

（二）总行审计组就总行本级审计结果、各分支行审计组就该分支行审计结果分别形成审计报告，初步征求被审计商业银行总行及分支行的意见。

（三）各分支行审计组将审计报告、所审计商业银行分支行的反馈意见及审计组的书面说明报总行审计组，总行审计组审核后与总行本级审计报告进行汇总，形成全行汇总审计报告，提出审计处理意见和建议。

（四）总行审计组就全行汇总审计报告征求被审计商业银行的意见。

（五）总行审计组向审计署报送全行汇总审计报告、被审计商业银行反馈意见及总行审计组就反馈意见的书面说明。

（六）由审计署复核机构或专职复核人员对全行汇总审计报告、被审计商业银行反馈意见及审计组书面说明以及审计意见书、审计决定书等审计文书代拟稿进行复核。

（七）审计署审定审计报告，出具审计意见书和审计决定。审计署在作出较大数额处罚的审计决定之前，还应依法告知被审计商业银行有权在 3 日内要求举行听证。

（八）派出各分支行审计组的特派办根据审计署下达的审计意见书和审计决定，按照总行审计组审核确定的各分支行审计结果，经过特派办复核机构或专职复核人员复核后，分别向所审计的商业银行分支行下达执行审计意见和执行审计决定。

（九）综合分析利用审计结果，向国务院报送商业银行审计情况报告，以及向其他部门提出建议报告。

（十）归集审计档案。

第六节　商业银行审计发展趋势

一、审计对象混业化趋势扩大了审计范围

在没有成熟的信息技术之前，为将外部和内部的信息不完备和不对称程度降低到与其信息处理能力相适应的水平，防止金融业各部门之间的风险传递，金融业实行银行、证券、保险、信托等分业经营的模式是必要的。但在信息处理能力不断增强和市场竞争日益加剧的现代金融条件下，商业银行光靠传统业务已无法扩大其利润增长来源。为了拓展业务范围和增强抗风险能力，获取更高的利润，商业银行必须不断地进行业务创新和金融工具创新，开拓和经营非传统业务。现代信息技术和网络技术的广泛应用，为金融创新、为各业融合提供了物质技术基础。

我国加入世界贸易组织后，金融开放过程中必然要引进发达国家已经存在的金融创新产品，以及在华外资金融机构与其母公司或其他分支机构的集团内交易等，对我国现行的分业经营模式产生巨大冲击。在重重压力之下，严格分业管理的政策已有所松动，如允许证券公司进入银行间同业拆借市场、发行债券、允许进行证券抵押融资等，扩大证券公司融资渠道；国有商业银行通过各种方式进入证券保险业，银行与证券公司的授信合作已有一定规模；中国光大集团、中信集团等在已有银行业的基础上，先后合资建立各自的保险公司、证券公司，等等，一定程度地突破了分业经营的“防火墙”。虽然完全实行混业经营还有一个渐进的过程，但可以预见，我国商业银行的发展趋势必然是朝着全能化、大型化的“金融百货公司”和“金融超市”方向发展。

商业银行的这种混业经营发展趋势必将扩大审计对象的范围，要求审计机关将原来游离于商业银行审计之外的各种准银行业务，证券、保险、信托业务等逐渐纳入商业银行审计范围。

二、审计事项更加复杂化要求审计手段现代化、审计内容与方法规范化

经济全球化必然带来金融的全球化。一方面，金融全球化使世界各地金融市场相互贯通，信息化、网络化将全球主要国际金融中心连成一体，各个金融市场之间的界限日益模糊，金融交易规模的急剧增大和金融业综合化经营趋势的强化，使得金融机构和金融市场之间相互依赖程度加深，导致金融体系的系统性风险水平上升，金融危机发生频率和破坏程度增大。另一方面，金融全球化和信息技术的广泛应用，使商业银行的业务跨过国界，资金可以在全球范围内迅速进行配置，资金配置和利用效率得到提高，但同时也使得交易变得复杂化，尤其是金融衍生工具等业务的风险十分巨大且难以有效控制，商业银行经营风险有不断加大之势。此外，在全球金融一体化过程中会出现利率和汇率频繁变动、金融风险跨国传递渠道扩大等现象，导致了国际金融的不稳定性，从而加深了金融体系的脆弱性。

商业银行审计的最终目标是防范和化解金融风险，确保金融安全。面对日益复杂的商业银行业务和金融体系系统性风险上升的情况，为了达到审计目标，审计机关和审计人员必须不断改进审计手段，规范审计内容、标准和方法，如在审计手段上充分运用计算机进行审计，尤其是实现网上实时审计；审计方法上实现现场审计与非现场审计结合；审计内容上进一步突出对内部控制测评和对资产质量的审计；审计标准上要逐步与国际上通行的巴塞尔委员会《有效银行监管核心原则》、《核心原则评价方法》等规定的监管标准和评价方法相适应。

三、必须更加依赖内部控制测试和利用其他机构工作成果

由于商业银行具有交易数量大、过账方式特殊、机构众多、网点分散，以及广泛使用计算机等特点，审计人员如果不考虑内部控制的作用，不依赖内部控制测试，而完全通过详细的实质性测试是根本无法完成审计工作的，也无法达到审计目的。随着商业银行内部控制约束作用的增强，商业银行审计必须进一步依赖商业银行的内部控制，通过对银行内部控制的了解、测试和评价，确定内部控制的可依赖程度，据以确定实质性测试的性质、时间和范围，对可以依赖的内部控制所涉及的商业银行业务可减少实质性测试工作量，对商业银行内部控制比较薄弱的部分所涉及的业务则应相应增加实质性测试的工作量。同时，随着商业银行市场化进程的逐步加快、银行监管法规的日趋完善，已形成了多方位的对银行监督的模式，如中央银行加大对商业银行经营管理的监管力度，注册会计师对商业银行财务会计报告提出审计报告、发表审计意见，内部审计根据商业银行管理层的要求开展审计等，这些方面的工作成果对商业银行审计是非常有价值的。商业银行审计中更加依赖内部控制测试和充分利用其他方面工作成果，既可有效地确定审计重点、保证审计质量，又可提高审计效率、降低审计风险。

四、网上实时审计成为现实

随着商业银行会计信息化程度的不断提高，审计环境的变化客观上要求审计机关建立网上实时审计的远程审计系统，即利用网络技术将商业银行的会计信息数据与审计机关的网上审计中心联结起来，通过审计软件对这些会计信息数据实施网上实时审计。网上实时审计可以大量节约资源，提高审计效率，降低审计成本，同时在联网环境下实现最大限度地调动专家力量，进一步规避审计风险，提高审计质量。审计机关运用计算机网络技术对商业银行进行审计监督已成为一种必然的发展趋势。

目前，我国实施网上实时审计的主客观条件已经基本具备，客观方面，一是法律依据充分。国务院办公厅下发了《关于利用计算机信息系统开展审计工作有关问题的通知》，为审计机关开展网上实时审计提供了重要的法规依据，审计机关可以查阅电子数据和必要的计算机技术文档资料，通过与商业银行联网，实现远程读取、审查会计信息数据；二是被审计单位信息环境要求。商业银行会计信息化程度相当高，如果审计手段、审计方法滞后，将很难全面有效履行审计法赋予审计机关的职责。主观方面，一是审计机关信息化程度提高。各级审计机关近年来不断强化信息化建设，信息化程度不断提高，为实现网上实时审计创造了条件；二是审计人员综合素质提高。各级审计机关加强了计算机专业知识、辅助审计技术、网络知识等专项培训，培养了一批既懂计算机知识又熟悉审计业务的专业技术人才，审计人员综合素质得到全面提高，基本具备进行网上实时审计的要求。

对商业银行实施网上实时审计，应做到从审计准备开始至审计终结，整个过程都以电子方式完成。如通过审计机关网上审计中心，提前下达审计通知书；在网上审计中心建立审计软件库，运用各类有效的审计软件对传送的被审计商业银行电子数据在网上进行加工、分析、判断和审查；在检查被审计商业银行内部控制是否健全有效，确定内部控制基本可信，能够保证入机资料基本真实可靠时，通过联网随时下载证据，形成工作底稿，必要时再通过手工形式实地延伸和取证；网上征求被审计商业银行对《审计报告征求意见稿》的意见，向被审计商业银行出具审计意见书和审计决定；审计终结时通过网络归集所有审计文书和审计档案。当然，要完全实现网上实时审计，还需要审计人员转变传统的手工审计观念，认识到只要通过对商业银行内部控制了解和测评，确定内部控制健全有效，审计人员按照规定的审计程序和方法利用网络进行实质性检查，就能达到审计目标，更好地规避审计风险，提高审计质量；此外，网上审计要注意加强网络安全工作，并向商业银行宣传，网上实时审计能够大大缩短现场审计时间，减少商业银行现场审计时配合审计的工作量，解除商业银行因不了解而不愿意接受网上实时审计的顾虑，为顺利开展网上实时审计创造良好的审计环境。

第二章 审计准备

本章分七节介绍审计准备阶段应完成的主要工作。

审计准备，是指在审计机关年度审计项目计划经批准下达后，由执行部门在具体实施对某个审计项目的审计工作前所做的各项工作。商业银行审计准备阶段的具体工作包括：选派审计人员组成审计组、确定审计组长，调查了解被审计商业银行基本情况，获取商业银行的电子数据、执行初步分析性复核，初步确定重要性水平，分析审计风险、确定审计策略，制定审计方案（或审计实施方案），制发审计通知书（或执行审计通知书）并向商业银行提出书面承诺要求等。

第一节 组成审计组

为保证审计质量，提高审计工作效率，审计机关应选择具有金融业务和审计业务素质的审计人员组成审计组，并指定审计组长，来承担商业银行的审计任务。

一、审计组的任务

审计组是最基本的审计单位，直接承担具体审计事项的组织，向派出审计组的审计机关负责。审计组具体任务包括：根据审计项目计划要求，开展审前调查；拟定审计方案（或审计实施方案）；发送审计通知书（或执行审计通知书）；具体实施审计检查，对审计事项进行审计评价；起草审计报告，并征求被审计商业银行的意见；按照审计机关要求，草拟审计意见书（或执行审计意见书）、审计决定（或执行审计决定）代拟稿；督促审计决定（或执行审计决定）的落实和对审计资料进行立卷归档等。

二、审计组长

审计组实行审计组长或主审负责制。审计组长除对审计组上述工作全面负责外，还应负责复核审计证据和审计工作底稿，检查监督审计工作进度和质量，协调审计中需要与被审计商业银行、贷款单位等有关部门和单位交涉的事项，解决工作中的疑难问题，考核评价审计组成员的工作业绩等。

为确保审计组长能胜任其职责，审计组长应该具备如下条件：

（一）具有较高的金融理论知识，熟悉商业银行业务及相关的金融法规；

（二）具有中级以上专业技术职称；

（三）具有 5 年以上审计工作经验；

（四）具有较强的组织和协调能力。

三、审计组成员

由于商业银行审计的特殊性，在选派审计组人员时，应注意以下几点：

（一）由于我国国有商业银行的规模大、业务复杂，因此，审计组成员应掌握金融和审计理论知识，具有一定的实际工作经验，熟悉金融法规，了解被审计商业银行的业务经营和会计核算。

（二）由于我国国有商业银行信息化程度高，几乎所有的会计数据和资料都是电子的，因此，审计组成员中应有专业的计算机审计人员，从事商业银行电子数据的转换、分析和对商业银行计算机信息系统进行审计，审计组其他成员也应具有相当的计算机知识，能熟练运用金融审计软件对商业银行的电子数据进行审计。

（三）注意保持工作的连续性。对商业银行进行审计，审计组应尽量包括曾对该商业银行进行过审计的人员或以此类人员为主，这既可提高审计效率，又可以突出重点，做到有的放矢，还有利于检查督促以往审计决定的落实和了解审计意见的采纳情况。

审计组成员的责任主要是在审计组长的领导下，按照审计方案，获取审计证据，编制规范的审计工作底稿，并如实全面地向审计组报告。审计组成员对审计证据的客观性、相关性、充分性和审计工作底稿编制的合规性负责。

为控制审计风险，在组建审计组前，应对被审计的商业银行进行调查和分析，重点是分析该商业银行管理和内部控制的薄弱环节、容易出现风险的地区和部门，然后针对被审计商业银行的风险状况，有针对性选派审计人员，将有经验的高级审计人员和计算机专业审计人员派往高风险的审计领域，对风险较小的业务交给中初级审计人员承担。

为提高审计工作质量，组成审计组后，应对审计组成员按照审计方案中确定的审计内容和重点，有针对性地进行培训。培训的内容主要包括三个方面：一是商业银行相关业务知识的培训；二是有关金融法规的学习；三是审计方法和手段的培训，重点是计算机知识和审计软件的操作培训。

第二节　调查了解被审计商业银行的基本情况

了解被审计商业银行基本情况是进行商业银行审计必不可少的工作。在制定审计方案前，审计人员应当进行审前调查，详细了解被审计商业银行所处的金融环境、业务经营、内部控制和管理情况，评价固有风险，明确审计重点。

一、调查了解的主要内容

了解被审计商业银行的基本情况主要包括三个方面：一是被审计商业银行系统内部情况，主要包括机构设置和人员，业务经营品种和业务流程，风险及管理策略，计算机信息系统，财务状况与经营成果，财务管理体制及重要会计事项的处理方法等；二是影响商业银行经营的外部因素，主要包括借款人所处的行业状况、市场竞争，行业现状及发展趋势，银行监管法规和人民银行的监管力度等；三是内部控制环境。针对每一个具体的审计项目，重点需要了解以下方面的内容：

（一）影响银行经营的内部因素

1. 组织结构。主要了解商业银行的机构设置和人员情况，包括分支机构的分布和管理情况，商业银行内部管理机构的设置及职能。

2. 业务经营情况。主要了解商业银行的业务经营范围和经营品种、业务操作流程和管理制度、业务经营特点，各项业务所占的市场份额。

3. 资产、负债结构及信贷资产质量。商业银行最大的经营特点是负债经营，而偿债能力又是其最敏感的指标，因此，对商业银行的资本充足率、流动性比率、贷款质量、单个贷款比例、准备金比例、拆入资金比例、存贷款比例、中长期贷款比例、资产流动性、贷款分类、不良贷款比例以及负债结构应作具体了解和评价。

4. 法人治理结构和人力资源政策。主要了解关键岗位人员任职资格、能力和经验，充分的培训计划，银行职员聘用、晋升、解聘政策等。

5. 会计处理程序。主要了解银行的主要业务循环及相应的会计处理过程，目前国有商业银行的主要业务循环有存款业务、贷款业务、中间业务、银行卡业务、联行业务、资金融通业务等。详细了解各项业务循环的会计核算及汇总生成报表的过程。

6. 财务管理体制及重大会计事项的处理方法。审计前应详细了解银行的财务管理体制和重大会计事项的处理方法。包括财务计划、固定资产的购建计划、各项准备金的提取办法、税款的缴纳方式等。同时还应了解商业银行对外投资及自办经济实体的管理情况。

7. 风险及管理。应了解商业银行对风险的管理策略，风险管理机构的设置、主要职责及工作程序。主要包括信用风险、市场风险、流动性风险、操作风险和法律风险。

8. 计算机信息系统。商业银行审计一个显著特点是运用计算机进行审计，因此，了解商业银行的计算机系统是审前调查的重要内容。主要包括：商业银行计算机系统名称和主要功能，业务子系统的分类和功能，数据传输的方式，电子数据的备份和管理，操作和修改权限的管理等。

（二）影响银行经营的外部因素

1. 主要贷款对象所处的行业状况。应了解所审商业银行主要贷款对象所处的行业状况，因为贷款对象所处行业的景气程度对贷款质量及经营风险影响很大，一般而言对朝阳行业、国家政策扶持行业、国家基础产业等贷款的风险相对较小；而对夕阳行业、国家限制行业、产品市场呈下降趋势产业的贷款，风险相对较大。

2. 银行所提供金融产品和服务竞争力的强弱。将银行财务数据与类似规模竞争者的数据进行比较，衡量其在同业竞争中的相对优势、劣势，以及在市场中的位置。

3. 银行管理法规及人民银行的监管情况。应了解被审计商业银行对金融管理法规的遵守情况，如信贷资金管理、利率管理、准备金制度管理等相关法规，另外应详细了解人民银行对商业银行的监督检查情况，取得人民银行对商业银行检查报告。

4. 重大诉讼。应了解商业银行涉及的重大诉讼情况，包括重大金融诈骗案件、大额逾期贷款不能收回而提起诉讼的案件、巨额表外项目诉讼等。

（三）银行的内部控制环境

在采用依赖内部控制的审计策略之前，我们需要仔细评估对内部控制环境产生影响的主要因素，决定内部控制环境是否值得依赖。需要调查了解内部控制环境要素主要有：

1. 内部控制的组织结构及职责分离情况。调查了解资产负债管理委员会、信贷委员会、风险管理委员会、财务委员会、内部审计委员会的设置情况及其发挥的作用。

2. 主要管理者的职能和作用。调查了解分支行高级管理者对总行（或董事会）制定的各项管理政策的执行情况，特别要调查了解各分支行主要负责人的道德品行及工作能力。

3. 授权管理情况。了解商业银行总行授权给分支行的经营管理权限及相应的监督和管理控制方法。主要包括：

（1）经营活动的风险管理政策。如发放超过限额的贷款或开具承兑汇票、信用证、保函等是否报经总行批准。

（2）内部审计部门是否有充分的独立性。它是银行内部控制的一个关键要素。

（3）是否及时上报管理报告。包括：每天的财务报告、每月的资金平均余额表和利息收支报告、每月的预算及实际收支报告。

二、应索取或查阅的主要资料

在调查了解上述情况时，应重点索取或查阅商业银行以下资料：

（一）章程、营业执照、金融业务、外汇业务经营许可证。

（二）组织结构图。包括分支机构名称及分布，内部管理部门设置及主要职能。

（三）年度决算表、贷款分类表。

（四）股东大会、董事会、监事会及各管理委员会的会议纪要，主要股东及持股情况。

（五）年度资金、财务及经营计划。

（六）银行监管机构的检查报告及文件。

（七）内部审计机构和社会审计机构出具的报告。

（八）重大法律诉讼文书。

（九）商业银行内部规章、各业务管理部门和纪检监察部门的工作报告（或总结）。

（十）计算机各系统的电子数据、数据结构文档及操作手册。

（十一）银行内部各部门开立的银行账户。

三、了解被审计商业银行基本情况所形成的工作底稿

审计人员应根据了解的情况，将被审计商业银行的基本情况记录在审计工作底稿中。了解被审计商业银行基本情况所形成的审计工作底稿，如以某商业银行总行为例一般应包括：基本情况表、分支机构情况表、组织结构图、业务经营情况调查表、计算机信息系统调查表、信贷资产质量调查表、会计政策及重要财务事项情况表、重大诉讼情况表等。审计人员可结合被审计商业银行的具体情况参照使用。

了解被审计商业银行是一个连续累积的收集、评价并使用信息的过程，审计机关和审计人员应注意对所了解情况的积累和更新，应与被审计商业银行建立经常的联系制度，建立被审计商业银行数据库，以收集和更新被审计商业银行的基本情况、审计实施过程所取得和形成的数据，以及与审计工作相关的综合数据。

表 2-1 索引号：

（审计机关名称）审计工作底稿

商业银行基本情况表

（审计期间）

<table>
<tr><td rowspan="2">商业银行名称</td><td>中文</td><td colspan="4"></td><td>法定代表人</td><td></td></tr>
<tr><td>英文</td><td colspan="4"></td><td>财务负责人</td><td></td></tr>
<tr><td>办公地址</td><td colspan="2"></td><td>电话</td><td colspan="2"></td><td>邮编</td><td></td></tr>
<tr><td>业务经营范围</td><td colspan="5"></td><td>职工人数</td><td></td></tr>
<tr><td>资产总额</td><td colspan="3"></td><td colspan="2">信贷资产</td><td colspan="2"></td></tr>
<tr><td>负债总额</td><td colspan="3"></td><td colspan="2">各项存款</td><td colspan="2"></td></tr>
<tr><td>营业收入</td><td colspan="3"></td><td colspan="2">利息收入</td><td colspan="2"></td></tr>
<tr><td>营业支出</td><td colspan="3"></td><td colspan="2">利息支出</td><td colspan="2"></td></tr>
<tr><td>营业费用</td><td colspan="3"></td><td colspan="2">税后利润</td><td colspan="2"></td></tr>
<tr><td>净资产</td><td colspan="3"></td><td colspan="2">实收资本</td><td colspan="2"></td></tr>
<tr><td>营业执照号</td><td colspan="3"></td><td colspan="2">金融业务许可证号</td><td colspan="2"></td></tr>
<tr><td>开出承兑汇票</td><td colspan="3"></td><td colspan="2">开出信用证</td><td colspan="2"></td></tr>
<tr><td>开出保函</td><td colspan="3"></td><td colspan="2">开出保理</td><td colspan="2"></td></tr>
<tr><td>所属分支机构数</td><td></td><td>分行机构数</td><td></td><td>支行机构数</td><td></td><td>分理处、储蓄所机构数</td><td></td></tr>
<tr><td colspan="8">备注：</td></tr>
</table>

审计人员： 编制日期： 复核人员： 复核日期：

表 2-2 索引号：

（审计机关名称）审计工作底稿

商业银行所属分支机构情况表

（审计期间）

被审计商业银行：

<table>
<tr><td rowspan="2">机构名称</td><td rowspan="2">行长</td><td rowspan="2">信贷资产</td><td colspan="2">不良资产</td><td colspan="2">各项存款</td><td rowspan="2">营业收入</td><td rowspan="2">利润</td><td rowspan="2">财务负责人</td></tr>
<tr><td>金额</td><td>比例</td><td>金额</td><td>占负债比例</td></tr>
<tr><td></td><td></td><td></td><td></td><td></td><td></td><td></td><td></td><td></td><td></td></tr>
<tr><td></td><td></td><td></td><td></td><td></td><td></td><td></td><td></td><td></td><td></td></tr>
<tr><td></td><td></td><td></td><td></td><td></td><td></td><td></td><td></td><td></td><td></td></tr>
</table>

审计人员： 编制日期： 复核人员： 复核日期：

表 2-3　　　　　　　　　　　　　　　　　　　　　　　　　　　　索引号：

(审计机关名称)审计工作底稿

(被审计商业银行名称)

组织结构图

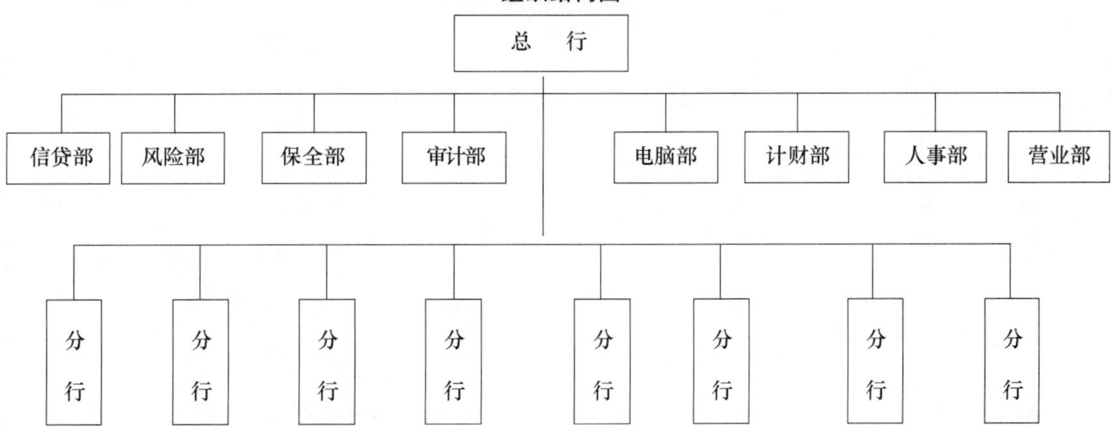

(银行组织结构图应包括各职能部门、直属分(支)行,重点说明银行内部的管理体制。上述为示意图,仅列出银行部分职能部门,供审计人员参考。)

表 2-4　　　　　　　　　　　　　　　　　　　　　　　　　　　　索引号：

(审计机关名称)审计工作底稿

业务经营情况表

(审计期间)

被审计商业银行：　　　　　　　　　　　　　　　　　　　　　　　　金额单位：

金融品种	交易额(量)	产生收入		利息支出		备注
		金额	占营业收入%	金额	占营业支出%	
公司贷款						
个人贷款						
公司存款						
个人储蓄存款						
拆借						
投资						
外汇买卖						
中间业务收入：						
支付结算						
银行卡						
代理						
开出承兑汇票						
开出信用证						
开出保函、保理						
其他中间业务						

审计人员：　　　　编制日期：　　　　　　　复核人员：　　　　　　　复核日期：

表 2-5 索引号：

(审计机关名称)审计工作底稿
会计政策及重要财务事项调查表
(审计期间)

被审计商业银行：

序号	项　　目	一贯政策	当期变化情况
1	执行何种财务制度		
2	各种适用税率		
3	合并(汇总)报表编制范围		
4	具体会计政策：		
(1)	记账本位币		
(2)	外币折算方法		
(3)	利息收入确认原则		
(4)	利息支出的计提方法		
(5)	固定资产标准		
(6)	固定资产分类		
(7)	折旧方法		
(8)	各类固定资产折旧率		
(9)	呆账准备提取方法		
(10)	呆账确认标准		
(11)	无形资产摊销方法		
(12)	递延资产的摊销方法		
(13)	任意盈余公积金提取比例		
(14)	公益金提取比例		
(15)	所得税核算方法		
5	财务指标	上年数	本年数
(1)	费用指标		
(2)	固定资产购建指标		
(3)	融资租赁指标		
(4)	工资总额		

审计人员：　　编制日期：　　复核人员：　　复核日期：

表 2-6　　　　索引号：

（审计机关名称）审计工作底稿
计算机信息系统调查表
（审计期间）

被审计商业银行：

序号	系统名称	系统功能	电子文件英文名	电子文件中文名	说明

审计人员：　　编制日期：　　复核人员：　　复核日期：

表 2-7　　　　索引号：

（审计机关名称）审计工作底稿
信贷资产质量表
（审计期间）

被审计商业银行：

序号	机构名称	贷款余额					不良贷款比例	备注
		合计	正常	逾期	呆滞	呆账		

审计人员：　　编制日期：　　复核人员：　　复核日期：

（若被审计商业银行贷款分类是按五级分类，则按五级分类的清分表填列）

表 2-8　　　　索引号：

（审计机关名称）审计工作底稿
重大诉讼情况表
（审计期间）

被审计商业银行：

序号	所属机构	诉讼事项	发生时间	金额	对应会计科目	预计损失	原因

审计人员：　　编制日期：　　复核人员：　　复核日期：

第三节　获取电子数据　执行初步分析性复核

审计人员在了解被审计商业银行基本情况后，下一步工作就是获取被审计商业银行的电子数据，然后对电子数据进行转换，对转换后的电子数据和其他资料进行初步分析性复核。审计准备阶段所进行的初步分析性复核是审计人员对被审计商业银行重要的比率和趋势进行分析，发现异常数据和业务变动，以便对审计的重点和风险作出初步判断。

一、获取电子数据

根据《国务院办公厅关于利用计算机信息系统开展审计工作有关问题的通知》的规定，审计机关有权取得被审计商业银行计算机信息系统处理的有关数据。在进点审计前，审计组应根据了解计算机信息系统情况向被审计商业银行提出审计所需电子数据的名称、起止时间、数据结构、字段含义及操作权限等。一般情况下，审计组应取得下列计算机系统的电子数据：

(一)储蓄系统。包括机构代码表、储蓄月报表、活期(定期)账户主档(或称账户信息文件)、储蓄总账、明细账、流水账、计息文件；

(二)信贷系统。包括信贷系统的所有文件，主要有贷款主合同文件、抵押合同文件、贷款余额表、贷款历史文件、贷款质量监测表、抵押(质押)物登记表、贴现业务明细表、开出银行承兑汇票明细表、开出信用证(保函)明细表、借款人基本情况表、借款人财务信息文件等；

(三)对公系统。主要包括机构代码表、科目代码表、账户信息文件、总账、明细账、流水账、计息文件、年末账户(或月末)余额表；

(四)信用卡系统。主要包括机构代码表、卡信息文件、商户信息文件、分账户明细账、卡流水账、透支余额表等；

(五)国际业务系统。包括机构代码表、账户信息文件、总账、明细账、计息文件、年末账户余额表、SWIFT 系统文件；

(六)会计报表系统。主要包括并表机构代码表、各机构月报表、汇总报表；

(七)联行系统。主要包括联行行号行名对照表、联行往账报告表、联行来账报告表、汇差报告表等。

由于目前各商业银行使用不同的计算机系统，上述电子文件名称可能不一致，审计人员应先了解被审计商业银行的计算机系统，详细了解电子数据的处理程序和各电子文件的内容；另外由于银行电子数据量非常大，有些电子数据对审计工作的用处不大，或者可以通过其他电子文件取得(如分户明细账可以通过流水账生成)，因此审计人员在详细调查了解商业银行计算机系统的基础上，根据审计工作的要求和重点，有针对性地获取审计所需的电子数据。

对取得的电子数据，审计人员应对电子数据的完整性和有效性进行检查。可以通过电子数据与纸质报表、纸质总分账核对，还可以通过将电子数据的流水账分类汇总后与其电子分户账、总账核对。

二、执行初步分析性复核

运用分析性复核，可以大大提高审计效率，降低审计成本和风险。

(一)分析性复核的基本要求。

1. 运用分析性复核需要审计人员的专业判断。运用分析性复核需要审计人员具有丰富的审计经验和专业判断能力。因为只有精通商业银行的业务和会计核算，并具备专业的审计知识，才明白商业银行会计信息之间、会计信息与非会计信息之间的内在联系，才会运用分析性复核去进行比较、分析，从异常变动中寻找审计线索。

2. 分析性复核应考虑会计信息各构成要素之间的关系。商业银行会计信息各要素之间存在某种内在的联系。如利率不变的情况下，利息收入的增减变动与贷款的增减之间存在对应关系，利息支出的变动与存款的变动也存在对应关系；利润表中营业收入与营业成本、营业收入与毛利之间会存在一定的比率关系；审计人员应通过分析性复核，来判断各有关项目之间的关系是否正常。

3. 分析性复核应取得相关的非会计信息的数据。分析性复核除应取得会计信息外，还应取得商业银行业务经营和管理中的有关数据和资料。如取得结算业务量统计表，根据收费标准可以分析复核该项手续费收入是否正常；调查被审计商业银行的员工人数，可以分析判断其工资成本是否合理；观察所租用的营业场地面积，可以分析判断其相关费用是否恰当；调查收息情况可以分析判断信贷资产的质量状况。银行内部各信息要素之间的内在联系是客观存在的，需要审计人员研究、分析后才能发现。

（二）分析性复核的分析方法

进行分析性复核常用的方法有比较分析、比率分析、因素分析和趋势分析等，这些分析方法都是审计人员应该掌握的。

1. 比较分析。

比较分析就是针对同一项目的数据或指标，在不同的时间和空间进行对比，运用数学求差法来说明实际数与期望值的差异，作为进一步分析的对象，从中获取审计线索。差异有绝对差异和相对差异，绝对差异（即实际值－期望值）用于分析差异的规模，相对差异即（实际值－期望值）/期望值，用于分析差异的程度。比较分析又具体分为横向和纵向分析法。横向分析就是计算前后两期相关项目的增减额和增减率，来判断被审计商业银行的财务状况及其变动趋势。纵向分析又称结构分析，就是通过计算某个指标的各个组成部分占总体的比例，以揭示各个构成项目的相对地位和总体结构关系。纵向分析和横向分析结合运用效果会更好。如通过贷款的投向结构、客户结构分析，可看出被审计商业银行的贷款投向和行业风险；通过对贷款期限结构分析，可看出贷款的结构与存款的结构是否对称，进而得知被审计商业银行的支付能力。通过对资产负债的对称结构分析，可以看出被审计商业银行的负债是否充分利用，各项贷款和其他资产是否均衡、合理分布，并与负债相适应。

2. 比率分析

比率分析是利用两个经济活动相关的数据，先计算出各种相关比率，再将这些比率与相应的期望值进行比较，分析被审计商业银行的结构、效益、发展和变化情况。比率分析是两个相关联的经济数据的相对比较，所以主要用除法。它可以超越银行机构的规模进行比较，并常与比较分析结合运用。我们在对被审计商业银行进行分析性复核时，可以参照杜邦分析系统的思路来对一家商业银行机构整体情况进行分析评价。杜邦系统的核心是通过分解银行的资本收益率来分析影响银行盈利水平的各种因素。

3. 因素分析

因素分析是把反映经济现象变动的总量指标分解为相互联系的若干因素，然后顺序地将其中第一个因素作为可变，其他因素暂时作为不变，依次逐项替代，以测定各个因素差异对总量指标的影响程度，从而了解总量指标的变动原因，从中发现被审计商业银行的异常变动和差异，为现场审计提供线索。

4. 趋势分析

趋势分析就是对连续若干期报表某一项目的金额及其变动情况进行比较与分析，了解该项目的增减变动幅度，以获取审计线索。如发现商业银行的贷款或者存款在某一时期巨额增减变动，则应查明原因。

（三）商业银行所具有的特性对分析性复核的影响

商业银行经营的特殊性加大了分析性复核的难度，决定其初步分析性复核通常需要采用与企业审计不同的标准。商业银行经营活动的特殊性主要包括：

1. 分支机构遍布全国或全球，金融业务品种繁多和业务经营的全球化，会计核算与风险管理分散化。

2. 一项业务交易对银行资产负债表与利润表的影响程度不同。

3. 金融业务数量巨大和法定利率的波动。

4. 多种货币下的经营活动。

5. 在一个会计期间因利息下降而引起的资产负债科目的重大波动。

（四）执行初步分析性复核需要获取的主要信息

1. 对商业银行执行初步分析性复核，主要收集以下三类信息：一是衡量银行资产质量和影响损益账户的信息；二是关键的财务信息、经营管理报告和风险监管信息；三是预算管理和分析。例如预算表、利息边际收益分析、资金平均成本率、收入和费用配比分析。

2. 收集商业银行会计部门的财务会计信息和管理部门的业务信息（包括电子数据和纸质文件、报表），主要包括：

（1）上一个会计年度的资产负债表和利润表。

（2）最近时期的资产负债表和利润表，例如最近六个月的报表和会计账户。

（3）按月和类别划分的平均存贷款利率和中间业务的收费标准。

（4）财务计划、中间业务、信用卡业务统计表。

(5)信贷系统中利息计算文件和信贷资产质量监控文件。

(6)风险管理部门对不良资产的监控表

(7)每月的经营管理报告。

(五)比较会计信息和分析性复核结果

比较会计信息和分析分析性复核结果的过程通常包括:

1. 了解和分析资产负债表(主要是期末和对平均资金成本有影响的方面),利润表(主要是收入下降和银行净收入的构成)主要项目的变动情况,分析表外经营业务的增减变动情况。

2. 分析在收入和资产之间(如贷款与利息收入)、费用和负债之间(如存款与利息支出)有关的相互比例关系。

3. 分析主要经营指标的变化发展趋势。比如,费用率、收息率、贷款准备金率、资金边际收益率等等。

4. 通过对比(如与上年度的信贷资产质量和同行业的平均水平),分析信贷资产质量的变动情况。

5. 调查重大变动。通过对比分析,对重大的差异和变动情况,审计人员必须进行调查。

6. 确定对审计方案的影响。不能合理解释的重大差异和变动通常隐含着一定的风险,应予以特别关注。审计人员应对不能合理解释的重大差异和变动情况予以记录,并在下一步的审计方案中计划更详细的测试。

(六)初步分析性复核结果的利用

由于电子数据信息量大,既包括财务会计的电子数据,又包括业务经营的各种管理数据,便于审计人员充分利用进行分析性复核。通过分析计算,找出重大差异和异常变动,来确定具有潜在风险的审计领域,将这些领域作为审计的重点,从而使现场审计更具效率和效果。

(七)初步分析性复核所形成的审计工作底稿

审计人员应将初步分析性复核的过程和结果记录在审计工作底稿上。初步分析性复核情况表是汇总记录分析性复核结果的工作底稿。分为两部分,第一部分是对商业银行报表整体变动情况作一般性描述;第二部分根据异常变动的项目(审计人员可以根据职业判断,将超过一定比例如10%或15%的项目列为异常变动的项目),初步列出重点审计区域和重点审计项目。

表 2-9 索引号:

(审计机关名称)审计工作底稿

贷款质量分析表

(审计期间)

被审计商业银行: 金额单位:

贷款分类	上年数		本年数		增减数		原因分析
	金额	比例%	金额	比例%	金额	比例	
正常贷款							
逾期贷款							
呆滞贷款							
呆账贷款							
合计							
正常贷款							
关注贷款							
次级贷款							
可疑贷款							
损失贷款							
合计							

（续表）

贷款分类	上年数		本年数		增减数		原因分析
	金额	比例%	金额	比例%	金额	比例	

审计人员：　　编制日期：　　复核人员：　　复核日期：

第四节 初步确定重要性水平

审计准备阶段编制审计方案时，应运用重要性原则。

一、初步确定重要性水平时应考虑的因素有：

（一）以往的审计经验。以往审计中所运用的重要性水平如果较为适当，可以作为本次确定重要性水平的重要依据。审计人员可以根据这一重要性水平，考虑被审计商业银行经营环境和经营业务的变化，对其加以修正。

（二）有关法规的要求。商业银行是高风险行业，它的经营情况关系重大，直接关系到经济的发展和社会稳定。因此在确定重要性水平时，应当考虑金融风险对国家经济的影响。

（三）被审计商业银行经营规模的大小及业务性质。规模不同的银行，其重要性水平也有所不同。规模大的银行，其重要性水平的绝对值一般比规模小的银行要大，但相对值一般比规模小的银行小。

（四）内部控制的可信赖程度。如果内部控制较为健全，可信赖程度高，可以将重要性水平定得高一点，以节省审计成本。

（五）财务会计报表各项目及其相互关系。财务会计报表项目的重要程度及存在的差别使会计信息使用者对某些报表项目要比对另外的一些报表项目更为关心。会计信息使用者更关心流动性高的项目，因而审计人员对那些流动性高的会计信息应当从严确定重要性水平。由于财务会计报表各基本项目之间是相互联系的，审计人员在确定重要性水平时，要考虑它们之间的相互关系。

二、初步确定重要性水平的方法

（一）判断基础。

商业银行重要性水平的判断基础通常有四项：一是信贷资产；二是净资产；三是营业收入；四是净利润。审计人员应当根据对被审计商业银行的了解，利用专业判断合理选用。作为重要性水平的判断基础，必须具有相关和稳定的特点。

（二）计算方法。

重要性水平的计算方法有固定比率法和变动比率法两种。

1. 固定比率法。即在选定判断基础后，乘上一个固定的百分比，求出重要性水平。这个百分比是多少，有赖于审计人员的专业判断。以下是实务中用来初步确定重要性水平的一些参考数值：

净利润　　5%－10%；
信贷资产　　0.2%－1%；
净资产　　1%；
营业收入　　0.5%－1%。

2. 变动比率法。即按照被审计商业银行规模越大，允许错报或漏报的金额比率就越小的原理，根据资产总额或营业收入两者中较大的一项确定一个变动百分比。

（三）针对具体情况，确定不同的重要性水平

由于商业银行审计既包括检查其财务收支，又包括检查其业务经营（特别是信贷业务），在同一次审计中，既包括对总行的审计，也包括对一级分行、二级分行和支行的审计，因此在确定重要性水平时，应根据具体情况具体分析，针对不同的情况确定不同的重要性水平。

确定重要性水平所选用的基础或定量化指标，应该尽可能满足审计人员以有效的方式来达到检查保证

程度的目标。对于银行来说，找到这样一个合适的基础存在一定的难度。

银行经营活动的性质，决定了其主要的账户余额(例如贷款)金额非常大，而银行经营活动带来的利润与业务本身的金额相比较，通常很小。例如，对某个客户的贷款所带来的收益，即利息收入，与资产负债表中贷款账户的余额相比，金额很小。

选用资产负债表中资产或负债余额作为定量指标确定重要性水平，将使重要性水平定得太高，以至于通过我们的实质性测试程序无法充分保证能够发现报表中存在的重大误报。

确定重要性水平，需要把构成财务报告的各个报表考虑进来，因此只从资产负债表一个方面来确定重要性水平是不合适的。

然而，如果选用利润基数作为定量指标来确定重要性水平，可能导致对资产负债表项目需要选取巨大样本进行实质性细节测试。这将导致大量的无效审计，尤其在审计项目固有风险和内控环境较强情况下，更显得突出。因此，为了获得足够的审计保证，我们优先选用依赖内部控制的审计方法，即通过确认和测试相关的内部控制活动，获得最大程度或适中程度的内部控制保证，然后执行较低水平的实质性测试。

当税后利润数很小或是负数(即亏损)，则需要选用其他稳定的基础来确定重要性水平，这个基础必须能够代表正常化的现有盈利水平。

为解决上述难题，在实际工作中，我们可以针对不同的审计项目选用不同的重要性水平：对资产负债表项目(如贷款、存款项目)，选用较高的重要性水平(如按信贷资产的一定比例确定)；而对利润表项目(如利息收支、中间业务收入、费用支出项目)，选用较低的重要性水平(如按净利润一定比例确定)。此外，在确定重要性水平时还应考虑商业银行的业务规模和内部控制的健全程度。

审计准备阶段初步确定的重要性水平，不是一成不变的。审计过程中可以根据审计情况的变化对审计方案进行修改、补充。在修改、补充审计方案时，审计人员必须重新考虑重要性水平，根据情况对初步确定的重要性水平加以修订。

第五节　分析审计风险　确定审计策略

由于商业银行经营的特殊性，其固有风险和控制风险都较高。为执行风险基础审计策略，将审计风险控制在适当的水平，在审计准备阶段，审计人员应当根据对被审计商业银行基本情况的了解和分析性复核的结果，利用审计风险策略模型对审计风险进行分析，并据以确定相应的审计策略。

一、确定可接受的审计风险

可接受审计风险是审计人员在审计工作结束后能够承受的风险，它的高低取决于审计事项的重要程度、审计报告使用者的要求、被审计对象所处的法律环境以及审计人员对审计成本的考虑等因素。可接受审计风险越低，审计人员对会计报告和商业银行业务经营评价意见的保证程度就越高，所要求实施的审计程序就越详细，反之，可接受审计风险越高，所要求实施的审计程序也就越简单。为规范各级审计机关在商业银行审计中执行统一的标准和尺度，一般情况下，商业银行审计可接受审计风险应控制在5%以内，即应以95%以上的把握保证被审计商业银行会计报告的真实性。

二、分析固有风险

商业银行经营的是高风险的货币资金，再加上分支机构众多、业务复杂及高负债经营，使其本身的固有风险处于高水平。

(一)商业银行经营本身具有的主要风险：

1. 信用风险。信用风险有广义和狭义之分。狭义信用风险是指债务人到期不能足额偿还贷款本息而给商业银行造成损失的可能性，即通常所说的信贷风险。广义信用风险是指交易对方违约而给商业银行造成损失的可能性，它不仅存在于贷款业务中，还存在于其他表内业务和表外业务中。信用风险包括贷款风险、交易方风险、发行商风险及清算风险。

2. 国家和转移风险。国家风险是指由于借款国宏观经济、政治、社会环境的影响导致商业银行的外国客户或交易对方不能偿还债务的可能性。转移风险是指由于借款国外汇管制等原因而导致商业银行的外国客户无法按期偿还外汇债务的可能性。转移风险是国家风险的一个组成部分。国家和转移风险主要存在于那些从事国际业务的商业银行。伴随着经济全球化和金融市场一体化的进程，我国各种商业银行很快也将全面面临国家和转移风险。

3. 市场风险。是指由于证券、金融工具或某些与银行债权、债务相关的商品的市场价格变动给商业银行带来损失的可能性。汇率风险是市场风险的一个组成部分。

4. 利率风险。是指由于市场利率变化给商业银行财务状况造成不利影响的可能性。它主要包括两种风险,一是利息收益风险,即借贷利率不完全同时或同幅度变动,而发生损失的风险;二是投资风险,即债券投资或金融衍生交易等投资保值活动因利率变化而造成的损失。

5. 流动性风险。是指商业银行不能支付债务或满足存款人提取存款、借款人融资的需求而使银行蒙受信誉损失或经济损失甚至被挤兑倒闭的可能性。

6. 操作风险。是指由于银行内部控制和内部治理结构失效、计算机信息系统出现故障等原因导致银行发生损失的可能性。

7. 法律风险。是指由于不正确的、不适当的法律建议,有缺陷的法律文书.现行法律不完善、不配套等原因造成商业银行损失的可能性。

8. 声誉风险。是指由于商业银行经营管理不善、违反法规等导致存款人、投资者和银行监管机构对其失去信心的可能性。

(二)高层管理人员的品行和能力

高层管理人员的品行和能力状况对商业银行经营有很大的影响。如果高层管理人员主观上不愿意或没有能力设立科学合理的内部控制来防范错误的发生,那么固有风险就会增加。管理人员诚信度越高,固有风险越小;反之,固有风险越大。管理人员的阅历、经验越丰富,素质和能力越高,固有风险越小;反之,固有风险越大。

(三)管理人员受到的异常压力与薪金水平

当管理人员处于异常压力之下,容易虚报财务信息以维护其利益。如上级行下达的存款指标、利润指标,并与费用指标和工资奖金挂钩,均会直接影响下级行的利益,容易产生虚报存款、利润等问题。

(四)金融业务和会计业务的复杂程度。商业银行的分支机构越多,金融业务品种越复杂,业务交易量越大,相应带来会计业务处理越复杂,从而其固有风险也越大。

审计人员在综合分析上述因素后,应运用专业判断大致评估被审计商业银行的固有风险水平。目前,审计机关尚未建立确定固有风险的准则或指南,固有风险的评估也没有特定的模式,审计人员在评估固有风险时应采取稳健原则。如发现商业银行存在特定风险,则固有保证程度系数为0,若未发现特定风险,则固有保证程度系数取值为1。

三、评估控制风险设计内部控制测试程序

由于商业银行具有交易数量巨大、过账方式特殊、机构众多、网点分散,以及广泛使用计算机等特点,如果审计人员不依赖内部控制而完全通过详细的实质性测试根本无法完成审计工作,也达不到审计的目的。因此,审计人员通常需要依赖商业银行的内部控制,通过对内部控制的了解和测试,评估控制风险,以确定内部控制的可依赖程度,并据以确定实质性测试的范围。

与固有风险评估一样,控制风险的评估需要大量运用审计人员的专业判断。

在上年度已对商业银行进行过审计的情况下,可以参照以前评估结果,结合目前调查情况初步评估相关控制风险。在对一个新单位进行审计情况下,首先应对被审计商业银行的控制环境进行调查,并对控制环境和其他有关内部控制制度进行适当测试,以测试结果作为评估依据。

(一)初步评估控制风险,确定审计策略

当出现下列情况之一,审计人员不得采用依赖内部控制的审计策略:

1. 相关内部控制不存在;

2. 内部控制测试的工作量可能大于进行内部控制测试所减少实质性测试的工作量。

当出现上述两种情况时,审计人员不需要对商业银行的内部控制进行测试,而直接转入实质性测试。

(二)设计内部控制测试的程序和方法

在采取依赖内部控制审计策略的情况下,审计人员应在对内部控制进行调查的基础上,设计相应内部控制测试程序,通过对商业银行内部控制测试后,将内部控制风险评估为高、较高、中、低四档,相应的控制保证程度系数为0、1.3、2、2.3。

内部控制测试的程序和方法详见本指南第三章和各业务循环审计。

四、确定检查风险，设计实质性测试的程序和范围

检查风险是审计风险要素中唯一能够通过审计人员的工作加以控制的风险。

(一)确定可接受检查风险和相应需达到的实质性测试保证程度系数在可接受审计风险水平一定的情况下，检查风险与固有风险和控制风险呈反向关系，审计人员在合理确定和评估被审计项目的可接受审计风险、固有风险和控制风险之后，可根据第一章风险基础审计策略模型来确定实质性测试的检查风险以及相应需达到实质性测试检查保证程度系数。需要注意的是，在商业银行审计中，即使固有保证程度系数加控制保证程度系数大于 3，审计检查保证程度系数也不得为 0。

(二)设计实质性测试的程序和范围

确定可接受检查风险的目的在于据以设计实质性测试的程序、方法和范围。审计人员可以选用的实质性测试程序主要包括以下几种：

1. 分析性复核。分析性复核在前面一节已有叙述。它不仅可以在计划阶段帮助审计人员确定审计重点，在审计实施阶段还可直接作为实质性测试程序以收集与账户余额和各类业务活动有关的证据。实质性测试阶段的分析性复核与计划阶段和报表复核阶段的分析方法有所不同，其目的是获取审计人员所需的检查保证程度，特别在银行业务存在大量的单笔金额很小的交易情况下，通过分析性复核，可以使审计人员重点关注那些重大的和例外的交易业务。

(1)分析性复核的适用条件。分析性复核常用于测试商业银行的利润表项目，如根据利息收入与生息资产、利息支出与付息负债之间的比例关系，设计利息收入与利息支出的精确期望值，通过建立这种合理的比例关系，审计人员就能够根据生息资产的平均余额和付息负债的平均余额计算出相应的数据，与财务报告上实际的利息收入与利息支出进行对比，检查两者差异的程度。

(2)分析性复核的程序和步骤

第一步，设计期望值。在设计期望值前，审计人员首先需要检查设计期望值所使用数据的可靠性，以便使计算出来的期望值与会计数据计算口径保持一致。

一是通过调整以前年度的数据设计期望值。如根据存贷款的平均余额和相关利率的变动趋势来调整利息收入和支出的期望值；根据交易数量和收费(或付费)标准的变化来调整中间业务收入和支出的期望值；根据工资表及工资所占费用的比率来调整人力费用的期望值等。

二是根据银行内部当年的财务数据设计期望值。如根据利息收入与生息资产、利息支出与付息负债之间的理论关系来设计期望值。也可以用平均资金余额与法定利率来设计期望值，用平均资金余额与法定利率计算出各类存贷款业务的利息收入与支出，然后与账面记录的金额进行比较。

三是根据银行内部非财务数据设计期望值。如根据业务管理部门提供的业务交易(如开出信用证、银行承兑汇票)的数量、金额和收费标准，来设计上述业务收入的期望值。

第二步，确定可接受的偏差。可接受的偏差是指期望值与实际会计记录之间存在的不需要作出解释和进一步调查的最大差额。可接受偏差通常根据审计的重要性水平、所需的检查保证程度和分组数量来确定，具体方法如下：首先根据重要性水平的一定比例(通常是 80%—90%)计算出货币精确限度(MP)，然后根据下表来确定可接受偏差。

分组数量	一般范围的实质性测试(R=0.7)		中等范围的实质性测试(R=2.0)	
	如果各组账面余额大于 MP 乘以下数据	对应可接受偏差为	如果各组账面余额大于 MP 乘以下数据	对应可接受偏差为
1	4.5	90%＊MP	3.0	45%＊MP
2	4.25	85%＊MP	2.67	40%＊MP
4	3.75	75%＊MP	2.33	35%＊MP
6	3.25	65%＊MP	2.0	30%＊MP
12	2.5	50%＊MP	1.67	25%＊MP

（续表）

<table>
<tr><td rowspan="2">分组数量</td><td colspan="2">一般范围的实质性测试(R＝0.7)</td><td colspan="2">中等范围的实质性测试(R＝2.0)</td></tr>
<tr><td>如果各组账面余额大于MP乘以下数据</td><td>对应可接受偏差为</td><td>如果各组账面余额大于MP乘以下数据</td><td>对应可接受偏差为</td></tr>
<tr><td>大于12</td><td>2.0</td><td>40％＊MP</td><td>1.33</td><td>20％＊MP</td></tr>
<tr><td colspan="5">如果用于分析的账户余额小于货币精确度乘以上述数据，则不超过以下百分比：
所要取得的实质性测试保证　　　　可接受偏差为各组记录金额乘以下比例
R＝0.7　　　　20％
R＝2.0　　　　15％</td></tr>
</table>

对账户余额进行细化分组，既可以按类型分组，如按活期存款、定期存款分组后，对相应的利息支出运用分析性复核，也可以按期限如按季、按月分组。

第三步，计算比较期望值与实际记录之间的偏差；找出重大差异，即期望值与实际记录之间的偏差大于可接受偏差的情况。

第四步，对上述重大差异进行调查。

第五步，评价分析性复核的结果。对重大差异若查明了原因，则直接作为实质性测试的结果；若查不出原因，则执行其他的实质性测试程序。

2. 业务测试。业务测试是对商业银行金融业务经营的合规合法性所设计的一种测试。其目的在于确定被审计商业银行的业务活动是否符合现行法规，是否经过恰当批准，是否正确地记入相应的明细分类账和总分类账并在财务会计报告中恰当地反映。业务测试主要采用审核检查书面文件等方法。

3. 余额测试。余额测试的目的在于确定会计报表各总分类账账户的期末余额。如，向借款人发送对账单或实地调查来确认贷款和应收利息的余额等。在审计中，通常可以采用重大项目详查，对其余项目进行抽样的检查方法，这样既提高了审计效率，又获得最大程度的审计保证。

分析性复核、业务测试和余额测试是商业银行实质性测试的三种方法。审计人员可以根据所确定各报表项目和业务活动的检查风险水平，选择相应实质性测试程序。

实质性测试范围，即实质性测试时抽审的样本规模和取得审计证据的多少，取决于审计人员所确定检查保证程度和重要性水平的高低。一般来说，相关项目或业务所要达到检查保证程度越低，其所需抽取的样本和收集的审计证据就越少；反之，相关项目或业务的实质性测试保证程度越高，其所需抽取样本和收集审计证据的数量就越多。

（三）计算机审计技术在实质性测试中的运用

在商业银行的审计中，现在已广泛运用计算机进行辅助审计。审计人员不仅可以取得会计系统的电子数据，而且能够取得交易和业务管理的各种电子数据，使审计人员获得比在手工审计条件下大得多的信息，便于全面了解商业银行的经营情况和分析变动趋势。在下列领域可以运用计算机进行辅助审计：

1. 精确复核。运用计算机，可以对商业银行的各种数据进行精确复核，既可以对全辖并表机构的会计报表与汇总报表进行全面复核，又可以从会计流水账逐级核对至总账，还可以将业务管理数据（如信贷系统中的贷款余额）与会计报表数据进行复核。

2. 编制计算机程序进行辅助计算。可以编制计算机程序对有比例关系的项目（如贷款与利息收入、存款与利息支出、中间业务交易量与中间业务收入）进行计算，然后与实际会计记录进行比较，找出产生差异的原因。

3. 对一些异常会计记录和交易进行筛选和查询，为审计人员提供审计线索。

4. 提供大量的非财务信息（如贷款中的相互担保情况、各种业务和交易量的统计数据），便于审计分析和利用。

第六节 制定审计方案

审计方案，是审计组为了能够顺利完成项目审计任务，达到预期审计目的，根据审前调查了解商业银行的情况和审计的目标、内容和重点，在实施审计前对审计工作所做的计划与安排。

审计方案对整个审计工作有着十分重要的意义，它不仅是指导审计人员以合理的成本，收集充分、适当审计证据的有力工具，而且还是指导审计工作按步骤进行，提高审计效率，把握审计进度的最有效工具，同时也是考核审计组每个成员工作业绩的有效手段。编制切实可行的审计方案是审计准备阶段的中心工作。

一、编制审计方案应考虑的因素

编制审计方案时，审计人员应当综合考虑以下因素：

（一）被审计商业银行的业务规模及其复杂程度。被审计商业银行业务规模越大，业务经营品种越多，分支机构越多，审计工作量就越大。

（二）以前年度的审计情况。如果被审计商业银行本年度的情况较以前年度的情况变化不大，则上次的审计方案可作为重要参考，本次重点关注变化的情况。对上次审计决定和审计意见的落实情况，应作为本年度专门的审计内容纳入审计方案。

（三）被审计商业银行内部控制的强弱和管理水平的高低。若被审计商业银行内部控制健全有效，管理水平高，则可以减少实质性测试。

（四）被审计商业银行的经营状况。如果被审计商业银行连续经营亏损，不良资产比例高，则应重点关注。

（五）被审计商业银行计算机信息系统的管理情况。主要考虑计算机信息系统设计的安全性，一般控制和应用控制的有效性。

（六）对人民银行监管工作和商业银行内部审计、社会审计工作的利用。对人民银行的监管报告和商业银行内部审计报告及社会审计报告应充分利用，以减少审计工作量，提高审计效率。

（七）审计组成员的业务能力和工作经历。在审计分工和具体工作安排时，应考虑每个审计组成员的工作能力、业务特长及商业银行审计的内在规律，合理分工，同时应配备计算机审计专业人员。

在编制审计方案时，应当运用重要性、谨慎性原则，在评估审计风险的基础上，确定审计的内容、重点和方法。

二、编制审计工作方案

目前，对国有商业银行的审计工作方案一般由审计署组织人员试点审计后统一编制，各特派办和地方审计机关根据审计署的审计工作方案编制审计实施方案。

根据审前调查了解的情况和收集的资料，结合试点审计掌握的情况，进行分析和评估后编制审计工作方案。

审计工作方案应主要包括以下方面的内容：

（一）审计工作目标；

（二）审计的范围；

（三）审计对象；

（四）审计内容和重点；

（五）审计组织与分工（包括工作进度及时间安排）；

（六）工作要求。

三、编制审计实施方案

审计实施方案是根据审计工作方案的要求而编制的，它应当详细规划并说明审查事项时应采取的具体程序。审计实施方案的主要内容包括：

（一）编制的依据；

（二）被审计商业银行的名称及基本情况；

（三）审计的目标；

（四）审计的范围、内容和重点；

（五）内部控制测试及审计风险评估；

(六)计算机辅助审计技术的运用；

(七)实施审计项目的起止时间；

(八)审计组组长、成员及分工；

(九)编制的日期。

按照《审计机关审计方案编制准则》的要求，审计实施方案应由审计组编写，经审计组所在部门负责人审核，报审计机关主管领导批准后，由审计组实施。

四、注意事项

(一)审计工作方案和实施方案应当在具体实施前下达到审计组全体成员。为使参审人员对审计方案有充分的了解，明确各自的工作任务，在实施审计前，审计组成员应认真学习和理解审计方案。

(二)审计方案应贯穿于审计的全过程。审计人员在整个审计过程中，应当严格按照审计方案执行审计业务。如果发现审计方案不适应，可以根据具体情况，按规定及时对审计方案进行调整。审计组调整审计方案时，应当向审计组所在部门负责人说明调整的原因和理由，提出调整建议，报经审计组所在部门负责人或者审计机关主管领导同意后实施，调整的过程和结果应记录于审计工作底稿。

第七节　制发审计通知书

审计准备阶段还有一项非常重要的工作，就是向被审计商业银行制发审计通知书(或执行审计通知书)，提出书面承诺要求，并附送必要的资料。

一、下发审计通知书

审计通知书，是审计机关通知被审计商业银行接受审计的书面文件，是审计组执行审计任务进行审计调查取证的依据。

由于我国国有商业银行实行统一法人制，所属的分支机构没有法人资格，一般情况下，由审计署向商业银行的总行下发审计通知书，参加审计的各特派办根据审计工作方案确定的审计范围和审计通知书制发执行审计通知书，目前执行审计通知书与审计通知书的格式与内容基本一致。

审计通知书的主要内容包括：被审计商业银行名称(主送单位)，审计依据、范围、内容和方式，必要的追溯和延伸事项，审计起始日期，审计组长及成员的姓名、职务(或职称)，对被审计商业银行提出配合审计工作的要求。

审计通知书和执行审计通知书是审计机关重要的审计文书之一。审计机关至少应当在实施审计 3 日前，向被审计商业银行送达审计通知书，同时附发审计文书送达回证。

二、提出书面承诺要求

根据《国家审计基本准则》的要求，审计机关在执行商业银行审计任务时，应实行被审计商业银行向审计机关承诺的制度，在送达审计通知书的同时，向被审计商业银行提出书面承诺要求，被审计商业银行法定代表人(或负责人)和财务主管人员应当按照承诺书的下列要求作出承诺：

(一)按照要求向审计组提交的业务状况表、资产负债表、利润表、会计报表附注以及其他有关的会计资料(包括电子数据)是真实、完整的，是按照《中华人民共和国会计法》、《金融企业会计制度》以及国家其他有关财务会计法规的规定编制的，公允地反映了本行的资产、负债和损益情况。

(二)如实地向审计组提供了本行及内部管理部门的银行开户情况。

(三)如实地向审计组提供了贷款清分以及开具银行承兑汇票、保函和信用证等表外业务的真实情况。

承诺书虽然是被审计商业银行出具的，但一般情况下，应由审计组准备好作为附件，与审计通知书一起送达被审计商业银行。被审计商业银行的法定代表人(或负责人)和财务主管人员作出承诺后，在承诺书上签字后按规定时间送交审计组。对于被审计商业银行提交的承诺书，审计组应当作为重要审计证据编入审计工作底稿。

三、附送有关资料

审计通知书正文后，往往还有附件，除上述由审计组准备的承诺书外，通常还有两类，一类是要求商业银行提供的调查材料或表格；另一类是对审计人员提出的一些要求，如《审计署关于加强审计纪律的规定》(即“八不准”)，便于商业银行监督审计机关和审计人员廉政纪律的执行情况。

第三章　内部控制测试程序和一般性内部控制测评

本章分三节介绍商业银行的内部控制测试程序和一般性内部控制测评。第一节简要介绍商业银行的内部控制，包括内部控制的目标、原则和内部控制要素；第二节介绍商业银行内部控制测评的程序和方法；第三节介绍商业银行一般性内部控制及其测评，主要介绍内部控制要素、会计系统、授信和资金业务系统、计算机系统、内部控制的监督与风险评价五个方面的内部控制测评。

第一节　商业银行内部控制简介

一、商业银行内部控制的含义

从广义上说，内部控制是组织机构在经营管理过程中，为保证管理有效、资产安全、会计数据准确真实及为鼓励遵守既定管理政策而采取的所有相应的方法和手段。而对商业银行来说，内部控制是商业银行为实现经营目标，通过制定和实施一系列制度、程序和方法，对风险进行事前防范、事中控制、事后监督和纠正的动态过程和机制。真正的内部控制机构，应是贯穿于商业银行各项业务活动全过程的控制系统，包括完善的规章制度、可行的操作规程、严密的控制程序和预警预报系统。各商业银行应充分认识到内控制度建设的重要性，自发地而不是被动地加强内控制度的建设，并作为其生存和发展的首要任务来抓，达到认识和实践的统一。

从理论上讲，内部控制的含义本身包括以下评价内容和标准：一是内部控制制度的客观存在性；二是内部控制制度的可操作性和有效性；三是职责履行与内部监督的独立性。

二、商业银行内部控制的目标和原则

（一）商业银行内部控制的目标

1. 确保国家法律规定和商业银行内部规章制度的贯彻执行。

2. 确保商业银行发展战略和经营目标的全面实施和充分实现。

3. 确保风险管理体系的有效性。

4. 确保业务记录、财务信息和其他管理信息的及时、真实和完整。

内部控制应当与商业银行的经营规模、业务范围和风险特点相适应，以合理的成本实现内部控制的目标。

（二）商业银行内部控制的原则

商业银行内部控制应当贯彻全面、审慎、有效、独立的原则，包括：

1. 内部控制应当渗透到商业银行的各项业务过程和各个操作环节，覆盖所有的部门和岗位，并由全体人员参与，任何决策或操作均应当有案可查。

2. 内部控制应当以防范风险、审慎经营为出发点，商业银行的经营管理，尤其是设立新的机构或开办新的业务，均应当体现“内控优先”的要求。

3. 内部控制应当具有高度的权威性，任何人不得拥有不受内部控制约束的权力，内部控制存在的问题应当能够及时反馈和纠正。

4. 内部控制的监督、评价部门应当独立于内部控制的建设、执行部门，并有直接向董事会、监事会和高级管理层报告的渠道。

三、商业银行内部控制的要素

内部控制要素是指构成内部控制的必要因素。只有内部控制的各构成因素有机结合在一起，才能形成完整的内部控制机制。商业银行内部控制应当包括以下要素：内部控制环境、风险识别与评估、内部控制措施、信息交流与反馈、监督评价与纠正。

（一）内部控制环境

商业银行内部控制环境是指对内部控制的建立和执行过程有重大影响的各种因素的总称。它是推动工作的发动机，是所有其他内部控制组成部分的基础。商业银行应当建立良好的公司治理以及分工合理、职责明确、报告关系清晰的组织结构，为内部控制的有效性提供必要的前提条件。具体讲，控制环境又包括以下五方面的内容。

1. 管理理念

管理理念是指管理人员在思想理念及实际行动上对内部控制的重视程度。如，管理人员对业务风险的识别、重视程度，对风险采取的分析、评估和控制方法；管理人员为实现经营管理目标，对内部控制的重视程度；全行是否围绕一个明确的管理理念经营管理等。

2. 管理层

一个商业银行如果有一个好的管理层，就为该行创造了一个良好的控制环境。好的管理层包括两方面含义，一是领导者自身要有正确的道德观和价值观，有一定的责任心和敬业精神，要带头认真执行行内的各项规章制度；二是要有正确的管理方式，以科学的管理方法使商业银行的运作规范化、科学化，并在稳健经营的基础上发展壮大。

3. 组织结构

商业银行的组织结构是否合理至关重要，组织结构合理能够使各部门职责分明，既相互联系、又相互制约，有完善的授权授信机制，能够保证部门和分支行之间方便、快捷、准确地沟通信息，能够在商业银行内部建立有效的监督机制。

4. 人事政策和员工素质

一个商业银行要有合理的人员招聘、录用、使用、晋职、解聘政策，能够充分调动员工的积极性，注重提高员工业务素质和政治素质。有明确的员工培训计划，使员工有较强的敬业精神和职业道德，在良好的氛围中充分发挥主观能动性，努力工作。科学的人事政策能合理利用人力资源，在降低人力资源成本的同时提高工作效率。

5. 外部环境

现代商业银行是一个开放的系统，会受到外界有关部门和各项因素的干扰和影响。其中，有关部门主要是指如政府部门、中央银行、社会监督部门；各项因素是指国内外经济形势、法律环境、社会公众要求、甚至自然灾害等。这些部门和因素对商业银行内部控制制度的制定、执行都会产生影响。如为了降低商业银行的经营风险，国家规定必须进行分业经营，所有与存放款等传统银行业务无关的业务都不能经办，则商业银行内部控制的外延就比可以进行多种经营时要小得多。

（二）风险识别与评估

为达到一定的经营目标而识别和分析风险，是风险管理决策的基础。风险评估时，评估人员要重视设立目标、分析风险和管理变化等方面的管理程序。风险评估包括对风险点进行选择、识别、分析和评估的全过程。一是列出重要风险要素和风险控制点。商业银行首先要清楚在其经营管理过程中会出现的风险，风险要素和风险点的罗列要细致、全面，既要考虑内部风险，又要考虑外部因素引起的风险；既要考虑静态风险，又要考虑动态风险；既要考虑操作风险，又要考虑体制和政策风险。二是对风险进行分析和评估。要事先对风险点进行评估，识别风险产生的原因及表现形式；识别每一重要业务活动目标所面临的风险；估计风险的概率、频率、重要性、可能性；风险所造成的危害。其目的是能够在业务开展前，测定出风险指标，并能够在业务发生后对风险进行跟踪监测。

（三）内部控制措施

内部控制措施就是确保管理方针得以实现的一系列制度、程序和措施。包括高层检查、直接管理、信息加工、实物控制、工作指标和职责分离等。管理人员要为每一重大活动设立目标，并针对与这些目标相关的风险，列出所要采取的活动和措施，如完善制度、加强相互制约、健全奖惩机制、加强员工培训等。内部控制措施要与风险评估过程联系起来，要恰当实际，要针对每一项重要业务活动，要保证管理指令的执行。

（四）信息交流与反馈

要使控制活动和措施有力地开展下去，一个商业银行必须及时获取内外部信息，包括反映经营管理状况、法律法规执行情况、财务报表资料等内部信息，以及其他外部信息，并使这些信息充分交流，如内部部门之间、总行与分支行之间、分支行之间的相互交流，银行与客户、政府部门、中央银行之间的交流等。通过信息的获取和交流，来完善和实现自身的目标，采取必要的控制活动和措施，及时解决存在的问题。如通过分支行之间、与中央银行之间的信息交流，获取主要客户在本系统其他分支行及其他银行的贷款和授信情况，以便本行确定适当的授信额度和测定信用风险。

（五）监督评价与纠正

为了保证内部控制的有效性、充分性和可行性，必须考虑对内部控制制度进行持续性评价和单项制度的分别评价。主要内容包括：组织体系是否健全，决策系统、执行系统、监督系统和支持保障系统作用发挥如何;领导层对内部控制的认识如何;是否有相应的管理制度和操作规程,这些制度和规程是否完善;是否具有明确的岗位责任制;授权、分工协作和相互制约机制是否健全;指标制定是否合理、完成情况如何,是否具有完善的奖惩机制;员工对制度精神是否充分理解,执行情况如何;岗位轮换和员工培训情况如何;计算机、人事管理、信息管理、安全保卫等支持保障系统是否有效;内部稽核体系是否健全,独立性和权威性如何,稽核力度和覆盖面是否足够等。

第二节　内部控制测评的程序和方法

对内部控制测评的过程也就是对控制风险进行评估的过程。需要注意的是,与固有风险评估一样,控制风险的评估需要大量运用审计人员的专业判断。在对固有风险和控制风险进行评估以后,审计人员就可确定检查风险,从而决定进行实质性测试的工作量。内部控制测评包括初步了解内部控制、确定审计策略,执行内部控制测试、评估控制风险两部分。本章第三节将介绍内部控制要素、会计系统、主要业务系统、计算机系统以及内部控制监督与风险评价等一般性内部控制系统的测评,第四章至第十二章将详细介绍各业务系统的内部控制测评,以更好地与各业务系统的实质性测试相衔接。

一、初步了解内部控制,确定审计策略

(一)调查和了解内部控制

本指南采用调查表的方法进行。审计人员可以通过调查和了解,辨别出商业银行的具体控制环节和控制程序。审计人员没有必要对每项控制都进行深入分析,应关注那些可能对控制目标的实现有重大影响的控制环节,即关键控制点。

(二)确定审计策略

在调查的基础上,审计人员应确定审计策略,确定是否依赖被审计银行相关内部控制进行审计。如果出现以下两种情况之一,审计人员不得采取依赖内部控制审计策略:

(1)相关内部控制不健全,存在重大风险失控点。

(2)内部控制测试的工作量可能大于进行内部控制测试所减少的实质性测试的工作量。

二、执行内部控制测试,评估控制风险

审计人员根据内部控制调查结果,在采取依赖相关内部控制审计策略的情况下,对拟信赖的内部控制采取适当和有效的方法进行测试,评价内部控制风险和获取内部控制保证程度。

审计人员对第一次审计的商业银行和连续审计的商业银行本期发生变化的内部控制环节,应按以下提供的程序和方法实施测试和评价。审计人员对连续审计商业银行的内部控制测试和评价,可以参考上期审计成果,或采取按年轮流测试办法。

(一)制定内部控制测试计划

1. 确定测试对象。

2. 明确证据要求。

3. 确定测试范围。

4. 明确可接受的控制风险或要求达到的控制保证程度。

(二)采取适当的内部控制测试方法

1. 询问并检查相关的内部控制管理报告。即采用相互印证式的询问,查明相关内部控制是否存在和有效运行,然后再根据询问的结果检查有关内部控制管理报告,获取内部控制有效运行的证据。这是在控制风险较低时比较常用的测试程序。

2. 询问并实地观察未留下审计轨迹的内部控制运行情况。在这种情况下,审计人员可通过询问并实地观察,以判断相关内部控制规定是否得到遵守。

3. 询问并检查交易和业务凭证等书面文档。即根据询问的情况、检查交易和事项的有关凭证,以获取内部控制有效运行的证据。

4. 重新实施相关内部控制程序(即重做)。

在实际测试工作中,应根据实际情况灵活采用各种测试方法。在上述四种方法中,以相互印证式的询问为首选,通过询问法和辅以观察、审查书面文档和重做的方法,可以有效地获取审计所需证据,节约审计资源。具体运用中,对于通过询问不同的人员,同样的问题能够得到相互印证的,则不再扩大测试;对于同一问题出现相互矛盾的回答时，再辅以其他测试方法。

在测试过程中，需要抽取一定的样本，以验证相关内部控制是否有效。抽样时可以使用统计抽样的方法，也可以根据审计人员专业判断使用非统计抽样方法。本指南建议在内部控制测试过程中使用非统计抽样技术。

（三）获取内部控制测试证据

测试中，应获得如下审计证据，来证明控制活动和措施是否有效：

1. 内部控制如预期那样运转。

2. 内部控制在所审计期间一贯地、及时地发挥作用。

3. 内部控制涵盖所有交易。

4. 内部控制能发现和修正错误。

（四）记录内部控制测试结果

实施内部控制测试后，应记录如下内容：

1. 测试的对象，包括测试的控制系统或业务循环、控制目标、控制活动和措施。

2. 采取的测试程序和方法，包括检查的文件、程序、调查的人员。

3. 测试结果，包括评定控制风险、指出失控的环节及对风险的影响。

4. 测试结论，包括是否信赖相关内部控制，下一步准备采取的审计策略，是否测试补偿控制，是否修改审计方案。

5. 审计建议、测试时间、测试人。

6. 测试过程中，审计人员通过询问有关当事人发现内部控制在执行中存在任何例外（如越权）、非正常项目（如未按正常控制程序审批的项目）和相关制度的任何修改（如审批权限发生变化），均应作相应记录和检查。

（五）评价控制风险

内部控制的风险评价可分为高、较高、中、低三个层次。风险低的标志是：内部控制健全、合理，且在测试检查有关业务活动时，未发现任何差错或仅发现极少的差错。风险中的标志是：内部控制比较健全、合理，还存在一定缺陷，且在测试检查有关业务活动时，发现有一定程度的差错。风险较高的标志是：内部控制设计不够完善或虽然设计了良好的内部控制，但实际运行中差错发生率较高。风险高的标志是：内部控制设计不完善或虽然设计了良好的内部控制，但实际运行中差错发生率很高。

在评价控制风险时需要考虑的因素有：

1. 失控的性质和原因。例如，某种失控是孤立的还是与其他控制相关、失控的程度如何等。

2. 补偿控制的可能性。在评价中，一些关键控制本应在较低层次建立和执行，但却没有得到执行，要注意在较高层次是否存在补偿控制。例如，检查大额支付款项的授权情况，在业务处理过程中没有授权，但上一级管理层对此有严格的审核制度和手续，则证明有补偿控制。

评价控制风险的结果，可以利用风险基础审计策略模型，转换为内部控制保证程度系数，为实质性测试实施统计抽样服务，调整或确认进一步实质性测试的程序、范围和重点：

1. 审计人员采用非统计抽样技术实施审计时，可以利用已知的可接受审计风险、商业银行固有风险和商业银行内部控制风险的高低，调整或确认审计方案中规划的实质性测试可接受检查风险水平，明确实质性测试的程序、范围和方法。

2. 审计人员采用货币单位抽样等统计抽样技术实施审计时，可以利用已知的总体审计保证程度系数、商业银行固有保证程度系数和商业银行内部控制保证程度系数，调整或确认审计计划中规划的实质性测试应达到的检查保证程度系数，明确实质性测试的程序、范围和方法，并帮助审计人员测算出理论抽样规模。

第三节　商业银行一般性内部控制测评

商业银行一般性内部控制的测评内容包括内部控制要素、会计系统、业务系统、计算机系统、内部控制的监督与风险评价五个方面的内部控制建设及其运行情况的测试评价。本节只对一般性内部控制进行调查和测试，并结合以后各章业务循环的内部控制测评结果来确定审计策略。

一、内部控制要素的测评

对商业银行内部控制要素的调查测试表如下：

表 3-1 索引号：

(审计机关名称)审计工作底稿

内部控制要素调查测试表

(审计期间)

被审计商业银行：

控制活动	是	否	执行情况		
			好	一般	差
(一)内部控制环境					
1. 商业银行的董事会是否履行以下职责:负责审批商业银行的总体经营战略和重大政策,确定商业银行可以接受的风险水平,批准各项业务的政策、制度和程序,任命高级管理层,对内部控制的有效性进行监督;就内部控制的有效性定期与管理层进行讨论,及时审查管理层、审计机构和监管部门提供的内部控制评估报告,督促管理层落实整改措施?					
2. 商业银行的高级管理层是否履行以下职责:负责执行董事会批准的各项战略、政策、制度和程序,负责建立授权和责任明确、报告关系清晰的组织结构,建立识别、计量和管理风险的程序,并建立和实施健全、有效的内部控制,采取措施纠正内部控制存在的问题?					
3. 商业银行的监事会是否履行以下职责:在实施财务监督的同时,负责对商业银行遵守法律规定的情况以及董事会、管理层履行职责的情况进行监督,要求董事会、管理层纠正损害银行利益的行为?					
4. 商业银行是否建立科学、有效的激励约束机制,培育良好的企业精神和内部控制文化,从而创造全体员工均充分了解且能履行职责的环境?					
(二)风险识别与评估					
1. 商业银行是否设立有履行风险管理职能的专门部门,是否制定并实施识别、计量、监测和管理风险的制度、程序和方法,以确保风险管理和经营目标的实现?					
2. 商业银行是否有建立涵盖各项业务、全行范围的风险管理系统,是否开发和运用风险量化评估的方法和模型,对信用风险、市场风险、流动性风险、操作风险等各类风险进行持续的监控?					
3. 商业银行是否对各项业务制定全面、系统、成文的政策、制度和程序,是否在全行范围内保持统一的业务标准和操作要求,避免因管理层的变更而影响其连续性和稳定性?					
4. 商业银行是否在设立新的机构或开办新的业务时,事先制定有关的政策、制度和程序,对潜在的风险进行计量和评估,并提出风险防范措施?					
5. 商业银行是否建立有内部控制的评价制度,对内部控制的制度建设、执行情况定期进行回顾和检讨,是否根据国家法律规定、银行组织结构、经营状况、市场环境的变化进行修订和完善?					
(三)内部控制措施					
1. 商业银行是否明确划分相关部门之间、岗位之间、上下级机构之间的职责,是否建立职责分离、横向与纵向相互监督制约的机制,涉及资产、负债、财务和人员等重要事项变动均不得由一个人独自决定?					
2. 商业银行是否根据不同的工作岗位及其性质,赋予其相应的职责和权限,各个岗位是否有正式、成文的岗位职责说明和清晰的报告关系?					
3. 商业银行是否对关键岗位实行定期或不定期的人员轮换和强制休假制度?					

（续表）

控制活动	是	否	执行情况		
			好	一般	差
4. 商业银行是否根据各分支机构和业务部门的经营管理水平、风险管理能力、地区经济环境和业务发展需要，建立相应的授权体系，实行统一法人管理和法人授权？是否授权适当、明确，并采取书面形式？ 5. 商业银行是否利用计算机程序监控等现代化手段，锁定分支机构的业务权限，对分支机构实施有效的管理和控制？下级机构是否严格执行上级机构的决策，在自身职责和权限范围内开展工作？ 6. 商业银行是否建立有效的核对、监控制度，对各种账证、报表定期进行核对，对现金、有价证券等有形资产及时进行盘点，对柜台办理的业务实行复核或事后监督把关，对重要业务实行双签有效的制度，对授权、授信的执行情况进行监控？ 7. 商业银行是否按照规定进行会计核算和业务记录，建立完整的会计、统计和业务档案，妥善保管，确保原始记录、合同契约和各种报表资料的真实、完整？ 8. 商业银行是否建立有效的应急制度，在各个重要部位、营业网点等发生供电中断、火灾、抢劫等紧急情况时，应急措施是否及时、有效，以确保各类数据信息的安全和完整？ 9. 商业银行是否设立独立的法律事务部门或岗位，统一管理各类授权、授信的法律事务，制定和审查法律文本，对新业务的推出进行法律论证，确保每笔业务的合法和有效，维护银行的合法权益？ 10. 商业银行是否实现业务操作和管理的电子化，促进各项业务的电子数据处理系统的整合，做到业务数据的集中处理？ 11. 商业银行是否实现经营管理的信息化，建立贯穿各级机构、覆盖各个业务领域的数据库和管理信息系统，做到及时、准确提供经营管理所需要的各种数据，并及时、真实、准确地向中国人民银行报送监管报表资料和对外披露信息？ （四）信息交流与反馈 商业银行应当建立有效的信息交流和反馈机制，确保董事会、监事会、高级管理层及时了解本行的经营和风险状况，确保每一项信息均能够传递给相关的员工，各个部门和员工的有关信息均能够顺畅反馈？ （五）监督评价与纠正 1. 商业银行的业务部门是否对各项业务的经营状况和例外情况进行经常性检查，及时发现内部控制存在的问题，并迅速予以纠正？ 2. 商业银行的内部审计部门是否有权获得商业银行的所有经营信息和管理信息，并对各个部门、岗位和各项业务实施全面的监控和评价？ 3. 商业银行的内部审计是否具有充分的独立性，实行全行系统的垂直管理？下级机构内部审计负责人的聘任和解聘是否经上级机构内部审计部门同意，总行内部审计负责人的聘任和解聘是否经董事会或监事会同意？ 4. 商业银行是否配备充足的、业务素质高、工作能力强的内部审计人员，并建立专业培训制度，每人每年确保一定的离岗或脱产培训时间？内部审计力量不足的，是否将审计任务委托社会中介机构进行？					

（续表）

控制活动	是	否	执行情况		
			好	一般	差
5. 商业银行是否建立有效的内部控制报告和纠正机制，业务部门、内部审计部门和其他人员发现的内部控制的问题，是否均有畅通的报告渠道和有效的纠正措施？					

审计人员：　　　编制日期：　　　　　　复核人员：　　　　　　复核日期：

二、会计系统内部控制的测评

商业银行建立会计控制系统应遵循的基本原则是规范化原则、授权分责原则、监督制约原则、财务核对原则、安全谨慎原则。

会计系统测评包括会计核算、结算管理、现金管理、财务管理诸方面的检查评价。在进行检查评价时，要以上述原则为基础，测评要点为：

一是测评其设立岗位、制定操作程序以及建立会计档案保管和密押、业务用章、重要空白凭证保管、领用、登记、销废等会计管理制度的健全完善和执行情况如何。

二是测评会计业务是否真实、有效。

三是测评会计报表及相关说明是否真实反映其业务状况和经营成果。

商业银行会计系统内部控制的重点是：实行会计工作的统一管理，严格执行会计制度和会计操作规程，运用计算机技术实施会计内部控制，确保会计信息的真实、完整和合法，严禁设置账外账，严禁乱用会计科目，严禁编制和报送虚假会计信息。

对商业银行会计系统内部控制的调查测试表如下：

表 3-2　　　　　　　　　　　　　　　　　　　　　　索引号：

（审计机关名称）审计工作底稿

会计系统内部控制调查测试表

（审计期间）

被审计商业银行：

控制活动	是	否	执行情况		
			好	一般	差
1. 商业银行是否依据企业会计准则和国家统一的会计制度，制订并实施本行的会计规范和管理制度？下级机构是否严格执行上级机构制定的会计规范和管理制度，确保统一的会计规范和管理制度在本行得到实施？ 2. 商业银行是否确保会计工作的独立性，确保会计部门和会计人员能够依据国家统一的会计制度和本行的会计规范独立地办理会计业务？ 3. 商业银行会计岗位设置是否实行责任分离、相互制约的原则，严禁一人兼任非相容的岗位或独自完成会计全过程的业务操作？ 4. 商业银行是否明确会计部门、会计人员的权限，各级会计部门、会计人员是否在各自的权限内行事，凡超越权限的，须经授权后，方可办理？ 5. 商业银行是否对会计账务处理的全过程实行监督，会计账务是否做到账账、账据、账款、账实、账表和内外账的六相符？凡账务核对不一致的，是否按照权限进行纠正或报上级机构处理？ 6. 商业银行是否对会计主管、会计负责人实行从业资格管理，建立会计人员档案？会计主管、会计负责人和会计人员是否具有与其岗位、职位相适应的专业资格或技能？					

（续表）

<table>
<tr><td rowspan="2">控制活动</td><td rowspan="2">是</td><td rowspan="2">否</td><td colspan="3">执行情况</td></tr>
<tr><td>好</td><td>一般</td><td>差</td></tr>
<tr><td>7. 商业银行下级机构会计主管的变动是否经上级机构会计部门同意？会计人员调动工作或离职，是否与接管人员办清交接手续，严格执行交接程序？
8. 商业银行是否对会计人员实行强制休假制度，联行、同城票据交换、出纳等重要会计岗位人员和会计主管是否定期轮换，逐步推行离岗（任）审计制度？
9. 商业银行是否实行会计差错责任人追究制度，发生重大会计差错、舞弊或案件，除对直接责任人员追究责任外，机构负责人和分管会计的负责人是否也承担相应的责任？
10. 商业银行是否做到会计记录、账务处理的合法、真实、完整和准确？
11. 商业银行是否建立规范的信息披露制度，按照规定及时、真实、完整地披露会计、财务信息？
12. 商业银行是否完善会计档案管理，严格执行会计档案查阅手续，防止会计档案被替换、更改、毁损、散失和泄密？</td><td></td><td></td><td></td><td></td><td></td></tr>
</table>

审计人员： 编制日期： 复核人员： 复核日期：

三、业务系统内部控制的测评

业务系统的内部控制主要包括授信业务、资金业务、存款及柜台业务、中间业务的内部控制。下面主要介绍授信业务和资金业务的内部控制测评，对存款及柜台业务、中间业务的内部控制测评将在后面各章中介绍。

业务系统测评要点为：

一是测试评价业务管理、监督办法与处理规程的一致性、规范性，如看授信管理是否制定授信管理办法及操作规程，并按有关规程执行业务；有关风险识别与监测体系是否健全有效等。

二是测试评价业务控制程序是否明确、相互制衡，如看是否形成了相关岗位职责由不同人员担任的规章制度（审贷分离制度、“印、押、证”三分管制度等）。

三是测试评价业务经营指标的完成情况。

商业银行授信业务内部控制的重点是：实行统一授信管理，健全客户信用风险识别与监测体系，完善授信决策与审批机制，防止对单一客户、关联企业客户和集团客户风险的高度集中，防止违反信贷原则发放关系人贷款和人情贷款，防止信贷资金违规投向高风险领域和用于违法活动。

商业银行资金业务内部控制的重点是：对资金业务对象和产品实行统一授信，实行严格的前后台职责分离，建立中台风险监控和管理制度，防止资金交易员从事越权交易，防止欺诈行为，防止因违规操作和风险识别不足导致的重大损失。

对商业银行业务系统内部控制的调查测试表如下：

表 3-3 索引号：

（审计机关名称）审计工作底稿

业务系统内部控制调查测试表

（审计期间）

被审计商业银行：

<table>
<tr><td rowspan="2">控制活动</td><td rowspan="2">是</td><td rowspan="2">否</td><td colspan="3">执行情况</td></tr>
<tr><td>好</td><td>一般</td><td>差</td></tr>
<tr><td>（一）授信业务的内部控制
1. 商业银行是否设立独立的授信风险管理部门，对不同币种、不同客户对象、不同种类的授信进行统一管理，避免信用失控？</td><td></td><td></td><td></td><td></td><td></td></tr>
</table>

（续表）

控制活动	是	否	执行情况		
			好	一般	差
2. 商业银行授信岗位设置是否做到分工合理、职责明确，岗位之间是否相互配合、相互制约，做到审贷分离、业务经办与会计账务处理分离？ 3. 商业银行是否建立有效的授信决策机制，包括设立审贷委员会，负责审批权限内的授信？行长不得担任审贷委员会的成员？审贷委员会审议表决是否遵循集体审议、明确发表意见、多数同意通过的原则，全部意见是否记录存档？被审贷委员会两次否决的贷款申请半年内不得提交审贷委员会审议？ 4. 商业银行是否建立严格的授信风险垂直管理体制，下级机构是否服从上级机构风险管理部门的管理，严格执行各项授信风险管理政策和制度？ 5. 商业银行是否对授信实行统一的法人授权制度，上级机构是否根据下级机构的风险管理水平、资产质量、所处地区经济环境等因素，合理确定授信审批权限？ 6. 商业银行是否根据风险大小，对不同种类、期限、担保条件的授信确定不同的审批权限，审批权限是否逐步采用量化风险指标？ 7. 商业银行各级机构是否明确规定授信审查人、审批人之间的权限和工作程序，严格按照权限和程序审查、审批业务，不得故意绕开审查、审批人？ 8. 商业银行是否防止授信风险的过度集中，通过实行授信组合管理，制定在不同期限、不同行业、不同地区的授信分散化目标，及时监测和控制授信组合风险，确保总体授信风险控制在合理的范围内？ 9. 商业银行是否对同一客户的贷款、贸易融资、票据承兑和贴现、透支、保理、担保、贷款承诺、开立信用证等各类表内外授信实行一揽子管理，确定总体授信额度？ 10. 商业银行是否以风险量化评估方法和模型为基础，开发和运用统一的客户信用评级体系，作为授信客户选择和项目审批的依据，并为客户信用风险识别、监测以及制定差别化的授信政策提供基础？ 11. 商业银行是否对集团客户实行统一授信管理，将同一集团内各个企业的授信纳入统一的授信额度内，核定集团总的授信额度，防止借款人通过多头开户、多头贷款、多头互保套取银行资金，防止对关联企业授信的失控？ 12. 商业银行是否建立统一的授信操作规范，规定贷前调查、贷时审查、贷后检查各个环节的工作标准和操作要求： （1）贷前调查是否做到实地查看，如实报告授信调查掌握的情况，不回避风险点，不因任何人的主观意志而改变调查结论； （2）贷时审查是否做到独立审贷，客观公正，充分、准确地揭示业务风险，提出降低风险的对策； （3）贷后检查是否做到实地查看，如实记录，及时将检查中发现的问题报告有关人员，不得隐瞒或掩饰问题？ （4）商业银行是否制定统一的各类授信品种的管理办法，明确规定各项业务的办理条件，包括选项标准、期限、利率、收费、担保、审批权限、申报资料、贷后管理、内部处理程序等具体内容？					

（续表）

控制活动	是	否	执行情况		
			好	一般	差
(5)商业银行在批准各类授信时，是否逐笔载明办理业务的各项条件，经办部门只能在符合条件的前提下办理业务？ 13. 商业银行是否对借款人实施独立的尽职调查，严格执行授信审批程序，防止逆程序操作和放宽授信标准，防止发放任何形式的外部行政干预贷款和人情贷款？ 14. 商业银行是否严格按照信贷原则审查对关系人的授信，确保对关系人的授信条件不得优于其他借款人同类授信的条件？在对关系人的授信调查和审批过程中，商业银行内部相关人员是否回避？ 15. 商业银行是否严格审查和监控借款用途，防止借款人通过贷款、贴现、办理银行承兑汇票等方式套取信贷资金，改变借款用途？ 16. 商业银行是否严格审查借款人资格合法性、融资背景以及申请材料的真实性和借款合同的完备性，防止借款人通过编造虚假理由、使用虚假经济合同或虚假证明文件等方式，从事金融诈骗活动？ 17. 商业银行是否建立资产质量监测报告体系，严密监测资产质量的变化，分析不良资产形成的原因，及时制定防范和化解风险的对策？ 18. 商业银行是否建立贷款风险分类制度，规范贷款质量的认定标准和程序，严禁掩盖不良贷款的真实状况，确保贷款质量的真实性？ 19. 商业银行是否建立授信风险责任制，明确规定各个部门、岗位的风险责任？ (1)调查人员是否承担调查失误和评估失准的责任； (2)审查和审批人员是否承担审查、审批失误的责任，并对本人签署的意见负责； (3)贷后管理人员是否承担检查失误、清收不力的责任； (4)放款操作人员是否对操作性风险负责； (5)高级管理层是否对重大贷款损失承担相应的责任。 20. 商业银行是否对违法、违规造成的授信风险和损失逐笔进行责任认定，并按规定对有关责任人进行处理？ 21. 商业银行是否建立完善的授信管理信息系统，对授信全过程进行持续监控，并确保提供真实的授信经营状况和资产质量状况信息，对授信风险与收益情况进行综合评价？ 22. 商业银行是否建立完善的客户管理信息系统，全面和集中掌握客户的资信水平、经营财务状况、偿债能力等信息，对客户进行分类管理，对已列入“黑名单”、有逃废债等行为的资信不良的借款人实施授信禁入？ (二)资金业务的内部控制 1. 商业银行资金业务的组织结构是否体现权限等级和职责分离的原则，做到前台交易与后台结算分离、自营业务与代客业务分离、业务操作与风险监控分离，建立岗位之间的监督制约机制？ 2. 商业银行是否根据分支机构的经营管理水平，核定各个分支机构的资金业务经营权限？对分支机构的资金业务是否定期进行检查，对异常资金交易和资金变动是否建立有效的预警和处理机制？未经上级机构批准，下级机构不得开展任何未设权限的资金交易？					

（续表）

控制活动	是	否	执行情况		
			好	一般	差
3. 商业银行是否完善资金营运的内部控制，资金的调出、调入是否有真实的业务背景，严格按照授权进行操作，并及时划拨资金，登记台账？ 4. 商业银行是否根据授信原则和资金交易对手的财务状况，确定交易对手、投资对象的授信额度和期限，并根据交易产品的特点对授信额度进行动态监控，确保所有交易控制在授信额度范围之内？ 5. 商业银行是否充分了解所从事资金业务的性质、风险、相关的法规和惯例，明确规定允许交易的业务品种，确定资金业务单笔、累计最大交易限额以及相应承担的单笔、累计最大交易损失限额和交易止损点？高级管理层是否充分认识金融衍生产品的性质和风险，根据本行的风险承受水平，合理确定金融衍生产品的风险限额和相关交易参数？ 6. 商业银行是否建立完备的资金交易风险评估和控制系统，制定符合本行特点的风险控制政策、措施和定量指标，开发和运用量化的风险管理模型，对资金交易的收益与风险进行适时、审慎评价，确保资金业务各项风险指标控制在规定的范围内？ 7. 商业银行是否根据资金交易的风险程度和管理能力，就交易品种、交易金额和止损点等对资金交易员进行授权？资金交易员上岗前是否取得相应资格？ 8. 商业银行是否按照市场价格计算交易头寸的市值和浮动盈亏情况，对资金交易产品的市场风险、头寸市值变动进行实时监控？ 9. 商业银行是否建立资金交易风险和市值的内部报告制度？资金交易员是否向高级管理层如实汇报金融衍生产品中的或有资产、隐含风险和对冲策略等交易细节？ 10. 商业银行是否充分考虑到极端的市场价格变动、市场流动性降低以及主要交易对手倒闭等问题，确定市场出现大幅异常波动和可能出现最坏情况时的应对措施？ 11. 商业银行是否建立对资金交易员的适当的约束机制，对资金交易员实施有效管理？资金交易员是否严格遵守交易员行为准则，在职责权限、授信额度、各项交易限额和止损点内以真实的市场价格进行交易，并严守交易信息秘密？ 12. 商业银行是否建立资金交易中台和后台部门对前台交易的反映和监督机制？中台监控部门是否核对前台交易的授权交易限额、交易对手的授信额度和交易价格等，对超出授权范围内的交易是否及时向有关部门报告？后台结算部门是否独立地进行交易结算和付款，并根据资金交易员的交易记录，在规定的时间内向交易对手逐笔确认交易事实？ 13. 商业银行在办理代客资金业务时，是否了解客户从事资金交易的权限和能力，向客户充分揭示有关风险，获取必要的履约保证，明确在市场变化情况下客户违约的处理办法和措施？ 14. 商业银行资金业务新产品的开发和经营是否经过高级管理层授权批准，在风险控制制度和操作规程完备、人员合格和设备齐全的情况下，交易部门才能全面开展新产品的交易？ 15. 商业银行是否建立资金业务的风险责任制，明确规定各个部门、岗位的风险责任？					

（续表）

控制活动	是	否	执行情况		
			好	一般	差
（1）前台资金交易员是否承担越权交易和虚假交易的责任，并对未执行止损规定形成的损失负责； （2）中台监控人员是否承担对资金交易员越权交易报告的责任，并对风险报告失准和监控不力负责； （3）后台结算人员是否对结算的操作性风险负责； （4）高级管理层是否对资金交易出现的重大损失承担相应的责任。					

审计人员： 编制日期： 复核人员： 复核日期：

四、计算机系统内部控制的测评

随着金融业务日趋多样化，以计算机为中心的金融信息网络系统在整个金融业的使用越来越广泛，金融业对计算机系统的依赖程度与日俱增，计算机系统风险的控制显得十分必要和紧迫。

对计算机系统的内部控制评价可依据该机构计算机系统应用程度来确定其评价内容，并设定计算机系统在整个内部控制评价系统中所占的权重。一般来说，计算机系统应用程度可分为下列三种模式：

第一种模式：所有业务完全应用计算机系统，彻底摆脱手工操作或者以手工操作为辅助手段。

第二种模式：部分业务应用计算机系统，尚未完全摆脱手工操作或者是处于手工操作与计算机并运的状况。

第三种模式：计算机系统主要用于部分文档操作，尚未深入到业务层次。

在第一种模式中，计算机业务处理集中化程度最高、检查评价内容要具体、细化、深入，所占权重相对最高；在第二种模式中，计算机业务处理集中化程度居中，检查评价内容要比较具体、细化，所占权重相对较高；在第三种模式中，计算机涉及业务处理内容最少，检查评价内容不必面面俱到，可重点检查评价一些相关环节，所占权重相对较低。在我国现阶段，商业银行的计算机系统基本上已经达到或接近第一种模式，因此对计算机系统的内部控制进行审计与评价就显得尤为重要。对计算机系统的评价要点为：

一是检查评价控制制度的健全性。

二是检查评价软件系统的安全性、完善性及维护情况。

三是检查评价硬件配置管理、运行环境的可靠性。

四是检查评价应用操作人员的职务分离性。

商业银行计算机信息系统内部控制的重点是：严格划分计算机信息系统开发部门、管理部门与应用部门的职责，建立和健全计算机信息系统风险防范的制度，确保计算机信息系统设备、数据、系统运行和系统环境的安全。

对商业银行计算机系统内部控制的调查测试表如下：

表 3-4 索引号：

（审计机关名称）审计工作底稿

计算机系统内部控制调查测试表

（审计期间）

被审计商业银行：

控制活动	是	否	执行情况		
			好	一般	差
1. 商业银行是否明确计算机信息系统开发人员、管理人员与操作人员的岗位职责，做到岗位之间的相互制约，各岗位之间不得相互兼任？ 2. 各级机构是否配备计算机安全管理人员，明确计算机安全管理人员的职责？					

（续表）

控制活动	是	否	执行情况		
			好	一般	差
3. 商业银行是否对计算机信息系统的项目立项、开发、验收、运行和维护整个过程实施有效管理，开发环境是否与生产环境严格分离？ 3. 技术部门与业务部门之间是否进行沟通协调，确保系统的整体安全？ 4. 商业银行购买计算机软、硬件设备，是否对供应商的资格条件进行严格审查，在使用前进行试用性安全测试，明确产品供应商对产品在使用期间承担的责任，确保产品的正常使用和有效维护？ 5. 商业银行计算机机房建设是否符合国家的有关标准，出入计算机机房是否有严格的审批程序和出入记录，确保计算机硬件、各种存储介质的物理安全？计算机机房和营业网点是否有完备的计算机监控系统，确保计算机终端的正常使用？ 6. 商业银行是否建立和健全网络管理系统，有效地管理网络的安全、故障、性能、配置等，并对接入国际互联网实施有效的安全管理？ 7. 商业银行是否对计算机信息系统实施有效的用户管理和密码（口令）管理，对用户的创建、变更、删除、用户口令的长度、时效等均是否有严格的控制？员工之间严禁转让计算机信息系统的用户名或权限卡，员工离岗后是否及时更换密码和密码信息？ 8. 商业银行是否对计算机信息系统的接入建立适当的授权程序，并对接入后的操作进行安全控制？输入计算机信息系统的数据是否核对无误，数据的修改是否经过批准并建立日志？ 9. 商业银行是否及时更新系统安全设置、病毒代码库、攻击特征码、软件补丁程序等，通过认证、加密、内容过滤、入侵监测等技术手段，不断完善安全控制措施，确保计算机信息系统的安全？ 10. 商业银行的网络设备、操作系统、数据库系统、应用程序等均是否设置必要的日志？日志是否能够满足各类内部和外部审计的需要？ 11. 商业银行是否严格管理各类数据信息，数据的操作、数据备份介质的存放、转移和销毁等均是否有严格的管理制度？ 12. 商业银行运用计算机处理业务，是否具有可复核性和可追溯性，并为有关的审计或检查留有接口？ 13. 商业银行的电子银行服务是否具备客户身份识别、安全认证等功能，防止发生泄密事件，确保交易安全？ 14. 商业银行是否尽可能利用计算机信息系统的系统设定，防范各种操作风险和违法犯罪行为？ 15. 商业银行是否建立计算机安全应急系统，制定详细的应急方案，并定期进行修订和演练？数据备份是否做到异地存放，条件允许时，是否建立异地计算机灾难备份中心？					

审计人员： 编制日期： 复核人员： 复核日期：

五、内部控制监督与风险评价系统的测评

商业银行应建立、健全完善的内部控制监督与风险评价系统机制，通过对相关内部控制的监督与评价，对内部控制的制度建设、执行情况定期进行回顾和检讨，并根据国家法律规定、银行组织结构、经营状况、市场环境的变化进行修订和完善。

对商业银行内部控制监督与风险评价系统的调查测试表如下：

表 3-5 索引号：

（审计机关名称）审计工作底稿

内部控制监督与风险评价系统调查测试表

（审计期间）

被审计商业银行：

控制活动	是	否	执行情况		
			好	一般	差
1. 商业银行是否指定不同的机构或部门分别负责内部控制的建设、执行和内部控制的监督、评价？内部控制的建设、执行部门负责设计内部控制体系，组织、督促各业务部门、分支机构建立和健全内部控制？内部控制的监督、评价部门负责组织检查、评价内部控制的健全性和有效性，督促管理层纠正内部控制存在的问题？ 2. 商业银行是否建立内部控制的报告和信息反馈制度，业务部门、内部审计部门和其他控制人员发现内部控制的隐患和缺陷，是否及时向管理层或相关部门报告？ 3. 商业银行内部控制的监督、评价部门是否对内部控制的制度建设和执行情况定期进行检查评价，提出改进建议，对违反规定的机构和人员提出处理意见？ 4. 商业银行上级机构是否根据自身掌握的内部控制信息，对下级机构的内部控制状况定期作出评价，并将评价结果作为经营绩效考核的重要依据？ 5. 商业银行是否建立内部控制问题和缺陷的处理纠正机制，管理层是否根据内部控制的检查情况和评价结果，提出整改意见和纠正措施，并督促业务部门和分支机构落实？ 6. 商业银行是否建立内部控制的风险责任制？ (1)董事会、高级管理层是否对内部控制的有效性负责，并对内部控制失效造成的重大损失承担责任； (2)内部审计部门是否对检查发现问题隐瞒不报、上报虚假情况或检查监督不力，承担相应的责任； (3)业务部门和分支机构是否及时纠正内部控制存在的问题，并对出现的风险和损失承担相应的责任； (4)高级管理层是否对违反内部控制的人员，依据法律规定、内部管理制度追究责任和予以处分，并承担处理不力的责任。					

审计人员： 编制日期： 复核人员： 复核日期：

第四章 存款业务审计

存款业务是商业银行以信用方式吸收社会闲散资金的活动。存款作为商业银行一项主要负债，是商业银行与其他商业机构区分的重要标志，也是商业银行生存及规模扩展的决定力量。同时，存款业务涉及社会的每一个单位、组织和个人，与国家的政局稳定和经济发展联系密切；另外，中央银行也运用提高或降低存款利率的货币政策，鼓励或抑制存款来对经济发展进行宏观调控。因此，在对商业银行的审计过程中，存款业务审计是不可或缺的一项重要内容。

第一节　存款业务概述及审计目标

一、存款业务简介

商业银行存款按资金性质划分，可分为单位存款、个人储蓄存款和财政性存款三类。单位存款属于公款性质，是社会各类企业、事业单位、机关、学校、部队等具有法人营业执照的单位和社团的闲置待用资金。按期限可划分为活期存款、定期存款、通知存款和协定存款。个人储蓄存款属于私款性质，是城乡个人节余或待用的款项存入商业银行的资金，主要包括活期储蓄存款、定期储蓄存款、定活两便储蓄存款和个人通知存款。

在一般存款统计口径中，不包含财政性存款。活期存款是有一定利率，随时可以提取的存款，定期存款是按约定的期限和相应利率存入资金，到期提取的存款，目前分为一个月、三个月、六个月、九个月、一年、两年、五年等期限档次。按币种不同分为人民币存款、外币存款。我国商业银行的存款一般按资金性质及支取方式划分。

存款业务流程主要包括：开户、存款、取款、结算、结息、对账及销户等环节。

（一）单位存款账户的开立

单位在银行开立的存款账户按用途分为基本存款账户、一般存款账户、临时存款账户和专用存款账户。

1. 基本存款账户

它是存款人办理日常转账结算和现金收付的主要账户。存款人的备用金、工资、奖金等现金的支取只能通过本账户办理。凡符合开户条件的单位均可按规定在当地的一个银行的一个营业机构开立一个基本存款账户。

2. 一般存款账户

它是存款人在基本存款账户以外的其他银行办理转账结算、借款转存和现金缴存的账户。该账户不能办理现金支取。

3. 临时存款账户

它是存款人因临时经营活动需要而开立的账户。通过该账户可以办理转账结算和根据国家现金管理规定办理的现金收付。

4. 专用存款账户

它是存款人因特殊资金用途而需要开立的账户。如基本建设资金、更新改造资金及其他专户管理资金可向银行申请开立账户。

此外，单位可以申请开立单位定期存款账户，由银行向存款单位出具单位开户证实书。

（二）单位存款账户开立的条件和步骤

存款人申请开户应填写开户申请书，提供有关证明文件，送交盖有存款人印章的印鉴卡片。申请开立基本存款账户的，还需提交中国人民银行当地分支机构核发的开户许可证。经银行审核同意后开立账户。

1. 开立基本存款账户的存款人必须是：企业法人、企业法人内部单独核算的单位、管理财政预算资金和预算外资金的财政部门、实行财政预算管理的行政机关、事业单位、县级（含）以上军队、武警单位、外国驻华机构、社会团体、单位附设的食堂、招待所、幼儿园、外地常设机构、私营企业、个体经营户和承包户。

2. 开立一般存款账户的存款人必须是：在基本存款账户以外的银行取得借款的，与基本存款账户的存款人不在同一地点的附属非独立核算单位。

3. 开立临时存款账户的存款人必须是：外地临时机构或因临时经营活动而需要开立账户的存款人。存款人申请开立临时存款账户时须向开户银行提供当地工商行政管理机关核发的临时执照或当地有权部门同意设立外来临时机构的批件。

4. 凡开立专用存款账户的存款人其存入的资金必须是：基本建设资金、更新改造资金、或有特定用途需专户管理资金。

单位存款在开立账户时须提交单位主管部门的有关证明、法人代码证、营业执照、法定代表人和经办人员身份证、预留印鉴卡等资料，经会计主管审核同意后，按单位性质编制账号，登记“存款账户开销户登记簿”。在电脑中建立开户企业资料档案（账户信息文件），即根据申请表及各种资料内容输入电脑、编制账号，同时在申请书及预留印鉴卡上注明账号。

（三）单位外汇存款业务

1. 单位外汇存款种类

根据国家外汇管理局有关规定，单位外汇存款业务分单位外汇活期存款和单位外汇定期存款两种。

2. 开户条件

下列经常项目外汇，可以开立外汇账户保留外汇：

(1)经营境外承包工程、向境外提供劳务、技术合作及其他服务业务的公司，在上述业务过程中收到的业务往来外汇；

(2)从事代理对外或者境外业务的机构代收付的外汇；

(3)暂收待付或者暂收待结项下的外汇，包括境外汇入的投标保证金、履约保证金、先收后支的转口贸易收汇、邮电部门办理国际汇兑业务的外汇汇兑款，一类旅行社收取的国外旅游机构预付的外汇，铁路部门办理对外保价运输业务收取的外汇、海关收取的外汇保证金、抵押金等；

(4)保险机构受理外汇保险，需向境外分保以及尚未结算的保费；

(5)经交通部批准从事国际海洋运输业务的远洋运输公司，经外经贸部批准从事国际货运的外运公司和租船公司的业务往来外汇；

(6)根据协议规定需用于境外支付的境外捐赠、资助或者援助的外汇；

(7)免税品公司经营免税品业务收入的外汇；

(8)有进出口经营权的企业从事大型机电产品出口项目，该项目总金额和执行期达到规定标准的，或者国际招标项目过程中收到的预付款及进度款；

(9)国际旅行社收取的、国外旅游机构预付的、在外汇局核定保留比例内的外汇；

(10)外商投资企业在外汇局核定的最高金额以内的经常项目项下外汇；

(11)境内机构用于偿付境内外外汇债务利息及费用的外汇；

(12)驻华机构由境外汇入的外汇经费；

(13)个人及来华人员经常项目项下收入的外汇；

(14)境内机构经外汇局批准允许保留的经常项目项下的其他外汇。

下列资本项目外汇，可以开立外汇账户保留外汇：

(1)境内机构借用的外债、外债转贷款和境内中资金融机构的外汇贷款；

(2)境内机构用于偿付境内外外汇债务本金的外汇；

(3)境内机构发行股票收入的外汇；

(4)外商投资企业中外投资方以外汇投入的资本金；

(5)境外法人或者自然人为筹建外商投资企业汇入的外汇；

(6)境内机构资产存量变现取得的外汇；

(7)境外法人或者自然人在境内买卖B股的外汇；

(8)经外汇局批准的其他资本项目下的外汇。

3. 开户手续

经常项目外汇账户的开户手续：

(1)境内机构申请开立外汇账户，首先需向外汇管理局提交下列材料，经外管局批准后才可在商业银行开立外汇账户：

① 申请开立外汇账户的报告；

② 根据开户单位性质分别提供工商行政管理部门颁发的营业执照，或者民政部门颁发的社团登记证，或者国家授权机关批准成立的有效批件；

③ 国务院授权机关批准经营业务的批件；

④ 外汇管理局要求提供的相应合同、协议或者其他有关材料。

境内机构持《国家外汇管理局开立外汇账户批准书》(开户后向外管局领取《外汇账户使用证》)，到开户银行办理开户手续，开户银行应当在开户回执上注明账号、币种和开户日期，并加盖开户银行戳记。

(2)外商投资企业持申请开立外汇账户的报告、《外商投资企业外汇登记证》向外汇局申请，持外汇局核发的“开户通知书”和《外商投资企业外汇登记证》到开户银行办理开户手续。开户银行为外商投资企业开立外汇账户后，应当在《外商投资企业外汇登记证》相应栏目中注明账号、币种和开户日期。

(3)驻华机构应当持有关部门批准设立机构的文件及工商登记证到外汇局登记备案，领取《驻华机构外汇账户备案表》后,凭《驻华机构外汇账户备案表》到开户银行办理开户手续。

资本项目外汇账户开户手续:

开立资本项目外汇账户应当持开立外汇账户的申请报告和下列相关文件及资料向外汇局申请,经批准后持外汇局核发的"开户通知书"到开户银行办理开户手续:

(1)境内机构开立贷款专户和还贷专户,持借款合同正本、外债登记凭证或者《外汇(转)贷款登记证》;

(2)境内机构申请开立股票专户,持证券监督管理部门批准的招股说明书等资料;

(3)外商投资企业申请开立资本金账户,持《外商投资企业外汇登记证》和其他资料;

(4)境外法人或者自然人申请开立临时专户,持汇款凭证和签订的投资意向书;

商业银行接收申请后,审查外管局的批件、企业其他证明文件、申请书(一式两联)、预留印鉴,报主管部门负责人批准后办理。经办人登记开销户登记簿,在电脑中建立开户企业资料档案,即根据申请表及各种资料内容输入电脑,同时在申请书及预留印鉴卡上注明账号、币种、最高限额和开户日期。

(四)储蓄存款业务

1. 存款(含新开户)。储户要求开立存款户时,应由储户本人(或银行工作人员,但应由储户签字)填写存款凭条,写明户名、身份证号码、货币名称、大小写金额、日期、种类、支取方式、地址电话等,连同本人身份证(国家规定实行实名制)、现金一同交给柜员,柜员核对存款凭条上各项内容及金额与现金相符后,输入电脑打印存折(或定期存单)、凭条,在存折(或定期存单)、存款凭条上加盖公章与经办员私章,将存折(或定期存单)交储户核收。

2. 取款(含销户)。储户要求取款时,应由储户(或银行工作人员,但应由储户签字)填写取款凭条,写明户名、货币名称、大小写金额、日期、种类、账号等,连同存折(或定期存单)一并交柜员,柜员核对凭条各项内容和存折(或定期存单)无误后,输入电脑打印存折(或收回定期存单)和凭条,加盖私章,并根据凭条上的金额配付现金,若是销户或定期存单取款时,还应打印一式两份的利息清单,将现金和利息清单交储户核收。

3. 外币储蓄存款。外币存取款的操作程序与人民币完全一致。

(五)财政性存款业务

财政性存款是财政部门拨付和待缴财政的资金。财政性存款主要有四种:一是财政拨付的机关、团体、部队、事业单位款项;二是代理各种国债发行和兑付的款项;三是代理国家金库的经收和上解款项;四是中央国家机关预算限额支出的款项。

商业银行作为代理机构,必须将财政性存款全部划归中央银行,不得用作自身放款的资金来源。

二、存款业务的审计目标

存款业务的审计目标是:

(一)真实性。指商业银行会计报表中反映的各项存款真实存在。重点核实年末各项存款余额的真实性。

(二)完整性。指商业银行各项存款业务均已记录在相关账户并反映在会计报表中。重点核实所有存款机构的数据都并入决算会计报表中。

(三)准确性。指商业银行存款业务涉及的各个项目已被准确地登记、汇总并如实反映在会计报表中。

(四)合法性。指商业银行办理存款账户的开立、资金收付、存款利率、存款资金查询、冻结及销户等业务均符合国家法律法规的规定。重点是账户的开立和存取款手续及存款利率的合法性。

(五)截止期。指商业银行的各项存款及相对应的利息支出被准确地记录在正确的会计期间。重点是检查有无人为提前(或推后)截止期来达到隐瞒(或虚增)存款的目的,检查有无通过调整计提利息支出的会计期间来达到调节利润的目的。

(六)分类与披露。指商业银行存款类项目被正确地分类计入相关存款科目,在年度会计报表和财务决算说明中有恰当的描述和列示。

三、应索取的电子数据、相关文件资料与会计账簿

(一)对公系统的电子文件。包括机构代码表、科目代码表、账户信息文件、存款类账户总账、分户明细账、流水账、余额表、计息文件及相关的系统操作说明等(重点了解数据库结构、字段含义、参数表)。

(二)储蓄系统的电子文件。包括储蓄机构代码表、科目代码表、活期(定期)账户主档(账户信息文件)、储蓄总账、储蓄流水账、余额表、计息文件、储蓄报表及相关的系统操作说明(重点了解数据库结构、字段含义、参数表)。

(三)储蓄存款和对公存款的管理文件和操作规程。如账户管理办法、综合柜员制管理办法等。

(四)业务状况表、储蓄存款报表、重要空白凭证领用登记簿、开销户登记簿、大额取现登记簿。

(五)存款科目总账、分户明细账,利息支出科目总、分账;应付利息计提清单及计提办法的文件,单位开户证实书。

(六)相关的会计凭证。

第二节　存款业务内部控制测评

由于商业银行存款业务种类繁杂,业务量也很大,实施全面审计不仅是不经济的,而且也是不现实的。因此,在开展实质性审计之前进行内部控制测评,在内部控制测评的基础上确定实质性审计的重点,是十分必要的。

一、存款业务中的主要风险及表现

存款业务中的风险主要有操作风险、信誉风险、流动性风险。存款业务中的主要风险表现在以下几个方面:

(1)缺乏对存款客户基本情况和资金来源的了解,导致客户利用账户从事洗钱等活动。

(2)对客户存入的款项不入账,挪用客户资金从事账外经营。

(3)银行内部对空白重要凭证和印鉴管理不严,导致内部员工盗用空白凭证或印鉴诈取客户资金。

(4)内部员工空存实取,盗取银行资金。

(5)为吸收存款,擅自提高(或变相提高)存款利率。

(6)擅自改动计算机系统的账户信息文件,如户名、账号从而达到盗窃银行资金的目的。

(7)擅自改变计算机系统的计息积数(如改变计息的起止日期、改变计息的范围)、利率等办法,通过多计或少计利息支出,来调节利润;或者内部专业人员通过修改程序,将多计的利息转入其个人的账户中。

(8)为完成上级行下达的任务,虚增或隐瞒存款。

(9)因银行经营不善,导致到期不能支付客户的存款和清算款项。

二、内部控制测评

在调查了解存款业务中的主要风险后,审计人员应针对上述风险产生的原因对存款业务循环的内部控制进行全面调查和测试,以评价控制风险。在实际工作中,审计人员可以根据实际情况对下列内部控制调查的内容予以添加取舍。

(一)调查内部控制,确定审计策略

表 4-1　　　　索引号:

(审计机关名称)审计工作底稿

存款业务内部控制调查表

(审计期间)

被审计商业银行:

调查内容	是	否	不适用	评价
一、对公存款业务 (一)账户的开立和管理 1. 开户单位是否符合规定的开户条件? 2. 开户资料和手续是否完备? 3. 开户审批制度是否健全? 4. 银行账户会计科目的使用是否正确? 5. 银行是否定期向开户单位发送对账单? 6. 销户、并户时银行是否与开户单位核对存款余额,剩余的转账支票、现金支票、银行卡等空白凭证是否如数交回银行?				

（续表）

调查内容	是	否	不适用	评价
7. 撤销后的账户是否停止使用？ 8. 是否对长期“休眠”账户进行了正确确认和归类？ 9. 是否对银行自身作为客户在本行开立的存款账户有良好的管理？ 10. 临时存款户、验资户的开立是否符合规定，资金的来源和用途是否正常？ 11. 单位外汇账户的开立是否经过批准？是否核定现汇存款的最高限额？超过部分是否强制结汇？ 12.“开销户登记簿”、“挂失登记簿”、“重要空白凭证登记簿”、“差错事故登记簿”、“长短款大事登记簿”、“印章登记簿”等是否设置完备、记载及时全面、查阅方便？ （二）资金收付 1. 是否按资金性质和用途开立相应的活期存款户（即基本账户）、定期存款户、临时账户，分别记账核算？ 2. 所有存取款业务是否按规定程序办理，并记录在正确的会计期间？ 3. 单位对公存款与居民个人的储蓄存款是否严格分开核算？ 4. 单位存入现金时，交款单和要素是否真实完整，款项来源是否正常合理？ 5. 是否对付款凭证要素严格审查，是否贯彻“先记账，后付款”的原则？ 6. 结算中是否严格执行“谁的钱进谁的账”的原则，有无漏户或串户情况？ 7. 大额取现是否有严格的登记审批制度？ （三）未达账项 1. 是否有完善的对账制度，按月发送对账单？ 2. 银行是否在规定的时间内同存款单位对账？ 3. 对账双方账目不符时，是否及时主动查明原因？ （四）存款利息的计算 1. 单位定期（活期）存款是否使用国家规定的利率？ 2. 利息支出的计算是否正确、利息支出是否记录在正确的会计期间？ 3. 计算机计息程序是否完善？如错账冲正、串户调整，计算机调整的计息积数是否正确？ 二、储蓄存款业务 （一）操作员管理制度 1. 银行是否为每一个业务操作员设立一个永久归其使用的操作员号和操作员卡？每位操作员设置自己的密码，每月至少更换一次。《操作员钥匙、磁卡、代码记录簿》中的操作员号记录与机器中的柜员记录是否相符？ 2. 对操作员号和操作员卡是否按照不同岗位职责实行分级管理？柜员所办理业务超过柜员权限，必须经过授权。 3. 是否坚持上机签到、离机签退的原则？柜员必须刷卡，并输入密码进行核对签到后才能营业，离柜必须刷卡临时签退，结束营业时必须刷卡正式签退。				

（续表）

调查内容	是	否	不适用	评价
4. 授权人员是否严格按授权范围进行刷卡办理授权？不得擅自越权和违规操作。 （二）储蓄账户的开立和管理 1. 储户开立账户是否符合实名制规定？户名和身份证号码是否真实？对实名制规定执行以前使用非实名开立的个人账户在该客户办理续存业务时是否进行维护修改。 2. 库款箱钥匙、备用钥匙的保管、交接是否按规定办理？ 3. 重要空白凭证、业务印章是否指定专人进行管理？重要空白凭证是否按顺序号发放、使用？ 4. 储户遗失存单(折)、忘记密码，是否按规定核实储户身份证件和有关信息后办理挂失手续？ 5. 对于查询、冲账、补账、挂失、冻结、扣划等特殊业务交易是否经过网点负责人进行授权？并在传票上加盖授权人私章？ 6. 是否对长期“休眠”账户进行了正确确认和归类？ 7.“挂失登记簿”、“重要空白凭证登记簿”、“差错事故登记簿”、“长短款大事登记簿”、“印章登记簿”等是否设置完备、记载及时全面、查阅方便？ （三）储蓄存款收付 1. 办理超过规定金额以上的现金收付业务或领现业务，是否经过授权后才能办理？ 2. 所有存取款业务是否按规定程序办理，并记录在正确的会计期间？ 3. 从对公存款账户转入储蓄存款账户的交易是否有严格审查制度？ 4. 对付款业务是否贯彻“先记账，后付款”的原则？ 5. 大额取现是否有严格的登记审批制度？ （四）事后监督管理 1. 对前台手工录入的数据是否进行逐笔监督，以核对前台柜员输入的正确性、合法性、真实性？ 2. 事后监督对各经营网点的业务监督是否于次日监督完毕？ 3. 事后监督对发现的问题是否要求各网点对差错立即改正、立即分析原因？ 4. 事后监督工作区与柜台工作区是否严格分离；事后监督人员因工作需要调离时，是否严格办理交接手续？ （五）储蓄存款利息计算 1. 各类储蓄存款是否使用国家规定的利率？ 2. 利息支出的计算是否正确、利息支出是否记录在正确的会计期间？ 3. 计算机计息程序是否完善？如错账冲正、串户调整，计算机调整的计息积数是否正确？				

审计人员：　　　　编制日期：　　　　复核人员：　　　　复核日期：

结论：经内部控制调查，确定是否采用依赖内部控制的审计策略？是（　）否（　）

（二）测试内部控制，评估控制风险

完成内部控制调查后，可根据调查情况，采取询问、观察及审查书面文档等方法对内部控制进行测试，并对内部控制风险作出评价。

第三节 存款业务的实质性测试

根据内部控制测评结果得出的内部控制保证程度，审计人员即可确定实质性测试所要达到的检查保证程度。本章针对存款业务审计设计了具体的审计程序表。由于存款业务量非常大，开户企业众多，无法逐户逐笔审查，因此存款审计主要采用分析性复核和计算机审计的方法。

本节主要介绍商业银行单位存款和储蓄存款实质性测试的程序和方法。

表 4—2 索引号：

（审计机关名称）审计工作底稿

存款业务审计程序表

（审计期间）

被审计商业银行：

审计程序	执行情况说明	工作底稿索引号
一、对公存款业务 （一）获取对公存款科目的电子文件，包括账户信息文件、存款科目总账、分户明细账、全年的流水账，通过计算机，从流水账到总账逐级核对相符，再与资产负债表上各类存款的数额核对相符。对重大调整项目和未达款项应查明原因。 （二）实施分析性复核。 1. 将本年对公存款余额与上年余额进行对比分析，将本年对公存款各月的增减变动情况进行分析，若有异常增减变动，则应重点查明原因； 2. 获取被审计商业银行上级行下达的存款考核目标和奖惩办法，以及其为完成上级行任务而自定的具体措施、分解落实到基层网点的任务文件和相应的奖惩办法，检查其目标任务和奖惩办法，查明有无为了完成上级行下达的任务而人为调整存款的现象。 3. 分析对公存款金额与利息支出数是否匹配。若利息支出超出正常范围，应查明是支付高息造成，还是隐瞒存款造成；若利息支出低于正常范围，应查明是应付利息未提足造成，还是虚增存款造成。 （三）通过计算机核实存款余额的真实性和资金收付的合法性。 1. 实施重大项目检查。通过计算机检索年末、月末前后时间段内企业存款和“汇出汇款”、“内部往来”、“同业往来”、“应收应付”等会计科目的流水账，重点关注大额资金的去向，查找年末月末有无故意漏记或多记存款而低估和高估负债，审查有无在年末为压低存款基数或为完成指标，而利用“汇出汇款”、“内部往来”、“同业往来”、“应收应付”等会计科目调增调减企业存款； 2. 通过分析账户信息文件，重点关注户名、地址、电话号码、开户时间、法定代表人等信息，查找： （1）商业银行自身违规开立的账户，主要通过户名、地址和电话号码检索。 （2）虚拟或盗用企业账户，从事账外经营。可以通过计算机对开户名称和交易记录进行检索，找可疑账户和异常交易进行详细检查。还可以通过从工商部门取得某地区所有企业名单的电子数据，利用计算机进行对比分析来查找虚拟账户。要核对开户资料和印鉴、追踪资金去向，必要时需延伸企业，核实企业银行存款账和开户情况。关注那些交易记录，如进出大多是整数（可能是存款或贷款），较有规律的掺杂有带尾数的资金出入（可能是利息）的账户。 3. 通过计算机检索大额现金取款的记录。通过流水账的“摘要”字段检索代码为“现金支票”的记录，然后按账户汇总，抽查全年单笔取现和汇总取现前 10 位（具体位数由审计人员根据实际情况确定）的账户进行详细审查。		

（续表）

审计程序	执行情况说明	工作底稿索引号
4. 对当年销户和余额为零的账户，抽取一定的样本进行详细审查，主要检查大额资金的收付、销户原因和销户资金的去向。 5. 对临时存款和应解汇款大额资金收付和异常现象应筛选出来重点审查。 （四）根据定期存款开销户登记簿、定期存款明细账，核对单位定期存款证实书存根联与明细账是否一致，如单账不符，必须查出其原因。如单账相符，则抽查： 1. 大额资金的定期存款。根据记账凭证，审计资金来源是否从企业账户转来，转入资金额是否与单位开户证实书存根联相等。 2. 存款金额有尾数的定期存款。查明有尾数的原因。 3. 到期未取（特别是长期未取）的定期存款。查明长期未取的原因，必要时延伸到存款单位进行调查。 （五）检查存款利息支出。 对存款利息支出，在目前条件下，有两种可供选择的审计方法，审计人员可根据获取电子数据的情况、自身的计算机水平分别采用分析性复核法或计算机辅助审计法。 1. 分析性复核法。 （1）分组设计期望值。在对对公存款的利息支出进行分析性复核时，由于存款性质（如一般存款和金融机构存款）和存款期限不同，所采用的存款利率不一致，因此在设计期望值时，可以进行细化分组，可以按存款账户的类型分组、按存款期限分组来设计期望值。具体方法是取得各月各类存款的平均余额，根据法定利率计算出各组的期望值。 （2）对作为设计期望值的存款平均余额进行检查，以保证设计的期望值是可信赖的。 （3）确定可接受的偏差。 （4）比较期望值与实际利息支出。对超过可接受偏差的金额进行调查，查明产生偏差的原因和金额。 （5）对分析性复核结果进行评价。 2. 计算机编程法。根据取得完整的电子数据，可以直接运用计算机编程对利息支出进行精确复核。 取得对公存款的计息文件、每天的存款总账、利率表，编制利息支出的计算程序，用计算机重新计算计提利息的正确性。分别将同一法定利率，同一期限档次内的存款归类，用各类存款每天余额相加乘以同档次法定利率得到各类存款应付利息数，与银行当年应付利息计提数核对。对计算机计算出的分户利息与计息文件中不相符的账户进行逐户审查。 除用计算机编程法外，还可以用计算机进行下列辅助审计。 3. 通过计算机对账户主档文件（或计息文件）进行检索，检查同一类存款有无适用利率不一致的记录。导致利率不一致有两种情况，一是操作员输入有误，二是人为调整。若有则应筛选出来重点审查。 4. 通过计算机检查有无人为进行计息积数调整的记录。通过计算机调整积数，不同的计算机系统有不同的处理方法，有的是在计息文件中，直接在“积数调整”字段录入数据；有的是通过调整交易记录的计息日期来达到调整积数的目的。因此审计时，一是从电子数据中检索出有“积数调整”的记录进行详细检查；二是对记账日期与计息日期不一致的记录进行详细检查。		

（续表）

审计程序	执行情况说明	工作底稿索引号
5. 对特殊业务交易的积数调整进行审查。通过计算机检索特殊业务交易，如冲账、补账业务记录，检查其计息是否进行正确调整。还可手工检查特殊业务登记簿（或报表，该表每日一份）中记录的调整积数依据是否真实，是否人为调整计息积数、变相违反国家利率政策。 （六）审查结息的正确性。主要审查结息账户与计息账户的一致性，通过计算机将结息账户与计息账户不一致的记录筛选出来，除保证金存款的利息应转入其对应的结算户外，其他的结息账户应与计息账户一致。 （七）审查应付利息和利息支出明细账。审查应付利息贷方发生额，是否与计提的利息支出数一致；审查实际发生利息支出是否存在不冲应付利息科目，直接列利息支出科目导致重复列支利息的情况。抽查利息支出冲减数，对大额的利息支出冲销数，年末“应付利息”、“利息支出”科目大笔整数的发生数和红字冲减数，调阅原始凭证，审查有无虚列、人为调节利润情况；有无用利息收入直接冲减利息支出以偷逃税金问题。 （八）结合审计业务管理费等费用支出，检查有无以其他名义支付高息的现象。 （九）审查经常项目和资本项目外汇账户的收支范围是否符合外汇管理的规定，有无超限额保留外汇以及超期限使用外汇账户的现象。 （十）审查财政性存款。主要检查有无将财政性存款混作一般存款或储蓄存款的问题，检查商业银行是否及时足额将财政性存款划缴当地人民银行。 二、储蓄存款业务 （一）索取储蓄存款的电子文件，包括活期（定期）账户主档、各种储蓄科目总账、分户明细账、全年的流水账，通过计算机，从流水账到总账逐级核对相符，再与资产负债表上各类储蓄存款的数额核对相符。 （二）实施分析性复核。 1. 将本年储蓄存款余额与上年余额进行对比分析，对本年储蓄存款各月的增减变动情况进行分析，若有异常增减变动，则应重点查明原因； 2. 获取被审计商业银行上级行下达的储蓄存款考核目标和奖惩办法，以及其为完成上级行任务而自定的具体措施、分解落实到基层网点的任务文件和相应的奖惩办法，查明有无为了完成上级行下达的任务而人为调整储蓄存款的现象。 3. 分析储蓄存款金额与储蓄利息支出数是否匹配。若利息支出超出正常范围，应查明是支付高息造成，还是隐瞒存款造成；若利息支出低于正常范围，应查明是应付利息未提足造成，还是虚增存款造成。 （三）通过计算机检查实名制的执行情况。主要通过检索账户主档文件，查找户名大于4个字、无身份证号码、或者身份证号码异常的账户，对这些账户筛选出来后进行详细审查。 （四）通过计算机检查公款私存或利用账户洗钱的问题。一是检索转账存入、现金取款的记录；二是检索单笔存取款超过一定金额（这个金额根据各地经济发展水平由审计人员决定）的记录；三是按账户将全年的发生额汇总后，审查前10位（具体由审计人员根据银行的管理情况决定）的账户。通过查看存取款凭单和开户资料，对可疑资金来源、大额取现的情况重点审查。最后依据存款户的名称、账户的余额查找“公款私存”或洗钱的线索。		

（续表）

审计程序	执行情况说明	工作底稿索引号
（五）审查储蓄存款的利息支出 对储蓄存款利息支出，审计人员可根据获取电子数据的情况、自身的计算机水平分别采用分析性复核法或计算机辅助审计法。 1. 分析性复核法。 （1）分组设计期望值。在对储蓄存款利息支出进行分析性复核时，由于储蓄存款种类和期限不同，所采用的存款利率不一致，因此在设计期望值时，可以按存款种类分组（如定期、活期）、也可以按时间（如按月、季）分组来设计期望值。具体方法是取得各月各类存款的平均余额，根据法定利率计算出各组的期望值。 （2）对作为设计期望值的存款平均余额进行检查，以保证设计的期望值是可信赖的。 （3）确定可接受的偏差。 （4）比较期望值与实际利息支出。对超过可接受偏差的金额进行调查，查明产生偏差的原因和金额。 （5）对分析性复核结果进行评价。 2. 计算机编程法。 取得储蓄计息文件、分科目每天的储蓄总账、利率表，运用计算机编程计算计提利息的正确性。分别将同一法定利率，同一期限档次内的储蓄存款归类，用各类存款每天余额相加乘以同档次法定利率得到各类存款应付利息数，与银行当年应付利息计提数核对。 除计算机编程法外，还可以用计算机对电子数据进行下列辅助审查。 3. 通过计算机对活期（定期）主档文件（或计息文件）进行检索，检查同一类储蓄存款有无适用利率不一致的记录。若有则应筛选出来重点审查。 4. 通过计算机检查有无人为进行计息积数调整的记录。通过计算机调整积数，不同的计算机系统有不同的处理方法，有的是在计息文件中，直接在“积数调整”字段录入数据；有的是通过调整交易记录的计息日期来达到调整积数的目的。应针对不同的计算机系统采用不同的审计方法。 5. 应付利息和利息支出的审查方法参照对公存款。 重点关注利息划转环节，核对上级行的利息列支数与下级行（所）的入账数是否一致，有无虚列利息支出转存账外的现象。 （六）审查储蓄利息所得税。 1. 审查利息所得税的计征范围。商业银行代征代缴利息所得税的范围包括：本外币活期存款、定期存款和银行卡存款，以及国家规定其他应纳利息税的储蓄存款。免征利息所得税的范围包括：各类国库券、住房公积金、各类社会保险基金、教育储蓄存款以及国家规定免交利息所得税的其他专项储蓄存款。 2. 审查应纳税所得额和适用税率。应纳税所得额为 1999 年 11 月 1 日之后孳生的利息，税率为 20%。 3. 实施分析性复核。根据前面审核后的储蓄利息支出数和利息所得税的计征范围、税率，设计期望值，然后与实际代扣的利息所得税进行比较，对超过可接受偏差进行调查，查明差异产生的原因。 （七）审查存款准备金 1. 审查存款准备金的缴存范围和比例。		

（续表）

审计程序	执行情况说明	工作底稿索引号
2. 实施分析性复核。根据前面审核后的存款金额和缴存范围及比例，设计期望值，然后与实际缴存的准备金进行比较，对重大差异进行调查，查明产生差异的原因。		

审计人员：　　编制日期：　　复核人员：　　复核日期：

表 4-3　　索引号：

（审计机关名称）审计工作底稿
存款业务查出问题汇总表
（审计期间）

被审计商业银行：　　金额单位：

序号	性质	问题摘要	对应会计科目	发生日期	金额	定性依据	工作底稿索引号

审计人员：　　编制日期：　　复核人员：　　复核日期：

第五章　贷款业务审计

贷款，是指金融机构将其所吸收的资金，按一定的利率贷放给客户并约定一定期限收回贷款本息的经济行为，是以偿还和计息为条件的价值运动的特殊形式。贷款可按不同的标准划分为若干类。按贷款期限的长短可分为短期贷款、中期贷款和长期贷款，按贷款用途可分为流动资金贷款和固定资产贷款；按贷款投放行业可分为工业贷款、农业贷款和商业贷款等；按贷款保障程度可分为信用贷款、担保贷款和票据贴现；按贷款币种不同可分为人民币贷款和外币贷款；按贷款的风险程度划分，在我国将贷款划分为正常贷款、逾期贷款、呆滞贷款和呆账贷款，其中逾期贷款、呆滞贷款和呆账贷款统称不良贷款；国际上普遍采用的是五级分类，即将贷款分为正常贷款、关注贷款、次级贷款、可疑贷款和损失贷款。

贷款作为一种传统业务，是我国商业银行最主要的资产业务，其利息收入也是商业银行最主要的经营收入来源。贷款业务审计，就是指审计机关依据国家的有关法律法规，对商业银行贷款的真实性、合法性和效益性所实施的审计监督，是商业银行审计最重要的内容之一。通过对贷款业务的审计，揭示商业银行信贷管理中的薄弱环节，促使商业银行更好地贯彻国家的货币信贷政策，坚持信贷管理原则，强化内部控制，提高信贷资产质量，从而增强防范和化解金融风险的能力。

第一节　贷款业务概述及审计目标

一、贷款业务操作流程

了解和熟悉商业银行的贷款业务流程，是审计人员进行贷款业务审计的前提和基础。贷款业务操作流程主要包括：信贷关系的建立与贷款申请，对借款人的信用等级评估，贷款调查与项目评估，贷款初审与贷款审批，签订借款合同与贷款发放，贷后检查与贷款项目管理，贷款本息回收与贷款展期，不良贷款的监管与资产保全等。

（一）信贷关系的建立与贷款申请

借款人需要贷款应当与商业银行建立信贷关系并提出书面申请。

1. 借款人应符合下列基本条件。借款人应当是经工商行政管理机关(或主管机关)核准登记的企(事)业法人、其他经济组织、个体工商户或具有中华人民共和国国籍的具有完全民事行为能力的自然人;生产的产品有市场、生产经营有效益、不挤占挪用信贷资金;应在商业银行开立基本结算账户或一般存款账户,有按期还本付息的能力;有限责任公司和股份有限公司对外股本权益性投资总额不得超过其净资产的50%,资产负债率符合贷款人的要求。

2. 借款人申请贷款应提供下列资料:

(1)法人客户申请贷款应提供:企(事)业法人营业执照、法定代表人身份有效证明或法定代表人授权的委托书;有权部门批准的企(事)业章程或合资、合作的合同或协议,会计师事务所出具的验资证明;人民银行颁发的贷款卡;技术监督部门颁发的组织机构代码;实行公司制的企业法人办理信贷业务需提供公司章程;公司章程对法定代表人办理信贷业务有限制的,需提供董事会同意的决议或授权书;特殊行业的企业还须提供有权批准部门颁发的特殊行业生产经营许可证或企业资质等级证书;上年度财务报表和近期财务报表,有条件的要经会计师事务所审计;新借款人还需提供印鉴卡、法定代表人签字式样;根据信贷业务品种、信用方式需提供的其他资料。

(2)自然人客户申请贷款应提供:个人身份有效证明;个人及家庭收入证明;个人及家庭资产证明;根据信贷业务品种、信用方式需提供的其他资料。

3. 借款人申请贷款必须如实填报贷款申请表。内容主要包括:企业基本情况;企业经济性质、核算方式和经营场地情况;企业资产负债、经营状况、经营计划情况及融资意向等。

4. 信贷人员应对借款人的资格和条件进行审查。商业银行接受借款人的申请后,应结合申请资料进行实地调查。调查核实借款人提供的资料是否完整、真实、有效,对提供的复印件应与原件核对相符;查验借款人提供的企(事)业法人营业执照或有效居留的身份证明是否真实、有效,法人营业执照是否按规定办理年检手续;查询法人营业执照是否被吊销、注销、声明作废,内容是否发生变更等;查验借款人法定代表人和授权委托人的签章是否真实、有效;查验借款人填制的信贷业务申请书的内容是否齐全、完整,借款人的住所地址和联系电话是否详细真实。

调查借款人及其担保人的资产状况、生产经营状况和市场情况,分析信贷需求和还款方案,核实担保人的担保是否符合条件,是否具备担保能力。以企业为例,调查的主要内容包括:经营的合法性和正常性,资产负债损益的真实性,企业信用的可靠性及负债的合理性,项目的可行性及偿债的可能性等。审查人员或责任信贷员应写出书面调查报告,明确意见,并对调查结论负第一责任。

凡经调查发现借款人不具备借款资格和贷款条件或存在下列情形之一的,不得与之建立信贷关系并不得对其发放贷款,已经建立信贷关系或已发放贷款的,应限期收回贷款本息并解除与该企业的贷款关系:(1)生产、经营或投资国家明文禁止的产品、项目的;(2)有严重违法经营行为的;(3)在各种形式的转制中未清偿原有的贷款债务,未落实原有贷款债务或提供相应担保的;(4)企业亏损严重,时间达三年以上,且无补亏资金来源的;(5)企业有意编造虚假财务报表,提供虚假证明材料欺骗银行的。(6)企业法定代表人、董事长、总经理的品行有不良记录的。

5. 借款人应填列借款申请书。其主要内容包括:申请借款金额;借款用途及结算方式;借款期限与还款方式;还款计划及措施,申请日上期主要财务指标。

(二)对借款人信用等级评估

商业银行应当根据借款人的领导者素质、经济实力、资金结构、履约情况、经营效益和发展前景等因素,评定借款人的信用等级。评级可由商业银行独立进行,内部掌握,也可由有权部门批准的评估机构进行。目前,对借款人的信用等级评定一般可分为AAA级、AA级、A级、BBB级、BB级、B级六个等级。

(三)贷前调查与项目评估

商业银行正式接受借款人借款申请后,由信贷业务部门根据贷款种类分别进行实质性的贷前调查。法人客户调查的主要内容包括:借款人的基本情况及主体资格;财务状况、经营效益及市场分析;担保情况和信贷风险评价;贷款的综合效益分析。自然人客户调查的主要包括内容:申请人的基本情况;申请贷款的用途;担保情况; 收入来源;还款来源。

对于不同种类的贷款,还应根据贷款业务的不同特点增加一些审查内容。

固定资产贷款与中长期贷款的贷前调查内容还应包括:借款企业提供经有权机构批准的项目可行性研

究报告；借款企业提供与项目有关的合同、章程及批文；经注册会计师事务所审计的当期与近三年的年度财务报表；拟建项目其他各项建设条件与贷款条件基本具备，现场查看前期准备工作是否落实；贷款保证人、抵押人承诺担保、抵押的协议，保证人有关资料及其经审计的当期与近年财务报表，抵押、质押物数量、品质、价值等的详细说明及清单等。

出口打包贷款的贷前调查内容还应包括：信用证项下出口商品数量、价格与金额，该商品上年库存、换汇成本及盈亏测算；定点生产厂家的生产能力、技术水平、信誉状况，能否保证按质按量完成生产并交货。

票据贴现的调查内容还应包括：票据贴现申请人是否为银行贷款支持对象，贴现资金的投向是否合理；商业汇票票据是否真实，要素是否完整，必要事项及印章是否齐全、清晰，汇票收款人或被背书人是否与贴现申请人相符，背书是否连续；重点审查商业汇票设立是否以合法的商品交易为基础，银行对非从事商品交易的汇票应拒绝办理；向承兑人开户行进行查询了解，贴现时须提供与直接前手的增值税专用发票与货运单据。

抵押贷款的贷前调查内容还应包括：抵押物法定所有权证明如房契、有价证券、银行存单等是否有效，是否存在出租或共有等与第三人的产权、使用权与处置权关系；抵押物是否处于被监管状态，是否为允许自由买卖的财产，是否已进行保险及其风险程度如何，保险权益能否转让给抵押权人；抵押物产权证明所指向的财产标的是否真实存在，存在状况如何；抵押物品名、数量、单价等是否与借款申请、借款合同、抵押合同所载一致，价值评定是否合理，能否满足按规定抵押率后高于贷款本息金额的要求；要求抵押合同经法律公证。

质押贷款的贷前调查内容还应包括：质押凭证是否符合国家法律与人民银行规定可设定质押的范围，质押人是否同意质押；质押存单是否为银行机构开立，如系他行开立是否按规定征求开立行同意设立质押；质押凭证是否加密或规定凭身份证支取；有价证券（股票、债券等）应依法具有市场流通性，并在质押协议中明确订明在协议有效期内由质押权人占管与处置等条款；质押存单与有价凭证金额是否超过银行规定质押贷款最高限额；要求质押合同经法律公证。

（四）贷款初审及贷款审批

1. 贷前调查结束后，信贷人员应如实形成详细、完整的贷前调查报告（含固定资产类贷款的评估分析报告），并对调查或评估结果负第一责任，随同有关企业、项目的调查资料报信贷管理部门进行审查。一是基本要素审查：审查借款人及担保人有关资料是否齐备，信贷业务内部运作资料是否齐全；二是主体资格审查：借款人及担保人主体资格、法定代表人有关证明材料是否符合规定，借款人及担保人组织机构是否合理，产权关系是否明晰，借款人及担保人法定代表人、主要部门负责人有无不良记录；三是信贷政策审查：审查信贷用途是否合规合法，是否符合国家有关政策；四是信贷风险审查：审查核定借款人的信用等级、授信额度，分析、揭示借款人的财务风险、经营管理风险、市场风险等，提出风险防范措施。经过审查，提出明确的审查意见，包括贷款的种类、币种、金额、期限、利率或费率、还款方式、担保方式和限制性条件等。

2. 贷款要素确定后，授信业务部门根据贷款的种类、贷款的方式并结合已确定的贷款要素，随同贷前调查资料与部门审查意见，按照规定的要求与程序报授信管理部门和审贷委员会复审。并根据内部授权权限，需报上级行审批的要报经上级行审批。

（五）签订借款合同与贷款发放

1. 企业借款按规定程序经批准后，信贷员通知企业前来办理贷款手续。(1)签订借款合同与保证、抵押、质押合同，取得抵押物权证、他项权证并同时按规定办理登记。(2)借款人填制一式四联的《借款借据》并签章，再由银行加盖授信业务专用章。(3)授信业务部门建立《借款企业台账》，按企业、按贷款种类逐笔进行登记。

2. 贷款手续的办理应遵循的原则：(1)借款合同的签订、借款借据的填制等手续必须与贷款审批意见一致，借款合同应当约定借款种类，借款用途，金额，利率，借款期限，还款方式，借贷双方的权利义务，违约责任和双方认为需要约定的其他事项；(2)借款合同、担保或抵押合同须经各方法定代表人或其书面授权人签字（章）并加盖法人公章方为有效，需登记的抵、质押合同应依法办理登记；(3)贷款发放必须在贷款手续办妥后方可进行，不得逆向操作。

3. 按照借款合同的规定发放贷款，将经过有权部门和领导签字(章)的借据送交会计部门，由会计部门进行账务处理，划拨资金。

(六)贷后检查与贷款项目管理

1. 贷后检查是对贷款发放后企业执行借款合同情况、企业经营情况及贷款项目进展与运行情况进行追踪调查与控制，以正确发挥信贷的促进与监督作用，保证贷款正常合理的使用并取得预期的经济效益与社会效益。贷后检查应坚持随时检查与定期检查相结合、单项检查与全面检查相结合，并不断加以改进。

2. 对各类短期流动资金贷款的贷后检查应不少于每月一次，对各类项目贷款与中长期贷款的贷后检查应不少于每季一次。贷后检查的主要内容包括：贷款使用情况，企业经营情况，企业盈利及偿债能力情况，企业还贷情况，担保资信情况等等。

3. 对各类中长期项目贷款与固定资产贷款，除按上述规定操作外，还应参照项目管理与驻厂员管理方式进行操作，并对下列内容进行检查：项目资金到位情况，贷款项目进展情况，贷款资金使用进度情况，投资回收计划执行情况，项目进行期内外因素变化情况。

4. 各类贷款的贷后检查必须按期、按规定严格认真地进行，并形成书面检查报告；责任信贷人员必须对贷后检查结果负第一责任，并及时就检查中发现的问题向本部门负责人反映，同时对如何解决问题提出解决方案。

(七)贷款回收与贷款展期

1. 信贷部门应按照合同规定的贷款期限收回借款人的借款本息。(1)责任信贷员于短期贷款到期前一个星期，项目贷款与中长期贷款到期前一个月，向借款人发送还本付息通知单，借款人应及时筹措资金，按期还本付息；(2)在合同期内借款人如需提前还款，应与贷款人协商并经同意后方可操作；(3)贷款到期一般由借款人主动开出还款支票归还贷款，否则开户行信贷部门可填写《特种转账凭证》，由会计部门从企业存款账户中直接扣划。

2. 不能按期归还贷款的借款人，应于贷款到期日前向银行提交书面展期申请，保证贷款、抵押或质押贷款的展期申请由保证人、抵押人、出质人出具同意贷款展期的书面证明，已有约定的按照约定执行。办理贷款展期应掌握下列原则：(1)短期贷款展期期限累计不得超过原贷款期限，中期贷款展期期限累计不得超过原贷款期限的一半，长期贷款展期期限累计不得超过 3 年；(2)贷款展期期限加上原贷款期限达到新的贷款利率期限档次的，自展期之日起按新档次计算；(3)借款人未提出展期申请或申请未获批准的，该笔贷款到期日次日起转入逾期贷款账户，商业银行对逾期贷款要及时发出催收通知单，并按规定加罚利息。

(八)不良贷款监管与资产保全

不良贷款是逾期贷款、呆滞贷款、呆账贷款的合称，通称“一逾两呆”。逾期贷款指逾期(含展期后到期)不能归还的贷款；呆滞贷款指逾期(含展期后到期)超过规定期限仍未归还的贷款，或虽未逾期或逾期未超过规定期限但生产经营已终止、项目已停建的贷款；呆账贷款指按照财政部有关规定列为呆账的贷款。商业银行应当建立贷款质量监管制度，对不良贷款进行分类、登记、考核和催收，必要时可通过法定程序解决。

1. 逾期贷款的管理：信贷部门应建立分行业、分企业的逾期贷款台账，对逾期贷款企业逐一登记管理，在催收期内责任信贷员应经常深入借款企业调查了解情况，分析逾期形成的原因与解决办法。超过规定时限仍不能归还或符合呆滞贷款条件的逾期贷款应及时转入呆滞贷款。

2. 呆滞贷款的管理：应加紧催收工作，防止发生呆坏账损失；同时应定期向贷款企业发出催收通知书并取得回执，以防诉讼时效中断。

3. 呆账贷款的管理：应分别由信贷、资产保全、内部审计、财会等部门组成商业银行贷款呆账审批小组，负责按照财政部有关规定组织协调贷款呆账核销申报工作，按照规定的要求与程序逐级审批、逐笔核销。

4. 对不良贷款，商业银行应有专门的信贷人员或风险管理机构进行监控和管理，参与借款人的债务重组，落实贷款债务的偿还责任，通过法律程序实行资产保全等。

(九)贷款利息回收

商业银行根据人民银行规定的贷款利率向借款人发放贷款后，应于每季末和贷款收回时计收贷款利息，对到期不能按借款合同约定期限归还的贷款，应当按规定加罚利息。

1. 贷款利息应按财政部的规定进行核算，即自2002年1月1日起，贷款利息自结息日起，逾期90天(含90天)以内的应收未收利息，应计入当期损益；贷款利息逾期90天(不含90天)以上，无论该贷款本金是否逾期，发生的应收未收利息不再计入当期损益，直接记入表外应收未收利息。

2. 票据贴现贷款的贴现利息应在贴现当日计入利息收入科目，其计算公式为：

贴现利息＝汇票金额＊(月贴现率/30)＊贴现期限

实际贴现金额＝汇票金额－贴现利息

贴现期限计算应从贴现之日起到汇票到期日止。

(十)信贷资产风险监控

信贷资产风险比例控制指标体系是通过确定信贷资产结构比例、信贷资金来源与运用比例等比例指标，达到自我约束贷款行为，优化贷款结构，实现信贷资产安全性、流动性与盈利性的目标要求。目前，各商业银行参照人民银行有关规定并结合自身实际情况，信贷资产风险监控指标主要有：

1. 贷款安全性控制指标：

逾期贷款比率＝(期末逾期贷款余额/期末贷款余额)＊100％≤8％

呆滞贷款比率＝(期末呆滞贷款余额/期末贷款余额)＊100％≤5％

呆账贷款比率＝(期末呆账贷款余额/期末贷款余额)＊100％≤2％

单个企业贷款比例＝(对同一借款客户贷款余额/资本净额)＊100％≤10％

2. 贷款流动性控制指标：

(1)资产流动性比例＝(流动性资产期末余额/流动性负债期末余额)＊100％

人民银行监管要求，人民币和本外币合并资产流动性比例不低于25％，外汇资产流动性比例不低于60％。

(2)存贷款比例＝(各项贷款期末余额/各项存款期末余额)＊100％

人民银行监管要求，人民币和本外币合并存贷款比例不得超过75％，外汇存贷款比例不得超过85％。

(3)中长期贷款比例＝{(中长期贷款＋呆滞贷款＋呆账贷款)/一年期以上的定期存款}＊100％

人民银行监管要求，人民币中长期贷款比例不得超过120％，外汇中长期贷款比例不得超过60％。

3. 贷款效益性控制指标：

利息回收率＝{(本年利息收入－本年表内应收利息新增额)/(本年利息收入＋本年表外应收利息新增额)}

商业银行一般要求利息回收率不低于80％。

二、审计目标

(一)真实性，是指商业银行财务会计报告及有关账簿中所反映的各项贷款和利息收入真实存在。

(二)完整性，是指商业银行特定会计期间内发生的各项贷款及利息收入均已按规定计入有关账簿。

(三)准确性，是指商业银行各项贷款及利息收入准确地计入相关账户，交易余额和贷款余额记录准确，应收未收贷款利息等按规定进行正确的会计处理。

(四)合法性，是指商业银行各项贷款业务的发生符合国家有关金融法规的要求。通过审核信贷资料和延伸调查，检查各项贷款的合法性，分析不良贷款形成的原因和界定责任。

(五)截止期。指商业银行的各项贷款和利息收入正确地记录在规定的会计期间。重点是检查有无通过调整截止期来隐瞒超发的贷款，或者提前或延后截止期来调节利息收入的问题。

(六)所有权。指商业银行列示于财务会计报告中的各项贷款有足够的文件和证据证明确实为银行所有。通过与借款人核对账目和检查书面文件来核实各项贷款的所有权。

(七)分类和披露。是指商业银行的各项贷款按照国家的金融法律法规和监管要求的规定，被恰当准确地分类，正确地描述并反映在法定财务会计报告和信贷资产质量报告中。重点检查贷款质量的分类以及披露的不良贷款比例是否真实准确。

三、应索取的电子数据、相关文件资料与会计账簿

(一)信贷管理系统电子文件。包括信贷管理系统的各种文件，主要有借款人基本情况文件、贷款流水文件、贷款余额文件、贷款主合同文件、贷款担保(抵押)文件、抵押品、质押品明细文件、贷款计息文件、贷款清分文件、票据贴现文件等。

（二）会计核算电子文件。主要包括：账户信息文件、短期贷款、中长期贷款、抵押贷款、逾期贷款、呆滞贷款、贴现、呆账准备金、应收利息（表内外）、利息收入、活期存款等科目总账、分户明细账及年末余额表。

（三）内部控制制度和信贷管理文件。主要包括授权授信管理，贷款操作基本规程，审贷分离、分级审批制度，信贷员工作岗位制度，审贷委员会制度以及各类贷款的管理文件等。

（四）信贷工作档案，主要包括：

1.《企业法人营业执照》、《税务登记证》、《开户许可证》及有权机构批准成立的文件；

2.《信贷工作台账》，包括企业基本情况、企业财务指标、企业有关要事摘要；

3. 贷前调查、贷后检查报告，包括项目分析报告；

4. 借款申请书、借款合同、借款借据、保证合同、抵押合同、出质书、财产产权证书、公证、保险与登记凭证、贷款审批资料、贷款展期申请及担保或抵押人的确认函等；

5. 企业经营活动情况资料，包括主要经济指标完成情况、资产负债与所有者权益情况、经营损益情况与主要商品进销存情况、市场前景与行情分析等；

6. 企业历年财务报表、会计报表、统计报表及其他报表资料；

7. 企业重大变动事项，包括承包、租赁、股份制改造、合并（兼并）、合营（合作）、分立、倒闭、破产等有关情况与文件资料；

8. 对逾期、呆滞、呆账贷款进行清收处理的情况记录，包括催收通知单、回执、转账凭证；

9. 企业违约、违规情况处理以及依法收贷记录、有关诉讼材料与法律文书等。

10. 贴现贷款的有关档案资料，包括票据、商品交易合同、增值税专用发票和商品货运单据等复印件。

（五）商业银行的报表、会计账簿，主要包括：商业银行会计报表和财务报表；贷款统计报表以及不良贷款结构分类报表；各项贷款的总账、明细分类账及台账；计息清单，贷款利息收入、应收利息及表外应收未收利息总账、明细分类账及台账；呆账准备金的总账、明细分类账及呆账认定、核销的有关凭证；以资抵债或以物抵债资产的总账、明细分类账及台账；贴现贷款的总账、明细分类账、台账。

第二节　贷款业务内部控制测评

贷款是商业银行的主要资产，商业银行一般都有严格的管理制度和风险防范措施，经过审前调查和初步分析性复核，若未发现贷款业务中的特定风险，审计人员一般都采用依赖商业银行内部控制的审计策略，在对其内部控制测评的基础上，确定实质性测试的程序和范围。

一、贷款业务中的主要风险及表现

商业银行贷款业务的风险主要集中在信用风险、道德风险和操作风险，具体表现在以下方面：

1. 贷前审查不严，借款人使用虚假资料，编造虚假贷款用途骗取贷款。

2. 对某一企业或企业集团过度授信，对其发放超过其偿还能力的贷款导致到期不能收回。

3. 贷后检查不到位，导致贷款企业挪用贷款，如挪用贷款去买卖股票、投资，到期不能归还。

4. 未能有效防范借款人的欺诈行为，而导致贷款损失。如借款人注册多家公司，在不同的商业银行贷款，由这些公司相互担保，诈骗得手后转移资金潜逃。

5. 违反贷款操作规程，如对借款人提供的抵押品未进行登记，高估抵押物价值，担保合同不符合法律规定而导致贷款损失。

6. 不能有效防范内部员工单独或内外勾结诈骗贷款的行为，而导致贷款损失。如内部人员截留和挪用借款人归还的贷款本息，侵吞抵押品，捏造虚假贷款，在贷款发放过程中收受“回扣”等。

7. 向关联方或关系人发放优于一般借款人条件的贷款而招致损失。

8. 工作差错招致损失。如在计算机系统中输入错误，计算利息错误，借贷方向记反等。

9. 对不良贷款监控不严、清收不力，或因合同不严谨，对贷款失去诉讼时效和追索的权利。

二、内部控制测评

（一）调查内部控制，确定审计策略

贷款业务循环的内部控制调查可按循环程序来设置调查表的内容，审计人员可在此基础上根据实际情况予以添加取舍。

表 5－1 索引号：

(审计机关名称)审计工作底稿

贷款业务循环内部控制调查表

(审计期间)

被审计商业银行：

调查内容	是	否	不适用	评价
一、综合管理制度				
1. 是否按审贷分离的原则设立了相应的组织机构？				
2. 是否建立了集体审批制度，对重大信贷业务事项是否经过集体讨论，并做好记录？				
3. 贷款业务经营和管理是否实行主责任人和经办责任人制度？				
4. 贷款发放和使用是否遵循《商业银行法》、《票据法》、《担保法》、《经济合同法》及《贷款通则》等有关规定，是否符合安全性、流动性和效益性的原则，是否符合资产负债比例管理的要求？				
5. 信贷业务的拓展方向是否符合国家的产业政策？				
6. 对借款人是否建立统一规范的信用等级评定制度？				
7. 是否实行统一授信制度，对接受信用服务的客户，是否核定其最高风险限额，实行统一授信，并实行超限额否决制度？				
8. 授信业务是否实行分类管理、分级审批制度，是否严格执行贷款授权管理规定，实行授权人负责制和分级经营管理制度？				
9. 是否实行信贷工作岗位责任制度？				
10. 是否根据贷款条件和贷款程序自主审查和决定贷款？				
二、贷款业务内部控制制度				
(一)贷款申请与贷前调查				
1. 是否要求借款人填制统一规范的借款申请书，并提供规定的相关资料？				
2. 对借款人的资格条件是否按《贷款通则》的规定进行严格审查？				
3. 贷前调查的内容是否完整，提供借款人的经营情况和有关资料是否真实，是否重点核实借款人实收资本(或股本)的真实性？				
4. 是否调查借款人资产负债损益的真实性。查看借款人有关会计报表和账目，重要事项进行实地查看？				
5. 是否查询人民银行信贷登记系统，对借款人的信用情况进行调查？是否了解借款人目前借款、其他负债和提供担保情况？查验贷款证反映的贷款金额与财务报表反映的是否一致，是否有不良信用记录？对外提供的担保是否超出借款人的承受能力？审查借款人贷款证，查验企业或有负债、抵押登记、融资总额等记录和法定代表人的基本素质是否符合规定？				
6. 贷前调查是否包括项目的可行性和贷款的真实原因，全面审核项目的有关文件资料并进行分析，根据借款提出的用途进行针对性调查并进行分析？				
7. 是否调查借款人实力以及提供的担保、抵押资信情况，测算未来贷款本息的偿还能力和还款资金来源？				
8. 对出口打包贷款，是否严格审查和调查开证行的资信情况、所在国家或地区的政治、经济局势和查实生产厂家的能力、信誉状况？				
9. 对票据贴现，是否严格审查和调查票据的真实性和具有合法真实的商品贸易背景？				

（续表）

调查内容	是	否	不适用	评价
10. 对抵押质押贷款，是否严格审查和调查抵押物、质押凭证的真实性、有效性以及所有权和处置关系等，并要求抵押和质押合同经法律公证？				
（二）贷时审查与贷款审批				
1. 是否按规定对信贷资料的基本要素、主体资格、信贷政策、信贷风险进行审查？				
2. 是否严格对借款要素中的借款人资格、借款用途、借款金额、借款期限、还款来源、保证方式进行审查？				
3. 是否坚持从前台到后台，从下级到上级的正常程序？				
4. 贷款是否按授权制度规定的权限审批或者提交贷款审查委员会审批？				
5. 对超越权限的贷款是否上报上级行主管部门审批？				
（三）签订借款合同与贷款发放				
1. 借款合同的签订是否经信贷部门和法律部门审查同意，并经有权签字人签章？				
2. 借款合同与保证、抵押合同是否相互衔接？以抵押、质押担保的是否到有权登记的职能部门或证券登记管理部门办理抵押、质押登记手续，并取得他项权证？以存单、国债、债券、保单、股票等质押的权利凭证是否办理止付手续？				
3. 借款合同中贷款要素是否完整，利率是否符合人民银行的规定？				
4. 授信业务部门是否建立《借款人台账》，并逐笔登记？				
5. 贷款发放是否在贷款手续办妥后进行，有无逆向操作？				
6.《借款借据》或《贴现凭证》的要素填写是否完整，并加盖借款人法定公章？				
7. 抵押、质押物权凭证是否按规定进行登记和保管？				
（四）贷后检查与贷款归还				
1. 是否建立和执行贷后跟踪检查制度？				
2. 贷后检查是否坚持定期检查与不定期检查相结合，全面检查与单项检查相结合？				
3. 贷后检查的内容是否包括贷款的使用情况，借款人的经营情况和偿债能力的变动情况？				
4. 每次检查是否有文字报告或记录？				
5. 对大企业、大项目是否建立了贷款专管员制度？				
6. 贷款到期时，银行是否及时向借款人发出还本付息通知单或催收通知单？				
7. 是否依法追究借款人的违约责任？对不能按合同约定期限归还的要加罚利息，对不能归还或者不能落实还本付息的，是否督促归还或者依法起诉？				
（五）不良贷款监管与资产保全				
1. 是否建立贷款的质量监管制度，对不良贷款进行分类登记、考核和催收？				
2. 不良贷款的认定是否按规定的程序进行，并按时上报上级行和同级人民银行？				
3. 对不良贷款是否及时采取债务重组、补办抵押、依法催收等资产保全措施，化解贷款风险？				

（续表）

调查内容	是	否	不适用	评价
4. 对经各种措施催收确属无法收回的贷款，是否及时申报呆账核销，核销材料是否严格按财政部有关规定执行，并保留对借款人和担保人的追索权？ 5. 是否按国家有关规定提取呆账准备金？并按照呆账冲销的条件和程序冲销呆账贷款？ （六）贷款利息的回收与核算 1. 是否严格执行人民银行规定的基准贷款利率，利率浮动是否在规定的范围内？ 2. 是否严格执行财政部关于贷款利息收入的确认方法，正确计算利息收入？ 3. 贷款利息收入、应收利息和表外应收利息的核算和记账方法是否与《金融企业会计制度》的规定相符？				

审计人员：　　　　编制日期：　　　　复核人员：　　　　复核日期：

结论：经内部控制调查，确定是否采用依赖内部控制的审计策略？是（　）否（　）

（二）测试内部控制，评估控制风险

完成内部控制调查后，审计人员可根据调查情况，采取询问、观察及审查书面文档等方法对内部控制进行测试，并对内部控制风险作出评价，获取内部控制保证程度系数。内部控制测试程序表如下：

表 5-2　　　　索引号：

（审计机关名称）审计工作底稿

贷款业务循环内部控制测试程序表

（审计期间）

被审计商业银行：

测试方法	测试内容	执行情况说明	工作底稿索引号
询问	（1）取得与贷款业务相关的内部管理规定、贷款情况报告和记录； （2）与商业银行信贷管理和风险管理部门负责人、相关业务人员和会计人员座谈，询问有关贷款内部控制执行情况，重点询问贷款“三查”（即贷前调查、贷时审查、贷后检查）制度的执行程序、不良贷款的管理和有关对账程序。		
观察	（1）实地观察贷款业务不相容职务的职责分离情况，查看其实际执行效果； （2）实地观察贷款档案和质押凭证的保管情况，查看保管是否完整、安全。		
审查书面文件	（1）抽查贷款档案，核实借款人有关条件： ① 检查借款人提供的资料是否齐全，借款人身份是否真实并符合申请贷款的条件； ② 检查借款人提供的财务报告是否经会计师事务所审计； ③ 检查借款人各项资料的相关性和一致性，判断其真实程度； ④ 检查担保人是否符合担保条件、具备担保能力。		

（续表）

测试方法	测试内容	执行情况说明	工作底稿索引号
审查书面文件	(2)抽查信用评估表 ① 检查对借款人的信用评级是否符合规定程序； ② 检查评定的依据和测算是否真实准确。 (3)抽查贷前调查报告和记录 ① 检查调查报告质量，包括了解信贷员政策水平、业务水平和道德水准，报告内容是否客观真实、内容充足、条理清晰、观点鲜明、结论准确； ② 了解贷前调查报告是否实地考察借款人的经营状况； ③ 了解信贷人员是否对借款人资产、负债及投入资本进行实质性审查。 (4)抽查贷款审查审批表，测试贷款审批制度的执行情况： ① 测试审贷分离、分级审批制度的执行情况； ② 检查有无初审、复审人员签字，对贷款风险是否进行了复测并提出明确意见； ③ 检查信贷授信政策是否合理有效； ④ 检查审批权限控制，对借款人的信用种类及信用总额是否在授权范围内，单笔贷款的审批是否超过权限，首笔贷款是否有更为严格的控制措施。 (5)抽查借款、保证、抵押及质押合同，测试贷款保证制度的执行情况： ① 检查《借款合同》要素是否齐全，意见表达是否准确； ② 检查《保证合同》是否与《借款合同》中的保证条款相一致，是否合法有效； ③ 检查《抵押合同》中的抵押物是否经过评估，最高可贷额是否在规定的折扣比例内，抵押物是否经过有关部门登记，抵押物有无《担保法》中禁止的抵押担保物； ④ 检查《质押合同》中质押物与贷款核定是否合理，权利质押是否向有关部门进行登记。 (6)抽查贷后检查报告及记录，测试贷后检查制度的执行情况： ① 检查是否保证足够的检查频率，及时写出报告，及时向借款人或保证人催收即将到期或逾期贷款本息； ② 检查贷后检查报告是否及时、全面客观地反映了借款人及保证人的信用状况，充分反映借款人信用风险的预警信息； ③ 检查是否对借款人因改组、改制造成贷款变化情况进行详细检查和落实； ④ 检查展期原因是否真实，展期是否符合规定； ⑤ 检查“借新还旧”是否符合人民银行的条件和标准，有无自定标准情况。 (7)抽查票据贴现业务原始资料 ① 检查借款人是否提供了真实的商品交易合同、增值税专用发票和商品发运单复印件； ② 检查借款人是否在商业银行开立存款账户；		

（续表）

测试方法	测试内容	执行情况说明	工作底稿索引号
审查书面文件	③ 检查信贷部门是否根据会计部门查询确认后的银行承兑汇票办理审批手续； ④ 检查贴现贷款审查审批程序是否和一般贷款基本一致。 (8)抽查抵质押物保管登记簿及台账 ① 检查抵押、质押物保管登记簿及台账是否清楚完整； ② 检查质押物是否有专人保管、专人负责，对权利质押凭证是否登记造册，入库保管。 (9)抽查逾期、呆滞、呆账贷款档案 ① 查看信贷部门对逾期贷款是否进行了督促催收； ② 对呆滞贷款是否设立了专户专人监督管理； ③ 对改组、改制、改造和法人变更的贷款，是否重新签订了借款合同，并办理了有效担保； ④ 检查对将要破产的企业是否积极依法清收； ⑤ 检查对难以协商处置的或逃废银行债务的，是否及时向法院提起诉讼； ⑥ 检查呆账贷款的认定是否符合财政部和人民银行的有关规定。 (10)抽查贷款会计记录和凭证 ① 检查记账凭证有无复核人员和会计主管人员签字； ② 检查资金是否实际划拨到借款人存款账户； ③ 检查以物抵贷是否按规定及时进行账务处理。 (11)测试计算机计息程序是否完善。		

审计人员：　　编制日期：　　复核人员：　　复核日期：

结论：经对贷款业务的内部控制进行测试后，确认贷款业务的控制风险为：

高(　)　较高(　)　中(　)　低(　)

内部控制保证系数为：

0(　)　1.3(　)　2(　)　2.3(　)

第三节　贷款业务的实质性测试

根据内部控制测试情况，确定贷款业务的实质性测试重点及抽取样本数量。贷款业务循环实质性测试的主要内容包括：贷款余额、贷款质量的真实性，贷款业务的合规性和贷款利息收入、呆账准备等。

一、测试贷款余额、贷款质量的真实性

表 5-3　　索引号：

(审计机关名称)审计工作底稿

贷款余额、贷款质量真实性审计程序表

(审计期间)

被审计商业银行：

审计程序	执行情况说明	工作底稿索引号
(一)取得信贷管理系统的电子文件和会计核算系统中有关贷款类科目的流水账、分户明细账、总账、借款人存款明细账，执行下列复核：		

（续表）

审计程序	执行情况说明	工作底稿索引号
1. 利用计算机将贷款类科目从流水账到总账再到会计报表核对相符；另外将信贷管理系统的贷款金额(包括期初余额、本年发生额和年末余额)与会计报表金额核对相符。 2. 从信贷管理系统中取得信贷部门按“一逾两呆”(或五级分类)口径分类的贷款明细表，与会计系统的贷款明细账、总账、会计报表的有关科目余额核对相符，若有不相符或重大调整项目，则应查明原因。 (二)执行分析性复核。分析各项贷款金额和贷款质量的增减变动情况。 1. 取得上年末贷款余额、本年的信贷计划和本年贷款的增长情况，将本年贷款余额与上年余额进行对比，分析本年贷款余额是否在正常范围内，若有异常增减变动，则应查明原因。 2. 取得上年贷款“一逾两呆”(或五级分类)分类明细表和同行业贷款质量的平均指标，与本年贷款分类明细表进行对比，分析贷款质量的变动是否在正常范围内，若有异常变动，则应查明原因。 3. 分析利息收入是否与贷款金额与贷款质量相匹配。 (三)执行重大项目检查。运用计算机对核对相符后的信贷数据按贷款余额、当年发生额、不良贷款的余额分别从大到小进行排序，以便审计人员： 1. 抽取贷款余额或发生额前10位(根据审计力量和审计时间由各审计组决定)的借款人进行详细检查。 2. 抽取一定数量的不良贷款(根据审计力量和审计时间由各审计组决定，一般情况下，不良贷款中风险高的贷款，应加大检查力度)的借款人进行详细检查。 3. 抽取欠息大户的借款人进行详细检查。 检查的主要内容包括： 1. 审查贷款档案，检查借款人的条件是否符合规定，担保、抵押是否合法，有无正常的审批手续，检查贷款的户名、金额、期限、利率、到期日等内容，是否与会计部门的记录一致。 2. 通过实地调查或函证核实贷款余额和应收利息的真实性。一是核对借款人贷款的期初余额、本年发生额、年末余额以及贷款利息的支付与银行的账面记录是否一致，若不相符，应查明每一笔不相符的金额及原因；二是追踪贷款资金的用途和去向，查明登记入账的贷款是否确实已经发放给真实的借款人，借款人获得贷款后，是否按借款合同的规定使用贷款，有无转移、挪用和骗取银行贷款的现象；三是核实借款人提供的贷款资料是否真实，重点检查借款人实收资本是否到位、财务报表是否真实、经营活动是否正常；四是对不良贷款和欠息大户，还应查明形成不良和欠息的原因。 (四)通过计算机筛选异常的贷款项目进行审查 1. 审查发放给商业银行自办公司的贷款。重点审核自办公司的各项借款、投资和往来账簿，分析其资金的来源和使用情况，检查商业银行有无利用自办公司筹资并账外发放贷款的问题； 2. 审查相互担保企业的贷款。 3. 审查长期欠息的贷款。 4. 审查对借款人旧贷款未收回，又新发放的贷款。 5. 审查同一法人代表、或同一办公地址、或同一电话号码，而借款人不同的贷款。		

（续表）

审计程序	执行情况说明	工作底稿索引号
6. 审查企业集团及其子公司的所有贷款。 7. 审查运用多种信用工具（如贷款、银行承兑汇票、信用证、信用卡透支）的借款人，综合考虑其偿债能力。 （五）利用审计人员的专业判断 1. 结合其他信用工具的审查，主要是定期存单、银行承兑汇票、信用证和担保等业务的审计，检查商业银行有无利用这些信用工具账外融资再对外发放贷款的行为。 2. 结合对其他各类会计科目，主要是各种存款和往来账户的审查，揭露是否存在设立贷款和利息收入过渡户以及账外放款的情况。 3. 审查委托贷款。重点审查委托存款合同，若无真实的委托存款合同，则可证实贷款为假委托贷款。 4. 审查个人消费贷款。由于个人消费贷款户数多、单笔金额小，增加了审计的难度，主要依靠审计人员根据了解的异常情况进行判断抽样，对下列异常情况应重点审查：一是通过审查个人消费贷款的基本资料，检查有无同一借款人在同一房地产开发项目中购买多套住房的现象，或通过身份证识别来自同一地方（特别是农村或偏远山区）的许多借款人购买同一房地产开发项目的现象，通过对上述异常现象的审查，检查有无房地产公司搞假按揭骗取银行贷款的问题；二是审查银行内部员工贷款的用途，有无内部员工将贷款用于股票投资的问题；三是审查有欠息的个人消费贷款，特别是同一房地产项目中大量欠息的问题。此外，在审查个人消费贷款时，同时应检查银行在代办一些业务如代办保险时收取的手续费或回扣是否入账，有无截留私设“小金库”的问题。 （六）抽取一定量的正常贷款，特别是办理过借新还旧手续的正常贷款。调阅信贷档案，结合贷款台账和会计账户进行审查核实： 1. 检查贷款已到期（含展期后到期）应转未转入逾期贷款的情况； 2. 检查贷款的发放时间，是否已经到期，验证此笔贷款有无办理过借新还旧手续； 3. 调阅贷后检查报告，在借款合同执行期内，对借款人生产经营已停止、项目已经停建的情况，贷款应划分为呆滞贷款，对于符合呆账贷款认定标准的还应划分为呆账贷款； 4. 检查借新还旧贷款，唯有同时满足以下四条才能将借新还旧贷款认定为正常贷款，即借款人生产经营活动正常，且能按时支付利息；重新办理贷款手续；贷款抵押、担保继续有效；贷款属周转性。其余任何形式的借新还旧贷款都应认定为不良贷款，并应以原贷款合同的到期日为基础，划分为逾期贷款、呆滞贷款和呆账贷款的相应档次。 5. 检查展期贷款是否符合《贷款通则》等有关规定，借款人未申请展期或申请展期未得到批准，或商业银行违反规定审批展期贷款，都应认定为不良贷款。 （七）通过分析不良贷款监测表，抽取一定数量的不良贷款，特别是近期新增的不良贷款，调阅信贷档案和会计账簿。 1. 审阅借款合同、借款借据、会计记录和贷后检查报告，检查有无将正常贷款转入逾期贷款的现象； 2. 审阅信贷档案，检查有无已办理以物抵贷手续和质押凭证过户手续的贷款未进行账务处理的情况；		

（续表）

审计程序	执行情况说明	工作底稿索引号
3. 审阅信贷档案，结合延伸调查借款人或函证，查证借款人经营的真实状况和资信状况，检查是否将呆账贷款认定为呆滞贷款，将呆滞、呆账贷款认定为逾期贷款； 4. 结合借款人资料、贷前调查和审查审批表，延伸调查借款人在贷前、贷后的经营状况、资信状况、财务状况和借款人的使用情况，分析不良贷款形成的原因，对因商业银行在贷款管理过程中所形成的不良资产，应分清责任。 （八）审查外汇贷款。一是审查外汇贷款在年末折算为人民币时所使用的汇率是否正确；二是审查外汇贷款余额和贷款质量。延伸到借款人进行实地调查，通过核对借款本金和支付利息及调查借款人的生产经营状况，来查明外汇贷款余额是否真实，分类是否准确。 （九）审查银团贷款。主要审查银团贷款是否由当地人民银行或地方政府协调组织实施；审查牵头行和参贷行是否对贷款项目的可行性进行了科学地分析和评估；对逾期和不能按时付息的银团贷款，应重点查明原因，审查有无将银团贷款挪作他用的现象，有无地方政府干预的现象。 （十）审查转贷款的资产质量。主要是通过实地调查了解借款人通过转贷款进口设备是否产生预期效益，能否按时还本付息和支付银行的转贷手续费，审查借款人的经营状况和财务报表，来评价转贷款的资产质量，对由银行垫付转贷款本息的，应重点调查，查明原因。 （十一）审查贷款质量的披露。主要检查上报银行监管部门的报告中，是否真实全面地披露其贷款质量和存在的风险，有无通过调表调账来隐瞒不良贷款的比例，粉饰经营风险的问题。 （十二）审查以物抵贷资产质量及处置。一是审查以物抵贷资产价值是否由具有合法资格的评估机构进行评估确定，有无低值高估的现象；二是审查抵贷资产的会计处理（包括原贷款的转销、确定入账价值与账面价值差额的处理）是否符合财政部的有关规定；三是抵贷资产的管理是否健全有效，是否由资产保全部门设专人进行登记保管，并落实保管责任制，定期进行实物的盘点清查，对抵贷资产产生的收益（如租赁收入）有无截留和私设“小金库”的现象；四是对收回的抵贷资产（如房屋、汽车）有无违规自用的现象。 （十三）完成贷款质量真实性审定表。		

审计人员： 编制日期： 复核人员： 复核日期：

二、贷款业务合规性的实质性测试

表 5-4 索引号：

（审计机关名称）审计工作底稿

贷款业务合规性审计程序表

（审计期间）

被审计商业银行：

审计程序	执行情况说明	工作底稿索引号
（一）审查借款人是否具备贷款的资格和规定的条件，贷款发放手续是否齐全，有无违反规定对不具备借款人资格的企业发放贷款，使贷款本息遭受损失的问题；		

（续表）

审计程序	执行情况说明	工作底稿索引号
（二）审查贷款的投向是否符合国家产业政策和信贷政策，贷款用途是否符合有关规定。查阅借款人的存款分户账和延伸检查贷款资金的去向，有无将流动资金贷款用于购置固定资产，有无挪用贷款违规进入股市和期货市场； （三）审查贷款的审批是否符合规定的审批程序，即是否体现了贷款审批环节之间的制约关系和贷审分离的原则，有无越级审批和未经信贷调查的审批，有无逆程序或变相逆程序审批信贷业务； （四）审查是否存在规避权限管理的行为。如化整为零发放贷款、以短期贷款名义发放中长期贷款以及借名贷款现象； （五）审查是否存在对关系人发放贷款情况，是否存在因对关系人发放贷款而放松申请贷款条件的情况，是否存在继续向自办公司注入信贷资金情况； （六）调阅分支机构年度会计报表、信贷统计报表及上级行下达的贷款额度通知书，审查下级行的贷款总额是否控制在上级行下达的贷款规模之内，有无通过假委托贷款、或将新发放贷款隐藏在其他科目中等问题； （七）审查是否存在以贷收息经营行为的； （八）审查贷款利率的执行情况。 1. 运用计算机对贷款计息文件进行排序和查询，筛选出计息文件中各类贷款利率高于（或低于）国家法定利率的记录进行详细审查。 2. 调阅《借款合同》和借款借据，审查借款合同中注明的利率是否符合中国人民银行的规定，有无任意提高或降低贷款利率、自行制定利率或错用利率问题。 3. 调阅《借款合同》、借款借据、利息收入明细账和手续费收入明细账，审查是否在借款合同中订有附加条款，通过向借款人加收手续费、咨询费等名义变相提高贷款利率的情况。 4. 调阅《借款合同》、借款借据、利息收入明细账，审查商业银行是否在发放贷款当日即扣收贷款利息，从而变相提高贷款利率的现象。 5. 调阅停息、减息、缓息和免息贷款明细账，审查在办理停息、减息、缓息和免息过程中是否严格执行国务院规定，有无越权办理现象。 （九）审查是否按规定办理对保证人、抵押（质押）人的抵（质）押、财产共有人的承诺以及办理保险等审查、估值、产权转移、登记保管等手续； （十）审查票据贴现是否具有真实的商品交易。票据贴现要求具有合法、真实、有效的商品交易合同和增值税发票，必要时，还应到企业调查核实入库单、运输单和相关的会计分录； （十一）审查贷款和贴现资金的去向。审查借款人有无诈骗银行贷款转移国外和用于个人挥霍，或挪用贷款去投资股票、期货而造成损失的现象。 （十二）审查外汇贷款是否符合规定的条件，是否按外管局的规定办理外汇贷款登记，延伸检查借款人是否按规定的用途使用外汇贷款。 （十三）审查有关贷款管理的指标是否控制在人民银行规定的指标内。通过上述对贷款余额和贷款质量的检查，核实单一客户贷款余额比例、最大 10 户客户贷款比例、逾期（呆滞、呆账）比例、中长期贷款比例等指标是否控制在规定的范围内。		

审计人员：　　编制日期：　　复核人员：　　复核日期：

三、贷款利息收入的实质性测试

表 5-5　　索引号：

(审计机关名称)审计工作底稿

贷款利息收入审计程序表

(审计期间)

被审计商业银行：

审计程序	执行情况说明	工作底稿索引号
(一)取得计算机系统中利息收入的计息文件,审查计息文件的完整性和有效性。取得利息收入明细账、表内表外应收利息明细账和总账、各月贷款明细账。 对贷款利息收入,在目前条件下,有两种可供选择的审计方法,审计人员可根据获取电子数据的情况、自身的计算机水平分别采用分析性复核法或计算机辅助审计法。 (二)分析性复核法。 1. 分组设计期望值。在对贷款利息收入进行分析性复核时,由于贷款种类和贷款期限不同,所采用的贷款利率不一致,因此在设计期望值时,一般可以按贷款种类来分组设计期望值(若利息收入在各月之间波动较大,也可以按月或按季分组)。具体方法是取得各月各类贷款的平均余额,根据法定利率计算出各组的期望值。 2. 对作为设计期望值的贷款平均余额进行检查,以保证设计的期望值是可信赖的。 3. 确定可接受的偏差。 4. 比较期望值与实际利息收入及应计利息。对超过可接受偏差的金额进行调查。 5. 对分析性复核结果进行评价。 (三)计算机辅助审计法 1. 计算机编程法。根据取得完整的电子数据,可以直接运用计算机编程对利息收入进行精确复核。取得上年末贷款余额表、本年的贷款流水账、适用利率表,编制利息收入的计算程序,用计算机重新计算贷款利息的正确性。对计算机计算出的分户利息收入与计息文件中不相符的账户进行逐户审查。 2. 通过计算机对贷款计息文件进行检索,检查同类贷款有无适用利率不一致的记录。导致利率不一致有两种情况,一是操作员输入有误,二是人为调整。若有则应筛选出来重点审查。 3. 通过计算机检查有无人为进行计息积数调整的记录。 (四)审查利息收入的确认和计量 1. 抽取原始凭证,与利息收入明细账核对,核实记入利息收入的资金,是否全部从借款人的账户中付出;检查计息清单与利息收入、应收利息(表内外)的数字是否相吻合。 2. 实施重大项目检查。一是查阅各利息收入明细账,从中抽取大额的利息收入,与贷款合同及计息清单进行核对;二是抽取贷款大户,检查其利息收入的入账时间和金额。 3. 将延伸调查贷款单位的利息支出数与银行收取的贷款利息进行核对,若有不相符的现象,则应查明借款人付息的去向。		

（续表）

审计程序	执行情况说明	工作底稿索引号
4. 实施利息收入入账时间测试。审阅结账日前后的利息收入记录，与有关凭证相核对，检查其入账日期是否正确，是否存在跨年度入账，从而调节利润的情况。		

审计人员：　　编制日期：　　复核人员：　　复核日期：

四、呆账准备的实质性测试

表 5-6　　索引号：

（审计机关名称）审计工作底稿

呆账准备审计程序表

（审计期间）

被审计商业银行：

审计程序	执行情况说明	工作底稿索引号
（一）取得贷款分类统计表，呆账准备金提取计算表，核对两表贷款总额和分类是否一致。 （二）通过分析复核，检查呆账准备提取是否正确。自 2001 年起，根据财政部的规定，呆账准备、坏账准备、投资风险准备余额一并转入呆账准备账户管理。商业银行根据提取呆账准备的资产的风险大小确定呆账准备的计提比例，人民币、外币呆账准备分别核算和反映。呆账准备余额最高可为提取呆账准备资产期末余额的 100%，最低可为提取呆账准备资产期末余额的 1%。审计人员应结合信贷资产质量的检查，核实商业银行对资产的风险大小确认是否符合实际，确定计提呆账准备的比例是否充足，计提基数是否完整，账务处理是否正确。 （三）审查呆账的确认条件。呆账的确认是否符合财政部和人民银行规定的条件。 （四）审查呆账的核销程序。取得核销呆账的有关审批资料，审查各银行分支机构的贷款呆账是否经财政部驻各省、自治区、直辖市和计划单列市财政监察专员办事处审核同意后上报总行，由各总行按规定审查批准后核销；各总行本级和直属机构的贷款呆账，由总行按规定进行批准核销。 （五）审查呆账核销的真实性。有无弄虚作假多报呆账搞假核销，或者收回的呆账贷款转存账外的现象。		

审计人员：　　编制日期：　　复核人员：　　复核日期：

表 5-7　　索引号：

（审计机关名称）审计工作底稿

贷款业务循环涉及会计科目审定表

（审计期间）

被审计商业银行：　　金额单位：

序号	会计科目	金额	调整情况			审定数	工作底稿索引号
			借（或）贷	金额	对方科目		
1		短期贷款					
2		长期贷款					

（续表）

序号	会计科目	金额	调整情况			审定数	工作底稿索引号
			借（或）贷	金额	对方科目		
3	逾期贷款						
4	呆滞贷款						
5	呆账贷款						
6	委托贷款						
7	转贷款						
8	票据贴现						
9	以物抵贷资产						
10	呆账准备						
11	应收利息						
12	利息收入						
13	营业税金及附加						
14	表外应收未收利息						

审计人员： 编制日期： 复核人员： 复核日期：

表 5-8 索引号：

（审计机关名称）审计工作底稿

贷款质量审定表

（审计期间）

被审计商业银行： 金额单位：

贷款分类	报表金额	调整数	审定数	工作底稿索引号
正常贷款				
逾期贷款				
呆滞贷款				
呆账贷款				
合计				
正常贷款				
关注贷款				
次级贷款				
可疑贷款				
损失贷款				
合计				

审计人员： 编制日期： 复核人员： 复核日期：

注：审计人员可根据被审计商业银行的贷款分类标准（四级分类或五级分类）填列

表 5-9 索引号：

(审计机关名称)审计工作底稿

贷款业务查出问题汇总表

(审计期间)

被审计商业银行： 金额单位：

序号	性质	问题摘要	对应会计科目	发生日期	金额	定性依据	工作底稿索引号

审计人员： 编制日期： 复核人员： 复核日期：

其他章节(略)

第十三章 财务会计报告审计及评价

商业银行会计处理的最后一个环节就是根据账簿上反映的各会计要素信息及其他有关资料和数据编制财务会计报告。商业银行财务会计报告，是商业银行根据其日常会计核算资料，通过归集、分类、分析、汇总，而形成的一个完整的报告体系，用于反映商业银行的年度财务状况和经营成果及其他财务会计信息的书面文件。

财务会计报告审计是利用财务会计报告中会计报表之间，会计报表与财务会计报告其他构成要素之间，以及财务会计报告与有关账簿、凭证和其他资料之间的各种勾稽、平衡关系，对财务会计报告所反映的各项指标、参数和其他信息进行审核、分析、评价。由于商业银行的财务状况和经营成果及各项考核、监管指标均集中体现在财务会计报告中，因此财务会计报告审计是关系到商业银行资产、负债和损益真实性、合规性以及各项考核、监管指标完成情况的关键环节，是商业银行财务审计的出发点和归属，也是其审计的重要内容之一。财务会计报告审计主要采用分析性复核的方法。在审计准备阶段，审计人员可以通过分析财务会计报告来确定审计重点和重要性水平，发现一些问题线索，最终通过实施其他审计程序来审核财务会计报告所反映财务会计信息的真实性、合规性和效益性。本指南第二章已详细介绍了审计准备阶段对财务会计报告进行分析性复核的方法，本章主要介绍对商业银行各项业务循环实施审计后对财务会计报告分析和评价的方法。

商业银行的财务会计报告分为年度、半年度、季度和月度财务会计报告。年度财务会计报告是指年度终了对外提供的财务会计报告。半年度、季度和月度财务会计报告统称为中期财务会计报告。

根据金融审计的特点，本章主要介绍商业银行年度财务会计报告的审计。

第一节 财务会计报告简介及审计目标

一、财务会计报告简介

商业银行对外提供的财务会计报告是按照国家有关规定，提供给债权人、投资者和国家财政部门、金融监管部门等报告使用人的法定书面文件。对其会计报告的内容、会计报表的种类和格式、会计报表附注的内容、报送时间等，有关部门都有明确规定。在实行外汇分账制的情况下，银行编制的会计报表可以分为人民币报表、各种外汇折美元报表及各货币折人民币报表。

(一)商业银行的财务会计报告一般包括：

1. 业务状况表(或试算平衡表)

业务状况表可以看作是一级科目的总账汇总表。包括期初余额、本期增加额、本期减少额、期末余额等栏目。目前，商业银行通过会计核算系统一般由业务状况表直接生成资产负债表和利润及利润分配表。

2. 损益明细表

损益明细表由损益类明细科目构成，是利润表项目的细化。

3. 资产负债表

商业银行资产负债表的格式、内容及编制要求一般由财政部门制定,定期向外报送。

4. 利润及利润分配表

5. 会计报表附表。

包括国有资产总量表、机构人员及主要指标表、固定资产情况表、各项准备及贷款情况表、所得税清算情况表、银行补充指标表等。

6. 决算报表编报说明(或决算说明书)

决算说明书是年度会计决算的重要组成部分。它以文字的形式分析决算年度业务活动和财务收支情况,主要说明决算数据形成或变化原因,补充报表数字所不能表达的内容。决算说明书主要内容包括:组织决算工作情况;决算报表中不符事项的说明;对账签证及财产清理工作中发现的账簿、账实不符情况及其原因;决算报表中有关项目的说明;决算年度各项经营计划指标执行情况、存在问题、意见、建议及其他需要说明的事项。

(二)对于上市的股份制商业银行,财务会计报告由会计报表、会计报表附注和财务情况说明书组成。

1. 商业银行向外提供的会计报表包括:

(1)资产负债表

(2)利润表

(3)现金流量表

(4)利润分配表

(5)所有者权益变动表

(6)分部报表

(7)信托资产管理会计报表

(8)其他有关附表

2. 会计报表附注一般包括以下内容:

(1)会计报表编制基准不符合会计核算基本前提的说明

(2)重要会计政策和会计估计的说明

(3)重要会计政策和会计估计变更的说明

(4)或有事项和资产负债表日后事项的说明

(5)关联方关系及其交易的披露

(6)重要资产转让及其出售的说明

(7)金融企业合并、分立的说明

(8)会计报表中重要项目的明细资料

(9)有助于理解和分析会计报表需要说明的其他事项

3. 财务状况说明书应对下列情况作出说明:

(1)商业银行经营的基本情况

(2)利润实现和分配情况

(3)资金增减和周转情况

(4)对财务状况、经营成果和现金流量有重大影响的其他事项

二、商业银行主要会计报表的编制

商业银行一般通过报表生成系统由业务状况表直接生成各种会计决算报表,由各会计科目总账到报表项目的归并关系应该包含在系统程序中,但审计人员有必要对其正确性进行审查。

(一)资产负债表的编制

1. 根据总账或明细账科目余额直接填列的项目。如现金及银行存款、存放同业款项、汇出汇款、应付利息等项目。

2. 根据总账或明细账科目余额合并填列的项目。如拆出资金项目,根据拆放同业和拆放金融性公司科目的期末余额加总填列;拆入资金项目,根据同业拆入和金融性公司拆入科目的期末余额加总填列。

3. 根据总账或明细账科目余额分析填列的项目。如存放联行款项项目,根据联行类科目的轧差结果,

如果为借方，则在本科目反映，若为贷方则反映在联行存放款项科目；贴现项目，根据贴现科目期末余额扣除银行再贴现的票据余额后填列；长期投资项目，根据长期投资科目期末余额扣除一年内到期的长期投资后数额填列；短期存款项目，根据活期存款科目期末余额和定期存款科目的有关明细科目填列。

（二）利润及利润分配表的编制

1. 营业收入项目。根据利息收入、金融企业往来收入、手续费收入、证券销售差价收入、证券发行差价收入、租赁收益、其他营业收入、汇兑收益等项目汇总计算填列。

2. 营业支出项目。根据利息支出、金融企业往来支出、手续费支出、营业费用、汇兑损失、其他营业支出等项目汇总计算填列。

3. 营业税金及附加项目。根据营业税金及附加科目期末结转利润科目的数额填列。

4. 营业利润项目。根据营业收入减营业支出及营业税金及附加项目得出，经营亏损用“—”号表示。

5. 利润总额项目。根据营业利润加投资收益、补贴收入、营业外收入减营业外支出项目得出，如为亏损用“—”号表示。

6. 净利润项目。根据利润总额减所得税、少数股东损益加未确定的投资损失项目得出。

利润分配表的编制可根据本年利润和利润分配科目及其所属明细科目的记录分析填列。

（三）现金流量表的编制

现金流量表的编制方法有直接法和间接法两种。我国商业银行一般采用直接法编制现金流量表，反映某一会计期间的现金流入、现金流出及现金净流量。

1. 经营活动产生的现金流量

(1)贷款利息收入，反映商业银行在各类贷款业务中实际收到的利息收入，包括收到本期贷款利息收入、收到前期贷款利息以及预收以后期间的贷款利息。

(2)金融机构往来收入，反映商业银行在与其他金融机构往来业务中实际收到的利息收入，包括存放中央银行款项利息收入、存放同业利息收入、拆放同业利息收入、拆放金融性公司利息收入、系统内往来利息收入(减利息支出，如为负数，列入"金融机构往来支出")、系统内拆借利息收入、转贴现利息收入等。

(3)其他营业收入，反映商业银行除利息收入和金融机构往来收入以外的经营收入实际收到的现金，包括手续费收入、证券买卖差价收入、证券发行差价收入、租赁收入、汇兑收益、其他营业收入等。

(4)活期存款吸收与支付净额，反映商业银行吸收的单位和个人活期存款及信用卡存款等业务实际现金收付的差额。如实际收入的现金小于支付的现金，列为现金流出。

(5)吸收的定期存款，反映商业银行吸收的单位和个人定期存款等业务实际收入的现金。

(6)收回的中长期贷款，反映商业银行收回的期限在一年以上(含一年)的各种中长期贷款收入的现金。收回的逾期贷款，不论在逾期前是作为短期贷款或中长期贷款，均在此项目反映。

(7)收回已核销的贷款，反映商业银行已作为呆账损失核销的贷款本期重新收回而收入的现金。

(8)与中央银行往来现金净额，反映商业银行与中央银行发生资金往来实际收付现金的差额，如实际收入的现金小于支付的现金，列为现金流出。

(9)与金融机构往来现金净额，反映商业银行与其他银行、金融性公司之间拆入拆出、同业存放与存放同业以及其他资金往来实际收付现金的差额，如差额为负数，列为现金流出。

(10)收到其他与经营活动有关的现金，反映商业银行除上述项目外与经营活动有关的其他现金流入。其他现金流入如果数额较大，应单列项目反映。

(11)存款利息支出，反映商业银行在各类存款业务中实际支付的利息，包括支付本期存款利息、支付前期存款利息以及预付以后期间存款利息。

(12)金融机构往来支出，反映商业银行与其他金融企业往来业务中实际支付的利息，包括向中央银行贷款利息支出、同业存放利息支出、同业拆入利息支出、金融性公司拆入利息支出、系统内往来利息支出(减利息收入，如为负数，列入“金融机构往来收入”)、系统内拆借利息支出、转贴现利息支出、再贴现利息支出等。

(13)其他营业支出，反映商业银行除利息支出和金融企业往来支出以外的经营活动实际支付的现金，包括手续费支出、汇兑损失以及除工资、福利性支出以外的用现金支付的各种营业费用等。

(14)支付给职工以及为职工支付的现金，反映商业银行以现金支付给职工的工资和为职工支付的其他现金，包括支付给职工的工资、奖金、各种补贴以及为职工交纳的养老、失业等社会保险基金和各种商业保险金等。

(15)支付定期存款本金，反映商业银行在吸收单位和个人定期存款等业务中实际支付的定期存款本金。

(16)短期贷款发放与收回净额，反映商业银行发放与收回期限在一年以内的各种贷款本金的差额。

(17)中长期贷款，反映商业银行发放期限在一年以上(含一年)的各种中长期贷款。

(18)支付营业税金及附加，反映商业银行实际缴纳的营业税金及附加。

(19)支付所得税，反映商业银行实际缴纳的所得税款。因年终汇缴或享受税收优惠政策等原因退回或返还的所得税，抵减实际缴纳的所得税。

(20)支付除营业税金及附加、所得税以外的其他税费，反映商业银行按国家有关规定实际缴纳的除营业税金及附加、所得税以外的其他各种税费。与投资有关的税金支出，在投资项目中反映。

(21)支付其他与营业活动有关的现金，反映商业银行除上述项目外与经营活动有关的其他现金流出。

2. 投资活动产生的现金流量

(1)收回投资所收到的现金，反映商业银行出售、转让或收回除现金等价物以外的各种股权投资、债权投资和其他投资实际收到的现金，包括投资本金(账面价值)的收回和因收回款项大于(或小于)投资本金而确认的投资收益(或损失)。与债券投资本金同时收回的利息收入，列入“取得债券利息收入所收到的现金”。

(2)分得股利或利润所收到的现金，反映商业银行因股权投资而分得的现金股利，以及因股权投资和其他投资以现金方式实际分得的利润。

(3)取得债券利息收入所收到的现金，反映商业银行因债权性投资而收到的现金利息收入。包括现金等价物范围内的债券投资，其利息收入应在本项目反映。

(4)处置固定资产、无形资产和其他长期资产所收到的现金净额，反映商业银行出售固定资产、无形资产和其他长期资产而收到的现金，扣除为出售这些资产而支付的有关费用后的净额。固定资产和其他长期资产报废、毁损的变卖现金净收入，也在本项目反映。若现金净额为负数，应列入“支付其他与投资活动有关的现金”。

(5)收到其他与投资活动有关的现金，反映商业银行除上述项目外与投资活动有关的其他现金流入。其他现金流入如果数额较大，应单列项目反映。

(6)购建固定资产、无形资产和其他长期资产所支付的现金，反映商业银行因购买或建造固定资产、无形资产和其他长期资产而支付的现金。

(7)权益性投资所支付的现金，反映商业银行从事股票投资和其他权益性投资而支付的现金，包括支付的投资价款和佣金、手续费、税金等各项附加费用。

(8)债权性投资所支付的现金，反映商业银行购买除现金等价物以外的债券而实际支付的现金。

(9)支付其他与投资活动有关的现金，反映商业银行除上述项目外与投资活动有关的现金流出。其他现金流出如果数额较大，应单列项目反映。

3. 筹资活动产生的现金流量

(1)吸收权益性投资所收到的现金，反映商业银行收到投资者作为资本金投入的现金。其中，委托证券机构代理公开发行股票筹集资金的，由证券机构直接支付的手续费、宣传费、咨询费、印刷费等费用，从发行股票取得的现金收入中扣除，以净额列示。子公司的少数股东增加在子公司中的权益性资本投资收到的现金，单独列示。

(2)发行债券所收到的现金，反映商业银行发行债券筹集资金收到的现金。委托证券机构代理发行债券的，由债券机构直接支付的手续费、宣传费、咨询费、印刷费等费用，从发行债券取得的现金收入中扣除，以净额列示。

(3)收到其他与筹资活动有关的现金，反映商业银行除上述项目外与筹资活动有关的其他现金流入。其他现金流入如果数额较大，应单列项目反映。

(4)偿还债务所支付的现金，反映商业银行偿还到期债券等筹资债务本金所支付的本金。支付债务利息所支付的现金，列入“偿还利息所支付的现金”。

(5)发生筹资费用所支付的现金,反映商业银行除发行股票、债券以外的筹资活动发生的各种费用,如咨询费、公证费、印刷费等。

(6)分配股利或利润所支付的现金,反映商业银行实际支付的现金股利,以及分配利润所支付的现金。对于子公司向少数股东支付现金股利,单列反映。

(7)偿还利息所支付的现金,反映商业银行实际偿还债券利息等筹资债务利息所支付的现金。

(8)减少注册资本所支付的现金,反映商业银行经批准减少注册资本,投资者抽回投资所发生的现金支出。对于少数股东依法抽回其在子公司中的权益性投资,单列反映。

(9)支付其他与筹资活动有关的现金,反映商业银行除上述项目外与筹资活动有关的其他现金流出。其他现金流出如果数额较大,应单列项目反映。

4. 非常项目产生的现金流量净额,反映非常性、偶发生的项目对现金流量的影响,按现金流入与现金流出的差额在本项目列示。非常项目包括自然灾害损失、保险索赔收入、捐赠、接收捐赠、罚没收入、罚没支出等。

5. 汇率变动对现金流量的影响额,商业银行发生的外币现金流量及境外机构的现金流量,按现金流量发生日的汇率或平均汇率折算成人民币,而编制现金流量表时,按期末汇率对外币现金流量进行调整,本项目反映此项调整对现金流量的影响。

6. 现金及现金等价物净增加额,反映商业银行在本期内现金及现金等价物的变动情况,即现金及现金等价物期末余额与期初余额之差。如果期末余额大于期初余额,以正数表示;如果期末余额小于期初余额,以负数表示。本项目应等于经营活动、投资活动、筹资活动和非常项目产生的现金流量以及汇率变动对现金流量影响之和。

(四)合并会计报表

按照规定,对于符合合并会计报表编制要求的国有独资商业银行,应编报合并会计报表,包括合并资产负债表、合并损益表、合并现金流量表。

1. 合并会计报表的合并范围:

(1)国有独资商业银行境内外分支机构;

(2)国有独资商业银行拥有其过半数以上(不包括半数)权益性资本(权益性资本是指能够据以参与企业管理,对经营决策有投票权的资本)的被投资银行和非银行金融机构,包括:直接拥有其过半数以上权益性资本的被投资银行和非银行金融机构;间接拥有其过半数以上权益性资本的被投资银行和非银行金融机构(间接拥有过半数以上权益性资本是指通过子公司而对子公司的子公司拥有其过半数以上权益性资本);直接和间接拥有其过半数以上权益性资本的被投资银行和非银行金融机构(直接和间接拥有过半数以上权益性资本是指母公司虽然只拥有其半数以下的权益性资本,但通过与子公司合计拥有其过半数以上的权益性资本)。

(3)国有独资商业银行虽然不拥有其过半数以上的权益性资本,但与被投资银行或非银行金融机构之间有下列情况之一的,应将其纳入合并会计报表的合并范围:通过与其他投资者之间的协议,持有该银行或非银行金融机构半数以上的表决权;根据章程或协议,有权控制该银行或非银行金融机构的财务和经营政策;有权任免董事会等类似权力机构的多数成员;在董事会或类似权力机构会议上有半数以上投票权。

不包括在合并会计报表的合并范围之内:从事非金融业务的经济实体;已关闭或已宣告破产的银行或非银行金融机构;按照破产程序,已宣告被清理整顿的银行或非银行金融机构;决定在一年之内售出而短期持有其过半数以上权益性资本的银行或非银行金融机构;受所在国外汇管制及其他突发事件影响,资金调度受到限制的境外分支机构以及银行、非银行金融机构。

2. 编制方法

国有独资商业银行编制合并会计报表时,对银行、非银行金融机构的权益性投资采用权益法反映。

编制合并资产负债表时,应抵消下列项目:

(1)国有独资商业银行权益性资本投资项目与银行、非银行金融机构所有者权益项目;

(2)国有独资商业银行总行、境内外分支机构相互之间发生的内部债权债务项目,主要包括存放系统内款项与系统内存放款项、系统内借出与系统内借入、预缴上级行利税与预收下级行利税、拨付营运资金与拨入营运资金等;

(3)国有独资商业银行(包括总行、境内外分支机构)与银行、非银行金融机构相互之间,以及银行、非银行金融机构相互之间发生的内部债权债务项目,主要包括应收账款与应付账款、预收账款与预付账款、应付债券与债券投资等;

(4)其他应予以抵销的项目。

编制合并损益表时,应抵消下列项目:

(1)国有独资商业银行对银行、非银行金融机构权益性资本投资收益项目;

(2)国有独资商业银行总行、境内外分支机构相互之间资金往来形成的内部利息收入和利息支出项目,主要包括系统内往来利息收入与系统内往来利息支出、联行往来利息收入与联行往来利息支出等;

(3)国有独资商业银行(包括总行、境内外分支机构)与银行、非银行金融机构相互之间,以及银行、非银行金融机构相互之间发生的内部收入和支出项目,主要包括内部业务收入与内部业务成本、管理费用项目、内部投资收益与利息支出等;

(4)其他应予以抵销的项目。

三、审计目标

商业银行财务会计报告是否真实可靠,直接影响到报告使用者对银行经营状况的判断,关系到国家宏观经济调控政策的实施。对财务会计报告进行审计,其目的就是促使商业银行提供真实的报告,保证国家宏观决策的正确性及有效性。具体说通过审计应实现以下审计目标:

(一)真实性。指商业银行会计报告所反映的项目确实存在。会计报告的真实性通常是建立在审核有关会计账簿、凭证和其他会计资料真实性的基础上。在财务会计报告审计中主要是核对报告所反映的内容是否与相关账、证反映的内容一致,其中尤其要注意有无人为调节财务状况和经营成果的情况。

(二)完整性。是指商业银行在会计年度内按照国家规定完整地编制财务会计报告,全行汇总会计报表的并表范围与内容完整。

(三)准确性。指商业银行会计决算报表各项目期初余额、本期发生额及期末余额记录准确,由总账科目到会计报表项目的归并关系准确。会计报表表表、账表及表内数据之间存在正确的勾稽、平衡关系。

(四)合法性。是指商业银行的财务会计报告的编制符合国家有关法律法规规定和监管的要求。

(五)截止期。指商业银行各项经济业务记录于正确的会计期间,各会计账户记录的截止期正确,全行有统一的报表截止期。

(六)分类与披露。指商业银行各项业务被分类计入相关科目,在年度会计报告中有正确的列示,对于应予特殊说明的重要事项在决算报表编报说明或会计报表附注中有恰当的描述。

四、应索取的主要会计报表和相关文件

(一)年度电子及纸质业务状况表(或试算平衡表)、资产负债表、利润及利润分配表、损益明细表等(对于编制现金流量表的商业银行还要取得其现金流量表)。以上报表(除现金流量表外)包括人民币报表、各种外汇折美元报表及各货币折人民币报表。此外,可根据需要索取以前年度财务会计报告。

(二)会计报表附表:国有资产总量表、机构人员及主要指标表、固定资产情况表、各项准备及贷款情况表、所得税清算情况表、银行补充指标表等。

(三)决算报表编报说明和财务情况分析(决算说明书)。

(四)编制合并会计报表的商业银行,应取得合并资产负债表、合并损益表及合并现金流量表。

(五)财政部对该商业银行年度财务计划的批复。

(六)劳动和社会保障部关于年度劳动和社会保障事业发展计划的通知。

(七)中国人民银行非现场监管指标表。

(八)上级监管部门、检察机关或银行内审部门近期的审计报告。

第二节 财务会计报告内部控制测评

由于商业银行实行统一法人体制,分支机构遍布全国各地,分级核算逐级汇总,总行对数十家一级分行进行统一汇总,编制全行系统财务会计报告,涉及经营业务广泛,会计报表种类多,包含的会计项目多。目前商业银行一般采用报表决算系统生成会计报表。在实际工作中,虽然审计人员一般对财务会计报告进行全面的详细复核,但也有必要对财务会计报告编制的内部控制进行了解和测试,以确定其是否有效。鉴于会计报表具体项目的内部控制测试在前面各章所述不同业务循环审计程序中已阐明，本章只介绍财务会计报告编制与形成过程中一般的内部控制。内部控制测评包括三个环节：内部控制调查、内部控制测试和风险评估。

一、财务会计报告的主要风险及表现

商业银行财务会计报告的风险主要是操作风险和系统风险，表现在以下几个方面：

（一）人为或系统原因造成合并会计报表不完整，应该纳入合并报表范围的单位未并表。

（二）由于商业银行各分支机构或各账户记录截止期不一致，导致会计报表汇总数据不准确。

（三）为完成银行监管部门或上级下达任务或经济指标等，擅自改动计算机系统的账户数据，人为调节业务状况表或资产负债表等项目。

（四）呆账准备、应收应付利息等与损益有关的项目计算提取不正确，人为调节损益。

（五）存在应披露而未披露的重要事项，如重要会计政策变更、重大的贷款、投资项目或关联方交易等。

二、内部控制测评

（一）调查内部控制，确定审计策略

在调查了解财务会计报告的主要风险后，审计人员应针对上述风险产生的原因对编制财务会计报告的内部控制进行调查和测试，以评价控制风险。审计人员可以根据实际情况对下列内部控制调查的内容予以添加取舍。

（二）测试内部控制，评估控制风险

完成内部控制调查后，可根据调查情况，采取询问、观察及审查书面文档等方法对内部控制进行测试，并对内部控制风险作出评价。

第三节 财务会计报告的实质性测试

根据内部控制测评结果得出的内部控制保证程度，审计人员即可确定实质性测试所要达到的检查保证程度。本章针对商业银行财务会计报告审计设计了具体的审计程序。财务会计报告审计主要采用分析性复核和计算机审计的方法，审计人员需要合理地运用专业判断。

在进行财务会计报告的实质性测试之前，审计人员应考虑以下因素：

1. 上次财务会计报告审计的结果；
2. 交易和事项的记录、分类、汇总以及财务会计报告的编制程序；
3. 被审计商业银行选用的会计政策及其变更情况；
4. 被审计商业银行的经营活动发生变化对财务会计报告的影响；
5. 股东大会、董事会会议及其他管理层会议所作出的可能对财务会计报告产生影响的决议；
6. 可能对财务会计报告有重大影响的表外业务事项；
7. 需要运用估计和判断的重要事项；
8. 交易和账户余额的重要性水平。

一、报表复核程序

在复核会计报表项目之前，应检查会计报表是否按照现行会计准则和财务会计制度规定的科目和格式编制。

（一）本级会计报表复核

1. 总账与会计报表之间的核对。根据电子总账数据，利用计算机将二级总账科目按科目并表关系汇总得到一级总账科目，再归并得到一级并表科目，即会计报表的有关项目，与银行提供的会计报表相应项目核对，以审查会计报表的真实性。商业银行在利用报表生成系统生成决算报表的过程中，往往会对报表中一些项目进行调整，因此在做此项检查时，审计人员应与被审计单位做充分沟通，询问和了解决算报表项目的调整情况，并确定其调整的合规性。

2. 会计报表之间的核对。如果商业银行本级存在并表单位，则可以利用计算机将审核后的本级会计报表与并表单位的报表进行合并，与被审计银行提供的合并报表相应项目进行核对，检查合并报表的正确性。同时，应审查会计报表之间的勾稽关系，如资产负债表中未分配利润数字是否与利润及利润分配表相关数字一致，利润及利润分配表所列营业收入、营业支出、营业税金及附加等本年发生数，是否与相关明细报表或附表数字相一致。

(二)系统会计报表复核

1. 将系统内下属并表单位的电子报表与纸质报表进行核对。从业务状况表及损益明细表中,用抽样的方法选择对资产负债损益的真实性有重大影响的、与信贷资产质量有关的及财政部门和中央银行下达指标监管考核的项目,进行重点核对。

2. 根据年终折算汇率,用抽样的方法从以原币反映的业务状况表、损益明细表中选择部分科目折算成汇总人民币金额,与商业银行提供的汇总报表相应项目进行核对,若有差异,则应查明原因。

3. 用抽样的方法将银行提供的系统汇总电子报表与纸质报表进行核对,以确认汇总报表数据信息的真实性。

4. 审核从银行内部报表(业务状况表、损益明细表等)到对外报送报表(资产负债表、利润及利润分配表等)的科目归并关系,是否存在与国家规定会计制度有差异的情况,检查各科目数据归并、调整的合规性、合理性。

5. 审查有关附表、会计报表附注、决算说明书等内容的真实性和完整性。

二、各项指标复核程序

(一)根据财政部对被审计商业银行年度财务计划批复中下达的各项指标,逐项复核商业银行指标执行情况:

1. 利润计划

主要是复核商业银行当年利润指标的完成情况,是否达到财政部核定的标准。

2. 费用额或费用率

目前财政部以金融企业法人为单位统一核定费用指标,统一考核。商业银行在财政部下达当年费用支出指标以后,再将费用指标分解到二级分行(一般以费用额形式),层层考核。

审查费用支出是否按该行全部业务费用加人事费用减去税金计算。

实行费用额控制的,在计算费用支出实际发生额后,与财政部或上级行下达指标相比较,审查费用支出是否控制在核定指标之内。

实行费用率控制的,应先计算该行当年实际费用率,审查费用率是否控制在财政部或上级行下达指标之内。费用率的计算公式如下:

费用率= 费用支出 / 收入×100% =(业务费用+人事费用-税金)/(全部收入-同业往来利息收入-系统内往来利息收入-营业外收入)

3. 呆账准备

自 2001 年起,根据财政部的规定,呆账准备、坏账准备、投资风险准备余额一并转入呆账准备账户管理。商业银行应当根据提取呆账准备的资产的风险大小确定呆账准备的计提比例,人民币、外币呆账准备分别核算和反映。呆账准备金余额最高可为提取呆账准备金资产期末余额的 100%,最低可为提取呆账准备金资产期末余额的 1%。计提的呆账准备计入"其他营业支出-计提呆账准备"科目。根据人民银行的规定,呆账准备中的贷款损失准备由商业银行总行统一计提,贷款损失准备包括一般准备、专项准备和特种准备。一般准备是根据全部贷款余额的一定比例计提的、用于弥补尚未识别的可能性损失的准备。银行应按季计提一般准备,一般准备年末余额应不低于年末贷款余额的 1%。专项准备是指根据中国人民银行《贷款风险分类指导原则》,对贷款进行风险分类后,按每笔贷款损失的程度计提的用于弥补专项损失的准备。中国人民银行对于专项准备提出的参照比例为:对于关注类贷款,计提比例为 2%;对于次级类贷款,计提比例为 25%;对于可疑类贷款,计提比例为 50%;对于损失类贷款,计提比例为 100%。其中,次级和可疑类贷款的损失准备,计提比例可以上下浮动 20%。特种准备指针对某一国家、地区、行业或某一类贷款风险计提的准备。特种准备由银行根据不同类别(如国别、行业)贷款的特殊风险情况、风险损失概率及历史经验,自行确定按季计提比例。

审计人员应取得商业银行定期向中国人民银行报送的贷款质量五级分类、呆账准备计提及损失贷款核销情况的资料、被审计商业银行对本行呆账准备提取及核销管理的有关规定,审查呆账准备的提取是否充足,会计处理是否符合规定,所确定的计提比例是否适当,计提基数是否完整。有无随意变更计提比例,人为增减本期成本的现象。.

4. 固定资产和在建工程

财政部对商业银行固定资产和在建工程购建资金按年度实行绝对额控制，各商业银行根据财政部下达指标向下级行进行分解，逐级考核。审查固定资产和在建工程当年购建资金总额是否控制在财政部或上级行下达指标范围内。计算公式如下：

年末固定资产和在建工程当年购建资金总额＝本年末固定资产原值和在建工程余额之和－上年末固定资产原值和在建工程余额之和

（二）根据劳动和社会保障部核定的当年工资总额计划数，审查商业银行当年职工工资总额是否超过计划指标。

（三）其他主要财务指标的复核

1. 折旧

如果全年度固定资产变化不大，可以运用分析性复核的方法，根据《基本情况表》和分月份固定资产折旧计算表，对折旧计提的总体合理性进行复核。按照使用年限的长短和折旧方法将固定资产进行分类，分别计算不同类型固定资产应计提折旧额。计算公式为：

应计提折旧额＝本期期末应计提折旧的固定资产原值×折旧率

将计算结果加总即得到固定资产应计提折旧的期望值。如果无法得到期末应计提折旧的固定资产原值，可以用固定资产年、月平均余额代替。然后比较期望值与实际计提的折旧总额，如果数额相差不大，则可以适当减少对累计折旧和折旧费用进行抽查计算的工作量，如果超过可接受偏差，则应查明原因。

但是，如果在审计年度内有大宗固定资产的购进或报废的话，不宜采用平均值为基础的折旧测算方法，应重点选取个别月份对固定资产折旧的计提进行抽查。

2. 业务宣传费

根据国家税务总局规定，商业银行在纳税年度内发生的业务宣传费，在不超过营业收入5‰的范围内[即（营业收入－金融机构往来利息收入）×5‰]，可据实扣除。在计算出业务宣传费可以按实扣除部分后，与审计后的业务宣传费实际发生额相比较，审查业务宣传费是否超过规定比例，超出的部分在计算交纳企业所得税时需进行纳税调整。

3. 业务招待费

根据国家税务总局的规定，商业银行的业务招待费在规定比例范围内，可据实扣除。即：全年营业收入净额在1500万元及其以下的，不超过营业收入净额的5‰；全年营业收入净额超过1500万元的，不超过该部分的3‰。审查业务招待费是否超过规定比例，对于超出的部分是否做了纳税调整。

4. 应付利息

对全年应付利息余额进行分析性复核，可以采用比较分析和趋势分析两种方法。

(1)比较分析

先分组设计应付利息的期望值。由于存款的种类、期限和币种不同，在设计期望值时可以进行分组，分组越细，所确定的期望值的精确度越高。取得各类存款各月份平均余额，然后确定平均利息率，计算公式为：

应付利息期望值＝∑存款平均余额×平均利息率×存款期限

比较期望值与实际计提的应付利息年末余额，对于超过可接受偏差的金额应进一步分析，查明原因。

(2)趋势分析

可以计算近三年的应付利息余额占存款平均余额的比例，对连续三年该比例的增减变动情况进行比较与分析，如果当年存在异常变动或较大幅度增减，则应查明原因。

第四节 财务会计报告分析及评价

商业银行财务会计报告分析及评价的实质是从财务角度对银行工作的业绩和经营状况进行总结与评估。对财务报告的分析主要从盈利和风险两方面入手，根据审计后的财务报告的数据，进行分析和计算，目的是评价商业银行的经营情况，为银行进一步改善经营管理提高效益提出合理的建议。在实施审计过程中，审计人员应根据具体情况选择适当的程序。

对商业银行财务会计报告进行分析评价时，应当运用分析性复核的方法，实施的程序一般有：

（一）比较本期与前期的财务会计报告，发现当期数额变化异常的项目，分析产生的原因；

（二）比较实际与预期的财务状况和经营成果；

（三）分析会计报表结构及重要项目之间的关系；

（四）比较会计信息与相关非会计信息并分析它们之间的关系；

（五）计算重要财务指标，与前期相应指标或行业标准进行比较。

一、财务会计报告一般性分析

（一）资产质量分析

银行的资产质量是通过资产结构表现出来的。对银行资产质量的分析，就是对资产各个组成部分及其相互关系的分析。质量分析的标准是，现有的资产结构是否能在确保安全性、流动性的基础上，获得较好的收益性。

银行资产质量分析，首先应对其资产种类结构进行分析，以反映银行资产质量总体状况；其次，应重点对贷款质量进行评析，揭示商业银行的内在风险；最后，可以进行历史数据的比较，同行业相关数据的比较和资产投向结构分析，以此预测银行资产质量的可能发展趋势，发现与同行业之间的差距，分析不良资产在行业、种类等方面的分布。

1. 资产结构的分析

商业银行的资产按类别一般可分为流动性资产、长期资产、长期待摊费用、无形资产和其他资产。一般地，经营保守型的银行可能流动资产比例较高，风险激进型的银行长期资产比例可能相对较高。

如果将商业银行的资产分为盈利资产和非盈利资产，现金、固定资产、无形资产、长期待摊费用等属于非盈利资产，而投资、贷款等属于盈利资产。银行在运用资金时，通常在盈利资产与非盈利资产之间保持合理的结构，在盈利资产中，尽量在风险相同的情况下，增加高收益资产的比重，减少低收益资产比重，以获得更大收益。

2. 贷款资产质量分析

因为贷款在商业银行资产中的特殊地位，贷款收益对整个银行收益有举足轻重的影响，所以，对贷款种类结构及形式的分析就成为资产质量分析的重要部分。在实行分业经营的情况下，我国商业银行资产结构较为单一，收益渠道相对狭窄，贷款的质量就决定了银行整个资产的质量。

中国人民银行对商业银行不良贷款率、逾期贷款率、呆滞贷款率、呆账贷款率提出的要求是分别低于15％、8％、5％、2％，审计人员可以从这些监控性指标的执行情况及发展趋势来判断银行的贷款质量。

（二）资本结构分析

对资本结构的分析，应当从商业银行资金的来源，即负债与所有者权益两方面进行。

1. 负债结构分析

商业银行的负债按期限可以分为短期负债和长期负债，按种类大致可划分为单位存款、储蓄存款、同业存放、拆入资金、发行债券、各种应付款项等。审计人员可以通过不同期限、种类的负债相互间的比例关系，分析整个负债的成本及稳定性。负债的稳定性可以用存款稳定率指标衡量。存款稳定率即各项存款中相对稳定的部分与存款总额的比率，计算公式为：

存款稳定率＝（定期储蓄存款＋定期存款＋活期存款×70％）/各项存款总额

公式中的70％，指商业银行活期存款的沉淀率。

一般来说，商业银行应当在平均成本最低的基础上获得最为稳定的负债。从整体而言，短期负债的比重越大，整体稳定性就越差，但成本也越低；而定期存款、金融债券的比重越大，整体稳定性越高，成本也越高。

2. 所有者权益分析

通过所有者权益分析，评价商业银行资本的流动性、安全性和收益性。分析的指标有：

（1）资本固化率，即被固化的资产占所有者权益的比重。被固化的资产指固定资产净值、在建工程、无形资产及递延资产等项目。

（2）资本风险比率，即股东权益占风险资产总额的比率。

（3）资本利润率，即本期利润总额占期末资本总额的比率。

（三）利润结构及利润分配政策执行情况分析

分析商业银行的利润结构，包括收入结构与支出结构。通过分析商业银行利息收入、金融企业往来收入、手续费收入、投资收益等营业收入的构成情况，初步评价该行的经营风险和盈利能力。如果商业银行利息收入在全部营业收入中占比很大，反映出该行收入来源单一，市场风险较大；如果投资收益占营业收入的较大比重，说明该行的收入来源不稳定，经营风险比较大。同样，分析营业支出的构成情况，并针对当年变动较大的项目重点审查。总之，审计人员应当根据具体情况具体分析，确定审查的重点。

利润分配政策执行情况分析主要是检查商业银行实现的利润在国家和其他各投资者之间的分配是否符合国家的方针政策和制度。商业银行的利润分配必须严格执行公司法的规定。

（四）项目配比分析

商业银行的会计报表如资产负债表、损益表、业务状况表不是孤立存在的，相关项目之间存在着一些固定的联系和因果关系，审计人员在审阅会计报表时，应当从报表中找出一些相关项目，分析其金额配比的合理性，在对具体业务循环实施审计时可以重点关注，同时为其经营状况的评价提供依据。

由于银行业务的特殊性，要求其资产与收入之间、负债与支出之间存在合理的配比关系。银行拥有资产是为了获得收益，因而盈利资产价值的高低与它们取得的收入密切相关，盈利资产越多，质量越高，则收入越多。可以用资产收益率和生息资产盈利率指标衡量，公式如下：

资产收益率＝净利润/资产总额×100％

生息资产盈利率＝利息收入/平均生息资产×100％

具体到报表项目，贷款与利息收入、存款与利息支出之间，存放同业款项与金融企业往来利息收入、同业存放款项与金融企业往来利息支出之间，长期投资与投资收益之间也存在着因果配比关系，审计人员可以运用专业判断进行分析对比。

二、财务比率分析与评价

审计人员可以调阅商业银行向中国人民银行提交的年度《非现场监管指标表》，并参照中国人民银行《关于印发商业银行资产负债比例管理监控、监测指标和考核办法的通知》（银发〔1996〕450号）、《商业银行法》以及有关制度法规中财务指标的规定值，初步了解银行各项监控指标的完成情况。然后利用会计报表审计调整后数据，计算各项财务指标，分析评价资产负债管理状况和经营业绩。

对商业银行财务比率分析可以从流动性、安全性和盈利性三方面考虑，审计人员应当根据实际需要，从中选取重要的财务指标进行计算以及横向和纵向的比较分析。分析时可以进行同行业间的比较，评价被审计银行相对的财务状况；也可以进行不同时期的比较，了解该银行盈利能力的变化趋势；还可以进行经营实绩和盈利预测的比较，掌握该银行的管理能力。

（一）流动性比率分析

1. 存贷款比率，即银行贷款总额与存款总额之比。计算公式如下：

存贷款比率＝各项贷款总额/各项存款总额×100％

该比率越高，表明流动性负债支撑的贷款资产越多，银行的流动性就越低；反之，比率过小，则意味着银行流动性过高，超过了贷款需求。为了保持银行的流动性，中国人民银行规定，各项贷款与各项存款之比不超过75％。

2. 中长期贷款比率，即银行1年期以上（含1年期）的中长期贷款与1年期以上（含1年期）的存款之比。计算公式如下：

中长期贷款比率＝余期一年以上（不含一年期）的中长期贷款期末余额/余期一年期以上存款期末余额×100％

中长期贷款应以中长期的稳定资金来源作保证，若该比率为100％，意味着中长期贷款与中长期存款相当，对流动性影响不大，即使该比率适当高于100％也无妨，因为活期存款中会有一部分稳定的余额。但该比率过高表明银行资金短存长贷，流动性不足。中国人民银行对该比率按人民币与外币分别考核，人民币以120％为最高限，外币以60％为最高限。

3. 备付金比率，即商业银行在中央银行的备付金存款和库存现金与各项存款之百分比。计算公式如下：

人民币备付金比率＝（在人民银行备付金存款期末余额＋库存现金期末余额）/各项存款期末余额×100％

外币备付金比率＝(外汇存放同业款项期末余额＋库存现汇期末余额)/各项外汇存款期末余额×100％

中国人民银行规定该比率均不得低于5％。该比率反映银行满足客户随时支付的能力，低于规定标准，说明支付能力不足。

4. 流动性比率，即流动性资产与流动性负债的百分比。公式如下：

流动性比率＝流动性资产期末余额/流动性负债期末余额×100％

流动性资产是指变现能力较强的资产，包括库存现金、存放中央银行款项、存放同业款项、国库券、1个月内到期的同业净拆出款、1个月内到期的贷款、1个月内到期的银行承兑汇票以及其他证券等；流动性负债主要指活期存款、1个月到期的定期存款、同业净拆入款等。

流动性比率越高，商业银行资产流动性越高，偿付能力越强，流动性越高。中国人民银行规定这一指标不得低于25％。

5. 拆入资金比率，即拆入资金期末余额与各项存款余额的百分比。计算公式如下：

拆入资金比率＝ 拆入资金期末余额/各项存款期末余额×100％

拆入资金比率指标主要是控制商业银行过量举债用于扩张贷款规模，中国人民银行规定该比率不得高于4％。

6. 拆出资金比率，即拆出资金期末余额与各项存款余额的百分比。计算公式如下：

拆出资金比率＝拆出资金期末余额/各项存款期末余额×100％

中国人民银行规定该比率不得高于8％。

7. 利息回收率

利息回收率＝本期实收利息总额/到期应收利息总额×100％

该比率用以衡量商业银行的实际收息情况，利息回收率高的银行具有较好的资金流动性。

8. 现金流量充分性比率

现金流量充分性比率＝一定期间由营业中产生的现金/(相同期间的长期债务偿还额＋相同期间的资本支出额＋相同期间的股利支出额)×100％

该比率可以用来衡量商业银行能否获得足够的现金以偿还债务、购买资产和支付股利。该比率持续大于1时表明商业银行有较强的能力满足这些基本现金要求。

(二) 安全性比率分析

1. 资本充足率，即资本净额与加权风险资产总额的比例。计算公式如下：

资本充足率＝资本净额/表内外加权风险资产总额×100％

资本净额，即所有者权益加上附属资本(各项准备、五年及五年以上的长期债券)减去扣除项(对其他金融机构、工商企业、非自用不动产的投资，呆账损失尚未冲减部分)。加权风险资产就是根据风险权数计算出的资产，将资产负债表内资产设定风险权数，风险权数分别为0、10％、20％、50％、70％、100％六个档次，不同种类资产设定不同的风险权数，具体应参照中国人民银行《关于印发商业银行资产负债比例管理监控、监测指标和考核办法的通知》(银发〔1996〕450号)中列明的各种资产风险权数。

该比率反映银行资本与其资产负债规模相适应的程度。银行通常以较小的资本经营较大的资产规模，从而通过财务杠杆的作用获取较大的收益。因此，该比率越低，财务杠杆越高，银行盈利的机会越大，但同时风险也越高而危及银行的安全；反之，该比率越高，银行的资金实力越强，经营风险越低，但可能会削弱银行的收益。该比率是《巴塞尔协议》所倡导的对银行资本的要求比率，也是目前国际上通用的标准。中国人民银行引入《巴塞尔协议》的要求，规定该比率不得低于8％，防止商业银行因资本不足带来的经营风险。

2. 核心资本率，即核心资本与加权风险资产总额的比例。计算公式如下：

核心资本率＝核心资本/表内外加权风险资产总额×100％

核心资本，即所有者权益，包括实收资本、资本公积、盈余公积和未分配利润。该比率同资本充足率一样，是《巴塞尔协议》规定考察商业银行资本与风险资产的比例关系的安全性指标。中国人民银行规定该比率不得低于4％。

3. 风险权重资产比率，即加权风险资产与总资产的比例。其公式为：

风险权重资产比率＝加权风险资产/总资产×100％

该比率衡量整个银行资产的风险程度，不应超过60%。比率越高，银行的风险越大，应采取措施调整资产结构，压缩风险度高、效益低下的资产项目，增加低风险的资产项目。

4. 固定资本比率，即固定资产净值与资本金的比例。公式如下：

固定资本比率＝固定资产净值/资本金×100%

商业银行购建固定资产需要较大投入，而且固定资产属于非盈利资产，所投入的资金将被固化，如果固定资产比重过大，将会大大削弱银行的安全性和流动性，因此，固定资本比率应当保持适当比例，一般不超过30%为宜。

5. 贷款风险比率，通常用不良贷款率和贷款分散化比率衡量。

(1)不良贷款比率，指不良贷款余额与全部贷款余额的百分比。公式如下：

不良贷款比率＝不良贷款期末余额/各项贷款期末余额×100%

该比率是判断银行贷款质量总体状况的主要指标之一，反映了银行贷款安全性存在问题的严重程度，中国人民银行规定该比率以15%为上限。

按贷款风险分类，不良贷款又分为逾期贷款、呆滞贷款和呆账贷款。为了更准确反映银行不良贷款的构成情况，还必须计算分析如下三个比率：

逾期贷款比率＝逾期贷款期末余额/各项贷款期末余额×100%≤8%

呆滞贷款比率＝呆滞贷款期末余额/各项贷款期末余额×100%≤5%

呆账贷款比例＝呆账贷款期末余额/各项贷款期末余额×100%≤2%

(2) 贷款分散化比率。中国人民银行规定对同一借款客户贷款余额不得超过资本净额的10%，对最大十家客户发放的贷款总额不得超过银行资本净额的50%。

单一客户贷款比例＝最大客户贷款余额/资本净额×100%

最大十家客户贷款比例＝最大十家客户贷款总额/资本净额×100%

(三) 盈利性比率分析

1. 利润率，即利润总额同全部营业收入的比率。

利润率＝利润总额/营业收入×100%

2. 资本收益率，又称净资产收益率，即银行净利润与资本总额的比率。

资本收益率＝净利润/资本总额×100%

该比率反映银行资本的收益水平。比率越高，说明盈利能力越强，从盈利中增加资本的潜力越大；否则相反。

3. 资产利润率，指净利润与平均资产总额的百分比。

资产利润率＝净利润/平均资产总额×100%

该比率用于分析银行资产获取利润的能力，反映了银行资产利用的综合效果。资产利润率越高，表明银行资产的利用效率越高，银行在增收节支和节约资金使用方面越有效。

4. 人均利润额，评价商业银行员工的创利水平的指标。计算公式为：

人均利润额＝利润总额/职工平均人数

5. 成本率，即总成本与营业收入的比率。

成本率＝总成本/营业收入×100%

总成本在利润表上反映为营业支出，营业收入指利润表中全部营业收入数额。该比率表明银行取得营业收入与耗费成本支出的关系。成本率上升，说明商业银行的成本高，盈利减少；否则相反。

6. 利差率，指净利息收入与商业银行盈利资产的比率。

利差率＝净利息收入/盈利资产×100%

盈利资产，是指能够获得外部利息收入的资产。商业银行不算作盈利资产的主要是现金资产、固定资产、长期待摊费用、预付账款等项目。由于商业银行收入主要来自于盈利资产，所以一般该比率越高，表明盈利资产获得能力越强，经营效益越好。

7. 现金流量利润率，表示每1元的经营收入中，商业银行可获得的现金所占的百分比。计算公式如下：

现金流量利润率＝从经营中获取的现金/商业银行的经营收入×100%

对商业银行而言，这一比率越高越好。

8. 其他指标。对股份制商业银行来说，在评价其获利能力时，通常还可以使用与股票市场价格有关的一系列比率。

(1)每股收益。指本年净利润与报告期末普通股总数的比值。如果发行了优先股，则计算时应先将优先股应得股利从净利润中扣除。

每股收益=(净利润－优先股股利)/报告期末普通股总数

在计算每股收益时，应注意以下两点：一是对于编制合并报表的商业银行，应以合并报表的数据计算该指标；二是如果报告期内普通股数发生增减变化，则公式中分母应使用按月计算的加权平均普通股股数。

该比率是用于衡量上市商业银行盈利能力最重要的财务指标，其值越高，表明每一股份获得的收益越多，股东投资的效益越好，银行的盈利能力越高。

(2) 市盈率。指普通股每股市价与每股收益的比率。

市盈率=普通股每股市价/普通股每股收益

该比率反映投资者对每元净收益所愿支付的代价，可以用来衡量股票的投资报酬和风险。一般来说，市盈率越高，表明投资者对股票的评价高，银行未来成长的潜力越大。在市价确定的情况下，每股收益越高，市盈率越低，投资风险越小；反之亦然。在每股收益确定的情况下，市价越高，市盈率越高，投资者的投资风险越大，反之亦然。仅从市盈率高低的横向比较来看，市盈率高说明银行能够获得社会信赖，具有良好的前景。

(3) 每股盈利。指股利总额与期末普通股股数之比。

每股盈利=股利总额/年末普通股股数

该指标反映银行每一股获得股利的大小。每股股利越大，则股本获利能力越强。但是，股利发放的多少，除了银行自身获利能力以外，还取决于股利发放政策。如果银行为了扩大经营规模，多积累资金以增强发展后劲，则当前的每股股利必然会较少。

第十四章 审计终结

本章分四节介绍审计终结的主要工作。

审计终结阶段工作一般包括四个部分，一是总行审计组和各分支行审计组汇总审计结果，总行审计组就总行本级审计结果、各分支行审计组就该分支行审计结果分别形成审计报告，初步征求被审计商业银行总行及分支行的意见。各分支行审计组将审计报告、所审计商业银行分支行的反馈意见及审计组的书面说明报总行审计组，总行审计组审核后与总行本级审计报告进行汇总，形成全行汇总审计报告，总行审计组就全行汇总审计报告征求被审计商业银行的意见。二是总行审计组所在部门根据审计报告及审核意见提出审计意见书、审计决定书、审计建议书等代拟稿，连同审计报告及审核意见报送复核机构或者专职复核人员复核。审计署审定审计报告，出具审计意见书、审计决定书等。审计署在作出较大数额处罚的审计决定之前，还应依法告知被审计商业银行有权在3日内要求举行听证。三是利用审计结果进行综合分析，向国务院报送商业银行审计情况报告，以及向其他部门提出建议报告。四是审计组归集整理审计档案。

第一节 审计报告

审计报告是指审计组对审计事项实施审计后，就审计实施情况和审计结果向派出审计机关提出的书面报告。审计组编写审计报告的一般步骤包括：整理、分析和复核审计工作底稿，汇总审计资料，评价审计结果，提出初步审计意见，与被审计商业银行交换意见，形成审计报告征求意见稿，就审计报告征求被审计商业银行意见、审计组所在部门审核审计报告以及复核机构或专职复核人员复核审计报告等。

一、整理、分析和复核审计工作底稿

审计工作底稿是编写审计报告的直接依据。在编写审计报告之前，审计组要对审计工作底稿进行复核，根据审计目标、范围、内容和要求，复核审计取证是否完整、充分，如有遗漏事项，应责成有关审计人员进一步核实、取证。审计组按照审计工作底稿复核制度，指定复核人员，对审计人员编制的审计工作底稿进行复核。

(1)复核程序

审计组复核审计工作底稿的程序一般包括：

1. 确定复核人员。审计工作底稿应当由审计组组长进行复核,必要时,审计组组长可以委托具有一定审计经验、熟悉审计工作底稿编制准则的审计组其他人员进行复核。

2. 明确复核要点。复核人员主要对审计程序是否规范、审计方法是否恰当、审计取证是否充分、审计结论是否可靠、工作底稿编制是否规范等事项进行复核。

3. 记录复核结果。复核人员对审计工作底稿进行复核之后,应记录复核的结果,对复核发现的问题,提出修改或追加审计程序等意见。

4. 落实复核意见。编制工作底稿的审计人员应当对复核意见予以答复。需要追加或补充审计程序的,应由审计组实施相关的审计程序,并形成相应的审计记录。复核人员对追加或补充审计程序形成的审计工作底稿也要进行复核。

5. 签名和注明复核日期。复核人员应当签名和注明复核日期,表明审计组的复核已经实施。

(二)复核方法

复核人员在复核审计工作底稿时,在审计工作底稿复核意见栏内填列复核结果。如果发现问题,复核人员应通知编制工作底稿的审计人员进行修正或补查。审计人员根据复核意见执行的补查程序或修改结果,应经复核人员认可。

复核人员复核审计工作底稿不应修改审计人员编制的审计工作底稿,也不得自行涂改和撤换审计人员编制的审计工作底稿。

(三)复核意见

复核人员应在被复核审计工作底稿上签署意见。必要时,应编制工作底稿,记录复核意见。

二、汇总审计资料

对经复核的审计工作底稿,按审计工作底稿的性质进行汇总和分类整理,汇总审计发现问题,编制审计发现问题汇总表,便于对审计事项形成整体的结论。

审计人员在审计实施过程中记录在审计工作底稿上的问题是分散的,对审计中发现的问题进行汇总,为起草审计报告奠定基础。因此,汇总审计发现的问题,是审计终结阶段的一项基础性工作。

审计组应根据审计方案确定的目标和内容,按照报表项目或业务的性质,对问题进行分类汇总。汇总的问题包括:被审计商业银行经营活动过程中存在的违法、违规问题,财务收支方面的重大舞弊或差错,内部控制的薄弱环节及其影响和结果等。

汇总审计发现的问题应编制审计查出问题汇总表。首先,应审阅和分析经复核的反映上述各类问题的分项目审计工作底稿及所附审计证据材料,明确问题的主要事实,以及审计组对问题的初步定性和处理意见;其次,应根据问题的性质和涉及金额的大小加以归类;最后,应按照问题的严重程度和同类问题涉及金额的大小,以一定的次序汇总编制审计查出问题汇总表。

审计查出问题汇总表是汇总审计发现问题的工作底稿,具体格式参见表 14-1。

表 14-1 索引号:

(审计机关名称)审计工作底稿

审计查出问题汇总表

(审计期间)

被审计商业银行: 金额单位:

序号	性质	问题摘要及主要事实	金额	问题定性及处理意见	工作底稿索引号

审计人员: 编制日期: 复核人员: 复核日期:

三、评价审计结果,提出初步审计意见

根据审计查出的问题,审计人员应运用重要性水平和重要性原则,对审计事项作出审计评价,即评价审计发现的各类问题和差异对会计报表的影响程度，形成初步审计意见，提出对被审计商业银行的评价意见和需要在审计报告中予以反映的审计发现问题。评价审计结果，作出审计结论，需要审计人员大量地运用专业判断。

在这一过程，必须运用重要性水平和重要性原则。一般来说，当被审计商业银行会计报表审计调整数超过了重要性水平时，不得认为其会计报表是真实的；当审计查出被审计商业银行存大重大违法违规问题时，不得认为其经营活动是合法；单笔金额超过重要性水平，或单笔金额虽然没有超过重要性水平但性质严重的问题，必须在审计报告中予以反映。

如果审计准备阶段确定的重要性在审计过程中作过修正，评价审计结果时则应使用修正后的重要性水平。

四、与被审计商业银行交换意见

审计人员在对各业务循环实施审计过程中，应就发现的问题和差异随时与被审计商业银行交换意见，但一般是初步的、非书面的。为了进一步落实审计发现的问题，在审计终结阶段，各审计组应在对审计资料进行汇总、并形成初步审计意见后，就审计工作底稿中反映的下列问题与被审计商业银行交换意见：

（一）被审计商业银行经营活动中存在的违法、违规问题；

（二）被审计商业银行财务会计报告中存在的会计核算等问题；

（三）管理活动、内控制度中存在的需要加以改进的事项；

（四）其他需要交换意见的事项。

总行审计组与各分支行审计组应分别与被审计商业银行总行及分支行交换意见。各审计组可以会议等形式与被审计商业银行交换意见。审计人员应记录交换意见的过程和结果，对于被审计商业银行提出的合理解释，审计组应予以考虑，审计组认为可以接受的事项，应当对审计意见进行适当的修改，同时应在相应审计工作底稿中加以注明。

五、形成审计报告征求意见稿

在总行审计组和各分支行审计组汇总审计结果，形成初步审计报告后，总行审计组就总行本级审计结果、各分支行审计组就该分支行审计结果分别形成审计报告征求意见稿。在各审计组向商业银行总行及分支行征求意见后，各分支行审计组将审计报告、所审计商业银行分支行的反馈意见及审计组的书面说明报总行审计组，总行审计组审核后与总行本级审计报告进行汇总，形成全行汇总审计报告征求意见稿。

（一）审计报告的内容和要素

审计组起草审计报告应当遵循审计机关审计报告编审准则。

审计报告的基本要素包括：标题；主送单位；审计报告的内容；审计组组长签名；审计组向审计机关提出审计报告的日期。

审计报告的标题应包括被审计商业银行名称、审计事项的内容和时间。审计报告的主送单位是派出审计组的审计机关。审计报告的具体内容主要包括：审计的范围、内容、方式、起讫时间；被审计商业银行的基本情况，财政财务隶属关系，财务收支状况等；被审计商业银行对提供的会计资料的真实性和完整性的承诺情况；实施审计的步骤和采取的方法及其他有关情况的说明；被审计商业银行资产、负债、损益的真实、合法、效益情况及其评价意见；审计查出的违反国家规定的财务收支行为及违法违规经营的事实以及定性、处理、处罚的法律、法规规定；对被审计商业银行提出改进管理的意见和建议。最后审计组组长应签名及注明报告的日期。

审计报告的具体内容包括以下几方面：

1. 商业银行审计的范围、方式和时间

(1)审计范围。在审计过程中，审计组应当在法定的职责范围内，根据审计项目计划和审计方案的要求实施审计。作为审计组反映具体审计工作成果的审计报告，应当真实地说明具体实施审计的范围。审计范围主要包括时间范围、空间范围和业务范围。

时间范围主要说明是对被审计商业银行哪一时期的财务收支活动和哪一时点的资产、负债和损益情况进行审计，是否向以前年度追溯和向以后年度延伸。

空间范围主要说明对被审计商业银行的哪些机构进行了审计，是对其全部机构进行了审计，还是只对部分机构进行了审计。

业务范围主要说明是对被审计商业银行的全部业务进行了审计,还是对部分业务进行了审计。对信贷资产质量进行审计时,还应说明抽查的范围和比例,以及对贷款单位进行延伸审计调查的数量和所占比例。

(2)审计方式。目前对商业银行的审计实施方式一般为就地审计。审计组织方式一般采取统一组织,即"统一审计通知、统一实施方案、统一汇总标准、统一审计处理、统一考核质量"的组织方式。

(3)审计时间。审计报告中的审计时间主要说明现场实施审计的起止日期,不包括审计准备阶段、审计终结阶段和后续审计阶段的时间。

2. 被审计单位基本情况

商业银行的审计报告一般应简要说明以下事项:

(1)被审计商业银行全称(行文中需要使用简称时应予注明);

(2)机构和财务隶属关系;

(3)机构设置和人员;

(4)经济性质,说明被审计商业银行是国有独资的,还是国有资产占控股地位或者主导地位的;

(5)主要职能和业务范围;

(6)近年来主要经营与发展情况,审计时的资产、负债、所有者权益及损益状况。

3. 实施审计的有关情况

审计报告应当全面、真实地介绍实施审计的情况。实施审计的具体内容包括:

(1)审计了商业银行的哪些下属单位和机构,已审计分支机构的资产占全部资产的比例;

(2)审计采取的方式、方法和步骤等,延伸审计调查了哪些单位和个人,是全面审计还是抽样审计,抽样比例是多少;

(3)取得哪些证明材料;

4. 审计评价意见

审计评价意见是审计组通过对商业银行的审计,经过分析研究,对被审计商业银行的资产、负债、损益的真实性、合法性和效益性作出的综合评价。由于商业银行审计的最终目标是防范和化解金融风险,确保金融安全,审计以资产质量为主线,因此审计人员应当在全面评价商业银行风险的基础上,从真实性、合法性、效益性等方面对其业务经营及财务状况进行恰当评价。

审计评价意见主要包括以下内容:

(1)对审计事项真实性的评价。主要是评价被审计商业银行的账务处理是否符合《企业会计准则》、《企业财务通则》和金融企业会计制度、财务制度的要求,各种财务会计资料是否真实地记录了年度内各项经营活动、财务收支和经营成果。

如果被审计商业银行提供的账表资料与审计人员依法审计后认定的资料相符,审计组就可以作出被审计商业银行的会计资料真实地反映了年度财务收支情况的评价;

如果账表资料与审计后认定的资料基本相符,审计组就可以作出被审计商业银行会计资料基本真实地反映了年度财务收支情况的评价;

如果账表资料与审计后认定的资料不相符,审计组就可以作出被审计单位会计资料没有真实地反映年度财务收支情况评价。

但在具体审计实践中,"基本相符"、"相符"、"不相符"的概念有些笼统。被审计商业银行每年要处理大量业务,审计人员从中查出一些问题,其中有些属于真实性方面的问题。如果按比例分析,违纪问题的笔数或违纪金额的大小,与全部业务的笔数和发生额相比后,区别不同情况,分别作出"基本相符"、"相符"、"不相符"等评价。但这种评价没有准确地反映出被审计单位在财务会计资料方面真实性的程度。为了使审计评价更接近客观公正,在审计的时限和范围内,应该对存在真实性问题的那些具体方面,指出在多大的范围内、多大的程度上不够真实。

(2)对审计事项合法性的评价。主要评价商业银行执行国家金融政策以及促进经济发展和改善金融服务,以及财务收支等方面是否符合国家财经法规和金融政策的规定。

如果审计人员没有发现被审计商业银行的经营活动和财务收支违反国家财经法规和金融政策的事实,或者存在很少量的问题且数额较小,情节轻微,没有侵占国家利益,构不成处罚的,可以作出合法性评价;

如果审计查出一些违纪违规问题,且有些问题金额比较大,违纪情节有一定的主观因素,后果不是很严重的，评价为基本合法，但存在一定违纪问题；

如果审计查出的违纪违规问题很多，且有些问题金额巨大，违纪情节恶劣，后果严重的，评价为在许多方面严重违反国家财经法规和金融政策，存在许多需要纠正和改进的问题。

但在具体审计实践中，“基本合法”、“合法”、“不合法”的尺度不易把握。审计人员查出的问题，是被审计商业银行全部业务中的一部分，无论做何种评价，都应在前面限定一个范围。对于不在审计时限和范围内，或者在审计时限和范围内但没有审计到的一些内容应加以说明。为了准确评价被审计单位的经营活动和财务收支的合法性，应该对存在不合法问题的具体方面，指出在多大的范围内、多大的程度上不合法。

(3)对审计事项效益性的评价。主要是对商业银行强化经营管理、提高资产质量和经营效益、防范与化解金融风险，以及经济效益和经营成果等情况进行评价。

评价时应当剔除不可比因素，以经审计认定后的反映经济效益(经济效果、经营效率)的指标为基础，与当年计划(目标)、历史同期水平、同业先进水平等进行比较。

对盈亏情况、信贷资产质量、存贷款比例、收息率、资本充足率、资产流动性比例等主要指标进行动态的对比说明。在作出经济效益好、较好或差的评价时，要防止概念太大，不够准确。必要时，要对个别重要指标单独进行评价。同时，以对各业务循环内部控制测评结果，作为对商业银行内部控制评价依据，对内部控制制度评价的具体内容包括：内部控制制度的健全性和相关性；内部控制制度的相互制约作用；内部控制制度的检查保证措施；内部控制制度的执行情况及其结果。

5. 审计查出的主要问题

该部分应逐项列示审计查出的被审计商业银行违反国家有关规定的业务经营和财务收支行为的具体情况，问题的定性及其依据等。

审计人员要根据重要性原则，判断哪些问题是重要的，应该列入报告中，哪些问题不重要，不必列入报告中。对应列入审计报告的问题，须按照问题性质的严重程度和同类性质问题涉及金额大小的顺序加以列示。

6. 针对审计查出不同性质的问题提出初步处理、处罚意见

审计报告中应根据审计查出问题的性质以及违法违规情节的轻重，依据《审计法》和《国务院关于违反财政法规处罚的暂行规定》等国家有关行政处理、处罚法律法规提出初步的处理、处罚意见。对审计中发现的多计、少计各项收入、支出，责令调整账目，补缴各项税费；对私设“小金库”，责令并入账内，补交各项税费并处以罚款；对账外资产，责令商业银行清理核实后，报财政部等部门批准纳入账内核算；对违规经营问题，移送中国人民银行处理。对涉及有关责任人的，要依法提出处理建议。

对违反《审计法》的规定，拒绝或者阻碍审计检查的单位和个人，审计组可以建议由审计机关责令改正或者通报批评、给予警告；拒不改正的，依法追究责任。对需要依法移交纪检、监察部门或有关主管部门处理、处罚的，应按有关规定程序移交；对需要移送司法机关依法追究刑事责任的，按法定程序移送。

7. 审计建议

审计组应针对审计过程中发现的被审计商业银行存在的经营活动中不规范行为和管理方面问题，提出改进意见和建议。审计建议要有针对性，应针对审计查出的问题和产生问题的原因提出，同时要具有可操作性。

(二)审计报告的编写要求

为了保证审计报告的质量，更好发挥审计报告的作用，审计报告的编写应符合以下要求：

1. 事实清楚，数据准确

审计报告所列的事实必须清楚，数据要准确、真实、可靠。要把事情的来龙去脉、因果关系交代清楚。只有这样才便于审计机关对审计事项作出正确的评价和结论，便于审计报告使用者准确地理解审计报告。

2. 证据充分，定性恰当

审计报告要以事实为依据，要以充分的证据支持审计意见和结论，定性要恰当，审计处理、处罚意见符合国家法律、法规的规定。

3. 客观公正，实事求是

审计报告必须客观公正、实事求是地反映审计的情况和结果，客观地发表审计意见。审计报告应依照国家的政策法规和相关审计准则，对审计事项的真实和合法情况进行公正评价，态度要鲜明，不可含糊其

词。对问题的定性和处理，要以事实为依据，以法律为准绳，正确地作出审计结论和处理意见。审计报告反映的情况和问题要真实，不随意扩大或缩小，评价要恰如其分。

4. 内容完整，观点明确

为了完整地反映审计结果，审计报告的内容必须完整，对被审计商业银行审计期间资产、负债、损益的真实和业务经营的合法情况作出正确评价，一是要做到基本要素齐全，二是要使报告的具体内容能够反映审计对象的实际情况。同时，还应注意观点明确，主次分明。

5. 结构合理，格式规范

为了便于报告使用者阅读，以做出正确的判断和决策，审计报告应做到层次清晰，结构合理。层次清晰就是要将报告内容进行归类和条理化，同类问题要集中在一段或一节内表述，而不应在同一段内说明不同类别的几个问题，或将一个或一类问题分散在几个段落进行说明。结构合理，是指报告的内容应符合规范要求，排列应合理。对所发现的问题，排列的一般模式是主要问题在前，次要问题在后。审计报告的形式和内容要符合准则的要求，格式规范。

6. 文字简练，用词恰当

审计报告是一种机关文书，应以说明问题为原则，文字表达要简练、准确，措辞严谨，符合审计公文语体。在起草审计报告时应尽量使用定性、定量、判断和反映程度的词汇，尽量避免使用含糊、夸张和华丽的词语。

六、就审计报告征求被审计单位意见

各审计组应将审计报告征求意见稿分别送交被审计商业银行总行及其分支行征求意见。总行审计组还要就全行汇总审计报告征求意见稿征求被审计商业银行的意见。被审计商业银行应当自接到审计报告征求意见稿之日起十日内提出书面意见，送交审计组或审计机关。如十日内被审计商业银行没有提出书面意见，视同无意见。

审计组应对被审计商业银行提交的关于审计报告的书面意见进行认真研究。如果确实存在审计查证不实或定性不准的问题，审计组应对审计报告进行修改。但是征求被审计商业银行意见的审计报告原件应予保留，不得遗弃、增删或者修改。必要时，在修改前，还要去被审计商业银行或采取其他审计程序取证。审计组组长对审计报告的真实性和完整性负责，审计人员和审计组组长均不得将审计过程中查出的被审计商业银行违法违规问题隐瞒不报。

七、审计组所在部门审核审计报告

审计组对审计事项实施审计后，应当及时向审计机关提出审计报告。各审计组应当将审计报告、被审计商业银行对审计报告的书面意见及审计组的书面说明或者修改意见，一并报送审计机关，由审计组所在部门接收。审计组所在部门收到审计报告后，应当对审计报告及审计工作底稿进行审核，提出书面审核意见。审计组所在部门负责人对审计报告的审核意见负责。

八、复核审计报告

各分支行审计组在向商业银行总行审计组报送审计报告等材料之前，其所在审计机关复核机构或者专职复核人员应当对审计报告进行复核。

（一）复核程序

审计组向复核机构提交以下复核材料：审计报告；审计方案、审计工作底稿及审计证据；被审计商业银行对审计报告（征求意见稿）的书面意见；审计组对被审计商业银行意见的说明或者修改意见；审计组所在部门对审计报告的审核意见；审计定性、处理、处罚适用的法律、法规、规章以及要求提交的其他材料。

审核过程中，发现主要事实不清，证据不充分，或者其他复核材料不完整的，应当通知审计组所在部门限期补正。

复核机构或者专职复核人员复核后，应当提出复核意见，出具复核意见书。

（二）复核的主要内容

1. 是否按照审计方案确定的审计范围和审计目标实施审计；审计工作是否符合相关准则；

2. 与审计事项有关的事实是否清楚；

3. 收集的审计证据是否具有客观性、相关性、充分性和合法性；

4. 运用法律、法规、规章是否正确；

5. 对违反国家规定的财务收支行为的定性是否准确，处理、处罚意见是否适当；

6. 审计评价、审计建议、审计移送处理是否适当；

7. 审计程序是否符合规定；

8. 其他需要复核的事项。

（三）复核意见

复核意见书应当包括下列要素：标题；主送机构（审计组所在部门）；复核意见；复核机构的负责人或者专职复核人员签名；提出复核意见的日期。

第二节 审计处理

总行审计组所在部门应当对汇总审计报告、分支行审计报告及审计工作底稿等进行认真审核，并根据汇总审计报告及审核意见，提出审计意见书、审计决定书、审计建议书、移送处理书等代拟稿，连同审计报告及审核意见报送复核机构或者专职复核人员复核。审计机关审定审计报告，向被审计商业银行出具审计意见书、审计决定书、审计建议书、移送处理书等。派出各分支行审计组的特派办根据审计署下达的审计意见书和审计决定，按照总行审计组审核确定的各分支行审计结果，分别向所审计的商业银行分支行下达执行审计意见书和执行审计决定书。

一、代拟审计意见书

（一）审计意见书的概念和要素

审计意见书是审计机关审定审计报告后，对审计事项作出评价和向被审计单位提出改进管理意见的文书。《审计法实施条例》第四十一条规定："对没有违反国家规定的财政收支、财务收支行为的，应当对审计事项作出评价，出具审计意见书；对有违反国家规定的财政收支、财务收支行为，情节轻微的，应当予以指明并责令自行纠正，对审计事项作出评价，出具审计意见书。"审计机关出具审计意见书，一方面要求被审计商业银行纠正违规问题，另一方面对被审计商业银行加强内部管理、完善各项制度提出审计建议。审计意见书的基本要素包括：标题、主送单位、审计意见书内容、落款和日期。

（二）审计意见书的内容

审计意见书应当包括以下内容：

1. 审计的范围、内容、方式和时间。

审计范围主要说明审计工作所涉及的单位，以及审计的会计期间。审计内容主要说明具体的审计事项。审计方式主要说明审计采取的是就地审计还是送达审计等方式。审计时间主要说明审计实施的起止时间。

2. 对被审计事项的评价意见和评价依据。

审计评价，是审计机关对被审计商业银行资产、负债、损益的真实、合法和效益的总体评价。审计机关应以商业银行的资产质量及经营风险为基础，从资产、负债、损益的真实性、合法性和经营的效益性三个方面进行综合评价。审计评价应本着客观公正、实事求是的原则，对审计过程中未涉及的具体事项和证据不足、评价的依据和标准不明确的事项不得作出评价。

3. 责令被审计商业银行自行纠正的事项。

审计意见书上要说明应由被审计商业银行自行纠正的违规问题，及其需要纠正的原因和依据。

4. 改进管理和提高效益的意见和建议。

审计意见书还应对被审计商业银行的业务经营、会计核算、内部控制制度及相关管理中存在的问题提出改进意见和建议，以促进被审计商业银行完善内部控制制度，改进会计核算，加强经营管理，提高经济效益。

（三）编制审计意见书的程序和要求

编制审计意见书一般程序包括：

1. 对审计发现的问题进行分类。总行审计组根据汇总审计报告及审核意见，对审计报告反映的问题进行分类，确定要求被审计商业银行自行纠正的一般性违规问题和被审计商业银行会计核算、内部控制及管理工作中存在的薄弱环节，需要规范和改进的问题。

2. 确定审计意见。审计机关根据审计发现问题的分类结果，确定审计的总体评价意见和具体审计意见。对于需责令被审计商业银行自行纠正的问题，确定具体的审计意见和处理依据。对于需要被审计商业银行规范和改进的问题，明确提出具体的审计建议。

3. 草拟审计意见书代拟稿。起草审计意见书过程中，应以汇总审计报告为基础，以审计机关确定的审计意见为原则。总体评价意见要客观公正，具体审计意见证据要充分，审计建议要针对性强、切实可行。

编制审计意见书应遵循以下要求：

1. 审计意见应客观公正、实事求是。审计意见应客观公正地评价被审计商业银行执行会计准则、会计制度和遵守国家有关财经法规的情况，实事求是地评价其经营状况，不要夸大其业绩，也不要隐瞒存在的问题，审计意见要恰如其分。

2. 提出审计意见要注意防范审计风险。审计机关只能针对审计所涉及的审计事项出具审计意见，对于审计过程中未涉及的具体事项，以及审计证据不足、评价依据或标准不明确的事项不发表审计意见。这样既可以明确审计的范围，防范审计风险，也可以充分发挥审计的职能，维护被审计商业银行的合法权益，有利于审计意见得到合理和恰当地运用。

3. 审计意见要层次清晰，重点突出。审计评价意见和审计建议要层次分明，对于重要审计事项，既要摆清事实，明确审计依据，又要定性准确，评价恰当。

4. 审计意见和建议要切实可行。审计机关提出的审计意见和建议要有针对性，以审计结果为依据，针对审计发现的问题提出审计建议。这样才能既有利于被审计商业银行纠正问题，改进管理，执行审计意见和建议，也有利于有关部门从宏观上制定政策，完善法规，纠正倾向性和普遍性问题。

二、代拟审计决定书

（一）审计决定书的概念和要素

审计决定书是审计机关按照规定的程序，在法定职权范围内，对审计报告进行审定后对被审计单位违反国家规定的财务收支行为给予处理和处罚的法律文书。《审计法实施条例》第四十一条规定："对有违反国家规定的财政收支、财务收支行为，需要依法给予处理、处罚的，除应当对审计事项作出评价，出具审计意见书外，还应当对违反国家规定的财政收支、财务收支行为，在法定职权范围内作出处理、处罚的审计决定。"

审计决定书的要素，一般由标题、主送单位、正文、落款和日期等组成。

（二）审计处理、处罚的种类

审计处理的种类有：责令限期缴纳、上缴应当缴纳或上缴的财政收入；责令限期退还被侵占的国有资产；责令限期退还违法所得；责令冲转或者调整有关会计账目；依法采取的其他处理措施。

审计处罚的种类包括：警告、通报批评；罚款；没收违法所得；依法采取的其他处罚措施。

（三）审计决定书的主要内容

审计决定书的主要内容包括：

1. 审计的范围、内容、方式和时间

审计范围主要说明审计工作所涉及的单位，和审计的会计期间。审计内容主要说明具体的审计事项。审计方式主要说明审计采取的是就地审计还是送达审计等方式。审计时间主要说明审计实施的起止时间。

2. 被审计商业银行违反国家规定的财务收支行为

审计决定书应说明审计发现的被审计商业银行违反国家财经法规的财务收支的主要事实，违规金额，造成的影响和损失等。

3. 定性、处理、处罚决定及其依据

审计决定书应说明审计机关对被审计商业银行违反国家规定的财务收支的定性，审计机关根据有关法律、法规、规章和具有普遍约束力的决定、命令的条文以及据以做出的审计处理、处罚决定。

4. 处理、处罚决定执行的期限和要求

审计决定书应说明审计机关下达的审计决定必须执行，审计决定的生效日期及执行期限，以及被审计商业银行报告审计决定执行结果的要求。

5. 依法申请复议的期限和复议机关。

审计决定书也应说明被审计单位的权利。被审计商业银行对审计处理、处罚决定不服的，可以根据《行政复议法》，在收到审计决定书之日起 15 日内向上一级审计机关或同级政府申请复议，对审计署的审计决定不服的，向审计署申请复议。在复议期间，审计决定照常执行。

(四)编制审计决定书的程序和要求

编制审计决定书的一般程序包括:

1. 确定需要作出审计处理、处罚决定的事项。总行审计组应对汇总审计报告反映的被审计商业银行财务收支中存在的主要问题进行分类、整理,确定需要处理、处罚的事项。处理、处罚事项一般分为两类:一是审计机关职责权限范围内可以处理、处罚的;另一类是审计机关认为应当由被审计商业银行监管部门或有关主管部门作出处理、处罚的。审计机关职责权限范围的处理、处罚事项,由审计机关作出处理、处罚决定。审计机关认为应当由被审计商业银行监管部门或有关主管部门进行处理、处罚的事项,以审计建议书的方式移交相关部门。审计机关认为应当追究有关人员责任的重大违法、违纪事项,应区别不同情况,分别移交司法机关和行政监察机关处理。

2. 确定审计处理、处罚事项的性质。审计机关需要作出处理、处罚决定的事项,应当根据国家有关财经法规的规定,确定被审计商业银行违反国家规定的财务收支行为的性质,明确审计处理、处罚的依据和标准。

3. 依法做出处理、处罚。对于认定的被审计商业银行的违反国家财经法规需作出审计处理、处罚的事项,审计机关根据国家法律、法规和有关规定,作出处理、处罚决定。

4. 草拟审计决定书代拟稿。审计组根据审计机关确定的处理、处罚事项,定性依据和处理、处罚意见,起草审计决定书。起草审计决定书的过程中,应以审计报告为基础,结合被审计商业银行对审计报告的反馈意见,对应处理、处罚的事项,做到事实阐明清楚,定性恰当准确,引用的法律、法规恰当。

编制审计决定书的要求:准确体现审计机关审定审计报告时确定的处理、处罚意见,把握好处理、处罚的范围和力度。基本要素要齐全,同时符合公文处理的规定,遵循审计决定书的编写和审定程序及时间要求,语言规范、严谨、准确。

三、代拟审计建议书

审计机关认为应由被审计商业银行主管部门进行处理、处罚的事项,应当依法作出审计建议,要求有关主管部门纠正或者对有关责任人给予处理、处罚;有关主管部门不予纠正或者不予处理、处罚的,审计机关应当提请有权处理的机关依法处理。审计建议书适用于下列情形:

1. 被审计商业银行所执行的上级主管部门有关业务经营、财务收支的规定与法律、行政法规相抵触的,建议有关主管部门纠正;

2. 被审计商业银行违反国家规定的业务经营、财务收支行为,审计机关认为需要向有关主管机关提出处理、处罚意见的,建议给予处理、处罚;

3. 被审计商业银行违反《审计法》,有转移、隐匿、篡改、毁弃会计凭证、会计账簿、财务会计报告以及其他与财务收支有关的资料的;转移、隐匿违法取得的资产的;违反国家规定的财务收支行为的;审计机关认为对被审计商业银行违反《审计法》负有直接责任的主管人员和其他责任人员,应当给予行政处分的,建议给予行政处分;

4. 应当由有关主管部门对社会审计组织审计质量问题及其责任人实施处理、处罚的;

5. 有关主管部门侵害被审计商业银行经营自主权和合法权益的;

6. 应当由有关主管部门纠正或者处理、处罚的其他事项。

审计建议书可以根据情况,发送被审计商业银行总行或中国人民银行、财政部门、外汇管理部门、监察机关和有关主管部门。

四、代拟审计移送处理书

如果审计中发现被审计商业银行的财务收支行为和负有直接责任的主管人员以及其他直接责任人员有违反法律、行政法规的规定,涉嫌犯罪的,审计机关应当移送司法机关追究责任人员刑事责任。在办理移送事项时,审计机关应当出具审计移送处理书。

五、复核审计结果,审定审计报告

总行审计组所在部门应将提出的审计意见书、审计决定书、审计建议书、移送处理书代拟稿,连同审计报告及审核意见报送复核机构或者专职复核人员复核。

审计报告、审计意见书、审计决定书、审计建议书、移送处理书代拟稿等经复核后,由审计机关审定。审定的内容包括:

(一)与审计事项有关的事实是否清楚,证据是否确凿;

(二)被审计商业银行对审计报告的意见是否恰当,复核机构或者复核人员提出的复核意见是否正确;

(三)审计评价意见是否恰当;

(四)定性、处理、处罚意见是否准确、合法、适当;

(五)提出的改进管理的意见和建议是否恰当。

六、作出审计处理

审计机关向被审计商业银行正式出具审计意见书、审计决定书、审计建议书、移送处理书等。

派出各分支行审计组的审计署驻地方特派员办事处根据审计署下达的审计意见书、审计决定书,按照总行审计组审核确定的各分支行审计结果,经过特派办复核机构或专职复核人员复核后,向被审计商业银行分支机构下达执行审计意见书和执行审计决定书。

第三节　利用审计结果综合分析

审计工作的目的不仅在于取得审计结果,更重要在于审计结果能够得到有效的利用。只有充分利用审计结果,审计的效能和作用才得以充分发挥。审计组在完成现场审计、审计报告和审计机关对审计事项进行处理之后,应充分利用审计成果。商业银行审计的结果主要包括审计报告、审计意见书、审计决定书、审计建议书、审计情况报告和审计信息等。本节重点介绍审计情况报告和审计信息的利用。

审计机关实施商业银行审计之后,还可以发布审计公告,利用新闻媒介向社会公布审计结果,能够把审计监督与舆论监督更好地结合起来,运用舆论的力量督促被审计商业银行加强管理、有效地经营国有资产,更好地发挥审计监督的作用。

一、审计情况报告

审计情况报告是审计机关向本级政府报告审计工作情况和结果的一种文书。当审计机关组织对某一商业银行系统进行审计后,应当对审计结果进行综合分析,编制审计情况报告,向本级政府报告商业银行审计的工作情况和结果,或者将审计情况和结果向政府有关部门通报。审计情况报告,应紧紧围绕防范和化解风险确保金融安全的审计目标,揭示商业银行的资产质量及经营风险,使各级政府及部门能够比较全面、客观地了解商业银行的经营状况及存在的主要问题,分析全局性、倾向性、典型性的宏观问题,从完善法规健全制度深化改革等角度提出审计意见和建议,为政府解决商业银行管理中存在的问题提供客观依据,为防范和化解金融风险服务。

(一)审计情况报告的内容

审计情况报告应包括以下主要内容:

1. 商业银行审计的基本情况及审计意见

商业银行审计的基本情况包括审计依据、审计实施时间、审计范围、审计内容、审计方式等审计工作开展情况,以及所审计商业银行的财务状况。

审计意见是指审计机关就商业银行资产质量、经营风险及财务状况做出的总体评价。审计意见要坚持客观公正、实事求是的原则,既要肯定成绩,又要具体反映管理中存在的薄弱环节和主要问题。

2. 审计发现的主要问题及问题产生的原因

审计情况报告应反映审计中发现的突出问题及商业银行面临的主要风险。问题应分门别类,突出重点,充分反映审计的成果,针对审计发现的问题应从制度上体制上分析问题产生的原因。对于商业银行面临的主要风险要研究和分析风险产生的原因。同时,应注意对于重大违法违纪经济案件予以披露,充分体现依法审计的原则。

3. 加强和改进管理的建议

审计情况报告应针对商业银行经营管理和财务核算中存在的问题及主要风险,提出完善制度、加强管理、防范风险等方面的建议。审计建议要有针对性和可操作性,以利于各级政府和有关部门采取措施,研究解决商业银行管理方面的问题,规范商业银行经营和管理行为,发挥金融审计的宏观作用。

(二)编制审计情况报告的要求

审计情况报告是在对商业银行审计情况和结果进行汇总、综合分析的基础上编制的,在编制审计情况报告时,应遵循以下要求:

1. 分析整理。起草审计情况报告之前，必须对各审计组审计报告反映的问题进行加工整理，去粗取精，归纳出普遍性、倾向性、典型性的情况和问题，形成系统性的综合评价、意见和建议，观点明确，重点突出，条理清晰，使政府能够比较全面、系统地掌握商业银行的财务状况，以利于政府领导做出科学决策，加强对商业银行的管理。

2. 实事求是。审计情况报告应根据审计的结论，反映和评价商业银行财务状况和存在的主要问题，不夸大，不隐瞒，客观公正、实事求是地反映商业银行审计的情况和结果，使政府领导能够比较全面、客观地掌握商业银行审计的真实情况。

3. 富有建设性。审计情况报告不仅要向政府反映商业银行存在的主要问题，而且必须从依法治国的高度、规范商业银行经营管理的角度出发，分析问题，阐明审计意见，针对商业银行经营和管理中存在的问题，提出完善法规、政策等建议。

二、审计信息

审计信息是指审计机关或审计人员对审计结果加以整理和加工后，向被审计商业银行主管部门、有关政府机关及上级审计机关传递的与审计有关的消息、资料，以及审计机关的意见。

1. 审计信息的作用

审计意见书、审计决定、审计建议书等是利用审计结果的主要手段，但其形式比较正规，主送范围有限，时效性不够强。审计信息形式比较灵活，发送范围较广，时效性很强，弥补了审计意见书、审计决定、审计建议书等的不足，两者具有很强的互补作用。具体说来，审计信息的作用和任务包括：反映审计工作中发现的重要情况和通过审计查出的重大问题和大案要案线索；交流审计工作情况，以及在审计工作实践中总结出的好经验、好做法、好典型；宣传审计工作成果和审计监督的重要作用，提高审计知名度，扩大审计监督的社会影响，增强审计威慑力，为领导科学决策提供服务，为上级审计机关指导审计工作服务。

2. 审计信息的类型

按照不同的分类标准，审计信息可分为不同类型。

按照审计信息内容的性质不同，可分为经验类审计信息和问题类审计信息。经验类审计信息用于宣传审计工作中产生的各种经验与做法，以及审计活动中发现的审计商业银行的一些值得推广的经验做法。问题类审计信息，反映审计活动中发现的并且需要由政府及有关部门引起重视和解决的重要问题。

按照审计信息内容的重要程度及发送范围，可分为审计要情、重要信息要目、审计简报等。审计要情用于反映比较典型和重要的问题，发送范围较小，一般还赋予密级。

3. 审计信息收集与加工

首先，要注意发现审计成果的亮点。审计人员平时要注意学习，掌握经济发展动态，增强宏观意识，围绕政府、审计机构某个阶段举足轻重、影响大局的重点工作，社会各界比较关注、党政领导又急于解决的一些热点问题等收集和加工信息。善于从审计成果中寻找最具典型性和倾向性的问题和事例，分析形成的原因，揭露重大违法违规问题和案件线索。

其次，要及时准确。审计信息的优势就是时效性强，离开了时效性，有价值的审计信息也可能会降低甚至失去价值，同时，审计信息又必须准确，审计的准确性是审计信息的生命力，不准确的审计信息不但起不到正面作用，还可能给国家利益造成损失，为此审计人员应对审计信息反映的事实反复核对。

再次，文字要精练，结构要合理。审计人员要加强文字修养，对审计信息要逐字逐句斟酌和推敲。

4. 审计信息的结构

审计信息一般包括标题、导语、主体和结尾四部分。

审计信息的标题是审计信息的眼睛，也是读者的向导，一个好的标题应具有确切、醒目、简洁的特点。审计信息的标题有多种类型，较为常见的是“直述型”，如反映某商业银行账外经营 5000 万元的审计信息标题为：“XX 银行 XX 年度账外经营 5000 万元”。

审计信息的导语，是指信息开头部分，要求用最精练的语言概括出审计信息的核心内容，开门见山的揭示出全篇的主题、目的或结论。导语是处于标题和信息主体之间的中间环节，比标题更具体，比正文更概括，具有引导读者理解信息内容和主题的承上启下作用。审计信息的导语要抓住事实的核心和主题，而不能是材料的罗列。导语可以有不同类型，较为常见的是“叙述式”导语，如“据审计署 XX 特派办审计，XX 银行 XX 年账外经营 5000 万元。”

审计信息的主体，是审计信息中叙述和展开事实的主干部分，它是用具体的、典型的、有说服力的材料，对标题、导语中已提到的主题进行具体的阐述、解释，并补充一些必要的材料，使信息产生的依据更加确凿，主题更加明确可信。主体的内容要求是：有主题、有事例、有数据、有分析。主体的结构有多种类型，一是顺理成章法，即沿着事物发展的线索写下去；二是并列表现法，即一个信息主题列举几个事例，用几个事例表现一个主题；三是逐层排列法，即按照信息主体轻重次序排列。

审计信息的结尾通常是一段评论，或归纳语，或审计建议。审计信息的结尾要注意简洁，不能画蛇添足。

审计署关于印发审计机关业务流程无纸化实施指南——计算机审计实务公告第6号的通知

（审计发〔2007〕25号，2007年4月13日）

各省、自治区、直辖市和计划单列市、新疆生产建设兵团审计厅（局），署机关各单位、各特派员办事处、各派出审计局：

审计机关业务流程无纸化实施指南——计算机审计实务公告第6号经署领导同意，现予印发，供参考。

二〇〇七年四月十三日

审计机关业务流程无纸化实施指南——计算机审计实务公告第6号

第一章 概　　述

第一条 审计机关业务流程无纸化是指审计机关在机关办公和现场审计中全面使用审计署金审工程（一期）建设成果，即《审计管理系统》（以下简称OA）和《审计现场实施系统》（以下简称AO），并通过以上两个系统进行交互，以电子文件资料的流转传递，部分以至全部取代纸质文件流转传递的过程。

审计机关业务流程无纸化的目的，是运用现代科技手段，提高办公效率和现场审计效率，提高审计质量，促进信息共享。

第二条 推行业务流程无纸化的审计机关，应当具备运行、使用OA、AO所需硬件设备、系统软件和网络环境。

第三条 审计机关业务流程无纸化主要在以下环节：

（一）公文起草、部门审核会签、领导签发、送印。

（二）内部成文及外部来文分发，指定办理人。

（三）制订、下达审计计划，分解成审计项目。

（四）审计组实施审计前下载相关文件、资料。

（五）实施审计过程中，运用AO引入资料数据，进行项目组管理，实施审计分析抽样，编制审计日记、审计底稿、审计证据，组内复核，形成审计组的审计报告，形成项目档案数据包、审计台账数据包、被审计单位数据包。

（六）审计现场与审计机关领导的交互过程中，审计组形成审计现场数据包，审计机关领导查阅、反馈意见。

（七）法制工作机构复核过程中，法制工作机构复核审计文书，法制工作机构与业务部门交互意见。

（八）档案管理过程中，归档资料的提交、检查、接收，档案的利用。

(九)统计管理过程中,审计台账数据包报送,统计报表报送、接收验收、汇总、发布。

(十)被审计单位资料库的及时更新。

(十一)通知、公告、电子邮件、即时通讯软件、机关内部网站等公共信息交流。

(十二)可以应用信息化手段的其他业务环节。

第四条 审计机关业务流程无纸化须遵守国家及其主管部门的管理制度。

审计机关业务流程无纸化是一个发展、渐进的过程。本实施指南的要求,可以分阶段实现。

第二章 名词定义

第五条 本规格说明书的名词定义如下:

(一)OA。《审计管理系统》,原称机关辅助办公系统,是一个为审计机关提供领导决策支持、公文流转办理、审计业务管理、信息资源共享、机关事务处理等功能的协同工作平台。

(二)AO。《现场审计实施系统》,(亦称审计师办公室,英文名称 Auditor Office 的缩写)是一个用于现场审计环境下,审计人员利用电子数据进行审计、对审计项目进行管理的实施作业平台。

(三)公文。包括:审计机关在行政管理和审计过程中形成的具有法定效力和规范体式的文书;审计机关收到的上下级审计机关、其他国家机关和相关单位传递的文书。

(四)起草签批。指以本机关(含其授权、批准的部门)名义形成制发公文的过程,包括起草、审核、签发、复核、印制、用印等程序。

(五)收文管理。指对收到公文的管理过程,包括签收、登记、分发、审核、拟办、批办、承办、催办等程序。

(六)审计计划和审计项目。审计机关的审计任务分为审计计划和审计项目两个层次表述,审计计划应当分解生成审计项目后,交具体审计机关或者部门执行,一个计划可以分解为一个或者多个审计项目。每个审计项目有一个唯一的编码。

(七)法制工作机构复核。指由审计机关法制部门(或审计机关指定的其他部门)对审计过程中产生的审计文书从依法行政角度进行的审核。

第三章 软件环境准备

第六条 审计机关应当结合本单位的实际情况,建立保障业务流程无纸化推进实施的工作制度;根据 OA、AO 的功能要求,研究确定恰当的工作流程,对相关软件和 OA 的关键功能模块进行设定,完成软件环境的适应性准备,保障无纸化业务流程顺畅进行。

第七条 为了确保审计机关工作人员在无纸化办公流程中角色的正确性,审计机关应当部署人力资源管理软件,正确、完整反映机关全体工作人员的姓名、职务、所在部门等与办公流程相关的信息。

审计机关应当建立日常维护制度,随时更新下列信息:

(一)机关工作人员的增加、减少,职务的调整;

(二)审计机关内部机构的设立、撤销、合并或者更名,以及由此带来的人员所在部门的变化。

第八条 公文起草签批模块投入使用前,审计机关应当根据研究确定的发文流程,完成下列事项:

(一)设计公文起草的参与对象、经过环节、先后顺序,定义工作流流程。

(二)参考 OA 预设的样式,对公文要素等信息进行适当调整后,形成本单位的发文审批单,并保存到数据库中。

(三)参考 OA 预设的文种和样式,对字体、字号、单位名称等进行适当调整后,形成本单位的公文文种模版。

审计机关应当建立日常维护制度,慎重而及时地调整上述事项。

第九条 公文收发办理模块投入使用前,审计机关应当根据研究确定的公文收发办理流程,完成下列事项:

(一)参考 OA 预设的样式,对公文要素及事项分类等信息进行适当调整后,形成本单位的收文登记单。

(二)根据本单位的部门设置、公文呈送接收关系,制定分发目标列表。分发目标可以按不同级别的人员、不同性质的内部机构、上级审计机关、下级审计机关、党政领导机关、本级政府的同级部门等分为若干分发目标组,以便提高分发效率。

(三)审计机关的部门作为第二级公文收发层次的,需要分部门设置公文呈送、接收关系,制定分发目标列表。

(四)根据 OA 的控制机制,对全部工作人员设定不同职级权限分数,以实现不同的人员对同一文件具有的公文列标题、阅读、打印、转发等不同的粒度控制。

(五)设计公文办理的参与对象、经办环节、先后顺序,定义工作流流程。

(六)参考 OA 预设的样式,对公文办理要素进行适当调整后,形成本单位的公文处理单。

审计机关应当建立日常维护制度,慎重而及时地调整上述事项。

第十条 审计机关应当在计划管理软件中编制当年审计计划、接收上级下达的计划、向下级机关下达计划,将本审计机关需要执行的审计计划分解为审计项目。

暂时不能完全实现上述要求的审计机关,应当由负责审计项目计划管理的工作人员在审计计划管理软件中,录入本机关当年审计计划,并分解审计计划为审计项目,按照审计署计划项目编码规则,生成全国唯一的审计项目编码。

第十一条 法制机构复核模块投入使用前,审计机关应当根据研究确定的法制工作机构复核流程,完成下列事项:

(一)确定需要复核的审计业务文书种类,需要附送的资料种类。

(二)设计复核工作的提交、接收、传送对象和顺序,定义工作流流程。

(三)设置包括复核意见、主要问题和退回理由等惯用语,以规范操作,方便使用,提高效率。

第十二条 察看现场模块投入使用时,审计机关应当建立制度、提出以下明确要求:

(一)按照正确的方法,在审计人员使用的计算机上安装 AO,审计人员在审计中,应当视审计目标、项目内容、数据条件使用其功能模块。

(二)审计项目实施过程中,定期报送审计现场数据包。

(三)审计机关的领导应当带头使用察看现场功能,及时对审计组报送的有关项目实施情况汇报和请示,作出反馈批示,指导现场审计工作。

第十三条 审计统计管理软件投入使用时,应当完成下列事项:

(一)设置审计统计管理软件网络版使用环境;设置上下级审计机关关系;设置机关统计员和部门兼职统计员,并赋予相应的权限。

(二)在统计员的计算机上安装客户端软件。

(三)已经部署数据传输通道(MQ)的审计机关,应当将审计统计管理软件配置为通过数据传输通道报送和自动接收统计报表。没有部署数据传输通道的审计机关,可以使用文件方式报送和接收统计报表。

第十四条 被审计单位资料库投入使用时,应当完成下列事项:

(一)存储上一级审计机关按照属地原则切分下发的本审计机关所管辖的被审计单位。

(二)确定被审计单位与本审计机关各业务部门的被审计关系,将被审计单位细分到各业务部门。

(三)手工添加被审计单位资料库中尚未存在的被审计单位。

审计机关应当结合审计工作的开展和 AO 应用,建立日常维护制度,及时更新被审计单位资料信息。

第十五条 合理初始化或者按照业务流程无纸化的需求重新调整 OA 平台的下列设置:

(一)OA 各个功能区的划分,各应用或者功能模块在各功能区的分配摆布。

(二)设置组织机构,建立本机关组织机构树,添加人员账号,分配权限角色。

(三)建立以内部部门为单位的子系统,分配相应的应用。

(四)根据审计机关确定的职责分工,赋予相关人员系统日志和行为审核的操作权限。

审计机关应当建立日常维护制度,及时而慎重地调整上述事项。

第四章　公文起草签批

第十六条 公文起草签批流程是审计机关为行使职权、办理事务而制作公文的过程。审计机关的工作人员,在自己的职权范围内参与该流程。

行政公文起草签批流程的载体是行政公文审批单,审计文书起草签批流程的载体是审计文书审批单。公文正文及其附件是审批单不可分割的组成部分。

第十七条 审计机关工作人员起草行政公文时，使用公文起草模块办理下列事项：

(一)在行政公文审批单中，以填写、截取相应文字、从组织树选择、下拉框选择的方式，添加本人职权范围内的信息。

(二)使用直接粘贴正文或者在线建正文方式，引入公文正文。

(三)添加附件。

(四)添加背景资料。

第十八条 审计机关的部门领导审核机关工作人员起草的行政公文，使用公文起草模块办理下列事项：

(一)审阅或者修改行政公文审批单中已经填写的各项信息。

(二)审阅或者修改正文、附件和背景资料。

(三)填写审批意见。

(四)根据情况，做出将公文提交审计机关领导阅核、送其他部门会签、送本部门其他领导阅核、退回拟稿人的选择。

第十九条 与行政公文起草部门工作相关的部门，接到公文会签请求时，在本部门的职权范围内，对行政公文审批单中的各项信息、正文、附件和背景资料进行审阅，填写会签意见后退回。

第二十条 审计机关应当建立办公室核稿制度，在公文起草签批过程中设计涉及公文核稿人员的流程。

第二十一条 审计机关的分管领导可以直接签发行政公文，也可以签注意见后转给其他领导签发。

审计机关领导认为所起草的行政公文需要退回修改时，应当退回。

第二十二条 审计机关的文秘部门，负责将审计机关领导签发的行政公文进行核稿、清稿、编号、套用模板、印刷等工作。印制完成后，文秘部门应当执行入阅文库和入档案库操作，结束公文起草签批流程。

第二十三条 审计文书与行政公文的起草签批过程基本一致，其区别在于：

(一)审计机关业务人员起草审计文书时，使用审计文书审批单，并在公文标题中正确反映文书种类。

(二)审计文书起草签批流转至法制工作机构部门复核环节时，转入法制复核流程；法制工作机构部门复核后重新回到公文起草签批流程，并增加复核意见书作为背景资料。

(三)总审计师或者指定的审计机关领导应当签署审核意见。

第二十四条 提倡审计机关的各级领导亲自撰写公文。各级领导亲自撰写公文时，除法制部门复核和办公室核稿环节以外，原由其下级工作人员履行的逐级审核环节可以省略。

第五章 公文收发办理

第二十五条 公文收发办理流程是审计机关接受上级任务、明确上级指示、交流机关工作情况、履行审计监督权力、保障机关正常运行的过程。公文收发办理无纸化要最大限度地促进信息的公开透明、促进公文信息的共享，保障审计机关工作人员在自己的职权范围内知悉公文信息的权力。

公文收发办理流程的载体是公文，各级领导的批示和说明办理情况、过程的信息可作为公文的辅助部分。

第二十六条 审计机关入库的公文来源和登记入库的方式如下：

(一)机关内部成文。起草签批流程完毕后，机关内部生成的文件自动携带公文登记要素进入阅文库。

(二)通过数据传输通道传递的上下级审计机关来文。使用公文入库模块的传输接收入库功能接收，所接收的公文自动携带公文登记要素进入阅文库。

(三)通过介质、电子邮件等其他渠道传输的外部来文。通过填写收文登记单，加载正文，录入公文登记要素及事项分类等信息后，进入阅文库。

(四)经本机关扫描纸质文件形成的电子文件。通过填写收文登记单，加载正文，录入公文登记要素及事项分类等信息后，进入阅文库。

第二十七条 公文进入阅文库后，机关文书应当补充调整已入库公文的事项分类等信息；在保持公文秘密等级和不违反保密规定的前提下，合理调整公文的权限分数，以实现最大程度的共享。

除受保密规定限制的以外，阅文库的公文应当向全体机关工作人员开放浏览权限。

根据保密规定，阅文库的公文应当适时解密。

第二十八条 机关文书根据机关工作人员职责范围，进行阅文分发。

阅文分发时，机关文书可将公文直接分发给机关工作人员。机关规模较大、部门人数较多的，可以设立部门文书转发公文。机关文书对个别文件的阅读范围难以确定时，可将文件分发给部门主管领导，根据主管领导的意见再行阅文分发。

工作人员应当知悉的公文，该工作人员应当阅读。

第二十九条 对需要办理的来文，机关文书应当进行办文分发。

办文分发应当由机关文书按照审计机关约定的内部职责分工，直接分发给承办部门或者分管的审计机关领导。接到需要办理来文的领导可以在文件处理单中批示意见，连同文件一同提交承办人。

机关文书对个别文件的办理责任单位难以确定时，可将文件分发给本部门主管领导，根据主管领导的意见再行办文分发。

第三十条 承办人根据文件内容以及领导批示意见，进行相应的处理工作，并将处理结果填入文件处理单承办结果栏中，结束公文办理流程。

承办人在办理来文的过程中，如果需要起草公文，则另行发起公文起草签批流程，并将该来文作为背景材料。

第六章 审计计划管理

第三十一条 审计计划管理流程是审计项目实施的前提和起始。年度审计项目是审计计划管理流程的载体。

第三十二条 审计机关履行审计计划管理的部门，设置机关计划管理员，负责使用审计计划管理软件，编制全机关的年度审计计划、接收上级下达的计划、向下级机关下达计划，向本级审计机关各业务部门分配审计计划。

第三十三条 机关计划管理员根据上级审计机关下达的审计计划、下级审计机关上报的计划草案、部门年度计划意见和审计机关领导的要求，在计划项目维护模块中录入计划列表。经平衡、调整、修改和审计机关领导批准后形成年度审计计划。

年度审计计划包括本机关执行的计划和下达给下级审计机关执行的计划。

在年度计划执行期内，机关计划管理员可根据审计机关领导的指示，对年度审计计划调增调减，并注明调整原因。

第三十四条 审计机关各业务部门设置的部门项目管理员（一般由部门负责人担任），负责将本部门执行的审计计划分解为项目，在审计项目列表中填入项目基本信息。

部门项目管理员应当确定每个审计项目的审计组长，或者至少为每个审计项目指定一个审计组成员，以保证 AO 相关功能的实现。

机关规模较小、业务部门人数较少的审计机关，可以不设置部门项目管理员，直接由机关计划管理员完成上述工作。

第三十五条 审计组长或者指定的审计组成员使用 AO，从计划管理软件中获取审计项目基本信息，建立审计项目；或者从 OA 本人参与项目模块下载项目资料，导入 AO，建立审计项目。

第三十六条 上级审计机关将审计计划管理软件导出的计划文件，通过网络或者介质下达给下级审计机关。

下级审计机关导入文件，将上级下发的计划融入本单位年度计划，或者再转发给下级审计机关。

下级审计机关也可将自定审计计划项目导出文件上报。

第三十七条 审计项目组应当及时向审计机关报告项目进展的相关信息，逐步实现利用审计计划管理软件掌握项目进度和人力、财力资源占用情况。

第七章 审计支持

第三十八条 审计支持流程是审计项目以及审计组主要成员确定后，利用 OA 对审计实施的支持支撑功能，取得相关审计资料和背景资料，帮助审计工作顺利实施的过程。审计组长或者其指定的人员负责办理该流程的有关事项，其结果供审计组人员共享。

第三十九条 审计人员实施审计前，应当从 OA 中将下列信息和资料导入 AO：

（一）审计组成员信息。审计人员编号使用本人身份证号，以保证其唯一性和统一性。

（二）审计项目基本信息。未部署计划管理软件需要手工建立审计项目的，审计项目编码应当遵循审计署制定的 32 位编码规则。

（三）相关文件。审计项目结束后项目归档时需要的、审计过程中可能使用的行政公文和审计文书。

（四）被审计单位资料。使用被审计单位资料库模块的打包功能，直接导出被审计单位全部或者部分数据资料，导入 AO。

（五）审计专家经验。除已嵌入 AO 的审计专家经验之外，如还需要其他专家经验，可从 OA 中打包下载，导入 AO，供审计实施中参考使用。

根据审计项目的性质和审计目标，搜集可能涉及的法规，引入 AO，以备审计实施中引用。

第四十条 结合审计机关广域网络的建设，逐步实现在异地审计现场利用审计机关局域网 OA 资源，获取审计支持。

第八章 审计现场实施

第四十一条 审计现场实施流程是审计组根据审计方案确定的任务，获取被审计单位资料、实施审计、形成审计组审计报告的过程。审计组成员按照本次审计分工，在自己的职责范围内参与该流程。

第四十二条 审计组长（或者副组长）使用 AO 的项目管理功能，在审计过程中实施以下事项：

（一）利用审计计划管理软件提供的项目信息自动建立审计项目，未部署审计计划管理软件的手工建立审计项目。

（二）组成包括所有成员在内的审计组，指定主审、复核人员、审计人员等角色，给定相应的权限。

（三）根据审计方案细化审计事项。

（四）进行审计进度和成本管理。

（五）引入或者生成项目相关资料，分发审计项目管理数据。

项目组其他成员使用 AO 的项目管理功能，导入审计组长（或者副组长）提供的项目管理数据，建立审计项目。

第四十三条 审计组应当在审计现场组建局域网，以方便交互信息、传递资料。

审计组成员较少的，可以使用介质交互信息、传递资料。

第四十四条 审计组长或者其指定的人员负责采集转换被审计单位的财务数据和业务数据，并将全部数据分发给审计人员，或者按审计分工切分给审计人员。

使用 AO 联机模式作业的审计组，应当保证所采集转换的被审计单位的财务数据和业务数据在服务器上存储、处理。

审计人员使用 AO 的审计分析功能和审计抽样功能，分析处理电子数据，并结合实地察看、查阅纸质资料等手段，实施现场审计。

第四十五条 审计人员使用 AO 的审计底稿功能，记录审计日记；收集与审计事项相关的审计证据；对被审计单位违反国家规定的财政收支、财务收支行为以及对审计结论有重要影响的审计事项，编制审计底稿，并关联审计证据。

为保证审计档案中审计证据的完整性、有效性，审计人员可将需要归档的部分纸质证据、物证扫描或者拍照，以 JPG 格式（黑白照片以 TIFF 格式）保存为图片。相关原始证据应当按照档案管理的相关规定，以适当的形式保留。

第四十六条 审计过程中，审计人员通过 AO 的项目管理功能，将审计底稿提交复核人员。复核人员在 AO 的审计底稿模块中实现组内复核。

审计人员也可通过 AO 的项目管理功能，实现审计组内的信息共享。

第四十七条 审计组长（或者副组长）使用 AO 的项目管理功能收集审计组成员的审计底稿。在 AO 的审计底稿模块中生成审计组的审计报告。

第四十八条 审计项目终结前，审计组长或者其指定的人员应当使用 AO 完成以下事项：

（一）整理全部文件、资料，归集审计档案，生成项目档案数据包。

（二）根据审计机关的审计报告、审计决定等审计文书的结论，最终填写审计项目台账，生成本审计项目的审计台账数据包。

（三）根据对被审计单位的接触了解，更新被审计单位的基本情况；根据采集的被审计单位数据，添加被审计单位的财务资料和业务资料；根据审计过程和结论，添加被审计单位的审计项目资料，生成本次审计后新的被审计单位数据包，更新被审计单位资料库。

（四）整理本次审计过程中积累的审计师经验，生成专家经验数据包。

第九章　审计现场与审计机关交互

第四十九条　审计现场与审计机关交互流程是审计组及时报告现场工作并获得审计机关具体指示的过程。审计机关应当充分运用信息化手段，使交互流程在保障审计质量方面发挥作用。审计组和审计机关领导、部门领导在自己的职权范围内履行交互职责。

审计现场与审计机关交互流程的载体是 AO 生成的审计现场数据包。

第五十条　审计人员在审计现场应当按照审计机关的要求，通过 AO 的项目管理模块，将项目进度信息、审计日记、审计工作底稿、审计证据等文件资料生成审计现场数据包，上报给审计机关领导。

第五十一条　审计机关领导通过定期登录 OA 察看现场模块，察看审计现场上报的资料，并反馈批阅意见。

审计人员应当及时查看领导批阅意见。

第五十二条　结合电子政务网络和审计机关广域网络的建设，审计现场与审计机关之间应当逐步做到异地交互信息。交互通过公共通讯网络进行时，应当采取适当的安全措施。

不具备广域网络条件时，可以返回机关利用局域网交互，或者使用介质交互。

第十章　法制工作机构复核

第五十三条　法制工作机构复核流程是审计机关从依法行政的角度对业务部门代审计机关撰写的审计文书进行审核的过程。审计组和对其有业务管辖权的业务部门负有提供依据材料、说明情况的职责，法制工作机构履行法制复核的职责。

法制工作机构复核流程的载体是审计文书审批单，待复核审计文书正文及其附件是审计文书审批单不可分割的组成部分。

第五十四条　审计文书审批单和待复核审计文书正文及其附件，由公文起草签批流程传送至法制工作机构。

法制工作机构收到经业务部门领导审核的、需要进行复核的审计文书审批单后，指定人员进行复核。

法制工作机构内部对于复核意见的提出、审批，要求业务部门补报材料，退回业务部门，以及业务部门的再次提交等流程，在法制机构复核模块内进行。

第五十五条　复核工作结束，经法制工作机构领导签名，复核意见作为背景材料之一，随同审计文书审批单重新进入公文起草签批流程，送机关领导阅核签发。

第五十六条　审计机关要求法制工作机构提前介入，在审计实施过程即进行相关工作的，应当使用 AO 或者在审计现场与审计机关交互模块中办理。

第十一章　档案管理

第五十七条　档案管理流程是收集、整理、保存、利用反映审计机关公文和机关事务办理轨迹相关文档的过程。公文的起草者、审计项目和机关事务的参与者，与档案管理人员（含部门兼职档案管理员）共同参与该流程。

档案管理流程的载体是案卷。

第五十八条　审计机关或者各个部门，至少指定一位公文的起草者、审计项目和机关事务的参与者，负责创建案卷搜集整理资料。

以下档案应当至少包括下列电子文件：

（一）文书档案。公文起草签批模块形成的电子文稿及领导修改批示的内容。

（二）审计档案。AO 生成的项目档案数据包。使用地方档案部门推荐的档案管理软件的，应当在 AO 中按地方档案部门的要求，将有关资料逐一另存。

（三）会计档案。会计核算软件生成的备份电子文件。

（四）基建档案。项目审批的电子文件和设计制图软件生成的电子图纸。

第五十九条 审计机关各个部门向档案部门提交、档案部门检查验收提出调整意见、部门修改后的再提交、档案部门正式接收入库、查询借阅退还等管理环节，应当通过局域网进行。

使用地方档案机关推荐的档案管理软件，无法在局域网实现上述环节的，可以酌减。

第六十条 审计机关应当建立健全档案管理制度，扩大档案信息共享范围，方便审计人员利用。在遵守密级管理的前提下，应当在内部办公网络上列示档案目录。

有条件的审计机关应当对有价值的原有纸质档案进行扫描等电子化处理。

第十二章 统计管理

第六十一条 统计管理流程是以数字形式反映审计成果的过程。审计项目的参与者通过编制审计工作底稿和填报审计台账的方式、部门兼职统计员和机关统计员通过编制汇总报表的方式参与该流程。

统计管理流程的载体是审计统计报表。

第六十二条 本审计机关的审计统计报表由机关统计员汇总审计台账形成。使用 AO 的审计项目，由审计组指定的人员生成审计台账数据包，通过网络或者介质传至审计统计管理软件；未使用 AO 的审计项目，由部门兼职统计员使用审计统计管理软件填报审计台账。

机关统计员使用审计统计管理软件，汇总本机关和下级审计机关的审计统计报表，形成本级审计机关统计报表。

第六十三条 结合审计机关广域网络的建设，逐步实现上下级审计机关之间通过数据传输通道的方式，报送、接收审计统计报表。

上下级审计机关之间尚未部署数据传输通道时，可以通过审计统计管理软件报表管理模块的报送文件、读入报表功能，导出、导入统计报表，实现报送和接收。

第六十四条 机关统计员应当使用审计统计管理软件的数据发布功能，将统计报表发布到 OA 的领导决策区或者信息资源区，为本机关领导决策提供信息支持。

第十三章 被审计单位资料库管理

第六十五条 被审计单位资料库管理流程是以累积的方式搜集被审计单位资料，以全面反映被审计单位发展变化脉络和审计经历的过程。审计项目的参与者通过编制被审计单位数据包参与该流程。审计机关及其业务部门应当重视被审计单位资料库的建设，逐步使被审计单位资料库成为审计机关制订年度审计计划的重要依据。

被审计单位资料库管理流程的载体是被审计单位列表。

第六十六条 审计人员在实施审计作业时，应当及时收集整理被审计单位资料，并按基本情况、财务资料、业务资料、审计资料分类。审计项目结束时，生成被审计单位数据包，通过网络或者介质传至 OA，更新被审计单位资料库。

未使用 AO 的项目，审计人员可将需更新的被审计单位资料分类整理后，以文件的形式单独或者批量引入 OA。

第六十七条 结合审计机关广域网络的建设，逐步开展上下级审计机关被审计单位资料的交互更新。通过数据切分工具和数据打包下发、导出功能，向下级审计机关提供被审计单位资料；通过数据上报和导出功能，供上级审计机关更新、汇总被审计单位资料。

第十四章 公共信息交流

第六十八条 公共信息交流流程是审计机关工作人员运用电子形式获取应知、欲知信息的过程。审计机关全体工作人员均有知悉公共信息的权力，共同参与该流程。

第六十九条 审计机关使用通知、公告、电子邮件和机关内部网站的相关频道，在本机关范围内发布信息。

与下级审计机关之间的网络连接具备条件的，通过适当的内容控制，发布信息的受众也可扩大至下级审计机关。

公告应当设置适当的时效。审计机关发出的公告，其删改权属于指定的管理人员。

第七十条 审计人员使用通知、电子邮件和即时通讯软件给指定接收者发布信息，或者传递文档资料。

审计人员有向机关全体人员发送公告的权力，并对公告内容及其引起的后果负责。

审计人员使用通知、公告发布信息，由系统保障实名制。

第七十一条 结合审计机关广域网络的建设，逐步扩大即时通讯软件的使用范围，特别是异地之间双方和多方的语音会话、视频会话。

第七十二条 建立审计机关内部网站，取代粘贴纸张式学习园地、宣传栏和黑板报。网站的频道至少应当包括：新闻简报、业务信息、规章制度、论坛、党建工作、公告板。省级审计机关应当设立处室网页频道。

每个频道每月至少更新 1 次信息，所有频道信息更新总数每月不少于 20 条。

在加强管理、保证网站形式生动活泼内容积极向上的同时，应当发挥审计机关各个部门和全体审计机关工作人员的积极性，多方汇集稿源。内部网站的加载权可以由机关指定的一名管理员统一行使，也可以在划分版块、限制权限的情况下由各个部门指定的人员行使。

第七十三条 在机关适当的位置摆放触摸屏或者设置显示屏，显示政务公开内容、审计机关因特网网页或者部分适合公开的内部网网页内容。

第十五章 其他信息化手段的应用

第七十四条 审计机关召开以讨论文档内容为主题的会议时，应当逐步推广使用电子会议软件。会议召开前事先分发电子文档；会议中使用计算机或者投影机展示、讨论文档内容。

第七十五条 审计机关应当在局域网内设立专用服务器（或者辟出专用存储空间），供各个部门和审计人员通过机关局域网，上传、存储、整理、下载、使用本部门和本人因公形成的电子资料。

审计机关应当选择适当的文件存储软件，建立恰当的存储环境，以获得相对于个人计算机、移动存储介质更高的安全性和可靠性。

第十六章 附　　则

第七十六条 本指南所提及的“应当”和“可以”，均为对审计机关业务流程无纸化过程设计的要求，不代替应当由国家主管部门、各级审计机关颁布的规章制度所提出的要求。

第七十七条 本指南的内容来自于审计署及地方审计机关的实践总结。

本指南内容经审计署资源环保审计局，审计署驻太原、南京、武汉、兰州、昆明特派办，天津市审计局，江苏、广东省审计厅，苏州、安阳市审计局共同研究讨论。

第七十八条 本指南基于截至 2007 年 3 月 20 日 OA 和 AO 软件版本所能够提供的功能。

第七十九条 本指南的解释权归审计署计算机技术中心。

中央企业财务决算审计工作规则

（国资发评价〔2004〕173 号，2004 年 2 月 5 日）

目　　录

第一章 总 则

第一条 为加强中央企业(以下简称企业)财务监督,规范企业年度财务决算审计工作,促进提高企业会计信息质量,依据《企业国有资产监督管理暂行条例》和国家有关财务会计制度规定,制定本规则。

第二条 本规则所称年度财务决算审计,是指按照有关规定委托具有资质条件的会计师事务所及注册会计师,以国家财务会计制度为依据,对企业编制的年度财务决算报告及经济活动进行审查并发表独立审计意见的监督活动。

第三条 本规则所称年度财务决算报告,是指企业按照国家财务会计制度规定,根据统一的编制口径、报表格式和编报要求,依据有关会计账簿记录和相关财务会计资料,编制上报的反映企业年末结账日资产及财务状况和年度经营成果、现金流量、国有资本保值增值等基本经营情况的文件。企业年度财务决算审计报告是企业年度财务决算报告的必备附件。

第四条 国务院国有资产监督管理委员会(以下简称国资委)依法对企业年度财务决算的审计工作进行监督。

第二章 审计机构委托

第五条 为保障企业年度财务状况及经营成果的真实性,根据财务监督工作的需要,国资委统一委托会计师事务所对企业年度财务决算进行审计。

第六条 国资委统一委托会计师事务所,按照“公开、公平、公正”的原则,采取国资委公开招标或者企业推荐报国资委核准等方式进行。其中,国有控股企业采取企业推荐报国资委核准的方式进行。

第七条 国资委暂未实行统一委托会计师事务所进行年度财务决算审计工作的企业,应当按照“统一组织、统一标准、统一管理”的工作原则,经国资委同意,由企业总部按照有关规定,采用公开招标等方式,委托会计师事务所对企业及各级子企业年度财务决算进行审计。

第八条 对于企业总部统一委托会计师事务所的企业,应当事先报国资委同意,并在与所委托会计师事务所签定年度财务决算审计业务约定书之日起 15 日内,将约定书及会计师事务所有关资质证明材料报国资委审核备案。

(一)业务约定书应当明确企业与会计师事务所双方在年度财务决算审计工作中的权利、义务和责任。

业务约定书应当明确规定,会计师事务所不得将承揽企业的年度财务决算审计业务再转包或分包给其他会计师事务所。会计师事务所下属分所不得单独出具企业年度财务决算审计报告。

(二)会计师事务所相关资质证明材料包括:

1. 会计师事务所营业执照、执业证书复印件;
2. 注册会计师名单;
3. 会计师事务所最近 3 年执业情况总结;
4. 要求提供的其他有关证明材料。

第九条 企业年度财务决算审计工作,原则上统一委托 1 家会计师事务所承办;对于所属子企业分布地域较广的,可由企业总部委托多家会计师事务所共同承办(一般不超过 5 家)。

第十条 委托多家会计师事务所共同承办年度财务决算审计业务的,应当明确由承办企业总部审计业务的会计师事务所担任主审会计师事务所。主审会计师事务所承担的审计业务量一般不得低于 50%(特殊情形企业另行规定),同时负责该企业全部审计工作的组织、质量控制及集团合并报表的审计,并对出具的该企业年度财务决算审计报告负责。

对于多家会计师事务所共同承办年度财务决算审计的,企业应当做好主审会计师事务所与参审会计师事务所的分工协作,并在业务约定书中予以明确。

第十一条 企业委托的会计师事务所应当连续承担不少于 2 年的企业年度财务决算审计业务,因特殊情形需变更会计师事务所的，应当将变更原因及重新委托的会计师事务所有关情况及时报国资委同意。

被更换会计师事务所对变更有异议的，可以向国资委提交陈述报告。

第十二条 同一会计师事务所承办企业年度财务决算审计业务不应连续超过5年。

第十三条 企业与承办企业年度财务决算审计业务的会计师事务所及注册会计师之间不应当存有利害关系。

第十四条 承办企业年度财务决算审计的会计师事务所(含参审会计师事务所)应当具有较完善的内部执业质量控制管理制度，执业质量应当符合国家有关规定要求，并且其资质条件应当与企业规模相适应。

第三章　审计工作要求

第十五条 承办企业年度财务决算审计业务的会计师事务所及注册会计师实施审计的范围应当包括：

(一)资产负债表、利润及利润分配表、现金流量表、所有者权益变动表；

(二)会计报表附注；

(三)国资委要求的专项审计事项；

(四)企业要求的其他专项审计事项。

第十六条 企业应当为会计师事务所及注册会计师开展年度财务决算审计、履行必要审计程序、取得充分审计证据提供必要条件，不得干预会计师事务所及注册会计师的审计活动，以保证审计结论的独立、客观、公正。

第十七条 承办企业年度财务决算审计业务的会计师事务所及注册会计师，应当认真遵照《独立审计准则》以及其他职业规范，并按照国家有关财务会计制度规定和国资委对年度财务决算的统一工作要求，对企业年度财务决算实施审计。

第十八条 会计师事务所及注册会计师对企业年度财务决算出具的审计结论及意见应当准确恰当，审计结论与审计证据对应关系应当适当、严密，审计结论披露信息应当全面完整。

第十九条 会计师事务所应当在企业年度财务决算报告规定上报时间前完成审计业务工作，并出具审计报告。对不能按期完成企业年度财务决算审计工作的会计师事务所，企业报国资委同意后可予以更换。

第二十条 承办企业年度财务决算审计业务的会计师事务所，应当按照国家有关规定，妥善保管好年度财务决算审计工作底稿及相关材料，并做好归档管理工作，以备查用。

第二十一条 企业及各级子企业应当根据会计师事务所及注册会计师提出的审计意见进行财务决算调整；企业对审计意见或审计结论存有异议未进行财务决算调整的，应当在上报年度财务决算报告中向国资委专门说明。

第二十二条 企业总部设在港澳地区的企业年度财务决算审计工作，以所在地区法律规定为依据。

第二十三条 企业对下列特殊情形的子企业，应当建立完善的内部审计制度，并出具内部审计报告，以保证年度财务决算的真实、完整。

(一)按照国家有关规定，涉及国家安全不适宜会计师事务所审计的特殊子企业；

(二)依据所在国家及地区法律规定进行审计的境外子企业；

(三)国家法律、法规未规定须委托会计师事务所审计的有关单位。

第四章　审计事项披露

第二十四条 承办企业年度财务决算审计业务的会计师事务所及注册会计师，在审计工作中要按照国家有关财务会计制度、独立审计准则和年度财务决算工作要求，对企业重要财务会计事项予以关注，并在审计报告中予以披露；对于国资委提出的专项工作要求，可以专项报告的形式予以披露。

第二十五条 会计师事务所及注册会计师在年度财务决算审计中，应当重点关注企业年度财务决算编报范围是否齐全、报表合并口径和方法是否正确、合并内容是否完整及对资产和财务状况的影响，并应当对应纳入而未纳入合并范围的子企业对资产和财务状况的影响作重点说明。主要说明内容包括：

(一)未按照规定纳入合并报表范围的所属子企业户数情况；

(二)未按照规定将企业所属实行金融或者事业会计制度的子企业或者单位资产及效益并入年度财务决算报表情况；

（三）企业所属境外子企业和分支机构资产及效益是否并入年度财务决算报表情况；

（四）未按照规定对具有控制权或者重大影响力的长期投资情况进行权益法核算；

（五）其他需要说明的事项。

第二十六条 主审会计师事务所应当关注与披露企业所属各子企业的分户年度财务决算审计情况，逐户列明审计机构、审计结论及审计保留事项的原因，以及对企业财务状况的影响程度或金额。

第二十七条 会计师事务所及注册会计师应当关注与披露企业实际发生的各项经济业务是否按照国家统一的财务会计制度规定予以确认、计量和登记，会计核算方法和会计政策是否符合国家财务会计制度规定。具体披露内容应当包括：

（一）采用的会计核算方法和会计政策是否正确，年度间是否一致，发生变更是否经过核准或者备案；

（二）资产、负债和所有者权益的确认标准和计量方法是否准确；

（三）固定资产主要类型及计提折旧情况，在建工程项目及结算情况；

（四）各种资产损失情况及处理办法；

（五）各项减值准备的计提方法、变更情况及减值准备转回情况；

（六）企业从事高风险投资经营情况，如证券买卖、期货交易、房地产开发等业务占用资金和效益情况；

（七）财产抵押、对外担保、未决诉讼等或有事项，是否如实在年度财务决算中予以反映；

（八）财务成果的核算是否真实、完整，影响企业财务经营成果的各种因素是否合理及其金额；

（九）所有者权益增减变动因素是否真实可靠。

第二十八条 会计师事务所及注册会计师在审计过程中发现企业内部会计控制制度存在重大缺陷的，应当予以披露，并按照要求出具管理建议书。

第二十九条 会计师事务所及注册会计师在年度财务决算审计报告或者报告附件中，根据国资委要求应当关注和披露下列有关专项审计事项：

（一）国有资本保值增值及主客观因素变动情况；

（二）企业年度财务决算中主要指标年初数与上年年末数不一致的情况及主要原因；

（三）按照国家政策开展清产核资、主辅分离、债务重组、改制改组、破产出售、资产处置、债转股等工作的企业，依据有关部门批复文件调整会计账务情况；

（四）企业本年度财务决算中依据会计师事务所对上年度财务决算出具的审计意见予以会计账务调整情况；

（五）企业本年度财务决算中依据会计师事务所审计意见所进行的主要账务调整事项；

（六）其他需要关注和披露事项。

第五章 审计意见处理

第三十条 企业对会计师事务所及注册会计师对年度财务决算出具的审计报告中提出的意见和问题，应当依据国家有关财务会计制度，认真对照检查，对确实存在问题的，应当采取有效整改措施。

第三十一条 对会计师事务所及注册会计师出具的审计结论有不同意见的，应当在年度财务决算报告中予以说明；存在较大分歧的，应当向国资委提交专项报告予以说明。

第三十二条 对会计师事务所及注册会计师出具的审计报告为保留意见的，企业应当在年度财务决算报告中，对保留事项予以说明。

第三十三条 对会计师事务所及注册会计师出具审计报告属否定意见和无法表示意见的，企业应当在上报年度财务决算报告时提交专项报告予以说明。

第六章 审计工作责任

第三十四条 企业应当对向会计师事务所及注册会计师提供的会计记录和财务数据的真实性、合法性和完整性承担责任。会计师事务所及注册会计师应当对出具的审计报告承担相应责任。

对按照国家有关规定不适宜会计师事务所审计的子企业或所属单位，注册会计师和会计师事务所可以依据内部审计报告发表审计意见。企业应对内部审计报告的真实性、完整性承担责任。

第三十五条 会计师事务所及注册会计师对企业年度财务决算的审计工作或者审计质量不符合统一

工作要求，国资委可要求补充相关资料或者重新审计；审计结论及意见不准确或审计质量存在较多问题的，国资委可更换或者要求企业更换会计师事务所重新审计。

第三十六条 企业拒绝或者故意不提供有关财务会计资料和文件，影响和妨碍注册会计师正常审计业务，会计师事务所应当及时向国资委反映情况。

第三十七条 国资委将建立企业年度财务决算审计工作质量档案管理制度，对于在企业年度财务决算审计工作中存在以下问题或行为的会计师事务所，将予以通报或者限制其审计业务：

（一）对企业年度财务决算审计程序、范围、依据、内容、审计工作底稿等存在问题和缺陷，以及审计结论避重就轻、含糊其辞、依据严重不足的，予以内部通报；

（二）对连续 2 年（含 2 年）或者同一年度承担的两家企业年度财务决算审计工作均被给予通报的，3 年内不得承担企业有关审计业务；

（三）在企业年度财务决算审计中存在重大错漏，应当披露未披露重大财务事项，或者发生重大违法违规行为的，今后不得承担企业有关审计业务。

第三十八条 会计师事务所和注册会计师违反《中华人民共和国注册会计师法》等有关法律法规，与企业及相关人员串通，弄虚作假，出具不实或虚假内容的审计报告的，国资委将通报有关部门依法予以处罚。

第三十九条 国资委通过企业年度财务决算审核和监事会稽核等工作制度，对企业年度财务决算审计质量进行监督。

第七章 附　　则

第四十条 各省、自治区、直辖市国有资产监督管理机构可以参照本规则，制定本地区相关工作规范。

第四十一条 本规则自公布之日起施行。

水利部关于加强水利工程移民资金审计工作的通知

（水审计〔2006〕212 号，2006 年 6 月 8 日）

移民工作是水利工程建设的重要组成部分。做好新时期移民工作，是树立和落实科学发展观，坚持科学发展、统筹发展、和谐发展的内在要求和现实需要，对促进水利事业可持续发展具有深远影响。党中央、国务院历来高度重视移民问题，先后制定了多项政策法规指导和规范移民工作，严肃查处侵害移民利益的事件，切实维护移民的合法权益。“十一五”期间，治淮骨干工程以及尼尔基、百色等防洪控制性枢纽工程等将陆续竣工，新的一批大江大河治理工程将开工建设，为加强移民资金管理，促进各项水利工程建设的顺利进行，现就加强水利工程移民资金审计工作通知如下：

一、进一步提高对移民资金审计重要性的认识。移民资金使用关系移民切身利益，政策性强，社会影响大。加强移民资金审计，是保证移民资金安全、合法、有效使用，维护移民工作正常秩序，保障移民工作顺利进行的重要举措；是实现“工程安全、资金安全、干部安全”工作目标的有效手段；是保护移民合法权益、维护社会稳定大局的具体体现。各单位要从贯彻落实科学发展观、构建社会主义和谐社会的高度认识移民资金审计工作，与时俱进，开拓创新，不断完善工作机制，努力提高移民资金审计工作水平，及时解决审计实践中遇到的新情况、新问题，为水利发展保驾护航。

二、将移民资金审计作为水利工程建设管理的重要内容，纳入建设管理的基本程序，充分发挥审计的监督职能。对移民资金审计要实行关口前移，积极开展事前、事中审计，始终抓住资金流程这个主线，与有关地方人民政府和各专业管理部门密切合作，推进移民资金使用全过程跟踪审计。促进和保证移民资金管理使用的真实、合法、有效，防止和坚决纠正转移挪用或挤占移民资金等问题，揭露和坚决查处由于决策失误、管理不善等原因造成的损失浪费问题。在工程竣工验收前，移民资金决算必须由相应管辖权的审计部门进行审计，并将审计结果作为移民安置专项验收和工程竣工验收的依据。对移民资金决算未按规定进行审计的工程，不得组织验收。

三、精心组织、统筹安排，保证移民资金审计工作顺利开展。严格按照水利基本建设资金内部审计有关规定，明确责任单位和责任人，对移民资金与工程建设资金要统筹部署内部审计，对移民资金的内部审计要审查和评价移民资金内部控制的情况，审查和评价移民资金管理使用的质量、进度和效益。移民资金内部审计可以由有关单位审计部门组织水利工程移民专业审计力量组成审计组进行，也可以委托具有专业审计资质的社会审计机构承担。委托社会审计机构的，有关单位审计部门应当依照《水利部委托社会审计业务管理办法》及内部审计工作的有关规定，对受委托的社会审计机构承担的移民资金审计进行指导和监督。上级主管部门要开展对水利工程移民资金内部审计整改执行情况的监督检查，并作为移民安置专项验收的重要依据。由水利部负责组织验收的水利工程，其移民资金政府审计按国家审计署管辖规定由具有相应管辖权的政府审计机关组织实施。由地方水行政主管部门负责组织验收的水利工程，其移民资金政府审计按地方人民政府审计机关管辖权限实施。水利部门要积极协调，并将政府审计结果和执行情况提交水利工程竣工验收审计部门和竣工验收委员会。

请各单位按照本通知的要求，结合本地区水利工程建设管理实际情况，切实抓好移民资金审计工作的贯彻落实。对工作中好的做法与经验，应及时加以总结，并将有关情况向我部报告。

新华社审计监察工作规定

（新发文件〔2007〕厅字 15 号，2007 年 4 月 17 日）

总社各部门、各单位，国内各分社及驻外总分社、大分社：

《新华社审计监察工作规定》已经 2007 年第 7 次社长办公会审议通过，现印发给你们，请遵照执行。

进一步加强和规范审计监察工作，对于维护我社财经纪律，加强财务管理，提高资金使用效益，促进廉政建设，从源头上预防腐败具有重要作用。各部门、各单位、各分社都要重视审计工作，严格按规定办事，更好地发挥审计工作的作用，促进我社管理水平不断提高。

新华社审计监察工作规定

第一条　为了加强和规范新华社审计监察工作，维护财经纪律，提高资金使用效益，促进廉政建设，保障新华社事业健康发展，根据《中华人民共和国审计法》和《审计署关于内部审计工作的规定》，结合新华社实际，制定本规定。

第二条　新华社审计监察工作是新华社审计监察机构和人员依据国家的法律法规和新华社的有关规章制度，独立对新华社所属单位的财务收支、经济活动及内控制度的真实性、合法性、效益性等进行审核、鉴证，评价其经济责任的监督活动。

第三条　社监察局主管全社的审计监察工作，依法独立行使审计监察职能。

监察局审计监察室是新华社审计监察工作的具体实施部门，按审计监察的职权范围开展工作，并接受国家审计署及有关部门的业务指导。

第四条　新华社各直属事业、企业单位和国内各分社，尚未配备审计人员的，可以根据内部管理的需要，配备兼职审计人员。各直属事业、企业和国内分社审计人员，在本单位领导授权范围内独立开展内部审计工作，对本单位领导负责，并接受监察局的业务指导。

第五条　监察局在审计监察工作中履行下列职责：

（一）制定审计监察工作规章制度和规范流程；

（二）对新华社各直属事业、企业单位，国内务分社和驻外总分社、大分社及需要审计的其他驻外分社的预算执行、财务收支、资产、负债、绩效、内控制度等情况，进行审计监督；

（三）对新华社各直属事业、企业单位，国内各分社和驻外总分社、大分社的单位负责人和分管经营、财务工作的负责人，在任职期间对本单位的财务收支以及有关经济活动应负经济责任的履行情况，进行审计监督；

（四）对与预算执行、财务收支、资产、负债、绩效、内控制度等情况有关的特定事项，向新华社各下属单位进行专项审计调查；

（五）协调有关部门聘请有资质的社会审计机构或者基建审计方面的专业人员，对新华社投资或以新华社投资为主的建设项目的预算执行情况和决算进行审计监督；

（六）对新华社控股或者是实际控制人的企业进行审计监督，新华社的具体投资单位予以协助；

（七）对被审计单位落实审计决定的情况，进行检查督办；

（八）指导全社各单位的内部审计工作；

（九）开展审计监察业务研讨，组织审计人员参加业务培训和后续教育；

（十）组织实施社党组授权的其他审计事项。

第六条 监察局在审计监察工作中行使下列职权：

（一）有权要求被审计单位提供预算、预算执行情况、决算、财务会计报告，运用电子计算机储存、处理的财务收支电子数据和必要的电子计算机技术文档，在金融机构开立账户的情况，社会审计机构出具的审计报告，以及其他有关资料；有权检查被审计单位的会计凭证、会计账簿、财务会计报告和运用电子计算机管理财务收支电子数据的系统，以及其他有关资料和资产。被审计单位不得拒绝、拖延、谎报。

被审计单位负责人对本单位提供的财务会计资料的真实性和完整性负责。

（二）有权就审计事项的有关问题向有关单位和个人进行调查，并取得有关证明材料。有关单位和个人应当支持、协助审计工作，如实反映情况，提供有关证明材料。

（三）有权要求被审计单位查询本单位在金融机构的账户情况，并如实提供有关资料。有证据证明被审计单位以个人名义存储公款的，监察局有权要求被审计单位查询本单位以个人名义在金融机构的存款，并如实提供有关资料。

（四）有权制止被审计单位转移、隐匿、篡改、毁弃会计凭证、会计账簿、财务会计报告以及其他有关资料，或转移、隐匿所持有的违反国家和新华社规定取得的资产等行为；必要时，报请分管社领导批准后，封存有关资料和违反国家和新华社规定取得的资产，暂停资金的使用。

有权制止被审计单位正在进行的违反国家和新华社规定的财务收支行为；制止无效的，报请分管社领导批准后，通知新华社有关主管部门采取必要的措施。

采取前两款规定的措施时，不得影响被审计单位合法的业务活动和经营活动。

（五）发现被审计单位所执行的上级主管部门有关财务收支的规定与法律、行政法规相抵触的，有权建议有关主管部门纠正。

（六）有权向有关部门通报或者向全社公布审计结果。通报或者公布审计结果，应当依法保守秘密和被审计单位的商业秘密。

（七）有权根据工作需要，聘请特约审计人员和兼职审计人员。

（八）履行内部审计监督职责，有关职能部门应当予以协助。

第七条 审计监察工作按照下列程序进行：

（一）监察局根据审计项目计划、人事局的通知或者社党组的要求确定审计事项，组成审计组，并在实施审计3个工作日前，向被审计单位送达审计通知书；遇有特殊情况，经监察局局长批准，审计组可以直接持审计通知书实施审计。

对领导干部任中经济责任审计，由监察局商人事局、计财局提出意见，报分管人事、财务和纪检监察工作的社领导审定后实施。

被审计单位应当配合审计组的工作，并提供必要的工作条件。

审计组应当提高审计工作效率。

（二）审计组在进驻被审计单位实施审计之前，应当进行审前调查，和有关职能部门沟通，制定审计项目实施方案，经监察局局长批准后执行。

在实施审计过程中，根据实际情况，审计组可以对审计项目实施方案进行必要的调整，经监察局局长批准后执行。

（三）审计组进驻被审计单位后，应当召开有被审计单位领导班子成员、财务人员以及其他相关人员参加的审计见面会。

（四）审计人员通过审查会计凭证、会计账簿、财务会计报告，查阅与审计事项有关的文件、资料，检查现金、实物、有价证券，向有关单位和个人调查等方式进行审计，并取得证明材料。

（五）审计组对审计事项实施审计后，应当向监察局提出审计报告。审计组的审计报告报送监察局前，应当按规定征求被审计对象的意见。被审计对象自接到审计报告之日起10个工作日内，将其书面意见送交审计组。审计组应当将被审计对象的书面意见一并报送监察局。

（六）监察局按照复核程序对审计组的审计报告及相关材料进行审议，审议后经监察局局长签署意见，出具监察局的审计报告。监察局的审计报告经社长办公会或社领导批准，正式发文。该报告是审计事项的最终结果。

监察局对违反国家规定的财务收支行为，应当作出审计决定，依法给予处理、处罚，或者向有关部门提出处理、处罚的意见。

（七）监察局应当将审计报告和审计决定送达被审计单位和有关主管部门。审计决定自送达之日起生效。

（八）被审计单位必须执行监察局依法作出的审计决定，并在规定期限内将审计决定的落实情况及有关证明材料报送监察局。

（九）监察局应当督促被审计单位执行审计决定，审核被审计单位上报的审计决定落实材料，必要时可以对审计决定落实情况进行检查。

（十）被审计对象对审计决定不服的，可以在审计决定送达之日起60个工作日内向监察局书面申请复议。

监察局审理室负责审计复议工作，组成复议小组及时处理，并在收到复议申请之日起60个工作日内提出书面复议报告，经监察局局长批准后，向申请复议的被审计对象通报。

复议期间，审计决定不停止执行。

（十一）监察局按照审计署和新华社的有关规定，建立审计档案。

第八条 审计人员的职责要求包括：

（一）应当具备与其从事的审计工作相适应的政治素质、政策水平、专业知识和业务能力。

（二）应当恪守审计职业道德规范，严守审计纪律，认真履行职责，严谨细致，弄清事实，分清责任，坚持原则，保守秘密。

（三）在执行审计任务中的吃、住、行等一切费用由监察局负责支出，不得由被审计单位支付任何费用，不得接受被审计单位的礼品、礼金及宴请等，自觉接受全社职工的监督。

（四）办理审计事项，与被审计单位或者审计事项有利害关系的，应当回避。

（五）依法执行职务，受法律保护。任何单位和个人不得设置障碍，不得打击报复审计人员。

（六）按照国家有关规定参加业务培训和继续教育，有关部门应当鼓励、支持和保障。

第九条 被审计单位违反本规定，拒绝或者拖延提供与审计事项有关的资料的，或者提供的资料不真实、不完整的，或者拒绝、阻碍检查的，或者拒不执行审计决定的，由监察局责令其改正，根据情节轻重，给予口头警告、通报批评、经济处分，同时依照新华社考核工作的有关规定，向考核部门提出减分建议；拒不改正的，依法依纪追究责任。

第十条 被审计单位违反本规定，转移、隐匿、篡改、毁弃会计凭证、会计账簿、财务会计报告以及其他与财务收支有关的资料的，或者转移、隐匿所持有的违反国家和新华社规定取得的资产，或者报复陷害审计人员的，由有关部门按照干部管理权限依法依纪对直接负责的主管人员和其他直接责任人员给予处分；构成犯罪的，移交司法机关处理。

第十一条 对被审计单位违反国家和新华社规定的财务收支行为，监察局依照法律、行政法规和新华社的有关规定，区别情况采取下列处理措施：

（一）责令限期缴纳应当上缴的款项；

（二）责令限期退还被侵占的国有资产；

（三）责令限期退还违法所得；

（四）责令按照国家统一的会计制度的有关规定进行处理；

（五）责令按照新华社的有关规定进行处理；

（六）其他处理措施。

对直接负责的主管人员和其他直接责任人员依法依纪应当给予处分的，由有关部门按照干部管理权限进行处理；构成犯罪的，移交司法机关处理。

第十二条 审计人员违反有关规定，工作中造成重大失误，产生不良影响的，由监察局批评教育或给予处罚，屡教不改的，调离审计工作岗位；审计人员滥用职权、玩忽职守、徇私舞弊或者泄漏所知悉的审计内部情况、商业秘密的，按照干部管理权限依法依纪给予处分；构成犯罪的，移交司法机关处理。

对认真履行职责、成绩显著的审计人员，监察局应当给予表彰和奖励。

第十三条 本规定自发布之日起施行，1999 年 3 月 17 日发布的新发文(1999)厅字第 28 号文件《新华社内部审计暂行规定》同时废止。

第十四条 本规定由监察局负责解释。

陕西省国家建设项目审计条例

(十二届陕西省人民代表大会常务委员会公告第十六号，2014 年 7 月 31 日)

陕西省人民代表大会常务委员会公告

[十二届]第十六号

《陕西省国家建设项目审计条例》已于 2014 年 7 月 31 日经陕西省第十二届人民代表大会常务委员会第十一次会议通过，现予公布，自 2014 年 11 月 1 日起施行。

陕西省人民代表大会常务委员会

2014 年 7 月 31 日

第一章 总 则

第一条 为了加强国家建设项目的审计监督，规范投资行为，提高投资效益，促进廉政建设，根据《中华人民共和国审计法》、《中华人民共和国审计法实施条例》和有关法律、行政法规，结合本省实际，制定本条例。

第二条 本省国家建设项目的审计监督工作，适用本条例。

第三条 本条例所称国家建设项目是指：

(一)政府投资和以政府投资为主的建设项目；

(二)国家的事业组织、社会团体使用财政资金、国有资产抵押贷款及其管理的公益性基金和资金投资的建设项目；

(三)国有资本占控股地位或者主导地位的企业、金融机构投资的建设项目；

(四)政府通过招标等方式确定投资人，由其承担资金筹措和工程建设，竣工验收后移交政府，政府按照合同约定回购的项目；

(五)政府通过招标等方式确定投资人，由其承担资金筹措和工程建设，并在特许期内管理经营，特许期结束后投资人按照合同约定移交政府管理的项目。

第四条 县级以上人民政府审计机关负责国家建设项目审计工作，依法实施审计监督。

审计机关依法对国家建设项目实施审计监督时，有关单位和个人应当予以协助配合。

第五条 审计机关应当会同国家建设项目审批部门、主管部门和有关监督部门建立协作机制，相互通报情况。

第六条 审计机关应当依法向社会公告国家建设项目审计结果。

第七条 审计机关建立举报制度，接受单位和个人对国家建设项目及其审计工作中违法行为的举报，并及时调查处理。

第二章 审计职责和权限

第八条 审计机关对国家建设项目的概预算执行、单项工程结算和项目竣工决算，依法进行审计监督；对与项目有关的勘察、设计、代建、施工、监理、供货、咨询等单位取得建设项目资金的真实性、合法性进行审计调查。

第九条 国家建设项目申请调整概算，调增幅度超过原批复概算百分之十及以上的，项目审批部门可以商同级审计机关审计后，根据审计结果予以处理。

第十条 审计机关进行国家建设项目审计，可以采取下列方式：

(一)直接审计；

(二)授权下级审计机关审计；

(三)以委托等方式向社会中介机构购买审计服务；

(四)与社会中介机构建立协作机制，利用其工作结果。

第十一条 审计机关可以聘请具有相应专业技术资格的人员参与国家建设项目审计，所聘请的专业技术人员应当具备下列条件：

(一)具有相应的专业技术资格证书，且执业三年以上；

(二)近三年未受过行业处理和相关行政处罚；

(三)与参与审计的国家建设项目无利害关系。

第十二条 审计机关委托或者建立协作机制的社会中介机构应当具备下列条件：

(一)具备审计事项所需的资质；

(二)近三年未受过行业处理和相关行政处罚；

(三)与参与审计的国家建设项目无利害关系。

第十三条 审计机关应当遵循公开、公平、公正的原则依法选择参与国家建设项目审计工作的社会中介机构，并加强对其的业务指导和监督。

审计机关利用所聘请专业技术人员的咨询、鉴定或者使用社会中介机构工作结果作为审计证据的，应当建立健全审查复核机制，并对利用其工作结果所形成的审计结论负责。

第十四条 项目法人或者建设单位应当配合审计机关开展国家建设项目审计工作，负责召集勘察、设计、代建、施工、监理、供货、咨询等单位接受审计调查。

有关的勘察、设计、代建、施工、监理、供货、咨询等单位接受审计调查时，应当及时提供相关资料，并对所提供资料的真实性、完整性负责。

第十五条 国家建设项目主管部门、项目法人或者建设单位应当建立健全内部审计制度，其内部审计工作接受审计机关的业务指导和监督。

第三章 审计程序

第十六条 国家建设项目审批部门应当将本年度审批、核准、备案的国家建设项目的批复文件和投资计划及时抄送同级审计机关。

国家建设项目主管部门应当在每年 10 月底前，向同级审计机关提交本年度已经开工的国家建设项目目录和相关资料，以及下一年度具备竣工决算审计条件的国家建设项目目录和相关资料。

审计机关根据国家建设项目审批部门、主管部门抄送和提交的资料，按照本级人民政府和上级审计机关的要求，确定国家建设项目审计工作重点，编制年度审计计划。

审计机关确定年度审计计划后，应当书面告知国家建设项目主管部门、项目法人或者建设单位。

第十七条 未列入年度审计计划的国家建设项目，主管部门、项目法人或者建设单位告知审计机关后，可以自行组织项目竣工决算审计，并将审计结果报送同级审计机关备案，审计机关对其审计结果进行监督。

第十八条 审计机关应当根据年度审计计划组成审计组，调查了解国家建设项目的有关情况，编制审计方案，并在实施审计三日前送达审计通知书。

审计人员应当按照国家建设项目审计相关的法律法规和国家审计准则开展审计工作。

第十九条 审计人员取得的建设管理、工程决(结)算、财政财务收支等审计事项的审计证据材料，应当由提供证据的有关人员、单位签名或者盖章。

有关人员、单位收到审计机关送达的相关审计证据后，应当在十个工作日内签名或者盖章或者以书面形式提出异议；涉及代建、施工、监理等相关单位的审计证据，由项目法人或者建设单位代为征求意见。

审计证据逾期不能取得签名或者盖章不影响事实存在的，该审计证据仍然有效，审计机关可以依法作出审计结论，但审计人员应当注明原因。

第二十条 审计组向审计机关提出审计报告前，应当书面征求项目法人或者建设单位的意见。项目法人或者建设单位应当自接到审计组的审计报告之日起十日内，提出书面意见；十日内未提出书面意见的，视同无异议。

第二十一条 审计机关对审计组的审计报告进行复核、审理后，出具审计机关的审计报告，作出审计决定。

第二十二条 项目法人或者建设单位应当按照审计机关规定的期限和要求执行审计决定，并根据审计报告和审计决定进行整改。

国家建设项目主管部门应当督促项目法人或者建设单位进行整改。审计机关应当检查项目法人或者建设单位执行审计决定以及进行整改的情况。

第二十三条 审计机关在对国家建设项目实施审计过程中，发现重大违法线索时，应当及时移送监察、检察、公安等机关予以查处。

第二十四条 国家建设项目的施工承包合同，可以约定工程结算以审计结果作为工程价款结算的依据。

国家建设项目依法进行招标的，招标人可以在招标文件中载明投标人响应工程结算以审计结果作为工程价款结算依据的要求。

第二十五条 国家建设项目审批部门、主管部门、项目法人或者建设单位等有下列行为之一的，审计机关可以提请本级人民政府进行督办：

（一）未按规定将本年度国家建设项目的批复文件和投资计划抄送同级审计机关的；

（二）未按规定提交本年度已经开工，以及下一年度具备竣工决算审计条件的国家建设项目的；

（三）未根据审计报告和审计决定进行整改的；

（四）其他需要进行督办的事项。

第四章 审计内容

第二十六条 审计机关对国家建设项目进行概预算执行审计、竣工决算审计、绩效审计等。

第二十七条 概预算执行审计的主要内容包括：

（一）基本建设程序执行情况；

（二）项目资本金、资金来源及资金到位情况；

（三）建设用地征收征用、征地拆迁补偿费用标准执行和实际支付情况；

（四）供水、供电、道路、通讯和场地平整等前期费用支出情况；

（五）项目设计概预算的执行情况；

（六）项目的勘察、设计、代建、施工、监理、供货、咨询等方面招标投标和工程承包发包情况；

（七）项目招标的最高投标限价情况；

（八）合同签订、履行情况；

（九）财务收支情况；

（十）单项工程结算情况；

（十一）项目所需设备、材料的采购和管理情况；

（十二）各种税费的计提和缴纳情况；

（十三）有关内部控制制度建立和执行情况；

（十四）法律法规规定需要审计的其他事项。

第二十八条 竣工决算审计的主要内容包括：

（一）竣工项目概况表、竣工财务决算表、交付使用资产总表、交付使用资产明细表的真实、合法情况；

（二）项目的建筑安装工程投资、设备投资、待摊投资的内容和分摊、其他投资的真实、合法情况；

（三）交付使用资产和各项结余资金的真实、合法情况；

（四）建设期收入的来源、分配、上缴和留成使用情况；

（五）尾留工程情况；

（六）资金预留情况；

（七）法律法规规定需要审计的其他事项。

国家建设项目未进行概预算执行审计的，竣工决算审计应当包括本条例第二十七条规定事项。

第二十九条　审计机关在真实性、合法性审计的基础上，开展国家建设项目绩效审计。

绩效审计主要针对下列内容实施：

（一）经济性，包括项目立项、招标投标、设计、施工、监理等环节的资金、投入和工程造价控制等情况；

（二）效率性，包括项目立项、招标投标、设计、施工、监理等环节的管理措施、组织结构、资金利用及其执行等情况；

（三）效果性，包括项目的预期目标、经济效益、社会效益，以及环境保护设施与工程建设的同时设计、同时施工、同时验收情况。

第三十条　审计机关根据国家建设项目投资规模、建设周期、管理水平等情况，可以对国家建设项目实施分阶段、分年度的跟踪审计。

审计机关对国家建设项目的跟踪审计，应当在职权范围内行使审计监督职责，审计人员不得参与、干预项目法人或者建设单位的项目管理活动。

第五章　法律责任

第三十一条　国家建设项目的项目法人或者建设单位违反本条例规定，拒绝、拖延提供与审计事项有关资料的，或者提供的资料不真实、不完整的，或者拒绝、阻挠审计的，由审计机关责令改正，可以通报批评、给予警告；拒不改正的，对项目法人或者建设单位可以处五万元以下的罚款，对直接负责的主管人员和其他直接责任人员，可以处二万元以下的罚款，审计机关认为应当给予行政处分的，向有关主管机关、单位提出给予行政处分的建议；构成犯罪的，依法追究刑事责任。

第三十二条　国家建设项目的项目法人或者建设单位有违反国家规定的财务收支行为的，审计机关可以通报批评，给予警告；有违法所得的，没收违法所得，并处违法所得一倍以上五倍以下的罚款；没有违法所得的，可以处五万元以下的罚款；对直接负责的主管人员和其他直接责任人员，可以处二万元以下的罚款，审计机关认为应当给予行政处分的，向有关主管机关、单位提出给予行政处分的建议；构成犯罪的，依法追究刑事责任。

第三十三条　勘察、设计、代建、施工、监理、供货、咨询等单位或者个人以虚报、冒领、关联交易等手段骗取国家建设资金的，由审计机关在职权范围内，责令其改正，调整有关会计账目，追回被骗取的国家建设资金，没收违法所得，建议有关部门核减或者停止拨付工程投资。对单位给予警告或者通报批评，并建议有关部门对直接负责的主管人员和其他直接责任人员给予行政处分；构成犯罪的，依法追究刑事责任。

第三十四条　社会中介机构和专业技术人员参与国家建设项目审计工作，出具虚假审计结果，隐瞒审计中发现的违法、违规问题，或者有其他违法、违规行为的，由审计机关移送有关部门依法处理。

第三十五条　国家建设项目的项目法人或者建设单位对审计机关作出的有关财务收支的审计决定不服的，可以依法申请行政复议或者行政诉讼；对审计机关作出的有关财政收支的审计决定不服的，可以提请审计机关的本级人民政府裁决，本级人民政府的裁决为最终决定。

第三十六条　国家建设项目的项目法人或者建设单位未按规定期限和要求执行审计决定的，审计机关应当责令限期执行；逾期仍不执行的，审计机关可以申请人民法院强制执行，建议有关主管机关、单位对直接负责的主管人员和其他直接责任人员给予处分。

第三十七条　违反本条例规定的行为，其他法律法规有处罚规定的，从其规定。

第三十八条　审计机关依照本条例规定对单位处十万元以上罚款，对个人处一万元以上罚款的，应当告知当事人有要求听证的权利。

第三十九条　审计人员滥用职权、徇私舞弊、玩忽职守，或者泄露国家秘密、商业秘密的，依法给予处分；构成犯罪的，依法追究刑事责任。

第六章 附 则

第四十条 本条例自2014年11月1日起施行。2001年9月27日省人民政府发布的《陕西省国家建设项目审计办法》(省人民政府令第72号)同时废止。

陕西省人民政府办公厅关于印发省审计整改工作暂行办法的通知

(陕政办发〔2012〕124号,2012年12月31日)

各市、县、区人民政府,省人民政府各工作部门、各直属机构:

《陕西省审计整改工作暂行办法》已经省政府同意,现印发你们,请认真贯彻执行。

陕西省人民政府办公厅
2012年12月31日

陕西省审计整改工作暂行办法

第一条 为强化审计监督职能,加大审计查出问题的整改力度,维护财政经济秩序,提高财政资金使用效益,促进廉政建设,保障我省经济健康发展,根据《中华人民共和国审计法》等有关法律法规,结合我省实际,制定本办法。

第二条 本办法适用于依法接受审计监督的全省各级人民政府及其各部门、国有金融机构、企业事业组织和其他依法应当接受审计的部门、单位,以及有责任协助执行审计整改工作的部门、单位。

第三条 本办法所称审计整改,是指被审计单位及其相关部门对审计机关出具的审计报告、审计决定书、审计建议书以及审计移送处理书中指出的问题,进行纠正、查处、完善制度和改进工作的行为。

第四条 审计整改的内容包括:

(一)依法执行审计决定书的各项处理、处罚决定,纠正违法违规行为,对相关事项进行处理、整顿和改进;

(二)落实审计报告提出的审计意见,查错纠弊,建章立制,堵塞漏洞,加强管理,改进工作;

(三)根据审计机关的处分建议或移送处理书,对相关责任人员给予纪律处分或追究刑事责任;

(四)采纳审计建议书提出的建议,制订并落实相关改进措施。

第五条 被审计单位及其相关部门对审计机关依法出具的审计报告、审计决定书或审计建议书,应及时执行,对审计指出的问题应逐一整改落实。

被审计单位及其相关部门应按照时限要求向审计机关报送审计整改结果报告。整改报告内容应包括审计决定的落实情况,审计建议的采纳情况,对审计指出问题的纠正情况,对有关责任部门、责任人的处理结果,未整改到位的原因及下一步整改措施等。

第六条 审计整改的直接责任主体是被审计单位。被审计单位主要负责人是审计整改的第一责任人。

第七条 全省各级政府对审计整改工作负领导责任,将审计整改纳入政府议事日程。每年召开1至2次政府常务会议或专题会议,听取审计机关审计情况和审计整改结果汇报,安排部署审计和审计整改工作等。

政府常务会议或专题会议由省(市、县、区)长或协助分管审计工作的副省(市、县、区)长主持召开,监察、发展改革、财政、人力资源社会保障、审计、国有资产管理、政务督查等有关部门及当年被审计的部门和单位参加,必要时邀请纪检、组织和检察、法院等部门参加。

第八条 政府领导成员负责分管部门、行业及单位的审计整改工作,指导、督促和检查审计整改各项措施的落实。

第九条 审计机关提交政府的重大审计事项结果报告的整改工作，涉及多个部门和单位的，由政府主管领导或秘书长（办公室主任）负责协调，明确相关部门、单位的整改责任和要求。

第十条 政府常务会议或专题会议确定的审计整改事项，政府领导作出重要批示的审计整改事项，列为政府督查室督办检查事项，定期督办通报落实情况。

第十一条 被审计单位的上级主管部门和履行出资人职责的部门，应根据审计机关出具的审计报告、审计决定书等，及时督促被审计单位进行整改，对违纪违规行为责任人按照有关规定进行责任追究和处理。

第十二条 政府相关部门应按照各自职责，协助落实审计意见和决定，并在规定的时限内将协助落实和执行、处理处罚情况书面告知审计机关。

财政部门应根据审计机关出具的审计报告、审计决定书等，强化预算管理和约束，理顺财政管理体制机制。对被审计单位违反国家规定的财政收支、财务收支行为，及时采取暂停拨付、扣减和收回等措施。

发展改革、住房城乡建设等部门应根据审计机关出具的审计决定书等，对需要清理、调整、补办手续或停止的政府投资和以政府投资为主的建设项目，进行调整和处理，对违反基本建设程序、违规招投标等行为依法予以查处。

税务部门应根据审计机关出具的审计报告、审计决定书等，完善相关税收规章制度，强化税收征管，依法足额征收税款。

工商部门应根据审计机关出具的移送处理书，对虚报注册资本、抽逃出资以及违规经营等其他违反工商行政管理法律法规的行为进行查处。

监察、人事和有关执纪执法部门应根据审计机关出具的移送处理书，对涉及的违法违纪案件线索及时查处，按照有关规定给予相关责任人纪律处分和追究法律责任。

第十三条 审计机关应建立审计整改检查机制，督促被审计单位和相关单位进行整改。对没有整改或没有完全整改的事项，依法采取必要措施。对不执行审计决定的被审计单位，审计机关应当责令限期执行，必要时进行专项跟踪审计。逾期仍不执行的，审计机关可以申请人民法院强制执行，建议有关主管机关、单位对相关责任者给予处分。

第十四条 审计机关每年汇总审计查出问题的整改情况，向本级政府报送整改情况的报告。

各级政府每年向同级人大常委会报告审计整改工作情况。

审计机关要将被审计单位及相关部门、单位的整改情况向社会公告。

第十五条 被审计单位、审计机关及相关部门，应积极接受和配合人大常委会及其有关委员会就审计整改工作进行的监督检查和视察、询问工作。

第十六条 审计整改落实情况列入被审计单位主要领导干部履行经济责任和单位年度目标责任考核内容。

第十七条 政府将审计整改纳入行政问责机制。对不按规定要求和期限进行审计整改，以及未履行管理及监督职责的部门、单位和领导干部，给予批评教育，责令改正。

对拒绝、拖延整改，或整改落实不力而导致违法违规问题屡查屡犯，造成重大损失或影响的，审计机关、政府督察部门按照有关规定，提请纪检监察、组织人事部门对有关责任人进行问责，追究其直接责任和管理责任。

第十八条 本办法自 2013 年 1 月 1 日起施行。

审计署关于加强地方审计机关社会保险基金审计监督工作的意见

（审社发〔2007〕30 号，2007 年 4 月 17 日）

各省、自治区、直辖市和计划单列市、新疆生产建设兵团审计厅（局）：

社会保障是构建社会主义和谐社会的重要内容。“十五”以来，地方各级党委、政府高度重视社会保障工作，在加强社会保险基金筹集、管理和监督，确保按时足额发放等方面做了大量工作，取得了明显成效。

但审计也发现有些地方未能严格执行有关规定，社会保险基金管理使用不规范的问题还比较突出，部分基金仍存在一定风险，不仅影响基金的安全，而且不利于社会稳定和社会主义市场经济的健康发展。为进一步强化对社会保险基金的审计监督，规范社会保险基金审计工作，根据审计法的有关规定及国务院关于加强社会保险基金管理和审计的要求，现就加强地方审计机关对社会保险基金的审计监督工作提出如下意见：

一、明确社会保险基金审计的总体目标。根据当前社会保险基金的管理使用状况，审计工作要全面掌握社会保险基金的收支规模、基金结余分布及基金管理运行情况，揭露资金筹集、管理、使用中存在的突出问题，促进加强基金管理和落实各项社保政策，保障基金的安全完整，维护人民群众的切身利益，力争经过连续几年的审计，确保社会保险基金征缴面进一步扩大，基金安全性方面不出现大的问题；通过审计调查，从社会保障制度、管理体制和基金运行机制等方面提出切实可行的审计建议，为促进我国社会保障体系建设和构建社会主义和谐社会服务。

二、确定社会保险基金审计的主要范围。根据全国社会保险基金现状，审计的范围主要是企业职工基本养老保险、城镇职工基本医疗保险、失业保险、工伤保险、生育保险等五项基金。对住房公积金、农村社会养老保险基金、新型农村合作医疗基金及地方建立的被征地农民社会保障、小城镇社会保险等其他社保基金的审计，各级审计机关也应根据实际情况，自行组织安排。审计面应覆盖到省、地、县三级，因特殊情况不能安排审计的，应当向上级审计机关说明原因。

三、突出社会保险基金审计的重点内容。当前，社会保险基金审计的重点，一是确认基金征缴的完整性，揭露基金征缴工作中存在的应收未收和征缴面较窄等问题；二是确认基金收入的真实性，揭露隐瞒、截留、坐支、转移收入等问题；三是确认基金支出的合规性，揭露挤占挪用、贪污侵占、违规支付、虚列支出、转移资金等问题；四是确认基金资产负债的真实、完整、安全性，揭露和反映基金管理中存在的问题，以及以前年度挤占挪用基金的回收情况和往来账长期挂账的清理情况；五是评价基金的保值增值情况，揭露违规运营及效益低下，损失浪费等问题；六是查找和分析现行社会保障制度存在的问题，提出改进和完善的意见和建议。

四、落实社会保险基金经常性审计制度。各级审计机关要把社会保险基金审计作为当前和今后一个时期审计工作的重点，近三年内，每年都要对企业职工基本养老保险、城镇职工基本医疗保险、失业保险、工伤保险、生育保险等五项基金实施审计。要紧密结合当地实际，合理分配审计资源，并在组织机构、项目经费和人员安排上保证审计任务的需要。

五、坚持社会保险基金审计逐级负责和责任追究制度。各级审计机关要对本级职责范围内的社会保险基金审计工作负总责，要严格按照《审计机关审计项目质量控制办法(试行)》组织开展审计工作，加强现场管理，实行全过程审计质量控制，防范审计风险。要严格审计程序，落实审计责任，对审计机关有关领导和工作人员在审计过程中出现漏查或瞒报重大问题的，以及违反有关审计法律法规和审计纪律的，要区分不同情况予以处理；构成犯罪的，移送司法机关追究刑事责任。

六、建立社会保险基金审计重大问题报告制度。地方各级审计机关对审计中查出的重大问题或重大违法犯罪案件线索，应及时向本级政府报告，必要时可同时向上级审计机关或审计署报告。

七、推行社会保险基金审计公告制度。各级审计机关组织实施辖区内的社会保险基金审计，要按照有关规定和程序实行审计结果公告。对于审计对象、审计范围、审计内容、审计程序、审计纪律等，也应根据当地实际，采取适当方式向社会或被审计单位公开，主动接受社会各界和群众监督。

八、提高社会保险基金审计的计算机应用水平。要充分利用社会保险数据化信息资源，应用计算机查询、检索、计算、分析、汇总等多种功能，积极开展计算机辅助审计。加强相关审计软件的研究开发、推广应用和技术培训，积极探索计算机联网审计的有效模式和方法，不断提高社会保险基金审计的技术含量和技术水平。

九、各级审计机关要加强调查研究，注意发现社会保险基金审计工作中出现的新情况、新问题，及时总结和推广各单位的好经验、好做法。通过举办业务培训班、专题座谈会、经验交流会等方式，加大业务培训力度，总结推广典型经验，促进提高工作效率和审计质量，不断提升社保审计工作的整体水平。

十、各级审计机关要加强与下级审计机关的沟通联系，切实掌握基层社保审计的开展情况，注意抓住工作中的薄弱环节，有针对性地进行业务指导和质量检查，对进展迟缓的审计机关，要采取必要措施进行督导。审计署将采取听取汇报、调阅检查审计档案、对重要问题进行复查等方式，不定期地抽查各单位的审计质量。上级审计机关要积极主动地帮助下级审计机关解决审计过程中遇到的困难和问题，确保社会保险基金审计工作的顺利开展。

审计署关于进一步加强审计机关领导干部学法用法工作的意见

（审法发〔2007〕33号，2007年4月30日）

各省、自治区、直辖市和计划单列市、新疆生产建设兵团审计厅（局），署机关各单位、各特派员办事处、各派出审计局：

为了进一步贯彻落实《审计机关开展法制宣传教育的第五个五年规划》，增强审计机关领导干部法律素质，提高依法执政能力，根据中共中央组织部、中共中央宣传部、司法部、全国普及法律常识办公室《关于进一步加强领导干部学法用法提高依法执政能力的意见》的精神，现就进一步加强审计机关领导干部学法用法工作提出如下意见：

一、提高思想认识，把领导干部学法用法工作纳入长期规划。各级审计机关要充分认识加强领导干部学法用法，提高依法审计能力的重要性和紧迫性，把领导干部学法用法纳入到本级审计机关领导班子建设、干部队伍建设、组织建设和作风建设的工作规划中去，并结合实际，制订切实可行的工作方案，认真组织贯彻落实，确保领导干部学法用法工作的顺利开展。

二、围绕中心目标，明确领导干部学法用法的重点内容。审计机关领导干部学法用法要紧紧围绕提高领导干部法律素质，增强依法执政能力这一中心目标，结合审计机关的工作实际，认真学习宪法，掌握宪法的基本知识和基本精神；认真学习党中央有关加强民主法治建设的重要方针政策；认真学习以审计法为核心的审计法律法规及与审计工作密切相关的法律法规；认真学习机关内部管理的法律法规和规章制度；认真学习国家新颁布的重要法律法规。

三、进一步完善党组理论学习中心组集体学法制度。各级审计机关的党组要把法制学习作为中心组学习的重要内容，作为领导班子建设和领导干部思想政治建设的重要方面，制订年度学法计划，认真组织实施。审计署党组中心组每年至少安排一次法制方面的学习，地方审计机关党组中心组要根据实际情况适当安排法制专题学习。

四、进一步健全领导干部法律培训制度。各级审计机关要借助先进的技术手段，不断创新培训方式，拓宽领导干部法律培训的覆盖面；要继续坚持和完善领导干部法制讲座制度，结合工作和形势需要，就有关重要政策和法律问题，开展专题法律知识讲座；要充分利用外部培训力量，积极参加本级、本地党校、行政学院以及干部学院的法制培训课程；要充分挖掘自身的培训资源，切实增强领导干部法律培训的针对性和实效性。审计署要将法制教育纳入署机关厅（局）级干部培训班、处长培训班和市县级审计局长培训班的必备课程，并创造条件适时地开展领导干部法制专题培训班，同时审计署要进一步加大党员年度集中学习和机关年度集中整训中法律培训内容的比重。地方审计机关也要将法律知识培训纳入到领导干部培训计划，做好领导干部学法用法培训工作。

五、切实加强对领导干部法律知识的考试考核。各级审计机关要根据干部管理权限，对领导干部进行法律知识考试考核。考试考核可采取闭卷考试、开卷考试及提交论文等形式。考试考核工作要严格管理，注重实效，力戒形式主义。各级审计机关要结合领导班子和领导干部综合考核工作，对领导干部完成年度或阶段性学法情况、法律知识考试情况和遵纪守法、依法执政、依法行政、依法办事等情况进行督促检查。

六、进一步健全领导干部学法用法工作的组织保障。各级审计机关要建立健全领导干部学法用法的领导和工作机制。各级审计机关的法制部门、党委宣传部门、人事教育部门、干部培训部门和普法依法治理领导小组办公室要明确工作职责，密切协调配合，共同做好领导干部学法用法工作。各级审计机关人事管理部门负责对领导干部学法用法工作的宏观指导和监督，把领导干部学法用法列入领导干部培训计划，加强对领导班子及领导干部法律素质和依法执政能力的考核；党委宣传部门负责党组中心组集体学法制度的落实和领导干部学法用法工作的舆论宣传。法制部门、普法依法治理领导小组办公室和干部培训部门具体承担领导干部学法用法工作的计划安排、组织实施，负责领导干部法制讲座、法制培训和考试等日常工作。各级审计机关要加强对领导干部学法用法工作的检查监督。加强分类指导，统筹安排，整体部署，积极探索建立领导干部学法用法的有效形式和监督激励机制。适时开展检查或督查，保障领导干部学法用法工作取得实效。

审计署办公厅关于规范地方审计机关申请协查事项办理程序的通知

（审办办发〔2007〕98号，2007年5月16日）

署机关各业务司、各特派员办事处、各派出审计局：

近来，陆续有地方审计机关申请我署为其协查有关事项。为了加强审计协作、整合审计资源、提高审计效率，经署领导同意，现就有关事项通知如下：

一、地方审计机关申请署协查事项，由办公厅协调并商有关业务司后，提出初步意见报署领导审批。署领导批准后由业务司或派出机构办理。

二、业务司或派出机构办理协查事项，需新增或调整审计任务时，应按照《审计署关于改进审计项目计划管理的实施办法》（审办发〔2005〕35号）等规定，向办公厅提交审计项目立项或调整申请。

三、办公厅收到审计项目立项或调整申请后，应及时与有关单位沟通，提出审核意见，报署领导审批。审计项目涉及派出审计局的，办公厅还将与行政事业审计司沟通。

审计署、财政部关于切实保证地方审计机关经费问题的意见

（审办发〔2007〕41号，2007年5月18日）

各省、自治区、直辖市和计划单列市审计厅（局）、财政厅（局），新疆生产建设兵团审计局、财务局：

多年来，在地方各级人民政府的正确领导和各级财政部门的大力支持下，地方各级审计机关认真履行宪法赋予的职责，积极开展审计监督，为推进依法治国、维护财经秩序、加强宏观管理和廉政建设发挥了重要作用。为进一步落实《中华人民共和国审计法》关于保证审计机关经费的规定，根据国务院领导同志的指示精神，现就切实保证地方审计机关经费的有关问题提出如下意见：

一、审计机关是综合性部门。为保证地方审计机关的正常运转，更好地促进各级审计机关审计工作的协调发展，地方各级财政部门在年度预算中应进一步安排好本级审计机关履行职责的日常经费。

二、为保障地方审计机关审计的独立性与审计质量、严明审计纪律和加强审计廉政建设，地方各级财政部门应对本级审计机关的审计外勤经费在部门预算中予以安排。地方审计机关应切断与被审计单位的任何经济联系，不得由被审计单位承担审计费用。

三、地方审计机关根据同级党委、政府交办的经济责任审计和投资审计等任务的情况，按照同级财政部门预算编制的有关要求，可向同级财政部门申请必要的聘请外部人员和专家经费。地方各级财政应根据当地的实际情况，在年度预算中统筹安排。

四、随着地方审计机关审计信息化工程建设的加快发展，地方各级财政部门可根据审计信息化工程的建设进程及对审计机关经费安排的情况，在地方审计机关的年度部门预算中安排必要的运行维护费用，以保证地方审计机关审计信息化工作的正常运转。

五、地方各级审计机关应加强内部的财务管理制度建设，建立健全内部财务管理办法，严格执行经批准

的部门预算和国家有关规定。地方各级财政部门应会同同级审计机关研究制定有关经费的管理办法和开支标准，建立专项经费追踪问效机制，充分发挥财政资金的使用效益。

中国保险监督管理委员会关于进一步做好保险专业中介机构外部审计工作的通知

（保监发〔2007〕73号，2007年8月13日）

各保监局：

自2005年1月我会下发《保险中介机构外部审计指引》（保监发〔2005〕1号）以来，各保监局积极采取措施予以落实。2006年，全国共有1617家保险专业中介机构经过外部审计，占全国保险专业中介机构的76.64%。外部审计制度对提高监管效率、提升保险专业中介机构的依法合规经营意识和经营管理水平起到了重要作用。为进一步发挥外部审计作用，更好地应对保险中介市场快速发展的新形势，现将有关事项通知如下：

一、提高认识，全面落实外部审计制度。各保监局要适应监管形势的新需要，将是否执行外部审计制度与换发许可证等事项相结合，在辖区内全面推行外部审计制度。

二、积极组织，确保外部审计的质量。各保监局可根据辖区内实际情况对保险中介机构聘请的会计师事务所的资质予以把关，对审计人员进行培训，并将监管要求及重点（包括《保险中介公司会计核算办法》执行情况）落实于审计项目中，督促会计师事务所向管理水平较差的保险专业中介机构出具管理建议书，不断提高审计工作的针对性和有效性。

三、结合监管，切实发挥外部审计作用。各保监局要将外部审计与日常监管紧密结合，既要把非现场监管、投诉等渠道反映的情况作为确定审计对象、内容的依据，又要重视对审计结论的分析和总结，并在此基础上对存在不同问题的机构采取相应的监管措施。各保监局应在每年4月30日之前将上一年度辖区内外部审计情况上报我会。

中国证券监督管理委员会关于发行境内上市外资股的公司审计有关问题的通知

（证监会计字〔2007〕30号，2007年9月12日）

各上市公司，相关会计师事务所：

今年以来，随着新会计、审计准则的实施，我国会计、审计准则与国际会计、审计准则之间已实现实质性趋同。鉴于这种情况，此前我会发布的相关信息披露规范中，有关发行境内上市外资股的公司在聘请具有证券期货相关业务资格会计师事务所审计的同时进行境外审计的要求不再实施。

自本通知发布之日起，《公开发行证券的公司信息披露内容与格式准则第1号——招股说明书（2006年修订）》（证监发行字〔2006〕5号）第八十七条、《公开发行证券的公司信息披露内容与格式准则第2号——年度报告的内容与格式（2005年修订）》（证监公司字〔2005〕141号）第九条中涉及发行境内上市外资股的公司境外审计要求的规定予以废止。

特此通知。

财政部、审计署关于印发《国际金融组织和外国政府贷款赠款项目公证审计专项经费管理办法》的通知

(财行〔2007〕645号，2007年12月28日)

各省、自治区、直辖市、计划单列市财政厅(局)、审计厅(局)：

为进一步加强国际金融组织和外国政府贷款、赠款项目公证审计(以下简称公证审计)管理，规范中央财政保障的公证审计专项经费的使用和管理，提高财政资金使用效益，财政部、审计署联合制定了《国际金融组织和外国政府贷款赠款项目公证审计专项经费管理办法》，现印发给你们，请遵照执行。

附件：1. 国际金融组织和外国政府贷款赠款项目公证审计专项经费管理办法

2. 公证审计专项经费预算申请表

附件1：

国际金融组织和外国政府贷款赠款项目公证审计专项经费管理办法

第一条 为了规范和加强国际金融组织和外国政府贷款、赠款项目公证审计专项经费(以下简称公证审计专项经费)的使用和管理，提高财政资金的使用效益，根据《中华人民共和国预算法》和财政部《中央对地方专项拨款管理办法》，制定本办法。

第二条 公证审计专项经费是中央财政为保障各省级审计机关组织实施国际金融组织和外国政府贷款、赠款等项目的公证审计工作而设立的专项经费。

第三条 公证审计专项经费的使用坚持统一管理、专项申请、逐年核定、专款专用的原则。公证审计专项经费由中央财政统一管理，各省、自治区、直辖市、计划单列市(以下简称各省)财政机关和审计机关按当年审计署授权的公证审计工作任务，分年提出专项经费申请，中央财政分年审核下达，专项用于开展本省公证审计的各项经费开支。

第四条 公证审计专项经费的安排范围。按审计署下达的公证审计工作任务，由各省审计机关直接组织开展的公证审计，包括：2006年12月31日以前签署贷款协议的国际金融组织和外国政府贷款、赠款项目的公证审计；2007年1月1日以后签署贷款协议的中央统还贷款项目和转贷转赠给国务院有关部门的贷赠款项目的公证审计。

2007年1月1日以后签署的地方政府自还贷款项目和转赠给地方政府的项目，公证审计经费由地方财政承担，不在中央下达的公证审计专项经费中安排使用。

第五条 公证审计专项经费的支出范围：各省审计机关履行公证审计所发生的住宿费、伙食费、交通费、培训费、邮寄费、装订费、翻译费、取证费、聘请社会审计人员以及技术专家费用等。

第六条 公证审计专项经费的支出标准

(一)住宿费、伙食费、交通费可参照各省实行的党政机关、事业单位差旅费的有关标准执行。

(二)聘请社会审计人员、技术专家费用和培训经费可参考各省级财政机关核定的标准编报，财政部将结合各省的实际情况核定有关经费支出标准。

第七条 公证审计专项经费的分配

(一)公证审计专项经费的分配原则：公平、公正、公开。

(二)公证审计专项经费的分配根据各省审计机关实际承担的公证审计任务和各省财政机关编报的公证审计专项经费预算，由中央财政统筹安排，审核下达。

1. 公证审计工作任务是指审计署授权各省审计机关当年承担公证审计的实际工作量和实际公证审计

项目金额。

2. 公证审计预算是指各省财政机关和审计机关，根据当年各省审计机关实际承担公证审计工作任务并按照相关费用的开支标准和规定编制的经费预算。

3. 公证审计实际工作量是指按公证审计项目的数量和地域分布情况，实施异地审计的天数、人数，同城审计的天数、人数以及聘请社会专家的天数、人数。

第八条　公证审计专项经费的申请

各省级公证审计专项经费预算的申请报告，经各省级审计机关会签后，由各省级财政机关于当年3月31日前报送给财政部和审计署。

申请报告的主要内容包括：(1)受审计署授权承担2006年12月31日以前签署贷款协议的国际金融组织和外国政府贷赠款项目数量、金额以及2007年1月1日以后签署贷款协议的中央统还贷款项目和转贷转赠给国务院有关部门的贷赠款项目数量、金额(标明起止年份)；(2)当年承担公证审计项目的数量和审计项目金额；(3)当年实施公证审计项目的工作任务和方案；(4)公证审计经费预算。

第九条　公证审计专项经费的审核下达财政部和审计署分别对各省报送的申请报告进行审核。

(一)审计署负责审核确认各省承担公证审计项目的数量、金额以及当年实际承担的公证审计工作的数量和金额。

(二)财政部根据审计署审核确认后的公证审计项目数量和金额，核定各省公证审计专项经费，并于当年6月前通过中央财政专项转移支付方式下达到各省财政机关。

第十条　公证审计专项经费的使用管理

(一)各省财政机关在接到财政部下达的公证审计专项经费通知后，应根据本省实施当年公证审计的工作实际，有计划、有重点地安排使用公证审计专项经费，要保证公证审计专项经费及时、足额到位。

(二)各省审计机关要对公证审计专项经费实行单独核算，并严格按照公证审计专项经费的开支范围，合理安排公证审计项目的各项经费支出，不得用于公证审计项目以外的任何其他支出。

(三)各省审计机关当年承担的公证审计项目金额和数量一经批准，不得自行调整。项目执行中确需变更、终止的，应报财政部和审计署共同审核确定后，方可调整。

(四)各省公证审计专项经费当年使用出现结余的，可结转下年继续使用，不得挪作他用。

第十一条　公证审计专项经费的监督管理

(一)各省财政机关要会同有关部门对本省审计机关公证审计专项经费的使用情况进行定期监督检查，并将上一年度公证审计专项经费的使用情况，一并同当年的申请报告报送财政部和审计署。中央财政将以此作为考核各省公证审计专项经费管理工作的一项重要内容和安排下一年度公证审计专项经费的参考依据。对未按规定报送经费使用情况的省份，将暂缓本年度公证审计专项经费的安排和拨付。

(二)财政部和审计署将定期或不定期地对公证审计专项经费的使用情况进行检查。对存在挤占挪用专款、专款到位不及时、专款使用浪费以及其他违反本办法规定的，将减少或暂停分配以后年度的专项经费。

(三)各省审计机关组织实施公证审计过程中要严格执行"八不准"审计纪律，审计署将对各省的执行情况进行监督检查。对违反审计纪律的，将依据有关规定处理。

第十二条　各省财政厅(局)可根据本办法，会同各省审计厅(局)，结合当地的实际制定具体实施办法。

第十三条　本办法自印发之日起执行。

第十四条　本办法由财政部、审计署负责解释。

附件2：(略)

教育部关于加强和规范建设工程项目全过程审计的意见

(教财〔2007〕29号，2007年12月29日)

各省、自治区、直辖市教育厅(教委)，各计划单列市教育局，新疆生产建设兵团教育局，部属各高等学校、各直属事业单位：

近年来，随着我国教育事业的发展，教育系统的基本建设投资不断增加，建设规模不断扩大。为了加强建设工程管理、提高资金使用效益，一些部门和单位开展了建设工程项目全过程审计工作，对建设工程项目从投资立项到竣工交付使用各阶段经济管理活动的真实、合法、效益进行监督、控制和评价。通过审计，对有效控制并真实反映工程造价，降低工程建设成本，提高投资效益，完善建设工程管理，维护教育部门和单位的合法权益，促进廉政建设等起到了积极的作用。为进一步加强和规范建设工程的全过程审计，提高建设资金的使用效益，根据《审计署关于内部审计工作的规定》(审计署令第 4 号)、《教育系统内部审计工作规定》(教育部令第 17 号)的有关规定，现提出如下意见：

一、各部门、各单位对本部门、本单位的大中型建设工程应实施全过程审计；也可根据重要性和成本效益原则，结合内部实际情况，对大中型建设工程项目部分阶段或环节进行全过程审计。

二、对建设工程项目实施全过程审计的内容包括对建设项目投资估算、勘察设计概算、施工预算、竣工结算、财务决算等各阶段经济管理活动的检查和评价。

三、各部门、各单位开展建设项目全过程审计，由内部审计机构或内部审计机构委托具有相应资质的工程造价咨询机构实施。委托造价咨询机构应当按照国家有关规定办理。委托费用按照财政部《基本建设管理若干规定》列入建设成本。内部审计机构应加强对受托工程造价咨询机构的管理和监督。

四、建设工程全过程审计应以促进控制工程造价和规范工程管理为重点，将技术经济审查、审计控制和审计评价相结合，将事前审计、事中审计和事后审计相结合。

五、各部门、各单位内部审计机构应根据建设工程项目全过程审计的实施情况，对建设工程各阶段的管理情况及其结果进行分析和评价，及时出具审计报告。各部门、各单位对审计报告中提出的加强和改进工程管理的意见和建议，应认真组织落实。

六、各部门、各单位的领导应充分认识建设工程项目全过程审计工作在规范建设工程管理、提高投资效益、促进廉政建设中的重要作用，认真组织实施。同时，根据本意见，结合本部门本单位的实际，制定或修订关于建设工程项目全过程审计的制度或实施办法。

教育部、国家发展改革委、审计署关于印发《治理义务教育阶段择校乱收费的八条措施》的通知

(教基一〔2012〕1 号，2012 年 1 月 20 日)

各省、自治区、直辖市教育厅(教委)、发展改革委、物价局、审计厅(局)，新疆生产建设兵团教育局、发展改革委、物价局、审计局：

2010 年印发的《教育部关于治理义务教育阶段择校乱收费问题的指导意见》(教基一〔2010〕6 号)，提出了治理工作的目标、原则和要求。各地相继出台了实施办法，经过努力，不同程度上缓解和遏制了择校乱收费。但是，从近期开展监督检查的情况看，一些地方治理目标不明确，政策执行不到位，效果不明显，群众对择校乱收费问题反映依然强烈。为实现“力争经过 3 到 5 年的努力，使义务教育阶段择校乱收费得到明显缓解，使义务教育阶段择校乱收费不再成为群众反映强烈的问题”的工作目标，教育部、国家发展改革委、审计署共同制定了《治理义务教育阶段择校乱收费的八条措施》(以下简称《八条措施》)，现印发给你们，请遵照执行，并就有关事项通知如下：

一、加强组织领导，落实治理工作责任。《八条措施》是教育系统贯彻落实科学发展观，着力解决人民群众反映强烈突出问题，确保教育事业科学发展的重要举措。地方各级教育行政部门要高度重视，把治理择校乱收费工作列入重要议事日程，摆在重中之重位置，在省委、省政府领导下，加强对实施《八条措施》的组织领导和部署实施；按照“谁主管谁负责”和“管行业必须管行风”的原则，建立完善治理教育乱收费工作责任制，把治理择校乱收费作为对教育行政部门和学校政绩考核、行风评议的重要内容，完善考核机制和问责制度；各级教育纪检监察部门要切实履行法定职责，加强对治理工作的组织协调和检查指导，强化责任分工和责任考核。

二、狠抓落实，务求取得治理成效。本通知下发后，各地要立即组织相关部门认真落实《八条措施》，切

实掌握政策要求；要因地制宜，结合本地区实际，深入研究贯彻意见，制订切实可行的治理工作实施方案，完善配套政策，制定落实措施，对于八条措施中相关指标加以量化明晰。做好任务分解，明确职责分工。要突出重点，分析难点，抓住主要矛盾，解决突出问题。对问题严重地区要加强个别指导，单独制订工作方案，重点督办，力求突破工作瓶颈，推动治理工作取得成效。

三、创新机制，提升治理工作科学化水平。各地、各学校要配合治理工作，完善公开承诺和收费公示制度，完善信访举报反馈机制、教育行风评议机制、行风问题督查督办机制、校务公开工作机制、典型乱收费案件通报机制，不断提升治理工作规范化、制度化、科学化水平。要进一步完善部门联席会议制度，充分发挥纪检监察、物价、审计、财政和教育部门在治理义务教育择校乱收费中的职能作用，形成统一部署、各司其职、齐抓共管、协作联动的工作格局，形成治理择校乱收费的工作合力，共同抓好《八条措施》的贯彻落实。

四、加强宣传，营造良好治理氛围。各级主管部门要加强《八条措施》和治理乱收费相关政策的宣传，向社会和群众做好政策内容宣讲；要加强与新闻媒体的联系，对媒体反映的社会关切的特别是治理义务教育阶段择校乱收费问题，要快查快办，及时反馈，主动公布结果；要加大治理义务教育择校乱收费先进典型的宣传力度，推广先进经验，广泛动员各级主管部门、各学校和师生员工积极开展治理教育乱收费工作，引导社会各界和家长加强监督，自觉抵制义务教育择校乱收费行为。

省级教育行政部门要将本地区以及所辖计划单列市和省会城市的实施方案于2012年3月底前报教育部备案。实施中的重大问题要及时报告教育部。

附件：治理义务教育阶段择校乱收费的八条措施

中华人民共和国教育部
中华人民共和国国家发展和改革委员会
中华人民共和国审计署
二〇一二年一月二十日

附件：

治理义务教育阶段择校乱收费的八条措施

为全面贯彻落实教育规划纲要，依法推进义务教育均衡发展，推行政务公开、校务公开，纠正损害群众利益的不正之风，着力解决人民群众反映强烈的突出问题，维护教育公平公正，办好人民满意的教育，根据《中华人民共和国义务教育法》等法律法规，特提出治理义务教育阶段择校乱收费的八条措施：

一、制止通过办升学培训班方式招生和收费的行为。坚决禁止学校单独或和社会培训机构联合或委托举办以选拔生源为目的的各类培训班（以下简称“占坑班”）。严禁公办学校教师参与各类“占坑班”活动。严厉查处学校和教师在举办“占坑班”过程中的收费行为，对于违反规定的学校和教师要依照有关规定追究责任。

二、制止跨区域招生和收费的行为。按照区域内适龄儿童少年数量和学校分布情况合理划定每所公办学校的招生范围，并根据学校招生规模、生源数量等变化情况，及时动态地进行调整并向社会公布，确保就近入学的新生占绝大多数。非正常跨区域招生比例高于10%的要制订专项计划，3年内减少到10%以下；低于10%的要巩固并努力继续减少。要将优质普通高中的招生名额按不低于30%的比例合理分配到区域内各初中，现在已经高于30%的要巩固提高并逐步扩大分配比例。在此过程中不得以跨区域为名收取学生择校费。

三、制止通过任何考试方式招生和收费的行为。小学生入学和小学升入初中招生工作要公开透明，主动接受社会监督。城市和有条件的农村义务学校招生工作要在教育部门设定的招生网上进行，禁止组织任何形式的考试。坚决禁止要求家长到学校或到学校指定单位缴纳各种名目的择校费行为。

四、规范特长生招生，制止通过招收特长生方式收费的行为。除省级教育行政部门批准的可招收体育和艺术特长生的学校以外，义务教育学校一律不得以特长生的名义招收学生。坚决禁止学校以招收特长生的名义收取任何费用。

五、严禁收取与入学挂钩的捐资助学款。规范学校或教育行政部门接受社会组织和个人捐赠行为，收取捐赠款时必须依法为其出具凭证。地方政府、有关部门和学校违规收取与入学升学挂钩的各种费用，一经查实，要坚决予以清退，无法清退的要收缴国库，对相关责任人要严肃问责。

六、制止公办学校以民办名义招生和收费的行为。禁止公办学校以与民办学校联合办学或举办民办校中校等方式，按照民办学校的收费政策，向学生收费。凡未做到“四独立”的义务教育改制学校和未取得民办学校资格的学校一律执行当地同类公办学校收费政策。

七、加强招生信息和学籍管理。坚持公平、公正、便民的原则，向社会公开学校性质、办学规模、经费来源、招生计划、招生条件、招生范围、招生时间、录取办法，主动接受社会监督。招生结果要报当地教育行政部门备案。要进一步完善学籍管理办法，积极推行中小学学籍管理电子化。建立学生信息库，特别要加强招生指定区域外转入学生的学籍管理，接受检查与监督。

八、加大查处力度。加强对治理择校乱收费措施执行情况的监督检查，对于违规收费的行为，要坚决予以查处，严肃追究校长和相关责任人的责任。要畅通监督渠道，设立举报电话、信箱，接受群众监督，做到有诉必查，有错必纠。对设立“小金库”行为要发现一起、查处一起、通报一起。教育部等有关部门组成联合工作组，对重点城市部分学校的整个招生过程进行专项督导检查。同时，吸收媒体参与监督，对典型案件及时曝光。

中国保险监督管理委员会关于向保监会派出机构报送保险公司分支机构内部审计报告有关事项的通知

（保监发〔2008〕56 号，2008 年 7 月 8 日）

各保监局、各保险公司：

为落实《保险公司内部审计指引》关于保险公司内部审计部门向保监局报告其对分支机构审计情况的有关规定，有效发挥内部审计辅助监管的作用，加强保监局对保险公司内部控制的监管，现就有关事项通知如下：

一、报送内容。向分支机构所在地保监局报送的审计报告应当包括如下内容：

1. 审计报告标题及编号。

2. 审计对象及审计目的。

3. 审计人员及审计期间。

4. 重要审计发现。主要报送审计对象在合法合规、财务真实性、内部控制的健全性和有效性等方面存在的重要问题。问题描述应当简明扼要、突出重点。对数量较多、性质相同的问题，应当进行分类汇总。

5. 审计对象对审计发现问题已经和即将采取的整改措施。

6. 审计项目负责人签章。

二、报送主体。分支机构内部审计报告原则上由省级分公司联系报送。

1. 分支机构审计由总公司或区域内部审计部门实施的，其内部审计报告应当及时发送当地省级分公司，由省级分公司按照报送时限转报当地保监局。

2. 对于由省级分公司及其下属机构组织实施的审计项目，其审计报告由省级分公司统一报送当地保监局。

三、报送联系人。各保险公司省级分公司应当确定 1—2 人作为审计报告报送的联系人，并于 2008 年 9 月 1 日前报当地保监局备案。联系人应当认真做好各项审计报告报送的联系和协调工作。联系人发生变动的，应当在 10 日内及时告知保监局。

四、报送时限。各省级分公司应当在每季度的第一个月内将上季度定稿完成的各项内部审计报告以书面和电子形式全面报送当地保监局。

五、报送要求。各保险公司应当及时、全面、真实地向监管机构报送相关内部审计报告。对于拒不报送、拖延报送、虚假或隐瞒报送内部审计报告的，保监会将依照有关规定给予处罚，并追究相关人员的责任。各保监局可以通过审计项目抽查、工作底稿复核等措施核查内部审计报告的真实性，并对审计发现问题的整改情况进行核实。

六、建立审计报告汇总分析制度。各保监局应当建立内部审计报告的收文、使用、归档和保密制度，定期对内部审计报告进行认真汇总分析，更好地掌握辖区内保险市场情况和保险公司内控情况，为辖区内市场分析和日常监管提供参考。

七、审计发现问题的处理。对于内部审计报告揭示的违反监管规定的问题，保监局认为有必要的，可以立案调查。违规行为情节较轻，保险公司及时纠正，没有造成危害的，免予处罚；情节较重，但保险公司整改及时，处理到位的，可酌情免予或减轻处罚；对于审计发现问题不认真组织整改的，应当根据调查结果，依照行政处罚程序从重处罚。

本《通知》自2008年8月1日起开始实施。

审计署、人力资源社会保障部、国家公务员局关于印发贯彻加强审计机关公务员队伍专业化建设意见实施办法的通知

（审人发〔2011〕170号，2011年11月7日）

各省、自治区、直辖市审计厅（局），人力资源社会保障厅（局）、公务员局，新疆生产建设兵团审计局、人事局，审计署机关各单位、各特派员办事处、各派出审计局，南京审计学院：

为推进《关于加强审计机关公务员队伍专业化建设的意见》的贯彻落实，进一步加快审计机关公务员队伍专业化建设进程，审计署、人力资源社会保障部、国家公务员局制定了《关于贯彻加强审计机关公务员队伍专业化建设意见的实施办法》。现予印发，请遵照执行。

审计署
人力资源社会保障部
国家公务员局
二〇一一年十一月七日

审计署关于印发培养审计业务骨干人才和审计专业领军人才实施意见的通知

（审人发〔2015〕18号，2015年2月27日）

署机关各单位、各特派员办事处、各派出审计局：

现将《审计署关于培养审计业务骨干人才和审计专业领军人才的实施意见》印发给你们，请认真贯彻实施。

审计署
2015年2月27日

审计署关于培养审计业务骨干人才和审计专业领军人才的实施意见

为贯彻落实《审计机关中长期人才发展规划（2011—2020年）》，加强审计署审计专业人才队伍建设，实现培养工作的规范化、系统化、科学化，提出以下实施意见。

一、培养目标

坚持德才兼备、以德为先，坚持注重实绩、群众公认，完善审计专业人才培养机制，着力提升审计专业人才队伍的依法审计能力，培养造就一批对党忠诚、素质高、业务精、纪律严、作风优、能打硬仗的高层次审计专业人才。

二、人才标准

审计专业人才应当具有良好的政治素质、对党忠诚、热爱审计事业、具有强烈的责任感和使命感，坚持依法审计，遵守法律法规，遵守审计纪律，恪守职业道德，不断提升审计业务能力，自觉维护审计机关的良好形象和公信力。审计专业人才分为审计业务骨干人才、审计专业领军人才两个层次。

（一）申报评选审计业务骨干人才，应当同时具备以下资格条件：

1. 具备审计师或与审计专业相关的中级资格。

2. 具备计算机审计中级资格。

3. 近5年内年度考核均为称职及以上，其中至少2次为优秀等次。

4. 近5年内参加审计署统一组织的审计或审计调查项目，并根据审计实施方案确定的审计组工作分工，担任审计组长、副组长、主审、某一方面的审计小组负责人或负责地市级以上区域的审计或审计调查5次以上，或者负责审理10个以上审计或审计调查项目。

5. 近5年内撰写审计报告或专题报告3篇以上，且撰写重要审计信息并被审计署《审计要情》、《重要信息要目》采用3篇以上；或者审理修改审计报告或专题报告10篇以上，且审理修改《审计要情》、《重要信息要目》10篇以上。

6. 结合审计实践开展业务或理论研究，近5年内在省部级以上刊物或高等院校学报发表3000字左右专业理论文章2篇以上，或执笔省部级科研课题1个以上，或合著（至少为第二作者）出版著作1本以上。

（二）申报评选审计专业领军人才，应当同时具备以下资格条件：

1. 具备高级审计师或与审计专业相关的高级资格3年以上。

2. 一般应具有审计业务骨干人才资格。

3. 近5年内年度考核均为称职及以上，其中至少2次为优秀等次。

4. 近5年内组织实施或在其中发挥重要作用的审计及审计调查项目至少有1个被评为审计署优秀或表彰项目。

5. 具有较强的审计业务工作管理能力。近3年内具体负责组织大中型审计或审计调查项目，并根据审计实施方案确定的审计组工作分工，担任组长或副组长、主审3次以上，或者主持审理10个以上审计或审计调查项目。

6. 具有较高的审计综合分析和业务指导能力，能够在审计实践中进行技术方法创新并实现成果转化，丰富本专业领域审计工作发展思路。近3年内专题讲座或培训授课10课时以上，直接撰写或指导编发《审计要情》、《重要信息要目》、专题报告或审计报告等重要成果信息10篇以上，或者审理修改《审计要情》、《重要信息要目》、专题报告或审计报告等重要成果信息20篇以上。

7. 具有较强的科研能力，在专业审计理论和相关行业政策科研方面具有较高造诣，能够在专业审计领域发挥引领和带动作用。近5年内在核心期刊发表3000字左右专业理论文章2篇以上，或主持省部级科研课题2个以上，或正式出版专著1本以上。

三、评选办法

（一）分级实施。审计业务骨干人才评选由各业务司、各特派办分别开展，各派出审计局评选工作由财政审计司组织开展；评选方案报人事教育司审核，评选结果报人事教育司备案。审计专业领军人才评选由审计署设立评选机构统一开展，评选方案和评选结果报审计署党组审定，公示后颁发审计专业领军人才证书。

（二）总量控制。审计业务骨干人才评选，各单位评选人数原则上不超过本单位总人数的20%。审计专业领军人才评选，对各单位申报名额进行总量控制，实行差额评选。

（三）时间安排。审计业务骨干人才与审计专业领军人才评选每两年开展一次，逐年交替进行。评选相关工作一般于当年1月启动，6月底前完成。

四、管理使用

实行分层次管理和培养，审计业务骨干人才的管理工作主要由所在单位负责，审计专业领军人才的管理工作主要由审计署统一组织。

(一)实行分类管理。分类组建审计专业人才联络组,安排专人具体负责,分类搭建沟通交流平台。

(二)组织课题研究。审计专业领军人才每年至少参加一个重点课题研究项目。在审计计划制订和重大项目实施时,注重听取审计专业人才的意见和建议。安排担任培训师资,审计专业领军人才每年授课时间不少于8个课时。

(三)鼓励深入一线。每年至少组织一次审计专业领军人才深入相关单位或审计一线,进行调研考察、讲授交流或现场指导。

(四)开展继续教育。优先安排参加各类专业培训。审计专业人才每年至少参加一次集中培训,时间不少于40学时。优先安排参加中长期国(境)外培训。开展网络自学培训。

(五)注重培养使用。各单位要安排审计专业人才担任审计组长、副组长或主审。每年为其提供必要的学习和研究时间、经费等条件保障。优先选派审计专业人才挂职等多渠道、多方式、多岗位锻炼。在其他条件相同的情况下,选拔任用司局级干部时,审计专业领军人才予以优先考虑;选拔任用处级干部时,审计业务骨干人才予以优先考虑。

(六)加强考核评价。每年对审计专业人才进行一次考核,并反馈情况,加强指导。审计专业领军人才的考核主要包括自我评价、所在单位评价、联络组评价等内容。审计业务骨干人才考核由各单位自行开展。

(七)建立退出机制。审计专业人才资格有效期为5年,有效期满自动退出,再次取得资格需要重新申报评选。

审计专业人才培养工作是事关审计事业长远发展的战略任务。各单位要在审计署党组的领导下,高度重视,精心组织,认真做好评选、培养和服务工作,切实发挥专业人才作用,形成培养工作合力,努力营造专业人才健康成长的良好环境。

关于贯彻加强审计机关公务员队伍专业化建设意见的实施办法

为适应审计工作需要,加快审计机关公务员队伍专业化建设进程,为审计事业的科学发展提供组织保证和人才支持,根据《中华人民共和国审计法》、《中华人民共和国审计法实施条例》以及审计署、人力资源社会保障部、国家公务员局《关于加强审计机关公务员队伍专业化建设的意见》,制定本实施办法。

一、主要目标

(一)能够直接从事审计业务工作的公务员比例。

审计机关公务员执行审计业务,应当具备相应的专业知识、业务能力和工作经验,并不断提高与其从事业务相适应的职业胜任能力。到2013年,各级审计机关能够直接从事审计业务工作的公务员比例达到80%以上。

(二)专业技术资格比例。

到2013年,审计署具有与审计工作相关的中级及以上专业技术资格的公务员比例原则上要达到70%,其中高级专业技术资格的公务员比例原则上要达到25%。

省级审计机关具有与审计工作相关的中级及以上专业技术资格的公务员比例原则上要达到65%,其中高级专业技术资格的公务员比例原则上要达到20%。

市(地、州)、县(市、区)级审计机关具有与审计工作相关的中级及以上专业技术资格的公务员比例原则上要达到50%,其中高级专业技术资格的公务员比例原则上要达到10%。

(三)专业结构比例。

审计机关公务员队伍的专业结构要适应审计工作需要。到2013年,各级审计机关具有与审计工作相关的经济类、管理类以及法律、计算机、工程等专业背景的公务员比例应达到80%以上。其中法律、计算机、工程等专业背景的公务员比例,应在2010年的基础上有所提高。

(四)文化程度比例。

审计机关45岁及以下的公务员,一般应具有大学本科以上文化程度。到2013年,审计署大学本科以上文化程度的公务员比例达到90%以上;各省级审计机关大学本科以上文化程度的公务员比例达到80%以上;市(地、州)、县(市、区)级审计机关大学本科以上文化程度的公务员比例原则上达到60%以上。

(五)审计专业领军人才和审计业务骨干人才比例。

各级审计机关参照《审计署关于培养审计业务骨干人才和审计专业领军人才的实施意见(试行)》,制定高层次专业人才培养计划。到2013年,审计署符合审计业务骨干人才和审计专业领军人才条件的高层次审计专业人才的比例达到20%以上,省级审计机关符合审计业务骨干人才和审计专业领军人才条件的高层次审计专业人才的比例达到10%以上。

二、具体措施

(一)坚持标准,严把进人关。

1. 通过考试录用的公务员,应当具有大学本科以上文化程度。具有与审计工作相关专业技术资格或相关执(职)业资格的人员,同等条件下可优先录用。

2. 通过调入方式进入审计机关担任副职领导职务及以下的公务员,特别是从事审计业务工作的人员,除应具有法律法规规定的条件和资格外,一般应当具有大学本科以上文化程度、审计业务专业知识和相关技能,以及5年以上与审计工作相关的财经、法律、计算机、工程、管理等方面的工作经历。

3. 审计机关根据审计工作需要,经省级及以上公务员主管部门批准,可以对工程审计、资源环境审计、计算机审计等专业性较强的职位试行聘任制,按照公务员法和聘任合同管理所聘公务员。

(二)切实提高专业素质和业务能力。

1. 新录用的公务员,应自进入审计机关3年内通过审计专业技术资格考试。届时不具备初级及以上专业技术资格的公务员,一般不得从事审计复核、审理工作。

2. 审计机关担任项目主审的公务员,一般应具有与审计工作相关的中级及以上专业技术资格。

3. 审计机关年龄在45岁及以下的公务员,符合审计师资格考试报名条件但未取得审计师等中级及以上专业技术资格或相关执(职)业资格的,应自本办法下发之日起3年内取得审计师等中级及以上专业技术资格或相关执(职)业资格;尚不符合审计师资格考试报名条件的,应在符合条件后3年内取得相应资格。在上述规定时间内不能取得审计师等中级及以上专业技术资格的,不得担任审计组组长、主审。鼓励45岁以上的公务员报名参加审计师等专业技术资格或相关执(职)业资格考试。

4. 审计机关公务员拟取得审计专业技术初级、中级资格的,应参加全国统一的审计专业技术资格考试;拟取得高级审计师资格的,应按照国家有关规定,通过考试与评审相结合的方式取得。

(三)深化审计专业技术资格考试(评)工作。

1. 深化考试制度改革,增强审计专业技术资格考试命题工作的科学性,强化对参加考试人员能力的考察和测试。

2. 完善取得审计专业技术资格人员继续教育制度,实施分层次的继续教育培训。加强中、高级审计师研究能力培训,着力提升审计专业人才从审计实践中发现问题、分析问题、解决问题,并从理论高度系统地进行归纳总结、科学阐述的能力。

(四)加强教育培训工作。

1. 鼓励和引导各级审计机关公务员参加审计硕士等专业学位教育,充分发挥学历学位教育在培养复合型、应用型、高层次审计专业人才方面的作用。

2. 各级审计机关认真开展任职和初任培训、审计业务培训、审计项目培训、领导能力培训,审计署要做好对省级审计机关厅(局)级和部分正处级公务员、市(地、州)、县(市、区)级审计局局长的轮训工作。

3. 开展一定数量的考试辅导培训,帮助审计机关公务员考取审计专业技术资格。

4. 加强投资、企业、金融等行业模拟审计实验室建设,推广模拟教学、案例教学等培训方法。

5. 加强师资选聘和培养力度,形成规模适当、类别齐全的师资库,促进全国各级审计机关之间师资共享。

6. 加大教材和网络课件建设力度,形成包括纸质图书、网络课件、模拟教材等多种形式,涵盖政治类、公共类、法规类、审计类等多个门类的教育培训教材体系。

(五)加大在实践中发现、培养和使用审计专业人才力度。

畅通地方审计机关与审计署之间以及地方各级审计机关之间公务员挂职锻炼渠道，让人才在实践中得到锻炼培养。审计署原则上每年选派30名左右干部到地方审计机关挂职锻炼，省级审计机关选派30名左右干部到审计署挂职锻炼。

三、检查指导

（一）审计署领导全国审计机关公务员队伍专业化建设，省级审计机关负责统一组织本地区审计机关公务员队伍专业化建设工作。上一级审计机关对下一级审计机关专业化建设工作进行指导和检查，并将检查结果作为考核领导班子的重要内容。

审计署人才工作领导小组根据设定的目标要求和各地工作进展情况，对各地专业化建设工作进行重点指导和检查，及时宣传重大举措和先进典型，总结推广好做法、好经验；对存在的问题及时提出意见，促进解决。

（二）建立情况报告制度。审计机关在专业化建设过程中遇到重大政策问题，应逐级上报，由上级审计机关会同有关部门协商解决。各级审计机关应于每年12月底前向上一级审计机关报告年度专业化建设工作情况。

（三）建立年度通报制度。对专业化建设达不到目标的地方审计机关，审计署要向当地党委、政府通报，并提出相关建议。

（四）各级审计机关要加强组织领导和统筹协调，建立长期规划与年度计划相衔接的专业化建设目标体系，分解任务，落实责任，加强查核，形成统一领导、部署有序、上下协调、稳步推进的良性工作机制。

审计署“十二五”审计工作发展规划

为贯彻落实党的十七大和十七届三中、四中、五中全会精神，充分发挥审计在推动科学发展、促进加快转变经济发展方式中的作用，根据《国民经济和社会发展第十二个五年规划纲要》，结合审计工作实际，制定审计署“十二五”审计工作发展规划。

一、审计工作的指导思想。以中国特色社会主义理论体系为指导，以科学发展观为灵魂和指南，紧紧围绕科学发展这一主题和加快转变经济发展方式这一主线，牢固树立科学的审计理念，坚持“依法审计、服务大局、围绕中心、突出重点、求真务实”的审计工作方针，认真履行宪法和法律赋予的职责，全面监督财政财务收支的真实、合法和效益，在推进社会主义经济、政治、文化和社会建设中发挥更大作用。

二、审计工作的总体目标。把推进法治、维护民生、推动改革、促进发展作为审计工作的出发点和落脚点，充分发挥审计保障国家经济社会健康运行的“免疫系统”功能，努力实现“十二五”期间，审计工作在服务经济社会科学发展，促进深化改革和民主法制建设，维护国家安全和促进反腐倡廉建设，推动深化改革和完善国家治理方面迈上新台阶；审计工作法治化、规范化、科学化和信息化建设迈上新台阶；审计队伍建设迈上新台阶；符合中国国情、与社会主义市场经济体制相适应的中国特色社会主义审计理论和制度建设迈上新台阶。

三、审计工作的主要任务。认真贯彻落实审计法和审计法实施条例，进一步加强审计监督，自觉把审计工作作为经济社会发展全局的重要组成部分，推进民主法治，维护国家安全，保障国家利益，促进国家经济社会全面协调可持续发展。

——继续坚持以真实性、合法性审计为基础，加大查处重大违法违规和经济犯罪问题的力度，促进反腐倡廉建设，强化对权力的监督与制约。

——加强对中央重大方针政策和宏观调控措施贯彻落实情况的跟踪审计，促进政令畅通，保障各项政策措施落实到位。

——加大对国家信息化建设情况的审计力度，建立和完善电子审计体系。

——全面推进绩效审计，促进加快转变经济发展方式，提高财政资金和公共资源管理活动的经济性、效率性和效果性，促进建设资源节约型和环境友好型社会，推动建立健全政府绩效管理制度，促进提高政府绩效管理水平和建立健全政府部门责任追究制。

——注重从体制、机制、制度层面发现和分析研究问题，提出审计意见和建议，促进政策、法律、制度的落实和完善。

——关注国家财政安全、金融安全、国有资产安全、民生安全、资源与生态环境安全、信息安全，揭示存在的风险，提出防范和化解风险的对策性建议，切实维护国家利益和国家安全。

四、探索创新审计方式和方法。深入总结审计实践经验，不断探索符合我国发展实际的审计方式和方法。

——着力构建财政审计大格局。整体谋划、系统安排财政审计项目，按照清晰统一的审计目标，对审计内容、审计重点、审计资源、组织实施和成果利用进行统筹管理，提高审计质量，提升审计工作报告和审计结果报告的层次和水平。

——深化多种审计类型的有效结合。坚持预算执行审计与决算（草案）审签相结合，财政财务收支真实、合法审计与绩效审计相结合，经济责任审计与财政、金融、企业审计等相结合，审计与专项审计调查相结合。坚持揭露问题与促进整改相结合，审计监督与其他部门监督、舆论监督相结合。通过结合，协调各种资源和要素，更加适应经济社会发展对审计的总体需求，切实提高审计的效果。

——深化预算执行审计，全面开展部门决算（草案）审计，力争2012年底前建立决算（草案）审计制度。

——加强跟踪审计。对关系国计民生的重大建设项目、特殊资源开发与环境保护事项、重大突发性公共事项、国家重大政策措施的执行实行全过程跟踪审计。

——构建和完善绩效审计评价及方法体系。不断摸索和总结绩效审计经验和方法，2012年底前建立起中央部门预算执行绩效审计评价体系，2013年底前建立财政绩效审计评价体系和其他审计绩效审计方法体系。

——努力创新审计组织方式。积极探索符合形势要求和审计工作需要的审计组织方式，加强系统内的协调配合，充分发挥审计监督的整体效能。

——创新审计方法的信息化实现方式。积极研究运用数据挖掘、智能信息处理、知识发现与管理等先进技术，探索内控测评、智能审计、风险评估，以及多专业融合、多视角分析、多方式结合等审计方法的信息化实现方式。

五、着力加强五项基础建设，夯实审计事业可持续发展的根基。

——全面推进干部队伍建设。坚持以人为本，改革创新，以品格为核心、能力为重点、作风为基础、业绩为导向，全面提高审计人员依法审计能力和审计工作水平，全面落实审计署、人力资源和社会保障部、国家公务员局联合下发的《关于加强审计机关公务员队伍专业化建设的意见》，着力打造政治过硬、业务精通、作风优良、廉洁自律、文明和谐的审计干部队伍。

——全面推进法治化建设。更加注重依法审计、文明审计，更加注重加强整改、完善制度，更加注重提高素质、严格管理，加强审计规章制度建设，构建审计指南体系，强化审计质量控制，深入开展普法宣传，进一步规范审计行为，提高审计工作的法治化、规范化水平。

——全面推进信息化建设。以数字化为基础，创新计算机审计的形式和内容，总结推广数字化审计模式，探索形成适应信息化环境的审计方式。

——全面推进理论建设。进一步强化审计基础理论、应用理论和技术方法研究，努力构建中国特色社会主义审计理论体系，为审计事业科学发展提供理论支撑和智力支持。

——全面推进文化建设。加强审计文化建设，弘扬审计精神，树立“责任、忠诚、清廉、依法、独立、奉献”的审计价值理念和文明形象，增强审计事业的凝聚力。

六、财政审计。以维护国家财政安全、促进深化财政体制改革、推动完善公共财政和政府预算体系、增强财政政策有效性、促进依法民主科学理财和提高预算执行效果为目标，以深化预算执行审计为主线，坚持“评价总体、揭露问题、规范管理、推动改革、提高绩效、维护安全”的审计思路，增强财政审计宏观性、整体性、建设性和时效性。

——中央财政管理审计，围绕中央预算执行的真实性、完整性和科学性，以预算管理和资金分配为重点，注重从体制、机制和制度上揭露问题，分析原因，提出建议，促进提高财政政策实施效果、推进深化财政体制改革、推动预算的统一和完整、提高财政资金使用绩效和财政管理的规范性。

——中央部门预算执行审计，贯彻“严格查处，立足整改，规范提高，促进发展”的工作原则，着力规范一级预算单位的预算管理，深化二、三级预算单位的审计监督，完善部门决算草案审签制度，探索对部门预算执行整体情况发表审计意见；以社会关注热点问题和重大项目绩效评价为切入点，开展部门预算执行绩效审计，关注压缩公款出国（境）、公务用车、公务接待费用降低行政成本政策执行情况，促进提高财政资金使用绩效和政府绩效管理水平；坚持中央部门预算执行审计结果公告制度，促进预算公开的基础工作，推动部门预决算公开、透明；推进联网审计和中央部门与垂直管理京外单位“上下联动”审计，逐步扩大审计覆盖面，提高审计效率。

——中央转移支付审计，注重从完善中央转移支付体制、机制方面研究和揭示问题，促进提高一般性转移支付规模和比例，规范专项转移支付管理，提高资金使用效益，推动建立统一、规范、透明的转移支付制度。

——税收征管审计，在促进税务部门、海关部门依法履职的基础上，加强对税收征管机制、专项优惠政策和重大税收制度运行情况及效果的调查、分析和评估，努力推动税制改革，促进税收政策制度更好地服务于经济发展方式转变和经济社会可持续发展。

——中央企业国有资本经营预算审计，揭示中央企业国有资本经营收益征收、分配、使用中存在的突出问题，分析国有资本投资方向和领域，确保国家重大决策的贯彻执行，推进国有经济布局和产业结构的战略性调整，促进完善国有资本经营预算管理制度和提高国有经济整体效益。

——地方财政收支审计，以预算执行及决算的真实性、完整性为基础，关注执行统一财税政策情况、中央转移支付资金预算管理和使用情况、财政体制运行情况和地方政府性债务情况。完善地方政府财政收支审计与地方党政主要领导人任期经济责任审计相结合的审计模式。对地方政府性债务实行动态化、常态化的审计监督，揭示问题，防范风险。推动规范地方政府举债融资行为，促进地方政府性债务纳入预算管理，增强透明度，接受人大监督。

——固定资产投资审计，围绕促进提高固定资产投资效益和反腐倡廉建设，加强对政府投资和以政府投资为主的建设项目的预算执行情况和竣工决算审计，积极开展关系国家利益和社会公共利益的重大建设项目跟踪审计，积极开展特定事项的专项审计调查。进一步加大对征地拆迁、工程招投标、设备材料采购、资金管理使用和工程质量管理等重点环节的审计力度，督促相关单位加强资金和项目管理，完善法律、法规和制度，提高投资效益，推进廉政建设，促进深化投资体制改革。

——农业资金审计，加强对关系广大农民切身利益、关系农村生产生活、关系农业生产综合能力提高和国家粮食安全等强农惠农资金和项目审计，揭露和查处严重损害农民利益、造成财政资金流失和严重损失浪费等问题，促进农业资金整合，确保强农惠农政策落到实处。

——社会保障资金审计，深化各项社会保险基金审计，加强对全国社会保障基金投资运营的审计监督，促进基金管理规范、安全，促进各项社会保险政策的落实和制度的完善，推进多层次的社会保险体系不断健全；关注社会保险基金预算编制和执行情况，推进社会保险基金预算制度不断完善；强化保障性安居工程资金和住房公积金审计，促进完善住房保障制度和保障性安居工程建设目标任务的完成；加大社会保障和就业财政专项资金、社会捐赠资金的审计力度，促进相关惠民政策的落实，促进社会救助体系建设和社会福利事业、慈善事业的发展。

——重大突发性公共事项审计，加强对资金、物资的筹集、分配、拨付、使用和效果的全过程跟踪审计，保障重大突发性公共事项应急处置、预防预警、恢复重建工作的顺利进行，推动相关地区经济和社会事业的恢复和发展。

——专项资金审计，加强对科技、教育、医疗卫生、文化建设等专项资金的审计，关注政策措施执行效果和资金使用效益，促进相关政策制度的不断完善和有效落实，推动科学发展和社会和谐。

七、金融审计。以维护安全、推动改革、促进发展为目标，揭示和防范金融风险，完善金融监管，推动建立健全高效安全的现代金融体系和系统性风险防范机制。

——加强对国有及国有资本占控股地位或主导地位金融机构的审计和审计调查，关注货币市场、保险市场、资本市场运行中的突出问题，反映金融服务、金融创新和金融监管中的新情况，并从体制、机制上分析原因，提出建议，促进深化金融改革，推动金融市场可持续健康发展。

——在做好金融机构资产负债损益的真实、合法和效益情况等全面审计的基础上，关注其法人治理结构及内控制度的建立和执行效果，有效揭示内部管理薄弱环节和制度缺陷，促进依法经营，加强管理，提高企业核心竞争力。

——加大对金融机构执行货币政策和其他宏观调控政策措施情况的审计和审计跟踪调查力度，促进金融机构调整优化资产结构，转变经营管理方式，提高为实体经济服务水平。

——加强对金融控股集团公司的审计，积极探索跨行业、跨市场金融活动的审计方法，提示系统性风险隐患，促进建立健全防范系统性风险的预警体系和处置机制。

——建立综合数据分析平台，实现对银行业、证券业、保险业等金融行业的经常性审计或审计调查，完善金融审计组织方式和审计方法体系，进一步改进信息化条件下以总行(总公司)为龙头的审计管理模式，有效整合审计资源，不断提高“集中分析，分散核查，专题研究”的工作水平。

八、企业审计。以维护国有资产安全，促进国有企业科学发展为目标，坚持“强化管理、推动改革、维护安全、促进发展”的审计思路，加快转变审计方式，加强对国有企业资金、权力和责任的审计，推动其转变发展方式、落实宏观政策、加强经营管理、防控重大风险、创新机制制度和推进反腐倡廉。

——全面监督国有企业财务收支的真实性、合法性和效益性，更加关注法人治理结构及内部控制制度的建立和执行情况，推动企业加强内部管理。

——加大对国有企业落实“三重一大”决策制度的审计力度，加强对重要经营领域和关键环节的监督，加强对重大决策、重大项目、资金使用、资源利用等相关权力和责任的监督，促进企业健全权力运行机制。

——加强对国有企业贯彻执行国家战略性结构调整、发展战略性新兴产业、提升核心竞争力、增强自主创新能力、实施节能减排、产业振兴规划等重大决策部署和宏观政策措施情况的跟踪审计，促进国家方针政策和相关法律法规的贯彻落实，为国有经济实现综合性、系统性和战略性转变发挥作用。

——注重揭示影响国有企业科学发展的突出矛盾和重大风险，深入分析企业经济活动与国家方针政策之间的内在关联，维护企业安全，促进深化改革和完善制度。

——有步骤、分阶段地推进与重点中央企业信息系统的联网，试点实时审计；统一整合和统筹调配审计资源，采取多种形式组织审计项目，建立“点(单个企业)、线(行业和上下游产业)、面(国有经济运行)”联动的企业审计模式，提高企业审计的主动性、时效性、宏观性和建设性。

九、资源环境审计。以促进贯彻落实节约资源和保护环境的基本国策为目标，检查国家资源环境政策法规贯彻落实、资金分配管理使用和资源环保工程项目的建设运营情况，维护资源环境安全，发挥审计在资源管理与环境保护中的积极作用，推动生态文明建设。

——加强对土地、矿产、淡水、海洋等重要资源保护与开发利用情况的审计，揭露和查处违规出让、无序开发、低效利用，破坏浪费资源、国有资源收益流失、危害资源安全等问题，促进资源依法有效保护和合理开发利用。

——加强对水、大气、土壤、重金属、固体废弃物、核能利用等污染防治情况的审计，揭露和查处防治规划政策措施不落实，违规处置、排放污染物，防治设施运营不正常，严重污染环境等问题，促进加强污染防治，不断改善环境质量。

——加强对森林、湿地、草原、生物等重点生态系统保护和防沙治沙、水土保持、防治石漠化等生态治理工程建设实施情况的审计，促进生态保护与修复，加强生态环境建设。

——加强对节能减排资金的分配、管理、使用和相关政策法规执行情况的审计，揭露和查处落实节能减排政策法规不到位、淘汰落后产能进展滞后、严重浪费能源资源等问题，促进转变经济发展方式，优化产业结构。

——加强审计机关内部资源环境审计相关资源的整合，积极构建资源环境审计与其他专业审计有机结合的多元工作格局，努力探索符合我国国情的资源环境审计理论与方法，不断完善资源环境审计制度与规范。

——认真履行亚洲审计组织环境审计委员会秘书处职责，加强亚洲环境审计协调服务；广泛开展环境审计国际交流，努力探索国际环境合作审计新模式；积极参与世界审计组织国际环境审计事务，不断扩大我国环境审计的国际影响。

十、涉外审计。以促进积极合理有效利用外资、防范涉外投资风险、维护境外国有资产安全、履行国际责任为目标，着力整合涉外审计资源，拓宽涉外审计领域，提高涉外审计质量。

——继续加强对国外贷援款项目的审计监督。提高国外贷援款项目的审计质量，全面推进涉及环境、民生和可持续发展等国外贷援款项目的绩效审计，促进积极合理有效利用国外贷援款，提高利用外资的质量和水平。

——探索我国对外援助物资采购、工程建设、资金管理等方面的审计，维护对外援助资金的安全，提高对外援助资金使用效益。

——深化驻外机构审计。结合部门预算执行审计，开展驻外非经营性机构审计，促进其加强财务管理，提高使用财政资金的绩效。积极推进境外经营性机构和境外投资的审计，维护境外国有资产安全。

——认真履行联合国审计委员会委员职责，完成所承担的审计任务。

十一、经济责任审计。认真贯彻落实中共中央办公厅、国务院办公厅下发的《党政主要领导干部和国有企业领导人员经济责任审计规定》(以下简称"两办规定")，坚持"全面推进、突出重点、健全制度、规范管理、提高质量、深化发展"的审计思路，以促进领导干部贯彻落实科学发展观，推动本地区、本部门(系统)、本单位科学发展为目标，以领导干部守法、守纪、守规、尽责情况为重点，进一步推动经济责任审计工作科学发展，发挥经济责任审计在加强干部管理监督、推动党风廉政建设、促进经济社会又好又快发展等方面的积极作用。

——深入推进党政主要领导干部和企业领导人员经济责任审计。全面推进县(市、区)、乡(镇)党政主要领导干部任期经济责任同步审计；逐步扩大市(地、州)党政主要领导干部经济责任同步审计；不断深化省(自治区、直辖市)长(主席)、部长经济责任审计；在对副省级城市党政主要领导干部进行任期经济责任同步审计试点的基础上，探索省(自治区、直辖市)党政主要领导干部任期经济责任同步审计；深化党政工作部门、审判机关、检察机关、事业单位、人民团体等单位主要领导干部和国有企业领导人员经济责任审计。

——建立经济责任审计规范化体系。按照两办规定健全经济责任审计制度和规范，进一步规范经济责任审计的内容、程序及成果运用等；探索经济责任审计的有关实施办法，进一步细化对不同类别领导干部经济责任审计的操作流程、审计组织方式和审计方法等；研究制定经济责任审计评价指标体系，建立健全经济责任审计情况通报、审计整改以及责任追究等结果运用制度，探索和推行经济责任审计结果公告制度，逐步建立起经济责任审计规范化体系。

——全面提升经济责任审计质量和水平。加强审计计划管理和质量控制，进一步完善审计内容和审计组织方式。坚持任中审计与离任审计相结合，加大任中审计力度。探索和推行党委、政府主要领导干部同步审计的组织方式和审计方法。合理调配和整合审计资源，实现不同审计项目之间的资源共享。依法规范审计评价，做到审计评价与审计内容相统一。

——加强对全国经济责任审计工作的指导。制定印发两办规定的贯彻实施意见，并对各地贯彻落实情况进行监督检查，研究解决贯彻执行过程中遇到的新情况、新问题；加强对部门和单位内部管理领导干部经济责任审计工作的指导，逐步建立和推行工作报告制度；加强对经济责任审计工作开展情况的调查研究，及时总结和推广先进经验；深入开展审计理论与实务研究，逐步构建经济责任审计理论体系，为审计实践提供理论支持和科学指导。健全完善经济责任审计工作组织协调机制，逐步建立制度健全、管理规范、运转有序、工作高效的联席会议工作机制。

——加强对审计署管理干部和省级审计机关主要领导干部的经济责任审计。建立和推行任期内轮审制度，促进审计机关加强管理和党风廉政建设。

十二、审计法治化建设。进一步完善中国特色审计法律规范体系，规范审计行为，推进依法审计。

——健全并完善中国特色审计法律法规和规章体系。会同有关部门做好《中央预算执行情况审计监督暂行办法》的修订工作，适时做好其他审计法规和规章的制定、修订工作，不断健全和完善中国特色审计法律规范体系。

——着力构建国家审计指南体系。以审计法律法规和国家审计准则为依据，立足我国审计实践，借鉴国内外先进经验，有步骤地开发审计指南，2014 年基本构建起涵盖通用审计指南和专业审计指南的国家审计指南体系。

——积极参与国家法律法规制定工作，提高立法协调水平，进一步发挥审计机关在立法工作中的作用，促进完善中国特色社会主义法律体系。

——严格执行审计法、审计法实施条例和国家审计准则，完善审计机关层级监督机制，依法纠正下级审计机关违反国家规定作出的审计决定，推动依法审计和文明审计。

——大力推行审计项目审理制度，逐步规范审理工作流程，明确审理工作标准，提高审理工作质量。

——探索建立审计质量岗位责任追究制度。明确审计质量岗位责任，严格责任追究，开展审计项目全过程质量控制，进一步规范审计行为，防范审计风险。

——加大审计业务质量检查力度，提升优秀审计项目评选水平，促进提高审计质量和水平。加强对社会审计机构相关审计报告质量的核查，推动注册会计师行业的健康发展。

——加强普法宣传教育，全面实施“六五”普法规划，建立法律知识学习培训长效机制，督促审计干部认真学习和遵守各项法律法规，提高审计干部依法办事和依法审计的意识和能力，推进审计机关严格依法行政，全面履行审计职责。

十三、审计结果利用和审计宣传。加强审计成果综合利用，提升审计成果层次；坚持审计结果公告制度，把审计监督与社会监督特别是社会舆论监督结合起来，不断提高审计工作的开放性和透明度，促进依法行政和政务公开。

——坚持和完善审计结果公告制度，逐步规范公告的形式、内容和程序，把对审计发现问题的整改情况作为审计结果公告的重要内容。

——坚持和完善特定审计事项阶段性审计情况公告、重大案件查处结果公告制度。

——加强审计成果的综合分析和开发利用，拓宽审计成果利用渠道，实现信息资源共享，开发提炼审计成果“精品”和“高端产品”，不断提高审计信息的质量和水平。

——按照政府信息公开条例的要求，积极稳妥地推进审计工作信息公开，逐步实现审计事务公开。

——加大审计宣传力度，增强审计宣传工作的针对性和协调性。加强对重大审计新闻事项或事件的宣传策划。密切与新闻单位的联系，增强新闻报道的主动性。加强舆情研判，将审计监督与新闻舆论监督密切协调。

——进一步深化改革，加强对审计出版单位的管理。提高审计报刊和出版物质量，拓宽发行渠道，充分发挥媒体对审计工作的宣传作用，不断扩大审计工作的影响。

十四、审计队伍建设。贯彻落实党的组织路线和干部工作、人才工作方针政策，逐步建立健全适应审计事业科学发展需要的干部管理和人力资源管理体制和机制，全面推进干部队伍建设，为审计事业科学发展提供坚强的组织保证。

——深化干部人事制度改革。进一步加大竞争性选拔干部的力度，推行差额选拔干部办法和票决制，完善干部选拔任用机制；加大对领导班子和领导干部的日常监督和管理，健全巡视制度和任期经济责任审计制度，完善对领导班子和领导干部的考核评价体系；进一步加大从基层一线考试录用公务员的力度，拓宽与地方党委政府、审计机关干部交流的渠道；健全干部交流制度，提高干部的综合素质；积极探索推进审计队伍专业化建设。

——加强领导班子建设。把领导班子思想政治建设放在首位，着力加强领导班子能力建设和作风建设；以加强“一把手”队伍建设为重点，科学配置领导班子，不断调整和优化领导班子结构，实现优势互补、合理搭配，发挥整体功能；加强后备干部队伍建设，建立健全后备干部动态管理工作机制，坚持重在培养、同样使用，加大培养选拔优秀年轻干部力度。

——加强审计人才队伍专业化建设。贯彻落实《关于加强审计机关公务员队伍专业化建设的意见》，不断优化人才结构，逐步提高法律、工程、环境保护和计算机应用等相关专业人员比例，合理配置人才资源；加大高层次审计专业人才培养力度，建设一支高素质的领军人才、骨干人才队伍；科学利用外部人才资源，探索建立外聘专家库和专家咨询制度，不断推进人才工作体制机制创新。

——加强教育培训。整合教育培训资源，大规模培训审计干部，持续提高审计干部素质；创新教育培训模式，改进培训方式，逐步健全以面授培训体系与网络培训体系相结合，以师资体系、教材体系和考试评价体系相配套，具有审计系统特色的干部职业教育培训体系。推进审计干部教育学院建设。按照共建协议，促进南京审计学院的教学科研能力建设。

——加强审计业务培训。举办审计专业培训班和专题研讨班，促进提升业务能力。为地方审计机关的业务培训提供必要的师资、教材与网络培训课件。

——加强审计硕士专业学位教育工作。积极发挥全国审计专业学位研究生教育指导委员会的作用，在国务院学位委员会、教育部和人力资源社会保障部的指导下，做好审计硕士专业学位研究生教育工作。

——进一步拓宽培养干部的渠道。加大选派优秀干部到地方党委政府、地方审计机关交流任职的力度；每年有计划地安排审计署与地方审计机关互派干部到对方挂职或参加对方组织的审计项目；有计划地安排缺乏基层工作经历的干部到基层、艰苦地区，到地方政府有关部门、企事业单位、重大项目建设单位等培养锻炼，不断提高干部的综合素质和实际工作能力。

——加强对直属单位的管理。建立健全直属单位综合管理、监督检查和业务指导的相关制度。按照中央统一部署和要求，积极推进直属事业单位和出版社的改革发展工作。发挥审计博物馆宣传国家审计和反腐倡廉教育基地的作用。

——切实做好离退休干部工作。继续落实好离退休干部的政治待遇和生活待遇，加强党建和思想政治建设，发挥党支部对离退休干部的教育引导作用，坚持以人为本，营造舒心和谐环境，不断提高服务与管理水平。

——加强机关党建和思想政治工作。认真贯彻《中国共产党党和国家机关基层组织工作条例》，建设学习型党组织，注重党建理论研究，抓好中国特色社会主义理论体系和核心价值理念教育，以"立足本职建功立业，争当'四手'奋发有为"活动为抓手，积极开展创先争优活动；推进基层党组织党务公开工作，切实保障党员的民主权利；加强和改进思想政治工作，创新方式方法，充分发挥工青妇组织的桥梁纽带作用，开展主题实践活动，不断提高审计干部的思想道德素质，培育"实、高、新、严、细"的良好作风，促进和谐机关和精神文明建设。

——加强反腐倡廉建设。深入贯彻审计署党组贯彻落实建立健全惩治和预防腐败体系工作规划的实施办法，认真执行党风廉政建设责任制，建立健全审计机关廉政风险防控工作机制，加强对廉政风险点的查找与防控，加快构建惩治和预防腐败体系；以《廉政准则》及其实施办法为重点内容，加强廉洁从政教育；会同有关部门制定和实施《审计领域违法违纪行为处分规定》，不断健全反腐倡廉制度体系；严格执行领导干部个人事项报告制度和审计纪律"八不准"规定，加强审计项目廉政监督检查，强化审计权力运行的监督制约。

十五、大力推进电子审计体系建设，努力提高审计工作的信息化水平。

——建立健全电子审计体系。积极开展对国家信息化政策执行、规划实施和工程建设的审计监督，大力推进国家电子政务重大工程资源共享、业务协同、服务效能和标准化水平的提高，促进国家信息化建设顺利实施；继续推进金审工程建设，不断完善以审计业务信息化和审计管理数字化为主要内容的审计信息化系统。

——提高审计业务信息化水平。完善并推广现场审计实施系统，积极开展信息系统审计，总结计算机审计方法体系和操作制度，建立健全标准规范；组织开展对重要单位的联网审计；积极探索统一组织项目、联网跟踪等审计组织方式。加强综合数据分析队伍建设。

——提高审计管理数字化水平。完善并推广审计管理系统，基本形成以审计项目计划实施、审计质量控制、审计成果利用、审计资源调配、机关事务处理为主线的审计管理数字化，创新信息化环境下的审计管理方式。

——建成国家审计数据中心。基本完成各类专业审计数据规划和数据库建设，结合数据积累，完善对宏观经济政策执行情况的跟踪审计，深化对政府预算执行的审计评价，探索对国家经济运行安全的审计评价。建设模拟审计实验室，为审计业务、审计管理和领导决策提供仿真预测等有效支持。

——建成审计信息网络及安全保障系统。建成符合国家信息安全保密要求的审计专网和审计内网；国家审计交换中心投入运行，实现中央地方审计机关互联互通、资源共享，促进审计业务协同；保障视频、数据、语音等网络应用的畅通与安全。

十六、整合审计资源，做好实现科学管理的各项工作。

——提升审计资源的配置效率。围绕经济社会发展大局，加强前期立项调研，发挥好审计项目计划的引领作用。明确审计目标和工作重点，提高审计工作覆盖面。统一境内外机构审计对象，实现审计情况有效衔接。发挥财政审计、环境审计、经济责任审计协调领导小组的作用，整合审计资源，统筹安排相关审计工作。加强审计外聘人员管理。

——提高审计项目计划的科学性。提高计划编制与下达工作的时效性。合理安排审计项目，细化审计目标、审计范围、所需审计资源和关键时间节点。

——完善审计统计制度，建立健全科学的审计统计指标体系，提升审计统计数据的准确性、时效性。强化审计统计数据有效利用，更好地为审计业务工作和审计机关领导提供政策建议和决策参考。

——积极参与国际审计事务，认真履行审计署在地区、世界审计组织中的职责，办好 2013 年世界审计组织第 21 届大会。加强境外专业考察和培训管理，切实提高境外学习、培训质量。及时掌握国际审计动态，拓展国外审计理论研究，借鉴先进经验。加强对外交流与合作，不断提升我国审计的国际地位。

——加强审计理论研究工作。围绕审计业务工作需要，深入研究审计事业发展中的重大理论问题、现实问题和难点问题，实现审计理论研究与审计业务工作有机结合；规范审计科研管理，提高审计理论研究工作的质量和水平。

——切实办好审计科研所博士后工作站，吸引一批高层次国家审计研究人才，促进提高审计理论研究的层次和水平。

——加强审计学会建设，充分发挥审计学会在深化审计理论研究方面的作用。加强审计学会的组织建设，健全办事机构，密切与审计业务部门和其他有关单位的联系和合作，根据审计实践需要确定研究方向和重点，不断改进组织开展理论研究的方式方法，为审计事业发展提供更有力的理论支撑。

——加强对内部审计工作的指导。进一步完善审计机关指导监督内部审计工作的相关规定，充分发挥内部审计协会在内部审计职业化管理中的作用，促进内部审计发挥在评价和改进组织风险管理、控制和治理效果中的作用，推动内部审计健康发展。

——建立审计工作绩效考核评价制度。加强审计机关预算管理，强化审计成本控制，推进预算公开，努力做到申请计划有概算、正式进点有预算、审计过程有核算、项目结束有决算、成果绩效有评估，切实提高审计工作绩效，适时向社会公告审计署绩效报告。

——规范机关后勤管理与服务。巩固和深化机关后勤管理制度改革，推进服务社会化，加强对特派办后勤服务管理的指导。落实综合治理工作目标责任，完善应急预案，提高突发事件应急处置能力，创建平安机关。厉行勤俭节约，降低机关运行成本，积极改善机关办公条件，提升资产管理水平，确保资产安全完整。

十七、切实履行主管全国审计工作的职责，进一步加强对全国审计业务工作的领导。

——完善署领导对地方联系点制度，加强与地方审计机关的联系，深入实际调查研究，及时总结推广基层工作的新鲜经验，研究解决工作中遇到的问题，搞好分类指导。

——指导地方加强审计规章制度建设，大力推行审计项目审理制度，推动地方开展审计项目质量检查和优秀审计项目评选等工作，促进提高审计工作质量和水平。

——加强审计业务领导，及时总结研究审计中遇到的新情况、新问题，推广新经验；每年根据党和国家工作中心，研究提出审计工作指导意见；加大对地方审计机关人员的业务培训力度。

——加强计划指导，促进整合审计力量。每年年底提出下一年度审计重点；按照自愿参加、量力而行的原则，适当安排和组织地方审计机关参与审计署统一组织的审计项目。

——按照统一管理、一年一定的原则，改进和加强审计业务授权管理。以整合审计资源、发挥审计机关的整体效能为目标，科学确定年度授权审计项目计划。加强授权审计项目考核和重点抽查，严格审计质量控制。

——做好省级审计机关领导班子建设协管工作。根据审计事业发展需要，深入调查研究，及时向地方党委、政府提出加强和推进地方审计机关领导班子建设的意见和建议。

——加强对地方审计队伍建设、机关党的建设、精神文明建设和廉政建设情况的调研，针对存在的共性问题，从政策制度上给予指导，提出切实可行的措施。加大对中西部地区，特别是新疆、西藏地区审计机关的支持力度。

——加强对地方审计信息化建设总体规划和应用的指导。完成金审工程二期建设，启动金审工程三期建设，2015 年基本完成审计管理系统的推广运用。

——加大对地方审计工作情况的采集、研究和综合分析的力度，充分利用地方审计机关信息和成果，交流有关审计情况，实现审计成果共享。

十八、本规划自发布之日起施行。审计署将加强规划落实情况的监督检查，所属各单位根据本规划要求，研究制定具体落实措施并付诸实施，确保本规划的完成。地方审计机关可参考本规划制定本地区审计工作发展规划。

中国审计学会计算机审计分会关于印发计算机审计“十二五”研究规划的函

（审学计字〔2011〕4 号，2011 年 12 月 29 日）

各省、自治区、直辖市和计划单列市、新疆生产建设兵团审计学会，各特派办审计理论研究会（组），中国审计学会计算机审计分会各位理事：

根据中国审计学会计算机审计分会 2011 至 2012 年工作计划报告的任务安排，经中国审计学会领导同意，现将《计算机审计“十二五”研究规划》印发给你们，请认真组织研究。

研究中的有关问题，请与计算机审计分会秘书处联系。

二〇一一年十二月二十九日

计算机审计“十二五”研究规划

为了提高计算机审计理论和实务的研究水平，进一步适应国家审计信息化发展的需要，根据《审计署“十二五”审计工作发展规划》和《审计署“十二五”信息化发展规划》关于计算机审计工作的总体要求，结合中国审计学会计算机审计分会的工作实际，制定计算机审计研究“十二五”规划。

一、计算机审计研究工作的指导思想

坚持以中国特色社会主义理论体系为指导，树立国家审计信息化促进国家审计和国家良治的科学审计理念，总结计算机审计实践经验，探索计算机审计发展规律，推进计算机审计理论创新和技术方法创新，推动信息化环境下审计事业的科学发展。

二、计算机审计研究工作的总体目标

围绕党和国家的大局和国家审计的中心工作，研究计算机审计实践中的重大理论问题和实用技术方法，不断丰富中国特色社会主义审计理论体系和技术方法体系，努力提高审计信息化水平，充分发挥国家审计信息化在国家审计和国家治理中的作用。

三、计算机审计研究工作的基本原则

（一）坚持求真务实原则。从我国审计信息化发展的实际情况出发，提出问题、分析问题、解决问题，实事求是，坚持真理，注重研究成果的推广应用，服务审计实践，服务审计科学发展。

（二）坚持继承创新原则。在继承已有研究成果的基础上，密切关注审计工作中遇到的新情况、新问题，解放思想，大胆创新，不断提出新理论、新技术、新方法，开创审计发展的新局面。

（三）坚持吸收借鉴原则。拓宽视野，扩大交流，积极吸收借鉴国外计算机审计和国内外其他学科的研究成果，不断提高我国计算机审计研究的学术水平和国际影响力。

四、计算机审计研究工作的主要任务

（一）计算机审计理论体系研究。重点研究计算机审计的概念、范畴、基本原理和实现规律，逐步形成计算机审计的理论体系、技术体系、实务体系和规范体系，确立计算机审计在审计学中的科学地位。

（二）国家审计信息化与国家治理研究。重点研究国家审计在国家治理中发挥“免疫系统”功能的原理、途径和作用等。具体研究国家审计信息化的审计应用、信息资源、网络资源、安全保障、系统运维和人才资源的综合能力体系。

(三)数字化审计模式研究。重点研究以审计计划项目组织为主线、以审计质量控制为关键、以审计决策支持为核心的数字化审计管理模式。研究以拓展审计机构专业审计分工格局为基础、以建设较为稳定的数据分析队伍为重点、以跟踪分析与项目实施和总体分析与分散核查等审计组织方式为保障、以提升审计结果报告和工作报告质量为核心的数字化审计业务模式。

(四)关注财政财务收支监督的计算机审计应用研究。结合审计署金审工程实施的计算机现场审计和联网审计实践,认真总结成功经验,研究提升数字化审计应用技术和智能审计水平,落实《审计署"十二五"审计工作发展规划》提出的"创新审计方法的信息化实现方式",进一步研究满足多专业融合、多视角分析的审计分析方法,进一步发挥计算机技术在提升审计监督能力方面的作用。

(五)关注公共权力运行的计算机审计应用研究。重点研究经济责任审计与相关专业审计相结合的评价指标和评价方法。落实《审计署"十二五"审计工作发展规划》提出的"经济责任与财政、金融、企业审计等相结合"的要求,研究经济责任审计的信息资源共享机制,探索建立经济责任审计与其他各类审计相关信息的共享数据库和数据分析模型,更好地为经济责任审计提供研究和应用成果。

(六)关注宏观政策执行的计算机审计应用研究。重点研究建立宏观经济政策贯彻落实情况、政府重大投资项目和重特大公共事件、民生和社会事业等方面的计算机审计评价指标体系和共享数据库,发挥计算机审计在审计促进宏观经济政策落实中的作用。

(七)维护国家经济安全的计算机审计应用研究。利用信息技术组织对财政安全、金融安全、国有资产安全和民生工程资金安全的总体评价,通过数据挖掘、智能信息处理、计算机仿真等信息技术应用,揭示潜在风险,预测发展趋势,提出审计建议,发挥计算机技术在审计维护国家经济安全中的作用。

(八)电子审计体系研究。为落实《国民经济和社会发展第十二个五年规划纲要》提出的建立和完善电子审计体系,以及审计署"十二五"规划提出的"积极开展对国家信息化政策执行、规划实施和工程建设的审计监督"的要求,研究和探索国家信息化工程建设项目管理规范、信息共享、业务协同、系统内控和投资绩效的审计评价指标体系,着力推进国家信息化总体规划和重大工程建设效能的目标实现。

(九)企业内部审计信息化研究。结合大型国有企业内部审计工作特点和信息化发展的需要,研究推行数据式系统基础审计模式和数字化审计模式,提高企业内部审计信息化水平,充分发挥企业内部审计保障企业经营活动健康发展的"免疫系统"功能。

(十)社会审计组织信息化研究。按照《中国注册会计师行业发展规划(2011－2015年)》关于"推进信息化技术的应用普及,提升行业发展能力和综合素质"的要求,研究社会审计组织信息化的发展方向和发展模式,尤其是执行审计业务的计算机审计实施能力和实务管理、移动远程信息交互和安全保障、审计报告质量控制等,实现"行业信息化程度显著提高"的发展目标。

(十一)信息系统审计研究。积极探索符合中国国情尤其是我国政府审计的信息系统审计理论、准则、指南和操作规程,重点关注信息系统内部控制给数据审计带来的数据风险,加强对包括系统内控测评和电子数据审计关系的数据式系统基础审计模式研究。

(十二)计算机审计信息安全研究。组织对审计信息系统的国家信息安全政策落实与自主信息化装备的研究,协调IT国产化产品与企业的合作交流和技术支持,促进我国计算机审计信息安全与自主信息化装备发展。

五、落实计算机审计研究任务的保障措施

(一)在中国审计学会领导下,健全课题研究管理制度,深入了解和整合各方面的研究资源,充分发挥热衷计算机审计研究会员的特长开展各项研究工作。

(二)以课题研究为纽带,通过设立课题、协助立项、联合攻关、专题研讨、峰会论坛等形式,推动规划任务的落实。

(三)加强研究成果的推广应用,通过组织培训,编印年度《计算机审计研究报告》,评选计算机审计优秀成果等方式,积极推广研究成果,指导审计实践,推动审计事业科学发展。

财政部、国家发展改革委、交通运输部、监察部、审计署关于公布取消公路养路费等涉及交通和车辆收费项目的通知

（财综〔2008〕84 号，2008 年 12 月 22 日）

国务院各部委、各直属机构，各省、自治区、直辖市、计划单列市财政厅（局）、发展改革委、物价局、交通厅（局、委）、监察厅（局、委）、审计厅（局），上海市城乡建设与交通委员会，天津市市政公路管理局，新疆生产建设兵团财务局、发展改革委、物价局、交通局、监察局、审计局：

根据《国务院关于实施成品油价格和税费改革的通知》（国发〔2008〕37 号）规定，现将取消公路养路费等涉及交通和车辆收费项目有关事项通知如下：

一、自 2009 年 1 月 1 日起，在全国范围内统一取消公路养路费、航道养护费、公路运输管理费、公路客货运附加费、水路运输管理费、水运客货运附加费。

海南省征收的燃油附加费改为高等级公路车辆通行附加费，具体征收办法由海南省制定，并报财政部、国家发展改革委、交通运输部备案。

二、交通规费征稽机构已预征的 2009 年度或因政策等原因需要退还的上述交通和车辆收费，要予以全额清退。其中，属于中央收入的收费，由交通运输部所属征稽机构负责清退；属于地方收入的收费，具体清退办法按照各省、自治区、直辖市规定执行。

三、出租汽车企业向出租汽车司机收取的承包费（“份钱”）或管理费中包含上述交通和车辆收费的，要相应核减。

四、交通规费征稽机构要按照现行政策规定，继续做好 2008 年 12 月份交通和车辆收费征收以及欠缴、漏缴交通和车辆收费的清理工作，确保应征不漏。有关征收和清缴收入要按照财政部门规定渠道全额上缴国库或财政专户。交通规费征稽机构在 2009 年及以后年度清理欠缴、漏缴交通和车辆收费时，可继续使用 2008 年度有关财政票据。

五、清缴和清退收费工作结束后，交通规费征稽机构应按规定到原核发《收费许可证》的价格主管部门办理《收费许可证》注销手续，并到原核发财政票据的财政部门办理票据缴销手续。

六、各地要逐步有序取消政府还贷二级公路（含二级公路上的桥梁、隧道，下同）车辆通行费。对确定取消的政府还贷二级公路车辆通行费收费站点，要及时向社会公布具体位置和名称，接受社会监督。

七、今后除国家法律、行政法规和国务院规定外，任何地方、部门和单位均不得设立新的与公路、水路、城市道路维护建设以及机动车辆、船舶管理有关的行政事业性收费和政府性基金项目。各地区、各有关部门违反国家行政事业性收费、政府性基金审批管理规定，越权出台与公路、水路、城市道路维护建设以及机动车辆、船舶管理有关的收费基金项目均一律取消。

八、各地区、各有关部门和单位要严格执行本通知规定，认真落实公布取消的交通和车辆收费项目，不得以任何理由直接或变相拖延甚至拒绝执行。对不按规定取消或继续非法设立收费项目的，一律将其非法所得没收上缴中央国库，并追究有关人员的责任。

审计署关于印发加强和改进对地方审计工作指导意见的通知

（审办发〔2009〕10 号，2009 年 1 月 16 日）

各省、自治区、直辖市和计划单列市、新疆生产建设兵团审计厅（局），署机关各单位、各特派员办事处、各派出审计局：

《审计署关于加强和改进对地方审计工作指导的意见》已经审计长会议讨论通过，现印发给你们，请结合本地区、本单位实际贯彻落实。

审计署关于加强和改进对地方审计工作指导的意见

审计机关成立二十五年来，地方各级审计机关按照宪法和审计法的规定，围绕当地党委和政府工作中心，认真履行审计监督职责，不断提高审计质量和工作水平，有力地促进了地方政治、经济和社会发展。为了贯彻落实《审计署2008至2012年审计工作发展规划》的要求，提升审计监督的整体效能，推动审计事业全面、协调、可持续发展，充分发挥审计保障国家经济社会健康运行的"免疫系统"功能，根据审计法的有关规定，现就审计署进一步加强和改进对地方审计工作指导提出以下意见：

一、建立重要情况通报制度。及时向省级审计机关传达党中央、国务院及其领导同志对审计工作的重要指示，通报政治经济形势及审计工作指导思想、重大审计项目的组织实施、重要法规制度、重要审计情况等，促进地方审计机关及时了解把握国家大政方针和审计工作发展全局，增强宏观意识和大局意识，围绕地方经济工作中心，确定自身工作思路和重点，深入开展审计工作。（主要责任单位：办公厅）

二、继续实行署领导分片联系点和调研制度。署党组每年要作出计划，确定指导和调研的重点；署领导要确定重点联系省份，坚持深入基层开展定点调研，通报审计署重要审计信息，及时了解地方审计机关重要情况和主要困难，解决具体问题，分类进行指导；推进有关审计工作方针政策和审计业务规范的贯彻落实，总结和推广基层好的经验，带动面上工作；每次调研，要写出有指导性的调研报告。（主要责任单位：办公厅）

三、加强审计法律规范建设的协调指导。加强调查研究，总结地方审计立法经验，指导地方因地制宜开展审计立法工作。加强审计法律、法规的宣传和普及工作，推动地方审计机关认真贯彻审计法、审计法实施条例及国家审计准则；定期组织对地方审计机关执行审计准则情况进行调研，及时掌握情况，总结经验，以促进提高审计业务质量；有计划地组织对地方审计机关审计项目质量进行检查，推动省级审计机关开展本级和下一级审计机关审计项目质量检查工作；进一步规范地方优秀审计项目评选工作，完善评选办法和评分标准，适当扩大地方优秀和表彰审计项目数量，加强对优秀审计项目的总结、点评和宣传推广，注重发挥其典型示范效应。（主要责任单位：法规司）

四、加强计划指导，促进整合审计力量。每年年底审计署制定下一年度审计工作指导意见，提出下一年度审计重点，供地方审计机关制定项目计划时参考；审计署安排年度审计项目计划时，要加强与地方审计机关的沟通协调；加强对地方审计机关审计计划管理工作的指导，及时总结交流经验，促进提高计划管理水平；整合全国审计资源，按照自愿参加的原则，适当安排和组织地方审计机关参与署统一组织的审计或专项审计调查项目，注重从审计思路上加以引导，注重从宏观层面揭示和反映共性问题，并及时总结推广好的审计经验和做法；严格控制统一组织项目的审计质量，抓好审前调查、审计方案、审计取证、审计工作底稿、审计报告、审计处理、审计整改等关键环节的具体指导，加强督促检查。（主要责任单位：办公厅、各业务司）

五、加强和改进审计业务授权管理。在总结审计业务授权管理工作经验的基础上，制订《审计署管辖范围内审计事项授权地方审计机关审计管理办法》；要从有效利用审计资源和有利于加强审计监督出发，科学确定年度授权审计项目计划，每年组织地方审计机关实施行业性授权审计，注意上下结合，重点解决一些带有普遍性、倾向性的问题；地方审计机关要及时向审计署报告授权审计结果，审计署每年组织对授权审计项目计划执行情况、项目实施质量、审计成果等进行抽查考核，并通报抽查考核结果。（主要责任单位：办公厅、有关业务司）

六、加强经验总结推广。审计署各司局要结合自身业务特点，有针对性地加强对地方审计机关对口部门的业务指导和交流；要加强调研，注意研究发现新情况、新问题，通过不定期举办审计专业培训班和专题研讨班等方式，研究新课题，推广好的经验和做法，促进提升业务层次和水平；统一组织或指导开展项目审计或专项审计调查，适时提出指导意见，对地方审计机关提出的业务问题，要及时研究答复；逐步研究制定专项审计操作指南，编发典型审计案例，发挥示范、带动和规范作用；要把指导情况纳入司局年度工作考核。（主要责任单位：各业务司）

七、加大对地方审计人员的培训力度。研究制定地方审计机关在职人员培训考核办法，强化职业培训和考试，提高审计人员的职业胜任能力。五年内对省级审计机关厅局级领导干部、正处长和市县级审计机关“一把手”轮训一遍。积极组织省级审计机关厅级领导干部开展专题研讨，加强对地（市）、县级审计机关“一把手”的培训，重点培训工作思路、审计管理等方面内容，促进提高依法行政和审计管理能力，有针对性地加大对省级审计机关正处长的专业培训力度，重点培训审计技术与方法、审计质量控制、计算机应用等方面内容，提高审计业务能力。采取送教上门的方式，派出师资，结合地方审计机关实际开展有针对性的专题培训；加强对地方培训工作的指导，采取代培代训、以审代训等方式，培养地方审计机关师资力量，建立师资信息库；充分发挥网络培训的优势，突出重点内容，扩大培训的覆盖面；加大计算机中级培训的力度，为有能力举办中级培训的省级审计机关进行师资培训，提供技术支持；有计划地加强对西部地区审计干部的培训，在培训教材、师资及培训费用等方面予以倾斜。（主要责任单位：人教司、培训中心）

八、建立健全署与省级审计机关人员双向交流制度。逐步完善审计署和地方审计机关干部双向交流制度，审计署每年选派一定数量的副司级领导干部到省级审计机关挂职，省级审计机关每年选派一定数量的副厅级领导干部到审计署机关、派出机构挂职；每年从审计署和地方审计机关各挑选一定数量的处级干部派往对方单位挂职；在建立经常性工作指导和业务交流机制的基础上，有计划地安排地方审计机关业务骨干到审计署交流锻炼或参加署统一组织的审计项目，同时从审计署机关和派出机构选派骨干到地方审计机关挂职或参加地方的审计项目，加强业务指导和交流；组织协调东中西部地区审计机关形成对口支援的长效机制。要有重点地加大西部地区审计干部到审计署交流的力度，每年有计划地接受西部地区选送部分审计人员到审计署机关、派出机构实践锻炼，培养西部地区审计机关业务骨干。（主要责任单位：人教司、办公厅）

九、推动加快信息化建设步伐。对全国审计机关金审工程建设实行统一规划，统一标准，分步实施。通过制发工程申报文档样本、编制审计信息化建设指导书、工程建设指导意见等，从审计信息化的组织领导、工程规划、项目实施及管理等方面，为地方提供指导；积极努力创造条件，帮助地方审计机关解决审计信息化建设中的实际困难和问题，特别对西部等困难地区省级审计机关予以重点支持；审计署开发的软件允许地方审计机关免费使用；每年要组织对应用计算机审计技术中发现的重大典型案例进行交流推广，促进提高审计人员的实际运用能力。（主要责任单位：信息办、计算中心）

十、加强审计信息管理，建立信息共享机制。省级审计机关要及时向审计署报送业务综合报告，重大情况随时上报，按要求上报全年审计工作情况；署机关有关部门要进一步加强对审计情况的综合分析和研究，充分利用审计成果；注意掌握地方审计机关工作情况，加强反映和宣传，及时总结推广典型经验；审计署及派出机构到地方实施有关审计项目时，要与地方审计机关沟通，注意利用地方审计机关信息和成果，交流有关审计情况，取得地方帮助。同时注意加强对地方审计宣传工作的指导。（主要责任单位：办公厅、各业务司）

十一、加强地方审计机关领导班子建设和干部队伍建设。审计署会同中央有关部门研究和探索审计人员专业资格，研究制定审计机关审计人员专业资格准入条件；根据新的情况，会同有关部门完善对地方审计机关领导干部双重管理办法，按照干部管理权限加强对省级审计机关负责人的协管工作。审计署要加强与地方党委的沟通联系，及时掌握地方审计机关领导班子建设和干部队伍建设情况，全面了解掌握省级审计机关领导班子的配备情况；及时与地方党委政府沟通，根据实际情况，提出领导干部选拔任用的意见和建议；及时了解掌握地方审计机关在班子建设中遇到的问题和困难，积极协调沟通，努力提供帮助；注重对地方审计队伍建设、机关党的建设、廉政建设情况进行调研，针对存在的共性问题，从体制、政策、法规上提出切实可行的措施；研究制定县级审计机关“一把手”任职资格条件，为加强基层审计机关建设打好基础。（主要责任单位：人教司）

十二、组织各方面力量，加强审计理论研究。要重视并充分发挥地方审计机关和审计学会在审计理论研究中的作用，加强对审计理论研究工作的组织和指导，尤其要指导地方结合审计工作实际加强应用理论研究，重点加大信息技术应用研究力度，组织计算机审计方法体系的研发，同时大力开展绩效审计理论和应用研究，推动绩效审计工作取得新突破，增强理论研究的系统性、计划性和针对性，提高研究的质量和整体水平；进一步完善审计科研协作制度，加强署科研所与地方审计机关科研机构、地方科研机构之间以及审计科研与审计业务部门、审计学会之间的协作，推动审计科研部门与院校、其他理论研究机构的合作，使各方能够充分发挥自身优势，形成研究合力；逐步建立健全审计系统科研项目的立项与评审验收制度，加强对理论研究成果的考核与奖励；通过理论研讨会、专题论坛等形式，交流、总结和推广优秀理论研究成果。（主要责任单位：科研所、审计学会）

2015年审计署关于加强和改进对地方审计工作指导的意见

（审办发〔2015〕1号，2015年1月6日）

各省、自治区、直辖市和计划单列市、新疆生产建设兵团审计厅（局）：

为深入贯彻落实党的十八大、十八届三中、四中全会、中央经济工作会议精神和《国务院关于加强审计工作的意见》，加强对地方审计机关开展审计业务工作的指导，根据全国审计工作会议的部署，提出如下意见：

一、紧紧围绕中心工作，进一步突出审计重点

地方各级审计机关要始终坚持围绕党和国家中心工作，依法履行审计监督职责，围绕"反腐、改革、法治、发展"，坚持"两手抓"，进一步突出审计重点，加大审计力度，大力推进对公共资金、国有资产、国有资源、领导干部履行经济责任情况的审计监督全覆盖，更加有效地发挥审计的保障和监督作用。

（一）加大对中央重大政策措施落实情况的跟踪审计力度。要按照国务院要求，持续跟踪检查各级地方政府落实稳增长等政策措施情况，及时查处上有政策、下有对策，有令不行、有禁不止行为，充分发挥经济发展的"助推器"作用。要重点检查重大建设项目的进度是否符合要求，相关的财政资金、信贷资金是否保障到位并及时投入使用，关注政府各部门推进简政放权和承接上级政府下放的行政审批事项进展和效果情况，以及财税、金融、产业、外贸等政策落实情况。要切实反映本地区经济发展过程中存在的突出问题，深入分析问题产生的原因，提出具体可行的整改意见，推动政策措施贯彻落实到位。每季度要向本级政府和上级审计机关报告跟踪审计情况，重大事项随时报告。

（二）深化财政审计。要重点关注财政资金的存量和增量，促进盘活存量资金，优化增量支出结构，提高财政资金使用绩效。要持续跟踪审计地方政府性债务，注意反映和揭示新情况和新问题，促进国务院关于加强地方政府性债务管理意见的贯彻落实。重点检查进入竞争性领域财政资金的分配过程是否规范合法并逐步减少。加大对政府采购的审计监督力度，严肃查处采购过程中存在的违法违纪问题。加强政府收入征管审计，促进税收政策制度改革、规范非税收入征缴。关注地方招商引资优惠政策清理情况。围绕中央八项规定精神和国务院"约法三章"要求，加强"三公"经费、会议费使用和楼堂馆所建设等方面审计，特别是要关注清理办公用房中出现的空置和停止新建政府性楼堂馆所后出现的"烂尾楼"问题，关注有关"小金库"和"吃空饷"治理、机构设置、编制使用等相关规定的执行和清理情况。

（三）深入开展民生审计。民生审计要坚持纵向到底，循着资金流向走，从政策要求、预算安排、资金拨付一直追踪到项目、追踪到个人。要按照审计署的统一部署，继续做好城镇保障性安居工程跟踪审计，重点揭露和查处棚户区改造安置补偿、保障性住房分配、资金管理使用等方面存在的重大违法违纪问题，并跟踪检查以前年度发现问题整改情况；要预留时间和人力，于2015年8月至10月做好全国统一组织的基本养老保险基金审计，摸清基金筹集、管理、使用和保值增值等情况，揭示虚报冒领、挤占挪用、擅自降低收费和缴费基数等影响基金安全和可持续性的问题，关注影响养老保险制度公平性的问题，推动完善相关政策制度。在完成好上述任务的同时，各地应结合实际，关注"三农"、教育、医疗等民生资金和项目情况，推动惠民政策落实到位。

（四）加强经济责任审计。认真落实《党政主要领导干部和国有企业领导人员经济责任审计规定实施细则》，加强经济责任审计的组织领导机构建设，健全完善领导小组（联席会议）工作机制。要科学制定经济责任审计计划，一定要做到尽力而为、量力而行，确保质量、确保效果，坚决杜绝脱离本单位审计力量实际，只求数量，不顾审计质量的做法。建立年度经济责任审计计划向上一级审计机关报备制度。坚持任中与离任审计相结合，真正把对重点地区、重点部门、重点单位和关键岗位领导干部任期内至少审计一次的要求落到实处。全面推进党政主要领导干部同步审计。要准确把握审计重点，特别是要关注责任落实情况，客观公正、实事求是地作出评价，依法依规界定领导干部应当承担的直接责任、主管责任和领导责任。进一步强化审计结果运用，推进问责和责任追究机制的健全完善。

（五）深化政府重大投资项目审计。围绕优化经济发展空间布局、加快投资领域改革，关注政府投资的规划布局和投向结构情况，促进发挥政府对结构调整和经济发展的引导作用。加大对地方政府投资和承担偿债责任的高速公路、轨道交通、地下管网、道路桥梁等重大基础设施建设项目的审计监督，揭示粗放管理、乱铺摊子，以及重复建设和损失浪费等问题。强化对征地拆迁、工程招投标、设备材料采购、资金管理使用等重点环节的监督，查处工程建设领域的腐败问题。相关审计机关要继续做好四川芦山、云南彝良和鲁甸灾后重建等跟踪审计工作，加强三峡后续工作规划资金审计，做好援藏、援疆项目的审计，确保实现政策目标。投资审计要严格依法依规实施，各级审计机关不得介入投资项目的审批和管理环节。

（六）推进资源环境审计。要因地制宜，大力推进资源环境审计，促进依法有序和节约集约有效使用资源，推进生态文明建设。注重加强对土地、矿产等资源的审计，揭示土地出让收支管理、建设用地审批征收供应、耕地保护和矿业权审批、配置等方面存在的突出问题；加强对退耕还林、天然林保护、退牧还草等生态建设工程和大气、水、固体废弃物等污染治理项目的审计，查处工程建设、资金管理和政策落实中存在的违法违规问题。积极探索开展自然资源资产离任审计，深入研究自然资源资产离任审计的内容、重点和方法，为全面开展此项工作积累经验。积极推进资源环境审计与其他专业审计相结合，在各专业审计中密切关注资源环境审计内容，形成资源环境审计合力。

（七）加大对经济运行中风险隐患的揭示力度。要密切关注经济社会运行态势，增强敏锐性，注重揭示财政、金融、民生、资源环境等方面存在的薄弱环节和风险隐患，以及可能引发社会不稳定因素的苗头性、倾向性问题，积极提出解决问题和化解风险的建议。继续加大对地方金融机构的审计力度，关注政策执行、风险管控、信贷投向、不良贷款、互联网金融和潜在风险隐患等。严肃查处非法集资、违规放贷，以及债券市场和资本市场中的利益输送等重大违法违规问题，切实防范系统性、区域性金融风险。

（八）切实坚持“两手抓”。要始终坚持一手抓重大违法违纪、重大损失浪费、重大履职尽责不到位等问题的查处，一手抓促进深化改革、推进法治、提高绩效。各项审计都要把维护人民群众根本利益、推动依法治国、促进深化改革、推动政策落实、维护国家经济安全、推进反腐倡廉建设贯彻始终。要重点关注财政资金分配、重大项目审批、土地交易、重大物资采购、银行贷款发放、国有股权转让、矿产资源交易、医药购销等重点领域和关键环节，揭露以权谋私、失职渎职、贪污受贿、内幕交易等案件线索，严厉打击职务犯罪，惩治权力运行中的贪腐行为。对审计发现的重大问题要坚持查深查透，同时要结合审计发现的问题，注重从体制机制制度层面分析原因和提出建议，促进深化改革和创新体制机制。

二、切实采取有效措施，确保各项任务完成

（一）要认真学习领会、全面贯彻落实中央精神。各级审计机关要认真学习贯彻党的十八届四中全会精神和《国务院关于加强审计工作的意见》，把文件精神吃准、吃透、吃深，切实把思想统一到中央精神上来，把力量凝聚到实现中央部署的各项任务上来。要增强工作的积极性、主动性和创造性，立足改革创新，积极探索，按照中央要求，制定具体措施办法，形成贯彻落实中央精神的长效机制。要适应经济发展新常态，适应改革发展新要求，站在国家治理的高度谋划审计、实施审计，结合各地实际，认真做好本地区“十三五”审计工作发展规划的编制工作，研究制定本地区审计监督全覆盖的意见办法，认真履行法定职责，充分发挥国家审计的基石和重要保障作用。上级审计机关要加强对下级审计机关的领导、指导和考核，全面促进提升本地区审计监督水平。

（二）要努力提高工作效率。要加大审计项目计划统筹力度，利用好财政审计和经济责任审计平台，加大各领域审计项目的统筹整合力度。要优化人力资源配置，集中力量对重点问题、重点事项进行重点突破，特别是对涉及本地区的重大审计项目，要统一组织、上下联动、整体作战。积极推进有关部门单位向审计机关定期报送电子数据，加大数据的集中和关联分析力度，探索在审计实践中运用大数据思维、技术和方法的途径。积极推广“总体分析、系统研究、发现疑点、分散核实”的数字化审计方式，着力提高审计的准度和精度。积极创造条件开展联网审计，不断扩大审计监督覆盖面。全面运用审计计划统计管理软件，强化审计项目全过程跟踪管理和审计成果及时准确统计。

（三）要切实加强审计质量控制。各级审计机关要严格把好审计质量这条生命线，加强审计项目全过程的审计质量控制，进一步规范审计行为。要通过加强审计现场审核、审计报告审理和优秀审计项目评选等工作，强化对审计质量的监督检查，对出现重大审计质量问题的，要严格追究责任。各级审计机关的领导干部要充分认识加强审计质量控制的极端重要性，采取有效措施，切实加强审计质量控制工作，要高度重视审计法治工作和审理工作，配齐配强相关人员，审计法治工作机构和审理机构要严格履职尽责，严把审计质量关。

（四）要切实做到严格依法。各级审计机关既要按照宪法、审计法等法律赋予的职权，依法开展审计监督，坚持审计职责权限、审计程序、审计方式、审计标准和审计保障法定，特别是对审计发现的重大违法违纪问题，做到依法查处，决不手软，又要严格约束和规范自身行为，做到依法审计、文明审计。要在“促发展、促反腐”上积极主动发挥作用，正确把握和深入研究改革发展中出现的新情况新问题，历史地、辩证地、客观地看待经济运行中的一些问题，既不能以现在的规定制度去查处以前的老问题，也不能用过时的制度规定来衡量当前的创新事项。要严格按照法律法规和相关制度，规范聘请有关专家、技术人员、专业公司和事务所等购买社会服务的行为。要依法清理基层审计机关经费提成和设立专户的做法，对经费保障不到位的，要按照中央规定，积极向本级政府反映，列入本级财政预算予以保障。

（五）要积极推进审计结果公开。各级审计机关要从当地实际情况出发，完善审计结果公告制度，依法公开审计结果。要按照《国务院关于加强审计工作的意见》要求，建立整改检查跟踪机制，加大整改跟踪检查力度，必要时提请有关部门协助落实整改意见，督促被审计单位及时公告审计整改情况。要积极做好审计结果公告的解读工作，采取多种方式，及时回应社会关切，避免误读误解误判，为经济社会发展营造良好环境。

（六）要大力加强审计队伍建设。为更好地适应新要求，承担新使命，必须坚持以品德为核心、作风为基础、能力为重点、业绩为导向，从严管理审计队伍。要强化纪律建设，深入践行“责任、忠诚、清廉、依法、独立、奉献”的审计人员核心价值观，坚守党纪国法和道德品质“两条底线”，严格遵守政治纪律、组织纪律、保密纪律、廉政纪律、财经纪律和工作纪律，特别是要严防投资审计领域的廉政风险；要强化作风建设，深入落实习近平总书记关于“三严三实”的要求，下大力气整治“庸懒散”、“骄娇暮”，切实做到“实、高、新、严、细”；要强化能力建设，省级审计机关要采取多种方式，加强对市、县审计机关的人员培训和管理，不断提高审计人员的业务素质和政治素质，努力打造一支对党绝对忠诚、对法律绝对忠诚，敢于审计、善于审计，纪律严明、作风优良，勇于担当、无私无畏的审计铁军。

审计署
2015 年 1 月 6 日

审计署关于印发审计署管辖范围内审计事项授权地方审计机关审计的管理办法的通知

（审办发〔2009〕11 号，2009 年 1 月 16 日）

各省、自治区、直辖市和计划单列市、新疆生产建设兵团审计厅（局），署机关各单位、各特派员办事处、各派出审计局：

《审计署管辖范围内审计事项授权地方审计机关审计的管理办法》已经审计长会议讨论通过，现印发给你们，请遵照执行。

二〇〇九年一月十六日

审计署管辖范围内审计事项授权地方审计机关审计的管理办法

第一条 为了规范审计署审计管辖范围内的审计事项授权地方审计机关审计的管理工作，保证审计质量和成效，更好地发挥授权审计作用，根据《中华人民共和国审计法》第二十八条的有关规定，制定本办法。

第二条 审计署审计管辖范围内的审计事项授权地方审计机关审计的工作，实行统一管理、一年一定的办法。

第三条 安排授权审计项目（国外贷援款公证审计项目按已有规定执行，下同）计划，应当以整合审计资源、发挥审计机关的整体效能为目标，注重与审计署统一组织审计项目计划的配合和协调，逐步扩大审计监督覆盖面，加强对中央部门和企事业单位在基层的分支机构的审计监督。

第四条 审计署原则上只安排行业性授权审计项目，一般不对个别审计事项单独安排授权。

第五条 审计署审计管辖范围内的审计事项只授权省级审计机关（含新疆生产建设兵团、计划单列市审计局，下同），由省级审计机关直接实施或统一组织下级审计机关实施。省级审计机关对审计署负责并报告审计结果。

第六条 审计署在调查研究的基础上，于每年年底前提出次年授权审计项目安排意见，包括明确授权审计项目安排的指导思想、授权范围或行业、选定被审计单位的原则和要求等。省级审计机关根据授权审计项目安排意见，本着自愿原则，选定审计项目，向审计署提交授权审计项目立项申请书（格式见附件），说明选定的审计项目基本情况，立项理由，审计目标，审计内容、范围和重点，以及审计的组织分工等事项。

第七条 审计署收到省级审计机关申请授权的文件后，由办公厅统一汇总，进行综合平衡，并征求相关业务司、派出机构意见，形成授权审计项目计划草案，报审计长会议研究审定后，正式下达给省级审计机关执行。

第八条 授权审计项目计划一经下达，地方审计机关必须确保在当年完成，并在计划规定的期限向审计署报告审计结果。因特殊原因当年无法完成的，应当及时向审计署申请调减计划。

第九条 省级审计机关统一组织下级审计机关实施授权审计项目时，应当由省级审计机关制发审计工作方案，签发审计通知书，提出审计报告，出具审计移送处理书，作出审计决定。省级审计机关的法制工作机构应当对相关审计文书进行复核，提出复核意见。审计工作方案应当抄报审计署。

第十条 地方审计机关在实施授权审计项目过程中，应当严格执行审计法、相关审计准则和审计署关于审计质量控制的规定，规范审计行为，确保审计质量。审计查出被审计单位违反国家规定的财政收支、财务收支行为，应当严格依法进行处理处罚。在对违反国家规定的财政收支、财务收支行为的定性和处理处罚上，遇有政策界限不清，或与被审计单位有重大意见分歧的，省级审计机关应当报告审计署，由审计署有关职能机构研究提出意见。

第十一条 在实施授权审计项目过程中，发现有下列问题之一的，省级审计机关应当以《重要审计情况》及时向审计署报告，由审计署转送有关部门查处，或由审计署以《审计要情》、《重要信息要目》等形式上报：

（一）因决策失误、失职渎职、管理不善造成国有资金、资产损失金额较大；

（二）厅（局）级以上领导干部涉嫌严重违法犯罪，涉案金额较大；

（三）影响国家重要宏观政策执行的重大问题，涉及金额较大；

（四）其他性质特别恶劣，金额巨大的严重违法违规问题或案件。

第十二条 省级审计机关制发授权审计项目的审计报告、审计决定书及审计移送处理书时，应当抄报审计署并抄送审计署有审计管辖权的派出机构。审计终结后，对涉及多个被审计单位的行业性授权审计项目，省级审计机关应当及时汇总审计成果，编制授权审计综合报告报送审计署。

第十三条 对于未按上述要求报送包括不报送审计文书的审计机关，审计署将视情况作出处理，直至取消其承办授权事项的资格。

第十四条 授权审计项目的审计档案由省级审计机关统一保存并归档。

第十五条 授权审计项目可以参加审计署组织的地方优秀审计项目评选。

第十六条 审计署每年组织对授权审计项目计划执行、项目实施质量、审计成果等情况进行考核和抽查，并通报考核和抽查结果。

第十七条 在实施授权审计项目过程中，地方审计机关应当严格遵守审计工作纪律和各项廉政规定。发生以审计权力谋取单位和个人私利问题的，审计署暂停对其授权、限期整改并依法依纪作出相应处理。因审计人员失职、渎职等行为造成审计项目重大质量问题的，依法追究有关领导和直接责任人员的责任。

第十八条 本办法由审计署负责解释。

第十九条 本办法自发布之日起执行。《中央审计项目授权地方审计机关审计管理办法》(审办发〔2005〕34号)同时废止。

附件:授权审计项目立项申请书(略)

政府投资项目审计规定

(审投发〔2010〕173号,2011年1月14日)

第一条 为进一步加强政府投资项目审计工作,规范政府投资项目审计行为,提升政府投资审计质量和成效,充分发挥审计保障国家经济社会健康运行的"免疫系统"功能,根据《中华人民共和国审计法》、《中华人民共和国审计法实施条例》和《中华人民共和国国家审计准则》等有关法律法规,制定本规定。

第二条 审计机关对政府投资和以政府投资为主的项目实施的审计和专项审计调查适用本规定。

第三条 审计机关依据《中华人民共和国审计法》和《中华人民共和国审计法实施条例》以及本级人民政府规定,确定政府投资项目审计的对象、范围和内容。

第四条 审计机关应当根据法律、法规、规章的规定和本级人民政府的要求以及上级审计机关的工作安排,按照全面审计、突出重点、合理安排、确保质量的原则,确定年度政府投资审计项目计划。

各级政府及其发展改革部门审批的政府重点投资项目,应当作为政府投资审计重点。

审计机关按照确定的审计管辖范围开展政府投资项目审计,防止不必要的重复审计。

第五条 审计机关对政府重点投资项目以及涉及公共利益和民生的城市基础设施、保障性住房、学校、医院等工程,应当有重点地对其建设和管理情况实施跟踪审计。

第六条 审计机关对政府投资项目重点审计以下内容:

(一)履行基本建设程序情况;

(二)投资控制和资金管理使用情况;

(三)项目建设管理情况;

(四)有关政策措施执行和规划实施情况;

(五)工程质量情况;

(六)设备、物资和材料采购情况;

(七)土地利用和征地拆迁情况;

(八)环境保护情况;

(九)工程造价情况;

(十)投资绩效情况;

(十一)其他需要重点审计的内容。

除重点审计上述内容外,还应当关注项目决策程序是否合规,有无因决策失误和重复建设造成重大损失浪费等问题;应当注重揭示和查处工程建设领域中的重大违法违规问题和经济犯罪线索,促进反腐倡廉建设;应当注重揭示投资管理体制、机制和制度方面的问题。

第七条 审计机关在真实性、合法性审计的基础上,应当更加注重检查和评价政府投资项目的绩效,逐步做到所有审计的政府重点投资项目都开展绩效审计。

第八条 对政府投入大、社会关注度高的重点投资项目竣工决算前,审计机关应当先进行审计。

审计机关应当提高工程造价审计质量,对审计发现的多计工程价款等问题,应当责令建设单位与设计、施工、监理、供货等单位据实结算。

第九条 审计机关对列入年度审计计划的竣工决算审计项目,一般应当在审计通知书确定的审计实施日起3个月内出具审计报告。确需延长审计期限时,应当报经审计计划下达机关批准。

第十条 审计机关开展政府投资项目审计,应当确定项目法人单位或其授权委托进行建设管理的单位为被审计单位。在审计通知书中应当明确,实施审计中将对与项目直接有关的设计、施工、监理、供货等单位取得项目资金的真实性、合法性进行调查。

采取跟踪审计方式实施审计的，审计通知书应当列明跟踪审计的具体方式和要求。

第十一条 审计机关在法定职权范围内对审计发现的违法违规问题进行处理处罚；对审计发现的需要追究有关人员责任的违法违纪案件线索，应当及时移送司法机关或纪检监察等机关处理；对不属于审计管辖范围内的、应当依法由其他有关部门纠正、处理处罚的事项，应当移送有关部门处理。

办理审计移送事项时，应当按规定移交相关证据材料。

审计机关应当进一步建立健全审计机关与纪检监察机关和司法机关的案件线索移送、协查和信息共享的协调沟通机制，发挥监督合力。

第十二条 审计机关应当及时向本级人民政府报告重点投资项目审计结果，并通报有关部门。政府投资项目审计中发现的重大问题，应当纳入本级预算执行审计结果报告。

审计机关在审计中发现有关部门履行职责不到位、政策法规不完善等问题，应当及时向本级人民政府或有关主管部门提出建议。

第十三条 审计机关实施政府投资项目审计，遇有相关专业知识局限等情况时，可以聘请符合审计职业要求的外部人员参加审计项目或者提供技术支持、专业咨询、专业鉴定。

审计机关应当制定有关聘请外部人员的工作规范，加强对聘请外部人员工作的督导和业务复核，保证审计质量。

审计机关聘请的外部人员在政府投资项目审计中违反有关法律法规规定的，审计机关应当停止其承担的工作，追究违约责任，移送有关部门处理；涉嫌犯罪的，移送司法机关追究刑事责任。

第十四条 审计机关应当根据《中华人民共和国国家审计准则》，建立健全政府投资项目审计质量控制制度，实行审计组成员、审计组主审、审计组组长、审计机关业务部门、审理机构、总审计师和审计机关负责人对审计业务的分级质量控制，作出恰当的审计结论，依法进行处理处罚，防范审计风险。

第十五条 审计机关应当建立健全政府投资项目审计整改检查机制，督促被审计单位和其他有关单位根据审计结果进行整改。审计组在审计实施过程中，应当及时督促被审计单位整改审计发现的问题。

对于跟踪审计项目，审计机关应当将上次审计查出问题的整改情况作为审计的重要内容。

第十六条 审计机关应当依法实行公告制度，及时客观公正地向社会公告政府投资项目审计结果及整改情况；逐步实现所有政府重点投资项目审计结果及整改情况，除涉及国家秘密和商业秘密外，都按程序全面、如实向社会公告。

第十七条 审计机关应当充分运用信息化手段开展政府投资项目审计工作，努力搭建管理平台，逐步建立政府投资项目审计数据库，加快方法体系建设，扩大工程造价软件在竣工决算审计中的应用，并探索信息化条件下的联网审计，提高政府投资项目审计管理水平和效率。

第十八条 上级审计机关应当加强对下级审计机关政府投资项目审计工作的业务领导，及时总结和推广好的经验与做法，研究制定政府投资项目审计业务规范，提高规范化水平。

下一级审计机关应当按规定向上一级审计机关报告政府重点投资项目审计结果。

第十九条 审计机关应当重视和加强投资审计队伍建设，积极引进符合条件的投资审计相关专业人才，培养投资审计业务骨干人才和领军人才，改善投资审计队伍的专业结构，逐步提高投资审计人员的整体素质，使投资审计人员具备与政府投资项目审计工作相适应的专业知识、业务能力和实践经验，为投资审计发展提供人才保障。

第二十条 审计机关应当加强对投资审计人员的职业道德和廉政纪律教育，针对投资审计工作容易出现廉政风险的环节，加强内部控制，强化管理，确保严格执行审计纪律，维护审计机关廉洁从审的良好形象。

第二十一条 地方审计机关可以根据《中华人民共和国审计法》和《中华人民共和国审计法实施条例》，结合本地实际，制定地方政府投资项目审计的实施细则。

第二十二条 审计机关对国有资本占控股地位或者主导地位的企业和国家事业组织投资的项目审计，参照本规定执行。

第二十三条 本规定由审计署负责解释，自发布之日起施行。2006 年 1 月 20 日颁布的《政府投资项目审计管理办法》同时废止。

财政部、审计署关于印发《中央财政对地方审计专项补助经费管理暂行办法》的通知

(财行〔2011〕1号,2011年1月28日)

各省、自治区、直辖市、计划单列市财政厅(局)、审计厅(局):

为规范和加强中央财政对地方审计专项补助经费的使用和管理,提高财政资金使用效益,财政部、审计署联合制定了《中央财政对地方审计专项补助经费管理暂行办法》,现印发给你们,请遵照执行。

附件:中央财政对地方审计专项补助经费管理暂行办法

财政部　审计署

二〇一一年一月二十八日

附件:

中央财政对地方审计专项补助经费管理暂行办法

第一章　总　　则

第一条　为了规范中央财政对地方审计专项补助经费(以下简称审计专项补助经费)的管理,提高财政资金的使用效益,根据《中华人民共和国预算法》和《中央对地方专项拨款管理办法》(财预〔2000〕128号)等有关规定,制定本办法。

第二条　本办法所称审计专项补助经费,是指中央财政为保证地方审计机关完成审计署统一组织或者授权审计项目、支持中西部地区审计机关审计信息系统运行维护、审计人员培训以及缓解中西部地区基层审计机关经费困难等而设立的专项转移支付补助经费。

第三条　审计专项补助经费的使用坚持统一管理、专项申请、逐年核定、专款专用的原则。

审计专项补助经费由中央财政统一管理,各省、自治区、直辖市、计划单列市(以下统称各省)财政部门和审计机关按照工作任务和工作计划,提出专项经费申请,中央财政审核下达。专项经费一经下达,任何单位和个人不得挤占、挪用或者抵顶地方财政部门安排的其他审计工作经费。

第二章　管理机构及职责

第四条　财政部是审计专项补助经费的主管部门,其主要职责是:

(一)会同审计署制定审计专项补助经费管理办法;

(二)会同审计署审核各省上报的审计专项补助经费预算申请;

(三)按照因素法审核下达审计专项补助经费;

(四)会同有关部门对各省审计专项补助经费的使用情况进行监督检查。

第五条　审计署协助财政部分配和管理审计专项补助经费,其主要职责是:

(一)审核地方审计机关承担审计署统一组织的审计项目或者授权审计项目的项目数量,并提供相关因素;

(二)会同财政部对各省审计专项补助经费的使用情况进行监督检查。

第六条　各省财政部门负责本省审计专项补助经费的审核、申请、划拨和监管工作,其主要职责是:

(一)根据有关规定,会同审计机关制定本地区审计专项补助经费管理细则;

(二)会同审计机关审核本地区审计专项补助经费预算,并向财政部提出预算申请;

（三）负责本地区审计专项补助经费的划拨和监督检查。

第七条　各省审计机关具体负责审计专项补助经费预算的编制工作，并监督下级审计机关做好审计专项补助经费的使用和管理工作。

第三章　补助经费使用范围

第八条　审计专项补助经费的使用范围是：

（一）审计署统一组织或者授权审计项目补助；

（二）中西部地区审计机关审计信息系统运行维护补助；

（三）中西部地区审计人员培训补助；

（四）中西部地区审计机关困难补助。

第九条　审计署统一组织或者授权审计项目补助，是指对地方审计机关参与审计署统一组织审计项目或者授权审计项目（不含国际金融组织和外国政府贷款、赠款项目公证审计）所支付费用的专项补助。

第十条　中西部地区审计机关审计信息系统运行维护补助，是指对中西部地区审计机关信息资产和信息系统运行维护费用的专项补助。

第十一条　中西部地区审计人员培训补助，是指对中西部地区审计机关开展业务培训所需费用的专项补助。

第十二条　中西部地区审计机关困难补助，是指对困难地区审计机关开展日常审计工作所需经费的专项补助。

第四章　经费分配方法

第十三条　审计专项补助经费按照因素法进行分配。

第十四条　审计署统一组织或者授权审计项目补助经费按照工作量、工作成本、工作实绩和其他因素进行分配。

（一）工作量因素，主要是指地方审计机关完成审计署统一组织审计项目和授权审计项目所需的工作量，包括：项目数量、项目金额、审计人员人数、外聘专家人数和实际工作天数。

（二）工作成本因素，主要是指本地区差旅费标准以及当地物价水平。

（三）工作实绩因素，主要是指上年审计项目的实际完成情况，包括：审计的质量和完成的时间等。

（四）其他因素，主要是指地方财力状况，上年度专款安排情况、专款到位率、专款使用效益等专款使用情况的报告。

第十五条　中西部地区审计机关审计信息系统运行维护补助经费按照补助范围内审计机关数量、审计信息系统建设规模情况、物价、财力和其他因素进行分配。

（一）审计机关数量因素，主要是指地市级审计机关和区县级审计机关的数量。

（二）信息系统建设规模因素，主要是指信息系统建设情况、资产规模情况和运行维护支出情况。

（三）物价因素，主要是指当地的物价水平情况。

（四）财力因素，主要是指地方财力状况和人均财力状况。

（五）其他因素，主要是指上年度专款安排情况、专款到位率、专款使用效益等专款使用情况的报告。

第十六条　中西部地区审计人员培训补助经费按照补助范围内审计机关人员情况、培训计划、物价、财力和其他因素进行分配。

（一）审计机关人员因素，主要是指审计机关数量和审计机关编制内实有人数等。

（二）培训计划因素，主要是指培训规模、人数、天数、聘请教师人数等。

（三）物价因素，主要是指当地的物价水平情况。

（四）财力因素，主要是指地方财力状况和人均财力状况。

（五）其他因素，主要是指上年度专款安排情况、专款到位率、专款使用效益等专款使用情况的报告。

第十七条　中西部地区审计机关困难补助经费按照各地审计机关办公条件、人员、财力和其他因素进行分配。

（一）审计机关办公条件因素，主要是指县级审计机关办公楼建设使用情况、办公设备配置使用情况和交通工具配备使用情况等。

（二）审计机关人员因素，主要是指县级审计机关编制内实有人数等。

（三）财力因素，主要是指地方财力状况和人均财力状况。

（四）其他因素，主要是指自然灾害、突发事件，上年度专款安排情况、专款到位率、专款使用效益等专款使用情况的报

第五章　经费的申报与下达

第十八条　各省财政部门根据对本地区审计专项补助经费的审核情况，于每年3月31日前向财政部报送申请报告，并抄送审计署。

申请报告的主要内容包括：申请理由、测算依据、经费的使用方向以及需由地方提供的相关因素和上年度专款使用情况的报告等。

第十九条　审计署对地方审计机关承担审计署统一组织的审计项目或者授权审计项目的项目数量、信息资产情况、人员培训情况以及困难地区审计机关情况进行审核汇总，并于4月15日前将审核汇总结果报送财政部。

第二十条　财政部对审计署报送的审核汇总结果和各省上报的审计专项补助经费预算审核确定后，于6月30日前通过财政专项转移支付方式下达。

第二十一条　各省财政部门接到财政部下达的审计专项补助经费分配通知后，会同省级审计机关合理安排审计专项补助经费支出，并于7月31日前拨付和下达。

第二十二条　各省审计专项补助经费当年使用出现结转资金的，按照规定结转下年继续使用。

第六章　经费的监督管理

第二十三条　地方审计机关使用审计专项补助经费，必须接受省级以上财政部门、审计机关的监督检查。

第二十四条　各省财政部门对本地区审计专项补助经费的使用情况进行监督检查，并将监督检查结果报送财政部和审计署。中央财政以此作为考核各省审计专项补助经费管理工作的重要内容和安排下一年度审计专项补助经费的参考依据。对未按照规定报送使用情况的省份，暂缓下一年度审计专项补助经费的安排和拨付。

第二十五条　对弄虚作假骗取审计专项补助经费，以及截留、挤占、挪用审计专项补助经费等违法行为，依照《财政违法行为处罚处分条例》等国家有关规定追究法律责任。

第七章　附　　则

第二十六条　本办法由财政部、审计署负责解释。

第二十七条　本办法自颁布之日起实施。

中国保险监督管理委员会关于实施《保险稽查审计指引》有关事项的通知

（保监稽查〔2012〕370号，2012年4月1日）

各保险公司、保险资产管理公司：

为规范保险稽查审计工作，提升稽查审计人员的能力和水平，我会印发了《保险稽查审计指引》（以下简称《指引》），作为保险机构内部稽核审计工作的基本规范。现将实施《指引》有关事项通知如下：

一、各公司要高度重视《指引》的实施工作，认真做好《指引》的学习、培训和执行等贯彻落实工作。

二、各公司要结合实际，充分考虑公司的性质、规模和特征等情况，从完善规章制度、理顺体制机制等方

面入手，将《指引》的有关内容切实转化为公司的内控制度。

三、各公司要积极推进稽核审计信息化建设，按照《指引》有关保险稽查审计工作理念、流程、方法和标准，建立健全稽核审计信息系统，不断提升稽核审计工作的信息化水平。

四、各集团公司、总公司要切实强化对子公司、下级机构稽核审计工作的管控，并以贯彻落实《指引》为契机，做好内部稽核审计责任追究制度的完善及执行工作。

五、《指引》各手册自颁布之日起实施。各公司稽核审计工作内部流程、制度规范达不到《指引》相关手册标准的，应当在各手册颁布后6个月内完成制度完善相关工作，确保最迟于手册颁布半年后达到标准。

《指引》执行中如有任何问题，请及时与我会联系。

联系人：宣伟

联系电话：010-66286380

中国保险监督管理委员会

二〇一二年四月一日

中国保监会关于印发《保险公司董事及高级管理人员审计管理办法》的通知

（保监发〔2010〕78号，2010年9月2日）

各保险公司、各保监局：

为加强对保险公司董事及高级管理人员的监督管理，促进保险公司建立健全风险防范机制，规范相关审计工作，我会制定了《保险公司董事及高级管理人员审计管理办法》，现予印发，请遵照执行。

中国保险监督管理委员会

二〇一〇年九月二日

保险公司董事及高级管理人员审计管理办法

第一章 总 则

第一条 为加强保险公司董事及高级管理人员的监督管理，促进保险公司建立健全风险防范机制，规范相关审计工作，根据《中华人民共和国保险法》和其他规定，制定本办法。

第二条 本办法所称董事及高级管理人员审计，是指对保险公司董事及高级管理人员在任职期间所进行的经营管理活动进行审计检查，客观评价其依据职责所应承担责任的审计活动。包括任中审计、离任审计和专项审计。

任中审计是指按照规定的间隔期限，对在任董事及高级管理人员进行的阶段性审计。

离任审计是指对因任期届满、工作调动、辞职、免职、撤职、退休等原因离开工作岗位的董事及高级管理人员，对其在本岗位任职期间的职务行为进行的评价性审计。

专项审计是指因公司出现重大违规、财务异常或舞弊等情形，对可能负有责任的董事及高级管理人员进行的特定审计。

第三条 保险公司董事及高级管理人员审计对象包括下列人员：

（一）董事长及其他执行董事；

(二)总公司管理层成员;
(三)省级分公司总经理、副总经理、总经理助理;
(四)分公司或中心支公司总经理;
(五)具有与上述人员相同职权的其他人员。

鼓励保险公司按照本办法的规定,对其他高级管理人员或关键岗位管理人员进行审计。

第四条 保险公司董事及高级管理人员审计内容主要包括审计对象在特定期间及职权范围内对以下事项所承担的责任:

(一)经营成果真实性;
(二)经营行为合规性;
(三)内部控制有效性。

鼓励保险公司在完成以上审计内容的同时,对审计对象进行经营决策科学性和经营绩效评价。

第五条 保险公司应当根据本办法要求,制定本公司董事及高级管理人员审计实施细则,加强董事及高级管理人员审计规划,合理配置审计资源,避免重复审计和审计遗漏。

保险公司应当将审计结果与董事及高级管理人员的考核、任用、奖惩挂钩,提高审计工作的权威性。

第二章 审计的组织与实施

第六条 对保险公司董事长、总经理和审计责任人进行审计,应当聘请外部审计机构实施。其中,对保险集团公司下属保险子公司和保险资产管理公司董事长和总经理进行审计的,可以由其集团公司审计部门组织实施。

对其他高级管理人员进行审计,由保险公司内部审计部门或外部审计机构组织实施。

未实行审计集中制的保险公司,应当按照下审一级的原则确定具体审计机构和人员。

第七条 实施保险公司董事及高级管理人员审计的外部审计机构应当由保险公司董事会负责选聘。董事会审计委员会应当对外部审计机构的独立性出具书面意见。

第八条 受聘进行保险公司董事及高级管理人员审计的外部审计机构应当具备以下条件:

(一)具备足够数量熟悉保险业务和保险监管规定、胜任该项审计工作的专业人员;
(二)与审计对象没有利害关系;
(三)有良好的职业声誉,最近3年未因执业行为受到处罚;
(四)中国保监会规定的其他条件。

第九条 保险公司应当制定董事及高级管理人员任中审计年度计划。对高管人员实施任中审计的间隔时间不得超过三年。

离任审计应当根据人员变动情况及时进行,原则上实行先审计后离任的原则。确有理由不能事先审计的,应当在审计对象离任3个月内完成审计并出具审计报告。聘用外部审计机构进行审计的,可适当延长审计时间,但最长不得超过6个月。

专项审计由公司根据实际情况确定审计时间和时限。

第十条 保险公司董事及高级管理人员在任中审计现场部分结束后3个月内出现需要进行离任审计情形的,可以不再单独组织实施离任审计。

对保险公司董事及高级管理人员进行审计时,其他审计项目已经审计过的内容,原则上可以借鉴其审计结论,不再重复审计,但有线索表明原有审计工作可能存在瑕疵的除外。

第三章 审计报告

第十一条 审计结束后,审计机构应当出具董事及高级管理人员审计报告。审计报告包括以下内容:

(一)审计依据、审计对象及其职责范围、审计人员;
(二)审计的范围、内容、方法;
(三)审计结果,主要指审计发现的问题及责任界定。

审计机构出具审计报告之前,应当征求审计对象的意见。审计对象的反馈意见作为审计报告的附件。

审计机构应当对审计报告的真实性、合法性和客观性负责。

第十二条 保险公司董事及高级管理人员审计报告应当区分审计对象的直接责任和领导责任。

直接责任是指审计对象对其职权范围内发生下列行为时应承担的责任：

（一）直接实施违反国家法律法规、监管规定及保险公司内部管理规定行为的；

（二）强令、指使、授意、纵容、包庇下属人员实施上述行为的；

（三）失职、渎职的；

（四）其他直接违法违规行为。

领导责任是指审计对象在其任期内对其职权范围内负有直接责任以外的管理责任。

第十三条 对总公司董事长和管理层成员的审计报告，应当按照规定程序和时限提交公司董事会，并同时提交监事会。审计报告经董事会审议后，在20个工作日内报中国保监会。

其他高级管理人员审计报告应当按照《关于向保监会派出机构报送保险公司分支机构内部审计报告有关事项的通知》（保监发〔2008〕56号）规定的程序和时限报所在地保监局。

第十四条 保险公司应当将董事及高级管理人员审计报告列入审计对象的人事信息管理，作为对其考核、任用、奖惩的重要依据。

对审计发现的问题，保险公司应当按规定程序追究相关责任人的责任，及时组织整改。

第十五条 中国保监会及其派出机构应当将保险公司董事及高级管理人员审计报告纳入高级管理人员信息系统进行归档管理。

中国保监会及其派出机构在董事及高级管理人员任职资格审查时，可以要求其原任职保险公司提交最近任职岗位的离任报告，也可以参考其过往任职期间审计报告的审计结论。

第四章 法律责任

第十六条 保险公司、外部审计机构及相关人员在进行董事及高级管理人员审计过程中，不得有下列行为：

（一）保险公司未按照本办法规定的范围、时限和要求，对保险公司董事及高级管理人员进行审计，并向中国保监会或其派出机构提交审计报告；

（二）保险公司向中国保监会或其派出机构报送的审计报告及相关材料存在虚假陈述，或者故意隐瞒或遗漏审计发现问题；

（三）中国保监会或其派出机构在任职资格审查时，要求被审查高管人员的原任职保险公司提交离任审计报告，原任职保险公司未按期提交或提交虚假报告；

（四）审计人员在审计过程中，因故意或重大过失，导致审计对象的重大责任未被发现，或者故意隐瞒审计发现的问题；

（五）审计对象及其所在保险机构拒绝、阻碍审计，或者转移、隐匿、伪造、毁弃审计所需的资料或者证明材料，或者打击报复审计工作人员、检举人、证明人或者资料提供人。

保险公司及相关人员发生上述行为之一的，由中国保监会或其派出机构依照《保险法》第一百七十一条、第一百七十三条及其他监管规定予以处罚。

外部审计机构发生前款第（四）项所列情形的，中国保监会或其派出机构可以向其主管部门予以通报，并在行业内公布该审计机构名称，其他保险公司不得委托该审计机构实施审计。

第十七条 对于审计报告揭示的违反监管规定的问题，或者认为保险公司提交的审计报告未真实反映被审计对象问题的，中国保监会或其派出机构可以采取以下方式予以查明：

（一）要求审计机构进行说明；

（二）听取审计对象的陈述；

（三）委托外部审计机构进行复核审计，审计费用由保险公司承担；

（四）立案调查。

第十八条 对于审计报告揭示的违反监管规定的问题，中国保监会及其派出机构可以在调查取证后，依照《行政处罚法》的相关规定，采取以下方式处理：

（一）违规行为较轻，没有造成危害的，免于处罚；

（二）保险公司整改及时，处理到位，主动消除或者减轻违规行为危害后果的，可酌情减轻或免于处罚；

（三）配合监管机构查处违规行为有立功表现的，从轻或者减轻处罚；

（四）对审计发现问题不追究责任或不认真组织整改的，依法从重处罚。

第五章 附 则

第十九条 保险集团公司和保险资产管理公司适用本办法。

外国保险公司分公司适用本办法，但涉及董事会或董事长的有关规定除外。

第二十条 本办法自 2011 年 1 月 1 日起施行。

保监会就《保险公司董事及高级管理人员审计管理办法》答记者问

近日，《保险公司董事及高级管理人员审计管理办法》（以下简称《审计办法》）发布，并将于 2011 年 1 月 1 日起施行。日前，中国保监会有关部门负责人就《审计办法》回答了记者提问。

问：《审计办法》出台的背景和目的是什么？

近年来，随着保险监管的深入，全行业越来越充分认识到，加强对保险公司董事和高管人员履职过程的监管，真正“管住人”，是落实监管措施、实现有效监管的关键和重点。建立高管审计制度是加强高管人员监管的必要措施。从全行业目前实际看，大部分公司对高管人员都建立了审计制度，也开展了离任审计等工作，但普遍存在不规范问题。各公司对高管审计的范围、频率、内容和组织方式各不相同，审计结果的运用也不统一，客观上影响了审计工作的效果。此外，部分保险公司总公司的董事长、执行董事和高管人员长期任职但从未进行过有针对性的审计，也存在一定的制度空白。制定《审计办法》，目的正在于规范和统一对各公司高管审计的范围、程序和内容，并对审计结果如何运用进行统一要求。通过内外部审计的方式，建立保险公司董事和高管人员的履职监督机制。

同时，我们也想通过《审计办法》的发布，加强对保险公司内部审计活动的监督。通过对保险公司内部审计的监管，督促其建立有效的内部监督机制，既是国内外的金融监管的普遍实践，也是国际规则的基本要求。国际保险监督官协会《保险监管核心原则》明确规定，“监管机构应当要求保险公司建立与其业务性质和规模相适应的内部审计体系”，“监管机构应当对内部审计的健全性和有效性进行审核，应当能够查阅保险公司内部审计报告”。2007 年，我会借鉴《核心原则》，制定了《保险公司内部审计指引》，要求保险公司按照现代公司治理的要求，建立健全内部审计体系。《审计办法》是在《指引》的体制框架之下，对公司重要审计业务活动进行指导，是对《指引》有关原则规定的延伸和细化，目的在于加强对内部审计的监督，进一步做实内部审计，促使其更有效地发挥辅助监管的作用。

问：高管人员审计和通常所说的经济责任审计有什么区别？

根据国家有关规定，经济责任审计主要是从党管干部或者国有资产管理的角度，由国有出资人对国资经营者进行经营绩效评判而实行的审计，着重强调经营决策科学性和经营绩效评价，只针对国有企业的主要负责同志。《审计办法》规定的高管人员审计，则是从监管的角度，根据监管的目标，对各种所有制形式的保险公司的经营成果真实性、经营行为合规性以及内部控制有效性等内容进行审计。两者在性质、目的、内容等方面都有很大区别。对于既要实施高管人员审计，又要实施主要负责人的经济责任审计的国有保险公司，为了避免重复审计造成资源浪费，《审计办法》规定对于可能重叠的具体审计内容，高管审计可以借鉴包括经济责任审计在内的其他审计的有效结论。

问：《审计办法》规定的审计对象和内容是什么？

为加强对重点监管对象的监管，《审计办法》规定，审计对象包括四个层次，一是保险公司董事长及其他执行董事。二是管理层成员。三是省级分公司总经理、副总经理和总经理助理。四是分公司或中心支公司总经理，以及具有与上述人员相同职权的其他人员。对于《保险公司董事及高管人员任职资格管理办法》规定的中心支公司副总经理、总经理助理及营销服务部负责人等其他高管人员，我们考虑这类基层负责人员数量庞大，如果全部要求进行审计，公司负担过重，而且审计部门对其上级进行审计时，一般也会涉及到这些人员，因此《审计办法》没有将其纳入审计对象范围。同时，根据公司自身实际需要，《审计办法》鼓励保险公司将其他高管人员纳入审计对象，按照本《办法》进行审计。

基于加强监管的目的，《审计办法》规定的审计内容主要包括，审计对象在特定期间及其职权范围内对公司经营成果真实性、经营行为合规性和内部控制有效性。我们认为，这三项是从监管角度评价和考察一个高管人员的主要方面。

问：在什么情况下保险公司需要对董事及高管人员实施审计？

《审计办法》规定的保险公司董事及高管人员审计包括任中审计、离任审计和专项审计三大类。对于在一个岗位长期任职的高管人员，《审计办法》规定保险公司应当实施任中审计，任中审计的间隔不得超过三年。这个规定的目的在于给董事及高管人员一个明确的接受审计的预期，减少其违规经营的侥幸心理。凡因任期届满、工作调动、辞职、免职、撤职、退休等原因离开工作岗位的董事及高管人员，都要实施离任审计。鉴于离任审计报告是保险公司董事及高管人员任职资格审查的重要参考材料，而这一报告由离职人员原任职单位出具，为避免原任职单位故意拖延审计进程，同时防止董事及高管人员带"病"离职，《审计办法》规定离任审计应当根据人员变动情况及时进行，原则上实行先审计后离任，对确有理由不能事先审计的，应当在离任后3个月内完成审计并出具审计报告。对于因公司出现重大违规、财务异常或舞弊等情形，对可能负有责任的董事及高管人员，可以实施专项审计。

问：董事及高管人员审计的审计主体如何确定？

董事长和总经理是公司的主要负责人，审计责任人是公司的主要监督职责履行者，如何加强对他们的审计监督是一个难题。由公司内部审计部门对其进行审计，难以保证审计结果的公正性，而由监管部门进行审计操作难度较大。为此，《审计办法》规定对保险公司董事长、总经理以及审计责任人的审计应当聘请具有一定资质条件的外部审计机构实施，外部审计机构的选聘由董事会负责。

鉴于保险集团公司可以对其保险子公司和资产管理公司进行直接管理，其内部审计机构可以负责对下属子公司的审计，因此《审计办法》规定，对保险集团公司下属保险子公司和资产管理公司董事长、总经理以及审计责任人进行审计的，可以由其集团公司的审计部门组织实施。

对其他高管人员的审计，《审计办法》规定由公司内部审计机构组织实施。同时为提高审计的独立性，《审计办法》进一步规定，没有实行审计集中或垂直管理的保险公司，则必须按照"下审一级"的原则来确定具体的审计机构和人员。

问：董事及高管人员审计报告和审计结果如何运用？

《审计办法》针对不同审计对象规定了不同的审计报告路线。对总公司董事长和管理层成员的审计报告，要按照规定的程序和时限提交公司董事会，在经公司董事会审议后的20个工作日内报中国保监会。对分支机构的高管人员的审计报告，要按照规定的程序和时限报公司内部相关机构及分支机构所在地保监局。

关于审计结果运用，《审计办法》从保险公司和监管机构两方面做了原则性规定。首先，保险公司应当将董事及高管人员审计报告列入审计对象的人事档案管理，作为对其考核、任用、奖惩的重要依据。对审计发现的问题，要及时组织整改并按规定的程序追究相关责任人的责任。其次，保险监管部门应当将保险公司董事及高管人员审计报告纳入高管人员信息系统进行归档管理，在董事及高管人员任职资格审查时，可以参考其过往任职期间审计报告的审计结论，也可以要求其原任保险公司提交最近任职岗位的离任报告。

问：对于违反《审计办法》的行为，有哪些处罚措施？

《审计办法》作为一般规范性文件，没有直接规定处罚措施，而是按照《保险法》的相关规定予以处罚。《审计办法》规定，保险公司未按照规定的范围、时限和要求，对保险公司董事及高管人员进行审计并提交审计报告，或者提交存在虚假陈述、故意隐瞒或遗漏审计发现问题的报告的，将按照《保险法》第一百七十一条及第一百七十三条的规定进行处罚。对于其他违规行为，《审计办法》也作了列举，同样根据《保险法》的相关规定进行处罚。

对于外部审计机构发生故意隐瞒审计发现问题等情形的，《审计办法》规定中国保监会或其派出机构可以向其主管部门予以通报，并在行业内公布该审计机构名称，其他保险公司不得委托该审计机构实施审计。

中国保险监督管理委员会关于贯彻实施《保险公司董事及高级管理人员审计管理办法》有关事项的通知

（保监发〔2012〕102 号，2012 年 11 月 2 日）

各保险公司：

为进一步规范高管人员审计，更好地贯彻落实《保险公司董事及高级管理人员审计管理办法》（保监发〔2010〕78 号，以下简称《办法》），现就《办法》施行中的有关事项通知如下，请遵照执行。

一、关于审计内容

（一）对于各类审计对象的审计内容应当符合《保险公司董事及高管人员审计指南》（以下简称《指南》，见附件）的规定。

（二）审计对象的职责范围与《指南》规定不一致的，可以在《指南》相关规定的基础上，根据实际情况选择使用，对审计内容进行适当的调整和补充。在高管审计报告中，应当明确说明该名高管人员的职责范围、适用的《指南》内容以及调整补充的内容。

（三）对于《指南》暂未覆盖的高管人员的审计内容，应当依照公司对于该名高管人员的职责定位文件，参照《指南》相关规定予以确定。在高管审计报告中，应当明确说明该名高管人员审计内容的确定方式。

二、关于审计程序和审计报告

（一）外部审计机构开展《办法》规定的高管审计工作，应当依据中国注册会计师执业准则和《指南》的有关规定执行审计程序，并就审计发现出具报告。

（二）高管审计报告应当按照《保险高管审计指南第 2 号——高管审计报告》要求的格式和内容编制，并按照《办法》规定的程序和时限报送监管部门。

三、关于责任认定和责任追究

（一）保险公司应当按照《办法》要求，结合自身实际制定责任认定制度，明确区分主管、分管、协管高管人员的职权和责任，清晰界定直接责任和管理责任的认定标准。

（二）保险公司应当按照《办法》要求，结合自身实际制定责任追究制度，明确高管审计发现问题的责任追究程序、方式和处理措施等。

（三）对于高管审计中发现的重大问题，保险公司应当依照上述制度进行责任认定和责任追究。责任认定和责任追究的有关情况应当作为高管审计报告附件，一并报送监管部门。

四、其他事项

（一）高管人员应当每间隔三年进行一次任中审计。从取得高管任职资格之日起，截至 2012 年 1 月 1 日任职已满三年的高管人员，其任中审计应当在 2012 年内完成，审计覆盖年限应当不低于三年。如近三年内已经开展过离任审计或专项审计的，其任中审计可以在上次审计期限结束起算的三年后开展。

（二）高管人员因工作调动或升职等原因离开原工作单位的，公司应当对其进行离任审计。高管人员工作分工或分管业务领域发生调整，但职级不变的，可以由公司自行决定是否进行离任审计。

（三）保险公司未设立董事会的，应当由总经理室或类似机构行使董事会关于高管审计的职责。

（四）执行董事的审计内容以其担任的高管职责为重点。

附件：保险公司董事及高管人员审计指南

中国保监会

2012 年 11 月 2 日

附件

保险公司董事及高管人员审计指南

目 录

保险高管审计指南第 1 号——总则

第一条 为加强保险公司董事及高级管理人员的监督管理，促进保险公司建立健全风险防范机制，规范相关审计工作，保监会根据《保险法》和相关法律法规，制定了《保险公司董事及高级管理人员审计管理办法》。为进一步规范和指导各保险公司开展高管审计，更好地落实《办法》，特发布本审计指南。

第二条 保险公司董事及高级管理人员审计主要根据审计对象在任职期间所进行的经营管理活动，就其工作职责的履行情况及所应承担的责任进行客观评价。审计内容主要包括审计对象在特定期间及职权范围内对经营成果真实性、经营行为合规性以及内部控制有效性等事项所承担的责任。

第三条 保险公司应当根据有关法律法规要求，对董事及高级管理人员的工作职责进行明确的界定与描述。审计应当关注董事及高级管理人员的任职资格是否符合监管机构的要求，是否取得监管机构的核准。

第四条 保险公司应当根据董事及高级管理人员的工作职责确定审计方案。本审计指南以保险公司高级管理人员的主要管理职能为基础，列举了部分高级管理人员的主要工作职责和相应的审计方法供各公司参考。各公司在计划、组织和实施董事及高级管理人员审计时，应当结合本公司实际情况确定具体的审计方案。

第五条 确定董事及高级管理人员审计范围应当充分考虑审计风险和遵循重要性原则。应当以审计对象所负责的本级单位为审计重点，对于所分管负责的下属分支公司，应当选取不少于两家单位进行审计。

第六条 董事及高级管理人员的审计应当根据实际情况和工作需要，合理使用抽样方法，综合运用分析性复核、询问、检查、查看等审计方法，同时借助保险公司的信息系统和使用计算机辅助审计技术进行数据提取和分析。

第七条 董事及高级管理人员的审计应当充分利用审计对象任职期间或近期内外部审计与检查成果，尤其应当特别关注近期接受监管机构或上级单位检查所发现问题、整改和处罚情况。对于其他审计项目与履行职责相关的内容，原则上可以借鉴审计结果，不再重复审计。

第八条 保险公司聘请外部审计机构开展高管审计相关工作的，应当由董事会负责选聘外部审计机构。保险公司应当按照有关要求，与外部审计机构明确审计的程序与内容。

第九条 外部审计机构接受保险公司委托后，应当依据中国注册会计师执业准则和本审计指南开展审计工作，出具报告，向董事会报告审计结果。董事会应当对外部审计机构的审计结果进行最终认定。

第十条 保险公司应当建立健全董事及高级管理人员的问责体系。问责体系应当包括董事及高级管理人员的责任认定标准、监督检查以及责任追究等内容。问责体系应当坚持实事求是、权责对应的原则。对董事及高级管理人员的审计结果应当作为责任追究的重要依据。

保险高管审计指南第2号——高管审计报告

审计机构在审计工作结束后应当按照《保险公司董事及高级管理人员审计管理办法》的有关规定，基于工作结果，出具董事及高级管理人员审计报告。

审计机构出具审计报告之前，应当征求审计对象的意见。审计对象的反馈意见应作为审计报告的附件。审计机构应当对审计报告的真实性、合规性和客观性负责。

高管审计结果应当与公司问责制度紧密结合。针对发现的问题，公司应对审计对象进行责任认定和责任追究。外部审计机构接受委托执行高管审计工作的，应由公司董事会根据高管审计发现的问题(如有)进行最终责任认定。

高管审计报告应当包括以下内容：标题、收件人、正文、签章、报告日期、附件及其他。其中，正文是高管审计报告的核心内容，一般应当包括以下项目。

(一)总体情况：应包含被审计对象的职务、任职期间、高管审计性质(任中审计、离任审计和专项审计)。外部审计机构接受委托执行高管审计程序的，应当包含接受委托的情况。

(二)审计依据：遵循中国注册会计师执业准则、《保险公司董事及高级管理人员审计管理办法》及《保险公司董事及高管人员审计指南》的声明。外部审计机构接受委托执行高管审计程序的，应当说明委托方与被委托方各自的责任。

(三)审计工作范围：包括审计对象职责范围和审计工作范围两部分内容。

其中，审计对象职责范围包括审计对象在任职期间的主要工作职责介绍，主要履职情况和所受主要奖惩情况(如有)。

审计工作范围包括审计工作涉及的业务单元、业务板块和流程。如有借鉴前期审计成果的，应当说明前期审计的相关情况以及借鉴部分的内容和结果。

对于被审计对象的职责范围与《指南》规定不一致的，应当说明被审计对象适用《指南》的内容以及调整补充的内容。

(四)审计程序：应当按照本指南的规定，按照"三性"(经营成果真实性、经营行为合规性、内部控制有效性)逐项列示所执行的主要工作程序，采用具体工作方法，取得的证据和测试的结果等。对于与指南规定不一致的内容，应当予以说明。

(五)报告结果与建议：汇总介绍高管审计工作发现的主要问题和整改建议(如有)。就所发现的问题应明确所违反的具体法律法规或规章制度，对于涉及财务、业务数据的，应说明发现问题对财务报表的影响。

附件：高管审计报告范本

附件

(高管审计报告范本)

××保险公司

〔　　　〕同志任中〔离任/专项〕审计报告

2012年×月×日

(注：本报告供会计师事务所开展外部审计使用，内部审计报告参照该报告编制)

目　录

四、审计程序

五、报告结果与建议

六、其他注意事项

附件1:×××〔先生/女士〕对于本报告的声明

附件2:审计发现、改进建议以及管理层反馈意见详述

一、审计工作总体情况

根据××会计师事务所(以下简称"我们"或"××")与××保险股份有限公司(以下简称为"贵公司")签订的审计业务约定书,我们为贵公司的〔姓名〕〔职务〕(以下简称为"审计对象")于××年×月×日至××年×月×日(以下称"任职期间")进行任中〔离任/专项〕审计。

我们审计工作的内容主要为审计对象在特定期间及职权范围内对经营成果真实性、经营行为合规性和内部控制有效性等事项承担的责任。本报告中列示了执行审计工作过程中所注意到的上述三方面的审计发现、相应的改进建议以及管理层反馈。

二、审计依据

根据审计业务约定书,我们按照中国注册会计师执业准则、《保险公司董事及高级管理人员审计管理办法》及《保险公司董事及高管人员审计指南》等相关规定执行审计程序。

在本次审计工作中,委托方(贵公司)的责任是…

被委托方("我们"或"××")的责任是…

三、审计工作范围

(一)审计对象职责范围

1. 审计对象〔姓名〕任职期间的主要工作职责介绍:

2. 审计对象〔姓名〕任职期间的主要履职情况:

3. 审计对象〔姓名〕任职期间的主要奖惩情况:

〔由保险公司提供其职责说明内容,可以对其作适当归纳简化〕

(二)审计工作范围

本报告涉及的审计工作范围包括〔××保险公司上海分公司、北京分公司、……〕等〔×〕个业务单位,涵盖〔财务、销售、……〕等〔×〕个业务板块和流程。

〔如果审计对象的职责范围与《指南》规定不一致的,在审计工作范围部分,应当明确说明该高管人员的职责范围、适用的《指南》内容以及调整补充的内容。〕

四、审计程序

针对上述工作范围,我们执行了如下审计程序:

(一)经营成果真实性

1. 经营成果真实性的主要内容

2. 所采用的审计方法

3. 取得的重大证据和主要测试结果

4. 与《指南》相关规定的区别

(二)经营行为合规性

1. 经营行为合规性的主要内容

2. 所采用的审计方法

3. 取得的重大证据和主要测试结果

4. 与《指南》相关规定的区别

(三)内部控制有效性

1. 内部控制有效性的主要内容

2. 所采用的审计方法

3. 取得的重大证据和主要测试结果

4. 与《指南》相关规定的区别

五、报告结果与建议

我们就贵公司在审计对象任职期间的经营成果真实性、经营行为合规性、内部控制有效性三方面的审计发现进行了汇总如下，并提出了相应的改进建议。具体内容请参见本报告附件2《审计发现、改进建议以及管理层反馈意见详述》。

机构/业务单元	经营成果真实类	经营行为合规类	内部控制有效类	小计
××分公司				
…				
××业务板块				
…				
合计				

六、其他注意事项

〔在该部分说明有关注意事项〕

××会计师事务所

2012年×月×日

附件1

×××〔先生/女士〕对于本报告的声明

一、被审计人员基本情况

被审计人员：××

被审计原因：〔任中审计/离任审计/专项审计〕

离任原因：××

任职单位及职务：××公司××部门，××职务

任职期间：20××年××月××日至20××年××月××日

二、被审计人员声明

（一）对于经营成果真实性的声明

本人已将获悉的可能对本人任职期间所负责的主要机构/业务单元的经营成果真实性造成重大影响的事件向我们管理层和审计人员进行披露。除此以外，本人并未知晓任何可能对其造成重大影响的事件。

（二）对于经营行为合规性的声明

本人已将获悉的可能对本人任职期间所负责的主要机构/业务单元的经营行为合规性造成重大影响的事件向我们管理层和审计人员进行披露。除此以外，本人并未知晓任何可能对其造成重大影响的事件。

本人于任职期间，未有在职责范围内发生重大经济、刑事案件或重大违法违规情况；也无因重大违法违规事件被外部监管部门检查、处罚的情况。

〔或者〕〔本人于任职期间，除以下事项外，未有在职责范围内发生重大经济、刑事案件或重大违法违规情况；也无因重大违法违规事件被外部监管部门检查、处罚的情况。〕

时间	涉及单位或业务板块	主要情况简介

（三）对于内部控制有效性的声明

本人已将获悉的可能对本人任职期间所负责的主要机构/业务单元的内部控制有效性造成重大影响的事件向我们管理层和审计人员进行披露。除此以外，本人并未知晓任何可能对其造成重大影响的事件。

本人于任职期间，在职责范围内的各项业务流程的内部控制整体上是有效的。

〔或者〕〔本人于任职期间，在职责范围内的各业务流程相关的内部控制，除以下事项外，整体上是有效的。〕

时间	涉及内控流程	主要内控缺陷简介

三、对于审计报告的反馈意见

本人已充分阅读了本审计报告，对于其中附件2中提及的审计发现，审计人员已就此与本人和管理层

进行沟通，并且管理层已在“管理层反馈”栏中反馈意见。

附件 2

审计发现、改进建议以及管理层反馈意见详述

一、各类审计发现概要

经营成果真实类审计发现汇总

编号　审计发现描述　机构/业务单元　违反的具体法律法规/规章制度　索引页码

〔××方面〕

1.1 略

1.2 略

经营行为合规类审计发现汇总

编号　审计发现描述　机构/业务单元　违反的具体法律法规/规章制度　索引页码

〔××方面〕

1.1 略

〔××方面〕

2.1 略

2.2 略

内部控制有效类审计发现汇总

编号　审计发现描述　机构/业务单元　违反的具体法律法规/规章制度　索引页码

〔××方面〕

1.1 略

1.2 略

二、改进建议和管理层反馈

经营成果真实类

编号　审计发现描述　原因分析　改进建议　由哪个业务单元/层面协调改进　管理层反馈

1.1 略

1.2 略

经营行为合规类

编号　审计发现描述　原因分析　改进建议　由哪个业务单元/层面协调改进　管理层反馈

1.1 略

1.2 略

内部控制有效类

编号　审计发现描述　原因分析　改进建议　由哪个业务单元/层面协调改进　管理层反馈

1.1 略

1.2 略

保险高管审计指南第 3 号——董事长、总经理和审计责任人审计

各保险公司董事长、总公司及分支机构总经理和审计责任人的职责范围应当根据国家有关法律法规、保监会有关规定、各公司章程以及公司内部制度与规章确定。由于不同公司上述人员职责范围不尽统一，

因此围绕经营成果真实性、经营行为合规性、内部控制有效性所进行的经营管理活动不尽相同。

为了制定适合审计对象的审计计划，各保险公司应当首先明确审计对象的职责范围，根据审计对象履职的情况制定相应的审计计划。考虑到财险公司和寿险公司的上述高管人员的绝大部分职责存在一致性，因此除非有特别说明，本指南内容将不再区分财险公司和寿险公司。

下文列举了上述高级管理人员经营成果真实性、经营行为合规性、内部控制有效性相关的岗位职责以及相应的审计内容，供各公司执行高管审计工作参考。

第一节　董事长审计

审计内容审计要点及方法

一、工作职责基本情况

基本职责范围

1. 查看保监会对审计对象的任职批复，检查审计对象任职资格是否经过保监会的批准。

2. 查看审计对象任职期间内接受保监会或其他监管机构检查及考核的情况。

3. 获取公司内部确定董事长工作职责的相关规章制度或董事会、股东大会决议，了解董事长任职期间行使相应职权的情况的同时，对董事长行使相应职权是否得到董事会授权进行检查。包括但不限于：

- 主持股东大会会议
- 召集和主持董事会会议
- 督促、检查董事会决议的执行
- 签署公司股票、债券及其他有价证券
- 签署董事会重要文件和其他应由公司法定代表人签署的文件
- 行使法定代表人的职权
- 根据公司需要，在董事会闭会期间，在董事会的授权范围内，行使董事会的部分职权
- 指导公司的重大业务活动，持续关注公司业务经营管理状况，保证有足够的时间履行职责
- 提名公司总经理人选
- 董事会授予的其他职权

4. 获取审计对象任职期间公司各年度报送董事会、股东大会的工作总结。将各年度工作总结与查看到的任职期间董事长职位工作职责相比较，以判断工作总结与董事会、股东大会授权的工作职责是否存在明显不一致。

5. 检查审计对象任职期间向股东大会汇报工作的有关情况。

6. 检查公司重大决策、重大事项、重大人事任免、大额资金使用相关制度中对审计对象的相关职责的规定及其履行情况。

7. 询问董事长薪酬（包括工资、奖金、各项福利费以及补充养老计划等）发放审批程序，查看审计对象任职期间董事长薪酬（包括工资、奖金、各项福利费以及补充养老计划等）的审批文件并核对发放金额。

8. 对于离任审计，应当询问公司董事长离职的具体程序和办法，检查审计对象的离职程序是否符合公司的有关规定以及审计对象与公司之间的劳务合同规定。

经营成果真实性

1. 获取并查看审计对象任职期间监管机构对公司经营的检查报告，检查是否存在与经营成果真实性相关的重大缺陷或问题。

2. 询问并查看审计对象在任职期间，董事会是否收到与经营成果真实性相关的重大缺陷和问题报告，对此，审计对象采取的补救措施（若有）和处理结果。

3. 查看审计对象任职期间的年度审计报告，检查审计意见是否为无保留意见。如果审计意见为非标准意见，应针对出具非标准意见的情况，如重大的财务错报和漏报事项、审计范围受限事项等向审计对象进一步了解原因，判断公司是否存在经营问题或舞弊行为，以及公司是否进行适当整改。

4. 查看审计对象任职期间各财务年度的公司法定财务报告，与相关人员进行访谈及分析历年财务报表，询问审计对象任职期间公司盈利能力、资产质量状况、债务风险状况和经营增长状况等整体财务状况和经济指标。包括但不限于以下内容：

- 任职期间公司净资产和净利润的变动情况，净/总资产收益率情况
- 任职期间公司保费收入增长，保费收入结构变动情况
- 任职期间重大的会计政策和会计估计变更，及相应的审批情况
- 任职期间重大资产减值计提及相应的审批情况
- 任职期间偿付能力比率情况
- 任职期间重大诉讼和或有负债计提情况
- 任职期间重大关联交易情况
- 任职期间是否存在影响经营成果真实性的事项（若有）及后续处理方法

三、经营行为合规性

1. 询问审计对象任职期间是否为审计委员会、风险管理委员会、战略与投资委员会、薪酬委员会等董事会下设委员会履行职责提供了充分条件和听取各委员会的汇报；查看上述报告并检查针对报告中提到的违规违法行为（若有）的后续处理或整改措施。

2. 查看由审计对象签发的各项决议，了解并查看审计对象任职期间是否有违反中国法律和公司章程的行为。

3. 查看审计对象是否出现逾越公司合法授权以个人名义代表公司的行为，例如未经公司章程规定或者董事会的合法授权，以个人名义代表公司或者董事会行事。董事长以其个人名义行事时，在第三方可能合理地认为该董事长在代表公司或者董事会行事的情况下，该董事长应当事先声明其立场和身份。

四、内部控制有效性

1. 获取并查看审计对象任职期间公司呈交有关监管机构的内部控制自我评估工作报告，查看董事会的审批流程，检查是否有内部控制重大缺陷。

2. 查看审计对象任职期间是否定期听取审计责任人、审计委员会等相关人员和部门汇报审计和内控评估工作的计划与结果，以及跟进各年度公司内控评估发现的重大缺陷及重要缺陷（若有）及后续整改情况。

3. 查看审计对象任职期间外部审计师的管理建议书或内控鉴证意见情况，检查是否存在重大内部控制缺陷，以及公司对其中重大问题（若有）的后续跟进情况。

第二节 总公司及分支机构总经理审计

一、总公司层面审计内容及方法

审计内容 审计要点及方法

一、工作职责基本情况

基本职责范围

1. 查看保监会对审计对象的任职批复，检查审计对象任职是否经过保监会的批准。

2. 查看审计对象任职期间接受保监会检查及考核情况。

3. 获取公司内部关于确定管理层工作职责以及范围的相关规章制度或董事会、股东大会决议，查看审计对象任职期间经相关授权的工作职责及其变化情况。

4. 获取审计对象任职期间公司各年度报送董事会、股东大会的工作总结。将各年度上述总结内容与查看到的任职期间总经理工作职责相比较，以判断工作总结与董事会、股东大会授权的工作职责是否存在明显不一致。工作职责应包括但不限于：

- 主持公司的生产经营管理工作，并向董事会汇报
- 组织实施董事会决议、公司年度经营计划和投资方案
- 审批公司内部管理机构设置方案和基本管理制度
- 审批公司的具体规章
- 提请董事会聘任或者解聘公司副总经理、财务负责人、首席精算师等管理人员，并按保监会关于任职资格的规定报保监会审核批准
- 聘任或者解聘除应由董事会聘任或者解聘以外的管理人员，并按保监会对于任职资格的规定报保监

会审核批准

• 决定公司职工的聘用、解聘、工资、福利、奖惩办法

• 公司章程或董事会授予的其他职权

5. 对离任审计，查看审计对象离职的具体程序和办法，检查审计对象的离职程序是否符合公司的有关规定，以及审计对象与公司之间的劳务合同规定。

二、经营成果真实性

经营决策与预算考核

1. 查看公司经营决策相关文件，检查需要董事会或股东大会审批的重要决策是否经过董事会或股东大会批准，或者是否与经董事会或股东大会批准的相关文件相一致。

2. 了解审计对象任职期间内是否定期审阅公司各项财务报告、年度预算、精算报告。

财务信息真实性

1. 查看审计对象任职期间是否审核财务负责人提交的各类与财务管理相关的制度（包括准备金精算制度）并报董事会审议后执行。

2. 询问审计对象任职期间是否定期审阅公司各项财务报告、年度预算及其他与财务相关的向内外报送资料的重要报告，并抽样检查其审阅情况。

3. 查看审计对象任职期间各财务年度的公司法定财务报告，与相关人员访谈及分析历年财务报表，查看审计对象任职期间公司盈利能力状况、资产质量状况、债务风险状况和经营增长状况等整体财务状况和经济指标。包括但不限于以下内容：

• 任职期间公司净资产和净利润的变动情况，净/总资产收益率情况

• 任职期间公司保费收入增长，保费收入结构变动情况

• 任职期间重大会计政策和会计估计变更，及相应的审批情况

• 任职期间重大资产减值计提及相应的审批情况

• 任职期间偿付能力比率情况

• 任职期间重大诉讼和或有负债计提情况

• 任职期间重大关联交易情况

• 任职期间是否存在影响经营成果真实性的事项（若有）及后续处理方法

4. 查看审计对象任职期间的年度审计报告，检查审计意见是否为无保留意见。如果审计意见为非标准意见，应针对出具非标准意见的情况，如重大的财务错报和漏报事项、审计范围受限事项等向审计对象进一步了解原因，判断公司是否存在经营问题或舞弊行为，以及公司是否进行适当整改。

5. 查看并获取审计对象任职期间接受内外部监督、检查和处分的相关资料。检查是否存在与经营成果真实性相关的问题。包括但不限于：

• 银行存款、现金、固定资产、低值易耗品等资产是否账实一致

• 应收、应付及往来科目是否真实存在

• 是否存在截留、虚增保费或人为调整保费收入入账时间等违反权责发生制、影响考核结果及保费收入准确性的行为

• 是否存在虚提、虚列及跨期列支各项费用、佣金、手续费支出的行为

• 是否存在编制虚假赔案及人为调节短险未决赔款准备金的行为

如存在上述问题，通过访谈及查看相关支持材料确认这些问题是由审计对象直接参与决策而产生的还是由下级管理层或员工未遵循公司规定而产生的。

6. 查看审计对象任职期间对公司所发现的与经营成果真实性相关的重大不妥事项所采取的汇报流程、补救措施及对违规责任人的追究情况。

三、经营行为合规性

1. 查看公司合规管理基本制度及合规管理组织架构中有关审计对象职责的规定。

2. 查看审计对象是否向董事会或监管机构提名合规负责人，并对其适当授权及为其履行职责提供充分条件。

3. 查看审计对象是否审核合规负责人提交的公司合规制度并报董事会审议和监管机构报备后执行。

4. 查看审计对象任职期间是否定期组织对公司合规风险的识别和评估工作，并审核下年度公司合规风险管理计划。

5. 查看审计对象任职期间是否审核并向董事会或监管机构提交公司年度合规报告。

6. 查看审计对象任职期间对公司所发现的不合规的经营管理行为所采取的汇报流程、补救措施及对违规责任人的追究情况。

7. 查看审计对象任职期间监管机构对公司的常规及专项检查，了解并查看监管机构检查所发现问题及后续整改情况，如存在问题，通过访谈及查看相关支持材料确认这些问题是由审计对象直接参与决策而产生的还是由下级管理层或员工未遵循公司规定而产生的。

8. 查看审计对象任职期间公司与监管机构的往来函件，查看公司是否有受处罚的情况，以及了解并查看后续整改情况。

9. 了解审计对象任职期间公司是否有重大诉讼。

四、内部控制有效性

1. 查看公司重要规章制度，如财务、承保、理赔的建设情况，总经理是否对重要规章制度的建立或重大更新进行了审批。

2. 查看审计对象任职期间是否定期审核内控合规负责人提交的公司重大内部控制制度并报董事会或监管机构审议后执行。

3. 查看审计对象任职期间是否定期听取并批准内控合规负责人对内部控制的统筹规划、组织推动、实时监控和定期排查等各类工作的汇报。

4. 查看审计对象任职期间是否定期听取审计责任人对公司内审工作的汇报。

5. 查看审计对象任职期间对公司内审及其他内部检查中发现的内部控制缺陷和经营管理中发现的风险问题(若有)所采取的汇报流程、整改措施及对相关内控违规人员的追究情况。

6. 查看审计对象任职期间是否向董事会或监管机构审核并提交了年度合规报告。

7. 查看审计对象是否向董事会或监管机构提名审计责任人，并为其履行职责提供充分条件。

8. 访谈并调阅相关资料，检查分支机构的设立、撤销及证照管理(主要包括工商营业执照、保险经营许可证、企业代码证、土地房产证和税务登记证等重要证照)是否符合监管规定。

9. 查看审计对象任职期间外部审计师的管理建议书或内控鉴证意见，检查是否存在重大内部控制缺陷，以及公司对其中重大问题(若有)的后续跟进情况。

二、分公司层面审计内容及方法

分支机构总经理所承担的行政职能与总公司总经理基本一致，同时，分支机构总经理也承担分管部分业务/财务方面的职能。在对分支机构总经理进行审计时，应当首先确定承担的具体职责，同时参考总公司总经理、分管业务/财务职责高级管理人员的相关审计内容，制定审计计划，确定相应的审计内容和方法。

第三节 审计责任人审计

审计内容 审计要点及方法

一、工作职责基本情况

基本职责范围

1. 查看审计责任人的任命是否经总经理和董事会审批，聘任是否向保监会报告，审计对象是否符合《保险公司内部审计指引(试行)》第九条的要求。

2. 获取审计责任人的职责范围说明，比较是否符合《保险公司内部审计指引(试行)》第十六条的要求。

3. 获取审计责任人向审计委员会和管理层提交的内部控制评估报告和审计工作报告。

4. 获取被审计期间一至两年的年度审计工作计划，查看审计工作计划是否包含了常规审计项目安排、专项审计计划，检查审计工作安排是否关注对经营和财务的真实性、合规性，内控和风险管理的健全性、合理性及有效性的监督、检查和评价。

二、经营成果真实性

审计工作应关注管理活动和财务活动的真实性及合规性

1. 抽查被审期间的审计项目，查看审计项目是否包含立项、审计方案、审计组组成。审计组应由能够胜任工作并具有充分工作经验和专业知识的人员组成，审计方案应包含审计内容和重点，应对经营和财务活动的真实性及合规性进行特别关注。

2. 抽查审计对象任职期间的审计项目，对其中关于经营和财务活动的真实性及合规性的审计过程和结论进行审阅，评价是否执行了充分的审计工作以及审计结论是否正确。

3. 询问被审计期间是否安排经营或财务活动真实性及合规性专项检查，审阅项目要求，查看报告，重点关注发现的问题及其整改建议。

4. 查看审计对象任职期间监管机构关于经营和财务活动的真实性及合规性的检查要求，询问内部审计相关的配合情况以及检查结果，检查是否及时根据监管机构要求调整和安排审计工作。

三、经营行为合规性

审计工作应当关注公司业务和财务工作的合规性

1. 查看公司的审计制度以及审计要求等规范性文件，是否对经营和财务活动的真实性及合规性有明确的审计要求。

2. 查看公司是否有内部审计制度，审计责任人是否监督该制度的执行。

四、内部控制有效性

审计制度的健全性及有效性

1. 询问公司的审计制度建设情况，重点关注是否有关于审计流程、审计结果汇报流程、审计人员独立性、被审计单位整改和后续审计要求、经济责任审计要求等方面规定。

2. 抽查部分审计项目的执行情况，查看审计流程是否符合相关规定，审计组成员尤其是审计组长和主审是否符合公司规定；查看审计责任人的参与情况，重点关注审计对象是否按公司规定充分参与项目立项以及项目报告。

3. 查看审计对象任职期间一至两年的审计项目完成清单，关注经济责任审计等常规审计是否按规定完成。

对内部控执行适当审计

1. 询问了解审计是否关注公司内部控制的执行情况，是否对内部控制的执行情况进行专项审计。

2. 抽查部分内部控制专项审计，查看审计是否对内部控制执行情况进行关注和检查，发现的内部控制问题是否形成整改建议和汇报。

保险高管审计指南第 4 号——负责销售职能的高级管理人员审计

在对分管职能高级管理人员执行审计时，应首先关注基本情况以及基本职责的履行情况，主要包括：

查看审计对象的任职资格是否符合相关要求，并经保监会、董事会或上级公司批准

查看审计对象任职期间分管工作接受保监会等监管机构检查的情况

获取总经理或上级公司确定的审计对象的工作职责

获取审计对象任职期间的工作汇报或本公司工作汇报中关于审计对象负责部分内容，了解分管工作的完成情况

获取并查看审计对象所负责职能部分的规章制度是否健全，审计对象所在本级公司的规章制度的建立和审批流程是否符合要求

对负责销售职能高级管理人员的审计，应紧紧围绕其岗位职责开展，重点对销售预算及策略的制定，销售收入、费用的真实合规，销售队伍的管理等经营活动进行审计。

一、总公司层面审计内容及方法

审计内容审计要点及方法

一、经营成果真实性

销售渠道中长期发展规划、年度工作计划和销售策略的制定

1. 查看任职期间本公司中长期发展规划、年度计划及销售策略是否与公司发展战略一致。

2. 查看任职期间年度销售经营计划以及实际完成情况。

3. 对照公司的定期业务经营分析要求，查看经营分析报告的编制是否及时，发现问题是否及时报请相

关领导和部门协商解决，检查审计对象对经营情况的熟悉程度。

预算管理指标设定

1. 询问公司保费收入预算指标的确定方法，了解保费收入计划是否与公司发展战略一致。

2. 比较历年保费预算指标的变化情况以及完成情况，如果预算指标有大幅变化了解变化的原因以及决策过程；如果预算指标持续不能完成向审计对象了解原因以及采取的相应措施。

3. 了解总公司将预算指标向下级公司分配的程序和流程。

4. 了解公司保费收入预算是否综合考虑产品类型、缴费类型、渠道等因素。

5. 通过访谈，了解定期预算的调整流程及频率，判断预算管理的科学性与严谨性。

保费收入真实性

1. 询问审计对象对公司保费收入的管控情况，公司是否有定期的保费收入分析报告，针对分析报告中提到的不利情况，了解公司是否制定相应的整改办法。

2. 询问公司是否有明确的保费收入真实性检查要求，抽查部分检查报告，并了解公司是否针对其中发现的问题进行了相应的处理。

3. 如果公司全面应用业务系统，了解是否建立业务数据与财务数据的核对机制，查看相关制度。

4. 对公司保费收入数据按产品、渠道、缴费期限等进行趋势分析，对于异常变动数据询问审计对象是否了解原因并评价原因是否合理。

5. 了解审计对象任职期间公司接受保监会等监管机构检查的情况，是否存在关于保费收入真实性的重大问题，询问公司的处理办法以及整改措施。

6. 了解公司承保业务的权限规定，抽查需要总公司审批的大额承保的审批流程是否符合有关规定。

二、经营行为合规性

销售管理

1. 查看公司营业执照以及保监会批准文件，了解公司是否在保监会批准的范围内开展业务。

2. 了解公司对于中介机构及代理人资质的检查情况；了解公司是否对中介及个人代理营销费用有范围和比例予以明确规定，检查相关规定是否符合监管机构或行业协会的要求；了解公司附加佣金的范围及审批规定，检查该范围是否符合监管要求。

3. 询问公司对于中介资质以及代理人员资格的要求是否有明确的规定，查看公司对于中介资质以及代理人员资格的相关制度，了解相关规定是否与监管要求一致。

4. 查看公司代理人管理办法，了解是否严格禁止公司正式员工领取佣金和手续费。

5. 了解审计对象任职期间公司接受保监会等监管机构检查的情况，是否存在销售违规的重大问题，如代理人资质、中介机构资质、虚假宣传等。如有，询问公司的处理办法以及整改措施。

三、内部控制有效性

建立健全销售制度体系

1. 查看公司是否有完善的销售制度体系，对代理人、中介资格及展业要求有明确规定。

2. 了解公司是否有业务监督体系，建立明确的回访制度，明确回访时间和范围。

3. 了解公司是否制定了统一的业务推动制度，是否符合监管要求，了解业务是否按不同特点进行拆分，并针对不同的业务制定不同的推动标准。

4. 了解公司是否有明确的业务检查制度，对于分公司的业务质量是否有明确的检查要求。

5. 查看公司的权限管理制度，并询问各级公司以及各级管理人员之间是否被授予不同的业务权限；抽查超越本级公司权限的业务是否经过了适当的授权审批。

6. 了解公司针对销售人员的培训情况，包括审计对象在培训方案的制定、分解与执行过程中的角色和参与方式；查看公司是否进行定期持续的培训计划并检查培训记录等支持性文档。查看针对销售人员培训管理的内容，检查新入司人员培训及后续教育培训是否按照监管机构和公司规定执行。

二、分公司层面审计内容及方法

审计内容　审计要点及方法

一、经营成果真实性

预算执行情况

1. 查看总公司下发的保费收入及考核文件，了解并查看保费预算管理指标的执行情况。

2. 获取销售预算分配的程序与方法，检查预算指标的分配是否与分支机构销售能力相背离，关注是否存在人为调整指标的情况。

3. 访谈相关销售渠道部门人员，了解并查看未完成预算指标（如有）的具体原因。

保费收入真实性

1. 获取财务报表，并对保费收入、退保金、赔款支出、业务给付等数据进行趋势分析，检查是否存在异常。

2. 审核保费收入与现金流入是否匹配，检查是否存在保费收入提前计提或延期确认。

3. 查看业务系统相关数据，分析整体退保情况，重点分析承保后短期内集中退保的行为，检查是否存在贴费弥补退保损失的情况。

4. 抽查中介代理机构与公司业务往来的真实性、合规性，结合保费资金的流向，检查是否存在虚增保费及坐扣保费等情况。

5. 抽查保单追溯保险业务，检查相应的承保档案，通过现场审计，进一步检查保单追溯的原因、合规性，结合理赔情况，与承保清单核对，确定是否存在坐扣保费现象。

6. 对其他应付款科目挂账情况进行查看、分析，检查是否存在保费收入挂账情况，对所挂保费收入相关保单信息情况可以通过进入业务综合查询系统进行查询、整理、记录，抽调承保档案及现场访谈等方式，检查、确定保费挂账的真实性、合规性，检查是否存在截留、调整当期保费现象。

7. 利用财务系统查看任职期间业务类手工录入记账凭证，抽查手工类记账凭证中的保费收入类凭证，判断真实性。

销售渠道费用支出真实性

1. 从财务系统抽取手续费及佣金支出科目的记账凭证，关注银保手续费及佣金的支付对象、费用支出的真实性及对应资金去向和支付方式，筛选、分析上述科目费用列支情况。对手续费支出情况进行分析，查看金额较大的支出凭证。

2. 根据凭证所附业绩统计表的保单号等相关信息，在业务综合查询系统中进行抽样，检查是否存在重复计提、虚列手续费的情况；检查直接销售成本手续费率是否在代理合同规定费率范围内、支付对象是否具有代理资质；通过奖励情况查看保费业绩的真实性，检查有无编造虚假业绩套取奖励的现象。

3. 抽取业务及管理费各个科目进行分类汇总，对各个科目做趋势性以及横向对比分析，关注费用支出异常或金额较大的科目，对经营管理费用中的“会议费”、“宣传费”、“防预费”、“业务招待费”、“车船使用费”、“咨询费”、“办公用品”、“印刷费”等大额支付凭证进行抽样检查。

4. 检查提取的财务凭证，重点关注上述科目列支及发票的真实性、合规性及对应资金的支付去向；对有疑义的支付资金，访谈经办人员，检查是否存在通过列支上述科目虚列、套取资金等现象，如：通过访谈销售渠道车辆使用情况来比照车船使用费支出，通过查看会议记录、参会人员名单等来判断会议费支出是否合理。

5. 获取业务推动方案、销售人员名单，检查业务推动奖励费用的真实性，以及是否存在虚假及变相列支业务推动奖励的情形。

6. 通过核对销售人员名单、销售人员报酬明细及银行卡转账明细，查看是否存在编造虚拟人力或利用离司人员套取奖励现象。

销售渠道中长期发展规划及年度工作计划和销售策略的制定

1. 查看任职期间本公司中长期发展规划、年度计划及销售策略是否与总公司发展战略一致。

2. 查看任职期间年度销售经营计划以及实际完成情况。

3. 对照公司的定期业务经营分析要求，查看经营分析报告的编制是否及时，发现问题是否及时报请相关领导和部门协商解决，了解审计对象对经营情况的熟悉程度。

二、经营行为合规性

销售人员管理

1. 访谈销售管理负责人，了解销售组织体系和人员设置情况并获取部门组织架构图、人员配备名单等资料，获取销售管理相关制度文件。

2. 对照公司制度文件，核实部门、岗位设置是否符合要求，配备人员的资质是否达标，日常工作履职是否符合规定。

3. 通过核实相关财务业务记录，检查公司对销售人员的考核是否遵循内控制度，重点关注考核的例外情况。

4. 查看已签订和发布的保险营销员、业务员增员广告，检查增员广告合同内容是否符合监管规定。

5. 查看公司销售人员名单，抽查员工入职资料和与公司签署的代理(或劳动)合同是否符合公司和监管机构规定。

6. 询问公司对于销售人员资格的要求是否有明确的规定，检查公司关于销售人员资格的相关规定/制度是否与保监会要求一致。

7. 抽查销售人员资格证和展业证，检查是否符合监管部门规定的"两证"要求。

8. 检查是否存在截留、挪用、拖欠营销员佣金的情况。

9. 访谈经办销售人员离职事项的人员，了解离职销售人员资格证书管理情况，查看公司有无扣押资格证书情况。

中介机构管理

1. 查看中介机构代理协议签署情况，检查代理合同格式、内容是否符合总公司和监管机构的规定，是否包含了单证管理、反洗钱等相关事项，明确代理机构对单证、反洗钱的职责。

2. 在保监会和保监局网站上核查中介代理机构的代理资格是否合规，或者由被审计单位提供中介代理机构的有效代理资格证明，检查是否符合要求。

3. 询问公司对于中介机构资格的要求是否有明确的规定，查看公司关于中介机构资格的相关制度，检查相关规定/制度是否与保监会要求一致。

4. 查看公司是否按规定对中介代理机构履行代理合作协议情况进行监督检查。如进行了监督检查，查看团险渠道对中介代理机构履行合作协议情况进行监督检查的季度和年度报告。

5. 检查所辖分支机构与中介代理机构业务往来及手续费支出的真实性、合规性，支付的手续费率是否在代理合同规定费率范围内，是否存在利用中介机构套取资金支付内部人员待遇及福利的情况。

6. 抽查单证管理系统中代理机构领用数据，审查单证的领用、核销、回库等管理流程的合理性。

7. 实地查看代理机构在出单、客户咨询、收集承保资料过程中，执行公司政策的情况。

8. 了解公司针对代理机构的培训情况，包括被审计对象在培训方案的制定、分解与执行过程中的角色和参与方式；查看公司是否进行定期持续的培训计划并检查培训记录等支持性文档。

销售行为

1. 查阅公司定期与不定期的销售政策，判断是否符合监管要求及上级公司的规定；查阅公司档案，验证政策的制定、审核、下发、调整等流程的控制情况。

2. 查看公司营业执照以及保监会批准文件，查看公司是否在保监会批准的范围内开展业务。

3. 询问业务经办人员，并查看各类业务宣传资料、媒体宣传材料，检查是否存在夸大产品的保险责任，与其他公司产品、银行产品片面比较的行为。

4. 访谈相关销售部门负责人，查看相关企划方案，检查是否存在在保单条款规定的保证收益以外向客户承诺固定或最低保单分红率、投资收益率等行为。

5. 查看客户回访及客户投诉资料，检查是否存在销售误导、代签名及挪用客户资金等情况。

6. 访谈并查看业务资料，检查是否存在擅自变更条款、超权限调整费率、扩大保险责任等行为。

7. 抽查电话销售录音资料，检查是否经过投保人同意，是否向投保人详细全面客观介绍公司产品，是否完整记录销售过程。

8. 检查销售人员单证领用及核销情况，是否存在销售人员挪用、侵占客户资金的情况。

9. 通过访谈或查阅相关资料，检查销售人员在销售环节是否履行客户身份识别、可疑交易识别等义务。

销售费用支付

1. 询问公司是否对中介及个人代理营销费用有明确的范围和比例规定，是否符合监管机构或行业协会要求；询问是否对附加佣金的使用范围和审批有严格规定，检查范围是否符合保监会要求。

2. 抽查销售费用发放表并与公司员工名单进行核对，检查是否向公司员工支付佣金或手续费。

3. 访谈并抽查部分销售费用支付的会计凭证，检查是否存在向投保单位、不具代理资格的单位、个人支付手续费的情况。

4. 访谈并抽查部分销售费用支付的会计凭证，检查是否存在超出协议规定比例支付销售费用的情况。

5. 对寿险公司,检查是否存在通过向长期无业绩人员支付续期佣金的方式套取费用的情况,如通过保险营销员管理系统中查询一年以上无业绩人员的续期佣金数据。

三、内部控制有效性

保单销售相关内部控制体制的建立及执行,并确保内部控制的长期有效

1. 查阅公司内部控制制度,访谈了解公司销售方式和渠道组成,核实销售流程制度的完整性及内部控制制度执行的有效性。

2. 查看公司的权限管理制度,评价各级公司、管理人员的业务权限是否合理;检查超越本级公司权限的业务是否经过了适当的授权审批。

3. 询问公司是否有定期或不定期的业务检查,查看公司接受监管机构检查的报告,了解是否存在与保单销售相关的重大问题和金额巨大或性质严重的处罚情况;针对业务检查和监管机构检查发现的重大问题,了解并查看公司的整改措施和整改报告。

4. 了解公司针对销售人员的培训情况,包括被审计对象在培训方案的制定、分解与执行过程中的角色和参与方式;查看公司是否进行定期持续的培训计划并检查培训记录等支持性文档。查看销售人员培训管理的内容,检查新入司人员培训及后续教育培训是否按照监管机构和公司规定执行。

5. 检查是否对销售人员的销售行为实施监督检查。询问是否对违规销售人员进行处理、处罚,并检查相关支持性文档。

保险高管审计指南第5号——负责运营职能的高级管理人员审计

对负责运营高级管理人员的审计主要包括产品开发、承保管理、理赔管理、保全管理、收付费管理、客户服务、再保险业务7个方面。因在总公司、分公司层面负责运营的高级管理人员职责存在一定差异,为方便审计工作的开展,对其中部分内容分总公司层面、分公司层面分别进行描述。在总公司层面重点审计以下内容:公司运营管理相关制度规定建设情况,需由总公司运营管理高管人员审计审批的业务处理情况,总公司对分支机构运营管理工作的督导情况;在分支机构层面重点审计组织执行总公司相关运营管理制度情况及制定相关管理细则、内控措施的情况。

考虑到各保险公司在经营管理模式上存在较大差异,对总公司、分公司层面职责内容的划分不一定符合各家公司的实际情况。因此,在执行具体的审计程序时,可结合公司的实际情况,参考总公司、分公司层面内容实施审计。

第一节 产品开发

一、总公司层面审计内容及方法

审计内容 审计要点及方法

一、经营成果真实性

精算声明书及精算报告

1. 访谈了解并查看相关资料,查看审计对象是否复核了任职期间的所有新开发产品的开发报告,并对每个产品签署产品开发意见书。

2. 检查审计对象是否签署了相关的精算报告、费率浮动管理办法或者产品参数调整办法。

3. 检查精算责任人出具的相关精算声明书、精算报告相关内容是否真实。

产品说明书 抽查部分产品说明书,核对相关内容是否真实,是否与产品条款内容保持一致。

二、经营行为合规性

产品开发

1. 访谈相关人员,检查产品设计定价是否遵循相关精算规定及管理办法。

2. 抽查相关产品资料,检查是否按照监管机构和公司规定设定产品保险责任,如在疾病保险中死亡给付金额高于疾病最高给付金额,医疗保险产品和疾病保险产品包含生存给付责任,意外险包括疾病死亡责任,含有保证续保条款的健康保险产品约定在续保时保险公司有调整保险责任和责任免除范围的权利,未成年人死亡保额的设定等。

3. 抽查相关产品资料，检查产品犹豫期设定是否按照监管机构要求。

产品审批报备

1. 访谈了解并查看相关资料，检查审计对象是否组织按照相关规定向保监会审批报备有关保险产品。

2. 访谈了解对已经保监会审批报备的保险产品进行变更，且改变保险责任、险种类别或者定价方法的，是否按照规定将保险条款和保险费率重新报送保监会审批或者备案。

产品上市及停售

1. 访谈了解并查看相关资料，检查是否按照相关规定执行产品的包装及支持工作。

2. 检查是否按照监管规定及市场需要做出停售相关保险产品的决定。

三、内部控制有效性

产品开发制度建设

1. 访谈相关人员并查看产品开发制度规定，检查是否建立产品开发的相关制度；检查该制度是否符合监管机构的相关要求。

2. 查看公司的产品开发指引，查看审计对象是否审核并批准了公司的产品开发指引，查看产品开发指引中是否包括了公司的定价流程、利润控制指标及各类风险控制方法。

产品开发程序

1. 了解并抽查产品开发流程，检查其是否遵循了相关程序。

2. 查看审计对象是否建立和维护公司的产品资料库，是否跟踪新产品的备案及销售情况。

3. 查看审计对象是否复核了公司的定期产品价值分析报告，是否提出了有关产品结构调整及新产品开发的建议。

二、分公司层面审计内容及方法

审计内容　审计要点及方法

一、经营成果真实性

（分公司层面不涉及此项内容）

二、经营行为合规性

产品开发

1. 访谈相关人员，检查所属机构是否擅自开发新产品，或违反上级公司规定擅自设计保险卡单。

2. 抽取部分在售保单或产品宣传材料，抽查是否存在变更总公司产品的主要内容（如：变更保险产品的条款，扩大或缩减保险责任范围等）进行产品销售。

产品上市及退市

1. 抽查部分产品的销售和停售时间是否符合上级公司规定。

2. 查看相关发文及有关销售记录，检查是否按照上级公司要求销售和停售有关产品。

产品报备 访谈了解并查看相关资料，检查审计对象是否按照规定向监管机构进行产品备案及报送在售产品数据。

三、内部控制有效性

市场及产品分析 检查审计对象是否按照上级公司要求组织对产品进行经验分析和费用分析，是否对同业产品、客户需求等情况进行分析，为总公司开发产品提供相应支持。

第二节　承保管理

一、总公司层面审计内容及方法

审计内容 审计要点及方法

一、经营成果真实性

承保（核保）管理相关费用真实性

查看总公司承保（核保）管理费用数据，对相关承保（核保）费用支出的真实性进行抽查。

承保（核保）业务处理真实性

抽查总公司处理的部分承保(核保)业务(包括:超分公司处理权限的承保(核保)件审批、疑难问题件等)数据,检查承保(核保)业务处理的真实性。

二、经营行为合规性

承保(核保)制度的合规性

查看公司相关承保(核保)管理制度、核保规则及实务规定,检查相关内容是否符合外部监管规定,是否包含了反洗钱的相关内容。

承保(核保)业务管理

抽查部分分公司上报的超权限承保(核保)业务审批情况,检查其业务处理是否符合权限管理规定,是否存在越权审批或其他违反监管规定处理业务的情况。

三、内部控制有效性

承保(核保)制度建设

1. 访谈并查看相关资料,检查总公司是否建立完善的承保(核保)制度、核保规则、体检制度、生调制度及实务处理手册,并及时传达至各分公司。

2. 访谈并查看相关制度,检查是否组织制定承保(核保)权限管理规定,对承保(核保)处理权限进行规定。

3. 访谈并查看相关制度,检查是否建立承保岗位员工的工作考核制度。

承保(核保)业务系统建设

1. 访谈并查看是否协调信息、财务等部门建立公司承保(核保)业务处理系统,并保证承保(核保)业务能得到及时、有效处理。

2. 检查在业务系统中是否对承保(核保)用户及权限进行相应的设置。

承保(核保)岗位设置与岗位权限管理。

1. 访谈并查看有关承保(核保)岗位及权限设置的文件资料,检查岗位设置是否遵循不相容岗位相分离的原则,权限设置是否超出授权范围。

2. 观察并访谈承保(核保)人员,检查其岗位及权限设置是否合理。

信用评级管理 访谈并查看相关资料,检查是否针对业务员及客户建立"黑名单"制度,对其进行信用评级管理,降低承保风险。

承保(核保)监督管理

1. 检查审计对象是否在分公司督导落实总公司承保(核保)管理制度规定。

2. 访谈并查看相关资料,检查是否对分公司承保(核保)业务质量进行检查,对承保(核保)业务进行风险预警、跟踪。

3. 查看公司接受监管机构检查的报告,是否存在与承保(核保)业务管理相关的重大问题、金额巨大或性质严重的处罚情况;针对业务检查和监管机构检查发现的重大问题,了解并查看公司的整改措施和整改报告。

4. 获取反映核保人员核保质量的相关报表或资料,了解承保管理绩效考核的结果以及责任追究制度的实际执行情况。

承保(核保)人员培训 了解公司针对承保(核保)人员的培训情况,包括被审计对象在培训方案的制定、分解与执行过程中的角色和参与方式;查看公司是否进行定期持续的培训计划并检查培训记录等支持性文档。

二、分公司层面审计内容及方法

审计内容 审计要点及方法

一、经营成果真实性

考核指标的达成情况

1. 了解公司承保管理及 KPI 指标的制定流程,获取分公司年度承保管理考核指标。

2. 了解为保证年度考核指标达成而执行的指标分解过程。

3. 了解任职期间承保 KPI 的达成情况,分析存在的问题及其对公司经营绩效的影响。

承保(核保)管理相关费用真实性 查看承保(核保)管理费用数据,对相关费用支出真实性、合理性进行抽查。

承保(核保)业务处理真实性 抽查分公司本级及所辖机构处理的部分承保(核保)业务数据,检查承保(核保)业务的真实性。

二、经营行为合规性

承保(核保)业务管理

1. 查看分公司承保(核保)业务操作权限,并抽取部分超分公司权限样本,检查是否经过适当审批,检查档案资料的合规性与完整性。

2. 抽取部分承保(核保)件样本,检查其处理的合规性以及是否存在超权限承保(核保)的情况。

3. 抽取部分承保(核保)件样本,检查是否存在违背条款及实务规定,擅自扩大保险范围、扩大保险责任、降低保险费率、附加特别约定、个单团做、拆单、阴阳单、擅自批改等违规承保行为。

4. 抽查部分团体业务,检查是否存在虚拟投保人和被保险人,虚增保费以及坐扣、截留保费的情况。

5. 抽取部分高额核保件、体检件、生调件,检查其业务处理是否符合公司相关规定。

6. 抽取部分承保件,检查承保业务处理是否按照相关规定执行客户身份识别、可疑交易识别、客户身份资料检查和保存完整交易记录的流程。

承保录单管理

1. 获取公司现行录单的相关规则和标准流程。

2. 访谈、实地察看了解在保单录入环节确保信息系统内保单信息的真实性、准确性、完整性、及时性与规范性的管控措施。

3. 通过流程测试,抽查承保档案、各岗位员工代码、单证台账和理赔资料等辅助检查,核实是否执行险位拆分规定并正确录单;检查保单录入的及时性、保单保费录入的完整性,并检查是否有埋单、阴阳保单和为截留保费拆分保单等情况。

远程出单管理

1. 询问审计对象所在分公司的上级业务和中介管理部门,了解分公司中介远程出单点设置情况及管控措施和规定,评价中介远程出单的管控是否存在漏洞或风险。

2. 查看中介远程出单机构档案,评价对出单人员、单证、财务、档案管理是否规范;通过现场查看、盘点等方式检查单证保管、领用、核销等关键环节的控制是否健全。

客户数据平台管理

1. 审阅业务承保的实施细则,包括业务系统中"组织机构代码"录入规则、"黑灰"名单制度执行细则等。确认被审单位是否已经建立了"黑灰"名单制度和提高客户数据真实性的操作规范。

2. 通过 IT 随机抽查列入"黑灰"名单的投保客户,对其前、后期的承保条件进行复核性测试,对比其差异程度,并评价其控制执行情况。

产品使用情况

1. 通过询问、访谈获取使用非报备条款、费率承保的线索。

2. 审阅业务承保保单、批单、超权限承保报批申请及批复等业务档案资料,通过比对,检查是否存在条款费率报行不一的情况。

自律公约的执行情况

1. 获取当地的自律公约,包括适用的业务和险种范围、条款费用使用规定、各签约公司须遵守的最低费率或免赔条件、代理手续费支付标准等。

2. 抽查保险单、保险协议、保单批单等,以代理人业务为筛选条件,按业务总量和抽样规则,抽查代理人业务,检查是否遵守自律公约。

特殊风险管控情况

1. 通过系统以特殊风险承保作为筛选条件,对特殊风险的承保项目进行筛选。

2. 在筛选出的数据清单中按抽样规则,抽取承保档案资料并比对,确认投保信息是否真实,协议承保是否合规,是否存在放宽承保条件承保、打折销售、坐扣保费等情况存在。

分保安排情况

1. 获取分保后才能承保的业务种类和相应的核保流程,了解分保业务的操作流程和所需资料、危险单位的划分标准和原则。

2. 筛选分出业务并导出数据，并对自留额数据进行分析判断，确认是否存在超自留额分保。

共保管理

1. 获取现行的共保规则及规定。

2. 从业务系统筛选出联共保业务，按业务总量和抽样规则进行抽样测试，检查共保业务是否合规。

三、内部控制有效性

承保(核保)管理制度建设

1. 检查是否及时传达贯彻总公司承保(核保)管理相关规定，是否依据总公司规定制定相关实施细则。

2. 访谈并查看相关资料，检查是否制定承保(核保)业务品质及风险管理的相关措施。

承保(核保)岗位设置与岗位权限管理

1. 访谈并查看有关承保(核保)岗位及权限设置的文件，检查岗位设置是否遵循不相容岗位相分离的原则，是否配备核保、生调人员。

2. 观察并访谈承保(核保)人员，检查其岗位、账号及权限设置是否合理，是否存在"一号多用"问题；抽查部分离司、调岗人员，核查系统内是否还存在用其工号处理业务的情况。

3. 测试核保员的权限申请、级别调整和离岗人员的权限取消的流程。

承保(核保)监督管理

1. 检查审计对象是否在分公司督导落实执行总公司承保(核保)管理制度规定。

2. 访谈并查看相关资料，检查是否对分公司承保(核保)业务质量进行检查，是否对承保(核保)业务进行风险预警、跟踪。

3. 查看公司接受监管机构检查的报告，是否有与承保(核保)业务管理相关的重大问题和金额巨大或性质严重的处罚情况；针对业务检查和监管机构检查发现的重大问题，了解并查看公司的整改措施和整改报告。

承保(核保)人员培训

1. 了解公司针对承保(核保)人员的培训情况，包括被审计对象在培训方案的制定、分解与执行过程中的角色和参与方式；查看公司是否进行定期持续的培训计划并检查培训记录等支持性文档。

2. 获取核保岗位资格考试的相关规定并核查在岗核保人员的持证率情况。

第三节　理赔管理

一、总公司层面审计内容及方法

审计内容　审计要点及方法

一、经营成果真实性

理赔管理相关费用真实性

查看总公司理赔管理费用数据，对相关理赔条线费用支出真实性进行抽查。

理赔业务处理真实性

抽查总公司本级处理的部分理赔业务(包括：超分公司处理权限的案件审批，重大及疑难案件、理赔投诉案件等的指导、支持等)数据，检查理赔业务的真实性。

二、经营行为合规性

理赔制度的合规性

查看公司相关理赔管理制度及实务规定，检查相关内容是否符合相关监管规定，是否包含了反洗钱的相关内容。

理赔业务管理

抽查部分分公司上报的超权限理赔业务，检查其业务处理是否符合权限管理规定，是否存在越权审批及违反监管规定处理业务的情况。

三、内部控制有效性

理赔制度建设

1. 访谈并查看相关资料，检查总公司是否建立了完善的理赔制度及实务处理手册，并及时传达至各分公司。

2. 访谈并查看相关制度，检查是否制定理赔权限管理规定。

理赔业务系统建设

1. 访谈并查看是否协调信息、财务等部门建立公司理赔业务处理系统，并保证理赔业务能得到及时、有效处理。

2. 检查在业务系统中是否对理赔用户及权限进行相应的控制。

理赔岗位设置与岗位权限管理

1. 访谈并查看有关理赔处理岗位及权限设置的文件资料，检查岗位设置是否遵循不相容岗位相分离的原则，权限设置是否超出授权范围。

2. 观察并访谈理赔人员，检查其岗位及权限设置是否合理。

理赔监督管理

1. 检查审计对象是否在分公司督导落实总公司理赔管理制度规定。

2. 访谈并查看相关资料，检查是否对分公司理赔业务质量进行检查，是否对理赔业务进行风险预警、跟踪。

3. 查看公司接受监管机构检查的报告，是否有与理赔业务管理相关的重大问题和金额巨大或性质严重处罚情况；针对业务检查和监管机构检查发现的重大问题，了解并查看公司的整改措施和整改报告。

理赔人员培训

了解公司针对理赔人员的培训情况，包括被审计对象在培训方案的制定、分解与执行过程中的角色和参与方式；查看公司是否进行定期持续的培训计划并检查培训记录等支持性文档。

二、分公司层面审计内容及方法

审计内容 审计要点及方法

一、经营成果真实性

理赔工作计划及考核指标完成情况

1. 了解上级公司下发的有关理赔 KPI 经营指标及相关指标实际达成情况。

2. 审阅年度经营指标的分解下达过程及审批情况。

3. 分析计提未决赔款准备金相关数据的真实性，重点关注估损偏差率、注销复立案率、零估损案件数、理赔时效等指标核查原因，是否存在控制不当或人为调节因素。

4. 结合理赔各环节审计核查，扩大问题数据抽查范围(可要求分公司自查)，评价对理赔质量、经营情况的影响。

理赔管理相关费用真实性

获取理赔管理费用数据，对相关费用支出真实性、合理性进行抽查。

理赔业务处理真实性

抽查分公司本级及所辖机构处理的部分理赔业务数据，检查理赔业务处理的真实性。

二、经营行为合规性

理赔业务管理

1. 获取分公司理赔业务操作权限，抽取部分超分公司权限样本，检查是否经过适当审批、档案资料是否合规、完整。

2. 抽取部分理赔件样本，检查其处理的合规性以及是否存在超权限进行理赔处理现象。

赔款给付

1. 访谈并抽查部分理赔业务会计资料，检查赔款支付方式、支付对象等是否符合监管规定及公司制度要求。

2. 抽取部分理赔件，检查理赔业务处理是否按相关规定执行客户身份识别、可疑交易识别、客户身份资料检查和保存完整交易记录等流程。

理赔服务供应链管理

1. 获取公司对公估公司、修理厂的相关要求。

2. 对合作供应商相关管理流程进行穿行测试，核实被审计机构的流程操作，在此基础上评价流程控制的合理性，重点关注：与公估人合作的方式，工号、代码是否集中统一授权管控，如何有效的跟踪监控。

三、内部控制有效性

理赔管理制度建设

1. 查看相关资料，检查是否及时传达贯彻总公司理赔管理相关规定，是否依据总公司规定制定相关实施细则，并评价其在理赔管理的各方面制度的健全性。

2. 访谈并查看相关资料，检查是否制定理赔业务品质及风险管理的相关举措。

3. 评价未决管理流程，能否合理保证未决估损数据的准确性。

理赔岗位设置与岗位权限管理

1. 访谈并查看有关理赔处理岗位及设置的文件资料，检查岗位设置是否坚持不相容岗位相分离，权限设置是否超出授权范围。

2. 观察并访谈理赔人员，检查其岗位及权限设置是否合理。

理赔监督管理

1. 检查审计对象是否组织对分公司执行总公司理赔管理制度规定进行督导落实，促进相关制度规定有效执行落实。

2. 访谈并查看相关资料，检查是否组织对分公司理赔业务质量进行检查，对理赔业务进行风险预警、跟踪。

3. 查看公司接受监管机构检查的报告，是否有与理赔业务管理相关的重大问题和金额巨大或性质严重的处罚情况；针对业务检查和监管机构检查发现的重大问题，了解并查看公司的整改措施和整改报告。

理赔人员培训

了解公司针对理赔人员的培训情况，包括被审计对象在培训方案的制定、分解与执行过程中的角色和参与方式；查看公司是否进行定期持续的培训计划并检查培训记录等支持性文档。

理赔业务标准和流程的制定及优化

1. 访谈被审计机构理赔管理负责人，了解其理赔组织体系和人员的设置情况，包括理赔管理部门的名称、职能、科室设置、岗位资格要求等情况，并获取理赔管理相关制度文件。

2. 从被审计机构人事部门获取理赔管理部门组织架构图、人员配备名单和相关资格证明。

3. 对照公司制度文件，核实被审计机构部门、岗位设置是否符合要求，配备人员的资质是否达标，日常工作履职是否符合规定。

4. 了解理赔信息录入的及时性和准确性的控制情况。

5. 了解被审计机构的立案、查勘、定损、核赔的实际操作流程，并对上述流程进行穿行测试，核查被审计机构的流程操作，在此基础上评价流程控制的合理性。重点关注：

• 立案、查勘、定损环节

• 核（价）损环节

• 核赔环节

• 理赔费用环节

• 特殊案件控制环节

理赔风险管控情况

1. 了解理赔风险监控工作的开展情况，了解防范理赔欺诈风险相关控制措施。

2. 获取公司下发重大、突发事项应急预案及定期风险检测的结果记录文档。

3. 核查实际执行情况及效果，结合其他方面检查情况评价相关风险揭示是否全面覆盖。

4. 核查防范理赔欺诈如减损奖励采取的方式方法，奖励措施是否合理，关注现金等物质奖励的账务处理是否规范。

内部的信息与沟通机制的建立

1. 评估被审计机构是否建立严格规范的文件及记录控制以及信息系统，保证重要信息的及时传递。

2. 核实被审计机构是否明确了对下属机构资源配置及指导支持上等工作职责及责任人，同时还要关注与承保部、财务部等相关联条线是否建立了常态化的信息沟通机制。

第四节 保全管理

一、总公司层面审计内容及方法

审计内容 审计要点及方法

一、经营成果真实性

保全管理相关费用真实性

获取总公司保全管理费用数据，对相关费用支出真实性进行抽查。

保全业务处理真实性

抽查总公司本级处理的部分保全业务数据，检查保全业务处理的真实性。

二、经营行为合规性

保全制度的合规性

查看公司相关保全管理制度及实务规定（如：合同给付管理、合同解除管理、合同变更管理、保单借（还）款及银行质押贷款管理），检查相关内容是否符合外部监管规定，是否包含了反洗钱相关的内容。

保全业务管理

抽查部分分公司上报的超权限保全业务，检查其业务处理是否符合权限管理规定，是否存在越权审批及违反监管规定处理业务的情况。

三、内部控制有效性

保全制度建设

1. 访谈并查看相关资料，检查总公司是否建有完善的保全制度及实务处理手册，并及时传达至各分公司。

2. 访谈并查看相关制度，检查是否组织制定保全权限管理规定，对保全处理权限进行规定和要求。

保全业务系统建设

1. 访谈并查看是否协调信息、财务等部门建立公司保全业务处理系统，并保证保全业务能得到及时、有效处理。

2. 检查在业务系统中是否对保全业务用户及权限进行相应的控制。

保全岗位设置与岗位权限管理

1. 访谈并查看有关保全处理岗位及设置的文件资料，检查岗位设置是否坚持不相容岗位相分离，权限设置是否超出授权范围。

2. 观察并访谈保全人员，检查其岗位及权限设置是否合理。

保全监督管理

1. 检查审计对象是否组织对分公司执行总公司保全管理制度规定进行督导落实，促进相关制度规定有效执行落实。

2. 访谈并查看相关资料，检查是否组织对分公司保全业务质量进行检查，对保全业务进行风险预警、跟踪。

3. 查看公司接受监管机构检查的报告，是否有与保全业务管理相关的重大问题和金额巨大或性质严重处罚情况；针对业务检查和监管机构检查发现的重大问题，了解并查看公司的整改措施和整改报告。

保全人员培训

了解公司针对保全人员的培训情况，包括被审计对象在培训方案的制定、分解与执行过程中的角色和参与方式；查看公司是否进行定期持续的培训计划并检查培训记录等支持性文档。

二、分公司层面审计内容及方法

审计内容 审计要点及方法

一、经营成果真实性

保全管理相关费用真实性

获取保全管理费用数据，对相关费用支出真实性、合理性进行抽查。

保全业务处理真实性

抽查分公司本级及所辖机构处理的部分保全业务(如:退保、撤单、生存金及红利给付、保单借款等)数据,检查保全业务处理的真实性。

二、经营行为合规性

保全业务管理

1. 查看分公司保全业务操作权限,并抽取部分超分公司权限样本,检查是否经过适当审批、检查档案资料的合规性与完整性。

2. 抽取部分保全件(如:退保、撤单、生存金及红利给付、保单借款、保单失效及复效处理等)及保全特殊件(强制复效、公司解约、强制撤单等非正常退保)样本,检查其处理的合规性以及是否存在超权限审批现象。

3. 抽取部分保全件,检查保全业务处理是否按照先关规定执行客户身份识别、可疑交易识别、客户身份资料检查和保存完整交易记录的流程。

4. 走访产品开发、理赔、信访等部门获取违规批改、注销保险单的审计线索。

5. 提取注销保单数据,以被保险人、注销日期等为筛选条件,通过与纸质保险单比对,审阅注销日期等,检查是否存在手续不全、违反正常程序的注销情况,是否存在以转移年度保费为目的的年底注销、年初承保的情况,是否存在以批减应收保费为目的的集中注销情况。

6. 提取保单批改数据并筛选,同时抽取承保业务档案,重点检查批改信息是否真实、完整、准确,是否是保险合同当事人真实意愿的表达,批改手续是否齐全、完备、规范。检查是否存在通过批改套取资金,是否存在超过保险责任期批改(倒批改),是否存在通过批改承保条件,变相降低承保费率等违规行为。

保险金给付

访谈并查看部分保全业务会计资料,检查退保金、生存金、红利支付(包括:支付方式、支付对象等)是否符合监管规定及公司制度要求。

三、内部控制有效性

保全管理制度建设

1. 查看相关资料,检查及时传达贯彻总公司保全管理相关规定,是否依据总公司规定制定相关实施细则。

2. 访谈并查看相关资料,检查是否制定保全业务品质及风险管理的相关举措。

保全岗位设置与岗位权限管理

1. 访谈并查看有关保全处理岗位及设置的文件资料,检查岗位设置是否坚持不相容岗位相分离,权限设置是否超出授权范围。

2. 观察并访谈保全人员,检查其岗位及权限设置是否合理。

保全监督管理

1. 检查审计对象是否组织对分公司执行总公司保全管理制度规定进行督导落实,促进相关制度规定有效执行落实。

2. 访谈并查看相关资料,检查是否组织对分公司保全业务质量进行检查,对保全业务进行风险预警、跟踪。

3. 查看公司接受监管机构检查的报告,是否有与保全业务管理相关的重大问题和金额巨大或性质严重处罚情况;针对业务检查和监管机构检查发现的重大问题,了解并查看公司的整改措施和整改报告。

保全人员培训

了解公司针对保全人员的培训情况,包括被审计对象在培训方案的制定、分解与执行过程中的角色和参与方式;查看公司是否进行定期持续的培训计划并检查培训记录等支持性文档。

第五节　收付费及单证、印章管理

一、总公司层面审计内容及方法

审计内容　审计要点及方法

一、经营成果真实性

收付费数据的真实性

1. 访谈了解是否建立收付费数据核对机制,定期对收付费信息进行检查核对。

2. 抽取部分收付费信息，检查对内、对外报送的收付费统计信息的真实性、准确性。

二、经营行为合规性

收付费管理

1. 审查公司收付费管理制度是否符合外部监管要求，即：对寿险公司业务规定，不允许在保险公司或委托代理机构营业场所外收取保险合同单次金额超过1000元人民币以上的业务，不允许保险代理机构及人员、保险营销员接受投保人委托代缴保险费、代领退保金，不得接受被保险人或受益人委托带领保险金。

2. 审查财产险公司收付费管理制度是否符合业内自律公约要求，即：对车险业务要求"见费出单"，严格管控代领保险赔款风险；严格加强应收保费管理。

3. 审查收付费管理制度中，是否包含有关可疑交易识别、报告的相关内容。

保险单证管理

1. 审查公司单证管理制度是否符合外部监管要求，即：对寿险公司投保单、保单、收据等由总公司统一设计、印制或授权省级公司印制，建立和完善单证管理信息系统，对分支机构单证管理情况进行监控。

2. 审查财产险公司重要单证是否符合行业监管部门及本公司单证设计规则，防伪措施是否齐全等。如：交强险单证要求全国统一，须按照保监会规定的印刷技术要求印刷，保险单上不得印制其他商业性保险的内容等。

印章管理 审查公司印章管理制度是否符合外部监管要求，即：对各级分支机构使用的印章由总公司统一设计，经总公司批准后刻制；审查是否建立严格的印章使用审批登记制度等。

收付费相关重大案件情况

1. 访谈了解审计期间，公司发生的与收付费管理、单证、印章管理相关的重大案件情况。

2. 查看相关重大案件资料，审阅并分析相关重大案件产生的原因，分析是否与审计对象职责相关。

三、内部控制有效性

收付费制度建设

访谈并查看相关资料，审查是否依据外部监管规定及公司风险管控要求建立了加强收付费管理的相关制度规定及程序，确保收付费环节资金安全，非现金收付费流程中资金不受保险公司员工、保险营销员、保险代理业务人员等个人控制。

保险单证管理制度建设

访谈并查看相关资料，审查是否依据外部监管规定及公司风险管控要求建立了加强单证管理的相关制度规定及相应控制措施。

印章管理制度建设

访谈并查看相关资料，审查是否依据外部监管规定及公司风险管控要求建立了加强与收付费相关的印章管理的相关制度规定及相应控制措施。

收付费相关环节监督管理

检查审计对象是否组织对分公司执行总公司收付费相关环节的制度规定进行督导落实，促进相关制度规定有效执行。

二、分公司层面审计内容及方法

审计内容 审计要点及方法

一、经营成果真实性

收付费数据的真实性

1. 访谈并查看是否定期对收付费信息进行检查核对。

2. 抽取部分收付费信息，检查对内、对外报送的收付费统计信息的真实性。

3. 抽取部分收付费信息数据及会计凭证，对柜面进行实地观察，检查是否有弄虚作假，篡改收付费信息的情况。

二、经营行为合规性

收付费管理

1. 审查寿险公司是否存有在保险公司或委托代理机构营业场所外收取保险合同单次金额超过1000

元人民币以上的业务；是否存在保险代理机构及人员、保险营销员接受投保人委托代缴保险费、代领退保金、代领保险金的业务。

2. 审查财产险公司是否遵循收付费管理的相关制度要求，即：对要求“见费出单”，严格管控代领保险赔款风险；严格加强应收保费管理。

3. 审查收付费过程中，是否借助信息系统对可疑交易行为进行识别和报告工作。

保险单证管理

1. 访谈并盘查单证管理库，审查分公司是否严格执行总公司单证管理制度，是否存在擅自设计、印制、使用重要业务单证的情况。

2. 审查单证领用记录，检查是否对单证领用数量和有效期进行控制，实行定期核销、定期盘点。

3. 审查公司是否有明确的相关部门及岗位进行单证管理，单证库房是否符合消防安全的要求。

印章管理

1. 访谈并盘查印章管理人员使用印章，审查是否执行总公司印章管理规定，是否存在擅自刻制、使用印章的情况，印章使用是否执行审批登记制度等。

2. 审查对省级以下机构行政印章、合同专用章是否实施上收一级管理，指定专门部门和岗位保管。

收付费相关重大案件情况

1. 访谈了解审计期间内公司发生的与收付费管理、单证、印章管理相关的重大案件。

2. 查看相关重大案件资料，分析相关重大案件产生的原因，评价是否与审计对象职责相关。

三、内部控制有效性

收付费制度建设

1. 访谈并查看相关资料，审查是否依据外部监管规定及总公司收付费制度制定了实施细则。

2. 审查寿险公司是否采取措施推进非现金收付费工作。

收付费相关环节监督管理

检查审计对象是否对分公司执行总公司收付费制度实施督导，促进相关制度有效执行落实。

第六节　客户服务管理

一、总公司层面审计内容及方法

审计内容　审计要点及方法

一、经营成果真实性

客户服务相关费用真实性

1. 查看客户服务费用的预算及执行情况。

2. 抽取部分客户服务费用数据，对相关费用支出的真实性、合理性进行检查。

客户投诉情况

访谈并查看客户投诉相关记录、报表，检查是否如实反映客户投诉情况，客户投诉处理报告是否真实、完整。

二、经营行为合规性

客户回访制度

访谈并查看相关制度，检查公司是否建立客户回访制度，客户回访制度是否符合监管规定。

客户投诉处理

1. 查看相关制度，检查公司是否建立客户投诉处理制度，客户投诉处理制度是否符合监管规定。

2. 抽查总公司直接受理的部分客户投诉案件，检查投诉处理是否符合外部监管及公司规定。

客户咨询投诉处理

1. 查看相关咨询投诉处理制度，检查相关制度是否符合监管规定。

2. 访谈并查看相关资料，检查是否制定了公司咨询投诉处理应急预案，相关预案是否符合监管规定。

客户服务承诺

1. 查看公司服务承诺资料，检查承诺内容是否客观、真实、清晰，是否符合外部监管规定。

2. 检查公司服务承诺资料和报告资料，检查向监管机构报告时间是否在服务承诺实施时间的10天内。

三、内部控制有效性

客户服务制度建设

1. 访谈并查看相关制度，检查审计对象是否组织建立健全公司的客户回访及客户投诉处理制度，是否完善客户投诉处理相关流程。

2. 访谈并查看相关资料，检查是否组织制定了咨询投诉处理应急预案，相关预案是否完备。

3. 访谈并查看相关资料，检查是否制定呼入、呼出、代理业务话务质量标准。

客户服务督导及质量考核

1. 访谈并查看相关资料，检查是否对分公司客户服务运行情况进行跟踪、监控。

2. 访谈并查看相关资料，检查是否对分公司客户服务工作质量进行考核，督促分公司执行相关客户服务制度。

二、分公司层面审计内容及方法

审计内容　审计要点及方法

一、经营成果真实性

客户服务相关费用真实性

1. 查看客户服务费用的预算及执行情况。

2. 抽取部分客户服务费用数据，对相关费用支出的真实性、合理性进行检查。

客户投诉情况

访谈并查看客户投诉相关记录、报表，检查是否如实反映并向上报告客户投诉情况，是否存在故意瞒报、漏报等情况。

二、经营行为合规性

服务支持销售和防范风险情况。

访谈分公司相关人员，查看被审计对象如何对全辖客户服务品质进行监控、如何协调处理重大疑难及对公司产生重大影响的客户投诉案件，并要求提供支持性资料。

客户回访情况

1. 访谈并抽取部分回访记录，检查是否按照监管机构和总公司的规定开展客户回访，如新单是否全部回访、回访话术是否合规、客户权益是否及时准确告知等。

2. 抽查部分客户回访问题件，检查是否按照监管机构和公司规定对客户回访问题件进行处理。

3. 访谈并查看客户信息管理制度，检查是否按照监管机构和总公司规定执行客户信息管理，如客户信息是否实行接触控制、客户信息是否分级管理，客户信息管理权限是否清晰、是否存在员工私自保存或泄漏客户信息等。

4. 调阅客户记录和客户提出的问题跟踪反馈记录及定期分析报告。

5. 核实客户回访工作人员配备和工作职责、工作流程。

客户投诉咨询处理

1. 访谈并查看相关资料，检查是否按照监管机构和总公司规定建立咨询投诉通道，并及时处理客户投诉及咨询。

2. 测试咨询投诉的处理流程，核实处理咨询投诉案件应遵循的原则，包括受理渠道、处理时限、进展告知、转办进程跟踪和承诺兑现情况。

3. 抽查外部转来投诉的处理档案，核实与当地行业协会投诉职能部门日常合作沟通机制。

4. 了解公司针对客服人员的培训情况，包括被审计对象在培训方案的制定、分解与执行过程中的角色和参与方式；查看公司是否进行定期持续的培训计划并检查培训记录等支持性文档。

5. 检查是否按照监管机构和总公司规定制定了咨询投诉处理应急预案，并在重大事故发生时启动应急预案。

客户满意度调查

1. 获取客户满意度调查相关制度、工具和评价满意度的基本标准。

2. 获取一次完整客户服务满意度调查形成的档案材料，查看如调查问卷、调查数据的处理、满意度指标计算、满意度调查报告等资料，从中核实关注重点、原因分析、问题解决方案、整改落实、报送路径等事项是否合规。

三、内部控制有效性

客户服务制度建设情况

1. 查看公文流转记录，检查是否及时传达贯彻总公司有关客户服务的制度规定。

2. 访谈并查看相关资料，检查是否制定有关客户服务方面的实务及实施细则。

客户服务督导及质量考核

1. 检查客服中心是否定期组织、开展针对辖区内的客户服务品质检查。

2. 检查分公司是否按照总公司要求开展客户服务考核工作，考核指标是否全面。

第七节 再保险管理

审计内容 审计要点及方法

一、经营成果真实性

再保险相关数据、报告真实性

1. 访谈并复核再保险分保业务数据，审查业务统计与报送数据是否真实。

2. 审阅分保账单(保费账、准备金账、现金赔款账等)，检查是否真实、完整、准确、及时的记录再保业务账单信息。

3. 审查是否如实向保监会上报再保险业务情况报告，如实反映有关再保险业务的各类准备金提取办法和金额。

二、经营行为合规性

再保合同及再保策略管理

1. 查看公司的再保险策略报告，查看审计对象是否定期参与公司再保险策略的拟定、再保险计划的制定以及组织监控计划的实施。

2. 查看审计对象是否定期复核公司自留额、自动接收限额、分保方式、分保比例等关键指标，并提出更新意见。

3. 查看审计对象是否参与或关注新再保合同的谈判。

4. 查看审计对象是否定期复核公司已有再保合同的管理、再保系统日常维护以及再保账单的结算。

再保业务处理及账单管理

1. 访谈并查看相关资料，检查公司办理合约分保或者临时分保时是否符合相关规定：以比例再保险方式分出财产险直接保险业务时，每一危险单位分给同一家再保险接受人的比例，不得超过公司承保直接保险合同部分的保险金额或者责任限额的80%；每一临时分保合同分给投保人关联企业的保险金额或者责任限额，不得超过直接保险业务保险金额或者责任限额的20%。

2. 从财务系统中导出账单明细，随机抽取审计样本，核对再保险分出人发出的纸质分保账单，检查账单数据，包括保费、手续费、赔款金额录入的准确性，以及是否存在恰当的录入与复核的职责分离。

危险单位划分 检查公司对危险单位的划分是否符合保监会的相关规定，是否在规定时间将危险单位的划分方法报保监会备案。

三、内部控制有效性

再保制度建设情况 访谈并查看相关资料，检查审计对象是否依据外部监管规定，组织制定公司的再保业务制度、再保实务及再保业务流程，并适时组织进行优化。

再保执行督导。

访谈并查看相关资料，检查审计对象是否对分公司执行总公司再保制度情况进行督导。

保险高管审计指南第 6 号——负责投资职能的高级管理人员审计

对负责投资业务高级管理人员的审计，应紧紧围绕其岗位职责开展，重点对投资计划的制定、投资资产的管理、投资业绩的考核以及投资风险的评估等经营活动进行审计。

审计内容 审计要点及方法

一、经营成果真实性

拟定公司投资管理政策、制度、流程

1. 查看任职期间公司颁布和运行的投资管理政策、制度、流程。

2. 询问并查看投资管理组织架构基本情况(包括投资研究、交易管理、委托资产投资、权益投资、固定收益投资、国际业务投资、风险评估分析、信息披露等)。

3. 询问投资管理政策、制度及流程的制定、执行过程以及审计对象的参与情况,并检查相关支持性文档。

4. 询问审计对象任职期间是否定期审核提交各类投资管理制度并报董事会审议后执行,并检查相关支持性文档。

制定年度投资指引方案,负责投资指引执行跟踪分析并修订完善

1. 查看任职期间董事会批准的委托资产和自有资产投资指引。

2. 询问委托资产和自有资产投资指引的制定、分解、执行、修订过程以及审计对象的参与情况,并检查相关支持性文档。

建立投资授权管理体制,参与投资决策

1. 查看审计对象任职期间的投资授权管理政策。

2. 查看审计对象任职期间参与的投资决策委员会会议决议,检查审计对象的参与情况。

3. 询问审计对象是否参与任命各账户投资经理,并按照投资指引对其适当授权,检查相关支持性文档。

制定和完善分账户、分类别资产绩效评估规则,负责定期考核

1. 询问并查看审计对象任职期间制定的分账户、分类别资产配置、绩效评估规则。

2. 查看审计对象任职期间向董事会提交各账户、各类别资产定期投资业绩评估报告,检查审计对象是否进行审核。

负责投资业务信用风险和市场风险的评估研究和管理

1. 询问相关人员审计对象任职期间如何组织对投资信用风险、市场风险的识别和评估工作。

2. 查看审计对象任职期间向董事会提交各账户、各类别资产信用风险和市场风险的评估报告,检查审计对象是否进行审核。

负责研究并制定金融工具估值方法,负责公司投资业务风险管理信息披露

1. 询问相关人员公司是否颁布了金融工具估值方法及投资风险管理信息披露制度、流程。

2. 检查公司的投资风险管理信息披露规定是否符合相关法律法规的要求。

3. 查看任职期间公司财务报告中风险管理信息披露的内容,检查其是否符合公司的投资风险管理信息披露规定的要求。

负责投资管理人、托管人的选择、协调和考核管理

1. 查看审计对象任职期间颁布和运行的投资管理人、托管人管理制度(包括选择、协调和评价考核等)。

2. 询问投资管理人、托管人选择的标准、评估流程,以及审计对象的参与情况。

3. 检查审计对象对投资管理人、托管人评估报告的审批情况。

4. 询问委托投资协议、托管协议的谈判、审批流程,以及审计对象的参与情况。

5. 检查审计对象对委托投资协议、托管协议的审批情况。

协助进行资产负债管理

1. 查看审计对象任职期间颁布的与投连产品业务支持、流动性管理、资产负债管理相关的制度。

2. 查看审计对象任职期间为投连产品、偿付能力管理提供的投资报告,检查审计对象的审批情况。

二、经营行为合规性

监督各组合资产配置、投资范围是否符合法律法规、投资指引的要求,监督投资管理业务各环节是否符合法律法规的要求

1. 询问并检查公司对于各组合资产配置、投资范围符合法律法规、投资指引中投资限制的控制方法。

2. 查看审计对象任职期间是否定期组织对投资合规风险的识别和评估工作。

3. 查看任职期间公司财务报告及其他投资报告，检查各组合的资产配置、投资范围是否符合法律法规及投资指引的投资限制。

4. 查看任职期间公司向监管机构报送的所有相关报告（包括但不限于年度合规工作报告），检查是否存在投资方面的违规行为，检查所采取的补救措施、按规定的报告行为以及对违规责任人的追究情况。

5. 查看审计对象任职期间监管机构对公司的常规或专项检查的回复，了解并查看监管机构检查是否发现投资管理方面问题（如有）及后续整改情况。

6. 查看审计对象任职期间公司与监管机构的往来函件，检查公司是否有因投资管理方面受处罚的情况。

三、内部控制有效性

投资管理业务内部控制体制建立与执行，以确保内控控制的长期有效

1. 查看公司对审计对象任职的相关任命文件。

2. 查看公司总经理室（或公司党委）对审计对象职责分工的文件或会议记录。

3. 查看审计对象任职期间报送给总经理和/或治理层的工作总结和报告，以及公司对审计对象的考核结果。

4. 查看审计对象任职期间所接受内外部监督、检查、处分的相关资料。

5. 将各年度工作总结内容与询问到的任职期间审计对象的工作职责相比较，以判断工作内容与经授权的工作职责是否存在明显不一致。

6. 查看审计对象任职期间是否定期审核各投资业务部门所制定的重大内部控制制度并报董事会审议后执行。

7. 查看审计对象任职期间是否定期听取并批准投资管理部门对内部控制的统筹规划、组织推动、实时监控和定期排查等各类工作的汇报。

8. 查看审计对象任职期间内部审计部门的内部审计报告中提出投资管理相关的重大发现。

9. 查看审计对象任职期间外部审计师的管理建议书或内控鉴证意见中提出的投资管理相关的管理建议或重大缺陷发现。

保险高管审计指南第 7 号——负责精算职能的高级管理人员审计

对负责精算职能高级管理人员的审计，应紧紧围绕其岗位职责开展，重点对经验分析和假设制定、负债评估、价值评估以及资产负债管理等经营活动进行审计。

审计内容　审计要点及方法

一、经营成果真实性

经验分析和假设制定

1. 查看公司年度经验分析结果文档，查看审计对象是否定期复核公司的死亡率、疾病发生率、退保率、费用率、折现率及非寿险相关假设的经验分析过程。

2. 对于准备金计量涉及的重大会计政策和会计估计，查看公司是否在精算责任人和财务负责人同意后，提交公司董事会或总经理办公会审批。

3. 查看审计对象是否定期根据公司的经验分析结果，提出相关假设的建议，例如死亡率、疾病发生率、退保率、费用率、折现率以及非寿险相关假设等。

4. 查看审计对象是否合理考虑相关假设在负债评估、内含价值、资产负债管理等不同场合的应用。

5. 查看公司销售渠道的基本法，查看审计对象是否参与了公司基本法的制定和修改。

负债评估

1. 查看审计对象是否复核新产品的法定准备金建模。

2. 查看审计对象是否复核新产品的会计准备金建模。

3. 查看审计对象是否组织和完成会计准备金评估工作，并对最终结果进行审核和签字确认。

价值评估（仅适用寿险）

1. 查看审计对象是否复核新产品的内含价值建模。

2. 查看审计对象是否组织和完成内含价值评估工作，并对最终结果进行审核和签字确认。

3. 查看审计对象是否完成内含价值变动分析，为公司规划计划编制工作提供支持。

4. 查看审计对象是否向管理层提交年度内含价值分析报告，从利润、价值、资本需求等多角度分析公司年度经营结果和价值管理工作。

5. 查看审计对象是否定时跟踪和分析公司现有业务价值和新业务价值，为公司价值管理指标的设定和考核提供必需数据。

财务核算和预测

1. 查看审计对象是否根据监管要求完成分红账户的损益核算和分红特储的计提。

2. 查看审计对象是否定期组织分析公司利润构成和来源，并向管理层提出参考意见。

3. 查看公司的分红政策文档，查看审计对象是否参与公司分红政策的制定。

4. 查看审计对象是否组织人员配合公司进行未来几年的财务预测，并分析未来几年的利润来源，并对未来业务发展方向等关键假设做出建议。

5. 查看审计对象是否审阅并批准公司的动态偿付能力报告，并对报告使用的重要假设和预测结果进行审阅。

资产负债管理

1. 查看审计对象是否组织制定公司中长期资产负债管理规划，并提出战略规划中的资产负债管理需求。

2. 查看公司投资指引，查看审计对象是否参与公司投资指引制定工作。

3. 查看审计对象是否定期参与制定公司战略资产配置规划，并根据负债情况提出调整建议。

4. 查看审计对象是否跟踪公司资产的配置和收益情况，和公司投资收益率假设比较，并提出建议。

二、经营行为合规性

1. 查看公司的经验分析制度文档，查看审计对象是否参与制订了公司经验分析制度、流程和方法。

2. 查看审计对象是否定期组织人员对公司基本法应用情况进行评估和审阅，并根据有关问题提出修改建议。

3. 查看审计对象是否组织和完成月度、年度法定准备金及会计准备金评估工作，并对最终结果进行审核和签字确认。

4. 查看审计对象是否组织和完成年度精算报告编制工作，包括偿付能力报告以及动态偿付能力报告的制定。

5. 查看审计对象是否定期与财务人员沟通，适时跟进会计政策的变动，确保公司的会计准备金评估方法符合最近的监管法规要求。

6. 查看审计对象是否定期与承保、理赔及再保人员进行沟通，及时跟进公司经营流程的变化，确保公司的负债评估考虑以上经营变化。

7. 查看审计对象是否组织和完成年度内含价值监管报告编制工作。

8. 查看审计对象是否定期复核公司资产负债管理模型的建设、研究和维护，复核公司资产负债匹配情况，审阅公司资产负债管理报告并提出意见。

9. 查看审计对象是否复核各类评估文件资料的归档。

三、内部控制有效性

1. 查看董事会或者总经理对审计对象的任职批复，检查审计对象任职资质是否经过适当级别审批。

2. 查看审计对象任职期间接受公司治理层检查及考核情况。

3. 查看公司内部确定审计对象的工作职责以及范围的相关规章制度或董事会、总经理办公会等决策机构会议决议，检查其任职期间经相关授权的管理工作职责变化情况。

4. 查看审计对象任职期间报送给总经理和治理层的工作总结和报告。

5. 查看公司法定准备金评估流程文档，查看审计对象是否建立并定期完善法定准备金评估流程和内部控制体系。

6. 查看公司会计准备金评估流程文档，查看审计对象是否建立并定期完善会计准备金评估流程和内部控制体系。

7. 查看审计对象是否就准备金相关的会计政策和评估结果向董事会和管理层进行有效沟通。

8. 查看公司内含价值评估流程文档，查看审计对象是否建立并定期完善内含价值评估流程和内部控制体系。

保险高管审计指南第8号——负责财务职能的高级管理人员审计

对负责财务工作的高级管理人员的审计，应紧紧围绕其岗位职责开展，重点对财务制度管理、预算管理、资产负债管理、税务管理以及会计核算等经营活动进行审计。

审计内容　审计要点及方法

一、经营成果真实性

财务预算指标的制定及执行情况

年度/半年财务报告、年度纳税申报表、年度/季度偿付能力报告等相关信息真实性、完整性

1. 访谈了解审计对象是否组织制定了公司的财务预算，是否通过盈利预测将其量化分解。

2. 获取经上级公司批准的年度经营预算，查看年度财务预算是否经董事会或经营管理委员会（总经理）批准。

3. 通过对预算指标完成情况对比分析，评价经营决策是否得到有效的贯彻实施，是否存在传达不及时，贯彻不到位的情况。

4. 查看审计对象任职期间年度/半年财务报表、年度纳税申报表、年度/季度偿付能力报告等，查看是否经审计对象审签，并对关键经营指标及其相关基础数据进行抽查复核，评价关键经营指标是否真实。

(1)资产负债真实性。查看审计对象所在公司银行存款调节表、固定资产、低值易耗品等的对账单及资产账簿，抽查盘点固定资产、低值易耗品等实物资产，验证账账、账实是否相符；核查应收、应付等过渡性科目核算的真实性。

(2)损益真实性。查看相关业务、财务报表，核对相关数据，鉴证财务、业务关联数据的一致性，揭示是否存在违反权责发生制原则人为调整业务收入与支出、虚提、虚列各项准备金、费用、佣金及手续费等影响审计期间审计对象所在公司经营结果的事项。

5. 搜集经董事会或经营管理层审批的各项财务预算指标以及实际达成情况，核查是否与审计对象上报的述职报告或工作总结反映的数据一致。

二、经营行为合规性

1. 建立和完善财务管理体系

2. 有关规章制度和操作流程的构建

3. 建立财务条线督导管理制度

4. 对内外部检查发现的问题及时进行整改

5. 财务管理、会计核算信息系统建设及运用情况

(1)访谈了解审计对象任职期间相关财务管理制度和操作流程建设和完善情况，核查是否及时修订完善相关财务规章制度，审阅建立和完善的各项规章和操作流程是否符合国家法律法规及监管要求，是否符合公司经营发展的管控需求。

① 预算管理

访谈了解审计对象是否了解所在公司的经营发展策略以及对所在公司制定年度预算的参与程度，查看预算考核文件以及所在公司年度经营计划制定、分解流程；检查预算编制程序是否符合规定的程序，检查年度财务预算的编制是否通过盈利预测将其量化、分解落实；预算指标设置是否合理；是否组织建立了预算管理制度，是否建立了对所辖分支机构预算执行考核的制度。

查看公司年度和季度财务预算规划，评估其是否明确了相关参与人员的职责、权限、完成时间、质量要求以及奖惩措施，并检查其执行情况；查看年度财务整体预算是否经董事会或经营管理委会（总经理）批准。

查看年度、季度预算执行情况分析报告，检查预算执行是否存在较大偏差，是否对预算执行情况进行跟踪，并根据实际情况调整预算。

② 会计核算

访谈并查看有关会计资料（制度、报表、账簿），查看公司会计核算是否遵循会计准则、会计制度及相关

规定要求开展；是否制定相关核算规则。

访谈了解公司费用核算规则，查看公司费用核算规则，抽样检查应付手续费计提、手续费及佣金、业务及管理费列支及分摊的规范性。

访谈了解公司固定资产、流动资产核算规则及坏账核销管理规程，查看其是否符合相关监管规定，是否切合公司管控需要，并对其执行情况进行抽查，关注是否存在固定资产费用化、跨期列支费用的现象。

③ 资金管理

查看是否建立完善资金管理规程，查看相关资金管理规程是否符合国家法律法规，是否符合监管要求。

抽查银行账户清单及账户开设相关资料，检查账户开设是否合规。

访谈并核对银行对账单，检查是否存在舞弊情况。

④ 固定资产管理

访谈了解审计对象所在公司固定资产管理规程，查看固定资产购建、处置文件，检查是否存在违规购建固定资产，大宗采购固定资产是否符合管控要求，对在建工程项目进行检查。

⑤ 税务管理

访谈了解公司税务管理情况，检查审计对象及相关人员是否熟悉与公司经营有关的税务法规。

审查公司税款缴纳资料，检查是否按规定缴纳营业税、所得税等各项税款。

查看当地税务部门对公司税务检查的相关报告及处罚决定。

(2)访谈了解审计对象日常管理及授权情况是否合规，所在公司是否建立了财务管理督导机制。查看财务检查报告，访谈了解检查频率、检查内容以及督导效果。查看相关管理建议和整改工作方案，检查审计对象是否就审计发现及时安排了整改工作，整改工作的成效如何。

(3)查看公司按保监会、财政部等监管机构要求报送的各财务报告是否经过审计对象的恰当审核；需要报送董事会批准的，是否及时报送并得到了董事会的批准。

(4)检查审计对象是否安排和审阅了定期的业绩分析，是否组织会议讨论了业绩分析结果，并根据结果制定相关的管理方案。

(5)查看审计对象任职期间的年度审计报告，检查审计意见是否为无保留意见。如果审计意见为非标准意见，应针对出具非标准意见的情况，如重大的财务错报和漏报事项、审计范围受限事项等向审计对象进一步了解原因，判断公司是否存在经营问题或舞弊行为，以及公司是否进行了适当整改。

(6)了解公司是否建立符合业务发展和管理需要的财务信息系统，是否制定了财务信息系统的管理制度，系统开发和改造是否由总公司统一负责。

(7)查看公司按保监会、财政部等监管机构要求报送的各财务报告是否经过审计对象的恰当审核；需要报送董事会批准的，是否及时报送并得到了董事会的批准。

(8)检查公司偿付能力报告的编制是否符合相关监管规定。

(9)查看公司在审计对象任期内的偿付能力充足率，评估其是否根据公司业务进展/变化对相关资产、负债结构进行了调整，有效地保证了偿付能力的充足性。

三、内部控制有效性

1. 内部控制传导机制建立和维护

2. 财务督导及财务质量考核

3. 内部控制检查和测试

4. 组织对管控流程及标准的修订

5. 队伍建设与人才培养

6. 会计档案管理

(1)访谈了解审计对象所在机构是否建立内部控制传导机制，查看公文流转记录，检查是否及时贯彻落实监管机构及上级公司相关财务管理规程。

(2)审查是否开展财务管理考核工作，考核指标是否全面，是否定期组织、开展针对辖区内分支机构的财务管理工作的质量检查。

(3)检查审计对象是否安排和审阅了定期的业绩分析，是否组织会议讨论了业绩分析结果，并根据结果制定相关的管理方案，访谈并查看相关资料。

(4)检查审计对象是否定期组织对公司流程及标准的修订和完善,核查系统设置是否符合监管及公司内部控制的要求。

(5)获取任职期间所辖部门的人员任职、聘用、培训及会议相关资料;检查审计对象是否定期组织了对财会人员的专业资质的审查以及定期培训。

(6)检查总公司和分公司会计档案管理制度是否符合相关监管规定。

(7)检查审计对象是否按规定审批了会计核算、预算管理、资金管理、收付费平台等系统建设的需求。

保险高管审计指南第9号——负责信息技术职能的高级管理人员审计

对负责信息技术高级管理人员的审计,应紧紧围绕其岗位职责开展,重点对系统自动化控制、信息系统规划、灾备管理等经营活动进行审计。

一、总公司层面审计内容及方法

审计内容　审计要点及方法

一、经营成果真实性

信息化工作战略、规划及年度工作计划的制定

1. 查看经董事会批准的公司信息化规划,查看信息战略到信息化工作规划的制定、分解、执行过程以及各相关职能高管的参与情况。

2. 访谈了解审计对象在制定信息化工作规划时,如何判断信息化基础设施,信息系统功能、性能和安全保障需求的合理性与优先级,查看其判断的依据和标准。

3. 检查公司对信息化基础设施和信息系统功能、性能、安全保障等方面做出的规定,评估该标准的实施执行情况。

4. 查看本年度信息技术部门的工作计划,检查信息技术部门年度工作计划制定、执行和监督的过程,以及审计对象在其中参与的角色和职责,查看审计对象任职期间的业务档案,对计划的完成情况进行抽查复核。

系统自动化控制情况

1. 访谈审计对象,查看内部控制与合规管理信息化的实施、升级或成果,并获取相关文档进行检查。

2. 查看审计对象任期初始与任期结束时的系统清单和系统化内部控制的功能点清单,分析判断其任职期间在促进内部控制流程与信息系统有机结合方面的工作效果。

3. 访谈主要业务部门相关员工,如承保、理赔、再保、精算等,查看其部门提出的但尚未实现的系统化内部控制申请,对超过半年未能落实的申请进行跟进检查。

二、经营行为合规性

信息化规划定期审查、评估和修订机制

1. 查看任职期间信息化规划的审查、评估和修订记录,审阅具体的工作流程及其实施频率、方式。

2. 查看信息化规划修订的审批程序和审批权限。

3. 查看任职期间信息化规划完成的基本情况以及对未完成部分效益效果的跟进情况,抽样检查信息化规划的修订手续是否完备。

4. 查看信息化规划外项目的审批与评估程序,抽样检查任职期间重大规划外项目的审批手续是否完备。

系统开发与改造

1. 查看公司系统开发或重大改造的流程,检查上述流程是否包含功能与性能测试以及安全测评流程,该流程是否清晰可操作,且满足系统开发生命周期的常规要求。

2. 抽查任职期间系统开发或上线活动的相关文档,检查系统测试及签批的合规性。

信息化工作制度、标准和操作流程的制定

1. 获取信息化工作制度、标准和操作流程,查看其发布与更新的流程,检查是否存在定期评估的机制及执行情况。

2. 查看公司信息化工作的技术标准,检查是否存在数据标准、安全基线标准、程序验收标准以及数据修改程序标准,并评估是否存在缺陷。针对上述标准,访谈了解标准建立的依据和过程,以及可能存在的合

规风险。

3. 收集整理检查期间内外部发现的合规问题，访谈了解问题产生原因，检查其处罚及整改情况。

灾备管理情况

1. 查看公司信息系统安全管理规范以及灾备计划，结合访谈对比相关技术规范标准和监管要求，检查是否存在合规问题。

2. 询问重要数据的备份制度和策略制定及其实施情况，公司是否建立了同城或异地灾备中心，且灾备中心是否能够实现对应急处理机制和灾难恢复预案的支持。

3. 检查信息系统重大突发事件的应急处理机制及应急预案，检查应急预案是否明确启动机制、责任人员、处置流程、具体方案和外部资源，并评估其可操作性。

三、内部控制有效性

信息技术部门组织构架的建立

1. 查看信息技术部门组织结构图、岗位职责说明书及实际人员岗位对应表是否存在，并且与实际一致。

2. 检查信息技术部门人员配备及重要岗位职责分离的情况。

3. 访谈了解检查期间信息技术部门组织结构和职责的变动情况及决策过程，抽查询问变动主要涉及的部门员工，检查该变动的益弊。

人员考核及培养情况

1. 获取信息技术部门人员能力规划及培训方案的相关资料，检查审计对象在方案的制定、分解与执行过程中的角色和参与方式。

2. 查看相关人员能力规划以及培训方案的执行情况。

3. 查看信息技术部门考核标准的制定与执行程序，检查该考核体系是否能针对公司在信息化工作投入产出的效率效果进行评价，是否存在合理的信息化创新激励机制，并能对相应部门和人员进行合理的激励。

4. 获取信息技术部门及其关键岗位的绩效考核规则以及最近一次完成的考核结果的相关文件，检查二者是否一致。

二、分公司层面审计内容及方法

审计内容　审计要点及方法

一、经营成果真实性

信息管理工作的年度工作计划及中长期发展规划的制定

1. 查看任职期间本公司中长期发展规划、年度计划，检查是否与上级公司发展战略一致。

2. 获取审计对象任职期间信息管理绩效考核的相关指标文件，查看考核指标完成情况，访谈并查看相关资料，检查有关考核指标完成的真实性。

IT 财产管理

1. 获取涉及 IT 设备采购项目的采购申请审批文档，检查是否有申请人和审批人签字，以确定采购是否经过恰当的审批流程；获取 IT 设备的入库、领用、发放、盘点、报废等审批或记录文档，检查 IT 设备管理是否严格按照制度执行。

2. 访谈设备管理员和软件管理员，获取设备和软件正式入库时填写的《入库单》，检查是否有经办人和验收人的签字，检查在设备管理系统中是否有登记，检查发生变化的设备信息在设备档案卡片和设备管理系统中的登记记录是否一致。

3. 对于 IT 设备进行抽盘，检查 IT 财产数据的真实性。

二、经营行为合规性

信息安全策略的制定

1. 访谈了解审计对象任职期间公司信息安全策略的工作流程及相关规定，并获取相关制度，检查是否符合公司内外部监管要求。

2. 获取主要应用系统的运行维护日志，抽查信息系统漏洞处理运维记录文档，查看系统发现和处理的时间，以确定系统维护处理是否合规。

3. 访谈并查看相关制度、数据修改资料，审阅数据修改是否都经过恰当的审批和授权，检查是否存在人为故意或错误修改数据的情况。

4. 访谈了解服务器等关键信息设备的管理情况，询问关键信息设备存放是否安全，检查是否建立出入机房登记制度，是否安排专人监控机房，是否存在未经授权接触服务器等设备的情况。

5. 查看防病毒服务器设置，是否在服务器端开启了病毒实时防护，并设定了病毒库定义自动下载。

6. 检查防火墙配置，是否通过控制台或远程的方式对防火墙更新，并有安全验证。

7. 获取 VPN 访问流程和制度，检查是否规定了访问权限的开通必须经过相关部门的审批。从人力资源部获取在职人员清单，询问 VPN 使用人员是否均为公司在职员工。

8. 通过现场访谈、观察，查看是否存在擅自开发或自行安装并使用未经审批的外挂系统、软件的情况，对外挂系统功能进行了解，分析是否可能对应用系统运行带来负面影响。

数据备份与应急预案

1. 访谈了解系统数据备份机制，是否明确了备份范围、频度、方法、责任人、存放地点、有效性检查等内容。

2. 检查所有关键系统设置，备份日志功能是否已开启，获得对备份日志的检查记录(包括数据库/生产数据)，针对操作系统及应用程序检查是否根据制定的备份策略定期进行备份，是否保留完整备份记录。

3. 检查备份操作手册，是否规定了对所有关键系统进行异地备份；获得异地备份介质的存放记录，检查是否记录了存放介质、日期、时限和地点。

4. 现场检查备份介质的保存情况，是否具有防火、防水、防盗功能。

运用系统的实施 获取数据的检查和校验规则、校验结果及后台操作的记录，核查校验规则是否可行，校验结果的处理是否能保证数据的准确、完整，后台操作流程是否合规，对后台操作的管理和监控是否有效。

系统用户和权限管理

1. 访谈了解审计对象任职期间公司信息系统权限管理的相关规定，并获取相关制度，检查是否符合公司内外部监管要求。

2. 获取系统用户及对应的权限列表，与员工岗位明细核对，检查其权限是否与岗位一致，是否存在员工拥有不相容系统权限情况。

3. 从信息系统现有用户账户列表中选取新增及变更用户账户，检查是否有对应的用户账户维护表格及授权审批记录，权限设置是否与审批记录一致。

4. 获取人力资源部门员工离职记录，信息系统现有用户账户列表、权限设置及账户维护历史记录，检查账户删除或重置是否符合相关管理流程的要求，是否存在顶替冒用的情况。

5. 查看主管人员对系统用户的审阅记录，以确定主管人员是否定期对信息系统的用户账户和权限设置进行审阅。

6. 获取信息系统中当前用户账户的口令策略设置，检查是否与相关管理制度的要求一致，以确定信息系统账户和口令策略是否得到了有效实施。

三、内部控制有效性

信息系统运行政策、制度和操作流程的制定

1. 获取和审阅信息系统运行政策、制度和操作流程等资料，对照主要风险点，对信息技术管理的各环节的控制措施进行分析，判断规定是否健全和合理，并检查其是否定时更新，更新是否经过恰当的审批。

2. 访谈信息技术部负责人，查看是否建立并执行用户管理制度、定期备份制度、信息系统安全保密和泄密责任追究制度等。

3. 访谈了解相关岗位人员对本岗位涉及制度的熟悉程度。

负责领域的队伍建设与部门管理工作 获取任职期间所辖部门的人员聘用、任职、培训及日常会议资料，询问检查对于负责领域的日常管理及授权情况是否合规。

保险高管审计指南第10号——负责人力资源与行政职能的高级管理人员审计

第一节 人力资源管理

对负责人力资源高级管理人员的审计，应紧紧围绕其岗位职责开展，重点对用工管理、员工培训、绩效考核、人工成本及薪酬福利机制建立等经营活动进行审计。

审计内容 审计要点及方法

一、经营成果真实性

绩效考核

1. 获取审计对象任职期间制定的，或者上级公司下达的有关人力资源管理绩效考核的相关指标及考核文件，了解考核指标完成情况。

2. 访谈并查阅相关资料，审阅考核指标(如工资总额等)完成的真实性。

3. 取得年度人力资源管理方面工作计划和工作总结，了解计划完成情况。

公司组织结构和职位体系的建立

1. 访谈了解公司本部及下辖机构的部门和岗位设置情况。

2. 获取各部门职责，判断各部门职责是否存在交叉、重复或真空。

3. 获取各岗位说明书，判断是否明确各岗位的职责、权限、具体工作范围等。

4. 判断部门和岗位设置是否符合业务规模、经营管理的需要，是否合理、精简、高效，能否体现相互监督、相互制约、协调合作的原则，核实是否单独设立风险合规、内部控制等部门和岗位。

其他

查看监管机构或者内部检查报告，了解其中提及与经营成果真实性有关的违规人员的追究情况，并查看报告中是否提及由于人力资源管理的违规行为导致经营成果真实性违规行为及后续整改措施和报告。

二、经营行为合规性

制度建设

1. 查看员工聘用、管理、解聘、违规人员追究情况相关的制度和流程；检查相关制度和流程是否符合法律法规，监管机构或者上级公司的要求。

2. 检查是否按照公司整体规划或者上级公司规定编制人员发展规划。

3. 了解公司培训工作开展情况，查看员工培训需求分析报告，并询问是否有针对性开展培训以满足员工的培训需求；查看公司员工培训工作总结，检查是否有针对合规性及内部控制等相关领域开展培训。

4. 查看监管机构或者内部检查报告，了解其中提及的违规人员的追究情况，并查看报告中是否提及人力资源管理范围内是否存在违法违规行为及后续整改措施和报告。

用工管理

1. 获取最近一期的人力资源需求计划，检查是否按照上级公司规定及本公司实际编制人员发展规划，并与实际执行情况进行比较。

2. 获取招聘方面的管理制度和操作流程，并对近期招聘档案、员工个人所得税、社保缴纳资料进行审阅，检查其是否符合程序要求。

3. 了解公司解聘员工、员工辞职的流程及审批权限，获取当年公司解聘员工的清单，核查相关流程是否合规，是否与离司员工签订保密协议及是否存在劳动争议等情况。

三、内部控制有效性

岗位设计及管理

1. 询问公司组织架构设置情况及岗位管理流程。

2. 获取各部门职责，判断各部门职责是否存在交叉、重复、真空或者不兼容。

3. 查看组织架构图及岗位设计计划，查看是否单独设立风险合规、内部控制岗位。

4. 查看外部咨询机构咨询报告(如有)，询问针对咨询报告的发展建设建议是否做出相应的改进。

5. 访谈并查阅有关制度资料，检查是否实施各级管理人员及关键岗位员工定期轮岗、强制休假、回避制度。

6. 关键岗位人员离职前，是否进行工作交接或离任审计。

7. 访谈并调阅员工合同资料，检查是否与离司员工签订保密协议。

薪酬管理

1. 查看人力薪酬计划，并查看是否经董事会、薪酬委员会或者上级公司批准。

2. 查看任期内历年人力成本管理预算及年度总结，查看其预算执行情况。

3. 检查是否按规定代扣代缴员工个人所得税款；检查是否按规定为员工办理社会统筹养老保险、失业保险、医疗保险，缴纳住房公积金等。

绩效管理

1. 查看公司绩效管理办法，以及绩效管理、薪酬激励、福利保障等计划和措施，并查看是否得到董事会或者薪酬委员会的批准。

2. 查看监管机构检查报告中是否存在与绩效管理、薪酬激励等措施相关的违反有关规定的情况及后续整改措施和报告。

人力资源信息系统

1. 了解公司人力资源信息系统建设情况。

2. 查看公司人力资源信息系统建设计划(如有)，查看信息系统验收报告。

员工培训

1. 了解公司培训工作开展情况，查看员工培训需求分析报告，核实是否有针对性开展培训以满足员工的培训需求。

2. 获取公司最近一年的培训记录和培训档案，检查培训内容是否与员工岗位紧密结合，是否达到预期效果。

第二节　行政管理

对负责行政高级管理人员的审计，应紧紧围绕其岗位职责开展，重点对固定资产、采购、印章、公文、品宣、机构管理等经营活动进行审计。

审计内容　审计要点及方法

一、经营成果真实性

行政工作战略规划及年度工作计划的制定

1. 查看经董事会批准的公司行政工作战略规划，检查行政工作规划的制定、分解、执行过程以及各相关职能高管的参与情况。

2. 查看工作计划，访谈了解部门年度工作计划制定、执行和监督的过程，检查其是否符合公司的战略规划，以及审计对象在其中参与的角色和工作职责。

3. 获取审计对象任职期间有关行政管理绩效考核的相关指标文件，查看考核指标完成情况。

4. 查看任职期间业务档案，对年度工作计划完成情况进行抽查复核。

行政部门费用支出情况

1. 查看行政部门明细费用预算及执行情况。

2. 抽查行政部门明细费用支出，检查支出的真实性、合理性，检查有无虚列行政办公费用套取资金情况，特别关注接受和使用虚假发票问题。

二、经营行为合规性

固定资产管理

1. 访谈了解审计对象任职期间公司对资产实物的管理流程及管理方式，包括固定资产、低值易耗品等。

2. 获取固定资产预算、购置清单等，核查预算是否经有效审批并严格执行，购置流程是否符合有关规定。

3. 检查零星固定资产、低值易耗品管理是否符合规定，低值易耗品是否办理出入库和登记手续。

4. 获取固定资产盘点记录，核查是否定期盘点固定资产，盘点记录是否经有效复核及审签，盘盈盘亏的账务处理是否及时、准确。

5. 获取固定资产总账、明细账，盘点固定资产实物，核查是否账账相符、账实相符，检查房产、土地、车辆等大宗资产产权归属情况，关注有无账外资产。

6. 询问固定资产管理情况，检查有无因管理不当造成固定资产长期闲置、浪费，甚至导致提前报废、毁损的情况。

7. 获取固定资产处置资料，核查固定资产处置流程是否规范，是否存在擅自处置、变卖固定资产的现象。

采购管理

1. 访谈了解审计对象任职期间公司集中采购的方式、程序及主要的采购事项并获取相关资料，核查相关预算是否经有效审批并严格执行，购置、装修、租赁流程是否符合规定。

2. 调取并审查集中采购会议记录、招投标资料、评标记录和评标结果，检查采购项目是否按照制度要求进行招投标处理。

3. 调取集中采购档案资料，检查中标结果的报批流程是否符合制度规定。

公文管理及重大事件上报情况

1. 获取公司公文收发记录，检查有无相应审批记录，收发文是否及时。

2. 检查重大事项有无及时上报、审批是否符合权限分级机制。

机构管理情况

1. 查看机构设立、撤并的相关文件，审查是否存在未经批准私自设立、撤销分支机构及营业场所的行为。

2. 查看有关机构证照的办理及年检情况，审查是否按规定办理工商营业执照、税务登记证、组织机构代码证以及保险业务许可证等证照的新设登记、年检、变更、注销以及相关文件的盖章、负责人签字等事宜。

品牌宣传情况

1. 访谈了解公司品牌策略及标识管理相关要求，并获取相关宣传材料检查其实施情况。

2. 获取公司广告投放、行销辅助品开发的相关资料，审核其合规性。

3. 访谈了解审计对象任职期间媒体危机事件的处理情况并评估其对于公司品牌的影响。

三、内部控制有效性

行政制度建设情况

访谈并查看公司行政管理方面的相关制度，检查公司制度建设情况，是否符合监管机构的要求及公司的实际情况。

行政部门组织构架的建立

1. 查看行政部门组织结构图、人员岗位职责说明书及实际人员岗位对应表是否存在，并且与实际一致。

2. 访谈了解行政序列权限分级管理机制并查看相关资料，评估其合理性。

人员考核及培养情况

1. 获取行政部门人员能力规划及培训方案的相关资料，查看审计对象在方案的制定、分解与执行过程中的角色和参与方式。

2. 查看相关人员能力规划以及培训方案的执行情况。

3. 查看考核标准的制定与执行程序，检查该考核体系是否能对公司在行政工作投入产出的效率效果进行评价，是否存在合理的创新激励机制，并能对相应的部门和人员实施合理的激励。

4. 获取部门人员的绩效考核规则以及最近一次完成的考核结果的相关文件，检查二者是否一致。

保险高管审计指南第 11 号——负责风险管控职能的高级管理人员审计

第一节 风险管理

对负责风险管理高级管理人员的审计，应紧紧围绕其岗位职责开展，重点对风险评估及应对工作、重大风险事件的上报等经营活动进行审计。

审计内容　审计要点及方法

一、经营成果真实性

风险管理工作的年度工作计划及中长期发展规划的制定

1. 查看经董事会批准的公司风控工作规划，检查风控工作规划的制定、分解、执行过程以及各相关职能高管的参与情况。

2. 查看年度工作计划，检查年度工作计划制定、执行和监督的过程，检查其是否符合公司的战略规划，以及审计对象在其中参与的角色和工作职责。

3. 获取审计对象任职期间有关风险管理绩效考核的相关指标文件，查看考核指标完成情况。

4. 查看任职期间业务档案，对年度工作计划完成情况进行抽查复核。

风险管理制度建设情况 访谈并查看相关制度，检查公司是否制定风险管理相关的制度，是否符合监管机构的要求及公司的实际情况。

二、经营行为合规性

风险评估及应对工作

1. 访谈了解公司的风险管理流程，获取公司的风险识别、风险分析、风险预警和报告相关的制度。

2. 获取任期内风险控制矩阵，检查是否所有风险点均有相应控制点对应，查看公司是否对风险点和控制点进行了风险评级，并识别了重要风险和控制。

重大风险事件的上报

1. 获取上报的风险评估报告，检查其上报时间、频率是否符合公司要求。

2. 检查风险管理部门是否及时上报重大风险事件，管理层对于高风险事件的处理情况是否符合权限分级机制。

风险管理工作流程的制定

1. 获取风险评估及报告工作流程的有关资料，对各环节的控制措施进行分析，判断其是否健全和合理，并检查其是否定时更新，更新是否经过管理层审批。

2. 访谈风险管理部门员工，询问其对于相关工作流程等相关规定的了解情况，并抽取工作档案进行复核。

三、内部控制有效性

风险管理部门组织构架的建立

1. 查看风险管理部门组织结构图、人员岗位职责说明书及实际人员岗位对应表是否存在，并且与实际一致。

2. 查看公司风险管理整体人员数字以及公司人员数字，参照保监会相关规定，检查人力资源配备比例是否充足。

3. 访谈了解检查期间风险管理部门组织结构和职责的变动情况及决策过程，抽查询问变动主要涉及的部门员工，检查该变动的益弊。

人员考核及培养情况

1. 获取风险管理部门人员能力规划及培训方案的相关资料，查看审计对象在方案的制定、分解与执行过程中的角色和参与方式。

2. 查看相关人员能力规划以及培训方案的执行情况。

3. 查看考核标准的制定与执行程序，检查该考核体系是否能够对于公司在风险管理工作投入产出的效率效果进行评价，是否存在合理的创新激励机制，并能对相应的部门和人员实施合理的激励。

4. 获取部门人员的绩效考核规则以及最近一次完成的考核结果的相关文件，检查二者是否一致。

第二节　法律合规

对负责法律合规高级管理人员的审计，应紧紧围绕其岗位职责开展，重点对合规检查、法律纠纷案件、文件审核、后续整改等经营活动进行审计。

审计内容　审计要点及方法

一、经营成果真实性

法律合规工作的年度工作计划及中长期发展规划的制定

1. 查看经董事会批准的公司法律合规工作规划，检查法律合规工作规划的制定、分解、执行过程及其各相关职能高管的参与情况。

2. 查看年度工作计划，检查年度工作计划制定、执行和监督的过程，检查其是否符合公司的战略规划，以及审计对象在其中参与的角色和工作职责。

3. 获取审计对象任职期间有关法律合规绩效考核的相关指标文件，查看考核指标完成情况。

4. 查看任职期间业务档案，对年度工作计划完成情况进行抽查复核。

制度建设情况

1. 访谈并查看相关制度，检查公司制度建设情况，是否符合监管机构的要求及公司的实际情况。

2. 访谈了解各项制度是否有效地传达至各级机构并被有效执行。

二、经营行为合规性

合规检查情况

1. 获取合规检查工作档案、记录及报告等资料，审查相关检查是否按照公司规定的流程及要求开展。

2. 获取检查文件流转记录，检查是否按照规定及时、如实地上报。

3. 查看任职期间的合规报告，评估改进建议的合规性及可操作性。

法律纠纷案件的处理 访谈了解任期内发生的法律纠纷案件及其诉讼情况，并获取相关资料进行检查，检查案件的处理是否及时、合规。

文件的审核 获取公司合同、协议登记表，检查重大合同及协议的合规审核情况，检查其是否符合权限分级机制。

内外部检查的整改情况 访谈了解内外部监督检查及处罚情况，取得有关资料，检查是否及时上报发现的问题、组织整改并上报整改报告。

三、内部控制有效性

法律合规部门组织构架的建立

1. 查看法律合规部门组织结构图、人员岗位职责说明书及实际人员岗位对应表是否存在，并且与实际一致。

2. 查看公司法律合规部门整体人员数字以及公司人员数字，参照保监会相关规定，检查人力资源配备比例是否充足。

3. 访谈了解检查期间法律合规部门组织结构和职责的变动情况及决策过程，抽查询问变动主要涉及部门的员工，检查该变动的益弊。

人员考核及培养情况

1. 获取法律合规部门人员能力规划及培训方案的相关资料，查看审计对象在方案的制定、分解与执行过程中的角色和参与方式。

2. 查看相关人员能力规划以及培训方案的执行情况。

3. 查看考核标准的制定与执行程序，检查该考核体系是否能对公司在法律合规工作投入产出的效率效果进行评价，是否存在合理的创新激励机制，并能对相应的部门和人员实施合理的激励。

4. 获取部门人员的绩效考核规则以及最近一次完成的考核结果的相关文件，检查二者是否一致。

第三节 内部控制

对负责内部控制高级管理人员的审计，应紧紧围绕其岗位职责开展，重点对内控检查、内控体系设计及实施、内控自我评估等经营活动进行审计。

审计内容 审计要点及方法

一、经营成果真实性

内控工作的年度工作计划及中长期发展规划的制定

1. 查看经董事会批准的公司内控工作规划，检查内控工作规划的制定、分解、执行过程以及各相关职能高管的参与情况。

2. 查看年度工作计划，检查年度工作计划制定、执行和监督的过程，检查其是否符合公司的战略规划，以及审计对象在其中参与的角色及工作职责。

3. 获取审计对象任职期间有关内控管理绩效考核的相关指标文件，检查考核指标完成情况。

4. 查看任职期间业务档案，对年度工作计划完成情况进行抽查复核。

内控制度的制定与完善

1. 访谈了解公司是否存在完善的内控风险管理体系，并查看公司相关制度，评估是否能够覆盖主要的监管要求。

2. 访谈了解公司对于相关制度的培训、学习情况，取得相关资料，检查各项制度是否有效地传达至各级机构并被执行，访谈公司相关管理人员，询问其对于有关制度的认识情况。

二、经营行为合规性

内控检查情况

1. 访谈并查看工作计划、工作总结及有关报告等资料，审查是否按照公司相关规定及要求认真组织开展内控检查及内控评估等工作。

2. 查看相关工作档案、记录，检查内控工作是否符合工作程序要求。

3. 获取文件流转记录，检查是否按照规定及时、如实地上报检查报告。

4. 访谈并查看有关文件，检查是否及时下发相关检查结论和意见，是否督促被检查单位及时落实整改发现的问题。

反洗钱情况

1. 访谈并查阅相关文件、会议记录，检查是否成立反洗钱相关机构并设置相应岗位。

2. 调阅相关资料，检查是否建立反洗钱的相关制度规定。

3. 访谈并查阅相关资料，检查是否组织反洗钱自查自纠工作并按规定向监管部门报送反洗钱信息及相关报告。

4. 检查是否组织反洗钱相关培训工作。

内控体系的设计及实施

1. 询问公司的内部控制流程、风险点和控制点识别过程，询问公司控制点更新的流程和频率，取得相关资料，检查公司内部控制评估的有效性。

2. 查看审计对象任期初始与任期结束时的内部控制功能点清单，分析判断其任职期间在促进内部控制工作方面的工作效果。

三、内部控制有效性

内部控制部门组织构架的建立

1. 查看内部控制部门组织结构图、人员岗位职责说明书及实际人员岗位对应表是否存在，并且与实际一致。

2. 查看公司内部控制部门整体人员数字以及公司人员数字，参照保监会相关规定，检查人力资源配备比例是否充足。

3. 访谈了解检查期间内部控制部门组织结构和职责的变动情况及其决策过程，抽查询问变动主要涉及的部门员工，检查该变动的益弊。

人员考核及培养情况

1. 获取内部控制部门人员能力规划及培训方案的相关资料，查看审计对象在方案的制定、分解与执行过程中的角色和参与方式。

2. 查看相关人员能力规划以及培训方案的执行情况。

3. 查看考核标准的制定与执行程序，检查该考核体系是否能对公司在内部控制工作投入产出的效率效果进行评价，是否存在合理的创新激励机制，并能对相应的部门、人员实施合理的激励。

4. 获取部门人员的绩效考核规则以及最近一次完成的考核结果的相关文件，检查二者是否一致。

内部控制自我评估情况

1. 检查公司内部控制自我评价的频率、范围、程序，询问内控评估工作是否围绕内部环境、风险评估、控制活动、信息与沟通、内部监督进行。

2. 询问公司的管理层测试计划，查看测试频率、测试范围等内容，评估公司的管理层测试是否覆盖到公司各级机构、各个重要的控制点。

3. 查看执行管理层测试的人员是否具有独立性。

4. 查看管理层测试发现的问题清单以及公司的评估文档，查看公司的评估文档是否客观反映了所发现的问题，询问公司对于测试发现的缺陷，是否有整改计划以及整改计划的落实情况。

5. 查看公司是否向董事会、监事会或管理层汇报了内控缺陷，重大缺陷是否经董事会最终认定。

6. 查看内部控制评价报告是否包含以下内容：

• 董事会声明

• 内部控制评价工作的总体情况及评价依据

• 内部控制的评价范围、程序和方法

• 内部控制缺陷、认定以及整改情况

• 内部控制有效性的结论

7. 查看内控评估报告以及其他内部控制相关的披露，判断内控评估报告是否符合《企业内部控制评价指引》或其他相关规定的要求，查看公司内部控制缺陷的认定是否考虑了定性和定量的要求，根据以上了解，判断内控评估报告是否有明显不合理之处。

第四节 内部审计

对负责内部审计高级管理人员的审计，应紧紧围绕其岗位职责开展，重点对内审检查、后续整改追踪等经营活动进行审计。

审计内容 审计要点及方法

一、经营成果真实性

内部审计工作的年度工作计划及中长期发展规划的制定

1. 查看经董事会批准的公司内部审计工作规划，检查内审工作规划的制定、分解、执行过程以及各相关职能高管的参与情况。

2. 查看年度工作计划，检查年度工作计划制定、执行和监督的过程，检查其是否符合公司的战略规划，以及审计对象在其中参与的角色和工作职责。

3. 获取审计对象任职期间有关内审绩效考核的相关指标文件，检查考核指标完成情况。

4. 查看任职期间业务档案，对年度工作计划完成情况进行抽查复核。

内部审计制度建设情况

获取审计对象任职期间公司内部审计基本制度、审计工作制度和审计实务操作指南，检查其是否符合相关监管要求，并抽取工作档案进行复核。

二、经营行为合规性

内审检查情况

1. 访谈并查看工作计划、工作总结及有关报告等资料，审查是否按照公司内外部相关规定及要求认真组织开展高管审计、专项审计、反洗钱审计等内部审计工作。

2. 查看相关工作档案、记录，审阅工作是否符合工作程序要求。

3. 查看文件流转记录，检查是否按照规定及时、如实地上报检查报告。

4. 访谈并查看有关文件，检查是否及时下发相关检查结论和意见，是否督促被检查单位及时落实整改发现的问题。

内外部检查的整改情况 询问内外部监督检查及处罚情况，并取得有关资料，检查是否对于发现的问题及时上报、组织整改并上报整改报告。

三、内部控制有效性

内部审计部门组织构架的建立

1. 查看内部审计部门组织结构图、人员岗位职责说明书及实际人员岗位对应表是否存在，并且与实际一致。

2. 查看公司内部审计部门整体人员数字以及公司人员数字，参照保监会相关规定，检查人力资源配备比例是否充足。

3. 访谈了解检查期间内部审计部门组织结构和职责的变动情况及决策过程，抽查询问变动主要涉及的部门员工，检查该变动的益弊。

人员考核及培养情况

1. 获取内部审计部门人员能力规划及培训方案的相关资料，查看审计对象在方案的制定、分解与执行过程中的角色和参与方式。

2. 查看相关人员能力规划以及培训方案的执行情况。

3. 查看考核标准的制定与执行程序，检查该考核体系是否能对公司在内部审计工作投入产出的效率效果进行评价，是否存在合理的创新激励机制，并能对相应部门和人员实施合理的激励。

4. 获取部门人员的绩效考核规则以及最近一次完成的考核结果的相关文件，检查二者是否一致。

第三部分

经济责任审计法律法规

中共中央办公厅、国务院办公厅关于印发《党政主要领导干部和国有企业领导人员经济责任审计规定》的通知

（中办发〔2010〕32 号，2010 年 10 月 12 日）

各省、自治区、直辖市党委和人民政府，中央和国家机关各部委，解放军各总部、各大单位，各人民团体：

《党政主要领导干部和国有企业领导人员经济责任审计规定》（以下简称《规定》），已经中央同意，现印发给你们，请遵照执行。

《规定》的颁布施行，是贯彻落实党的十七大和十七届四中全会精神的重要举措，是加强经济责任审计法规制度建设、规范经济责任审计行为、促进经济责任审计工作科学发展的现实需要，对于增强领导干部依法履行经济责任意识、完善领导干部管理和监督机制、促进惩治和预防腐败体系建设具有重要意义。地方各级党委和政府要切实加强对经济责任审计工作的领导，党政主要领导干部和国有企业领导人员要依法依规自觉接受、主动配合经济责任审计。各地区各部门要按照中央的统一部署和要求，结合实际情况，研究制定加强领导干部经济责任审计的具体措施。

《规定》执行过程中的重要情况和建议，要及时报告中央。

党政主要领导干部和国有企业领导人员经济责任审计规定

第一章　总　　则

第一条　为健全和完善经济责任审计制度，加强对党政主要领导干部和国有企业领导人员（以下简称领导干部）的管理监督，推进党风廉政建设，根据《中华人民共和国审计法》和其他有关法律法规，以及干部管理监督的有关规定，制定本规定。

第二条　党政主要领导干部经济责任审计的对象包括：

（一）地方各级党委、政府、审判机关、检察机关的正职领导干部或者主持工作一年以上的副职领导干部；

（二）中央和地方各级党政工作部门、事业单位和人民团体等单位的正职领导干部或者主持工作一年以上的副职领导干部；上级领导干部兼任部门、单位的正职领导干部，且不实际履行经济责任时，实际负责本部门、本单位常务工作的副职领导干部。

第三条　国有企业领导人员经济责任审计的对象包括国有和国有控股企业（含国有和国有控股金融企业）的法定代表人。

第四条　本规定所称经济责任，是指领导干部在任职期间因其所任职务，依法对本地区、本部门（系统）、本单位的财政收支、财务收支以及有关经济活动应当履行的职责、义务。

第五条　领导干部履行经济责任的情况，应当依法接受审计监督。

根据干部管理监督的需要，可以在领导干部任职期间进行任中经济责任审计，也可以在领导干部不再担任所任职务时进行离任经济责任审计。

第六条　领导干部的经济责任审计依照干部管理权限确定。

地方审计机关主要领导干部的经济责任审计，由本级党委与上一级审计机关协商后，由上一级审计机关组织实施。

审计署审计长的经济责任审计，报请国务院总理批准后实施。

第七条　审计机关依法独立实施经济责任审计，任何组织和个人不得拒绝、阻碍、干涉，不得打击报复审计人员。

第八条 审计机关和审计人员对经济责任审计工作中知悉的国家秘密、商业秘密,负有保密义务。

第九条 各级党委和政府应当保证审计机关履行经济责任审计职责所必需的机构、人员和经费。

第二章 组织协调

第十条 各级党委和政府应当加强对经济责任审计工作的领导,建立经济责任审计工作联席会议(以下简称联席会议)制度。联席会议由纪检、组织、审计、监察、人力资源社会保障和国有资产监督管理等部门组成。

联席会议下设办公室,与同级审计机关内设的经济责任审计机构合署办公,负责日常工作。联席会议办公室主任为同级审计机关的副职领导或者同职级领导。

第十一条 联席会议的主要职责是研究制定有关经济责任审计的政策和制度,监督检查、交流通报经济责任审计工作开展情况,协调解决工作中出现的问题。

第十二条 联席会议办公室的主要职责是研究起草有关经济责任审计的法规、制度和文件,研究提出年度经济责任审计计划草案,总结推广经济责任审计工作经验,督促落实联席会议决定的有关事项。

第十三条 经济责任审计应当有计划地进行。组织部门每年提出下一年度经济责任审计委托建议,经联席会议办公室研究后提出经济责任审计计划草案,由审计机关报请本级政府行政首长审定后,纳入审计机关年度审计工作计划并组织实施。

第三章 审计内容

第十四条 经济责任审计应当以促进领导干部推动本地区、本部门(系统)、本单位科学发展为目标,以领导干部守法、守纪、守规、尽责情况为重点,以领导干部任职期间本地区、本部门(系统)、本单位财政收支、财务收支以及有关经济活动的真实、合法和效益为基础,严格依法界定审计内容。

第十五条 地方各级党委和政府主要领导干部经济责任审计的主要内容是:本地区财政收支的真实、合法和效益情况;国有资产的管理和使用情况;政府债务的举借、管理和使用情况;政府投资和以政府投资为主的重要项目的建设和管理情况;对直接分管部门预算执行和其他财政收支、财务收支以及有关经济活动的管理和监督情况。

第十六条 党政工作部门、审判机关、检察机关、事业单位和人民团体等单位主要领导干部经济责任审计的主要内容是:本部门(系统)、本单位预算执行和其他财政收支、财务收支的真实、合法和效益情况;重要投资项目的建设和管理情况;重要经济事项管理制度的建立和执行情况;对下属单位财政收支、财务收支以及有关经济活动的管理和监督情况。

第十七条 国有企业领导人员经济责任审计的主要内容是:本企业财务收支的真实、合法和效益情况;有关内部控制制度的建立和执行情况;履行国有资产出资人经济管理和监督职责情况。

第十八条 在审计以上主要内容时,应当关注领导干部在履行经济责任过程中的下列情况:贯彻落实科学发展观,推动经济社会科学发展情况;遵守有关经济法律法规、贯彻执行党和国家有关经济工作的方针政策和决策部署情况;制定和执行重大经济决策情况;与领导干部履行经济责任有关的管理、决策等活动的经济效益、社会效益和环境效益情况;遵守有关廉洁从政(从业)规定情况等。

第十九条 有关部门和单位、地方党委和政府的主要领导干部由上级领导干部兼任,且实际履行经济责任的,对其进行经济责任审计时,审计内容仅限于该领导干部所兼任职务应当履行的经济责任。

第四章 审计实施

第二十条 审计机关应当根据年度经济责任审计计划,组成审计组并实施审计。

第二十一条 审计机关应当在实施经济责任审计3日前,向被审计领导干部及其所在单位或者原任职单位(以下简称所在单位)送达审计通知书。遇有特殊情况,经本级政府批准,审计机关可以直接持审计通知书实施经济责任审计。

第二十二条 审计机关实施经济责任审计时,应当召开有审计组主要成员、被审计领导干部及其所在单位有关人员参加的会议,安排审计工作有关事项。联席会议有关成员单位根据工作需要可以派人参加。

审计机关实施经济责任审计，应当进行审计公示。

第二十三条 审计机关在经济责任审计过程中，应当听取本级党委、政府和被审计领导干部所在单位有关领导同志，以及本级联席会议有关成员单位的意见。

第二十四条 审计机关在进行经济责任审计时，被审计领导干部及其所在单位，以及其他有关单位应当提供与被审计领导干部履行经济责任有关的下列资料：

(一)财政收支、财务收支相关资料；

(二)工作计划、工作总结、会议记录、会议纪要、经济合同、考核检查结果、业务档案等资料；

(三)被审计领导干部履行经济责任情况的述职报告；

(四)其他有关资料。

第二十五条 被审计领导干部及其所在单位应当对所提供资料的真实性、完整性负责，并作出书面承诺。

第二十六条 审计机关履行经济责任审计职责时，可以依法提请有关部门和单位予以协助，有关部门和单位应当予以配合。

第二十七条 审计组实施审计后，应当将审计组的审计报告书面征求被审计领导干部及其所在单位的意见。根据工作需要可以征求本级党委、政府有关领导同志，以及本级联席会议有关成员单位的意见。

被审计领导干部及其所在单位应当自接到审计组的审计报告之日起 10 日内提出书面意见；10 日内未提出书面意见的，视同无异议。

第二十八条 审计机关按照《中华人民共和国审计法》及相关法律法规规定的程序，对审计组的审计报告进行审议，出具审计机关的经济责任审计报告和审计结果报告。

第二十九条 审计机关应当将经济责任审计报告送达被审计领导干部及其所在单位。

第三十条 审计机关应当将经济责任审计结果报告等结论性文书报送本级政府行政首长，必要时报送本级党委主要负责同志；提交委托审计的组织部门；抄送联席会议有关成员单位。

第三十一条 被审计领导干部所在单位存在违反国家规定的财政收支、财务收支行为，依法应当给予处理、处罚的，由审计机关在法定职权范围内作出审计决定。

审计机关在经济责任审计中发现的应当由其他部门处理的问题，依法移送有关部门处理。

第三十二条 被审计领导干部对审计机关出具的经济责任审计报告有异议的，可以自收到审计报告之日起 30 日内向出具审计报告的审计机关申诉，审计机关应当自收到申诉之日起 30 日内作出复查决定；被审计领导干部对复查决定仍有异议的，可以自收到复查决定之日起 30 日内向上一级审计机关申请复核，上一级审计机关应当自收到复核申请之日起 60 日内作出复核决定。

上一级审计机关的复核决定和审计署的复查决定为审计机关的最终决定。

第五章 审计评价与结果运用

第三十三条 审计机关应当根据审计查证或者认定的事实，依照法律法规、国家有关规定和政策，以及责任制考核目标和行业标准等，在法定职权范围内，对被审计领导干部履行经济责任情况作出客观公正、实事求是的评价。审计评价应当与审计内容相统一，评价结论应当有充分的审计证据支持。

第三十四条 审计机关对被审计领导干部履行经济责任过程中存在问题所应当承担的直接责任、主管责任、领导责任，应当区别不同情况作出界定。

第三十五条 本规定所称直接责任，是指领导干部对履行经济责任过程中的下列行为应当承担的责任：

(一)直接违反法律法规、国家有关规定和单位内部管理规定的行为；

(二)授意、指使、强令、纵容、包庇下属人员违反法律法规、国家有关规定和单位内部管理规定的行为；

(三)未经民主决策、相关会议讨论而直接决定、批准、组织实施重大经济事项，并造成重大经济损失浪费、国有资产(资金、资源)流失等严重后果的行为；

(四)主持相关会议讨论或者以其他方式研究，但是在多数人不同意的情况下直接决定、批准、组织实施重大经济事项，由于决策不当或者决策失误造成重大经济损失浪费、国有资产(资金、资源)流失等严重后果的行为；

(五)其他应当承担直接责任的行为。

第三十六条 本规定所称主管责任,是指领导干部对履行经济责任过程中的下列行为应当承担的责任:

(一)除直接责任外,领导干部对其直接分管的工作不履行或者不正确履行经济责任的行为;

(二)主持相关会议讨论或者以其他方式研究,并且在多数人同意的情况下决定、批准、组织实施重大经济事项,由于决策不当或者决策失误造成重大经济损失浪费、国有资产(资金、资源)流失等严重后果的行为。

第三十七条 本规定所称领导责任,是指除直接责任和主管责任外,领导干部对其不履行或者不正确履行经济责任的其他行为应当承担的责任。

第三十八条 各级党委和政府应当建立健全经济责任审计情况通报、审计整改以及责任追究等结果运用制度,逐步探索和推行经济责任审计结果公告制度。

第三十九条 有关部门和单位应当根据干部管理监督的相关要求运用经济责任审计结果,将其作为考核、任免、奖惩被审计领导干部的重要依据,并以适当方式将审计结果运用情况反馈审计机关。

经济责任审计结果报告应当归入被审计领导干部本人档案。

第六章 附 则

第四十条 审计机关和审计人员、被审计领导干部及其所在单位,以及其他有关单位和个人在经济责任审计中的职责、权限、法律责任等,本规定未作规定的,依照《中华人民共和国审计法》、《中华人民共和国审计法实施条例》和其他法律法规的有关规定执行。

第四十一条 审计机关开展领导干部经济责任审计适用本规定。有关机构依法履行国有资产监督管理职责时,按照干部管理权限开展的经济责任审计,参照本规定组织实施。部门和单位可以根据本规定,制定内部管理领导干部经济责任审计的规定。

第四十二条 中央经济责任审计工作联席会议应当根据本规定,制定实施细则或者贯彻实施意见。

第四十三条 本规定由审计署负责解释。

第四十四条 本规定自印发之日起施行。1999 年 5 月中共中央办公厅、国务院办公厅印发的《县级以下党政领导干部任期经济责任审计暂行规定》和《国有企业及国有控股企业领导人员任期经济责任审计暂行规定》(中办发〔1999〕20 号)同时废止。

党政主要领导干部和国有企业领导人员经济责任审计规定实施细则

(审经责发〔2014〕102 号,2014 年)

党政主要领导干部和国有企业领导人员经济责任审计规定实施细则

第一章 总 则

第一条 为健全和完善经济责任审计制度,规范经济责任审计行为,根据《中华人民共和国审计法》、《中华人民共和国审计法实施条例》、《党政主要领导干部和国有企业领导人员经济责任审计规定》(中办发〔2010〕32 号,以下简称两办《规定》)和有关法律法规,以及干部管理监督的有关规定,制定本细则。

第二条 本细则所称经济责任审计,是指审计机关依法依规对党政主要领导干部和国有企业领导人员经济责任履行情况进行监督、评价和鉴证的行为。

第三条 经济责任审计应当以促进领导干部推动本地区、本部门(系统)、本单位科学发展为目标,以领导干部任职期间本地区、本部门(系统)、本单位财政收支、财务收支以及有关经济活动的真实、合法和效益为基础，重点检查领导干部守法、守纪、守规、尽责情况，加强对领导干部行使权力的制约和监督，推进党风廉政建设和反腐败工作，推进国家治理体系和治理能力现代化。

第四条　领导干部履行经济责任的情况，应当依法依规接受审计监督。经济责任审计应当坚持任中审计与离任审计相结合，对重点地区（部门、单位）、关键岗位的领导干部任期内至少审计一次。

第二章　审计对象

第五条　两办《规定》第二条所称党政主要领导干部，是指地方各级党委、政府、审判机关、检察机关，中央和地方各级党政工作部门、事业单位和人民团体等单位的党委（含党组、党工委，以下统称党委）正职领导干部和行政正职领导干部，包括主持工作一年以上的副职领导干部。

第六条　两办《规定》第二条所称地方各级党委和政府主要领导干部经济责任审计的对象包括：

（一）省、自治区、直辖市和新疆生产建设兵团，自治州、设区的市，县、自治县、不设区的市、市辖区，以及乡、民族乡、镇的主要领导干部；

（二）行政公署、街道办事处、区公所等履行政府职能的政府派出机关的主要领导干部；

（三）政府设立的开发区、新区等的主要领导干部。

第七条　两办《规定》第二条所称地方各级审判机关、检察机关主要领导干部经济责任审计的对象包括地方各级人民法院、人民检察院的党政主要领导干部。

第八条　两办《规定》第二条所称党政工作部门、事业单位和人民团体等单位党政主要领导干部经济责任审计的对象包括：

（一）中央党政工作部门、事业单位和人民团体等单位的主要领导干部；

（二）地方各级党委和政府的工作部门、事业单位和人民团体等单位的主要领导干部；

（三）履行政府职能的政府派出机关的工作部门、事业单位、人民团体等单位的主要领导干部；

（四）政府设立的开发区、新区等的工作部门、事业单位、人民团体等单位的主要领导干部；

（五）上级领导干部兼任有关部门、单位的正职领导干部，且不实际履行经济责任时，实际负责本部门、本单位常务工作的副职领导干部；

（六）党委、政府设立的超过一年以上有独立经济活动的临时机构的主要领导干部。

第九条　两办《规定》第三条所称国有企业领导人员经济责任审计的对象包括国有和国有资本占控股地位或者主导地位的企业（含金融企业，下同）的法定代表人。

根据党委和政府、干部管理监督部门的要求，审计机关可以对上述企业中不担任法定代表人但实际行使相应职权的董事长、总经理、党委书记等企业主要领导人员进行经济责任审计。

第十条　领导干部经济责任审计的对象范围依照干部管理权限确定。遇有干部管理权限与财政财务隶属关系、国有资产监督管理关系不一致时，由对领导干部具有干部管理权限的组织部门与同级审计机关共同确定实施审计的审计机关。

第十一条　部门、单位（含垂直管理系统）内部管理领导干部的经济责任审计，由部门、单位负责组织实施。

第三章　审计内容

第十二条　审计机关应当根据领导干部职责权限和履行经济责任的情况，结合地区、部门（系统）、单位的实际，依法依规确定审计内容。

审计机关在实施审计时，应当充分考虑审计目标、干部管理监督需要、审计资源与审计效果等因素，准确把握审计重点。

第十三条　地方各级党委主要领导干部经济责任审计的主要内容：

（一）贯彻执行党和国家、上级党委和政府重大经济方针政策及决策部署情况；

（二）遵守有关法律法规和财经纪律情况；

（三）领导本地区经济工作，统筹本地区经济社会发展战略和规划，以及政策措施制定情况及效果；

（四）重大经济决策情况；

（五）本地区财政收支总量和结构、预算安排和重大调整等情况；

(六)地方政府性债务的举借、用途和风险管控等情况;
(七)自然资源资产的开发利用和保护、生态环境保护以及民生改善等情况;
(八)政府投资和以政府投资为主的重大项目的研究决策情况;
(九)对党委有关工作部门管理和使用的重大专项资金的监管情况,以及厉行节约反对浪费情况;
(十)履行有关党风廉政建设第一责任人职责情况,以及本人遵守有关廉洁从政规定情况;
(十一)对以往审计中发现问题的督促整改情况;
(十二)其他需要审计的内容。

第十四条 地方各级政府主要领导干部经济责任审计的主要内容:
(一)贯彻执行党和国家、上级党委和政府、本级党委重大经济方针政策及决策部署情况;
(二)遵守有关法律法规和财经纪律情况;
(三)本地区经济社会发展战略、规划的执行情况,以及重大经济和社会发展事项的推动和管理情况及其效果;
(四)有关目标责任制完成情况;
(五)重大经济决策情况;
(六)本地区财政管理,以及财政收支的真实、合法、效益情况;
(七)地方政府性债务的举借、管理、使用、偿还和风险管控情况;
(八)国有资产的管理和使用情况;
(九)自然资源资产的开发利用和保护、生态环境保护以及民生改善等情况;
(十)政府投资和以政府投资为主的重大项目的研究、决策及建设管理等情况;
(十一)对直接分管部门预算执行和其他财政收支、财务收支及有关经济活动的管理和监督情况,厉行节约反对浪费情况,以及依照宪法、审计法规定分管审计工作情况;
(十二)机构设置、编制使用以及有关规定的执行情况;
(十三)履行有关党风廉政建设第一责任人职责情况,以及本人遵守有关廉洁从政规定情况;
(十四)对以往审计中发现问题的整改情况;
(十五)其他需要审计的内容。

第十五条 党政工作部门、审判机关、检察机关、事业单位和人民团体等单位主要领导干部经济责任审计的主要内容:
(一)贯彻执行党和国家有关经济方针政策和决策部署,履行本部门(系统)、单位有关职责,推动本部门(系统)、单位事业科学发展情况;
(二)遵守有关法律法规和财经纪律情况;
(三)有关目标责任制完成情况;
(四)重大经济决策情况;
(五)本部门(系统)、单位预算执行和其他财政收支、财务收支的真实、合法和效益情况;
(六)国有资产的采购、管理、使用和处置情况;
(七)重要项目的投资、建设和管理情况;
(八)有关财务管理、业务管理、内部审计等内部管理制度的制定和执行情况,以及厉行节约反对浪费情况;
(九)机构设置、编制使用以及有关规定的执行情况;
(十)对下属单位有关经济活动的管理和监督情况;
(十一)履行有关党风廉政建设第一责任人职责情况,以及本人遵守有关廉洁从政规定情况;
(十二)对以往审计中发现问题的整改情况;
(十三)其他需要审计的内容。

第十六条 国有企业领导人员经济责任审计的主要内容:
(一)贯彻执行党和国家有关经济方针政策和决策部署,推动企业可持续发展情况;
(二)遵守有关法律法规和财经纪律情况;
(三)企业发展战略的制定和执行情况及其效果;

（四）有关目标责任制完成情况；

（五）重大经济决策情况；

（六）企业财务收支的真实、合法和效益情况，以及资产负债损益情况；

（七）国有资本保值增值和收益上缴情况；

（八）重要项目的投资、建设、管理及效益情况；

（九）企业法人治理结构的健全和运转情况，以及财务管理、业务管理、风险管理、内部审计等内部管理制度的制定和执行情况，厉行节约反对浪费和职务消费等情况，对所属单位的监管情况；

（十）履行有关党风廉政建设第一责任人职责情况，以及本人遵守有关廉洁从业规定情况；

（十一）对以往审计中发现问题的整改情况；

（十二）其他需要审计的内容。

第四章　审计评价

第十七条　审计机关应当依照法律法规、国家有关政策以及干部考核评价等规定，结合地区、部门（系统）、单位的实际情况，根据审计查证或者认定的事实，客观公正、实事求是地进行审计评价。

审计评价应当有充分的审计证据支持，对审计中未涉及、审计证据不适当或者不充分的事项不作评价。

第十八条　审计评价应当与审计内容相统一。一般包括领导干部任职期间履行经济责任的业绩、主要问题以及应当承担的责任。

第十九条　审计评价应当重点关注经济、社会、事业发展的质量、效益和可持续性，关注与领导干部履行经济责任有关的管理和决策等活动的经济效益、社会效益和环境效益，关注任期内举借债务、自然资源资产管理、环境保护、民生改善、科技创新等重要事项，关注领导干部应承担直接责任的问题。

第二十条　审计评价可以综合运用多种方法，包括进行纵向和横向的业绩比较、运用与领导干部履行经济责任有关的指标量化分析、将领导干部履行经济责任的行为或事项置于相关经济社会环境中加以分析等。

第二十一条　审计评价的依据一般包括：

（一）法律、法规、规章和规范性文件，中国共产党党内法规和规范性文件；

（二）各级人民代表大会审议通过的政府工作报告、年度国民经济和社会发展计划报告、年度财政预算报告等；

（三）中央和地方党委、政府有关经济方针政策和决策部署；

（四）有关发展规划、年度计划和责任制考核目标；

（五）领导干部所在单位的“三定”规定和有关领导的职责分工文件，有关会议记录、纪要、决议和决定，有关预算、决算和合同，有关内部管理制度和绩效目标；

（六）国家统一的财政财务管理制度；

（七）国家和行业的有关标准；

（八）有关职能部门、主管部门发布或者认可的统计数据、考核结果和评价意见；

（九）专业机构的意见；

（十）公认的业务惯例或者良好实务；

（十一）其他依据。

第二十二条　审计机关可以根据审计内容和审计评价的需要，选择设定评价指标，将定性评价与定量指标相结合。评价指标应当简明实用、易于操作。

第二十三条　审计机关可以根据本细则第二十一条所列审计评价依据，结合实际情况，选择确定评价标准，衡量领导干部履行经济责任的程度。对同一类别、同一层级领导干部履行经济责任情况的评价标准，应当具有一致性和可比性。

第二十四条　对领导干部履行经济责任过程中存在的问题，审计机关应当按照权责一致原则，根据领导干部的职责分工，充分考虑相关事项的历史背景、决策程序等要求和实际决策过程，以及是否签批文件、是否分管、是否参与特定事项的管理等情况，依法依规认定其应当承担的直接责任、主管责任和领导责任。

对领导干部应当承担责任的问题或者事项，可以提出责任追究建议。

第二十五条 被审计领导干部对审计发现的问题应当承担直接责任的，具体包括以下情形：

（一）本人或者与他人共同违反有关法律法规、国家有关规定、单位内部管理规定的；

（二）授意、指使、强令、纵容、包庇下属人员违反有关法律法规、国家有关规定和单位内部管理规定的；

（三）未经民主决策、相关会议讨论或者文件传签等规定的程序，直接决定、批准、组织实施重大经济事项，并造成国家利益重大损失、公共资金或国有资产（资源）严重损失浪费、生态环境严重破坏以及严重损害公共利益等后果的；

（四）主持相关会议讨论或者以文件传签等其他方式研究，在多数人不同意的情况下，直接决定、批准、组织实施重大经济事项，由于决策不当或者决策失误造成国家利益重大损失、公共资金或国有资产（资源）严重损失浪费、生态环境严重破坏以及严重损害公共利益等后果的；

（五）对有关法律法规和文件制度规定的被审计领导干部作为第一责任人（负总责）的事项、签订的有关目标责任事项或者应当履行的其他重要职责，由于授权（委托）其他领导干部决策且决策不当或者决策失误造成国家利益重大损失、公共资金或国有资产（资源）严重损失浪费、生态环境严重破坏以及严重损害公共利益等后果的；

（六）其他失职、渎职或者应当承担直接责任的。

第二十六条 被审计领导干部对审计发现的问题应当承担主管责任的，具体包括以下情形：

（一）除直接责任外，领导干部对其直接分管或者主管的工作，不履行或者不正确履行经济责任的；

（二）除直接责任外，主持相关会议讨论或者以文件传签等其他方式研究，并且在多数人同意的情况下，决定、批准、组织实施重大经济事项，由于决策不当或者决策失误造成国家利益损失、公共资金或国有资产（资源）损失浪费、生态环境破坏以及损害公共利益等后果的；

（三）疏于监管，致使所管辖地区、分管部门和单位发生重大违纪违法问题或者造成重大损失浪费等后果的；

（四）其他应当承担主管责任的情形。

第二十七条 两办《规定》第三十七条所称领导责任，是指除直接责任和主管责任外，被审计领导干部对其职责范围内不履行或者不正确履行经济责任的其他行为应当承担的责任。

第二十八条 被审计领导干部以外的其他人员对有关问题应当承担的责任，审计机关可以以适当方式向干部管理监督部门等提供相关情况。

第五章 审计报告

第二十九条 审计机关实施经济责任审计项目后，应当按照相关规定，出具经济责任审计报告和审计结果报告。

第三十条 两办《规定》第二十七条所称审计组的审计报告，是指审计组具体实施经济责任审计后，向派出审计组的审计机关提交的审计报告。

第三十一条 审计组的审计报告按照规定程序审批后，应当以审计机关的名义书面征求被审计领导干部及其所在单位的意见。根据工作需要可以征求本级党委、政府有关领导同志，以及本级经济责任审计工作领导小组（以下简称领导小组）或者经济责任审计工作联席会议（以下简称联席会议）有关成员单位的意见。

审计报告中涉及的重大经济案件调查等特殊事项，经审计机关主要负责人批准，可以不征求被审计领导干部及其所在单位的意见。

第三十二条 审计组应当针对被审计领导干部及其所在单位提出的书面意见，进一步核实情况，对审计组的审计报告作出必要的修改，连同被审计领导干部及其所在单位的书面意见一并报送审计机关。

第三十三条 审计机关按照规定程序对审计组的审计报告进行审定，经审计机关负责人签发后，向被审计领导干部及其所在单位出具审计机关的经济责任审计报告。

第三十四条 经济责任审计报告的内容主要包括：

（一）基本情况，包括审计依据、实施审计的基本情况、被审计领导干部所任职地区（部门或者单位）的基本情况、被审计领导干部的任职及分工情况等；

（二）被审计领导干部履行经济责任的主要情况，其中包括以往审计决定执行情况和审计建议采纳情况等；

（三）审计发现的主要问题和责任认定，其中包括审计发现问题的事实、定性、被审计领导干部应当承担的责任以及有关依据，审计期间被审计领导干部、被审计单位对审计发现问题已经整改的，可以包括有关整改情况；

（四）审计处理意见和建议；

（五）其他必要的内容。

审计发现的有关重大事项，可以直接报送本级党委、政府或者相关部门，不在审计报告中反映。

第三十五条 两办《规定》第二十八条所称审计结果报告，是指审计机关在经济责任审计报告的基础上，精简提炼形成的提交干部管理监督部门的反映审计结果的报告。审计结果报告重点反映被审计领导干部履行经济责任的主要情况、审计发现的主要问题和责任认定、审计处理方式和建议。

审计机关可以根据实际情况，参照本细则第三十四条规定，确定审计结果报告的主要内容。

第三十六条 审计机关应当将审计结果报告等经济责任审计结论性文书报送本级党委、政府主要负责同志；提交委托审计的组织部门；抄送领导小组（联席会议）有关成员单位；必要时，可以将涉及其他有关主管部门的情况抄送该部门。

第六章 审计结果运用

第三十七条 经济责任审计结果应当作为干部考核、任免和奖惩的重要依据。

各级领导小组（联席会议）和相关部门应当逐步健全经济责任审计情况通报、责任追究、整改落实、结果公告等制度。

第三十八条 纪检监察机关在审计结果运用中的主要职责：

（一）依纪依法受理审计移送的案件线索；

（二）依纪依法查处经济责任审计中发现的违纪违法行为；

（三）对审计结果反映的典型性、普遍性、倾向性问题适时进行研究；

（四）以适当方式将审计结果运用情况反馈审计机关。

第三十九条 组织部门在审计结果运用中的主要职责：

（一）根据干部管理工作的有关要求，将经济责任审计纳入干部管理监督体系；

（二）根据审计结果和有关规定对被审计领导干部及其他有关人员作出处理；

（三）将经济责任审计结果报告存入被审计领导干部本人档案，作为考核、任免、奖惩被审计领导干部的重要依据；

（四）要求被审计领导干部将经济责任履行情况和审计发现问题的整改情况，作为所在单位领导班子民主生活会和述职述廉的重要内容；

（五）对审计结果反映的典型性、普遍性、倾向性问题及时进行研究，并将其作为采取有关措施、完善有关制度规定的参考依据；

（六）以适当方式及时将审计结果运用情况反馈审计机关。

第四十条 审计机关在审计结果运用中的主要职责：

（一）对审计中发现的相关单位违反国家规定的财政收支、财务收支行为，依法依规作出处理处罚；对审计中发现的需要移送处理的事项，应当区分情况依法依规移送有关部门处理处罚；

（二）根据干部管理监督部门、巡视机构等的要求，以适当方式向其提供审计结果以及与审计项目有关的其他情况；

（三）协助和配合干部管理监督等部门落实、查处与审计项目有关的问题和事项；

（四）按照有关规定，在一定范围内通报审计结果，或者以适当方式向社会公告审计结果；

（五）对审计发现问题的整改情况进行监督检查；

（六）对审计发现的典型性、普遍性、倾向性问题和有关建议，以综合报告、专题报告等形式报送本级党委、政府和上级审计机关，提交有关部门。

第四十一条 人力资源社会保障部门在审计结果运用中的主要职责：

（一）根据有关规定，在职责范围内办理对被审计领导干部和有关人员的考核、任免、奖惩等相关事宜；

（二）对审计结果反映的典型性、普遍性、倾向性问题及时进行研究，并将其作为采取有关措施、完善有关制度规定的参考依据；

（三）以适当方式及时将审计结果运用情况反馈审计机关。

第四十二条 国有资产监督管理部门在审计结果运用中的主要职责：

（一）根据国有企业领导人员管理的有关要求，将经济责任审计纳入国有企业领导人员管理监督体系；

（二）将审计结果作为企业经营业绩考评和被审计领导人员考核、奖惩、任免的重要依据；

（三）在对国有企业管理监督、国有企业改革和国有资产处置过程中，有效运用审计结果；

（四）督促有关企业落实审计决定和整改要求；

（五）对审计发现的典型性、普遍性、倾向性问题及时进行研究，并将其作为采取有关措施、完善有关制度规定的参考依据；

（六）以适当方式及时将审计结果运用情况反馈审计机关。

第四十三条 有关主管部门在审计结果运用中的主要职责：

（一）对审计移送的违法违规问题，在职责范围内依法依规作出处理处罚；

（二）督促有关部门、单位落实审计决定和整改要求，在对相关行业、单位管理和监督中有效运用审计结果；

（三）对审计结果反映的典型性、普遍性、倾向性问题及时进行研究，并将其作为采取有关措施、完善有关制度规定的参考依据；

（四）以适当方式及时将审计结果运用情况反馈审计机关。

第四十四条 被审计领导干部及其所在单位根据审计结果，应当采取以下整改措施：

（一）在党政领导班子或者董事会内部通报审计结果和整改要求，及时制定整改方案，认真进行整改，及时将整改结果书面报告审计机关和有关干部管理监督部门；

（二）按照有关要求公告整改结果；

（三）对审计处理、处罚决定，应当在法定期限内执行完毕，并将执行情况书面报告审计机关；

（四）根据审计结果反映出的问题，落实有关责任人员的责任，采取相应的处理措施；

（五）根据审计建议，采取措施，健全制度，加强管理。

第七章 组织领导和审计实施

第四十五条 各地应当建立健全领导小组或者联席会议制度，领导本地区经济责任审计工作。领导小组组长可以由同级党委或者政府的主要负责同志担任。

第四十六条 领导小组或者联席会议应当设立办公室。同时设立领导小组和联席会议的地方，应当合并成立一个办公室。办公室与同级审计机关内设的经济责任审计机构合署办公，负责日常工作。办公室主任应当由同级审计机关的副职领导或者同职级领导担任。

第四十七条 领导小组或者联席会议应当建立健全议事规则和工作规则，各成员单位应当加强协作配合，形成制度健全、管理规范、运转有序、工作高效的运行机制。

第四十八条 各地可以根据干部管理监督的需要和审计机关的实际情况，按照领导干部工作岗位性质、经济责任的重要程度等因素，对审计对象实行分类管理，科学合理地制定经济责任审计年度计划和中长期计划。

第四十九条 审计机关应当向组织部门等提出下一年度经济责任审计计划的初步建议。组织部门等根据审计机关的初步建议，提出下一年度的委托审计建议。

第五十条 领导小组（联席会议）办公室对委托审计建议进行研究讨论，共同议定并提出经济责任审计计划草案，由审计机关报本级政府行政首长批准后，纳入审计机关年度审计工作计划并组织实施。

第五十一条 经济责任审计计划一经本级政府行政首长批准不得随意变更。确需调整的，应当按照本细则第四十九条、第五十条规定的程序进行调整。

第五十二条 对地方党委与政府的主要领导干部，党政工作部门、高等院校等单位的党委与行政主要领导干部，企业法定代表人与不担任法定代表人的董事长、总经理、党委书记等企业主要负责人的经济责任审计，可以同步组织实施，分别认定责任，分别出具审计报告和审计结果报告。

各地可以根据实际情况，研究制定同步实施经济责任审计的操作办法。

第五十三条　审计机关应当探索和推行经济责任审计与其他专业审计相结合的组织方式，统筹安排审计力量，逐步实现对审计计划、审计项目实施、审计文书报送、审计结果利用等的统一管理。

审计机关组织实施经济责任审计时，应当有效利用以往审计成果和有关部门的监督检查结果。

第五十四条　审计机关实施经济责任审计时，可以提请有关部门和单位协助，有关部门和单位应当予以支持，并及时提供有关资料和信息。

审计机关提请领导小组（联席会议）成员单位协助时，应当由领导小组（联席会议）办公室统一负责联系和协调。

第五十五条　在经济责任审计项目实施过程中，遇有被审计领导干部被有关部门依法依规采取强制措施、立案调查或者死亡等特殊情况，以及不宜再继续进行经济责任审计的其他情形的，审计机关报本级政府行政首长批准，或者根据党委、政府、干部管理监督部门的要求，可以中止或者终止审计项目。

第八章　附　　则

第五十六条　根据地方党委、政府的要求，审计机关可以对村党组织和村民委员会、社区党组织和社区居民委员会的主要负责人进行经济责任审计。

村党组织和村民委员会主要负责人经济责任审计的内容，应当依照《中华人民共和国村民委员会组织法》第三十五条的规定，结合当地实际情况确定。

社区党组织和社区居民委员会主要负责人经济责任审计的内容，可以参照本细则的相关规定确定。

第五十七条　对本细则未涉及的审计机关和审计人员、被审计领导干部及其所在单位，以及其他有关单位和个人在经济责任审计中的职责、权限、法律责任等，依照《中华人民共和国审计法》、《中华人民共和国审计法实施条例》、两办《规定》和其他法律法规的有关规定执行。

第五十八条　部门和单位可以根据两办《规定》和本细则的规定，制定本部门和单位内部管理领导干部经济责任审计的规定。

第五十九条　本细则由审计署负责解释。

第六十条　本细则自印发之日起施行。审计署2000年12月印发的《县级以下党政领导干部任期经济责任审计暂行规定实施细则》和《国有企业及国有控股企业领导人员任期经济责任审计暂行规定实施细则》（审办发〔2000〕121号）同时废止。

审计署关于印发深化经济责任审计工作指导意见的通知

（审经责发〔2011〕122号，2011年7月15日）

各省、自治区、直辖市和计划单列市、新疆生产建设兵团审计厅（局），署机关各单位、各特派员办事处、各派出审计局：

为进一步贯彻落实中办、国办《党政主要领导干部和国有企业领导人员经济责任审计规定》（中办发〔2010〕32号）及其贯彻实施意见，推动经济责任审计工作深入发展，审计署研究起草了《深化经济责任审计工作的指导意见》（以下简称《指导意见》）。《指导意见》广泛听取了各方面意见，并征求了中央经济责任审计工作部际联席会议办公室成员单位意见。现将《指导意见》印发给你们，请结合本地区、本单位实际贯彻落实。

二〇一一年七月十五日

审计署关于深化经济责任审计工作的指导意见

在党中央、国务院和地方各级党委、政府的正确领导下，全国各级审计机关和干部管理监督部门协作配合，不断探索创新，推动经济责任审计工作快速发展。经济责任审计在加强干部管理监督、促进党风廉政建设、推动完善国家治理和保障经济社会健康发展等方面，发挥了积极作用。为贯彻落实好中办、国办《党政主要领导干部和国有企业领导人员经济责任审计规定》（中办发〔2010〕32 号，以下简称《规定》）及其贯彻实施意见，进一步推动经济责任审计工作的深入发展，现提出以下指导意见：

一、进一步明确指导思想和工作思路

以邓小平理论和"三个代表"重要思想为指导，深入贯彻落实科学发展观，牢固树立科学审计理念，认真学习贯彻《规定》及其贯彻实施意见，以促进领导干部推动本地区、本部门（系统）、本单位科学发展为目标，深化经济责任审计工作，促进党政领导干部和国有企业领导人员切实依法履行经济职责，充分发挥经济责任审计的"免疫系统"功能，全力服务于经济社会科学发展。

要按照"全面推进、突出重点、健全制度、规范管理、提高质量、深化发展"的工作思路，立足经济责任审计本质要求，围绕党委政府、干部管理监督部门的需要，采取有效措施，推动经济责任审计工作深入发展。

二、充分发挥经济责任审计工作联席会议和领导小组的作用

审计机关要充分认识做好经济责任审计工作的重大意义，增强责任感和使命感，切实履行职责，加强与纪检、组织、监察、人力资源社会保障和国有资产监督管理等联席会议成员单位的沟通、协调。要尽快完善制度健全、管理规范、运转有序、工作高效的经济责任审计工作机制。要充分发挥联席会议及其办公室在计划制定、组织实施、信息共享、结果利用等关键环节的职能作用，形成审前共商、审中协作、审后运用的整体合力。联席会议办公室要积极主动开展工作，认真做好联席会议交办的各项工作任务。要进一步加强对内部管理领导干部经济责任审计的指导，强化对实行垂直领导体制的部门（系统）、单位内部管理领导干部经济责任审计的督促检查，推动其扩大审计覆盖面，加大审计力度，提高审计质量。

建立经济责任审计工作领导小组的地方，要总结经验，摸索规律，健全机制，进一步有效发挥组织领导作用。

三、加强经济责任审计计划管理和组织实施

要按照被审计领导干部任职时间、工作岗位性质、履行经济责任的重要程度等因素对审计对象实行分类管理。

在制定审计计划时，要突出重点审计对象，加强对经济活动复杂、资金（资产、资源）量大的重点部门、重点单位以及关键岗位领导干部的审计。坚持任中审计与离任审计相结合，不断加大任中审计比重。要处理好审计资源与审计需求的关系，合理安排年度审计项目数量，确保审计质量。要主动与联席会议各成员单位沟通协调，保证每年年底前或下年年初形成下一年度审计计划。确因特殊情况需要追加审计项目的，严格按照《规定》明确的制定审计计划的程序执行。各地可以根据实际情况，科学制定经济责任审计的中长期规划。

审计机关要积极探索党委和政府主要领导干部同步审计的组织方式和审计方法；逐步建立和推行领导干部任期内轮审制度；可以把经济责任审计与预算执行审计、政府投资项目审计、专项资金审计等结合起来；探索对审计计划、审计项目实施、审计文书报送、审计结果利用等实行统一管理，整合各专业审计，统筹安排和合理配置审计资源，形成工作合力。

在实际工作中，遇有干部管理权限与财政财务隶属关系、国有资产监督管理关系不一致时，审计机关可以采取自行组织、统一组织下级审计机关、授权具有财政财务收支审计管辖权的下级审计机关等方式实施。县（市、区）党委、政府主要领导干部由省级党委管理的，乡镇党委、政府主要领导干部由地市级党委管理的，省级审计机关或地市级审计机关可以采取上述方式组织实施。

四、准确把握经济责任审计内容

审计机关要按照《规定》的要求，结合各地的实际情况，探索不同类别、不同级次、不同岗位性质、不同地域特点领导干部的具体审计内容，充分考虑审计目标、干部管理监督的需要、审计资源、审计效率与效果、审计成本等因素，准确把握审计重点内容。

要正确理解《规定》关于审计内容相关条款之间的关系，在审计地方各级党委和政府主要领导干部，党政工作部门、审判机关、检察机关、事业单位和人民团体等单位主要领导干部，国有企业领导人员时，要把贯彻落实科学发展观，推动经济社会科学发展情况；遵守有关经济法律法规、贯彻执行党和国家有关经济工作的方针政策和决策部署情况；制定和执行重大经济决策情况；与领导干部履行经济责任有关的管理、决策等活动的经济效益、社会效益和环境效益情况；遵守有关廉洁从政（从业）规定情况，作为审计内容。

地方各级党委和政府主要领导干部经济责任审计，要根据当地党委和政府主要领导干部的职责分工和实际情况，区分重点审计内容。地方各级党委主要领导干部经济责任审计内容，可以侧重于区域经济社会发展情况、贯彻执行中央和上级党委的重大方针政策和决策部署情况、统筹经济社会发展政策措施制定情况、重大经济决策情况，以及遵守有关廉洁从政规定情况等。

地方各级政府主要领导干部经济责任审计内容，可以侧重于区域经济社会发展情况，贯彻执行中央、上级党委和政府、本级党委的重大方针政策和决策部署情况，重大经济决策的制定和执行情况，本地区财政收支的真实、合法和效益情况，国有资产的管理和使用情况，政府债务的举借、管理和使用情况，重大投资项目的建设和管理情况，对直接分管部门预算执行和其他财政收支、财务收支以及有关经济活动的管理和监督情况，以及遵守有关廉洁从政规定情况等。

党政工作部门、审判机关、检察机关、事业单位和人民团体等单位主要领导干部经济责任审计内容，可以侧重于部门事业发展情况、遵守法律法规和贯彻执行党和国家有关经济工作的方针政策和决策部署情况、重大经济决策情况、内部管理情况、财政财务收支情况，以及遵守有关廉洁从政规定情况等。

国有企业领导人员经济责任审计内容，可以侧重于企业经营发展情况、遵守法律法规和贯彻执行党和国家有关经济工作的方针政策和决策部署情况、重大经济决策情况、内部管理情况、财务收支情况、履行国有资产出资人经济管理和监督职责情况，以及遵守有关廉洁从业规定情况等。

五、切实做好经济责任审计评价

经济责任审计评价要坚持依法评价的原则、客观公正的原则、实事求是的原则。审计评价要根据审计查证或者认定的事实，依照法律法规、国家有关规定和政策、责任制考核目标、行业标准等进行；审计评价要与审计内容相统一，既要反映被审计领导干部履行经济责任的业绩，又要反映存在的问题；评价结论要有充分的审计证据支持。审计机关和审计人员在进行审计评价时，可以根据被审计领导干部任职期间地区、部门、单位的特点和实际状况，具体关注领导干部在履行经济责任过程中的以下事项：

（一）对贯彻落实科学发展观，推动经济社会科学发展情况的评价：

对地方各级党委和政府主要领导干部评价时可以关注：地区经济和社会发展目标决策和实现情况；有关目标责任制完成情况；统筹地区经济和社会发展的重大政策措施制定情况及其效果等。

对党政工作部门、审判机关、检察机关、事业单位和人民团体等单位主要领导干部评价时可以关注：部门或单位发展目标（业务工作指标、事业发展指标）的实现情况和有关目标责任制完成情况；部门事业发展规划、业务工作思路、政策措施的制定情况及其效果等。

对国有企业领导人员评价时可以关注：企业经营发展目标的实现情况；国有资产保值增值、资产质量、风险管理及可持续发展情况；政府和企业主管部门制定的目标责任制完成情况；企业经营发展战略和重大措施的制定情况及其效果等。

（二）对重大经济决策的评价可以关注：决策的合法性、决策程序的规范性、决策执行的有效性、决策效果（经济效益、社会效益和环境效益）等。

（三）对财政财务收支情况的评价可以关注：财政财务收支的真实、合法和效益情况，尤其是财政财务收支的总体情况、专项资金和大额资金的管理和使用情况，以及预算执行情况等。

（四）对内部管理情况的评价可以关注：业务管理、财务管理、资产管理和内部审计监督等制度的建立情况及其执行效果；对分管部门（单位）、行业（系统）、下属企业的业务活动、经济活动的管理和监督情况及其效果等。

（五）对遵守有关廉洁从政（从业）规定情况的评价要关注：群众反映问题的核实情况和遵守有关廉政规定情况等。

经济责任审计评价可以综合运用多种方法，包括进行纵向和横向比较、运用与领导干部履行经济责任有关的指标加以量化分析、将领导干部履行经济责任的行为或事项置于相关经济社会环境中加以分析、区分现任责任与前任责任、区分直接责任与主管或领导责任等，对领导干部履行经济责任情况作出客观、准确的评价。在工作实践中，不断探索和完善与经济责任审计发展相适应的评价方式方法。

六、促进经济责任审计结果运用

要在确保经济责任审计结果可信、可靠、可用的基础上，采取多种有效形式，会同联席会议有关成员单位，充分发挥审计结果的作用。

要加大经济责任审计结果运用力度，向干部管理监督部门提供有质量的审计结果，作为考核、任免、奖惩的重要依据；对审计发现的重大违法违纪案件线索，要依法移送纪检监察和司法机关；对审计发现的带有苗头性和倾向性的问题，可以通过专题报告、综合报告的形式报送本级党委、政府、相关部门和上级审计机关；对审计发现的体制、机制和制度方面存在的问题，应当有针对性地提出建设性的意见和建议；加强对不同类别、不同级次领导干部审计结果的综合分析，为党委、政府决策提供重要参考。对领导干部应当承担责任的问题或者事项，可以提出明确的责任追究建议。进一步完善上下级审计机关之间有效的审计结果和审计信息的交流、共享机制。

七、着力推进经济责任审计规范化建设和信息化建设

各地要在认真总结实践经验的基础上，大胆创新，积极探索，建立健全与《规定》相配套的、与本地区经济责任审计发展相适应的规章制度。要制定经济责任审计操作指南，规范审计程序、审计内容、审计文书等；要建立经济责任审计质量控制办法，明确审计质量监督检查的内容和方法；要完善不同类别、不同级次领导干部审计评价办法，确定审计评价标准、评价方法和评价内容等；要探索情况通报、审计整改以及责任追究等结果运用制度，规范审计结果的有效运用；要逐步实施经济责任审计结果公告制度，明确结果公开的程序和形式；要不断健全内部管理领导干部经济责任审计制度。

要根据本地区实际情况，大力推进经济责任审计信息化建设。建立和充实被审计领导干部和被审计单位数据库，在审计实践中积极探索运用计算机审计方法，开发和推广经济责任审计软件，注重与其他专业审计软件相衔接，推广经济责任审计实务经验。

八、加强经济责任审计队伍建设和审计理论研究

要积极争取地方党委和政府的重视和支持，进一步加强经济责任审计专职机构建设，配好配强审计人员，不断充实审计力量。要利用各种资源，采取多种形式，加强理论、政策和专业技能交流、研讨、培训，不断提高审计人员的政治素养、政策水平和业务能力，培养与经济责任审计发展相适应的高素质人才，努力建设政治过硬、业务精通、作风优良、廉洁自律的经济责任审计干部队伍。

要加强经济责任审计理论和实务研究，深刻认识和准确把握新形势下经济责任审计工作的特点和规律，积极探索和创新经济责任审计的途径和方法，为经济责任审计在实践中不断完善和发展提供有力的理论支撑和专业技术支持，逐步构建起有中国特色的经济责任审计理论和专业技术体系。

最高人民检察院政治部、监察局关于认真开展检察机关领导干部任期经济责任审计工作的通知

（〔2002〕高检监察发第1号，2002年4月27日）

各省、自治区、直辖市人民检察院政治部、监察处，新疆生产建设兵团人民检察院政治部、监察处：

为贯彻中共中央办公厅、国务院办公厅《关于印发〈县级以下党政领导干部任期经济责任审计暂行规定〉和〈国有企业及国有控股企业领导人员任期经济责任审计暂行规定〉的通知》（中办发〔1999〕20号）、《关于转发中央纪委等部门〈关于认真贯彻落实中办发〔1999〕20号文件切实做好经济责任审计工作的意见〉的通知》精神（中办发〔2000〕16号），最高人民检察院于2001年选择山东、福建、四川三省开展了检察机关领导干部任期经济责任审计试点工作，收到了一定成效。根据2002年全国检察机关纪检监察工作会议精神，今年要在全国地市和县级检察机关推行领导干部任期经济责任审计工作。为做好这项工作，现就有关问题

通知如下：

一、高度重视，加强组织领导

对领导干部实施任期经济责任审计，是贯彻落实中央关于反腐败要标本兼治、重在治本重要指示精神的具体体现，也是加强对检察机关领导干部监督制约的一项重要举措，对于保障检察机关干部人事制度改革的顺利进行、促进检察机关党风廉政建设和自身反腐败工作的深入开展具有重要意义。领导干部任期经济责任审计工作涉及面广、政策性强，各级检察机关要高度重视，加强领导，周密部署，防止搞形式主义和走过场。特别是要注意结合今年领导班子换届和地方检察院机构改革，做好对审计对象的经济责任审计工作。政工、纪检监察部门要加强配合，结合实际研究制定工作方案并认真组织实施，确保这项工作扎实有效地进行。

二、明确审计对象、范围和方式

检察机关实施经济责任审计的对象是：地市和县级检察院检察长、主管财务工作的副检察长、负责财务装备管理工作的内设机构负责人、直属事业单位的负责人以及其他负有经济管理责任的内设机构负责人。上述人员在任期届满或任期内办理调任、转任、轮岗、免职、辞职、退休、届中考察等事项前，都应当接受任期经济责任审计。

经济责任审计的范围包括：(1)单位预算的执行情况和决算或者财务收支计划的执行情况和决算；(2)单位预算外资金的收入、支出情况和管理情况；(3)扣押、冻结款物的管理情况；(4)专项基金的管理和使用情况；(5)国有资产的管理和使用情况；(6)有关财政财务收支的内部控制制度的建设及其执行情况；(7)其他需要审计的事项。

检察机关领导干部任期经济责任审计工作由政工部门和纪检监察部门分工负责。政工部门根据干部人事工作情况向纪检监察部门提出审计建议，纪检监察部门根据政工部门的建议组织开展审计。对检察长、副检察长实施审计，由上一级检察院的政工部门向本院纪检监察部门提出审计建议，由该院纪检监察部门组织审计；对分州市院内设机构负责人、直属事业单位负责人或其他负有经济管理责任的内设机构负责人实施审计，由本院政工部门提出建议，由本院或上一级检察院纪检监察部门组织审计；对县级院内设机构负责人实施审计，由本院政工部门提出建议，由上一级检察院纪检监察部门组织审计。审计可采取自行组织专业技术力量进行，也可委托有关审计部门进行。

三、应当注意的几个问题

(一)要加强与审计部门的协调和联系。各级检察机关政工。纪检监察部门要加强与当地审计部门的联系，及时沟通信息，了解掌握地方审计工作计划和进展情况。对已纳人地方审计计划的检察机关领导干部，可不再另行组织审计。领导干部经济责任审计工作是一项专业性很强的工作，各地检察机关在开展审计工作中，要接受有关部门的指导，重视借助专业力量，保证审计工作的质量和效果。

(二)要重视审计结果的运用。审计工作结束后，审计小组应形成书面专题报告，提出具体审计意见，并征求被审计单位和审计对象的意见。政工部门和纪检监察部门对审计报告要认真研究，对审计对象作出实事求是的评价。对审计报告中提出的问题，应分别情况作出处理：属于管理方面的问题，要及时向有关部门提出整改建议；构成违纪违法的，要按照有关规定作出组织、纪律或法律处理。政工部门应将审计结果存入干部档案并作为对领导干部进行奖惩、提拔任用、评级考核事项的重要依据。

(三)坚持独立审计，保证审计公正。任何部门和个人不得干扰审计工作的正常进行，对在审计工作中设置障碍或对审计人员进行打击报复的，要按照有关规定追究责任。

各省级检察院应于年底前将本地开展审计工作的情况书面报告高检院监察局。各地在工作中遇到重大问题时，应及时向上级检察院报告。

最高人民检察院
政治部
监察局
二〇〇二年四月二十七日

中央企业经济责任审计管理暂行办法

（国务院国有资产监督管理委员会令第 7 号，2004 年 8 月 23 日）

现公布《中央企业经济责任审计管理暂行办法》，自 2004 年 8 月 30 日起施行。

国务院国有资产监督管理委员会主任　李荣融

二〇〇四年八月二十三日

中央企业经济责任审计管理暂行办法

第一章　总　　则

第一条　为加强对国务院国有资产监督管理委员会（以下简称国资委）履行出资人职责企业（以下简称企业）的监督管理，规范企业经济责任审计工作，客观评判企业负责人任期经济责任及经营绩效，根据《企业国有资产监督管理暂行条例》和国家有关法律法规，制定本办法。

第二条　企业及其独资或者控股子企业的经济责任审计工作，适用本办法。

第三条　本办法所称企业经济责任审计，是指依据国家规定的程序、方法和要求，对企业负责人任职期间其所在企业资产、负债、权益和损益的真实性、合法性和效益性及重大经营决策等有关经济活动，以及执行国家有关法律法规情况进行的监督和评价的活动。

第四条　本办法所称企业负责人是指企业主要负责人，即法定代表人。

第五条　国资委按照企业负责人管理权限负责组织对企业负责人的经济责任审计工作，并会同有关部门依法对企业经济责任审计工作进行监督。

第二章　审计工作组织

第六条　企业经济责任审计工作，按照企业负责人管理权限和企业产权关系，依据“统一要求、分级负责”的原则组织实施。

（一）企业负责人离任或任期届满，都应依据国家有关法律法规规定，组织开展经济责任审计工作。

（二）企业独资或者控股子企业负责人离任或者任期届满，企业应当组织开展经济责任审计工作；对于提拔到企业总部领导岗位的子企业负责人经济责任审计工作结果，应报国资委备案。

（三）企业应当建立对主要业务部门负责人的任期或定期经济责任审计制度。

第七条　根据出资人财务监督工作需要，对企业发生重大财务异常情况，如企业发生债务危机、长期经营亏损、资产质量较差，以及合并分立、破产关闭等重大经济事件的，应当组织进行专项经济责任审计，及时发现问题，明确经济责任，纠正违法违规行为。

第八条　国资委在企业经济责任审计工作中履行下列职责：

（一）根据国家有关法律法规，制定有关企业经济责任审计工作规章制度；

（二）负责企业负责人经济责任审计工作的组织实施；

（三）决定对发生重大财务异常情况企业进行专项经济责任审计；

（四）指导监督企业按照国家有关规定开展企业内部经济责任审计工作。

第九条　国资委组织实施企业经济责任审计工作，主要采取以下三种形式：

（一）按国家有关规定，委托国家有关审计机关具体实施审计工作；

（二）根据出资人财务监督工作需要，聘请具有相应资质条件的社会审计组织承担审计工作任务；

(三)根据实际工作需要,组织或者抽调企业内部审计机构人员实施有关审计工作。

第十条 企业在经济责任审计工作中履行下列职责:

(一)按照国家有关规定和国资委统一工作要求,制定本企业经济责任审计具体实施细则;

(二)组织实施独资或者控股子企业负责人任期经济责任审计工作;

(三)组织实施企业主要业务部门负责人任期或者定期经济责任审计工作;

(四)决定并组织实施对发生重大财务异常情况子企业的专项经济责任审计工作。

第十一条 中央有关部门干部管理权限内的企业负责人经济责任审计工作按照有关规定办理。

第十二条 按照重要性原则,企业总部及重要子企业应当纳入经济责任审计工作范围内,其他子企业可视不同情况决定审计工作范围,但审计户数不得低于50%,审计资产量不得低于被审计企业资产总额的70%。

第十三条 在经济责任审计工作中,企业或者承办审计业务的社会审计组织应当将经济责任审计工作与其他财务审计工作相结合,在确保审计结果客观公正的基础上,可以参考利用相关财务审计或者经济责任审计工作资料,避免重复审计。

第十四条 企业领导班子其他成员(不含企业负责人)离任或者任期届满,可根据出资人监管工作需要或者企业负责人建议开展相应的经济责任审计工作。

第三章 审计工作内容

第十五条 根据国家有关规定,结合出资人财务监督工作需要,企业负责人经济责任审计工作主要内容包括:

(一)企业负责人任职期间企业经营成果的真实性;

(二)企业负责人任职期间企业财务收支核算的合规性;

(三)企业负责人任职期间企业资产质量变动状况;

(四)企业负责人任职期间对企业有关经营活动和重大经营决策负有的经济责任;

(五)企业负责人任职期间企业执行国家有关法律法规情况;

(六)企业负责人任职期间企业经营绩效变动情况。

第十六条 企业经营成果的真实性是指企业负责人任职期间会计核算是否准确,企业财务决算编报范围是否完整,企业经济成果是否真实可靠,以及企业计提资产减值准备与资产质量是否相匹配。主要内容包括:

(一)企业财务会计核算是否准确、真实,是否存在经营成果不实问题;

(二)企业年度财务决算报告合并范围、方法、内容和编报质量是否符合规定,有无存在故意编造虚假财务决算报告等问题;

(三)企业是否正确采用会计确认标准或计量方法,有无随意变更或者滥用会计估计和会计政策,故意编造虚假利润等问题。

第十七条 企业财务收支核算合规性是指企业负责人任职期间财务收支管理是否符合国家有关法律法规规定,会计核算是否符合国家有关财务会计制度,年度财务决算是否全面、真实地反映企业财务收支状况。主要内容包括:

(一)企业收入确认和核算是否完整、准确,是否符合国家财务会计制度规定,有无公款私存、私设“小金库”,以及以个人账户从事股票交易、违规对外拆借资金、对外资金担保和出借账户等问题;

(二)企业成本开支范围和开支标准是否符合国家有关财务会计制度规定,有无多列、少列或不列成本费用等问题,以及企业工资总额来源、发放、结余和企业负责人收入情况;

(三)企业会计核算是否符合国家有关财务会计制度规定,是否随意改变资产、负债、所有者权益的确认标准或计量方法,有无虚列、多列、不列或者少列资产、负债、所有者权益的问题;

(四)企业会计账簿记录与实物、款项和有关资料是否相符,有无存在账外资产、潜亏挂账等问题,有无存在劳动工资核算不实等问题。

第十八条 企业资产质量变动情况是指企业负责人任职期间各项资产质量是否得到改善,是否存在严重损失、重大潜亏或资产流失等问题,企业国有资本是否安全、完整,以及对企业未来发展能力的影响。主要内容包括:

（一）企业负责人任职期间有关企业资产负债结构合理性及变化情况，以及对企业未来发展的影响；

（二）企业负责人任职期间企业资产运营效率及变化情况，以及对企业未来发展的影响；

（三）企业负责人任职期间企业有效资产及不良资产的变化情况，以及对企业未来发展的影响；

（四）企业负责人任职期间企业国有资产保值增值结果，及企业在所处行业中水平变化的对比分析。

第十九条 企业有关经营活动和重大经营决策是指企业负责人任职期间做出的有关对内对外投资、经济担保、出借资金和大额合同等重大经济决策是否符合国家有关法律法规规定，及其企业内部控制程序，是否存在较多问题或者造成重大损失。主要内容包括：

（一）企业重大投资的资金来源、决策程序、管理方式和投资收益的核算情况，以及是否造成重大损失；

（二）对外担保、对外投资、大额采购与租赁等经济行为的决策程序、风险控制及其对企业的影响情况；

（三）涉及的证券、期货、外汇买卖等高风险投资决策的审批手续、决策程序、风险控制、经营收益或损失情况等；

（四）改组改制、上市融资、发行债券、兼并破产、股权转让、资产重组等行为的审批程序、操作方式和对企业财务状况的影响情况等，有无造成企业损失或国有资产流失问题。

第二十条 企业经济责任审计要认真检查企业负责人及企业执行国家有关法律法规情况，核实企业负责人及企业有无违反国家财经法纪，以权谋私，贪污、挪用、私分公款，转移国家资财，行贿受贿和挥霍浪费等行为，以及弄虚作假、骗取荣誉和蓄意编制虚假会计信息等重大问题。

第二十一条 企业经济责任审计在全面核实企业各项资产、负债、权益、收入、费用、利润等账务的基础上，依据国家有关经营绩效评价政策规定，对企业负责人任职期间经营成果和经营业绩，以及企业资产运营和回报情况进行客观、公正和准确的综合评判。

第四章　审计机构委托

第二十二条 企业负责人经济责任审计工作，采取委托国家有关审计机关或者聘请有关社会审计组织等方式具体组织实施。

（一）对于资产规模较大企业负责人经济责任审计工作，根据国家有关规定，委托国家审计机关组织实施；

（二）对于未委托国家审计机关实施企业负责人经济责任审计的，按照“公开、公平、公正”的原则，采取招标等合理方式，聘请具有相应资质条件的社会审计组织组织实施。

第二十三条 委托国家有关审计机关开展企业经济责任审计工作的，有关审计工作组织实施依据国家有关规定进行。

第二十四条 承办企业负责人经济责任审计的社会审计组织，应当具备以下资质条件：

（一）资质条件应与企业规模相适应；

（二）具备较完善的审计执业质量控制制度；

（三）拥有经济责任审计工作经验的专业人员；

（四）3年内未承担同一企业年度财务决算审计业务；

（五）与企业或企业负责人不存有利害关系；

（六）近3年未有违法违规不良记录；

（七）能够适时调配较强的专业人员承担经济责任审计任务。

第二十五条 接受聘请的社会审计组织应严格依据国家有关法律法规，以及国资委对企业经济责任审计工作的统一要求，按照规定的方法、程序和内容，依据独立审计原则认真组织经济责任审计工作，并对审计报告的真实性、合法性负责。

第二十六条 国资委根据财务监督工作需要，可委托企业内部审计机构承担相关专项经济责任审计工作任务。

第二十七条 受委托承担国资委专项经济责任审计工作任务的企业内部审计机构和专业人员，应依据国资委统一工作要求，独立、客观、公正地开展审计工作，对审计工作结果承担相应的工作责任。

第五章　审计工作程序

第二十八条 国资委组织实施企业负责人经济责任审计基本工作程序如下：

（一）编制审计工作计划；

（二）确定审计机构；

（三）下达审计工作通知；

（四）拟定审计方案；

（五）成立审计项目组；

（六）组织实施审计；

（七）交换审计意见；

（八）出具审计报告；

（九）下达审计意见或审计决定。

第二十九条 根据干部管理部门提出的任期经济责任审计工作要求，以及出资人财务监管工作需要，编制企业经济责任审计工作计划，明确审计的对象、时间安排、范围、重点内容、方法与组织方式等内容。

第三十条 国资委应当在实施审计7日前通知被审计企业。被审计企业在接到审计通知书后，应做好接受审计的有关准备工作，如实地提供有关资料。

第三十一条 按照企业经济责任审计工作要求，审计机构应拟定审计方案，明确审计目标、审计范围、审计重点、审计要求、审计组织、延伸审计单位和其他审计事项等，并报国资委同意。

第三十二条 审计机构按照企业经济责任审计工作任务要求，成立由具有相关工作经验和一定专业知识的专业人员组成的审计项目组，组长应由具有经济责任审计工作经验和具备较高专业技术资格的业务负责人担任。

第三十三条 审计项目组在对企业负责人任职期间企业经营成果、财务收支、资产质量和有关经营活动、重大经营决策，以及经营绩效等资料审计过程中，也可采取向有关单位、个人调查等方式，充分听取企业董事会、监事会、纪检监察、工会和职工反映的情况和意见。

第三十四条 审计项目组完成现场审计后，审计机构应在10个工作日内向国资委提交审计报告。审计报告提交前，应当征求被审计企业负责人及其所在企业的意见，并将审计报告及企业负责人或其所在企业的书面意见一并上报。

第三十五条 审计项目组应当在计划工作时间内完成审计任务，确需延长审计时间的，应当商国资委同意，并及时通知被审计企业及其负责人。

第三十六条 国资委依据审计报告，对发现的重大问题，经研究核实后正式下达相关审计决定。

第三十七条 在经济责任审计工作中发现企业负责人有严重违法违纪问题的，应移交有关管理机构予以处理。

（一）对于需由企业负责人承担一般经济责任的，移交相应管理部门予以处理；

（二）对于企业负责人违反党纪政纪的，移交纪检监察机关予以处理；

（三）对于应依法追究企业负责人刑事责任的，移送司法机关处理。

第三十八条 相关审计机构在企业负责人经济责任审计工作中，采用其他审计资料和审计结果时，应进行必要的复核工作，并对其真实性、合法性承担相应的法律责任。

第六章 审计工作结果

第三十九条 企业经济责任审计应当分清企业负责人本人应当负有的直接责任和主管责任。

（一）直接责任是指企业负责人因对主管的资产经营活动和财务管理事项未履行或者未正确履行职责，致使企业经营管理不善，或由于决策失误而事后又处理不力以及违规操作等，造成所在企业经济损失或经济效益下降应负的经济责任。

（二）主管责任是指企业负责人在其任期内对其所在企业资产和财务状况，以及有关经济活动应当负有的直接责任以外的领导和管理责任。

第四十条 企业负责人应对下列行为负有直接责任：

（一）直接违反国家财经法规和财经纪律的；

（二）授意、指使、强令、纵容、包庇下属人员违反国家财经法规的；

（三）失职、渎职的；

(四)其他直接违法违规行为。

第四十一条 承办企业负责人经济责任审计的社会审计组织提交的审计报告,应当对企业负责人的经济责任做出客观、公正的评价,并对提交的审计报告真实性、客观性承担相应责任。

第四十二条 承办企业负责人经济责任审计的社会审计组织提交审计报告前,报国资委审核。国资委审定的内容主要包括:审计证据是否充分、审计评价是否适当、主要事实是否清楚和审计处理意见是否正确。

委托国家审计机关进行经济责任审计工作的,审计工作结果应送国资委,并抄送被审计企业。

第四十三条 企业对财务部门负责人开展经济责任审计工作的结果,应当向国资委备案。

第四十四条 企业经济责任审计工作结果,作为对企业负责人任免、奖惩的重要依据。

第四十五条 对于在经济责任审计工作中,发现因经济决策失误给企业造成重大损失,或者企业资产状况不实、经营成果虚假等问题,应当视其影响程度相应追究有关负责人责任,并予以经济处罚。

第四十六条 企业应根据经济责任审计工作所反映出的有关管理问题,及时加强整改工作,堵塞管理漏洞。企业内部审计机构应当对企业有关整改工作做好后续跟踪审计。

第四十七条 在经济责任审计工作中,发现企业领导班子有关成员存在严重问题的,经国资委批准后,可进一步开展延伸审计工作。

第七章 罚 则

第四十八条 被审计企业负责人或所在企业拒绝、阻碍经济责任审计,或拒绝、拖延提供相关资料或证明材料的,国资委或企业上级单位应当责令改正或给予警告,并对负有直接责任的主管人员和直接责任人给予行政或者纪律处分。

第四十九条 被审计企业负责人所在企业转移、隐匿、篡改、伪造、毁弃有关经济责任审计资料的,国资委或企业上级单位对负有直接责任的主管人和直接负责人给予行政或者纪律处分;涉嫌犯罪的,依法移送司法机关处理。

第五十条 对于打击报复或者陷害检举人、证明人、资料提供人和审计人员的,国资委或企业上级单位应当责令其改正,并给予行政或纪律处分;给被害人造成损失的,应当依法予以赔偿;涉嫌犯罪的,依法移送司法机关处理。

第五十一条 审计人员利用职权谋取私利、徇私舞弊、玩忽职守、索贿受贿和泄漏国家机密或者商业秘密的,应当给予行政或纪律处分;涉嫌犯罪的,依法移送司法机关处理。

第五十二条 承担经济责任审计的社会审计组织出具虚假不实的审计报告,或者违反国家有关审计工作要求,避重就轻、回避问题或明知有重要事项不予指明的,移交有关部门予以处罚;涉嫌犯罪的,依法移送司法机关处理。

第八章 附 则

第五十三条 各中央企业可结合本企业实际情况,制定具体实施细则。

第五十四条 各省、自治区、直辖市国有资产监督管理机构可参照本办法,结合本地区实际,制定相应的工作规范。

第五十五条 本办法自 2004 年 8 月 30 日起施行。

中央企业经济责任审计实施细则

(国资发评价〔2006〕7 号,2006 年 1 月 20 日)

第一章 总 则

第一条 为做好中央企业(以下简称“企业”)经济责任审计工作,规范经济责任审计行为,提高经济责任审计质量,根据《中央企业经济责任审计管理暂行办法》(国资委令第 7 号),制定本实施细则。

第二条 开展企业经济责任审计是为适应出资人监督工作需要，加强对企业负责人的责任监督，建立与完善企业负责人经济责任的审计认定制度，客观评价企业负责人任职期间的经营业绩与经济责任，为企业负责人的任用、考核和奖惩提供参考依据，促进企业加强和改善经营管理，保证国有资产安全和国有资本保值增值。

第三条 企业经济责任审计的主要任务：

(一)财务基础审计。在对企业风险与内部控制进行了解测试的基础上．对企业资产、负债和经营成果的真实性、财务收支的合规性，以及企业资产质量的变动状况和重大经营决策等情况进行审计，以全面、客观、真实地反映企业的财务状况和经营成果。

(二)企业绩效评价。在财务基础审计的基础上，采用企业绩效评价指标体系，通过定量和定性相结合的评价方法，从企业的盈利能力、资产质量、债务风险、发展能力等财务绩效与管理绩效角度，对企业负责人任职期间企业的经营绩效进行全面分析和客观评价。

(三)经济责任评价。根据企业财务基础审计结果和绩效评价结论，综合考虑企业发展基础、经营环境等方面因索，对企业负责人任职期间的主要经营业绩和应承担的经济责任进行评估，对企业负责人任职期间履行工作职责情况得出较为全面、客观和公正的评价结论。

第四条 在企业经济责任审计中，财务基础审计范围应遵循重要性原则并充分考虑审计风险，纳入经济责任审计范围的资产量一般不低于被审计企业资产总额的70%，户数不低于被审计企业总户数的50%。下列子企业应当纳入经济责任审计范围：

(一)资产或效益占有重要位置的子企业；

(二)由企业负责人兼职的子企业；

(三)任期内发生合并、分立、重组、改制等产权变动的子企业；

(四)任期内关停并转或出现经营亏损、资不抵债、债务危机等财务状况异常的子企业；

(五) 任期内未经审计或财务负责人更换频繁的子企业；

(六)各类金融子企业及内部资金结算中心等。

第五条 在企业经济责任审计过程中，财务基础审计应充分利用企业近期内部与外部审计成果，提高审计效率。利用企业内部与外部审计成果应注意以下问题：

(一)在利用内部审计工作成果时，应对被审计企业内部审计环境及内部审计制度的有效性进行适当评估，以合理确信内部审计结论的可靠性。

(二)在利用外部中介机构审计成果时，必须采用一定的审计程序进行适当的审计评估，以合理确信所引用的审计结论的真实性及有效性。

(三)在审计企业资产状况时，可以借鉴相关年度的清产核资专项审计工作成果。当审计结果与清产核资专项审计结论不一致时，应遵循谨慎性原则追加适当的审计程序。

(四)利用被审计企业及其上级主管部门的纪检监察工作成果时，对于已经办结的案件，可在给予必要的审计关注的基础上直接利用纪检监察工作成果；对于正在办理的案件，应注意与被审计企业及其上级主管部门的纪检监察机构相互沟通配合。

第二章 工作组织

第六条 开展企业经济责任审计工作应按照企业负责人管理权限和企业产权关系，依据“统一要求、分级负责”的原则进行。国资委干部管理权限范围内的企业负责人经济责任审计工作，由国资委负责组织实施，具体可采用直接组织实施或委托国家审计机关实施等方式。

第七条 国资委干部管理权限范围内的企业，如果经国务院批准发生合并重组、托管等情况，国资委可视情况直接组织实施经济责任审计或委托吸收合并企业(或托管企业)组织实施经济责任审计。

吸收合并企业(或托管企业)受托组织实施经济责任审计，其工作标准、方法、程序需按照国资委统一规定和要求执行，审计结果应报国资委确认。

第八条 国资委直接组织实施企业经济责任审计工作的，可聘请具有相应资质条件的社会中介机构配合审计或者抽调企业内部审计机构人员具体实施审计。国资委聘请社会中介机构配合实施经济责任审计，按照“公开、公平、公正”的原则，采取企业推荐、国资委核准、邀请招标方式选定具有相应资质条件的社会中介机构，并根据已确定的审计目标、范围和具体要求，与选定的社会中介机构签订业务委托书。

第九条 根据经济责任审计工作任务，国资委会同配合审计工作的社会中介机构等组成审计项目组，具体实施经济责任审计工作。审计项目组一般下设财务审计组和绩效评价组。

第十条 审计项目组。审计项目组长为审计项目的具体组织者，应具有审计、会计、经济等方面的专业知识，由国资委派出；审计项目副组长分别由财务审计组和绩效评价组组长担任。审计项目组长应履行以下主要职责：

（一）组织协调与被审计企业的审计工作事宜；

（二）负责审核财务审计方案和绩效评价工作计划；

（三）负责带审计项目组（含财务审计组和绩效评价组）正式进驻企业，并落实有关工作要求；

（四）在审计工作中，及时协调解决有关重要事项；

（五）负责组织与企业负责人和企业交换审计意见；

（六）负责组织审核和修改经济责任审计报告。

第十一条 财务审计组。财务审计组主要由聘请的社会中介机构人员（或企业内部审计人员）组成，组长由社会中介机构（或企业内部审计机构）的财务审计项目负责人担任。财务审计组长的主要职责：

（一）组织对被审计企业有关财务效益状况、资产质量、重大经营活动和经营决策、遵守法律法规等情况进行审计；

（二）组织草拟财务审计报告，并对财务审计报告承担责任；

（三）组织协助绩效评价工作（为绩效评价工作提供基础数据、相关资料等方面的支持，协助准备专家评议工作，协助草拟绩效评价报告）；

（四）协助草拟经济责任审计报告；

（五）协调处理财务审计组与绩效评价组工作关系。

第十二条 绩效评价组。绩效评价组主要由委托方工作人员或抽调企业内部审计人员及部分社会中介机构人员组成，组长一般由委托方专业人员担任。绩效评价组长的主要职责：

（一）组织对被审计企业的经营绩效进行评价；

（二）组织专家进行对企业经营及管理状况进行定性评议；

（三）综合财务审计结果和绩效评价结果，组织对企业负责人任期的经营业绩和经济责任进行评估，得出评价结论；

（四）配合组织与被审计企业沟通或征求意见，接收有关群众来信和接受群众访谈；

（五）组织草拟经济责任审计报告；

（六）协调处理绩效评价组与财务审计组工作关系。

第十三条 财务审计组和绩效评价组组长应当具备下列基本条件：

（一）拥有相关领域的中高级技术职称或相关专业执业（技术）资格，或者具备较丰富的企业财务管理或财务审计工作经验和经历；

（二）熟悉被审计企业所在的行业；

（三）具有较强组织能力、综合分析能力和判断能力；

（四）能够坚持原则、清正廉洁、秉公办事。

第三章 工作程序

第十四条 审计项目组具体实施的经济责任审计工作，可分为准备阶段、实施阶段、报告阶段三个工作阶段。

第十五条 准备阶段。经济责任审计准备阶段工作主要包括：确认任务、业务培训、进驻企业、审前调查、收集资料、修改完善经济责任审计方案等。

（一）审计项目组在开始实施审计前，应对需要承担的经济责任审计工作任务、审计对象、范围和要求等进行确认，落实对企业进行财务审计、绩效评价和对企业负责人进行经济责任评价的工作任务和责任。

（二）组织审计人员业务培训，了解被审计企业的行业特征、企业特点，学习和掌握财务基础审计、绩效评价和经济责任评价等工作要求和相关专业知识。

（三）组织召开由被审计企业负责人及有关人员参加的经济责任审计见面会，明确工作要求及配合事项。

（四）开展审前调查，了解企业基本情况，完善审计工作方案或计划。

1、财务审计组在本阶段应当对被审计企业的内部控制制度进行初步测试，进一步了解被审计企业的基本控制环境、内部控制状况和主要业务流程、接受外部审计及其他各种审计检查等基础情况，了解被审计企业负责人任期内发生的重大经营活动和其他重要情况，评估被审计企业的财务审计风险，确定财务审计的重点内容和具体工作范围。

2、绩效评价组在本阶段应当了解被审计企业的基本组织状况与基本财务状况，了解被审计企业负责人的任职时间、任期目标、任期工作表现、职工中的口碑、任期内工作职责及完成情况等个人基本情况，并与企业监事会沟通，就财务审计工作方案征求监事会意见等。

（五）被审计企业在实施现场审计前，应当根据经济责任审计工作需要，向审计项目组提供相关资料。

1、企业应提供的财务审计资料主要有：

（1）任职期内企业的财务会计资料、统计资料及有关审计报告、管理建议书等；

（2）企业的基本情况，如企业组织结构、资本结构、重要资产产权证明、重要投资合同、贷款合同目录、主管部门有关政策的批准文件等；

（3）企业的管理情况，主要为以文字形式描述的企业内部决策程序及执行情况、内控制度及执行情况等，如内部财务核算制度、业务操作规程、授权与权限制度、费用开支审批办法等。

（4）重大事项，包括重大诉讼、重大违纪事项、重要会议记录等；

（5）关联方关系及其交易情况、会计政策变更、会计估计变更及原因说明等。

（6）企业有关财产损失审批及税务部门批准处理的文件，税务部门出具的完税证明、银行对账单等外部资料。

（7）在财务审计过程中，需要补充提供的其他资料。

2、企业及企业负责人应提供的绩效评价资料主要有：

（1）任期内企业的年度工作计划、工作报告和工作总结；

（2）任期内企业经营目标及目标实现情况；

（3）企业负责人关于任期的述职报告，述职报告应包括任期内的主要业绩、存在的主要问题、工作中应承担的经济责任，进一步改进企业经营管理的意见与建议等；

（4）在经济责任审计过程中，需要补充提供的其他资料。

（六）财务审计组根据审前调查情况，修改完善审计工作方案或计划，并将修改后的审计工作方案或计划经审计项目组长同意后，报国资委备案同意后组织落实。

第十六条 实施阶段。经济责任审计实施阶段工作主要包括：财务基础审计、企业绩效评价、经济责任评价等内容。

第十七条 财务审计组在开始现场财务审计后，主要应完成以下工作：

（一）审计人员对企业内部控制系统的健全性和有效性进行符合性测试，识别内部控制的关键控制点和风险点，评价内部控制的水平，设计实质性测试的程序和范围。

（二）审计人员根据对企业内部控制系统的了解、测试，明确实质性测试的重点与内容，并通过审查会计资料、查阅与审计范围有关的文件、盘点实物资产、向有关单位和个人询问、函证等程序，取得具有充分证明力的审计证据，为形成财务审计报告奠定基础。

（二）审计人员在现场审计中，应当认真填写审计工作记录，整理编制审计工作底稿。审计工作底稿包括以下内容：

1、审计人员在审计准备阶段所形成的材料、收集的有关证据、被审计企业提供基本情况和审计工作实施方案；

2、与审计事项有关的证明材料及其鉴定意见；

3、审计中发现的问题及产生的原因；

4、判断审计事项的法律、法规、政策依据；

5、审计人员对审计事项的评价、初步结论和处理意见、建议，以及被审计企业及其负责人的意见；

6、在执行具体审计工作方案过程中所作的其他有关记录等。

主审人员和财务审计组长应当对审计工作底稿进行复核，并对审计工作底稿的真实性、准确性负责。

（四）财务审计组根据取得的审计证据形成财务审计结论，起草财务审计报告初稿。

第十八条 绩效评价组在开始现场审计后，主要应完成以下工作：

（一）进一步了解被审计企业及企业负责人的情况，向被审计企业有关人员征求意见、接收群众来信和访谈；

（二）根据财务基础审计核实后的被审计企业财务数据，采用企业绩效评价体系对被审计企业的财务绩效进行评价，形成财务绩效定量评价结论；

（三）准备专家评议资料，邀请有关评议专家对被审计企业的管理绩效进行定性的专家评议。专家评议一般采用专家评议会方式，按下列程序进行：

1、阅读相关资料，了解企业实际情况；

2、财务审计组介绍财务审计情况及结果：

3、绩效评价组介绍企业财务绩效定量评价情况及评价结果；

4、评议专家根据企业实际情况和管理绩效评议参考标准，现场评议，独立打分：

5、计算汇总评议打分结果。

（四）根据财务绩效定量评价结果和管理绩效定性评价结果，起草企业绩效评价报告初稿。

第十九条 报告阶段。经济责任审计报告阶段工作主要包括：形成经济责任审计报告初稿，财务审计报告和经济责任审计报告初稿征求各方面意见，修改报告初稿、形成正式审计报告。

（一）审计项目组根据财务审计报告初稿和绩效评价报告初稿，综合分析评价企业负责人任期的经营业绩与经济责任，起草企业负责人经济责任审计报告初稿。

（二）工作报告初稿形成后，应先征求委托单位意见，待审核同意后，形成财务审计报告和经济责任审计报告征求意见稿，由审计项目负责人组织征求被审计企业和企业负责人的意见，同时征求相关监事会的意见。审计报告征求意见稿一般应在7个工作日内返回审计项目组，逾期不反馈意见，视为同意。

1、审计项目组应将与被审计企业负责人交换意见的情况做成书面记录；

2、审计项目组长与被审计企业负责人双方应在交换意见的书面记录上签字：

3、对被审计企业和企业负责人的意见进行分析研究，依据合理意见对审计报告征求意见稿进行修改；

4、修改后的征求意见稿应再次征求被审计企业和企业负责人意见；如被审计企业或负责人对审计报告仍有不同意见，可以书面形式将意见作为审计报告的附件，一并书面报国资委。

5、如被审计企业及负责人对审计报告初稿有重大分歧意见，应将被审计企业及负责人意见和审计复核意见一并书面报国资委。

（三）经过交换意见后，财务审计组出具正式的财务审计报告，审计项目组出具正式的经济责任审计报告，并报国资委，同时抄送被审计企业及企业负责人。

第二十条 在经济责任审计工作结束后，国资委根据财务审计报告和经济责任审计报告，向被审计企业下达审计处理意见。

第二十一条 为改进工作，积累经验，不断提高经济责任审计工作质量，经济责任审计工作完成后，审计项目组应对经济责任审计的组织、程序、方式、方法等方面进行总结，并将工作总结及时提交国资委。

第二十二条 经济责任审计工作结束后，审计项目组应按照有关工作分工和审计档案管理规定，整理有关经济责任审计工作档案移交国资委或明确配合机构保管。

（一）应明确由配合机构负责保管的资料有：审计计划、审计证据、审计工作底稿、审计报告及征求意见稿、有关意见反馈、有关审计问题的请示和报告等资料。

（二）应移交国资委负责保管的资料有：财务审计工作方案、经济责任审计工作报告、企业及监事会等有关方面的反馈意见、审计决定执行情况、有关审计问题的请示和报告、批示等有关工作文件，以及与具体审计项目有关的群众来信、来访记录、举报材料等。

第四章 财务基础审计

第二十三条 财务基础审计主要包括被审计企业负责人任职期间企业财务收支状况真实性审计、资产质量审计、经营成果审计、企业重大经营活动和经营决策审计、经营合法合规性审计等内容。

第二十四条 财务收支状况真实性审计。根据国家统一财务会计制度、会计准则及相关法律法规，通过必要的审计程序，了解企业负责人任职期间企业的财务收支管理是否符合国家有关法律法规的规定，会计信息是否真实、完整，账实、账账、账表是否相符，判断企业会计核算的合规性，检查企业经营管理存在的有关问题。

财务收支状况真实性审计应特别关注对货币资金、往来款项、存货、固定资产、应付工资等科目，以及资本性支出和收益性支出、合并会计报表的审计。

第二十五条 任职期间资产质量的审计。结合内控审计和财务收支审计，查实企业的会计信息是否真实地反映了企业资产的实际质量状况。重点审计企业负责人任职期间资产质量变动情况，特别是任职期间不良资产的变动情况，审计确认任职期初到任职期末各年的不良资产总额及任期内新增不良资产情况。

本实施细则所称不良资产是指预期不能给企业带来经济利益的资产和企业尚未处理的资产净损失和潜亏(资金)挂账，以及按财务会计制度规定各类有问题资产预计损失金额。

第二十六条 对仍执行行业会计制度企业的不良资产审计时，应重点关注以下内容：

(一)待处理资产净损失，重点审查任期末待处理的流动资产和固定资产净损失，以及固定资产毁损、报废的真实性、合规性；

(二)长期积压商品物资，重点审查任期末积压一年以上(特殊商品物资指超过正常生产或经营一个周期以上)但尚未丧失使用价值的商品物资；

(三)不良投资，重点审查由于被投资企业(或项目)濒临破产、倒闭、发生长期亏损(一般指连续三年以上)等原因造成难以收回的投资等，包括关停并转企业的不良资产；

(四)三年以上应收款项可能导致的潜在损失；

(五)处在对外经济担保、未决诉讼、应收票据贴现等状态下的资产可能导致的潜在损失；

(六)潜亏，重点审查企业未足额计提或摊销的成本费用；

(七)挂账，重点审查企业由于经营管理或政策性等因素形成的，并经财务认定和记录，但又未纳入企业当年损益核算或进行相应财务处理的损失、费用等；

(八)经营亏损挂账，重点审查因经营活动因素产生的累计未弥补亏损总额；

(九)关停并转企业和未纳入财务决算范围企业的不良资产；

(十)其他因素引起的资产损失的金额。

第二十七条 对执行《企业会计制度》企业的不良资产审计中，应重点关注以下内容：

(一)应提未提或少提的各项减值准备；

(二)应转销而未转销的待处理流动资产和固定资产损益、应提未提及应摊未摊的折旧和费用；

(三)不符合资本化条件的固定资产装修及修理支出尚未计入当期费用的金额；符合资本化条件的固定资产改良支出，因未遵循谨慎性原则随意延长折旧年限而少计入当期成本费用的金额；其他按照《企业会计制度》的规定应计入当期成本费用而结转下期的金额；

(四)处于对外经济担保、未决诉讼、应收票据贴现等或有事项状态下的资产，由于未按照《企业会计制度》的规定预计费用和负债而虚增的金额；

(五)关停并转企业和未纳入财务决算范围企业的不良资产；

(六)其他因素引起的资产损失金额。

第二十八条 在对企业不良资产审计中，还应当关注以下情况：

(一)审计分析企业清产核资结果是否如实披露。对于企业在清产核资中未披露的损失(除政策性原因允许企业暂不处理的损失外)，一般视同为清产核资后企业负责人任期不良资产损失。

(二)审计分析企业任期内资产质量变动的原因。分析产生不良资产的主、客观原因，客观原因主要指国家政策、自然灾害等；主观因素主要指决策失误、经营不善等。

(三)审计分析企业任期内不良资产责任划分。按照企业负责人任期职责、任期时间及不良资产产生原因等情况，分清企业不良资产的责任，审计分析企业任职期间不良资产情形。

1、核实任职期以前存在的不良资产；

2、核实任职期内消化的任职期以前的不良资产；

3、核实任职期间内新增不良资产；

4、核实任职期间因客观因素而新增的不良资产。

第二十九条 任职期间经营成果审计。在财务收支审计与资产质量审计的基础上，审计企业负责人任期内的经营成果的真实性与完整性。同时审计确认企业负责人任期初至任期末各年的利润总额、净利润、主营业务收入、主营业务成本、期间费用、管理费用等财务定量评价指标。审计中应重点关注：

（一）任期企业收入确认和核算是否真实、完整、及时，是否符合国家财务会计制度规定，有无虚列、多列或透支未来收入，少列、漏列或转移当期收入等问题。

（二）任期内企业成本费用开支范围和开支标准是否符合国家财务会计制度规定，成本核算是否真实、完整，符合配比原则，有无错列、多列、少列或漏列成本费用等问题。

（三）任期经营成果的调整。如果企业存在经营成果不实问题，应当根据审计结果对企业相关的会计数据进行调整，并做出调整后的新的会计报表。

（四）确认任期企业实际业绩利润。企业任期实际业绩利润一般按照以下公式计算：

$$\begin{array}{c}\text{任期实际}\\\text{业绩利润}\end{array}=\begin{array}{c}\text{经过审计调整核实后的任期利润总额}\\\text{（已扣除任期产生的不良资产）}\end{array}+\begin{array}{c}\text{消化任期以前}\\\text{年度不良资产}\end{array}$$

第三十条 任职期间企业重大经营活动和经营决策审计。重点关注企业的重大经营活动和经营决策过程是否合法合规，以及所产生的结果等。

（一）对外投资、担保、大额采购、改组改制、融资上市、兼并破产等重大经营活动和重大经济决策是否符合国家有关法律法规、政策及有关规定；

（二）有关决策是否有相关管理控制制度；

（三）有关决策是否履行相关管理控制制度，并按规定程序进行；

（四）有关决策协议或合同内容是否符合企业实际，是否存在损害本企业的条款，其中有无个人谋利行为；

（五）有关决策的履行过程明确了具体实施管理部门，有无进行过程监控；

（六）有关决策结果有无给企业造成损失等。

第三十一条 任职期间企业经营合法合规性审计。主要审计企业负责人任职期间的有关经营、管理等行为是否符合国家有关法律法规的规定等。应重点关注以下情况：

（一）公款私存，坐收坐支，私设“小金库”，资金账外循环；

（二）无原始凭证或原始凭证不完备；

（三）违规越权炒作股票、期货等高风险金融品种；

（四）违规对外拆借、出借账户；

（五）违规对外出借资金等。

第三十二条 财务基础审计在对被审计企业任职期间的基本财务状况、经营成果和经营决策等进行审计和出具财务审计报告的同时，还应当对被审计企业负责人任职期间的有关绩效评价基础数据进行核实，为对企业绩效评价工作奠定基础。

第五章 企业绩效评价

第三十三条 在对企业负责人任职期间财务状况审计工作的基础上，绩效评价组应用国资委制定的企业绩效评价体系，对企业负责人任职期间的企业绩效状况进行评价，为做好对企业负责人任职期内经营业绩和经济责任评价奠定工作基础。企业绩效评价分为财务绩效定量评价和管理绩效定性评价。

第三十四条 财务绩效定量评价是指根据企业审计核实后的财务数据，利用绩效评价指标体系，比照行业评价标准，对企业负责人任期的财务绩效进行的定量分析评价。根据企业绩效评价指标体系，财务绩效定量评价主要从盈利能力、资产质量、债务风险、发展能力四个方面进行评价。

第三十五条 为保证评价结果的客观、科学，企业绩效评价所使用的评价基础数据应当根据评价需要进行评价调整。评价基础数据调整主要包括以下两个方面：

（一）根据财务基础审计结果对企业有关数据进行调整；

（二）对影响评价结果的有关客观因素进行调整。

第三十六条 管理绩效定性评价是通过对企业负责人任期内的企业发展战略规划、经营决策机制、内部风险控制、人力资源建设等方面的分析评议，反映企业采取的各项管理措施及其管理成效，对定量分析结果进行补充修正。

第三十七条　为客观公正的评价企业负责人任职期间的企业管理绩效状况，审计项目组采用聘请相关专家组成专家评议组方式，对企业的管理绩效指标进行评议，形成管理绩效定性评价结果。

（一）经济责任审计中，专家评议组一般由7—9人组成；

（二）评议专家一般从企业监管部门、行业协会、大专院校、社会中介、企业监事会等方面聘请；

（三）评议专家必须具备以下基本条件：

1、具有较丰富的企业管理、财务会计和资产管理等方面的知识；

2、了解企业绩效评价业务，具有较强的综合分析判断能力；

3、了解被评价企业所处行业的状况；

4、坚持原则，清正廉洁，秉公办事。

（四）评议专家的主要职责。根据财务基础审计结果和财务绩效定量评价结果，对企业非财务的管理绩效指标进行评议，对企业负责人任期的经营业绩和经济责任进行评价；并对经济责任审计中的有关问题提供咨询。

第三十八条　绩效评价组综合企业财务基础审计结果、财务绩效定量评价结果和管理绩效定性评价结果，形成企业绩效评价报告初稿。

第六章　经济责任评价

第三十九条　经济责任评价是指根据财务基础审计结果和企业绩效评价结果，综合考虑企业负责人任期影响企业发展的相关因素，对企业负责人任期的经营业责任与经济责任进行客观公正的分析和评价。

第四十条　任期经济责任评价应遵循以下原则：

（一）客观性原则。业绩与经济责任评价要客观的反映企业负责人的实际业绩与问题，避免由于证据不足、个人主观印象等造成的人为误差；

（二）全面性原则。业绩与经济责任评价不但要充分考虑企业负责人的责任，还要充分考虑企业负责人的贡献，全面评估企业负责人任期的成绩与不足。

（三）公正性原则。根据有关问题的性质，比照公平、明确的评价标准，分清企业负责人应当承担的责任，做到责任定位准确、公正。

（四）发展性原则。对企业负责人的业绩与经济责任评价，不但要充分考虑其任期企业的效益、管理等情况，还要充分考虑企业负责人本任期行为对企业今后发展的贡献。

第四十一条　在经济责任审计工作中，应当客观公正的评价企业负责人任职期间对企业的主要贡献，重点关注企业的经营效益状况、基础管理水平、重大改制改革、发展战略及执行情况、内部控制建设与落实情况、企业可持续发展情况等内容。

第四十二条　在经济责任审计工作中，应当明确企业负责人对其任期内企业存在问题应承担的经济责任。经济责任是指企业负责人在任职期内职责可控范围内应当负有的责任，分为直接责任和主管责任。

（一）直接责任是指企业负责人因对主管的资产经营活动和财务管理事项未履行或者未正确履行职责，致使企业经营管理不善，或由于决策失误而事后又处理不力以及违规操作等，造成所在企业经济损失或经济效益下降应负有的经济责任。

（二）主管责任是指企业负责人在其任期内对其所在企业资产和财务状况，以及有关经济活动应当负有的直接责任以外的领导责任和管理责任。

第四十三条　对于企业负责人任期经济责任的评价，既要考虑企业负责人的经营业绩，又要分析企业负责人的经济责任，并要充分考虑企业自身发展状况、历史负担、行业特点、持续发展等因素。

第四十四条　经济责任审计中，原则上以会计年度作为企业负责人经济责任审计期间，并以此确定审计和评价财务数据的期初数；但对于重大经营决策、重大财务事项等的责任界定，以企业负责人的实际任期为准。

（一）企业负责人的任职时间为某一年度的上半年，则以本年度初作为企业负责人经济责任审计期间的期初；

（二）企业负责人的任职时间为某一年度的下半年，则以下一年度初作为企业负责人经济责任审计期间的期初。

第七章　工作报告

第四十五条　经济责任审计工作报告包括财务审计报告、绩效评价报告和经济责任审计报告三个报告。

第四十六条　财务审计报告是财务审计组根据审计工作结果形成的反映企业会计信息真实性及企业资产质量、经营成果、重大经营管理决策及遵守国家法律法规等情况的阶段性工作报告。

第四十七条　财务审计报告应当由标题、收件人、正文、附件、签章、报告日期等基本要素组成。

（一）标题。标题中应明确被审计企业名称、主要审计事项等审计主要内容。

（二）收件人应为委托人。

（三）报告正文。审计报告的正文内容一般包括：

1、审计任务的说明。审计报告应对本次审计的任务进行说明。主要包括：执行审计的依据、被审计企业名称、被审计企业负责人姓名、审计范围、内容、方式和时间，采用的主要审计方法，延伸或追溯审计的重要事项，以及对被审计企业及负责人配合与协助情况的评价等。

2、被审计企业负责人及企业基本情况。主要包括：企业的经济性质、管理体制、业务范围及经营规模、财务隶属关系或资产监管关系、核算管理体制、财务收支状况等；被审计企业负责人姓名、职务、任职时间等基本内容。

3、被审计企业的基本财务状况。主要包括：审计前后企业基本财务数据的变化及原因，任期内各年企业的财务状况、资产质量、收入效益、成本费用等主要财务指标的变化情况及原因等。

4、企业负责人的主要业绩。企业负责人在任职期间，在发展战略规划、改革改组改制、生产经营成果、内部控制机制，提高企业市场竞争力和持续发展能力等方面的成绩。

5、截至任期末，审计发现企业行在的主要问题，包括企业的问题和负责人的问题两方面。对于审计中发现的主要问题要进行分类整理，并明确发现问题的事实，产生问题的原因，所违反有关法律法规的具体内容，存在问题所造成的影响或后果等。

6、审计建议。对审计发现的有关问题，审计组应当在职权范围内提出审计处理意见和审计建议。

7、需要在审计报告中反映的其他情况。

（四）附件。审计报告的附件包括：审定的任职期间各年度审计调整后的资产负债表及损益表、会计账项调整表、其他需要说明的重要事项等。

第四十八条　绩效评价报告是由绩效评价组结合前期了解掌握的企业有关情况，利用财务审计组审定的企业财务数据，对企业实施财务绩效定量评价和管理绩效定性评议后形成的关于企业整体绩效状况的阶段性工作报告。绩效评价报告是企业经济责任审计项目组内部的分析报告。

第四十九条　绩效评价报告应由标题、正文、附件、签章、报告日期等基本要素组成。

（一）标题。标题中应明确企业名称和报告性质；

（二）报告正文。对照行业评价标准值，重点分析企业负责人任职期间，企业在盈利能力、资产质量、债务风险、发展能力等方面财务指标和评价得分的变化情况，并说明变化的主要原因；同时结合专家评议结果，形成对企业综合绩效状况的评价结论。

（三）附件。一般应包括：企业绩效评价计分表、采用的评价标准值、评价调整情况表等；

（四）签章。由绩效评价组长签章；

（五）报告日期：完成评价报告的日期。

第五十条　经济责任审计报告是经济责任审计工作最终的工作报告，应由标题、收件人、正文、附件、签章、报告日期等基本要素组成。

（一）标题。标题中应明确经济责任审计的企业名称和报告性质；

（二）收件人应为委托人；

（三）前言。简要概述审计的委托、依据、范围、起止时间、主要审计内容等情况；

（四）报告正文。主要包括企业的基本情况及根据财务审计报告和绩效评价报告对企业负责人经营业绩与经济责任的评价；

1、基本情况。企业及企业负责人的基本情况。

2、基本评价。主要包括审计后企业基本财务数据的变化及原因、企业在任期内的基本财务状况等。

3、任期企业负责人的主要业绩。

4、任期企业存在的主要问题。

5、审计结论。根据审计中发现的问题与业绩，结合企业的历史沿革、发展战略等，对企业负责人任职期间的经营业绩与经济责任进行综合客观的评价，并明确其应当承担的经济责任。

6、其他需要在审计报告中反映的情况。

（五）附件。主要为：财务审计报告、绩效评价报告；如企业及企业负责人有异议，还应包括企业及负责人反馈意见：如审计人员认为有必要，可提出审计建议或管理建议等。

第五十一条 为简明扼要的体现经济责任审计报告的主要内容，方便报告阅读，应当将审计报告的重点内容提炼出来作为报告摘要。

（一）报告摘要应包括：企业和企业负责人简要的基本情况、基本绩效状况、企业负责人的主要业绩、企业存在的主要问题、审计结论与建议等重要内容。

（二）摘要撰写应当简单扼要，重点突出，一般在 2000—3000 字左右。

第八章 质量控制

第五十二条 审计项目组的质量控制主要包括以下内容：

（一）与被审计企业或企业负责人有利害关系的人员，不应当进入审计项目组；

（二）财务审计组应当取得企业关于保证所提供资料真实性、完整的书面承诺，以明确会计责任和审计责任；

（三）审计项目组应当建立严格的审计复核制度：

（四）审计项目组对于不熟悉的专业难题，可以请专家出具意见书；对未经审计的项目或内容不予评议；审计中发现违法违纪问题时，要及时向委托方反映，由委托方移送纪检监察部门和司法机关处理；

（五）审计项目组在实施审计时，应通过委托方与组织、人事、纪检部门联系，将了解的被审计企业财务管理情况与干部管理部门掌握的企业负责人考核情况有机结合，以客观评估企业负责人任期的经营业绩和经济责任。

第五十三条 审计程序上的质量控制，主要包括审计计划质量控制、审计项目实施过程质量控制、审计结论和报告质量控制三部分。

（一）审计计划质量控制

1、在制定项目审计计划前，应认真考虑风险、管理需要及审计资源等，并事先评价各审计项目的风险程度；

2、制定项目审计计划时，应同时明确项目审计工作目标、工作顺序、所分配的审计资源、后续审计的必要安排等；

3、定期检查审计计划的执行情况，及时对计划进行修改和补充，保证审计计划的严肃性和落到实处。

（二）审计项目实施过程质量控制

1、加强过程指导与监督，应对各个层次的审计人员所从事的工作给予充分的指导和监督；

2、合理分配现场审计任务，并根据审计任务明确工作责任，明确审计人员应完成的程序、目标及重要性；

3、关注重大财务欺诈、关联方交易及非货币性交易等容易产生审计风险的重要事项。

4、重视对审计取证和审计工作底稿编制的控制，及时做好有关记录；

5、注重现场检查与复核工作；

6、对于现场审计中遇到的有关问题要注意及时沟通。

（三）审计结论和报告质量控制

1、审计项目组应以前期有效审计工作为基础，以合格证据为依据，以有关法律法规和规章为评判标准，及时整理、分析和总结，得出恰当的审计和评价结论，形成财务审计报告、绩效评价报告和经济责任审计报告；

2、重视并切实做好有关报告的层层复核工作；

3、经与被审计企业及其负责人交换意见后，有关交换意见的报告征求意见稿应予以保留，并将被审计企业及其负责人对审计报告的书面意见、审计项目组的书面说明、审计报告修改之处及其他有关材料进行再次复核。

第九章 审计责任与工作纪律

第五十四条 企业经济责任审计中，委托方和被审计企业应当协调配合审计项目组共同做好经济责任审计工作。

（一）经济责任审计的委托方应做好整个审计工作的组织与协调工作，对审计项目实施过程进行监控，对审计过程中出现的有关问题进行协调解决，提出审计质量要求并对审计质量进行监督复核。

（二）被审计企业应积极做好审计配合工作：

1、提供必要的工作条件，如实反映经营管理中与审计内容相关的事项；

2、提交真实、完整、合法的会计凭证、会计账簿、财务会计报告和其他有关资料，特别是有关未决诉讼、抵押借款、投资融资、银行存款、担保等方面的资料；

3、说明有无账外资产，有无转移、隐匿、篡改、毁弃会计资料以及其他资料的行为等；

4、说明在财务、会计以及其他相关经济活动中，有无重大违反财经法纪问题并予以说明。

第五十五条 企业经济责任审计中，审计人员和评价人员对其分工的工作任务负有相应的责任。

（一）财务审计人员应当对其承担的审计任务承担责任，其中：财务审计组长应当对审计工作程序与进程、审计报告的真实性、合法性等承担责任；

（二）绩效评价人员应当对其承担的评价任务承担责任，其中：绩效评价组长应当对绩效评价报告承担责任；

（三）评议专家应当对其评议结果承担责任；

（四）复核人员应当对其复核的相关内容承担责任。

第五十六条 审计过程中应认真遵守以下工作纪律：

（一）审计人员应当认真遵守与委托方签订的审计业务约定书中所规定的各类约定，按照国家相关的法律法规和国资委有关工作规定以及《独立审计准则》的要求，按时完成受托项目的财务审计、绩效评价和经济责任评价工作；

（二）财务审计中，如对审计期间或审计范围进行延伸审计时，须征得委托方同意；

（三）财务审计报告应当如实反映审计结果，不得出具虚假不实的 报告，不得避重就轻、回避问题或明知有重要事项不予披露；

（四）有关审计项目进展情况、发现的问题、遇到的难点等，应及时以书面形式报告委托方；

（五）审计项目组人员应当严格保守被审计企业的商业机密。除法律另有规定外，不得将被审计企业提供的资料泄露给委托方以外的第三方；

（六）审计项目组人员应自备个人所需的计算机等办公设备，不得向被审计企业提出其他不合理要求

（七）被审计企业应按本单位一般接待及差旅标准为审计项目组提供必要的食、宿条件及因公外出费用。审计项目组人员不得向被审计企业提出与审计工作无关的要求，不得在被审计企业报销任何私人费用；

（八）审计项目组人员不得索要或接受被审计企业任何礼品、礼金和各种有价证券等；

（九）审计项目人员不得向被审计企业提出与审计工作无关的要求。

第十章 附　　则

第五十七条 本实施细则适用于国资委直接组织开展经济责任审计工作的企业。

第五十八条 国资委委托吸收合并企业（或托管企业）组织实施经济责任审计，比照本实施细则执行。

第五十九条 企业内部组织开展经济责任审计工作，可参照本实施细则执行。

国资委直属单位领导干部任期经济责任审计办法(试行)

(国资厅发人事〔2004〕55号,2004年12月14日)

各直属单位:

现将《国资委直属单位领导干部任期经济责任审计办法(试行)》印发你们,请认真贯彻执行。

国务院国有资产监督管理委员会办公厅

二〇〇四年十二月十四日

国资委直属单位领导干部任期经济责任审计办法(试行)

第一条 为加强对委直属单位领导干部的管理和监督,正确评价领导干部任期工作业绩和经济责任,促进领导干部勤政廉政,全面履行职责,根据《中华人民共和国审计法》、《中共中央办公厅国务院办公厅关于印发〈县级以下党政领导干部任期经济责任审计暂行规定〉的通知》(中办发〔1999〕20号)和《中央纪委、中央组织部、监察部、人事部、审计署关于进一步做好经济责任审计工作的意见》(审办发〔2001〕7号),以及干部管理、监督的有关规定,结合我委实际,制定本办法。

第二条 本办法所称领导干部,是指委直属单位(包括各离退休干部局、直属事业单位)的行政正职领导干部(包括主持工作的副职)。

第三条 领导干部任期届满,或者任期内办理调任、转任、轮岗、免职、辞职、退休等事项前,应当接受任期经济责任审计。

第四条 领导干部任期经济责任,是指领导干部任职期间对其所在单位财务收支的真实性、合法性和效益性,以及有关经济活动应当负有的主管责任和直接责任。

直接责任是指领导干部对其任职期间内的下列行为应当负有的责任:

(一)直接违反国家财经法规的行为;

(二)授意、指使、强令、纵容、包庇下属人员违反国家财经法规的行为;

(三)失职、渎职的行为;

(四)其他违反国家财经纪律的行为。

主管责任是指领导干部应负直接责任以外的领导和管理责任。

第五条 领导干部任期经济责任审计的主要内容是:

(一)单位财务收支及其变动状况;

(二)财政拨款、预算外资金和其他资金的收入、支出和管理情况;

(三)专项基金的管理和使用情况;

(四)国有资产的管理、使用及保值增值情况;

(五)重大投资、开支的决策程序;

(六)投资及收益分配情况;

(七)内部控制制度及其执行情况;

(八)债权债务情况;

(九)其他需要审计的事项。

审查领导干部任职期间财务收支工作目标或各项经济指标的完成情况,遵守国家财经法规情况,领导干部个人有无侵占国家资产,违反领导干部廉政规定和其他违法违纪的问题,以此监督领导干部依法正确履行职责,客观、公正的评价其任期内经营、管理的业绩,促进其勤政、廉政,并维护其合法权益。

第六条 人事局、监察局、管理局(国资委机关审计办公室,以下简称“委机关审计办”)建立“国资委内部经济责任审计工作联席会议"制度，交流、通报领导干部任期经济责任审计工作情况，研究、解决领导干部经济责任审计中出现的问题。

第七条 委机关审计办独立开展领导干部任期经济责任审计工作，并负责对委直属单位执行本规定的情况进行监督、检查。人事局、监察局、管理局负责对委直属单位的组织人事、纪检部门执行本规定及利用委机关审计办审计结果的情况进行监督、检查。

第八条 根据干部管理、监督工作的需要和委党委的意见，由人事局向委机关审计办提出对领导干部进行任期经济责任审计的建议，并由委机关审计办组织实施。

第九条 领导干部任期经济责任审计按以下程序进行：

(一)根据本规定第三条，每年年底人事局将下年度需要进行任期经济责任审计的领导干部建议名单送委机关审计办，委机关审计办制定年度审计项目计划。特殊情况及临时需要进行经济责任审计的，由人事局通知委机关审计办。

(二)委机关审计办根据年度审计项目计划和人事局的通知，组织成立审计组，制定审计方案。

(三)委机关审计办在实施审计时，应提前三天向被审计的领导干部所在单位送达审计通知书，同时抄送被审计的领导干部本人。

(四)审计通知书送达后，被审计的领导干部所在单位应按照委机关审计办的要求，及时、全面、如实地向审计组提供与任期经济责任审计相关的材料。包括财务会计资料，统计资料，工作总结，会议纪要，经济合同，纪检、监察、审计机关检查报告等资料。

被审计的领导干部应按要求提交任职期间履行经济责任情况的述职报告。包括领导干部的职责范围，任职期间所在单位的财务收支各项工作目标、任务完成情况，遵守国家财经法规和领导干部廉政规定情况，其他需要向审计组说明的情况。

(五)委机关审计办在实施审计前，应听取人事局、监察局等部门对被审计单位及其领导干部的意见，人事局、监察局等部门应及时向委机关审计办通报有关情况。审计过程中，审计组可以采取书面、座谈等形式，向有关单位和个人就有关问题进行审计调查。

审计中如发现被审计的领导干部有违规、违纪问题，应依照法定程序移交监察局、人事局等有关部门调查核实。

审计结束后，审计组应向委机关审计办提交审计报告，提交之前应征求被审计单位和领导干部本人的意见并签字。审计报告的主要内容包括：

1. 被审计单位的基本情况；

2. 被审计的领导干部在任期内各项资金的收支使用情况和各项目标、任务完成情况以及资产的保值增值情况；

3. 被审计的领导干部及其所在单位违反国家财经法规和领导干部廉政规定的主要问题；

4. 被审计的领导干部对审计发现的违反国家财经法规和廉政规定的问题应负有的主管责任和直接责任；

5. 对被审计的领导干部及其所在单位存在的违反国家财经法规问题的处理、处罚意见和改进建议；

6. 实施审计工作的基本情况；

7. 审计反映的其他情况。

(六)委机关审计办审定审计报告后，对被审计的领导干部所在单位违反财经法规的问题，应在法定职权范围内作出审计决定或向有关主管部门提出处理、处罚意见。同时对领导干部本人任期内的经济责任作出客观评价，向委党委提交领导干部任期经济责任审计结果报告，并附被审计的领导干部及所在单位的意见，同时抄送人事局、直属机关党委、监察局。

第十条 人事局将领导干部任期经济责任审计结果报告，作为领导干部的调任、免职、辞职、退休等提出审查处理意见时的参考依据。应当给予党纪、政纪处分的，按干部管理权限由有关部门处理。涉嫌犯罪的，依法移送司法机关处理。

第十一条 实施领导干部任期经济责任审计时，被审计的领导干部及其所在单位要积极配合，不得拒绝、阻碍，不得转移、隐匿、篡改、毁弃或拖延、拒绝要求提供的有关材料；其他单位和个人不得干涉。如有违反，依法追究法律责任。

第十二条 审计人员执行审计任务受法律保护。审计人员在审计工作中应当严格遵守有关法律、行政法规,客观公正,实事求是,廉洁奉公,保守秘密,并遵守审计回避制度的规定。如有违反,依法追究其法律责任。

第十三条 委直属单位对其下属企事业单位主管领导的经济责任审计,可参照本办法由各单位组织实施。

第十四条 本办法自公布之日起施行。

民政部领导干部任期经济责任审计办法

(民办发〔2005〕6号,2005年5月27日)

各直属单位,部管社团,中国老龄协会:

《民政部领导干部任期经济责任审计办法》已经2005年5月11日第四次部长办公会议审议通过,现予以印发,请遵照执行。

民政部办公厅

二〇〇五年五月二十七日

民政部领导干部任期经济责任审计办法

为了加强对民政部领导干部的管理和监督,正确评价领导干部任期经济责任,促进领导干部勤政廉政,全面履行职责,根据《中共中央办公厅、国务院办公厅关于印发〈县级以下党政领导干部任期经济责任审计暂行规定〉和〈国有企业及国有控股企业领导人员任期经济责任审计暂行规定〉的通知》,根据《民政部内部审计工作规定》,结合民政部实际情况,制定本规定。

一、审计对象

本规定所称领导干部是指各直属单位、部管社团,以及代管单位的法定代表人。

二、审计内容

(一)本规定所称领导干部任期经济责任,是指领导干部任职期间对其所在单位预算执行情况、财务收支真实性、合法性和效益情况,以及对有关经济活动应当负有的责任,包括领导责任和直接责任。

(二)领导干部任期届满或任期内办理调任、转任、轮岗、免职、辞职、退休;企业化管理事业单位进行改制、改组、兼并、出售、拍卖、破产等国有资产重组的同时,应当接受任期经济责任审计。

(三)对领导干部任期经济责任实施审计的内容,包括对其所在部门或单位预算执行及财务收支的真实性、合法性、效益情况进行审计。对领导干部所在部门或单位财务收支实施审计的主要内容是:预算执行情况和决算或财务收支计划执行情况和决算;企业化管理事业单位资产、负债、损益的真实性;国有资产的管理、使用及保值增值情况;财务收支的内部控制制度及其执行情况等。

经过审计,查清领导干部任职期间财务收支工作目标完成情况,资金使用效益情况,企业化管理事业单位领导干部在任职期间与企业资产、负债、损益目标责任制有关的各项经济指标完成情况,领导干部个人在财务收支中有无侵占国家资产,违反领导干部廉政规定和其他违法违纪情况;分清领导干部本人应当负有的主管责任和直接责任;公正、客观评价领导干部任职期间的经济责任。

三、审计方式

(一)凡是需要对本办法规定的审计对象进行任期经济责任审计的,由人事教育司提出干部名单,报分管部领导批准后,由部内部审计机构发出审计通知书并负责实施审计。

(二)对本办法规定的单位所属二级部门领导或法定代表人进行任期经济责任审计,如需委托社会审计组织进行审计的，须报财务和机关事务司批准。

四、审计程序

（一）审计通知书应当在实施审计 3 日前，送达被审计领导干部所在单位，同时抄送被审计对象本人。

（二）审计通知书送达后，被审计领导干部所在单位应当按照审计的要求，及时并如实提供有关资料；领导干部本人应当按照要求，写出自己负有领导责任和直接责任的财务收支等事项的书面材料，并于审计工作开始后 5 日内送交审计组。

（三）审计组实施审计后，应当向财务和机关事务司提交审计报告，经讨论研究后征求被审计领导干部所在单位和本人意见。审计报告连同意见一并报部党组。

五、审计报告的使用

（一）审计报告应当对领导干部本人任期经济责任作出客观评价，对被审计领导干部所在单位违法、违纪的问题，应当在法定职权范围内做出决定或向有关部门提出处理或者处罚意见。

（二）审计报告应当作为人事部门对领导干部的调任、免职、辞职、退休等审查处理意见的参考依据。对依法应当给予党纪政纪处分的，移交纪检监察机关处理。对应当依法追究刑事责任的，移交司法机关处理。

六、审计报告分别抄送人教司，驻部纪检组、驻部监察局等有关部门

国防科工委委属事业单位领导人员任期经济责任审计实施办法

（科工审〔2005〕646 号，2005 年 6 月 17 日）

第一章　总　　则

第一条　为加强对国防科工委委属事业单位领导人员任职期间的经济责任监督，正确评价领导人员任期经济责任，保证审计工作质量，保障国有资产的安全和完整，根据《中华人民共和国审计法》以及其他有关法律、法规，结合国防科工委实际制定本办法。

第二条　本办法所称委属事业单位领导人员，是指委属各高校及委属事业单位的主要负责人，即法定代表人。

第三条　本办法所称任期经济责任审计，是指委属事业单位领导人员在任职期间、任职届满或因调动、退休、辞职、免职、撤职等原因，对其管理单位资产、负债、权益和财务收支的真实性、合法性、效益性以及有关经济活动应当负有的责任进行的审计。未经审计，不得解除领导人员任职期间的经济责任。

第四条　委属事业单位领导人员经济责任审计的目的，是为了客观公正地评价领导人员在管理职责范围内的经济活动中的业绩和对存在问题应负的责任，促进委属事业单位财经管理，并为有关部门提供考察和使用干部的依据，加强干部管理。

第二章　审计工作组织

第五条　国防科工委在委属事业单位领导人员经济责任审计工作中履行下列职责：

（一）根据国家有关法律、法规，制定委属事业单位经济责任审计工作规章制度；

（二）负责委属事业单位领导人员经济责任审计工作的组织实施；

（三）决定对发生重大财务异常情况的委属事业单位进行专项经济责任审计；

（四）负责委属事业单位领导人员经济责任审计工作重要资料的整理归档。

第六条　国防科工委组织实施委属事业单位领导人员经济责任审计工作，主要采取以下三种形式：

（一）委托具有相应资质条件的社会审计组织承担审计工作任务；

（二）根据实际工作需要，组织或者抽调委属事业单位内部审计机构人员实施有关审计工作。

（三）国防科工委机关工作人员实施有关审计工作。

第七条　委属事业单位在经济责任审计中履行下列职责：

（一）按照国家有关规定和国防科工委工作要求，制定本单位经济责任审计工作具体实施细则；

（二）按照国防科工委审计要求，准备并如实提供单位领导人员经济责任审计的有关材料；

（三）按照国防科工委下发的经济责任审计意见或审计决定要求认真整改，并对整改情况做好后续跟踪审计工作。

第三章　审计内容

第八条　根据国家有关规定，委属事业单位领导人员经济责任审计主要内容包括：

（一）财政财务收支真实、合法、效益情况。

1. 年度预算的执行情况和决算情况；

2. 预算外资金的收入、支出和管理情况；

3. 专项资金的管理和使用情况；

4. 重大基本建设的资金管理使用情况；

5. 对外投资的管理和效益情况；

6. 债权债务情况；

7. 国有资产的安全完整、保值增值情况；

8. 与财政、财务收支相关的工作目标完成情况。

（二）重大经济决策情况。

1. 重大经济决策是否经过民主程序与集体研究决定，是否符合国家的方针政策；

2. 重大经济决策是否经过充分的可行性研究；

3. 重大经济决策是否取得预期效果；

4. 可能发生的损失或风险情况。

（三）内部控制制度建设及其执行情况。

1. 是否建立必要的内部控制制度；

2. 内部控制制度是否符合现行规定；

3. 内部控制制度是否得到正确、有效执行。

（四）单位遵守财经法规和领导人员个人经济上遵守廉政规定情况。

1. 执行“收支两条线”规定情况；

2. 是否存在挤占、挪用预算资金，随意改变资金使用方向的问题；

3. 是否存在私设“小金库”问题；

4. 是否存在“乱收费”问题；

5. 是否存在会计信息失真问题；

6. 领导干部个人经济上是否存在违反廉政规定的行为和其他经济问题。

第九条　委属事业单位领导人员要提供履行经济责任情况的述职报告，内容应当包括：

（一）任职情况。包括单位职能、本人职务、任职时间、职责范围。

（二）所在部门或单位年度工作目标责任及其完成情况。

（三）履行经济决策权的情况。主要陈述重大经济决策、固定资产投资和对外投资情况，有无因决策失误造成国有资产流失的问题和严重损失浪费的问题。

（四）履行经济职责的情况。主要陈述各年度预算执行情况、专项资金的管理和使用情况。有无执行不力、隐瞒截留财政收入、挤占挪用专项资金、财务收支不真实、不合法和经济效益差的问题。

（五）履行经济管理职责的情况。主要陈述履行经济管理职责的措施、办法和效果；制定的财政财务收支的规章制度，有无与国家政策、法规相抵触的内容；有无管理不善，渎职或失职造成单位、部门或下属机构财务管理混乱，影响干部职工利益和正常经济秩序的问题。

（六）履行经济监督权的情况。主要陈述是否建立并实行了有效的内部控制制度，认真行使对下属核算单位的监督职责，发现的主要问题、处理处罚情况及其落实情况。

（七）任职期间接受的历次审计中，单位或部门存在的违反国家物价政策、财经法规的问题，处理决定的落实情况及本人应负的经济责任。

（八）当前单位或部门负债、遗留的诉讼、索赔、经济担保、重大潜亏及其他未决经济事项。

（九）个人遵守廉政规定的情况。

（十）需要说明的其他情况。

第十条 领导人员经济责任审计中委属事业单位需提供如下资料：

（一）被审计领导人员述职报告；

（二）审计组要求提供的会计凭证、会计账簿、会计报表和其他会计资料；

（三）单位财务管理、资产管理等各项管理制度；

（四）债权、债务清单；

（五）被审计领导人员任期内单位重大经济合同、协议、投资项目的论证、决策资料；

（六）审计组需要提供的其他审计资料。

第十一条 审计报告的主要内容包括：

（一）被审计单位的基本情况；

（二）领导人员任期内主要业绩；

（三）领导人员任期内存在的主要经济问题；

（四）对领导人员的审计评价；

（五）审计意见或建议；

（六）其他需要说明的情况。

第四章 审计范围

第十二条 按照重要性原则，委属事业单位本级和重要的部门或二级单位应当纳入经济责任审计工作范围，审计资产量不得低于被审计单位资产总额的70%。

第十三条 需要延伸审计的重点单位或部门包括：

1. 有接受被审计单位财政资金拨款的单位；

2. 重大经济决策执行单位；

3. 组织人事部门、纪检监察机关要求延伸检查的单位；

4. 有举报被审计对象且线索基本清晰，需要检查的单位。

第十四条 对领导人员的任期经济责任审计以近3年的情况为主，必要时可延伸审计至以前年度。

第五章 审计机构和审计人员要求

第十五条 受托承担委属事业单位领导人员经济责任审计的社会审计组织，应当具备以下资质条件：

（一）资质条件应与被审计单位规模相适应；

（二）具备较完善的审计执业质量控制制度；

（三）拥有经济责任审计工作经验的专业人员；

（四）3年内未承担同一单位年度财务决算审计业务；

（五）与被审计单位负责人不存在利害关系；

（六）近3年未有违法违规不良记录；

（七）能够适时调配较强的专业人员承担经济责任审计任务。

第十六条 接受委托的社会审计组织应严格依据国家有关法律法规，以及国防科工委对委属事业单位经济责任审计工作的统一要求，按照规定的方法、程序和内容，依据独立审计原则认真组织经济责任审计工作，并对审计报告的真实性、合法性负责。

第十七条 受托承担国防科工委经济责任审计工作任务的委属事业单位内部审计机构和专业人员，应依据国防科工委统一工作要求，独立、客观、公正地开展审计工作，对审计工作结果承担相应的法律责任。

第十八条 审计机构和审计人员在审计中应当客观公正、实事求是、廉洁奉公、保守秘密，并遵守审计回避制度的规定。

第六章 审计程序

第十九条 委属事业单位领导人员任期届满或离任前1个月，由国防科工委人事教育司向国防科工委审计室提出领导人员任期经济责任审计委托书，国防科工委审计室按程序组织实施审计。

第二十条 国防科工委组织实施委属事业单位领导人员经济责任审计基本工作程序如下：

（一）编制审计工作计划；

（二）确定审计机构；

（三）下达审计通知；

（四）成立审计组；

（五）拟定审计方案；

（六）组织实施审计；

（七）交换审计意见；

（八）出具审计报告；

（九）下达审计意见或审计决定。

第二十一条 根据干部管理部门提出的任期经济责任审计工作要求，编制委属事业单位领导人员经济责任审计工作计划，明确审计的对象、时间安排、范围、重点内容、方法与组织方式等内容。

第二十二条 国防科工委应当在实施审计14日前通知被审计单位。被审计单位在接到审计通知书后，应做好接受审计的有关准备工作，如实提供有关资料。

第二十三条 按照审计工作要求，审计组应拟定审计方案，明确审计目标、审计范围、审计重点、审计要求、审计组织、延伸审计单位和其他审计事项等，并报国防科工委审计室同意。

第二十四条 审计组在对领导人员任职期间财务收支、重大经营决策等情况审计过程中，可以采取向有关单位、个人调查等方式，充分听取被审计单位纪检监察、工会和职工反映的情况和意见。

第二十五条 审计组在提交审计报告前，应当征求被审计单位领导人员及其所在单位的意见，被审计单位领导人员及其所在单位应在收到审计报告征求意见稿之日起10日内，提出书面意见。在规定期限内没有提出书面意见的，视同无异议。

第二十六条 审计组送达的审计报告征求意见稿，其内容属于未定性的，任何人不得向外泄露。

第二十七条 审计组完成现场审计后，应在10个工作日内向国防科工委审计室提交审计报告以及被审计领导人员所在单位及本人的书面意见。

第二十八条 审计组应当在计划工作时间内完成审计任务，确需延长审计时间的，应当商国防科工委审计室同意，并及时通知被审计单位及其负责人。

第二十九条 国防科工委审计室依据审计报告拟定审计意见，委内相关司局会签并经委领导签发后，一般应在收到审计报告之日起两个月内下发委属事业单位领导人员经济责任审计意见；对发现的重大问题，经研究核实后正式下达相关审计决定。

第三十条 在经济责任审计工作中发现单位领导人员有严重违法违纪问题的，应移交有关管理机构予以处理。

（一）对于需由单位领导人员承担一般经济责任的，移交相应管理部门予以处理；

（二）对于单位领导人员违反党纪政纪的，移交纪检监察机关予以处理；

（三）对于应依法追究单位领导人员刑事责任的，移送司法机关处理。

第三十一条 审计组在对委属事业单位领导人员经济责任审计工作中，应当充分利用国家审计机关、上级内审机构和社会审计机构的审计成果。采用其他审计资料和审计结果时，应进行必要的复核工作，并对其真实性、合法性承担相应的法律责任。

第七章 审计评价

第三十二条 审计机构和审计人员应当根据财经法规及审计证据，对被审计事项的真实性、合法性和有效性进行界定和评判，作出结论性意见。经济责任审计评价应遵循以下原则：

（一）客观性原则。以审计事实为依据，不受外界的任何影响，不附加任何主观成分，按照客观事实作出公正的评价。

（二）准确性原则。要依据可靠证据和客观事实，采用写实、量化的方法给予评价，力求做到事实表述准确，问题定性准确，责任界定准确。

（三）重要性原则。对与经济责任的履行有重要影响的经济事项必须评价，对经济责任的履行无重大影响的事项，可较少评价或不予评价，并就事项性质和数额大小选择评价的重点。

（四）谨慎性原则。对审计证据不足的事项不评价，对一时搞不清的问题应当发表保留意见，以保证审计评价的正确性和稳妥性。

第三十三条 经济责任审计评价必须严格按照国家经济责任审计有关规定的要求，只能就经济责任作出客观评价，而且只对相关的经济责任作出实事求是的评价。

第三十四条 经济责任审计评价应区分前任与后任的责任，同时责任认定应当在取得相关证据的基础上进行，没有取得或无法取得相关责任证据的，应如实说明情况，客观公正地作出结论性意见。

第三十五条 经济责任审计的业绩评价应当采用对比评价法，将审计结果与国家和主管部门的要求相比，与领导人员的任期经济责任目标相比，与领导人员任职时单位的经济状况相比，与社会公认的原则相比。

第三十六条 评价被审计领导人员对所管理的经济活动中存在问题应负的责任，应当在分析主客观原因的基础上，按照有关规定，确定其应负有的直接责任和主管责任。

（一）直接责任是指单位领导人员因对主管的财务管理事项和其他经济事项未履行或者未正确履行职责，或者由于决策失误而事后又处理不力以及违规操作等，造成所在单位经济损失应负的经济责任。

（二）主管责任是指单位领导人员在其任期内对其所在单位资产和财务状况以及有关经济活动应当负有的直接责任以外的领导和管理责任。

第三十七条 委属事业单位领导人员应对下列行为负有直接责任：

（一）直接违反国家财经法规和财经纪律的；

（二）授意、指使、强令、纵容、包庇下属人员违反国家财经法规的；

（三）失职、渎职的；

（四）其他直接违法违规行为。

第三十八条 承办委属事业单位领导人员经济责任审计的社会审计组织提交的审计报告，应当对领导人员的经济责任做出客观、公正的评价，并对提交的审计报告真实性、客观性承担相应责任。

第三十九条 承办委属事业单位领导人员经济责任审计的社会审计组织提交审计报告前，要报国防科工委审计室审核。国防科工委审计室审定的内容主要包括：审计证据是否充分、审计评价是否适当、主要事实是否清楚和审计建议是否正确等。

第四十条 经济责任审计工作结果，作为对委属事业单位领导人员任免、奖惩的重要依据。

第四十一条 对于在经济责任审计工作中，发现因经济决策失误给单位造成重大损失，或者存在单位资产状况严重不实以及其他重大违规问题的，应当视其影响程度相应追究领导人员的责任。

第四十二条 委属事业单位应根据经济责任审计工作所反映出的有关管理问题，及时加强整改工作，堵塞管理漏洞。委属事业单位内部审计机构应当对有关整改工作做好后续跟踪审计。

第四十三条 在经济责任审计工作中，发现委属事业单位领导班子有关成员存在严重问题的，经国防科工委批准后，可进一步开展延伸审计工作。

第八章 法律责任

第四十四条 被审计单位领导人员或所在单位拒绝、阻碍经济责任审计，或拒绝、拖延提供相关资料或证明材料的，国防科工委应当责令改正或依法给予处罚，并对负有直接责任的领导人员和直接责任人给予行政或者纪律处分。

第四十五条 被审计单位转移、隐匿、篡改、伪造、毁弃有关经济责任审计资料，弄虚作假、隐瞒事实真相，或者拒不执行审计处理决定的，国防科工委对负有直接责任的领导人员和直接责任人给予行政或者纪律处分；构成犯罪的，依法移送司法机关处理。

第四十六条 对于打击报复或者陷害检举人、证明人、资料提供人和审计人员的，国防科工委应当责令其改正，并给予行政或纪律处分；给被害人造成损失的，应当依法予以赔偿；构成犯罪的，依法移送司法机关处理。

第四十七条　审计人员利用职权谋取私利、徇私舞弊、玩忽职守、索贿受贿、泄漏国家机密或者商业秘密，给国家和单位造成重大损失的，应当给予行政或纪律处分；构成犯罪的，依法移送司法机关处理。

第四十八条　承担经济责任审计的社会审计组织出具虚假不实的审计报告，或者违反国家有关审计工作要求，避重就轻、回避问题或明知有重要事项不予指明的，移交有关部门予以处罚；构成犯罪的，依法移送司法机关处理。

第九章　附　　则

第四十九条　各委属事业单位可结合本单位实际情况，制定本单位经济责任审计具体实施细则。

第五十条　本办法由国防科工委审计室负责解释。

第五十一条　本办法自发布之日起施行。国防科工委于2000年发布的《国防科工委委管单位领导人员任期经济责任审计工作暂行规定》（科工审字〔2000〕251号）同时废止。

教育部关于做好教育系统经济责任审计工作的通知

（教财〔2011〕2号，2011年2月17日）

各省、自治区、直辖市教育厅（教委），各计划单列市教育局，部属各高等学校，直属事业单位：

日前，中共中央办公厅、国务院办公厅印发了《党政主要领导干部和国有企业领导人员经济责任审计规定》（中办发〔2010〕32号，以下简称《规定》）。《规定》的发布施行，对于指导经济责任审计工作深入发展，加强经济责任审计法规制度建设具有重要意义。为全面贯彻落实《规定》，进一步做好教育系统经济责任审计工作，现将有关事项通知如下：

一、深入学习，全面贯彻落实《规定》

《规定》是以审计法及其实施条例为依据的专门规定，是指导经济责任审计工作的纲领性文件。要深入学习，提高认识，认真贯彻，不断深化经济责任审计。要充分认识到深化经济责任审计是加强干部管理和监督，推进党的建设科学化的重要途径；是促进领导干部贯彻落实科学发展，推进经济社会又好又快发展的重要保障；是加强权力运行制约和监督，健全社会主义民主法治的重要措施；是规范和完善经济责任审计，健全中国特色社会主义审计监督制度的重要举措。

近年来，教育系统积极开展经济责任审计，取得了一定成效，对促进领导干部正确履行经济责任、加强党风廉政建设等方面发挥了积极作用。要认真总结经验，找出存在的问题和不足，根据《规定》精神，完善和修订有关经济责任审计规章制度。健全经济责任审计工作联席会议制度，建立经济责任审计情况通报、审计整改以及责任追究等结果运用制度，逐步探索和推行经济责任审计结果公告制度，促进经济责任审计工作法制化、规范化、科学化。

二、明确经济责任，加大审计力度

《规定》明确了经济责任的内涵，界定了被审计领导干部在履行经济责任过程中对存在问题所应承担的直接责任、主管责任、领导责任。各级领导干部要了解和掌握经济责任内涵，明确应当履行的与财政收支、财务收支以及有关经济活动相关的责任和义务，牢固树立责任意识。

各地、各高校（单位）要根据《规定》将应审计对象全部纳入审计范围，同时，可以在其任职期间进行任中审计，建立和完善重大项目资金使用全过程审计监督制度，更加有效地发挥经济责任审计的作用。

三、依法界定审计内容

根据《规定》，各地、各高校（单位）要以促进领导干部推动本单位科学发展为目标，以领导干部守法、守纪、守规、尽责情况为重点，以领导干部任职期间本单位财政收支、财务收支以及有关经济活动的真实、合法和效益为基础，严格依法确定审计内容。

审计内容主要包括：预算执行和其他财政收支、财务收支的真实、合法和效益情况；重要投资项目的建设和管理情况；重要经济事项管理制度的建立和执行情况；对下属单位财政收支、财务收支以及有关经济活动的管理和监督情况。同时要在审计内容基础上关注领导干部贯彻落实科学发展观，推动本单位科学发展情况；遵守有关经济法律法规、贯彻执行党和国家有关经济工作的方针政策和决策部署情况；制定和执行重大经济决策情况；与履行经济责任有关的管理、决策等活动的经济效益、社会效益和环境效益情况；遵守有关廉洁从政规定情况等。

四、公布审计结果，严格责任追究

按照《规定》要求，建立健全经济责任审计情况通报、审计整改以及责任追究等结果运用制度，逐步探索和推行经济责任审计结果公告制度等。

从 2011 年开始，对所属高校、事业单位领导干部的审计结果，视不同情况采取通报、公告和重大问题向党组织汇报等形式，提高审计工作和审计结果透明度，推动审计发现的问题及时得到整改。对审计发现的重大问题责任人，经济责任审计领导小组（或经济责任审计联席会议）要专门研究处理。对违纪违规行为，依据有关规定，做出处理、处罚或移送有关部门处理。要根据干部管理监督的相关要求，将审计结果作为考核、任免、奖罚被审计领导干部的重要依据。

五、加强审计机构和队伍建设

要进一步健全教育审计机构，配备与本单位审计工作需要相适应的审计人员。特别是规模较大、资金量较多的单位要重视和加强审计机构和审计队伍建设，为开展审计工作提供基本保证。

经济责任审计是一项政策性、业务性较强的工作，要加强对审计人员的培养，努力提高审计人员思想素质和专业能力。要建立教育内部审计管理和审计质量控制制度，认真执行中国内部审计准则和教育内部审计规范，保证审计工作质量，推进经济责任审计工作科学发展。

各省、自治区、直辖市教育行政部门要将重大审计情况及时报送我部财务司；部直属高校和事业单位要将半年期的审计情况于当年 7 月底和次年 1 月底前报送教育部经济责任审计领导小组。

中华人民共和国教育部
二〇一一年二月十七日

关于进一步加强内部管理领导干部经济责任审计工作指导意见

（经审办字〔2007〕2 号，2007 年 1 月 16 日）

为进一步加强内部管理领导干部经济责任审计工作，促进经济责任审计工作全面、健康、协调发展，中央五部委经济责任审计工作联席会议办公室就内部管理领导干部经济责任审计工作提出以下意见：

一、提高认识，增强责任感和使命感。部门、单位内部管理领导干部经济责任审计是经济责任审计工作的重要组成部分，加强内部管理领导干部经济责任审计工作不仅仅是内部监督管理的需要，更是党中央、国务院赋予各部门、单位的重要任务。各部门、单位要进一步提高认识，从落实权力制约制度、加强干部监督管理和构建社会主义和谐社会的战略高度来认识这项工作的重要意义，与国家审计机关共同努力，不断促进干部监督体系的完善。各部门、单位要增强责任感和使命感，切实采取有效措施，推动本部门、单位经济责任审计工作的深入开展。

二、树立大局观念，增强服务意识。各部门、单位要紧紧围绕党中央、国务院不同时期的工作重心开展经济责任审计工作，通过审计，引导领导干部贯彻落实党中央、国务院的方针政策；要立足于本部门、单位的实际开展经济责任审计工作，通过审计，促进领导干部正确履行经济职责，促进被监督单位依法行政和提高行政效能，促进被监督单位建立现代企业制度和法人治理结构并保障其有效运行；要进一步增强宏观意识和大局意识，不断拓展审计内容，结合干部监督管理、国有资产监督管理等具体要求，不断深化经济责任审计工作，为实现部门、单位的发展战略服务，为加强干部监督管理服务，为健全内部控制制度服务。

三、加强领导,健全管理机构。各部门、单位主要负责人要重视经济责任审计工作,切实加强领导,为经济责任审计工作的开展提供必要条件,积极创造条件,逐步建立健全审计机构,配备业务素质好的人员从事经济责任审计工作。按照中共中央办公厅、国务院办公厅有关经济责任审计规定的要求,逐步建立起由组织人事、纪检监察和审计机构参加的经济责任审计工作联席会议,指导、监督、检查本部门、单位的经济责任审计工作。

四、坚持创新,注重规范化建设。经济责任审计是适应社会主义市场经济发展而逐步建立起的新的审计监督制度,没有成熟的经验可以借鉴,需要审计和各相关部门在工作中大胆实践,不断探索和创新。要宏观着眼、微观入手,寻找出适合本部门、单位发展需要的经济责任审计方式、方法,并不断加以总结、完善和提高。同时,要加强经济责任审计的制度建设和规范化建设,控制审计风险,不断提高审计质量,促进经济责任审计工作的健康发展。

五、重视成果利用,增强审计效果。经济责任审计工作重在实效,一方面要求从事经济责任审计的机构要立足于部门、单位的发展和内部管理的需要,不断开阔审计视野,拓宽审计思路,深化审计内容,提升审计层次,确保审计质量,提供可以有效利用的审计成果,为本部门、单位的发展服务;另一方面要求部门、单位要增强管理意识,重视审计成果的转化利用,落实中央组织部、国务院国有资产监督管理委员会等部门的有关规定,促进审计成果利用的制度化。

六、加强业务管理与指导,提升整体工作水平。中央和各地方经济责任审计工作联席会议及其办公室要认真履行职责,加强对内部管理领导干部经济责任审计工作的监督、检查,研究解决部门、单位内部管理领导干部经济责任审计工作中遇到的困难和问题,进一步推动内部管理领导干部经济责任审计工作的深入开展。同时,要加强业务指导和培训,采取多种形式组织理论研讨、业务交流,推广典型经验,不断提升内部管理领导干部经济责任审计工作的整体水平。各部门、单位也要加大业务培训力度,不断提高审计人员业务素质,以适应经济责任审计工作发展的需要。

七、加强联系与沟通,搭建信息交流平台。中央和各地方经济责任审计工作联席会议及其办公室要与各部门、单位建立起有效的信息交流制度。各部门、单位要定期向经济责任审计工作联席会议办公室上报工作动态、年度工作情况;中央和各地方经济责任审计工作联席会议及其办公室要及时通报各部门、单位经济责任审计工作的有关情况,介绍一些行之有效的做法和经验。此外,各级经济责任审计工作联席会议办公室和各部门、单位要加强对内部管理领导干部经济责任审计的宣传工作,提高被监督者、部门和单位相关人员、部门和单位职工及社会公众对经济责任审计工作的认识,营造良好的审计环境和审计氛围,不断增强经济责任审计工作的效果,进一步扩大经济责任审计的影响。

卫生部办公厅关于印发《卫生部经济责任审计联席会议工作规则》和联席会议成员名单的通知

(卫办规财发〔2012〕59 号,2012 年 5 月 15 日)

部直属各单位,部机关各司局:

为加强对卫生部经济责任审计工作的组织协调,根据中共中央办公厅、国务院办公厅《党政主要领导干部和国有企业领导人员经济责任审计规定》(中办发〔2010〕32 号)和《卫生部直属单位主要领导干部经济责任审计规定》(卫规财发〔2012〕9 号)工作要求,我们研究制定了《卫生部经济责任审计联席会议工作规则》,确定了卫生部经济责任审计联席会议成员名单,现印发执行。

二〇一二年五月十五日

卫生部经济责任审计联席会议工作规则

第一章　总　　则

第一条　为贯彻中央经济责任审计规定要求，加强卫生部经济责任审计工作的组织协调，对经济责任审计工作进行指导、监督和检查，根据中共中央办公厅、国务院办公厅《党政主要领导干部和国有企业领导人员经济责任审计规定》(中办发〔2010〕32号)和《卫生部直属单位主要领导干部经济责任审计规定》(卫规财发〔2012〕9号)，建立卫生部经济责任审计联席会议(以下简称联席会议)制度，并制定本规则。

第二章　成员及职责

第二条　联席会议由卫生部规划财务司牵头。人事司、直属机关党委及驻部纪检组监察局为成员单位。根据工作需要，经联席会议研究可以调整联席会议成员单位。

第三条　联席会议由规划财务司主要负责人召集。联席会议参加人员为各成员单位司局级领导同志。

第四条　联席会议的主要职责是：

(一)贯彻落实中央有关经济责任审计的政策和要求；

(二)通报经济责任审计工作开展情况；

(三)研究经济责任审计工作中的重大事项。

第五条　联席会议下设办公室，负责联席会议日常工作。办公室设在具有内部审计职能的规划财务司。

联席会议办公室主任由规划财务司联席会议成员兼任，成员由规划财务司、人事司、直属机关党委及驻部纪检组监察局有关处室的负责同志组成。

第六条　联席会议办公室的主要职责是牵头组织联席会议，督促及落实联席会议决定的有关事项。

第三章　议事日程

第七条　联席会议采取定期和不定期会议制度。

(一)定期会议。每年召开1—2次。

(二)不定期会议。根据工作需要，由联席会议成员单位或联席会议办公室提议，经联席会议召集人同意召开。

第八条　联席会议由召集人或其委托的联席会议成员主持。联席会议成员和联席会议办公室成员参加会议，根据工作需要可邀请有关部门的人员列席。

第九条　联席会议办公室应当提前将联席会议讨论议题有关文件资料报送各成员单位，并通知需要列席会议的其他单位和相关人员，做好会议准备工作。

第四章　工作要求

第十条　联席会议成员单位应当建立健全协作配合工作机制，要各司其职，各尽其责，相互协调，密切配合，提高工作质量和效率。

规划财务司主要负责：(一)承担联席会议办公室日常工作；(二)按照中央有关经济责任审计的政策要求，牵头起草卫生部经济责任审计有关规定和文件；(三)具体组织实施领导干部经济责任审计；(四)负责将经济责任审计报告报送分管部领导，抄送联席会议各成员单位；(五)参与研究提出年度经济责任审计计划草案；(六)办理联席会议研究决定的有关事项；(七)运用经济责任审计典型案例对领导干部开展经常性教育，研究分析经济责任审计中反映的苗头性、倾向性和普遍性问题，提出加强管理监督的意见和措施；(八)对下级审计机关开展经济责任审计工作进行指导、监督和检查；(九)参与研究有关工作。

人事司主要负责：(一)根据干部管理的有关规定，委托规划财务司开展领导干部经济责任审计；(二)

参与研究提出年度经济责任审计计划草案；(三)根据工作需要，参加领导干部经济责任审计进点会和经济责任审计结果通报会；(四)根据有关规定，将经济责任审计结果作为考核、任免、奖惩被审计领导干部的重要依据；将经济责任审计结果报告归入被审计领导干部本人档案；(五)办理联席会议研究决定的有关事项；(六)对下级人事部门执行经济责任审计工作有关规定，以及运用审计结果等情况进行指导、监督和检查；(七)参与研究有关工作。

驻部纪检组监察局主要负责：(一)对经济责任审计中发现的应当移交纪检监察部门处理的问题，按照有关程序依纪依法予以处理，以适当方式将结果运用情况反馈联席会议办公室；(二)根据工作需要，参加领导干部经济责任审计进点会和经济责任审计结果通报会；(三)参与研究提出年度经济责任审计计划草案；(四)办理联席会议研究决定的有关事项；(五)对下级纪检监察部门执行经济责任审计工作有关规定，以及运用审计结果等情况进行指导、监督和检查；(六)参与研究有关工作。

直属机关党委主要负责：(一)对经济责任审计中发现的应当给予党纪处分的问题，按照有关程序依照党纪予以处理，以适当方式将结果运用情况反馈联席会议办公室；(二)根据工作需要，参加领导干部经济责任审计进点会和经济责任审计结果通报会；(三)参与研究提出年度经济责任审计计划草案；(四)办理联席会议研究决定的有关事项；(五)对下级相关部门执行经济责任审计工作有关规定，以及运用审计结果等情况进行指导、监督和检查；(六)参与研究有关工作。

第十一条　联席会议作出决定时，应当遵循民主集中制原则，充分酝酿，集体讨论，协商确定。对于情况清楚、意见明确的一般事项，可以采用传批的形式决定。

第十二条　联席会议发文形式：(一)以卫生部或卫生部办公厅名义行文(适用于联席会议制订、印发有关经济责任审计的规定，通报有关重要情况，以及其他需要联合行文的重大事项)需会签联席会议有关成员单位；(二)其他事项可以卫生部规划财务司代章名义行文，根据具体事项需要可会签联席会议有关成员单位。

第十三条　编印《卫生部经济责任审计工作动态》，由联席会议牵头单位领导同志签发，印发联席会议各成员单位和部直属各单位，抄送有关单位。

第十四条　联席会议以及列席会议成员应当遵守相关保密规定。

第五章　附　　则

第十五条　本工作规则经联席会议全体讨论通过。

第十六条　本工作规则由联席会议办公室负责解释。

第十七条　本工作规则自发布之日起实施。

卫生部经济责任审计联席会议成员名单

召集人：李　斌　卫生部规划财务司司长
成　员：李长宁　卫生部人事司副司长
　　　　窦熙照　卫生部直属机关党委副书记、纪委书记
　　　　申红中　驻卫生部监察局副局长
　　　　王玉洵　卫生部规划财务司副巡视员

卫生部经济责任审计联席会议办公室成员名单

主　任：王玉洵　卫生部规划财务司副巡视员
成　员：任西岳　卫生部规划财务司审计处处长
　　　　刘宏韬　卫生部人事司干部处副处长
　　　　刘立晖　卫生部直属机关党委组织处副调研员
　　　　王　磊　驻卫生部监察局副主任科员

基金行业人员离任审计及审查报告内容准则

（证监会公告〔2011〕16 号，2011 年 7 月 7 日）

第一条 为了规范基金行业人员离任审计及审查报告内容，根据基金监管相关规定，制定本准则。

第二条 基金管理公司、基金托管银行、基金销售机构应当建立相关人员离任审计或者离任审查制度。

第三条 基金管理公司高级管理人员、基金经理、投资经理及基金托管银行基金托管部门高级管理人员、独立基金销售机构的高级管理人员或者执行事务合伙人、证券投资咨询机构负责基金销售业务的高级管理人员、其他基金销售机构负责基金销售业务的部门负责人离任的，应当接受离任审计或者离任审查，在离任审计或者离任审查期间不得到其他基金管理公司、基金托管银行基金托管部门或者基金销售机构任职。

第四条 基金管理公司、独立基金销售机构的董事长、总经理离任或者执行事务合伙人退伙的，基金管理公司、独立基金销售机构应当立即聘请具有从事证券相关业务资格的会计师事务所对其进行离任审计，并自离任之日起 30 个工作日内将离任审计报告报送中国证监会基金监管部及企业经营所在地中国证监会派出机构，同时存档备查。

第五条 基金管理公司、独立基金销售机构的董事长、总经理或者执行事务合伙人的离任审计报告，应当至少包括其任职期间的以下内容：

（一）审计工作实施情况，包括审计时间、范围、内容、审计方法等；

（二）审计对象的基本情况、基本职责以及实际履行职责的情况；

（三）企业内部对审计对象的年度考核情况；

（四）企业的经营状况，包括资产管理规模或者基金销售规模的变化情况、业务拓展情况、主要财务指标的变动情况及原因；

（五）企业内部控制建设和风险管理情况，包括企业制度、管理模式等方面的调整情况及效果；

（六）企业发生违法违规行为，受到刑事处罚、行政处罚、被采取行政监管措施等，审计对象应当承担责任的情况；

（七）审计对象受到刑事处罚、行政处罚、被采取行政监管措施、受到行业自律组织纪律处分的情况以及违反企业制度受到企业处分的情况；

（八）审计中发现的主要问题；

（九）审计结论。

第六条 基金管理公司的副总经理、督察长、基金经理或者投资经理离任的，基金管理公司应当立即对其进行离任审查，并自离任之日起 30 个工作日内将审查报告报送中国证监会基金监管部及公司经营所在地中国证监会派出机构，同时存档备查，基金经理、投资经理的离任审查报告还应当同时报送行业协会。

第七条 基金管理公司副总经理、督察长的离任审查报告，应当参照本准则第五条第一项至第三项、第六项至第九项有关内容，副总经理的离任审查报告还应当包括其任期内分管业务的经营状况、内控建设和风险管理情况等，督察长的离任审查报告还应当包括其任期内基金管理公司合法合规、风险控制及监察稽核工作情况等。

第八条 基金经理、投资经理的离任审查报告应当至少包括其任职期间的以下内容：

（一）审查工作实施情况，包括审查时间、范围、内容、审查方法等；

（二）所管理基金或者投资组合的基本情况；

（三）所管理基金或者投资组合与业绩比较基准的对比情况；

（四）所管理基金或者投资组合的投资合规情况，是否发现有利益输送、利用非公开信息牟利及违反公平交易原则等情况；

（五）遵守投资管理人员行为规范的情况；

(六)基金管理公司发生违法违规行为,受到刑事处罚、行政处罚、被采取行政监管措施等,审查对象应当承担责任的情况;

(七)审查对象受到刑事处罚、行政处罚、被采取行政监管措施、受到行业自律组织纪律处分的情况以及违反基金管理公司制度受到基金管理公司处分的情况;

(八)审查中发现的主要问题;

(九)审查结论。

第九条 基金托管银行基金托管部门的总经理、副总经理离任的,基金托管银行应当立即对其进行离任审查,并自离任之日起30个工作日内将审查报告报送中国证监会基金监管部,同时存档备查。

基金托管银行基金托管部门总经理、副总经理的离任审查报告应当参照本准则第五条第一项至第三项、第六项至第九项有关内容,并应当包括其任期内主管或者分管业务的经营状况、内控建设和风险管理情况等。

第十条 独立基金销售机构的其他高级管理人员、证券投资咨询机构负责基金销售业务的高级管理人员、其他基金销售机构负责基金销售业务的部门负责人离任的,相关基金销售机构应当立即对其进行离任审查,并自离任之日起30个工作日内将离任审查报告报送中国证监会基金监管部及相关派出机构,同时存档备查。

上述人员的离任审查报告,应当参照本准则第五条第一项至第三项、第六项至第九项有关内容,并应当包括其任期内分管业务的经营状况、内控建设和风险管理情况等。

第十一条 基金管理公司、独立基金销售机构应当真实、准确、完整地向出具离任审计报告的会计师事务所提供相关材料。

会计师事务所应当勤勉尽责,对所依据的文件资料内容的真实性、准确性、完整性进行核查和验证,客观、公正地出具离任审计报告。

第十二条 离任审计、审查报告的内容应当全面、客观、公正地反映审计、审查对象任职期间履行职责情况及合规情况。

第十三条 审计、审查对象应当配合离任审计、审查工作。

离任审计、审查报告应当附审计、审查对象的书面意见,审计、审查对象拒绝对审计、审查报告发表意见的,应当注明。

第十四条 根据本企业、上级主管机关或者其他监管机构要求对审计、审查对象已经出具离任审计、审查报告的,如果审计、审查内容涵盖本准则规定的相关内容的,可以不进行重复审计或者审查。

第十五条 出具离任审计、审查报告的机构应当妥善保管离任审计、审查报告。

中国证监会在审核基金行业高级管理人员任职资格申请,行业协会在对基金经理、投资经理进行注册登记时,参考相关离任审计、审查报告。

第十六条 出具离任审计报告的会计师事务所未按本准则规定进行必要的核查、验证,离任审计报告内容不符合本准则要求或者出具的报告有虚假记载、重大遗漏的,中国证监会可以对会计师事务所相关负责人及直接责任人员采取行政监管措施,并要求重新出具离任审计报告;违反法律、行政法规或者规章的,按照相关规定进行处罚。

第十七条 基金管理公司、基金托管银行、基金销售机构未按规定建立离任审计、审查制度,出具的离任审查报告有虚假记载、重大遗漏或者不符合本准则要求的,中国证监会及其派出机构可以对负有主要责任的高级管理人员和直接责任人员采取行政监管措施,并要求重新出具离任审查报告;违反法律、行政法规或者规章的,按照相关规定进行处罚。

第十八条 离任审计、审查对象没有正当理由不配合离任审计、审查工作的,中国证监会及其派出机构可以对其采取相应行政监管措施。

第十九条 本准则自2011年10月1日起施行。

陕西省党政主要领导干部和国有企业领导人员经济责任审计实施办法

（陕办发〔2011〕12号，2011年3月4日）

第一章 总 则

第一条 为加强对党政主要领导干部和国有企业领导人员（以下简称领导干部）的管理监督，推进党风廉政建设，根据《中华人民共和国审计法》，中共中央办公厅、国务院办公厅《党政主要领导干部和国有企业领导人员经济责任审计规定》（中办发〔2010〕32号）和国家有关法律法规，以及干部管理监督的有关规定，结合我省实际，制定本实施办法。

第二条 本实施办法所称党政主要领导干部，包括各设区市（含杨凌示范区管委会，下同）、县（市、区）、乡镇（街道办事处）党委、政府的正职领导干部或者主持工作一年以上的副职领导干部；审判机关、检察机关的正职领导干部或者主持工作一年以上的副职领导干部；省、市、县（市、区）党政工作部门、事业单位和人民团体的正职领导干部或者主持工作一年以上的副职领导干部；上级领导干部兼任部门、单位的正职领导干部，且不实际履行经济责任时，实际负责本部门、本单位常务工作的副职领导干部。

第三条 本实施办法所称国有企业领导人员，包括：国有和国有控股企业（含国有和国有控股金融企业、非银行金融机构）的法定代表人。

第四条 本实施办法所称领导干部经济责任，是指领导干部在任职期间因其所任职务，依法对本地区、本部门（系统）、本单位的财政收支、财务收支以及有关经济活动应当履行的责任和义务。

第五条 领导干部履行经济责任的情况，应当依法接受审计监督。

根据干部管理监督的需要，可以在领导干部任职期间进行任中经济责任审计，也可以在领导干部不再担任所任职务时进行离任经济责任审计。

第六条 领导干部经济责任审计依照干部管理权限确定，分级实施。

省、市、县（市、区）审计机关主要领导干部经济责任审计，由本级党委与上一级审计机关协商后，由上一级审计机关组织实施。

第七条 审计机关依法独立实施经济责任审计，任何组织和个人不得拒绝、阻碍、干涉，不得打击报复审计人员。

第八条 审计机关和审计人员对经济责任审计工作中知悉的国家秘密、商业秘密，负有保密义务。

第九条 各级党委、政府应当保证审计机关履行经济责任审计职责所必需的机构、人员和经费。

第十条 各级审计机关应当设立领导干部经济责任审计专职机构，选配与审计任务相适应的专职审计人员。

第二章 组织协调

第十一条 各级党委、政府应当加强对经济责任审计工作的领导，建立经济责任审计工作领导小组（以下简称领导小组），领导小组组长应当由本级政府行政首长担任。领导小组成员由纪检、组织、审计、监察、人力资源和社会保障、国有资产监督管理等部门主要负责人组成。

领导小组下设办公室，与同级审计机关内设的经济责任审计机构合署办公，负责日常工作。办公室主任为同级审计机关的副职领导或者同职级领导。

第十二条 领导小组的主要职责是研究制定有关经济责任审计的政策和制度，审议和决定经济责任审计工作重大安排与重要事项。

第十三条 领导小组办公室的主要职责是研究起草有关经济责任审计的法规、制度和文件，研究提出年度经济责任审计计划草案，总结推广经济责任审计工作经验。

第十四条 领导小组成员单位要认真履行职责，加强协作与配合。

（一）纪检监察机关的主要职责：

1. 受理经济责任审计发现的涉及违反党纪政纪的事项；

2. 向审计机关提供需审计核实的经济责任审计对象涉嫌经济违纪违法的有关情况；

3. 对阻挠、拒绝、妨碍审计实施以及打击报复陷害审计人员的相关人员，依照党纪、政纪规定予以查处；

4. 对下级党委、政府贯彻经济责任审计规定的情况进行监督检查；

5. 根据纪检、监察工作需要，提出经济责任审计对象的建议。

（二）组织部门的主要职责：

1. 依照干部管理权限，向审计机关出具经济责任审计委托书；

2. 向审计机关提供需审计核实的经济责任审计对象的有关情况；

3. 根据干部管理监督工作需要，提出经济责任审计对象的建议；

4. 根据干部管理监督的相关要求，运用经济责任审计结果，将其作为考核、任免、奖惩领导干部的重要依据；对需要问责的违纪违规问题，做出相关组织处理，并向审计机关反馈审计结果运用情况；

5. 对本级管理的领导干部和下级组织部门贯彻经济责任审计规定的情况进行监督检查。

（三）审计机关的主要职责：

1. 依法实施经济责任审计，并对经济责任审计中查出的违反财经法规的问题进行处理处罚；

2. 向组织部门提交审计结果，必要时向纪检监察等相关部门抄送审计结果；

3. 向纪检监察机关和司法机关移送审计查实的严重违法违纪问题和审计发现的经济案件线索；

4. 指导下级审计机关开展经济责任审计工作，对下级机关贯彻经济责任审计规定、履行审计职责情况进行检查；

5. 履行经济责任审计工作领导小组办公室的职责。

（四）人力资源和社会保障部门的主要职责：

1. 依照干部管理权限，向审计机关提供或协助审计机关收集所管理的领导干部经济责任审计所需的相关资料；

2. 根据干部管理监督的相关要求，运用经济责任审计结果，对经济责任审计中涉及的由人力资源和社会保障部门负责管理的干部，落实相关考核、任免、奖惩事项；对需要问责的违纪违规问题，做出相关组织处理，并向审计机关反馈审计结果运用情况；

3. 对下级人力资源和社会保障部门贯彻经济责任审计规定的情况进行监督检查。

（五）国有资产监督管理部门的主要职责：

1. 依照干部管理权限，向审计机关提供或协助审计机关收集所监管的国有企业领导人员经济责任审计中所需的相关资料；

2. 根据国有资产监督管理和干部管理监督工作需要，提出经济责任审计对象的建议；

3. 根据干部管理监督的相关要求，运用经济责任审计结果，将其作为考核、任免、奖惩国资监管部门管理的干部的重要依据；对需要问责的违纪违规问题，做出相关组织处理；督促审计揭示问题的整改落实；并向审计机关反馈审计结果运用情况；

4. 对所监管企业和由国资监管部门管理的领导干部贯彻经济责任审计规定的情况进行监督检查。

第十五条 经济责任审计应当有计划地进行。每年由纪检监察、组织、审计和国有资产监督管理部门分别提出下一年度经济责任审计项目建议，经领导小组办公室汇总，研究提出经济责任审计计划草案，报请本级政府行政首长审定后，由组织部门向审计机关出具经济责任审计委托书，审计机关纳入年度审计工作计划并组织实施。

因干部管理和监督工作需要增加审计项目的，按以上程序，由组织部门追加委托书，审计机关调整列入计划并组织实施。

第三章 审计内容

第十六条 经济责任审计应当以促进领导干部推动本地区、本部门（系统）、本单位科学发展为目标，以领导干部守法、守纪、守规、尽责情况为重点，以领导干部任职期间本地区、本部门（系统）、本单位财政收支、财务收支以及有关经济活动的真实、合法和效益为基础，严格依法界定审计内容。

第十七条 各级党委、政府主要领导干部经济责任审计的主要内容是：本地区财政收支的真实、合法和效益情况；国有资产的管理和使用情况；政府债务的举借、管理和使用情况；政府投资和以政府投资为主的重要项目的建设和管理情况；对直接分管部门预算执行和其他财政收支、财务收支以及有关经济活动的管理和监督情况。

党委领导干部经济责任审计应当侧重于任职期间的重要经济决策情况；政府领导干部经济责任审计应当侧重于任职期间经济决策执行与管理情况。

第十八条 党政工作部门、审判机关、检察机关、事业单位和人民团体等单位主要领导干部经济责任审计的主要内容是：本部门(系统)、本单位预算执行和其他财政收支、财务收支的真实、合法和效益情况；重要投资项目的建设和管理情况；重要经济事项管理制度的建立和执行情况；对下属单位财政收支、财务收支以及有关经济活动的管理和监督情况。

第十九条 国有及国有控股企业领导人员经济责任审计的主要内容是：企业财务收支的真实、合法和效益情况；有关内部控制制度的建立和执行情况，履行国有资产经营管理和监督职责情况。

第二十条 在审计以上主要内容时，应当关注领导干部在履行经济责任过程中的下列情况：贯彻落实科学发展观，推动经济社会科学发展情况；遵守有关经济法律法规、贯彻执行党和国家有关经济工作的方针政策和决策部署情况；制定和执行重大经济决策情况；与领导干部履行经济责任有关的管理、决策等活动的经济效益、社会效益和环境效益情况；遵守有关廉洁从政(从业)规定情况等。

第二十一条 有关部门和单位、地方党委和政府的主要领导干部由上级领导干部兼任，且实际履行经济责任的，对其进行经济责任审计时，审计内容仅限于该领导干部所兼任职务应当履行的经济责任。

第二十二条 领导干部任期内，原则上应安排一次任中经济责任审计，任职时间较长的，重点审计本任期年度，重大问题可以追溯其他年度。

第二十三条 需进行领导干部离任审计的，原则上应在其离任前安排。有下列情形之一的，一般不再安排经济责任审计：

(一)该领导干部任职的单位已经撤并一年以上的；

(二)该领导干部已经离开任职岗位一年以上的；

(三)该领导干部已经被纪检监察或者司法机关立案调查的；

(四) 该领导干部已被提拔使用，可能影响审计公正进行的；

(五)该领导干部失踪、死亡或者已不在国内定居的。

第二十四条 领导干部经济责任审计应当与地方政府财政收支审计、部门预算执行和其他财政收支审计、企业资产负债损益及事业单位财务收支审计相结合。对同一地区、部门(系统)、单位进行审计时，可对其党、政主要领导干部一并安排经济责任审计。

第四章 审计实施

第二十五条 审计机关应当依据国家有关法律、法规和国家审计准则的规定，按照年度经济责任审计计划，依法实施审计。

第二十六条 审计机关实施经济责任审计，应组成审计组。审计组组长由审计机关负责人担任。审计组成员与被审计单位或被审计领导干部有利害关系的，应当回避。

审计组进点实施经济责任审计前，应在审计调查了解的基础上制定审计实施方案。

第二十七条 审计机关应当在实施经济责任审计 3 日前，向被审计领导干部及所在单位或者原任职单位(以下简称所在单位)送达审计通知书。遇有特殊情况，经本级政府批准，审计机关可以直接持审计通知书实施经济责任审计。

第二十八条 审计机关实施经济责任审计时，应当召开审计组主要成员、被审计领导干部及其所在单位有关人员参加的会议，安排审计工作有关事项。主要内容应包括：告知审计目的、范围和内容，说明审计实施过程安排，提出相关工作要求。领导小组有关成员单位根据工作需要可以派人参加。

第二十九条 审计机关实施经济责任审计，应当进行审计公示。公示内容包括：被审计领导干部姓名、职务、审计组人员、审计内容、审计廉政规定及联系电话等。

第三十条 审计机关在经济责任审计过程中，应当听取本级党委、政府和被审计领导干部所在单位有关领导同志，以及本级领导小组有关成员单位的意见。

第三十一条 审计机关在进行经济责任审计时，被审计领导干部及其所在单位，以及其他有关单位，应当及时提供与被审计领导干部履行经济责任有关的下列资料：

（一）财政收支、财务收支相关资料；

（二）工作计划、工作总结、会议记录、会议纪要、经济合同、考核检查结果、业务档案等资料；

（三）被审计领导干部履行经济责任情况的述职报告；

（四）其他有关资料。

第三十二条 被审计领导干部及其所在单位应当对所提供资料的真实性、完整性负责，并作出书面承诺。

第三十三条 审计机关在进行经济责任审计时，应当利用以前年度财政、财务收支审计的结果，已经审计过的财政、财务收支年度，除进行必要的补充审计和取证外，一般不再重复审计。

第三十四条 审计机关在实施经济责任审计时，可以参考被审计单位内部审计机构的审计资料和审计结果。

第三十五条 审计机关对审计过程中发现或者接受举报的问题应予以关注，涉及被审计领导干部的重大问题或线索，应当作为审计重点进行查证核实。

第三十六条 审计机关履行经济责任审计职责时，可以提请有关部门和单位予以协助，有关部门和单位应当予以配合。

第三十七条 审计组实施审计后，应当将审计组的审计报告书面征求被审计领导干部及其所在单位的意见。根据工作需要可以征求本级党委、政府有关领导同志，以及本级领导小组有关成员单位的意见。

被审计领导干部及其所在单位应当自接到审计组的审计报告之日起 10 日内提出书面意见；10 日内未提出书面意见的，视同无异议。

第三十八条 审计机关按照《中华人民共和国审计法》及相关法律法规规定的程序，对审计组的审计报告进行审议，出具审计机关的经济责任审计报告和审计结果报告。

第三十九条 审计机关应当将经济责任审计报告送达被审计领导干部及其所在单位。

第四十条 审计机关应当将经济责任审计结果报告等结论性文书提交委托审计的组织部门，报送本级政府行政首长，必要时报送本级党委主要负责同志；抄送领导小组有关成员单位。

各设区市审计局对县（市、区）党委、政府领导干部经济责任审计的结果报告及相关资料，还应报送省审计厅。市委组织部接到审计结果报告后，还应转报省委组织部。

第四十一条 被审计领导干部所在单位存在违反国家规定的财政收支、财务收支行为，依法应当给予处理、处罚的，由审计机关在法定职权范围内作出审计决定。

审计机关在经济责任审计中发现的应当由其他部门处理的问题，依法移送有关部门处理。

第四十二条 被审计领导干部对审计机关出具的经济责任审计报告和审计决定有异议的，可以自收到审计报告之日起 30 日内向出具审计报告和审计决定的审计机关申诉，审计机关应当自收到申诉之日起 30 日内作出复查决定；被审计领导干部对复查决定仍有异议的，可以自收到复查决定之日起 30 日内向上一级审计机关申请复核，上一级审计机关应当自收到复核申请之日起 60 日内作出复核决定。

上一级审计机关的复核决定和审计署的复查决定为审计机关的最终决定。

第五章　审计评价与结果利用

第四十三条 审计机关应当根据审计查证认定的事实，依照法律法规、国家有关规定和政策，以及责任制考核目标和行业标准等，在法定职权范围内，对被审计领导干部履行经济责任情况作出客观公正、实事求是的评价。审计评价应当与审计内容相统一，评价结论应当有充分的审计证据支持。

审计机关应当根据被审计领导干部的工作性质及所任职务在履行经济责任方面的职责、义务，分类制定评价标准。

第四十四条 审计机关对被审计领导干部履行经济责任过程中存在问题所应当承担的直接责任、主管责任、领导责任，应当区别不同情况作出界定。

第四十五条 本实施办法所称直接责任，是指领导干部对履行经济责任过程中的下列行为应当承担的责任：

（一）直接违反法律法规、国家有关规定和单位内部管理规定的行为；

（二）授意、指使、强令、纵容、包庇下属人员违反法律法规、国家有关规定和单位内部管理规定的行为；

（三）未经民主决策、相关会议讨论而直接决定、批准、组织实施重大经济事项，并造成重大经济损失浪费、国有资产（资金、资源）流失等严重后果的行为；

（四）主持相关会议讨论或者以其他方式研究，但是多数人不同意的情况下直接决定、批准、组织实施重大经济事项，由于决策不当或者决策失误造成重大经济损失、国有资产（资金、资源）流失等严重后果的行为；

（五）其他应当承担直接责任的行为。

第四十六条 本实施办法所称主管责任，是指领导干部对履行经济责任过程中的下列行为应当承担的责任：

（一）除直接责任外，领导干部对其直接分管的工作不履行或者不正确履行经济责任的行为；

（二）主持相关会议讨论或者以其他方式研究，并且在多数人同意的情况下决定、批准、组织实施重大经济事项，由于决策失误造成重大经济损失浪费、国有资产（资金、资源）流失等严重后果的行为。

第四十七条 本实施办法所称领导责任，是指除直接责任和主管责任外，领导干部对其不履行或者不正确履行经济责任的其他行为应当承担的责任。

第四十八条 各级党委和政府应当建立健全经济责任审计情况通报、审计整改以及责任追究等结果运用制度，逐步探索和推进经济责任审计结果公告制度。

第四十九条 有关部门和单位应当根据干部管理监督的相关要求运用经济责任审计结果，将其作为考核、任免、奖惩被审计领导干部的重要依据，并以书面形式将审计结果运用情况反馈审计机关。

（一）纪检监察机关对经济责任审计结果的利用：

1. 对审计结果报告反映或审计机关移送处理的违纪违规问题，及时组织核查处理；

2. 经济责任审计结果报告应当归入领导干部廉政档案，作为考核领导干部廉政状况和出具廉政鉴定的依据；

3. 将移交事项的处理情况和审计结果运用情况，以书面形式向审计机关反馈。

（二）组织部门对审计结果的利用：

1. 将经济责任审计结果作为领导干部考核、任免、奖惩的重要依据；

2. 对被审计领导干部应负的直接责任、主管责任和领导责任，依照问责制有关规定，进行责任追究，对一般性违纪、违规问题，做出组织处理；

3. 经济责任审计结果报告应当归入被审计领导干部本人档案；

4. 将审计结果运用情况，以书面形式向审计机关反馈。

（三）审计机关对审计结果的利用：

1. 对经济责任审计查出的违反财经法纪问题，依法进行处理，做出审计决定，提出整改要求，并督促整改落实；

2. 对领导干部和有关人员严重违反财经法纪问题或涉嫌经济犯罪问题，分别移送纪检监察或司法机关处理；

3. 对经济责任审计中发现的带有普遍性、倾向性问题，专题报告本级党委、政府，并提出审计建议。

（四）人力资源和社会保障部门对审计结果的利用：

1. 将经济责任审计结果作为干部考核、任免、奖惩的重要依据；

2. 依据审计结果，对经济责任审计中涉及的由人力资源和社会保障部门管理干部的问题，进行责任追究，作出人事处理；

3. 将审计结果运用情况，以书面形式向审计机关反馈。

（五）国有资产监督管理部门对审计结果的利用：

1. 将审计结果作为考核企业领导人员经营业绩和考察、奖惩、聘任企业领导人员的参考依据；

2. 将审计结果作为制订国有企业改制、改组、合并、分立、兼并、破产和国有产权转让、置换、拍卖等方

案的参考依

3. 针对审计查出的普遍性、倾向性问题，制定相应的监督和管理措施，督促所监管企业落实审计决定；

4. 将审计结果利用情况，以书面形式向审计机关反馈。

第六章 附 则

第五十条 审计机关和审计人员、被审计领导干部及所在单位，以及其他有关单位和个人在经济责任审计中的职责、权限、法律责任等，本实施办法未作规定的，依照《中华人民共和国审计法》、《中华人民共和国审计法实施条例》和其他法律法规的有关规定执行。

第五十一条 审计机关开展领导干部经济责任审计适用本实施办法。有关机构依法履行国有资产监督管理职责时，按照干部管理权限开展的经济责任审计，参照本实施办法组织实施。部门和单位可以根据本实施办法，制定内部管理干部经济责任审计的规定。

江苏省部门和单位内部管理领导干部经济责任审计暂行办法

（苏审发〔2012〕184 号，2012 年 12 月 27 日）

省各有关部门和单位，各市、县(市、区)纪委、组织部、监察局、人社局、审计局、国资委(办)：

现将《江苏省部门和单位内部管理领导干部经济责任审计暂行办法》印发给你们，请省各部门和单位认真执行；请各市、县(市、区)转发本级各部门和单位贯彻执行。

中共江苏省纪律检查委员会
中共江苏省委组织部
江苏省监察厅
江苏省人力资源和社会保障厅
江苏省审计厅
江苏省人民政府国有资产监督管理委员会
2012 年 12 月 27 日

江苏省部门和单位内部管理领导干部经济责任审计暂行办法

第一章 总 则

第一条 为健全和完善经济责任审计制度，加强对部门、单位内部管理领导干部(人员)(以下简称内管干部)的管理监督，规范经济责任审计行为，推进党风廉政建设，根据《中华人民共和国审计法》、《党政主要领导干部和国有企业领导人员经济责任审计规定》和其他有关法律法规，结合我省实际，制定本办法。

第二条 本办法所称内管干部，是指按照干部管理权限由党政工作部门、事业单位、人民团体和国有及国有控股企业(以下简称主管单位)内部管理的，负有经济责任事项的所属单位、内设机构和子企业的正职领导干部(主要领导人员)，或者主持工作一年以上的副职领导干部。

第三条 本办法所称经济责任，是指内管干部在任职期间因其所任职务，依照法律、法规和有关政策制度规定对所在部门、单位(以下简称所在单位)的财政财务收支以及有关经济活动应当履行的职责、义务。

第四条 本办法所称经济责任审计，是指内部审计机构(承担内部审计职能的机构，下同)依据国家法律、法规和有关制度规定，对内管干部任职期间履行经济责任情况进行的监督和评价。

第二章　组织协调

第五条　地方各级经济责任审计工作联席会议（领导小组）及其办公室，要加强对内管干部经济责任审计工作的指导和监督，开展调查研究，总结推广经验，积极推动主管部门有效开展内管干部经济责任审计工作。

第六条　地方各级经济责任审计工作联席会议（领导小组）办公室，每年要定期向上一级经济责任审计工作联席会议办公室报送本地区开展内管干部经济责任审计工作的情况。

第七条　主管单位应当加强对内管干部经济责任审计工作的领导，建立由主要领导和纪检监察、组织人事、内部审计等部门领导组成的经济责任审计工作联席会议（领导小组），健全相应的组织协调机制，完善内管干部经济责任审计制度，切实发挥经济责任审计服务干部管理监督、促进单位发展目标有效实现的重要作用。

第八条　主管单位经济责任审计所需经费，应当列入本级年度预算予以保证。

第三章　审计计划

第九条　内管干部履行经济责任情况，应当依法接受审计监督。

根据干部管理监督的需要，可以在内管干部任职期间进行任中经济责任审计，也可以在内管干部不再担任所任职务时进行离任经济责任审计。

要逐步提高内管干部任中经济责任审计的比例。

第十条　内管干部经济责任审计工作应当有计划地进行。

每年年底前，由主管单位的组织人事部门征求内审机构意见，向本单位经济责任审计工作联席会议（领导小组）提出下一年度经济责任审计年度计划建议，经主管单位主要领导批准或有关会议研究决定后，由内部审计机构组织实施。

第十一条　在确定内管干部经济责任审计计划时应当突出监督重点，对资金（资产、资源）量大的重点单位，以及掌握重要经济决策权、执行权和管理权等关键岗位内管干部的经济责任履行情况，任期内至少审计一次。

第十二条　主管单位应当在每年年初向本级地方经济责任审计工作联席会议（领导小组）办公室，报送当年经济责任审计计划，年中报送经济责任审计工作动态，年末报送全年经济责任审计计划实施结果等情况。

第四章　审计内容

第十三条　经济责任审计应当以促进内管干部推动本单位科学发展为目标，以内管干部守法、守纪、守规、尽责为重点，关注内管干部履行经济责任有关的管理、决策等活动的经济效益、社会效益和环境效益情况。

第十四条　行政、事业单位和人民团体内管干部经济责任审计的主要内容包括：

（一）预算执行和其他财政、财务收支的真实、合法和效益情况；

（二）重要项目的建设、管理和资金使用效益情况；

（三）国有资产的管理及使用效益情况；

（四）制定和执行重大经济决策情况，重要经济事项管理制度的建立和执行情况；

（五）对所属单位财政、财务收支以及有关经济活动的管理和监督情况；

（六）内管干部个人遵守有关廉洁从政（从业）规定情况；

（七）其他应当审计的事项。

第十五条　国有及国有控股企业内管干部经济责任审计的主要内容包括：

（一）财务收支的真实、合法和效益情况；

（二）净资产变化及保值增值情况；

（三）重大经济决策、重大项目安排和资金使用的效益效果情况；

（四）内部控制制度的建立和执行情况；

(五)履行国有资产出资人经济管理和监督职责情况;

(六)内管干部个人遵守有关廉洁从业规定情况;

(七)其他应当审计的事项。

第五章 审计实施

第十六条 内管干部的经济责任审计工作,由内部审计机构具体组织实施。

实施审计的内部审计人员应当具有相应资格和专业胜任能力,遵循职业道德规范。

第十七条 内部审计机构应当按照年度经济责任审计计划,组成审计组并实施审计。

在实施审计前,内部审计机构应当向被审计内管干部及其所在单位或者原任职单位送达审计通知书,召开审计进点会。遇有特殊情况,经主管单位领导批准,可以直接持审计通知书实施经济责任审计。

第十八条 内部审计机构在实施审计过程中,应当听取主管单位领导以及相关职能部门的意见。相关领导和部门应当如实向内部审计机构提供有关情况。

第十九条 审计组在实施审计时,被审计内管干部及其所在单位或者原任职单位应当予以配合,不得拒绝、阻碍。

第二十条 被审计内管干部及其所在单位或者原任职单位,应当及时向审计组提供下列与被审计内管干部履行经济责任有关的资料:

(一)财政收支、财务收支及有关经济活动的相关资料;

(二)工作计划、工作总结、经济合同、考核检查结果、业务档案以及相关会议记录、会议纪要等资料;

(三)被审计内管干部履行经济责任情况的述职报告;

(四)其他有关资料。

第二十一条 被审计内管干部及其所在单位或者原任职单位,应当对所提供资料的真实性、完整性负责,并作出书面承诺。

第二十二条 审计实施结束后,审计组应当提交经济责任审计报告。审计报告内容包括基本情况、审计评价、存在问题、责任界定、处理意见和审计建议等。

被审计内管干部所在单位或者原任职单位存在违反国家法律、法规和有关政策制度规定的财政收支、财务收支行为,依法应当予以处理的,由内部审计机构按程序在规定职权范围内作出审计决定。

第二十三条 审计报告提交主管单位前,应当书面征求被审计内管干部和所在单位或者原任职单位的意见。被审计内管干部和所在单位或者原任职单位,应当自接到审计报告征求意见稿之日起 10 个工作日内,提出书面意见;10 个工作日内未提出书面意见的,视同无异议。

第二十四条 内部审计机构对审计组的审计报告进行审定,报主管单位主要领导同意或有关会议研究决定后,出具经济责任审计报告等文书。经济责任审计报告送达被审计内管干部及其所在单位或者原任职单位,报送主管单位及其经济责任工作联席会议(领导小组)。

第二十五条 被审计内管干部对经济责任审计报告有异议的,可以自收到审计报告之日起 30 日内,向实施审计的内部审计机构或者主管部门提出申诉。

第六章 审计评价

第二十六条 内部审计机构应当根据审计查证或者认定的事实,依照国家有关法律法规、政策规定、行业标准以及责任制考核目标等,在规定职权范围内,对被审计内管干部履行经济责任情况作出客观公正、实事求是的评价。审计评价应当与审计内容相统一,评价结论应当有充分的审计证据支持。

第二十七条 内部审计机构对被审计内管干部履行经济责任过程中存在问题所应当承担的直接责任、主管责任、领导责任,应当区别不同情况作出界定。

第二十八条 本办法所称直接责任,是指内管干部对履行经济责任过程中的下列行为应当承担的责任:

(一)直接违反法律法规、国家有关规定和单位内部管理规定的行为;

(二)授意、指使、强令、纵容、包庇下属人员违反法律法规、国家有关规定和单位内部管理规定的行为;

(三)未经民主决策、相关会议讨论而直接决定、批准、组织实施重大经济事项,并造成重大经济损失浪

费、国有资产(资金、资源)流失等严重后果的行为;

(四)主持相关会议讨论或者以其他方式研究,但是在多数人不同意的情况下直接决定、批准、组织实施重大经济事项,由于决策不当或者决策失误造成重大经济损失浪费、国有资产(资金、资源)流失等严重后果的行为;

(五)其他应当承担直接责任的行为。

第二十九条 本办法所称主管责任,是指内管干部对履行经济责任过程中的下列行为应当承担的责任:

(一)除直接责任外,内管干部对其直接分管的工作不履行或者不正确履行经济责任的行为;

(二)主持相关会议讨论或者以其他方式研究,并且在多数人同意的情况下决定、批准、组织实施重大经济事项,由于决策不当或者决策失误造成重大经济损失浪费、国有资产(资金、资源)流失等严重后果的行为。

第三十条 本办法所称领导责任,是指除直接责任和主管责任外,内管干部对其不履行或者不正确履行经济责任的其他行为应当承担的责任。

第七章 审计结果运用

第三十一条 主管单位应当建立健全经济责任审计结果运用制度,审计结果应当作为考核内管干部工作业绩和实施奖惩、任免或者聘用的重要依据。

第三十二条 主管单位对被审计内管干部和所在单位或者原任职单位存在的问题,应当在管理权限范围内作出相应处理;涉嫌违法、违纪问题的,应当移送相关部门依法处理。

第三十三条 主管单位应当将经济责任审计报告等结论性文书存入被审计内管干部本人档案。

第三十四条 主管单位应当建立健全内管干部经济责任审计结果通报制度,开展经济责任审计结果问责评议工作,提高审计结果运用的有效性。

第三十五条 被审计内管干部及其所在单位或者原任职单位,应当按照要求对审计发现的问题进行整改,健全内部管理机制,完善内部控制制度,提高审计整改实效。

第三十六条 被审计内管干部及其所在单位或者原任职单位,应当向主管单位及其内部审计机构提交审计整改情况报告。

第八章 附 则

第三十七条 各部门和单位可根据本办法,结合实际制定具体实施办法。

第三十八条 本办法由江苏省经济责任审计工作联席会议办公室负责解释。

第三十九条 本办法自印发之日起施行。

广东省经济责任审计工作联席会议办公室关于转发《广东省地厅级以下党政主要领导干部和国有企业领导人员经济责任审计实施办法》的通知

(粤办发〔2013〕3号,2013年2月26日)

各地级以上市党委、人民政府,各县(市、区)党委、人民政府,省委各部委,省直各单位,省各人民团体,中直驻粤各单位:

《广东省地厅级以下党政主要领导干部和国有企业领导人员经济责任审计实施办法》已经省委、省政府同意,现印发给你们,请结合实际认真贯彻执行。

中共广东省委办公厅广东省人民政府办公厅

2013年2月26日

广东省地厅级以下党政主要领导干部和国有企业领导人员经济责任审计实施办法

第一章　总　　则

第一条　为健全和完善经济责任审计制度，加强对我省地厅级以下党政主要领导干部和国有企业领导人员(以下简称领导干部)的管理监督，推进党风廉政建设，根据《中华人民共和国审计法》和《中共中央办公厅、国务院办公厅关于印发<党政主要领导干部和国有企业领导人员经济责任审计规定>的通知》(中办发〔2010〕32号)等有关规定，结合我省实际，制定本办法。

第二条　领导干部经济责任审计的对象包括：

(一)地级市、县(市、区)、乡镇(街道)党政正职领导干部或者主持工作一年以上的副职领导干部。

(二)地级以上市、县(市、区)审判机关、检察机关的正职领导干部或者主持工作一年以上的副职领导干部。

(三)省、地级以上市、县(市、区)党政工作部门、事业单位和人民团体等单位的正职领导干部或者主持工作一年以上的副职领导干部；上级领导干部兼任部门、单位的正职领导干部，且不实际履行经济责任时，实际负责本部门、本单位常务工作的副职领导干部。

(四)国有和国有控股企业(含国有和国有控股金融企业)的法定代表人。

第三条　本办法所称经济责任，是指领导干部在任职期间因其所任职务，依法对本地区、本部门(系统)、本单位的财政收支、财务收支以及有关经济活动应当履行的职责、义务。

第四条　领导干部履行经济责任的情况，应当依法接受审计监督。

根据干部管理监督的需要，可以在领导干部任职期间进行任中经济责任审计，也可以在领导干部不再担任所任职务时进行离任经济责任审计。

第五条　实行领导干部经济责任审计告知制度。新任领导干部任职谈话时，组织部门应将履行经济责任的具体内容和经济责任审计的有关要求一并列入谈话内容告知新任领导干部。

领导干部履行经济责任情况应作为领导干部年度总结报告的重要内容。

第六条　审计机关依法独立实施经济责任审计，任何组织和个人不得拒绝、阻碍、干涉，不得打击报复审计人员。

第七条　审计机关和审计人员对经济责任审计工作中知悉的国家秘密、商业秘密，负有保密义务。

第八条　各级党委和政府应当保证审计机关履行经济责任审计职责所必需的机构、人员和经费。

第二章　组织协调

第九条　各级党委和政府应当加强对经济责任审计工作的领导，建立经济责任审计工作联席会议(以下简称联席会议)制度。联席会议由纪检、组织、审计、监察、人力资源社会保障、财政和国有资产监督管理等部门组成。

第十条　联席会议下设办公室，与同级审计机关内设的经济责任审计机构合署办公，负责日常工作。联席会议办公室主任为同级审计机关的副职领导或者同职级领导。

第十一条　联席会议的主要职责是研究制定有关经济责任审计的政策和制度，定期召开会议研究部署经济责任审计工作，监督检查、交流通报经济责任审计工作开展情况，协调解决工作中出现的问题。

第十二条　联席会议办公室的主要职责是研究起草有关经济责任审计的法规、制度和文件，研究提出年度经济责任审计计划草案，总结推广经济责任审计工作经验，督促落实联席会议决定的有关事项。

第十三条　经济责任审计应当有计划地进行。组织部门每年与审计机关协商后提出下一年度经济责任审计委托建议，经联席会议办公室研究后提出经济责任审计计划草案，由审计机关报请本级政府行政首长审定后，纳入审计机关年度审计工作计划并组织实施。遇有特殊情况需要增加审计项目的，参照上述程序执行。

第十四条　领导干部的经济责任审计依照干部管理权限确定。

地级以上市、县(市、区)审计机关主要领导干部的经济责任审计，由本级党委与上一级审计机关协商后，由上一级审计机关组织实施。

第十五条 推行党政主要领导干部任期经济责任同步审计制度。同一地方、部门、单位党政主要领导干部的经济责任审计，原则上同步实施。

第十六条 推行领导干部任期轮审制度，在每届任期内分年度有计划地实施领导干部经济责任审计。

第三章 审计内容

第十七条 经济责任审计应当以促进领导干部推动本地区、本部门(系统)、本单位科学发展为目标，以领导干部守法、守纪、守规、尽责情况为重点，以领导干部任职期间本地区、本部门(系统)、本单位财政收支、财务收支以及有关经济活动的真实、合法和效益为基础，严格依法界定审计内容。

第十八条 地厅级以下党委和政府主要领导干部经济责任审计的主要内容是:本地区财政收支的真实、合法和效益情况;国有资产的管理和使用情况;政府债务的举借、管理和使用情况;政府投资和以政府投资为主的重要项目的建设和管理情况;对直接分管部门预算执行和其他财政收支、财务收支以及有关经济活动的管理和监督情况。

第十九条 党政工作部门、审判机关、检察机关、事业单位和人民团体等单位主要领导干部经济责任审计的主要内容是:本部门(系统)、本单位预算执行和其他财政收支、财务收支的真实、合法和效益情况;重要投资项目的建设和管理情况;重要经济事项管理制度的建立和执行情况;对下属单位财政收支、财务收支以及有关经济活动的管理和监督情况。

第二十条 国有企业领导人员经济责任审计的主要内容是:本企业财务收支的真实、合法和效益情况;有关内部控制制度的建立和执行情况;履行国有资产出资人经济管理和监督职责情况。

第二十一条 在审计以上主要内容时，应当关注领导干部在履行经济责任过程中的下列情况:贯彻落实科学发展观，推动经济社会、事业或企业科学发展情况;遵守有关经济法律法规、贯彻执行党和国家有关经济工作的方针政策和决策部署情况;制定和执行重大经济决策情况;与领导干部履行经济责任有关的管理和决策等活动的经济效益、社会效益和环境效益情况;遵守有关廉洁从政(从业)规定情况等。

第二十二条 各级党委、政府以及联席会议成员单位等提出的要求或提供的情况，以及群众反映的情况，应当在审计中予以关注。

第二十三条 有关部门和单位、地方党委和政府的主要领导干部由上级领导干部兼任，且实际履行经济责任的，对其进行经济责任审计时，审计内容仅限于该领导干部所兼任职务应当履行的经济责任。

第四章 审计实施

第二十四条 审计机关应当根据年度经济责任审计计划，组成审计组实施审计，并进行审计公示。

第二十五条 审计机关应当在实施经济责任审计3日前，向被审计领导干部及其所在单位或者原任职单位(以下简称所在单位)送达审计通知书。遇有特殊情况，经本级政府批准，审计机关可以直接持审计通知书实施经济责任审计。

第二十六条 审计机关实施经济责任审计时，应当召开审计进点会议，由被审计领导干部向审计组、被审计领导干部所在单位领导班子成员、内设机构和直属单位主要负责人等作履行经济责任情况的述职报告。联席会议有关成员单位根据工作需要可以派人参加审计进点会议。

第二十七条 被审计领导干部及其所在单位，以及其他有关单位应当提供与被审计领导干部履行经济责任有关的下列资料:单位基本情况和被审计领导干部任职情况的相关资料;财政收支、财务收支相关资料;工作计划、工作总结、会议记录、会议纪要、经济合同、考核检查结果、业务档案等资料;被审计领导干部履行经济责任情况的述职报告;其他有关资料等。

被审计领导干部及其所在单位应当对所提供资料的真实性、完整性负责，并作出书面承诺。

第二十八条 审计机关履行经济责任审计职责时，可以依法提请有关部门和单位予以协助，有关部门和单位应当予以配合。

第二十九条 审计组实施审计后，应当将审计组的审计报告书面征求被审计领导干部及其所在单位的意见。根据工作需要，可以征求本级党委、政府有关领导同志，以及本级联席会议有关成员单位的意见。

被审计领导干部及其所在单位应当自接到审计组的审计报告之日起10日内提出书面意见；10日内未提出书面意见的，视同无异议。

第三十条 审计机关依法审议审计组的审计报告，出具经济责任审计报告和审计结果报告，并将经济责任审计报告送达被审计领导干部及其所在单位，将经济责任审计结果报告等结论性文书报送本级政府行政首长，必要时报送本级党委主要负责同志；提交委托审计的组织部门；抄送联席会议有关成员单位。

第三十一条 被审计领导干部所在单位存在违反国家规定的财政收支、财务收支行为，依法应当给予处理、处罚的，由审计机关在法定职权范围内作出审计决定。审计机关在经济责任审计中发现的应当由其他部门处理的问题，依法移送有关部门处理。

第三十二条 被审计领导干部对审计机关出具的经济责任审计报告有异议的，可以自收到审计报告之日起30日内向出具审计报告的审计机关申诉，审计机关应当自收到申诉之日起30日内作出复查决定；被审计领导干部对复查决定仍有异议的，可以自收到复查决定之日起30日内向上一级审计机关申请复核，上一级审计机关应当自收到复核申请之日起60日内作出复核决定。上一级审计机关的复核决定为审计机关的最终决定。

第五章 审计评价

第三十三条 审计机关应当根据审计查证或者认定的事实，依照法律法规、国家有关规定和政策，以及责任制考核目标和行业标准等，在法定职权范围内，对被审计领导干部履行经济责任情况作出客观公正、实事求是的评价。审计评价应当与审计内容相统一，评价结论应当有充分的审计证据支持。

第三十四条 审计机关对被审计领导干部履行经济责任过程中存在问题所应当承担的直接责任、主管责任、领导责任，应当区别不同情况作出界定。

第三十五条 领导干部对履行经济责任过程中的下列行为承担直接责任：

（一）直接违反法律法规、国家有关规定和单位内部管理规定的行为；

（二）授意、指使、强令、纵容、包庇下属人员违反法律法规、国家有关规定和单位内部管理规定的行为；

（三）未经民主决策、相关会议讨论而直接决定、批准、组织实施重大经济事项，并造成重大经济损失浪费、国有资产（资金、资源）流失等严重后果的行为；

（四）主持相关会议讨论或者以其他方式研究，但是在多数人不同意的情况下直接决定、批准、组织实施重大经济事项，由于决策不当或者决策失误造成重大经济损失浪费、国有资产（资金、资源）流失等严重后果的行为；

（五）其他应当承担直接责任的行为。

第三十六条 领导干部对履行经济责任过程中的下列行为承担主管责任：

（一）除直接责任外，领导干部对其直接分管的工作不履行或者不正确履行经济责任的行为；

（二）主持相关会议讨论或者以其他方式研究，并且在多数人同意的情况下决定、批准、组织实施重大经济事项，由于决策不当或者决策失误造成重大经济损失浪费、国有资产（资金、资源）流失等严重后果的行为。

第三十七条 除直接责任和主管责任外，领导干部对其不履行或者不正确履行经济责任的其他行为承担领导责任。

第六章 审计结果运用

第三十八条 各级党委和政府应当建立健全经济责任审计情况通报、审计整改以及责任追究等结果运用制度，逐步探索和推行经济责任审计结果公告制度。

第三十九条 联席会议成员单位及其他有关部门，应当在法定职权范围内运用审计结果，并于每个审计年度结束后，以书面形式向联席会议报告本年度审计结果运用情况。

第四十条 纪检监察机关应当对任职期间所在地区、部门、单位发生的重大经济损失或严重违纪违规问题负有责任的领导干部，按照规定予以处理；对审计机关移交的案件线索及时核查，追究有关人员责任，涉嫌犯罪的依照法定程序移送司法机关查处；将审计结果作为考核领导干部廉政情况的重要依据；必要时通报根据审计结果追究责任情况，利用审计成果推进廉政教育。

第四十一条 组织人事部门应当对任职期间所在地区、部门、单位发生的重大经济损失或严重违纪违规问题负有责任的领导干部，按照规定予以处理；对任职期间履行经济责任存在违纪违规问题，但不构成党纪政纪处分的领导干部，依照有关规定采取提醒谈话、诫勉谈话、限期改正、发出预警提示等措施；将审计结果作为考核、任免、奖惩被审计领导干部的重要依据，并归入被审计领导干部本人档案；必要时通报审计结果运用情况，利用审计成果推进干部教育。

第四十二条 审计机关应当对审计中发现的突出问题或苗头性、倾向性问题进行综合分析，专题报告联席会议和本级政府行政首长，必要时报送本级党委主要负责同志；依法检查督促被审计领导干部及其所在单位落实审计整改措施；必要时通报经济责任审计结果。

第四十三条 国有资产监督管理、财政和有关主管部门应当在各自职权范围内，根据审计结果对被审计企业提出整改要求，监督落实整改，并将审计结果报告及整改结果作为对企业领导干部经营业绩考核、奖惩的重要依据；落实收缴有关财政资金和国有资产收益、调查核实国有资产重大损失、追究相关人员责任等工作，并采取措施避免或挽回损失；将审计结果作为处置国有资产的参考依据。

第四十四条 被审计领导干部及其所在单位应当在法定期限内执行审计决定，根据审计意见和有关部门要求落实整改，并按要求反馈结果；在党政领导班子或董事会内通报审计结果及审计整改要求，安排审计整改事宜；按规定追究有关责任人责任。

第四十五条 联席会议成员单位及其他有关部门，在各自职权范围内，检查督促被审计领导干部及其所在单位落实审计整改要求，追究有关整改责任人责任。

第七章 附 则

第四十六条 审计机关和审计人员、被审计领导干部及其所在单位，以及其他有关单位和个人在经济责任审计中的职责、权限、法律责任等，本办法未作规定的，依照《中华人民共和国审计法》、《中华人民共和国审计法实施条例》和其他法律法规的有关规定执行。

第四十七条 审计机关开展领导干部经济责任审计适用本办法。有关机构依法履行国有资产监督管理职责时，按照干部管理权限开展的经济责任审计，参照本办法组织实施。各地各部门各单位可以根据本办法，制定配套规范。

第四十八条 本办法由省审计厅负责解释。

第四十九条 本办法自印发之日起实施。《中共广东省委办公厅、广东省人民政府办公厅关于印发〈广东省党政领导干部任期经济责任审计实施办法(试行)〉和〈广东省国有企业及国有控股企业领导人员任期经济责任审计实施办法(试行)〉的通知》(粤办发〔2000〕19号)，以及省纪委、省委组织部、省监察厅、省人事厅、省审计厅、省财政厅等印发的《广东省党政领导干部任期经济责任审计操作办法(试行)》(粤审法〔2002〕175号)、《广东省任期经济责任审计结果运用办法(试行)》(粤纪发〔2003〕25号)、《广东省国有企业及国有控股企业领导人员任期经济责任审计操作办法(试行)》(粤审经责〔2004〕96号)同时废止。

山东省党政主要领导干部和国有企业领导人员经济责任审计实施办法

(鲁办发〔2012〕15号，2012年5月11日)

各市党委和人民政府，省军区，省委和省政府各部门(单位)，各人民团体，各高等院校：

《山东省党政主要领导干部和国有企业领导人员经济责任审计实施办法》已经省委、省政府同意，现印发给你们，请遵照执行。

中共山东省委办公厅
山东省人民政府办公厅
2012年5月11日

山东省党政主要领导干部和国有企业领导人员经济责任审计实施办法

第一章　总　　则

第一条　为健全和完善经济责任审计制度，提高经济责任审计工作的科学化、法制化、规范化水平，加强对党政主要领导干部和国有企业领导人员(以下简称领导干部)的管理监督，推进党风廉政建设，根据《中华人民共和国审计法》、《党政主要领导干部和国有企业领导人员经济责任审计规定》和其他有关法律法规，以及干部管理监督的有关规定，结合我省实际，制定本办法。

第二条　党政主要领导干部经济责任审计的对象包括：

(一)市、县(市、区)、乡(镇、街道)党委、政府的正职领导干部或者主持工作一年以上的副职领导干部；

(二)市、县(市、区)审判机关、检察机关的正职领导干部或者主持工作一年以上的副职领导干部；

(三)省、市、县(市、区)党政工作部门、事业单位和人民团体等单位的正职领导干部或者主持工作一年以上的副职领导干部；上级领导干部兼任部门、单位的正职领导干部，且不实际履行经济责任时，实际负责本部门、本单位常务工作的副职领导干部；

(四)省级以上人民政府批准成立的各类开发区党工委、管委会及其工作部门、事业单位的正职领导干部或者主持工作一年以上的副职领导干部。

第三条　国有企业领导人员经济责任审计的对象包括省、市、县(市、区)直属的国有独资企业、国有独资公司和国有资本控股公司(含国有和国有控股金融企业)的法定代表人。

第四条　本办法所称经济责任，是指领导干部在任职期间因其所任职务，依法对本地区、本部门(系统)、本单位的财政收支、财务收支以及有关经济活动应当履行的职责、义务。

第五条　领导干部履行经济责任的情况，应当依法接受审计监督。

根据干部监督管理的需要，可以在领导干部任职期间进行任中经济责任审计，也可以在领导干部不再担任所任职务时进行离任经济责任审计。为提高监督时效，应逐步提高任中审计的比重。

第六条　审计机关依法独立实施经济责任审计，任何组织和个人不得拒绝、阻碍、干涉，不得打击报复审计人员。

第七条　审计机关和审计人员对经济责任审计工作中知悉的国家秘密、商业秘密，负有保密义务。

第八条　各级党委和政府应当保证审计机关履行经济责任审计职责所必需的机构、人员和经费。

第二章　组织协调

第九条　各级党委和政府应当加强对经济责任审计工作的领导，建立经济责任审计工作联席会议(以下简称联席会议)制度。联席会议由纪检、组织、审计、监察、人力资源社会保障、财政、国有资产监督管理等部门组成。

联席会议下设办公室，与同级审计机关内设的经济责任审计机构合署办公，负责日常工作。联席会议办公室主任为同级审计机关的副职领导或者同职级领导。

第十条　联席会议的主要职责是研究制定有关经济责任审计的政策和制度，监督检查、交流通报经济责任审计工作开展情况，协调解决工作中出现的问题。

第十一条　联席会议办公室的主要职责是研究起草有关经济责任审计的法规、制度和文件，研究提出年度经济责任审计计划草案，总结推广经济责任审计工作经验，督促落实联席会议决定的有关事项。

第三章　审计内容

第十二条　经济责任审计的内容应当与被审计领导干部履行的经济责任相对应，以促进领导干部推动本地区、本部门(系统)、本单位科学发展为目标，以领导干部守法、守纪、守规、尽责情况为重点，以领导干部任职期间本地区、本部门(系统)、本单位财政收支、财务收支以及有关经济活动的真实、合法和效益为基础，严格依法界定审计内容。

第十三条　市、县(市、区)、乡(镇、街道)党委、政府主要领导干部经济责任审计一般应同步开展，根据当地党委、政府主要领导干部的职责分工和实际情况，区分重点审计内容。

第十四条 各级党委主要领导干部经济责任审计的主要内容是：贯彻落实科学发展观，推动地区经济社会科学发展情况；遵守有关经济法律法规，贯彻执行中央和上级党委的重大方针政策和决策部署情况；统筹经济社会发展政策措施制定情况；重大经济决策情况；遵守有关廉洁从政规定情况等。

第十五条 各级政府主要领导干部经济责任审计的主要内容是：贯彻落实科学发展观，推动地区经济社会科学发展情况；遵守有关经济法律法规，贯彻执行中央、上级党委和政府、本级党委的重大方针政策和决策部署情况；重大经济决策的制定和执行情况；本地区财政收支的真实、合法和效益情况；国有资产的管理和使用情况；政府债务的举借、管理和使用情况；政府投资和以政府投资为主的重要项目的建设和管理情况；对直接分管部门预算执行和其他财政收支、财务收支以及有关经济活动的管理和监督情况；遵守有关廉洁从政规定情况等。

第十六条 党政工作部门、审判机关、检察机关、事业单位和人民团体等单位主要领导干部经济责任审计的主要内容是：贯彻落实科学发展观，推动部门、单位事业科学发展情况；遵守有关经济法律法规，贯彻执行党和国家有关经济工作的方针政策和决策部署情况；重大经济决策的制定和执行情况；预算执行和其他财政收支、财务收支的真实、合法和效益情况；国有资产管理情况；内部管理情况；对下属单位财政收支、财务收支以及有关经济活动的管理和监督情况；遵守有关廉洁从政规定情况等。

第十七条 国有企业领导人员经济责任审计的主要内容是：贯彻落实科学发展观，推动企业科学发展情况；遵守有关经济法律法规，贯彻执行党和国家有关经济工作的方针政策和决策部署情况；重大经济决策情况；企业经营活动和财务收支的真实、合法和效益情况；有关内部控制制度的建立和执行情况；履行国有资产出资人经济管理和监督职责情况；职务消费情况以及遵守有关廉洁从业规定情况等。

第十八条 有关部门、单位和党委、政府的主要领导干部由上级领导干部兼任，且实际履行经济责任的，对其进行经济责任审计时，审计内容仅限于该领导干部所兼任职务应当履行的经济责任。

第四章 审计计划与实施

第十九条 经济责任审计应当有计划地进行。按照全面覆盖、突出重点、规范有序的原则，根据被审计领导干部工作岗位性质、经济责任的复杂程度等因素，对审计对象实行分类管理，科学制定经济责任审计的年度计划和中长期规划。年度经济责任审计计划与中长期规划应相互衔接。

第二十条 建立重要岗位领导干部任期内轮审制度。对掌握大量资金(资产、资源)的重点部门、重点单位领导干部，以及掌握重要经济决策权、执行权、管理权和监督权等关键岗位领导干部的经济责任履行情况，任期内至少审计一次。

第二十一条 干部管理部门应于每年 11 月底提出下一年度经济责任审计委托建议，遇有特殊情况可在年中提出追加经济责任审计项目的建议，经联席会议办公室研究后提出经济责任审计计划草案或者追加计划草案，由审计机关报请本级政府行政首长审定后，纳入审计机关年度审计工作计划并组织实施。

第二十二条 领导干部的经济责任审计依照干部管理权限确定。干部管理权限与财政财务隶属关系、国有资产监督管理关系不一致时，按照干部管理权限由同级审计机关采取自行组织、统一组织下级审计机关、授权具有财政财务收支审计管辖权的下级审计机关等方式实施。

上级审计机关可以将其审计管辖范围内的经济责任审计项目，授权下一级审计机关进行审计。

市、县(市、区)审计机关主要领导干部的经济责任审计，经本级党委与上一级审计机关协商后，由上一级审计机关组织实施。

第二十三条 审计机关应当根据年度经济责任审计计划，组成审计组并实施审计。

第二十四条 审计机关应当在实施经济责任审计 3 日前，向被审计领导干部及其所在单位或者原任职单位(以下简称所在单位)送达审计通知书。遇有特殊情况，经本级政府批准，审计机关可以直接持审计通知书实施经济责任审计。

第二十五条 审计机关实施经济责任审计时，应当召开有审计组成员、被审计领导干部及其所在单位领导同志和有关人员参加的审计进点会。联席会议有关成员单位可以根据工作需要派人参加。参加进点会的其他人员可根据实际情况确定。

第二十六条 审计机关实施经济责任审计，应当进行审计公示。公示内容包括审计依据、审计实施时间、审计对象、审计内容、审计纪律、审计组办公地点、监督举报电话等。

第二十七条 审计机关在经济责任审计过程中，应当听取本级党委、政府和被审计领导干部所在单位有关领导同志，以及本级联席会议有关成员单位的意见。

第二十八条 审计机关在进行经济责任审计时，被审计领导干部及其所在单位，以及其他有关单位应当提供与被审计领导干部履行经济责任有关的下列资料：

（一）财政收支、财务收支相关资料；

（二）工作计划、工作总结、会议记录、会议纪要、经济合同、考核检查结果、业务档案、重要批示等资料；

（三）被审计领导干部履行经济责任情况的述职报告；

（四）其他有关资料。

第二十九条 被审计领导干部及其所在单位，应当对所提供资料的真实性、完整性负责，并作出书面承诺。对因提供虚假或者不完整资料导致审计结果失实的，应承担相应的法律责任。

第三十条 审计机关履行经济责任审计职责时，可以依法提请有关部门和单位予以协助，有关部门和单位应当予以配合。

第三十一条 审计组实施审计后，应当将审计组的审计报告书面征求被审计领导干部及其所在单位的意见。有下列情况之一的，还应同时征求本级党委、政府有关领导同志，或者联席会议有关成员单位的意见：

（一）党委、政府有关领导同志交办经济责任审计项目的；

（二）联席会议有关成员单位提供重要问题线索的；

（三）审计机关认为需要同时征求意见的其他情况。

被审计领导干部及其所在单位应当自接到审计组的审计报告之日起 10 日内提出书面意见；10 日内未提出书面意见的，视同无异议。

第三十二条 审计机关按照《中华人民共和国审计法》及相关法律法规规定的程序，对审计组的审计报告进行审议，出具审计机关的经济责任审计报告和审计结果报告。

第三十三条 审计机关应当将经济责任审计报告送达被审计领导干部及其所在单位。

第三十四条 审计机关应当将经济责任审计结果报告等结论性文书报送本级政府行政首长，必要时报送本级党委主要负责同志；提交委托审计的组织部门；抄送联席会议有关成员单位。

第三十五条 被审计领导干部所在单位存在违反国家规定的财政收支、财务收支行为，依法应当给予处理、处罚的，由审计机关在法定职权范围内作出审计决定。

审计机关在经济责任审计中发现的应当由其他部门处理的问题，依法移送有关部门处理。

第三十六条 被审计领导干部对审计机关出具的经济责任审计报告有异议的，可以自收到审计报告之日起 30 日内向出具审计报告的审计机关申诉，审计机关应当自收到申诉之日起 30 日内作出复查决定；被审计领导干部对复查决定仍有异议的，可以自收到复查决定之日起 30 日内向上一级审计机关申请复核，上一级审计机关应当自收到复核申请之日起 60 日内作出复核决定。

上一级审计机关的复核决定为审计机关的最终决定。

第五章 审计评价、责任界定与结果运用

第三十七条 审计机关应当根据审计查证或者认定的事实，依照法律法规、国家有关规定和政策，以及责任制考核目标和行业标准等，在法定职权范围内，对被审计领导干部履行经济责任情况作出客观公正、实事求是的评价。审计评价应当与审计内容相统一，如实反映被审计领导干部履行经济责任取得的业绩、存在的问题。评价结论应当有充分的审计证据支持。

第三十八条 审计机关和审计人员在进行审计评价时，应当根据被审计领导干部任职期间地区、部门、单位的特点和实际情况，具体关注领导干部在履行经济责任过程中的以下事项：

（一）对贯彻落实科学发展观，推动经济社会科学发展情况的评价。

对各级党委、政府主要领导干部评价时应当关注：地区经济和社会发展目标的实现情况；有关责任制目标完成情况；统筹地区经济和社会发展的重大政策措施制定情况及其效果等。

对党政工作部门、审判机关、检察机关、事业单位和人民团体等单位主要领导干部评价时应当关注：部门、单位发展目标（业务工作指标、事业发展指标）的实现情况和有关责任制目标完成情况；部门、单位事业发展规划、业务工作思路、政策措施的制定情况及其效果等。

对国有企业领导人员评价时应当关注：企业经营发展目标的实现情况；国有资产保值增值、资产质量、

风险管理及可持续发展情况；政府和企业主管部门制定的责任制目标完成情况；企业经营发展战略和重大措施的制定情况及其效果等。

（二）对重大经济决策的评价应当关注：决策依据的合法性、决策程序的规范性、决策执行的有效性以及决策效果（经济效益、社会效益和环境效益）等。

（三）对财政财务收支情况的评价应当关注：财政财务收支的真实、合法和效益情况，主要包括财政财务收支的总体情况、专项资金和大额资金的管理使用情况以及预算执行情况等。

（四）对内部管理情况的评价应当关注：业务管理、财务管理、资产管理和内部审计监督等制度的建立情况及执行效果；对分管部门（单位）、行业（系统）、下属企业的业务活动、经济活动的管理和监督情况及其效果等。

（五）对遵守有关廉洁从政（从业）规定情况的评价应当关注：群众反映问题的核实情况和遵守有关廉政规定情况等。

第三十九条 经济责任审计评价可以综合运用多种方法，包括进行纵向和横向比较、定性与定量分析相结合、区分现任责任与前任责任、将领导干部履行经济责任的行为或者事项置于相关经济社会环境中加以分析等，对领导干部履行经济责任情况作出客观、准确的评价。

第四十条 审计机关对被审计领导干部履行经济责任过程中存在问题所应当承担的直接责任、主管责任、领导责任，应当区别不同情况作出界定。

第四十一条 本办法所称的直接责任，是指领导干部对履行经济责任过程中的下列行为应当承担的责任：

（一）直接违反法律法规、国家有关规定和单位内部管理规定的行为；

（二）授意、指使、强令、纵容、包庇下属人员违反法律法规、国家有关规定和单位内部管理规定的行为；

（三）未经民主决策、相关会议讨论而直接决定、批准、组织实施重大经济事项，违反国家法律法规和有关政策规定的行为；

（四）主持相关会议讨论或者以其他方式研究，但是在多数人不同意的情况下直接决定、批准、组织实施重大经济事项，违反国家法律法规和有关政策规定的行为；

（五）违反决策程序作出决策造成重大经济损失浪费、国有资产（资金、资源）流失等严重后果的行为；

（六）其他应当承担直接责任的行为。

第四十二条 本办法所称的主管责任，是指领导干部对履行经济责任过程中的下列行为应当承担的责任：

（一）除直接责任外，领导干部对其直接分管的工作不履行或者不正确履行经济责任的行为；

（二）主持相关会议讨论或者以其他方式研究，并且在多数人同意的情况下决定、批准、组织实施重大经济事项，违反国家法律法规和有关政策规定的行为；

（三）不属于领导干部直接分管的工作，但作为主要领导干部应当知晓的本地区、本单位或者下属单位的重大经济事项，违反国家法律法规和有关政策规定的行为；

（四）符合决策程序但由于决策不当、决策失误造成重大经济损失浪费、国有资产（资金、资源）流失等严重后果的行为。

第四十三条 本办法所称的领导责任，是指除直接责任和主管责任外，领导干部对其不履行或者不正确履行经济责任的其他行为应当承担的责任。

第四十四条 各级党委、政府主要领导干部的经济责任同步审计，应当按照“谁主管谁负责，谁决定谁负责，谁主持谁负责，谁签批谁负责，谁授意谁负责”的原则，合理界定党委、政府主要领导干部应分别承担的责任。

第四十五条 各级党委和政府应当建立健全经济责任审计情况通报、审计整改以及责任追究等结果运用制度，逐步探索和推行经济责任审计结果公告制度。

第四十六条 有关部门和单位应当根据干部管理监督的相关要求运用经济责任审计结果，将其作为考核、任免、奖惩被审计领导干部的重要依据，并以适当方式将审计结果运用情况反馈审计机关。

经济责任审计结果报告应当归入被审计领导干部本人档案。

第四十七条 审计机关应加强与相关部门的协调配合，完善信息沟通机制，建立审计发现重大违法违规问题和线索移送会商机制，实行审计发现问题的整改报告制度。

第六章 附 则

第四十八条 审计机关和审计人员、被审计领导干部及其所在单位，以及其他有关单位和个人在经济责任审计中的职责、权限、法律责任等，本办法未作规定的，依照《中华人民共和国审计法》、《中华人民共和国审计法实施条例》和其他法律法规的有关规定执行。

第四十九条 审计机关开展领导干部经济责任审计适用本办法。有关机构依法履行国有资产监督管理职责时，按照干部管理权限开展的经济责任审计，参照本办法组织实施。部门和单位可以根据本办法，制定内部管理领导干部经济责任审计的办法。

第五十条 本办法由省审计厅负责解释。

第五十一条 本办法自印发之日起施行。

教育部关于进一步加强省属高校领导干部经济责任审计工作的意见

（教财〔2007〕13 号，2007 年 7 月 18 日）

各省、自治区、直辖市教育厅（教委），各计划单列市教育局，新疆生产建设兵团教育局：

根据中共中央办公厅、国务院办公厅印发的《县级以下党政领导干部任期经济责任审计暂行规定》（中办发〔1999〕20 号）和中央纪委、中央组织部、监察部、人事部、审计署印发的《关于将党政领导干部经济责任审计范围扩大到地厅级的意见》（审经责发〔2004〕65 号）精神，我部先后印发了《关于切实做好经济责任审计工作的通知》（教财〔2000〕21 号）、《教育部关于做好领导干部经济责任审计报告交接工作的通知》（教财〔2007〕2 号），对教育系统经济责任审计工作提出了明确要求。各地积极开展了高校领导干部经济责任审计工作，取得了一定成效，在强化干部监督管理、促进领导干部正确履行经济责任、加强党风廉政建设等方面发挥着越来越重要的作用。为进一步加强省属高校领导干部经济责任审计工作，现提出如下意见：

一、各省级教育行政部门要充分认识经济责任审计工作的重要性

经济责任审计是促进高校领导干部全面贯彻落实国家的方针政策，增强责任意识，廉洁勤政，依法治校和提高管理水平的有效手段，也是党中央、国务院为加强领导干部监督管理，促进领导干部正确履行经济责任而采取的一项重要举措。各省级教育行政部门要充分认识这项工作的重要意义，将省属高校领导干部经济责任审计作为重要的任务抓紧抓实。

二、省属高校领导干部经济责任审计范围

各省级教育行政部门对所属普通高等学校和成人高等学校的校级领导干部在任职期满或者任期内办理调任、转任、轮岗、免职、辞职、退休等事项前，都应进行经济责任审计。

根据《国务院办公厅关于加强民办高校规范管理引导民办高等教育健康发展的通知》（国办发〔2006〕101 号）、《民办高等学校办学管理若干规定》（教育部令第 25 号）的有关精神，各省级教育行政部门也要加强对民办高校法定代表人任期经济责任审计工作的指导和监督，促进民办高校法定代表人认真履行经济责任，规范民办高校财务管理制度，保证民办高校资产的安全和完整。

三、省属高校领导干部经济责任审计程序

根据干部管理、监督工作的需要和党委、政府的意见，由组织人事、纪检监察部门向审计机关提出对高校领导干部进行经济责任审计的委托建议，审计机关依法实施审计。各省级教育行政部门的审计机构也可接受委托，按照以下程序开展审计：

1. 送达审计通知书。在实施经济责任审计三日前，向被审计领导干部及所在高校送达审计通知书。

2. 召开进点见面会。组织召开有被审计领导干部及学校有关部门负责人参加的审计进点会，通报审计工作的要求和具体安排，听取被审计领导干部介绍履行经济责任的情况。

3. 实施审计。审计人员通过审查会计凭证、账簿、财务会计报告和财务收支电子数据，查阅与审计事项有关的文件、资料，检查实物等方式进行审计，并取得证明材料。

4. 完成审计报告。现场审计结束后，审计组起草审计报告并征求被审计领导干部及所在高校的意见，完成审计报告。

5. 出具审计结果报告。各省级教育行政部门根据经济责任审计报告出具审计结果报告，报送委托部门。

四、省属高校领导干部经济责任审计的主要内容

省属高校领导干部经济责任审计要结合高校财务管理特点和经济活动实际，突出审计重点，加大审计力度。主要围绕以下内容开展审计：

1. 财务收支及重要经济活动的真实、合法、效益情况。核查各项资金的筹集、使用、管理是否符合国家有关财经法规、是否取得效益，以及债权、债务的真实性和管理情况。

2. 资产管理情况。核查各类资产（包括固定资产和无形资产）是否安全、完整，管理是否规范。

3. 重大经济决策的程序与效果。核查重大经济决策是否遵循了民主决策程序，是否取得重大经济成效或造成重大经济损失等，特别是大额资金支出、对外投资、经济担保、工程建设、银行贷款等重大经济事项的决策程序与效果。

4. 内控制度建设情况。核查是否贯彻执行国家各项财经法规，建立健全内部控制制度并得到有效执行。

5. 领导干部本人遵守廉政规定情况。

五、建立高校领导干部经济责任审计报告交接制度

各省级教育行政部门要高度重视经济责任审计结果的运用，建立高校领导干部经济责任审计报告交接制度，将审计报告列为省属高校领导干部工作交接的内容。通过审计报告的交接，高校领导干部能够更加明确应承担的经济责任，增强履行经济责任的自觉性。

六、加强对审计查出问题整改情况的专项检查

各省级教育行政部门要针对经济责任审计报告中提出的问题和建议，督促学校进行认真整改和落实，并对整改情况组织专项检查，促进高校不断完善内控制度建设，提高财经工作管理水平。

根据上述意见的精神，请各省级教育行政部门及时向我部报送开展省属高校领导干部经济责任审计工作动态、年度工作情况。我部将不定期通报各省级教育行政部门开展这项工作的有关情况和一些行之有效的做法、经验。

国务院国有资产监督管理委员会关于加强中央企业经济责任审计工作的通知

（国资发评价〔2008〕53 号，2008 年 3 月 5 日）

各中央企业：

为进一步推动中央企业深入开展经济责任审计工作，规范审计工作行为，提高审计工作质量，充分发挥审计监督作用，促进中央企业依法经营、规范运作、健康发展，根据《中央企业经济责任审计管理暂行办法》（国资委令第 7 号）等有关规定，现就进一步加强中央企业经济责任审计工作的有关事项通知如下：

一、进一步提高对经济责任审计工作的认识

党的十七大明确要求加强领导干部的经济责任审计，增强监督实效。经济责任审计是实现“管资产和管人、管事”相结合、落实国有资产管理责任的重要措施，是客观、公正评价企业发展绩效，全面总结企业发展经验，深入揭示企业存在问题，促进企业提高管理水平的有效途径，也是促进企业负责人勤勉尽职、廉洁自律的重要手段。各中央企业要高度重视这项工作，充分认识其重要性，保障企业内部经济责任审计工作的有效开展，发挥经济责任审计工作在完善企业内部控制、建立健全激励与约束机制、提高经营管理水平、规范企业负责人履职行为等方面的作用。

二、加强经济责任审计工作制度建设

各中央企业要在认真总结工作经验的基础上，按照现代公司治理的要求，建立健全经济责任审计工作制度体系，促进实现经济责任审计工作的制度化和规范化。一是加强制度建设，根据《中央企业经济责任审计管理暂行办法》（国资委令第 7 号）和《中央企业经济责任审计实施细则》等有关规定，结合实际工作需要，完善本企业经济责任审计工作制度，明确职责，规范运作；二是结合《中央企业综合绩效评价管理暂行办法》（国资委令第 14 号），积极探索建立适合本企业的绩效评价体系，将绩效评价运用到经济责任审计工作中，科学评判经营者业绩，建立相应的约束激励机制；三是在全面了解子企业负责人任期情况的基础上，结合企业的分布、规模、行业等特点，制订切实可行的集团总体经济责任审计五年计划，保证经济责任审计工作的连续性和全面性。

三、加强经济责任审计工作的组织领导

经济责任审计工作政策性、专业性较强，程序严谨，标准要求高，各中央企业要切实加强领导。一是建立健全企业内审机构，严格按照“统一要求、分级负责”的原则，明确经济责任审计的领导机构和工作职责，加强审计队伍建设，维护内部审计人员权利，切实保障经济责任审计工作所必需的经费。二是企业负责人要将经济责任审计工作纳入企业经营管理的重要日程，加强审计工作协调和督促检查，支持内部审计机构独立履行经济责任审计职责，促进审计部门与干部管理部门、年薪管理部门的合作，及时研究解决审计工作中的困难和问题。三是根据现有审计力量，结合审计工作需要，采取内部审计、委托审计、联合审计和聘用外部审计人员等适当的方式组织实施经济责任审计工作。

四、全面开展主要负责人经济责任审计工作

各中央企业要认真做好各级子企业主要负责人的离任和任中经济责任审计工作，将离任审计与任中审计、事后监督和事中监督有机结合起来。一是做到“离任必审”，凡子企业主要负责人离任，必须开展离任经济责任审计工作，客观评价任职期间的经营业绩和经济责任，做到未经审计，不得解除经济责任和兑现任期全部效益薪金；二是积极开展任中经济责任审计工作，任期五年内未开展经济责任审计的企业应组织开展任中经济责任审计，将经济责任审计关口前移，充分发挥事中监督的重要作用；三是逐步开展境外投资项目主要负责人经济责任审计工作，积极探索开展境外投资项目经济责任审计工作的有效方法，逐步建立相关企业负责人的任中或离任经济责任审计制度。

五、积极开展企业副职和主要业务部门负责人经济责任审计工作

各中央企业在开展主要负责人经济责任审计工作的同时，应当建立企业副职和主要部门负责人的离任或任中经济责任审计制度，积极开展企业副职和主要业务部门负责人的经济责任审计工作，加强责任监督和管理。一要认真组织开展从子企业负责人岗位或业务部门提拔到集团副职领导人员的经济责任审计工作，并将审计结果报国资委备案；二是认真组织开展兼任子企业负责人的集团负责人任中或从子企业负责人岗位离任的经济责任审计工作；三是开展对重要业务部门负责人履行职责情况的经济责任审计工作；四是探索开展对拟提拔领导人员任职前经济责任审计工作，将审计结果作为考察干部的重要依据。

六、认真开展专项经济责任审计工作

各中央企业应结合日常监管工作，及时跟踪了解子企业的经营管理状况，对重大决策事项的执行情况或异常财务事项开展专项经济责任审计。一是认真开展重组子企业的经济责任审计工作，对子企业发生改制、改组、兼并、出售、拍卖、破产等重组行为的，应按照国资委有关规定进行经济责任审计；二是对在企业日常监管过程中发现的异常情况或内部控制制度执行中的薄弱环节，应开展专项经济责任审计，及时指出企业经营管理活动存在的问题，查错纠弊，堵塞漏洞，保障企业持续健康发展；三是结合企业的发展战略和重大经营决策，开展风险导向专项审计，提升风险应对能力，保障企业战略顺利实施。

七、切实提高经济责任审计工作质量

审计质量是审计工作的根本，各中央企业在经济责任审计工作中应当严把审计质量关。一是企业内部审计机构负责制订切实可行的审计工作计划，采取有效组织方式开展审计工作；二是严格规范经济责任审计工作程序和工作方法，注重经济责任审计深度，避免工作流于形式、“走过场”，全面揭示企业存在的问题并提出切实可行的整改建议；三是采取多种方式积极开展经济责任审计工作交流和培训，不断拓展工作思路，提高工作水平，推进企业内部经济责任审计工作；四是建立审计结果考核体系和审计责任追究制度，对违反经济责任审计工作程序、出具虚假不实经济责任审计报告、应披露而未披露问题等情况，要追究相关审计人员的责任。

八、进一步推动经济责任审计结果的应用和落实

开展经济责任审计，不但能够客观评价企业经营者的业绩与责任，而且能够及时发现和纠正企业存在的各种问题，帮助企业加强内控，提高管理水平。为此，各中央企业要进一步加强对经济责任审计结果的应用和落实。一是高度重视经济责任审计结果，将经济责任审计报告纳入个人档案管理，作为企业考核、任免和奖惩的重要依据；二是要根据经济责任审计意见和建议，制订切实可行的整改措施，对存在的问题进行客观分析，狠抓整改落实，形成以整改促管理的良性循环；三是要指定相应部门跟踪检查经济责任审计结果的落实情况，对审计结果的整改情况进行评价，对应落实而未落实问题，认真查找原因，督促落实并界定责任；四是要对因未履行职责和履职不当造成重大资产损失、企业资产状况不实、经营成果虚假等问题，追究相关负责人的责任，并将有关情况向国资委报告；五是积极探索建立审计结果公告制度，借助企业简报等媒介定期或不定期地公布审计结果，不断提高经济责任审计工作的透明度，发挥审计监督的警示作用。

九、加强对各级子企业经济责任审计工作的监督和指导

各中央企业要加强对子企业经济责任审计工作的指导。一是结合集团的管理重点和子企业负责人管理需要，制订集团年度经济责任审计工作计划，合理安排子企业的审计工作任务，督促子企业认真落实；二是加强对子企业经济责任审计项目的检查和复核，根据企业实际情况，适当开展优秀审计项目评选，促进集团审计工作整体水平提高；三是及时掌握子企业经济责任审计中发现的重大问题，并积极协调解决；四是督促子企业对审计发现的问题进行认真整改，适时开展跟踪检查。

十、积极开拓和研究经济责任审计的新领域和新方法

各中央企业应当在实践中加强审计相关知识学习和工作方法创新，积极推动经济责任审计工作深入开展，使审计成为企业依法经营的"经济卫士"。一是结合企业经营发展目标，积极拓展经济责任审计工作的领域，研究创新经济责任审计方法和审计手段，采取适合本企业实际的多种形式开展专家评议工作，有效提升审计工作的质量和效率；二是提高经济责任审计的信息化程度，本着降低成本、提高效率的原则，加快审计项目管理软件、审计作业软件的开发和应用，积极探索开展远程审计。

建立健全惩治和预防腐败体系 2013—2017年工作规划

（2013年12月25日）

为深入贯彻落实党的十八大和十八届三中全会精神，加强惩治和预防腐败体系建设，推进党风廉政建设和反腐败斗争，制定本工作规划。

一、总体要求

党的十八大对推进中国特色社会主义事业作出全面部署，提出了全面提高党的建设科学化水平的新任务。新形势下，党面临着执政考验、改革开放考验、市场经济考验、外部环境考验和精神懈怠危险、能力不足危险、脱离群众危险、消极腐败危险。推进国家治理体系和治理能力现代化，实现"两个一百年"奋斗目标和中华民族伟大复兴的中国梦，确保党始终成为中国特色社会主义事业的坚强领导核心，必须坚持党要管党、从严治党，深入开展党风廉政建设和反腐败斗争，永葆党的先进性和纯洁性。

全面推进惩治和预防腐败体系建设是全党的重大政治任务和全社会的共同责任。在党中央坚强领导下，各级党委和政府深入推进惩治和预防腐败体系建设，党风廉政建设和反腐败工作取得明显成效。当前，腐败现象多发，滋生腐败的土壤存在，反腐败斗争形势依然严峻复杂，形式主义、官僚主义、享乐主义和奢靡之风严重损害党的形象。作风问题和腐败问题解决不好，就会对党造成致命伤害，甚至亡党亡国。全党必须从思想上警醒起来，坚持惩治和预防腐败两手抓、两手硬，把党风廉政建设和反腐败斗争引向深入。

加强惩治和预防腐败体系建设，要以邓小平理论、"三个代表"重要思想、科学发展观为指导，深入贯彻落实党的十八大、十八届三中全会精神和习近平同志系列重要讲话精神，按照党章要求，紧紧围绕全面推进中国特色社会主义伟大事业和党的建设新的伟大工程，紧紧围绕全面深化改革的总体部署，坚持标本兼治、综合治理、惩防并举、注重预防，以改革精神加强反腐败体制机制创新和制度保障，坚定不移转变作风，坚定不移反对腐败，建设廉洁政治，努力实现干部清正、政府清廉、政治清明，为完成党的十八大确定的目标任务提供有力保障。

经过今后5年不懈努力，坚决遏制腐败蔓延势头，取得人民群众比较满意的进展和成效。党的作风建设深入推进，"四风"问题得到认真治理，党风政风和民风社风有新的好转；惩治腐败力度进一步加大，纪律约束和法律制裁的警戒作用有效发挥；预防腐败工作扎实开展，党员干部廉洁自律意识和拒腐防变能力显著增强。

二、坚持不懈抓好党的作风建设

不正之风是滋生腐败的温床，加强党的作风建设是反腐败的治本之策。要深入贯彻中央八项规定精神，树立党员干部为民务实清廉形象，密切党同人民群众的血肉联系。

（一）坚持党组织从严抓党风，大力弘扬党的优良传统和作风各级党组织要把管党治党作为主要职责和根本任务，扎实推进党的作风建设，牢记“两个务必”，弘扬理论联系实际、密切联系群众、批评和自我批评以及艰苦奋斗、求真务实的优良作风。坚持对党员干部严格要求、严格教育、严格管理、严格监督。落实抓党风建设的工作责任，一级管好一级，一级带动一级。各级领导干部要讲党性、讲原则，清正廉洁，保持共产党人政治本色。

（二）持之以恒深入落实中央八项规定精神，进一步改进工作作风

紧紧扭住落实中央八项规定精神不放松，以抓铁有痕、踏石留印的劲头，坚决纠正“四风”，不断改进学风文风会风。落实中央八项规定精神要在坚持中深化、在深化中坚持，巩固发展成果。要从具体问题抓起，由浅入深，由易到难，由简到繁，循序渐进，一个时间节点一个时间节点地抓。建立健全制度规定，强化制度硬约束，提高制度执行力，加强日常管理，纠正打折扣、搞变通行为，坚决防止反弹。各级领导干部要把自己摆进去，紧密联系思想、工作、生活实际，认真对照检查，带头落实中央八项规定精神。各级纪检监察机关要加大检查监督力度，及时发现问题，督促整改，铁面执纪，严肃查处和通报、曝光违纪违规行为。

（三）扎实开展党的群众路线教育实践活动，建立健全作风建设长效机制

各级党组织要按照“照镜子、正衣冠、洗洗澡、治治病”的总要求，深入开展党的群众路线教育实践活动。全面学习领会中央关于开展教育实践活动、加强党的作风建设的一系列重要文件精神，提高思想认识和宗旨意识，增强贯彻群众路线的自觉性。紧密联系本地区本部门本单位实际，认真查摆“四风”问题，以整风精神开展批评和自我批评，切实整改脱离群众、作风漂浮等问题。总结教育实践活动中的好经验好做法，健全领导干部带头改进作风、深入基层调查研究机制，完善党员干部直接联系和服务群众制度及畅通群众诉求反映渠道制度，改革政绩考核机制，不断改进工作作风，密切联系群众。

（四）严明党的纪律，为党的作风建设提供保证

各级党组织和广大党员干部要自觉学习党章、遵守党章、贯彻党章、维护党章，自觉反对特权思想、特权现象，自觉按照党的组织原则和党内政治生活准则办事，牢固树立党的意识和组织纪律观念。严格执行党的政治纪律、组织纪律、财经纪律、工作纪律和生活纪律等各项纪律，坚决克服组织涣散、纪律松弛问题，在思想上政治上行动上同以习近平同志为总书记的党中央保持高度一致，自觉维护党的团结统一，决不允许有令不行、有禁不止，决不允许各自为政、阳奉阴违。加强执纪监督，严肃处理违反党的纪律行为，确保中央关于加强作风建设的决策部署落到实处。

三、坚决有力惩治腐败

把坚决遏制腐败蔓延势头作为全面推进惩治和预防腐败体系建设的重要任务，保持惩治腐败的高压态势。

（一）加大查办违纪违法案件力度，充分发挥惩治的震慑作用

坚持“老虎”、“苍蝇”一起打，既坚决查处领导干部违纪违法案件，又切实解决发生在群众身边的腐败问题。坚持党纪国法面前没有例外，不论什么人，不论其职务多高，只要触犯了党纪国法，都要一查到底，决不姑息。严格审查和处置党员干部违反党纪政纪、涉嫌违法的行为。严肃查办领导干部贪污贿赂、权钱交易、腐化堕落、失职渎职的案件；严肃查办执法、司法人员徇私舞弊、枉法裁判、以案谋私的案件；严肃查办严重违反政治纪律的案件；严肃查办群体性事件、重大责任事故背后的腐败案件；严肃查办商业贿赂案件，加大对行贿行为的惩处力度。健全查办案件组织协调机制，畅通举报渠道，严格查办案件程序，严明办案纪律，依纪依法、安全文明办案，提高办案质量和效率。发挥查办案件的治本功能，举一反三，堵塞漏洞。加强反腐败国际合作。

坚持抓早抓小，治病救人。本着对党的事业负责、对干部负责的态度，对党员干部身上的问题要早发现、早教育、早查处，防止小问题变成大问题。对反映的问题线索，及时采取约谈、函询等方式向本人和组织核实，加强诫勉谈话工作。对疏于监督管理、致使领导班子成员或者直接管辖的下属发生严重违纪违法问题的，要严肃追究责任。

（二）严肃查处用人上的腐败问题，匡正选人用人风气

各级党委要坚持党管干部原则，坚持正确用人导向，选好用好干部。对违反组织人事纪律的行为决不放过，坚决纠正跑官要官不正之风；对拉票贿选、买官卖官的腐败行为决不姑息，发现一起查处一起；对违规用人问题及时发现、迅速处理、严格问责，不仅查处当事人，而且追究责任人。坚持和完善立项督查制度，对干部群众举报的选人用人方面的不正之风和腐败问题，组织力量进行查核，依纪依规严肃处理，让弄虚作假、不干实事、会跑会要的干部没市场、受惩戒，形成风清气正的用人环境。

（三）坚决查纠不正之风，着力解决群众反映强烈的突出问题

坚决纠正损害群众利益的不正之风，整治社会保障、教育医疗、保障性住房、征地拆迁、环境保护等涉及民生的突出问题；坚决查处发生在群众身边的以权谋私问题，治理乱收费、乱罚款、乱摊派和吃拿卡要等问题；认真贯彻落实领导干部廉洁自律规定，坚决纠正违规收送礼金、有价证券、会员卡、商业预付卡等问题。健全查纠不正之风工作长效机制。

四、科学有效预防腐败

推进预防腐败工作，加强理想信念教育，增强宗旨意识，使领导干部不想腐；加强体制机制创新和制度建设，强化监督管理，严肃纪律，使领导干部不能腐；坚持有腐必惩、有贪必肃，使领导干部不敢腐。

（一）深化党风廉政教育，筑牢拒腐防变的思想道德防线

深入开展中国特色社会主义和中国梦教育、理想信念和宗旨教育、社会主义核心价值体系教育。加强党纪国法、廉政法规和从政道德教育，将其纳入学习型党组织建设，党委（党组）中心组每年安排廉洁从政专题学习，各级党校、行政学院和其他干部教育培训机构要把廉洁从政教育作为必修内容。学习廉洁榜样，强化示范教育。剖析违纪违法案件，加强警示教育。对存在苗头性问题的领导干部进行教育提醒。

加强廉政文化建设。积极借鉴我国历史上优秀廉政文化，把培育廉洁价值理念融入国民教育、精神文明建设和法制教育之中。发挥文化馆、纪念馆和廉政教育基地等的作用，加强廉政文化精品工程建设，开展廉政文化创建活动，扬真抑假、扬善抑恶、扬美抑丑，培育良好的民风社风。

加强宣传和舆论引导工作。把党风廉政建设和反腐败宣传教育工作纳入党的宣传教育工作总体部署和年度安排，积极宣传党风廉政建设和反腐败工作的方针政策、决策部署和工作成效。党报党刊、电台电视台和重点新闻网站要办好反腐倡廉专栏和专题。坚持正确舆论导向，完善反腐倡廉网络舆情信息工作机制。健全新闻发布制度，严肃宣传纪律，加强对外宣传工作。

（二）加强反腐倡廉法律法规制度建设，把权力关进制度的笼子里

善于用法治思维和法治方式反对腐败，让法律制度刚性运行。健全改进作风常态化制度，严格落实《党政机关厉行节约反对浪费条例》以及国家工作人员因公临时出国（境）、党政机关国内公务接待管理、党政机关楼堂馆所建设和办公用房清理等方面的制度规定，完善公务用车配备使用管理办法，规范并严格执行领导干部工作生活保障制度，切实解决违反规定和标准享受待遇等问题。完善反腐倡廉党内法规，修订《中国共产党党内监督条例（试行）》，完善领导干部报告个人有关事项制度，推行新提任领导干部有关事项公开制度试点，制定配偶已移居国（境）外的国家工作人员任职岗位管理办法。健全和完善惩治和预防腐败方面的立法，研究完善惩治贪污贿赂和渎职侵权犯罪、规范国家工作人员从政行为方面的法律规定。

（三）强化权力运行制约和监督，确保权力正确行使

加强党内监督，强化对民主集中制执行情况的检查监督，落实集体领导和分工负责、重要情况通报和报告、述职述廉、民主生活会、信访处理、谈话和诫勉、询问和质询、特定问题调查等监督制度，加强和改进对主要领导干部行使权力的制约和监督。中央和国家机关各部门、各省（自治区、直辖市）党委和政府主要负责同志每年向中央提交述廉报告。加强法律监督，支持人大及其常委会依法加强对“一府两院”的监督和对法律实施情况的监督，保证审判机关依法独立公正开展行政审判活动，强化检察机关对立案侦查活动、审判和执行活动的监督。加强行政监督，强化对政府职能部门履行监管职责情况的监督，加强行政监察和审计监督，加大行政问责力度。加强民主监督，听取人民政协和民主党派、工商联、无党派人士的意见、建议和批评。发挥工会、共青团、妇联等人民团体的监督作用，支持和保证群众监督。重视和加强舆论监督，运用和规范互联网监督。推行地方各级政府及其工作部门权力清单制度，依法公开权力运行流程。继续推进党务公开、政务公开、司法公开和各领域办事公开，深化财政预算决算、部门预算决算、重大建设项目和社会公益事业信息公开，推进电子政务建设，让权力在阳光下运行。防控廉政风险，增强工作实效。加强对国有企业和金融机构落实“三重一大”制度情况的监督，健全执行、问责和经济责任审计等制度。坚持用制度管权管事管人，确保决策权、执行权、监督权既相互制约又相互协调，确保国家机关按照法定权限和程序行使权力。

（四）深化改革和转变政府职能，不断消除滋生腐败的体制弊端

贯彻党的十八届三中全会关于全面深化改革的总体部署。深化行政审批制度改革，进一步转变政府职能，使市场在资源配置中起决定性作用和更好发挥政府作用，市场机制能有效调节的经济活动一律取消审批，对保留的行政审批事项要规范管理、提高效率，对取消的审批事项要加强后续监管，防止出现监管职能缺位、错位或不到位。深化干部人事制度改革，提高选人用人公信度。深化司法体制改革，解决影响司法公正的深层次问题。深化行政执法体制改革，做到严格规范公正文明执法。深化公共资源交易市场化改革，

推进财税、金融、投资体制和国有企业改革，防范腐败问题发生。探索和总结预防腐败工作的途径和经验。

五、加强党对党风廉政建设和反腐败工作的统一领导

深入推进党风廉政建设和反腐败斗争，必须在党中央坚强领导下，全党全社会一起抓。

（一）各级党委要承担党风廉政建设和反腐败工作主体责任

健全反腐败领导体制和工作机制，严格落实党风廉政建设责任制，党委负主体责任，纪委负监督责任，改革和完善各级反腐败协调小组职能，充分发挥党委巡视工作领导小组作用。各级党委和政府要把贯彻落实本工作规划列入重要议事日程，与经济社会发展同部署、同落实、同检查；支持和保证纪委认真履行职责，发挥监督执纪作用。各级领导班子主要负责同志要履行党风廉政建设和反腐败工作第一责任人职责，做到重要工作亲自部署、重大问题亲自过问、重点环节亲自协调、重要案件亲自督办。领导班子其他成员要坚持“一岗双责”，根据分工抓好职责范围内的党风廉政建设和反腐败工作。各级党组织要动员和组织人民群众有序参与，发挥社会各有关方面的积极作用。

（二）加强反腐败体制机制创新和制度保障，改革党的纪律检查体制

各级纪委要履行协助党委加强党风建设和组织协调反腐败工作的职责。全面落实中央纪委向中央一级党和国家机关派驻纪检机构，实行统一名称、统一管理。派驻机构对派出机关负责，履行监督职责。驻在部门要自觉接受监督，提供工作保障。改进中央和省区市巡视制度，修订《中国共产党巡视工作条例（试行）》，做到对地方、部门、企事业单位全覆盖，发现问题、形成震慑。推动党的纪律检查工作双重领导体制具体化、程序化、制度化，强化上级纪委对下级纪委的领导。查办腐败案件以上级纪委领导为主，线索处置和案件查办在向同级党委报告的同时必须向上级纪委报告。各级纪委书记、副书记的提名和考察以上级纪委会同组织部门为主。进一步明确纪检监察工作职责定位，强化对监管者的监督。转职能、转方式、转作风，把不该牵头或参与的协调工作交还给主要责任部门，集中精力抓好党风廉政建设和反腐败工作。加强对同级党委特别是常委会成员的监督，更好发挥党内监督专门机关作用。加强和改进行政监察工作。各级纪检监察机关要加强自身建设，牢固树立进取意识、机遇意识、责任意识，坚守责任担当，做到正人先正己，以更高的标准、更严的纪律要求自己，强化基础工作，坚持和完善约谈制度，树立忠诚可靠、服务人民、刚正不阿、秉公执纪的良好形象。

（三）增强惩治和预防腐败体系建设工作合力

各地区各部门要加强分类指导，抓好组织实施，整体推进作风建设、惩治和预防腐败各项工作。惩治和预防腐败体系建设牵头单位和协办单位要落实责任，相互支持，相互配合。组织部门要加强对干部经常性的管理监督，坚决纠正选人用人上的不正之风；宣传部门要抓好党风廉政建设和反腐败斗争宣传，强化舆论引导；纪检监察、司法、行政执法等机关和部门要充分发挥纪律约束、法律制裁、经济处罚、市场监管、科技支撑作用，多措并举，增强党风廉政建设和反腐败工作综合效果。

（四）狠抓任务落实

各地区各部门要抓好责任分解和任务分工，有重点、分步骤地落实本工作规划部署的任务。对阶段性任务，在规定时间内高质量完成；对持续性工作，结合新情况新问题推进提高；对根据新形势新要求充实的工作，及时研究安排。建立工作台账制度，健全惩治和预防腐败体系建设信息管理系统。完善督查考核机制，每年对工作进展情况进行检查，总结评估，查找不足，督促任务落实。制定实施切实可行的责任追究制度，对抓党风廉政建设和反腐败工作不力，造成不良影响的，严肃追究领导责任。

各地区各部门要结合实际制定贯彻落实本工作规划的实施办法。中国人民解放军和中国人民武装警察部队贯彻落实的实施办法，由中央军委参照本工作规划制定。

中共审计署党组关于印发贯彻落实《建立健全惩治和预防腐败体系 2013—2017 年工作规划》实施办法的通知

（审党发〔2014〕11 号，2014 年 3 月 13 日）

署机关各单位、各特派员办事处、各派出审计局：

现将《中共审计署党组关于贯彻落实〈建立健全惩治和预防腐败体系 2013—2017 年工作规划〉的实施

办法》印发给你们。署机关各单位及各派出机构，要结合本单位实际认真贯彻落实，各地方审计机关可根据当地具体情况参照执行。

中共审计署党组
2014 年 3 月 13 日

中共审计署党组关于贯彻落实《建立健全惩治和预防腐败体系 2013—2017 年工作规划》的实施办法

为全面贯彻落实中共中央关于《建立健全惩治和预防腐败体系 2013—2017 年工作规划》提出的各项任务，扎实推进惩治和预防腐败体系（以下简称惩防体系）建设，结合审计机关实际，制定本办法。

一、工作任务和目标

深入推进审计机关惩防体系建设，要以邓小平理论、“三个代表”重要思想、科学发展观为指导，深入贯彻落实党的十八大、十八届三中全会和习近平总书记系列重要讲话精神，按照中央的总体部署和要求，坚持标本兼治、综合治理、惩防并举、注重预防，强化对权力运行的监督制约，加强党的作风建设，科学有效预防腐败，以零容忍态度坚决惩治腐败，将惩防体系建设更好地融入审计业务各个环节，不断提高惩防体系建设科学化水平。

经过几年不懈努力，使审计干部拒腐防变能力得到显著增强，党的作风建设深入推进，“四风”问题得到认真治理，廉政风险防控机制得到有效落实，权力制约和监督体系更加完善，审计铁军呈现出新的风貌，为更好地发挥审计在促进完善国家治理中的作用提供有力保障。

二、坚持不懈抓好作风建设

（一）持之以恒落实八项规定精神，加大检查监督力度。认真落实审计署党组贯彻八项规定的实施意见及与之配套的一系列制度规定，改进调查研究，简化公务接待，精简会议活动，厉行勤俭节约。进一步加强日常监督，坚决纠正打折扣、搞变通行为，严肃查处和及时通报违反实施意见和有关规章制度的行为。（责任单位：办公厅、机关纪委、驻署监察局）

（二）巩固教育实践活动成果，建立纠正“四风”改进作风长效机制。切实抓好整改落实，完善党员干部直接联系和服务群众制度，组织开展作风建设专题活动，切实弘扬“实”、“高”、“新”、“严”、“细”的工作作风。围绕纠正“四风”、改进作风，健全领导机关和领导干部深入基层调查研究、履职尽责、工作生活待遇等方面的制度规定；健全规范因公出国管理、会议费管理和国内公务接待等方面的规章制度；健全厉行节约反对浪费方面的制度办法；采取有力措施提升制度执行力。（责任单位：机关党委、人教司、办公厅）

（三）严明党的纪律，为作风建设提供保证。采取多种措施学习党章、贯彻党章、维护党章，使每位党员牢固树立党的意识和组织纪律观念。严格执行政治纪律、组织纪律、廉政纪律、保密纪律、财经纪律和工作纪律等各项纪律。把严明政治纪律放在首位，做到令行禁止，确保在思想上政治上行动上同以习近平同志为总书记的党中央保持高度一致。切实遵守组织制度，自觉按照组织制度和党内政治生活准则办事，严格执行请示报告制度；切实加强组织管理，正确处理个人与组织的关系，认真纠正无组织无纪律、自由主义、好人主义等现象；切实执行组织纪律，强化执纪检查，严禁造谣生事、诽谤诬陷、散布小道消息等行为，确保纪律刚性约束，使纪律真正成为带电的高压线。（责任单位：机关党委、人教司、办公厅）

三、深化党风廉政教育

（四）深入开展中国特色社会主义和中国梦教育、理想信念和宗旨教育。组织开展学习习近平总书记系列重要讲话精神集中轮训。把中国特色社会主义和中国梦教育、理想信念和宗旨教育作为党员领导干部培训、党员和入党积极分子培训的重要内容纳入年度教育规划，采取安排专题教育、集中培训、邀请专家授课、组织座谈讨论等方式，认真抓好教育内容的落实。（责任单位：人教司、机关党委）

（五）加强廉洁从政教育。党组中心组开展廉洁从政专题学习。将廉政法规、典型案例、审计人员核心价值观作为公务员初任培训、领导干部任职和在职培训以及党员干部集中学习的重要内容。通过在线学习、远程教育、网上测评等方式开展经常性的岗位廉政教育；树立和宣传勤政廉政典型，开展示范教育；发挥违纪违规个案的警示作用，对已经出现的苗头性、倾向性问题加强日常提醒，全方位开展警示教育。（责任单位：机关党委、人教司、驻署监察局、法规司）

（六）推进廉政文化建设。加强对党风廉政建设和反腐败工作的宣传，将其纳入宣传教育工作总体部署和年度安排。充分利用署管媒体，开设反腐倡廉专栏，及时宣传审计机关学习贯彻党的反腐倡廉理论和方针政策有关情况；积极推广各单位在反腐倡廉建设中的创新举措和典型经验。积极借鉴我国历史上优秀廉政文化，把培养廉洁价值理念融入审计机关精神文明建设和法制教育之中，力求以节俭而鲜活的廉政文化活动载体，推动廉政文化内容、形式和传播手段创新。（责任单位：机关党委、驻署监察局、办公厅）

四、加强反腐倡廉制度体系建设

（七）健全规范审计权力运行的法规制度。抓紧出台审计署审计组若干重要事项操作指引、审计移送处理办法、审理审核工作流程和岗位质量职责，组织修订审计计划管理办法和关于内部审计工作的规定，加快完成审计常用定性表述及适用法规向导的编纂工作，基本完成专业审计指南的开发工作。探索实施重大项目跟踪审理，积极推动建立审计署与中央纪委、监察部之间的重大案件会商机制。定期开展审计规章制度清理工作。（责任单位：法规司、办公厅）

（八）进一步完善审计机关内部管理制度。深化干部人事制度改革，健全干部选拔任用机制，修订完善审计署司处级领导干部选拔任用工作实施办法。改革业绩考核机制，完善对署机关各单位和派出机构的考核办法，建立公务员个人考核办法。进一步健全财务和预算管理、资产管理、基本建设、政府采购、购买服务等内部管理制度。建立健全署党组派驻纪检组长报告工作、定期述职、约谈汇报制度。（责任单位：人教司、办公厅、驻署监察局）

（九）建立健全审计人员廉洁审计有关制度。进一步健全审计组执行“八不准”审计纪律的具体规定。完善兼职廉政监督员制度，改进审计现场和审计组监督方式方法，加大对审计现场管理办法执行情况的监督检查力度。围绕规范审计自由裁量权、防范延伸审计阶段廉政风险等课题开展专题调研，建立完善有关制度。（责任单位：法规司、驻署监察局、办公厅）

五、强化对权力运行的制约监督

（十）加强党内监督。严格落实集体领导和分工负责、重要情况通报和报告、述职述廉、民主生活会、信访处理、谈话和诫勉、询问和质询、特定问题调查等党内监督各项制度。强化对民主集中制执行情况的检查监督，各级纪检监察机构要发挥好职能作用，对执行民主集中制不到位的班子和党员领导干部要及时提醒，对执行民主集中制较差的班子和党员领导干部要向上一级党组织报告。（责任单位：机关党委、驻署监察局、各派驻纪检组长）

（十一）加强对领导班子和主要领导干部的制约监督。认真执行领导干部报告个人有关事项制度，并按照中央统一部署开展相关抽查工作。推行领导干部公开述职述廉和年度述职报告网上公布。采取有效措施提高民主生活会质量，促进批评与自我批评的积极开展。继续推进对特派办和直属单位的巡视工作，深化对审计系统主要领导干部的经济责任审计，进一步完善司局级干部廉政档案管理。严格执行《审计干部离职兼职（任职）管理办法》，规范领导干部离职或退休后从业行为。（责任单位：人教司、机关党委、经责司、驻署监察局）

（十二）加强对廉政规定和审计纪律执行情况的监督检查。强化对领导干部贯彻落实廉政准则及其实施办法的日常监督，严格执行处级以上领导干部配偶、子女及其配偶个人从事经商、办企业、社会中介服务等活动的具体规定。要以审中廉政检查、审后廉政回访等方式对审计组执行“八不准”等审计纪律情况进行督查，发现问题及时纠正处理。组织开展重点审计项目廉政检查，改进方式方法，规范程序内容，加强结果运用。（责任单位：驻署监察局、各派驻纪检组长）

（十三）加强对重要事项的监督检查。加强对金审工程三期建设等重大项目管理与资金使用情况的监督检查。坚决纠正并严肃查处违反规定组织出国（境）旅游、超标准配备公务车以及新建楼堂馆所等行为。对审计署预算执行情况进行检查，并向社会公开检查结果。（责任单位：办公厅、机关纪委、驻署监察局）

（十四）深化廉政风险防控工作。将廉政风险防控工作融入审计业务和管理流程中，逐步实现对审计业务全程、所有职能岗位、内部事务管理的全面覆盖和风险预警。对审计署机关及各派出机构贯彻落实廉政风险防控措施情况开展检查，确保廉政风险防控机制全面运行、不留空白。探索建立廉政风险防控工作效果评估和检查考核机制，纳入惩防体系建设考核内容。加强调研论证，研究探索运用科技手段防控廉政风险的有效方法，提升科技防控水平。（责任单位：驻署监察局）

（十五）大力推进党务公开和政务公开。坚持和完善党内情况通报、情况反映、重大决策征求意见和党建工作重大事项公告制度，切实推进基层党组织党务公开，确保党员的知情权、参与权、选举权、监督权得到落实。健全审计信息公开机制，探索完善审计结果公告制度，细化公告内容，改进公告方式；依法全面公开预决算信息，进一步细化公开内容；继续按年度定期发布审计署绩效报告，自觉接受公众监督；重视和加强舆论监督，运用和规范互联网监督。（责任单位：机关党委、办公厅）

六、坚决查办违纪违法案件

（十六）加大信访监督工作力度。依法规范信访秩序，利用来信、来访、传真、电话、网上信访举报等多种渠道和方式，为群众多形式表达诉求、反映问题、提出意见建议、查询办理结果搭建便利平台。进一步规范信访事项受理、交办、督办、回复等工作程序，健全完善信访事项复查机制，增强解决问题的实效，不断提升信访举报工作公信力。对反映失实的举报，及时作出澄清；对诬告陷害的，一经查实要严肃追究责任。（责任单位：办公厅、机关纪委、驻署监察局）

（十七）坚持抓早抓小，治病救人。注意及时掌握党员干部的思想、工作和生活状况，坚持抓早抓小，对反映党员干部苗头性、倾向性问题，早发现、早报告、早处置，及时教育提醒，做到防微杜渐。重视群众来信来访工作，对反映的问题线索，及时采取约谈、函询等方式向本人和组织核实，加强诫勉谈话工作。（责任单位：人教司、驻署监察局、机关纪委）

（十八）加大对违纪违规问题的惩治力度，发挥案件查办的治本功能。依纪依法查处审计干部违反党纪政纪、涉嫌违法的行为。严肃查处审计干部贪污受贿、以权谋私、权钱交易、失职渎职、跑官要官等问题，查处接受请托打探消息、讲情说情、对审计事项和人事安排跑风漏气等行为。在法定职责权限范围内，对重大事项应查未查出来、查出来未如实上报、上报后未依法处理的，严肃追究相关单位和人员的责任。严防选人用人上的腐败问题，坚持正确选人用人导向，严肃整治拉票贿选、买官卖官等违反组织人事纪律问题。严肃查处党员领导干部到私人会所活动、变相公款旅游问题。坚决纠正违规收送礼金、有价证券、会员卡、商业预付卡等问题。重点纠正超标准公款接待、公款互相宴请、赠送节礼、违规消费等行为。对审计干部违纪违法案件及时通报，总结教训，举一反三，发挥案例的警示教育作用和查办案件的治本功能。（责任单位：驻署监察局、机关纪委、人教司、法规司）

七、有效发挥审计监督在反腐败中的尖兵和利剑作用

（十九）加强对中央八项规定精神和国务院“约法三章”要求贯彻执行情况的审计监督。把各级政府、部门及领导干部贯彻落实中央八项规定精神和国务院“约法三章”要求、执行厉行勤俭节约相关要求的情况作为审计监督的重点内容，重点关注“三公”经费、会议费和培训费等安排使用情况，促进中央相关要求的贯彻落实，不断降低行政成本，提高行政效率。（责任单位：行事司、财政司、各派出局、各特派办）

（二十）深化经济责任审计工作。深化对党政主要领导干部和国有企业领导人员的经济责任审计，推动健全有权必有责、用权受监督、失职要问责、违法要追究的监督机制。抓紧出台两办《规定》实施细则，修订完善审计署内部管理领导干部经济责任审计规定，分类别研究领导干部经济责任和评价指标，开展经济责任审计指南的开发工作。（责任单位：经责司）

（二十一）加大对重大违法违纪问题的揭示力度。紧紧盯住财政资金管理、公共工程建设、银行贷款发放、土地和矿产资源出让转让、国有资产处置和国有企业投资经营等重点环节，严肃揭露和查处滥用职权、贪污受贿、骗取侵占、奢侈浪费、毁损资源、破坏环境、损害群众利益等问题。对发现的案件线索，绝不回避、不退缩、不手软，坚决查深查透查实。（责任单位：各业务司、各特派办、各派出局）

八、认真落实惩防体系建设任务

落实惩防体系建设工作主体责任。扎实推进惩防体系建设，党组负主体责任，纪检监察机构负监督责任。要把推进惩防体系建设作为一项重要政治任务来抓，把贯彻落实本办法列入重要议事日程，融入审计业务工作、审计法规体系建设、干部队伍建设和审计文化建设，做到同部署、同落实、同检查。各单位领导班子主要负责同志要坚持“一岗双责”，认真履行惩防体系建设第一责任人职责，领导班子其他成员要抓好职责范围内的工作。

增强惩防体系建设工作合力。本办法各责任单位要加强组织领导，各项任务涉及的其他单位要积极配合。责任单位主要负责人要组织提出具体措施，认真落实所担负的工作任务。署党风廉政建设领导小组办公室、机关党委（纪委）和署党组派驻纪检组长要充分发挥监督检查作用，对工作落实不力、造成不良后果的，严肃追究领导责任。

狠抓任务落实。抓好惩防体系建设责任分解和任务分工，有重点、分步骤地落实本办法部署的任务。对阶段性任务，要在规定时间内高质量完成；对持续性工作，要结合新情况新问题推进提高。建立工作台账制度，按要求及时报送工作信息。各单位要把贯彻落实本办法与落实党风廉政建设责任制考核结合起来，列入领导班子和领导干部考核评价范围，作为工作实绩评定的重要内容，确保各项任务落到实处。

第四部分

内部审计准则与政策解读

审计署关于内部审计工作的规定

（审计署令第4号，2003年3月4日）

第一条 为了加强内部审计工作，建立健全内部审计制度，根据《中华人民共和国审计法》等有关法律，制定本规定。

第二条 内部审计是独立监督和评价本单位及所属单位财政收支、财务收支、经济活动的真实、合法和效益的行为，以促进加强经济管理和实现经济目标。

第三条 国家机关、金融机构、企业事业组织、社会团体以及其他单位，应当按照国家有关规定建立健全内部审计制度。

法律、行政法规规定设立内部审计机构的单位，必须设立独立的内部审计机构。

法律、行政法规没有明确规定设立内部审计机构的单位，可以根据需要设立内部审计机构，配备内部审计人员。

有内部审计工作需要且不具有设立独立的内部审计机构条件和人员编制的国家机关，可以授权本单位内设机构履行内部审计职责。

设立内部审计机构的单位，可以根据需要设立审计委员会，配备总审计师。

第四条 内部审计机构在本单位主要负责人或者权力机构的领导下开展工作。

第五条 内部审计人员实行岗位资格和后续教育制度，本单位应当予以支持和保障。

第六条 单位主要负责人或者权力机构应当保护内部审计人员依法履行职责，任何单位和个人不得打击报复。

第七条 内部审计人员办理审计事项，应当严格遵守内部审计职业规范，忠于职守，做到独立、客观、公正、保密。

第八条 内部审计机构履行职责所必需的经费，应当列入财务预算，由本单位予以保证。

第九条 内部审计机构按照本单位主要负责人或者权力机构的要求，履行下列职责：

（一）对本单位及所属单位（含占控股地位或者主导地位的单位，下同）的财政收支、财务收支及其有关的经济活动进行审计；

（二）对本单位及所属单位预算内、预算外资金的管理和使用情况进行审计；

（三）对本单位内设机构及所属单位领导人员的任期经济责任进行审计；

（四）对本单位及所属单位固定资产投资项目进行审计；

（五）对本单位及所属单位内部控制制度的健全性和有效性以及风险管理进行评审；

（六）对本单位及所属单位经济管理和效益情况进行审计；

（七）法律、法规规定和本单位主要负责人或者权力机构要求办理的其他审计事项。

第十条 内部审计机构每年应当向本单位主要负责人或者权力机构提出内部审计工作报告。

第十一条 单位主要负责人或者权力机构应当制定相应规定，确保内部审计机构具有履行职责所必需的权限，主要是：

（一）要求被审计单位按时报送生产、经营、财务收支计划、预算执行情况、决算、会计报表和其他有关文件、资料；

（二）参加本单位有关会议，召开与审计事项有关的会议；

（三）参与研究制定有关的规章制度，提出内部审计规章制度，由单位审定公布后施行；

（四）检查有关生产、经营和财务活动的资料、文件和现场勘察实物；

（五）检查有关的计算机系统及其电子数据和资料；

（六）对与审计事项有关的问题向有关单位和个人进行调查，并取得证明材料；

（七）对正在进行的严重违法违规、严重损失浪费行为，作出临时制止决定；

（八）对可能转移、隐匿、篡改、毁弃会计凭证、会计账簿、会计报表以及与经济活动有关的资料，经本单位主要负责人或者权力机构批准，有权予以暂时封存；

（九）提出纠正、处理违法违规行为的意见以及改进经济管理、提高经济效益的建议；

（十）对违法违规和造成损失浪费的单位和人员，给予通报批评或者提出追究责任的建议。

第十二条 单位主要负责人或者权力机构在管理权限范围内，授予内部审计机构必要的处理、处罚权。

第十三条 内部审计机构对本单位有关部门及所属单位严格遵守财经法规、经济效益显著、贡献突出的集体和个人，可以向单位主要负责人或者权力机构提出表扬和奖励的建议。

第十四条 内部审计机构应当遵守内部审计准则、规定，按照单位主要负责人或者权力机构的要求实施审计。

第十五条 内部审计协会是内部审计行业的自律性组织，是社会团体法人。全国设立中国内部审计协会，地方根据需要和法定程序设立具有独立法人资格的地方内部审计协会。

第十六条 内部审计协会依照法律和章程履行职责，并接受审计机关的指导、监督和管理。

第十七条 内部审计机构应当不断提高内部审计业务质量，并依法接受审计机关对内部审计业务质量的检查和评估。

第十八条 被审计单位不配合内部审计工作、拒绝审计或者提供资料、提供虚假资料、拒不执行审计结论或者报复陷害内部审计人员的，单位主要负责人或者权力机构应当及时予以处理；构成犯罪的，移交司法机关追究刑事责任。

第十九条 对认真履行职责、忠于职守、坚持原则、做出显著成绩的内部审计人员，由所在单位给予精神或者物质奖励。

对滥用职权、徇私舞弊、玩忽职守、泄露秘密的内部审计人员，由所在单位依照有关规定予以处理；构成犯罪的，移交司法机关追究刑事责任。

第二十条 本规定由审计署负责解释。

第二十一条 本规定自 2003 年 5 月 1 日起施行。审计署于 1995 年 7 月 14 日发布的《审计署关于内部审计工作的规定》（审计署令 1995 年第 1 号）同时废止。

内部审计基本准则

（中内协 2013 年第一号公告）

第一章 总 则

第一条 为了规范内部审计工作，保证内部审计质量，明确内部审计机构和内部审计人员的责任，根据《审计法》及其实施条例，以及其他有关法律、法规和规章，制定本准则。

第二条 本准则所称内部审计，是一种独立、客观的确认和咨询活动，它通过运用系统、规范的方法，审查和评价组织的业务活动、内部控制和风险管理的适当性和有效性，以促进组织完善治理、增加价值和实现目标。

第三条 本准则适用于各类组织的内部审计机构、内部审计人员及其从事的内部审计活动。其他组织或者人员接受委托、聘用，承办或者参与内部审计业务，也应当遵守本准则。

第二章 一般准则

第四条 组织应当设置与其目标、性质、规模、治理结构等相适应的内部审计机构，并配备具有相应资格的内部审计人员。

第五条 内部审计的目标、职责和权限等内容应当在组织的内部审计章程中明确规定。

第六条 内部审计机构和内部审计人员应当保持独立性和客观性，不得负责被审计单位的业务活动、内部控制和风险管理的决策与执行。

第七条 内部审计人员应当遵守职业道德，在实施内部审计业务时保持应有的职业谨慎。

第八条 内部审计人员应当具备相应的专业胜任能力，并通过后续教育加以保持和提高。

第九条 内部审计人员应当履行保密义务，对于实施内部审计业务中所获取的信息保密。

第三章 作业准则

第十条 内部审计机构和内部审计人员应当全面关注组织风险，以风险为基础组织实施内部审计业务。

第十一条 内部审计人员应当充分运用重要性原则，考虑差异或者缺陷的性质、数量等因素，合理确定重要性水平。

第十二条 内部审计机构应当根据组织的风险状况、管理需要及审计资源的配置情况，编制年度审计计划。

第十三条 内部审计人员根据年度审计计划确定的审计项目，编制项目审计方案。

第十四条 内部审计机构应当在实施审计三日前，向被审计单位或者被审计人员送达审计通知书，做好审计准备工作。

第十五条 内部审计人员应当深入了解被审计单位的情况，审查和评价业务活动、内部控制和风险管理的适当性和有效性，关注信息系统对业务活动、内部控制和风险管理的影响。

第十六条 内部审计人员应当关注被审计单位业务活动、内部控制和风险管理中的舞弊风险，对舞弊行为进行检查和报告。

第十七条 内部审计人员可以运用审核、观察、监盘、访谈、调查、函证、计算和分析程序等方法，获取相关、可靠和充分的审计证据，以支持审计结论、意见和建议。

第十八条 内部审计人员应当在审计工作底稿中记录审计程序的执行过程，获取的审计证据，以及作出的审计结论。

第十九条 内部审计人员应当以适当方式提供咨询服务，改善组织的业务活动、内部控制和风险管理。

第四章 报告准则

第二十条 内部审计机构应当在实施必要的审计程序后，及时出具审计报告。

第二十一条 审计报告应当客观、完整、清晰，具有建设性并体现重要性原则。

第二十二条 审计报告应当包括审计概况、审计依据、审计发现、审计结论、审计意见和审计建议。

第二十三条 审计报告应当包含是否遵循内部审计准则的声明。如存在未遵循内部审计准则的情形，应当在审计报告中作出解释和说明。

第五章 内部管理准则

第二十四条 内部审计机构应当接受组织董事会或者最高管理层的领导和监督，并保持与董事会或者最高管理层及时、高效的沟通。

第二十五条 内部审计机构应当建立合理、有效的组织结构，多层级组织的内部审计机构可以实行集中管理或者分级管理。

第二十六条 内部审计机构应当根据内部审计准则及相关规定，结合本组织的实际情况制定内部审计工作手册，指导内部审计人员的工作。

第二十七条 内部审计机构应当对内部审计质量实施有效控制，建立指导、监督、分级复核和内部审计质量评估制度，并接受内部审计质量外部评估。

第二十八条 内部审计机构应当编制中长期审计规划、年度审计计划、本机构人力资源计划和财务预算。

第二十九条 内部审计机构应当建立激励约束机制，对内部审计人员的工作进行考核、评价和奖惩。

第三十条 内部审计机构应当在董事会或者最高管理层的支持和监督下，做好与外部审计的协调工作。

第三十一条 内部审计机构负责人应当对内部审计机构管理的适当性和有效性负主要责任。

第六章 附　　则

第三十二条 本准则由中国内部审计协会发布并负责解释。

第三十三条 本准则自 2014 年 1 月 1 日起施行。

内部审计具体准则第1201号——内部审计人员职业道德规范

（中内协2013年第一号公告）

第一章 总 则

第一条 为了规范内部审计人员的职业行为，维护内部审计职业声誉，根据《审计法》及其实施条例，以及其他有关法律、法规和规章，制定本规范。

第二条 内部审计人员职业道德是内部审计人员在开展内部审计工作中应当具有的职业品德、应当遵守的职业纪律和应当承担的职业责任的总称。

第三条 内部审计人员从事内部审计活动时，应当遵守本规范，认真履行职责，不得损害国家利益、组织利益和内部审计职业声誉。

第二章 一般原则

第四条 内部审计人员在从事内部审计活动时，应当保持诚信正直。

第五条 内部审计人员应当遵循客观性原则，公正、不偏不倚地作出审计职业判断。

第六条 内部审计人员应当保持并提高专业胜任能力，按照规定参加后续教育。

第七条 内部审计人员应当遵循保密原则，按照规定使用其在履行职责时所获取的信息。

第八条 内部审计人员违反本规范要求的，组织应当批评教育，也可以视情节给予一定的处分。

第三章 诚信正直

第九条 内部审计人员在实施内部审计业务时，应当诚实、守信，不应有下列行为：

（一）歪曲事实；

（二）隐瞒审计发现的问题；

（三）进行缺少证据支持的判断；

（四）做误导性的或者含糊的陈述。

第十条 内部审计人员在实施内部审计业务时，应当廉洁、正直，不应有下列行为：

（一）利用职权谋取私利；

（二）屈从于外部压力，违反原则。

第四章 客观性

第十一条 内部审计人员实施内部审计业务时，应当实事求是，不得由于偏见、利益冲突而影响职业判断。

第十二条 内部审计人员实施内部审计业务前，应当采取下列步骤对客观性进行评估：

（一）识别可能影响客观性的因素；

（二）评估可能影响客观性因素的严重程度；

（三）向审计项目负责人或者内部审计机构负责人报告客观性受损可能造成的影响。

第十三条 内部审计人员应当识别下列可能影响客观性的因素：

（一）审计本人曾经参与过的业务活动；

（二）与被审计单位存在直接利益关系；

（三）与被审计单位存在长期合作关系；

（四）与被审计单位管理层有密切的私人关系；

（五）遭受来自组织内部和外部的压力；

（六）内部审计范围受到限制；

（七）其他。

第十四条　内部审计机构负责人应当采取下列措施保障内部审计的客观性：

（一）提高内部审计人员的职业道德水准；

（二）选派适当的内部审计人员参加审计项目，并进行适当分工；

（三）采用工作轮换的方式安排审计项目及审计组；

（四）建立适当、有效的激励机制；

（五）制定并实施系统、有效的内部审计质量控制制度、程序和方法；

（六）当内部审计人员的客观性受到严重影响，且无法采取适当措施降低影响时，停止实施有关业务，并及时向董事会或者最高管理层报告。

第五章　专业胜任能力

第十五条　内部审计人员应当具备下列履行职责所需的专业知识、职业技能和实践经验：

（一）审计、会计、财务、税务、经济、金融、统计、管理、内部控制、风险管理、法律和信息技术等专业知识，以及与组织业务活动相关的专业知识；

（二）语言文字表达、问题分析、审计技术应用、人际沟通、组织管理等职业技能；

（三）必要的实践经验及相关职业经历。

第十六条　内部审计人员应当通过后续教育和职业实践等途径，了解、学习和掌握相关法律法规、专业知识、技术方法和审计实务的发展变化，保持和提升专业胜任能力。

第十七条　内部审计人员实施内部审计业务时，应当保持职业谨慎，合理运用职业判断。

第六章　保　　密

第十八条　内部审计人员应当对实施内部审计业务所获取的信息保密，非因有效授权、法律规定或其他合法事由不得披露。

第十九条　内部审计人员在社会交往中，应当履行保密义务，警惕非故意泄密的可能性。

内部审计人员不得利用其在实施内部审计业务时获取的信息牟取不正当利益，或者以有悖于法律法规、组织规定及职业道德的方式使用信息。

第七章　附　　则

第二十条　本规范由中国内部审计协会发布并负责解释。

第二十一条　本规范自 2014 年 1 月 1 日起施行。

内部审计具体准则第 2101 号——审计计划

（中内协 2013 年第一号公告）

第一章　总　　则

第一条　为了规范审计计划的编制与执行，保证有计划、有重点地开展审计业务，提高审计质量和效率，根据《内部审计基本准则》，制定本准则。

第二条　本准则所称审计计划，是指内部审计机构和内部审计人员为完成审计业务，达到预期的审计目的，对审计工作或者具体审计项目作出的安排。

第三条　本准则适用于各类组织的内部审计机构、内部审计人员及其从事的内部审计活动。其他组织或者人员接受委托、聘用，承办或者参与内部审计业务，也应当遵守本准则。

第二章　一般原则

第四条　审计计划一般包括年度审计计划和项目审计方案。年度审计计划是对年度预期要完成的审计任务所作的工作安排，是组织年度工作计划的重要组成部分。项目审计方案是对实施具体审计项目所需要的审计内容、审计程序、人员分工、审计时间等作出的安排。

第五条　内部审计机构应当在本年度编制下年度审计计划，并报经组织董事会或者最高管理层批准；审计项目负责人应当在审计项目实施前编制项目审计方案，并报经内部审计机构负责人批准。

第六条　内部审计机构应当根据批准后的审计计划组织开展内部审计活动。在审计计划执行过程中，如有必要，应当按照规定的程序对审计计划进行调整。

第七条　内部审计机构负责人应当定期检查审计计划的执行情况。

第三章　年度审计计划

第八条　内部审计机构负责人负责年度审计计划的编制工作。

第九条　编制年度审计计划应当结合内部审计中长期规划，在对组织风险进行评估的基础上，根据组织的风险状况、管理需要和审计资源的配置情况，确定具体审计项目及时间安排。

第十条　年度审计计划应当包括下列基本内容：

(一)年度审计工作目标；

(二)具体审计项目及实施时间；

(三)各审计项目需要的审计资源；

(四)后续审计安排。

第十一条　内部审计机构在编制年度审计计划前，应当重点调查了解下列情况，以评价具体审计项目的风险：

(一)组织的战略目标、年度目标及业务活动重点；

(二)对相关业务活动有重大影响的法律、法规、政策、计划和合同；

(三)相关内部控制的有效性和风险管理水平；

(四)相关业务活动的复杂性及其近期变化；

(五)相关人员的能力及其岗位的近期变动；

(六)其他与项目有关的重要情况。

第十二条　内部审计机构负责人应当根据具体审计项目的性质、复杂程度及时间要求，合理安排审计资源。

第四章　项目审计方案

第十三条　内部审计机构应当根据年度审计计划确定的审计项目和时间安排，选派内部审计人员开展审计工作。

第十四条　审计项目负责人应当根据被审计单位的下列情况，编制项目审计方案：

(一)业务活动概况；

(二)内部控制、风险管理体系的设计及运行情况；

(三)财务、会计资料；

(四)重要的合同、协议及会议记录；

(五)上次审计结论、建议及后续审计情况；

(六)上次外部审计的审计意见；

(七)其他与项目审计方案有关的重要情况。

第十五条　项目审计方案应当包括下列基本内容：

(一)被审计单位、项目的名称；

(二)审计目标和范围；

(三)审计内容和重点；

(四)审计程序和方法;
(五)审计组成员的组成及分工;
(六)审计起止日期;
(七)对专家和外部审计工作结果的利用;
(八)其他有关内容。

第五章 附 则

第十六条 本准则由中国内部审计协会发布并负责解释。
第十七条 本准则自 2014 年 1 月 1 日起施行。

内部审计具体准则第 2102 号——审计通知书

(中内协 2013 年第一号公告)

第一章 总 则

第一条 为了规范审计通知书的编制与送达,根据《内部审计基本准则》,制定本准则。

第二条 本准则所称审计通知书,是指内部审计机构在实施审计之前,告知被审计单位或者人员接受审计的书面文件。

第三条 本准则适用于各类组织的内部审计机构、内部审计人员及其从事的内部审计活动。其他组织或者人员接受委托、聘用,承办或者参与的内部审计业务,也应当遵守本准则。

第二章 审计通知书的编制与送达

第四条 审计通知书应当包括下列内容:
(一)审计项目名称;
(二)被审计单位名称或者被审计人员姓名;
(三)审计范围和审计内容;
(四)审计时间;
(五)需要被审计单位提供的资料及其他必要的协助要求;
(六)审计组组长及审计组成员名单;
(七)内部审计机构的印章和签发日期。

第五条 内部审计机构应当根据经过批准后的年度审计计划和其他授权或者委托文件编制审计通知书。

第六条 内部审计机构应当在实施审计三日前,向被审计单位或者被审计人员送达审计通知书。特殊审计业务的审计通知书可以在实施审计时送达。

第七条 审计通知书送达被审计单位,必要时可以抄送组织内部相关部门。

经济责任审计项目的审计通知书送达被审计人员及其所在单位,并抄送有关部门。

第三章 附 则

第八条 本准则由中国内部审计协会发布并负责解释。
第九条 本准则自 2014 年 1 月 1 日起施行。

内部审计具体准则第 2103 号——审计证据

（中内协 2013 年第一号公告）

第一章　总　　则

第一条　为了规范审计证据的获取及处理，保证审计证据的相关性、可靠性和充分性，根据《内部审计基本准则》，制定本准则。

第二条　本准则所称审计证据，是指内部审计人员在实施内部审计业务中，通过实施审计程序所获取的，用以证实审计事项，支持审计结论、意见和建议的各种事实依据。

第三条　本准则适用于各类组织的内部审计机构、内部审计人员及其从事的内部审计活动。其他组织或者人员接受委托、聘用，承办或者参与内部审计业务，也应当遵守本准则。

第二章　一般原则

第四条　内部审计人员应当依据不同的审计事项及其审计目标，获取不同种类的审计证据。

审计证据主要包括下列种类：

（一）书面证据；

（二）实物证据；

（三）视听证据；

（四）电子证据；

（五）口头证据；

（六）环境证据。

第五条　内部审计人员获取的审计证据应当具备相关性、可靠性和充分性。

相关性，即审计证据与审计事项及其具体审计目标之间具有实质性联系。

可靠性，即审计证据真实、可信。

充分性，即审计证据在数量上足以支持审计结论、意见和建议。

第六条　审计项目的各级复核人员应当在各自职责范围内对审计证据的相关性、可靠性和充分性予以复核。

第七条　内部审计人员在获取审计证据时，应当考虑下列基本因素：

（一）具体审计事项的重要性。内部审计人员应当从数量和性质两个方面判断审计事项的重要性，以做出获取审计证据的决策。

（二）可以接受的审计风险水平。证据的充分性与审计风险水平密切相关。可以接受的审计风险水平越低，所需证据的数量越多。

（三）成本与效益的合理程度。获取审计证据应当考虑成本与效益的对比，但对于重要审计事项，不应当将审计成本的高低作为减少必要审计程序的理由。

（四）适当的抽样方法。

第三章　审计证据的获取与处理

第八条　内部审计人员向有关单位和个人获取审计证据时，可以采用（但不限于）下列方法：

（一）审核；

（二）观察；

（三）监盘；

（四）访谈；

（五）调查；

(六)函证;

(七)计算;

(八)分析程序。

第九条 内部审计人员应当将获取的审计证据名称、来源、内容、时间等完整、清晰地记录于审计工作底稿中。

采集被审计单位电子数据作为审计证据的,内部审计人员应当记录电子数据的采集和处理过程。

第十条 内部审计机构可以聘请其他专业机构或者人员对审计项目的某些特殊问题进行鉴定,并将鉴定结论作为审计证据。内部审计人员应当对所引用鉴定结论的可靠性负责。

第十一条 对于被审计单位有异议的审计证据,内部审计人员应当进一步核实。

第十二条 内部审计人员获取的审计证据,如有必要,应当由证据提供者签名或者盖章。如果证据提供者拒绝签名或者盖章,内部审计人员应当注明原因和日期。

第十三条 内部审计人员应当对获取的审计证据进行分类、筛选和汇总,保证审计证据的相关性、可靠性和充分性。

第十四条 在评价审计证据时,应当考虑审计证据之间的相互印证关系及证据来源的可靠程度。

第四章 附 则

第十五条 本准则由中国内部审计协会发布并负责解释。

第十六条 本准则自 2014 年 1 月 1 日起施行。

内部审计具体准则第 2104 号——审计工作底稿

(中内协 2013 年第一号公告)

第一章 总 则

第一条 为了规范审计工作底稿的编制和使用,根据《内部审计基本准则》,制定本准则。

第二条 本准则所称审计工作底稿,是指内部审计人员在审计过程中所形成的工作记录。

第三条 本准则适用于各类组织的内部审计机构、内部审计人员及其从事的内部审计活动。其他组织或者人员接受委托、聘用,

承办或者参与内部审计业务,也应当遵守本准则。

第二章 一般原则

第四条 内部审计人员在审计工作中应当编制审计工作底稿,以达到下列目的:

(一)为编制审计报告提供依据;

(二)证明审计目标的实现程度;

(三)为检查和评价内部审计工作质量提供依据;

(四)证明内部审计机构和内部审计人员是否遵循内部审计准则;

(五)为以后的审计工作提供参考。

第五条 审计工作底稿应当内容完整、记录清晰、结论明确,

客观地反映项目审计方案的编制及实施情况,以及与形成审计结论、意见和建议有关的所有重要事项。

第六条 内部审计机构应当建立审计工作底稿的分级复核制度,明确规定各级复核人员的要求和责任。

第三章 审计工作底稿的编制与复核

第七条 审计工作底稿主要包括下列要素:

(一)被审计单位的名称;

（二）审计事项及其期间或者截止日期；

（三）审计程序的执行过程及结果记录；

（四）审计结论、意见及建议；

（五）审计人员姓名和审计日期；

（六）复核人员姓名、复核日期和复核意见；

（七）索引号及页次；

（八）审计标识与其他符号及其说明等。

第八条 项目审计方案的编制及调整情况应当编制审计工作底稿。

第九条 审计工作底稿中可以使用各种审计标识，但应当注明含义并保持前后一致。

第十条 审计工作底稿应当注明索引编号和顺序编号。相关审计工作底稿之间如存在勾稽关系，应当予以清晰反映，相互引用时应当交叉注明索引编号。

第十一条 审计工作底稿的复核工作应当由比审计工作底稿编制人员职位更高或者经验更为丰富的人员承担。

第十二条 如果发现审计工作底稿存在问题，复核人员应当在复核意见中加以说明，并要求相关人员补充或者修改审计工作底稿。

第十三条 在审计业务执行过程中，审计项目负责人应当加强对审计工作底稿的现场复核。

第四章 审计工作底稿的归档与保管

第十四条 内部审计人员在审计项目完成后，应当及时对审计工作底稿进行分类整理，按照审计工作底稿相关规定进行归档、保管和使用。

第十五条 审计工作底稿归组织所有，由内部审计机构或者组织内部有关部门具体负责保管。

第十六条 内部审计机构应当建立审计工作底稿保管制度。如果内部审计机构以外的组织或者个人要求查阅审计工作底稿，必须经内部审计机构负责人或者其主管领导批准，但国家有关部门依法进行查阅的除外。

第五章 附 则

第十七条 本准则由中国内部审计协会发布并负责解释。

第十八条 本准则自 2014 年 1 月 1 日起实行。

内部审计具体准则第 2105 号——结果沟通

（中内协 2013 年第一号公告）

第一章 总 则

第一条 为了规范内部审计的结果沟通，保证审计工作质量，根据《内部审计基本准则》，制定本准则。

第二条 本准则所称结果沟通，是指内部审计机构与被审计单位、组织适当管理层就审计概况、审计依据、审计发现、审计结论、审计意见和审计建议进行的讨论和交流。

第三条 本准则适用于各类组织的内部审计机构、内部审计人员及其从事的内部审计活动。其他组织或者人员接受委托、聘用，承办或者参与内部审计业务，也应当遵守本准则。

第二章 一般原则

第四条 结果沟通的目的，是提高审计结果的客观性、公正性，并取得被审计单位、组织适当管理层的理解和认同。

第五条 内部审计机构应当建立审计结果沟通制度，明确各级人员的责任，进行积极有效的沟通。

第六条　内部审计机构应当与被审计单位、组织适当管理层进行认真、充分的沟通，听取其意见。

第七条　结果沟通一般采取书面或者口头方式。

第八条　内部审计机构应当在审计报告正式提交之前进行审计结果的沟通。

第九条　内部审计机构应当将结果沟通的有关书面材料作为审计工作底稿归档保存。

第三章　结果沟通的内容

第十条　结果沟通主要包括下列内容：

（一）审计概况；

（二）审计依据；

（三）审计发现；

（四）审计结论；

（五）审计意见；

（六）审计建议。

第十一条　如果被审计单位对审计结果有异议，审计项目负责人及相关人员应当进行核实和答复。

第十二条　内部审计机构负责人应当与组织适当管理层就审计过程中发现的重大问题及时进行沟通。

第十三条　内部审计机构与被审计单位进行结果沟通时，应当注意沟通技巧。

第四章　附　　则

第十四条　本准则由中国内部审计协会发布并负责解释。

第十五条　本准则自 2014 年 1 月 1 日起施行。

内部审计具体准则第 2106 号——审计报告

（中内协 2013 年第一号公告）

第一章　总　　则

第一条　为了规范审计报告的编制、复核和报送，根据《内部审计基本准则》，制定本准则。

第二条　本准则所称审计报告，是指内部审计人员根据审计计划对被审计单位实施必要的审计程序后，就被审计事项作出审计结论，提出审计意见和审计建议的书面文件。

第三条　本准则适用于各类组织的内部审计机构、内部审计人员及其从事的内部审计活动。其他组织或者人员接受委托、聘用，承办或者参与内部审计业务，也应当遵守本准则。

第二章　一般原则

第四条　内部审计人员应当在审计实施结束后，以经过核实的审计证据为依据，形成审计结论、意见和建议，出具审计报告。如有必要，内部审计人员可以在审计过程中提交期中报告，以便及时采取有效的纠正措施改善业务活动、内部控制和风险管理。

第五条　审计报告的编制应当符合下列要求：

（一）实事求是、不偏不倚地反映被审计事项的事实；

（二）要素齐全、格式规范，完整反映审计中发现的重要问题；

（三）逻辑清晰、用词准确、简明扼要、易于理解；

（四）充分考虑审计项目的重要性和风险水平，对于重要事项应当重点说明；

（五）针对被审计单位业务活动、内部控制和风险管理中存在的主要问题或者缺陷提出可行的改进建议，以促进组织实现目标。

第六条 内部审计机构应当建立健全审计报告分级复核制度，明确规定各级复核人员的要求和责任。

第三章 审计报告的内容

第七条 审计报告主要包括下列要素：

(一)标题；

(二)收件人；

(三)正文；

(四)附件；

(五)签章；

(六)报告日期；

(七)其他。

第八条 审计报告的正文主要包括下列内容：

(一)审计概况，包括审计目标、审计范围、审计内容及重点、审计方法、审计程序及审计时间等；

(二)审计依据，即实施审计所依据的相关法律法规、内部审计准则等规定；

(三)审计发现，即对被审计单位的业务活动、内部控制和风险管理实施审计过程中所发现的主要问题的事实；

(四)审计结论，即根据已查明的事实，对被审计单位业务活动、内部控制和风险管理所作的评价；

(五)审计意见，即针对审计发现的主要问题提出的处理意见；

(六)审计建议，即针对审计发现的主要问题，提出的改善业务活动、内部控制和风险管理的建议。

第九条 审计报告的附件应当包括针对审计过程、审计中发现问题所作出的具体说明，以及被审计单位的反馈意见等内容。

第四章 审计报告的编制、复核与报送

第十条 审计组应当在实施必要的审计程序后，及时编制审计报告，并征求被审计对象的意见。

第十一条 被审计单位对审计报告有异议的，审计项目负责人及相关人员应当核实，必要时应当修改审计报告。

第十二条 审计报告经过必要的修改后，应当连同被审计单位的反馈意见及时报送内部审计机构负责人复核。

第十三条 内部审计机构应当将审计报告提交被审计单位和组织适当管理层，并要求被审计单位在规定的期限内落实纠正措施。

第十四条 已经出具的审计报告如果存在重要错误或者遗漏，内部审计机构应当及时更正，并将更正后的审计报告提交给原审计报告接收者。

第十五条 内部审计机构应当将审计报告及时归入审计档案，妥善保存。

第五章 附 则

第十六条 本准则由中国内部审计协会发布并负责解释。

第十七条 本准则自 2014 年 1 月 1 日起施行。

内部审计具体准则第 2107 号——后续审计

(中内协 2013 年第一号公告)

第一章 总 则

第一条 为了规范后续审计活动，提高审计效果，根据《内部审计基本准则》，制定本准则。

第二条 本准则所称后续审计,是指内部审计机构为跟踪检查被审计单位针对审计发现的问题所采取的纠正措施及其改进效果,而进行的审查和评价活动。

第三条 本准则适用于各类组织的内部审计机构、内部审计人员及其从事的内部审计活动。其他组织或者人员接受委托、聘用,承办或者参与内部审计业务,也应当遵守本准则。

第二章 一般原则

第四条 对审计中发现的问题采取纠正措施,是被审计单位管理层的责任。评价被审计单位管理层所采取的纠正措施是否及时、合理、有效,是内部审计人员的责任。

第五条 内部审计机构可以在规定期限内,或者与被审计单位约定的期限内实施后续审计。

第六条 内部审计机构负责人可以适时安排后续审计工作,并将其列入年度审计计划。

第七条 内部审计机构负责人如果初步认定被审计单位管理层对审计发现的问题已采取了有效的纠正措施,可以将后续审计作为下次审计工作的一部分。

第八条 当被审计单位基于成本或者其他方面考虑,决定对审计发现的问题不采取纠正措施并做出书面承诺时,内部审计机构负责人应当向组织董事会或者最高管理层报告。

第三章 后续审计程序

第九条 审计项目负责人应当编制后续审计方案,对后续审计作出安排。

第十条 编制后续审计方案时应当考虑下列因素:

(一)审计意见和审计建议的重要性;

(二)纠正措施的复杂性;

(三)落实纠正措施所需要的时间和成本;

(四)纠正措施失败可能产生的影响;

(五)被审计单位的业务安排和时间要求。

第十一条 对于已采取纠正措施的事项,内部审计人员应当判断是否需要深入检查,必要时可以提出应在下次审计中予以关注。

第十二条 内部审计人员应当根据后续审计的实施过程和结果编制后续审计报告。

第四章 附 则

第十三条 本准则由中国内部审计协会发布并负责解释。

第十四条 本准则自 2014 年 1 月 1 日起施行。

内部审计具体准则第 2108 号——审计抽样

(中内协 2013 年第一号公告)

第一章 总 则

第一条 为了规范内部审计人员运用审计抽样方法,提高审计质量和效率,根据《内部审计基本准则》,制定本准则。

第二条 本准则所称审计抽样,是指内部审计人员在审计业务实施过程中,从被审查和评价的审计总体中抽取一定数量具有代表性的样本进行测试,以样本审查结果推断总体特征,并作出审计结论的一种审计方法。

第三条 本准则适用于各类组织的内部审计机构、内部审计人员及其从事的内部审计活动。其他组织或者人员接受委托、聘用,承办或者参与内部审计业务,也应当遵守本准则。

第二章　一般原则

第四条　确定抽样总体、选择抽样方法时应当以审计目标为依据，并考虑被审计单位及审计项目的具体情况。

第五条　抽样总体的确定应当遵循相关性、充分性和经济性原则。

相关性是指抽样总体与审计对象及其审计目标相关；充分性是指抽样总体能够在数量上代表审计项目的实际情况；经济性是指抽样总体的确定符合成本效益原则。

第六条　审计抽样方法包括统计抽样和非统计抽样。在审计抽样过程中，可以采用统计抽样方法，也可以采用非统计抽样方法，或者两种方法结合使用。

第七条　选取的样本应当有代表性，具有与审计总体相似的特征。

第八条　内部审计人员在选取样本时，应当对业务活动中存在重大差异或者缺陷的风险以及审计过程中的检查风险进行评估，并充分考虑因抽样引起的抽样风险及其他因素引起的非抽样风险。

第九条　抽样结果的评价应当从定量和定性两个方面进行，并以此为依据合理推断审计总体特征。

第三章　抽样程序和方法

第十条　审计抽样的一般程序包括下列步骤：

（一）根据审计目标及审计对象的特征制定审计抽样方案；

（二）选取样本；

（三）对样本进行审查；

（四）评价抽样结果；

（五）根据抽样结果推断总体特征；

（六）形成审计结论。

第十一条　审计抽样方案包括下列主要内容：

（一）审计总体，是指由审计对象的各个单位组成的整体；

（二）抽样单位，是指从审计总体中抽取并代表总体的各个单位；

（三）样本，是指在抽样过程中从审计总体中抽取的部分单位组成的整体；

（四）误差，是指业务活动、内部控制和风险管理中存在的差异或者缺陷；

（五）可容忍误差，是指内部审计人员可以接受的差异或者缺陷的最大程度；

（六）预计总体误差，是指内部审计人员预先估计的审计总体中存在的差异或者缺陷；

（七）可靠程度，是指预计抽样结果能够代表审计总体质量特征的概率；

（八）抽样风险，是指内部审计人员依据抽样结果得出的结论与总体特征不相符合的可能性；

（九）样本量，是指为了能使内部审计人员对审计总体作出审计结论所抽取样本单位的数量；

（十）其他因素。

第十二条　内部审计人员应当根据审计重要性水平，合理确定预计总体误差、可容忍误差和可靠程度。

第十三条　内部审计人员应当根据审计目标和审计对象的特征，选择确定审计抽样方法。

统计抽样，是指以数理统计方法为基础，按照随机原则从总体中选取样本进行审查，并对总体特征进行推断的审计抽样方法。主要包括发现抽样、连续抽样等属性抽样方法，以及单位均值抽样、差异估计抽样和货币单位抽样等变量抽样方法。

非统计抽样，是指内部审计人员根据自己的专业判断和经验抽取样本进行审查，并对总体特征进行推断的审计抽样方法。统计抽样和非统计抽样审计方法相互结合使用，可以降低抽样风险。

第十四条　内部审计人员应当根据下列要素确定样本量：

（一）审计总体。审计总体的量越大，所需要的样本量越多；

（二）可容忍误差。可容忍误差越大，所需样本量越少；

（三）预计总体误差。预计总体误差越大，所需样本量越多；

（四）抽样风险。抽样风险越小，所需样本量越多；

（五）可靠程度。可靠程度越大，所需样本量越多。

第十五条 内部审计人员可以运用下列方法选取样本：

（一）随机数表选样法；

（二）系统选样法；

（三）分层选样法；

（四）整群选样法；

（五）任意选样法。

第十六条 内部审计人员在选取样本之后，应当对样本进行审查，获取相关、可靠和充分的审计证据。

第四章 抽样结果的评价

第十七条 内部审计人员应当根据预先确定的误差构成条件，确定存在误差的样本。

第十八条 内部审计人员应当对抽样风险和非抽样风险进行评估，以防止对审计总体作出不恰当的审计结论。

第十九条 抽样风险主要包括两类：

（一）误受风险，是指样本结果表明审计项目不存在重大差异或者缺陷，而实际上却存在着重大差异或者缺陷的可能性；

（二）误拒风险，是指样本结果表明审计项目存在重大差异或者缺陷，而实际上并没有存在重大差异或者缺陷的可能性。

第二十条 非抽样风险是由抽样之外的其他因素造成的风险，一般包括下列原因：

（一）审计程序设计及执行不恰当；

（二）抽样过程没有按照规范程序执行；

（三）样本审查结果解释错误；

（四）审计人员业务能力不足；

（五）其他原因。

第二十一条 内部审计人员应当根据样本误差，采用适当的方法，推断审计总体误差。

第二十二条 内部审计人员应当根据抽样结果的评价，确定审计证据是否足以证实某一审计总体特征。如果推断的总体误差超过可容忍误差，应当增加样本量或者执行替代审计程序。

第二十三条 内部审计人员在上述评价的基础上还应当考虑误差性质、误差产生的原因，以及误差对其他审计项目可能产生的影响等。

第五章 附　　则

第二十四条 本准则由中国内部审计协会发布并负责解释。

第二十五条 本准则自 2014 年 1 月 1 日起施行。

内部审计具体准则第 2109 号——分析程序

（中内协 2013 年第一号公告）

第一章 总　　则

第一条 为了规范内部审计人员执行分析程序的行为，提高审计质量和效率，根据《内部审计基本准则》，制定本准则。

第二条 本准则所称分析程序，是指内部审计人员通过分析和比较信息之间的关系或者计算相关的比率，以确定合理性，并发现潜在差异和漏洞的一种审计方法。

第三条 本准则适用于各类组织的内部审计机构、内部审计人员及其从事的内部审计活动。其他组织或者人员接受委托、聘用，承办或者参与内部审计业务，也应当遵守本准则。

第二章 一般原则

第四条 内部审计人员应当合理运用职业判断，根据需要在审计过程中执行分析程序。

第五条 内部审计人员执行分析程序，有助于实现下列目标：

（一）确认业务活动信息的合理性；

（二）发现差异；

（三）分析潜在的差异和漏洞；

（四）发现不合法和不合规行为的线索。

第六条 内部审计人员通过执行分析程序，能够获取与下列事项相关的证据：

（一）被审计单位的持续经营能力；

（二）被审计事项的总体合理性；

（三）业务活动、内部控制和风险管理中差异和漏洞的严重程度；

（四）业务活动的经济性、效率性和效果性；

（五）计划、预算的完成情况；

（六）其他事项。

第七条 分析程序所使用的信息按其存在的形式划分，主要包括下列内容：

（一）财务信息和非财务信息；

（二）实物信息和货币信息；

（三）电子数据信息和非电子数据信息；

（四）绝对数信息和相对数信息。

第八条 执行分析程序时，应当考虑信息之间的相关性，以免得出不恰当的审计结论。

第九条 内部审计人员应当保持应有的职业谨慎，在确定对分析程序结果的依赖程度时，需要考虑下列因素：

（一）分析程序的目标；

（二）被审计单位的性质及其业务活动的复杂程度；

（三）已收集信息资料的相关性、可靠性和充分性；

（四）以往审计中对被审计单位内部控制、风险管理的评价结果；

（五）以往审计中发现的差异和漏洞。

第三章 分析程序的执行

第十条 分析程序一般包括下列基本内容：

（一）将当期信息与历史信息相比较，分析其波动情况及发展趋势；

（二）将当期信息与预测、计划或者预算信息相比较，并作差异分析；

（三）将当期信息与内部审计人员预期信息相比较，分析差异；

（四）将被审计单位信息与组织其他部门类似信息相比较，分析差异；

（五）将被审计单位信息与行业相关信息相比较，分析差异；

（六）对财务信息与非财务信息之间的关系、比率的计算与分析；

（七）对重要信息内部组成因素的关系、比率的计算与分析。

第十一条 分析程序主要包括下列具体方法：

（一）比较分析；

（二）比率分析；

（三）结构分析；

（四）趋势分析；

（五）回归分析；

(六)其他技术方法。

内部审计人员可以根据审计目标和审计事项单独或者综合运用以上方法。

第十二条 内部审计人员需要在审计计划阶段执行分析程序,以了解被审计事项的基本情况,确定审计重点。

第十三条 内部审计人员需要在审计实施阶段执行分析程序,对业务活动、内部控制和风险管理进行审查,以获取审计证据。

第十四条 内部审计人员需要在审计终结阶段执行分析程序,验证其他审计程序所得结论的合理性,以保证审计质量。

第四章 对分析程序结果的利用

第十五条 内部审计人员应当考虑下列影响分析程序效率和效果的因素:

(一)被审计事项的重要性;

(二)内部控制、风险管理的适当性和有效性;

(三)获取信息的便捷性和可靠性;

(四)分析程序执行人员的专业素质;

(五)分析程序操作的规范性。

第十六条 内部审计人员执行分析程序发现差异时,应当采用下列方法对其进行调查和评价:

(一)询问管理层获取其解释和答复;

(二)实施必要的审计程序,确认管理层解释和答复的合理性与可靠性;

(三)如果管理层没有作出恰当解释,应当扩大审计范围,执行其他审计程序,实施进一步审查,以便得出审计结论。

第五章 附 则

第十七条 本准则由中国内部审计协会发布并负责解释。

第十八条 本准则自 2014 年 1 月 1 日起施行。

内部审计具体准则第 2201 号——内部控制审计

(中内协 2013 年第一号公告)

第一章 总 则

第一条 为了规范内部审计人员实施内部控制审计的行为,保证内部控制审计质量,根据《内部审计基本准则》,制定本准则。

第二条 本准则所称内部控制审计,是指内部审计机构对组织内部控制设计和运行的有效性进行的审查和评价活动。

第三条 本准则适用于各类组织的内部审计机构、内部审计人员及其从事的内部控制审计活动。其他组织或者人员接受委托、聘用,承办或者参与内部审计业务,也应当遵守本准则。

第二章 一般原则

第四条 董事会及管理层的责任是建立、健全内部控制并使之有效运行。

内部审计的责任是对内部控制设计和运行的有效性进行审查和评价,出具客观、公正的审计报告,促进组织改善内部控制及风险管理。

第五条 内部控制审计应当以风险评估为基础,根据风险发生的可能性和对组织单个或者整体控制目标造成的影响程度，确定审计的范围和重点。

内部审计人员应当关注串通舞弊、滥用职权、环境变化和成本效益等内部控制的局限性。

第六条 内部控制审计应当在对内部控制全面评价的基础上，关注重要业务单位、重大业务事项和高风险领域的内部控制。

第七条 内部控制审计应当真实、客观地揭示经营管理的风险状况，如实反映内部控制设计和运行的情况。

第八条 内部控制审计按其范围划分，分为全面内部控制审计和专项内部控制审计。

全面内部控制审计，是针对组织所有业务活动的内部控制，包括内部环境、风险评估、控制活动、信息与沟通、内部监督五个要素所进行的全面审计。

专项内部控制审计，是针对组织内部控制的某个要素、某项业务活动或者业务活动某些环节的内部控制所进行的审计。

第三章 内部控制审计的内容

第九条 内部审计机构可以参考《企业内部控制基本规范》及配套指引的相关规定，根据组织的实际情况和需要，通过审查内部环境、风险评估、控制活动、信息与沟通、内部监督等要素，对组织层面内部控制的设计与运行情况进行审查和评价。

第十条 内部审计人员开展内部环境要素审计时，应当以《企业内部控制基本规范》和各项应用指引中有关内部环境要素的规定为依据，关注组织架构、发展战略、人力资源、组织文化、社会责任等，结合本组织的内部控制，对内部环境进行审查和评价。

第十一条 内部审计人员开展风险评估要素审计时，应当以《企业内部控制基本规范》有关风险评估的要求，以及各项应用指引中所列主要风险为依据，结合本组织的内部控制，对日常经营管理过程中的风险识别、风险分析、应对策略等进行审查和评价。

第十二条 内部审计人员开展控制活动要素审计时，应当以《企业内部控制基本规范》和各项应用指引中关于控制活动的规定为依据，结合本组织的内部控制，对相关控制活动的设计和运行情况进行审查和评价。

第十三条 内部审计人员开展信息与沟通要素审计时，应当以《企业内部控制基本规范》和各项应用指引中有关内部信息传递、财务报告、信息系统等规定为依据，结合本组织的内部控制，对信息收集处理和传递的及时性、反舞弊机制的健全性、财务报告的真实性、信息系统的安全性，以及利用信息系统实施内部控制的有效性进行审查和评价。

第十四条 内部审计人员开展内部监督要素审计时，应当以《企业内部控制基本规范》有关内部监督的要求，以及各项应用指引中有关日常管控的规定为依据，结合本组织的内部控制，对内部监督机制的有效性进行审查和评价，重点关注监事会、审计委员会、内部审计机构等是否在内部控制设计和运行中有效发挥监督作用。

第十五条 内部审计人员根据管理需求和业务活动的特点，可以针对采购业务、资产管理、销售业务、研究与开发、工程项目、担保业务、业务外包、财务报告、全面预算、合同管理、信息系统等，对业务层面内部控制的设计和运行情况进行审查和评价。

第四章 内部控制审计的具体程序与方法

第十六条 内部控制审计主要包括下列程序：

（一）编制项目审计方案；

（二）组成审计组；

（三）实施现场审查；

（四）认定控制缺陷；

（五）汇总审计结果；

（六）编制审计报告。

第十七条 内部审计人员在实施现场审查之前，可以要求被审计单位提交最近一次的内部控制自我评估报告。

内部审计人员应当结合内部控制自我评估报告，确定审计内容及重点，实施内部控制审计。

第十八条 内部审计机构可以适当吸收组织内部相关机构熟悉情况的业务人员参加内部控制审计。

第十九条 内部审计人员应当综合运用访谈、问卷调查、专题讨论、穿行测试、实地查验、抽样和比较分析等方法，充分收集组织内部控制设计和运行是否有效的证据。

第二十条 内部审计人员编制审计工作底稿应当详细记录实施内部控制审计的内容，包括审查和评价的要素、主要风险点、采取的控制措施、有关证据资料，以及内部控制缺陷认定结果等。

第五章 内部控制缺陷的认定

第二十一条 内部控制缺陷包括设计缺陷和运行缺陷。内部审计人员应当根据内部控制审计结果，结合相关管理层的自我评估，综合分析后提出内部控制缺陷认定意见，按照规定的权限和程序进行审核后予以认定。

第二十二条 内部审计人员应当根据获取的证据，对内部控制缺陷进行初步认定，并按照其性质和影响程度分为重大缺陷、重要缺陷和一般缺陷。

重大缺陷，是指一个或者多个控制缺陷的组合，可能导致组织严重偏离控制目标。重要缺陷，是指一个或者多个控制缺陷的组合，其严重程度和经济后果低于重大缺陷，但仍有可能导致组织偏离控制目标。一般缺陷，是指除重大缺陷、重要缺陷之外的其他缺陷。重大缺陷、重要缺陷和一般缺陷的认定标准，由内部审计机构根据上述要求，结合本组织具体情况确定。

第二十三条 内部审计人员应当编制内部控制缺陷认定汇总表，对内部控制缺陷及其成因、表现形式和影响程度进行综合分析和全面复核，提出认定意见，并以适当的形式向组织适当管理层报告。重大缺陷应当及时向组织董事会或者最高管理层报告。

第六章 内部控制审计报告

第二十四条 内部控制审计报告的内容，应当包括审计目标、依据、范围、程序与方法、内部控制缺陷认定及整改情况，以及内部控制设计和运行有效性的审计结论、意见、建议等相关内容。

第二十五条 内部审计机构应当向组织适当管理层报告内部控制审计结果。一般情况下，全面内部控制审计报告应当报送组织董事会或者最高管理层。包含有重大缺陷认定的专项内部控制审计报告在报送组织适当管理层的同时，也应当报送董事会或者最高管理层。

第二十六条 经董事会或者最高管理层批准，内部控制审计报告可以作为《企业内部控制评价指引》中要求的内部控制评价报告对外披露。

第七章 附　　则

第二十七条 本准则由中国内部审计协会发布并负责解释。

第二十八条 本准则自 2014 年 1 月 1 日起施行。

内部审计具体准则第 2202 号——绩效审计

（中内协 2013 年第一号公告）

第一章 总　　则

第一条 为了规范绩效审计工作，提高绩效审计质量和效率，根据《内部审计基本准则》，制定本准则。

第二条 本准则所称绩效审计，是指内部审计机构和内部审计人员对本组织经营管理活动的经济性、效率性和效果性进行的审查和评价。

经济性，是指组织经营管理过程中获得一定数量和质量的产品或者服务及其他成果时所耗费的资源最少；效率性，是指组织经营管理过程中投入资源与产出成果之间的对比关系；效果性，是指组织经营管理目标的实现程度。

第三条 本准则适用于各类组织的内部审计机构、内部审计人员及其从事的绩效审计活动。其他组织或者人员接受委托、聘用，承办或者参与内部审计业务，也应当遵守本准则。

第二章 一般原则

第四条 内部审计机构应当充分考虑实施绩效审计项目对内部审计人员专业胜任能力的需求，合理配置审计资源。

第五条 组织各管理层根据授权承担相应的经营管理责任，对经营管理活动的经济性、效率性和效果性负责。内部审计机构开展绩效审计不能减轻或者替代管理层的责任。

第六条 内部审计机构和内部审计人员根据实际需要选择和确定绩效审计对象，既可以针对组织的全部或者部分经营管理活动，也可以针对特定项目和业务。

第三章 绩效审计的内容

第七条 根据实际情况和需要，绩效审计可以同时对组织经营管理活动的经济性、效率性和效果性进行审查和评价，也可以只侧重某一方面进行审查和评价。

第八条 绩效审计主要审查和评价下列内容：

（一）有关经营管理活动经济性、效率性和效果性的信息是否真实、可靠；

（二）相关经营管理活动的人、财、物、信息、技术等资源取得、配置和使用的合法性、合理性、恰当性和节约性；

（三）经营管理活动既定目标的适当性、相关性、可行性和实现程度，以及未能实现既定目标的情况及其原因；

（四）研发、财务、采购、生产、销售等主要业务活动的效率；

（五）计划、决策、指挥、控制及协调等主要管理活动的效率；

（六）经营管理活动预期的经济效益和社会效益等的实现情况；

（七）组织为评价、报告和监督特定业务或者项目的经济性、效率性和效果性所建立的内部控制及风险管理体系的健全性及其运行的有效性；

（八）其他有关事项。

第四章 绩效审计的方法

第九条 内部审计机构和内部审计人员应当依据重要性、审计风险和审计成本，选择与审计对象、审计目标及审计评价标准相适应的绩效审计方法，以获取相关、可靠和充分的审计证据。

第十条 选择绩效审计方法时，除运用常规审计方法以外，还可以运用下列方法：

（一）数量分析法，即对经营管理活动相关数据进行计算分析，并运用抽样技术对抽样结果进行评价的方法；

（二）比较分析法，即通过分析、比较数据间的关系、趋势或者比率获取审计证据的方法；

（三）因素分析法，即查找产生影响的因素，并分析各个因素的影响方向和影响程度的方法；

（四）量本利分析法，即分析一定期间内的业务量、成本和利润三者之间变量关系的方法；

（五）专题讨论会，即通过召集组织相关管理人员就经营管理活动特定项目或者业务的具体问题进行讨论的方法；

（六）标杆法，即对经营管理活动状况进行观察和检查，通过与组织内外部相同或者相似经营管理活动的最佳实务进行比较的方法；

（七）调查法，即凭借一定的手段和方式（如访谈、问卷），对某种或者某几种现象、事实进行考察，通过对搜集到的各种资料进行分析处理，进而得出结论的方法；

（八）成本效益（效果）分析法，即通过分析成本和效益（效果）之间的关系，以每单位效益（效果）所消耗的成本来评价项目效益（效果）的方法；

（九）数据包络分析法，即以相对效率概念为基础，以凸分析和线性规划为工具，应用数学规划模型计算比较决策单元之间的相对效率，对评价对象做出评价的方法；

（十）目标成果法，即根据实际产出成果评价被审计单位或者项目的目标是否实现，将产出成果与事先确定的目标和需求进行对比，确定目标实现程度的方法；

（十一）公众评价法，即通过专家评估、公众问卷及抽样调查等方式，获取具有重要参考价值的证据信息，评价目标实现程度的方法。

第五章　绩效审计的评价标准

第十一条　内部审计机构和内部审计人员应当选择适当的绩效审计评价标准。

绩效审计评价标准应当具有可靠性、客观性和可比性。

第十二条　绩效审计评价标准的来源主要包括：

（一）有关法律法规、方针、政策、规章制度等的规定；

（二）国家部门、行业组织公布的行业指标；

（三）组织制定的目标、计划、预算、定额等；

（四）同类指标的历史数据和国际数据；

（五）同行业的实践标准、经验和做法。

第十三条　内部审计机构和内部审计人员在确定绩效审计评价标准时，应当与组织管理层进行沟通，在双方认可的基础上确定绩效审计评价标准。

第六章　绩效审计报告

第十四条　绩效审计报告应当反映绩效审计评价标准的选择、确定及沟通过程等重要信息，包括必要的局限性分析。

第十五条　绩效审计报告中的绩效评价应当根据审计目标和审计证据作出，可以分为总体评价和分项评价。当审计风险较大，难以做出总体评价时，可以只做分项评价。

第十六条　绩效审计报告中反映的合法、合规性问题，除进行相应的审计处理外，还应当侧重从绩效的角度对问题进行定性，描述问题对绩效造成的影响、后果及严重程度。

第十七条　绩效审计报告应当注重从体制、机制、制度上分析问题产生的根源，兼顾短期目标和长期目标、个体利益和组织整体利益，提出切实可行的建议。

第七章　附　　则

第十八条　本准则由中国内部审计协会发布并负责解释。

第十九条　本准则自 2014 年 1 月 1 日起施行。

内部审计具体准则第 2203 号——信息系统审计

（中内协 2013 年第一号公告）

第一章　总　　则

第一条　为了规范信息系统审计工作，提高审计质量和效率，根据《内部审计基本准则》，制定本准则。

第二条　本准则所称信息系统审计，是指内部审计机构和内部审计人员对组织的信息系统及其相关的信息技术内部控制和流程所进行的审查与评价活动。

第三条 本准则适用于各类组织的内部审计机构、内部审计人员及其从事的信息系统审计活动。其他组织或者人员接受委托、聘用，承办或者参与内部审计业务，也应当遵守本准则。

第二章 一般原则

第四条 信息系统审计的目的是通过实施信息系统审计工作，对组织是否实现信息技术管理目标进行审查和评价，并基于评价意见提出管理建议，协助组织信息技术管理人员有效地履行职责。

组织的信息技术管理目标主要包括：

(一)保证组织的信息技术战略充分反映组织的战略目标；

(二)提高组织所依赖的信息系统的可靠性、稳定性、安全性及数据处理的完整性和准确性；

(三)提高信息系统运行的效果与效率，合理保证信息系统的运行符合法律法规以及相关监管要求。

第五条 组织中信息技术管理人员的责任是进行信息系统的开发、运行和维护，以及与信息技术相关的内部控制的设计、执行和监控；信息系统审计人员的责任是实施信息系统审计工作并出具审计报告。

第六条 从事信息系统审计的内部审计人员应当具备必要的信息技术及信息系统审计专业知识、技能和经验。必要时，实施信息系统审计可以利用外部专家服务。

第七条 信息系统审计可以作为独立的审计项目组织实施，也可以作为综合性内部审计项目的组成部分实施。

当信息系统审计作为综合性内部审计项目的一部分时，信息系统审计人员应当及时与其他相关内部审计人员沟通信息系统审计中的发现，并考虑依据审计结果调整其他相关审计的范围、时间及性质。

第八条 内部审计人员应当采用以风险为基础的审计方法进行信息系统审计，风险评估应当贯穿于信息系统审计的全过程。

第三章 信息系统审计计划

第九条 内部审计人员在实施信息系统审计前，需要确定审计目标并初步评估审计风险，估算完成信息系统审计或者专项审计所需的资源，确定重点审计领域及审计活动的优先次序，明确审计组成员的职责，编制信息系统审计方案。

第十条 编制信息系统审计方案时，除遵循相关内部审计具体准则的规定，还应当考虑下列因素：

(一)高度依赖信息技术、信息系统的关键业务流程及相关的组织战略目标；

(二)信息技术管理的组织架构；

(三)信息系统框架和信息系统的长期发展规划及近期发展计划；

(四)信息系统及其支持的业务流程的变更情况；

(五)信息系统的复杂程度；

(六)以前年度信息系统内、外部审计所发现的问题及后续审计情况；

(七)其他影响信息系统审计的因素。

第十一条 当信息系统审计作为综合性内部审计项目的一部分时，内部审计人员在审计计划阶段还应当考虑项目审计目标及要求。

第四章 信息技术风险评估

第十二条 内部审计人员进行信息系统审计时，应当识别组织所面临的与信息技术相关的内、外部风险，并采用适当的风险评估技术与方法，分析和评价其发生的可能性及影响程度，为确定审计目标、范围和方法提供依据。

第十三条 信息技术风险是指组织在信息处理和信息技术运用过程中产生的、可能影响组织目标实现的各种不确定因素。信息技术风险，包括组织层面的信息技术风险、一般性控制层面的信息技术风险及业务流程层面的信息技术风险等。

第十四条 内部审计人员在识别和评估组织层面、一般性控制层面的信息技术风险时，需要关注下列内容：

（一）业务关注度，即组织的信息技术战略与组织整体发展战略规划的契合度以及信息技术（包括硬件及软件环境）对业务和用户需求的支持度；

（二）信息资产的重要性；

（三）对信息技术的依赖程度；

（四）对信息技术部门人员的依赖程度；

（五）对外部信息技术服务的依赖程度；

（六）信息系统及其运行环境的安全性、可靠性；

（七）信息技术变更；

（八）法律规范环境；

（九）其他。

第十五条 业务流程层面的信息技术风险受行业背景、业务流程的复杂程度、上述组织层面及一般性控制层面的控制有效性等因素的影响而存在差异。一般而言，内部审计人员应当了解业务流程，并关注下列信息技术风险：

（一）数据输入；

（二）数据处理；

（三）数据输出。

第十六条 内部审计人员应当充分考虑风险评估的结果，以合理确定信息系统审计的内容及范围，并对组织的信息技术内部控制设计合理性和运行有效性进行测试。

第五章 信息系统审计的内容

第十七条 信息系统审计主要是对组织层面信息技术控制、信息技术一般性控制及业务流程层面相关应用控制的审查和评价。

第十八条 信息技术内部控制的各个层面均包括人工控制、自动控制和人工、自动相结合的控制形式，内部审计人员应当根据不同的控制形式采取恰当的审计程序。

第十九条 组织层面信息技术控制，是指董事会或者最高管理层对信息技术治理职能及内部控制的重要性的态度、认识和措施。内部审计人员应当考虑下列控制要素中与信息技术相关的内容：

（一）控制环境。内部审计人员应当关注组织的信息技术战略规划对业务战略规划的契合度、信息技术治理制度体系的建设、信息技术部门的组织结构和关系、信息技术治理相关职权与责任的分配、信息技术人力资源管理、对用户的信息技术教育和培训等方面。

（二）风险评估。内部审计人员应当关注组织的风险评估的总体架构中信息技术风险管理的框架、流程和执行情况，信息资产的分类以及信息资产所有者的职责等方面。

（三）信息与沟通。内部审计人员应当关注组织的信息系统架构及其对财务、业务流程的支持度、董事会或者最高管理层的信息沟通模式、信息技术政策/信息安全制度的传达与沟通等方面。

（四）内部监督。内部审计人员应当关注组织的监控管理报告系统、监控反馈、跟踪处理程序以及组织对信息技术内部控制的自我评估机制等方面。

第二十条 信息技术一般性控制是指与网络、操作系统、数据库、应用系统及其相关人员有关的信息技术政策和措施，以确保信息系统持续稳定的运行，支持应用控制的有效性。对信息技术一般性控制的审计应当考虑下列控制活动：

（一）信息安全管理。内部审计人员应当关注组织的信息安全管理政策，物理访问及针对网络、操作系统、数据库、应用系统的身份认证和逻辑访问管理机制，系统设置的职责分离控制等。

（二）系统变更管理。内部审计人员应当关注组织的应用系统及相关系统基础架构的变更、参数设置变更的授权与审批，变更测试，变更移植到生产环境的流程控制等。

（三）系统开发和采购管理。内部审计人员应当关注组织的应用系统及相关系统基础架构的开发和采购的授权审批，系统开发的方法论，开发环境、测试环境、生产环境严格分离情况，系统的测试、审核、移植到生产环境等环节。

(四)系统运行管理。内部审计人员应当关注组织的信息技术资产管理、系统容量管理、系统物理环境控制、系统和数据备份及恢复管理、问题管理和系统的日常运行管理等。

第二十一条 业务流程层面应用控制是指在业务流程层面为了合理保证应用系统准确、完整、及时完成业务数据的生成、记录、处理、报告等功能而设计、执行的信息技术控制。对业务流程层面应用控制的审计应当考虑下列与数据输入、数据处理以及数据输出环节相关的控制活动：

(一)授权与批准；

(二)系统配置控制；

(三)异常情况报告和差错报告；

(四)接口/转换控制；

(五)一致性核对；

(六)职责分离；

(七)系统访问权限；

(八)系统计算；

(九)其他。

第二十二条 信息系统审计除上述常规的审计内容外，内部审计人员还可以根据组织当前面临的特殊风险或者需求，设计专项审计以满足审计战略，具体包括(但不限于)下列领域：

(一)信息系统开发实施项目的专项审计；

(二)信息系统安全专项审计；

(三)信息技术投资专项审计；

(四)业务连续性计划的专项审计；

(五)外包条件下的专项审计；

(六)法律、法规、行业规范要求的内部控制合规性专项审计；

(七)其他专项审计。

第六章 信息系统审计的方法

第二十三条 内部审计人员在进行信息系统审计时，可以单独或者综合运用下列审计方法获取相关、可靠和充分的审计证据，以评估信息系统内部控制的设计合理性和运行有效性：

(一)询问相关控制人员；

(二)观察特定控制的运用；

(三)审阅文件和报告及计算机文档或者日志；

(四)根据信息系统的特性进行穿行测试，追踪交易在信息系统中的处理过程；

(五)验证系统控制和计算逻辑；

(六)登录信息系统进行系统查询；

(七)利用计算机辅助审计工具和技术；

(八)利用其他专业机构的审计结果或者组织对信息技术内部控制的自我评估结果；

(九)其他。

第二十四条 信息系统审计人员可以根据实际需要利用计算机辅助审计工具和技术进行数据的验证、关键系统控制/计算的逻辑验证、审计样本选取等；内部审计人员在充分考虑安全的前提下，可以利用可靠的信息安全侦测工具进行渗透性测试等。

第二十五条 内部审计人员在对信息系统内部控制进行评估时，应当获得相关、可靠和充分的审计证据以支持审计结论完成审计目标，并应当充分考虑系统自动控制的控制效果的一致性及可靠性的特点，在选取审计样本时可以根据情况适当减少样本量。在系统未发生变更的情况下，可以考虑适当降低审计频率。

第二十六条 内部审计人员在审计过程中应当在风险评估的基础上，依据信息系统内部控制评估的结果重新评估审计风险，并根据剩余风险设计进一步的审计程序。

第七章 附 则

第二十七条 本准则由中国内部审计协会发布并负责解释。

第二十八条 本准则自 2014 年 1 月 1 日起施行。

内部审计具体准则第 2204 号——对舞弊行为进行检查和报告

（中内协 2013 年第一号公告）

第一章 总 则

第一条 为了规范内部审计机构和内部审计人员在审计活动中对舞弊行为进行检查和报告，提高审计效率和效果，根据《内部审计基本准则》，制定本准则。

第二条 本准则所称舞弊，是指组织内、外人员采用欺骗等违法违规手段，损害或者谋取组织利益，同时可能为个人带来不正当利益的行为。

第三条 本准则适用于各类组织的内部审计机构、内部审计人员及其从事的内部审计活动。其他组织或者人员接受委托、聘用，承办或者参与内部审计业务，也应当遵守本准则。

第二章 一般原则

第四条 组织管理层对舞弊行为的发生承担责任。建立、健全并有效实施内部控制，预防、发现及纠正舞弊行为是组织管理层的责任。

第五条 内部审计机构和内部审计人员应当保持应有的职业谨慎，在实施的审计活动中关注可能发生的舞弊行为，并对舞弊行为进行检查和报告。

第六条 内部审计机构和内部审计人员在检查和报告舞弊行为时，应当从下列方面保持应有的职业谨慎：

（一）具有识别、检查舞弊的基本知识和技能，在实施审计项目时警惕相关方面可能存在的舞弊风险；

（二）根据被审计事项的重要性、复杂性以及审计成本效益，合理关注和检查可能存在的舞弊行为；

（三）运用适当的审计职业判断，确定审计范围和审计程序，以检查、发现和报告舞弊行为；

（四）发现舞弊迹象时，应当及时向适当管理层报告，提出进一步检查的建议。

第七条 由于内部审计并非专为检查舞弊而进行，即使审计人员以应有的职业谨慎执行了必要的审计程序，也不能保证发现所有的舞弊行为。

第八条 损害组织经济利益的舞弊，是指组织内、外人员为谋取自身利益，采用欺骗等违法违规手段使组织经济利益遭受损害的不正当行为。具体包括下列情形：

（一）收受贿赂或者回扣；

（二）将正常情况下可以使组织获利的交易事项转移给他人；

（三）贪污、挪用、盗窃组织资产；

（四）使组织为虚假的交易事项支付款项；

（五）故意隐瞒、错报交易事项；

（六）泄露组织的商业秘密；

（七）其他损害组织经济利益的舞弊行为。

第九条 谋取组织经济利益的舞弊，是指组织内部人员为使本组织获得不当经济利益而其自身也可能获得相关利益，采用欺骗等违法违规手段，损害国家和其他组织或者个人利益的不正当行为。

具体包括下列情形：

（一）支付贿赂或者回扣；

（二）出售不存在或者不真实的资产；

（三）故意错报交易事项、记录虚假的交易事项，使财务报表使用者误解而作出不适当的投融资决策；

（四）隐瞒或者删除应当对外披露的重要信息；

（五）从事违法违规的经营活动；

（六）偷逃税款；

（七）其他谋取组织经济利益的舞弊行为。

第十条　内部审计人员在检查和报告舞弊行为时，应当特别注意做好保密工作。

第三章　评估舞弊发生的可能性

第十一条　内部审计人员在审查和评价业务活动、内部控制和风险管理时，应当从以下方面对舞弊发生的可能性进行评估：

（一）组织目标的可行性；

（二）控制意识和态度的科学性；

（三）员工行为规范的合理性和有效性；

（四）业务活动授权审批制度的有效性；

（五）内部控制和风险管理机制的有效性；

（六）信息系统运行的有效性。

第十二条　内部审计人员除考虑内部控制的固有局限外，还应当考虑下列可能导致舞弊发生的情况：

（一）管理人员品质不佳；

（二）管理人员遭受异常压力；

（三）业务活动中存在异常交易事项；

（四）组织内部个人利益、局部利益和整体利益存在较大冲突。

第十三条　内部审计人员应当根据可能发生的舞弊行为的性质，向组织适当管理层报告，同时就需要实施的舞弊检查提出建议。

第四章　舞弊的检查

第十四条　舞弊的检查是指实施必要的检查程序，以确定舞弊迹象所显示的舞弊行为是否已经发生。

第十五条　内部审计人员进行舞弊检查时，应当根据下列要求进行：

（一）评估舞弊涉及的范围及复杂程度，避免向可能涉及舞弊的人员提供信息或者被其所提供的信息误导；

（二）设计适当的舞弊检查程序，以确定舞弊者、舞弊程度、舞弊手段及舞弊原因；

（三）在舞弊检查过程中，与组织适当管理层、专业舞弊调查人员、法律顾问及其他专家保持必要的沟通；

（四）保持应有的职业谨慎，以避免损害相关组织或者人员的合法权益。

第五章　舞弊的报告

第十六条　舞弊的报告是指内部审计人员以书面或者口头形式向组织适当管理层或者董事会报告舞弊检查情况及结果。

第十七条　在舞弊检查过程中，出现下列情况时，内部审计人员应当及时向组织适当管理层报告：

（一）可以合理确信舞弊已经发生，并需要深入调查；

（二）舞弊行为已经导致对外披露的财务报表严重失实；

（三）发现犯罪线索，并获得了应当移送司法机关处理的证据。

第十八条　内部审计人员完成必要的舞弊检查程序后，应当从舞弊行为的性质和金额两方面考虑其严重程度，并出具相应的审计报告。审计报告的内容主要包括舞弊行为的性质、涉及人员、舞弊手段及原因、检查结论、处理意见、提出的建议及纠正措施。

第六章 附 则

第十九条 本准则由中国内部审计协会发布并负责解释。

第二十条 本准则自 2014 年 1 月 1 日起施行。

内部审计具体准则第 2301 号——内部审计机构的管理

（中内协 2013 年第一号公告）

第一章 总 则

第一条 为了规范内部审计机构的管理工作，保证审计质量，提高审计效率，根据《内部审计基本准则》，制定本准则。

第二条 本准则所称内部审计机构的管理，是指内部审计机构对内部审计人员和内部审计活动实施的计划、组织、领导、控制和协调工作。

第三条 本准则适用于各类组织的内部审计机构。

第二章 一般原则

第四条 内部审计机构的管理主要包括下列目的：

（一）实现内部审计目标；

（二）促使内部审计资源得到充分和有效的利用；

（三）提高内部审计质量，更好地履行内部审计职责；

（四）促使内部审计活动符合内部审计准则的要求。

第五条 内部审计机构应当接受组织董事会或者最高管理层的领导和监督，内部审计机构负责人应当对内部审计机构管理的适当性和有效性负主要责任。

第六条 内部审计机构应当制定内部审计章程，对内部审计的目标、职责和权限进行规范，并报经董事会或者最高管理层批准。

内部审计章程应当包括下列主要内容：

（一）内部审计目标；

（二）内部审计机构的职责和权限；

（三）内部审计范围；

（四）内部审计标准；

（五）其他需要明确的事项。

第七条 内部审计机构应当建立合理、有效的组织结构，多层级组织的内部审计机构可以实行集中管理或者分级管理。

实行集中管理的内部审计机构可以对下级组织实行内部审计派驻制或者委派制。

实行分级管理的内部审计机构应当通过适当的组织形式和方式对下级内部审计机构进行指导和监督。

第八条 内部审计机构管理的内容主要包括下列方面：

（一）审计计划；

（二）人力资源；

（三）财务预算；

（四）组织协调；

（五）审计质量；

（六）其他事项。

第九条 内部审计机构的管理可以分为部门管理和项目管理。部门管理主要包括内部审计机构运行过程中的一般性行政管理。项目管理主要包括内部审计机构对审计项目业务工作的管理与控制。

第三章 部门管理的内容和方法

第十条 内部审计机构应当根据组织的风险状况、管理需要及审计资源的配置情况，编制年度审计计划。

第十一条 内部审计机构应当根据内部审计目标和管理需要，加强人力资源管理，保证人力资源利用的充分性和有效性，主要包括下列内容：

（一）内部审计人员的聘用；

（二）内部审计人员的培训；

（三）内部审计人员的工作任务安排；

（四）内部审计人员专业胜任能力分析；

（五）内部审计人员的业绩考核与激励机制；

（六）其他有关事项。

第十二条 内部审计机构负责人应当根据年度审计计划和人力资源计划编制财务预算。编制财务预算时应当考虑下列因素：

（一）内部审计人员的数量；

（二）内部审计工作的安排；

（三）内部审计机构的行政管理活动；

（四）内部审计人员的教育及培训要求；

（五）内部审计工作的研究和发展；

（六）其他有关事项。

第十三条 内部审计机构应当根据组织的性质、规模和特点，编制内部审计工作手册，以指导内部审计人员的工作。内部审计工作手册主要包括下列内容：

（一）内部审计机构的目标、权限和职责的说明；

（二）内部审计机构的组织、管理及工作说明；

（三）内部审计机构的岗位设置及岗位职责说明；

（四）主要审计工作流程；

（五）内部审计质量控制制度、程序和方法；

（六）内部审计人员职业道德规范和奖惩措施；

（七）内部审计工作中应当注意的事项。

第十四条 内部审计机构和内部审计人员应当在组织董事会或者最高管理层的支持和监督下，做好与组织其他机构和外部审计的协调工作。

第十五条 内部审计机构应当接受组织董事会或者最高管理层的领导和监督，在日常工作中保持有效的沟通，向其定期提交工作报告，适时提交审计报告。

第十六条 内部审计机构应当制定内部审计质量控制制度，通过实施督导、分级复核、审计质量内部评估、接受审计质量外部评估等，保证审计质量。

第四章 项目管理的内容和方法

第十七条 内部审计机构应当根据年度审计计划确定的审计项目，编制项目审计方案并组织实施，在实施过程中做好审计项目管理与控制工作。

第十八条 在审计项目管理过程中，内部审计机构负责人与项目负责人应当充分履行职责，以确保审计质量，提高审计效率。

第十九条 内部审计机构负责人在项目管理中应当履行下列职责：

（一）选派审计项目负责人并对其进行有效的授权；

（二）审定项目审计方案；

（三）督导审计项目的实施；

（四）协调、沟通审计过程中发现的重大问题；

（五）审定审计报告；

（六）督促被审计单位对审计发现问题的整改；

（七）其他有关事项。

第二十条 审计项目负责人应当履行的职责包括下列方面：

（一）编制项目审计方案；

（二）组织审计项目的实施；

（三）对项目审计工作进行现场督导；

（四）向内部审计机构负责人及时汇报审计进展及重大审计发现；

（五）组织编制审计报告；

（六）组织实施后续审计；

（七）其他有关事项。

第二十一条 内部审计机构可以采取下列辅助管理工具，完善和改进项目管理工作，保证审计项目管理与控制的有效性：

（一）审计工作授权表；

（二）审计任务清单；

（三）审计工作底稿检查表；

（四）审计文书跟踪表；

（五）其他辅助管理工具。

第二十二条 内部审计机构应当建立审计项目档案管理制度，加强审计工作底稿的归档、保管、查询、复制、移交和销毁等环节的管理工作，妥善保存审计档案。

第五章 附 则

第二十三条 本准则由中国内部审计协会发布并负责解释。

第二十四条 本准则自 2014 年 1 月 1 日起施行。

内部审计具体准则第 2302 号——与董事会或者最高管理层的关系

（中内协 2013 年第一号公告）

第一章 总 则

第一条 为了明确和协调内部审计机构与董事会或者最高管理层的关系，保证内部审计的独立性，增强内部审计工作的有效性，根据《内部审计基本准则》，制定本准则。

第二条 本准则所称与董事会或者最高管理层的关系，是指内部审计机构因其隶属于董事会或者最高管理层所形成的接受其领导并向其报告的组织关系。

第三条 本准则适用于各类组织的内部审计机构。

第二章 一般原则

第四条 内部审计机构应当接受董事会或者最高管理层的领导，保持与董事会或最高管理层的良好关系，实现董事会、最高管理层与内部审计在组织治理中的协同作用。

第五条 对内部审计机构有管理权限的董事会或者类似的机构包括：

(一)董事会；
(二)董事会下属的审计委员会；
(三)非盈利组织的理事会。

第六条 对内部审计机构有管理权限的最高管理层包括：
(一)总经理；
(二)与总经理级别相当的人员。

第七条 内部审计机构与董事会或者最高管理层的关系主要包括：
(一)接受董事会或者最高管理层的领导；
(二)向董事会或者最高管理层报告工作。

第八条 内部审计机构负责人应当积极寻求董事会或者最高管理层对内部审计工作的理解与支持。

第九条 在设立监事会的组织中，内部审计机构应当在授权范围内配合监事会的工作。

第三章 接受董事会或者最高管理层的领导

第十条 内部审计机构接受董事会或者最高管理层领导的方式主要包括：
(一)报请董事会或者最高管理层批准审计工作事项；
(二)接受并完成董事会或者最高管理层的业务委派。

第十一条 内部审计机构应当向董事会或者最高管理层报请批准的事项主要包括：
(一)内部审计章程；
(二)年度审计计划；
(三)人力资源计划；
(四)财务预算；
(五)内部审计政策的制定及变动。

第十二条 内部审计机构除实施常规审计业务外，还可以接受董事会或者最高管理层委派的下列事项：
(一)进行舞弊检查；
(二)实施专项审计；
(三)开展经济责任审计；
(四)评价社会审计组织的工作质量；
(五)其他。

第四章 向董事会或者最高管理层报告

第十三条 内部审计机构应当与董事会或者最高管理层保持有效的沟通，除向董事会或者最高管理层提交审计报告之外，还应当定期提交工作报告，一般每年至少一次。

第十四条 内部审计机构的工作报告应当概括、清晰地说明内部审计工作的开展以及内部审计资源的使用情况，主要包括下列内容：
(一)年度审计计划的执行情况；
(二)审计项目涉及范围及审计意见的总括说明；
(三)对组织业务活动、内部控制和风险管理的总体评价；
(四)审计中发现的差异和缺陷的汇总及其原因分析；
(五)审计发现的重要问题和建议；
(六)财务预算的执行情况；
(七)人力资源计划的执行情况；
(八)内部审计工作的效率和效果；
(九)董事会或者最高管理层要求或关注的其他内容。

第十五条 内部审计机构提交工作报告时，还应当对年度审计计划、财务预算和人力资源计划执行中出现的重大偏差及原因做出说明，并提出改进措施。

第十六条 内部审计机构应当及时向董事会或者最高管理层提交审计报告，审计报告应当清晰反映审计发现的重要问题、审计结论、意见和建议。

第十七条 日常工作中，内部审计机构还应当与董事会或者最高管理层就下列事项进行交流：

（一）董事会或者最高管理层关注的领域；

（二）内部审计活动满足董事会或者最高管理层信息需求的程度；

（三）内部审计的新趋势和最佳实务；

（四）内部审计与外部审计之间的协调。

第五章 附 则

第十八条 本准则由中国内部审计协会发布并负责解释。

第十九条 本准则自 2014 年 1 月 1 日起施行。

内部审计具体准则第 2303 号——内部审计与外部审计的协调

（中内协 2013 年第一号公告）

第一章 总 则

第一条 为了规范内部审计与外部审计的协调工作，提高审计效率和效果，根据《内部审计基本准则》，制定本准则。

第二条 本准则所称内部审计与外部审计的协调，是指内部审计机构与社会审计组织、国家审计机关在审计工作中的沟通与合作。

第三条 本准则适用于各类组织的内部审计机构。

第二章 一般原则

第四条 内部审计应当做好与外部审计的协调工作，以实现下列目的：

（一）保证充分、适当的审计范围；

（二）减少重复审计，提高审计效率；

（三）共享审计成果，降低审计成本；

（四）持续改进内部审计机构工作。

第五条 内部审计与外部审计的协调工作，应当在组织董事会或者最高管理层的支持和监督下，由内部审计机构负责人具体组织实施。

第六条 内部审计机构负责人应当定期对内外部审计的协调工作进行评估，并根据评估结果及时调整、改进内外部审计协调工作。

第七条 内部审计机构应当在外部审计对本组织开展审计时做好协调工作。

第三章 协调的方法和内容

第八条 内部审计与外部审计之间的协调，可以通过定期会议、不定期会面或者其他沟通方式进行。

第九条 内部审计与外部审计的协调工作包括下列方面：

（一）与外部审计机构和人员的沟通；

（二）配合外部审计工作；

（三）评价外部审计工作质量；

（四）利用外部审计工作成果。

第十条 内部审计与外部审计应当在审计范围上进行协调。在编制年度审计计划和项目审计方案时，应当考虑双方的工作，以确保充分、适当的审计范围，最大限度减少重复性工作。

第十一条 在条件允许的情况下，内部审计与外部审计应当在必要的范围内互相交流相关审计工作底稿，以便利用对方的工作成果。

第十二条 内部审计与外部审计应当相互参阅审计报告。

第十三条 内部审计与外部审计应当在具体审计程序和方法上相互沟通，达成共识，以促进双方的合作。

第四章 附 则

第十四条 本准则由中国内部审计协会发布并负责解释。

第十五条 本准则自 2014 年 1 月 1 日起施行。

内部审计具体准则第 2304 号——利用外部专家服务

（中内协 2013 年第一号公告）

第一章 总 则

第一条 为了规范内部审计机构利用外部专家服务的行为，提高审计质量和效率，根据《内部审计基本准则》，制定本准则。

第二条 本准则所称利用外部专家服务，是指内部审计机构聘请在某一领域中具有专门技能、知识和经验的人员或者单位提供专业服务，并在审计活动中利用其工作结果的行为。

第三条 本准则适用于各类组织的内部审计机构。

第二章 一般原则

第四条 内部审计机构可以根据实际需要利用外部专家服务。利用外部专家服务是为了获取相关、可靠和充分的审计证据，保证审计工作的质量。

第五条 外部专家应当对其所选用的假设、方法及其工作结果负责。

第六条 内部审计机构应当对利用外部专家服务结果所形成的审计结论负责。

第七条 内部审计机构和内部审计人员可以在下列方面利用外部专家服务：

（一）特定资产的评估；

（二）工程项目的评估；

（三）产品或者服务质量问题；

（四）信息技术问题；

（五）衍生金融工具问题；

（六）舞弊及安全问题；

（七）法律问题；

（八）风险管理问题；

（九）其他。

第八条 外部专家可以由内部审计机构从组织外部聘请，也可以在组织内部指派。

第三章 对外部专家的聘请

第九条 内部审计机构聘请外部专家时，应当对外部专家的独立性、客观性进行评价，评价时应当考虑下列影响因素：

（一）外部专家与被审计单位之间是否存在重大利益关系；

（二）外部专家与被审计单位董事会、最高管理层是否存在密切的私人关系；

（三）外部专家与审计事项之间是否存在专业相关性；

(四)外部专家是否正在或者即将为组织提供其他服务;

(五)其他可能影响独立性、客观性的因素。

第十条 在聘请外部专家时,内部审计机构应当对外部专家的专业胜任能力进行评价,考虑其专业资格、专业经验与声望等。

第十一条 在利用外部专家服务前,内部审计机构应当与外部专家签订书面协议。书面协议主要包括下列内容:

(一)外部专家服务的目的、范围及相关责任;

(二)外部专家服务结果的预定用途;

(三)在审计报告中可能提及外部专家的情形;

(四)外部专家利用相关资料的范围;

(五)报酬及其支付方式;

(六)对保密性的要求;

(七)违约责任。

第四章 对外部专家服务结果的评价和利用

第十二条 内部审计机构在利用外部专家服务结果作为审计证据时,应当评价其相关性、可靠性和充分性。

第十三条 内部审计机构在评价外部专家服务结果时,应当考虑下列影响因素:

(一)外部专家选用的假设和方法的适当性;

(二)外部专家所用资料的相关性、可靠性和充分性。

第十四条 在利用外部专家服务时,如果有必要,应当在审计报告中提及。

第十五条 内部审计机构对外部专家服务评价后,如果认为其服务的结果无法形成相关、可靠和充分的审计证据,应当通过实施其他替代审计程序补充获取相应的审计证据。

第五章 附 则

第十六条 本准则由中国内部审计协会发布并负责解释。

第十七条 本准则自 2014 年 1 月 1 日起施行。

内部审计具体准则第 2305 号——人际关系

(中内协 2013 年第一号公告)

第一章 总 则

第一条 为了规范内部审计人员与组织内、外相关机构和人员建立和保持良好的人际关系,保证内部审计工作顺利而有效地进行,提高审计效率和效果,根据《内部审计基本准则》,制定本准则。

第二条 本准则所称人际关系,是指内部审计人员与组织内外相关机构和人员之间的相互交往与联系。

第三条 本准则适用于各类组织的内部审计机构中的内部审计人员。其他组织或者人员接受委托、聘用,承办或者参与内部审计业务,也应当遵守本准则。

第二章 一般原则

第四条 内部审计人员在从事内部审计活动中,需要与下列机构和人员建立人际关系:

(一)组织适当管理层和相关人员;

(二)被审计单位和相关人员;

(三)组织内部各职能部门和相关人员;

(四)组织外部相关机构和人员;

（五）内部审计机构中的其他成员。

第五条 内部审计人员应当与组织内外相关机构和人员进行必要的沟通，保持良好的人际关系，以实现下列目的：

（一）在内部审计工作中与相关机构和人员建立相互信任的关系，促进彼此的交流与沟通；

（二）在内部审计工作中取得相关机构和人员的理解和配合，及时获得相关、可靠和充分的信息，提高内部审计效率；

（三）保证内部审计意见得到有效落实，实现内部审计目标。

第六条 内部审计人员应当具备建立良好人际关系的意识和能力。

第七条 内部审计人员在人际关系的处理中应当注意保持独立性和客观性。

第八条 内部审计人员应当在遵循有关法律、法规的情况下灵活、妥善地处理人际关系。

第九条 内部审计机构负责人应当定期对内部审计人员的人际关系进行评价，并根据评价结果及时采取措施改进人际关系。

第三章 处理人际关系的方式和方法

第十条 内部审计人员在处理人际关系时，应当主动、及时、有效地进行沟通，以保证信息的快捷传递和充分交流。

第十一条 内部审计人员处理人际关系时采用的沟通类型包括：

（一）人员沟通，即内部审计人员与相关人员之间的沟通。

（二）组织沟通，即内部审计机构在特定组织环境下的沟通，主要包括与上下级部门之间的信息交流，与组织内各平行部门之间的信息交流，信息在非平行、非隶属部门之间的交流。

第十二条 内部审计人员处理人际关系时采用的主要沟通方式有口头沟通和书面沟通两种。

口头沟通，即内部审计人员利用口头语言进行信息交流。书面沟通，即内部审计人员利用书面语言进行信息交流。

第十三条 内部审计人员人际关系冲突的原因主要包括：

（一）缺乏必要、及时的信息沟通；

（二）对同一事物的认识存在分歧，导致不同的评价；

（三）各自的价值观、利益观不一致；

（四）职业道德信念的差异。

第十四条 内部审计人员应当及时、妥善地化解人际冲突，可以采取的方法主要包括：

（一）暂时回避，寻找适当的时机再进行协调；

（二）说服、劝导；

（三）适当的妥协；

（四）互相协作；

（五）向适当管理层报告，寻求协调；

（六）其他。

第十五条 内部审计人员应当积极、主动地与对内部审计工作负有领导责任的组织适当管理层进行沟通，可以采取的沟通途径主要包括：

（一）与组织适当管理层就审计计划进行沟通，以达成共识；

（二）咨询组织适当管理层，了解内部控制环境；

（三）根据审计发现的问题和作出的审计结论，及时向组织适当管理层提出审计意见和建议；

（四）出具书面审计报告之前，利用各种沟通方式征求组织适当管理层对审计结论、意见和建议的意见。

第十六条 内部审计人员应当与被审计单位建立并保持良好的人际关系，可以采取下列沟通途径获得被审计单位的理解、配合和支持：

（一）在了解被审计单位基本情况时，应当进行及时、有效的沟通和协调；

（二）通过询问、会谈、会议、问卷调查等沟通方式，了解被审计单位业务活动、内部控制和风险管理的情况；

（三）通过口头方式或者其他非正式方式，与被审计单位交流审计中发现的问题；

(四)在审计报告提交之前,以书面方式与被审计单位进行结果沟通。

第十七条 内部审计人员应当与组织内其他职能部门建立并保持良好的人际关系,确保在下列方面得到支持与配合:

(一)了解组织及相关职能部门的情况;

(二)寻求审计中发现问题的解决方法;

(三)落实审计结论、意见和建议;

(四)有效利用审计成果;

(五)其他。

第十八条 内部审计人员应当与组织外部相关机构和人员之间建立并保持良好的人际关系,以获得更多的认同、支持及协助。

第十九条 内部审计人员应当重视内部审计机构成员间的人际关系,相互协作,相互包容。

第四章 附 则

第二十条 本准则由中国内部审计协会发布并负责解释。

第二十一条 本准则自2014年1月1日起施行。

内部审计具体准则第2306号——内部审计质量控制

(中内协2013年第一号公告)

第一章 总 则

第一条 为了规范内部审计质量控制工作,保证内部审计质量,根据《内部审计基本准则》,制定本准则。

第二条 本准则所称内部审计质量控制,是指内部审计机构为保证其审计质量符合内部审计准则的要求而制定和执行的制度、程序和方法。

第三条 本准则适用于各类组织的内部审计机构和内部审计人员。

第二章 一般原则

第四条 内部审计机构负责人对制定并实施系统、有效的质量控制制度与程序负主要责任。

第五条 内部审计质量控制主要包括下列目标:

(一)保证内部审计活动遵循内部审计准则和本组织内部审计工作手册的要求;

(二)保证内部审计活动的效率和效果达到既定要求;

(三)保证内部审计活动能够增加组织的价值,促进组织实现目标。

第六条 内部审计质量控制分为内部审计机构质量控制和内部审计项目质量控制。

第七条 内部审计机构负责人和审计项目负责人通过督导、分级复核、质量评估等方式对内部审计质量进行控制。

第三章 内部审计机构质量控制

第八条 内部审计机构负责人对内部审计机构质量负责。

第九条 内部审计机构质量控制需要考虑下列因素:

(一)内部审计机构的组织形式及授权状况;

(二)内部审计人员的素质与专业结构;

(三)内部审计业务的范围与特点;

(四)成本效益原则的要求;

(五)其他。

第十条 内部审计机构质量控制主要包括下列措施:

(一)确保内部审计人员遵守职业道德规范;

(二)保持并不断提升内部审计人员的专业胜任能力;

(三)依据内部审计准则制定内部审计工作手册;

(四)编制年度审计计划及项目审计方案;

(五)合理配置内部审计资源;

(六)建立审计项目督导和复核机制;

(七)开展审计质量评估;

(八)评估审计报告的使用效果;

(九)对审计质量进行考核与评价。

第四章 内部审计项目质量控制

第十一条 内部审计项目负责人对审计项目质量负责。

第十二条 内部审计项目质量控制应当考虑下列因素:

(一)审计项目的性质及复杂程度;

(二)参与项目审计的内部审计人员的专业胜任能力;

(三)其他。

第十三条 内部审计项目质量控制主要包括下列措施:

(一)指导内部审计人员执行项目审计方案;

(二)监督审计实施过程;

(三)检查已实施的审计工作。

第十四条 内部审计项目负责人在指导内部审计人员开展项目审计时,应当告知项目组成员下列事项:

(一)项目组成员各自的责任;

(二)被审计项目或者业务的性质;

(三)与风险相关的事项;

(四)可能出现的问题;

(五)其他。

第十五条 内部审计项目负责人监督内部审计实施过程时,应当履行下列职责:

(一)追踪业务的过程;

(二)解决审计过程中出现的重大问题,根据需要修改原项目审计方案;

(三)识别在审计过程中需要咨询的事项;

(四)其他。

第十六条 内部审计项目负责人在检查已实施的审计工作时,应当关注下列内容:

(一)审计工作是否已按照审计准则和职业道德规范的规定执行;

(二)审计证据是否相关、可靠和充分;

(三)审计工作是否实现了审计目标。

第四章 附 则

第十七条 本准则由中国内部审计协会发布并负责解释。

第十八条 本准则自 2014 年 1 月 1 日起施行。

内部审计具体准则第 2307 号——评价外部审计工作质量

（中内协 2013 年第一号公告）

第一章　总　　则

第一条　为规范内部审计机构对外部审计工作质量的评价工作，有效利用外部审计成果，提高内部审计效率和效果，根据《内部审计基本准则》，制定本准则。

第二条　本准则所称评价外部审计工作质量，是指由内部审计机构对外部审计工作过程及结果的质量所进行的评价活动。

第三条　本准则适用于各类组织的内部审计机构。

第二章　一般原则

第四条　内部审计机构应当根据适当的标准对外部审计工作质量进行客观评价，合理利用外部审计成果。

第五条　评价外部审计工作质量，可以按照评价准备、评价实施和评价报告三个阶段进行。

第六条　内部审计机构应当挑选具有足够专业胜任能力的人员对外部审计工作质量进行评价。

第三章　评价准备

第七条　在评价外部审计工作质量之前，内部审计机构应当考虑下列因素：

（一）评价活动的必要性；

（二）评价活动的可行性；

（三）评价活动预期结果的有效性。

第八条　在决定对外部审计工作质量进行评价后，内部审计机构应当编制适当的评价方案。评价方案应当包括下列主要内容：

（一）评价目的；

（二）评价的主要内容与步骤；

（三）评价的依据；

（四）评价工作的主要方法；

（五）评价工作的时间安排；

（六）评价人员的分工。

第九条　内部审计机构应当取得反映外部审计工作质量的审计报告及其他相关资料。

第十条　内部审计机构应当详细了解外部审计所采用的审计依据、实施的审计过程及其在审计过程中与组织之间进行协调的情况。

第十一条　如有必要，内部审计机构可以与外部审计机构就评价事项进行适当的沟通。

第四章　评价实施

第十二条　内部审计机构在评价外部审计工作质量时，应当重点关注下列内容：

（一）外部审计机构和人员的独立性与客观性；

（二）外部审计人员的专业胜任能力；

（三）外部审计人员的职业谨慎性；

（四）外部审计机构的信誉；

（五）外部审计所采用审计程序及方法的适当性；

（六）外部审计所采用审计依据的有效性；

(七)外部审计所获取审计证据的相关性、可靠性和充分性。

第十三条 内部审计机构在评价外部审计工作质量时,应当充分考虑其与内部审计活动的差异。

第十四条 内部审计机构在评价外部审计工作质量时,可以采用审核、观察、询问等常用方法,以及与有关方面进行沟通、协调的方法。

第十五条 内部审计机构应当将评价工作过程及结果记录于审计工作底稿中。

第五章 评价报告

第十六条 内部审计机构做出外部审计工作质量评价结论之前,应当征求组织内部有关部门和人员的意见。必要时,内部审计人员也可以就评价结论与被评价的外部审计机构进行沟通。

第十七条 内部审计机构完成外部审计工作质量评价之后,应当编制评价报告。评价报告一般包括下列要素:

(一)评价报告的名称;

(二)被评价外部审计机构的名称;

(三)评价目的;

(四)评价的主要内容及方法;

(五)评价结果;

(六)评价报告编制人员及编制时间。

第六章 附 则

第十八条 本准则由中国内部审计协会发布并负责解释。

第十九条 本准则自 2014 年 1 月 1 日起施行。

附件

关于修订《中国内部审计准则》的说明

为了促进内部审计的规范化和职业化建设,提高审计质量,防范审计风险,推动内部审计事业健康发展,中国内部审计协会对 2003 年以来发布的内部审计准则进行了修订。现将修订情况说明如下:

一、关于准则修订的必要性

中国内部审计协会于 2003 年发布了首批内部审计准则,包括《内部审计基本准则》、《内部审计人员职业道德规范》以及 10 个内部审计具体准则。此后又陆续发布了五批共 19 个内部审计具体准则和 5 个实务指南,形成了由内部审计基本准则、内部审计人员职业道德规范、内部审计具体准则和内部审计实务指南构成的较为完善的内部审计准则体系。内部审计准则的发布和实施有力地促进了我国内部审计工作的规范化建设。实践证明,这些准则是符合一定历史条件下内部审计工作发展要求的,也是被广大内部审计机构和内部审计人员接受和认可的,至今仍有很强的指导意义。

近年来,我国社会经济形势发生了深刻变化,内部审计工作也得到了深入发展。据不完全统计,截止到 2012 年,全国已有 5 万多个内部审计机构,专兼职内部审计人员近 20 万人。随着经济社会的发展,各类组织对内部审计的重视程度日益提高,内部审计在理念、目标、职能和内容等方面发生了很大变化,内部审计面临着新的发展机遇和挑战,对内部审计准则也提出了新的更高的要求。

一是内部审计理念发生了重大变化。国际内部审计师协会(IIA)根据内部审计实务的最新发展变化,多次对内部审计实务框架的结构和内容进行更新和调整,最近的两次调整分别是在 2010 年和 2012 年。这些修订和完善充分反映内部审计发展的最新理念,如更加重视内部审计在促进组织改善治理、风险管理和内部控制中发挥作用,以及重视内部审计的价值增值功能等。随着我国内部审计的转型和发展,内部审计的理念、目标和定位也逐渐由“查错纠弊”向防范风险和增加价值方向转变。二是广大内部审计机构和内部审计人员在审计实践中,不断创新审计方式方法,拓展审计领域,积累了许多宝贵经验,需要加以总结并通过准则予以规定;三是近年来,审计机关、监管部门以及相关部门出台了一系列与内部审计相关的制度规范，对内部审计工作作出了更详细的规定，提出了更高的要求。而原有准则中的一些规定已不能适应新形势下内部审计工作的发展要求。四是受制定时我国内部审计发展水平及认识水平的限制，原准则体系存在着逻辑性和系统性的不足，如准则之间缺乏内在的逻辑关系，有些准则间部分内容存在交叉重复。基于以上原因需要对内部审计准则加以修订，以进一步提高准则的科学性、适用性和先进性。

二、关于准则修订的主要原则

此次内部审计准则修订的主要原则为：一是保持现有准则体系的连续性和稳定性。保留被内部审计实践证明比较成熟的规定，在传承、发展的基础上，对内容作进一步调整、完善和优化；二是增强准则体系的逻辑性和系统性。通过对具体准则的分类以及对准则体系的重新编码，达到进一步完善与优化准则体系结构的目的；三是突出准则的适用性和前瞻性。在总结近年来内部审计实践的基础上，适当参考我国国家审计准则和注册会计师执业准则的有益内容，使修订后的准则符合内部审计理论与实务发展的需要，突出其适用性。同时充分吸收国际内部审计准则的最新成果，借鉴其先进内容，努力与国际惯例相衔接，突出其前瞻性，以更好地指导我国内部审计实践。

三、关于准则修订的过程

（一）确定准则修订方案

2012 年 2 月，中国内部审计协会第六届理事会准则委员会召开会议研究准则修订方案，指定时现、范经华两位准则委员分别提出侧重点和落脚点不同的准则修订方案。协会准则与学术部在充分征求全体准则委员意见的基础上，拟定了初步的准则修订方案并提交准则委员会讨论。2012 年 5 月，准则委员会召开会议，研究确定了修订方案的具体内容和修订工作的总体目标和时间安排，并对准则修订任务进行了分工。由刘济平承担《内部审计基本准则》的修订任务，安广实承担《内部审计人员职业道德规范》的修订任务，冯均科承担《内部审计质量控制》准则的修订任务，黄晓东和毕秀玲共同承担《重要性与审计风险》准则的修订任务，尹维劼承担《内部控制审计》准则的修订任务，时现承担《绩效审计》准则的修订任务。

（二）起草准则修订稿初稿

按照准则修订方案和任务分工，2012 年 6—7 月，各位委员按照修订方案分别起草或修改相关准则，并及时提交了初稿。在此基础上，准则与学术部对准则体系结构、内容进一步梳理和修改，于 8 月份形成准则修订稿初稿，并向准则委员征求意见。

（三）准则讨论修改阶段

2012 年 8 月，准则委员会召开会议对准则修订稿初稿进行讨论，解决修订过程中遇到的问题，进一步明确了修订思路，并根据情况对修订方案做出适当调整。执笔委员根据会议意见，对准则初稿进行了修改和完善。准则与学术部向部分准则委员征求了对修改稿的意见，并及时向执笔委员反馈。同时，准则与学术部于 2012 年 10—11 月，对准则体系结构、内容再次进行了调整，经准则委员会审核后于 2013 年 1 月形成了准则征求意见稿。

（四）面向社会征求意见阶段

2013 年 4 月，中国内部审计协会网站公布了准则征求意见稿，面向社会广泛征求意见。准则与学术部根据反馈意见进行了修改和补充。

（五）准则修订稿审定阶段

2013 年 5—6 月，准则与学术部将准则修订稿提交准则委员会主任委员、副主任委员及协会主要领导审阅，并根据上述领导的意见进行修改完善。

（六）提交常务理事会审议阶段

2013 年 7—8 月，准则修订稿提交协会常务理事会书面审议，并获得了一致通过。对部分常务理事提出的意见，协会也再次进行了认真讨论和相应修改，经协会领导最终审定后正式印发。

四、关于准则体系框架结构的调整

（一）具体准则分类及准则体系编码

此次修订将内部审计具体准则分为作业类、业务类和管理类三大类。作业类准则涵盖了内部审计程序和技术方法方面的准则，具体包括审计计划、审计通知书、审计证据、审计工作底稿、结果沟通、审计报告、后续审计、审计抽样、分析程序等 9 个具体准则；业务类准则包括内部控制审计、绩效审计、信息系统审计、对舞弊行为进行检查与报告等 4 个具体准则；管理类准则包括内部审计机构的管理、与董事会或者最高管理层的关系、内部审计与外部审计的协调、利用外部专家服务、人际关系、内部审计质量控制、评价外部审计工作质量等 7 个具体准则。

在分类的基础上，对准则体系采用四位数编码进行编号。四位数中，千位数代表准则的层次，百位数代表准则在某一层次中的类别，十位数和个位数代表某具体准则在该类中的排序。新的编号方式借鉴国际内部审计准则的经验，体现准则体系的系统性和准则之间的逻辑关系，为准则未来发展预留了空间。

内部审计基本准则和内部审计人员职业道德规范作为准则体系的第一层次，编码为 1000。其中内部审计基本准则为第 1101 号，内部审计人员职业道德规范为第 1201 号。

具体准则作为准则体系的第二层次，编码为 2000。其中，内部审计作业类编号为 2100，属于这一类别的 9 个具体准则编码分别为第 2101 号至第 2109 号；内部审计业务类编号为 2200，属于这一类别的 4 个具体准则编码分别为第 2201 号至第 2204 号；内部审计管理类编号为 2300，属于这一类别的 7 个具体准则编码分别为第 2301 号至第 2307 号。以第 2305 号内部审计具体准则——人际关系为例，千位数 2 代表该准则为准则体系中的具体准则，百位数 3 代表该准则为具体准则中的管理类准则，个位数 5 代表该准则在管理类准则中的排序。

实务指南作为准则体系的第三层次，编码是 3000。第 3101 号为审计报告指南，第 3201 号至 3204 号分别为建设项目审计指南、物资采购审计指南、高校内部审计指南和企业内部经济责任审计指南。以第 3202 号内部审计实务指南——物资采购审计为例，千位数 3 代表第三层次实务指南，百位数 2 代表与具体准则的业务类准则相对应，个位数 2 代表在此类指南中的排序。

（二）内部审计准则结构的调整

针对现有具体准则中存在的内容交叉、重复，个别准则不适应内部审计最新发展等问题，此次修订对准则体系结构进行了调整，对部分准则的内容进行了整合，并根据实际情况取消了部分准则。

修订后的内部审计准则体系由内部审计基本准则、内部审计人员职业道德规范、20 个具体准则、5 个实务指南构成。具体包括：

1. 将原第 12 号、第 16 号、第 21 号具体准则与原第 5 号具体准则合并修订为第 2201 号内部审计具体准则——内部控制审计。原第 5 号准则《内部控制审计》规范了内部控制的定义、要素、内部控制审计的目标、内容、方法等，属于对内部控制审计的总纲式规定；原第 12 号准则《遵循性审计》具体规范内部控制目标中关于遵守国家有关法律法规和组织内部标准的内容；原第 16 号准则《风险管理审计》具体规范内部控制中风险评估要素的审查和评价；原第 21 号准则《内部审计的控制自我评估法》规范了控制自我评估这一具体方法，以及内部审计人员如何运用该方法协助管理层对内部控制进行评估。遵循性审计、风险管理审计、内部审计的控制自我评估法等三个准则从内容或逻辑上都应当属于内部控制审计的组成部分，因此，此次修订将原分属四个准则的内容进行了整合和补充，并充分借鉴《企业内部控制基本规范》及配套指引的相关内容，制定了《内部控制审计准则》。

2. 将原第 25 号、第 26 号、第 27 号具体准则合并修订为第 2202 号内部审计具体准则——绩效审计。按照经济性、效率性和效果性等三个方面分别制定具体准则是我国准则制定工作的有益探索。然而，由于经济性、效率性和效果性均为绩效审计的目标，实践中往往需要对某一事项或项目的经济性、效率性和效果性同时做出评价，因而原准则存在内容重复、实践中不好操作等弊端。因此，此次修订将原来的三个具体准则进行了合并，修订为《绩效审计准则》。

3. 将原第 9 号、第 19 号具体准则合并修订为第 2306 号内部审计具体准则——内部审计质量控制。原第 9 号具体准则《内部审计督导》中将督导定义为通过内部审计机构负责人和审计项目负责人对实施审计工作的审计人员所进行的监督和指导，其目的是为了保证内部审计质量。而原第 19 号准则《内部审计质量控制》中规定的项目质量控制，主要是指审计项目负责人指导内部审计人员执行审计计划、监督内部审计过程、复核审计工作底稿及审计报告。

从内容上看，内部审计质量控制涵盖了内部审计督导，因此，此次修订调整了原第 19 号准则《内部审计质量控制》的结构，与原第 9 号准则《内部审计督导》的相关内容进行整合，并做进一步修改和完善。

4. 不再保留原第 17 号具体准则——重要性和审计风险。与国际内部审计准则的有关内容相比，制定《重要性与审计风险》准则是我国内部审计准则体系的尝试和创新。但是，随着内部审计逐步从财务审计发展到更加关注内部控制、风险管理的阶段，原来侧重于财务报表审计的重要性、审计风险等概念及运用已经发生了变化。鉴于此,此次修订不再保留该准则,将“重要性”和“审计风险”的内容分散在基本准则以及相关具体准则中予以反映。

5. 不再保留原第 22 号具体准则——内部审计的独立性和客观性。独立性和客观性是内部审计的基本特质,也是内部审计人员职业道德规范的重要组成部分。因此,此次修订不再保留该具体准则,相应条款充实到内部审计基本准则和内部审计人员职业道德规范中。

6. 不再保留原第 29 号具体准则——内部审计人员后续教育。原第 29 号具体准则所指的内部审计人员包括取得内部审计人员岗位资格证书或取得国际注册内部审计师(CIA)资格证书的人员。

目前,国际内部审计师协会对取得 CIA 证书和内部控制自我评估专业资格证书(CCSA)人员的后续教育作出了新的规定,中国内部审计协会根据该规定出台了《国际注册内部审计师后续教育办法》和《内部控制自我评估专业资格证书后续教育办法》,对中国大陆地区持有上述资格证书人员的后续教育进行规范。鉴于第 29 号具体准则的内容和目前的实际情况已有较大出入,此次修订不再保留该准则,同时在基本准则和内部审计人员职业道德规范中对内部审计人员后续教育方面的要求进一步明确和强化。今后协会将结合内部审计人员后续教育的实际情况,制定更有针对性的办法或规定。

五、关于修订的重点内容

按照修订方案,内部审计基本准则、内部审计人员职业道德规范、内部控制审计准则、绩效审计准则、内部审计质量控制准则为此次重点修订的准则,同时对审计计划、审计通知书等准则的部分内容和表述做出了修订,对其他准则的文字表述进行了统一和完善。实务指南未纳入此次修订的范围,下一步将根据调整后的准则做进一步修订。

(一)关于内部审计基本准则

此次修订后,内部审计基本准则的内容由原来的 27 条调整为 33 条,具体修订如下:

1. 内部审计定义。修订后的定义力求反映国际、国内内部审计实务的最新发展变化,与 IIA 对内部审计的定义接轨。与原定义相比,主要变化体现在:

(1)关于内部审计的职能。IIA 在内部审计最新定义中将内部审计界定为一种“确认和咨询”活动。实际上,“确认”的含义就是指通过监督检查,对被审计的事项予以鉴证,并在此基础上提出评价意见和建议。而“咨询”是在评价的基础上提出的意见和建议,是评价的进一步发展。因此,从内涵上来看,确认和咨询包含了监督和评价的含义。相对于“监督”所体现的内部审计的查错纠弊功能,现代内部审计更强调由“咨询”所体现出的内部审计的价值增值功能。随着我国内部审计的全面转型和发展,原内部审计定义中的“监督和评价”已不能全面反映当前内部审计理念和实践的最新发展,借鉴 IIA 的定义,此次修订将原内部审计定义中的“监督和评价”职能改为“确认和咨询”职能,进一步扩大了内部审计的职能范围。

(2)关于内部审计的范围。修订后的定义将内部审计范围界定为“业务活动、内部控制和风险管理的适当性和有效性”,将原来的“经营活动”改为“业务活动”,体现了内部审计的业务范围不仅仅局限于以盈利为目的的组织,还适用于非盈利组织。定义中增加了对“风险管理的适当性和有效性”的审查和评价,以体现内部审计对组织风险的关注。

(3)关于内部审计的方法。修订后的定义增加了运用“系统、规范的方法”的规定,强调了内部审计的专业技术特征,体现内部审计职业的科学性和规范性,有助于内部审计人员和社会各界人士了解内部审计职业对技术方法和人员素质的要求。

(4)关于内部审计的目标。修订后的定义将内部审计的目标界定为“促进组织完善治理、增加价值和实现目标”,进一步明确了内部审计在提升组织治理水平,促进价值增值以及实现组织目标中的重要作用。对内部审计目标更高的定位将进一步提升内部审计在组织中的地位和影响力,提升内部审计的层次。

2. 关于准则的适用范围。为涵盖内部审计外包的情况,准则中增加了“其他组织或者人员接受本组织委托、聘用,承办或者参与的内部审计业务,也应当遵守本准则”的规定。

3. 调整的其他主要内容。一是在一般准则中,增加了内部审计章程中应明确规定内部审计的目标、职责和权限的内容;增加了内部审计人员保密义务的内容。二是在作业准则中增加了内部审计机构和内部审计人员应当全面关注组织风险,以风险为基础组织实施审计业务的内容;增加了内部审计人员关注组织舞弊风险,对舞弊行为进行检查和报告的内容;增加了内部审计人员为组织提供适当咨询服务的内容。三是在报告准则中不再保留审计报告分级复核制度及后续审计方面的内容;四是在内部管理准则中增加了内部审计机构与董事会或者最高管理层的关系、内部审计机构管理体制，以及内部审计机构对内部审计实施有效质量控制等内容。

（二）关于内部审计人员职业道德规范原《内部审计人员职业道德规范》共 11 条，基本涵盖了内部审计人员应当具备的职业道德素质，但规定过于原则，只是对内部审计人员职业道德提供了方向性指引，弹性过大，适用性不强。此次修订以原《内部审计人员职业道德规范》为基础，吸收了原《内部审计的独立性和客观性》准则和《内部审计人员后续教育》准则的部分内容，同时充分借鉴了国际内部审计师协会《职业道德规范》的有关内容，并参考其他行业的职业道德要求，对内部审计人员职业道德进行充实和完善。体例结构上也与其他准则一致，采用分章表述，分为总则、一般原则、诚信正直、客观性、专业胜任能力、保密、附则等七个部分，对内部审计人员的职业道德要求做出了较为详细的规定。

（三）关于内部控制审计准则

五部委《企业内部控制基本规范》及配套指引的出台，对内部控制审计工作提出了明确要求。此次修订借鉴了《企业内部控制基本规范》、《企业内部控制评价指引》的相关规定，对原《内部控制审计》准则进行了较大的修改。考虑到目前企业内部控制评价主体模糊的情况，以及内部控制审计和内部控制评价在实务中无论从实施主体还是报告方式等方面都存在一定差别，为突出内部审计部门在内部控制评价中的特殊性和职能作用，此次修订仍将该准则的名称定为内部控制审计，同时进一步明确了内部控制审计的定义、定位和主体，突出了内部审计部门在内部控制审计中发挥的作用和优势，进一步丰富了相关内容。具体修订如下：

1. 内部控制审计的内容。此次修订将内部控制审计按照审计范围分为全面内部控制审计和专项内部控制审计，并从组织层面和业务层面对内部控制审计的内容作了较为细致的规定。其中组织层面内部控制审计的内容主要按照内部控制五要素进行规范，同时借鉴、吸收了《企业内部控制评价指引》中有关内部控制评价内容的规定，力求与《企业内部控制基本规范》及配套指引相衔接。

2. 内部控制审计的程序和方法。强调了内部审计人员在实施现场审查前，可以要求被审计单位提交最近一次的内部控制自我评估报告。内部审计人员应当结合内部控制自我评估报告，确定审计内容及重点，实施内部控制审计。

3. 内部控制缺陷的认定。专章规定了内部控制缺陷的认定，对缺陷认定的方法、缺陷的种类和缺陷的报告等内容进行了规定。

4. 内部控制审计报告。专章规定了内部控制审计报告，要求全面内部控制审计报告一般应当报送组织董事会或者最高管理层，包含有重大缺陷认定的专项内部控制审计报告应当报送董事会或者最高管理层；经董事会或者最高管理层批准，内部控制审计报告可以作为《企业内部控制评价指引》中要求的内部控制评价报告对外披露。

（四）关于绩效审计准则

绩效审计准则的修订内容主要包括：一是将绩效审计的概念界定为对组织经营管理活动的经济性、效率性和效果性进行的评价，从而涵盖了非盈利组织开展绩效审计的相关工作。二是明确了绩效审计既可以根据实际情况和需要，对组织经营管理活动的经济性、效率性和效果性同时进行审查和评价，也可以只侧重某一方面进行审查和评价，并概括了绩效审计主要审查和评价的内容。三是规定了选择绩效审计方法的要求，列举了常规审计方法以外的绩效审计方法。四是规定了绩效审计评价标准的来源，以及确定绩效审计评价标准时应当注意的原则。五是根据绩效审计的特点，细化了对绩效审计报告内容的要求。

（五）关于内部审计质量控制准则

此次修订后的内部审计质量控制准则，一是将内部审计质量控制划分为内部审计机构质量控制和内部审计项目质量控制。二是在内部审计项目质量控制中，将项目负责人在指导、监督、检查过程中应考虑和注意的事项以及应当履行的职责做了进一步细化，不再保留内部审计机构对审计质量进行考核和评估的相关内容。三是由于中国内部审计协会已出台了内部审计质量评估办法和评估手册，此次修订对内部审计质量外部评估的内容不再做重复规定。

（六）关于审计计划等 13 个具体准则的修订

1. 修订后的审计计划准则将审计计划由原来的年度审计计划、项目审计计划和审计方案三个层次调整为年度审计计划和项目审计方案两个层次。这是考虑内部审计实践中的做法，参考国际内部审计准则、国家审计准则有关审计计划的规定而做的修订。

2. 修订后的审计通知书准则明确了“内部审计机构应当在实施审计三日前，向被审计单位或者被审计人员送达审计通知书”的要求。

3. 修订后的审计证据准则将原准则第四条审计证据种类中的“视听电子证据”细分为“视听证据”和“电子证据”两种；将审计证据的“充分性、相关性和可靠性”特征的表述调整为“相关性、可靠性和充分性”，并对各自的含义做了修订；对原第七条“获取审计证据需要考虑的基本要素”的内容的前后顺序做了调整；将原第八条“审计证据的获取方法”中的“询问”改成“访谈”，增加“调查”方法；原第九条后增加“采集被审计单位电子数据作为审计证据的，内部审计人员应当记录电子数据的采集和处理过程”的规定。

4. 修订后的审计工作底稿准则，删除了原准则第六条有关审计工作底稿的形式方面内容；将原第七条“审计工作底稿的记录”与原第九条“审计工作底稿应载明事项”的内容进行了整合；增加了项目审计方案的编制及调整情况也应当编制审计工作底稿的要求；原第四章“审计工作底稿的整理与使用”的名称改成“审计工作底稿的归档与保管”，并对相关用语做了规范。

5. 修订后的审计报告准则删除了原准则第七条“审计报告是对被审计单位经营活动及内部控制的适当性和有效性进行的相对保证”的内容；“审计报告的正文内容”中增加“审计发现”，“审计决定”改成“审计意见”；将第四章“审计报告的编制、复核与分发”的名称改成“审计报告的编制、复核与报送”，并增加了“已经出具的审计报告若存在重要错误或遗漏，内部审计机构应当及时更正，并将更正后的审计报告及时提交给所有的原审计报告接收者”的规定。

6. 修订后的后续审计准则，将内部审计机构开展后续审计工作等相应规定中的“应当”改成“可以”，主要基于后续审计是实践中根据具体情况选择采用的审计程序；删除原第十一条内部审计人员确定后续审计范围时的相关要求方面的内容。

7. 将原分析性复核准则的名称改成分析程序准则。这是根据国际通行的用法以及注册会计师执业准则的相关表述而做的相应调整；进一步界定了“分析程序”的概念，对相关用语和内容作了修正；删除了原第十六条“内部审计人员应充分考虑分析性复核的结果，在综合分析和评价的基础上得出审计结论”的内容。

8. 修订后的审计抽样准则，进一步完善了审计抽样的定义、抽样总体的确定原则、抽样的程序和方法等内容，并对相关用语做了进一步规范。

9. 修订后的信息系统审计准则对原准则第六条有关信息系统审计人员专业胜任能力的内容做了调整，对此做了较为宽泛的要求，不再规定具体的工作时间及经验的要求；将“信息系统审计内容”中的“监控”改为“内部监督”；删除了原第六章“信息系统审计的方法”第二十八条有关审计工作底稿的内容；鉴于原第七章“审计报告与后续工作”中有关审计报告的内容不具有特殊性，故予以删除；将原第三十条信息系统审计作为综合性内部审计项目的一部分的内容与原第七条的相关内容整合。

10. 基于实践中内部审计部门在对组织舞弊行为的检查和报告中所发挥的作用，此次修订将原舞弊的预防、检查和报告准则的名称改为对舞弊行为进行检查和报告准则；将原“舞弊的预防”一章的名称修改为“评估舞弊发生的可能性”，并对有关内容作了相应调整，以增强该准则的科学性和可操作性；将原第四章“舞弊的检查”第十七条和第十九条的内容删除。

11. 修订后的与董事会或者最高管理层的关系准则将原准则“协助董事会或最高管理层的工作”一章的内容删除。原因是该部分的内容表述不清晰，在实践中的不易操作；原准则名称精炼修改为“与董事会或者最高管理层的关系”。

12. 修订后的利用外部专家服务准则，在原准则第九条的内容中增加了内部审计机构对外部专家“客观性”内容的评价；原第十五条的内容修改为“内部审计机构对外部专家服务评价后，如果认为其服务的结果无法形成相关、可靠和充分的证据，应当通过其他替代程序补充获取相应的审计证据”。

13. 修订后的评价外部审计工作质量准则，分别删除原准则第四条“内部审计机构在需要利用外部审计工作成果，以减少重复工作，提高工作效率时，应对外部审计工作质量进行评价”和第十九条“编制对外审计工作质量的评价报告，应当做到客观、清晰、及时”的内容。

内部审计实务指南第1号——建设项目内部审计

第一章 总 则

第一条 为了规范建设项目内部审计的内容、程序与方法，根据《内部审计基本准则》及内部审计具体准则制定本指南。

第二条 本指南所称建设项目内部审计，是指组织内部审计机构和人员对建设项目实施全过程的真实、合法、效益性所进行的独立监督和评价活动。

第三条 本指南适用于各类组织的内部审计机构、内部审计人员及其从事的内部审计活动。

第四条 建设项目内部审计的目的是为了促进建设项目实现“质量、速度、效益”三项目标。

(一)质量目标是指工程实体质量和工作质量达到要求；

(二)速度目标是指工程进度和工作效率达到要求；

(三)效益目标是指工程成本及项目效益达到要求。

第五条 建设项目内部审计是财务审计与管理审计的融合，应将风险管理、内部控制、效益的审查和评价贯穿于建设项目各个环节，并与项目法人制、招标投标制、合同制、监理制执行情况的检查相结合。

建设项目内部审计的内容包括对建设项目投资立项、设计(勘察)管理、招投标、合同管理、设备和材料采购、工程管理、工程造价、竣工验收、财务管理、后评价等过程的审查和评价。

第六条 在开展建设项目内部审计时，应考虑成本效益原则，结合本组织内部审计资源和实际情况，既可以进行项目全过程的审计，也可以进行项目部分环节的专项审计。

第七条 建设项目内部审计在工作中应遵循以下原则及方法：

(一)技术经济审查、项目过程管理审查与财务审计相结合；

(二)事前审计、事中审计和事后审计相结合；

(三)注意与项目各专业管理部门密切协调、合作参与。

(四)根据不同的审计对象、审计所需的证据和项目审计各环节的审计目标选择不同的方法，以保证审计工作质量和审计资源的有效配置。

第二章 投资立项审计

第八条 投资立项审计是指对已立项建设项目的决策程序和可行性研究报告的真实性、完整性和科学性进行的审查与评价。

第九条 在投资立项审计中，应主要依据行业主管部门发布的《投资项目可行性研究指南》及组织决策过程的有关资料。

第十条 投资立项审计主要包括以下内容：

(一)可行性研究前期工作审计。即检查项目是否具备经批准的项目建议书，项目调查报告是否经过充分论证。

(二)可行性研究报告真实性审计。即检查市场调查及市场预测中数据获取方式的适当性及合理性；检查财务估算中成本项目是否完整，对历史价格、实际价格、内部价格及成本水平的真实性进行测试。

(三)可行性研究报告内容完整性审计。该项审计包括以下主要内容：

1. 检查可行性研究报告是否具备行业主管部门发布的《投资项目可行性研究指南》规定的内容；

2. 检查可行性研究报告的内容主要包括：报告中是否说明建设项目的目的；是否说明建设项目在工艺技术可行性、经济合理性及决定项目规模、原材料供应、市场销售条件、技术装备水平、成本收益等方面的经济目标；是否说明建设地点及当地的自然条件和社会条件、环保约束条件，并进行选址比较；是否说明投资项目何时开始投资、何时建成投产、何时收回投资；是否说明项目建设的资金筹措方式等。

(四)可行性研究报告科学性审计。该项审计包括以下主要内容：

检查参与可行性研究机构资质及论证的专家的专业结构和资格；检查投资方案、投资规模、生产规模、布局选址、技术、设备、环保等方面的资料来源；检查原材料、燃料、动力供应和交通及公用配套设施是否满足项目要求；检查是否在多方案比较选择的基础上进行决策；检查拟建项目与类似已建成项目的有关技术经济指标和投资预算的对比情况；检查工程设计是否符合国家环境保护的法律法规的有关政策，需要配套的环境治理项目是否编制并与建设项目同步进行等。

(五)可行性研究报告投资估算和资金筹措审计。即检查投资估算和资金筹措的安排是否合理；检查投资估算是否准确，并按现值法或终值法对估算进行测试。

(六)可行性研究报告财务评价审计。即检查项目投资、投产后的成本和利润、借款的偿还能力、投资回收期等的计算方法是否科学适当；检查计算结果是否正确、所用指标是否合理。

(七)决策程序的审计。该项审计包括以下主要内容：

检查决策程序的民主化、科学化，评价决策方案是否经过分析、选择、实施、控制等过程；检查决策是否符合国家宏观政策及组织的发展战略、是否以提高组织核心竞争能力为宗旨；检查对推荐方案是否进行了总体描述和优缺点描述；检查有无主要争论与分歧意见的说明；重点检查内容有无违反决策程序及决策失误的情况等。

第十一条 投资立项审计的主要方法包括审阅法、对比分析法等。

对比分析法是通过相关资料和技术经济指标的对比(拟建项目与国内同类项目对比)来确定差异，发现问题的方法。

第三章 设计(勘察)管理审计

第十二条 设计(勘察)管理审计是指对项目建设过程中勘察、设计环节各项管理工作质量及绩效进行的审查和评价。

设计(勘察)管理审计的目标主要是：审查和评价设计(勘察)环节的内部控制及风险管理的适当性、合法性和有效性；勘察、设计资料依据的充分性和可靠性；委托设计(勘察)、初步设计、施工图设计等各项管理活动的真实性、合法性和效益性。

第十三条 设计(勘察)管理审计应依据以下主要资料：

(一)委托设计(勘察)管理制度；

(二)经批准的可行性研究报告及估算；

(三)设计所需的气象资料、水文资料、地质资料、技术方案、建设条件批准文件、设计界面划分文件、能源介质管网资料、环保资料概预算编制原则、计价依据等基础资料；

(四)勘察和设计招标资料；

(五)勘察和设计合同；

(六)初步设计审查及批准制度；

(七)初步设计审查会议纪要等相关文件；

(八)组织管理部门与勘察、设计商往来函件；

(九)经批准的初步设计文件及概算；

(十)修正概算审批制度；

(十一)施工图设计管理制度；

(十二)施工图交底和会审会议纪要；

(十三)经会审的施工图设计文件及施工图预算；

(十四)设计变更管理制度及变更文件；

(十五)设计资料管理制度等。

第十四条 设计(勘察)管理审计主要包括以下内容：

(一)委托设计(勘察)管理的审计

1. 检查是否建立、健全委托设计(勘察)的内部控制，看其执行是否有效；

2. 检查委托设计(勘察)的范围是否符合已报经批准的可行性研究报告；

3. 检查是否采用招投标方式来选择设计(勘察)商及其有关单位的资质是否合法合规；招投标程序是

否合法、公开，其结果是否真实、公正，有无因选择设计(勘察)商失误而导致的委托风险；

4. 检查组织管理部门是否及时组织技术交流，其所提供的基础资料是否准确、及时；

5. 检查设计(勘察)合同的内容是否合法、合规，其中是否明确规定双方权力和义务以及针对设计商的激励条款；

6. 检查设计(勘察)合同的履行情况，索赔和反索赔是否符合合同的有关规定。

(二)初步设计管理的审计

1. 检查是否建立、健全初步设计审查和批准的内部控制，看其执行是否有效；

2. 检查是否及时对国内外初步设计进行协调；

3. 检查初步设计完成的时间及其对建设进度的影响；

4. 检查是否及时对初步设计进行审查，并进行多种方案的比较和选择；

5. 检查报经批准的初步设计方案和概算是否符合经批准的可行性研究报告及估算；

6. 检查初步设计方案及概算的修改情况；

7. 检查初步设计深度是否符合规定，有无因设计深度不足而造成投资失控的风险；

8. 检查概算及修正概算的编制依据是否有效、内容是否完整、数据是否准确；

9. 检查修正概算审批制度的执行是否有效；

10. 检查是否采取限额设计、方案优化等控制工程造价的措施，限额设计是否与类似工程进行比较和优化论证，是否采用价值工程等分析方法；

11. 检查初步设计文件是否规范、完整。

(三)施工图设计管理的审计

1. 检查是否建立、健全施工图设计的内部控制，看其执行是否有效；

2. 检查施工图设计完成的时间及其对建设进度的影响，有无因设计图纸拖延交付而导致的进度风险；

3. 检查施工图设计深度是否符合规定，有无因设计深度不足而造成投资失控的风险；

4. 检查施工图交底、施工图会审的情况以及施工图会审后的修改情况；

5. 检查施工图设计的内容及施工图预算是否符合经批准的初步设计方案、概算及标准；

6. 检查施工图预算的编制依据是否有效、内容是否完整、数据是否准确；

7. 检查施工图设计文件是否规范、完整；

8. 检查设计商提供的现场服务是否全面、及时，是否存在影响工程进度和质量的风险。

(四)设计变更管理的审计

1. 检查是否建立、健全设计变更的内部控制，有无针对因过失而造成设计变更的责任追究制度以及该制度的执行是否有效；

2. 检查是否采取提高工作效率、加强设计接口部位的管理与协调措施；

3. 检查是否及时签发与审批设计变更通知单，是否存在影响建设进度的风险；

4. 检查设计变更的内容是否符合经批准的初步设计方案；

5. 检查设计变更对工程造价和建设进度的影响，是否存在工程量只增不减从而提高工程造价的风险；

6. 检查设计变更的文件是否规范、完整；

(五)设计资料管理的审计

1. 检查是否建立、健全设计资料的内部控制，看其执行是否有效；

2. 检查施工图、竣工图和其他设计资料的归档是否规范、完整；

第十五条 设计管理审计主要采用分析性复核法、复算法、文字描述法、现场核查法等方法。

第四章 招投标审计

第十六条 招投标审计是指对建设项目的勘察设计、施工等各方面的招标和工程承发包的质量及绩效进行的审查和评价。

招投标审计的目标主要包括：审查和评价招投标环节的内部控制及风险管理的适当性、合法性和有效性；招投标资料依据的充分性和可靠性；招投标程序及其结果的真实性、合法性和公正性，以及工程发包的合法性和有效性等。

第十七条 招投标审计应依据以下主要资料：

(一)招标管理制度；

(二)招标文件；

(三)招标答疑文件；

(四)标底文件；

(五)投标保函；

(六)投标人资质证明文件；

(七)投标文件；

(八)投标澄清文件；

(九)开标记录；

(十)开标鉴证文件；

(十一)评标记录；

(十二)定标记录；

(十三)中标通知书；

(十四)专项合同等。

第十八条 招投标审计主要包括以下内容：

(一)招投标前准备工作的审计

1. 检查是否建立、健全招投标的内部控制，看其执行是否有效；

2. 检查招标项目是否具备相关法规和制度中规定的必要条件；

3. 检查是否存在人为肢解工程项目、规避招投标等违规操作风险；

4. 检查招投标的程序和方式是否符合有关法规和制度的规定，采用邀请招投标方式时，是否有三个以上投标人参加投标；

5. 检查标段的划分是否适当，是否符合专业要求和施工界面衔接需要，是否存在标段划分过细，增加工程成本和管理成本的问题；

6. 检查是否公开发布招标公告、招标公告中的信息是否全面、准确；

7. 检查是否存在因有意违反招投标程序的时间规定而导致的串标风险。

(二)招投标文件及标底文件的审计

1. 检查招标文件的内容是否合法、合规，是否全面、准确地表述招标项目的实际状况；

2. 检查招标文件是否全面、准确的表述招标人的实质性要求；

3. 检查采取工程量清单报价方式招标时，其标底是否按《建设工程工程量清单计价规范》的规定填制；

4. 检查施工现场的实际状况是否符合招标文件的规定；

5. 检查投标保函的额度和送达时间是否符合招标文件的规定；

6. 检查投标文件的送达时间是否符合招标文件的规定、法人代表签章是否齐全，有无存在将废标作为有效标的问题。

(三)开标、评标、定标的审计

1. 检查是否建立、健全违规行为处罚制度，是否按制度对违规行为进行处罚；

2. 检查开标的程序是否符合相关法规的规定；

3. 检查评标标准是否公正，是否存在对某一投标人有利而对其他投标人不利的条款；

4. 检查是否对投标策略进行评估，是否考虑投标人在类似项目及其他项目上的投标报价水平；

5. 检查各投标人的投标文件，对低于标底的报价的合理性进行评价；

6. 检查中标人承诺采用的新材料、新技术、新工艺是否先进，是否有利于保证质量、加快速度和降低投资水平；

7. 检查对于投标价低于标底的标书是否进行答辩和澄清，以及答辩和澄清的内容是否真实、合理；

8. 检查定标的程序及结果是否符合规定；

9. 检查中标价是否异常接近标底，是否有可能发生泄漏标底的情况；

10. 检查与中标人签订的合同是否有悖于招标文件的实质性内容。

第十九条 招投标审计主要采用观察法、询问法、分析性复核法、文字描述法、现场核查法等方法。

第五章 合同管理审计

第二十条 合同管理审计是指对项目建设过程中各专项合同内容及各项管理工作质量及绩效进行的审查和评价。

合同管理审计的目标主要包括：审查和评价合同管理环节的内部控制及风险管理的适当性、合法性和有效性；合同管理资料依据的充分性和可靠性；合同的签订、履行、变更、终止的真实性、合法性以及合同对整个项目投资的效益性。

第二十一条 合同管理审计应依据以下主要资料：

(一)合同当事人的法人资质资料；

(二)合同管理的内部控制；

(三)专项合同书；

(四)专项合同的各项支撑材料等。

第二十二条 合同管理审计主要包括以下内容：

(一)合同管理制度的审计

1. 检查组织是否设置专门的合同管理机构以及专职或兼职合同管理人员是否具备合同管理资格；

2. 检查组织是否建立了适当的合同管理制度；

3. 检查合同管理机构是否建立健全防范重大设计变更、不可抗力、政策变动等的风险管理体系。

(二)专项合同通用内容的审计

1. 检查合同当事人的法人资质、合同内容是否符合相关法律和法规的要求；

2. 检查合同双方是否具有资金、技术及管理等方面履行合同的能力；

3. 检查合同的内容是否与招标文件的要求相符合；

4. 检查合同条款是否全面、合理，有无遗漏关键性内容，有无不合理的限制性条件，法律手续是否完备；

5. 检查合同是否明确规定甲乙双方的权利和义务；

6. 检查合同是否存在损害国家、集体或第三者利益等导致合同无效的风险；

7. 检查合同是否有过错方承担缔约过失责任的规定；

8. 检查合同是否有按优先解释顺序执行合同的规定。

(三)各类专项合同的审计

1. 勘察设计合同的审计

勘察设计合同审计应检查合同是否明确规定建设项目的名称、规模、投资额、建设地点，具体包括以下内容：

(1)检查合同是否明确规定勘察设计的基础资料、设计文件及其提供期限；

(2)检查合同是否明确规定勘察设计的工作范围、进度、质量和勘察设计文件份数；

(3)检查勘察设计费的计费依据、收费标准及支付方式是否符合有关规定；

(4)检查合同是否明确规定双方的权力和义务；

(5)检查合同是否明确规定协作条款和违约责任条款。

2. 施工合同的审计

(1)检查合同是否明确规定工程范围，工程范围是否包括工程地址、建筑物数量、结构、建筑面积、工程批准文号等；

(2)检查合同是否明确规定工期，以及总工期及各单项工程的工期能否保证项目工期目标的实现；

(3)检查合同的工程质量标准是否符合有关规定；

(4)检查合同工程造价计算原则、计费标准及其确定办法是否合理；

(5)检查合同是否明确规定设备和材料供应的责任及其质量标准、检验方法；

(6)检查所规定的付款和结算方式是否合适；

(7)检查隐蔽工程的工程量的确认程序及有关内部控制是否健全,有无防范价格风险的措施;

(8)检查中间验收的内部控制是否健全,交工验收是否以有关规定、施工图纸、施工说明和施工技术文件为依据;

(9)检查质量保证期是否符合有关建设工程质量管理的规定,是否有履约保函;

(10)检查合同所规定的双方权力和义务是否对等,有无明确的协作条款和违约责任;

(11)检查采用工程量清单计价的合同,是否符合《建设工程工程量清单计价规范》的有关规定。

3. 委托监理合同的审计

(1)检查监理公司的监理资质与建设项目的建设规模是否相符;

(2)检查合同是否明确所监理的建设项目的名称、规模、投资额、建设地点;

(3)检查监理的业务范围和责任是否明确;

(4)检查所提供的工程资料及时间要求是否明确;

(5)检查监理报酬的计算方法和支付方式是否符合有关规定;

(6)检查合同有无规定对违约责任的追究条款。

4. 合同变更的审计

(1)检查合同变更的原因,以及是否存在合同变更的相关内部控制;

(2)检查合同变更程序执行的有效性及索赔处理的真实性、合理性;

(3)检查合同变更的原因以及变更对成本、工期及其他合同条款的影响的处理是否合理;

(4)检查合同变更后的文件处理工作,有无影响合同继续生效的漏洞。

5. 合同履行的审计

(1)检查是否全面、真实地履行合同;

(2)检查合同履行中的差异及产生差异的原因;

(3)检查有无违约行为及其处理结果是否符合有关规定;

6. 终止合同的审计

(1)检查终止合同的报收和验收情况;

(2)检查最终合同费用及其支付情况;

(3)检查索赔与反索赔的合规性和合理性;

(4)严格检查合同资料的归档和保管,包括在合同签订、履行分析、跟踪监督以及合同变更、索赔等一系列资料的收集和保管是否完整。

第二十三条 合同管理审计主要采用审阅法、核对法、重点追踪审计法等方法。

第六章 设备和材料采购审计

第二十四条 设备和材料采购审计是指对项目建设过程中设备和材料采购环节各项管理工作质量及绩效进行的审查和评价。

设备和材料采购审计的目标主要包括:审查和评价采购环节的内部控制及风险管理的适当性、合法性和有效性;采购资料依据的充分性与可靠性;采购环节各项经营管理活动的真实性、合法性和有效性等。

第二十五条 设备和材料采购审计应依据以下主要资料:

(一)采购计划;

(二)采购计划批准书;

(三)采购招投标文件;

(四)中标通知书;

(五)专项合同书;

(六)采购、收发和保管等的内部控制制度;

(七)相关会计凭证和会计账簿等。

第二十六条 设备和材料采购审计主要包括以下内容:

(一)设备和材料采购环节的审计

1. 设备和材料采购计划的审计

(1)检查建设单位采购计划所订购的各种设备、材料是否符合已报经批准的设计文件和基本建设计划;

(2)检查所拟定的采购地点是否合理;

(3)检查采购程序是否规范;

(4)检查采购的批准权与采购权等不相容职务分离及相关内部控制是否健全、有效。

2. 设备和材料采购合同的审计

(1)检查采购是否按照公平竞争、择优择廉的原则来确定供应方;

(2)检查设备和材料的规格、品种、质量、数量、单价、包装方式、结算方式、运输方式、交货地点、期限、总价和违约责任等条款规定是否齐全;

(3)检查对新型设备、新材料的采购是否进行实地考察、资质审查、价格合理性分析及专利权真实性审查;

(4)检查采购合同与财务结算、计划、设计、施工、工程造价等各个环节衔接部位的管理情况,是否存在因脱节而造成的资产流失问题。

3. 设备和材料验收、入库、保管及维护制度的审计

(1)检查购进设备和材料是否按合同签订的质量进行验收,是否有健全的验收、入库和保管制度,检查验收记录的真实性、完整性和有效性;

(2)检查验收合格的设备和材料是否全部入库,有无少收、漏收、错收以及涂改凭证等问题;

(3)检查设备和材料的存放、保管工作是否规范,安全保卫工作是否得力,保管措施是否有效;

4. 各项采购费用及会计核算的审计

(1)检查货款的支付是否按照合同的有关条款执行;

(2)检查代理采购中代理费用的计算和提取方法是否合理;

(3)检查有无任意提高采购费用和开支标准的问题;

(4)检查会计核算资料是否真实可靠;

(5)检查会计科目设置是否合规及其是否满足管理需要;

(6)检查采购成本计算是否准确、合理。

(二)设备和材料领用的审计

1. 检查设备和材料领用的内部控制是否健全,领用手续是否完备;

2. 检查设备和材料的质量、数量、规格型号是否正确,有无擅自挪用、以次充好等问题。

(三)其他相关业务的审计

1. 设备和材料出售的审计。即检查建设项目剩余或不适用的设备和材料以及废料的销售情况。

2. 盘盈盘亏的审计。即检查盘点制度及其执行情况、盈亏状况以及对盘点结果的处理措施。

第二十七条 设备、材料采购审计主要采用审阅法、网上比价审计法、跟踪审计法、分析性复核法、现场观察法、实地清查法等方法。

第七章 工程管理审计

第二十八条 工程管理审计是指对建设项目实施过程中的工作进度、施工质量、工程监理和投资控制所进行的审查和评价。

工程管理审计的目标主要包括:审查和评价建设项目工程管理环节内部控制及风险管理的适当性、合法性和有效性;工程管理资料依据的充分性和可靠性;建设项目工程进度、质量和投资控制的真实性、合法性和有效性等。

第二十九条 工程管理审计应依据以下主要资料:

(一)施工图纸;

(二)与工程相关的专项合同;

(三)网络图;

(四)业主指令;

（五）设计变更通知单；

（六）相关会议纪要等。

第三十条 工程管理审计主要包括以下内容：

（一）工程进度控制的审计

1. 检查施工许可证、建设及临时占用许可证的办理是否及时，是否影响工程按时开工；

2. 检查现场的原建筑物拆除、场地平整、文物保护、相邻建筑物保护、降水措施及道路疏通是否影响工程的正常开工；

3. 检查是否有对设计变更、材料和设备等因素影响施工进度采取控制措施；

4. 检查进度计划（网络计划）的制定、批准和执行情况，网络动态管理的批准是否及时、适当，网络计划是否能保证工程总进度；

5. 检查是否建立了进度拖延的原因分析和处理程序，对进度拖延的责任划分是否明确、合理（是否符合合同约定），处理措施是否适当；

6. 检查有无因不当管理造成的返工、窝工情况；

7. 检查对索赔的确认是否依据网络图排除了对非关键线路延迟时间的索赔。

（二）工程质量控制的审计

1. 检查有无工程质量保证体系；

2. 检查是否组织设计交底和图纸会审工作，对会审所提出的问题是否严格进行落实；

3. 检查是否按规范组织了隐蔽工程的验收，对不合格项的处理是否适当；

4. 检查是否对进入现场的成品、半成品进行验收，对不合格品的控制是否有效，对不合格工程和工程质量事故的原因是否进行分析，其责任划分是否明确、适当，是否进行返工或加固修补。

5. 检查工程资料是否与工程同步，资料的管理是否规范；

6. 检查评定的优良品、合格品是否符合施工验收规范，有无不实情况；

7. 检查中标人的往来账目或通过核实现场施工人员的身份，分析、判断中标人是否存在转包、分包及再分包的行为；

8. 检查工程监理执行情况是否受项目法人委托对施工承包合同的执行、工程质量、进度费用等方面进行监督与管理，是否按照有关法律、法规、规章、技术规范设计文件的要求进行工程监理。

（三）工程投资控制的审计

1. 检查是否建立健全设计变更管理程序、工程计量程序、资金计划及支付程序、索赔管理程序和合同管理程序，看其执行是否有效；

2. 检查支付预付备料款、进度款是否符合施工合同的规定，金额是否准确，手续是否齐全；

3. 检查设计变更对投资的影响；

4. 检查是否建立现场签证和隐蔽工程管理制度，看其执行是否有效。

第三十一条 合同管理审计主要采用关键线路跟踪审计法、技术经济分析法、质量鉴定法、现场核定法等方法。

第八章 工程造价审计

第三十二条 工程造价审计是指对建设项目全部成本的真实性、合法性进行的审查和评价。

工程造价审计的目标主要包括：检查工程价格结算与实际完成的投资额的真实性、合法性；检查是否存在虚列工程、套取资金、弄虚作假、高估冒算的行为等。

第三十三条 工程造价审计应依据以下主要资料：

（一）经工程造价管理部门（或咨询部门）审核过的概算（含修正概算）和预算；

（二）有关设计图纸和设备清单；

（三）工程招投标文件；

（四）合同文本；

（五）工程价款支付文件；

（六）工作变更文件；

（七）工程索赔文件等。

第三十四条 工程造价审计主要包括以下内容：

（一）设计概算的审计

1. 检查工程造价管理部门向设计单位提供的计价依据的合规性；

2. 检查建设项目管理部门组织的初步设计及概算审查情况，包括概算文件、概算的项目与初步设计方案的一致性、项目总概算与单项工程综合概算的费用构成的正确性；

3. 检查概算编制依据的合法性等；

4. 检查概算具体内容。包括设计单位向工程造价管理部门提供的总概算表、综合概算表、单位工程概算表和有关初步设计图纸的完整性；组织概算会审的情况，重点检查总概算中各项综合指标和单项指标与同类工程技术经济指标对比是否合理。

（二）施工图预算的审计

施工图预算审计主要检查施工图预算的量、价、费计算是否正确，计算依据是否合理。施工图预算审计包括直接费用审计、间接费用审计、计划利润和税金审计等内容。

1. 直接费用审计包括工程量计算、单价套用的正确性等方面的审查和评价。

（1）工程量计算审计。采用工程量清单报价的，要检查其符合性。在设计变更，发生新增工程量时，应检查工程造价管理部门与工程管理部门的确认情况。

（2）单价套用审计。检查是否套用规定的预算定额、有无高套和重套现象；检查定额换算的合法性和准确性；检查新技术、新材料、新工艺出现后的材料和设备价格的调整情况，检查市场价的采用情况。

2. 其他直接费用审计包括检查预算定额、取费基数、费率计取是否正确。

3. 间接费用审计包括检查各项取费基数、取费标准的计取套用的正确性。

4. 计划利润和税金计取的合理性的审计。

（三）合同价的审计。即检查合同价的合法性与合理性，包括固定总价合同的审计、可调合同价的审计、成本加酬金合同的审计。检查合同价的开口范围是否合适，若实际发生开口部分，应检查其真实性和计取的正确性。

（四）工程量清单计价的审计

1. 检查实行清单计价工程的合规性；

2. 检查招标过程中，对招标人或其委托的中介机构编制的工程实体消耗和措施消耗的工程量清单的准确性、完整性；

3. 检查工程量清单计价是否符合国家清单计价规范要求的“四统一”，即统一项目编码、统一项目名称、统一计量单位和统一工程量计算规则；

4. 检查由投标人编制的工程量清单报价目文件是否响应招标文件；

5. 检查标底的编制是否符合国家清单计价规范。

（五）工程结算的审计

1. 检查与合同价不同的部分，其工程量、单价、取费标准是否与现场、施工图和合同相符；

2. 检查工程量清单项目中的清单费用与清单外费用是否合理；

3. 检查前期、中期、后期结算的方式是否能合理地控制工程造价。

第三十五条 工程造价审计主要采用重点审计法、现场检查法、对比审计法等方法。

重点审计法即选择建设项目中工程量大、单价高，对造价有较大影响的单位工程、分部工程进行重点审查的方法。该方法主要用于审查材料用量、单价是否正确、工资单价、机械台班是否合理。

现场检查法是指对施工现场直接考察的方法，以观察现场工作人员及管理活动，检查工程量、工程进度，所用材料质量是否与设计相符。

第九章 竣工验收审计

第三十六条 竣工验收审计是指对已完工建设项目的验收情况、试运行情况及合同履行情况进行的检查和评价活动。

第三十七条 竣工验收审计应依据以下主要资料：

(一)经批准的可行性研究报告;
(二)竣工图;
(三)施工图设计及变更洽谈记录;
(四)国家颁发的各种标准和现行的施工验收规范;
(五)有关管理部门审批、修改、调整的文件;
(六)施工合同;
(七)技术资料和技术设备说明书;
(八)竣工决算财务资料;
(九)现场签证;
(十)隐蔽工程记录;
(十一)设计变更通知单;
(十二)会议纪要;
(十三)工程档案结算资料清单等。

第三十八条 竣工验收审计主要包括以下内容:

(一)验收审计

1. 检查竣工验收小组的人员组成、专业结构和分工;
2. 检查建设项目验收过程是否符合现行规范,包括环境验收规范、防火验收规范等;
3. 对于委托工程监理的建设项目,应检查监理机构对工程质量进行监理的有关资料;
4. 检查承包商是否按照规定提供齐全有效的施工技术资料;
5. 检查对隐蔽工程和特殊环节的验收是否按规定作了严格的检验;
6. 检查建设项目验收的手续和资料是否齐全有效;
7. 检查保修费用是否按合同和有关规定合理确定和控制;
8. 检查验收过程有无弄虚作假行为。

(二)试运行情况的审计

1. 检查建设项目完工后所进行的试运行情况,对运行中暴露出的问题是否采取了补救措施;
2. 检查试生产产品收入是否冲减了建设成本。

(三)合同履行结果的审计。即检查业主、承包商因对方未履行合同条款或建设期间发生意外而产生的索赔与反索赔问题,核查其是否合法、合理,是否存在串通作弊现象,赔偿的法律依据是否充分。

第三十九条 竣工验收审计主要采用现场检查法、设计图与竣工图循环审查法等方法。

设计图与竣工图循环审查法是指通过分析设计图与竣工图之间的差异来分析评价相关变更、签证等的真实性与合理性的方法。

第十章 财务管理审计

第四十条 财务管理审计是指对建设项目资金筹措、资金使用及其账务处理的真实性、合规性进行的监督和评价。

第四十一条 财务管理审计应依据以下主要资料:

(一)筹资论证材料及审批文件;
(二)财务预算;
(三)相关会计凭证、账簿、报表;
(四)设计概算;
(五)竣工决算资料;
(六)资产交付资料等。

第四十二条 财务管理审计主要包括以下内容:

(一)建设资金筹措的审计

1. 检查筹资备选方案论证的充分性,决策方案选择的可靠性、合理性及审批程序的合法性、合规性;
2. 检查筹资方式的合法性、合理性、效益性;

3. 检查筹资数额的合理性，分析所筹资金的偿还能力；

4. 评价筹资环节的内部控制。

（二）资金支付及账务处理的审计

1. 检查、评价建设项目会计核算制度的健全性、有效性及其执行情况；

2. 检查建设项目税收优惠政策是否充分运用；

3. 检查“工程物资”科目，主要包括以下内容：

（1）检查“专用材料”、“专用设备”明细科目中的材料和设备是否与设计文件相符，有无盲目采购的情况；

（2）检查“预付大型设备款”明细科目所预付的款项是否按照合同支付，有无违规多付的情况；

（3）检查据以付款的原始凭证是否按规定进行了审批，是否合法、齐全；

（4）检查支付物资结算款时是否按合同规定扣除了质量保证期间的保证金；

（5）检查工程完工后剩余工程物资的盘盈、盘亏、报废、毁损等是否做出了正确的账务处理。

4. 检查“在建工程”科目，主要包括以下内容：

（1）检查“在建工程—建筑安装工程”科目累计发生额的真实性。包括是否存在设计概算外其他工程项目的支出；是否将生产领用的备件、材料列入建设成本；据以付款的原始凭证是否按规定进行了审批，是否合法、齐全；是否按合同规定支付预付工程款、备料款、进度款；支付工程结算款时，是否按合同规定扣除了预付工程款、备料款和质量保证期间的保证金。

（2）检查“在建工程—在安装设备”科目累计发生额的真实性。主要包括以下内容：是否将设计概算外的其他工程或生产领用的仪器、仪表等列入本科目；是否在本科目中列入了不需要安装的设备、为生产准备的工具器具、购入的无形资产及其他不属于本科目工程支出的费用。

（3）检查“在建工程—其他支出”科目累计发生额的真实性、合法性、合理性。主要包括以下内容：工程管理费、征地费、可行性研究费、临时设施费、公证费、监理费等各项费用支出是否存在扩大开支范围、提高开支标准以及将建设资金用于集资或提供赞助而列入其他支出的问题；是否存在以试生产为由，有意拖延不办固定资产交付手续，从而增大负荷联合试车费用的问题；是否存在截留负荷联合试车期间发生的收入，不将其冲减试车费用的问题；试生产产品出售价格是否合理；是否存在将应由生产承担的递延费用列入本科目的问题；投资借款利息资本化计算的正确性，有无将应由生产承担的财务费用列入本科目的问题；本科目累计发生额摊销标准与摊销比例是否适当、正确；是否设置了“在建工程其他支出备查簿”，登记按照建设项目概算内容购置的不需要安装设备、现成房屋、无形资产以及发生的递延费用等，登记内容是否完整、准确，有无弄虚作假、随意扩大开支范围及舞弊迹象。

（三）竣工决算的审计

1. 检查所编制的竣工决算是否符合建设项目实施程序，有无将未经审批立项、可行性研究、初步设计等环节而自行建设的项目编制竣工工程决算的问题；

2. 检查竣工决算编制方法的可靠性。有无造成交付使用的固定资产价值不实的问题；

3. 检查有无将不具备竣工决算编制条件的建设项目提前或强行编制竣工决算的情况；

4. 检查“竣工工程概况表”中的各项投资支出，并分别与设计概算数相比较，分析节约或超支情况；

5. 检查“交付使用资产明细表”，将各项资产的实际支出与设计概算数进行比较，以确定各项资产的节约或超支数额；

6. 分析投资支出偏离设计概算的主要原因；

7. 检查建设项目结余资金及剩余设备材料等物资的真实性和处置情况，包括：检查建设项目“工程物资盘存表”，核实库存设备、专用材料账实是否相符；检查建设项目现金结余的真实性；检查应收、应付款项的真实性，关注是否按合同规定预留了承包商在工程质量保证期间的保证金。

第四十三条 财务管理审计主要采用调查法、分析性复核法、抽查法等方法。

第十一章 后评价审计

第四十四条 后评价审计是指对建设项目交付使用经过试运行后有关经济指标和技术指标是否达到预期目标的审查和评价。

后评价审计的目标是:对后评价工作的全面性、可靠性和有效性进行审查。

第四十五条 后评价审计应依据以下主要资料:

(一)后评价人员的简历、学历、专业、职务、技术职称等基本情况表;

(二)建设项目概算、竣工资料;

(三)后评价所采用的经济技术指标;

(四)相关的统计、会计报表;

(五)后评价所采用的方法;

(六)后评价结论性资料。

第四十六条 后评价审计主要包括以下内容:

(一)检查后评价组成人员的专业结构、技术素质和业务水平的合理性;

(二)检查所评估的经济技术指标的全面性和适当性;

(三)检查产品主要指标完成情况的真实性、效益性;

(四)检查建设项目法人履行经济责任后评价的真实性;

(五)检查所使用后评价方法的适当性和先进性;

(六)检查后评价结果的全面性、可靠性和有效性。

第四十七条 后评价审计主要采用文字描述法、对比分析法、现场核查法等方法。

第十二章 附 则

第四十八条 本指南由中国内部审计协会发布并负责解释。

第四十九条 本指南自 2005 年 1 月 1 日起施行。

内部审计实务指南第 2 号——物资采购审计

第一章 总 则

第一条 为了规范物资采购审计的内容、程序与方法,根据《内部审计基本准则》及内部审计具体准则制定本指南。

第二条 本指南所称物资采购审计是指组织内部审计机构及人员依据有关法律、法规、政策及相关标准,按照一定的程序和方法,对物资采购各部门和环节的经营活动和内部控制等所进行的独立监督和评价活动。本指南所称"物资"是指组织在产品生产、基本建设和专项工程中所使用的主要原材料、辅助材料、燃料、动力、工具、配件和设备等。

第三条 本指南适用于各类组织的内部审计机构、内部审计人员及其从事的内部审计活动。

第四条 物资采购审计的目的是改善物资采购质量,降低采购费用,维护组织的合法权益,促进组织价值的增加及目标的实现。

第五条 物资采购审计是对物资采购全过程实施的监督和评价,是财务审计与管理审计的融合。物资采购审计的主要内容包括审计物资采购内部控制、采购计划、采购合同、采购招标、供货商选择、采购数量、采购价格、采购质量、物资保管、结算付款以及物资采购期后事项等。

第六条 根据组织的管理模式和要求、物资采购业务量的大小、内部审计机构资源等的不同,物资采购审计可以采取项目管理式审计和过程参与式审计两种模式。

(一)项目管理式审计是有重点、有目的地将某物资采购部门、环节或物资品种纳入年度审计计划,形成特定审计项目,并实施相应审计程序的审计模式。大、中型规模的组织适合采用该模式。

(二)过程参与式审计是由专职内部审计人员参与监督物资采购的全过程或者部分重要过程,实现物资采购审计的日常化。小规模组织可以采用该模式。

第七条 内部审计人员有责任警示被审计单位关注物资采购的现有和潜在风险。

第八条 内部审计人员应具有物资采购管理的相关专业知识，熟悉相关法律、法规、政策和组织内部有关规定，掌握物资采购内部控制原理，了解组织物资采购现状和外部环境的变化。开展专业技术性较强的物资采购审计，内部审计机构可聘请外部专家参与。

第二章 物资采购前期审计

第九条 物资采购前期审计是从制定年度审计计划开始到具体实施物资采购审计程序之前对各项审计工作作出的安排。其基本过程包括：

（一）编制年度审计计划，确定审计对象。内部审计人员应综合考虑以下各种因素：

1. 重要性。选择采购数量较大、采购次数频繁、采购价格较高、采购价格变化频繁、质量问题突出、长期积压或短缺、在ABC分类管理法下的A类和B类物资、群众反映普遍、领导关注、内部控制薄弱和出现错弊概率较高的部门、环节或物资类别等。

2. 物资采购方案、内部控制的重大变化。内部审计应根据外部环境和内部条件的变化，适时审查新的物资采购方案和内部控制的适当性、合法性和有效性，将其列入审计计划。

3. 改进空间。根据成本效益原则，内部审计人员应将工作改进空间较大、在增值性方面有潜力的物资采购部门、环节或物资类别确定为审计项目。

4. 审计资源。

5. 风险因素。风险因素可能来自组织内部或外部。组织规模、经济业务性质、账户余额大小、出现错弊概率、物价变动幅度、技术变化速度、管理人员素质和能力、业务量大小等都是潜在的风险因素。一般而言，风险大的项目应优先作出审计安排。

（二）获取与研究相关资料，制定项目审计计划和审计方案。相关资料包括：

1. 物资采购目标和计划；

2. 前期物资采购审计工作底稿；

3. 组织资料，例如组织结构图和工作说明、政策和程序手册以及重大的组织系统变化等；

4. 财务会计资料；

5. 相关制度规定，例如采购政策、采购程序制度、授权审批制度、供货商管理制度、财产接触制度、合同或协议签定制度、凭证管理制度和定价策略等；

6. 外部信息资料，例如同行业相关资料、物价水平和变化幅度、技术变化程度和供货商资料等；

7. 法律性文件。

内部审计人员应通过审阅资料、咨询技术专家、进行分析性复核、现场观察物资采购流程、询问等方法，研究相关背景资料，初步评价重要性和审计风险，进而制定适合本组织实际情况的物资采购项目审计计划及审计方案。经适当管理层批准后，向被审计单位发出物资采购审计通知书。

（三）审查、评价内部控制。物资采购内部控制包括控制环境、风险管理、控制活动、信息与沟通以及监督五个要素。

1. 采购控制环境。采购控制环境包括以下内容：董事会成员的知识和经验丰富程度、独立性地位、独立董事所占比例、审计委员会的设置情况；管理者对待物资采购内部控制的重视程度、采取的经营理念和管理模式；企业文化所塑造的员工基本信念、价值观念、思维和行为方式；组织结构的适当性、权责划分的明确性、奖惩的分明性、岗位设置的合理性、人员素质的适当性；组织人力资源政策的适当性等。

2. 采购风险管理。采购风险管理包括物资采购风险识别、风险评估和风险应对策略。风险识别包括检查外部因素（如竞争、技术和经济变化等）和内部因素（如员工素质、组织活动性质、信息系统处理特点等）；风险评估包括估计风险的严重程度、评价风险发生的可能性；风险应对策略包括根据风险评估结果作出的回避、接受、降低或分担等风险应对措施等。

3. 采购控制活动。物资采购控制活动包括以下内容：业务授权、职责分离、质量验收控制、物资采购招标控制、凭证和记录控制、资产接触和记录使用控制、独立检查、物价信息控制。

4. 采购信息与沟通。物资采购相关信息除了涉及财务信息外，还涉及非财务信息，如物价变动信息、市场需求信息、经济政策信息、技术信息、供应渠道变化信息、业务流程再造信息等。信息沟通方式包括政策手册、财务报告手册、备查簿、口头交流、例外情况报告和管理事例等。

5. 采购监督。采取的方式包括物资采购内部控制自我评估、内部审计报告、内部控制例外情况报告、操作人员反馈以及顾客投诉等。

物资采购内部控制审计可通过设置采购内部控制调查表等方式进行深入调查、了解和测试，并形成审计工作底稿。物资采购内部控制调查表格式如表 2-1 所示。

表 2-1　物资采购内部控制调查表

被审计单位名称	××部门	日期		索引号	
审计项目名称	物资采购内部控制调查	编制人	××		
会计期间或截止日	200×年度	复核人	××	页次	

问　　题	是			否	不适用	备注
	强	弱	一般			
（一）物资采购控制环境问题调查						
1. 管理部门是否认为健全的内部控制能促成物资采购目标的实现？						
2. 组织结构的设置是否有利于物资采购各部门职责的明确划分和协调运行？						
3. 有无物资采购程序、手册和详细的岗位说明书？						
4. 物资采购涉及的所有员工是否清楚自己所要履行的岗位职责和必须遵循的政策与程序？						
5. 物资采购政策及其变化是否及时向相关员工进行了传达？						
6. 管理部门是否定期向员工说明道德行为的重要性？						
7. 是否制定了书面的道德政策并使员工了解了这些政策？						
8. 有无制定不合理的采购目标与高业绩挂钩的奖励诱使员工舞弊？						
9. 员工的素质与其从事的物资采购业务是否相称？						
10. 有无对员工进行定期专业培训？						
（二）物资采购风险管理问题调查						
1. 是否有适当层次的管理部门参与了对物资采购风险的评估？						
2. 有无识别物资采购风险的适当办法？						
3. 物资采购风险的识别是否全面？						
4. 是否对物资采购风险进行了评估？						
5. 是否有物资采购风险的防范和化解措施？						
6. 是否有识别人事、控制程序变化并作出相应反应的机制？						
7. 有无防止物资积压或短缺的有效办法？						
8. 物资安全库存量的确定是否合理？有无进一步降低的可能？						
（三）物资采购控制活动问题调查						
1. 所有物资采购是否以合法经营需求或目的为依据？						
2. 物资采购是否经过适当的授权批准？						
3. 是否以最具成本效益的方式取得物资？						
4. 是否对物资采购实施合同控制？						
5. 是否对物资采购不相容职务执行了分离？						
6. 是否对承担采购职责的员工进行定期轮岗？						
7. 大宗物资采购是否实行招标控制？						
8. 供货商选择是否做了充分的调查并持续监督供货商业绩？						
9. 采购物资的价格确定是否合理？						
10. 有无健全的物资价格信息控制措施，包括物价信息收集、分类、加工、比较的程序控制，信息的质量要求，信息资料的归档保管等？						

（续表）

<table>
<tr><td colspan="2">被审计单位名称</td><td>××部门</td><td>日期</td><td></td><td>索引号</td><td></td></tr>
<tr><td colspan="2">审计项目名称</td><td>物资采购内部控制调查</td><td>编制人</td><td colspan="3">××</td></tr>
<tr><td colspan="2">会计期间或截止日</td><td>200×年度</td><td>复核人</td><td>××</td><td>页次</td><td></td></tr>
</table>

<table>
<tr><td rowspan="2">问　　题</td><td colspan="3">是</td><td rowspan="2">否</td><td rowspan="2">不适用</td><td rowspan="2">备注</td></tr>
<tr><td>强</td><td>弱</td><td>一般</td></tr>
<tr><td>11. 是否对到货物资由独立部门组织认真验收？
12. 对验收不合格的采购物资是否及时查明原因落实责任？
13. 是否对物资采购进行了永续盘存记录？
14. 在缺乏永续盘存记录时，是否存在补偿控制措施？
15. 物资采购是否实施了 ABC 分类管理法？
16. 是否对物资进行定期盘点？
17. 是否在有关物资采购票证审核一致、无误的基础上确认应付账款负债？
18. 是否定期发送供货商对账单？
19. 有无物资接触和记录使用控制措施？
20. 对物资采购是否采取了健全的凭证和记录控制？
21. 是否有针对计算机环境下物资采购信息处理的安全控制标准和措施？
（四）物资采购信息与沟通问题调查
1. 管理部门是否鼓励涉及物资采购的所有各方交流信息？组织内部信息渠道是否通畅？
2. 信息沟通是否能使员工有效履行职责？
3. 与组织外部是否有信息沟通？
4. 是否存在根据截止期信息对物资采购明细账和总账进行控制和调节？
5. 是否对重大物资采购差异进行了及时调查和处理，是否将调查结果向管理层提交？
6. 管理部门是否投入充分的资源来支持对信息系统的开发和修改？
7. 是否保持最新的物资采购会计文件？
8. 收集的外部信息是否全面，包括物价变动信息、市场需求信息、经济政策信息、技术信息、供应渠道变化信息、业务流程再造信息等？
9. 有无通畅的例外情况报告渠道？
10. 员工的反馈以及供货商的投诉渠道是否畅通？
11. 是否采取措施保证网络环境下信息处理和传递的安全完整和对计算机病毒的防范？
（五）物资采购监督问题调查
1. 是否建立适当管理程序来保证物资采购控制的运行并对运行的效果进行评估？
2. 是否存在适当的程序对物资采购活动进行持续的日常监督？
3. 监督活动中发现的控制薄弱环节是否向适当管理层汇报？是否根据需要对政策和程序进行修改？
4. 是否设立独立稽核员对物资采购实施独立监督？
5. 审计活动范围是否能够足以证明物资采购内部控制的有效性？</td><td></td><td></td><td></td><td></td><td></td><td></td></tr>
<tr><td colspan="7">审计结论：</td></tr>
</table>

第三章 物资采购过程审计

第十条 物资采购过程审计是根据采购内部控制评审结果，确定采购计划、价格、合同、执行等方面的测试范围、重点和方法，以收集审计证据。

第十一条 采购计划审计。采购计划审计是对采购计划中所列物资价格、数量、质量、采购方式和供货商选择等的真实性、合理性和有效性等进行的审计。

（一）应获取的相关资料。包括采购政策、采购计划、物资储备定额补库计划、销售计划、产品产量计划、技术措施计划、生产作业计划、在制品期初存量和期末预计存量、新产品试制计划、物资工艺消耗定额、生产设备大中小修理计划、技术改造计划和物资价格供应状况等。

（二）应关注的风险领域。包括采购计划程序失控、采购计划依据不当、采购计划分解不到位、采购计划执行不彻底、采购计划与其他计划不协调等。

（三）审计内容

1. 采购计划编制依据的可靠性。内部审计人员应审查采购计划的编制是否依据经过批准的物资采购申请单，在 MRP 环境下，采购计划的编制是否依据主生产计划、主产品结构文件、库存文件和各种零部件的生产时间或订货时间精确计算；采购计划是否与生产计划、销售计划、物资库存控制计划和资金供应计划等相协调；是否符合组织的存货政策、采购政策和资金管理政策。

2. 采购计划审批程序的合规性。审查各物资使用部门是否根据本期生产计划和物资消耗定额确定物资实际需要量，据以填具物资采购申请单；物资管理部门是否每月根据物资实际库存和储备需要填具物资储备定额补库计划表，提交补库申请单；各部门负责人是否按职责分工和授权范围对提交的采购申请单进行分类初审、对口把关；计划部门有无会同物资管理部门核实物资库存；最终下达的《月份物资采购计划》有无报经组织分管领导审批；对不符合规定的采购申请，有无要求请购部门或人员调整采购内容或拒绝批准；重要的和技术性较强的物资采购，是否执行特别授权审批程序，是否组织专家进行论证，实行集体决策和审批；对生产急需和突发性的紧急物资采购，是否以适当形式事先通知价格信息部门，并于规定时日内补齐办妥有关手续。在过程参与式物资采购审计模式下，采购计划在报经组织分管领导审批前，可首先提交内部审计人员审核。

3. 采购计划所列价格的合理性。对于重复购置的物资，如价格未发生变化，则以上次成交价格为依据，将高出确定标准的计划价作为重点审计对象；如价格已发生变化，应掌握最新市场公允价作为审计标准。审计物资采购计划价格时，应将新购物资作为审计的重点。当产品降价时，基于价值链管理的思想，应考虑供货商有无对供应物资协同降价的可能。在过程参与式物资采购审计模式下，经内部审计人员审核后的物资采购计划价格的处理有两种方式，一种是只作为编制采购计划和内部经济核算的价格依据，而不作为实际采购时的价格控制标准，实际采购之前采购部门需重新报送《价格申报单》；另一种是在编制采购计划之前，采购部门需事先提报《价格申报单》，经审查后作为编制采购计划的依据，并同时作为实际采购时的价格控制标准。

4. 采购计划所列物资数量的合理性。审查计划部门对申请单是否做了最有效的归类；物资采购数量是否考虑了经济批量；是否与生产计划和物资库存相适应。

5. 采购方式选择的合理性。物资的取得方式有定点进货和非定点进货，具体包括市场选购、电子商务采购、招标采购、委托加工、互惠购买、融资租赁和企业自制等方式。内部审计人员应审查采购方式的确定是否综合考虑了下列因素：现有资源的充分利用、物资的重要性程度、资金的贴现幅度、供货商的信誉和各种价格构成要素等。采用招标方式，应具体审查如下内容：

(1)监督招标过程和招标标准是否符合“公开选购、公平竞争、公正交易”的原则，确定在招标、开标、评标和定标过程中有无违反规定程序、私自与供货商串通、泄露招标信息等情况。

(2)审查有关招标文书的内容是否完整、严密，有关条款规定是否得到切实遵守。

(3)监督招标方式的选择是否合理。采用公开招标方式的，审查对外发布的招标信息是否全面、准确，发布范围是否具有广泛性，参与招标的投标人是否合格；采用邀请招标的，审查接受邀请的投标单位是否具有良好信誉、资质和财务状况，是否邀请至少三个以上投标人参加；采用议标采购方式的，审查所采购的物资是否确实没有供方投标、没有合格投标者、因技术复杂或性质特殊不能详细确定规格或具体要求、采用招标所需时间不能满足各组织紧急需要、不能预先计算出价格等，参加议标的单位是否在两家以上。

(4)审查招标采购的价格是否合理。复验标底价格，对编制标底的工作底稿所载明的物资数量、价格、人工耗费、各项其他费用及税金等进行复核、验算；审查最高采购限价的合理性和公允性；对于不能编制标底的招标物资或采用议标方式招标的，可根据市场行情对标的进行合理的价位判断。

6. 供货商选择的合理性

根据供货商与组织的业务稳定性，供货商区分为定点供货商和非定点供货商。内部审计人员应重点审查组织对定点供货商选择的合理性，包括供货商选择评价程序是否规范；有无明确的供货商选择目标和评价标准；有无建立供货商评价小组，小组人员组成是否合理；有无完整、真实的供货商资料；供货商资料筛选、排序和审批是否流于形式；是否经集体决策进行供货商优选并形成供货商名单；是否根据供货商和本组织的实际情况采用实地考察、书面调查、样品检验或试用的方式确定供货商；有无过度依赖特定供货商，是否设立了备选供货商团队；有无对供货商档案进行规范管理，建立《合格供货方目录》，定期组织对供货商调查和复审；修改供货商档案是否经过特定授权并进行有效信息沟通等。

(四)审计方法。采购计划审计主要采用分析法、复算法、复核法、检查法、源头审计法、全面审计法、简单审计法和重点审计法等方法。

源头审计法是始终把握问题的根源而不被表象所左右。如一般物资采购的公允价格信息源是市场，在招标采购审计中，内部审计人员不仅要审查是否履行了规范的招标程序，还应关注招标与市场价的差异，关注结算价与中标价之间的差异，关注中标人的实质性运作。

全面审计法是对物资采购涉及的每一个环节、每一项资料和资料的每一个方面进行全面审计的一种方法。优点是细致、审核质量高，缺点是效率低、成本高。

简单审计法是在审计力量不足或者有特殊要求时，仅针对物资采购价格或者物资采购的其他某一方面实施审计的方法。

重点审计法是针对重点物资(如采购数量大、单价高)、敏感性物资、问题较多物资的采购进行重点审查。

第十二条　采购申报价格审计。采购申报价格审计是对采购价格申报内容的完整性、价格标准确定的合理性和申报程序的规范性等方面所进行的审计。

(一)应获取的相关资料。包括组织的物资价格制定政策、物资采购价格申报单、价格标准、物价变动信息、市场需求信息、经济政策信息、技术信息、供应渠道变化信息和业务流程再造信息等。

(二)应关注的风险领域。包括价格标准失控、价格信息系统无效和低效、采购效率降低、价格审查形式化、价格组成内容单一化和串通作弊风险等。

(三)审计内容。

1.《价格申报单》填列的完整性。采购部门应在比质比价的基础上，初步确定物资采购意向，填制《价格申报单》，经采购部门负责人签章后，送交价格信息部门进行价格核定。内部审计人员应审查《价格申报单》是否包括物资品名、规格、型号、数量、单价、金额、使用部门、技术要求、供货单位、货比三家情况等栏目。

2. 价格标准确定的合理性。主要内容包括：

(1)审查价格信息收集渠道的广泛性和使用的有效性。可供采用的价格收集渠道有网络、报刊、杂志、电视、广播、行业公报、供货商提供和竞争对手披露等。内部审计人员应审查采购部门和价格信息部门是否充分利用了各种价格来源渠道，建立起容量丰富的价格信息资料库；对于获取的各种信息源，是否按照本组织的物资种类进行了适当分类以提高检索能力，发挥信息使用效率；是否在各部门之间进行了信息共享。

(2)审查价格信息资料收集的准确性和及时性。审查价格来源渠道是否正规，是否根据环境的变化适时地更换价格信息，能否综合各种信息源较准确地预测未来的价格变化趋势，为组织实施战略物资管理提供价格导向。

(3)审查价格标准确定方法的适当性和计算结果的正确性。物资采购价格标准的确定方法有：分别询价法、交叉询价法、调查法、信息资料查询法、历史资料评价法、测算法、专家评估辅助法、集中询价法、公开招标法、提供佐证法、限价法。

(4)审查价格标准构成内容的全面性。物资采购价格包括采购物资的买价、运杂费、保险费、途中损耗、入库前的整理挑选费用、大宗材料的市内运输费、采购资金利息和其他相关费用。其中买价和运费是物资采购价格的主要影响因素。

3. 采购申报价的合理性。主要内容包括:

(1)审查是否根据不同的物资采购方式确定申报价;

(2)审查申报单中所列物资品种是否在采购计划范围内,是否列入采购预算;

(3)审查采购申报价有无高估虚报问题;

(4)审查采购申报价的构成是否齐全,是否进行了综合比价;

(5)审查采购部门有无随意压价而忽视物资质量的现象;

(6)对于重复购置的物资,审查申报价是否超过最高限价,最高限价有无根据市场价格变动及时进行相应调整;

(7)审查采购部门是否进行比质比价。

4. 申报价格核定程序的规范性。审查价格信息部门是否根据确定的价格标准,在测算评估、对比分析的基础上,确定采购部门报价和相关费用的合理性和公允性,并提出核定意见。对违反规定或报价不合理的,价格信息部门具有否决权,提出重新询价的建议或者核定一个最高控制价格。采购部门应参照核定意见,在核定的价格控制标准范围内进行采购。

(四)审计方法。采购申报价格审计主要采用价格比较法、复算法、复核法、检查法、源头审计法、重点审计法和简单审计法等方法。

第十三条 采购合同审计。采购合同审计是对采购合同的合法性、完整性和有效性等所进行的审计。

(一)应获取的相关资料。包括合同法、组织内部有关合同制度、合同正文和副本以及供货商资料等。

(二)应关注的风险领域。包括盲目签定采购合同风险、合同无效风险、合同条款不利风险、合同违约风险和合同档案管理混乱风险等。

(三)审计内容。

1. 采购合同签订的合规合法性。主要内容包括:

(1)审查供货商是否具有签约资格。

(2)审查合同的签定程序是否合规。合同的签定需经市场调查、业务洽谈、合同起草、合同评审、合同执行以及合同变更、解除或终止等过程。内部审计人员应审查在市场调查阶段是否按“货比三家”的原则进行市场调查,是否取得了供货商完整的档案资料以确认供货商的信誉和履约能力,必要时是否对供货商进行现场考察;参与业务洽谈的代表的业务能力和技术水平是否具备,是否由两人以上参与谈判;合同起草是否使用了正规的合同版本;草签的合同是否经过组织法律部门、财会部门评审;是否根据组织授权要求报经有关领导审批,有无履行分级授权审批手续;是否办理了必要的公证手续;合同变更、解除或终止的理由是否充分,是否签署了书面变更协议并履行了审批手续,对于发现的将严重损害组织利益的已签署合同,是否及时采取了纠正措施。

2. 采购合同条款的完备性和合同内容的合法性。采购合同应包含如下基本内容:合同标的;数量和质量;价格和结算方式;运输方式;履约期限、地点和方式;违约责任等。内部审计人员首先应审查合同中是否包含上述内容,有关规定是否明确、具体。其次,应审查签约双方的权利和义务是否明确并具有对等性。再次,应审查确定有无利用合同从事非法行为的可能性。最后,应审查合同条款规定是否为组织争取到最大的财务利益,如充分考虑付款条件和资金优势,选择合理的货款支付方式等。

3. 采购合同的执行结果。审查合同内容是否得到全面、严格地履行;审查有无合同违约、违约的原因及违约处理结果,如对方违约,是否及时组织索赔。如本方违约,责任人是否向分管领导提交书面报告,经审批后办理赔偿手续,并追究相关责任;协商不成的合同纠纷是否及时上报上级领导和法律部门,通过申请仲裁或向人民法院起诉解决合同纠纷。

4. 审查合同的管理是否规范。主要内容包括:

(1)审查组织有无设置专门的合同管理机构,合同管理人员是否具备相应资格,合同管理制度是否完善,有无重大合同变更的应对防范措施。

(2)审查合同的归档和保管是否完整。审查合同是否按序编号;台账登记是否清晰完整;支持性文件是否齐全,是否包括采购合同正本、合同补充协议、技术协议、采购订单、合同评审表及其他合同附件。

(四)审计方法。采购合同审计主要采用检查法、函证法、询问法和重点审计法等方法。

第十四条 物资采购计划执行情况审计。物资采购计划执行情况审计是指在采购物资运达组织后，对物资验收、入库、计量、价格和货款支付等业务执行的适当性、合法性和有效性等所进行的审查和评价。

(一)应获取的相关资料。包括物资采购申请单、采购计划、采购合同、价格申报单、采购发票、运费单、检验报告单、入库单、退货单、付款凭单、转账凭证、应付账款明细账、材料采购明细账和对账单等。

(二)应关注的风险领域。包括采购方式和供货商改变、价格失控、质量检验失控、计量不实、保管低效、票据失真、付款提前或滞后、付款不实和违规结算风险等。

(三)审计内容。

1. 采购方式执行情况审计。审查采购部门是否按照采购计划、采购申报单确定的采购方式和供货商进行采购。如物资采购执行的是定点供货制度，内部审计人员应取得《物资定点供货目录》作为审计标准，据以确定采购部门是否在合格供货商目录中选择供货商，如有改变，其改变的原因和批准手续是否合理。对于发现的供货商供货问题，采购人员是否及时填写《供货商供货问题信息反馈单》交价格信息部门，价格信息部门是否及时发出《纠正/预防措施通知单》，限期整改并追踪整改结果；整改无效者，是否暂停其供货或取消合格供货商资格。

2. 质量控制执行情况审计。主要内容包括：

(1)审查是否设置独立的质量检验部门组织物资验收，有无采取适当措施防止采购人员、质检人员与保管人员串通舞弊；

(2)审查物资验收是否根据货运单、发票和经过批准的采购合同副本、采购价格申报单、采购计划进行；

(3)审查物资验收是否签署顺序编号的验收报告；

(4)审查超过采购合同的进货数量和提前到货的采购是否经过适当批准；

(5)审查短缺物资和不符合质量要求的物资是否查明了原因，有无根据不同情况及时组织索赔，是否每月编制退货报告，以供采购和质检部门进行审查、分析和考核供货商表现等；

(6)审查对逾期未交货者，有无按合同规定给予罚款或没收违约金；

(7)审查对大型或数额较大的物资采购，有无取得供货商合格的检验证明，合同中是否规定了必要的质保内容；物资验收是否严格，有无存在由于验收不严造成以次充好、以劣充优、不合格物资入库等问题。

3. 计量执行情况审计。主要内容包括：

(1)审查计量器具。包括：计量器具是否经过国家法定检验机构的检验并出具了书面证明；内部计量部门是否定期检查和校对计量器具；计量器具的操作是否正确合规；抽查计量记录并核对实物数量，验证计量的准确性。

(2)审查采购物资途中损耗。包括：是否制订了合理的路耗标准；实际损耗是否控制在标准范围之内；损耗的处理是否合理。

(3)审查质量检验对计量结果的影响。对于化工、石油、煤炭、矿山等行业的物资采购，应注意审查是否运用质量检验结果对采购物资的数量进行适当的调整。

4. 价格执行情况审计。主要内容包括：

(1)审查物资采购是否按批准价格执行。审查发票、货运单、验收单等原始资料上载明的价格是否与价格申报单、采购计划、采购合同一致，价格的变动是否经过核准。

(2)审查运费的组成和数额是否合理。应根据确定的运费价格标准审查物资采购运费，保证实际运费控制在标准范围之内。包括：运输方式的选择、运输里程的确定、运输商的选择、运价组成等。

5. 仓储保管情况审计。主要内容包括：

(1)审查仓库的位置与内部空间的布置。审查仓库位置的设置是否有利于组织内物资流动的经济性、合理性；仓库内部空间的布置是否有利于利用仓库的有效面积和提高仓库的作业效率。

(2)审查仓库面积利用率。通过计算和比较“仓库面积利用率”指标，确定仓库利用效率高低和利用潜力的大小。

(3)审查仓库存放保管工作。物资是否按分区及编号有序排放；物资包装、标示是否符合规范；易燃、易爆、剧毒等危险物资是否隔离存放；库房防火、防盗、防潮等措施是否到位。

(4)审查物资保管账卡档案是否建立健全并定期与相关资料、账簿核对。

(5)审查物资分类保管情况。审查物资保管是否按照物资的重要程度、消耗数量、价值大小等区别对待，实施 ABC 分类管理法。

(6)审查物资储备定额制定是否合理。审查物资最高储备、经常储备、保险储备和季节性储备等定额是否经济合理，是否做到既满足生产需要，又最大限度地压缩库存。

6. 采购票据审计。主要内容包括：

(1)审查物资采购的票据是否齐全，是否按照采购业务发生的先后顺序编号。

(2)审查各种票据载明的采购数量、单价、金额、品种、规格、产地、型号等是否真实，数量、单价、金额等计算是否正确，各种票据相关内容是否一致。

(3)审查票据的填写是否合规，手续是否齐全，来源渠道是否正规，保管、领用和注销措施是否完善，传递程序是否合规等。

7. 采购负债确认及付款执行情况审计。主要内容包括：

(1)审查负债的确认是否正确。审查采购部门是否在物资采购申请单、验收单、供货商发票等核对无误的基础上出具付款申请单，并及时通知财会部门；财会部门是否在进一步审核的基础上，编制记账凭证，登记付款凭单登记簿或应付账款明细账，确认负债。

(2)审查应付账款的登记是否正确。审查应付账款登记和管理是否由独立于请购、采购、验收、付款以外的职员执行；是否根据不同供货商设置明细账进行明细分类核算；是否根据审核无误的原始凭证和记账凭证及时登记账簿记录，有无遗漏、隐瞒负债情况；是否定期将应付账款明细账余额与供货商寄回的对账单相核对，与应付账款总账相核对，与采购部门台账相核对，对存在的差异是否及时妥善处理；对享有折扣的交易，是否以扣除折扣后的货款净额登记应付账款，以防止在付款时贪污折扣。

(3)审查付款处理是否合规。审查付款是否符合资金结算制度的要求；付款是否在会计人员审核的基础上，经过授权人审批；是否按确定的付款方式付给指定的收款人；核实付款金额和收款人是否正确；有无使用空白支票；已付货款是否在发票上加盖“付讫”戳记等。

(4)审查预付账款处理是否合规。审查预付账款是否经过申请、审批；收到采购物资后，是否根据供应商发票及时冲减预付账款；是否与供货商定期对账。

(5)审查应付账款余额的整体合理性。审查财会部门是否定期编制应付账款账龄分析表、物资已收发票未到情况汇总表；是否每月计算主要业绩指标据以监控应付账款状况；采用分析性复核方法，通过比较本期与上期各应付账款明细账户余额、相关比率和相关费用账户金额，确定应付账款有无异常变动。

(四)审计方法。物资采购计划执行情况审计可以采用检查法、复核法、分析法、复算法、盘点法、鉴证法、抽样法、观察法、函询法和询问法等方法。

第四章 物资采购后续审计

第十五条 物资采购后续审计是内部审计人员在提交了物资采购审计报告后，针对报告中所涉及的审计发现和审计建议所进行的跟踪审计，目的是确定被审计单位对于审计报告中所揭示的问题和偏差的纠正和改进情况以及产生的实际效果。

第十六条 物资采购后续审计应关注的风险领域。包括物资超储积压或储备不足风险、物资使用质量低劣风险、物资价格失控风险、资信低的供货商定点供货风险和审计建议无效风险等。

第十七条 物资采购后续审计的基本过程。

(一)应获取的相关资料。包括审计报告、审计回复、定点供货目录、价格申报单、采购计划和物资质量标准等。

(二)取得被审计单位的反馈意见并进行合理分析。内部审计人员应关注如下事项：被审计单位不做反馈和反馈不充分的事项；被审计单位有异议或误解的事项；反馈意见中说明不采取纠正措施的事项等。内部审计人员应逐项分析上述事项的具体原因，并且特别注意反馈意见中对于问题原因的分析是否具有针对性，拟采取的措施是否具体。

(三)实施适当的审计程序。对重大的审计发现和建议通过现场访问、直接观察、测试和检查文件等方式，编制“后续审计面谈结果小结”和“后续审计跟踪记录表”等工作底稿。

(四)评估采纳审计建议所达到的效果。

(五)提交后续审计报告。

第十八条 审计方法。物资采购后续审计主要采用审计分析方法、详查法、抽查法、终点审计法、重点审计法、函证法和查询法等方法。

终点审计法是通过某一环节的重点审计,反馈前续环节中存在的问题。例如通过物资采购后续审计,验证供货商选择、物资验收、价格执行等方面存在的问题,反馈物资采购审计工作中存在的不足。

第五章 附 则

第十九条 本指南由中国内部审计协会发布并负责解释。

第二十条 本指南自 2005 年 1 月 1 日起施行。

内部审计实务指南第 3 号——审计报告

第一章 总 则

第一条 为了指导内部审计人员编制和出具审计报告,规范内部审计报告及相关活动,根据《内部审计基本准则》和《内部审计具体准则第 7 号—审计报告》制定本指南。

第二条 本指南所称审计报告是指内部审计人员根据审计计划对被审计单位实施必要的审计程序后,就被审计单位经营活动和内部控制的适当性、合法性和有效性出具的书面文件。

第三条 本指南适用于各类企业的内部审计机构、内部审计人员及其从事的内部审计活动。政府及非盈利组织的内部审计活动,可结合行政管理程度的要求,参照执行。

第四条 内部审计报告应当体现内部审计项目目标的要求,并有助于组织增加价值。内部审计项目目标的要求主要包括但不限于对以下方面的评价:

(一)经营活动合法性;

(二)经营活动的经济性、效果性和效率性;

(三)组织内部控制的健全性和有效性;

(四)组织负责人的经济责任履行状况;

(五)组织财务状况与会计核算状况;

(六)组织的风险管理状况。

第五条 正式立项的审计项目应当在终结审计后编制审计报告;如果存在下述情况之一时,应当根据组织适当管理层的要求和内部审计工作的需要编制并报送中期审计报告:

(一)审计周期过长;

(二)被审计项目内容特别庞杂;

(三)被审计期间比较长;

(四)突发事件引起特殊要求;

(五)组织适当管理层需要审计项目进展情况的信息;

(六)其他需要提供中期审计报告的情况。

中期审计报告不能取代终结审计报告,但中期审计报告能够作为终结审计报告的编制依据。中期审计报告不具有终结审计报告的效力。

第六条 编制审计报告应当遵循以下原则:

(一)客观性。审计报告应以可靠的证据为依据,实事求是地反映审计事项,做出客观、公正的审计结论。

(二)完整性。审计报告应当做到要素齐全,内容完整,不遗漏审计发现的重大事项。

(三)清晰性。审计报告应当做到逻辑性强、突出重点,简明扼要地阐明事实和结论。避免使用不必要的过于专业性和技术性的复杂语言。文字应当通顺流畅,用词准确,避免使用“几个、少数、大量”等模糊字眼说明情况。

（四）及时性。审计报告应当及时编制，以便组织适当管理层适时采取有效纠正措施。在保证审计报告质量的前提下，审计报告应当在完成现场审计后尽快编制，经过征求意见和补充修改后分别送达各有关方面。

（五）实用性。审计报告所提供的信息，应当有利于解决经营管理中存在的重要问题，并有助于组织实现预定的目标。

（六）建设性。审计报告不仅应当发现问题和评价过去，而且还应能解决问题和指导未来，应当针对被审计单位经营活动和内部控制的缺陷提出适当的改进建议。

（七）重要性。在形成审计结论与建议时，应充分考虑审计项目相关的风险水平和重要性，对于被审计单位经营活动和内部控制中存在的严重差异和漏洞以及审计风险高的领域应当在审计报告中有重点的详细说明。同时，内部审计人员还要考虑被审单位接受审计建议、采取相应措施的成本与效益关系。

第七条 内部审计机构应该建立健全审计报告分级复核制度，明确规定各级复核岗位的要求和责任。复核层次级别的具体设置应当视审计项目的复杂程度和内部审计机构的规模、人员配置等各种因素而定。

第八条 审计报告可以手工编制，也可以使用计算机软件自动编制。

第九条 内部审计人员需用联系及综合性的思维方式、以高超的沟通与合作技能来组织和编写审计报告。

第二章 审计报告的构成要素

第十条 内部审计报告因审计项目预定目的的不同而存在差异，一般的内部审计报告应包括以下基本要素：

（一）标题；

（二）收件人；

（三）正文；

（四）附件；

（五）签章；

（六）报告日期；

（七）其他。

第十一条 内部审计报告的标题应能反映审计的性质，力求言简意赅并有利于归档和索引。一般应当主要包括以下内容：

（一）被审计单位名称；

（二）审计事项（类别）；

（三）审计期间；

（四）其他。

第十二条 内部审计报告的收件人应当是与审计项目有管理和监督责任的机构或个人。一般应当包括：

（一）被审计单位适当管理层；

（二）董事会或其下设的审计委员会或者组织中的主要负责人；

（三）组织最高管理当局；

（四）上级主管部门的机构或人员；

（五）其他相关人员。

考虑到各个组织的法人治理结构、管理方式差异，审计报告的送达单位或个人应当根据具体情况确定。

第十三条 内部审计报告的正文是审计报告的核心内容。一般应当包括以下项目：

（一）审计概况；

（二）审计依据；

（三）审计发现；

（四）审计结论；

（五）审计建议；

（六）其他方面。

第十四条 内部审计报告的附件是对审计报告正文进行补充说明的文字和数字材料。一般应当包括：

（一）相关问题的计算及分析性复核审计过程；

（二）审计发现问题的详细说明；

（三）被审计单位及被审计责任人的反馈意见；

（四）记录审计人员修改意见、明确审计责任、体现审计报告版本的审计清单；

（五）需要提供解释和说明的其他内容。

第十五条 内部审计报告应当由主管的内部审计机构盖章，并由以下人员签字：

（一）审计机构负责人；

（二）审计项目负责人；

（三）其他经授权的人员。

第十六条 审计报告日期一般采用内部审计机构负责人批准送出日作为报告日期。以下情况下使用相关的日期：

（一）因采纳组织主管负责人的某些修改意见时；

（二）内部审计人员在本机构负责人审批之后又发现被审计单位存在新的重大问题时；

（三）内部审计报告存在重要疏忽时；

（四）其他情况。

第三章 审计报告的主要内容

第十七条 审计概况是对审计项目的总体情况的介绍和说明。一般主要包括：

（一）立项依据。在审计报告中应当根据实际情况说明审计项目的来源：

1. 审计计划安排的项目；

2. 有关机构（外部审计机构、组织有关部门）委托的项目；

3. 根据工作需要临时安排的项目；

4. 其他项目。

（二）背景介绍。在审计报告中，应当对有助于理解审计项目立项以及审计评价的以下情况进行简要描述：

1. 选择审计项目的目的和理由；

2. 被审计单位的规模、业务性质与特点、组织机构、管理方式、员工数量、主要管理人员等；

3. 上次同类审计的评价情况；

4. 与审计项目相关的环境情况；

5. 与被审计事项有关的技术性文件；

6. 其他情况。

（三）整改情况。如有必要，应当将上次审计后的整改情况在审计报告中加以说明。

（四）审计目标与范围。审计报告中应当明确地陈述本次审计的目标，并应与审计计划中提出的目标相一致；还应当指出本次审计的活动内容和所包含的期间。如果存在未进行审计的领域，应当在报告中指出，特别是某些受到限制无法进行检查的项目，应说明受限制无法审查的原因。

（五）审计重点。审计报告应当对本次审计项目的重点、难点进行详细说明，并指出针对这些方面采取了何种措施及其所产生的效果，也可以对审计中所发现的重点问题做出简短的叙述及评论。

（六）审计标准。财务审计的标准主要是国家有关部门所颁布的会计准则、会计制度以及其他相关规范制度。管理审计的标准主要是组织管理层已制定或已认可的各项标准。

第十八条 审计依据是审计报告应声明内部审计程序是按照内部审计准则的规定实施审计的。当确实无法按照审计准则要求执行必要的审计程序时，应在审计报告中陈述理由，并对由此可能导致的对审计结论和整个审计项目质量的影响做出必要的说明。

第十九条 审计发现是内部审计人员在对被审计单位的经营活动与内部控制的检查和测试过程中所得到的积极或消极的事实，一般应包括以下内容：

(一)所发现事实的现状,即审计发现的具体情况;
(二)所发现事实应遵照的标准,如政策、程序和相关法律法规;
(三)所发现事实与预定标准的差异;
(四)所发现事实已经或可能造成的影响;
(五)所发现事实在目前现状下产生的原因(包括内在原因与环境原因)。

第二十条 审计结论是内部审计人员对审计发现所做出的职业判断和评价结果,表明内部审计人员对被审计单位的经营活动和内部控制所持有的态度和看法。

在做出审计结论时,内部审计人员应针对本次审计的目的和要求,根据已掌握的证据和已查明的事实,对被审计单位的经营活动和内部控制做出评价。内部审计人员提出的结论可以是对经营活动或内部控制的全面评价,也可仅限于对部分经营活动和内部控制进行评价。如果必要,审计结论还应包括对出色业绩的肯定。

第二十一条 审计建议是内部审计人员针对审计发现提出的方案、措施和办法。审计建议可以是对被审计单位经营活动和内部控制存在的缺陷和问题提出的改善和纠正的建议;也可以是对显著经济效益和有效内部控制提出的表彰和奖励的建议。

内部审计人员应该依据审计发现和审计证据,结合组织的实际情况和审计结论的性质,提出审计建议。审计建议可分为以下几种类型:

(一)现有系统运行良好,无需改变;
(二)现有系统需要全部或局部改变:
1. 改进的方案设计;
2. 方案实施的要求;
3. 方案实施效果的预计;
4. 未实施此方案的后果分析。

第四章 审计报告的基本格式

第二十二条 内部审计人员在确认有较大必要性的条件下编制规范的中期审计报告。一般中期审计报告篇幅较短,应当清楚地说明审计发现的事实、不良状况的影响,并提出审计建议。中期审计报告的格式可以根据实际需要选择以下所列格式之一:

(一)中期审计报告的基本格式包括:(1)标题,可由审计项目和“中期审计报告”两部分组成;(2)收件人;(3)审计发现;(4)审计建议;(5)附件;(6)签章;(7)报告日期。

中期审计报告一般格式参考范例如下:

关于“出纳付款程序”的中期审计报告(标题)

公司总经理:(收件人)

从正在进行的公司××年度财务收支审计中,我们发现公司财务部付款内部控制程序存在严重缺陷。出纳员××保管着公司财务专用章及财务经理私章,可随时支取公司款项,在我们的初步审核中,已经发现未经审批的付款××笔,共计××万元,如果不采取紧急措施,将可能导致更大的舞弊风险。(审计发现)

根据上述情况,我们建议财务经理收回相关印鉴,对每一笔公司款项的支付严格审核后才能签发,同时责成出纳员说清××万元款项的去向,采取各种手段追回款项,并建议临时停止出纳员的职务工作。(审计建议)

附件:1. ××
2. ××
3. ××(附件)

审计项目负责人:××
审计小组成员:××、××
××审计机构(签章)
××年××月××日(报告日期)

（二）中期审计报告的备忘格式包括：(1)标题，只简单列示审计项目即可；(2)收件人；(3)审计发现；(4)审计建议；(5)审计人员签章；(6)报告日期。

中期审计报告备忘格式参考范例如下：

资本性支出授权的中期报告(标题)

供销部经理：(收件人)

在审计贵单位资本性项目的过程中，我们发现目前所发生的资本性支出没有取得相应的批准文件。在××个资本性项目中，我们抽取了××个进行检查。累计支出××万元人民币。在档案资料中，均没有发现取得相应的批准文件。(审计发现的事件)

造成这种结果的原因是：最近改组重建的会计部门还没有在项目建设之前授权专门的人员负责批准；另外，采购订单的复核、批准还没有建立相应的程序。(审计发现的原因)

为了确保按照企业管理当局的意图对资本性支出业务进行有效的控制，我们建议贵单位应该授权专门人员负责采购业务的批准；另外，在实施采购之前，采购订单应该与经过批准的文件进行核对验证。(审计建议)

审计员：×××
×××(签章)
××年××月××日(报告日期)

第二十三条 内部审计人员应当编制终结审计报告。终结审计报告的基本格式包括：(1)标题；(2)收件人；(3)审计概况(立项依据及背景介绍，上次审计后的整改情况说明，审计目的和范围，审计重点等)；(4)审计依据；(5)审计发现；(6)审计结论；(7)审计建议；(8)附件；(9)签章；(10)报告日期。

终结审计报告基本格式参考范例如下：

关于××公司内部会计控制的审计报告(标题)

××公司总经理：(收件人)

为了配合今年年底公司组织的行业检查活动，我们临时调整了审计计划，组成了以王××为项目负责人的5人审计小组，对公司内部会计控制制度进行了局部审计，旨在自我评价，消除内部控制的弱点，改善公司管理水平，争取在行业评比中获得优异成绩。我们的审计目标是测试内部会计控制方面是否存在漏洞，寻找与同行业其他企业的差距。审计涉及的期间是20××年1月1日至20××年12月31日。审核的范围包括会计制度设计、会计核算程序、会计工作机构和人员职责，财务管理制度等方面。(审计概况)

我们按照内部审计准则的规定计划和实施本项内部审计工作，并采用了我们认为应当采用的必要的审计程序，根据抽查结果，我们认为，下列情况应当予以关注：

1. 没有定期进行银行对账单调节。截至我们进行审计时，银行对账单的调节工作已延误了四个月，严重削弱了公司对资金安全性的控制。(见附件第××页)

2. 由于没有防止投资收益账户上舞弊行为的控制程序，导致超过100000元的股利被非法挪用。(见附件第××页)

3. ……(审计发现)

除上述问题外，我们认为，组织管理层对内部会计控制的设计在整体上是符合公司的实际情况的，其运行取得了预期的效果。(审计结论)

我们认为，上述问题的发生，主要原因是相关职位人员配备不足，不相容职务未予以分离。建议财务部门健全资金控制制度，并招聘一名有经验的会计人员充实相关职位。(审计建议)

附件：1. ××
2. ××
3. ××(附件)

审计项目负责人：×××
审计小组成员：×××
×××
××审计机构(签章)
××年××月××日(报告日期)

第五章 审计报告编制的程序和方法

第二十四条 内部审计报告的编制应当在结束现场审计工作之后进行。内部审计人员应当按照以下程序编制审计报告：

(一)做好相关准备工作；

(二)编制审计报告初稿；

(三)征求被审计单位意见；

(四)复核、修订审计报告并最后定稿。

第二十五条 内部审计人员在进行审计报告的准备工作时，应重点关注以下事项：

(一)报告的整体或具体格式；

(二)可能的发送对象，以及报告收件人的姓名和职位；

(三)审计目的、范围等的表述；

(四)审计计划或审计委托书；

(五)审计发现的描述；

(六)用以支持审计发现和建议的各种信息，包括：附录、说明和图表；

(七)特别敏感的内容，包括：在报告中对于机密内容的披露程度；被审计单位对审计发现的可能性反应，以及内部政策等；

(八)其他需要考虑的重要报告事项。

第二十六条 审计报告初稿由审计项目负责人或者由其授权的审计项目小组其他成员起草。如由其他人员起草时，应当由审计项目负责人进行复核。审计报告初稿应当在审计项目小组进行讨论，并根据讨论结果进行适当的修订。编制审计报告充分应当体现审计报告的质量要求。

第二十七条 在审计报告正式提交之前，审计项目小组应与被审计单位及其相关人员进行及时、充分的沟通。

审计项目小组与被审计单位的沟通，应当根据沟通内容的要求，选择会议形式或个人交谈形式。内部审计机构和人员在与被审计单位进行沟通时，应注意沟通技巧，进行平等、诚恳、恰当、充分的交流。

审计项目小组应当根据沟通结果对审计报告适当进行处理。

第二十八条 审计报告应当由被授权的审计项目小组成员以及审计项目负责人、审计机构负责人等相关人员进行严格的复核和适当的修订。审计报告复核、修改后，再经与组织适当管理层充分沟通后，由经授权人员签章，提交给审计项目有责任的机构或个人。

第二十九条 内部审计人员应当在实施必要的审计程序后，采用以下方法编制审计报告：

(一)考虑审计报告使用者的各种合理需求。有些事项或后续审计结果与本次审计结论没有直接关系或关系不重要，但需审计人员向报告收件人如组织管理当局反映提请关注，此类事项和情况应适当写入审计报告。

(二)反映被审计对象的相关成绩。对被审计单位的突出业绩应当在审计报告中予以适当说明。

(三)反映改进的计划和行动。由于受到审计目标和准备工作的制约，或受到审计过程中新发生情况的影响，审计范围可能与年度审计计划或最初拟定的范围不一致，必要时可在审计报告中指出所改进的计划与所采取的行动。

(四)揭示导致问题产生的外部不利因素的影响。

(五)采用正面的、积极的语言。对审计过程中揭示的消极的审计发现,在不损害内部审计独立性和声誉的前提下,应当充分考虑被审计单位的意见及可能对其造成的不利影响,客观准确地以被审计单位可接受的语言写入审计报告。

(六)运用恰当的图表和脚注。审计报告可以运用适当的图表和脚注,以增强灵活性,快速准确直观地揭示和传递提供审计信息。

第六章 审计报告的复核、发送和保存

第三十条 内部审计机构应当建立审计报告的三级复核制度。由审计项目负责人主持现场全面复核;由内部审计机构的业务主管主持非现场重点复核;由内部审计机构负责人主持非现场总体复核。三级复核的分工,可由组织的内部审计机构自行决定。各级复核的主持人在必要时可以授权他人行使权力,但责任仍由主持人承担。

第三十一条 审计报告复核主要包括形式复核和内容复核。

(一)形式复核。一般包括:

1. 审计项目名称是否准确,描述是否恰当;
2. 被审计单位的名称和地址是否可靠;
3. 审计日期是否准确,审计报告格式是否规范;
4. 审计报告收件人是否为适当的发送对象,职位、名称、地址是否正确;
5. 审计报告是否表示希望获得被审计单位的回应;
6. 审计报告是否需要目录页,目录页的位置是否恰当,页码索引是否前后一致;
7. 审计报告中的附件序号与附件的实际编号是否对应;
8. 审计报告是否征求被审计单位意见;
9. 审计报告的复核手续是否完整。

(二)内容复核。一般包括:

1. 背景情况的介绍是否真实,语气是否适当;
2. 审计范围和目标是否明确,审计范围是否受限;
3. 审计发现的描述是否真实,证据是否充分;
4. 签发人是否恰当,签发人与收件人的级别是否相称
5. 参与审计人员的名单是否列示完整,排名是否正确;
6. 报告收件人是否恰当,有无遗漏,姓名与职位是否正确;
7. 标题的使用是否适当;
8. 审计结论的表述是否准确;
9. 审计评价的依据的引用是否适当;
10. 审计建议是否可行。

第三十二条 审计报告的发送范围一般限于组织内部,通常可根据组织的一般要求和审计活动本身的性质来确定发送对象。

第三十三条 内部审计机构应根据具体情况,决定是否将内部审计报告送交组织外部的相关部门和人员,或者是将审计报告的部分内容呈送组织外部的相关部门和人员。在决定对外报送内部审计报告时,应当经过内部审计机构负责人或组织适当管理层的批准程序。

第三十四条 内部审计人员应当根据审计报告的保密性要求,充分考虑审计报告传递方式的恰当性。一般应当采取派专人直接传递、特快专递、邮政服务和办公室当面传递等方式进行报告传递。

第三十五条 组织应当制定制度性文件,对审计报告的发送对象和各种传递方式做出规定,防止报告在传递过程中被延误、丢失或误投。

第三十六条 内部审计机构应当保留审计报告副本。审计报告以及其他业务文档应当按照内部审计机构或组织管理层制定的审计档案管理制度纳入档案管理,加以分类并且妥善保存。

第三十七条 内部审计报告应在适当的范围予以公开。

第七章 附 则

第三十八条 本指南由中国内部审计协会发布并负责解释。

第三十九条 本指南自 2009 年 1 月 1 日起施行。

内部审计实务指南第 4 号——高校内部审计

第一章 总 则

第一条 为了规范高校内部审计的内容、程序与方法，根据内部审计基本准则与具体准则制定本指南。

第二条 本指南所称高校内部审计，是指高校内部审计机构和人员通过对学校与资源利用有关的业务活动及其内部控制的适当性、合法性和有效性的审查，并进行确认、评价、咨询，旨在促进完善管理控制、防范风险、创造效益，从而促进学校事业目标的实现。

第三条 高校应设置内部审计机构，规模较大的高校(年收入 5 亿元以上或教职工人数在 3000 人以上)应设置独立的内部审计机构。

第四条 高校内部审计机构应配备足够的内部审计人员，内部审计人员数量应不低于教职工总数的 2‰。内部审计队伍应由具备经济、管理、法律、建设工程、信息系统等方面专业素质的人员组成，并具备必要的职业资格。

第五条 高校内部审计应遵循以下原则：

(一)高校内部审计应关注学校资源，对本单位利用资源、开展业务、取得绩效的过程和结果进行审计。

(二)高校内部审计应坚持业务活动审查与财务活动审查相结合，运用业务入手审计方法，开展财务审计与业务审计相结合的综合管理审计。

(三)高校内部审计应坚持审计控制与审计评价相结合，根据业务特点，采取事前审计、事中审计、事后审计等方式组织审计业务。

(四)高校内部审计应根据学校治理结构、管理体制等有关内部环境和内部审计资源状况，把握总体、突出重点，科学合理地确定内部审计业务战略。

(五)高校内部审计应着眼于促进问题解决，立足于促进机制建设，通过与相关部门合作促进学校事业发展。

第六条 高校内部审计机构应加强审计质量控制，定期接受各级教育行政主管部门内部审计机构对所属高校内部审计工作进行的质量评估。

第七条 本指南适用于高校的内部审计机构、内部审计人员及其从事的内部审计活动，其他教育部门和单位可以参照执行。

第二章 内部控制审计

第一节 一般原则

第八条 本指南所称内部控制是指为了实现教育事业发展目标，保证资金、资产、资源安全、完整，并得到合理有效利用；保证会计信息真实、准确，保证有关法律、法规、规章的贯彻实施而制定与实施的一系列控制方法、保证措施和业务程序。

第九条 本指南所称内部控制审计是指内部审计机构为了促进完善内部控制，保证其有效执行而对本单位内部控制体系的健全性、有效性所进行的了解、测试和评价活动。

第十条 本指南所称内部控制审计的内容主要包括对教学管理、科研管理、财务管理、资产管理、采购管理等活动中内部控制体系的健全性、有效性进行的审查和评价。

第十一条 被审计单位的各项业务的内部控制体系主要由控制环境、风险管理、控制活动、信息与沟通、监督等要素组成，对高等学校各项业务的内容控制审计主要围绕这些要素来进行。

第十二条 在开展内部控制审计时，要考虑成本效益原则，结合本单位内部审计资源和实际情况，既可以对单位内部控制进行全面审计与评价，也可以对单位内部控制的组成部分进行审计与评价。

第十三条 开展内部控制审计工作时应遵循以下原则与方法。

（一）内部控制审查与业务活动、财务活动审查相结合；

（二）内部控制审查与风险管理审查相结合；

（三）内部控制审查与促进推动内部控制自我评估相结合；

（四）根据不同的审计对象，审计目标和审计所需的证据选择不同的方法，以保证审计工作的质量和审计资源的有效配置。

第十四条 内部控制自我评估是高校完善内部控制体系的有效方式之一。开展内部控制审计应充分关注这一有效方式，利用、指导、推动内部控制自我评估的开展，促进完善内部控制体系建设。

第二节 控制自我评估的应用

第十五条 控制自我评估，是指由对内部控制的制定与执行负有责任的组织相关管理人员对内部控制进行评价的过程。内部审计人员可以应用控制自我评估法来协助内部控制的审查和评价。

第十六条 内部审计人员在实施内部控制审查与评价之前应适当应用控制自我评估法，根据控制自我评估报告考虑审计重点，以提高审计效率，促进内部控制审计目的的实现。

第十七条 内部审计人员应当制定控制自我评估计划，召集组织相关管理人员对内部控制进行自我评估，并做好组织、协调与记录工作。

第十八条 内部审计人员可以根据内部控制审计的目的与范围，确定控制自我评估的内容。控制自我评估主要包括以下内容：

（一）确定组织整体或职能部门的目标，识别其主要风险；

（二）评估组织内部控制的适当性、合法性及有效性；

（三）确认内部控制重大缺陷或存在严重风险的业务环节；

（四）评估组织非正式的控制及其有效性；

（五）评估组织的业务流程及其运作效率；

（六）对控制自我评估中发现的问题提出改进建议。

第十九条 内部审计人员在应用控制自我评估法时，一般包括以下主要程序：

（一）制订控制自我评估的计划；

（二）与组织相关管理人员就控制自我评估的目的、内容及程序进行事先沟通和交流；

（三）确定控制自我评估的时间与方法；

（四）召集组织相关管理人员开展控制自我评估；

（五）在控制自我评估过程中做好协调与记录工作；

（六）在控制自我评估过程结束后，及时反馈并提交控制自我评估报告。

第二十条 内部审计人员应用控制自我评估法时，应当根据部门或单位特点、组织文化、管理风格、员工素质等灵活选用适当的方法。控制自我评估的主要方法包括：专题讨论会、问卷调查法和管理分析法。

（一）专题讨论会是指内部审计人员召集组织相关管理人员就内部控制的特定方面或过程进行讨论及评估的一种方法。

（二）问卷调查法是指内部审计人员就内部控制的特定方面或过程以书面问卷的形式向组织相关管理人员收集意见的一种方法。

（三）管理分析法是指内部审计人员就内部控制的特定方面或过程向相关管理人员收集信息，并将之与其他来源的信息一起进行综合分析的一种方法。

第二十一条 内部审计人员应当将控制自我评估过程中相关管理人员对内部控制的意见、建议以及评估结论等记录于工作底稿中，并据此提出改进内部控制的建议，编制控制自我评估报告。

第二十二条 内部审计人员应当将控制自我评估报告及时反馈给参与内部控制评估的相关管理人员。必要时，也可提交给学校领导，以便其及时采取有效措施改善有关业务活动及其内部控制。

第三节　教学管理内部控制审计

第二十三条　教学管理内部控制审计是指内部审计机构为保证本单位教学(包括本科生、研究生和继续教育教学等)资金的安全完整、教学资源得到合理有效配置、降低单位教学风险、保证单位遵守教学活动相关法律法规，而对单位教学管理内部控制体系的健全性和有效性进行的分析、测试和评价活动。

第二十四条　教学管理内部控制审计应获取的资料主要有：

(一)学校教务部门、招生部门及学生管理部门的组织结构图，部门职责，岗位职责及工作手册；

(二)各类教学管理规章制度，包括招生、教学实验基地、教学中心、函授站、校际交流、合作办学、助学、助教、助研管理、教学经费管理等方面规章制度；

(三)收费许可证，涉及教学活动及学生管理的各项收费项目、收费标准及审批文件；

(四)各类学生招生计划，招生广告，自主招生方案，自主招生标准，委托招生协议，招生总结报告；

(五)教学实验基地及教学中心可行性论证，建设标准，合作建设协议，资产移交清单，资产管理办法，建设成果报告；

(六)校际交流协议、合作办学协议、合作办学审批表、校际交流及合作办学结算报告；

(七)学生管理信息数据库设计文档，升级文档、数据结构、业务流程；

(八)在校生名单、毕业生名单、结业生名单；

(九)助学金、助研费、助教费发放名册及审批文件；

(十)教学管理经费收支报表、会计账簿及会计凭证等会计资料；

(十一)其他有关资料。

第二十五条　教学管理内部控制审计的内容主要有：

(一)教学管理的控制环境

1. 是否建立"三重一大"事项集体决策机制并形成相关记录；

2. 管理层的分工是否明确，是否严格在授权范围内处理相关事项，分管领导不能处理相关事项时，是否授权其他领导进行处理，授权范围及期限是否明确；

3. 是否贯彻教学廉政责任制，是否在教学管理过程中贯彻遵纪守法思想，并制订了惩防措施；

4. 教学管理内部组织机构的设置是否合理，部门职责及岗位职责是否明确，不相容的职责是否进行了分离，相关业务是否由相关的部门进行处理，处理流程是否清晰；

5. 各项教学管理规章制度是否健全，奖惩措施是否得当；

6. 是否依照有关程序对员工进行招聘和培训；

7. 考核激励机制是否切实可行，是否严格执行此考核激励机制；

8. 是否制订了从业人员职业道德规范，职业道德规范的内容是否明确、切实可行，并得到有效执行。

(二)教学管理的风险管理

1. 是否对不同的教学管理业务建立了不同的风险管理目标，风险管理目标是否明确并切实可行；

2. 是否采取措施加强对乱办班、乱收费、乱发证进行管理；

3. 是否建立定期或不定期的风险评估机制，对风险的考虑是否全面；

4. 是否建立风险预警机制或风险预案，对风险的管理是否灵活有效。

(三)教学管理的控制活动

1. 招生

(1)是否采用各种媒体发布招生广告，是否签订发布协议，是否按发布协议指定的时间和方式发布招生广告；

(2)发布的招生广告是否学校主管部门审批，内容是否清楚，有无存在误导性语言和虚假陈述；

(3)是否采用委托招生方式，是否签订委托招生协议，委托招生协议是否报学校主管部门审批，双方的权利义务规定是否明确；

(4)委托招生协议中是否有最低人数限制条款，是否规定了招生达不到最低人数时的处理措施；

(5)是否按委托招生协议结算相关费用，费用的调整是否补充签订相关协议；

(6)是否存在自主招生模式，是否有自主招生方案，自主招生计划是否符合规定，是否制订明确的自主招生标准，是否严格按自主招生标准执行；

(7)是否组织招生入学考试，是否收取报名费、考务费，是否按规定的标准收取，是否纳入学校统一核算、统一管理；

(8)是否将捐资办学与招生名额相挂钩，是否存在点招现象；

(9)招生过程中是否收费相关费用，收费标准是否按有关规定执行，是否纳入学校统一核算，统一管理。

2. 教学实验基地建设

(1)对教学实验基地建设是否进行可行性研究；

(2)教学实验基地建设目标是否明确，是否存在重复建设情况，是否符合学校的总体战略；

(3)设立教学实验基地是否经学校主管部门批准；

(4)是否签订教学实验基地合作建设协议，协议中双方的责权利是否明确；

(5)协议的签订是否经过授权审批，到期的合同是否及时进行续订，对变化了的情况是否及时对协议进行修改；

(6)是否建立了教学实验基地考核指标，是否对教学实验基地进行定期考核，对考核不合格的实验基地是否有相应的处理措施；

(7)实验基地的资产调拨是否履行相关手续；

(8)是否按协议的约定足额从实验基地收取相关费用。

3. 校际交流

(1)校际交流单位的确定是否符合学校总体目标，目的是否明确；

(2)是否制订了校际交流协议，交流活动是否有专门部门归口管理，交流协议的签订是否得到授权；

(3)交流单位与交流内容是否存在重复建设问题；

(4)交流协议内容是否明确，是否有明确的交流项目及实施措施，交流项目是否有资金及资产的保障并且不违反国家政策；

(5)交流协议是否得到有效执行，执行中是否存在争议，争议是否得到妥善解决；

(6)交流是否收取相关费用，费用的收取是否按协议执行，是否纳入统一核算、统一管理。

4. 合作办学

(1)是否设立专门的合作办学主管机构，合作办学业务是否纳入到该部门统一管理；

(2)是否签订合作办学协议，协议的签订是否经过审批，合作双方的责权利是否明确；

(3)合作办学的主体资格是否明确，是否存在不具备办学主体资格的单位开展合作办学业务，业务主管部门审批时是否严格按标准审批；

(4)合作办学的收费标准是否经过相关部门审批，是否存在低价竞争现象，是否规定了最低收费标准；

(5)合作办学的学生缴费收入是否全额上交学校，并开具正式票据；

(6)合作办学的收入分配比例是否符合学校相关规定，是否按规定的比例与合作单位结算合作办学价款；

(7)合作办学双方费用的分摊是否明确，是否存在合作方用票据套取资金现象；

(8)是否存在未缴学费学生，免缴学费是否经过适当的审批，是否制订了适当的措施收缴欠缴学生学费；

(9)是否存在合作办学纠纷，合作纠纷是否得到有效处理；

(10)合作办学结束后，是否采取措施限制合作方以学校的名义开展其他业务；

(11)合作办学结束后，是否及时对相关档案进行整理，是否对盈亏状况进行分析。

5. 证书管理

(1)证书的发放是否实行归口管理，不具备发放证书的部门是否发放证书；

(2)空白证书是否连续编号，是否由专人进行管理，是否设置了空白证书收发存明细账；

(3)证书发放是否由专人进行审核，审核流程是否清晰，审核重点内容是否明确，已发放证书是否登记备查；

(4)证书发放时是否核对收费情况，欠缴费用的学生是否落实了还款措施，免缴费用的学生是否履行了必要的审批手续；

(5)证书发放前是否审核学生的学习任务完成情况，是否将证书发放给未完成学习任务的学生；

(6)证书发放过程中是否收取相关费用，收费标准是否经过审批，所收取的费用是否全部已纳入单位统一核算、统一管理。

6. 助学、助教、助研管理

(1)是否制订了助学、助教、助研相关实施办法，国家的相关政策是否得到有效落实；

(2)是否制订助学、助教、助研年度总体规划，是否制订资助对象分配方案；

(3)助学、助教、助研学生的申请标准是否明确，是否按此标准执行；

(4)是否有专门的部门对助学、助教、助研学生的申请进行审核，审核的标准与程序是否明确；

(5)受资助学生名单是否在一定范围内经过公示，是否指定部门对公示期内的异议进行处理，公示后的名单是否经相关部门批准；

(6)资助的资金是否落实到位，是否足额及时发放到受资助学生；

(7)是否建立受资助学生档案，档案内容是否得到及时更新；

(8)是否对受资助学生定期不定期进行评估，对不具备资助标准的学生是否按规定程序取消资助；

(9)资助过程中是否收取相关费用，收费标准是否得到批准，收取的费用是否纳入学校统一核算、统一管理。

7. 教学经费管理

(1)是否有收费许可证，是否将收费许可证进行公示，并严格按照收费许可证上列明的收费范围和标准收取相关费用；

(2)是否违反规定向全日制学生跨学年收费，收取重修费、专升本费、转专业费及旁听费，辅修费等费用；

(3)是否收取学生的讲义复印费、上机费及教材代办费，收取代办费的过程中是否有佣金及回扣收入，收取的各项代办费用和佣金、回扣收入是否纳入到单位统一核算与管理；

(4)是否以进价向学生销售教材，在销售教材的过程中是否存在差价；

(5)部分特殊类学生国家相关部门是否定向下拨专款，是否对以定向下拨专款的学生重复收取培养费；

(6)教学经费是否实行预算管理，是否严格执行预算，对预算的调整是否经过审批；

(7)教学管理过程中收取的各项收入是否在校系二级进行分配，分配标准是否明确；

(8)在教学活动中是否存在教室出租、实验室设备出租等情况，是否签订了出租协议，协议的签订是否得到审批，出租收入是否纳入到单位统一核算与管理；

(9)是否取得教学捐赠钱物，有无捐赠协议，专项捐赠的使用是否按协议执行，收取的资金是否纳入到单位统一核算，收取的实物是否已办理过户手续，并纳入到单位统一管理；

(10)教学支出中有无专项支出，支出范围及标准是否明确，单位是否严格按规定的范围与标准执行，教学支出项目核算是否准确，教学活动支出与其他支出是否有明确划分，如果不能明确划分，是否与其他支出进行了合理分摊；

(11)学生管理数据库是否与财务部门数据库共享，财务部门是否根据共享数据库对学费收缴情况进行核对与分析，并通知教学管理部门对欠缴学费及时进行追缴，确保学生收费收入的真实与完整。

(四)教学管理的信息与沟通

1. 重大决策是否形成会议记录，会议记录是否完整；

2. 各项制度及签订的各项协议是否装订成册，是否根据情况变化及时进行修订；

3. 学生管理信息系统与财务信息系统是否完善，是否安全可靠，两个信息系统是否进行数据共享；

4. 各项信息录入流程是否清晰，修改是否得到授权，对有关信息的接触是否制订了限制规定；

5. 学生管理信息系统与财务信息系统是否定期形成一定的报表，报表内容的设计是否合理，是否将上述报表报送相关人员；

6. 是否依据相关规定将有关信息在一定范围内进行公告。

(五)教学管理的监督

1. 是否定期不定期地对教学管理中的控制环境、风险管理、控制活动、信息与沟通中的相关内容进行评估；

2. 评估的内容是否全面、充分并突出重点，评估的目标是否着眼于内容控制体系的健全、有效；

3. 是否根据评估结果对教学管理中的相关内容加以改进，并对改进的内容进一步评估，在评估的基础上进一步改进，形成一种良性循环机制；

4. 是否将财务部门、资产管理部门等相关部门的检查处理意见落实到位。

第二十六条 教学管理内部控制审计主要采用观察作业现场、询问相关人员、审阅学生管理数据库、审查教学经费收支会计资料、研究分析教学管理制度、对教学管理流程进行穿行测试等方法对内部控制进行了解和测试。

第二十七条 通过对教学管理内部控制的了解、记录和对教学管理内部控制的多项测试后，审计人员在审计报告中要对教学管理内部控制设计的健全性和是否有效运行做出评价，说明内部控制薄弱环节及风险因素，并提出改进措施。

第四节 科研管理内部控制审计

第二十八条 科研管理内部控制审计是指内部审计机构为保证学校科研资金(包括横向科研和纵向科研)和知识产权的安全完整、降低学校科研风险、保证学校遵守科研管理法规制度和提高学校科研资金、资产、资源使用效益，而对学校科研管理内部控制体系的健全性和有效性进行的分析、测试和评价活动。

第二十九条 科研管理内部控制审计应获取的资料主要有：

(一)科研管理机构及科研相关单位的岗位职责、工作手册；

(二)科研申报、立项、实施、结题等制度或程序性文件；

(三)各类科研经费管理制度；

(四)科技合同管理制度；

(五)科技成果鉴定、验收(评审)、奖励制度；

(六)知识产权管理制度；

(七)科研经费收支报表、账簿、凭证等会计资料；

(八)各类科研项目档案，包括申报文件、合同书(任务书)、实施过程记录、科研成果文件等等；

(九)其他有关资料。

第三十条 科研管理内部控制审计的内容主要有：

(一)科研管理的控制环境

1. 学校是否有明确的中长期科研发展规划或目标，并有具体可行的操作计划；

2. 管理层的分工是否明确，是否严格在授权范围内处理相关事项，分管领导不能处理相关事项时，是否授权其他领导进行处理，授权范围及期限是否明确；

3. 是否贯彻科研廉政责任制，是否在科研管理过程中贯彻遵纪守法思想，并制订了惩防措施；

4. 科研管理机构职责是否明确，与校内相关部门、院系等单位之间的科研管理职责划分是否合理；

5. 科研管理机构和校内相关部门、院系等单位的科研管理岗位设置是否合理，各岗位工作人员是否明确自身职责，是否胜任；

6. 科研管理机构是否针对各类科研管理业务制定了完整的业务流程，并能让校内相关部门、单位和人员知悉；

7. 是否依照有关程序对员工进行招聘和培训；

8. 各项科研管理规章制度是否健全，奖惩措施是否得当；

9. 学校是否定期组织人员对校内相关部门、院系等单位的科研管理情况进行检查评估，成效如何；

10. 学校是否有科研人员科研业绩考核评价制度或措施，执行情况如何；是否有完善的考核评价信息系统；

11. 是否制订了从业人员职业道德规范，职业道德规范的内容是否明确、切实可行，并得到有效执行。

(二)科研管理的风险管理

1. 是否对不同的科研管理业务建立了不同的风险管理目标，风险管理目标是否明确并切实可行；

2. 是否采取措施加强对随意编报科研预算、挤占挪用科研经费进行管理；

3. 是否建立定期或不定期的风险评估机制，对风险的考虑是否全面；

4. 是否建立风险预警机制或风险预案，对风险的管理是否灵活有效。

(三)科研管理的控制活动

1. 合作

(1)对横向科研合作与纵向科研合作是否制订了不同的管理措施；

(2)科研合作是否都签订了相关协议，责权利是否明确；

(3)重大的科研合作合同是否经过审批；

(4)是否建立科研合作协调机制，是否对科研合作各方的科研进度进行协调；

(5)对外科研合作拨款是否严格按合同执行，并取得合作单位收款收据；

(6)是否收取科研合作费用，科研费用的收取是否按相关合同执行；

(7)科研合作经费支出是否按预算或科研合作合同执行，科研经费支出是否与其他支出相区别。

2. 项目调整

(1)是否制订项目调整审批流程，该流程是否切实可行；

(2)项目的调整是否有充足的理由，是否得到原审批机关的批准；

(3)项目调整方案是否与原审批文件一起归档保存；

(4)项目调整方案涉及科研资金追加的，追加资金是否得到落实；

(5)项目调整方案涉及减少科研资金的，节省的科研资金是否按有关规定进行了处理。

3. 基地建设

(1)学校成立科研机构，是否有制度规定，明确指导方针、成立条件和审批程序；执行情况如何；

(2)学校是否有与科研发展规划或目标相适应的实验室重点建设计划；是否制定重点建设实验室的申请、遴选、审批制度，是否有建设经费的使用和管理办法、建设验收的管理办法或措施，执行情况如何；

(3)拟进行的实验室重点建设项目是否经过可行性论证，相关的科研人员、建设经费、房屋及水电等资源保障是否充分；

(4)学校是否有检查和评估实验室等各类科研机构的制度或措施，明确评估标准、办法和程序；执行情况如何；

(5)学校是否有实验室设备管理制度，执行情况如何；各类实验室是否有适当的实验技术人员管理仪器设备，各类仪器设备的管理责任是否落实到人；学校是否有仪器设备使用效益的管理评价办法，执行情况如何；是否有机构负责仪器设备的调配，调配效果如何；

(6)国家、部级重点实验室是否有相对独立的人事权和财务权，制定了完善的资产、经费、课题等建设和管理制度；是否按规定成立了建设管理委员会、学术委员会等机构，形成了完善的学校领导下的主任负责制，并按规定配备专职副主任和专职秘书；

(7)学校是否按建设项目任务书的要求安排国家、部级重点实验室的建设配套资金和必要的运行费用；其建设经费是否按规定主要用于先进仪器设备的购置，仪器设备的更新是否纳入学校的重点建设范畴；是否按规定设立主任基金和开放课题研究基金，并按规定使用；财务管理制度是否健全，财务机构的核算和管理是否规范。

4. 验收

(1)学校是否有科研成果鉴定、项目验收(评审)和结题的管理办法，具体规定科研成果鉴定、项目验收(评审)和结题的工作程序和要求，是否严格按程序和要求执行；

(2)按照制度规定需要进行成果鉴定或验收(评审)的科研项目，科研管理机构是否按规定组织鉴定或验收(评审)；

(3)项目结束后，项目负责人是否及时向科研管理机构提交结题申请和最终成果；经过鉴定或验收(评审)的，是否提交鉴定文件或验收报告(评审文件)；

(4)所有结题的横向课题是否都有结题报告，并报科研管理机构备案；结题报告是否经所在校内单位、科研管理机构审查，并加盖所在校内单位、科研管理机构和学校法人印章；

(5)学校是否有完善的科研档案管理制度；所有结题的科研项目，科研管理机构能否及时归档；应由校内相关部门、院系等单位提供的科研档案，提供单位是否对档案材料进行了认真审查、核实；项目所有的实验报告、记录、图纸、手稿等原始资料是否齐备；

(6)验收结束后的科研项目资金是否按规定进行处理，是否按规定进行上缴，是否作为发展基金补充事业发展基金的不足，有无将结余资金发放奖金津贴现象。

5. 成果管理

(1)学校是否有科研成果审核登记制度，明确科研成果审核登记的程序和要求，执行情况如何；

(2)科研管理机构是否有统一的申报和登记文件，统一登记管理学校取得的科研成果；学校工作人员和学生取得的科研成果，以及校外人员以学校名义取得的科研成果，报送前是否都经所在部门、院系等单位审核批准；

(3)学校是否有完善的科研成果奖励制度，详细规定申报条件、申报程序和评审办法，执行情况如何；

(4)学校是否制定知识产权管理制度，明确相关人员在各种条件下取得的知识产权的产权归属，执行情况如何；制度制订是否符合国家相关法规、制度的规定；

(5)项目负责人在科研管理中所作的职务发明创造和形成的职务技术成果，是否及时向科研管理机构提出申请专利的书面文件；科研管理机构是否对其提供的材料进行严格审查，可申请专利的及时申请专利，不宜申请专利的采取措施保护；

(6)学校下属单位对外进行知识产权转让或许可使用，相关协议是否经科研管理机构审查，并报学校批准；校内单位与外单位或个人开展合作科研，涉及知识产权转让或许可使用的，合作双方是否依法签订合同，知识产权的权属及双方权利义务是否规定明确；学校取得的知识产权转让或许可使用收入是否纳入学校财务统一核算与管理；

(7)学校教职工或学生申请非职务专利，登记非职务计算机软件，进行非职务知识产权转让或许可使用的，是否都向科研管理机构申报，科研管理机构是否予以认真审查；

(8)学校是否有促进科技成果转化的制度或措施，执行情况如何；

(9)学校是否有畅通的沟通渠道，及时获得申报科技成果奖励的信息，并及时使校内相关单位和个人知悉；

(10)申报奖励的成果是否已经鉴定或验收，是否已在科研管理机构登记；奖励申请是否经所在单位审核并签署意见，经科研管理机构审批，由科研管理机构代表学校统一申报；

(11)学校所属单位或个人以剽窃、篡改、非法占有等方式侵害他人科研成果，私自转让或许可使用学校知识产权，泄露学校技术秘密，学校是否制定处罚措施，执行情况如何；

(12)学校是否设置有专门用途的专利基金，用途是否明确，是否按规定的用途进行使用。

6. 科研经费管理

(1)所有科研项目经费是否都统一在财务机构管理，且按项目设立专门账号或明细科目进行收支核算；

(2)学校是否有合理的经费到账通知凭证，在科研管理机构、财务机构、项目所在单位及项目负责人之间流转，确认、证明和记录已进账的科研经费；流转程序是否合理，流转凭证是否统一编号；

(3)科研经费不按规定及时到账的，科研管理机构是否积极组织项目负责人进行协调；需要学校配套资金的项目，学校是否按规定拨付配套资金；

(4)财务机构能否提供各项目经费具体收支情况的查询服务，能否定期向科研管理机构、项目所在单位提供科研项目经费收支情况的报告；

(5)科研经费支出是否经项目负责人和所在单位授权的人员签字批准；重大、特殊科研经费支出或向外单位转出科研经费是否按规定经项目所在单位、科研管理机构和财务机构授权的人员签字批准；向外单位转出科研经费是否有合理理由，并有合同等有效财务凭据；

(6)学校是否建立和完善全额成本核算制度，并制定了科研经费管理办法，对从各类科研经费中提取管理费、条件占用费，支出固定资产购置费、人员费等进行具体规定，执行情况如何；学校从科研经费中提取管理费、条件占用费的办法是否符合国家的规定；

(7)科研经费是否按照法规、制度或合同规定使用，纵向科研经费未用于罚款、捐款、赞助、投资、福利等国家规定禁止列支的支出；

(8)用科研经费购置的固定资产是否纳入学校资产进行管理，或按合同规定处理；按合同规定处理的，是否取得合同对方的确认，无损害学校利益的行为；

(9)学校是否设置控制措施，保证科研经费不超预算；

(10)学校是否经常委托社会审计或内部审计对各类科研经费进行专门审计；

(11)学校是否有科研经费结账管理办法，明确项目结账时间和剩余经费的用途，执行情况如何；

(12)所有结题项目的经费决算报表是否都经学校财务机构的审核并签章，按规定需内部审计机构审签的，是否都经内部审计机构审签；

(13)科研项目结题后，是否有书面文件通知财务机构办理结账手续；学校财务是否按规定及时办理结账手续。

(四)科研管理的信息与沟通

1. 重大决策是否形成会议记录，会议记录是否完整；

2. 各项制度及签订的各项协议是否装订成册，是否根据情况变化及时进行修订；

3. 是否有科研管理信息系统，科研管理信息系统与财务信息系统是否完善，是否安全可靠，两个信息系统是否进行数据共享；

4. 各项信息录入流程是否清晰，修改是否得到授权，对有关信息的接触是否制订了限制规定；

5. 科研管理信息系统与财务信息系统是否定期形成一定的报表，报表内容的设计是否合理，是否将上述报表报送相关人员；

6. 是否依据相关规定和程序进行信息公开。

(五)科研管理的监督

1. 是否定期不定期地对科研管理中的控制环境、风险管理、控制活动、信息与沟通中的相关内容进行评估；

2. 评估的内容是否全面、充分并突出重点，评估的目标是否着眼于内容控制体系的健全、有效；

3. 是否根据评估结果对科研管理中的相关内容加以改进，并对改进的内容进一步评估，在评估的基础上进一步改进，形成一种良性循环机制；

4. 是否将财务部门、资产管理部门等相关部门的检查处理意见及时落实到位。

第三十一条 科研管理内部控制审计主要采用观察作业现场、询问相关人员、审阅科研档案、审查科研经费收支会计资料、研究分析科研管理制度、对科研管理流程进行穿行测试等方法对内部控制进行了解和测试。

第三十二条 通过对科研管理内部控制的了解、记录和对科研管理内部控制的多项测试后，审计人员应在审计报告中对科研管理内部控制设计的健全性和是否有效运行做出评价，说明内部控制薄弱环节及风险因素，并提出改进措施。

第五节 财务管理内部控制审计

第三十三条 财务管理内部控制审计是内部审计机构为保证学校财务信息的真实可靠、资产资金安全完整、财务资源得到合理配置、提高资金使用效率效果、降低财务风险、保证学校遵守有关财经法规制度，而对学校财务管理内部控制系统的健全性和有效性进行分析、测试和评价的活动。本指南所述财务管理活动包括货币资金、预算、收入、支出、分配、投资、筹资。

第三十四条 财务管理内部控制审计应获取的资料主要有：

(一)学校制定的财务管理制度；

(二)学校各类财经业务的流程设计；

(三)学校的财务管理相关岗位设置、岗位职责及人员配备文件；

(四)学校制定的与财经业务相关的授权审批制度；

(五)学校预算资料及相关会计凭证、账簿、报表等；

(六)会计核算信息系统的相关资料；

(七)与经济决策有关的会议记录、纪要、形成的文件等；

(八)学校签订的与财经业务相关的经济合同；

(九)学校制定的财务风险控制措施、办法等；

(十)学校制定的与财经业务相关的内部报告制度；

(十一)其他有关资料。

第三十五条 财务管理内部控制审计的内容主要有：

(一)财务管理的控制环境

1. 学校是否有与学校发展规划相适应的中长期财务计划；

2. 学校是否设立了财经领导小组、预算管理委员会、收费立项审核委员会、收费标准审批领导小组、分配审查委员会等经济决策机构，是否有完善的议事和决策制度，各决策机构权限是否合理分散；

3. 学校是否设立健全的财务管理内部控制制度，制度运行是否有效；

4. 学校是否建立管理层约束监督机制，各部门财务负责人是否在其权限范围内执行职责；

5. 学校是否针对各类经济业务制定了完整的财务处理流程，并能让校内相关单位和人员知悉；

6. 学校所采用的会计电算化软件是否经过国家权威部门的认证，各类财务数据的安全能否得到保障，是否配备了一定资质的管理和维护人员；

7. 财务机构各类人员招聘是否履行相关程序，各财务人员是否具备规定的上岗资格，是否定期进行业务培训或后续教育；

8. 财务机构是否制定合理的业绩考核与激励机制；

9. 是否制定从业人员的职业道德规范，职业道德规范内容是否明确、切实可行，并是否得到有效执行。

(二)财务管理的风险管理

1. 风险管理目标是否明确并切实可行；

2. 是否建立识别财务管理风险的适当机制；有无识别财务管理风险的适当办法；

3. 是否有适当层次的管理部门建立财务管理风险的评估机制；对财务管理风险的评估是否全面；是否对人事、控制程序等变化设立反应机制；

4. 是否及时进行风险管理；是否建立财务管理风险的控制机制，包括风险管理的预警机制、监控机制、应急措施等；各项风险管理机制是否有效执行。

(三)财务管理的控制活动

1. 货币资金

(1)学校是否建立货币资金业务的岗位责任制；是否制定了货币业务的不相容岗位相互分离、制约和监督的制度；是否对货币资金业务配备了合适的人员，并根据具体要求进行岗位轮换；

(2)是否建立货币资金收支控制制度，该制度是否得到严格执行；

(3)现金日记账是否如实序时逐笔登记，是否做到日清月结，现金日记账与总账余额是否相符，账实是否相符；

(4)现金结算额度是否符合现金结算规定的标准；是否严格执行现金库存限额管理制度，将超过库存限额现金及时存入银行；现金收入是否及时入账，有无私设“小金库”；

(5)库存现金保管地是否安全，是否仅由指定人员接触，是否进行定期或不定期清点，是否保存盘点记录；

(6)银行存款日记账是否序时如实逐笔登记；银行存款日记账是否与总账余额相符；银行存款日记账与银行对账单是否定期及时核对，是否由出纳员以外的人员来执行；

(7)学校是否严格遵守国家及相关部门关于银行账户管理制度；是否定期检查、清理银行账户的开立与使用情况；是否存在违规开立和使用银行账户的现象；是否存在出租、出借或转让银行账号的现象；是否存在以个人名义存放单位资金或为个人或其他单位提供信用的现象；

(8)是否对银行对账单实行“双签”制度，即每月的银行对账单是否由财务处长审核签字后，再由审计机构负责人复核签字，并报经主管财务的校长或总会计师审签后与当月的会计凭证一同保存；

(9)二级核算单位在银行或非金融机构开立的账户、账号以及有关会计资料，是否主动上交财务及审计部门备案；是否存在挪用公款、公款私存现象；

(10)是否严格遵守银行结算纪律，学校签发支票的人员是否经过授权；学校是否存在签发无资金保障票据的现象；是否存在无真实交易票据；非金融机构签发的外来票据是否经仔细的审核验证后才接收；

(11)学校是否集中统一管理全校的行政事业性收费票据和其他合法票据；是否建立明确的票据的购领、使用登记、背书转让、检查和核销等管理制度和程序；

(12)行政事业性收费是否按规使用收费票据，是否与其他票据互相串用；对收费票据存根是否妥善保管；

(13)票据的销毁是否经过校财务部门或其委托的票据管理机构核准；收费单位是否存在私自转让、转借或销毁收费票据现象；

(14)学校是否设置票据登记簿正确登记票据，空白收据、发票是否有专人保管和登记，作废的收据和发票是否加盖"作废"戳记，并连同存根一并保存；收付款后，是否在收付款凭证及其所附原始凭证上加盖"收讫"、"付讫"戳记；每张付款凭证的制单、复核、审批、付款是否经有关人员盖章；

(15)财务专用章、法人章是否由经授权的专人分开保管，个人名章是否授权他人保管；支付款项的全部印章是否分开保管。

2. 预算

(1)预算编制、审批、执行、复核等岗位是否分离，各岗位之间职责、权限是否明确；

(2)学校是否制定了预算授权批准制度，是否明确审批人、经办人的职责，审批人、经办人是否在授权范围内履行职责；

(3)学校是否制定预算编制手册，预算编制是否符合学校发展战略、经营目标、投筹资计划和其他重大决议；预算编制是否坚持"量入为出，收支平衡"的原则；

(4)学校是否建立了预算编报质询制度，即由预算编制单位向预算委员会、预算领导小组等专门机构就编报理由进行解释和答辩；

(5)预算管理部门是否对各预算执行单位的预算方案进行严格审查，并将审核意见反馈给有关单位予以修正；

(6)学校是否建立预算调整批准程序，是否按照所制定程序进行预算调整；即学校预算调整是否先由预算执行单位递交调整申请，再由学校预算管理部门对其进行审核，审核通过后，集中编制学校年度预算调整方案，提交学校预算决策机构审议批准执行；

(7)学校预算管理部门是否根据预算编制单位调修正后的预算，编制出学校年度预算方案；学校年度预算是否及时提交学校预算审批领导小组等专门机构进行审批；预算经批准后，是否及时下达各预算执行单位执行；

(8)学校是否建立预算执行责任制度，相关部门及人员的责权是否明确；

(9)学校是否将各项收入纳入了学校预算管理，对补助收入、事业收入、经营收入、附属单位上缴款和其他收入等均纳入学校预算，实行统一管理、统一核算；是否建立相关措施和办法保证各项收入及时足够到位；

(10)纳入学校预算的资金拨付，是否按照授权审批程序拨付；各预算支出项目是否按预算标准执行，是否存在擅自调整预算项目额度的现象；是否存在列支未纳入单位预算的支出项目或虽已纳入单位预算，但支付手续不健全、凭证不合规的支出项目；是否存在无预算、超预算的支出；

(11)是否建立预算执行情况报告制度，及时掌握预算执行动态；即预算管理部门是否定期或不定期对预算执行单位的预算执行情况进行监控和分析，并将预算执行进度、执行差异及其对单位预算目标的影响、存在的问题和改进措施等报告给学校决策机构，并反馈给各预算执行单位；

(12)是否建立预算执行结果质询制度，对预算执行结果和实际结果之间的重大差异进行解释和答辩；

(13)学校是否建立预算执行情况分析考核制度，是否落实预算责任制，奖惩措施；预算管理部门是否在年度终了后，对预算执行单位进行考核；考核是否坚持了公开、公平、公正的原则，是否有完整的考核记录，考核结果是否是下年度预算的确定依据之一。

3. 收入

(1)学校各项收费是否获得收费许可证，是否存在乱收费现象；各项收费是否"统一管理、统一核算"，是否严格执行相关收费标准；是否存在擅自扩大收费征收范围、提高征收标准的现象；特殊的收费项目是否经收费标准审批领导小组批准，并按标准收取；收费时是否出具由学校财务机构管理的合法收据；

(2)集中收费项目是否集中办理；退费时审批、复核等手续是否齐全，收据是否收回；学校收费是否实行公示制度，建立收费透明制度，即将学校的收费项目、收费标准、收费资金的使用情况和投诉电话等向社会公示，主动接受学生、家长和社会的监督；

(3)学生学费、宿费收入是否按照国家规定的收费项目和收费标准收费；收费收入是否按规定上缴财政专户或国库，实行“收支两条线”管理；对特殊学生的收费减免是否由指定部门审核，报学校审批后交财务管理部门备案；是否向学生收取各种押金；代收性收费项目是否实行专项管理；

(4)学校是否制定科研经费分配管理制度，以实现科研经费在学校、项目人工费支出和其他支出之间合理分配；分配管理制度是否经过合理程序，决策机构集体决定；分配时是否通过审批，审批是否在授权范围内；科研项目是否按规进行验收或考核，结题后剩余经费是否在有效期限办理财务结题，是否按规定进行再次分配，如不进行分配，是否及时结转为事业发展经费或按项目合并；

(5)对学校承接科技项目、开展科研协作、转让科技成果、进行科技咨询等收入是否建立相应管理制度，以控制收入进款额是否与服务合同金额相一致；

(6)学校其他教学服务收费是否按照合规程序办理收费立项申请，是否经物价部门批准或备案，是否按照收费标准进行收费；

(7)学校取得的捐赠收入、利息收入、固定资产出租转让收入及其他零星收入等是否合理、合法，是否符合国家相关规定；是否存在损害国家及学校利益的行为；

(8)基层收款单位的收入款项是否及时足额按规定比例上缴学校统一管理，各单位是否存在截流、谎报收入、拖欠、以收抵支、公款私存、私设“账外账”、“小金库”等现象；收入分配制度是否合理；是否经学校相关决策机构审议通过；是否进行定期修正，以保证收入分配的合理、合规；

(9)学校是否经常组织人员清查各基层单位的收入管理情况，并分析清查结果，编制清查报告；

(10)学校是否建立了签署附属单位缴款任务书管理制度，以确定附属单位当年应缴款额或计提的比例；是否有专职人员负责对附属单位缴款情况进行监督检查和催缴；是否有职能部门对附属单位缴款情况进行监控，并于年末向学校最高决策层报告；

(11)校办企业是否及时、足额按规定比例上缴利润；

(12)学校签订的与取得收入有关的经济合同是否符合相关法规和学校有关规定；是否经单位负责人、学校主管部门及学校领导审批；签订的合同是否有专人登记、保管、归档；

(13)收入科目设置是否合理，核算是否准确；收入的款项是否及时入账；“应缴财政专户”核算的款项，其上缴与返还是否履行完备手续；应收未收的款项是否设置了登记簿进行记录。

4. 支出

(1)学校是否建立了资金支付的分层授权审批制度；各项支出是否由指定人员审批；审批人是否在授权范围审批，经办人是否在职责范围内办理业务；对于超出会计人员审核权限范围的，是否报经授权的人员审批；货币资金支付业务是否经过申请、审批、复核程序，支付业务的全过程是否进行恰当分工，是否存在一个人办理支付业务全过程的现象；

(2)对于大额资金的流动，以及非常规资金支付业务(如借出款、为外单位垫款、超预算付款等)，是否建立集体讨论决策制度；即先由学校财务机构对其真实性、合理性、合法性进行审查，并根据校内用款部门的书面申请提出初步意见，报校财经领导小组等决策机构审查、讨论和决策；财务机构是否依据决策办理；是否建立责任追究制度；

(3)是否根据实有人数和规定标准发放工资、津贴、补贴和抚恤救济费等；是否取得由本人签字或有法律效力的证明凭证；是否存在擅自增加人数和任意改变标准的现象；

(4)学校每月是否按规定标准和实有人数计提社会保障费、职工福利费和工会经费等；

(5)学校是否建立了报销审核制度；各项费用是否都取得了合法的原始凭证，手续是否完备；是否按照审核报销制度和相应的支出标准列支；费用报销时是否有相关的审批人签字；超过支出标准的，是否经相应主管部门审批；是否存在以领代报、以拨代支等现象；

(6)专项资金(如“985 工程”、“211 工程”、高校修购等)是否严格按照专项资金有关管理办法和教育部、财政部批准的预算和项目执行，是否实行专款专用、按项核算；是否存在违规挤占、挪用等现象，其中必须实行政府采购或公开招投标的项目或内容，是否按有关规定和程序执行；管理层是否对资金使用的合法性、合理性和有效性实施全面监督，是否及时、准确地反映项目执行情况；

(7)学校有关部门是否对重大支出项目的支出效果进行效益评价，并向学校决策层提交评价报告；

(8)暂付款是否由专人进行管理；是否建立暂付款卡片；是否正确记录暂付款的单位、日期、借款期限、借款用途及借款人；是否定期、及时对暂付款进行催收、处理；

(9)支出科目设置是否合理;是否准确划分各项支出的界限;是否按规定填写年度决算报表各支出项目,是否存在人员支出占用公用支出等违规现象。

5. 分配

(1)是否按照规定的程序、方法对学校结余合理进行结转、分配;事业结余是否全额转入事业基金;经营结余是否单独反映,经营结余是否按照规定弥补以前年度亏损、提取有关专用基金后,将结余转入事业基金;专项基金是否如实结转;

(2)是否制定各项基金提取比例标准;是否按照规定比例提取各项基金;

(3)是否制定各项基金管理制度;是否存在收入、支出直接增加、减少事业基金的现象;是否存在将专用基金占用、挪用等违规现象。

6. 投资

(1)学校对外投资业务岗位设置是否科学、合理,是否存在不相容职务混岗现象,人员配备是否合理;

(2)学校是否建立对外投资业务授权批准制度,是否存在越权行为;是否建立责任追究制度;

(3)学校对外投资(包括对校办产业投资)是否经过严格、科学的可行性论证和专家评议,经学校财经领导小组等决策机构集体讨论决策,并指定责任部门和责任人对投资项目进行管理;

(4)学校是否建立对外投资执行控制制度,实际投资内容与发生额是否与批准文件、投资协议等相吻合;是否对投资项目进行跟踪管理,是否定期或不定期与被投资单位核对投资项目,进行对外投资质量分析;对外投资实施方案变更时,是否经学校财经领导小组等决策机构审查批准;

(5)学校是否存在进行股票和风险性债券投资的违规行为;

(6)是否存在将国家拨款、上级补助或者维持事业正常发展、保证完成事业任务的资产转作投资使用的违规行为;是否按照国家有关规定的程序对非经营性资产转经营性资产进行报批;

(7)对校办产业的投资手续是否齐全,是否制定了投资项目管理制度和办法,是否定期对校办产业的经营状况、运营风险、管理情况等进行评价;

(8)投资是否按形式分类列示,是否同时反映了因发生投资活动而导致的资产用途的改变;

(9)学校是否有专门的组织或人员负责对其他对外投资收益核算及监控;年末是否有对各项其他对外投资项目收益情况的监控报告;是否定期清查各项对外投资,是否建立及时有效的控制措施处理经营不善、管理混乱、出现亏损等情况的投资项目;是否及时将投资收益纳入单位统一管理与核算;

(10)对外投资的处置(收获、转让、核销等)是否经过集体决策,是否符合授权批准程序,投资资产的处置是否真实、合法,完整,对外转让时资产是否经过有关机构和专家合理确认价格。

7. 筹资

(1)学校是否建立筹资业务的岗位责任制,明确相关部门和岗位的职责与权限,是否存在由同一部门或个人办理筹资业务全过程的现象;办理筹资业务的人员是否胜任合格;

(2)筹资方案是否符合筹资预算的要求;筹资业务是否建立授权批准制度,明确授权批准方式、程序和相关控制措施;是否存在越权审批现象;

(3)筹资业务是否经过财经领导小组等机构集体决策;是否建立筹资决策责任追究制度,并定期或不定期进行检查。

(4)筹资合同是否按照规定程序签订;重大筹资合同的订立是否征询了法律顾问和专家的意见,筹资合同的变更是否按照原授权审批程序进行;单位是否对筹资合同的合法、合规、完整性进行审核;

(5)是否按照批准的筹资方案办理筹资业务;单位是否及时取得筹资资产,对取得的非货币资产是否合理确认价格;是否合规支付筹资费用;

(6)学校贷款是否有可行性研究报告和明确的使用方向;是否有明确的贷款额和贷款期限;是否制订了举借计划,是否签订了借款合同;

(7)学校是否建立了贷款还款计划和偿债应急计划;是否按合同规定还本付息;

(8)贷款资金是否按计划或方案使用,是否做到专款专用;是否存在超标准,超计划使用资金的现象;是否存在将贷款资金用于对外投资(含对校办产业投资)、科技开发、捐赠、支付罚没款项及平衡预算抵补日常经费开支不足等违反高等学校贷款资金使用方向相关规定的行为;

(9)大额贷款项目是否报主管部门备案,即将所有贷款余额达到本校近三年平均总收入10%的贷款项目的可行性研究报告、分年度贷款额度方案、具体还贷计划和措施等相关材料报送主管部门备案；

(10)学校是否存在为其他单位(包括校办企业)或个人的经济活动提供担保的违法行为。

(四)财务管理的信息与沟通

1. 重大决策是否形成会议记录，会议记录是否完整；

2. 各项制度及签订的各项协议是否装订成册，是否根据情况变化及时进行修订；

3. 财务信息的获取是否及时、完整，财务信息的编制是否规范、恰当、真实；

4. 是否建立信息数据库，信息录入流程是否清晰，修改是否得到授权，对有关信息的接触是否制订了限制规定；是否按照有关规定和程序进行信息公开；

5. 信息系统是否定期形成一定的报表，报表内容的设计是否合理，是否将上述报表报送相关人员，是否对反馈意见及时妥善处理。

(五)财务管理的监督

1. 是否对各财务管理情况定期进行自我评估、自我调整；评估的内容是否全面、充分并突出重点，评估的目标是否着眼于内容控制体系的健全、有效；

2. 是否根据评估结果对相关内容加以改进，并对改进的内容进一步评估，在评估的基础上进一步改进，形成一种良性循环机制；

3. 是否对相关部门的检查处理意见及时落实到位；

4. 财务机构管理层对资金管理的关键岗位和薄弱环节是否实施稽核，并组织定期、不定期或突击式的抽查、检查。

第三十六条 财务管理内部控制审计主要采用观察作业现场、询问相关财务人员、审查会计资料、查阅决策文件、研究分析财务管理制度、对财务管理流程进行穿行测试等方法对财务管理内部控制进行了解和测试。

第三十七条 通过对财务管理内部控制的了解、记录和对财务管理内部控制的多项测试后，审计人员应在审计报告中对财务管理内部控制设计的健全性和是否有效运行作出评价，说明内部控制薄弱环节及风险因素，并提出改进措施。

第六节 房产管理内部控制审计

第三十八条 房产管理内部控制审计是指内部审计机构为保证学校房产资产信息的真实可靠、资产安全完整、房产资源得到合理有效配置、降低单位房产管理风险、保证学校遵守房产管理活动相关法律法规，而对单位房产管理内部控制体系的健全性和有效性进行的分析、测试和评价活动。本指南所指的房产指对单位有实际控制权的所有房产以及管理的房产。

第三十九条 房产管理内部控制审计应获取的资料主要有：

(一)房产建设发展规划；

(二)房产管理机构及相关单位的部门职责、岗位职责及工作手册；

(三)各类房产管理法律法规及相关制度文件；

(四)房产管理数据库资料；

(五)房产经费收支报表、会计账簿及会计凭证等会计资料；

(六)房产出租协议及修缮合同；

(七)其他有关资料。

第四十条 房产管理内部控制审计的内容主要有：

(一)房产管理的控制环境

1. 单位是否有明确的房产建设发展规划或目标，并有具体可行的操作计划；

2. 房产管理制度建设是否健全，是否根据情况变化及时进行修改；

3. 房产管理部门职责是否明确，与单位其他部门之间的职责划分是否合理；

4. 房产管理内部岗位设置是否合理，岗位职责是否明确；

5. 是否针对不同的房产管理业务活动制定了完整的业务流程，并为各部门及其员工所熟知；

6. 人员招聘是否履行相关程序，对员工是否定期进行培训，及时更新和拓展知识结构，提高其房产管

理能力;是否建立明确的奖罚激励机制;

7. 是否制定从业人员的职业道德规范,职业道德规范内容是否明确、切实可行,并是否得到有效执行。

(二)房产管理的风险管理

1. 风险管理目标是否明确并切实可行;

2. 是否建立识别房产管理风险的适当机制;

3. 是否有适当层次的管理部门建立房产管理风险的评估机制;对房产管理风险的评估是否全面;是否对人事、控制程序等变化设立反应机制;

4. 是否及时进行风险管理;是否建立房产管理风险的控制机制,包括风险管理的预警机制、监控机制、应急措施等,比如是否有应对房产紧张的有效办法、是否有房产安全管理措施、是否对特殊房产进行投保等;各项风险管理机制是否有效。

(三)房产管理的控制活动

1. 取得与验收

(1)学校是否设立专门的房产管理部门进行房产管理,是否建立岗位责任制,明确各部门和岗位的职责与权限,是否存在不相容职务混岗的现象;

(2)是否建立授权批准制度,在办理房产资产取得、验收、日常管理和处置的程序中是否严格遵守审批程序和相关规章制度,是否存在越权审批行为;

(3)是否根据学校总体规划要求取得房产,取得房产程序是否合规;

(4)自建房产在征地过程中是否符合相关规定,是否经过相关决策机构集体决策;土地开发费用等支出是否经过规定程序批准支付;自建房产过程中资金、质量等控制是否符合工程项目全过程审计的有关规定;

(5)购置房产是否经决策机构集体决策,购置房产是否通过合规程序;是否及时办理产权证;是否经过相关机构进行价格评估;是否进行风险评估;

(6)是否存在擅自修建、改造房产现象;

(7)房产是否及时验收,填制交接单,验收时是否成立验收小组,小组的组成人员是否合理,是否根据工程设计施工图纸进行验收;

(8)验收中存在的问题是否明确责任并得到及时处理;

(9)验收结束后是否有验收结果报告,结果报告上的签名是否完备,结果报告是否作来房产管理档案进行保存;

(10)验收结束后是否及时办理房产产权和土地使用权证;产权证和土地使用权证是否作为房产管理档案进行保存;是否及时将验收资料交房产数据管理人员,是否将及时进行更新和维护;是否根据有关规定按照不同使用用途建立房产固定资产卡片。

2. 日常管理

(1)是否设立专门部门或人员负责房产的记录、分配使用、保管、维修、处置;房产管理部门是否有明确的职责范围及批准程序;是否存在越权行为;

(2)是否制定了各类房产的使用分配标准及程序,如有量化的使用分配指标是否严格按量化的指标进行分配;

(3)是否制订房产调配使用制度,调配使用是否经专门的部门或机构审批,调配使用程序是否得到有效执行;

(4)是否制订完善的各类房产管理细则,制度是否有效执行;

(5)学校是否定期检查分配给各单位房产的使用情况,并进行不定期抽查;其他单位是否擅自进行房屋调配,是否擅自改变公房结构和使用性质,是否转让或出租,是否将公房作为资产进行投资、入股、抵押;

(6)房产管理部门是否对分配出去而闲置的房产规定处理方法;是否制定违规占房的处理条款;

(7)是否制订房产出租、出借制度及审批程序;出租、出借房产,是否经授权部门或人员按审批程序办理,是否签订出租、出借合同;合同是否明确资产出租、出借期间的修缮保养、税赋缴纳、租金及运杂费的收付、归还期限等事项;特殊情况是否经专门部门或机构审批,如有授权内容,是否在授权范围内进行处理;

(8)是否制订了房产盘点制度,是否定期或不定期地对单位房产进行清理、盘点,了解房产资产的变动情况；盘点小组的组成人员是否合理，是否有明确的盘点计划和盘点程序，盘点结束是否提供盘点报告，盘点报告是否送达给适当的管理层，对盘盈盘亏是否分清责任并及时进行处理；

(9)是否制订房产管理责任追究制度，责任界定内容是否明确，事故原因是否及时查明并处理相关责任人，事故处理报告是否已上报适当管理层；

(10)房产产权证与土地使用权证是否设置专人进行管理，房产产权及土地使用权的任何变动是否及时进行了变更登记；

(11)是否制订房产维护保养制度，防止因各种自然和人为的因素而遭受损失，以延长其使用寿命；

(12)重大修缮施工单位的选择是否符合招投标文件的有关规定，修缮工程完工后是否组织相关部门进行验收并采取一定的质保措施；

(13)是否提供年度房产报告，年度报告是否已提供给适当管理层，年度报告的内容反应是否全面，所涉及问题是否得到及时解决。

3. 处置

(1)对拟出售的房产，学校是否经过财经领导小组等决策机构审核批准；出售依据是否充分，处置方式是否适当，处置价格是否合理，是否符合国家有关政策，保护资产的安全完整；

(2)投资转出的房产，是否经决策部门审核批准，是否对其价格进行评估，分析其效益，是否按照对外投资有关规定进行控制；

(3)对需改建的房产，改建是否符合学校总体规划要求，是否经相关规定批准，是否存在擅自改建等违规行为；

(4)处置的房产是否及时更新房产数据，相关财务信息资料是否完备。

4. 房产经费管理

(1)房产修缮经费是否实行预算制度，对实际支出与预算之间有差异或未列入预算的特殊项目，是否采用特别的审批手续；

(2)修缮经费的支付是否按修缮合同的规定付款，修缮工程结束经验收后是否预留一定的工程质保金；是否对大额维修费用进行评估和经单位负责人或其授权人员批准实施，维修保养费用是否纳入单位预算，并在经批准的预算额度内执行；

(3)修缮经费是否存在长期未执行情况，修缮经费的预算制订是否合理；

(4)各类房产的出租收入是否足额收取并纳入单位统一核算与管理，房租收入汇总表是否经过复核，复核错误是否查明原因并及时进行更正；

(5)房产处置是否符合国家有关政策，货币性房产处置收入是否全部及时纳入单位统一核算与管理，有无长期挂账现象；非货币性房产处置是否合规，取得的各类房产是否纳入房产管理信息系统进行统一核算与管理；

(6)是否对占房行为进行罚款，罚款是否符合有关政策，罚款收入是否纳入统一核算与管理。

(四)房产管理的信息与沟通

1. 重大决策是否形成会议记录，会议记录是否完整；

2. 各项制度及签订的各项协议是否装订成册，是否根据情况变化及时进行修订；

3. 是否已建立房产管理信息系统，系统数据是否能满足管理层的需要，信息录入流程是否清晰；

4. 是否定期或不定期对系统资料(如房产数量、金额、分布及使用状况)进行检查、分析、研究和汇总，是否按有关规定如期、准确上报各类统计数据，并及时处理反馈意见，是否按照有关规定和程序进行信息公开；

5. 系统数据是否及时更新，更新是否有相关资料进行支持，数据的接触与修改是否经过适当授权与批准，是否定期与财务部门的记录进行核对。

(五)房产管理的监督

1. 房产管理部门和各部门对房产的使用情况是否定期进行自我评估、自我调整；评估的内容是否全面、充分并突出重点，评估的目标是否着眼于内容控制体系的健全、有效；

2. 是否根据评估结果对相关内容加以改进，并对改进的内容进一步评估，在评估的基础上进一步改进，形成一种良性循环机制；

3. 房产管理部门是否定期或不定期对各单位房产管理情况进行检查、评估、考核；

4. 各部门是否对房产管理部门、财务部门等部门的检查处理意见及时落实到位。

第四十一条　房产管理内部控制审计主要采用观察作业现场、询问相关人员、审阅房产档案、审查房产修缮经费收支会计资料、研究分析房产管理制度、对房产管理流程进行穿行测试等方法对内部控制进行了解和测试。

第四十二条　通过对房产管理内部控制的了解、记录和对房产管理内部控制的多项测试后，审计人员应在审计报告中对房产管理内部控制设计的健全性和是否有效运行作出评价，说明内部控制薄弱环节及风险因素，并提出改进措施。

第七节　设备管理内部控制审计

第四十三条　设备管理内部控制审计是指内部审计机构为保证学校设备信息的真实可靠、资产安全完整、设备资源得到合理有效配置、降低单位设备管理风险、保证学校遵守设备管理相关法律法规，而对单位设备管理内部控制体系的健全性和有效性进行的分析、测试和评价活动。

第四十四条　设备管理内部控制审计应获取的资料主要有：

(一)设备建设发展规划；

(二)设备管理机构及相关单位的部门职责、岗位职责及工作手册；

(三)各类设备管理法律法规及相关制度文件；

(四)设备管理数据库资料；

(五)设备经费收支报表、会计账簿及会计凭证等会计资料；

(六)设备采购合同和出租协议；

(七)其他有关资料。

第四十五条　设备管理内部控制审计的内容主要有：

(一)设备管理的控制环境

1. 单位是否有明确的设备建设发展规划或目标，并有具体可行的操作计划；

2. 设备管理制度建设是否健全，是否根据情况变化及时进行修改；

3. 是否针对不同的设备管理业务活动制定了完整的业务流程，并为校内各单位所熟知；

4. 设备管理部门职责是否明确，与单位其他部门之间的职责划分是否合理；

5. 设备管理内部岗位设置是否合理，是否配备具有一定专业技术的合格人员，岗位职责是否明确；

6. 人员招聘是否履行相关程序，对员工是否定期进行培训，及时更新和拓展知识结构，提高其设备管理能力；

7. 是否定期对设备管理情况进行考核，并将考核结果进行公布，是否对使用和管理情况制定合理的奖惩制度；

8. 是否制定从业人员的职业道德规范，职业道德规范内容是否明确、切实可行，并是否得到有效执行。

(二)设备管理的风险管理

1. 风险管理目标是否明确并切实可行；

2. 是否建立识别设备管理风险的适当机制；

3. 是否有适当层次的管理部门建立设备管理风险的评估机制；对设备管理风险的评估是否全面；是否对人事、控制程序等变化设立反应机制；

4. 是否及时进行风险管理；是否建立设备管理风险的控制机制，包括风险管理的预警机制、监控机制、应急措施等，比如是否对重大设备进行投保、是否建立设备丢失损坏赔偿办法，对责任事故追求责任、是否制定合理的赔偿制度等；各项风险管理机制是否有效。

(三)设备管理的控制活动

1. 取得与验收

(1)学校是否设立专门的设备管理部门进行设备管理，是否建立设备申请、审批、购置、验收、使用、保养、维修等管理制度，是否明确各部门和个人的职责权限；

(2)学校是否根据教育事业和学科的发展规划，制定设备的购置方案；

(3)国内购置设备时是否通过相应的审批程序,其中大型仪器设备的采购是否进行可行性论证报告,是否组织相关学科专家和有关人员进行论证,并报相关负责人或部门审批或评审;是否合理选择供应商,对符合招标范围的仪器设备采购是否按规定程序进行招、投标采购;

(4)国外购置设备时是否按照金额进行分级论证;是否按规定进行招标采购等竞争性谈判采购;是否按国家规定,通过国家有关审批部门的进口批准;对带有放射性源的设备是否到学校环境保护部门办理相关手续,并经主管部门批准后办理进口审批手续;外贸合同是否经学校规定的有效部门委托合法的对外贸易经营权法人或组织签订;采购免税的科教用品是否按规定进行免税申报;属国家法定检验范围内的科教用品,是否按国家有关规定报国家商品检验检疫机构报验;

(5)根据不同专项资金("211"工程和"985"工程等)购置设备时,是否严格执行相应的专项资金设备购置管理办法;

(6)接受赠送的仪器是否有正式书面的赠送函,捐赠设备的接收流程是否明确,是否经学校有关部门和领导审核批准,是否及时建账、建卡;

(7)其他方式取得的设备(自建、调拨等)是否及时建账、建卡,是否及时办理相关手续;

(8)设备验收时是否成立验收小组,小组的组成人员是否合理,是否根据采购合同进行验收,如属于技术性很强的设备进行验收,验收小组成员中是否包括技术专家;

(9)学校采购仪器设备是否在索赔期完成验收工作,不合格的是否及时提出索赔报告或退货处理;

(10)验收结束后是否出具验收结果报告,验收小组成员是否在结果报告上的签名,结果报告是否与采购发票一起作为财务人员处理的依据;

(11)验收结束后是否及时做好文件归档,是否将验收资料交设备数据库管理人员及时更新设备管理数据库,是否及时建卡、入账;放射性源的仪器设备是否将相关资料向学校环境保护办公室备案。

2. 日常管理

(1)是否对设备的记录、保管、维修、调拨等日常管理根据不同类设备制定管理制度;各部门是否有专门人员负责设备的日常管理;学校设备管理部门是否对设备日常管理起督促作用,是否在权限范围内进行日常管理;

(2)是否制订设备责任追究制度,事故原因是否及时查明并分清责任后进行处理,事故结果报告是否上报适当管理层;

(3)是否建立设备使用登记制度,是否根据使用登记资料提供年度设备使用情况报告,对利用率低的设备是否进行了原因分析,并提出了切实可行的改进措施;

(4)是否制订大型设备开放测试管理办法,开放测试的设备范围是否经过审批,是否采取措施保证开放测试的设备处于最佳使用状态;

(5)设备对外开放服务是否按学校规定统一收费;

(6)是否存在闲置浪费、公物私化、私自转让、丢弃等行为;设备拆改或分解使用,是否经过有关程序审批;

(7)离退休的教学、科研人员,因科研项目仍需继续使用仪器设备的,是否经过相应审批程序批准;

(8)免税进口的设备,是否在海关监管期内存在挪作他用、转移监管地点、擅自转让等违规行为;

(9)是否制订设备盘点制度,是否定期或不定期对单位设备进行盘点,盘点小组的组成人员是否合理,是否有明确的盘点计划和盘点程序,盘点结束是否提供盘点报告,盘点报告是否送达给适当的管理层,对盘盈盘亏是否分清责任并及时进行处理;

(10)设备借用(校内、外)是否经相关部门的批准,并办理借用手续;其中免税进口的仪器设备借用,是否向海关办理相关手续;借出的仪器设备如出现损坏、遗失等问题,是否按规定获得赔偿;借出后设备管理数据库是否及时更新;

(11)设备调拨(校内、外)是否按规定经相关部门或负责人批准后办理调拨手续,调拨手续是否完善合规,校内各单位的调拨是否及时办理过户手续,向校外调拨设备是否经过设备管理部门批准;免税进口仪器设备的对外调拨,是否经设备管理部门批准后并向海关申请监管变更或办理补交税款等手续。校内、外设备的有价调拨是否及时办理财务手续,数据库数据是否及时更新;

(12)对多余或积压的仪器设备是否按程序及时进行处理;

(13)是否制订设备维护保养制度,防止因各种自然和人为的因素而遭受损失,以延长其使用寿命;是否按照国家技术监督局有关规定,定期对仪器设备的性能、指标进行校检和标定,对精度和性能降低的设备是否及时进行修复;

(14)对于需维修的设备是否及时进行维修,是否存在处于保修期的设备故意拖延至保修期外进行维修;

(15)设备在维修前损坏原因是否查明,是否已追究相关人员责任;

(16)维修单位是否具有相关资质,是否存在选择不具有维修资质的单位进行维修,无法完成维修任务情况。

3. 处置

(1)对技术落后、损坏、无零配件或维修费过高等原因需降档或报废的仪器设备,是否及时做降档或报废处理;

(2)设备报损、报废是否按照金额、类别的不同制定相应制度,是否经过审批程序,即由设备所属单位提交报废申请,学校设备管理部门组织有关专家审议,提出技术鉴定报告和意见,其中重大设备的处置是否报上级领导审批;审批程序是否存在越权现象;是否有单位或个人自行处置设备;

(3)报废的仪器设备如系带有放射性同位素的含源装置或射线装置,是否到环境保护办公室及辐射防护办公室办理相关手续;免税进口仪器设备在报废前是否办理撤除海关监管手续;

(4)大批设备的处置是否采用招投标等竞争性谈判方式进行处理。

4. 设备经费管理

(1)设备修理经费是否实行预算制度,对实际支出与预算之间有差异或未列入预算的特殊项目,是否采用特别的审批手续;

(2)修理经费是否存在长期未执行情况,修理经费的预算制订是否合理;

(3)修理经费的使用是否经过审批,是否存在处于保修期的设备故意拖延至保修期外进行维修,以支付修理现象;

(4)开放测试项目是否按已审批的标准进行足额收费,收取的费用是否全部纳入单位统一核算与管理,减免收费是否报经相关部门审批;

(5)设备进行处置时,处置人、收款人与开票人员是否分离,处置收入是否全部纳入单位进行统一核算与管理;

(6)因赔偿获取的经费是否用于补偿仪器设备损坏、遗失,是否纳入账内统一核算。

(7)报废仪器设备收回的残值,是否返回规定部门,是否纳入学校年度设备经费。

(四)设备管理的信息与沟通

1. 重大决策是否形成会议记录,会议记录是否完整;

2. 各项制度及签订的各项协议是否装订成册,是否根据情况变化及时进行修订;

3. 是否建立设备管理信息系统,系统数据录入是否真实、完整;是否建立技术档案,登记设备使用、维修等情况;

4. 是否定期或不定期对系统资料(如设备的种类、数量、金额、分布及使用状况)进行检查、分析、研究和汇总,是否按有关规定如期、准确上报各类统计数据,并对反馈意见及时进行处理,是否按照有关规定和程序进行信息公开;

5. 系统数据是否及时更新,更新是否有相关资料进行支持,数据的接触与修改是否经过适当授权与批准,是否定期与财务部门的记录进行核对。

(五)设备管理的监督

1. 设备管理部门和各部门对设备的使用情况是否定期进行自我评估、自我调整;评估的内容是否全面、充分并突出重点,评估的目标是否着眼于内容控制体系的健全、有效;

2. 是否根据评估结果对相关内容加以改进,并对改进的内容进一步评估,在评估的基础上进一步改进,形成一种良性循环机制;

3. 设备管理部门是否定期或不定期对各单位房地产管理情况进行检查、评估、考核;

4. 各部门是否对设备管理部门、财务部门等部门的检查处理意见及时落实到位。

第四十六条 设备管理内部控制审计主要采用观察作业现场、询问相关人员、审阅设备档案、审查设备经费收支会计资料、研究分析设备管理制度、对设备管理流程进行穿行测试等方法对内部控制进行了解和测试。

第四十七条 通过对设备管理内部控制的了解、记录和对设备管理内部控制的多项测试后，审计人员应在审计报告中对设备管理内部控制设计的健全性和是否有效运行作出评价，说明内部控制薄弱环节及风险因素，并提出改进措施。

第八节 物资采购管理内部控制审计

第四十八条 物资采购内部控制审计是指内部审计机构为保证本单位物资采购信息的可靠透明、资金的安全完整、物资采购资源得到合理有效配置、降低单位物资采购风险、保证遵守物资采购活动相关法律法规，而对单位物资采购内部控制体系的健全性和有效性进行的分析、测试和评价活动。物资采购包括设备采购、图书采购、药品采购等大宗物资采购，但不包括对建设工程等服务采购。

第四十九条 物资采购内部控制审计应获取的资料主要有：

(一)物资采购管理机构及相关单位的部门职责、岗位职责及工作手册；

(二)各类物资采购管理法律法规及相关制度文件；

(三)物资采购申请表、物资采购招标文件、大型设备采购论证文件；

(四)物资采购经费收支报表、会计账簿及会计凭证等会计资料；

(五)物资采购合同；

(六)其他有关资料。

第五十条 物资采购内部控制审计的内容主要有：

(一)物资采购的控制环境

1. 管理部门是否建立物资采购管理制度，是否根据情况变化及时进行修改；

2. 物资采购管理部门职责是否明确，与单位其他部门之间的职责划分是否合理；

3. 物资采购内部岗位设置是否合理，是否对关键岗位进行分工，岗位职责是否明确；

4. 是否针对不同的物资采购活动制定了完整的业务流程，并为单位员工所熟知；

5. 人员招聘是否履行相关程序，是否定期组织员工培训，提高其道德素质和专业能力，是否对员工进行定期考核，是否制定明确的奖罚制度；

6. 是否制定从业人员的职业道德规范，职业道德规范内容是否明确、切实可行，并是否得到有效执行。

(二)物资采购的风险管理

1. 风险管理目标是否明确并切实可行。

2. 是否建立识别物资采购管理风险的适当机制。

3. 是否有适当层次的管理部门建立物资采购管理风险的评估机制；对物资采购管理风险的评估是否全面；是否对人事、控制程序等变化设立反应机制。

4. 是否及时进行风险管理；是否建立物资采购管理风险的控制机制，包括风险管理的预警机制、监控机制、应急措施等，比如是否对重大设备进行投保、是否建立设备丢失损坏赔偿办法，对责任事故；各项风险管理机制是否有效。

5. 风险管理机制是否包括对物资采购流程的监控，比如是否审核供应商资质，是否评估供应商信誉、资质和财务状况，是否对供应商生产产品进行质量检验，是否检查采购人员素质，是否对采购活动流程设计监督机制，是否对采购物资进行验收，验收单的价格和数量是否与采购单一致，付款手续是否健全。

6. 是否设计应急计划回避、降低、防范物资积压和短缺等情况；是否设立了备选供货商团队。

(三)物资采购的控制活动

1. 物资采购计划

(1)采购计划的编制是否符合单位需求，采购申请所要求的技术指标是否明确，是否有采购经费予以保障；采购申请表是否有库管人员的签字，是否已考虑到单位实际库存量状况；

(2)各部门负责人是否按职责分工和授权范围对提交的采购申请进行分类初审，对口把关；

(3)对不符合规定的采购申请，有无要求请购部门或人员调整采购内容或拒绝批准其采购申请；对于紧急采购情况，是否在规定日期内补办相关手续；

(4)对于重要的和技术性较强的物资采购，是否组织专家进行论证，实行集体决策和审批；

(5)大型仪器设备采购计划中所要求的配套设施是否符合设备需要，并已准备到位；

(6)采购计划所列的价格和物质数量是否合理；

(7)是否按要求进行招标采购，招标过程是否公平、公开、公正；是否建立供应商评价小组，小组人员组成是否合理，是否经集体决策择选供货商名单；是否定期调查和复核供货商名单。

2. 物资采购申报价格

(1)是否按照规定程序进行价格申报，是否根据不同的物资采购方式确定申报价；申报价是否高估虚报；申报价格是否经过合理程序进程核定；

(2)申报单中所列物资品种是否在采购计划范围内，是否列入采购预算；是否存在随意压价而忽视物资质量的现象。

3. 物资采购合同

(1)供货商是否具有签约资格；

(2)合同的签订程序是否合规，市场调查阶段是否按"货比三家"的原则进行市场调查，是否取得供货商完整的档案资料以确认供货商的信誉和履约能力，参与业务谈判的代表的业务能力和技术水平是否具备，是否由两人以上参与谈判，合同变更、解除或终止的理由是否充分，是否签署了书面变更协议并履行了审批手续，对于已发现的将严重损害组织利益的已签署合同，是否及时采取了纠正措施；

(3)合同内容是否得到全面、严格的履行，有无合同违约，如对方违约，是否及时组织索赔，如本单位违约，是否追究相关人员的责任；

(4)有无专门合同管理机构，合同的归档和保管是否完整，是否包括采购合同正本、合同补充协议、技术协议、采购订单、合同评审表及其他合同附件。

4. 物资采购计划执行

(1)是否按采购计划、采购申请单确定的采购方式和供货商进行采购；对基建工程和设备、教材、图书等大宗物资的采购，是否按规定实行政府采购或公开招标；

(2)是否设置有独立的部门或人员进行采购验收，是否制定适当措施防止采购人员、质检人员与保管人员串通舞弊；是否存在验收不严造成以好充次等现象；验收是否根据货运单、发票和经过批准的采购合同副本、采购价格申报单、采购计划进行；验收是否签署顺序编号的验收报告；

(3)是否严格按照合同规定进行验收，超过采购合同的进货数量和提前到货的采购是否经过适当批准；逾期未交货者，有无按合同规定给予罚款或没收违约金；短缺物资和不符合质量要求的物资是否根据不同情况及时组织索赔；

(4)审查发票、货运单、验收单等原始资料上载明的价格是否与价格申报单、采购计划、采购合同一致，价格的变动是否经过核准；运费是否符合确定的价格标准；

(5)是否在物资采购申请单、验收单、供货商发票等核对无误的基础上出具付款申请单，财会部门是否是对所有单据进一步审核后编制记账凭证，登记付款凭单登记簿或应付账款明细账，确认负债；

(6)付款是否符合资金结算制度的要求；付款是否在会计人员审核的基础上，经过授权人审批；是否按确定的付款方式付给指定的收款人；核实付款金额和收款人是否正确；有无使用空白支票；已付货款是否在发票上加盖"付讫"戳记等；

(7)预付账款是否经过申请、审批；收到采购物资后，是否根据供应商发票及时冲减预付账款；是否与供货商定期对账；

(8)是否定期编制应付账款账龄分析表、物资已收发票未到情况汇总表；是否每月计算主要业绩指标据以监控应付账款状况；采用分析性复核方法，通过比较本期与上期各应付账款明细账户余额、相关比率和相关费用账户金额，确定应付账款有无异常变动。

5. 物资采购经费管理

(1)专项采购经费是否实行专项管理，有无挪用；

(2)有无长期未使用的采购经费，采购经费预算是否合理；

(3)是否由采购人员以外的人员定期与供货单位进行对账，核对采购及欠款情况；

(4)物资采购的过程中对给予折扣的经营者，是否明示并如实入账，是否存在暗扣情况，收取的回扣收入是否纳入单位统一核算与管理。

(四)物资采购的信息与沟通

1. 重大决策是否形成会议记录，会议记录是否完整；

2. 各项制度及签订的各项协议是否装订成册，是否根据情况变化及时进行修订，相关制度是否按规定公开；

3. 是否建立物资采购信息管理系统，信息录入流程是否清晰，是否投入充分的资源来支持对信息系统的开发和修改，修改是否得到授权，对有关信息的接触是否制订了限制规定；

4. 采购系统是否定期生成报告对报告信息与其他信息(比如财务信息等)存在的差异是否及时妥善处理，是否将调查结果向管理层提交，是否及时妥善处理管理层反馈意见；是否按规定程序进行信息公开；

5. 有无通畅的例外情况报告渠道，员工的反馈以及供货商的投诉渠道是否畅通，员工是否能在信息畅通的环境下有效履行职责。

(五)物资采购的监督

1. 是否建立适当管理程序保证物资采购控制的运行；是否定期或不定期评估运行效果；并对运行的效果进行评估；评估的内容是否全面、充分并突出重点，评估的目标是否着眼于内容控制体系的健全、有效；

2. 是否根据评估结果对相关内容加以改进，并对改进的内容进一步评估，在评估的基础上进一步改进，形成一种良性循环机制；

3. 是否对相关部门的检查处理意见及时落实到位；

4. 是否对建立物资采购流程持续监督机制，是否定期向管理层汇报监督情况，是否定期对监督机制进行评估更新；采购程序稽核和监督人员是否独立。

第五十一条 物资采购内部控制审计主要采用观察作业现场、询问相关人员、审阅物资采购档案、审查物资采购经费收支会计资料、研究分析物资采购管理制度、对物资采购流程进行穿行测试等方法对内部控制进行了解和测试。

第五十二条 通过对物资采购内部控制的了解、记录和对物资采购内部控制的多项测试后，审计人员应在审计报告中对物资采购内部控制设计的健全性和是否有效运行作出评价，说明内部控制薄弱环节及风险因素，并提出改进措施。

第三章 预算执行和决算审计

第一节 一般原则

第五十三条 本指南所称预算，是指高校根据事业发展计划和任务编制的年度财务收支计划。预算分收入预算和支出预算。

第五十四条 本指南所称决算，是指高校根据年度预算执行的结果而编制的年度财务决算报告，包括决算报表和决算情况说明书。决算是反映学校年度财务状况、年度收支情况和事业发展状况的书面总结文件。

第五十五条 本指南所称预算执行与决算审计，是指由高校内部审计机构依法独立对预算执行与决算的真实性、合法性、效益性进行的审查和评价活动。

第五十六条 高校内部预算执行和决算审计的目标是促进规范学校预算管理，提高预算编制工作的科学性、准确性和透明度，促进更加合理地分配学校资源，提高资源的配置和利用效益。

第五十七条 高校内审部门对预算执行情况进行审计，应做到事前审计、事中审计、事后审计相结合。高校内部审计机构应在预算编制阶段事前介入，了解预算编制和调整情况；在年度预算执行期间对其执行情况进行期中审计；在次年上半年内对上一年度预算执行情况进行事后审计。

第五十八条 高校内审部门应根据上级主管部门的相关政策、学校的具体情况，在预算执行和决算审计中确定重点审计内容。

第五十九条 高校内审部门对预算执行情况进行审计，应将对二级预算单位的延伸审计与本部门所开展的其他类型的审计相结合，相互利用审计成果，提高审计工作效率与效果。

第二节 预算执行审计

第六十条 预算执行审计是在预算内部控制测评的基础上，对预算管理、收入预算执行、支出预算执行等进行的审查和评价。

第六十一条 预算管理审计

预算管理审计是对预算的编制原则、编制程序、编制方法、预算调整、经济责任制等相关管理活动的合法性、适当性和有效性的审查和评价。

(一)应获取的相关资料

主要包括预算政策、预算编制计划、专项经费管理办法、预算管理办法和经济责任制等。

(二)应关注的风险领域

主要包括预算程序失控的风险、预算管理依据不当的风险、预算管理职责不到位的风险等。

(三)审计内容

1. 预算管理中的内部控制制度和各级经济责任制是否健全，是否有效。

2. 预算编制是否遵循“量入为出，收支平衡”的原则，收入预算是否贯彻积极稳妥的原则，支出预算是否贯彻统筹兼顾、保证重点、勤俭节约的原则；预算编制的方法是否符合上级主管部门及本校的规定。

3. 预算方案的编制是否真实、合法、有效；是否编制超越学校财力的赤字预算；预算是否按照规定程序审批；预算经费是否按规定时间足额下达。

4. 预算调整有无确需调整的原因及明确的调整项目、数额等措施有关说明，预算调整是否编制追加和调整方案，并经法定程序审批后执行。

5. 预算下达后是否存在不经法定程序随意调整现象，预算支出有无随意增减项目或项目之间随意调剂使用情况。

(四)审计方法

预算管理审计可以采用检查、调查、分析性复核、复算、鉴证和询问等方法。

第六十二条 收入预算执行审计

收入预算执行审计是对收入预算执行的真实性、合法性和完整性进行审查和评价。

(一)应获取的相关资料

主要包括上级主管部门拨款控制数和预算批复数文件、有关部门的收费批文、学费收费通知和记录、学费收据存根联、预算外资金上缴的相关凭证、收入核算的相关会计资料等。

(二)应关注的风险领域

主要包括收入项目不完整、学费收入依据不当、预算外收入上缴不完整和不及时、收入核算不正确等。

(三)审计内容

1. 各项收入是否全部纳入预算，实行统一管理。

2. 各项收入是否真实、合法、完整，有无隐瞒、少列收入、推迟或提前确认收入行为；各项收入的款项是否及时足额到位。

3. 是否按预算目标积极组织收入，有上缴任务的单位或部门是否将应上缴的预算收入按规定及时上缴学校，有无截留、挪用预算收入或私设“小金库”行为。

4. 各项收入，包括财务补助收入、上级补助收入、事业收入、经营收入、附属单位上缴收入和其他收入，是否准确分类。

5. 收费的项目、标准和范围是否报经上级主管部门批准，有无擅自增加收费项目、扩大收费范围和提高收费标准等问题；是否贯彻“收支两条线”原则。

6. 收入的会计处理是否合规。有无利用应付及暂存、代管项目等过渡性会计科目挂账隐瞒收入或直接列收列支等问题。

7. 学校是否制订保证收入预算目标实现的控制措施和办法。

8. 分析收入预算的执行情况及其与收入预算之间的差异和原因。

(四)审计方法

收入预算执行审计可以采用调查、审核、观察、函证、计算、分析性复核、抽样和询问等方法。

第六十三条 支出预算执行审计

支出预算执行审计是对支出预算执行的真实性、合法性和有效性进行审查和评价。

(一)应获取的相关资料

主要包括支出预算明细表、预算下拨文件、支出核算的相关会计资料等。

(二)应关注的风险领域

主要包括支出项目不合法、支出项目不真实、支出标准不合规、专项经费未专款专用、支出核算不正确等。

(三)审计内容

1. 支出预算是否严格按照预算确定的经费项目、支出标准和支出用途进行开支或拨付经费,是否严格执行国家有关财务制度以及上级主管部门和学校有关财务规章制度规定,是否存在擅自扩大支出范围和提高开支标准的行为。

2. 各项支出是否真实、合法,有无随意改变支出的确认标准或计价方法,多列、不列或少列支出;支出中有无虚列支出、以领代报、以购代支现象,有无挤占、挪用、损失浪费、滥发钱物、变相对外投资等行为。

3. 各项支出,包括事业支出、经营支出、自筹基本建设支出/和对附属单位补助支出分类是否准确、合规;是否正确划清各类支出的界限,支出是否真实并严格按预算执行,有无预算外或超预算等问题;是否按照标准考核、监督支出。

4. 专项资金是否按特定项目或用途专款专用,有无挤占或虚列行为。

5. 支出的会计核算是否合规、准确。有无利用应收及暂付、应付及暂存、代管项目等过渡性会计科目挂账隐瞒支出或直接列收列支等问题。

6. 支出预算中是否有保证预算目标实现的控制措施和办法。

7. 分析支出预算的执行情况与支出预算之间的差异和原因。

8. 分析与评价支出预算执行的效益和效果。

(四)审计方法

支出预算执行审计可以采用调查、审核、监盘、观察、函证、计算、分析性复核、抽样和询问等方法。

第三节 决算审计

第六十四条 决算审计是对决算报表及其资产、负债、净资产、收入和支出进行的审查和评价。

第六十五条 决算报表审计

决算报表审计是对决算报表的真实性、合法性和完整性进行审查和评价。

(一)应获取的相关资料

主要包括年度预算及其编制与调整说明和批准文件,包括上级主管部门批准的年度预算通知和预算追加调整通知;年度财务决算报表及其编制说明和上级主管部门关于年度决算编报的通知;年度会计账簿、会计凭证及有关的重要经济合同协议、会议记录等资料;学校国有资产处置(包括固定资产与存货的报废、转作投资、无偿调拨、毁损、丢失和坏账处理等)的审批文件和相关资料;其他有关资料。

(二)应关注的风险领域

主要包括报表存在不合法项目的风险、收入和支出中存在不真实项目的风险、支出标准不合规定的风险、专项经费未专款专用的风险、支出核算不正确的风险等。

(三)审计内容

1. 审查财务决算报表是否完整,并进行复核性检查。包括:财务决算报表是否齐全,符合上级主管部门的统一要求;每张报表内容填列是否完整、正确;项目填列是否齐全,表内对应项目之间数据勾稽关系是否正确,应当填写的“报表附注”是否填列;对应报表之间数据勾稽关系是否正确;是否有年度财务情况说明(文字部分);是否按有关规定签名盖章。

2. 核对报表项目数据填列与对应的账户余额或发生额是否一致,检查表、账是否相符。按照报表所列项目,逐一与会计账簿进行核对。

3. 对报表项目内容的真实性进行检查验证,应用预算执行审计成果对收入、支出类项目进行分析性复核;检查各项资产的实有数与报表填列数是否一致;审查各项净资产的形成过程,分别进行验算。

4. 对会计核算情况进行检查，是否符合《会计法》和《高校会计制度》的规定；是否定期将会计账簿记录与实物、款项（货币资金、有价证券等）及有关报表、资料相互核对、账实、账账、账表是否相符；采用的会计处理方法是否前后期一致，有无随意变更；确有必要变更，是否将变更的原因及影响在年度决算报表情况说明中反映；学校财务管理与会计核算中的内部控制制度是否健全、有效。

5. 审查财务分析指标，包括经费自给率、预算收支完成率、人员支出与公用支出分别占事业支出的比率、资产负债率、生均支出增减率以及其他财务指标等是否真实、准确，能否恰当地反映学校的财务状况、收支结果和事业发展情况。

（四）审计方法

财务决算报表审计可以采用审核、观察、计算、分析性复核和询问等方法。

第六十六条 资产审计

资产审计是对资产的真实性、合法性和效益性进行审查和评价。

（一）应获取的相关资料

主要包括财务报表和相关会计记录、学校固定资产报表和盘点表、报废固定资产清单、银行对账单、库存现金盘点表、对外投资的资料、全资企业的审计报告等。

（二）应关注的风险领域

主要包括购置资产未入账的风险、报废固定资产未冲销的风险、资产账实不符的风险等。

（三）审计内容

1. 资产的存在是否真实、完整，资产的管理是否安全，资产的变动是否合法，资产的计价是否合理、正确，有无随意改变资产的确认标准或计价方法，虚列、多列、不列或者少列资产的行为。

2. 货币资金和有价证券的管理和使用是否符合规定，内部控制制度是否健全、有效。银行开户是否合规，有无出租、出借或转让等问题；有无公款私存、挪用、白条顶库、非法融资以及舞弊盗用的情况；定期存款是否合规合理，货币资金是否安全完整。

3. 应收及暂付款项、借出款的发生、增减变化是否真实、合法，是否及时清理结算，有无长期挂账、虚挂账等问题，有无呆账、坏账情况；对确实无法收回的应收及暂付款、借出款是否查明原因、分清责任、按规定程序批准后核销。

4. 财产物资的收发、管理和使用是否真实、合法、安全、完整，不相容岗位是否分离，购置有无计划和审批手续，有无被无偿占用、流失、损失浪费等问题，大宗物资的采购是否建立招标制度和集中采购制度；会计核算是否符合规定，内部控制制度是否健全、有效，对固定资产、材料是否进行定期的清查盘点，做到账实相符，盘盈、盘亏是否及时调整和处理。

5. 对外投资是否进行可行性研究，是否履行了法定审批程序；以实物对外投资是否按规定进行资产评估；投资款项的发生和增减变化是否真实、合法、完整；是否责成有关部门或专人对投资项目进行监控、管理，是否及时对投资本金和投资收益进行回收，有无投资失误和损失问题，是否建立目标经济效益项目责任制；投资及其收益的会计核算是否恰当、合规。

6. 无形资产的取得、管理、核算、转让是否符合规定。

（四）审计方法

资产审计可以采用审核、监盘、观察、调查、函证、计算、分析性复核和询问等方法。

第六十七条 负债审计

负债审计是对负债的真实性、合法性和效益性进行审查和评价。

（一）应获取的相关资料

主要包括财务报表和与负债相关的会计记录、账龄分析表、银行贷款合同、贷款项目可行性分析报告等。

（二）应关注的风险领域

主要包括负债资金到位不及时的风险、贷款利息成本过高的风险、不能按时还本付息的风险等。

（三）审计内容

1. 负债的形成、存在是否真实、合法、完整，有无随意改变负债的确认标准或者计价方法，虚列、多列、不列或者少列负债的行为。

2. 对各项负债包括借入款、应付及暂存款、应缴款项、代管款项等分类和会计核算是否合理、合规，是否按规定权限对各项负债进行处理。

3. 对各项负债是否及时清理，按照规定办理结算，并在规定期限内归还或上缴应缴款项，有无长期挂账现象。

4. 学校为发展举债搞建设是否有偿还来源和能力，是否控制在一定的规模内，有无潜在的财务危机。

5. 是否存在未决诉讼案或有关事项。

（四）审计方法

负债审计可以采用调查、审核、函证、计算、分析性复核、抽样和询问等方法。

第六十八条 净资产审计

净资产审计是对净资产的真实性、合法性和效益性进行审查和评价。

（一）应获取的相关资料

主要包括财务报表和与净资产相关的会计记录等。

（二）应关注的风险领域

主要包括基金分类不正确的问题、基金列支不适当的问题、事业基金长期透支的风险等。

（三）审计内容

1. 净资产的存在、发生是否真实、合法、完整，有无随意调节收支配比余额。有无编造虚假或隐瞒事业基金、专用基金、固定基金的余额和增减变化情况，财务结果、收支差额的计算是否正确，有无随意改变净资产的确认标准或者计价方法。

2. 各项结余的分类是否合理、合规，经营收支结余是否单独反映，会计核算与处理是否符合规定；结余分配及比例是否符合国家的有关规定。

3. 事业基金和专用基金的设置、分类、结余、增减变化是否准确、合规，会计核算与处理是否符合规定，是否严格按规定的用途使用，使用效果如何，有无挤占、挪用或虚列的行为；各项专用基金的计入、提取及比例是否符合国家的有关规定，是否及时足额到位。

（四）审计方法

净资产审计可以采用审核、计算、分析性复核、抽样和询问等方法。

第六十九条 收入与支出审计，参照第十一条、第十二条内容执行。

第四章 建设工程项目审计

第一节 一般原则

第七十条 本指南所称建设工程项目审计，是指高等学校内部审计机构依据有关法律法规和制度规范，对建设工程项目各阶段业务管理活动的合法性、适当性、有效性所进行的确认和评价活动。

第七十一条 建设工程项目审计的内容包括对建设工程项目投资立项、勘察设计、施工准备、施工过程、竣工验收等各阶段业务管理活动的审查和评价。

第七十二条 建设工程项目审计的目的是促进有效控制工程造价和有效改善建设工程管理，促进学校建设工程目标的实现。

第七十三条 开展建设工程项目审计，应根据重要性和成本效益原则，结合学校实际情况和内部审计资源状况，既可以进行工程项目全部阶段或环节的审计，也可以进行工程项目部分阶段或环节的审计。

第七十四条 建设工程项目审计应遵循以下原则和方法：

（一）事前审计、事中审计和事后审计相结合；

（二）技术经济审查与审计控制和审计评价相结合；

（三）以促进控制工程造价和规范工程管理为重点，并充分关注造价、工期、质量三者关系；

（四）注意与建设工程管理部门、工程监理机构、造价咨询机构的协调与沟通。

第七十五条 建设工程项目审计由内部审计机构独立实施，也可由内部审计机构委托具有相应资质的工程造价咨询机构实施。委托造价咨询机构应当按照国家或学校相关规定办理，委托费用按规定列入工程建设成本。

第二节 投资立项阶段的审计

第七十六条 投资立项阶段的审计主要是通过参与建设工程项目的立项论证过程、审查与评价拟上报的可行性研究报告或项目申请报告(实行核准制的非政府投资项目)的真实性、完整性,为领导层提供决策依据,规避投资风险,提高投资效益。

第七十七条 在投资立项阶段的审计中,应主要依据国家有关部门发布的《投资项目可行性研究指南》、《教育部直属单位建设项目核准暂行办法》及地方政府相关规定,以及学校的事业发展规划、学科发展规划和校园建设总体规划。

第七十八条 投资立项阶段审计的主要内容:

(一)可行性研究前期工作的审查与评价。审计机构通过参与项目立项论证工作,分析拟建项目的建设规模、建设功能是否符合学校事业发展规划、学科发展规划和校园建设总体规划,选址是否合理,投资规模是否适度,有否超出学校财力的可支配能力。

(二)可行性研究报告或项目申请报告真实性的审查与评价。主要检查可行性研究报告或项目申请报告编制的依据是否真实;拟建项目建成后的经济、社会、办学效益分析是否客观、真实;投资估算是否准确,工程内容和费用是否齐全,建筑工程费、设备购置费、安装工程费以及其他建设费用和各类预备费的估算是否合理,与类似已建成项目比较是否存在建设标准过高导致浪费或估算偏低导致工程质量难以保证等问题;资金筹措的安排是否合理,投资计划安排是否得当,是否存在因资金不到位而导致工程建设风险等问题。

(三)可行性研究报告或项目申请报告完整性的审查与评价。主要检查可行性研究报告或项目申请报告是否具备国家有关部门发布的《投资项目可行性研究指南》、《教育部直属单位建设项目核准暂行办法》或地方政府相关规定的内容;是否说明建设项目的目的、依据、与单位事业发展规划的关系;是否对资源的需求和经济、社会、办学效益做出分析等。

第三节 勘察设计阶段的审计

第七十九条 勘察设计阶段的审计主要是对工程项目建设过程中勘察、设计阶段各环节业务管理活动的真实、合法和效益进行的审查和评价,目的是提高勘察设计阶段内部控制及风险管理的适当性和有效性,保证勘察、设计资料的充分性和可靠性。

第八十条 勘察设计阶段审计应依据以下主要资料:

(一)经批准的可行性研究报告或经核准的项目申请报告及估算;

(二)概预算编制原则、计价依据等基础资料;

(三)勘察和设计招标投标资料;

(四)勘察和设计合同;

(五)初步设计审查会议纪要等相关文件;

(六)建设工程管理部门与勘察、设计商往来函件;

(七)经批准的初步设计文件及概算;

(八)施工图会审会议纪要等相关文件;

(九)经会审的施工图设计文件。

第八十一条 勘察设计阶段审计的主要内容:

(一)工程勘察的审查与评价

1. 委托勘察与招投标的审查与评价

(1)委托勘察的范围是否符合已报经批准的可行性研究报告或已核准的项目申请报告;

(2)是否采用招投标方式选择勘察单位,招标方式的选择是否合理,是否存在规避招投标等违规操作风险;

(3)招标文件的内容是否合法合规,是否完整、严密,是否全面准确地表述招标项目的实际状况和招标人的实质性要求;

(4)招投标的程序是否符合有关法规和制度的规定,是否存在因有意违反招投标程序而导致的串标风险；

(5)投标单位有无超越其资质等级范围或借其他勘察单位名义投标的情况；

(6)招投标结果是否符合规定，有无因选择勘察单位不当而导致的委托风险。

2. 勘察合同的审查与评价

(1)订立合同的主体是否合格；合同的内容是否合法合规，是否与招标文件规定的范围、内容、要求相符，是否存在有悖于招标文件实质性内容的情况；

(2)是否对勘察单位的服务项目、服务内容、服务质量等做出明确规定；

(3)勘察收费的计费依据、收费标准是否符合规定，计算是否正确，合同确定的勘察收费是否与中标报价相符，支付方式是否妥当；

(4)合同是否明确规定协作条款和违约责任条款。

(二)工程设计的审查与评价

1. 委托设计与招投标的审查与评价

(1)设计的范围是否符合已报经批准的可行性研究报告或已核准的项目申请报告；

(2)是否采取招投标方式选择设计单位，招标方式的选择是否合理，是否存在规避招投标等违规操作风险；

(3)招标文件的内容是否合法合规，是否完整、严密，是否全面准确地表述招标项目的实际状况和招标人的实质性要求；

(4)招投标的程序以及定标结果是否符合有关法规和制度规定。

2. 设计方案选定的审查与评价

(1)设计方案的选定是否符合规定程序，是否经过招标竞争或多方案评选优化确定；

(2)选定的设计方案是否符合可行性研究报告或项目申请报告确定的标准和规模；

(3)设计方案是否体现了经济合理、方案可行的要求。

3. 设计合同的审查与评价

(1)订立合同的主体是否合格；合同的内容是否合法合规，是否与招标文件规定的范围、内容、要求相符合，是否存在有悖于招标文件实质性内容的情况；

(2)是否对设计单位的服务项目、服务内容、服务质量等做出明确规定，特别是对限额设计是否做出具体规定；

(3)设计收费的计费依据、收费标准是否符合规定，计算是否正确；合同确定的设计收费是否与中标报价相符，支付方式是否妥当；

(4)合同是否明确规定协作条款和违约责任条款。

4. 初步设计和概算的审查与评价

(1)初步设计方案和概算是否符合经批准的可行性研究报告或核准的项目申请报告及估算；

(2)初步设计的项目是否齐全，是否采取限额设计、方案优化等控制工程造价的措施；

(3)初步设计是否实施了规范的内部审查程序，结果是否得到落实；

(4)概算编制是否准确，经济评价是否合理，方案比较是否全面；设备投资是否合理，主要设备价格是否符合当前市场价格；

(5)修正概算的依据是否有效，内容是否完整，数据是否准确，是否按规定办理相关审批手续；

(6)分析和评价初步设计完成时间及其对建设项目进度的影响。

5. 施工图设计和预算的审查与评价

(1)施工图设计是否贯彻了限额设计的要求，是否按照批准的初步设计的原则、范围、内容、项目及投资额进行；

(2)施工图设计深度是否符合规定，有无因设计深度不足而造成投资失控的风险；

(3)施工图设计完成的时间及其对建设项目进度的影响，有无因设计图纸拖延交付而导致影响工程进度的风险；

(4)施工图预算是否符合经批准的初步设计方案、概算及标准，有无施工图预算超概算的情况；

(5)施工图交底、施工图会审的情况以及施工图会审后的修改情况。

第四节 施工准备阶段的审计

第八十二条 施工准备阶段的审计主要是对工程项目建设前期的征地、拆迁，组织施工、监理、设备材料采购的招投标以及合同管理等各环节业务管理活动的真实、合法和效益的审查与评价，目的是保证征地拆迁工作的合法性和适当性，促进招投标各环节的内部控制及风险管理的有效性，实现招投标程序及结果的真实、公正，保证工程发包和合同管理的合法、规范。

第八十三条 施工准备阶段审查与评价所依据的主要资料：

(一)征地、拆迁协议；

(二)招标文件和招标答疑文件；

(三)标底文件或施工图预算；

(四)投标文件和投标人资质证明文件；

(五)投标保函；

(六)评标记录和定标记录；

(七)中标通知书；

(八)专项合同书及其各项支撑材料等。

第八十四条 施工准备阶段审计的主要内容：

(一)征地、拆迁等的审查与评价

1. 征地报批程序是否合法，征地协议内容是否合法合规，征地补偿费用是否经过行政主管部门审核，是否在规定时间内付款并及时得到被征用土地；

2. 是否取得拆迁许可证，拆迁费用支出是否真实、合理；

3. 现场"三通一平"、相邻建筑物保护等费用支出是否真实、合理。

(二)招投标的审查与评价

1. 施工招投标的审查与评价

(1)招投标前准备工作的审查与评价。主要检查招标项目是否具备相关法规和制度中规定的必要条件，招投标的程序和方式是否符合有关法规和制度的规定；是否存在人为肢解工程项目、规避招投标等违规操作风险；标段的划分是否适当，有否标段划分过细增加工程和管理成本的问题。

(2)招标文件的审查与评价。主要检查招标文件的内容是否合法合规，是否完整、严密，是否全面准确地表述招标项目的实际状况和招标人的实质性要求。

(3)标底文件的审查与评价。采取工程量清单报价方式时，是否按《建设工程工程量清单计价规范》的规定编制，分部分项工程量及项目特征描述是否准确，有否漏、错，综合单价计算是否合理、准确；采取施工图预算报价方式时，检查其编制依据是否有效、内容是否完整，重点检查工程量计算、单价套用、费用和利润及税金计取是否合理、准确。

(4)开标、评标、定标的审查与评价。主要检查开标程序是否合规；评标时是否对投标人投标策略进行评估，是否对投标报价的合理性和完整性进行分析和比较，定标程序及结果是否符合规定。

2. 监理招投标的审查与评价

(1)招标文件内容是否合法合规，是否全面准确表述招标人的实质性要求；

(2)开标程序是否符合相关法规和制度的规定，评标标准是否公正，定标的程序及结果是否符合规定。

3. 主要材料和设备招投标的审查与评价

(1)招标文件的内容是否合法合规，是否全面准确地表述招标项目的基本要求，招标材料、设备的清单和技术要求是否齐全；

(2)开标程序是否符合相关法规和制度的规定，评标标准是否公正，是否受设计单位推荐厂家意见的限制；

(3)投标单位对其内容澄清解释时是否对投标内容做实质性修改，澄清解释内容是否真实、合理；

(4)定标的程序及结果是否符合规定。

4. 分包工程招投标的审查与评价

(1)招标文件的内容是否合法合规，是否全面准确地表述招标项目的实际状况和招标人的实质性要求；

(2)总包单位是否有意违反招投标程序,恶意串标欺骗建设单位;

(3)评标标准是否公正,定标的程序及结果是否符合规定。

(三)合同的审查与评价

1. 合同通用内容的审查与评价

(1)订立合同的主体是否合格,合同内容是否符合相关法律和法规的规定,是否与招标文件的要求相符合;

(2)合同条款是否全面、合理,有无遗漏关键性内容,有无不合理的限制性条件;

(3)合同是否明确规定当事人双方的权利和义务;

(4)合同是否存在损害国家、集体或第三者利益等导致合同无效的风险。

2. 合同其他内容的审查与评价

(1)施工合同的审查与评价。主要检查合同是否明确规定工程承包范围、工期、质量等,是否与投标承诺一致;合同工程造价计价原则、计费标准及其确定办法是否合理;合同是否明确规定设备和材料供应的责任及其质量标准、检验方法;合同规定的付款和结算方式是否合适,质量保证期是否符合有关规定;合同所规定的双方权利和义务是否对等,有无明确的协作条款和违约责任。

(2)监理合同的审查与评价。主要检查监理单位的资质与工程项目的建设规模是否相符;监理的业务范围、责任及应提供的工程资料和时间要求是否明确;监理报酬的计算方法和支付方式是否符合有关规定;有无明确的协作条款和违约责任。

(3)主要材料和设备合同的审查与评价。主要检查材料和设备的规格、品种、质量、数量、单价、结算方式、运输方式、交货地点、期限、总价和违约责任等条款是否齐全;新材料、新型设备的价格是否合理,专利权是否真实;检查采购合同与财务结算、计划、设计、施工、工程造价等各个环节是否存在脱节的问题。

(4)分包工程合同的审查与评价。主要检查合同是否明确规定工程范围、内容、工期和质量标准;工程计价原则、计费标准及其确定办法是否合理;分包工程中间验收、交工验收是否符合有关规定;合同规定的付款和结算方式是否合适;分包工程质量保证期是否符合有关规定;所规定的双方权利和义务是否对等,有无明确的协作条款和违约责任。

第五节 施工阶段的审计

第八十五条 施工阶段的审计主要是对建设工程项目实施过程中隐蔽工程的勘验、主要材料及设备的价格确认、工程进度款的拨付、设计变更和施工签证的认定以及索赔事项的核实等各环节业务管理活动的真实、合法和效益进行的审查和评价,目的是促进施工过程规范管理,有效控制工程造价。

第八十六条 施工阶段审查与评价所依据的主要资料:

(一)施工图纸;

(二)招标文件、招标答疑文件及投标文件;

(三)与工程相关的专项合同;

(四)设计变更、工程签证的相关资料;

(五)相关会议纪要等。

第八十七条 施工阶段审计的主要内容:

(一)主要隐蔽工程勘验的审查与评价

1. 主要隐蔽工程及其勘验的审查与评价的主要内容:检查综合单价中的项目特征、工作内容是否发生改变,实际施工是否与图纸或变更相一致。

2. 主要隐蔽工程的勘验应由建设工程管理部门、施工单位、监理单位和审计机构参加,未经审计机构参与验收的工程应不予审计和增加费用;勘验不合格的项目审计机构应及时建议建设工程管理部门妥善处理,并明确划分相关责任。

(二)主要材料及设备价格确认的审查与评价

主要材料及设备价格确认的审查与评价的主要内容:

1. 投标文件中对主要材料和设备已明确"厂家、规格、单价"的,进场使用前应由建设工程管理部门、监理单位和审计机构确认。"厂家、规格"与投标文件不同时,经建设工程管理部门、监理单位和审计机构确认和同意使用后，重新确认单价；

2. 投标文件中对主要材料和设备没有明确“厂家、规格”，但材料单价已明确的，进场使用前应由施工单位提供“厂家、规格、单价”，建设工程管理部门、监理单位和审计机构共同对“厂家、规格、单价”进行核实，如果实际价格低于投标价格较多的，应与施工单位共同定价和洽商确认；

3. 招标文件中规定暂估价的主要材料、设备，应由建设工程管理部门按有关规定组织招标；不须招标的应由建设工程管理部门和审计机构分别询价后共同确定；

4. 主要材料及设备在进场使用和安装前，建设工程管理部门、监理单位和审计机构应进行验收。

（三）工程进度款支付的审查与评价

1. 工程进度款支付的审查与评价的主要内容：

(1)工程实际进度与计划进度的偏差，分析由此对工程造价和工期的影响；

(2)施工单位填报并经建设工程管理部门审核后的月度工程价款结算书是否真实、准确，是否与实际完成的工程量相符；

(3)检查工程设计变更和施工签证的真实性，并审核计价方式是否与投标报价一致，当实物工程量与施工图纸不符、施工项目与施工合同不符、施工材料发生变化时，应在洽商基础上对工程进度款进行据实调整。

2. 未经审计机构审核认定的月度工程价款结算书，应不予支付工程进度款。

（四）设计变更和施工签证的审查与评价

1. 设计变更和施工签证审查与评价的主要内容是：

(1)设计变更的程序是否合理、合规，分析变更理由是否充分；对施工单位提出的变更应严格审查，防止施工单位利用变更增加工程造价；对设计单位提出的设计变更应进行分析，属于设计粗糙、错误等原因造成的变更应提出索赔；对建设单位提出的工程变更，应分析变更的理由是否充分，并对不同的变更方案进行测算和筛选，为领导决策提供依据。

(2)检查设计变更的真实性，分析设计变更对工程造价的影响；对工程量清单报价工程，合同中有相同或类似于变更子目的综合单价，按合同中单价执行；合同中没有的价格按招标文件及合同约定执行；只是项目用料（包括规格）改变时按相似或相近项目的综合单价进行换算，且只计算主要材料价差；对综合单价中的项目特征、工作内容发生改变的，应相应调整其单价。

(3)施工签证的发生是否真实，是否为施工图预算或工程量清单中未包括的内容；施工签证反映的事项是否准确，涉及工程量核算的计算式及图纸是否完整；施工签证内容是否规范，是否存在既签量又签价、既签量又签消耗、既签单价又签总价的问题。

2. 凡涉及费用变动的设计变更、施工签证，审计机构应及时核实和确认，对未经审计机构核实和确认的设计变更和施工签证，应不予增加工程费用。

（五）索赔费用的审查与评价

1. 索赔费用的审查与评价的主要内容：

(1)施工单位提出的索赔事项是否真实，是否实际发生；索赔的内容是否准确，责任是否划分清楚；索赔的程序是否规范；

(2)索赔的证据是否真实，各类索赔费用的计算是否准确，依据是否充分。

2. 对未经审计机构审核确认的索赔事项，应不予办理索赔款项的支付。

3. 对由于施工单位、设计单位的过失造成的工期延误及费用的增加，审计机构应向建设工程管理部门提出赔偿的建议和依据。

第八十八条 审计机构应根据施工阶段审计中发现的工程施工和工程管理中存在的主要问题，及时与建设工程管理部门、监理单位等进行沟通，定期或不定期的出具审计报告，提出加强和改进管理的意见与建议。

第六节 竣工验收阶段的审计

第八十九条 竣工验收阶段的审计主要是对建设工程项目的合同履行、工程结算以及工程项目决算等各环节业务管理活动的真实、合法和效益进行的审查和评价，目的是保证工程项目结算和决算的真实、完整、准确,防止虚列工程、套取资金、弄虚作假、高估冒算等行为的发生,促进合同的有效执行,维护学校的合法权益。

第九十条 竣工验收阶段审计依据的主要资料:

(一)经批准的可行性研究报告;

(二)勘察合同和勘察报告;

(三)设计合同和施工图、竣工图;

(四)有关管理部门审批、修改、调整的相关文件;

(五)招标文件、投标文件、中标通知书;

(六)各类施工合同和材料采购合同;

(七)施工图交底和会审会议纪要;

(八)设计变更、施工签证;

(九)工程价款支付文件

(十)工程索赔文件;

(十一)工程结算书及相关资料。

第九十一条 竣工验收阶段审计的主要内容:

(一)工程结算的审查与评价

1. 工程结算的编制依据是否有效,内容是否完整;

2. 工程结算的方式是否正确,是否符合合同的约定;

3. 检查工程设计变更、施工签证内容是否真实,手续是否齐全,资料是否符合要求;

4. 检查工程设计变更、施工签证的结算增减项目及工程量计算是否准确,是否存在工程项目和工程量只增不减从而提高工程造价的风险;

5. 检查工程设计变更、施工签证的结算项目单价是否准确、合理,合同中有相应单价的,应执行相应的单价;合同中没有相应单价的,应参照相似或相近项目单价进行调整;合同中没有相似或相近项目单价的,应重新确定项目单价;

6. 检查工程设计变更、施工签证的取费标准是否准确,是否与合同相符;

7. 检查合同报价中未做项目是否已做减项处理,计算是否准确;材料价差的调整是否合理。

(二)合同履行、变更和终止的审查与评价

1. 合同履行。主要检查是否全面、真实地履行合同,合同履行中的差异及产生差异的原因是否合理、合规,有无违约行为及其处理结果是否符合有关规定。

2. 合同变更。主要检查合同变更的原因是否真实,合同变更的程序是否合规,索赔及反索赔的处理是否合理、合规;检查合同变更对成本、工期及其他合同条款影响的处理是否合理;合同变更后的文件处理有无影响合同继续生效的漏洞。

3. 合同终止。主要检查终止合同是否经过确认和验收;检查最终合同费用及其支付情况;检查索赔及反索赔的处理是否合理、合规,是否符合合同的有关规定。

(三)工程竣工财务决算的审查与评价

1. 竣工财务决算报表的审查与评价。主要检查竣工财务决算报表的填制是否齐全并符合勾稽关系要求,账表是否一致;检查决算说明书反映的数据和情况是否真实、准确,有无将不具备竣工决算编制条件的建设工程项目提前或强行编制竣工财务决算的问题。

2. 项目投资计划执行情况的审查与评价。主要检查各种资金渠道投入的实际金额,有无建设资金不到位问题,分析资金不到位的原因及其影响;核实计划总投资和实际投资完成额,重点检查投资计划调整是否合规,决算的建筑安装工程投资、设备投资、其他投资的核算是否真实,待摊投资支出内容和分摊办法是否合规;分析工程项目完成投资是否超概算,如有超概算的情况应核实其金额并分析产生的原因。

3. 交付使用资产的审查与评价。主要检查交付的资产是否符合交付条件,移交手续是否齐全、合规,有无资产流失问题;检查交付使用资产的核算是否准确。

4. 结余资金的审查与评价。主要检查建设工程项目结余资金及剩余材料、设备等物资的真实性和处置情况,包括核实库存设备、专用材料账实是否相符;银行存款余额是否与银行对账单余额相符,库存现金数额是否与现金日记账账面余额相符，有无“白条”抵库现象；检查应收、应付款项的真实性，债权债务是否及时进行清理，有无虚列往来账隐瞒、转移、挪用结余资金的行为；是否按合同规定预留了承包商在工程质量保证期间的保证金。

5. 按照国家(地方)有关规定，建设工程项目竣工财务决算需委托社会中介机构进行审核的，应由审计机构委托。

第九十二条 审计机构应根据建设工程项目全过程审计的实施情况，对工程建设各阶段的管理情况及其结果进行分析和评价，并出具审计报告。分析和评价的主要内容：

(一)建设项目的实际效益与项目立项决策阶段预测的效益是否存在偏差，分析产生偏差的原因。

(二)勘察工作的深度及其成果是否满足设计、施工的技术要求；设计周期和供图进度是否符合合同规定的要求，设计质量是否满足工程建设的要求，有无因设计深度不够或设计差错造成工期延长、投资增加及损失浪费的情况。

(三)建设工程项目的工期目标是否控制在规定的范围内，实际建设工期与计划工期是否存在偏差，分析偏差的程度和产生偏差的原因；建设工程质量是否达到合同规定的要求。

(四)建设工程项目的工程决(结)算造价是否控制在概(预)算范围内，工程决(结)算造价的构成是否与概(预)算相符，有无存在结构上的变化；分析工程决(结)算造价与概(预)算之间的差异程度及其产生的原因。

(五)对工程建设过程中各阶段内部管理的规范性和内部控制的有效性进行分析和评价，找出内部管理和内部控制中的薄弱环节，提出加强和完善管理的意见与建议。

第五章 领导干部经济责任审计

第一节 一般原则

第九十三条 本指南所称领导干部经济责任是指领导干部任职期间对其所在部门、单位财务收支以及有关经济活动真实性、合法性和效益性应当负有的责任。

本指南所称领导干部经济责任审计是指高校内部审计机构通过对学校内部领导干部所在部门、单位财务收支以及相关经济活动的审计，鉴证和评价领导干部经济责任履行情况的行为。

第九十四条 高校的领导干部任期届满，或者任期内办理调任、转任、轮岗、免职、辞职、退休等事项前，应当接受经济责任审计。遇有特殊情况，需要离任后审计、暂缓审计或在任期内审计的，由干部管理和监督部门提出意见，报请学校主管领导批准后执行。

第九十五条 高校的领导干部经济责任审计工作根据干部管理部门的委托，一般由内部审计机构组织实施。如需委托社会审计机构实施，应由内部审计机构办理委托事宜。校级领导干部的经济责任审计由上级干部主管部门组织实施。

第九十六条 高校应建立经济责任审计联席会议制度，联席会议一般由组织、人事、纪检、监察、审计等部门组成。

联席会议的主要职责一般包括：

(一)制定年度经济责任审计计划；

(二)指导、检查、协调本单位的经济责任审计工作；

(三)交流和通报经济责任审计情况；

(四)研究、解决经济责任审计中的困难与问题；

(五)其他相关职责。

第二节 经济责任审计的计划、立项和实施

第九十七条 高校的内部审计机构应当制定年度经济责任审计计划。经济责任审计计划应按以下程序制定：

(一)每年年底，由组织、人事、纪检、监察等有关部门向联席会议提出下一年度经济责任审计项目初步意见；

（二）召开经济责任审计工作联席会议，根据有关部门提出的下一年度经济责任审计项目的初步意见，拟定经济责任审计计划；

（三）经济责任审计计划经学校主管领导（或经济责任审计工作领导小组）同意后，以联席会议文件的形式加以确定，列入内部审计机构的审计工作计划；

（四）干部管理部门根据确定的审计工作计划以书面形式委托内部审计机构实施经济责任审计。

第九十八条 下列无法正常实施经济责任审计的情况，一般不安排经济责任审计：

（一）领导干部任职的单位已被撤并，有关当事人已经无法找到的；

（二）领导干部已定居国外或死亡的；

（三）领导干部已离开任职岗位二年以上的；

（四）领导干部已被纪检监察部门或司法部门立案调查的；

（五）领导干部已被提拔或任用到可能影响经济责任审计公正进行的岗位的；

（六）其他不宜安排经济责任审计的情况。

第九十九条 审计机构对领导干部进行经济责任审计，应当按照干部管理部门的委托进行。经济责任审计委托书的内容主要包括：

（一）委托审计的领导干部姓名及简要情况；

（二）被审计领导干部所在单位的名称及简要情况；

（三）审计期间；

（四）审计范围；

（五）审计重点或应当关注的有关事项；

（六）审计时限；

（七）其他有关事项。

第一百条 审计机构按照干部管理部门的委托进行立项，没有特殊情况，不应变更或调整。因特殊情况确实需要调整时，应经委托部门核准。

第一百零一条 经济责任审计立项后，审计机构应当根据审计工作量和实际工作的需要，安排与审计任务相适应的审计人员组成审计组，并指定审计组组长，明确审计人员分工。审计组实行组长负责制。

第一百零二条 实施经济责任审计的程序主要包括：

（一）进行审前调查；

（二）编制项目审计实施方案；

（三）送达审计通知书；

（四）实施经济责任审计；

（五）起草审计报告并征求被审计领导干部所在部门、单位和被审计领导干部本人的意见；

（六）出具审计结果报告等文书。

第一百零三条 审计组在编制审计实施方案前，应当进行审前调查，了解被审计领导干部所在部门、单位和被审计领导干部的基本情况。审前调查可以采取召开座谈会、实地考察、查阅档案、收集资料等多种方式进行。编制审计实施方案应当根据重要性和谨慎性原则，在评估审计风险的基础上，围绕审计目标确定审计的范围、内容、步骤和方法。

审计实施方案应明确的内容是：编制的依据、被审计领导干部所在部门、单位的名称和基本情况、审计目标、审计的范围以及内容和重点、审计要求、审计方式、延伸审计单位、预定的审计工作起止日期、审计组组长和审计组成员及分工、编制的日期及其他有关内容。

第一百零四条 在审计组实施审计前，应当要求被审计领导干部及其所在部门、单位对所提供的与审计事项有关的资料的真实性、完整性作出书面承诺。

第一百零五条 审计组在实施审计工作前应召开进点会。审计进点会一般由经济责任审计委托部门和审计部门联合召开，通报审计工作具体安排和要求。

经济责任审计进点会议一般由下列人员参加：

（一）经济责任审计委托部门的有关人员以及审计组成员；

（二）被审计的领导干部及相关的领导班子成员。如果被审计的领导干部已经离职，被审计单位的现任领导干部应参加进点会；

（三）被审计领导干部所在部门、单位内部相关部门负责人和财务人员；

（四）审计组或被审计领导干部认为需要参加会议的其他人员。

第一百零六条 审计组应当要求被审计领导干部提交任职期间履行经济管理职责情况的书面材料，并于审计工作开始后5日内送交审计组。

书面材料的内容主要包括：

（一）被审计领导干部经济管理职责范围和分工；

（二）与目标责任制有关的各项经济指标完成情况；

（三）利用资源开展业务的效益、效果情况；

（四）重大经济决策及相关项目情况；

（五）国有资产的安全完整情况；

（六）部门、单位内部控制制度的建立、健全及其执行情况；

（七）部门、单位及本人遵守国家财经法规和领导干部廉政规定的情况；

（八）本人认为在经济责任方面存在的问题及建议；

（九）需要说明的其他情况。

第一百零七条 在经济责任审计过程中，审计人员还可以运用以下审计方法收集了解有关情况：

（一）查阅党委、行政及有关部门与审计事项相关的文件、会议记录、纪要、函件、通知等相关资料；

（二）分别与副职、教职工代表及相关人员进行个别谈话，广泛听取他们对被审计领导干部的反映和评价；

（三）召开教职工座谈会，听取对被审计领导干部的评价，并了解有关情况；

（四）对领导干部进行民主测评，就领导干部经济责任审计内容中的有关问题，以问卷的形式进行审计调查。

第三节 经济责任审计的内容

第一百零八条 高校领导干部经济责任审计的内容应根据被审计领导干部的岗位职责等情况确定。

（一）高校财务部门负责人经济责任审计的主要内容：

1. 是否依法依规履行经济管理职责，经济责任目标的完成情况；

2. 内部控制是否健全、合理、有效；

3. 是否根据国家政策和财经法规，制定、完善和实施经济政策、财务制度，明确财务管理的主要任务，规范校内经济秩序；

4. 是否根据《预算法》、《高校财务制度》的要求编制学校年度财务预算方案，并严格按照国家有关政策规定依法组织收入，控制、监督支出；

5. 是否按《会计法》要求，对有关经济业务事项进行会计核算，财务报告及有关的会计账簿、会计凭证等会计资料是否完整、真实、合法；

6. 专项资金是否专款专用、专项核算；

7. 资金管理是否符合规定，有无乱设银行账户，出租、出借银行账户，现金、转账支票、本票、汇票管理是否安全、合规，筹资、融资、投资活动是否按规定办理；

8. 是否及时清理应收和预付款，对长期应收、预付款项是否督促有关部门查明原因，分清责任，及时处理；

9. 重大经济决策是否按规定程序进行，效果如何，有无重大失误；

10. 是否配合资产管理部门做好资产管理工作，定期核对账目，督促有关部门完善固定资产管理制度；

11. 单位各类资产是否安全完整，使用效益如何；

12. 有无账外账、私设"小金库"问题；

13. 债权、债务是否清楚，有无纠纷和遗留问题；

14. 单位和本人遵守财经法规、财务制度以及廉政规定的情况；

15. 委托部门或审计机构认为需要审计的其他事项。

（二）高校资产管理部门负责人经济责任审计的主要内容：

1. 是否依法依规履行经济管理职责，经济责任目标的完成情况；

2. 财经管理制度和内部控制是否健全、有效，是否建立健全设备的购置、领用、使用、保管、修理、转让、投资、报废、清查等制度，是否定期检查设备使用效益；

3. 重大经济决策是否按规定程序进行，效果如何，有无重大失误；

4. 是否按规定定期进行全面的资产清查盘点，账、卡、物是否相符，是否定期与财务部门对账；

5. 预算经费的使用是否符合国家财经法规和学校制度；

6. 债权、债务是否清楚，有无经济纠纷和遗留问题；

7. 设备处理收入及其他收入是否按规定入账，有无账外账、私设“小金库”问题；

8. 单位和本人是遵守财经法规、财务制度以及廉政规定的情况；

9. 委托部门或审计机构认为需要审计的其他事项。

（三）高校建设工程管理部门负责人经济责任审计的主要内容：

1. 是否依法依规履行经济管理职责，经济责任目标的完成情况；

2. 内部管理制度和内部控制是否健全、有效；

3. 建设工程项目是否纳入计划管理，是否按批准的建设工程项目计划和建设工程投资计划组织开展基本建设工作，有无计划外工程项目和超计划工程项目，有无自行改变批建设项目或扩大建筑面积、提高建筑标准等问题；

4. 建设工程经费是否落实，资金来源是否真实、合法；

5. 工程招标、对外签订承包合同及建设工程材料物资采购合同等是否符合规定程序，手续是否完备、合法，合同协议的执行情况如何；

6. 设计变更、施工签证是否真实；

7. 建设工程经费管理和使用是否符合规定，有无截留、挪用等问题，经费使用效益如何；财务决算报表是否真实、合法；有无超预(概)算工程项目和长期未完工项目；竣工项目是否按期交付使用，并办理相关手续；

8. 工程竣工决算是否真实、合法，是否经过审计后结算工程款；

9. 各项收支是否纳入学校财务部门管理和核算，有无账外账、私设“小金库”问题；

10. 重大经济决策是否按规定程序进行，效果如何，有无重大失误；

11. 债权、债务是否清楚，有无经济纠纷和遗留问题；

12. 单位各类资产是否安全完整，使用效益如何；

13. 单位和本人遵守财经法规、财务制度以及廉政规定的情况；

14. 委托部门或审计机构认为需要审计的其他事项。

（四）高校院、系、所、中心等负责人经济责任审计的主要内容：

1. 是否依法依规履行经济管理职责，经济责任目标的完成情况；

2. 财经管理制度和内部控制制度是否健全、有效；

3. 各项收入是否全部纳入财务部门管理和核算，有无截留收入、公款私存、私设“小金库”等问题；各项支出是否真实、合法，效益如何，有无损失浪费；

4. 重大经济决策是否按规定程序进行，效果如何，有无重大失误；

5. 单位各类资产是否安全完整，使用效益如何；

6. 单位和本人遵守财经法规、财务制度以及廉政规定的情况；

7. 委托部门或审计机构认为需要审计的其他事项。

（五）附属中、小学校长经济责任审计的主要内容：

1. 是否依法履行经济管理职责，经济责任目标是否完成；

2. 财经管理制度和内部控制制度是否健全、有效；

3. 是否按《会计法》要求，对有关经济业务事项进行会计核算，财务报告及有关的会计账簿、会计凭证等会计资料是否完整、真实、合法。

4. 预算经费的使用是否符合国家的财经法规和财务管理制度；

5. 各项经费收支是否真实、合法，各项收费是否符合规定，是否及时、足额纳入财务部门管理和核算，有无账外账、私设“小金库”问题；

6. 经济决策是否按规定程序进行，效益如何，有无重大失误；

7. 单位各类资产是否安全完整，使用效益如何；

8. 债权、债务是否清楚，有无经济纠纷和遗留问题；

9. 单位和本人遵守财经法规、财务制度以及廉政规定的情况；

10. 委托部门或审计机构认为需要审计的其他事项。

（六）高校其他部门或单位负责人经济责任审计可参照上述审计内容实施。

第四节 经济责任审计的评价

第一百零九条 对领导干部经济责任审计，应通过对其所在部门、单位的财务收支以及有关经济活动真实性、合法性和效益性的审计，对其经济责任履行的情况进行综合评价。审计评价应遵循“依法评价、实事求是、客观公正”的基本原则。

第一百一十条 经济责任审计评价的方法主要有：

（一）业绩比较法。包括纵向比较法（即上任时与离任时业绩比较或先确定比较基期再将比较期与之对比的方法）和横向比较法（即将相关业绩与同行业一般状况进行比较的方法）。

（二）量化指标法。即运用能够反映领导干部履行经济责任情况的相关经济指标，分析其完成情况来评价相关经济责任的方法。

（三）环境分析法。将领导干部履行其经济责任的行为放入相关的社会政治、经济环境中加以分析，作出实事求是的客观评价。

（四）主客观因素分析法。即对具体行为或事项进行主客观分析，推究其具体的主客观成因，分析该具体行为或事项是成因于领导干部主观过错或主观创造力，还是成因于客观因素的影响，进而作出审计评价。

（五）责任区分法。包括区分现任责任与前任责任、个人责任与集体责任、主管责任与直接责任、管理责任与领导责任等，正确区分不同责任之间的界限和不同责任人之间的界限，使审计评价做到责任清楚、明确。

第一百一十一条 领导干部任职期间对其所在部门、单位有关经济活动应当负有的责任包括直接责任和主管责任，主管责任又包括管理责任和领导责任，在进行审计评价时应当加以区分。

（一）直接责任

直接责任是指领导干部对其任职期间的下列行为应当负有的责任：

1. 直接违反国家财经法规的行为；

2. 授意、指使、强令、纵容、包庇下属人员违反国家财经法规的行为；

3. 失职、渎职的行为；

4. 其他违反国家财经纪律的行为。

（二）主管责任

主管责任是指领导干部在其任职期间基于其特定的职责而应当负有的除直接责任以外的管理责任和领导责任。

管理责任是指领导干部基于所在部门、单位管理的内部分工而由自己负责管理的事项，进而应负有的相关经济责任。

领导责任即指虽然领导干部按所在部门、单位管理的内部分工没有直接管理有关部门或事项，但由于该单位的所有行为都在其职责范围内，进而应负有的相关经济责任。

第一百一十二条 对被审计领导干部所在部门、单位财务收支真实性、合法性确认和评价：

（一）被审计领导干部所在部门、单位提供的会计资料数据与审计后的认定数据相符，可视为会计资料真实地反映了被审计领导干部所在部门、单位财务收支情况；凡未发现财务收支方面违规事实的，则认定被审计领导干部所在部门、单位财务收支符合财经法规的规定。

（二）被审计领导干部所在部门、单位提供的会计资料数据与审计后的认定数据基本相符，可视为被审计领导干部所在部门、单位提供的会计资料基本真实地反映了财务收支情况；凡财务收支方面有违规事实，但数额较小，情节轻微的，应当揭示违规事实，认定被审计领导干部所在部门、单位财务收支基本符合财经法规的规定，但有一定的违规行为。

（三）被审计领导干部所在部门、单位提供的会计资料数据与审计认定的数据差距较大，可视为被审计领导干部所在部门、单位提供的会计资料未能真实地反映财务收支情况；凡财务收支方面有违规事实的，应当揭示违规事实，视违规行为的情节轻重，认定被审计领导干部所在部门、单位有违反财经法规的行为或严重违反财经法规的行为。

第一百一十三条 采用定量评价方法时，可以参考以下指标：

（一）预算收入完成率

（二）预算支出完成率

（三）收入结余率

（四）人员经费支出比率

（五）公用经费支出比率

（六）资产增长率

（七）负债增长率

（八）净资产（所有者权益）增长率

（九）资产负债率

（十）上缴款项完成率

（十一）科研经费收入年均增长率

（十二）基本建设投资计划完成率

（十三）固定资产交付使用率

（十四）在建工程资金占用率

（十五）工程结算审计审减率

（十六）学生人均经费支出额

（十七）师生比

（十八）长期投资收益率

（十九）暂付款占全部流动资产比率

（二十）违规资金比率

第五节 经济责任审计的结果

第一百一十四条 经济责任审计事项终结后，审计机构应出具审计报告。经济责任审计报告应包含以下主要内容：

（一）实施该经济责任审计项目的法律法规依据和委托、授权依据；

（二）被审计领导干部的职责范围等基本情况，被审计领导干部所在部门、单位的经济性质、管理体制、财务隶属关系等；

（三）被审计领导干部所在部门、单位财务状况，各项工作目标、任务完成情况等；

（四）审计发现的被审计领导干部及所在部门、单位违反财经法规和领导干部廉政规定的主要问题；

（五）对被审计领导干部所在部门、单位财务收支等有关经济活动的真实、合法、效益情况的评价，以及被审计领导干部对审计发现的违反财经法规和廉政规定的问题应当负有的主管责任和直接责任；

（六）对被审计领导干部及所在部门、单位违反财经法规问题的定性，处理、处罚意见及依据，有关改进建议；

（七）需要反映的其他情况。

第一百一十五条 审计机构审定审计报告后，应当向委托部门提交经济责任审计结果报告。

第一百一十六条 审计机构对领导干部及所在部门、单位违反国家财经法规和廉政规定，认为需要依法予以处理、处罚的，应在职权范围内作出处理决定；认为需要依法给予党纪政纪处分的，应移交干部管理和监督部门处理；认为触犯刑律应当追究法律责任的，应建议移交司法机关处理。

第一百一十七条 审计机构应建立被审计领导干部所在部门、单位的基本情况数据库，确定领导干部新任期的基期数据，有利于对下一任期经济责任审计工作的开展，同时也为相关审计事项提供基础性审计资料。

第六章　附　　则

第一百一十八条　本指南由中国内部审计协会发布并负责解释。

第一百一十九条　本指南自2009年9月1日起施行。

内部审计实务指南第5号——企业内部经济责任审计指南

第一章　总　　则

第一条　为规范企业内部经济责任审计工作，提高审计质量，根据国家有关规定和内部审计准则，制定本指南。

第二条　本指南所称企业内部经济责任审计，是指企业内部审计机构对企业内部管理领导干部（以下简称企业内管干部）开展的经济责任审计。

企业内部经济责任审计的对象，包括企业主要业务部门的负责人、企业下属全资或控股企业的法定代表人（包括主持工作一年以上的副职领导干部）等。

第三条　本指南所称经济责任，是指企业内管干部在任职期间因其所任职务，依法对所在企业或部门（以下简称企业内管干部所在企业）的财务收支及有关经济活动应当履行的职责、义务。

第四条　本指南适用于国有和国有控股企业及下属全资或控股企业（含国有和国有控股金融企业）。

其他组织的内部审计机构开展经济责任审计，可以参照本指南执行。

第五条　企业内部经济责任审计包括离任经济责任审计、任中经济责任审计和专项经济责任审计。

离任经济责任审计，指企业内管干部任期届满，或者任期内办理调任、免职、辞职、退休等事项前进行的经济责任审计。

任中经济责任审计，指企业内管干部任职期间进行的经济责任审计，包括实行年薪制及股权激励机制的企业（包括试点企业）在任期内奖励兑现前的审计、任期届满连任时的审计，以及任职时间较长、上级企业根据规定和需要安排的审计。

专项经济责任审计，指企业内管干部存在违反廉洁从业规定和其他违法违纪行为，或其所任职企业发生债务危机、长期经营亏损、资产质量较差等重大财务异常状况，以及发生合并分立、破产关闭、重组改制等重大经济事项情况下进行的经济责任审计。

第六条　经济责任审计期间按照会计年度确定，并以此确定审计和评价财务数据的期初数。企业内管干部的任职时间为某一年度的上半年，则以该年度初作为企业内管干部经济责任审计期间的期初；企业内管干部的任职时间为某一年度的下半年，则以下一年度初作为企业内管干部经济责任审计期间的期初。

专项经济责任审计的时间范围，由企业根据具体审计项目自行确定。

经济责任的界定，以企业内管干部的实际任期为准。

第七条　经济责任审计范围应当遵循重要性原则确定，并充分考虑审计风险。企业总部及重要的下属全资或控股企业（以下简称子企业）应当纳入审计范围，纳入审计范围的资产量一般不低于企业内管干部所在企业资产总额的70%，子企业户数不低于该企业总户数的50%。下列子企业应当纳入经济责任审计范围：

（一）资产或者效益占有重要位置的子企业；

（二）由企业内管干部兼职的子企业；

（三）任期内发生合并分立、重组改制等产权变动的子企业；

（四）任期内关停并转或者出现经营亏损、资不抵债、债务危机等财务异常状况的子企业；

（五）任期内未接受过审计的子企业；

(六)各类金融子企业及内部资金结算中心等。

第八条 内部审计机构可以根据需要委托具有相应资质的社会审计组织实施审计,但应由内部审计机构负责出具审计通知书、审批审计实施方案、做出审计结果报告。

第九条 内部审计机构和审计人员在进行经济责任审计时,应当按照内部审计准则的规定,运用各种审计方法,并根据审计工作的需要,合理使用抽样技术和计算机辅助审计技术,以实现审计目标。

第十条 内部审计机构和内部审计人员应当充分利用企业近期内部审计与外部审计成果。在利用内部审计与外部审计成果时,应当注意以下问题:

(一)利用内部审计成果时,应当评估企业内管干部所在企业内部审计环境及内部审计工作成果的有效性,以合理确信审计结论的可靠性。

(二)在利用外部社会审计成果时,应当采用一定的审计程序进行评估,以合理确信审计结论的真实性。

(三)利用国家审计成果时,可以在给予必要审计关注的基础上加以利用。

(四)在审计企业资产状况时,可以借鉴相关年度的清产核资专项成果。当审计结论与清产核资专项成果不一致时,应当遵循谨慎性原则追加适当的审计程序。

(五)利用企业内管干部所在企业及有关部门的纪检监察工作成果时,对于已经办结的案件,可以在给予必要审计关注的基础上直接利用;对于正在办理的案件,应当注意与企业内管干部所在企业及有关纪检监察机构的沟通配合。

第十一条 企业可以建立经济责任审计工作联席会议(以下简称联席会议)制度。联席会议一般应当由纪检、监察、审计、人力资源和监事会等部门组成。联席会议下设办公室负责日常工作。

联席会议应当定期召开会议,检查、通报审计结果运用情况,协调解决审计结果运用中的问题,督促落实审计结果的运用。

第二章　审计准备阶段

第十二条 审计准备阶段的工作主要包括以下内容:

(一)审计立项;

(二)编制经济责任审计工作方案;

(三)确定审计组;

(四)制发审计通知书。

第十三条 审计立项。内部审计机构根据有关法律法规和企业内部规章制度,接受本企业董事会或高级管理层的委派或相关干部管理部门的委托(以下简称相关单位委派或委托)进行审计立项,作出审计计划安排。特殊情况下,可以调整审计计划,追加审计项目。

第十四条 编制经济责任审计工作方案。经济责任审计工作方案主要包括以下内容:

(一)审计目标;

(二)审计对象;

(三)审计范围;

(四)审计内容与重点;

(五)审计组织与分工;

(六)工作要求。

第十五条 确定审计组。内部审计机构根据经济责任审计事项,选派审计人员组成审计组。审计组实行组长负责制。

审计组应当由具有相关工作经验和专业知识的人员组成;审计组组长由内部审计机构确定,审计组组长应当是具有经济责任审计工作经验或具有较高相关专业技术资格的业务负责人。

第十六条 制发审计通知书。内部审计机构应当在实施审计三日前,向企业内管干部及其所在企业送达审计通知书。具有特殊目的的经济责任审计项目,也可以在审计实施时送达审计通知书。

审计通知书由审计组起草,经内部审计机构审核,报内部审计机构主管领导签发。

审计通知书可以附相关单位委派或委托书、需提供的审计资料清单等。

第十七条 企业内管干部及其所在企业和其他有关单位,应当按照审计通知书的要求提供与企业内管干部履行经济责任有关的下列资料：

（一）企业内管干部任期内财务收支相关资料；

（二）工作计划、工作总结、会议记录、会议纪要、合同、考核指标下达及其检查结果、内部控制制度和业务档案等资料；

（三）主管部门有关批准文件；

（四）相关监督管理部门的检查报告、内部与外部审计结果及其相关资料；

（五）重大事项，包括重大历史遗留问题、重大诉讼事项和重大违纪事项等的处理情况；

（六）企业内管干部履行经济责任情况的述职报告。述职报告主要内容包括：

1. 任职期限、职责范围和分管的工作；

2. 任期内各项目标任务及其完成情况，重要规章制度及内部控制的制定、完善和执行情况，任职前和任期内重大经济遗留问题及其处理情况等；

3. 任期内企业资产、负债、损益情况，重大经济决策事项、决策过程及其执行效果；

4. 任期内存在的主要问题；

5. 任期内个人遵守廉洁从业规定的情况；

6. 其他需要说明的情况。

（七）审计组认为需要的其他资料。

第十八条 企业内管干部及其所在企业应当对所提供资料的真实性、完整性负责，并作出书面承诺。

第十九条 审计通知书送达后，企业内管干部或所在企业要求内部审计人员回避的，内部审计机构应当按照回避制度的规定决定是否回避。应当回避的，调整审计组成员并告知企业内管干部或所在企业。

第三章 审计实施阶段

第二十条 审计实施阶段的工作主要包括以下内容：

（一）召开审计组进点会议；

（二）开展审前调查；

（三）编制审计实施方案；

（四）现场审计取证；

（五）编制审计工作底稿；

（六）撰写经济责任审计报告（征求意见稿）；

（七）征求企业内管干部及其所在企业意见。

第二十一条 召开审计组进点会议。审计组进驻企业内管干部所在企业时，应当召开有审计组主要成员、企业内管干部及其所在单位有关人员参加的进点会议，安排审计工作有关事项。

内部审计机构主管领导或审计组组长应当说明审计目的和依据、审计范围、审计内容、工作程序、参审人员、审计场所、实施时间、审计纪律、举报电话等，并提出需要协助、配合审计的有关事项和要求。

企业内管干部应当就其任职期间履行经济责任的情况进行述职。

第二十二条 开展审前调查。审计组在编制审计实施方案前，应当根据审计项目的规模、性质、紧急程度，安排适当的人员和时间，调查了解企业内管干部及其所在企业的有关情况。

第二十三条 审计组在编写经济责任审计实施方案前，应当熟悉与审计事项有关的法律法规和政策，调查了解企业内管干部及其所在企业的基本情况，并对所在企业的内部控制进行初步测试。需要了解的基本情况包括以下内容：

（一）所在企业的历史沿革、机构设置、人员编制、经营范围、财务状况、财务和业务管理体制、关联方关系等；

（二）企业内管干部的职责范围和分管工作；

（三）经营环境，如国家宏观经济环境、产业政策、经营风险，行业现状和发展趋势等；

（四）相关法律法规、政策，特定的会计、税收、外汇、贸易等惯例的要求及执行情况；

（五）所在企业适用的业绩指标体系以及业绩评价情况；

（六）所在企业内部控制建立健全及执行情况；

（七）以前年度接受审计、监管、检查及其整改情况；

（八）内部组织人事、纪检监察等部门掌握的企业内管干部遵守廉洁从业规定等方面的情况；

（九）信息系统及其电子数据；

（十）其他需要了解的情况。

第二十四条 编制审计实施方案。审计组应根据国家有关法律法规、政策及企业内部有关规定和审前调查的情况，按照重要性和谨慎性原则，在评估风险的基础上，围绕审计目标确定审计的范围、内容、方法和步骤，编制审计实施方案。审计实施方案主要包括以下内容：

（一）编制依据；

（二）企业内管干部所在企业的名称和基本情况；

（三）审计目标、审计范围；

（四）审计内容、重点、方法及具体实施步骤；

（五）预定审计工作起讫日期；

（六）重要性水平及对审计风险的评估；

（七）审计组组长、审计组成员及其分工；

（八）审计质量控制措施；

（九）编制单位、日期；

（十）其他有关内容。

第二十五条 审计实施方案由审计组编制，经审计组组长审核，报内部审计机构主管领导批准实施。

第二十六条 审计组根据实际情况和工作需要，通过访谈、问卷调查、个别询问等调查方式，进一步了解企业内管干部及所在企业的有关情况。调查对象一般包括企业内管干部所在企业董事会、监事会成员，其他领导人员，部门负责人，企业工会、部分职工代表及其他相关人员等。

第二十七条 审计组应当按照审计实施方案，对企业内管干部所在企业内部控制的健全性和有效性进行测试，设计实质性审查的程序和范围。测试的主要方法包括文字表述法、流程图法和测评表法。测试时，可以任选一种方法，也可以几种方法同时并用。

审计人员决定不依赖某项内部控制的，或被审计企业规模较小、业务比较简单的，审计人员可以对审计事项直接进行实质性审查。

第二十八条 在实施审计中，审计组通过调查了解和内部控制测试，如发现存在下列情形之一的，应当及时调整审计实施方案：

（一）审计实施方案的主要内容与所了解的情况存在重大差异的；

（二）内部控制测试结果显示审计组需要调整审计重点、步骤和方法的；

（三）发现重大违法违纪事项，需要改变审计内容和审计重点的；

（四）审计范围受到限制，不能正常开展工作的；

（五）审计组成员及其分工发生重大变化的；

（六）其他需要调整的情形。

第二十九条 经济责任审计实施方案的审计目标、审计组组长、审计重点、预定的审计工作完成时间等内容发生重大变化的，应报经内部审计机构主管领导批准后实施。

第三十条 现场审计取证。审计组实施审计时，可以运用检查、观察、询问、重新计算、重新操作、外部调查等方法，获取充分、适当、可靠的审计证据。对企业内管干部所在企业的信息系统，可以采取复制、截屏、拍照等方法取得审计证据。

审计人员向有关单位和个人进行调查询问取得的审计证据，应当有提供者的签名、盖章。不能取得提供者签名和盖章的，由审计人员注明原因，并由两名以上审计人员签字予以证明。

审计组组长应当对审计人员收集审计证据工作进行督导，并对审计证据进行审核。发现审计证据不符合要求的，应当责成审计人员进一步取证或采取替代审计程序。

第三十一条 编制审计工作底稿。审计人员对审计实施方案确定的审计事项，均应当编制审计工作底稿。

第三十二条 审计工作底稿应当包括以下内容：

（一）审计项目及审计事项名称；
（二）审计过程、审计结论及定性依据；
（三）审计人员姓名、编制日期；
（四）复核人员姓名、复核意见、复核日期；
（五）索引号、所附审计证据的数量及清单；
（六）被审计单位意见、签字及盖章。

第三十三条　审计工作底稿应当经审计组组长或其指定人员复核，并对以下事项提出复核意见：
（一）事实是否清楚；
（二）证据是否充分、适当；
（三）定性依据是否准确；
（四）审计结论是否恰当；
（五）审计意见、建议是否恰当。

第三十四条　现场审计结束前，审计组应当对取得的审计证据进行综合分析，并与企业内管干部及其所在企业就审计事项初步交换审计意见。

第三十五条　对审计中发现的重大问题，审计组应当及时向内部审计机构报告。对特别重大的事项，内部审计机构应当及时向董事会或高级管理层报告。

第三十六条　撰写经济责任审计报告（征求意见稿）。审计组实施审计后，由审计组组长或其指定的审计人员，在对审计工作底稿、审计证据及相关资料进行汇总和分析的基础上，考虑企业内管干部及其所在企业关于审计事项的初步意见，撰写经济责任审计报告（征求意见稿）。

第三十七条　企业内管干部经济责任审计报告应当按照以下格式编写：

（一）标题。＊＊＊（企业名称和企业内管干部职务）＊＊＊（企业内管干部姓名）同志任期（或任中）经济责任审计报告（征求意见稿）。

（二）主送。委派或委托的相关单位，包括董事会或者主要领导、组织人事部门等。

（三）正文。主要包括审计基本情况说明、被审计企业内管干部及其所在企业情况介绍、审计发现的问题、审计评价、审计意见和建议等内容。

（四）附件。其他资料。

（五）落款。＊＊＊（企业内管干部姓名）同志经济责任审计组、时间。

第三十八条　经济责任审计报告主要包括以下内容：

（一）审计基本情况。主要是概要说明审计依据、审计对象，审计范围、内容、方式和起止时间，延伸、追溯审计重要事项的情况，以及企业内管干部及其所在企业配合审计工作的情况。

（二）被审计企业内管干部及其所在企业基本情况。主要包括企业内管干部的任职期间、职责范围、分管工作，所在企业的历史沿革、机构设置、人员编制、经营范围、财务状况等基本情况。

（三）被审计企业内管干部的主要工作及成绩，包括主要考核指标完成情况。

（四）审计发现的与被审计企业内管干部履行经济责任有关的主要问题。包括财务收支真实、合法、效益情况，重大经济决策的制定和执行情况，内部控制的建立和执行情况，企业内管干部遵守廉洁从业规定情况及其他方面的问题。如有相关单位委托的特别事项，应专门对该事项的审计结果进行报告。“其他方面的问题”主要指责任主体并非企业内管干部或其所在企业的问题、企业内管干部及其所在企业在审计过程中自行纠正的问题等。

报告中应当写明问题事实、违反相关法律法规或内部规章制度的具体内容、所造成的影响或后果等，并逐项说明企业内管干部应当承担的责任及认定原因。

（五）审计评价。主要是在审计职权范围内，概括并评价企业内管干部任职期间开展的主要工作。同时，根据审计查证或者认定的事实，以国家有关法律法规、相关考核目标和行业标准等为依据，对企业内管干部履行经济责任情况进行综合评价。

（六）审计意见和建议。对审计发现的问题，审计组应当提出审计处理意见和审计建议。

第三十九条　征求企业内管干部及其所在企业意见。审计组应当征求企业内管干部及其所在企业对经济责任审计报告（征求意见稿）的意见。

企业内管干部及其所在企业自收到审计报告(征求意见稿)之日起十日内提出书面反馈意见;在规定期限内没有提出书面意见的,视同无异议。

企业内管干部及其所在企业对审计报告(征求意见稿)有异议的,审计组应当研究、核实,撰写审计组关于采纳情况的书面说明,并考虑是否需要修改审计报告(征求意见稿)。审计报告(征求意见稿)经审计组集体讨论,由审计组组长审核定稿。

第四章 审计内容

第四十条 企业内管干部经济责任审计应当重点检查所在企业经营发展情况、财务收支情况、履行国有资产出资人经济管理和监督职责情况、遵守法律法规和贯彻执行国家有关经济工作方针政策和决策部署情况、制定和执行重大经济决策情况、内部控制建立和执行情况以及遵守有关廉洁从业规定情况等。

第四十一条 企业经营发展情况、财务收支情况、履行国有资产出资人经济管理和监督职责情况的审计,可以重点审查企业财务收支的真实性、合法性和效益性。

第四十二条 财务收支的真实性审计。重点审查企业内管干部任职期间企业的财务状况和经营成果是否真实、完整,账实是否相符,会计核算是否准确,合并财务报表范围是否完整等。主要内容包括:

(一)企业财务会计核算是否准确、真实,是否存在财务状况和经营成果不实的问题;

(二)企业财务报表的合并范围、方法、内容和编报是否符合规定,是否存在故意编造虚假财务报表等问题;

(三)企业会计账簿记录与实物、款项和有关资料是否相符;

(四)企业采用的会计确认标准或计量方法是否正确,有无随意变更或者滥用会计估计和会计政策,故意编造虚假利润等问题。

第四十三条 财务收支的合法性审计。重点审查企业内管干部任职期间,企业的财务收支管理和核算是否符合国家有关规定。主要内容包括:

(一)企业收入、成本费用的确认和核算是否符合有关规定,有无虚列、多列、不列或者少列收入及成本费用等问题;

(二)企业资产、负债、所有者权益的确认和核算是否符合有关规定,有无随意改变确认标准或计量方法,以及虚列、多列、不列或者少列资产、负债、所有者权益等问题。

第四十四条 财务收支的效益性审计。重点审查企业的盈利能力状况、资产质量状况、债务风险状况、经营增长状况等方面经济指标完成情况。

(一)盈利能力状况审计。主要通过资本及资产报酬水平、成本费用控制水平和经营现金流量状况等反映企业盈利能力的财务指标,审查企业内管干部在任职期间企业的投入产出水平和盈利能力。可参考指标包括:净资产收益率、总资产报酬率、销售(营业)利润率、成本费用利润率等。

(二)资产质量状况审计。主要通过资产周转速度、资产运行状态、资产结构以及资产有效性等方面的财务指标,审查企业内管干部任职期间企业占用经济资源的利用效率、资产管理水平与资产的安全性。可参考指标包括:总资产周转率、应收账款周转率、不良资产比率、资产现金回收率等。

在资产质量状况审计中应重点对不良资产进行审计,应当按照企业内管干部任期职责、任期时间及不良资产产生原因等情况,分清企业不良资产产生的责任。应注意核实企业内管干部任期以前存在的不良资产、任期内消化的任期以前的不良资产、任期内新增不良资产以及任期内因客观因素新增的不良资产。其中,客观因素主要指国际环境、国家政策、自然灾害等,主观因素主要指决策失误、经营不善等。

(三)债务风险状况审计。主要通过债务负担水平、资产负债结构、或有负债情况、现金偿债能力等方面的财务指标,审查企业内管干部任职期间企业的债务水平、偿债能力及其面临的债务风险。可参考指标包括:资产负债率、速动比率、现金流动负债比率、带息负债比率、或有负债比率等。

(四)经营增长状况审计。主要通过市场拓展、资本积累、效益增长以及技术投入等方面的财务指标,审查企业内管干部任职期间企业的经营增长水平、资本增值状况及持续发展能力。可参考指标包括:销售(营业)增长率、资本保值增值率、任期年均资本增长率、销售(营业)利润增长率、总资产增长率等。

第四十五条 遵守法律法规和贯彻执行国家有关经济工作方针政策和决策部署情况、制定和执行重大经济决策情况审计。审查企业内管干部任职期间,企业重大决策、重要人事任免、重大项目安排和大额度资金运作事项(以下简称"三重一大"事项)的决策规则和程序是否建立健全,经济决策方案是否得到良好的执行以及执行的结果是否达到决策目标要求等内容,明确企业内管干部在重大经济决策中应负的责任。重大经济决策制定和执行情况审计的具体内容包括:

(一)企业是否建立了"三重一大"事项决策机制,制定的基本程序是否符合规定,是否存在未经决策机构集体讨论、由企业内管干部个人或少数人决策的问题。

(二)重大经济决策的内容是否符合国家有关法律法规、政策及规定。

(三)重大经济决策是否经国家有关部门核准或审批,所签订协议或者合同内容是否符合企业实际,是否存在损害本企业利益的条款。

(四)重大经济决策方案是否得到良好执行,是否明确了具体的管理部门,是否进行过程监控。

(五)重大经济决策是否存在重大风险,决策方案中有无预防和控制风险转化为损失的应对措施,决策执行的结果是否达到决策目标要求,是否给企业造成损失或潜在损失等。

第四十六条 内部控制建立及执行情况审计。审查企业内管干部所在企业内部控制的健全性、适当性和有效性,并结合企业内管干部的职责要求确定其在内部控制建立及执行中应承担的责任。应当注意审查以下内容:

(一)内部环境。审查企业治理结构是否合理,机构设置与权责分配是否明确,内部审计机构是否健全,人力资源政策是否有效制定和实施等。

(二)风险评估。审查企业是否能够及时识别经营活动中与实现内部控制目标相关的内、外部风险,是否采用定性与定量相结合的方法,系统分析风险并合理确定风险应对策略等。

(三)控制活动。审查企业不相容职务分离控制、授权审批控制、会计系统控制、财产保护控制、预算控制、运营分析控制和绩效考评控制等控制措施是否恰当、有效,能否运用控制措施,对各种业务和事项的风险控制在可承受度之内。

(四)信息与沟通。审查企业是否建立信息与沟通制度,内部控制相关信息的收集、处理和传递程序是否明确,内部控制相关信息能否在企业内、外部各方面及时沟通和反馈,是否建立反舞弊机制等。

(五)内部监督。审查企业是否制定内部控制监督制度,是否明确内部审计机构和其他内部机构在内部监督中的职责权限,是否制定内部控制缺陷认定标准,是否定期对内部控制有效性进行自我评价等。

第四十七条 企业内管干部遵守廉洁从业规定情况审计。主要审查企业内管干部有无违反国家法律法规和廉政纪律,以权谋私,贪污、挪用、私分公款,转移国家资财,行贿受贿和挥霍浪费等行为。主要内容包括:

(一)有无以权谋私和违反廉洁从业规定的问题;

(二)根据人事、纪检监察部门的意见,需要审计查证的事项;

(三)根据群众反映,需要审计查证的问题;

(四)其他违法、违纪问题。

第四十八条 经济责任审计还应当关注企业内管干部贯彻落实科学发展观,推动经济社会科学发展情况;遵守有关法律法规、贯彻执行党和国家有关经济工作的方针政策和决策部署情况;与履行经济责任有关的管理、决策等活动的经济效益、社会效益和环境效益情况等。

第五章 审计评价及责任界定

第四十九条 内部审计机构对企业内管干部履行经济责任情况实施审计后,应当根据审计查证或者认定的事实,依照法律法规、国家有关政策和规定、责任制考核目标、行业标准等,对企业内管干部履行经济责任情况作出客观公正的评价。审计评价不应超出审计的职权范围和实际实施的审计范围。评价结论应当有充分的审计证据支持。

第五十条 评价企业内管干部经济责任的方法,主要包括业绩比较法、量化指标法、环境分析法、主客观因素分析法、责任区分法等。

(一)业绩比较法。包括纵向比较法(即任期初与任期末业绩比较法,或先确定比较基期再将比较期与之进行对比的方法)和横向比较法(即将相关业绩与同行业平均水平进行比较的方法)。

(二)量化指标法。即运用能够反映企业内管干部履行经济责任情况的相关经济指标,分析其完成情况，总结相关经济责任的方法。

（三）环境分析法。即将企业内管干部履行经济责任的行为置于相关的社会政治经济环境中加以分析，作出客观评价。

（四）主客观因素分析法。即对具体行为或事项进行主客观分析，推究其具体的主客观原因，分析该具体行为或事项是因为企业内管干部的主观过错，还是由于客观因素的影响，进而作出客观评价。

（五）责任区分法。包括区分直接责任、主管责任和领导责任等。

第五十一条 对企业内管干部履行经济责任情况的评价，可以采取分类评价和综合评价相结合的方法。

第五十二条 对企业财务收支真实性的评价，可以根据内部审计机构确认的审计结果，给予"××同志任职期间，企业财务状况真实（基本真实、不真实或严重失真）"的评价意见。

（一）"真实"的评价标准：会计核算和财务报表如实反映了企业财务收支情况及与其相应的经营活动。

（二）"基本真实"的评价标准：会计核算和财务报表虽存在个别不真实事项，但总体上能够如实反映企业财务收支情况及与其相应的经营活动。

（三）"不真实"的评价标准：会计核算和财务报表没有如实反映企业财务收支情况及与其相应的经营活动。

（四）"严重失真"的评价标准：会计核算和财务报表对企业财务收支情况及其相应的经营活动的反映与实际严重不符。

第五十三条 对企业财务收支合法性的评价，可以根据内部审计机构确认的审计结果，给予"××同志任职期间，企业严格遵守（基本遵守、违反或严重违反）国家有关财经法律法规的规定"的评价意见。

（一）"严格遵守规定"的评价标准：严格执行国家的会计核算制度，会计业务处理正确；严格执行国家财务制度规定，审计未发现违反国家相关规定的行为。

（二）"基本遵守规定"的评价标准：较好执行国家的会计核算制度，会计业务处理基本正确；基本执行国家财务制度规定。

（三）"违反规定"的评价标准：没有按国家会计核算制度规定处理会计业务；存在违反国家财务制度规定的行为，但数额不大、性质不够严重。

（四）"严重违反规定"的评价标准：存在做假账、账外账等违反会计核算规定的行为；存在数额较大、性质严重的违反国家财政财务制度规定的行为。

第五十四条 对企业财务收支的效益性进行评价时，应当在定量指标评价的基础上，对企业内管干部任职期间的经营管理水平进行定性分析与综合评判。定量评价可以实行年度考核指标与任期考核指标相结合的方式。年度考核指标包括利润总额和经济增加值，任期考核指标包括国有资本保值增值率和主营业务收入平均增长率。定性评价指标可包括企业发展战略的确立与执行、经营决策、发展创新、风险控制、基础管理、人力资源、行业影响和社会贡献等方面。

第五十五条 对企业制定和执行重大经济决策情况的评价，可以在简要表述企业制定的"三重一大"事项决策机制的基础上，重点对决策程序、决策过程及决策效果进行分类评价。

（一）××等重大经济决策，符合国家有关法律法规和方针政策，决策程序合规，决策得到有效执行并实现预期目标。

（二）××等重大经济决策内容不符合有关规定，或应履行而未履行决策程序。

（三）××等重大经济决策依据不充分，未能实现预期目标。

第五十六条 对内部控制建立健全情况的评价，可以根据所在企业内部控制的健全性、适当性和有效性情况，给予"××同志任职期间，制定和修订了××项管理制度，采取了××措施，内部控制有效（较为有效、无效）"的评价意见。

（一）"有效"的评价标准：内部控制健全、适当；内部控制执行有效，实现管理目标。

（二）"较为有效"的评价标准：内部控制较为健全；内部控制执行较为有效，基本实现管理目标，没有出现重大内部控制缺陷。

（三）"无效"的评价标准：内部控制不健全；内部控制执行无效，出现重大内部控制缺陷，没有实现管理目标。

第五十七条 对企业内管干部遵守廉洁从业情况的评价，依据企业内管干部个人遵守廉政纪律规定的情况，作出“在审计范围内，未发现××同志存在违反领导干部廉洁从业规定的行为”或“在审计范围内，××同志存在××问题(列举违反领导干部廉洁从业规定的具体问题)”的评价意见。

第五十八条 对企业内管干部进行综合评价时，应在前述分类评价的基础上，对其履行经济责任的情况作出“履行、基本履行、未履行”的结论。

第五十九条 对企业内管干部履行经济责任过程中存在问题所应当承担的直接责任、主管责任、领导责任，应当区别不同情况作出界定。

第六十条 企业内管干部在履行经济责任过程中应承担直接责任的行为包括：

(一)直接违反法律法规、国家有关规定和企业内部管理规定；授意、指使、强令、纵容、包庇下属人员违反法律法规、国家有关规定和企业内部管理规定。

(二)未经民主决策、相关会议讨论而直接决定、批准、组织实施重大经济事项，并造成重大经济损失浪费、国有资产(资金、资源)流失等严重后果。

(三)主持相关会议讨论或者以其他方式研究，但是在多数人不同意的情况下直接决定、批准、组织实施重大经济事项，由于决策不当或者决策失误造成重大经济损失浪费、国有资产(资金、资源)流失等严重后果等。

第六十一条 企业内管干部应承担主管责任的行为包括：

(一)对其直接分管的工作不履行或者不正确履行经济责任。

(二)主持相关会议讨论或者以其他方式研究，并且在多数人同意的情况下决定、批准、组织实施重大经济事项，由于决策不当或者决策失误造成重大经济损失浪费、国有资产(资金、资源)流失等严重后果等。

第六十二条 除直接责任和主管责任外，对企业内管干部不履行或者不正确履行经济责任的其他行为，应当界定为承担领导责任。

第六章 审计终结阶段

第六十三条 审计终结阶段主要包括以下工作：

(一)审计组提交经济责任审计报告；

(二)复核与审定经济责任审计报告；

(三)撰写经济责任审计结果报告；

(四)出具审计决定书；

(五)出具移交(移送)处理书；

(六)监督审计决定的执行；

(七)建立审计档案。

第六十四条 审计组提交经济责任审计报告。审计组应当在收到企业内管干部及其所在企业书面意见或征求意见期限届满之日起十日内提交经济责任审计报告，重大、疑难的审计事项经内部审计机构主管领导批准可以在三十日内提交报告，但最长不得超过六十日。

对被审计企业违反国家或企业内部规定的财务收支行为、内部审计机构有权作出处理的，审计组应同时起草审计决定书。审计决定书应载明违反国家或企业内部规定的财务收支行为的事实、定性、处理处罚决定、法律法规或内部规定等依据，以及处理处罚决定的执行期限。

审计组应当将经济责任审计报告、企业内管干部及其所在企业对经济责任审计报告的书面意见、审计组的书面说明、审计实施方案、审计工作底稿、审计证据、审计决定书以及其他有关材料，报送内部审计机构。

第六十五条 审计组组长应当对所提交经济责任审计报告的真实性负责。对审计发现的企业内管干部违反廉洁从业规定的问题，审计组组长和审计人员不得隐瞒不报。

第六十六条 经济责任审计报告的复核与审定。内部审计机构应当对下列事项进行复核，并出具书面复核意见。

(一)审计目标是否实现；

(二)审计实施方案确定的审计事项是否完成；

（三）审计发现的重要问题是否在审计报告中反映；

（四）事实是否清楚、数据是否准确；

（五）审计证据是否充分、适当；

（六）审计评价、定性、处理处罚意见是否适当，适用法律、法规、规章和标准是否适当；

（七）企业内管干部及其所在企业提出的建议是否采纳，如未采纳，理由是否充分；

（八）其他需要复核的事项。

第六十七条 内部审计机构应当将经济责任审计报告、审计决定书、复核意见一并报送内部审计机构主管领导。一般审计事项的经济责任审计报告和审计决定书等审计文书，由内部审计机构主管领导审定；重大审计事项的经济责任审计报告，由审计业务会议审定。

第六十八条 审计业务会议应当在充分讨论的基础上做出决定。内部审计机构应当根据审计业务会议决定修改经济责任审计报告、审计决定书等。

第六十九条 撰写经济责任审计结果报告。经济责任审计报告经审定后，内部审计机构可以根据审定意见，撰写并向委派或委托审计事项的单位报送经济责任审计结果报告。

第七十条 企业内管干部经济责任审计结果报告应当按照以下格式编写：

（一）标题。＊＊＊（内部审计机构）关于＊＊＊（企业名称和企业内管干部职务）＊＊＊（企业内管干部姓名）同志任期（或任中）经济责任审计结果报告。

（二）主送。委派或委托的相关单位，包括董事会或者主要领导、组织人事部门等。

（三）正文。正文格式同经济责任审计报告，但对相关内容表述应进一步提炼汇总和归类整理。

（四）附件。企业内管干部及其所在企业对经济责任审计报告的意见。

（五）落款。内部审计机构（印章）、时间。

（六）抄送。联席会议及有关部门。

第七十一条 出具审计决定书。内部审计机构应当将审定后的审计决定书等审计文书，报送内部审计机构主管领导签发。

第七十二条 出具移交（移送）处理书。对经济责任审计中发现的企业内管干部违法违纪等问题，审计组应起草移交（移送）处理书，由有关部门分别予以处理。

（一）对需要由企业内管干部承担一般经济责任的，移交相应管理部门处理；

（二）对企业内管干部违反党纪政纪的，移交纪检监察部门处理；

（三）对应依法追究企业内管干部刑事责任的，移送司法机关处理。

第七十三条 经济责任审计报告、审计决定书应及时送达企业内管干部及其所在企业，并抄送有关部门。

第七十四条 内部审计机构应向下达审计指令的董事会或高级管理层提交经济责任审计结果报告，并抄送有关部门。

第七十五条 监督审计结果执行落实情况。内部审计机构应对审计发现问题的整改情况进行跟踪监督，并根据实际情况确定是否实施后续审计。后续审计结束后应当出具书面报告。

第七十六条 建立审计档案。审计结束后，内部审计人员应当整理相关资料，并建立、保管审计档案。下列资料应当归入审计档案：

（一）相关单位的委派或委托书、审计工作方案、审计实施方案、审计通知书；

（二）审计工作底稿及相关审计取证材料；

（三）经济责任审计报告征求意见稿及反馈意见；

（四）审计报告复核意见书；

（五）审计报告；

（六）审计决定书、移交（移送）处理书；

（七）企业整改情况报告；

（八）其他相关资料。

第七章　审计结果运用

第七十七条 企业董事会、管理层、干部管理部门或其他相关部门，应当注重对企业内管干部经济责任审计结果的运用，强化经济责任审计效果。

（一）委派或委托内部审计机构对企业内管干部进行经济责任审计的管理层或部门，可以采取适当的方式在一定范围内通报审计结果。

（二）企业内管干部经济责任审计结果，应当作为对企业内管干部考核、任免、奖惩的重要依据，并以适当方式将审计结果运用情况反馈内部审计机构。

（三）经济责任审计结果报告可以归入企业内管干部本人档案。

（四）对于有轻微违纪行为或有苗头性、倾向性问题的企业内管干部，企业可以开展诫勉教育。

（五）若因经济决策失误给企业造成重大损失，或存在资产状况不实、经营成果虚假等问题，企业应当视其影响程度对企业内管干部作出处理。

第七十八条　在经济责任审计工作中，发现企业其他领导干部存在严重问题的，经董事会或高级管理层批准，内部审计机构可以进行延伸审计。

第八章　附　　则

第七十九条　本指南自发布之日起施行。

第八十条　本指南由中国内部审计协会负责解释。

内部审计人员职业道德规范

（中内协发〔2003〕20号，2003年4月12日）

第一条　内部审计人员在履行职责时，应当严格遵守中国内部审计准则及中国内部审计协会制定的其他规定。

第二条　内部审计人员不得从事损害国家利益、组织利益和内部审计职业荣誉的活动。

第三条　内部审计人员在履行职责时，应当做到独立、客观、正直和勤勉。

第四条　内部审计人员在履行职责时，应当保持廉洁，不得从被审计单位获得任何可能有损职业判断的利益。

第五条　内部审计人员应当保持应有的职业谨慎，并合理使用职业判断。

第六条　内部审计人员应当保持和提高专业胜任能力，必要时可聘请有关专家协助。

第七条　内部审计人员应诚实地为组织服务，不做任何违反诚信原则的事情。

第八条　内部审计人员应当遵循保密性原则，按规定使用其在履行职责时所获取的资料。

第九条　内部审计人员在审计报告中应客观地披露所了解的全部重要事项。

第十条　内部审计人员应具有较强的人际交往技能，妥善处理好与组织内外相关机构和人士的关系。

第十一条　内部审计人员应不断接受后续教育，提高服务质量。

内部审计人员岗位资格证书实施办法

（中内协发〔2003〕22号，2003年5月22日）

第一条　为了适应内部审计工作的需要，提高内部审计人员的素质，根据《审计署关于内部审计工作的规定》及有关规定，制定本办法。

第二条　内部审计人员岗位资格证书（以下简称资格证书）是从事内部审计工作的专兼职人员应具备的任职资格证明。

第三条　资格证书的取得采取资格认证和考试两种办法。

(一)凡具备下列条件之一者,经省级内部审计(师)协会审批,报中国内部审计协会备案后,可发给资格证书:

1. 具有审计、会计、经济及相关专业中级及中级以上专业技术职称的人员;

2. 具有国际注册内部审计师证书的人员;

3. 具有注册会计师、造价工程师、资产评估师等相关执业证书的人员;

4. 审计、会计及相关专业本科以上学历工作满两年以上,以及大专学历工作满4年以上的人员。

对已取得省(行业)级内部审计(师)协(学)会颁发的内部审计资格证书,时间不超过两年的人员,在本办法实施后可进行一次性的确认,发给资格证书。

(二)不具备上述第(一)款条件者,须参加中国内部审计协会统一组织的资格考试,考试合格者发给资格证书。

第四条 资格证书考试内容:

(一)内部审计原理与技术;

(二)有关法律法规与内部审计准则;

(三)计算机基础知识与应用。

第五条 资格考试一般每年统一举行一次,时间为每年9月第三周的星期六。开始施行阶段,也可由中国内部审计协会授权省级内部审计(师)协会根据实际情况做出考试安排。

第六条 资格证书审核发放程序。凡具备取得资格证书条件的人员,由本人填写《内部审计人员岗位资格证书申请表》(见附件),经所在单位审核签章后,连同资格证明文件(职称证、执业资格证、学历证、人事部门出具的工作年限证明、考试合格证明)原件及复印件、免冠2寸彩色照片,报省级内部审计(师)协会审核后,发给资格证书。

第七条 资格证书实行年检注册制度,每两年为一个年检注册周期。

符合下列条件的可通过年检,并进行注册:

(一)遵守国家的法律法规;

(二)严格执行《内部审计准则》;

(三)遵守内部审计职业道德;

(四)按照有关规定完成后续教育。

第八条 因借调、出国等原因不能参加后续教育或年检的人员,须持本单位人事部门出具的证明,向所在省的内部审计(师)协会提出延缓年检注册的申请。

第九条 对无故不参加年检和注册的人员,应收回并注销其资格证书。

第十条 因违法犯罪被追究刑事责任或弄虚作假骗取资格证书的人员,一律吊销其资格证书。

第十一条 对已调离内部审计工作岗位满两年和已办理退休手续的人员,须收回其资格证书。

第十二条 中国内部审计协会负责统一组织资格证书的考试、考试大纲的拟定和教材的编写、考试的命题和资格证书的印制,以及对违反本办法人员的处理。

省级内部审计(师)协会负责组织资格证书考前培训,考试的实施,资格证书的发放、管理和年检注册,对违反本办法人员向中国内部审计协会提出查处意见。

第十三条 资格证书不得涂改、转让,资格证书遗失后应及时到省级内部审计(师)协会挂失,经查实后可予以补发。

第十四条 本办法由中国内部审计协会负责解释。

第十五条 本办法自2003年7月1日起施行。

内部审计人员后续教育实施办法

(中内协发〔2003〕22号,2003.05.22)

第一条 为了规范内部审计人员后续教育,不断提高内部审计人员的专业胜任能力,根据《审计署关于内部审计工作的规定》及有关规定,制定本办法。

第二条　取得内部审计人员岗位资格证书和CIA证书的人员，都应当按照本办法接受后续教育。

第三条　后续教育的主要内容：

(一)法律法规与内部审计准则；

(二)内部审计理论与技术方法；

(三)相关专业知识；

(四)计算机应用技术。

第四条　后续教育一般采取以下形式：

(一)参加中国内部审计协会和省(行业)级内部审计(师)协(学)会举办的境内外培训和考察活动；

(二)参加中国内部审计协会认可的大专院校学历教育和专业课程进修；

(三)在大专院校或本条第一款规定的培训活动讲授内部审计课程；

(四)参加国际内部审计师协会和亚洲内部审计联合会组织的专业会议和培训活动；

(五)参加中国内部审计协会和省(行业)级内部审计(师)协(学)会召开的专业会议；

(六)在省、部级以上报刊、杂志发表内部审计文章，出版有关内部审计著作，在中国内部审计协会和省(行业)级内部审计(师)协(学)会举行的论文评选中有获奖的论文；

(七)参加与内部审计相关的中级以上专业技术职称和执业资格考试并获取证书；

(八)中国内部审计协会认可的其他培训方式。

第五条　后续教育采取学时累计法，每两年为一个周期，时间不得少于80学时(第一年不得少于30学时)。

第六条　后续教育学时的计算方法：

(一)属本办法第四条第一、二款规定的，按课程设定的学时计算后续教育学时；

(二)属本办法第四条第三款规定的，每授课1学时后续教育按两学时计算，全年累计不得超过20学时；

(三)属本办法第四条第四、五款规定的，按参加会议和培训的实际时间计算后续教育学时；

(四)属本办法第四条第六款规定的，每千字按两学时计算后续教育学时，翻译按每两千字计算后续教育1学时，全年累计不得超过10学时；

(五)取得审计师、会计师、经济师、工程师及以上专业技术职称和国际注册内部审计师、注册会计师、造价工程师、资产评估师职业资格的，当年按50学时计算后续教育学时；

第七条　中国内部审计协会负责后续教育的规划、管理、制订教学大纲、编写教材。

省(行业)级内部审计(师)协会负责管辖范围内的后续教育具体组织实施工作。

第八条　省(行业)级以上内部审计(师)协(学)会，应及时对参加其组织的培训、授课和专业会议的内部审计人员和取得CIA资格人员出具后续教育学时证明。

第九条　省级内部审计(师)协会应根据内部审计人员和取得CIA资格人员提交的后续教育学时证明材料，及时记录于《内部审计人员岗位资格证书》和《国际注册内部审计师资格证书》后续教育栏目中，并按规定进行注册。

第十条　本办法由中国内部审计协会负责解释。

第十一条　本办法自2003年7月1日起施行。

中小企业板上市公司内部审计工作指引

(2007年12月26日)

第一章　总　　则

第一条　为进一步规范中小企业板上市公司(以下简称“上市公司”或“公司”)内部审计工作，提高内部审计工作质量，保护投资者合法权益，依据《审计法》、《审计署关于内部审计工作的规定》等有关法律、法规、规章和《深圳证券交易所股票上市规则》的规定，制定本指引。

第二条 本指引所称内部审计，是指由上市公司内部机构或人员，对其内部控制和风险管理的有效性、财务信息的真实性和完整性以及经营活动的效率和效果等开展的一种评价活动。

第三条 本指引所称内部控制，是指上市公司董事会、监事会、高级管理人员及其他有关人员为实现下列目标而提供合理保证的过程：

(一)遵守国家法律、法规、规章及其他相关规定；

(二)提高公司经营的效率和效果；

(三)保障公司资产的安全；

(四)确保公司信息披露的真实、准确、完整和公平。

第四条 上市公司应当依照国家有关法律、法规、规章及本指引的规定，结合本公司所处行业和生产经营特点，建立健全内部审计制度，防范和控制公司风险，增强公司信息披露的可靠性。内部审计制度应当经董事会审议通过。

第五条 上市公司董事会应当对内部控制制度的建立健全和有效实施负责，重要的内部控制制度应当经董事会审议通过。

上市公司董事会及其全体成员应当保证内部控制相关信息披露内容的真实、准确、完整。

第二章　一般规定

第六条 上市公司应当在董事会下设立审计委员会，制定审计委员会议事规则并予以披露。审计委员会成员应当全部由董事组成，其中独立董事应占半数以上并担任召集人，且至少应有一名独立董事为会计专业人士。

第七条 上市公司应当在股票上市后六个月内建立内部审计制度，并设立内部审计部门，对公司财务信息的真实性和完整性、内部控制制度的建立和实施等情况进行检查监督。内部审计部门对审计委员会负责，向审计委员会报告工作。

第八条 上市公司应当依据公司规模、生产经营特点及有关规定，配置专职人员从事内部审计工作，且专职人员应不少于三人。

第九条 内部审计部门的负责人必须专职，由审计委员会提名，董事会任免。

上市公司应当披露内部审计部门负责人的学历、职称、工作经历、与公司控股股东及实际控制人是否存在关联关系等情况。

第十条 内部审计部门应当保持独立性，不得置于财务部门的领导之下，或者与财务部门合署办公。

第十一条 上市公司各内部机构、控股子公司以及具有重大影响的参股公司应当配合内部审计部门依法履行职责，不得妨碍内部审计部门的工作。

第三章　职责和总体要求

第十二条 审计委员会在指导和监督内部审计部门工作时，应当履行以下主要职责：

(一)指导和监督内部审计制度的建立和实施；

(二)至少每季度召开一次会议，审议内部审计部门提交的工作计划和报告等；

(三)至少每季度向董事会报告一次，内容包括但不限于内部审计工作进度、质量以及发现的重大问题；

(四)协调内部审计部门与会计师事务所、国家审计机构等外部审计单位之间的关系。

第十三条 内部审计部门应当履行以下主要职责：

(一)对本公司各内部机构、控股子公司以及具有重大影响的参股公司的内部控制制度的完整性、合理性及其实施的有效性进行检查和评估；

(二)对本公司各内部机构、控股子公司以及具有重大影响的参股公司的会计资料及其他有关经济资料，以及所反映的财务收支及有关的经济活动的合法性、合规性、真实性和完整性进行审计，包括但不限于财务报告、业绩快报、自愿披露的预测性财务信息等；

(三)协助建立健全反舞弊机制，确定反舞弊的重点领域、关键环节和主要内容，并在内部审计过程中合理关注和检查可能存在的舞弊行为；

(四)至少每季度向审计委员会报告一次,内容包括但不限于内部审计计划的执行情况以及内部审计工作中发现的问题。

第十四条 内部审计部门应当在每个会计年度结束前两个月内向审计委员会提交次一年度内部审计工作计划,并在每个会计年度结束后两个月内向审计委员会提交年度内部审计工作报告。

内部审计部门应当将审计重要的对外投资、购买和出售资产、对外担保、关联交易、募集资金使用及信息披露事务等事项作为年度工作计划的必备内容。

第十五条 内部审计部门应当以业务环节为基础开展审计工作,并根据实际情况,对与财务报告和信息披露事务相关的内部控制设计的合理性和实施的有效性进行评价。

第十六条 内部审计通常应当涵盖公司经营活动中与财务报告和信息披露事务相关的所有业务环节,包括但不限于:销货及收款、采购及付款、存货管理、固定资产管理、资金管理、投资与融资管理、人力资源管理、信息系统管理和信息披露事务管理等。

内部审计部门可以根据公司所处行业及生产经营特点,对上述业务环节进行调整。

第十七条 内部审计人员获取的审计证据应当具备充分性、相关性和可靠性。内部审计人员应当将获取审计证据的名称、来源、内容、时间等信息清晰、完整地记录在工作底稿中。

第十八条 内部审计人员在审计工作中应当按照有关规定编制与复核审计工作底稿,并在审计项目完成后,及时对审计工作底稿进行分类整理并归档。

内部审计部门应当建立工作底稿保密制度,并依据有关法律、法规的规定,建立相应的档案管理制度,明确内部审计工作报告、工作底稿及相关资料的保存时间。

第四章 具体实施

第十九条 内部审计部门应当按照有关规定实施适当的审查程序,评价公司内部控制的有效性,并至少每年向审计委员会提交一次内部控制评价报告。

评价报告应当说明审查和评价内部控制的目的、范围、审查结论及对改善内部控制的建议。

第二十条 内部控制审查和评价范围应当包括与财务报告和信息披露事务相关的内部控制制度的建立和实施情况。

内部审计部门应当将对外投资、购买和出售资产、对外担保、关联交易、募集资金使用、信息披露事务等事项相关内部控制制度的完整性、合理性及其实施的有效性作为检查和评估的重点。

第二十一条 内部审计部门对审查过程中发现的内部控制缺陷,应当督促相关责任部门制定整改措施和整改时间,并进行内部控制的后续审查,监督整改措施的落实情况。

内部审计部门负责人应当适时安排内部控制的后续审查工作,并将其纳入年度内部审计工作计划。

第二十二条 内部审计部门在审查过程中如发现内部控制存在重大缺陷或重大风险,应当及时向审计委员会报告。

审计委员会认为公司内部控制存在重大缺陷或重大风险的,董事会应当及时向本所报告并予以披露。上市公司应当在公告中披露内部控制存在的重大缺陷或重大风险、已经或可能导致的后果,以及已采取或拟采取的措施。

第二十三条 内部审计部门应当在重要的对外投资事项发生后及时进行审计。在审计对外投资事项时,应当重点关注以下内容:

(一)对外投资是否按照有关规定履行审批程序;

(二)是否按照审批内容订立合同,合同是否正常履行;

(三)是否指派专人或成立专门机构负责研究和评估重大投资项目的可行性、投资风险和投资收益,并跟踪监督重大投资项目的进展情况;

(四)涉及委托理财事项的,关注公司是否将委托理财审批权力授予公司董事个人或经营管理层行使,受托方诚信记录、经营状况和财务状况是否良好,是否指派专人跟踪监督委托理财的进展情况;

(五)涉及证券投资事项的,关注公司是否针对证券投资行为建立专门内部控制制度,投资规模是否影响公司正常经营,资金来源是否为自有资金,投资风险是否超出公司可承受范围,是否使用他人账户或向他人提供资金进行证券投资,独立董事和保荐人(包括保荐机构和保荐代表人,下同)是否发表意见(如适用)。

第二十四条 内部审计部门应当在重要的购买和出售资产事项发生后及时进行审计。在审计购买和出售资产事项时，应当重点关注以下内容：

（一）购买和出售资产是否按照有关规定履行审批程序；

（二）是否按照审批内容订立合同，合同是否正常履行；

（三）购入资产的运营状况是否与预期一致；

（四）购入资产有无设定担保、抵押、质押及其他限制转让的情况，是否涉及诉讼、仲裁及其他重大争议事项。

第二十五条 内部审计部门应当在重要的对外担保事项发生后及时进行审计。在审计对外担保事项时，应当重点关注以下内容：

（一）对外担保是否按照有关规定履行审批程序；

（二）担保风险是否超出公司可承受范围，被担保方的诚信记录、经营状况和财务状况是否良好；

（三）被担保方是否提供反担保，反担保是否具有可实施性；

（四）独立董事和保荐人是否发表意见（如适用）；

（五）是否指派专人持续关注被担保方的经营状况和财务状况。

第二十六条 内部审计部门应当在重要的关联交易事项发生后及时进行审计。在审计关联交易事项时，应当重点关注以下内容：

（一）是否确定关联方名单，并及时予以更新；

（二）关联交易是否按照有关规定履行审批程序，审议关联交易时关联股东或关联董事是否回避表决；

（三）独立董事是否事前认可并发表独立意见，保荐人是否发表意见（如适用）；

（四）关联交易是否签订书面协议，交易双方的权利义务及法律责任是否明确；

（五）交易标的有无设定担保、抵押、质押及其他限制转让的情况，是否涉及诉讼、仲裁及其他重大争议事项；

（六）交易对手方的诚信记录、经营状况和财务状况是否良好；

（七）关联交易定价是否公允，是否已按照有关规定对交易标的进行审计或评估，关联交易是否会侵占上市公司利益。

第二十七条 内部审计部门应当至少每季度对募集资金的存放与使用情况进行一次审计，并对募集资金使用的真实性和合规性发表意见。在审计募集资金使用情况时，应当重点关注以下内容：

（一）募集资金是否存放于董事会决定的专项账户集中管理，公司是否与存放募集资金的商业银行、保荐人签订三方监管协议；

（二）是否按照发行申请文件中承诺的募集资金投资计划使用募集资金，募集资金项目投资进度是否符合计划进度，投资收益是否与预期相符；

（三）是否将募集资金用于质押、委托贷款或其他变相改变募集资金用途的投资，募集资金是否存在被占用或挪用现象；

（四）发生以募集资金置换预先已投入募集资金项目的自有资金、用闲置募集资金暂时补充流动资金、变更募集资金投向等事项时，是否按照有关规定履行审批程序和信息披露义务，独立董事、监事会和保荐人是否按照有关规定发表意见（如适用）。

第二十八条 内部审计部门应当在业绩快报对外披露前，对业绩快报进行审计。在审计业绩快报时，应当重点关注以下内容：

（一）是否遵守《企业会计准则》及相关规定；

（二）会计政策与会计估计是否合理，是否发生变更；

（三）是否存在重大异常事项；

（四）是否满足持续经营假设；

（五）与财务报告相关的内部控制是否存在重大缺陷或重大风险。

第二十九条 内部审计部门在审查和评价信息披露事务管理制度的建立和实施情况时，应当重点关注以下内容：

（一）公司是否已按照有关规定制定信息披露事务管理制度及相关制度，包括各内部机构、控股子公司以及具有重大影响的参股公司的信息披露事务管理和报告制度；

（二）是否明确规定重大信息的范围和内容，以及重大信息的传递、审核、披露流程；

（三）是否制定未公开重大信息的保密措施，明确内幕信息知情人的范围和保密责任；

（四）是否明确规定公司及其董事、监事、高级管理人员、股东、实际控制人等相关信息披露义务人在信息披露事务中的权利和义务；

（五）公司、控股股东及实际控制人存在公开承诺事项的，公司是否指派专人跟踪承诺的履行情况；

（六）信息披露事务管理制度及相关制度是否得到有效实施。

第五章　信息披露

第三十条　审计委员会应当根据内部审计部门出具的评价报告及相关资料，对与财务报告和信息披露事务相关的内部控制制度的建立和实施情况出具年度内部控制自我评价报告。内部控制自我评价报告至少应当包括以下内容：

（一）内部控制制度是否建立健全和有效实施；

（二）内部控制存在的缺陷和异常事项及其处理情况（如适用）；

（三）改进和完善内部控制制度建立及其实施的有关措施；

（四）上一年度内部控制存在的缺陷和异常事项的改进情况（如适用）；

（五）本年度内部控制审查与评价工作完成情况的说明。

公司董事会应当在审议年度报告的同时，对内部控制自我评价报告形成决议。监事会和独立董事应当对内部控制自我评价报告发表意见，保荐人应当对内部控制自我评价报告进行核查，并出具核查意见。

第三十一条　上市公司在聘请会计师事务所进行年度审计的同时，应当至少每两年要求会计师事务所对公司与财务报告相关的内部控制有效性出具一次内部控制鉴证报告。本所另有规定的除外。

第三十二条　如会计师事务所对公司内部控制有效性出具非无保留结论鉴证报告的，公司董事会、监事会应当针对鉴证结论涉及事项做出专项说明，专项说明至少应当包括以下内容：

（一）鉴证结论涉及事项的基本情况；

（二）该事项对公司内部控制有效性的影响程度；

（三）公司董事会、监事会对该事项的意见；

（四）消除该事项及其影响的具体措施。

第三十三条　上市公司应当在年度报告披露的同时，在指定网站上披露内部控制自我评价报告和会计师事务所内部控制鉴证报告（如有）。

第六章　监督管理与违反本指引的处理

第三十四条　上市公司应当建立内部审计部门的激励与约束机制，对内部审计人员的工作进行监督、考核，以评价其工作绩效。

如发现内部审计工作存在重大问题，公司应当按照有关规定追究责任，处理相关责任人，并及时向本所报告。

第三十五条　本所对上市公司的内部审计和信息披露相关工作实行日常监督管理，采取问询、发出监管函件、约见谈话、要求会计师事务所和保荐人进行专项核查等措施。

第三十六条　上市公司及相关人员违反本指引规定的，本所视情节轻重给予相应处分。

第七章　附　　则

第三十七条　本指引由本所负责解释。

第三十八条　本指引自发布之日起施行。

内部审计工作暂行规定

（2003 年 3 月 14 日中国出口信用保险公司发布）

第一章 总 则

第一条 为规范中国出口信用保险公司（以下简称公司）的内部审计工作，根据《中华人民共和国审计法》、《中华人民共和国审计法实施条例》和《审计署关于内部审计工作的规定》，结合公司实际，制定本规定。

第二条 公司依法实行内部审计，是为了维护国家财经法纪，建立有效的内控机制、监督机制和自我约束机制，防范和化解经营风险，改善经营管理，提高经济效益，促进出口信用保险事业的健康发展。

第三条 公司的内部审计是一种自我控制、自我约束和自我调节的综合性内部监督活动。根据国家法律、法规和政策，以及公司的规章制度，对公司的各项业务活动、财务收支及经营管理进行检查、监督、鉴证、评价和服务。

第四条 审计工作实行公司法人负责制并接受国家审计机关、中国保险监督管理委员会和上级主管部门的业务指导。

第五条 审计部门对公司法人负责，独立行使审计监督权，不受其他部门和个人的干涉。

第六条 审计部门和审计人员办理审计事项，应当坚持原则、客观公正、实事求是、廉洁奉公、保守秘密；不得滥用职权徇私舞弊、泄露秘密、玩忽职守。

第七条 被审计单位应当按照本规定接受审计检查，并如实提供资料，汇报情况。

第二章 审计机构和人员

第八条 公司内设置独立的审计机构，实行内部一级审计制度。总公司设监察审计室，分支机构不再设置审计部门。

第九条 审计机构应当配备与其承担的审计任务相适应的审计人员。必要时，可配备兼职审计员或组织专项审计组。兼职审计员和专项审计组由公司总经理室决定。

第十条 审计机构应当配备具有良好的政治思想素质和较高的政策水平、具备与从事审计工作相适应的专业知识和业务能力的审计人员。

审计人员应具备如下基本条件：

（一）必须具有审计、财会、经济或相关专业中专以上学历；

（二）中专学历的，需从事过会计或保险业务工作三年以上；

（三）大专以上学历的，非审计、财会、保险专业的，需从事保险工作一年以上。

第十一条 审计人员办理审计事项，与被审计单位或审计事项有利害关系的，应当回避。

第十二条 审计人员按照规定履行职责，受有关法律保护。任何组织和个人不得拒绝、阻碍审计人员执行任务；不得对审计人员进行打击报复。

第十三条 审计人员负有保守国家机密和被审计单位商业秘密的义务和责任。

第三章 审计机构的职责

第十四条 审计部门根据国家的法律、法规，金融、保险方针、政策，公司的规章、制度对本系统下列事项进行审计监督：

（一）国家财政法规和单位规章制度的执行情况；

（二）公司及部门经营目标责任制的经济责任履行情况；

（三）有经营活动的部门主要负责人的离任审计；

（四）内部控制制度的建立、健全和执行情况；

（五）财务收支计划的执行和会计核算、会计决算情况；

（六）保险业务及其相关经济活动的管理和经济效益情况；

（七）资产质量及风险管理情况；

（八）资金、财产的安全管理及保值、增值情况；

（九）基本建设项目（包括大修理）预（概）算、决算情况；

（十）各类经济合同、协议的合法及履行情况；

（十一）其他需要审计事项。

第十五条 审计部门负责组织、指导、检查、监督系统内的审计工作。

第十六条 审计部门适时开展专项调查工作，进行前瞻性研究，为公司经营决策服务。

第十七条 审计部门负责制定审计工作规划、方案、标准、规章、制度。

第十八条 审计部门向公司总经理室汇报本单位经营管理中存在的问题，并提出建议或意见。

第十九条 审计部门向公司总经理室报告当地审计部门、保险监管部门对公司工作的意见和要求。

第二十条 审计部门应根据国家审计机关的要求，向有关审计机关报告工作，重大问题要随时上报。

第四章 审计机构的权限

第二十一条 内部审计机构行使以下职权：

（一）有权要求各部门、各分支机构及时提供或报送计划、决算、报表和经营管理有关文件、资料等；

（二）根据审计任务需要，有权要求被审计单位报送与本审计事项有关的资料。被审计单位不得拒绝、拖延、谎报；

（三）有权审核被审计单位的会计凭证、账表、决算、各类业务单证、重要经济合同，检查资金和财产，检测财务会计、业务软件；

（四）审计部门有权参加本单位财会、业务及公司经营决策管理会议和被审计单位的有关会议；

（五）实施审计时，有权就审计事项的有关问题对有关单位和个人进行调查，并取得证明材料。有关单位和个人应当支持、协助、如实反映情况，并提供证明材料；

（六）对严重违反财经法纪和造成严重损失浪费的直接责任人员，提出处理建议，并按有关规定，向公司法人报告；

（七）对阻挠、妨碍审计工作以及拒绝提供有关资料的，经公司法人或法人代表批准，可以采取必要的临时措施，封存账册、物资、冻结资金等，并提出追究有关人员责任的建议；

（八）对正在进行的严重违反财经法规、严重损失浪费的行为，经公司领导同意，做出临时制止决定；

（九）提出改进管理、提高效益的建议和纠正、处理处罚违反财经法规行为的意见和建议；

（十）内部审计部门按国家有关规定行使经济处罚的权力。

第五章 审计程序

第二十二条 审计工作的主要程序：

（一）根据本单位具体情况，拟订审计项目计划和审计方案，报经公司领导批准后实施。

（二）根据审计事项组成审计小组，并在实施审计三日前，向被审计单位送达审计通知书（临时性专项审计除外），被审计单位应当配合审计小组工作，并提供必要的工作条件。

（三）审计人员通过审计前问卷、审查会计凭证、会计账簿、会计报表、电子计算机数据、各类业务单证、重要经济合同，查阅有关文件、资料，检查现金、实物、有价证券，向有关单位和个人调查取证等方式进行审计。

（四）对审计中发现的问题，可随时向有关单位和人员提出改进的建议。审计终结，提出审计报告，征求被审计单位意见（审计调查除外），报送公司领导审批。经批准的审计意见书和审计决定，送达被审计单位，被审计单位必须执行审计决定。

（五）被审计单位对审计意见书和审计决定如有异议，可以向公司内部审计机构负责人提出，该负责人应当及时按照规定处理。但是，在未做出新的审计决定之前，审计决定不得停止执行。

（六）对重要项目进行后续审计，检查采纳审计意见和执行审计决定的情况。

(七)非现场审计程序分为资料归集审查、计算整理、分析质询、报告处理、信息反馈五个阶段进行,被审计单位按规定要求报送非现场审计有关资料。

第二十三条 审计部门根据不同的工作任务和要求按照上审下的原则,对各分支机构进行审计。根据需要,在公司法人授权或上级审计机关的委托下,也可对本级机构进行审计。

第二十四条 审计部门应当建立审计档案,按照公司档案管理规定进行管理。

第六章 奖 惩

第二十五条 审计部门对查出的违反国家有关法规及部门规章制度的单位和个人,按照国家及公司有关规定处理、处罚。

第二十六条 审计部门在工作中发现执行内部控制制度好、遵纪守法、经济效益显著的单位,可以向公司总经理室提出给予奖励的建议。

第二十七条 审计人员在工作中发现重大经济问题或挽回经济损失成绩显著的,应给予表彰或奖励。

第二十八条 公司内部审计机构对有下列行为之一的单位或者个人,应当根据情节轻重,向本单位或者有关机关提出给予行政处分的建议;情节严重、构成犯罪的,提交司法机关依法追究刑事责任:

(一)拒绝提供有关文件、凭证、账簿、报表、证明材料和有关业务单证的;

(二)阻挠审计人员行使职权,拒绝、破坏监督检查的;

(三)弄虚作假,隐瞒事实,涂改凭证和账簿的;

(四)打击报复审计人员或者提供线索的人。

第二十九条 审计人员违反本规定滥用职权、徇私舞弊、玩忽职守的,应当按照有关规定给予行政处分;构成犯罪的,依法追究刑事责任。

第七章 附 则

第三十条 本规定未尽事宜,参照国家有关规定办理。

第三十一条 本规定由公司监察审计室负责解释。

第三十二条 本规定自发文之日起施行。

内部审计工作规范的暂行规定

(2003 年 3 月 14 日中国出口信用保险公司发布)

目 录

第一章 总 则

第一条 为规范中国出口信用保险公司(以下简称公司)的内部审计工作,根据《中华人民共和国审计法》、《中华人民共和国审计法实施条例》和《审计署关于内部审计工作的规定》,结合公司实际,制定本规定。

第二条 公司依法实行内部审计,是为了维护国家财经法纪,建立有效的内控机制、监督机制和自我约束机制，防范和化解经营风险，改善经营管理，提高经济效益，促进出口信用保险事业的健康发展。

第三条 公司的内部审计是一种自我控制、自我约束和自我调节的综合性内部监督活动。根据国家法律、法规和政策，以及公司的规章制度，对公司的各项业务活动、财务收支及经营管理进行检查、监督、鉴证、评价和服务。

第四条 审计工作实行公司法人负责制并接受国家审计机关、中国保险监督管理委员会和上级主管部门的业务指导。

第五条 审计部门对公司法人负责，独立行使审计监督权，不受其他部门和个人的干涉。

第六条 审计部门和审计人员办理审计事项，应当坚持原则、客观公正、实事求是、廉洁奉公、保守秘密；不得滥用职权徇私舞弊、泄露秘密、玩忽职守。

第七条 被审计单位应当按照本规定接受审计检查，并如实提供资料，汇报情况。

第二章 审计机构和人员

第八条 公司内设置独立的审计机构，实行内部一级审计制度。总公司设监察审计室，分支机构不再设置审计部门。

第九条 审计机构应当配备与其承担的审计任务相适应的审计人员。必要时，可配备兼职审计员或组织专项审计组。兼职审计员和专项审计组由公司总经理室决定。

第十条 审计机构应当配备具有良好的政治思想素质和较高的政策水平、具备与从事审计工作相适应的专业知识和业务能力的审计人员。

审计人员应具备如下基本条件；

(一)必须具有审计、财会、经济或相关专业中专以上学历；

(二)中专学历的，需从事过会计或保险业务工作三年以上；

(三)大专以上学历的，非审计、财会、保险专业的，需从事保险工作一年以上。

第十一条 审计人员办理审计事项，与被审计单位或审计事项有利害关系的，应当回避。

第十二条 审计人员按照规定履行职责，受有关法律保护。任何组织和个人不得拒绝、阻碍审计人员执行任务；不得对审计人员进行打击报复。

第十三条 审计人员负有保守国家机密和被审计单位商业秘密的义务和责任。

第三章 审计机构的职责

第十四条 审计部门根据国家的法律、法规，金融、保险方针、政策，公司的规章、制度对本系统下列事项进行审计监督：

(一)国家财政法规和单位规章制度的执行情况；

(二)公司及部门经营目标责任制的经济责任履行情况；

(三)有经营活动的部门主要负责人的离任审计；

(四)内部控制制度的建立、健全和执行情况；

(五)财务收支计划的执行和会计核算、会计决算情况；

(六)保险业务及其相关经济活动的管理和经济效益情况；

(七)资产质量及风险管理情况；

(八)资金、财产的安全管理及保值、增值情况；

(九)基本建设项目(包括大修理)预(概)算、决算情况；

(十)各类经济合同、协议的合法及履行情况；

(十一)其他需要审计事项。

第十五条 审计部门负责组织、指导、检查、监督系统内的审计工作。

第十六条 审计部门适时开展专项调查工作，进行前瞻性研究，为公司经营决策服务。

第十七条 审计部门负责制定审计工作规划、方案、标准、规章、制度。

第十八条 审计部门向公司总经理室汇报本单位经营管理中存在的问题，并提出建议或意见。

第十九条 审计部门向公司总经理室报告当地审计部门、保险监管部门对公司工作的意见和要求。

第二十条 审计部门应根据国家审计机关的要求，向有关审计机关报告工作，重大问题要随时上报。

第四章 审计机构的权限

第二十一条 内部审计机构行使以下职权：

（一）有权要求各部门、各分支机构及时提供或报送计划、决算、报表和经营管理有关文件、资料等；

（二）根据审计任务需要，有权要求被审计单位报送与本审计事项有关的资料。被审计单位不得拒绝、拖延、谎报；

（三）有权审核被审计单位的会计凭证、账表、决算、各类业务单证、重要经济合同，检查资金和财产，检测财务会计、业务软件；

（四）审计部门有权参加本单位财会、业务及公司经营决策管理会议和被审计单位的有关会议；

（五）实施审计时，有权就审计事项的有关问题对有关单位和个人进行调查，并取得证明材料。有关单位和个人应当支持、协助、如实反映情况，并提供证明材料；

（六）对严重违反财经法纪和造成严重损失浪费的直接责任人员，提出处理建议，并按有关规定，向公司法人报告；

（七）对阻挠、妨碍审计工作以及拒绝提供有关资料的，经公司法人或法人代表批准，可以采取必要的临时措施，封存账册、物资、冻结资金等，并提出追究有关人员责任的建议；

（八）对正在进行的严重违反财经法规、严重损失浪费的行为，经公司领导同意，做出临时制止决定；

（九）提出改进管理、提高效益的建议和纠正、处理处罚违反财经法规行为的意见和建议；

（十）内部审计部门按国家有关规定行使经济处罚的权力。

第五章 审计程序

第二十二条 审计工作的主要程序：

（一）根据本单位具体情况，拟订审计项目计划和审计方案，报经公司领导批准后实施。

（二）根据审计事项组成审计小组，并在实施审计三日前，向被审计单位送达审计通知书（临时性专项审计除外），被审计单位应当配合审计小组工作，并提供必要的工作条件。

（三）审计人员通过审计前问卷、审查会计凭证、会计账簿、会计报表、电子计算机数据、各类业务单证、重要经济合同，查阅有关文件、资料，检查现金、实物、有价证券，向有关单位和个人调查取证等方式进行审计。

（四）对审计中发现的问题，可随时向有关单位和人员提出改进的建议。审计终结，提出审计报告，征求被审计单位意见（审计调查除外），报送公司领导审批。经批准的审计意见书和审计决定，送达被审计单位，被审计单位必须执行审计决定。

（五）被审计单位对审计意见书和审计决定如有异议，可以向公司内部审计机构负责人提出，该负责人应当及时按照规定处理。但是，在未做出新的审计决定之前，审计决定不得停止执行。

（六）对重要项目进行后续审计，检查采纳审计意见和执行审计决定的情况。

（七）非现场审计程序分为资料归集审查、计算整理、分析质询、报告处理、信息反馈五个阶段进行，被审计单位按规定要求报送非现场审计有关资料。

第二十三条 审计部门根据不同的工作任务和要求按照上审下的原则，对各分支机构进行审计。根据需要，在公司法人授权或上级审计机关的委托下，也可对本级机构进行审计。

第二十四条 审计部门应当建立审计档案，按照公司档案管理规定进行管理。

第六章 奖 惩

第二十五条 审计部门对查出的违反国家有关法规及部门规章制度的单位和个人，按照国家及公司有关规定处理、处罚。

第二十六条 审计部门在工作中发现执行内部控制制度好、遵纪守法、经济效益显著的单位，可以向公司总经理室提出给予奖励的建议。

第二十七条 审计人员在工作中发现重大经济问题或挽回经济损失成绩显著的，应给予表彰或奖励。

第二十八条 公司内部审计机构对有下列行为之一的单位或者个人，应当根据情节轻重，向本单位或者有关机关提出给予行政处分的建议；情节严重、构成犯罪的，提交司法机关依法追究刑事责任：

（一）拒绝提供有关文件、凭证、账簿、报表、证明材料和有关业务单证的；

（二）阻挠审计人员行使职权，拒绝、破坏监督检查的；

（三）弄虚作假，隐瞒事实，涂改凭证和账簿的；

（四）打击报复审计人员或者提供线索的人。

第二十九条 审计人员违反本规定滥用职权、徇私舞弊、玩忽职守的，应当按照有关规定给予行政处分；构成犯罪的，依法追究刑事责任。

第七章 附 则

第三十条 本规定未尽事宜，参照国家有关规定办理。

第三十一条 本规定由公司监察审计室负责解释。

第三十二条 本规定自发文之日起施行。

教育系统内部审计工作规定

（教育部令第 17 号，2004 年 4 月 13 日）

第一章 总 则

第一条 为了建立健全教育系统内部审计制度，规范教育系统内部审计工作，根据《中华人民共和国教育法》、《中华人民共和国审计法》和《审计署关于内部审计工作的规定》等法律、法规，制定本规定。

第二条 教育系统依照依法治教、从严管理的原则，应建立内部审计制度，促进教育行政部门和单位遵守国家财经法规，规范内部管理，加强廉政建设，维护自身合法权益，防范风险，提高教育资金使用效益。

第三条 教育系统内部审计是教育系统内部审计机构、审计人员对财务收支、经济活动的真实、合法和效益进行独立监督、评价的行为。

第四条 教育行政部门和单位应当依照国家法律、法规和本规定，实行内部审计制度，设立独立的内部审计机构，配备审计人员，开展内部审计工作。

第五条 本规定所称教育行政部门，是指县级及县级以上的各级教育行政部门；单位是指高等学校及其他教育事业、企业单位。

第二章 组织和领导

第六条 教育部内部审计机构负责指导和检查全国教育系统内部审计工作，并对所属单位实施内部审计。

地方各级教育行政部门内部审计机构负责指导和检查本地区教育系统内部审计工作，并对本部门所属单位实施内部审计。

单位内部审计机构对本单位及所属单位（含占控股地位或者主导地位的单位）实施内部审计。

第七条 内部审计机构在本部门、本单位主要负责人的领导下，依据国家法律、法规和政策，以及上级部门和本部门、本单位的规章制度，独立开展内部审计工作，对本部门、本单位主要负责人负责并报告工作，同时接受国家审计机关和上级主管部门内部审计机构的业务指导和检查。

第八条 教育行政部门和单位主要负责人领导本部门、本单位内部审计工作的主要职责：

（一）建立健全内部审计机构，完善内部审计规章制度；

（二）定期研究、部署和检查审计工作，听取内部审计机构的工作汇报；及时审批年度审计工作计划、审计报告，督促审计意见和审计决定的执行；

（三）支持内部审计机构和审计人员依法履行职责，并提供经费保证和工作条件；

（四）对成绩显著的内部审计机构和审计人员进行表彰和奖励；

（五）加强审计队伍建设，切实解决审计人员在培训、职务评聘和待遇等方面存在的实际困难和问题。

第九条 教育行政部门内部审计机构指导内部审计工作的主要职责是：

（一）依据国家法律、法规和上级主管部门及本部门的有关规定，制定内部审计规章制度；

（二）督促本部门所属单位和下级教育行政部门建立健全内部审计机构，配备审计人员；

（三）及时做出工作部署，指导和督促本地区教育系统内部审计机构和审计人员依法开展工作；

（四）组织审计人员参加岗位资格培训和后续教育，开展内部审计理论研讨；

（五）总结、推广先进经验，表彰先进集体和先进个人的建议；

（六）维护内部审计机构和审计人员的合法权益。

第三章 内部审计机构和审计人员

第十条 教育系统内部审计机构应按照职责分明、科学管理和审计独立性的原则设置；暂时不具备设置条件的，应当配备专门人员负责内部审计工作。

第十一条 教育行政部门和单位应当保证审计工作所必需的专职人员编制，配备具有内部审计岗位资格的审计人员。

教育行政部门和单位，可以根据工作需要，聘请特约审计员和兼职审计人员。

第十二条 内部审计机构的变动和审计机构负责人的任免或调动，应事先征求上一级主管部门内审机构的意见。

第十三条 内部审计机构在审计过程中应当严格执行内部审计制度，保证审计业务质量，提高工作效率。

第十四条 审计人员办理审计事项，应当严格遵守内部审计准则和内部审计人员职业道德规范。

审计人员办理审计事项，与被审计单位或审计事项有直接利害关系的，应当回避。

第十五条 审计人员依法履行职责，受法律保护，任何单位和个人不得设置障碍和打击报复。

第十六条 审计人员应当按照国家的有关规定，参加岗位资格培训和后续教育。

第四章 内部审计机构的职责和权限

第十七条 内部审计机构和审计人员主要对下列事项进行审计：

（一）财务收支及有关经济活动；

（二）预算执行和决算；

（三）预算内、预算外资金的管理和使用；

（四）专项教育资金的筹措、拨付、管理和使用；

（五）固定资产的管理和使用；

（六）建设、修缮工程项目；

（七）对外投资项目；

（八）内部控制制度的健全、有效及风险管理；

（九）经济管理和效益情况；

（十）有关领导人员的任期经济责任；

（十一）本部门、本单位主要负责人和上级主管部门交办的其他事项。

第十八条 教育系统内部审计机构对本部门、本单位和所属单位财务收支及其有关经济活动中的重大事项组织或进行专项审计调查，并向本部门、本单位领导或上级主管部门报告审计调查结果。各单位内部审计机构配合财务部门加强财务管理，对本单位资金收支的真实性、完整性、合法性，以及账务处理的正确性进行严格监督，定期进行审计调查。

第十九条 内部审计机构根据工作需要，经所在部门、单位负责人批准，可委托社会中介机构对有关事项进行审计。

第二十条 内部审计机构在履行审计职责时，具有下列主要权限：

(一)要求有关单位按时报送财务计划、预算执行情况、决算、会计报表和其他有关文件、资料等；

(二)对审计涉及的有关事项，向有关单位和个人进行调查并取得有关文件、资料和证明材料；

(三)审查会计凭证、账簿等，检查资金和财产，检查有关电子数据和资料，勘察现场实物；

(四)参与制定有关的规章制度，起草内部审计规章制度；

(五)参加本部门、本单位的有关会议，召开与审计事项有关的会议；

(六)对正在进行的严重违法违纪、严重损失浪费的行为，做出临时的制止决定；

(七)对可能转移、隐匿、篡改、毁弃的会计凭证、会计账簿、会计报表以及与经济活动有关的资料，经本部门、本单位主要负责人批准，有权采取暂时封存的措施；

(八)提出改进管理、提高经济效益的建议；对模范遵守和维护财经法纪成绩显著的单位和个人提出给予表彰的建议；对违法违规和造成损失浪费的行为提出纠正、处理的意见；对严重违法违规和造成严重损失浪费的有关单位和人员提出移交纪检、监察或司法部门处理的建议；

第二十一条 教育系统内部审计可以利用国家审计机关、上级内部审计机构和社会中介机构的审计结果；内部审计的审计结果经本部门、本单位主要负责人批准同意后，可提供给有关部门。

第五章 内部审计工作程序

第二十二条 内部审计机构应当根据本部门、本单位的中心任务和上级内部审计机构的部署，制定年度审计工作计划，报经本部门、本单位主要负责人批准后组织实施。

第二十三条 内部审计机构实施审计，应组成审计组，编制审计方案，并在实施审计前向被审计单位送达审计通知书。

第二十四条 审计人员对审计事项实施审计，取得有关证明材料，编制审计工作底稿。

第二十五条 审计组对审计事项实施审计后，编制审计报告，并征求被审计单位意见。被审计单位应当自接到审计报告之日起十个工作日内，将书面意见送交审计组，逾期即视为无异议。

第二十六条 内部审计机构负责人对审计报告进行审核后，报本部门、本单位主要负责人审批。

第二十七条 内部审计机构对重要审计事项进行后续审计，检查被审单位对审计发现的问题所采取的纠正措施及其效果。

第二十八条 内部审计机构在审计事项结束后，应当按照有关规定建立和管理审计档案。

第六章 法律责任

第二十九条 违反本规定，有下列行为之一的单位和个人，内部审计机构根据情节轻重，可以提出警告、通报批评、经济处理或移送纪检监察机关处理等建议，报本部门、本单位主要负责人，本部门、本单位主要负责人应及时予以处理：

(一)拒绝或拖延提供与审计事项有关的文件、会计资料和证明材料的；

(二)转移、隐匿、篡改、销毁有关文件和会计资料的；

(三)转移、隐匿违法所得的财产的；

(四)弄虚作假，隐瞒事实真相的；

(五)阻挠审计人员行使职权，抗拒、破坏监督检查的；

(六)拒不执行审计决定的；

(七)报复陷害审计人员和检举人员的。

以上行为构成犯罪的，应当移交司法机关处理。

第三十条 违反本规定，有下列行为之一的内部审计机构和审计人员，其所在部门、单位应根据有关规定给予批评教育或行政处分：

(一)利用职权，谋取私利的；

(二)弄虚作假，徇私舞弊的；

(三)玩忽职守，给国家和单位造成重大损失的；

(四)泄露国家秘密和被审计单位秘密的。

以上行为构成犯罪的，应当移交司法机关处理。

第七章 附 则

第三十一条 各级教育行政部门和单位可以根据本规定，结合实际情况，制定具体实施办法，并报上级主管部门备案。民办高等学校可以根据实际情况参照本规定执行。

第三十二条 本规定自二〇〇四年六月一日起施行，一九九六年四月五日国家教育委员会发布的第二十四号令《教育系统内部审计工作规定》同时废止。

中央企业内部审计管理暂行办法

（国务院国有资产监督管理委员会令第8号，2004年8月23日）

第一章 总 则

第一条 为加强对国务院国有资产监督管理委员会（以下简称国资委）履行出资人职责企业（以下简称企业）的内部监督和风险控制，规范企业内部审计工作，保障企业财务管理、会计核算和生产经营符合国家各项法律法规要求，根据《企业国有资产监督管理暂行条例》和国家有关法律法规，制定本办法。

第二条 企业开展内部审计工作，适用本办法。

第三条 本办法所称企业内部审计，是指企业内部审计机构依据国家有关法律法规、财务会计制度和企业内部管理规定，对本企业及子企业（单位）财务收支、财务预算、财务决算、资产质量、经营绩效，以及建设项目或者有关经济活动的真实性、合法性和效益性进行监督和评价工作。

第四条 企业应当按照国家有关规定，依照内部审计准则的要求，认真组织做好内部审计工作，及时发现问题，明确经济责任，纠正违规行为，检查内部控制程序的有效性，防范和化解经营风险，维护企业正常生产经营秩序，促进企业提高经营管理水平，实现国有资产的保值增值。

第五条 国资委依法对企业内部审计工作进行指导和监督。

第二章 内部审计机构设置

第六条 企业应当按照国家有关规定，建立相对独立的内部审计机构，配备相应的专职工作人员，建立健全内部审计工作规章制度，有效开展内部审计工作，强化企业内部监督和风险控制。

第七条 国有控股公司和国有独资公司，应当依据完善公司治理结构和完备内部控制机制的要求，在董事会下设立独立的审计委员会。企业审计委员会成员应当由熟悉企业财务、会计和审计等方面专业知识并具备相应业务能力的董事组成，其中主任委员应当由外部董事担任。

第八条 企业审计委员会应当履行以下主要职责：

（一）审议企业年度内部审计工作计划；

（二）监督企业内部审计质量与财务信息披露；

（三）监督企业内部审计机构负责人的任免，提出有关意见；

（四）监督企业社会中介审计等机构的聘用、更换和报酬支付；

（五）审查企业内部控制程序的有效性，并接受有关方面的投诉；

（六）其他重要审计事项。

第九条 未建立董事会的国有独资公司及国有独资企业，应当按照加强财务监督和完善内部控制机制的要求，依据国家的有关规定，加强内部审计工作的组织领导，明确工作责任，强化企业内部审计工作，做好内部审计机构与内部监察（纪检）、财务、人事等有关部门的协调工作。

第十条 企业内部审计机构依据国家有关规定开展内部审计工作，直接对企业董事会（或主要负责人）

负责；设立审计委员会的企业，内部审计机构应当接受审计委员会的监督和指导。

第十一条 企业所属子企业应当按照有关规定设立相应的内部审计机构；尚不具备条件的应当设立专职审计人员。

第十二条 企业内部审计人员应当具备审计岗位所必备的会计、审计等专业知识和业务能力；内部审计机构的负责人应当具备相应的专业技术职称资格。

第三章 内部审计机构主要职责

第十三条 根据国家有关规定，结合出资人财务监督和企业管理工作的需要，企业内部审计机构应当履行以下主要职责：

（一）制定企业内部审计工作制度，编制企业年度内部审计工作计划；

（二）按企业内部分工组织或参与组织企业年度财务决算的审计工作，并对企业年度财务决算的审计质量进行监督；

（三）对国家法律法规规定不适宜或者未规定须由社会中介机构进行年度财务决算审计的有关内容组织进行内部审计；

（四）对本企业及其子企业的财务收支、财务预算、财务决算、资产质量、经营绩效以及其他有关的经济活动进行审计监督；

（五）组织对企业主要业务部门负责人和子企业的负责人进行任期或定期经济责任审计；

（六）组织对发生重大财务异常情况的子企业进行专项经济责任审计工作；

（七）对本企业及其子企业的基建工程和重大技术改造、大修等的立项、概（预）算、决算和竣工交付使用进行审计监督；

（八）对本企业及其子企业的物资（劳务）采购、产品销售、工程招标、对外投资及风险控制等经济活动和重要的经济合同等进行审计监督；

（九）对本企业及其子企业内部控制系统的健全性、合理性和有效性进行检查、评价和意见反馈，对企业有关业务的经营风险进行评估和意见反馈；

（十）对本企业及其子企业的经营绩效及有关经济活动进行监督与评价；

（十一）对本企业年度工资总额来源、使用和结算情况进行检查；

（十二）其他事项。

第十四条 企业内部审计机构对年度财务决算的审计质量监督应当根据企业的内部职责分工，依据独立、客观、公正的原则，保障企业财务管理、会计核算和生产经营符合国家各项法律法规要求。

第十五条 为保证企业年度财务决算报告的真实和完整，企业内部审计机构应按照国资委相关工作要求，对下列特殊情形的子企业组织进行定期内部审计工作：

（一）按照国家有关规定，涉及国家安全不适宜社会中介机构审计的特殊子企业；

（二）依据所在国家及地区法律规定，在境外进行审计的境外子企业；

（三）国家法律、法规未规定须委托社会中介机构审计的企业内部有关单位。

第十六条 企业内部审计机构对本企业及其子企业的经营绩效及有关经济活动的评价工作，依据国家有关经营绩效评价政策进行。

第十七条 企业内部审计机构应当加强对社会中介机构开展本企业及其子企业有关财务审计、资产评估及相关业务活动工作结果的真实性、合法性进行监督，并做好社会中介机构聘用、更换和报酬支付的监督。

第十八条 企业内部审计机构相关审计工作应当与外部审计相互协调，并按有关规定对外部审计提供必要的支持和相关工作资料。

第十九条 企业应当依据国家有关法律法规，完善内部审计管理规章制度，保障内部审计机构拥有履行职责所必需的权限：

（一）参加企业有关经营和财务管理决策会议，参与协助企业有关业务部门研究制定和修改企业有关规章制度并督促落实；

（二）检查被审计单位会计账簿、报表、凭证和现场勘察相关资产，有权查阅有关生产经营活动等方面的文件、会议记录、计算机软件等相关资料；

（三）对与审计事项有关的部门和个人进行调查，并取得相关证明材料；

（四）对正在进行的严重违法违规和严重损失浪费行为，可作出临时制止决定，并及时向董事会（或企业主要负责人）报告；

（五）对可能被转移、隐匿、篡改、毁弃的会计凭证、会计账簿、会计报表以及与经济活动有关的资料，经企业主要负责人或有关权力机构授权可暂予以封存；

（六）企业主要负责人或权力机构在管理权限范围内，应当授予内部审计机构必要的处理权或者处罚权。

第四章　内部审计工作程序

第二十条　企业内部审计机构应当根据国家有关规定，结合企业实际情况，制定企业年度审计工作计划，对内部审计工作作出合理安排，并报经企业主要负责人或审计委员会审核批准后实施。

第二十一条　企业内部审计机构应当充分考虑审计风险和内部管理需要，制定具体项目审计计划，做好审计准备。

第二十二条　企业内部审计机构应当在实施审计前5个工作日，向被审计单位送达审计通知书。对于需要突击执行审计的特殊业务，审计通知书可在实施审计时送达。

被审计单位接到审计通知书后，应当做好接受审计的各项准备。

第二十三条　企业内部审计人员在出具审计报告前应当与被审计单位交换审计意见。被审计单位有异议的，应当自接到审计报告之日起10个工作日内提出书面意见；逾期不提出的，视为无异议。

第二十四条　被审计单位若对审计报告有异议且无法协调时，设立审计委员会的企业，应当将审计报告与被审计单位意见一并报审计委员会协调处理；尚未设立审计委员会的企业，应当将审计报告与被审计单位意见一并报企业主要负责人协调处理。

第二十五条　审计报告上报企业董事会或主要负责人审定后，企业内部审计机构应当根据审计结论，向被审计单位下达审计意见（决定）。

对于报请审计委员会、主要负责人协调处理的审计报告，应当根据审计委员会、主要负责人的审定意见，向被审计单位下达审计意见（决定）。

第二十六条　企业内部审计机构对已办结的内部审计事项，应当按照国家档案管理规定建立审计档案。

第二十七条　企业内部审计机构应当每年向本企业董事会（或主要负责人）和审计委员会提交内部审计工作总结报告。

第二十八条　企业内部审计机构对主要审计项目应当进行后续审计监督，督促检查被审计单位对审计意见的采纳情况和对审计决定的执行情况。

第五章　内部审计工作要求

第二十九条　企业内部审计机构应当根据国家有关规定和企业内部管理需要有效开展内部审计工作，加强内部监督，纠正违规行为，规避经营风险。

第三十条　企业内部审计机构应当对违反国家法律法规和企业内部管理制度的行为及时报告，并提出处理意见；对发现的企业内部控制管理漏洞，及时提出改进建议。

第三十一条　对于被审计单位及相关工作人员不及时落实内部审计意见，给企业造成损失浪费的，企业应当追究相关人员责任；对于给企业造成重大损失的，还应当按有关规定向上一级机构及时反映情况。

第三十二条　企业内部审计机构下列工作事项应当报国资委备案：

（一）企业年度内部审计工作计划和工作总结报告；

（二）重要子企业负责人及企业财务部门负责人的经济责任审计报告；

企业内部审计工作中发现的重大违法违纪问题、重大资产损失情况、重大经济案件及重大经营风险等，应向国资委报送专项报告。

第三十三条　根据出资人财务监督工作需要，企业内部审计机构按照国资委有关工作要求，对企业及其子企业发生重大财务异常等情况组织进行的专项经济责任审计，应当向国资委提交审计报告。

第三十四条 企业内部审计机构要不断提高内部审计业务质量，并依法接受国资委、国家审计机关对内部审计业务质量的检查和评估。

第三十五条 企业内部审计机构应当根据本办法组织开展内部审计工作，并对其出具的内部审计报告的客观真实性承担责任。

第三十六条 为保证内部审计工作的独立、客观、公正，企业内部审计人员与审计事项有利害关系的，应当回避。

第三十七条 企业内部审计人员应当严格遵守审计职业道德规范，坚持原则、客观公正、恪尽职守、保持廉洁、保守秘密，不得滥用职权，徇私舞弊，泄露秘密，玩忽职守。

第三十八条 企业内部审计人员在实施内部审计时，应当在深入调查的基础上，采用检查、抽样和分析性复核等审计方法，获取充分、相关、可靠的审计证据，以支持审计结论和审计建议。

第三十九条 企业董事会(或主要负责人)应当保障内部审计机构和人员依法行使职权和履行职责；企业内部各职能机构应当积极配合内部审计工作。任何组织和个人不得对认真履行职责的内部审计人员进行打击报复。

第四十条 企业对于认真履行职责、忠于职守、坚持原则、作出显著成绩的内部审计人员，应当给予奖励。

第四十一条 企业应当保证内部审计机构所必需的审计工作经费，并列入企业年度财务预算。企业内部审计人员参加国家统一组织的专业技术职务资格的考评、聘任和后续教育，企业应当按照国家有关规定予以执行。

第六章 罚 则

第四十二条 对于企业出现重大违反国家财经法纪的行为和企业内部控制程序出现严重缺陷，除按规定依法追究企业主要负责人、总会计师(或者主管财务工作负责人)及财务部门负责人的有关责任外，同时还相应追究企业审计委员会及内部审计机构相关人员的监督责任。

第四十三条 对于滥用职权、徇私舞弊、玩忽职守、泄露秘密的内部审计人员，由所在单位依照国家有关规定给予纪律处分；涉嫌犯罪的，依法移交司法机关处理。

第四十四条 对于打击报复内部审计人员问题，企业应及时予以纠正；涉嫌犯罪的，依法移交司法机关处理。受打击报复的企业内部审计人员有权直接向国资委报告相关情况。

第四十五条 被审计单位相关人员不配合企业内部审计工作、拒绝审计或者不提供资料、提供虚假资料、拒不执行审计结论的，企业应当给予纪律处分；涉嫌犯罪的，依法移交司法机关处理。

第七章 附 则

第四十六条 各中央企业可结合本企业实际情况，制定具体实施细则。

第四十七条 各省、自治区、直辖市国有资产监督管理机构可参照本办法，结合本地区实际制定本地区相关工作规范。

第四十八条 本办法自 2004 年 8 月 30 日起施行。

交通行业内部审计工作规定

(交通部令 2004 年第 12 号，2004 年 11 月 19 日)

第一章 总 则

第一条 为加强交通行业经济管理，确保资金安全有效使用，提高经济效益，推动交通行业廉政建设，促进交通事业健康发展，根据《中华人民共和国审计法》、《审计署关于内部审计工作的规定》，结合交通行业的实际情况，制定本规定。

第二条 交通行业内部审计，是交通经济监督工作的重要组成部分，是交通主管部门和企事业单位的内部审计机构依法独立监督和评价本单位及所属单位财政收支、财务收支、经济活动的真实、合法和效益，以及为加强内部控制和风险管理、实现经济目标提供保证和咨询服务的行为。

第三条 各级交通主管部门和企事业单位应当按照本规定，建立健全内部审计工作制度。

第四条 内部审计机构在交通主管部门和企事业单位主要负责人或权力机构的直接领导下，依法独立履行内部审计职责。

第五条 内部审计机构应坚持全面审计、突出重点的工作方针，坚持审计、帮助、促进相结合的原则，规范审计行为，防范审计风险。

内部审计人员办理审计事项，应当严格遵守内部审计职业道德规范和内部审计准则，忠于职守，依法审计，客观公正，廉洁自律，保守秘密。

第六条 交通主管部门和企事业单位主要负责人或权力机构应当支持、保护内部审计机构和审计人员依法履行内部审计职责，任何组织和个人不得干预内部审计工作，打击报复内部审计工作人员。

第二章 审计机构与人员

第七条 为切实履行国务院赋予的管理职能，交通部设立内部审计机构，负责交通内部审计工作。

第八条 地方人民政府交通主管部门应强化审计监督，加强审计机构和队伍建设。

第九条 法律、行政法规规定应当设立内部审计机构的交通企事业单位，必须设立独立的、与本单位其他职能部门同级的内部审计机构。

法律、行政法规没有明确规定设立内部审计机构的交通企事业单位，应按照审计职责落实、分管机构明确、审计人员适任的原则并结合本单位的实际工作需要，设置内部审计机构、配备内部审计人员。

第十条 设立内部审计机构的交通主管部门和企事业单位，可根据需要设立审计委员会，配备总审计师。

第十一条 内部审计机构应配备与其承担的审计任务相适应的内部审计人员。

内部审计机构负责人按照干部管理权限的规定任免。所属单位内部审计机构负责人任免前应征求上级主管单位内部审计机构的意见。

内部审计人员应保持相对稳定。

第十二条 内部审计人员应具备良好的政治素质，具有较高的审计、会计业务水平和必要的经济、法律、工程、信息技术等专业知识。

第十三条 内部审计人员实行岗位资格和后续教育制度，本单位应予以支持和保障。交通主管部门和企事业单位应创造条件，鼓励内部审计人员参加后续教育。

第十四条 内部审计人员专业技术职务资格的取得和聘任，按照国家有关规定执行。

第十五条 内部审计机构履行职责所需的经费，应当列入财务预算，由本单位予以保证。

内部审计人员享受适当岗位补贴，具体标准按照财政部门或比照当地审计机关的有关规定执行。

第三章 审计职责

第十六条 交通部内部审计机构负责管理部属单位的内部审计工作，指导全国交通行业的内部审计工作。

省级及省级以下交通主管部门的内部审计机构负责管理其所属单位（含驻外机构和占控股地位或主导地位的所属单位，下同）的内部审计工作，指导本地区交通行业内部审计工作。

交通企事业单位的内部审计机构负责管理所属单位的内部审计工作。

第十七条 上级内部审计机构根据工作需要，可授权下级内部审计机构办理审计事项，并指导检查审计工作开展情况。下级内部审计机构应按要求及时办理，并接受指导、报告工作。

第十八条 内部审计机构按照本单位主要负责人或权力机构的要求以及财务隶属关系、国有资产监督管理关系，履行下列职责：

（一）对本单位及所属单位（含驻外机构，下同）的财政收支、财务收支、经济活动进行审计；

(二)对本单位及所属单位预算内、预算外资金的管理和使用情况进行审计;

(三)按照干部管理权限,对本单位内设机构及所属单位领导人员的任期经济责任进行审计;

(四)对本单位及所属单位固定资产投资项目进行审计;

(五)对本单位及所属单位经济管理和效益情况进行审计;

(六)对交通规费征收管理和建设资金管理使用情况进行审计或审计调查;

(七)对本单位及所属单位内部控制制度的健全性和有效性以及风险管理进行评审;

(八)对本单位有关经济合同签订、对外投资决策、产业结构调整、国有资产处置、设备更新和技术改造等重要经济活动进行监督;

(九)对本单位经济管理中的重要问题开展审计调查,对国家财经法规和本单位规章制度的执行情况进行检查;

(十)法律、法规规定和本单位主要负责人或权力机构要求办理的其他审计事项。

第十九条 内部审计机构管理所属单位、指导行业内部审计工作的主要职责是:

(一)研究制定内部审计工作发展规划和规章、制度、办法;

(二)检查、督促所属单位、指导本行业按照国家有关规定建立健全内部审计制度,开展内部审计工作;

(三)下达年度审计工作计划,明确工作重点,提出具体工作要求;

(四)组织开展行业性审计和审计调查;

(五)组织内部审计理论研究,培训内部审计人员;

(六)总结、交流内部审计工作经验,表彰、宣传内部审计工作先进单位(集体)和个人;

(七)配合有关部门对打击报复内部审计人员依法履行审计职责的行为进行调查。

第二十条 下级内部审计机构应当向上级内部审计机构报送下列资料:

(一)内部审计工作发展规划、年度审计工作计划及工作总结;

(二)交通审计统计报表;

(三)审计意见书、审计决定及重要的审计报告、审计调查报告;

(四)严重违法、严重损失浪费、贪污贿赂案件的专案审计报告;

(五)本单位内部审计工作制度;

(六)内部审计工作信息、经验材料;

(七)其他有关资料。

第二十一条 内部审计机构应按有关规定,积极开展审计信息化工作。

第二十二条 交通主管部门和企事业单位可以授权内部审计机构对本单位范围内委托社会审计组织审计的事项进行管理,并对其从业资质和审计质量进行检查监督。

第二十三条 内部审计机构应在年度末就审计计划执行情况向本单位主要负责人或权力机构提交总结报告。

第二十四条 内部审计机构应当不断提高内部审计业务质量和技术水平,并依法接受审计机关和上级内部审计机构对审计业务质量的检查和评估。

第四章 审计权限

第二十五条 交通主管部门和企事业单位应当制定相应规定,确保内部审计机构具有履行职责所必需的权限。

第二十六条 内部审计机构的主要权限是:

(一)要求本单位有关部门及所属单位及时报送生产、经营、财务收支计划、预算及其执行情况、决算、会计报表和其他有关文件、资料;

(二)参加本单位生产、经营、财务和经济管理等方面的有关会议,召开与审计事项有关的会议;

(三)参与研究和制定有关的规章制度,起草内部审计制度、办法,由本单位主要负责人或权力机构审定后公布实施;

(四)检查有关生产、经营、财务活动的资料、文件和现场勘察实物;

(五)检查有关的计算机系统及其电子数据和资料;

(六)对与审计事项有关的问题向有关单位和个人进行调查,并取得证明材料;

(七)对正在进行的严重违法和严重损失浪费的行为,作出临时制止决定;

(八)对可能转移、隐匿、篡改、毁弃的会计凭证、会计账簿、会计报表以及与经济活动有关的资料,经本单位主要负责人或权力机构批准,有权予以暂时封存;

(九)对阻挠、妨碍审计工作及拒绝提供有关资料的,经本单位主要负责人或权力机构批准,可以采取必要的临时措施,并提出追究有关人员责任的建议;

(十)提出纠正、处理违法违规行为的意见以及改进管理、提高效益的建议;

(十一)对违法和造成损失浪费的单位和个人,给予通报批评或提出追究责任的建议;

(十二)对本单位有关部门及所属单位严格遵守财经法规、经济效益显著、贡献突出的集体和个人,可以向本单位主要负责人或权力机构提出表扬和奖励的建议;

(十三)对审计工作中的重大事项,可直接向上级内部审计机构反映。

第二十七条 交通主管部门和企事业单位的主要负责人或权力机构在管理权限范围内,授予内部审计机构必要的处理、处罚权。

第五章 审计程序

第二十八条 内部审计工作的一般程序是:

(一)根据上级部署和本单位的具体情况,拟定年度审计工作计划,报经本单位主要负责人或权力机构批准后实施。

(二)实施审计前,应拟定审计方案,确定审计范围、内容、方式和时间,并提前3天向被审计单位送达审计通知书。

(三)对审计事项,应取得证明材料,记入审计工作记录,写出审计工作底稿;审计工作记录应由相关人员签章认证。

(四)审计终结,提出审计报告,征求被审计单位或有关人员的意见。被审计单位或有关人员应在收到审计报告之日起10个工作日内提交书面意见。在规定时间内未提交书面意见的,视同无异议,但审计组应作出说明。

(五)将审计报告、审计工作底稿、审计工作记录以及被审计单位的书面意见,送审计机构负责人或其授权人员进行复核。复核完毕,拟出审计意见书和审计决定,连同审计报告和被审计单位的书面意见,一并报送本单位主要负责人或权力机构审批。

(六)将经批准的审计意见书和审计决定(或审计报告)送达被审计单位或有关人员;被审计单位必须执行审计决定(或经批准的审计报告),并在规定的期限内以书面形式报告执行结果。

(七)被审计单位或有关人员对审计意见书和审计决定(或经批准的审计报告)如有异议,可向内部审计机构所在单位主要负责人或权力机构提出,该负责人或权力机构应当及时处理;在未作出新的决定之前,原审计意见书和审计决定(或经批准的审计报告)仍然有效。

(八)对采纳审计意见和执行审计决定(或经批准的审计报告)的情况,应进行后续审计。

第二十九条 内部审计机构对办理的审计事项,应建立审计档案,并按档案管理的有关规定办理。

第三十条 交通主管部门和企事业单位的组织(人事)、财务、纪检监察等部门应充分利用内部审计的工作成果。

第六章 奖 惩

第三十一条 对审计工作成绩显著的内部审计机构和忠于职守、坚持原则、有突出贡献的内部审计人员,以及揭发检举违法行为、保护国有财产的有功人员,所在单位和上级主管部门应给予精神或物质奖励。

对滥用职权、徇私舞弊、玩忽职守、泄露秘密的内部审计人员,由所在单位依照有关规定予以处理;构成犯罪的,移交司法机关追究刑事责任。

第三十二条 被审计单位不配合内部审计工作、拒绝审计或提供资料、提供虚假资料、拒不执行审计结论或报复陷害内部审计人员的,单位主要负责人或权力机构应当及时予以处理;构成犯罪的,移交司法机关追究刑事责任。

第七章 附 则

第三十三条 本规定由交通部负责解释。

第三十四条 本规定自2005年1月1日起施行。1996年3月6日发布的《交通行业内部审计工作规定》(交通部令1996年第1号)同时废止。

广播电影电视系统内部审计工作规定

(国家广播电影电视总局令第46号,2004年12月9日)

第一章 总 则

第一条 为了健全广播电影电视系统内部审计制度,强化内部审计工作,依据《中华人民共和国审计法》和《审计署关于内部审计工作的规定》等有关法律法规,制定本规定。

第二条 本规定适用于广播电影电视系统的内部审计工作。

第三条 本规定所称内部审计是指广播电影电视部门、单位(以下简称单位)内部审计机构独立监督和评价本单位及所属单位财政收支、财务收支、经济活动的真实、合法和效益的行为,以促进加强经济管理和实现经济目标。

第四条 广播电影电视单位应当依法建立健全内部审计制度,在主要负责人或者权力机构的领导下开展内部审计工作。

第五条 广播电影电视单位主要负责人或者权力机构负责定期研究布置、检查内部审计工作,授予内部审计机构履行职责所必需的权限。

内部审计人员依法履行职务受法律保护,任何组织和个人不得打击报复。

第六条 广播电影电视内部审计应当按照有关内部审计的法律、行政法规和规章,严格依法进行。

第七条 中国内部审计协会是内部审计行业的自律性组织,是社会团体法人。广播电影电视内部审计协会是中国内部审计协会的分支机构,在国家广播电影电视总局和中国内部审计协会的领导下,依照法律、法规和章程履行职责,负责广播电影电视系统内部审计业务的指导、服务、培训、交流,规范内部审计行为,并接受审计机关的监督。

第二章 内部审计机构和人员

第八条 广播电影电视系统下列单位应当依据《中华人民共和国审计法》设立内部审计机构:

(一)国家广播电影电视总局、中国广播电影电视集团及其所属的财政、财务收支金额较大的事业组织、企业(包括上市公司和控股公司)和社会团体;

(二)县级以上地方人民政府广播电影电视行政部门、集团和总台及其所属的财政、财务收支金额较大的事业组织和企业(包括上市公司和控股公司)。

其他有内部审计工作需要但不具有独立内部审计机构条件的单位,应配备专职内部审计人员或授权内设机构履行内部审计职责。

第九条 设立内部审计机构的单位应配备专职内部审计人员;可以根据工作需要设置审计委员会,配备总审计师。

在设立内部审计机构和设置专职审计员的单位,根据工作需要,可设置处级、科级审计员。

第十条 内部审计机构履行职责的经费应当列入本单位财务预算,并予以保证。

第十一条 依据中国内部审计协会《内部审计人员岗位资格证书实施办法》和《内部审计人员后续教育实施办法》,内部审计人员实行岗位资格和后续教育制度。

内部审计人员应当具备与其从事的内部审计工作相适应的专业知识和业务能力。内部审计人员应持有内部审计从业资格证书，具有审计或相关专业大专以上学历；内部审计机构负责人还应具备审计或相关专业中级以上职称。

内部审计人员每年应有不少于两周的脱产学习、培训或进修，本单位负责人或者权力机构应提供必要的时间和经费保证。

内部审计人员专业技术职务资格的考试、评审和聘任，按照国家有关规定执行。

第十二条 内部审计人员办理审计事项，应当遵守《内部审计人员职业道德规范》，忠于职守，做到独立、客观、公正、保密。

第十三条 内部审计人员与被审计单位或者审计事项有利害关系的，应当回避。

第三章 内部审计机构主要职责

第十四条 内部审计机构按照本单位主要负责人或者权力机构的要求，依法对本单位及其所属单位（含占控股地位或者主导地位的单位，下同）履行下列内部审计职责：

（一）财政收支、财务收支及其有关经济活动的真实性、合法性和效益性审计；

（二）预算内、预算外资金的管理和使用情况审计；

（三）经济管理和效益情况审计；

（四）固定资产投资项目审计；

（五）受人事或组织部门委托，对内设机构和所属单位领导人员进行任期经济责任审计。对离任的领导人员，要坚持先审计后离任；

（六）内部控制制度的健全性和有效性以及风险管理评审；

（七）重大经营决策的可行性、合理性、效益性评审；

（八）政府采购及招标投标情况审计；

（九）重大经济合同的签订及执行情况审计；

（十）广播电影电视产品成本核算与管理审计；

（十一）专项资金及外汇管理和使用情况审计；

（十二）法律、法规规定和本单位主要负责人或者权力机构要求办理的其他审计事项。

第十五条 内部审计机构应当遵守内部审计准则、规定，按照单位主要负责人或者权力机构的要求实施审计。

广播电影电视行政部门、集团和总台内部审计机构对下属单位内部审计工作具有管理、指导的职能。

第十六条 内部审计机构每年应当向本单位主要负责人或者权力机构提出内部审计工作报告。

第十七条 内部审计机构应当不断提高业务质量，并依法接受审计机关的业务检查和评估。

第十八条 内部审计机构根据工作需要对本单位开展审计调查，并配合上级内部审计机构进行审计和审计调查。

第十九条 内部审计机构应当配合纪检监察部门进行大案要案的核查。

第二十条 内部审计机构应当推广先进的审计技术与方法，积极探索信息化环境下新的审计方式，提高工作效率；建立健全内部管理和审计质量控制制度，规范审计行为，防范审计风险。

第四章 内部审计机构主要权限

第二十一条 内部审计机构履行职责具有以下权限：

（一）要求有关单位按时报送生产、经营和财务收支计划，预算和决算、会计报表及其他有关文件、资料；

（二）参加本单位有关会议，负责召开内部审计会议；

（三）参与研究制定内部审计制度；

（四）检查有关生产、经营和财务活动的资料、文件和实物；

（五）检查与财务管理、会计核算有关的计算机系统及其电子数据和资料；

（六）对与审计事项有关的问题向有关单位和个人进行调查，并取得证明材料；

（七）发现严重违法违规、严重损失浪费行为，经本单位主要负责人或者权力机构批准，作出临时制止决定；

（八）对可能被转移、隐匿、篡改、毁弃的会计凭证、会计账簿、会计报表以及其他与审计事项有关的资料，经本单位主要负责人或者权力机构批准，有权予以暂时封存；

（九）提出纠正、处理违法违规行为的意见以及改进经济管理、提高经济效益的建议；

（十）对违法违规和造成损失浪费的单位和人员，提出给予通报批评或者追究责任的建议。

第二十二条 根据工作需要，经本单位主要负责人或权力机构授权，内部审计机构可以委托社会审计组织进行审计，并负责对其监督和管理。

第二十三条 经主要负责人或权力机构授权，内部审计机构可在本单位范围内公告审计结果。

第二十四条 经单位主要负责人或者权力机构授权，内部审计机构在授权范围内可进行相应的处理、处罚和表彰。

第五章 内部审计工作主要程序

第二十五条 内部审计工作的主要程序是：

（一）根据本单位的具体情况，由内部审计机构负责人组织制定年度审计计划，经主要负责人或权力机构批准后实施。

（二）实施审计前，应成立审计小组，根据审前调查编制审计方案，并提前三日送达审计通知书，被审计单位应配合审计工作，并提供必要的工作条件。

（三）审计人员按照预定的审计实施方案实施审计，取得审计证据，编制审计工作底稿。

（四）现场审计工作结束后，审计小组应在二十日之内写出审计报告，征求被审计单位的意见。被审计单位应在收到审计报告之日起十日内将书面意见送交内部审计机构。

内部审计机构应根据审计报告和书面意见拟定审计意见书和审计决定，报送本单位主要负责人或者权力机构批准。

内部审计机构应当及时将审计意见书和审计决定送达被审计单位。经批准的审计意见书和审计决定自送达之日起生效。

（五）对重要审计项目，应坚持后续审计，检查被审计单位执行审计决定及采纳审计建议的情况。

第二十六条 被审计单位应当执行审计意见书和审计决定，并将执行结果书面报送内部审计机构。

被审计单位有异议的，可在收到审计意见书和审计决定之日起十五日内，向内部审计机构所在单位主要负责人或权力机构提出，主要负责人或权力机构应在三十日内做出是否复审或者更改的决定。

内部审计机构应将复审或更改审计决定的情况报上级审计机构或审计机关备案。复审未做出更改决定前，原审计决定不停止执行。

第二十七条 内部审计机构对经办的审计事项，应当及时建立审计档案，并按照有关规定进行管理。

第六章 奖励和处罚

第二十八条 被审计单位不配合内部审计工作、拒绝审计、拒绝提供资料或提供虚假资料、拒不执行审计决定、报复陷害内部审计人员的，上级单位主要负责人或者权力机构应当及时予以处理；构成犯罪的，移交司法机关追究刑事责任。

第二十九条 内部审计人员认真履行职责、忠于职守、坚持原则、做出显著成绩的，由所在单位给予精神或者物质奖励；滥用职权、徇私舞弊、玩忽职守、泄露秘密的，由所在单位依照有关规定予以处理；构成犯罪的，移交司法机关追究刑事责任。

第七章 附　　则

第三十条 广播电影电视系统各单位可根据本规定，结合实际情况制定具体实施办法。

第三十一条 本规定自2005年1月10日起施行。广播电影电视部《广播电影电视系统内部审计工作规定》（广播电影电视部令第23号）同时废止。

民政部内部审计工作规定

（民办发〔2005〕7号，2005年5月27日）

第一条 为了建立健全民政部内部审计制度，加强民政部的内部审计工作，根据《中华人民共和国审计法》和《审计署关于内部审计工作的规定》，结合民政部实际，制定本规定。

第二条 内部审计是独立监督和评价本单位及所属单位财政收支、财务收支、经济活动的真实性、合法性和效益情况的行为。

各直属单位、部管社团和代管单位，应当依法实行内部审计制度，严格内部管理和监督，强化约束机制，遵守国家财经法纪，促进廉政建设，加强财务管理和提高经济效益，维护本单位的经济利益和合法权益，保障国有资产的安全完整和保值增值，为民政事业改革和发展服务。

第三条 财务和机关事务司依法设立内部审计机构，履行内部审计职责。

第四条 民政部内部审计机构依法履行下列职责：

（一）对部直属单位、部管社团和代管单位的财政收支、财务收支，经济活动进行审计，一般每3年审计1次；

（二）对部直属单位、部管社团和代管单位的主要领导干部进行任期经济责任审计；

（三）开展部直属单位、部管社团和代管单位的专项审计；

（四）对部直属单位、部管社团和代管单位内部控制制度的健全性和有效性以及风险管理进行评审；

（五）对部直属单位、部管社团和代管单位的经济管理和效益情况进行审计；

（六）指导和监督部直属单位、部管社团和代管单位的内部审计工作、部审计人员的业务培训；根据各单位规模大小、人员多少等具体情况，指导各单位科学合理设置内审机构或专职内审人员；

（七）按照法律法规要求，结合民政部实际，建立健全内部审计制度；

（八）每年向部长提交内部审计工作报告；

（九）完成部领导交办的其他审计事项。

第五条 部内部审计机构的主要权限：

（一）要求被审计单位按时报送财务收支计划，预算执行情况、决算、会计报表和其他有关文件、资料；

（二）根据需要召开与审计事项有关的会议，向有关单位和个人进行调查，并取得证明材料；

（三）提出纠正、处理违法违规行为的意见以及改进经营管理、提高经济效益的建议；

（四）对在审计中发现的正在进行的违法违规行为，依法制止；

（五）对违法违规和造成损失浪费的单位和人员，给予通报批评或者提出追究责任的建议；

（六）对遵守财经法规、经济效益显著、贡献突出的集体和个人，向部领导提出表扬和奖励的建议。

第六条 部内部审计机构的工作程序：

（一）拟定年度审计工作计划，经领导审核批准后实施；

（二）成立审计小组，实行审计组长负责制，拟定审计工作方案，经领导审核后组织实施；

（三）审计通知书应当在实施审计3日前，送达被审计单位；

（四）审计终结，提出审计报告，征求被审计单位意见，被审计单位应当在10日内将书面意见送交审计组。审计组将审计报告和被审计单位书面意见，一并报送财务和机关事务司主要负责人审核后报分管部长审批。经批准的审计意见书和审计决定送被审计单位执行；

（五）被审计单位对审计意见书和审计决定如有异议，可向财务和机关事务司提出申诉，财务和机关事务司应当及时处理并在30日内答复；

（六）对审计项目进行后续审计或追踪调查，检查审计意见和决定的执行情况；

（七）在审计过程中，及时收集证明材料，编写工作底稿，建立档案，加强管理。

第七条 内部审计机构和人员的职责：

（一）内部审计机构应当遵守国家审计法律、法规以及内部审计准则、规定，按照要求实施审计；

（二）内部审计机构应当不断提高内部审计工作水平；

（三）内部审计人员应当具备良好的政治素质和较高的政策水平，具备与从事内部审计工作相适应的业务能力和专业知识，以及其他必备的有关知识；

（四）内部审计人员办理审计事项、应当严格遵守内部审计职业规范，忠于职守，做到独立、公正、保密。内部审计人员与被审计单位或审计事项有利害关系的，应当回避。

第八条　内部审计人员依法行使职权受国家法律保护，任何单位和个人不得打击报复。

对认真履行职责，坚持原则，做出显著成绩的内部审计人员，可以给予精神或者物质奖励；对滥用职权、玩忽职守、泄露秘密的内部审计人员，按照有关规定予以处理。

国防科工委委属事业单位内部审计工作规定

（科工审〔2005〕646 号，2005 年 6 月 17 日）

第一章　总　　则

第一条　为了加强委属事业单位内部审计工作，促进内部审计管理科学化、制度化、规范化，维护经济秩序，促进党风廉政建设，根据《中华人民共和国审计法》和《审计署关于内部审计工作的规定》等有关法律、法规，结合委属事业单位实际，制定本规定。

第二条　本规定适用于国防科工委委属事业单位的内部审计工作。

第三条　本规定所称内部审计，是指委属事业单位内部审计机构、审计人员独立监督和评价本单位及其所属单位财务收支以及与其相关的经济活动的真实、合法和效益的行为。

第四条　委属事业单位应当依照国家法律、法规和本规定，实行内部审计制度，设置独立的内部审计机构，配备审计人员，在本单位主要负责人的领导下开展内部审计工作。

第五条　国防科工委依法对委属事业单位内部审计工作进行指导和监督。

第二章　组织和领导

第六条　国防科工委审计机构负责指导和检查委属事业单位内部审计工作，并可对委属事业单位实施内部审计；委属事业单位内部审计机构对本单位及所属单位（含占控股地位或者主导地位的单位）实施内部审计。

第七条　国防科工委审计机构对委属事业单位内部审计业务进行指导和监督的主要职责：

（一）依据国家法律、法规和其他有关规定，制定内部审计规章制度；

（二）研究、制定加强内部审计业务工作的规划和措施，并组织落实；

（三）指导和监督委属事业单位依据法规和有关规定，建立健全内部审计制度；

（四）要求委属事业单位内部审计机构及时报告内部审计工作情况和结果；

（五）检查和评价委属事业单位内部审计业务工作成果以及审计成果的利用程度；

（六）提出加强委属事业单位内部审计业务工作的意见和建议；

（七）组织内部审计人员参加岗位资格培训和后续教育，开展内部审计理论研讨；

（八）总结推广内部审计工作经验，宣传内部审计工作成果，表彰先进审计集体和先进审计个人；

（九）维护内部审计机构和审计人员的合法权益。

第八条　内部审计机构在本单位主要负责人的领导下，依据国家法律、法规和政策，以及上级部门和本单位的规章制度，独立开展内部审计工作，对本单位主要负责人负责并报告工作，同时接受国家审计机关和上级主管部门内部审计机构的业务指导和检查。

第九条　委属事业单位主要负责人领导本单位内部审计工作的主要职责：

（一）建立健全内部审计机构，完善内部审计规章制度；

(二)定期研究、部署和检查审计工作，听取内部审计机构的工作汇报，及时审批年度审计工作计划、审计报告，督促审计意见和审计决定的执行；

(三)支持内部审计机构和审计人员依法履行职责，并提供经费保证和工作条件；

(四)对成绩显著的内部审计机构和审计人员进行表彰和奖励；

(五)加强内部审计队伍建设，切实解决审计人员在培训、专业职务评聘和待遇等方面存在的实际困难和问题。

第三章 内部审计机构和审计人员

第十条 内部审计机构应按照职责分明、科学管理和审计独立性的原则设置；暂时不具备设置条件的，应当配备专职人员或授权内设机构履行内部审计职责，专职人员或授权内设机构不得从事与审计监督职责相冲突的工作。可以根据工作需要，聘请特约审计人员和兼职审计人员。

第十一条 内部审计机构履行职责的经费应当列入本单位财务预算；各单位可根据本单位具体情况，采取切实有效的措施保障内部审计机构工作的经费。

第十二条 内部审计机构在审计过程中应当严格执行内部审计制度，保证审计业务质量，提高工作效率。

第十三条 内部审计人员办理审计事项，应当严格遵守内部审计准则和内部审计人员职业道德规范。

第十四条 内部审计人员办理审计事项，与被审计单位或审计事项有直接利害关系的，应当回避。

第十五条 内部审计人员依法履行职责受法律保护，任何单位和个人不得设置障碍和打击报复。

第十六条 内部审计人员应当按照国家的有关规定，参加岗位资格培训和后续教育；内部审计人员每年应有不少于两周的脱产学习、培训或进修，本单位负责人应给予必要的时间和经费保证。

第四章 内部审计机构主要职责及权限

第十七条 内部审计机构和审计人员主要对本单位下列事项进行审计：

(一)财务收支及有关经济活动的真实性、合法性和效益性；

(二)预算执行和决算；

(三)预算内、预算外资金的管理和使用；

(四)专项资金的筹措、拨付、管理和使用；

(五)固定资产投资项目、修缮工程项目；

(六)固定资产的管理和使用；

(七)内部控制制度的健全性和有效性以及风险管理评审；

(八)对外投资项目；

(九)重大经济合同的签订及执行情况；

(十)政府采购及招标投标情况；

(十一)银行账户的设立、使用和管理；

(十二)经济管理和效益情况；

(十三)受人事或组织部门委托，对内设机构和所属单位领导人员进行任期经济责任审计。对离任的领导人员，要坚持先审计后离任。

(十四)本部门、本单位主要负责人和上级主管部门交办的其他事项。

第十八条 内部审计机构根据工作需要对本单位开展审计调查，并配合上级内部审计机构进行审计和审计调查。

第十九条 内部审计机构对本单位和所属单位财务收支及有关经济活动中的重大事项组织或进行专项审计调查，并向本单位领导或上级主管部门报告审计调查结果。各单位内部审计机构配合财务部门加强财务管理，对本单位资金收支的真实性、完整性、合法性，以及账务处理的正确性进行严格监督，定期进行审计调查。

第二十条 内部审计机构应当遵守内部审计准则、规定，按照单位主要负责人或上级主管部门的要求实施审计。

第二十一条 内部审计机构每年应当向本单位主要负责人和上级内部审计机构提出内部审计工作报告。

第二十二条 内部审计机构应当不断提高业务质量,并依法接受上级内部审计机构的业务检查和评估。

第二十三条 内部审计机构应当配合纪检监察部门进行经济案件的核查。

第二十四条 内部审计机构应当推广先进的审计技术与方法,积极探索信息化审计方式,提高工作效率;建立健全内部管理和审计质量控制制度,规范审计行为,防范审计风险。

第二十五条 内部审计机构要逐步从单纯的财政财务收支审计向管理审计、效益审计和风险评估转变,逐步由监督型向监督服务型转变,促进本单位加强经济管理,提高经济效益。

第二十六条 内部审计机构根据工作需要,经所在单位负责人批准,可委托社会中介机构对有关事项进行审计。

第二十七条 内部审计机构在履行审计职责时,具有下列主要权限:

(一)要求有关单位按时报送财务收支计划、预算执行情况、决算、会计报表和其他有关文件、资料等;

(二)对审计涉及的有关事项,向有关单位和个人进行调查并取得有关文件、资料和证明材料;

(三)审查会计凭证、账簿等,检查资金和财产,检查有关电子数据和资料,勘察现场实物;

(四)参与制定有关的规章制度,起草内部审计规章制度;

(五)参加本部门、本单位的有关会议,召开与审计事项有关的会议;

(六)对正在进行的严重违法违纪、严重损失浪费的行为,做出临时的制止决定;

(七)对可能转移、隐匿、篡改、毁弃的会计凭证、会计账簿、会计报表以及与经济活动有关的资料,经本单位主要负责人批准,有权采取暂时封存的措施;

(八)提出改进管理、提高经济效益的建议;对模范遵守和维护财经法纪成绩显著的单位和人员提出给予表彰的建议;对违法违规和造成损失浪费的行为提出纠正、处理的意见;对严重违法违规和造成严重损失浪费的有关单位和人员提出移交纪检、监察或司法部门处理的建议。

(九)对内部审计工作中的重大事项,可直接向上级内部审计机构反映。

第二十八条 内部审计可以利用国家审计机关、上级内部审计机构和社会中介机构的审计结果;内部审计机构的审计结果经本单位主要负责人批准同意后,可提供给有关部门。

第二十九条 经单位主要负责人在管理权限范围内授权,内部审计机构可以对被审计单位(部门)的违法违规行为进行处理处罚。

第三十条 经单位主要负责人授权,内部审计机构可在本单位范围内公告审计结果。

第五章 内部审计工作程序

第三十一条 内部审计机构应当根据本部门、本单位的中心任务和上级内部审计机构的部署,制定年度审计工作计划,报经本部门、本单位主要负责人批准后组织实施。

第三十二条 内部审计机构实施审计,应组成审计组,编制审计方案,并在实施审计前 3 日向被审计单位送达审计通知书,单位负责人认为需要紧急审计的事项除外。被审计单位应配合审计工作并提供必要的工作条件。

第三十三条 审计人员对审计事项实施审计,取得审计证据,编制审计工作底稿;审计工作记录应由相关人员签章认证。

第三十四条 现场审计工作结束后,一般情况下,审计组应在 20 日之内写出审计报告,并征求被审计单位意见。被审计单位应当自接到审计报告之日起 10 个工作日内,将书面意见送交审计组,逾期即视为无异议。

第三十五条 内部审计机构负责人对审计报告进行审核后,报本部门、本单位主要负责人审批。

第三十六条 内部审计机构应根据审计报告拟定审计意见书和审计决定,报送本单位主要负责人批准。

第三十七条 内部审计机构应当将审计意见书和审计决定及时送达被审计单位。经批准的审计意见书和审计决定自送达之日起生效。

第三十八条 被审计单位应当执行审计意见书和审计决定,并将执行结果书面报送内部审计机构。被审计单位有异议的,应在收到审计意见书和审计决定之日起15日内,向内部审计机构所在单位主要负责人提出,主要负责人应在30日内做出是否复审或者更改的决定。复审未做出更改决定前,原审计决定不停止执行。

第三十九条 内部审计机构应对重要审计事项进行后续审计,检查被审计单位对执行审计决定及采纳审计建议的情况。

第四十条 上级内部审计机构发现不适当或者不合法的内部审计意见、内部审计决定,应责令委属事业单位内部审计机构予以纠正并依法予以处理。

第四十一条 内部审计机构在审计事项结束后,应当及时建立审计档案,并按照有关规定进行管理。

第六章　法律责任

第四十二条 违反本规定,有下列行为之一的单位和个人,内部审计机构应根据情节轻重,提出警告、通报批评、经济处理或移送纪检监察机关处理等建议,报本部门、本单位主要负责人,本部门、本单位主要负责人应及时予以处理:

(一)拒绝或拖延提供与审计事项有关的文件、会计资料和证明材料的;

(二)转移、隐匿、篡改、毁弃有关文件和会计资料的;

(三)转移、隐匿违法所得财产的;

(四)弄虚作假,隐瞒事实真相的;

(五)阻挠审计人员行使职权,抗拒、破坏监督检查的;

(六)拒不执行审计决定的;

(七)报复陷害审计人员或检举人员的。

以上行为构成犯罪的,应当移交司法机关处理。

第四十三条 违反本规定,有下列行为之一的内部审计机构和审计人员,由其所在部门、单位根据有关规定给予批评教育或行政处分:

(一)利用职权,谋取私利的;

(二)弄虚作假,徇私舞弊的;

(三)玩忽职守,给国家和单位造成重大损失的;

(四)泄露国家秘密和被审计单位秘密的。

以上行为构成犯罪的,应当移交司法机关处理。

第七章　附　　则

第四十四条 委属事业单位可以根据本规定,结合本单位实际情况制定具体实施办法,并报上级内部审计机构备案。

第四十五条 本规定由国防科工委审计室负责解释。

第四十六条 本规定自发布之日起施行。

国务院国有资产监督管理委员会关于加强中央企业内部审计工作的通知

(国资发评价〔2005〕304号,2005年12月11日)

各中央企业:

为进一步做好中央企业内部审计工作,强化企业内部监督与风险控制,提高经营管理水平,保障国有资本保值增值和企业可持续发展,根据《中央企业内部审计管理暂行办法》(国资委令第8号)等有关规定,现将有关事项通知如下：

一、进一步提高对内部审计工作重要性的认识

内部审计是审计监督的重要组成部分，加强企业内部审计，是建立健全现代企业制度不可或缺的重要环节，是推动企业转变经营机制、依法经营、规范管理、增强市场竞争力、实现健康快速发展的重要手段。各中央企业要充分认识内部审计工作的重要性，高度重视内部审计工作，切实加强领导。企业主要负责人要将内部审计工作纳入企业重要议程，保障内部审计工作有效开展，在企业营造“尊重审计、支持审计、自觉接受审计”的工作环境，充分发挥内部审计工作在完善企业内部控制、防范经营风险、提高经营管理水平方面的作用。

二、加强内部审计机构与审计队伍建设

各中央企业应按照内部审计工作的有关规定，积极做好内部审计机构和审计队伍建设工作。一要按照现代企业制度要求建立完善的内部审计机构及监督体系。大型企业集团应当按照现代企业治理结构要求建立独立的内部审计机构，以保障内部审计工作的有效开展。二要加强对内部审计工作的领导。设立董事会的企业，董事会应下设审计委员会，以加强对内部审计工作的指导和监督；尚未设立董事会的企业，审计机构应对企业主要负责人负责，确保内审工作的独立性和权威性。三要加强内部审计队伍建设。要按照建立现代企业制度要求配备既懂财务又懂经营管理的高素质人才，充实审计力量，加强人员业务培训，保障审计工作的有效开展。

三、建立健全企业内部审计制度体系

各中央企业应按照内部审计工作有关要求，结合自身实际情况，建立健全企业内部审计工作制度，推动内部审计工作制度化、程序化和规范化。一要明确内部审计机构工作职责，明确内部审计机构与各职能机构分工，保证内部审计工作规范开展。二要建立健全内部审计工作制度和工作标准，明确审计内容和工作流程，规范操作程序，提高审计工作效率。三要严格审计工作要求，建立审计工作问责制度，坚持依法审计，对企业重要事项做好定期审计，坚持有错必究、过错必追，以促进提高审计工作质量。

四、进一步完善企业内部控制机制

为实现经营管理目标，确保财务信息真实可靠、资产安全完整，提高资产运营效率与效益，各中央企业应按照国家有关规定，建立完善的企业内部控制机制。一要建立和完善内部控制体系，科学设置组织结构，健全内部控制制度。二要加强经营风险评估，增强企业适应环境和防范风险的能力。三要加强对内部控制执行的监督和检查，内部审计部门应当组织开展内部控制有效性的评价工作，充分发挥内部审计在内部控制中的监督作用。四要按照现代企业制度要求，探索与完善企业内部控制有效性审计和评价工作方法，不断完善企业内部控制体系，促进提高企业管理水平。

五、加强对重要子企业的审计监督

中央企业内部审计机构要在立足全面监督的基础上，突出重点，加强对重要子企业的审计监督，揭露存在隐患，堵塞管理漏洞，促进提高企业管理水平。一要认真做好重要子企业的定期财务审计工作，保障企业持续健康发展。二要积极做好对重要子企业内部审计工作的监督和指导，推进重要子企业内部审计工作有序开展。三要加强对重要子企业内控评测和高风险业务等的监控，增强重要子企业的风险防范和可持续发展能力。

六、加强对高风险投资业务的审计监督

要进一步完善高风险投资业务的内部控制体系，规范中央企业高风险投资业务管理，健全风险防范机制。要加大对高风险投资业务审计力度，规范高风险业务会计核算，对从事高风险投资业务的子企业或业务部门，每年必须安排审计，尤其是对重大高风险投资业务，应当强化内部监管工作。要认真做好对高风险投资业务损失的审计调查，要认真查明事实，分析原因，分清责任，做好责任追究工作。

七、认真探索开展境外投资审计

要建立境外企业定期审计制度，充分发挥内部审计监督作用。要加大对境外企业审计力度，认真查找问题，堵塞管理漏洞，防范经营风险，促进提高管理水平。要积极探索境外企业审计的有效方法，认真研究境内外会计制度、税收政策及外汇管理等方面的差异，提高审计效率和质量。

八、全面开展经济责任审计工作

为客观评判中央企业负责人的经营业绩和经济责任，企业要按照《中央企业经济责任审计管理暂行办法》(国资委令第7号)等有关规定,认真组织开展经济责任审计工作。一要认真做好各级子企业和重要业务部门负责人任期或离任经济责任审计工作,做到未经审计,不得解除经济责任。二要通过经济责任审计,明确经营管理人员的经济责任,做到审计不合格,不得兑现效益年薪。三要积极探索经济责任审计工作方法,做到财务审计、绩效评价和责任评估相结合,科学评判企业经营者经营业绩和经济责任。

九、认真做好企业财务决算审计工作

中央企业内部审计机构应当充分发挥审计监督作用,按照财务决算审计工作相关要求,根据企业内部分工做好本企业财务决算审计工作。一要认真组织或参与承担财务决算审计社会中介机构的选聘工作。二要做好对企业财务决算审计质量评估,加强对中介机构审计程序的监督和检查,保障审计质量。三要加强与中介机构审计工作的衔接和沟通,充分利用外部审计工作成果,督促企业对外部审计发现的问题进行整改。四要企业所属涉及国家安全或难以实施外部审计的特殊子企业,要按照独立审计要求认真做好财务决算内部审计工作,严格按照规定的格式和内容出具内部审计报告,并承担相应的审计责任。

十、积极探索内部审计的新领域和新方法

各中央企业内部审计机构应当加强审计理论和审计方法研究与创新,推进内部审计职能从单纯财务收支审计逐步向监督与服务并重转变,审计方式从事后审计逐步向全过程审计转变,审计目标从查错纠弊逐步向内控评价和风险评估转变。一要结合企业经营发展目标,在强化财务收支审计、经济责任审计和基建工程审计的同时,积极拓展审计领域,推动管理审计工作开展,积极开展采购审计、招标审计、改制审计、预算审计等工作。二要定位于监督与服务相结合,积极探索企业绩效审计、风险导向审计,提高审计业务增值能力。三要积极探索创新审计方法和审计手段,探索运用先进的审计理念、方法和技术,推进内控测评和风险评估,提高审计工作的质量和效率。

十一、充分发挥内部审计结果的作用

审计结果的落实程度直接关系到审计工作的效果,各企业要发挥审计结果的效力,做到审必严,责必究,使审计工作真正落到实处。一要及时对审计中发现的问题进行研究处理,总结经验,完善制度,改善管理,提升企业管理水平。二要完善审计整改落实制度,积极开展后续审计工作,对审计意见的落实情况进行跟踪,督促有关业务部门或所属子企业认真整改;对未按规定限期整改的,应当追究相关人员责任。三要研究建立企业资产损失责任追究制度,落实经营管理责任,对企业经营管理人员违法、违规以及未履行或未正确履行职责而造成资产损失的,应追究相关人员的责任。四要对审计中发现的涉嫌违法违纪问题,在事实清楚、证据确凿的基础上,要及时移交有关部门进行处理。五要推进建立审计公告制度,提高审计的透明度和影响力。要加强经济责任审计结果的利用,任期审计结果应当作为企业负责人任期考核、干部任免等事项的重要依据。

十二、切实履行内部审计工作责任

为推进内部审计持续有效发展,建立内部审计质量控制体系,加强审计管理,提高审计工作质量,中央企业各级负责人和内部审计人员要认真履行工作职责。一要建立审计责任追究制度,对于审计人员玩忽职守,出现重大审计事项错漏、重大线索遗失和对重大违纪、违法事项不披露的或者未按规定履行审计工作职责的,要追究审计人员责任;对于审计制度不健全,未按要求开展审计业务的,应追究企业负责人和审计部门负责人的责任。二要建立内部审计质量考评体系,公正评价审计人员工作业绩,切实保护审计人员的合法权益,提高审计人员工作积极性。

十三、内部审计工作报告制度

各中央企业应根据有关要求定期向国资委报告内部审计工作情况。一要建立定期报告制度。中央企业应于每年3月31日前,向国资委报送本年度内部审计工作计划和上年度内部审计工作总结。二要建立重大审计事项报告制度。内部审计中发现的重大违法违纪问题、重大资产损失情况、重大经济案件及重大经营风险等,应当及时向国资委报告。三是对提拔到企业总部领导岗位上的子企业或重要业务部门负责人的经济责任审计工作结果,应当向国资委报告。四是审计部门负责人变更,应当向国资委备案。

加强对中央企业内部审计工作的指导和监督是出资人履行职责的重要手段。各企业要高度重视内部审计在现代企业制度建设中的重要作用,切实采取有效措施,加强内部审计工作,确保内部审计工作有效开展,逐步形成“事前参与、事中监控、事后评价”的内部审计工作格局,推动企业的可持续健康发展。国资委将根据有关规定对企业内部审计工作改进和完善情况组织进行检查和评估。

银行业金融机构内部审计指引

（银监发〔2006〕51 号，2006 年 6 月 27 日）

第一章　总　　则

第一条　为促进银行业金融机构完善公司治理，加强内部控制，健全内部审计体系，依据《中华人民共和国银行业监督管理法》、《中华人民共和国商业银行法》、《中华人民共和国公司法》、《中华人民共和国审计》和《中华人民共和国审计法实施条例》等法律法规，制定本指引。

第二条　本指引所称银行业金融机构是指在中华人民共和国境内设立的政策性银行和商业银行。

经中国银行业监督管理委员会（以下简称中国银监会）批准设立的其他金融机构可参照执行本指引。

第三条　本指引所称内部审计是一种独立、客观的监督、评价和咨询活动，是银行业金融机构内部控制的重要组成部分。通过系统化和规范化的方法，审查评价并改善银行业金融机构经营活动、风险状况、内部控制和公司治理效果，促进银行业金融机构稳健发展。

第四条　银行业金融机构内部审计的目标是，保证国家有关经济金融法律法规、方针政策、监管部门规章的贯彻执行；在银行业金融机构风险框架内，促使风险控制在可接受水平；改善银行业金融机构的运营，增加价值。

第五条　银行业金融机构内部审计工作应当独立于经营管理，以风险为导向，确保客观公正。

第六条　中国银监会依据本指引检查评价银行业金融机构内部审计工作。

第二章　机构和人员

第七条　银行业金融机构的董事会负责建立和维护健全有效的内部审计体系。没有设立董事会的，由高级管理层负责履行有关职责。

董事会应下设审计委员会。审计委员会成员不少于 3 人，多数成员应是非执行董事。审计委员会主席应由独立董事担任。没有设立董事会的，审计委员会组成及委员会负责人由高级管理层确定。

第八条　银行业金融机构应建立审计全系统经营管理行为的内部审计部门，可设立一名首席审计官负责全系统的审计工作。首席审计官由董事会任命并纳入银行业金融机构高级管理人员任职资格核准范围，首席审计官岗位变动要事前向中国银监会报告。

第九条　银行业金融机构应建立独立垂直的内部审计管理体系。审计预算、人员薪酬、主要负责人任免由董事会或其专门委员会决定。内部审计人员薪酬不低于本机构其他部门同职级人员平均水年。

第十条　银行业金融机构内部审计人员原则上按员工总人数的 1%配备，并建立内部岗位轮换制。

第十一条　内部审计人员应具备相应的专业从业资格：

（一）专业水平。内部审计人员应具备大专以上学历，掌握与银行业金融机构内部审计相关的专业知识，熟悉金融相关法律法规及内部控制制度。

（二）从业经验。内部审计人员至少应具备两年以上金融从业经验；审计项目负责人员至少应具有三年以上审计工作经验，或六年以上金融从业经验。

（三）道德准则。内部审计人员应具有正直、客观、廉洁、公正的职业操守，且从事金融业务以来无不良记录。

第三章　职　　责

第十二条　银行业金融机构应以制度形式明确董事会、审计委员会、首席审计官和内部审计部门及人员职责。

第十三条　董事会对内部审计的适当性和有效性承担最终责任，负责批准内部审计章程、中长期审计规划和年度工作计划等,为独立、客观开展内部审计工作提供必要保障,并对审计工作情况进行考核监督。

第十四条 审计委员会对董事会负责,根据董事会授权组织指导内部审计工作。审计委员会应定期召开会议,并可视需要邀请高级管理层人员列席。

第十五条 首席审计官负责组织实施内部审计章程、中长期审计规划和年度工作计划,做好协调工作,及时向董事会和高级管理层主要负责人报告审计工作情况,并对内部审计的整体质量负责。

第十六条 内部审计部门应对董事会和审计委员会负责,制定内部审计程序,评价风险状况和管理情况,落实年度审计工作计划,开展后续审计,监督整改情况,对审计项目质量负责,做好档案管理。

第十七条 内部审计事项主要包括:

(一)经营管理的合规性及合规部门工作情况。

(二)内部控制的健全性和有效性。

(三)风险状况及风险识别、计量、监控程序的适用性和有效性。

(四)信息系统规划设计、开发运行和管理维护的情况。

(五)会计记录和财务报告的准确性和可靠性。

(六)与风险相关的资本评估系统情况。

(七)机构运营绩效和管理人员履职情况等。

第四章 权 限

第十八条 银行业金融机构应当以制度形式明确赋予内部审计部门履行职责所必需的权限。

第十九条 内部审计部门有权列席或参加与内部审计部门职责有关的会议。

第二十条 内部审计部门有权及时、全面了解经营管理信息,并就有关问题向审计对象和相关人员进行调查、质询、取证。

第二十一条 内部审计部门认为必要时有权向董事会直接汇报审计发现。

第二十二条 内部审计部门应具有处理建议权和必要的处罚权。

第二十三条 内部审计部门对拒绝接受或不配合内部审计、拒绝提供或提供虚假资料、打击报复或陷害审计人员的,有权向上级报告,要求及时予以制止并做出处理。

第五章 质量控制

第二十四条 内部审计部门可就风险管理、内部控制等有关问题提供咨询服务,但不应直接参与或负责内部控制设计和经营管理决策与执行。

第二十五条 内部审计部门应在年度风险评估的基础上确定审计重点,审计频率和程度应与银行业金融机构业务性质、复杂程度、风险状况和管理水平相一致。

对每一营业机构的风险评估每年至少一次,审计每两年至少一次。

第二十六条 内部审计部门和审计人员应严格按照审计程序和审计方法实施审计项目,并定期进行自我评估。

第二十七条 内部审计部门应建立内部审计人员的审计回避制度,确保内部审计的客观性。

第二十八条 内部审计部门应建立内部审计人员后续培训制度,鼓励内部审计人员取得注册会计师、注册内部审计师、注册信息系统审计师等执业资格,以保证内部审计人员的专业胜任能力。

第二十九条 内部审计部门应加强科技手段和信息技术在审计工作中的运用,建立完善非现场内部审计监测体系及内部审计操作系统、信息管理系统。

第三十条 内部审计部门根据工作需要,经董事会批准后,可将部分内部审计项目外包,但需事先对外包机构的独立性、客观性和专业胜任能力进行评估。

第三十一条 内部审计部门应建立审计复议制度,对审计对象提出异议的审计结论,由作出审计结论的审计机构的上级机构进行复议。

第三十二条 董事会可聘请外部机构对内部审计部门的尽职情况进行评价,并保证外部检查人员独立于评价对象、具备专业胜任能力以及与评价对象没有利益冲突。

第六章 报告制度

第三十三条 银行业金融机构应建立与垂直管理体系相适应的内部审计报告制度和报告线路。

第三十四条 审计委员会应按季度向董事会报告审计工作情况，并通报高级管理层和监事会。

第三十五条 首席审计官和内部审计部门应按季向董事会和高级管理层主要负责人报告审计工作情况。每年至少一次向董事会提交包括履职情况、审计发现和建议等内容的审计工作报告。

第三十六条 首席审计官和内部审计部门在审计事项结束后，应及时向董事会和高级管理层主要负责人报送包括审计概况、审计依据、审计结论、审计决定、审计建议、审计对象反馈意见等内容的项目审计报告。

第三十七条 银行业金融机构应建立完善与中国银监会的沟通和报告制度。

董事会和高级管理层应就重大审计发现及时向中国银监会报告。

内部审计部门应就以下事项向中国银监会或中国银监会派出机构报告：

(一)向董事会提交的全面审计工作报告。

(二)内部审计部门开展异地审计的，应同时将审计报告抄报审计对象所在地的中国银监会派出机构。

(三)内部审计部门发现重大问题并报告董事会后，在问题未得到认真查处整改的情况下，应直接向中国银监会报告相关情况。

(四)外部中介机构对银行业金融机构的审计报告。

(五)中国银监会及其派出机构要求报告的其他事项。

第七章 考核与问责

第三十八条 董事会和高级管理层应采取有效措施，确保内部审计成果得以充分利用。

高级管理层对未按要求进行整改的问题，应督促整改，追究相关人员责任，并承担未对审计发现采取纠正措施所产生的责任和风险。

第三十九条 董事会应建立激励约束机制，对内部审计相关各方的尽职、履职情况进行考核评价，建立内部审计工作问责制度，明确内部审计责任追究、免责的认定标准和程序。

第四十条 董事会应对具有以下情节的内部审计部门负责人和直接责任人追究责任：

(一)未执行审计方案、程序和方法导致重大问题未能被发现。

(二)对审计发现问题隐瞒不报或者未如实反映。

(三)审计结论与事实严重不符。

(四)对审计发现问题查处整改工作跟踪不力。

(五)未按要求执行保密制度。

(六)其他有损银行业金融机构利益或声誉的行为。

第四十一条 银行业金融机构经检查监督和责任认定，有充分证据表明内部审计部门和审计人员按照有关法律、法规、规章和本指引以及银行业金融机构内部审计制度勤勉尽职地履行了职责，并及时报告了审查出的问题，在审计对象机关问题暴露时，可视情况免除或部分免除内部审计部门和相关审计人员的责任。

第八章 附 则

第四十二条 银行业金融机构应根据本指引制定实施细则，并报中国银监会备案。

第四十三条 本指引由中国银监会负责解释。

第四十四条 本指引自二〇〇六年七月一日实施。

银行业金融机构外部审计监管指引

（银监发〔2010〕73号，2010年8月11日）

第一章 总 则

第一条 为充分发挥外部审计对银行业监管的补充作用，促进银行业金融机构稳健经营，根据《中华人民共和国银行业监督管理法》等法律法规，制定本指引。

第二条 本指引所称银行业金融机构是指依法在中国境内设立的各类银行业金融机构法人，以及外国银行业金融机构在中国境内设立的分支机构。

本指引所称外部审计是指外部审计机构对银行业金融机构的年度财务报告审计；外部审计机构是指接受银行业金融机构委托对其进行外部审计的会计师事务所，以下简称外审机构。

本指引所称银行业监管机构，是指中国银监会及其派出机构。

第三条 银行业金融机构应当建立健全委托外审机构的相关规章制度。

银行业金融机构董事会对外部审计负最终责任。

第二章 审计委托

第四条 银行业金融机构应当委托具有独立性、专业胜任能力和声誉良好的外审机构从事审计业务。对合格外审机构的评估包括但不限于以下因素：

（一）在形式和实质上均保持独立性；

（二）具有与委托银行业金融机构资产规模、业务复杂程度等相匹配的规模、资源和风险承受能力；

（三）拥有足够数量的具有银行业金融机构审计经验的注册会计师，具备审计银行业金融机构的专业胜任能力；

（四）熟悉金融法规、银行业金融机构业务及流程、内部控制制度以及各种风险管理政策；

（五）具有完善的内部管理制度和健全的质量控制体系；

（六）具有良好的职业声誉，无重大不良记录。

第五条 银行业金融机构应当完整保存委托外部审计机构过程中的档案，银行业监管机构可以对上述档案进行检查。

第六条 外审机构存在下列情况之一的，银行业金融机构不宜委托其从事外部审计业务：

（一）专业胜任能力、从事银行业金融机构审计的经验、风险承受能力明显不足的；

（二）存在欺诈和舞弊行为，在执业经历中受过行政处罚、刑事处罚且未满三年的；

（三）与被审计机构存在关联关系，可能影响审计独立性的。

第三章 审计质量控制

第七条 银行业金融机构应当了解外部审计程序及质量控制体系，配合外审机构开展审计工作，为外审机构实施适当的审计程序提供便利。

第八条 银行业金融机构应当与外审机构充分沟通，了解审计进展情况，及时将审计过程中出现的重大事项报告银行业监管机构。

第九条 银行业金融机构应当对外审机构的审计报告质量及审计业务约定书的履行情况进行评估。

第十条 银行业监管机构可以对外审机构的审计报告质量进行评估，并对存在重大疑问的事项要求银行业金融机构委托其他外审机构进行专项审计。

第十一条 外审机构同一签字注册会计师对同一家银行业金融机构进行外部审计的服务年限不得超过五年；超过五年的，银行业金融机构应当要求外审机构更换签字注册会计师。

第十二条　银行业金融机构不宜委托负责其外部审计的外审机构提供咨询服务。

第四章　终止审计委托

第十三条　银行业金融机构发现外审机构存在下列情形之一的，应予以特别关注，并可以终止委托其审计工作：

（一）未履行诚信、勤勉、保密义务，并造成严重不良后果的；

（二）将所承担的审计业务分包或转包给其他机构的；

（三）审计人员和时间安排难以保障银行业金融机构按期披露年度报告的；

（四）审计报告被证实存在严重质量问题的。

第十四条　银行业监管机构发现外审机构存在下列问题时，可以要求银行业金融机构立即评估委托该外审机构的适当性：

（一）审计结果严重失实的；

（二）存在严重舞弊行为的；

（三）严重违背中国注册会计师审计准则，存在应发现而未发现的重大问题的。

对因上述原因被终止委托的外审机构，银行业金融机构二年内不得委托其从事审计业务。

第十五条　银行业金融机构或外审机构单方要求终止审计委托时，银行业金融机构应当及时报告银行业监管机构。

第五章　与外审机构的沟通

第十六条　银行业监管机构、银行业金融机构、外审机构应当适时举行双方或三方会谈，及时交流有关信息。

第十七条　外审机构根据审计准则向银行业监管机构报告银行业金融机构以下情况的，银行业金融机构不得阻挠：

（一）严重违反法律法规、行业规范或章程；

（二）影响持续经营的事项或情况；

（三）出具非标准审计报告；

（四）管理层有重大舞弊行为；

（五）决策机构内部发生严重冲突或关键职能部门负责人突然离职。

第十八条　银行业监管机构应当鼓励外审机构依法根据审计准则开展外部审计，并纠正银行业金融机构对外部审计质量存在严重负面影响的行为。

第六章　审计结果的利用

第十九条　银行业金融机构应当在收到外审机构出具的审计报告和管理建议书后及时将副本报送银行业监管机构。

第二十条　银行业监管机构应当建立银行业金融机构外部审计结果、整改建议等审计信息系统，充分利用外部审计相关信息。

第二十一条　银行业金融机构应当重视并积极整改外部审计发现的问题，并将整改结果报送银行业监管机构。

第七章　附　　则

第二十二条　本指引由中国银监会负责解释。

第二十三条　本指引自公布之日起施行。

卫生系统内部审计工作规定

（卫生部令第 51 号，2006 年 8 月 16 日）

第一章 总 则

第一条 为加强卫生系统内部审计工作，建立健全各单位内部审计制度，完善内部监督制约机制，规范收支管理，促进卫生事业健康发展，根据《中华人民共和国审计法》和《审计署关于内部审计工作的规定》，结合卫生系统具体情况，制定本规定。

第二条 卫生系统内部审计是指卫生系统内部审计机构和审计人员，对本单位及所属机构的财务收支、经济活动的真实、合法性进行独立监督审核的行为。

第三条 本规定适用于县级以上卫生行政部门和各类国有卫生企业、事业单位以及其他卫生单位（以下简称各部门、各单位）。

第二章 内部审计机构和审计人员

第四条 内部审计机构及内部审计人员在本部门、本单位主要负责人领导下，依照国家法律、法规以及本规定开展审计工作。

单位主要负责人要加强对内部审计工作的领导，定期听取汇报，研究部署工作，及时批复年度内部审计工作计划、审计报告，并督促有关部门、单位落实审计意见，保证内部审计人员依法行使职权。

第五条 各级卫生行政部门应按照国家法律、法规的规定，设置内部审计机构，配备审计人员，开展审计工作。

年收入 3 000 万元以上或拥有 300 张病床以上的医疗机构、年收入 2 000 万元以上或所属单位多的企业、事业单位，应当设置独立的内部审计机构，配备专职审计人员。

其他卫生企业、事业单位可以根据需要，设置独立的内部审计机构，配备专职审计人员，也可以授权本单位其他机构履行审计职责，配备专职或者兼职审计人员。

第六条 内部审计人员应当具有审计、会计、经济管理、工程技术等相关专业知识和业务能力。内部审计人员实行岗位资格准入和后续教育制度，各单位应当予以支持和保障。

第七条 内部审计机构负责人必须具备中级以上相关专业技术职称或 5 年以上的审计、会计工作经历。内部审计机构负责人任免应征求上级主管内部审计机构的意见，并按干部管理权限任免。

第八条 内部审计人员办理审计事项，应当严格遵守内部审计准则和内部审计人员职业道德规范，依法审计，忠于职守，做到独立、客观、公正、保密。

内部审计人员与被审计单位或者审计事项有利害关系的，应当回避。任何组织和个人不得干预内部审计工作。

第九条 部门和单位应当支持内部审计工作，及时解决工作中存在的问题，保护内部审计人员依法履行职责，保证内部审计开展工作和培训所必需的经费。

第三章 业务指导与监督

第十条 卫生部内部审计机构负责指导和监督全国卫生系统内部审计工作，并对部属（管）单位组织实施内部审计。

地方各级卫生行政部门内部审计机构负责指导和监督本地区卫生系统内部审计工作，并对所属（管）单位实施内部审计。

各类卫生单位的内部审计机构负责本单位的内部审计工作，并对所属机构进行审计和业务指导、监督。

各部门、各单位内部审计机构接受国家审计机关的指导和监督。

第四章 内部审计职责与任务

第十一条 卫生行政部门内部审计机构对本系统内部审计业务指导和监督的主要职责是：

(一)按照国家法律和法规，制定内部审计制度规定及工作规范；

(二)指导和监督有关部门、单位建立健全内部审计机构，配备内部审计人员，按规定开展内部审计工作；

(三)制定内部审计工作计划，组织行业内部审计及审计调查活动；

(四)组织审计业务培训，开展审计工作研究，交流审计工作经验，表彰内部审计先进单位和个人。

第十二条 内部审计机构履行下列职责：

(一)拟定内部审计规章制度；

(二)审计预算的执行和决算；

(三)审计财务收支及有关经济活动；

(四)按照干部管理权限开展有关领导人员的任期经济责任审计；

(五)审计基本建设投资、修缮工程项目；

(六)审计卫生、科研、教育和各类援助等专项经费的管理和使用；

(七)开展固定资产购置和使用、药品和医用耗材购销、医疗服务价格执行情况、对外投资、工资分配等专项审计调查工作；

(八)审计经济管理和效益情况；

(九)审计内部有关管理制度的落实；

(十)其他审计事项。

第十三条 内部审计机构每年应当向本部门、本单位主要负责人提交工作报告。

第十四条 内部审计机构对审计工作中的重大事项，应及时向上级主管部门内部审计机构报告。

第十五条 内部审计机构根据审计业务的需要，报经所在部门、单位主要负责人批准，可委托具有相应资质的社会中介机构进行审计，并检查监督审计业务质量。

第十六条 内部审计机构在审计工作中应加强与外部审计的沟通与合作。

第五章 内部审计机构权限

第十七条 内部审计机构在履行审计职责时，具有下列权限：

(一)要求被审计单位按时报送财务预算、财务决算、会计报表及有关文件、资料；

(二)参加本单位基建、设备购置、财务、对外投资等相关会议，主持召开与审计事项有关的会议；

(三)参与研究制定有关规章制度；

(四)审核会计凭证、账簿、报表，现场勘察实物；

(五)检查计算机系统有关电子数据和资料；

(六)对与审计有关的问题向被审计单位和个人进行调查，并取得证明材料；

(七)对严重违反财经法规、严重损失浪费的行为，做出临时制止决定；

(八)经本部门、本单位主要负责人批准，对可能转移、隐匿、篡改、毁弃会计凭证、会计账簿、会计报表以及与经济活动有关的资料，予以暂时封存；

(九)根据审计结果，提出纠正、处理违反财经法规行为、改进管理、提高效益的建议；

(十)对模范遵守财经法规的被审计单位和人员，提出表彰建议；对违法违规和造成损失浪费的被审计单位和人员，提出通报批评或者追究责任的建议。

第十八条 本部门、本单位在管理权限范围内，授予内部审计机构必要的处理、处罚权。

第六章 内部审计工作程序

第十九条 内部审计工作的主要程序：

(一)根据本部门、本单位的具体情况，拟定审计项目计划，报经单位主要负责人批准后实施；

（二）内部审计机构实施审计前，应编制审计工作方案，组成审计组，并提前3日以书面形式通知被审计单位；被审计单位应配合审计工作，提供必要的工作条件；

（三）审计组对审计事项实施审计，应取得审计证据，编制审计工作底稿，由被审计单位相关人员签字确认；

（四）审计组对审计事项实施审计后，编制审计报告，并征求被审计对象的意见。被审计对象在收到审计报告之日起10个工作日内，提出书面反馈意见，送交审计组；

（五）内部审计机构对审计组提交的审计报告进行审核后，报本部门、本单位主要负责人审批下达被审计单位，被审计单位应当执行；

（六）内部审计机构应督促被审计单位在规定的期限内落实审计意见，并书面报告执行结果；

（七）内部审计机构应对必要的项目实施后续审计。

第二十条 内部审计机构对办理的审计事项，应当建立完整的审计档案，并按照有关规定保存。

第七章 奖励与处罚

第二十一条 对审计工作成效显著的内部审计机构和履行职责、忠于职守、坚持原则、做出突出成绩的内部审计人员，所在单位和上级主管部门应给予精神或者物质奖励；对不履行审计职责的内部审计人员，由所在单位给予批评；对滥用职权、徇私舞弊、玩忽职守、泄露秘密的内部审计人员，所在单位和上级主管部门依照有关规定严肃处理。

第二十二条 对拒绝或者不配合内部审计工作、拒绝提供或者提供虚假资料、拒不执行审计意见以及打击报复内部审计人员的单位和人员，各部门、各单位主要负责人应当及时做出严肃处理。

第八章 附 则

第二十三条 各部门、各单位可根据本规定，结合实际情况制定具体规定或实施办法，并报上级内部审计机构备案。

第二十四条 本规定由卫生部负责解释。

第二十五条 本规定自发布之日起施行。1997年3月17日发布的《卫生系统内部审计工作规定》（卫生部令1997年第51号）同时废止。

卫生部办公厅关于建立内部审计工作信息报告与通报制度的通知

（卫办规财发〔2012〕22号，2012年2月20日）

各省、自治区、直辖市卫生厅局，新疆生产建设兵团卫生局，部属（管）各单位：

根据《卫生系统内部审计工作规定》（卫生部部长令第51号）和2011年全国卫生系统内部审计工作交流会的精神，为及时了解各地区、各单位内部审计工作情况，交流工作信息，促进工作开展，进一步推动卫生经济管理科学化、信息化建设，我部决定建立内部审计工作信息报告与通报制度。现将有关事项通知如下：

一、关于内部审计工作信息报告

（一）上报工作信息内容。主要上报预算执行与决算、经济责任、财务收支、经济效益、专项资金、经济合同、基建和修缮项目等审计工作开展情况。上报信息内容主要包括审计项目数量、审计资金总额、查出有问题资金额度、提出审计处理意见建议条数、发现重大问题线索情况、移交纪检监察部门处理情况以及落实审计意见建议情况等。

（二）报送范围与报送时间。各省、自治区、直辖市卫生厅局和新疆生产建设兵团卫生局每半年组织填报1次《××省（区、市）内部审计工作情况报告》、《××省（区、市）专项审计工作情况统计表》和《××省

(区、市)基建和修缮项目审计工作情况统计表》(附件1、附件2和附件3)。报送时间为:每年7月5日前上报当年上半年工作情况,1月5日前上报上年度全年工作情况(遇到节假日顺延,下同)。

各部属(管)单位每季度报送1次《部属(管)单位审计工作情况报告》、《部属(管)单位专项审计工作情况统计表》和《部属(管)单位基建和修缮项目审计工作情况统计表》(附件4、附件5和附件6)。报送时间为:每个季度第1个月的5日前报送。

2012年第1次上报信息的时间为:省级卫生行政部门7月5日前报送,各部属(管)单位4月5日前报送。

(三)报送方式。为提高工作效率,推动卫生经济管理信息化建设,内部审计工作信息报告所要求的报表全部由各地区、各单位通过卫生规划财务信息交流平台报送,不再报送纸质报表。各地区、各单位可登录规划财务信息平台网址 http://210.72.11.121/communication 在线填报。

(四)确保上报情况质量。各地区、各单位要重视此项工作,安排专人负责报表填报,从做好内部审计工作日常统计入手,加强报表编报质量管理,确保数据的真实性、准确性。我部将对内部审计工作信息上报质量监督检查,对未能按时报送资料的单位以及报送质量未达到要求的单位予以通报。

二、关于内部审计工作信息通报

我部将对各地区、各单位的内部审计工作信息进行汇总和分析,并及时在卫生规划财务信息平台上予以通报。同时,摘编重要信息专送各地区、各单位负责人。各地区也可以参照我部做法,将直属单位及本地区内部审计工作情况通过适当形式予以通报。

各地区、各单位在填报过程中如发现问题,请及时与我部规划财务司联系。

联系人:刘锐、程敏

电话:010-68792173、68792019

附件:1. ××省(区、市)内部审计工作情况报告

2. ××省(区、市)专项审计工作情况统计表

3. ××省(区、市)基建和修缮项目审计工作情况统计表

4. 部属(管)单位审计工作情况报告

5. 部属(管)单位专项审计工作情况统计表

6. 部属(管)单位基建和修缮项目审计工作情况统计表

下载地址:附件1-6

http://www.moh.gov.cn/publicfiles/business/htmlfiles/mohghcws/s3590/201203/54230.htm

二〇一二年二月二十日

保险公司内部审计工作规范

(保监发〔2015〕113号,2015年12月7日)

第一章 总 则

第一条 为规范保险机构内部审计工作,提高保险机构风险防范能力,根据《中华人民共和国保险法》、《中华人民共和国公司法》、《中华人民共和国审计法》等有关法律法规及行业规范,制定本规范。

第二条 本规范所称保险机构是指在中华人民共和国境内依法设立的保险集团(控股)公司、保险公司、保险资产管理公司、再保险公司及其分支机构等。

经保险监督管理部门批准设立的其他保险机构可参照执行本规范。

保险监督管理部门有IT审计专门规范和要求的,保险机构IT审计工作应从其规范。

第三条 本规范所称的保险机构内部审计是一种独立、客观的确认和咨询活动,它通过运用系统化和规范化的方法,审查、评价并改善保险机构的业务活动、内部控制和风险管理的适当性和有效性,以促进保

险机构完善治理、增加价值和实现目标。

第四条 保险机构应健全内部审计体系，按照相关要求开展内部审计工作，及时发现问题，有效防范经营风险，促进公司的稳健发展。

第五条 中国保险监督管理委员会（以下简称“中国保监会”）及其派出机构根据法律、行政法规、监管规定以及本规范的规定，依法对保险机构内部审计工作实施指导、监督和评价。

第二章 一般原则

第六条 保险机构应建立与公司目标、治理结构、管控模式、业务性质和规模相适应，预算管理、人力资源管理、作业管理等相对独立的内部审计体系。

内部审计部门的工作不受其他部门的干预或者影响。内部审计人员不得参与被审计对象业务活动、内部控制和风险管理等有关的决策和执行。

第七条 保险机构内部审计的范围应包括所属保险机构及其直接或间接控制的境内、外保险分支机构和非保险子公司。

第八条 保险机构应逐步建立完善非现场内部审计监测、操作及管理功能在内的内部审计信息系统。鼓励保险机构探索创新内部审计科技手段和技术方法，提升内部审计的信息化水平和审计效率。

第九条 保险机构应建立完善内部审计质量控制制度和程序，系统实施指导、监督、分级复核和内部审计质量评估，定期实施内部审计质量自我评估，并接受内部审计质量外部评估。

第十条 保险机构应建立和实施内部审计人员录用、继续教育、培训、考核评价和激励约束等人力资源管理制度，确保内部审计人员具有与其从事业务相适应的专业胜任能力。

内部审计人员应通过后续教育和职业实践等途径，了解、学习和掌握相关法律法规、专业知识、技术方法和审计实务的发展变化，保证和提升专业胜任能力。保险机构应保证内部审计人员平均每年不低于40小时的后续教育时间。

第十一条 内部审计人员应遵守职业道德，保持并提高专业胜任能力，诚信正直地实施内部审计，客观公正地作出审计职业判断，并遵循保密原则，按照规定使用其在履行职责时所获取的信息。

第三章 内部审计机构和人员

第十二条 保险机构应以制度形式明确董事会、审计委员会、审计责任人和内部审计部门及人员职责及权限，并统一制定各级内审机构和人员的管理制度，包括：岗位设置、岗位责任、任职条件、考核办法、薪酬制度、轮岗制度、培训制度等。

第十三条 保险机构董事会对内部审计体系的建立、运行与维护负有最终责任。没有设立董事会的，由保险机构法定代表人或负责人履行有关职责。

第十四条 保险机构应建立独立的内部审计体系，内部审计应垂直管理，鼓励有条件的保险机构实行内部审计集中化管理，进一步强化内部审计体系的独立性。规模较小或实行集中化管理的保险公司省级及以下分支机构，在满足内部审计工作需要的前提下，可不再设置单独的审计部门或岗位。法律法规对上市公司内部审计设置另有规定的，从其规定。

（一）内部审计垂直化管理是指保险机构分级设置独立的内部审计部门，总部对各级内部审计部门进行统一管理和计划安排，各级内部审计部门分级承担内部审计职责并上报审计结果。

（二）内部审计集中化管理是指保险机构设置专门的内部审计机构或部门，统一制定实施预算管理、人力资源管理、作业管理等内部审计管理制度，其他各级机构（含保险子公司及各分支机构）可不再设置内部审计部门和岗位。

（三）实行垂直管理的各保险机构审计部门人员应实施委派制，各级机构审计部门负责人的聘任、考核和薪酬应由上级机构或者总公司统一管理、逐级考核，被审计对象不应参与内部审计部门和内部审计人员的考核。

第十五条 保险机构应在董事会下设立审计委员会。审计委员会成员由不少于3名不在管理层任职的董事组成。已建立独立董事制度的，应由独立董事担任审计委员会主任委员。

审计委员会成员应具备胜任工作职责的专业知识和经验。

第十六条　保险机构董事会审计委员会在内部审计工作中履行的职责，包括但不限于：

（一）审核保险机构内部审计管理制度并向董事会提出建议。

（二）指导保险机构内部审计有效运作，审核保险机构年度内部审计计划、内部审计预算和人力资源计划，并向董事会提出建议，董事会审议通过后负责管理实施。

（三）审阅内部审计工作报告，评估内部审计工作的结果，督促重大问题的整改。

（四）评估审计责任人工作并向董事会提出意见，至少每季度一次听取审计责任人关于审计工作进展情况的报告。

第十七条　保险机构应设立审计责任人职位。审计责任人纳入保险机构高级管理人员任职资格核准范围，对董事会负责，向董事会审计委员会报告工作；同时负责与管理层沟通，并通报审计结果。

审计责任人由董事长或审计委员会提名，报董事会聘任。没有设立董事会的保险公司，审计责任人由管理层聘任。审计责任人不得同时兼任保险机构财务或者业务工作的领导职务。

审计责任人岗位变动要按相关规定事后向中国保监会报告。

第十八条　审计责任人应在任职前取得中国保监会核准的任职资格，符合以下条件：

（一）大学本科以上学历或者学士以上学位。

（二）从事审计、会计或财务工作 5 年以上或者金融工作 8 年以上，熟悉金融保险业务。

（三）具有在企事业单位或者国家机关担任领导或者管理职务的任职经历。

（四）中国保监会关于高级管理人员任职资格的其他规定。

第十九条　保险机构审计责任人履行的职责，包括但不限于：

（一）指导编制保险机构年度内部审计计划、内部审计预算和人力资源计划。

（二）组织实施内部审计项目，确保内部审计质量。

（三）向审计委员会报告，与管理层沟通，报告内部审计工作进展情况。

（四）及时向审计委员会或管理层报告内部审计发现的重大问题和重大风险隐患。

（五）协调处理内部审计部门与其他机构和部门的关系。

第二十条　保险机构内部审计部门履行的职责，包括但不限于：

（一）拟定保险机构内部审计制度。

（二）编制年度内部审计计划、内部审计预算和人力资源计划。

（三）实施年度内部审计计划，跟踪整改情况，开展后续审计。

（四）法律、法规、监管规定和保险机构确定的其他内部审计职责。

第二十一条　保险机构应配备足够数量的内部审计人员。专职内部审计人员数量原则上应不低于保险机构员工人数的 5‰，且配备专职内部审计人员不少于三名。

其中持有注册内部审计师、注册会计师等证书或具有与会计、审计、信息技术、投资等内审工作相关的中级以上专业技术资格的人员应不低于专职内部审计人员的 35%。

第二十二条　内部审计人员应具备相应的专业从业资格：

（一）专业水平。内部审计人员应具备大学本科及以上学历，掌握与保险机构内部审计相关的专业知识，熟悉金融保险相关法律法规及内部控制制度。

（二）道德准则。内部审计人员应具有正直、客观、廉洁、公正的职业操守，且无不良记录。

第二十三条　保险机构总经理应确保内部审计部门的独立性及履职所需资源与权限。内部审计部门和内部审计人员履职所需的资源，包括经审计委员会批准的内部审计预算和人力资源计划，以及必要的办公场地、系统、设备等。内部审计部门和内部审计人员履行职责时享有下列权限：

（一）实时查阅与被审计对象经营活动有关的文件、资料等，包括电子数据。

（二）参加或者列席保险机构经营管理的重要会议，参加相关业务培训。

（三）有权进行现场实物勘查，或者就与审计事项有关的问题对有关机构和个人进行调查、质询和取证。

（四）对可能被转移、隐匿、篡改、毁弃的相关资料、资产，有权采取相应的保全措施。

（五）对内部审计发现的违反法律、法规、监管规定或者内部管理制度的行为予以制止，对相关机构和人员提出责任追究或者处罚建议。

（六）向董事会或者管理层提出改进管理、提高效益的意见或建议。

第二十四条 保险机构监事会可以对内部审计工作进行指导和监督。

第二十五条 对于认真履职并发现重大案件、揭示重大风险的内部审计人员，经审计委员会批准后，保险机构可给予特别嘉奖。

第二十六条 实行内部审计集中化管理的保险集团(控股)公司，其控股的保险子公司审计责任人应由母公司派驻。其他实行内部审计集中化管理的保险机构，可按照独立法人主体分别设置审计责任人。

实行内部审计集中化管理的保险机构，通过应用审计信息化平台、提升内部审计人员专业胜任能力、聘请中介机构承担内部审计项目等方式，基本满足内部审计业务需要的，专职内部审计人员数量可适当放宽至不低于保险机构员工人数的4‰。

第四章 内部审计作业管理

第二十七条 内部审计部门和内部审计人员应全面关注保险机构的风险，以风险为导向组织实施内部审计。

第二十八条 内部审计人员应充分运用重要性原则，考虑差异或者缺陷的性质、数量等因素，合理确定重要性水平。

第二十九条 内部审计部门应根据法律法规，结合公司发展战略，在风险评估的基础上，编制年度内部审计计划，审计重点、审计频率和频度应与保险机构业务性质、复杂程度、风险状况和管理水平相适应。

年度内部审计计划应包括监管制度要求的审计内容。

第三十条 内部审计部门和内部审计人员应严格按照规范的审计流程和适当的审计方法实施审计：

(一)根据年度内审计划，编制项目审计方案，做好审计项目实施前的准备工作。

(二)依照公司制度，在实施审计前一定时间向被审计单位或者被审计人员下发审计通知书。特殊情况下，审计通知书可以在实施审计时送达。

(三)按照项目审计方案，运用审核、观察、监盘、访谈、调查、函证、计算和分析程序等方法，获取相关、可靠和充分的审计证据，并在审计工作底稿中记录审计程序执行过程、审计证据与结论。实施内部审计的人员不得少于2人。

(四)按照审计质量控制制度和程序，及时编制、复核、报送审计报告。

第三十一条 内部审计部门应在实施必要的审计程序后，及时出具审计报告。审计报告应当符合以下要求：

(一)客观、完整、清晰、简洁，具有建设性并体现重要性原则。

(二)包括审计概况、审计范围、审计内容、审计方法、审计依据、审计发现、审计结论、审计意见或审计建议。

(三)不得有虚假记载、误导性陈述和重大遗漏。

第三十二条 内部审计部门应建立健全审计报告分级复核制度，明确规定各级复核人员的要求和责任。

第三十三条 内部审计部门应建立健全审计质量控制制度和程序，将审计结果形成审计报告，征求被审计对象的意见后，报送审计责任人或其授权人员签发，并发送至被审计对象和适当管理层，审计责任人对审计报告负有最终责任。

第三十四条 内部审计部门应建立健全内部审计档案管理制度，整理、立卷、定期交档案管理部门或者档案工作人员集中妥善保管内部审计档案资料，自审计报告之日起计算，不得少于五年。

第三十五条 内部审计部门应建立健全内部审计项目外包管理制度。根据工作需要，经董事会或管理层批准后，内部审计部门可以聘请外部机构承担内部审计项目。所聘请的外部机构应具备足够的独立性、客观性和专业胜任能力，并遵守本规范中有关审计作业管理的规定。董事会或管理层应当对外部审计机构的独立性出具书面意见。委托外部机构开展内部审计的，应向保监会报告。

第三十六条 鼓励内部审计人员在不承担管理职责的前提下，充分发挥独立、客观、专业的优势，通过提供建议、培训、增值服务等咨询活动，改善保险机构的业务活动、内部控制和风险管理。

第五章 内部审计结果运用

第三十七条 保险机构董事会和管理层应采取有效措施，确保内部审计结果得以充分利用。

内部审计结果包括审计结论、审计意见或审计建议、咨询活动结果等。

内部审计结果可作为中国保监会及其派出机构日常监管的参考依据。

第三十八条 保险机构应对审计发现问题及时组织整改,并按规定严格追究相关责任人的责任。

对审计发现问题未按照要求及时进行整改处理的,保险机构应对有关负责人问责。

第三十九条 保险机构在考核经济目标、任免所属单位负责人之前,应将内部审计结果作为重要依据。保险机构任命分公司及以上主要负责人之前,应听取审计责任人的意见。

第四十条 被审计单位应承担未及时纠正审计发现问题所产生的责任和风险。内部审计人员应履行法律法规赋予的职责和权力,通过后续审计跟踪评价被审计单位管理层所采取的纠正措施是否及时、合理、有效,并可将后续审计作为下次审计工作的一部分。

第六章 内部审计监督

第四十一条 中国保监会及其派出机构依法对保险机构内部审计工作实施指导、检查和评价:

(一)实行内部审计集中化管理的保险机构,由中国保监会统一指导、检查。

(二)实行内部审计垂直化管理的保险机构,由中国保监会协同派出机构实施对口指导、检查。

(三)中国保监会根据本规范,组织开展对保险机构内部审计工作的评价。

第四十二条 保险机构应按照以下要求向中国保监会报告:

(一)每年 5 月 15 日前向中国保监会提交上一年度的内部审计工作报告,报告中应包括公司年度审计工作计划和内部审计工作总结。

(二)及时向中国保监会报告审计中发现的重大风险问题。

(三)内部审计机构对省级分公司及其分支机构的审计报告,由省级分公司在报告完成后 10 个工作日内报送当地保监局。

(四)保险机构对内部审计中发现的重大问题未予有效整改处理的,审计责任人应直接向中国保监会报告相关情况。

(五)中国保监会要求的其他事项。

第七章 内部审计责任追究

第四十三条 保险机构董事和高级管理人员在组织实施内部审计工作中有如下情形的,中国保监会将依照相关规定追究责任:

(一)保险机构董事会未按照本规范第十三条有效履行职责的,中国保监会将追究保险机构董事会相关人员责任。

(二)保险机构审计委员会未按照本规范第十六条有效履行职责的,中国保监会将追究审计委员会成员的责任。

(三)保险机构审计责任人未按照本规范第十九条有效履行职责的,中国保监会将追究其责任。

(四)保险机构总经理未按照本规范第二十三条有效履行职责的,中国保监会将追究其责任。

(五)保险机构未及时按照本规范第三十八条的规定对审计发现问题问责的,中国保监会将追究管理层及相关董事的责任。

第四十四条 审计人员有下列情形之一的,保险机构应进行处理:

(一)对于保险机构发生须追究责任的案件,根据中国保监会有关规定,保险机构在追究直接责任人和间接责任人的责任之外,如存在内部审计人员因严重过失未能揭示相关风险的情况,应对相关人员予以追究责任,但有证据表明其已经履行了岗位职责的除外。

(二)对于滥用职权、徇私舞弊、隐瞒问题、玩忽职守、泄漏秘密的内部审计人员,保险机构应依照国家和保险机构有关规定进行处理;涉嫌犯罪的,依法移交司法机关。

第四十五条 被审计对象有下列情形之一的,保险机构应及时制止,严肃处理有关单位和人员,并追究相关人员管理责任和间接责任:

(一)拒绝或者不配合内部审计工作。

(二)拒绝、拖延提供与内部审计事项有关的资料,或者提供资料不真实、不完整的。

（三）打击报复或陷害审计人员。涉嫌犯罪的，依法移交司法机关。

第八章 附　　则

第四十六条 除另有说明，本规范所称“以上”“以下”含本数。

第四十七条 保险机构应依照本规范制定实施细则。

第四十八条 本规范由中国保监会负责解释。

第四十九条 本规范自发布之日起施行，中国保监会2007年4月9日发布的《保险公司内部审计指引（试行）》（保监发〔2007〕26号）同时废止。本规范颁布之前有关保险机构内部审计工作的规范性文件与本规范不符的，以本规范为准。

国家测绘局内部审计工作管理（暂行）办法

（国测财字〔2008〕2号，2008年2月13日）

第一章 总　　则

第一条 为了加强国家测绘局（以下简称国家局）及所属单位内部审计工作，促进内部审计工作管理科学化、制度化，根据《中华人民共和国审计法》、《审计署关于内部审计工作的规定》等有关法规，结合国家局实际情况，制定本办法。

第二条 本办法适用于国家局及所属单位内部审计工作。

第三条 本办法所指的内部审计是指国家局及所属单位内部审计机构或者履行内部审计职责的机构，依法独立监督和评价单位财务收支及经济活动真实、合法和效益的行为。

第四条 内部审计工作应坚持以下原则：

（一）依法审计的原则。内部审计机构依照有关法律、法规和本办法的规定，行使审计监督权。

（二）独立客观公正的原则。内部审计机构或审计人员办理审计事项，应严格遵守内部审计职业规范，忠于职守，坚持原则，做到独立、客观、公正。

（三）保守秘密的原则。内部审计机构或审计人员应对被审计单位的重要事项保密，不得随意对外公开。

（四）回避的原则。审计人员办理审计事项，与被审计单位主要领导或者责任人有利害关系的，应当回避。

第二章 机构和人员

第五条 国家局及所属单位应当设立内部审计机构或者明确履行内部审计职责的机构，并配备或明确相应的审计人员。

第六条 内部审计机构在本单位主要负责人领导下，依法对本单位的财务收支及有关的经济活动进行审计。

第七条 内部审计机构或者审计人员履行职责受法律保护，任何单位、个人不得设置障碍和打击报复。

第八条 审计人员应当具备审计、会计等相关专业知识和良好的政治素质。

第九条 单位应当支持和保障审计人员参加继续教育。

第十条 审计人员专业技术职务资格的取得和聘任，按照国家有关规定执行。

第十一条 内部审计工作经费，应当列入本单位财务预算。

第三章 职责和权限

第十二条 国家局内部审计机构履行下列主要职责：

（一）拟订内部审计制度；

（二）拟订年度内部审计工作重点和计划并组织实施；

（三）对国家局机关及所属单位的财务收支状况，项目经费使用情况、财经纪律执行情况以及国有资产管理、对外投资情况等进行审计和审计调查；

（四）按照干部管理权限，受人事部门委托组织开展对所属单位主要领导干部经济责任审计；

（五）指导所属单位的内部审计工作，组织内部审计人员业务培训；

（六）承担与审计署等有关部门的联络协调工作；

（七）国家局交办的其他相关工作。

第十三条 国家局所属单位内部审计机构履行下列主要职责：

（一）组织开展对本单位的财务收支、预算执行等进行审计；

（二）按照干部管理权限，受单位人事部门委托组织开展对所属单位主要领导干部经济责任审计；

（三）对有关财经法规、规章制度的执行情况进行监督检查，督促内部控制制度的建立和执行；

（四）接受上级审计机构和本单位交办的其他审计相关事项。

第十四条 内部审计机构在审计工作范围内，具有下列主要权限：

（一）根据审计工作的需要，调阅被审计单位财务计划、预算、决算报表和有关文件资料等；

（二）审计凭证、账表和决算，检查资金和财产，检测财务会计软件；

（三）对审计涉及的有关事项，向有关单位和人员进行调查，并取得有关文件和证明材料；

（四）提出改进管理、提高效益的建议以及相关的处理意见，检查审计决定和审计意见书的执行情况。

第四章 内容和程序

第十五条 内部审计机构主要对本单位下列事项进行审计：

（一）财务收支及有关经济活动的真实性、合法性和效益性；

（二）财务预算和决算；

（三）各项资金的使用和管理；

（四）国有资产的使用和管理；

（五）政府采购及招标投标情况；

（六）国库管理制度实施及银行账户的设立、使用和管理；

（七）重大经济合同的签订及执行情况；

（八）重大测绘项目、修缮购置项目、基本建设项目、对外投资项目、主要业务和重点工作项目等经费使用情况；

（九）对所属单位主要领导进行任期经济责任审计；

（十）对所属单位整建制划转、撤并等财务清算审计；

（十一）内部控制制度的健全性和有效性以及风险管理评审；

（十二）本单位主要负责人和上级主管部门交办的其他审计事项。

第十六条 具体审计事项可由内审机构自行组织或委托社会中介机构实施。

第十七条 内部审计工作按照下列程序进行：

（一）拟定审计项目计划，报单位主要负责人批准后实施；

（二）成立审计工作组，制定审计工作方案；

（三）在实施审计前不少于 7 个工作日向被审计单位下达审计通知书，并向被审计单位提出应当准备的材料和要求；

（四）审计工作组实施审计。按照审计工作方案审核会计凭证、账簿、报表，检查现金、银行账户、有价证券和实物，查阅与审计有关的文件和材料，向有关单位和个人进行调查和询问，做好审计记录和取证工作，形成审计工作底稿；

（五）审计工作组对审计工作底稿进行归纳整理，根据审计结果编制审计报告；

（六）将审计报告送被审计单位征求意见，经济责任审计报告应送达本人征求意见。被审计单位或人员应当自接到审计报告之日起 7 个工作日内，提出对审计报告的书面意见；

(七)审计工作组将修改后的审计报告及被审计单位的书面意见一并报内部审计机构审定;

(八)内部审计机构出具审计意见,经批准后送达被审计单位,并抄送人事、纪检和相关业务部门;

(九)被审计单位按照审计意见的要求进行整改,在规定时间内提交整改报告。

第十八条 内部审计机构应对审计意见书的执行情况进行监督和检查。

第十九条 审计事项结束后,应当建立审计档案,按照规定管理。

第五章 奖励和惩罚

第二十条 对审计工作成绩显著的内部审计机构和有突出贡献的审计人员,所在单位和上级主管部门应给予精神或物质奖励。

对滥用职权、泄露秘密、严重失职的审计人员,由所在单位依照有关规定予以处理。

第二十一条 被审计单位不配合内部审计工作,拒绝审计或提供虚假资料、拒不执行审计结论和报复陷害审计人员的,上级单位应及时予以处理。

第六章 附 则

第二十二条 所属单位可根据本办法和本单位实际,制定具体的实施办法,并报国家局备案。

第二十三条 本办法由国家局负责解释。

第二十四条 本办法自发布之日起施行。

企业内部控制基本规范

(财会〔2008〕7号,2008年5月22日)

第一章 总 则

第一条 为了加强和规范企业内部控制,提高企业经营管理水平和风险防范能力,促进企业可持续发展,维护社会主义市场经济秩序和社会公众利益,根据《中华人民共和国公司法》、《中华人民共和国证券法》、《中华人民共和国会计法》和其他有关法律法规,制定本规范。

第二条 本规范适用于中华人民共和国境内设立的大中型企业。

小企业和其他单位可以参照本规范建立与实施内部控制。

大中型企业和小企业的划分标准根据国家有关规定执行。

第三条 本规范所称内部控制,是由企业董事会、监事会、经理层和全体员工实施的、旨在实现控制目标的过程。内部控制的目标是合理保证企业经营管理合法合规、资产安全、财务报告及相关信息真实完整,提高经营效率和效果,促进企业实现发展战略。

第四条 企业建立与实施内部控制,应当遵循下列原则:

(一)全面性原则。内部控制应当贯穿决策、执行和监督全过程,覆盖企业及其所属单位的各种业务和事项。

(二)重要性原则。内部控制应当在全面控制的基础上,关注重要业务事项和高风险领域。

(三)制衡性原则。内部控制应当在治理结构、机构设置及权责分配、业务流程等方面形成相互制约、相互监督,同时兼顾运营效率。

(四)适应性原则。内部控制应当与企业经营规模、业务范围、竞争状况和风险水平等相适应,并随着情况的变化及时加以调整。

(五)成本效益原则。内部控制应当权衡实施成本与预期效益,以适当的成本实现有效控制。

第五条 企业建立与实施有效的内部控制,应当包括下列要素:

(一)内部环境。内部环境是企业实施内部控制的基础,一般包括治理结构、机构设置及权责分配、内部审计、人力资源政策、企业文化等。

(二)风险评估。风险评估是企业及时识别、系统分析经营活动中与实现内部控制目标相关的风险,合理确定风险应对策略。

（三）控制活动。控制活动是企业根据风险评估结果，采用相应的控制措施，将风险控制在可承受度之内。

（四）信息与沟通。信息与沟通是企业及时、准确地收集、传递与内部控制相关的信息，确保信息在企业内部、企业与外部之间进行有效沟通。

（五）内部监督。内部监督是企业对内部控制建立与实施情况进行监督检查，评价内部控制的有效性，发现内部控制缺陷，应当及时加以改进。

第六条 企业应当根据有关法律法规、本规范及其配套办法，制定本企业的内部控制制度并组织实施。

第七条 企业应当运用信息技术加强内部控制，建立与经营管理相适应的信息系统，促进内部控制流程与信息系统的有机结合，实现对业务和事项的自动控制，减少或消除人为操纵因素。

第八条 企业应当建立内部控制实施的激励约束机制，将各责任单位和全体员工实施内部控制的情况纳入绩效考评体系，促进内部控制的有效实施。

第九条 国务院有关部门可以根据法律法规、本规范及其配套办法，明确贯彻实施本规范的具体要求，对企业建立与实施内部控制的情况进行监督检查。

第十条 接受企业委托从事内部控制审计的会计师事务所，应当根据本规范及其配套办法和相关执业准则，对企业内部控制的有效性进行审计，出具审计报告。会计师事务所及其签字的从业人员应当对发表的内部控制审计意见负责。

为企业内部控制提供咨询的会计师事务所，不得同时为同一企业提供内部控制审计服务。

第二章 内部环境

第十一条 企业应当根据国家有关法律法规和企业章程，建立规范的公司治理结构和议事规则，明确决策、执行、监督等方面的职责权限，形成科学有效的职责分工和制衡机制。

股东（大）会享有法律法规和企业章程规定的合法权利，依法行使企业经营方针、筹资、投资、利润分配等重大事项的表决权。

董事会对股东（大）会负责，依法行使企业的经营决策权。

监事会对股东（大）会负责，监督企业董事、经理和其他高级管理人员依法履行职责。

经理层负责组织实施股东（大）会、董事会决议事项，主持企业的生产经营管理工作。

第十二条 董事会负责内部控制的建立健全和有效实施。监事会对董事会建立与实施内部控制进行监督。经理层负责组织领导企业内部控制的日常运行。

企业应当成立专门机构或者指定适当的机构具体负责组织协调内部控制的建立实施及日常工作。

第十三条 企业应当在董事会下设立审计委员会。审计委员会负责审查企业内部控制，监督内部控制的有效实施和内部控制自我评价情况，协调内部控制审计及其他相关事宜等。

审计委员会负责人应当具备相应的独立性、良好的职业操守和专业胜任能力。

第十四条 企业应当结合业务特点和内部控制要求设置内部机构，明确职责权限，将权利与责任落实到各责任单位。

企业应当通过编制内部管理手册，使全体员工掌握内部机构设置、岗位职责、业务流程等情况，明确权责分配，正确行使职权。

第十五条 企业应当加强内部审计工作，保证内部审计机构设置、人员配备和工作的独立性。

内部审计机构应当结合内部审计监督，对内部控制的有效性进行监督检查。内部审计机构对监督检查中发现的内部控制缺陷，应当按照企业内部审计工作程序进行报告；对监督检查中发现的内部控制重大缺陷，有权直接向董事会及其审计委员会、监事会报告。

第十六条 企业应当制定和实施有利于企业可持续发展的人力资源政策。人力资源政策应当包括下列内容：

（一）员工的聘用、培训、辞退与辞职。

（二）员工的薪酬、考核、晋升与奖惩。

（三）关键岗位员工的强制休假制度和定期岗位轮换制度。

（四）掌握国家秘密或重要商业秘密的员工离岗的限制性规定。

（五）有关人力资源管理的其他政策。

第十七条 企业应当将职业道德修养和专业胜任能力作为选拔和聘用员工的重要标准，切实加强员工培训和继续教育，不断提升员工素质。

第十八条 企业应当加强文化建设，培育积极向上的价值观和社会责任感，倡导诚实守信、爱岗敬业、开拓创新和团队协作精神，树立现代管理理念，强化风险意识。

董事、监事、经理及其他高级管理人员应当在企业文化建设中发挥主导作用。

企业员工应当遵守员工行为守则，认真履行岗位职责。

第十九条 企业应当加强法制教育，增强董事、监事、经理及其他高级管理人员和员工的法制观念，严格依法决策、依法办事、依法监督，建立健全法律顾问制度和重大法律纠纷案件备案制度。

第三章 风险评估

第二十条 企业应当根据设定的控制目标，全面系统持续地收集相关信息，结合实际情况，及时进行风险评估。

第二十一条 企业开展风险评估，应当准确识别与实现控制目标相关的内部风险和外部风险，确定相应的风险承受度。

风险承受度是企业能够承担的风险限度，包括整体风险承受能力和业务层面的可接受风险水平。

第二十二条 企业识别内部风险，应当关注下列因素：

（一）董事、监事、经理及其他高级管理人员的职业操守、员工专业胜任能力等人力资源因素。

（二）组织机构、经营方式、资产管理、业务流程等管理因素。

（三）研究开发、技术投入、信息技术运用等自主创新因素。

（四）财务状况、经营成果、现金流量等财务因素。

（五）营运安全、员工健康、环境保护等安全环保因素。

（六）其他有关内部风险因素。

第二十三条 企业识别外部风险，应当关注下列因素：

（一）经济形势、产业政策、融资环境、市场竞争、资源供给等经济因素。

（二）法律法规、监管要求等法律因素。

（三）安全稳定、文化传统、社会信用、教育水平、消费者行为等社会因素。

（四）技术进步、工艺改进等科学技术因素。

（五）自然灾害、环境状况等自然环境因素。

（六）其他有关外部风险因素。

第二十四条 企业应当采用定性与定量相结合的方法，按照风险发生的可能性及其影响程度等，对识别的风险进行分析和排序，确定关注重点和优先控制的风险。

企业进行风险分析，应当充分吸收专业人员，组成风险分析团队，按照严格规范的程序开展工作，确保风险分析结果的准确性。

第二十五条 企业应当根据风险分析的结果，结合风险承受度，权衡风险与收益，确定风险应对策略。

企业应当合理分析、准确掌握董事、经理及其他高级管理人员、关键岗位员工的风险偏好，采取适当的控制措施，避免因个人风险偏好给企业经营带来重大损失。

第二十六条 企业应当综合运用风险规避、风险降低、风险分担和风险承受等风险应对策略，实现对风险的有效控制。

风险规避是企业对超出风险承受度的风险，通过放弃或者停止与该风险相关的业务活动以避免和减轻损失的策略。

风险降低是企业在权衡成本效益之后，准备采取适当的控制措施降低风险或者减轻损失，将风险控制在风险承受度之内的策略。

风险分担是企业准备借助他人力量，采取业务分包、购买保险等方式和适当的控制措施，将风险控制在风险承受度之内的策略。

风险承受是企业对风险承受度之内的风险，在权衡成本效益之后，不准备采取控制措施降低风险或者减轻损失的策略。

第二十七条 企业应当结合不同发展阶段和业务拓展情况，持续收集与风险变化相关的信息，进行风险识别和风险分析，及时调整风险应对策略。

第四章 控制活动

第二十八条 企业应当结合风险评估结果，通过手工控制与自动控制、预防性控制与发现性控制相结合的方法，运用相应的控制措施，将风险控制在可承受度之内。

控制措施一般包括：不相容职务分离控制、授权审批控制、会计系统控制、财产保护控制、预算控制、运营分析控制和绩效考评控制等。

第二十九条 不相容职务分离控制要求企业全面系统地分析、梳理业务流程中所涉及的不相容职务，实施相应的分离措施，形成各司其职、各负其责、相互制约的工作机制。

第三十条 授权审批控制要求企业根据常规授权和特别授权的规定，明确各岗位办理业务和事项的权限范围、审批程序和相应责任。

企业应当编制常规授权的权限指引，规范特别授权的范围、权限、程序和责任，严格控制特别授权。常规授权是指企业在日常经营管理活动中按照既定的职责和程序进行的授权。特别授权是指企业在特殊情况、特定条件下进行的授权。

企业各级管理人员应当在授权范围内行使职权和承担责任。

企业对于重大的业务和事项，应当实行集体决策审批或者联签制度，任何个人不得单独进行决策或者擅自改变集体决策。

第三十一条 会计系统控制要求企业严格执行国家统一的会计准则制度，加强会计基础工作，明确会计凭证、会计账簿和财务会计报告的处理程序，保证会计资料真实完整。

企业应当依法设置会计机构，配备会计从业人员。从事会计工作的人员，必须取得会计从业资格证书。会计机构负责人应当具备会计师以上专业技术职务资格。

大中型企业应当设置总会计师。设置总会计师的企业，不得设置与其职权重叠的副职。

第三十二条 财产保护控制要求企业建立财产日常管理制度和定期清查制度，采取财产记录、实物保管、定期盘点、账实核对等措施，确保财产安全。

企业应当严格限制未经授权的人员接触和处置财产。

第三十三条 预算控制要求企业实施全面预算管理制度，明确各责任单位在预算管理中的职责权限，规范预算的编制、审定、下达和执行程序，强化预算约束。

第三十四条 运营分析控制要求企业建立运营情况分析制度，经理层应当综合运用生产、购销、投资、筹资、财务等方面的信息，通过因素分析、对比分析、趋势分析等方法，定期开展运营情况分析，发现存在的问题，及时查明原因并加以改进。

第三十五条 绩效考评控制要求企业建立和实施绩效考评制度，科学设置考核指标体系，对企业内部各责任单位和全体员工的业绩进行定期考核和客观评价，将考评结果作为确定员工薪酬以及职务晋升、评优、降级、调岗、辞退等的依据。

第三十六条 企业应当根据内部控制目标，结合风险应对策略，综合运用控制措施，对各种业务和事项实施有效控制。

第三十七条 企业应当建立重大风险预警机制和突发事件应急处理机制，明确风险预警标准，对可能发生的重大风险或突发事件，制订应急预案、明确责任人员、规范处置程序，确保突发事件得到及时妥善处理。

第五章 信息与沟通

第三十八条 企业应当建立信息与沟通制度，明确内部控制相关信息的收集、处理和传递程序，确保信息及时沟通，促进内部控制有效运行。

第三十九条 企业应当对收集的各种内部信息和外部信息进行合理筛选、核对、整合，提高信息的有用性。

企业可以通过财务会计资料、经营管理资料、调研报告、专项信息、内部刊物、办公网络等渠道，获取内部信息。

企业可以通过行业协会组织、社会中介机构、业务往来单位、市场调查、来信来访、网络媒体以及有关监管部门等渠道，获取外部信息。

第四十条 企业应当将内部控制相关信息在企业内部各管理级次、责任单位、业务环节之间，以及企业与外部投资者、债权人、客户、供应商、中介机构和监管部门等有关方面之间进行沟通和反馈。信息沟通过程中发现的问题，应当及时报告并加以解决。

重要信息应当及时传递给董事会、监事会和经理层。

第四十一条 企业应当利用信息技术促进信息的集成与共享，充分发挥信息技术在信息与沟通中的作用。

企业应当加强对信息系统开发与维护、访问与变更、数据输入与输出、文件储存与保管、网络安全等方面的控制，保证信息系统安全稳定运行。

第四十二条 企业应当建立反舞弊机制，坚持惩防并举、重在预防的原则，明确反舞弊工作的重点领域、关键环节和有关机构在反舞弊工作中的职责权限，规范舞弊案件的举报、调查、处理、报告和补救程序。

企业至少应当将下列情形作为反舞弊工作的重点：

（一）未经授权或者采取其他不法方式侵占、挪用企业资产，牟取不当利益。

（二）在财务会计报告和信息披露等方面存在的虚假记载、误导性陈述或者重大遗漏等。

（三）董事、监事、经理及其他高级管理人员滥用职权。

（四）相关机构或人员串通舞弊。

第四十三条 企业应当建立举报投诉制度和举报人保护制度，设置举报专线，明确举报投诉处理程序、办理时限和办结要求，确保举报、投诉成为企业有效掌握信息的重要途径。

举报投诉制度和举报人保护制度应当及时传达至全体员工。

第六章　内部监督

第四十四条 企业应当根据本规范及其配套办法，制定内部控制监督制度，明确内部审计机构（或经授权的其他监督机构）和其他内部机构在内部监督中的职责权限，规范内部监督的程序、方法和要求。

内部监督分为日常监督和专项监督。日常监督是指企业对建立与实施内部控制的情况进行常规、持续的监督检查；专项监督是指在企业发展战略、组织结构、经营活动、业务流程、关键岗位员工等发生较大调整或变化的情况下，对内部控制的某一或者某些方面进行有针对性的监督检查。

专项监督的范围和频率应当根据风险评估结果以及日常监督的有效性等予以确定。

第四十五条 企业应当制定内部控制缺陷认定标准，对监督过程中发现的内部控制缺陷，应当分析缺陷的性质和产生的原因，提出整改方案，采取适当的形式及时向董事会、监事会或者经理层报告。

内部控制缺陷包括设计缺陷和运行缺陷。企业应当跟踪内部控制缺陷整改情况，并就内部监督中发现的重大缺陷，追究相关责任单位或者责任人的责任。

第四十六条 企业应当结合内部监督情况，定期对内部控制的有效性进行自我评价，出具内部控制自我评价报告。

内部控制自我评价的方式、范围、程序和频率，由企业根据经营业务调整、经营环境变化、业务发展状况、实际风险水平等自行确定。

国家有关法律法规另有规定的，从其规定。

第四十七条 企业应当以书面或者其他适当的形式，妥善保存内部控制建立与实施过程中的相关记录或者资料，确保内部控制建立与实施过程的可验证性。

第七章　附　　则

第四十八条 本规范由财政部会同国务院其他有关部门解释。

第四十九条 本规范的配套办法由财政部会同国务院其他有关部门另行制定。

第五十条 本规范自 2009 年 7 月 1 日起实施。

农业部办公厅关于印发《农业部内部审计工作经费管理暂行办法》的通知

（农办财〔2011〕62号，2011年5月16日）

部机关各司局、部属各单位：

为规范内部审计工作经费的管理和使用，强化预算约束，提高资金使用效益，根据《中央本级项目支出预算管理办法》等有关规定并结合内部审计工作实际，我部制定了《农业部内部审计工作经费管理暂行办法》，现予印发，请遵照执行。

附件：农业部内部审计工作经费管理暂行办法

二〇一一年五月十六日

附件：

农业部内部审计工作经费管理暂行办法

第一条 为加强和规范农业部内部审计工作经费管理，强化预算约束，提高资金使用效益，根据《中央本级项目支出预算管理办法》等有关规定，制定本办法。

第二条 农业部内部审计工作经费，是指由部门预算安排，用于组织实施内部审计、资金监管等工作的经常性财政专项业务经费。

第三条 本办法适用于设有独立内部审计部门的有关司局和预算单位。

第四条 内部审计工作经费遵循统一管理、专项申请、逐年核定、专款专用的原则。

第五条 财务司负责内部审计工作经费的预算管理。

第六条 内部审计工作经费按照项目管理程序，由有关单位根据履行业务职能的需要、本年度工作目标和主管部门下达的任务，提出预算申请，部财务司审核下达，纳入单位预算管理。

第七条 内部审计工作经费的支出范围，包括业务工作经费、审计外勤经费。

第八条 业务工作经费。用于内审部门开展日常业务活动中发生的工作支出，包括办公费、邮电费、交通费、差旅费、培训费、咨询费、委托业务费、开展境外审计发生的因公出国（境）费用，以及其他相关支出。业务工作经费的开支标准按照国家相关规定执行。

第九条 审计外勤经费。用于审计人员履行审计职责（含经济责任审计、专项审计）期间发生的符合有关规定的市内交通费、中午误餐费、加班费、差旅费。其标准参照《审计署机关及派出机构审计外勤经费管理办法》（审办发〔2010〕27号）执行。

第十条 内部审计工作经费不得开支编制内职工的人员工资、奖金、津补贴和福利支出，不得开支罚款、捐赠、赞助、投资等，严禁以任何方式谋取私利。

第十一条 内部审计工作经费要纳入本单位财务统一核算，严格按照预算批复执行，专款专用。属于政府采购范围的项目，必须按照政府采购的有关规定执行。

第十二条 经费使用单位应当遵守国家财政、财务规章制度和财经纪律，自觉接受财政、审计等部门的监督检查，并于每年1月向财务司报送上一年度经费使用情况总结。

第十三条 财务司应当加强对内部审计工作经费使用情况的监督检查，确保资金的合理使用和安全有效。对违反国家有关法律和财政、财务规章制度的，依法依规进行处理。

第十四条 本办法由财务司负责解释。

第十五条 本办法自发布之日起施行。

安徽省内部审计条例

(2011 年 8 月 19 日安徽省第十一届人民代表大会
常务委员会第二十七次会议通过)

第一章 总 则

第一条 为了加强内部审计工作,规范内部审计行为,改善经济管理,促进廉政建设,根据《中华人民共和国审计法》和有关法律、行政法规,结合本省实际,制定本条例。

第二条 本条例所称内部审计,是指单位依法独立开展监督和评价本单位及所属单位财政收支、财务收支及其他经济活动的真实、合法和效益的行为。

第三条 本省依法属于审计机关审计监督对象的国家机关、金融机构、企业事业组织、社会团体以及其他单位,应当建立健全内部审计制度,开展内部审计工作。

鼓励和支持非公有制企业、农村集体经济组织等单位建立健全内部审计制度,开展内部审计工作。

第四条 内部审计工作应当遵循依法、独立、客观、公正的原则。

第五条 单位主要负责人或者权力机构领导本单位的内部审计工作,保障内部审计机构或者人员依法履行职责。

第六条 县级以上人民政府审计机关负责指导和监督本行政区域内的内部审计工作。

县级以上人民政府其他有关行政主管部门应当在其职权范围内,加强对本行业、本系统内部审计工作的指导和监督。

第二章 机构与人员

第七条 下列单位应当设立独立的内部审计机构:

(一)国有、国有资本占控股或者主导地位的金融机构;

(二)大中型国有企业和国有资本占控股或者主导地位的企业;

(三)上市公司;

(四)法律、行政法规规定的其他应当设立内部审计机构的单位。

前款规定设立内部审计机构的单位,可以根据需要设立审计委员会,配备总审计师。

第八条 实行省级垂直管理的部门,财政收支、财务收支数额较大或者下属单位较多的国家机关、事业单位、社会团体以及其他单位,应当加强内部审计机构建设,可以根据需要设置内部审计机构,或者授权本单位内设机构履行内部审计职责。

第九条 设立独立的内部审计机构的单位,应当配备相应的内部审计人员。内部审计人员应当具备从事内部审计工作所需的专业知识和业务能力,定期接受内部审计业务岗位培训。

内部审计机构负责人应当具有审计或者相关专业中级以上技术职务资格、执业资格或者具有三年以上审计、会计等相关工作经历。

内部审计机构负责人在任期内没有违法失职或者其他不符合任职条件的情况的,不得随意撤换。

第十条 内部审计机构和内部审计人员履行职责所需经费,应当列入本单位财务预算,予以保障。

第三章 职责与权限

第十一条 内部审计机构和内部审计人员应当按照本单位主要负责人或者权力机构的要求,依法履行下列职责:

(一)对本单位及所属单位的财政收支、财务收支及有关经济活动进行审计;

(二)对本单位及所属单位的基本建设项目、技术改造项目以及重大投资活动进行审计;

(三)对本单位内设机构及所属单位主要负责人任期经济责任履行情况进行审计;

（四）对本单位及所属单位经济管理和效益情况进行审计；

（五）对本单位及所属单位内部控制制度的健全性、有效性以及风险管理情况进行评审；

（六）对本单位及所属单位与财政收支、财务收支有关的经济活动开展专项审计调查；

（七）办理审计机关委托的有关审计或者审计调查事项；

（八）法律、法规规定和本单位主要负责人或者权力机构要求办理的其他审计事项。

第十二条 内部审计机构和内部审计人员按照本单位主要负责人或者权力机构的要求，依法履行职责时享有下列权限：

（一）要求被审计对象按时提供有关财政、财务收支计划、预算执行情况、决算、会计报表及相关经济活动的资料和电子数据以及必要的电子计算机技术文档；

（二）参加或者列席本单位及所属单位召开的重大投资、资产处置、财政收支和财务收支预算、决算及其他与经济活动有关的会议等；

（三）审查财务、会计及经济活动的资料、文件和与审计内容有关的计算机管理信息系统及相关电子数据；

（四）对审计事项中的有关问题，依法向有关单位和个人开展调查和询问，取得相关证明材料；

（五）对可能被转移、隐匿、篡改、毁灭的有关财务会计及相关经济活动的资料或者资产，报经本单位主要负责人或者权力机构批准，予以暂时封存；

（六）对经济活动中的违法、违规行为予以制止，提出纠正、处理意见以及改善管理的建议；

（七）经本单位主要负责人或者权力机构批准，公示有关审计情况和结果；

（八）对本单位内设机构及所属单位严格遵守财经法规、经济效益显著、贡献突出的集体和个人，向本单位主要负责人或者权力机构提出表彰、奖励的建议。

第十三条 内部审计机构和内部审计人员开展内部审计工作，应当遵守内部审计职业规范，依法履行职责。

内部审计人员不得从事可能影响其依法履行职责的经营管理或者财务工作，不得参与原经办业务的审计事项。

内部审计人员实施内部审计时，与被审计对象或者审计事项有利害关系的，应当回避。

第十四条 单位主要负责人或者权力机构在管理权限范围内，可以授予内部审计机构通报、责令改正以及按照有关规定收缴违纪、违规资金的处理权。

第四章 审计程序

第十五条 内部审计机构应当制定年度审计工作计划，报单位主要负责人或者权力机构批准后实施。

第十六条 内部审计机构根据年度审计工作计划确定审计项目，组成审计组实施审计。审计组成员不得少于2人。

审计组实施审计前，应当向被审计对象送达审计通知书。

第十七条 审计组实施审计后，应当向内部审计机构提交书面报告。

内部审计机构应当对审计组提交的书面报告进行复核，并报经本单位主要负责人或者权力机构同意后下达审计结论。

审计结论应当对审计事项作出评价，提出纠正和处理违法违规行为以及改进经济管理、提高经济效益的意见和措施。

第十八条 被审计对象应当按照审计结论的要求及时整改，并在规定期限内向内部审计机构报告执行情况。

被审计对象对审计结论有异议的，可以向本单位主要负责人或者权力机构提起申诉。单位主要负责人或者权力机构应当处理。

第十九条 经内部审计，被审计对象有下列情形之一，由单位依照法律、法规规定移交有关机关依法处理：

（一）偷税、逃税；

（二）隐瞒、截留收入和利润；

（三）挤占、挪用专项资金；

（四）不依法设置会计账簿或者私设会计账簿，私存私放公款；

（五）编制虚假财务会计报告；

（六）浪费国家资金或者造成国家资金流失；

（七）违反财经法律、法规的其他情形。

第二十条 内部审计机构在必要时可以开展后续审计，检查被审计对象采取的整改措施及效果，并向本单位主要负责人或者权力机构提交后续审计结果。

第二十一条 审计机关和有关行政主管部门开展有关工作时，可以利用内部审计成果。

依法属于审计机关审计监督对象的单位在考核、奖惩、任免本单位及所属单位有关工作人员时，应当将内部审计结论作为重要依据。

第二十二条 单位应当建立健全内部审计档案管理制度，并按有关规定妥善保管内部审计档案资料。

第五章 指导与监督

第二十三条 审计机关应当对下列事项进行指导和监督：

（一）依据法律、法规和上级审计机关的有关规定，制定内部审计规章制度；

（二）督促审计监督对象建立健全内部审计制度，按照规定设立内部审计机构，配备内部审计人员；

（三）对审计监督对象建立健全内部审计制度和开展内部审计工作的情况进行检查和评价；

（四）总结、推广内部审计工作先进经验，对内部审计工作成效显著的单位和个人给予表彰和奖励；

（五）维护内部审计机构和内部审计人员的合法权益；

（六）指导和监督内部审计协会开展活动；

（七）法律、法规规定的其他事项。

第二十四条 审计机关可以通过内部审计协会，加强对内部审计工作的业务指导和监督。

第二十五条 依法属于审计机关审计监督对象的单位，应当按照规定向审计机关报告内部审计工作情况。

第二十六条 内部审计机构或者内部审计人员对被审计对象的违法、违规行为，经向单位主要负责人或者权力机构报告后，单位主要负责人或者权力机构不予处理或者处理明显不当的，可以向审计机关报告。

第二十七条 审计机关对内部审计工作中的违法、违规行为，应当责令有关单位限期改正。

第六章 法律责任

第二十八条 违反本条例规定，未建立内部审计制度、开展内部审计工作的，由审计机关责令改正；情节严重的，对直接负责的主管人员和其他直接责任人员，审计机关认为应当给予处分的，向有权机关提出给予处分的建议。有权机关应当依法及时处理，并将处理结果书面通知审计机关。

第二十九条 被审计对象有下列情形之一的，由单位主要负责人或者权力机构责令改正，并对直接负责的主管人员和其他直接责任人员依法给予处理：

（一）拒绝接受或者不配合内部审计工作的；

（二）拒绝、拖延提供与内部审计事项有关的资料，或者提供资料不真实、不完整的；

（三）拒绝执行审计结论的。

第三十条 内部审计机构有下列情形之一，未构成犯罪的，由单位主要负责人或者权力机构责令改正，并对直接负责的主管人员和其他直接责任人员依法给予处理：

（一）隐瞒审计查出的问题或者提供虚假审计结论的；

（二）泄露国家秘密或者泄露被审计对象商业秘密的；

（三）滥用职权、徇私舞弊、玩忽职守的；

（四）违反法律、法规规定的其他情形。

第三十一条 单位主要负责人或者权力机构的有关责任人有下列情形之一，未构成犯罪的，由有权机关依法给予处分：

（一）打击、报复、陷害内部审计人员的；

（二）授意、指使、强令内部审计机构或者内部审计人员出具违反法律、法规规定的审计结论的；

（三）违反法律、法规规定的其他情形。

第七章 附 则

第三十二条 本条例所称单位主要负责人，是指国家机关的行政首长及其他法人组织的法定代表人。

本条例所称权力机构，是指企业法人组织依法行使决策权的机构。

本条例所称被审计对象，是指本单位内设机构、所属单位及个人。

第三十三条 本条例自2012年1月1日起施行。

四川省内部审计条例

（四川省第十届人民代表大会常务委员会公告第111号）

《四川省内部审计条例》已由四川省第十届人民代表大会常务委员会第三十一次会议于2007年11月29日通过，现予公布，自2008年1月1日起施行。

四川省人民代表大会常务委员会

2007年11月29日

四川省内部审计条例

第一章 总 则

第一条 为加强内部审计，建立健全内部审计制度，规范内部审计行为，改善管理，提高效益，严肃财经纪律，促进廉政建设，根据《中华人民共和国审计法》和有关法律、行政法规的规定，结合四川省实际，制定本条例。

第二条 本条例所称内部审计，是指单位内部依法独立开展监督和评价本单位及其所属单位的财政收支、财务收支及其他经济活动的真实性、合法性和效益性的活动。

第三条 本条例适用于四川省行政区域内的国家机关，事业单位，国有及国有控股的金融机构、企业，管理使用财政资金及社会公共资金的社会团体和其他组织。

第四条 内部审计遵循依法、独立、客观、公正的原则。

第五条 单位主要负责人或者权力机构直接领导本单位的内部审计工作，对建立健全本单位内部审计制度以及审计报告、审计决定的真实性、合法性、完整性负责。

第六条 县级以上人民政府应当加强对内部审计工作的领导；县级以上国家审计机关指导和监督本行政区域内的内部审计工作。

县级以上行政主管部门在其职权范围内依法领导、指导、监督本行业、本系统的内部审计工作。

第七条 内部审计（师）协会是由内部审计机构和内部审计人员依法成立的自律性组织，依照国家有关规定进行行业自律性管理，接受国家审计机关的指导、监督。

第二章 机构和人员

第八条 下列单位应当设立独立的内部审计机构，配备专职内部审计人员：（一）实行省级垂直管理的部门；（二）财政收支、财务收支金额较大或者下属单位较多的国家机关、事业单位；（三）管理使用社会公共资金金额较大的社会团体和其他组织；（四）国有或者国有控股的地方金融、保险、证券机构；（五）大中型国有企业和国有控股企业；（六）法律、法规规定的其他应当设立内部审计机构的单位。

前款规定以外的单位，可以根据需要设置内部审计机构，配备专职或者兼职内部审计人员。

本条第一款第一项、第二项、第三项规定设立内部审计机构单位的具体条件由省人民政府规定。

第九条 企业可以根据有关法律、法规和实际需要，配备总审计师。总审计师履行法律法规赋予的职责。

第十条 内部审计机构履行职责所需经费，应当列入本单位预算。

第十一条 内部审计人员应当具备从事内部审计工作所需的专业知识和业务能力，定期接受内部审计职业培训和后续教育。

第十二条 内部审计机构负责人应当具备下列条件：(一)具有中级以上专业技术职务任职资格、执业资格或者具有三年以上审计、会计等相关工作经历；(二)法律、法规规定的其他条件。

第十三条 内部审计机构和内部审计人员应当依法履行职责，遵守行业规范。

内部审计人员不得兼任财务以及其他经营性工作，不得参与原经办业务的审计事项。内部审计人员在实施内部审计时，与被审计对象或者审计事项有利害关系的，应当回避。

第三章 职责和权限

第十四条 内部审计机构履行下列职责：(一)对本单位及所属单位财政收支，财务收支，资产、负债、损益、所有者权益进行审计监督；(二)对本单位及所属单位固定资产投资项目进行审计监督；(三)对本单位及所属单位在经营、管理过程中遵守相关法律、法规、规章，以及执行计划、预算、程序、合同等情况进行审计监督；(四)对本单位内设机构及所属单位主要负责人任期经济责任履行情况进行审计监督；(五)对本单位及所属单位经营、管理、效益情况进行审查和评价；(六)对本单位及所属单位内部控制的健全性和有效性以及风险管理进行审查和评价；(七)开展有关专项审计调查；(八)检查和指导所属单位内部审计工作；(九)办理本单位主要负责人或者权力机构以及上级单位内部审计机构交办的有关审计事项；(十)办理国家审计机关交办的查询、核查等有关审计事项；(十一)法律、法规、规章规定的其他职责。

第十五条 内部审计机构履行职责时，具有下列权限：(一)要求被审计对象及时提供真实和完整的有关计划、预算、决算，财务会计资料，招投标资料，经济合同，统计报表，会议纪要以及其他相关资料；(二)参加或者列席本单位及所属单位召开的有关重大投资、资产处置，财政收支、财务收支预算、决算及其他与经济活动有关的会议等；(三)审查财务、会计及经济活动的资料、文件和与审计内容有关的计算机管理信息系统及相关电子数据，现场勘查实物；(四)就审计事项中的有关问题，依法向有关单位和个人开展调查和询问，取得相关证明材料；(五)对经济活动中的违法、违规行为提出纠正、处理意见以及改善管理的建议；(六)对经济活动中正在进行的违法、违规行为，有权予以制止，制止无效的，及时报告本单位主要负责人或者权力机构予以制止；(七)对可能被转移、隐匿、篡改、毁弃的有关财务会计及相关经济活动的资料或者资产，报经本单位主要负责人或者权力机构批准，予以暂时封存；(八)经本单位主要负责人或者权力机构批准，公示有关审计报告，法律、法规另有规定的从其规定；(九)参与本单位对相关社会中介机构或者专业人员的选聘工作，并对所选聘的社会中介机构或者专业人员的工作质量进行审查和评价；(十)对本单位内设机构及所属单位严格遵守财经法规、经济效益显著、贡献突出的集体和个人，可以向本单位主要负责人或者权力机构提出表彰、奖励的建议；(十一)法律、法规和规章规定的其他权限。

第十六条 内部审计机构依法行使职权，被审计对象应当予以配合，不得拒绝、阻碍。

第十七条 内部审计机构开展内部审计，需要查询被审计对象在金融机构的账户或者有证据证明被审计对象以个人名义存储公款的，被审计对象应当配合查询并提供证明材料。

第十八条 单位主要负责人或者权力机构可以在管理权限范围内，授予内部审计机构必要的通报、责令改正及按有关规定收缴违纪、违规资金等处理、处罚权。

第十九条 内部审计结果应当作为考核、奖惩、任免本单位内设机构及所属单位负责人的重要依据之一。

第四章 审计程序

第二十条 内部审计机构应当实行审计项目计划管理。年度审计计划应当报经本单位主要负责人或者权力机构批准后实施。

第二十一条 内部审计机构根据年度审计计划确定审计项目，并根据审计项目组成审计组实施审计。审计组成员不得少于 2 人。

第二十二条 审计组应当编制审计方案，经内部审计机构批准后实施。

实施审计前，内部审计机构应当向被审计对象送达审计通知书。

第二十三条 审计组应当根据审计方案实施审计，采用专业技术方法和合法程序获取审计证据。

审计证据应当经被审计对象或者证据提供者签名或者盖章。被审计对象对审计证据有异议的，审计组应当进行核实，必要时应当重新取证。

被审计对象或者证据提供者拒绝签名或者盖章的，审计组应当注明原因和日期。

第二十四条 审计组应当根据审计证据，形成审计结论和建议，向内部审计机构提交书面报告。

内部审计机构应当对书面报告进行复核并征求被审计对象的意见。

本单位主要负责人或者权力机构应当对书面报告进行审定，形成本单位的审计报告、审计决定，送达被审计对象。

本单位的审计报告、审计决定，自送达被审计对象之日起生效。

第二十五条 被审计对象应当执行审计决定，落实审计报告有关意见和建议，并在规定期限内向内部审计机构报告执行情况，由内部审计机构报本单位主要负责人或者权力机构。

被审计对象对审计证据、审计报告、审计决定有异议的，可以向本单位主要负责人或者权力机构申请复核或者提起申诉，单位主要负责人或者权力机构应当受理。

复核或者申诉期间，不停止审计报告、审计决定的执行。

第二十六条 内部审计机构在必要时可以开展后续审计，检查被审计对象对审计报告、审计决定的执行情况，并向本单位主要负责人或者权力机构提交后续审计报告。

第二十七条 其他审计程序，可以参照《中国内部审计准则》执行。

第二十八条 单位对被审计对象的下列情形，应当作出审计决定：(一)未缴、少缴税款；(二)收受或者支付贿赂；(三)虚报或者隐瞒资产、收入和利润；(四)挤占、挪用、截留预算资金和专项资金；(五)不依法设置会计账簿或者私设会计账簿；(六)编制虚假财务会计报告；(七)乱挤、乱摊成本和费用，虚列支出；(八)挥霍国有资产或者造成国有资产流失；(九)违反票据和现金管理规定；(十)违反财经法律、法规、规章的其他情形。

第二十九条 单位应当建立健全内部审计档案管理制度，并按有关规定妥善保管内部审计档案资料。

第五章 指导与监督

第三十条 县级以上国家审计机关指导和监督内部审计工作的主要职责：

(一)依据法律、法规和上级审计机关的有关规定，制定内部审计配套制度；

(二)督促审计监督对象建立健全内部审计制度，按照规定设立内部审计机构，配备内部审计人员；

(三)对属于审计机关审计监督对象的单位内部审计制度建立健全情况和内部审计工作开展情况进行评价；

(四)总结、推广内部审计工作先进经验，对内部审计工作成效显著的单位和个人给予表彰、奖励；

(五)维护内部审计机构和内部审计人员的合法权益；

(六)指导和监督内部审计(师)协会的活动；

(七)法律、法规规定的其他职责。

第三十一条 县级以上行政主管部门在其职权范围内领导、指导、监督本行业、本系统内部审计工作的主要职责：

(一)依据法律、法规以及国家审计机关和上级行政主管部门的有关规定，制定本行业、本系统的内部审计配套制度；

(二)督促本部门所属单位和下级主管部门建立健全内部审计制度，按照规定设立内部审计机构，配备内部审计人员，开展内部审计工作；

(三)总结、推广本行业、本系统内部审计工作的先进经验，对本行业、本系统内部审计工作成效显著的单位和个人给予表彰、奖励；

(四)维护内部审计机构和内部审计人员的合法权益；

(五)法律、法规规定的其他职责。

第三十二条 属于国家审计机关审计监督对象的单位应当按规定向其上级单位和国家审计机关报送内部审计工作计划、工作总结、统计报表及重大审计事项的审计报告。

国家审计机关和有关行政主管部门在开展工作时，可以利用内部审计成果。

第六章　法律责任

第三十三条　被审计对象或者有关责任人有下列情形之一的，由本单位主要负责人或者权力机构责令改正；拒不改正的，按照有关规定对相关责任人依法处理；涉嫌犯罪的，移送司法机关依法处理：(一)弄虚作假，隐瞒事实真相，转移、隐匿、篡改、毁弃或者拒绝、拖延提供有关文件、资料的；(二)阻挠、抗拒内部审计人员行使职权的；(三)拒绝执行审计决定的；(四)打击、报复、诽谤、陷害内部审计人员或者有关举报人的；(五)违反法律、法规、规章的其他情形。

第三十四条　内部审计人员有下列情形之一的，由本单位主要负责人或者权力机构依法处理；涉嫌犯罪的，移送司法机关依法处理：(一)利用职权谋取私利的；(二)弄虚作假，徇私舞弊，隐瞒查出的问题或者提供虚假审计报告的；(三)泄露国家秘密、被审计对象商业秘密的；(四)违反法律、法规、规章的其他情形。

第三十五条　单位主要负责人或者权力机构的有关责任人有下列情形之一的，由有权机关依法处理；构成犯罪的，依法追究刑事责任：(一)打击、报复、陷害内部审计人员或者有关举报人的；(二)授意、指使、强令内部审计机构或者内部审计人员出具违反法律、法规规定的审计报告的；(三)对正在损害国家和单位利益，不及时制止或者制止不力造成重大危害和损失的；(四)违反法律、法规、规章的其他情形。

第七章　附　　则

第三十六条　本条例所称的单位主要负责人是指国家机关的行政首长及其他法人组织的法定代表人。

本条例所称的单位权力机构是指法人组织依法行使决策权的机构。

本条例所称的被审计对象是指所属单位、内设机构及个人。

第三十七条　未设立独立内部审计机构的单位，专职或者兼职内部审计人员的职责、权限，依照本条例执行。

第三十八条　本条例第三条规定以外单位内部审计，可以参照本条例规定执行。

第三十九条　本条例自 2008 年 1 月 1 日起施行。

云南省内部审计条例

(2005 年 12 月 2 日云南省第十届人民代表大会常务委员会第十九次会议通过)

第一章　总　　则

第一条　为了加强内部审计工作和监督，规范内部审计行为，维护经济秩序，提高经济效益，促进廉政建设，根据《中华人民共和国审计法》和有关法律、法规，结合本省实际，制定本条例。

第二条　本条例所称的内部审计是指单位内部审计机构和人员独立客观地监督和评价本单位及所属单位财政、财务收支及其他经济活动的真实性、合法性和效益性的行为。

第三条　本省行政区域内的下列单位，应当建立健全内部审计制度，开展内部审计工作：

(一)使用、管理财政拨款和其他财政性资金、基金，社会性公共基金的机关、事业单位、社会团体和其他组织；

(二)银行、保险、证券等国有及国有控股金融机构；

(三)国有及国有控股企业；

(四)上市公司；

(五)法律、法规规定需要开展内部审计工作的其他单位。

第四条　内部审计工作遵循独立、客观、公正的原则。

内部审计结论应当作为本单位考核、奖惩、任免所属单位负责人的依据之一。

第五条　任何单位和个人不得干涉、拒绝、阻碍内部审计人员依法实施审计，不得打击、报复、陷害内部审计人员。

第六条 省人民政府的审计机关负责指导和监督全省内部审计工作。州(市)、县(市、区)人民政府的审计机关负责指导和监督本行政区域内的内部审计工作。

第七条 县级以上人民政府及其有关部门、单位对在内部审计工作中做出显著成绩的内部审计机构和人员给予表彰奖励。

第二章 机构和人员

第八条 国有及国有控股金融机构、国有及国有控股大中型企业、上市公司等法律、法规规定设立内部审计机构的单位,应当设立内部审计机构;其他单位可以根据需要设立内部审计机构或者配备内部审计人员,也可以聘请专家参与内部审计工作,或者委托社会审计机构开展内部审计。

第九条 内部审计机构和内部审计人员应当在单位权力机构或者主要负责人的领导下开展工作。

单位权力机构或者主要负责人应当支持内部审计工作,保障内部审计机构和内部审计人员依法履行职责。

第十条 内部审计人员应当具备从事内部审计工作所需要的专业知识和业务能力,并有权定期接受法律知识和内部审计业务的培训。

第十一条 内部审计人员应当依法履行职责,客观公正,廉洁奉公,不得隐瞒审计中查出的问题,不得出具虚假的审计报告、审计决定。

第十二条 内部审计人员与被审计单位(人员)或者审计事项有利害关系的,应当回避。

第十三条 内部审计机构应当和财务会计机构相分离。

内部审计人员不得兼任本单位的财务会计工作,不得从事其他可能影响其依法履行职责的经营管理活动。

第十四条 开展内部审计工作及业务培训所需经费应当列入财务预算,由本单位予以保证。

第三章 职责和权限

第十五条 内部审计机构和内部审计人员应当履行下列职责:

(一)审计财政、财务收支及其相关经济活动;

(二)审计对外投资;

(三)审计固定资产投资项目和审签基本建设工程的概算、预算、决算等事项;

(四)审计经济效益;

(五)审计经济合同;

(六)评价内部控制制度;

(七)评价经营风险;

(八)审计所属单位有关人员的任期经济责任;

(九)审计、审计调查单位权力机构或者主要负责人交办的其他事项;

(十)法律、法规规定的其他职责。

第十六条 内部审计机构和内部审计人员具有下列权限:

(一)要求被审计单位提供有关生产经营资料、财务收支计划、预算、预算执行情况及决算、财务会计报告及其他相关文件资料;

(二)参加或者列席本单位及其所属机构召开的有关投资、资产处置、财务收支及其他与经济活动有关的会议,

(三)检查被审计单位有关生产、经营以及财务会计活动资料、文件、计算机财务会计系统及电子数据,对与内部审计事项有关的实物进行现场清查;

(四)对与内部审计事项有关的问题向有关单位和个人进行调查和询问,取得相关证明材料;

(五)对违反财经法律、法规的行为提出处理建议,对正在违反财经法律、法规的行为及时报告单位权力机构或者主要负责人予以制止;

(六)对可能被转移、隐匿、篡改、毁弃的有关财务会计、生产经营的资料,经单位权力机构或者主要负责

人批准，可以封存；

（七）对被审计单位和有关人员违反财政、财务收支法规的行为，经单位权力机构或者主要负责人批准，责令改正、调整相关会计账目；

（八）对遵守财经法律、法规，经济效益显著的单位和个人，以及与违反财经法律法规的行为作斗争有突出贡献的，提出表彰奖励建议。

第十七条 内部审计机构和内部审计人员开展内部审计需要查询被审计单位账户的，被审计单位应当配合查询，并提供证明材料。

第四章 审计程序

第十八条 内部审计机构应当制定年度审计计划，报经权力机构或者单位主要负责人批准后实施。

第十九条 内部审计机构根据年度审计计划确定审计项目，组成审计组，指定审计项目负责人。

第二十条 在开展内部审计前，审计项目负责人应当制定项目审计方案，经单位权力机构或者主要负责人批准后实施。

第二十一条 内部审计机构应当根据批准的项目审计方案编制审计通知书，并在开展审计前的3日内送达被审计单位。涉及个人经济责任的审计项目，应当抄送被审计人员。特殊审计业务应当在开展审计前即时送达。

第二十二条 内部审计人员根据审计方案实施审计，在审计过程中可以采用审核、观察、监盘、询问、函证、计算、分析性复核等方法获取审计证据。

第二十三条 审计组对审计事项实施审计后，应当提出审计报告。

审计报告应当征求被审计单位（人员）的意见，被审计单位（人员）应当自收到审计报告之日起10日内提出书面意见，逾期视为无异议。

内部审计机构负责人应当对审计报告和被审计单位（人员）的意见进行复核，报单位权力机构或者主要负责人同意后下达审计决定。

第二十四条 被审计单位应当执行审计决定。对审计决定有异议的，可以向内部审计机构所在单位的权力机构或者主要负责人。提出申诉。申诉期间不影响审计决定的执行。单位权力机构或者主要负责人应当自收到申诉申请之日起30日内作出答复。

第二十五条 审计工作完成后，内部审计机构应当及时整理审计资料，形成审计档案。

第二十六条 内部审计机构必要时开展后续审计，检查被审计单位对存在问题采取的整改措施及效果，并向单位权力机构或者主要负责人提交后续审计报告。

第二十七条 末设立内部审计机构的单位，内部审计人员应当按照本章规定的有关审计程序开展内部审计工作。

第五章 法律责任

第二十八条 被审计单位（人员）违反本条例规定，拒绝接受或者不配合开展内部审计工作，或者拒不执行审计决定的，由单位主要负责人责令改正；拒不改正的，依法对直接负责的主管人员和其他直接责任人员给予纪律处分或者行政处分。

第二十九条 被审计单位（人员）转移、隐匿、篡改、毁弃有关财务会计资料、生产经营资料以及其他文件资料的，依照有关规定予以处理；构成犯罪的，依法追究刑事责任。

第三十条 打击、报复、陷害内部审计人员的，由所在单位或者上级主管单位、机关依法给予纪律处分或者行政处分；构成犯罪的，依法追究刑事责任。

第三十一条 内部审计机构或者内部审计人员隐瞒审计中查出的问题，或者出具虚假的审计报告、审计决定，县级以上人民政府的审计机关应当责令改正，并建议有关部门追究相关责任人的责任。

第六章 附　　则

第三十二条 本条例规定范围以外的其他单位开展内部审计工作，参照本条例执行。

第三十三条 本条例自2006年1月1日起施行。

黑龙江省内部审计条例

（2004年8月20日黑龙江省第十届人民代表大会
常务委员会第十次会议通过）

第一章 总 则

第一条 为加强内部审计工作，规范内部审计行为，维护经济秩序，促进廉政建设，提高经济效益，根据《中华人民共和国审计法》和有关法律、法规规定，结合本省实际，制定本条例。

第二条 本条例所称内部审计，是指独立监督和评价本单位及其所属单位财政收支、财务收支以及与其相关的经济活动的真实、合法和效益的行为。

第三条 在本省行政区域内，下列单位应当依照本条例开展内部审计工作：

（一）使用、管理财政拨款和其他财政性资金、社会公共基金（资金）的机关、事业单位和其他组织；

（二）国有金融机构；

（三）国有企业以及国有资产占控股地位的企业；

（四）股份有限公司；

（五）法律、法规规定需要开展内部审计工作的其他单位。

第四条 省审计机关指导和监督本省内部审计工作，并负责组织实施本条例。

市（行署）、县（市、区）审计机关负责指导和监督管辖范围内的内部审计工作。

第五条 内部审计协会是内部审计行业的非营利、自律性民间组织，依照章程为内部审计工作提供协调和服务，依法履行行业管理职能。

第六条 单位应当建立健全内部审计制度，内部审计实行单位负责人负责制。

单位负责人是指单位法定代表人或者法律、行政法规规定代表单位行使职权的主要负责人。

单位负责人应当支持内部审计工作，保证内部审计机构或者人员依法履行职责，及时协调解决工作中遇到的问题，承担相应的失察责任。

第七条 内部审计机构或者人员应当在单位负责人的直接领导下独立实施审计。任何单位和个人不得拒绝、阻碍内部审计人员独立实施审计。

第八条 内部审计人员办理审计事项，应当遵守内部审计职业规范，忠于职守，做到独立、客观、公正、保密。

第九条 单位应当将内部审计经费列入预算，保证内部审计必需的经费。

第二章 机构和人员

第十条 下列单位应当设立内部审计机构：

（一）实行省级垂直管理的机关；

（二）年度行政事业性收费、罚没收入、预算外资金、专项资金数额较大的机关以及事业单位；

（三）国有地方金融机构；

（四）上市公司；

（五）大中型国有企业和国有资产占控股地位的企业；

（六）法律、法规规定的其他应当设立内部审计机构的单位。

前款规定以外的单位，可以根据需要设置内部审计机构或者配备内部审计人员，或者委托社会审计组织进行审计。

本条第一款第二项规定数额较大的标准，由省审计机关会同省财政、机构编制部门具体规定。

第十一条 设立内部审计机构的单位,审计人员不得少于二人。

资产总额一亿元以上的单位,应当设立审计委员会。审计委员会主任由单位负责人或者总审计师担任。审计委员会主要负责审理、审定审计事项的结论性意见、内部处理决定和建议等。

第十二条 内部审计人员应当按照法律、行政法规规定取得内部审计从业资格,并定期接受内部审计业务培训。

第十三条 内部审计机构负责人应当具备下列条件:

(一)具有内部审计从业资格;

(二)具有审计师或者其他经济类中级以上专业技术职务任职资格;

(三)从事三年以上审计、会计或者相关工作。

机关所属的内部审计机构负责人,可以不具备前款第二项规定的专业技术职务任职资格。

第十四条 内部审计人员不得兼任财务以及其他经营性工作,不得参与原经办业务的内部审计工作。

第十五条 内部审计人员办理审计事项应当遵守《中华人民共和国审计法实施条例》有关回避的规定。

第三章 职责和权限

第十六条 内部审计机构或者人员在本单位及其所属单位范围内履行下列职责:

(一)审计财政收支、财务收支及其有关经济活动;

(二)审计长期和短期投资;

(三)固定资产投资项目的事前、事中、事后审计以及审签基本建设工程概算(预算)、决算等事项;

(四)审计本单位内设机构、所属单位有关人员的经济责任;

(五)审计经济效益情况,审签有关合同;

(六)评审内部经济控制制度;

(七)根据需要开展有关专项审计调查;

(八)法律、法规规定和本单位负责人要求办理的其他事项。

第十七条 内部审计机构或者人员履行职责时,具有下列权限:

(一)要求被审计单位报送生产、经营、财务收支计划,预算执行情况和决算,会计报表和其他有关文件、资料;

(二)参加或者列席本单位及其所属单位的重大投资、资产处理、资金调度和其他重要经营决策等会议;

(三)审查有关生产、经营和财务活动的资料、文件,现场勘察实物,检查计算机财务会计管理系统及其电子数据和资料;

(四)向有关单位和个人调查;

(五)对违反有关法律、法规、规章或者其他有关规定的行为提出处理意见;

(六)对可能被转移、隐匿、篡改、毁弃的会计凭证、会计账簿、会计报表以及与经济活动有关的资料,经本单位负责人批准,予以封存;

(七)公示审计结论性文件,但法律、法规规定的涉密事项除外。

内部审计机构或者人员对正在进行的严重违反有关法律、法规、规章或者其他有关规定,以及可能造成严重损失浪费的行为,应当报告单位负责人并予以制止。

第十八条 内部审计机构或者人员就审计事项中的有关问题,有权责令被审计单位配合查询其在金融机构的各项存款,并取得证明材料;有关部门、金融机构应当予以协助。

第十九条 单位负责人可以在管理权限范围内,授予内部审计机构通报、警告、内部罚款、收缴违纪资金、责令改正等权力。

第四章 审计程序

第二十条 内部审计机构或者人员应当拟订当年审计项目计划,报单位负责人批准后实施。

第二十一条 审计项目确定后,单位应当选派内部审计人员组成审计组,实施审计。

第二十二条 内部审计机构或者人员应当进行审前调查,制定审计实施方案。在实施审计三日前,向被审计单位或者人员送达审计通知书。

第二十三条 审计结束后，审计组应当提出审计组报告，征求被审计单位或者人员的意见后，提交单位负责人审定，形成审计报告。

第二十四条 其他内部审计程序，按照国家有关规定执行。

第五章 审计处理

第二十五条 审计报告应当对审计事项、审计结果作出评价，并反馈给被审计单位或者有关人员。

第二十六条 在实施内部审计过程中，对于被审计单位或者人员的下列情形，应当作出审计决定：

（一）应缴未缴、偷逃税款；

（二）隐瞒、截留收入和利润，乱挤、乱摊成本和费用；

（三）挤占、挪用专项资金；

（四）不依法设置会计账簿或者私设会计账簿；

（五）编制虚假财务会计报告；

（六）虚报产量、产值和原材料消耗；

（七）挥霍国家资产或者造成国家资产流失；

（八）违反发票和现金管理规定；

（九）违反财经法律、法规、规章的其他情形。

有前款情形，需要执法机关追究法律责任的，内部审计机构或者人员应当向有关执法机关提出追究法律责任的建议。

第二十七条 被审计单位或者人员有下列情形之一，尚未造成严重后果的，由内部审计机构或者人员根据本单位内部管理制度进行通报批评，责令改正；逾期未改正的，由单位给予内部处理：

（一）拒绝提供或者谎报与审计事项有关的文件、资料；

（二）拒绝、阻碍检查；

（三）转移、隐匿违反国家规定取得的资产；

（四）转移、隐匿、篡改、毁弃会计凭证、会计账簿、会计报表以及其他与财务收支有关的文件、资料；

（五）拒不执行审计决定。

由于前款情形造成严重后果的，由单位依照法律、法规规定转交有关部门查处。

第二十八条 单位在考核经济目标、兑现奖惩、任免所属单位和内设机构负责人时，应当将内部审计机构或者人员的有关审计结论作为重要依据。

第二十九条 内部审计报告可以作为审计机关、有关部门或者社会审计组织进行相关工作的参考依据。

第三十条 内部审计机构或者人员对已办结的审计事项，应当按照国家档案管理规定建立审计档案。

第三十一条 被审计单位或者人员对审计报告或者审计决定有异议的，可以在十五日内向单位负责人或者其上级内部审计机构提出意见，单位负责人或者上级内部审计机构应当在十日内予以答复，并根据单位内部管理制度予以处理。

第六章 法律责任

第三十二条 审计机关发现内部审计报告不适当或者不合法，应当责令其单位限期改正。

第三十三条 内部审计人员有下列情形之一的，所在单位应当给予警告或者通报批评；情节严重的，依法给予处分，并由审计机关按照国家规定取消从业资格：

（一）隐瞒审计查出的问题或者提出虚假审计报告、审计决定；

（二）利用职权徇私舞弊；

（三）玩忽职守给国家或者被审计单位造成经济损失；

（四）应当回避而没有申请回避；

（五）泄露国家秘密或者商业秘密；

（六）违反法律、法规、规章的其他情形。

单位领导人员指使、授意内部审计人员出具虚假审计报告的，由审计机关会同主管部门依法查处。

第三十四条 审计机关、主管部门发现单位领导人员或者被审计对象打击报复内部审计人员的，应当责令改正；拒不改正的，按照管理权限给予责任人行政处分。

第七章 附 则

第三十五条 本条例第三条规定范围以外的单位开展内部审计工作可以参照本条例执行。

第三十六条 本条例自 2004 年 10 月 1 日起施行。

第五部分

外部审计准则与政策解读

中国注册会计师执业准则指南简介

（2007年1月1日）

中国注册会计师执业准则已于2006年2月15日由财政部发布，自2007年1月1日起在所有会计师事务所施行。为了帮助广大注册会计师正确理解和运用注册会计师执业准则，中国注册会计师协会在注册会计师执业准则框架下，制定了实施指南。准则指南覆盖所有准则项目，共48项，计100余万字，自2007年1月1日起与中国注册会计师执业准则同步施行。

一、起草过程

在审计准则体系发布后，中注协开始着手指南起草工作。指南起草工作大体上经历了以下几个阶段：

一是初稿起草阶段。审计准则一发布，中注协即投入了指南制定工作。成立了指南起草工作组，制定了工作方案，提出了每个指南的框架、总体要求、工作步骤和任务分工等。起草工作组由审计准则委员会委员、外国及港澳台专家咨询组成员和审计准则组成员组成，既有理论界的权威，又有实务界的专家。在时间紧、任务重的情况下，起草工作组成员加班加点，连续作战，工作富有成效，4月中旬形成了指南初稿。4月下旬至6月上旬，组织专家对指南初稿进行审议和修改，形成了内部征求意见稿。

二是研讨论证阶段。中注协于6月中旬至7月上旬在北京举行了两期研讨班，每期10天。来自具有执行证券期货业务资格的会计师事务所64名主管技术的负责人参加了研讨。研讨班采取了边宣讲，边研讨的模式，对指南内部征求意见稿的体例、可操作性和适用性等进行论证。

7月下旬，中注协又召开为期14天的定向征求意见会，邀请15名资深注册会计师，对指南内部征求意见稿进行仔细推敲和斟酌。

7月至8月，利用举办三期中国注册会计师执业准则培训面授班的机会，中注协把指南内部征求意见稿以讲义的形式印发，由起草人讲授，同时听取学员意见。

通过研讨论证，起草组成员了解了指南内部征求意见稿修改的方向和重点，经过加班加点、日夜苦干、反复修改、数易其稿，形成了征求意见稿。

三是公开征求意见阶段。8月15日，中注协印发指南征求意见稿，向社会公开征求意见，收到各地注协和相关部门意见80多份。

四是审计准则委员会审议阶段。10月8日召开财政部会计准则委员会暨中注协审计准则委员会联席会议。会上，各位委员对指南的质量表示认可，同时也提出了技术上的完善意见。会后，中注协又将完善后的指南向审计准则委员会和相关部门第二次征求意见。各位委员和相关部门对指南草案表示肯定，建议发布。

二、指南的特点

指南是对注册会计师执业准则的细化、深化和具体化，为注册会计师如何正确理解和运用准则提供可操作性的指导意见，与注册会计师执业准则构成一个完整的注册会计师执业规范体系。指南具有以下特点：

第一，内容全面。中国注册会计师执业准则包括鉴证业务基本准则、审计准则、审阅准则、其他鉴证业务准则、相关服务准则和会计师事务所质量控制准则，共计48项。执业准则按其功能区分为两大类型，一是具有概念框架功能的准则，重点阐明执业的目标、一般原则、理念和方法论。二是具有实务操作功能的准则。为了使注册会计师掌握不同类别准则的要旨，将所有准则转化为正确的执业理念和行为，针对每项准则，都起草了相应的指南。

第二，可操作性强。增强可操作性是指南的基本定位。与体例相适应，准则主要规范注册会计师应当做什么，不应当做什么，而没有阐明为什么这样规定和怎样操作。指南利用体例相对灵活的特点，对于具有概念框架功能的准则，系统阐述准则的理论基础、规范的理由和对执业的影响，指导注册会计师如何理解执业理念和方法论；对于具有实务操作功能的准则，重点阐述准则的核心程序和具体方法，增加大量的解释、说明、举例和图示，指导注册会计师如何正确运用程序和具体方法。为了方便读者阅读和检索，指南尽可能做到与准则对应，指出准则的条目。

第三，贴近实务。由于执业准则在理念和方法上变化较大，指南密切结合我国目前的执业环境和以往的执业实践，以使注册会计师顺利实现由老准则向新准则过渡。例如，为了指导注册会计师正确运用审计风险准则，提高注册会计师识别、评估和应对重大错报风险的能力，指南通过举例方式系统讲解了注册会计师如何设计和实施风险评估程序、控制测试和实质性程序，以及如何通过工作底稿贯彻风险导向审计的理念，把重大错报风险评估与应对的过程用工作底稿进行勾稽。同时，指南中提供了大量范例，如新版的业务约定书、前后任注册会计师沟通函、各类询证函、管理层声明书、业务报告、风险评估程序工作底稿等，具有很强的实用性。

第四，坚持国际趋同的要求。执业准则在框架体系、项目构成和核心内容等方面体现了与国际准则趋同的要求。例如在审计准则的内容上，充分采用了国际审计准则所有的基本原则和核心程序，在审计的目标与原则、风险的评估与应对、审计证据的获取和分析、审计结论的形成和报告等所有重大方面，与国际审计准则保持一致。对国际审计准则中包含的举例等解释说明性材料，由于我国准则是财政部规范性文件，未能写入准则正文。在此次起草指南时，根据中国审计准则委员会与国际审计与鉴证准则理事会发表联合声明的精神，将国际审计准则解释说明性材料写入指南，以进一步体现与国际审计准则趋同的要求。

三、指南的成果

指南以执业准则为依据，结合审计理论和实务成果，重点解决了注册会计师在运用准则时面临的问题。

——如何运用审计风险模型。审计风险准则确立了新的审计风险模型，以明确注册会计师识别、评估和应对财务报表重大错报风险的思路。审计风险模型构成了风险导向审计方法的基础，在审计实务中不易把握，指南详细阐述了注册会计师如何使用审计风险模型开展审计工作。

——如何计划审计工作。计划审计工作包括制定总体审计策略和具体审计计划两个层面。指南对总体审计策略进行了细化，对实务中如何确定审计范围、时间和方向列出了具体考虑因素。借助于风险评估程序和进一步审计程序工作底稿示例，指南详细演示了具体审计计划的制定。

——如何进行风险评估。对重大错报风险识别和评估是审计准则建设中新增的重点内容，也是一个难点。指南从六个方面系统阐述了注册会计师如何识别和评估重大错报风险，特别是利用审计程序举例的方式，详细讲解了进行风险评估的过程和关键环节。

——如何实施控制测试。由于我国内部控制理论和实践相对滞后，注册会计师在实施控制测试时或者不知从何下手，或者具有很大的盲目性，不能为审计提供有价值的基础。指南指导注册会计师从宏观层面和业务流程层面对内部控制进行测试，具有很强的适用性。同时，通过“认定”的概念和审计风险模型，把控制测试和实质性程序贯通起来。

——如何应对舞弊风险。指南以重大错报风险的识别、评估和应对为基础，系统阐述了企业管理层财务舞弊的动机和风险因素，针对新形势下财务舞弊的特点，有针对性地提供了应对舞弊风险的技巧、方法和案例，为注册会计师发现舞弊提供全方位的指导。

——如何编制工作底稿。风险导向审计方法重塑了审计流程，严格了审计程序，要求注册会计师对实施的风险评估程序、控制测试和实质性程序形成恰当的工作记录。针对这个问题，指南系统地讲解了风险导向审计模式下如何编制工作底稿，特别是如何建立风险评估结果与实施进一步审计程序的联系，风险评估工作底稿如何与进一步审计程序工作底稿相勾稽。

——如何运用重要性水平。重要性水平是衡量注册会计师出具恰当审计报告的依据，也是影响财务报表使用者正确决策的关键因素。在审计实务中，注册会计师从定量角度运用重要性水平比较到位，但从定性角度运用有所欠缺，指南细化了如何从定量角度运用重要性水平，并详细介绍了从定性角度运用重要性水平的原理。

——如何确定抽样规模。正确运用审计抽样原理，是注册会计师获取充分、适当审计证据的关键。指南系统阐述了在控制测试和实质性程序中如何确定恰当的样本规模，如何评价样本结果，以提高审计效率和效果。

——如何确定审计意见。指南总结最近几年证券市场审计意见存在的缺陷，系统阐述了注册会计师如何评价财务报表的合法性和公允性，如何针对具体情况确定恰当审计意见类型，防止随意调控审计意见，并列举了各种类型审计报告的参考格式。

——如何审计新兴和复杂领域。目前企业会计核算中判断和估计事项日益复杂，会计确认、计量和报告涉及领域日益宽广，针对公允价值、金融工具等新兴和复杂领域，指南提供了详细的应对程序和方法。

中国注册会计师鉴证业务基本准则

（财会〔2006〕4号 2006年2月15日修订）

第一章 总　　则

第一条 为了规范注册会计师执行鉴证业务，明确鉴证业务的目标和要素，确定中国注册会计师审计准则、中国注册会计师审阅准则、中国注册会计师其他鉴证业务准则（分别简称审计准则、审阅准则和其他鉴证业务准则）适用的鉴证业务类型，根据《中华人民共和国注册会计师法》，制定本准则。

第二条 鉴证业务包括历史财务信息审计业务、历史财务信息审阅业务和其他鉴证业务。

注册会计师执行历史财务信息审计业务、历史财务信息审阅业务和其他鉴证业务时，应当遵守本准则以及依据本准则制定的审计准则、审阅准则和其他鉴证业务准则。

第三条 本准则所称注册会计师，是指取得注册会计师证书并在会计师事务所执业的人员，有时也指其所在的会计师事务所。

本准则所称鉴证业务要素，是指鉴证业务的三方关系、鉴证对象、标准、证据和鉴证报告。

第四条 注册会计师执行鉴证业务时，应当遵守中国注册会计师职业道德规范（简称职业道德规范）和会计师事务所质量控制准则。

第二章 鉴证业务的定义和目标

第五条 鉴证业务是指注册会计师对鉴证对象信息提出结论，以增强除责任方之外的预期使用者对鉴证对象信息信任程度的业务。

鉴证对象信息是按照标准对鉴证对象进行评价和计量的结果。如责任方按照会计准则和相关会计制度（标准）对其财务状况、经营成果和现金流量（鉴证对象）进行确认、计量和列报（包括披露，下同）而形成的财务报表（鉴证对象信息）。

第六条 鉴证对象信息应当恰当反映既定标准运用于鉴证对象的情况。如果没有按照既定标准恰当反映鉴证对象的情况，鉴证对象信息可能存在错报，而且可能存在重大错报。

第七条 鉴证业务分为基于责任方认定的业务和直接报告业务。在基于责任方认定的业务中，责任方对鉴证对象进行评价或计量，鉴证对象信息以责任方认定的形式为预期使用者获取。如在财务报表审计中，被审计单位管理层（责任方）对财务状况、经营成果和现金流量（鉴证对象）进行确认、计量和列报（评价或计量）而形成的财务报表（鉴证对象信息）即为责任方的认定，该财务报表可为预期报表使用者获取，注册会计师针对财务报表出具审计报告。这种业务属于基于责任方认定的业务。

在直接报告业务中，注册会计师直接对鉴证对象进行评价或计量，或者从责任方获取对鉴证对象评价或计量的认定，而该认定无法为预期使用者获取，预期使用者只能通过阅读鉴证报告获取鉴证对象信息。如在内部控制鉴证业务中，注册会计师可能无法从管理层（责任方）获取其对内部控制有效性的评价报告（责任方认定），或虽然注册会计师能够获取该报告，但预期使用者无法获取该报告，注册会计师直接对内部控制的有效性（鉴证对象）进行评价并出具鉴证报告，预期使用者只能通过阅读该鉴证报告获得内部控制有效性的信息（鉴证对象信息）。这种业务属于直接报告业务。

第八条 鉴证业务的保证程度分为合理保证和有限保证。

合理保证的鉴证业务的目标是注册会计师将鉴证业务风险降至该业务环境下可接受的低水平，以此作为以积极方式提出结论的基础。如在历史财务信息审计中，要求注册会计师将审计风险降至可接受的低水平，对审计后的历史财务信息提供高水平保证（合理保证），在审计报告中对历史财务信息采用积极方式提出结论。这种业务属于合理保证的鉴证业务。

有限保证的鉴证业务的目标是注册会计师将鉴证业务风险降至该业务环境下可接受的水平，以此作为以消极方式提出结论的基础。如在历史财务信息审阅中，要求注册会计师将审阅风险降至该业务环境下可接受的水平（高于历史财务信息审计中可接受的低水平），对审阅后的历史财务信息提供低于高水平的保证（有限保证），在审阅报告中对历史财务信息采用消极方式提出结论。这种业务属于有限保证的鉴证业务。

第三章　业务承接

第九条　在接受委托前，注册会计师应当初步了解业务环境。

业务环境包括业务约定事项、鉴证对象特征、使用的标准、预期使用者的需求、责任方及其环境的相关特征，以及可能对鉴证业务产生重大影响的事项、交易、条件和惯例等其他事项。

第十条　在初步了解业务环境后，只有认为符合独立性和专业胜任能力等相关职业道德规范的要求，并且拟承接的业务具备下列所有特征，注册会计师才能将其作为鉴证业务予以承接：

（一）鉴证对象适当；

（二）使用的标准适当且预期使用者能够获取该标准；

（三）注册会计师能够获取充分、适当的证据以支持其结论；

（四）注册会计师的结论以书面报告形式表述，且表述形式与所提供的保证程度相适应；

（五）该业务具有合理的目的。如果鉴证业务的工作范围受到重大限制，或委托人试图将注册会计师的名字和鉴证对象不适当地联系在一起，则该业务可能不具有合理的目的。

第十一条　当拟承接的业务不具备本准则第十条规定的鉴证业务的所有特征，不能将其作为鉴证业务予以承接时，注册会计师可以提请委托人将其作为非鉴证业务（如商定程序、代编财务信息、管理咨询、税务服务等相关服务业务），以满足预期使用者的需要。

第十二条　如果某项鉴证业务采用的标准不适当，但满足下列条件之一时，注册会计师可以考虑将其作为一项新的鉴证业务：

（一）委托人能够确认鉴证对象的某个方面适用于所采用的标准，注册会计师可以针对该方面执行鉴证业务，但在鉴证报告中应当说明该报告的内容并非针对鉴证对象整体；

（二）能够选择或设计适用于鉴证对象的其他标准。

第十三条　对已承接的鉴证业务，如果没有合理理由，注册会计师不应将该项业务变更为非鉴证业务，或将合理保证的鉴证业务变更为有限保证的鉴证业务。

当业务环境变化影响到预期使用者的需求，或预期使用者对该项业务的性质存在误解时，注册会计师可以应委托人的要求，考虑同意变更该项业务。如果发生变更，注册会计师不应忽视变更前获取的证据。

第四章　鉴证业务的三方关系

第十四条　鉴证业务涉及的三方关系人包括注册会计师、责任方和预期使用者。

责任方与预期使用者可能是同一方，也可能不是同一方。

第十五条　注册会计师可以承接符合本准则第十条规定的各类鉴证业务。

如果鉴证业务涉及的特殊知识和技能超出了注册会计师的能力，注册会计师可以利用专家协助执行鉴证业务。在这种情况下，注册会计师应当确信包括专家在内的项目组整体已具备执行该项鉴证业务所需的知识和技能，并充分参与该项鉴证业务和了解专家所承担的工作。

第十六条　责任方是指下列组织或人员：

（一）在直接报告业务中，对鉴证对象负责的组织或人员；

（二）在基于责任方认定的业务中，对鉴证对象信息负责并可能同时对鉴证对象负责的组织或人员。

责任方可能是鉴证业务的委托人，也可能不是委托人。

第十七条　注册会计师通常提请责任方提供书面声明，表明责任方已按照既定标准对鉴证对象进行评价或计量，无论该声明是否能为预期使用者获取。

在直接报告业务中，当委托人与责任方不是同一方时，注册会计师可能无法获取此类书面声明。

第十八条　预期使用者是指预期使用鉴证报告的组织或人员。责任方可能是预期使用者，但不是唯一的预期使用者。

注册会计师可能无法识别使用鉴证报告的所有组织和人员，尤其在各种可能的预期使用者对鉴证对象存在不同的利益需求时。注册会计师应当根据法律法规的规定或与委托人签订的协议识别预期使用者。

在可行的情况下，鉴证报告的收件人应当明确为所有的预期使用者。

第十九条 在可行的情况下，注册会计师应当提请预期使用者或其代表，与注册会计师和责任方(如果委托人与责任方不是同一方，还包括委托人)共同确定鉴证业务约定条款。

无论其他人员是否参与，注册会计师都应当负责确定鉴证业务程序的性质、时间和范围，并对鉴证业务中发现的、可能导致对鉴证对象信息作出重大修改的问题进行跟踪。

第二十条 当鉴证业务服务于特定的使用者，或具有特定目的时，注册会计师应当考虑在鉴证报告中注明该报告的特定使用者或特定目的，对报告的用途加以限定。

第五章 鉴证对象

第二十一条 鉴证对象与鉴证对象信息具有多种形式，主要包括：

(一)当鉴证对象为财务业绩或状况时(如历史或预测的财务状况、经营成果和现金流量)，鉴证对象信息是财务报表；

(二)当鉴证对象为非财务业绩或状况时(如企业的运营情况)，鉴证对象信息可能是反映效率或效果的关键指标；

(三)当鉴证对象为物理特征时(如设备的生产能力)，鉴证对象信息可能是有关鉴证对象物理特征的说明文件；

(四)当鉴证对象为某种系统和过程时(如企业的内部控制或信息技术系统)，鉴证对象信息可能是关于其有效性的认定；

(五)当鉴证对象为一种行为时(如遵守法律法规的情况)，鉴证对象信息可能是对法律法规遵守情况或执行效果的声明。

第二十二条 鉴证对象具有不同特征，可能表现为定性或定量、客观或主观、历史或预测、时点或期间。这些特征将对下列方面产生影响：

(一)按照标准对鉴证对象进行评价或计量的准确性；

(二)证据的说服力。

鉴证报告应当说明与预期使用者特别相关的鉴证对象特征。

第二十三条 适当的鉴证对象应当同时具备下列条件：

(一)鉴证对象可以识别；

(二)不同的组织或人员对鉴证对象按照既定标准进行评价或计量的结果合理一致；

(三)注册会计师能够收集与鉴证对象有关的信息，获取充分、适当的证据，以支持其提出适当的鉴证结论。

第六章 标 准

第二十四条 标准是指用于评价或计量鉴证对象的基准，当涉及列报时，还包括列报的基准。

标准可以是正式的规定，如编制财务报表所使用的会计准则和相关会计制度；也可以是某些非正式的规定，如单位内部制定的行为准则或确定的绩效水平。

第二十五条 注册会计师在运用职业判断对鉴证对象作出合理一致的评价或计量时，需要有适当的标准。

适当的标准应当具备下列所有特征：

(一)相关性：相关的标准有助于得出结论，便于预期使用者作出决策；

(二)完整性：完整的标准不应忽略业务环境中可能影响得出结论的相关因素，当涉及列报时，还包括列报的基准；

(三)可靠性：可靠的标准能够使能力相近的注册会计师在相似的业务环境中，对鉴证对象作出合理一致的评价或计量；

(四)中立性:中立的标准有助于得出无偏向的结论;

(五)可理解性:可理解的标准有助于得出清晰、易于理解、不会产生重大歧义的结论。

注册会计师基于自身的预期、判断和个人经验对鉴证对象进行的评价和计量,不构成适当的标准。

第二十六条 注册会计师应当考虑运用于具体业务的标准是否具备本准则第二十五条所述的特征,以评价该标准对此项业务的适用性。在具体鉴证业务中,注册会计师评价标准各项特征的相对重要程度,需要运用职业判断。

标准可能是由法律法规规定的,或由政府主管部门或国家认可的专业团体依照公开、适当的程序发布的,也可能是专门制定的。采用标准的类型不同,注册会计师为评价该标准对于具体鉴证业务的适用性所需执行的工作也不同。

第二十七条 标准应当能够为预期使用者获取,以使预期使用者了解鉴证对象的评价或计量过程。标准可以通过下列方式供预期使用者获取:

(一)公开发布;

(二)在陈述鉴证对象信息时以明确的方式表述;

(三)在鉴证报告中以明确的方式表述;

(四)常识理解,如计量时间的标准是小时或分钟。

如果确定的标准仅能为特定的预期使用者获取,或仅与特定目的相关,鉴证报告的使用也应限于这些特定的预期使用者或特定目的。

第七章 证 据

第一节 总体要求

第二十八条 注册会计师应当以职业怀疑态度计划和执行鉴证业务,获取有关鉴证对象信息是否不存在重大错报的充分、适当的证据。

注册会计师应当及时对制定的计划、实施的程序、获取的相关证据以及得出的结论作出记录。

第二十九条 注册会计师在计划和执行鉴证业务,尤其在确定证据收集程序的性质、时间和范围时,应当考虑重要性、鉴证业务风险以及可获取证据的数量和质量。

第二节 职业怀疑态度

第三十条 职业怀疑态度是指注册会计师以质疑的思维方式评价所获取证据的有效性,并对相互矛盾的证据,以及引起对文件记录或责任方提供的信息的可靠性产生怀疑的证据保持警觉。

第三十一条 鉴证业务通常不涉及鉴定文件记录的真伪,注册会计师也不是鉴定文件记录真伪的专家,但应当考虑用作证据的信息的可靠性,包括考虑与信息生成和维护相关的控制的有效性。

如果在执行业务过程中识别出的情况使其认为文件记录可能是伪造的或文件记录中的某些条款已发生变动,注册会计师应当作出进一步调查,包括直接向第三方询证,或考虑利用专家的工作,以评价文件记录的真伪。

第三节 证据的充分性和适当性

第三十二条 证据的充分性是对证据数量的衡量,主要与注册会计师确定的样本量有关。证据的适当性是对证据质量的衡量,即证据的相关性和可靠性。

所需证据的数量受鉴证对象信息重大错报风险的影响,即风险越大,可能需要的证据数量越多;所需证据的数量也受证据质量的影响,即证据质量越高,可能需要的证据数量越少。

尽管证据的充分性和适当性相关,但如果证据的质量存在缺陷,注册会计师仅靠获取更多的证据可能无法弥补其质量上的缺陷。

第三十三条 证据的可靠性受其来源和性质的影响,并取决于获取证据的具体环境。

注册会计师通常按照下列原则考虑证据的可靠性:

(一)从外部独立来源获取的证据比从其他来源获取的证据更可靠;

（二）内部控制有效时内部生成的证据比内部控制薄弱时内部生成的证据更可靠；

（三）直接获取的证据比间接获取或推论得出的证据更可靠；

（四）以文件记录形式（无论是纸质、电子或其他介质）存在的证据比口头形式的证据更可靠；

（五）从原件获取的证据比从传真或复印件获取的证据更可靠。

在运用本条第二款第（一）项至第（五）项所述原则评价证据的可靠性时，注册会计师应当注意可能出现的重大例外情况。

第三十四条 如果针对某项认定从不同来源获取的证据或获取的不同性质的证据能够相互印证，与该项认定相关的证据通常具有更强的说服力。

如果从不同来源获取的证据或获取的不同性质的证据不一致，可能表明某项证据不可靠，注册会计师应当追加必要的程序予以解决。

第三十五条 针对一个期间的鉴证对象信息获取充分、适当的证据，通常要比针对一个时点的鉴证对象信息获取充分、适当的证据更困难。

针对过程提出的结论通常限于鉴证业务涵盖的期间，注册会计师不应对该过程是否在未来以特定方式继续发挥作用提出结论。

第三十六条 注册会计师可以考虑获取证据的成本与所获取信息有用性之间的关系，但不应仅以获取证据的困难和成本为由减少不可替代的程序。

在评价证据的充分性和适当性以支持鉴证报告时，注册会计师应当运用职业判断，并保持职业怀疑态度。

第四节 重要性

第三十七条 在确定证据收集程序的性质、时间和范围，评估鉴证对象信息是否不存在错报时，注册会计师应当考虑重要性。在考虑重要性时，注册会计师应当了解并评估哪些因素可能会影响预期使用者的决策。

注册会计师应当综合数量和性质因素考虑重要性。在具体业务中评估重要性以及数量和性质因素的相对重要程度，需要注册会计师运用职业判断。

第五节 鉴证业务风险

第三十八条 鉴证业务风险是指在鉴证对象信息存在重大错报的情况下，注册会计师提出不恰当结论的可能性。

在直接报告业务中，鉴证对象信息仅体现在注册会计师的结论中，鉴证业务风险包括注册会计师不恰当地提出鉴证对象在所有重大方面遵守标准的结论的可能性。

第三十九条 在合理保证的鉴证业务中，注册会计师应当将鉴证业务风险降至具体业务环境下可接受的低水平，以获取合理保证，作为以积极方式提出结论的基础。

在有限保证的鉴证业务中，由于证据收集程序的性质、时间和范围与合理保证的鉴证业务不同，其风险水平高于合理保证的鉴证业务；但注册会计师实施的证据收集程序至少应当足以获取有意义的保证水平，作为以消极方式提出结论的基础。

当注册会计师获取的保证水平很有可能在一定程度上增强预期使用者对鉴证对象信息的信任时，这种保证水平是有意义的保证水平。

第四十条 鉴证业务风险通常体现为重大错报风险和检查风险。

重大错报风险是指鉴证对象信息在鉴证前存在重大错报的可能性。

检查风险是指某一鉴证对象信息存在错报，该错报单独或连同其他错报是重大的，但注册会计师未能发现这种错报的可能性。

注册会计师对重大错报风险和检查风险的考虑受具体业务环境的影响，特别受鉴证对象性质，以及所执行的是合理保证鉴证业务还是有限保证鉴证业务的影响。

第六节 证据收集程序的性质、时间和范围

第四十一条 证据收集程序的性质、时间和范围因业务的不同而不同。注册会计师应当清楚表达证据

收集程序，并以适当的形式运用于合理保证的鉴证业务和有限保证的鉴证业务。

第四十二条 在合理保证的鉴证业务中，为了能够以积极方式提出结论，注册会计师应当通过下列不断修正的、系统化的执业过程，获取充分、适当的证据：

（一）了解鉴证对象及其他的业务环境事项，在适用的情况下包括了解内部控制；

（二）在了解鉴证对象及其他的业务环境事项的基础上，评估鉴证对象信息可能存在的重大错报风险；

（三）应对评估的风险，包括制定总体应对措施以及确定进一步程序的性质、时间和范围；

（四）针对已识别的风险实施进一步程序，包括实施实质性程序，以及在必要时测试控制运行的有效性；

（五）评价证据的充分性和适当性。

第四十三条 合理保证提供的保证水平低于绝对保证。由于下列因素的存在，将鉴证业务风险降至零几乎不可能，也不符合成本效益原则：

（一）选择性测试方法的运用；

（二）内部控制的固有局限性；

（三）大多数证据是说服性而非结论性的；

（四）在获取和评价证据以及由此得出结论时涉及大量判断；

（五）在某些情况下鉴证对象具有特殊性。

第四十四条 合理保证的鉴证业务和有限保证的鉴证业务都需要运用鉴证技术和方法，收集充分、适当的证据。与合理保证的鉴证业务相比，有限保证的鉴证业务在证据收集程序的性质、时间、范围等方面是有意识地加以限制的。

无论是合理保证还是有限保证的鉴证业务，如果注意到某事项可能导致对鉴证对象信息是否需要作出重大修改产生疑问，注册会计师应当执行其他足够的程序，追踪这一事项，以支持鉴证结论。

第七节 可获取证据的数量和质量

第四十五条 可获取证据的数量和质量受下列因素的影响：

（一）鉴证对象和鉴证对象信息的特征；

（二）业务环境中除鉴证对象特征以外的其他事项。

第四十六条 对任何类型的鉴证业务，如果下列情形对注册会计师的工作范围构成重大限制，阻碍注册会计师获取所需要的证据，注册会计师提出无保留结论是不恰当的：

（一）客观环境阻碍注册会计师获取所需要的证据，无法将鉴证业务风险降至适当水平；

（二）责任方或委托人施加限制，阻碍注册会计师获取所需要的证据，无法将鉴证业务风险降至适当水平。

第八节 记 录

第四十七条 注册会计师应当记录重大事项，以提供证据支持鉴证报告，并证明其已按照鉴证业务准则的规定执行业务。

第四十八条 对需要运用职业判断的所有重大事项，注册会计师应当记录推理过程和相关结论。

如果对某些事项难以进行判断，注册会计师还应当记录得出结论时已知悉的有关事实。

第四十九条 注册会计师应当将鉴证过程中考虑的所有重大事项记录于工作底稿。

在运用职业判断确定工作底稿的编制和保存范围时，注册会计师应当考虑，使未曾接触该项鉴证业务的有经验的专业人士了解实施的鉴证程序，以及作出重大决策的依据。

第八章 鉴证报告

第五十条 注册会计师应当出具含有鉴证结论的书面报告，该鉴证结论应当说明注册会计师就鉴证对象信息获取的保证。

注册会计师应当考虑其他报告责任，包括在适当时与治理层沟通。

第五十一条 在基于责任方认定的业务中，注册会计师的鉴证结论可以采用下列两种表述形式：

（一）明确提及责任方认定，如“我们认为，责任方作出的‘根据×标准，内部控制在所有重大方面是有效的'这一认定是公允的"。

（二）直接提及鉴证对象和标准，如"我们认为，根据×标准，内部控制在所有重大方面是有效的"。

在直接报告业务中，注册会计师应当明确提及鉴证对象和标准。

第五十二条　在合理保证的鉴证业务中，注册会计师应当以积极方式提出结论，如"我们认为，根据×标准，内部控制在所有重大方面是有效的"或"我们认为，责任方作出的'根据×标准，内部控制在所有重大方面是有效的'这一认定是公允的"。

在有限保证的鉴证业务中，注册会计师应当以消极方式提出结论，如"基于本报告所述的工作，我们没有注意到任何事项使我们相信，根据×标准，×系统在任何重大方面是无效的"或"基于本报告所述的工作，我们没有注意到任何事项使我们相信，责任方作出的'根据×标准，×系统在所有重大方面是有效的'这一认定是不公允的"。

第五十三条　当存在本准则第五十四条至第五十六条所述情况时，注册会计师应当对其影响程度作出判断。如果这些情况影响重大，注册会计师不能出具无保留结论的报告。

第五十四条　对任何类型的鉴证业务，如果注册会计师的工作范围受到限制，注册会计师应当视受到限制的重大与广泛程度，出具保留结论或无法提出结论的报告。

在某些情况下，注册会计师应当考虑解除业务约定。

第五十五条　如果存在下列情形，注册会计师应当视其影响的重大与广泛程度，出具保留结论或否定结论的报告：

（一）注册会计师的结论提及责任方的认定，且该认定未在所有重大方面作出公允表达；

（二）注册会计师的结论直接提及鉴证对象和标准，且鉴证对象信息存在重大错报。

第五十六条　在承接业务后，如果发现标准或鉴证对象不适当，可能误导预期使用者，注册会计师应当视其重大与广泛程度，出具保留结论或否定结论的报告。

如果发现标准或鉴证对象不适当，造成工作范围受到限制，注册会计师应当视受到限制的重大与广泛程度，出具保留结论或无法提出结论的报告。

在某些情况下，注册会计师应当考虑解除业务约定。

第五十七条　当注册会计师针对鉴证对象信息出具报告，或同意将其姓名与鉴证对象联系在一起时，则注册会计师与该鉴证对象发生了关联。

如果获知他人不恰当地将其姓名与鉴证对象相关联，注册会计师应当要求其停止这种行为，并考虑采取其他必要的措施，包括将不恰当使用注册会计师姓名这一情况告知所有已知的使用者或征询法律意见。

第九章　附　　则

第五十八条　注册会计师执行司法诉讼中涉及会计、审计、税务或其他事项的鉴定业务，除有特定要求者外，应当参照本准则办理。

第五十九条　某些业务可能符合本准则第五条鉴证业务的定义，使用者可能从业务报告的意见、观点或措辞中推测出某种程度的保证，但如果满足下列所有条件，注册会计师执行这些业务不必遵守本准则：

（一）注册会计师的意见、观点或措辞对整个业务而言仅是附带性的；

（二）注册会计师出具的书面报告被明确限定为仅供报告中所提及的使用者使用；

（三）与特定预期使用者达成的书面协议中，该业务未被确认为鉴证业务；

（四）在注册会计师出具的报告中，该业务未被称为鉴证业务。

第六十条　本准则自 2007 年 1 月 1 日起施行。

中国注册会计师审计准则第1101号——注册会计师的总体目标和审计工作的基本要求

（2010年11月1日修订）

第一章 总 则

第一条 为了规范注册会计师按照中国注册会计师审计准则执行财务报表审计工作，确立注册会计师的总体目标，明确注册会计师为实现总体目标而需要执行审计工作的性质和范围，以及在执行财务报表审计业务时承担的责任，制定本准则。

第二条 审计准则适用于注册会计师执行财务报表审计业务。

当执行其他历史财务信息审计业务时，注册会计师可以根据具体情况遵守适用的相关审计准则，以满足此类业务的要求。

第二章 定 义

第三条 注册会计师，是指取得注册会计师证书并在会计师事务所执业的人员，通常是指项目合伙人或项目组其他成员，有时也指其所在的会计师事务所。

当审计准则明确指出应由项目合伙人遵守的规定或承担的责任时，使用“项目合伙人”而非“注册会计师”的称谓。

第四条 本准则所称财务报表，是指依据某一财务报告编制基础对被审计单位历史财务信息作出的结构性表述，包括相关附注，旨在反映某一时点的经济资源或义务或者某一时期经济资源或义务的变化。相关附注通常包括重要会计政策概要和其他解释性信息。财务报表通常是指整套财务报表，有时也指单一财务报表。整套财务报表的构成应当根据适用的财务报告编制基础的规定确定。

第五条 历史财务信息，是指以财务术语表述的某一特定实体的信息，这些信息主要来自特定实体的会计系统，反映了过去一段时间内发生的经济事项，或者过去某一时点的经济状况或情况。

第六条 适用的财务报告编制基础，是指法律法规要求采用的财务报告编制基础；或者管理层和治理层（如适用）在编制财务报表时，就被审计单位性质和财务报表目标而言，采用的可接受的财务报告编著基础。

财务报告编制基础分为通用目的编制基础和特殊目的编制基础。

通用目的编制基础，是指旨在满足广大财务报表使用者共同的财务信息需求的财务报告编制基础，主要是指会计准则和会计制度。

特殊目的编制基础，是指旨在满足财务报表特定使用者对财务信息需求的财务报告编制基础，包括计税核算基础、监管机构的报告要求和合同的约定等。

第七条 管理层，是指对被审计单位经营活动的执行负有经营管理责任的人员。在某些被审计单位，管理层包括部分或全部的治理层成员，如治理层中负有经营管理责任的人员，或参与日常经营管理的业主（以下简称业主兼经理）。

第八条 治理层，是指对被审计单位战略方向以及管理层履行经营管理责任负有监督责任的人员或组织。治理层的责任包括监督财务报告过程。在某些被审计单位，治理层可能包括管理层，如治理层中负有经营管理责任的人员，或业主兼经理。

第九条 与管理层和治理层责任相关的执行审计工作的前提（以下简称执行审计工作的前提），是指管理层和治理层（如适用）认可并理解其应当承担下列责任，这些责任构成注册会计师按照审计准则的规定执行审计工作的基础：

（一）按照适用的财务报告编制基础编制财务报表，并使其实现公允反映（如适用）；

（二）设计、执行和维护必要的内部控制，以使财务报表不存在由于舞弊或错误导致的重大错报；

（三）向注册会计师提供必要的工作条件，包括允许注册会计师接触与编制财务报表相关的所有信息（如记录、文件和其他事项），向注册会计师提供审计所需的其他信息，允许注册会计师在获取审计证据时不受限制地接触其认为必要的内部人员和其他相关人员。

第十条　错报，是指某一财务报表项目的金额、分类、列报或披露，与按照适用的财务报告编制基础应当列示的金额、分类、列报或披露之间存在的差异。错报可能是由于错误或舞弊导致的。

当注册会计师对财务报表是否在所有重大方面按照适用的财务报告编制基础编制并实现公允反映发表审计意见时，错报还包括根据注册会计师的判断，为使财务报表在所有重大方面实现公允反映，需要对金额、分类、列报或披露作出的必要调整。

第十一条　审计证据，是指注册会计师为了得出审计结论和形成审计意见而使用的信息。审计证据包括构成财务报表基础的会计记录所含有的信息和其他信息。

审计证据的充分性，是对审计证据数量的衡量。注册会计师需要获取的审计证据的数量受其对重大错报风险评估的影响，并受审计证据质量的影响。

审计证据的适当性，是对审计证据质量的衡量，即审计证据在支持审计意见所依据的结论方面具有的相关性和可靠性。

第十二条　合理保证，是指注册会计师在财务报表审计中提供的一种高水平但非绝对的保证。

第十三条　审计风险，是指当财务报表存在重大错报时，注册会计师发表不恰当审计意见的可能性。审计风险取决于重大错报风险和检查风险。

第十四条　重大错报风险，是指财务报表在审计前存在重大错报的可能性。重大错报风险分为财务报表层次的重大错报风险和认定层次的重大错报风险。认定层次的重大错报风险由固定风险和控制风险两个部分组成。

固有风险，是指在考虑相关的内部控制之前，某类交易、账户余额或披露的某一认定易于发生错报（该错报单独或连同其他错报可能是重大的）的可能性。

控制风险，是指某类交易、账户余额或披露的某一认定发生错报，该错报单独或连同其他错报可能是重大的，但没有被内部控制及时防止或发现并纠正的可能性。

第十五条　检查风险，是指如果存在某一错报，该错报单独或连同其他错报可能是重大的，注册会计师为将审计风险降至可接受的低水平而实施程序后没有发现这种错报的风险。

第十六条　职业判断，是指在审计准则、财务报告编制基础和职业道德要求的框架下，注册会计师综合运用相关知识、技能和经验，作出适合审计业务具体情况、有根据的行动决策。

第十七条　职业怀疑，是指注册会计师执行审计业务的一种态度，包括采取质疑的思维方式，对可能表明由于错误或舞弊导致错报的迹象保持警觉，以及对审计证据进行审慎评价。

第三章　财务报表审计

第十八条　审计的目的是提高财务报表预期使用者对财务报表的信赖程度。这一目的可以通过注册会计师对财务报表是否在所有重大方面按照适用的财务报告编制基础编制发表审计意见得以实现。就大多数通用目的财务报告框架而言，注册会计师针对财务报表是否在所有重大方面按照财务报告编制基础编制并实现公允反映发表审计意见。注册会计师按照审计准则和相关职业道德要求执行审计工作，能够形成这样的意见。

第十九条　财务报表是由被审计单位管理层在治理层的监督下编制的。审计准则不对管理层或治理层设定责任，也不超越法律法规对管理层或治理层责任作出的规定。

管理层和治理层（如适用）认可与财务报表相关的责任，是注册会计师执行审计工作的前提，构成注册会计师按照审计准则的规定执行审计工作的基础。

财务报表审计并不减轻管理层或治理层的责任。

第二十条　注册会计师应当按照审计准则的规定，对财务报表整体是否不存在由于舞弊或错误导致的重大错报获取合理保证，以作为发表审计意见的基础。

合理保证是一种高水平保证。当注册会计师获取充分、适当的审计证据将审计风险降至可接受的低水平时，就获取了合理保证。

由于审计存在固有限制，注册会计师据以得出结论和形成审计意见的大多数审计证据是说服性而非结论性的，因此，审计只能提供合理保证，不能提供绝对保证。

第二十一条 在计划和执行审计工作，以及评价已识别出的错报对审计的影响和未更正的错报（如有）对财务报表的影响时，注册会计师应当运用重要性概念。

如果合理预期某一错报（包括漏报）单独或连同其他错报可能影响财务报表使用者依据财务报表作出的经济决策，则该项错报通常被认为是重大的。

重要性取决于在具体环境下对错报金额或性质的判断，或同时受到两者的影响，并受到注册会计师对于财务报表使用者对财务信息需求的了解的影响。

注册会计师针对财务报表整体发表审计意见，因此没有责任发现对财务报表整体影响并不重大的错报。

第二十二条 审计准则旨在规范和指导注册会计师对财务报表整体是否不存在重大错报获取合理保证，要求注册会计师在整个审计过程中运用职业判断和保持职业怀疑。

需要运用职业判断并保持职业怀疑的重要审计环节主要包括：

（一）通过了解被审计单位及其环境，识别和评估由于舞弊或错误导致的重大错报风险；

（二）通过对评估的风险设计和实施恰当的应对措施，针对是否存在重大错报获取充分、适当的审计证据；

（三）依据从获取的审计证据中得出的结论，对财务报表形成审计意见。

第二十三条 注册会计师发表审计意见的形式取决于适用的财务报告编制基础以及相关法律法规的规定。

第二十四条 按照审计准则和相关法律法规的规定，注册会计师还可能就审计中出现的事项，负有与管理层、治理层和其他财务报表使用者进行沟通和向其报告的责任。

第四章 总体目标

第二十五条 在执行财务报表审计工作时，注册会计师的总体目标是：

（一）对财务报表整体是否不存在由于舞弊或错误导致的重大错报获取合理保证，使得注册会计师能够对财务报表是否在所有重大方面按照适用的财务报告编制基础编制发表审计意见；

（二）按照审计准则的规定，根据审计结果对财务报表出具审计报告，并与管理层和治理层沟通。

第二十六条 在任何情况下，如果不能获取合理保证，并且在审计报告中发表保留意见也不足以实现向财务报表预期使用者报告的目的，注册会计师应当按照审计准则的规定出具无法表示意见的审计报告，或者在法律法规允许的情况下终止审计业务或解除业务约定。

第五章 要 求

第一节 与财务报表审计相关的职业道德要求

第二十七条 注册会计师应当遵守与财务报表审计相关的职业道德要求，包括遵守有关独立性的要求。

第二节 职业怀疑

第二十八条 在计划和实施审计工作时，注册会计师应当保持职业怀疑，认识到可能存在导致财务报表发生重大错报的情形。

第三节 职业判断

第二十九条 在计划和实施审计工作时，注册会计师应当运用职业判断。

第四节 审计证据和审计风险

第三十条 为了获取合理保证，注册会计师应当获取充分、适当的审计证据，以将审计风险降至可接受的低水平，使其能够得出合理的结论，作为形成审计意见的基础。

第五节 按照审计准则的规定执行审计工作

第三十一条 注册会计师应当遵守与审计工作相关的所有审计准则。如果某项审计准则有效且所适用的情形存在，则该项审计准则与审计工作相关。

第三十二条 注册会计师应当掌握每项审计准则及应用指南的全部内容，以理解每项审计准则的目标并恰当地遵守其要求。

第三十三条 除非注册会计师已经遵守本准则以及与审计工作相关的其他所有审计准则，否则，注册会计师不得在审计报告中声称遵守了审计准则。

第三十四条 为了实现注册会计师的总体目标，在计划和实施审计工作时，注册会计师应当运用相关审计准则规定的目标。在运用规定的目标时，注册会计师应当认真考虑各项审计准则之间的相互关系，以采取下列措施：

(一)为了实现审计准则规定的目标，确定是否有必要实施除审计准则规定以外的其他审计程序；

(二)评价是否已获取充分、适当的审计证据。

第三十五条 除非存在下列情况之一，注册会计师应当遵守审计准则的所有要求：

(一)某项审计准则的全部内容与具体审计工作不相关；

(二)由于审计准则的某项要求存在适用条件，而该条件并不存在，导致该项要求不适用。

第三十六条 在极其特殊的情况下，注册会计师可能认为有必要偏离某项审计准则的相关要求。在这种情况下，注册会计师应当实施替代审计程序以实现相关要求的目的。只有当相关要求的内容是实施某项特定审计程序，而该程序无法在具体审计环境下有效地实现要求的目的时，注册会计师才能偏离该项要求。

第三十七条 如果不能实现相关审计准则规定的目标，注册会计师应当评价这是否使其不能实现总体目标。如果不能实现总体目标，注册会计师应当按照审计准则的规定出具非无保留意见的审计报告，或者在法律法规允许的情况下解除业务约定。

不能实现相关审计准则规定的目标构成重大事项，注册会计师应当按照《中国注册会计师审计准则第1131号——审计工作底稿》的规定予以记录。

第六章 附 则

第三十八条 本准则自2012年1月1日起施行。

中国注册会计师审计准则第1111号——就审计业务约定条款达成一致意见

(2010年11月1日修订)

第一章 总 则

第一条 为了规范注册会计师确定审计的前提条件是否存在，以及与管理层就审计业务约定条款达成一致意见，制定本准则。

第二条 本准则规范被审计单位控制范围内的，注册会计师与管理层有必要达成一致意见的事项。《中国注册会计师审计准则第1121号——对财务报表审计实施的质量控制》规范注册会计师控制范围内的业务承接的有关事项。

第二章 定 义

第三条 审计的前提条件，是指管理层在编制财务报表时采用可接受的财务报告编制基础，以及管理层对注册会计师执行审计工作的前提的认同。

第四条 在本准则中单独提及的管理层，应当理解为管理层和治理层(如适用)。

第三章 目 标

第五条 注册会计师的目标是，只有通过实施下列工作就执行审计工作的基础达成一致意见，才承接或保持审计业务：

(一)确定审计的前提条件存在；

(二)确认注册会计师和管理层已就审计业务约定条款达成一致意见。

第四章 要 求

第一节 审计的前提条件

第六条 为了确定审计的前提条件是否存在，注册会计师应当：

(一)确定管理层在编制财务报表时采用的财务报告编制基础是否是可接受的；

(二)就管理层认可并理解其责任与管理层达成一致意见。

管理层的责任包括：

(一)按照适用的财务报告编制基础编制财务报表，并使其实现公允反映(如适用)；

(二)设计、执行和维护必要的内部控制，以使财务报表不存在由于舞弊或错误导致的重大错报；

(三)向注册会计师提供必要的工作条件，包括允许注册会计师接触与编制财务报表相关的所有信息(如记录、文件和其他事项)，向注册会计师提供审计所需要的其他信息，允许注册会计师在获取审计证据时不受限制地接触其认为必要的内部人员和其他相关人员。

第七条 如果管理层或治理层在拟议的审计业务约定条款中对审计工作的范围施加限制，以致注册会计师认为这种限制将导致其对财务报表发表无法表示意见，注册会计师不应将该项业务作为审计业务予以承接，除非法律法规另有规定。

第八条 如果审计的前提条件不存在，注册会计师应当就此与管理层沟通。在下列情况下，除非法律法规另有规定，注册会计师不应承接拟议的审计业务：

(一)除本准则第十九条规定的情形外，注册会计师确定被审计单位在编制财务报表时采用的财务报告编制基础不可接受；

(二)注册会计师未能与管理层达成本准则第六条第一款第(二)项提及的一致意见。

第二节 就审计业务约定条款达成一致意见

第九条 注册会计师应当就审计业务约定条款与管理层或治理层(如适用)达成一致意见。

第十条 注册会计师应当将达成一致意见的审计业务约定条款记录于审计业务约定书或其他适当形式的书面协议中。审计业务约定条款应当包括下列主要内容：

(一)财务报表审计的目标与范围；

(二)注册会计师的责任；

(三)管理层的责任；

(四)指出用于编制财务报表所适用的财务报告编制基础；

(五)提及注册会计师拟出具的审计报告的预期形式和内容，以及对在特定情况下对出具的审计报告可能不同于预期形式和内容的说明。

第十一条 如果法律法规足够详细地规定了审计业务约定条款，注册会计师除了记录适用的法律法规以及管理层认可并理解其责任的事实外，不必将本准则第十条规定的事项记录于书面协议。

第十二条 如果法律法规规定的管理层的责任与本准则第六条第二款的规定相似，注册会计师根据判断可能确定法律法规规定的责任与本准则第六条第二款的规定在效果上是等同的。如果等同，注册会计师可以使用法律法规的措辞，在书面协议中描述管理层的责任；如果不等同，注册会计师应当使用本准则第六条第二款的措辞，在书面协议中描述这些责任。

第三节 连续审计

第十三条 对于连续审计，注册会计师应当根据具体情况评估是否要求对审计业务约定条款作出修改，以及是否需要提醒被审计单位注意现有的条款。

第四节 审计业务约定条款的变更

第十四条 在缺乏合理理由的情况下，注册会计师不应同意变更审计业务约定条款。

第十五条 在完成审计业务前，如果被审计单位或委托人要求将审计业务变更为保证程度较低的业务，注册会计师应当确定是否存在合理理由予以变更。

第十六条 如果审计业务约定条款发生变更，注册会计师应当与管理层就新的业务约定条款达成一致意见，并记录于业务约定书或其他适当形式的书面协议中。

第十七条 如果注册会计师不同意变更审计业务约定条款，而管理层又不允许继续执行原审计业务，注册会计师应当：

(一)在适用的法律法规允许的情况下，解除审计业务约定；

(二)确定是否有约定义务或其他义务向治理层、所有者或监管机构等报告该事项。

第五节 业务承接时的其他考虑

第十八条 如果相关部门对涉及财务会计的事项作出补充规定，注册会计师在承接审计业务时应当确定该补充规定是否与企业会计准则存在冲突。

如果存在冲突，注册会计师应当与管理层沟通补充规定的性质，并就下列事项之一达成一致意见：

(一)在财务报表中作出额外披露能否满足补充规定的要求；

(二)对财务报表中关于适用的财务报告编制基础的描述是否可以作出相应修改。

如果无法采取上述任何措施，按照《中国注册会计师审计准则第1502号——在审计报告中发表非无保留意见》的规定，注册会计师应当确定是否有必要发表非无保留意见。

第十九条 如果相关部门要求采用的财务报告编制基础不可接受，只有同时满足下列所有条件，注册会计师才能承接该项审计业务：

(一)管理层同意在财务报表中作出额外披露，以避免财务报表产生误导；

(二)在审计业务约定条款中明确，注册会计师按照《中国注册会计师审计准则第1503号——在审计报告中增加强调事项段和其他事项段》的规定，在审计报告中增加强调事项段，以提醒使用者关注额外披露；注册会计师在对财务报表发表的审计意见中不使用“财务报表在所有重大方面按照[适用的财务报告编制基础]编制，公允反映了……”等措辞，除非法律法规另有规定。

第二十条 如果不具备本准则第十九条规定的条件，但相关部门要求注册会计师承接审计业务，注册会计师应当：

(一)评价财务报表误导的性质对审计报告的影响；

(二)在审计业务约定条款中适当提及该事项。

第二十一条 如果相关部门规定的审计报告的结构或措辞与审计准则要求的明显不一致，注册会计师应当评价：

(一)使用者是否可能误解从财务报表审计中获取的保证；

(二)如果可能存在误解，审计报告中作出的补充解释是否能够减轻这种误解。

如果认为审计报告中作出的补充解释不能减轻可能的误解，除非法律法规另有规定，注册会计师不应承接该项审计业务。

按照相关部门的这类规定执行的审计工作，并不符合审计准则的要求。因此，注册会计师不应在审计报告中提及已按照审计准则的规定执行了审计工作。

第五章 附　则

第二十二条 本准则自2012年1月1日起施行。

中国注册会计师审计准则第 1121 号——对财务报表审计实施的质量控制

（2010 年 11 月 1 日修订）

第一章 总 则

第一条 为了规范注册会计师对财务报表审计实施质量控制程序的责任，以及项目质量控制复核人员的责任，制定本准则。

第二条 注册会计师在使用本准则时，需要结合相关职业道德要求。

第三条 建立和保持质量控制制度（包括政策和程序），是会计师事务所的责任。按照《质量控制准则第 5101 号——会计师事务所对执行财务报表审计和审阅、其他鉴证和相关服务业务实施的质量控制》的规定，会计师事务所有义务建立和保持质量控制制度，以合理保证：

（一）会计师事务所及其人员遵守职业准则和适用的法律法规的规定；

（二）会计师事务所和项目合伙人出具适合具体情况的审计报告。

本准则基于这样的前提，即会计师事务所遵守《质量控制准则第 5101 号——会计师事务所对执行财务报表审计和审阅、其他鉴证和相关服务业务实施的质量控制》的规定。

第四条 在会计师事务所质量控制制度框架下，项目组有责任实施适用于审计业务的质量控制程序，并向会计师事务所提供相关信息，以使质量控制制度中有关独立性的内容发挥作用。

第五条 在实施适用于审计业务质量控制程序时，项目组可以依赖会计师事务所质量控制制度，除非会计师事务所或者其他机构或人员提供的信息表明其不可信赖。

第二章 定 义

第六条 项目质量控制复核，是指在审计报告日或审计报告日之前，项目质量控制复核人员对项目组作出的重大判断和在编制审计报告时得出的结论进行客观评价的过程。

项目质量控制复核适用于上市实体财务报表审计，以及会计师事务所确定需要实施项目质量控制复核的其他审计业务。

第七条 上市实体，是指其股份、股票或债券在法律法规认可的证券交易所报价或挂牌，或在法律法规认可的证券交易所或其他类似机构的监管下进行交易的实体。

第八条 项目质量控制复核人员，是指项目组成员以外的，具有足够、适当的经验和权限，对项目组作出的重大判断和在准备审计报告时得出的结论进行客观评价的合伙人、会计师事务所其他人员、具有适当资格的外部人员或由这类人员组成的小组。

第九条 人员，是指会计师事务所的合伙人和员工。

第十条 合伙人，是指在执行专业服务业务方面有权代表会计师事务所的个人。

第十一条 员工，是指合伙人以外的专业人员，包括会计师事务所的内部专家。

第十二条 具有适当资格的外部人员，是指会计师事务所以外的具有担任项目合伙人的胜任能力和必要素质的个人，如其他会计师事务所的合伙人，注册会计师协会或提供相关质量控制服务的组织中具有适当经验的人员。

第十三条 项目合伙人，是指会计师事务所中负责某项审计业务及其执行，并代表会计师事务所在出具的审计报告上签字的合伙人。如果项目合伙人以外的其他注册会计师在审计报告上签字，本准则对项目合伙人作出的规定也适用于该签字注册会计师。

第十四条 项目组，是指执行某项审计业务的所有合伙人和员工，以及会计师事务所或网络事务所聘请的为该项业务实施审计程序的所有人员，但不包括会计师事务所或网络事务所聘请的外部专家。

第十五条 网络事务所，是指属于某一网络的会计师事务所或实体。

第十六条 网络，是指由多个实体组成，旨在通过合作实现下列一个或多个目的的联合体：

（一）共享收益或分担成本；

（二）共享所有权、控制权或管理权；

（三）共享统一的质量控制政策和程序；

（四）共享同一经营战略；

（五）使用同一品牌；

（六）共享重要的专业资源。

第十七条 职业准则，是指中国注册会计师鉴证业务基本准则、中国注册会计师审计准则、中国注册会计师审阅准则、中国注册会计师其他鉴证业务准则、中国注册会计师相关服务准则、质量控制准则和相关职业道德要求。

第十八条 相关职业道德要求，是指项目组和项目质量控制复核人员应当遵守的职业道德规范，通常包括中国注册会计师职业道德守则中与财务报表审计相关的规定。

第十九条 监控，是指对会计师事务所质量控制制度进行持续考虑和评价的过程，包括定期选取已完成的业务进行检查，以使会计师事务所能够合理保证其质量控制制度正在有效运行。

第二十条 检查，是指实施程序以获取证据，确定项目组在已完成的业务中是否遵守会计师事务所质量控制政策和程序。

第三章 目 标

第二十一条 注册会计师的目标是，在业务层面实施质量控制程序，以合理保证注册会计师：

（一）在审计工作中遵守职业准则和适用的法律法规的规定；

（二）出具适合具体情况的审计报告。

第四章 要 求

第一节 对审计质量承担的领导责任

第二十二条 项目合伙人应当对会计师事务所分派的每项审计业务的总体质量负责。

第二节 相关职业道德要求

第二十三条 在整个审计过程中，项目合伙人应当通过观察和必要的询问，对项目组成员违反相关职业道德要求的迹象保持警觉。

第二十四条 如果通过会计师事务所质量控制制度或其他途径注意到项目组成员违反相关职业道德要求，项目合伙人应当在与会计师事务所相关人员讨论后，确定采取的适当措施。

第二十五条 项目合伙人应当就适用于审计业务的独立性要求的遵守情况形成结论。

在形成结论时，项目合伙人应当：

（一）从会计师事务所或网络事务所获取相关信息，识别、评价对独立性产生不利影响的情形；

（二）评价识别出的有关违反会计师事务所独立性政策和程序的信息，以确定其是否对审计业务的独立性产生不利影响；

（三）采取适当的行动，运用防范措施以消除对独立性的不利影响或将其降至可接受的水平，或在必要时解除审计业务约定（除非法律法规禁止）；对未能解决的事项，项目合伙人应当立即向会计师事务所报告，以便采取适当的行动。

第三节 客户关系和审计业务的接受与保持

第二十六条 项目合伙人应当确信，有关客户关系和审计业务的接受与保持的质量控制程序已得到遵守，并确定得出的有关结论是恰当的。

第二十七条 如果项目合伙人在接受审计业务后获知了某项信息，而该信息若在接受业务前获知，可能导致会计师事务所拒绝该项业务，项目合伙人应当立即将该信息告知会计师事务所，以使会计师事务所和项目合伙人能够采取必要的行动。

第四节　项目组的工作委派

第二十八条　项目合伙人应当确信，项目组和项目组以外的专家整体上具有适当的胜任能力和必要素质，以便能够：

（一）按照职业准则和适用的法律法规的规定执行审计业务；

（二）出具适合具体情况的审计报告。

第五节　业务执行

第二十九条　项目合伙人应当对下列事项负责：

（一）按照职业准则和适用的法律法规的规定指导、监督与执行审计业务；

（二）出具适合具体情况的审计报告。

第三十条　项目合伙人应当对项目组按照会计师事务所复核政策和程序实施的复核负责。

第三十一条　在审计报告日或审计报告日之前，项目合伙人应当通过复核审计工作底稿和与项目组讨论，确信已获取充分、适当的审计证据，支持得出的结论和拟出具的审计报告。

第三十二条　在涉及咨询时，项目合伙人应当：

（一）对项目组就疑难问题或争议事项进行适当咨询承担责任；

（二）确信项目组成员在审计过程中已就相关事项进行了适当咨询，咨询可能在项目组内部进行，或者在项目组与会计师事务所内部或外部的其他适当人员之间进行；

（三）确信这些咨询的性质、范围以及形成的结论已由被咨询者认可；

（四）确定这些咨询形成的结论已得到执行。

第三十三条　对于上市实体财务报表审计以及会计师事务所确定需要实施项目质量控制复核的其他审计业务，项目合伙人应当：

（一）确定会计师事务所已委派项目质量控制复核人员；

（二）与项目质量控制复核人员讨论在审计过程中遇到的重大事项，包括在项目质量控制复核过程中识别出的重大事项；

（三）只有完成了项目质量控制复核，才能签署审计报告。

第三十四条　项目质量控制复核人员应当客观地评价项目组作出的重大判断以及编制审计报告时得出的结论。

评价工作应当涉及下列内容：

（一）与项目合伙人讨论重大事项；

（二）复核财务报表和拟出具的审计报告；

（三）复核选取的与项目组作出的重大判断和得出的结论相关的审计工作底稿；

（四）评价在编制审计报告时得出的结论，并考虑拟出具审计报告的恰当性。

第三十五条　对于上市实体财务报表审计，项目质量控制复核人员在实施项目质量控制复核时，还应当考虑：

（一）项目组就具体审计业务对会计师事务所独立性作出的评价；

（二）项目组是否已就涉及意见分歧的事项，或者其他疑难问题或争议事项进行适当咨询，以及咨询得出的结论；

（三）选取的用于复核的审计工作底稿，是否反映了项目组针对重大判断执行的工作，以及是否支持得出的结论。

第三十六条　如果项目组内部、项目组与被咨询者之间、项目合伙人与项目质量控制复核人员之间出现意见分歧，项目组应当遵守会计师事务所处理及解决意见分歧的政策和程序。

第六节　监　　控

第三十七条　有效的质量控制制度应当包括监控过程，以合理保证质量控制制度中的政策和程序具有相关性和适当性，并正在有效运行。

第三十八条　项目合伙人应当根据会计师事务所和网络事务所通报的最新监控信息考虑实施监控过程的结果，并考虑监控信息提及的缺陷是否会对审计业务产生影响。

第七节　审计工作底稿

第三十九条　注册会计师应当就下列事项形成审计工作底稿：

（一）识别出的与遵守相关职业道德要求有关的问题，以及这些问题是如何得到解决的；

（二）针对适用于审计业务的独立性要求的遵守情况得出的结论，以及为支持该结论与会计师事务所进行的讨论；

（三）得出的有关客户关系和审计业务的接受与保持的结论；

（四）在审计过程中咨询的性质、范围和形成的结论。

第四十条　针对已复核的审计业务，项目质量控制复核人员应当就下列事项形成审计工作底稿：

（一）会计师事务所项目质量控制复核政策要求的程序已得到实施；

（二）项目质量控制复核在审计报告日或审计报告日之前已完成；

（三）项目质量控制复核人员没有注意到任何尚未解决的事项，使其认为项目组作出的重大判断和得出的结论不适当。

第五章　附　　则

第四十一条　本准则自 2012 年 1 月 1 日起施行。

中国注册会计师审计准则第 1131 号——审计工作底稿

（2010 年 11 月 1 日修订）

第一章　总　　则

第一条　为了规范审计工作底稿的格式、内容和范围以及审计工作底稿的归档，明确注册会计师在财务报表审计中编制审计工作底稿的责任，制定本准则。

第二条　本准则附录中列示的其他审计准则，对在特定情况下就相关事项编制审计工作底稿提出具体要求，但并不构成对本准则普遍适用性的限制。相关法律法规也可能对编制审计工作底稿提出额外要求。

第三条　在符合本准则和其他相关审计准则要求的情况下，审计工作底稿能够实现下列目的：

（一）提供证据，作为注册会计师得出实现总体目标结论的基础；

（二）提供证据，证明注册会计师按照审计准则和相关法律法规的规定计划和执行了审计工作。

第四条　审计工作底稿还可以实现下列目的：

（一）有助于项目组计划和执行审计工作；

（二）有助于负责督导的项目组成员按照《中国注册会计师审计准则第 1121 号——对财务报表审计实施的质量控制》的规定，履行指导、监督与复核审计工作的责任；

（三）便于项目组说明其执行审计工作的情况；

（四）保留对未来审计工作持续产生重大影响的事项的记录；

（五）便于会计师事务所按照《质量控制准则第 5101 号——会计师事务所对执行财务报表审计和审阅、其他鉴证和相关服务业务实施的质量控制》的规定，实施质量控制复核与检查；

（六）便于监管机构和注册会计师协会根据相关法律法规或其他相关要求，对会计师事务所实施执业质量检查。

第二章　定　　义

第五条　审计工作底稿，是指注册会计师对制定的审计计划、实施的审计程序、获取的相关审计证据，以及得出的审计结论作出的记录。

第六条 审计档案，是指一个或多个文件夹或其他存储介质，以实物或电子形式存储构成某项具体业务的审计工作底稿的记录。

第七条 有经验的专业人士，是指会计师事务所内部或外部的具有审计实务经验，并且对下列方面有合理了解的人士：

（一）审计过程；

（二）审计准则和相关法律法规的规定；

（三）被审计单位所处的经营环境；

（四）与被审计单位所处行业相关的会计和审计问题。

第三章 目 标

第八条 注册会计师的目标是，编制审计工作底稿以便：

（一）提供充分、适当的记录，作为出具审计报告的基础；

（二）提供证据，证明注册会计师已按照审计准则和相关法律法规的规定计划和执行了审计工作。

第四章 要 求

第一节 及时编制审计工作底稿

第九条 注册会计师应当及时编制审计工作底稿。

第二节 记录实施的审计程序和获取的审计证据

第十条 注册会计师编制的审计工作底稿，应当使得未曾接触该项审计工作的有经验的专业人士清楚了解：

（一）按照审计准则和相关法律法规的规定实施的审计程序的性质、时间安排和范围；

（二）实施审计程序的结果和获取的审计证据；

（三）审计中遇到的重大事项和得出的结论，以及在得出结论时作出的重大职业判断。

第十一条 在记录已实施审计程序的性质、时间安排和范围时，注册会计师应当记录：

（一）测试的具体项目或事项的识别特征；

（二）审计工作的执行人员及完成审计工作的日期；

（三）审计工作的复核人员及复核的日期和范围。

第十二条 注册会计师应当记录与管理层、治理层和其他人员对重大事项的讨论，包括所讨论的重大事项的性质以及讨论的时间、地点和参加人员。

第十三条 如果识别出的信息与针对某重大事项得出的最终结论不一致，注册会计师应当记录如何处理该不一致的情况。

第十四条 在极其特殊的情况下，如果认为有必要偏离某项审计准则的相关要求，注册会计师应当记录实施的替代审计程序如何实现相关要求的目的以及偏离的原因。

第十五条 在某些例外情况下，如果在审计报告日后实施了新的或追加的审计程序，或者得出新的结论，注册会计师应当记录：

（一）遇到的例外情况；

（二）实施的新的或追加的审计程序，获取的审计证据，得出的结论，以及对审计报告的影响；

（三）对审计工作底稿作出相应变动的时间和人员，以及复核的时间和人员。

第十六条 编制审计工作底稿的文字应当使用中文。少数民族自治地区可以同时使用少数民族文字。中国境内的中外合作会计师事务所、国际会计公司成员所可以同时使用某种外国文字。会计师事务所执行涉外业务时可以同时使用某种外国文字。

第三节 审计工作底稿的归档

第十七条 注册会计师应当在审计报告日后及时将审计工作底稿归整为审计档案，并完成归整最终审计档案过程中的事务性工作。

审计工作底稿的归档期限为审计报告日后六十天内。

如果注册会计师未能完成审计业务，审计工作底稿的归档期限为审计业务中止后的六十天内。

第十八条 在完成最终审计档案的归整工作后，注册会计师不应在规定的保存期限届满前删除或废弃任何性质的审计工作底稿。

第十九条 会计师事务所应当自审计报告日起，对审计工作底稿至少保存十年。

如果注册会计师未能完成审计业务，会计师事务所应当自审计业务中止日起，对审计工作底稿至少保存十年。

第二十条 除本准则第十五条规定的情况外，在完成最终审计档案归整工作后，如果注册会计师发现有必要修改现有审计工作底稿或增加新的审计工作底稿，无论修改或增加的性质如何，注册会计师均应当记录：

（一）修改或增加审计工作底稿的理由；

（二）修改或增加审计工作底稿的时间和人员，以及复核的时间和人员。

第五章 附 则

第二十一条 本准则自 2012 年 1 月 1 日起施行。

附录：

其他审计准则对编制审计工作底稿的具体要求

本附录列示了其他审计准则对注册会计师在特定情况下就相关事项编制审计工作底稿的具体要求。考虑本附录中列示的事项，并不能代替考虑本准则和应用指南中的规定。

1.《中国注册会计师审计准则第 1111 号——就审计业务约定条款达成一致意见》第十条至第十二条；

2.《中国注册会计师审计准则第 1121 号——对财务报表审计实施的质量控制》第三十九条和第四十条；

3.《中国注册会计师审计准则第 1141 号——财务报表审计中与舞弊相关的责任》第四十八条至第五十一条；

4.《中国注册会计师审计准则第 1142 号——财务报表审计中对法律法规的考虑》第二十九条；

5.《中国注册会计师审计准则第 1151 号——与治理层的沟通》第二十四条；

6.《中国注册会计师审计准则第 1201 号——计划审计工作》第十二条；

7.《中国注册会计师审计准则第 1211 号——通过了解被审计单位及其环境识别和评估重大错报风险》第三十五条；

8.《中国注册会计师审计准则第 1221 号——计划和执行审计工作时的重要性》第十四条；

9.《中国注册会计师审计准则第 1231 号——针对评估的重大错报风险采取的应对措施》第二十八条至第三十条；

10.《中国注册会计师审计准则第 1251 号——评价审计过程中识别出的错报》第十六条；

11.《中国注册会计师审计准则第 1321 号——审计会计估计(包括公允价值会计估计)和相关披露》第二十八条；

12.《中国注册会计师审计准则第 1323 号——关联方》第二十九条；

13.《中国注册会计师审计准则第 1401 号——对集团财务报表审计的特殊考虑》第六十三条；

14.《中国注册会计师审计准则第 1411 号——利用内部审计人员的工作》第十三条。

中国注册会计师审计准则第 1141 号——财务报表审计中与舞弊相关的责任

（2010 年 11 月 1 日修订）

第一章　总　　则

第一条　为了规范注册会计师在财务报表审计中与舞弊相关的责任，制定本准则。

第二条　在涉及识别、评估和应对由于舞弊导致的重大错报风险时，本准则是对注册会计师如何应用《中国注册会计师审计准则第 1211 号——通过了解被审计单位及其环境识别和评估重大错报风险》和《中国注册会计师审计准则第 1231 号——针对评估的重大错报风险采取的应对措施》的进一步扩展。

第三条　财务报表的错报可能由于舞弊或错误所致。舞弊和错误的区别在于，导致财务报表发生错报的行为是故意行为还是非故意行为。

第四条　舞弊是一个宽泛的法律概念，但注册会计师关注导的是致财务报表发生重大错报的舞弊。

与财务报表审计相关的故意错报，包括编制虚假财务报告导致的错报和侵占资产导致的错报。

尽管注册会计师可能怀疑被审计单位存在舞弊，甚至在极少数情况下识别出发生的舞弊，但注册会计师并不对舞弊是否已实际发生作出法律意义上的判定。

第五条　被审计单位治理层和管理层对防止或发现舞弊负有主要责任。

管理层在治理层的监督下，高度重视对舞弊的防范和遏制是非常重要的。对舞弊进行防范可以减少舞弊发生的机会；对舞弊进行遏制，即发现和惩罚舞弊行为，能够警示被审计单位人员不要实施舞弊。对舞弊的防范和遏制需要管理层营造诚实守信和合乎道德的文化，并且这一文化能够在治理层的有效监督下得到强化。

治理层的监督包括考虑管理层凌驾于控制之上或对财务报告过程施加其他不当影响的可能性，例如，管理层为了影响分析师对被审计单位业绩和盈利能力的看法而操纵利润。

第六条　在按照审计准则的规定执行审计工作时，注册会计师有责任对财务报表整体是否不存在由于舞弊或错误导致的重大错报获取合理保证。

由于审计的固有限制，即使注册会计师按照审计准则的规定恰当计划和执行了审计工作，也不可避免地存在财务报表中的某些重大错报未被发现的风险。

第七条　在舞弊导致错报的情况下，固有限制的潜在影响尤其重大。舞弊导致的重大错报未被发现的风险，大于错误导致的重大错报未被发现的风险。其原因是舞弊可能涉及精心策划和蓄意实施以进行隐瞒（如伪造证明或故意漏记交易），或者故意向注册会计师提供虚假陈述。如果涉及串通舞弊，注册会计师可能更加难以发现蓄意隐瞒的企图。串通舞弊可能导致原本虚假的审计证据被注册会计师误认为具有说服力。

注册会计师发现舞弊的能力取决于舞弊者实施舞弊的技巧、舞弊者操纵会计记录的频率和范围、舞弊者操纵的每笔金额的大小、舞弊者在被审计单位的职位级别、串通舞弊的程度等因素。

即使可以识别出实施舞弊的潜在机会，但对于诸如会计估计等判断领域的错报，注册会计师也难以确定这类错报是由于舞弊还是错误导致的。

第八条　管理层舞弊导致的重大错报未被发现的风险，大于员工舞弊导致的重大错报未被发现的风险。其原因是管理层往往可以利用职务之便，直接或间接操纵会计记录，提供虚假的财务信息，或凌驾于为防止其他员工实施类似舞弊而建立的控制之上。

第九条　在获取合理保证时，注册会计师有责任在整个审计过程中保持职业怀疑，考虑管理层凌驾于控制之上的可能性，并认识到对发现错误有效的审计程序未必对发现舞弊有效。

本准则的规定旨在帮助注册会计师识别和评估舞弊导致的重大错报风险，以及设计用以发现这类错报的审计程序。

第二章 定 义

第十条 舞弊，是指被审计单位的管理层、治理层、员工或第三方使用欺骗手段获取不当或非法利益的故意行为。

第十一条 舞弊风险因素，是指表明实施舞弊的动机或压力，或者为实施舞弊提供机会的事项或情况。

第三章 目 标

第十二条 注册会计师的目标是：

（一）识别和评估由于舞弊导致的财务报表重大错报风险；

（二）通过设计和实施恰当的应对措施，针对评估的由于舞弊导致的重大错报风险，获取充分、适当的审计证据；

（三）恰当应对审计过程中识别出的舞弊或舞弊嫌疑。

第四章 要 求

第一节 职业怀疑

第十三条 按照《中国注册会计师审计准则第 1101 号——注册会计师的总体目标和审计工作的基本要求》的规定，注册会计师应当在整个审计过程中保持职业怀疑，认识到存在由于舞弊导致的重大错报的可能性，而不应受到以前对管理层、治理层正直和诚信形成的判断的影响。

第十四条 除非存在相反的理由，注册会计师可以将文件和记录作为真品。但如果在审计过程中识别出的情况使注册会计师认为文件可能是伪造的或文件中的某些条款已发生变动但未告知注册会计师，注册会计师应当作出进一步调查。

第十五条 如果管理层或治理层对询问作出的答复相互之间不一致或与其他信息不一致，注册会计师应当对这种不一致加以调查。

第二节 项目组内部的讨论

第十六条 按照《中国注册会计师审计准则第 1211 号——通过了解被审计单位及其环境识别和评估重大错报风险》的规定，项目组成员之间应当进行讨论，并由项目合伙人确定将哪些事项向未参与讨论的项目组成员通报。

项目组内部讨论的重点应当包括财务报表易于发生由于舞弊导致的重大错报的方式和领域，包括舞弊可能如何发生。

在讨论过程中，项目组成员不应假定管理层和治理层是正直和诚信的。

第三节 风险评估程序和相关活动

第十七条 当按照《中国注册会计师审计准则第 1211 号——通过了解被审计单位及其环境识别和评估重大错报风险》的规定实施风险评估程序和相关活动，以了解被审计单位及其环境时，注册会计师应当实施本准则第十八条至第二十五条规定的审计程序，以获取用以识别由于舞弊导致的重大错报风险所需的信息。

第十八条 注册会计师应当向管理层询问：

（一）管理层对财务报表可能存在由于舞弊导致的重大错报风险的评估，包括评估的性质、范围和频率等；

（二）管理层对舞弊风险的识别和应对过程，包括管理层识别出的或注意到的特定舞弊风险，或可能存在舞弊风险的各类交易、账户余额或披露；

（三）管理层就其对舞弊风险的识别和应对过程向治理层的通报；

（四）管理层就其经营理念和道德观念向员工的通报。

第十九条 注册会计师应当询问管理层和被审计单位内部的其他人员(如适用),以确定其是否知悉任何影响被审计单位的舞弊事实、舞弊嫌疑或舞弊指控。

第二十条 如果被审计单位设有内部审计,注册会计师应当询问内部审计人员,以确定其是否知悉任何影响被审计单位的舞弊事实、舞弊嫌疑或舞弊指控,并获取这些人员对舞弊风险的看法。

第二十一条 除非治理层全部成员参与管理被审计单位,注册会计师应当了解治理层如何监督管理层对舞弊风险的识别和应对过程,以及为降低舞弊风险而建立的内部控制。

第二十二条 除非治理层全部成员参与管理被审计单位,注册会计师应当询问治理层,以确定其是否知悉任何影响被审计单位的舞弊事实、舞弊嫌疑或舞弊指控。治理层对这些询问的答复,还可在一定程度上作为管理层答复的佐证信息。

第二十三条 注册会计师应当评价在实施分析程序时识别出的异常或偏离预期的关系(包括与收入账户有关的关系),是否表明存在由于舞弊导致的重大错报风险。

第二十四条 注册会计师应当考虑获取的其他信息是否表明存在由于舞弊导致的重大错报风险。

第二十五条 注册会计师应当评价通过其他风险评估程序和相关活动获取的信息,是否表明存在舞弊风险因素。

存在舞弊风险因素并不必然表明发生了舞弊,但在舞弊发生时通常存在舞弊风险因素,因此,舞弊风险因素可能表明存在由于舞弊导致的重大错报风险。

第四节 识别和评估由于舞弊导致的重大错报风险

第二十六条 按照《中国注册会计师审计准则第 1211 号——通过了解被审计单位及其环境识别和评估重大错报风险》的规定,注册会计师应当在财务报表层次和各类交易、账户余额、披露的认定层次识别和评估由于舞弊导致的重大错报风险。

第二十七条 在识别和评估由于舞弊导致的重大错报风险时,注册会计师应当基于收入确认存在舞弊风险的假定,评价哪些类型的收入、收入交易或认定导致舞弊风险。

如果认为收入确认存在舞弊风险的假定不适用于业务的具体情况,从而未将收入确认作为由于舞弊导致的重大错报风险领域,注册会计师应当按照本准则第五十一条的规定形成相应的审计工作底稿。

第二十八条 注册会计师应当将评估的由于舞弊导致的重大错报风险作为特别风险。如果此前未了解与此类风险相关的控制,注册会计师应当了解相关控制,包括了解控制活动。

第五节 应对评估的由于舞弊导致的重大错报风险

第二十九条 按照《中国注册会计师审计准则第 1231 号——针对评估的重大错报风险采取的应对措施》的规定,注册会计师应当针对评估的由于舞弊导致的财务报表层次重大错报风险确定总体应对措施。

第三十条 在针对评估的由于舞弊导致的财务报表层次重大错报风险确定总体应对措施时,注册会计师应当:

(一)在分派和督导项目组成员时,考虑承担重要业务职责的项目组成员所具备的知识、技能和能力,并考虑由于舞弊导致的重大错报风险的评估结果;

(二)评价被审计单位对会计政策(特别是涉及主观计量和复杂交易的会计政策)的选择和运用,是否可能表明管理层通过操纵利润对财务信息作出虚假报告;

(三)在选择审计程序的性质、时间安排和范围时,增加审计程序的不可预见性。

第三十一条 按照《中国注册会计师审计准则第 1231 号——针对评估的重大错报风险采取的应对措施》的规定,注册会计师应当设计和实施进一步审计程序,审计程序的性质、时间安排和范围应当能够应对评估的由于舞弊导致的认定层次重大错报风险。例如,针对由于舞弊导致的认定层次重大错报风险,注册会计师应当考虑实施函证程序以获取更多的相互印证的信息。

第三十二条 管理层处于实施舞弊的独特地位,其原因是管理层有能力通过凌驾于控制之上操纵会计记录并编制虚假财务报表,而这些控制却看似有效运行。

尽管管理层凌驾于控制之上的风险水平因被审计单位而异,但所有被审计单位都存在这种风险。

由于管理层凌驾于控制之上的行为发生方式不可预见,这种风险属于由于舞弊导致的重大错报风险,从而也是一种特别风险。

第三十三条 无论对管理层凌驾于控制之上的风险的评估结果如何，注册会计师都应当设计和实施审计程序，用以：

（一）测试日常会计核算过程中作出的会计分录以及编制财务报表过程中作出的调整是否适当；

（二）复核会计估计是否存在偏向，并评价产生这种偏向的环境是否表明存在由于舞弊导致的重大错报风险；

（三）对于超出被审计单位正常经营过程的重大交易，或基于对被审计单位及其环境的了解以及在审计过程中获取的其他信息而显得异常的重大交易，评价其商业理由（或缺乏商业理由）是否表明被审计单位从事交易的目的是为了对财务信息作出虚假报告或掩盖侵占资产的行为。

第三十四条 在设计和实施审计程序，以测试日常会计核算过程中作出的会计分录以及编制财务报表过程中作出的其他调整是否适当时，注册会计师应当：

（一）向参与财务报告过程的人员询问与处理会计分录和其他调整相关的不恰当或异常的活动；

（二）选择在报告期末作出的会计分录和其他调整；

（三）考虑是否有必要测试整个会计期间的会计分录和其他调整。

第三十五条 在复核会计估计是否存在偏向时，注册会计师应当：

（一）评价管理层在作出会计估计时所作的判断和决策是否反映出管理层的某种偏向（即使判断和决策单独看起来是合理的），从而可能表明存在由于舞弊导致的重大错报风险。如果存在偏向，注册会计师应当从整体上重新评价会计估计。

（二）追溯复核与以前年度财务报表反映的重大会计估计相关的管理层判断和假设。

第三十六条 当按照本准则第三十三条至第三十五条实施的程序无法涵盖特定的管理层凌驾于控制之上的其他风险时，注册会计师还应当确定是否有必要实施其他审计程序，以应对识别出的管理层凌驾于控制之上的风险。

第六节 评价审计证据

第三十七条 在就财务报表与所了解的被审计单位的情况是否一致形成总体结论时，注册会计师应当评价在临近审计结束时实施的分析程序，是否表明存在此前尚未识别的由于舞弊导致的重大错报风险。

第三十八条 如果识别出某项错报，注册会计师应当评价该项错报是否表明存在舞弊。

如果存在舞弊的迹象，鉴于舞弊不太可能是孤立发生的事项，注册会计师应当评价该项错报对审计工作其他方面的影响，特别是对管理层声明可靠性的影响。

第三十九条 如果识别出某项错报，并有理由认为该项错报是或可能是由于舞弊导致的，且涉及管理层，特别是涉及较高级别的管理层，无论该项错报是否重大，注册会计师都应当重新评价对由于舞弊导致的重大错报风险的评估结果，以及该结果对旨在应对评估的风险的审计程序的性质、时间安排和范围的影响。

在重新考虑此前获取的审计证据的可靠性时，注册会计师还应当考虑相关的情形是否表明可能存在涉及员工、管理层或第三方的串通舞弊。

第四十条 如果确认财务报表存在由于舞弊导致的重大错报，或无法确定财务报表是否存在由于舞弊导致的重大错报，注册会计师应当评价这两种情况对审计的影响。

第七节 无法继续执行审计业务

第四十一条 如果由于舞弊或舞弊嫌疑导致出现错报，致使注册会计师遇到对其继续执行审计业务的能力产生怀疑的异常情形，注册会计师应当：

（一）确定适用于具体情况的职业责任和法律责任，包括是否需要向审计业务委托人或监管机构报告；

（二）在相关法律法规允许的情况下，考虑是否需要解除业务约定。

第四十二条 如果决定解除业务约定，注册会计师应当采取下列措施：

（一）与适当层级的管理层和治理层讨论解除业务约定的决定和理由；

（二）考虑是否存在职业责任或法律责任，需要向审计业务委托人或监管机构报告解除业务约定的决定和理由。

第八节　书面声明

第四十三条　注册会计师应当就下列事项向管理层和治理层(如适用)获取书面声明：

(一)管理层和治理层认可其设计、执行和维护内部控制以防止和发现舞弊的责任；

(二)管理层和治理层已向注册会计师披露了管理层对由于舞弊导致的财务报表重大错报风险的评估结果；

(三)管理层和治理层已向注册会计师披露了已知的涉及管理层、在内部控制中承担重要职责的员工以及其他人员(在舞弊行为导致财务报表出现重大错报的情况下)的舞弊或舞弊嫌疑；

(四)管理层和治理层已向注册会计师披露了从现任和前任员工、分析师、监管机构等方面获知的、影响财务报表的舞弊指控或舞弊嫌疑。

第九节　与管理层和治理层的沟通

第四十四条　如果识别出舞弊或获取的信息表明可能存在舞弊,注册会计师应当及时将此类事项向适当层级的管理层通报,以便管理层告知对防止和发现舞弊事项负有主要责任的人员。

第四十五条　如果确定或怀疑舞弊涉及下列人员,注册会计师应当及时将此类事项向治理层通报,除非治理层全部人员参与管理被审计单位：

(一)管理层；

(二)在内部控制中承担重要职责的员工；

(三)其他人员(在舞弊行为导致财务报表重大错报的情况下)。

如果怀疑舞弊涉及管理层,注册会计师应当将此怀疑向治理层通报,并与其讨论为完成审计工作所必需的审计程序的性质、时间安排和范围。

第四十六条　如果根据判断认为还存在与治理层职责相关的、涉及舞弊的其他事项,注册会计师应当就此与治理层沟通。

第十节　向监管机构和执法机构报告

第四十七条　如果识别出舞弊或怀疑存在舞弊,注册会计师应当确定是否有责任向被审计单位以外的机构报告。

尽管注册会计师对客户信息负有的保密义务可能妨碍这种报告,但如果法律法规要求注册会计师履行报告责任,注册会计师应当遵守法律法规的规定。

第十一节　审计工作底稿

第四十八条　《中国注册会计师审计准则第 1211 号——通过了解被审计单位及其环境识别和评估重大错报风险》规定注册会计师应当记录对被审计单位及其环境的了解以及对重大错报风险的评估结果。注册会计师应当将下列内容形成审计工作底稿：

(一)项目组内部就由于舞弊导致财务报表重大错报的可能性进行的讨论所得出的重要结论；

(二)识别和评估的由于舞弊导致的财务报表层次和认定层次的重大错报风险。

第四十九条　《中国注册会计师审计准则第 1231 号——针对评估的重大错报风险采取的应对措施》规定注册会计师应当记录对评估的重大错报风险采取的应对措施。注册会计师应当将下列内容形成审计工作底稿：

(一)对评估的由于舞弊导致的财务报表层次的重大错报风险采取的总体应对措施；

(二)审计程序的性质、时间安排和范围；

(三)审计程序与评估的由于舞弊导致的认定层次的重大错报风险之间的联系；

(四)实施审计程序(包括用于应对管理层凌驾于控制之上的风险而实施的审计程序)的结果。

第五十条　注册会计师应当在审计工作底稿中记录与管理层、治理层、监管机构或其他相关各方就舞弊事项进行沟通的情况。

第五十一条　如果认为收入确认存在舞弊风险的假定不适用于业务的具体情况,注册会计师应当在审计工作底稿中记录得出该结论的理由。

第五章　附　　则

第五十二条　本准则自 2012 年 1 月 1 日起施行。

中国注册会计师审计准则第 1142 号——财务报表审计中对法律法规的考虑

（2010 年 11 月 1 日修订）

第一章　总　　则

第一条　为了规范注册会计师在财务报表审计中对法律法规的考虑，制定本准则。

第二条　本准则不适用于注册会计师接受专项委托，对被审计单位遵守特定法律法规进行单独测试并出具报告的鉴证业务。

第三条　不同的法律法规对财务报表的影响差异很大。被审计单位需要遵守的所有法律法规，构成注册会计师在财务报表审计中需要考虑的法律法规框架。

某些法律法规的规定对财务报表有直接影响，决定财务报表中报告的金额和披露。而有些法律法规需要管理层遵守，或规定了允许被审计单位开展经营活动的条件，但不会对财务报表产生直接影响。某些被审计单位处于高度管制的行业，如银行或化工企业等。而有些被审计单位仅受到通常与经营活动相关的法律法规的制约，如安全生产和公平就业等。

违反法律法规可能导致被审计单位面临罚款、诉讼或其他对财务报表产生重大影响的后果。

第四条　在治理层的监督下，保证被审计单位按照法律法规的规定开展经营活动（包括遵守那些决定财务报表中报告的金额和披露的法律法规的规定），是管理层的责任。

第五条　本准则旨在帮助注册会计师识别由于违反法律法规导致的财务报表重大错报。注册会计师没有责任防止被审计单位违反法律法规行为，也不能期望其发现所有的违反法律法规行为。

第六条　注册会计师有责任对财务报表整体不存在由于舞弊或错误导致的重大错报获取合理保证。

在执行财务报表审计时，注册会计师需要考虑适用于被审计单位的法律法规框架。由于审计的固有限制，即使注册会计师按照审计准则的规定恰当地计划和执行审计工作，也不可避免地存在财务报表中的某些重大错报未被发现的风险。

就法律法规而言，由于下列原因，审计的固有限制对注册会计师发现重大错报的能力的潜在影响会加大：

（一）许多法律法规主要与被审计单位经营活动相关，通常不影响财务报表，且不能被与财务报告相关的信息系统所获取；

（二）违反法律法规可能涉及故意隐瞒的行为，如共谋、伪造、故意漏记交易、管理层凌驾于控制之上或故意向注册会计师提供虚假陈述；

（三）某行为是否构成违反法律法规，最终只能由法院认定。

通常情况下，违反法律法规与财务报表反映的交易和事项越不相关，就越难以被注册会计师关注或识别。

第七条　本准则对注册会计师的责任的界定，是根据被审计单位需要遵守的下列两类不同的法律法规而作出的：

（一）通常对决定财务报表中的重大金额和披露有直接影响的法律法规（如税收和企业年金方面的法律法规）；

（二）对决定财务报表中的金额和披露没有直接影响的其他法律法规，但遵守这些法律法规（如遵守经营许可条件、监管机构对偿债能力的规定或环境保护要求）对被审计单位的经营活动、持续经营能力或避免大额罚款至关重要;违反这些法律法规,可能对财务报表产生重大影响。

第八条 针对本准则第七条提及的两类不同的法律法规,本准则对注册会计师的责任作出不同的规定。

针对本准则第七条第(一)项提及的法律法规,注册会计师的责任是,就被审计单位遵守这些法律法规的规定获取充分、适当的审计证据。

针对本准则第七条第(二)项提及的法律法规,注册会计师的责任仅限于实施特定的审计程序,以有助于识别可能对财务报表产生重大影响的违反这些法律法规的行为。

第九条 为了对财务报表形成审计意见所实施的其他审计程序,可能使注册会计师识别出或怀疑被审计单位存在违反法律法规行为,本准则要求注册会计师对此保持警觉。

考虑到法律法规对被审计单位产生影响的范围,按照《中国注册会计师审计准则第 1101 号——注册会计师的总体目标和审计工作的基本要求》的规定,注册会计师在整个审计过程中保持职业怀疑尤为重要。

第二章 定 义

第十条 本准则所称违反法律法规,是指被审计单位有意或无意违背除适用的财务报告编制基础以外的现行法律法规的行为。例如,被审计单位进行的或以被审计单位名义进行的违反法律法规的交易,或者治理层、管理层或员工代表被审计单位进行的违反法律法规的交易。违反法律法规不包括由治理层、管理层或员工实施的、与被审计单位经营活动无关的不当个人行为。

第三章 目 标

第十一条 注册会计师的目标是:

(一)针对通常对决定财务报表中的重大金额和披露有直接影响的法律法规的规定,获取被审计单位遵守这些规定的充分、适当的审计证据;

(二)针对其他法律法规,实施特定的审计程序,以有助于识别可能对财务报表产生重大影响的违反这些法律法规的行为;

(三)恰当应对在审计过程中识别出的或怀疑存在的违反法律法规行为。

第四章 要 求

第一节 注册会计师对被审计单位遵守法律法规的考虑

第十二条 按照《中国注册会计师审计准则第 1211 号——通过了解被审计单位及其环境识别和评估重大错报风险》的规定,在了解被审计单位及其环境时,注册会计师应当总体了解下列事项:

(一)适用于被审计单位及其所处行业或领域的法律法规框架;

(二)被审计单位如何遵守这些法律法规框架。

第十三条 针对通常对决定财务报表中的重大金额和披露有直接影响的法律法规的规定,注册会计师应当获取被审计单位遵守这些规定的充分、适当的审计证据。

第十四条 注册会计师应当实施下列审计程序,以有助于识别可能对财务报表产生重大影响的违反其他法律法规的行为:

(一)向管理层和治理层(如适用)询问被审计单位是否遵守了这些法律法规;

(二)检查被审计单位与许可证颁发机构或监管机构的往来函件。

第十五条 在审计过程中实施的其他审计程序可能使注册会计师识别出或怀疑存在违反法律法规行为,注册会计师应当对此保持警觉。

第十六条 注册会计师应当要求管理层和治理层(如适用)提供书面声明,以表明被审计单位已向注册会计师披露了所有知悉的、且在编制财务报表时应当考虑其影响的违反法律法规行为或怀疑存在的违反法律法规行为。

第十七条 在没有识别出或不怀疑被审计单位违反法律法规的情况下,除执行本准则第十二条至第十六条所述的工作外,注册会计师不必针对被审计单位遵守法律法规实施其他审计程序。

第二节 识别出或怀疑存在违反法律法规行为时实施的审计程序

第十八条 如果注意到与识别出的或怀疑存在的违反法律法规行为相关的信息，注册会计师应当：

（一）了解违反法律法规行为的性质及其发生的环境；

（二）获取进一步的信息，以评价对财务报表可能产生的影响。

第十九条 如果怀疑被审计单位存在违反法律法规行为，注册会计师应当就此与管理层和治理层（如适用）进行讨论。

如果管理层或治理层不能提供充分的信息，证明被审计单位遵守了法律法规，并且注册会计师根据判断认为怀疑存在的违反法律法规行为可能对财务报表产生重大影响，注册会计师应当考虑是否需要征询法律意见。

第二十条 如果针对怀疑存在的违反法律法规行为不能获取充分的信息，注册会计师应当评价缺乏充分、适当的审计证据对审计意见的影响。

第二十一条 注册会计师应当评价违反法律法规行为对审计的其他方面可能产生的影响，包括对注册会计师风险评估和被审计单位书面声明可靠性的影响，并采取适当措施。

第三节 对识别出的或怀疑存在的违反法律法规行为的报告

第二十二条 除非治理层全部成员参与管理被审计单位，因而知悉注册会计师已沟通的、涉及识别出的或怀疑存在的违反法律法规行为的事项，注册会计师应当与治理层沟通审计过程中注意到的有关违反法律法规的事项，但不必沟通明显不重要的事项。

第二十三条 如果根据判断认为本准则第二十二条提及的需要沟通的违反法律法规行为是故意和重大的，注册会计师应当就此尽快向治理层通报。

第二十四条 如果怀疑违反法律法规行为涉及管理层或治理层，注册会计师应当向被审计单位审计委员会或监事会等更高层级的机构通报。

如果不存在更高层级的机构，或者注册会计师认为被审计单位可能不会对通报作出反应，或者注册会计师不能确定向谁报告，注册会计师应当考虑是否需要征询法律意见。

第二十五条 如果认为违反法律法规行为对财务报表具有重大影响，且未能在财务报表中得到充分反映，注册会计师应当按照《中国注册会计师审计准则第1502号——在审计报告中发表非无保留意见》的规定，发表保留意见或否定意见。

第二十六条 如果因管理层或治理层阻挠而无法获取充分、适当的审计证据，以评价是否存在或可能存在对财务报表产生重大影响的违反法律法规行为，注册会计师应当按照《中国注册会计师审计准则第1502号——在审计报告中发表非无保留意见》的规定，根据审计范围受到限制的程度，发表保留意见或无法表示意见。

第二十七条 如果由于审计范围受到管理层或治理层以外的其他方面的限制而无法确定被审计单位是否存在违反法律法规行为，注册会计师应当按照《中国注册会计师审计准则第1502号——在审计报告中发表非无保留意见》的规定，评价这一情况对审计意见的影响。

第二十八条 如果识别出或怀疑存在违反法律法规行为，注册会计师应当考虑是否有责任向被审计单位以外的相关机构或人员报告。

第四节 审计工作底稿

第二十九条 注册会计师应当在审计工作底稿中记录识别出的或怀疑存在的违反法律法规行为，以及与管理层、治理层和被审计单位以外的相关机构或人员（如可行）进行讨论的结果。

第五章 附　　则

第三十条 本准则自2012年1月1日起施行。

中国注册会计师审计准则第 1151 号——与治理层的沟通

（2010 年 11 月 1 日修订）

第一章 总 则

第一条 为了明确注册会计师在财务报表审计中与治理层沟通的责任，制定本准则。

第二条 本准则适用于各种治理结构和规模的被审计单位的财务报表审计，并针对治理层全部成员参与管理的情形以及上市实体提出了特殊考虑。本准则并不规范注册会计师与管理层或所有者的沟通，除非他们同时履行治理职责。

第三条 本准则是针对财务报表审计制定的，但对于其他历史财务信息审计，如果治理层对其他历史财务信息的编制负有监督责任，注册会计师可以根据具体情况遵守本准则的相关规定。

第四条 考虑到有效的双向沟通在财务报表审计中的重要性，本准则为注册会计师与治理层的沟通提供了一个基础框架，并明确了应当与其沟通的一些具体事项。

作为对本准则沟通要求的补充，附录列示的其他审计准则对需要沟通的补充事项作出了规定。此外，《中国注册会计师审计准则第 1152 号——向治理层和管理层通报内部控制缺陷》针对注册会计师向治理层通报在审计过程中识别出的值得关注的内部控制缺陷，提出了具体要求。

法律法规、业务约定或其他规定可能要求沟通本准则或其他审计准则没有规定的其他事项，本准则并不禁止注册会计师就此与治理层沟通。

第五条 本准则主要规范由注册会计师向治理层提议的沟通。但是，有效的双向沟通十分重要，这有助于：

（一）注册会计师和治理层了解与审计相关的背景事项，并建立建设性的工作关系；在建立这种关系时，注册会计师需要保持独立性和客观性；

（二）注册会计师向治理层获取与审计相关的信息，例如，治理层可以帮助注册会计师了解被审计单位及其环境，确定审计证据的适当来源，以及提供有关具体交易或事项的信息；

（三）治理层履行其对财务报告过程的监督责任，从而降低财务报表重大错报风险。

第六条 注册会计师有责任与治理层沟通本准则要求的事项，管理层也有责任与治理层沟通有关治理的事项，但注册会计师的沟通并不减轻管理层的这种责任。同样，管理层与治理层就注册会计师需要沟通的事项进行的沟通，也不减轻注册会计师沟通这些事项的责任。但是，管理层就这些事项进行的沟通可能会影响注册会计师与治理层沟通的形式或时间安排。

第七条 清晰地沟通审计准则要求的具体事项是每项审计业务的必要组成部分。但是，审计准则并不要求注册会计师专门实施程序，以识别与治理层沟通的任何其他事项。

第八条 法律法规可能限制注册会计师就某些事项与治理层沟通。例如，法律法规可能特别禁止某些沟通或其他行为，以避免妨碍有关机关调查实际发生的或涉嫌的非法行为。

在某些情形下，注册会计师的保密义务与沟通义务之间的潜在冲突可能十分复杂，此时注册会计师可以考虑获取法律咨询意见。

第二章 定 义

第九条 治理层，是指对被审计单位战略方向以及管理层履行经营管理责任负有监督责任的人员或组织。治理层的责任包括对财务报告过程的监督。在某些被审计单位，治理层可能包括管理层成员。

第十条 管理层，是指对被审计单位经营活动的执行负有管理责任的人员。在某些被审计单位，管理层包括部分或全部的治理层成员。

第三章 目 标

第十一条 注册会计师的目标是：

(一)就注册会计师与财务报表审计相关的责任、计划的审计范围和时间安排的总体情况,与治理层进行清晰地沟通;

(二)向治理层获取与审计相关的信息;

(三)及时向治理层通报审计中发现的与治理层监督财务报告过程的责任相关的重大事项;

(四)推动注册会计师和治理层之间有效的双向沟通。

第四章 要 求

第一节 沟通的对象

第十二条 注册会计师应当确定与被审计单位治理结构中的哪些适当人员进行沟通。

第十三条 如果注册会计师与治理层的下设组织(如审计委员会)或个人沟通,应当确定是否还需要与治理层整体进行沟通。

第十四条 在某些情况下,治理层全部成员参与管理被审计单位,例如,在一家小企业中,仅有的一名业主管理该企业,并且没有其他人负有治理责任。此时,如果就本准则第十七条第(三)项要求沟通的事项已与负有管理责任的人员沟通,且这些人员同时负有治理责任,注册会计师无需就这些事项再次与负有治理责任的相同人员沟通。然而,注册会计师应当确信与负有管理责任人员的沟通能够向所有负有治理责任的人员充分传递应予沟通的内容。

第二节 沟通的事项

第十五条 注册会计师应当与治理层沟通注册会计师与财务报表审计相关的责任,包括:

(一)注册会计师负责对管理层在治理层监督下编制的财务报表形成和发表意见;

(二)财务报表审计并不减轻管理层或治理层的责任。

第十六条 注册会计师应当与治理层沟通计划的审计范围和时间安排的总体情况。

第十七条 注册会计师应当与治理层沟通审计工作中发现的下列问题:

(一)注册会计师对被审计单位会计实务(包括会计政策、会计估计和财务报表披露)重大方面的质量的看法。在适当的情况下,注册会计师应当向治理层解释为何某项在适用的财务报告编制基础下可以接受的重大会计实务,并不一定最适合被审计单位的具体情况;

(二)审计工作中遇到的重大困难;

(三)已与管理层讨论或需要书面沟通的、审计中出现的重大事项,以及注册会计师要求提供的书面声明,除非治理层全部成员参与管理被审计单位;

(四)审计中出现的、根据职业判断认为对监督财务报告过程重大的其他事项。

第十八条 如果被审计单位是上市实体,注册会计师还应当与治理层沟通下列内容:

(一)就审计项目组成员、会计师事务所其他相关人员以及会计师事务所和网络事务所按照相关职业道德要求保持了独立性作出声明;

(二)根据职业判断,注册会计师认为会计师事务所、网络事务所与被审计单位之间存在的可能影响独立性的所有关系和其他事项,包括会计师事务所和网络事务所在财务报表涵盖期间为被审计单位和受被审计单位控制的组成部分提供审计、非审计服务的收费总额;这些收费应当分配到适当的业务类型中,以帮助治理层评估这些服务对注册会计师独立性的影响;

(三)为消除对独立性的不利影响或将其降至可接受的水平,已经采取的相关防范措施。

第三节 沟通的过程

第十九条 注册会计师应当就沟通的形式、时间安排和拟沟通的基本内容与治理层沟通。

第二十条 对于审计中的重大发现,如果根据职业判断认为采用口头形式沟通不适当,注册会计师应当以书面形式与治理层沟通。书面沟通不必包括审计过程中的所有事项。

第二十一条 注册会计师应当就本准则第十八条要求的注册会计师的独立性,以书面形式与治理层沟通。

第二十二条 注册会计师应当及时与治理层沟通。

第二十三条 注册会计师应当评价其与治理层之间的双向沟通对实现审计目的是否充分。如果认为双向沟通不充分,注册会计师应当评价其对重大错报风险评估以及获取充分、适当的审计证据的能力的影响,并采取适当措施。

第四节 审计工作底稿

第二十四条 如果本准则要求沟通的事项是以口头形式沟通的,注册会计师应当将其包括在审计工作底稿中,并记录沟通的时间和对象。

如果本准则要求沟通的事项是以书面形式沟通的,注册会计师应当保存一份沟通文件的副本,作为审计工作底稿的一部分。

第五章 附 则

第二十五条 本准则自 2012 年 1 月 1 日起施行。

附录:

质量控制准则和其他审计准则对与治理层沟通的具体要求

质量控制准则和下列审计准则要求注册会计师与治理层沟通特定事项,但其规定并不影响本准则的普遍适用性:

1.《中国注册会计师审计准则第 1141 号——财务报表审计中与舞弊相关的责任》第二十二条,第四十二条第(一)项,第四十四条至第四十六条;

2.《中国注册会计师审计准则第 1142 号——财务报表审计中对法律法规的考虑》第十四条,第十九条,第二十二条至第二十四条;

3.《中国注册会计师审计准则第 1152 号——向治理层和管理层通报内部控制缺陷》第十条;

4.《中国注册会计师审计准则第 1251 号——评价审计过程中识别出的错报》第十三条和第十四条;

5.《中国注册会计师审计准则第 1312 号——函证》第十六条;

6.《中国注册会计师审计准则第 1331 号——首次审计业务涉及的期初余额》第九条;

7.《中国注册会计师审计准则第 1323——关联方》第二十八条;

8.《中国注册会计师审计准则第 1324 号——持续经营》第二十二条;

9.《中国注册会计师审计准则第 1332 号——期后事项》第十条第二款第(二)项和第(三)项,第十三条第二款第(一)项,第十六条第(二)项,第二十条;

10.《中国注册会计师审计准则第 1401 号——对集团财务报表审计的特殊考虑》第五十九条、第六十一条和第六十二条;

11.《中国注册会计师审计准则第 1502 号——在审计报告中发表非无保留意见》第十三条,第十五条,第二十条第(一)项,第二十九条;

12.《中国注册会计师审计准则第 1503 号——在审计报告中增加强调事项段和其他事项段》第十条;

13.《中国注册会计师审计准则第 1511 号——比较信息:对应数据和比较财务报表》第二十一条;

14.《中国注册会计师审计准则第 1521 号——注册会计师对含有已审计财务报表的文件中的其他信息的责任》第十二条、第十五条和第十八条;

15.《质量控制准则第 5101 号——会计师事务所对执行财务报表审计和审阅、其他鉴证和相关服务业务实施的质量控制》第四十五条第(一)项。

中国注册会计师审计准则第1152号——向治理层和管理层通报内部控制缺陷

（2010年11月1日制定）

第一章 总 则

第一条 为了规范注册会计师向治理层和管理层恰当通报在财务报表审计中识别出的内部控制缺陷，制定本准则。

第二条 《中国注册会计师审计准则第1211号——通过了解被审计单位及其环境识别和评估重大错报风险》和《中国注册会计师审计准则第1231号——针对评估的重大错报风险采取的应对措施》规范了注册会计师了解内部控制以及设计和实施控制测试的责任，本准则不对注册会计师在这方面的责任提出额外要求。

《中国注册会计师审计准则第1151号——与治理层的沟通》进一步规范了注册会计师与治理层沟通审计相关事项的责任。

第三条 在识别和评估重大错报风险时，审计准则要求注册会计师了解与审计相关的内部控制。在进行风险评估时，注册会计师了解内部控制的目的是设计适合具体情况的审计程序，而不是对内部控制的有效性发表意见。

无论在风险评估过程中，还是在审计工作的其他阶段，注册会计师都有可能识别出内部控制缺陷。本准则具体规定了注册会计师应当向治理层和管理层通报哪些识别出的内部控制缺陷。

第四条 本准则并不禁止注册会计师向治理层和管理层通报在审计过程中识别出的其他内部控制事项。

第二章 定 义

第五条 内部控制缺陷，是指在下列任一情况下内部控制存在的缺陷：

（一）某项控制的设计、执行或运行不能及时防止或发现并纠正财务报表错报；

（二）缺少用以及时防止或发现并纠正财务报表错报的必要控制。

第六条 值得关注的内部控制缺陷，是指注册会计师根据职业判断，认为足够重要从而值得治理层关注的内部控制的一个缺陷或多个缺陷的组合。

第三章 目 标

第七条 注册会计师的目标是，向治理层和管理层恰当通报注册会计师在审计过程中识别出的，根据职业判断认为足够重要从而值得治理层和管理层各自关注的内部控制缺陷。

第四章 要 求

第八条 注册会计师应当根据已执行的审计工作，确定是否识别出内部控制缺陷。

第九条 如果识别出内部控制缺陷，注册会计师应当根据已执行的审计工作，确定该缺陷单独或连同其他缺陷是否构成值得关注的内部控制缺陷。

第十条 注册会计师应当以书面形式及时向治理层通报审计过程中识别出的值得关注的内部控制缺陷。

第十一条 注册会计师还应当及时向相应级别的管理层通报下列内部控制缺陷：

（一）已向或拟向治理层通报的值得关注的内部控制缺陷，除非在具体情况下不适合直接向管理层通报；

（二）在审计过程中识别出的、其他方尚未向管理层通报而注册会计师根据职业判断认为足够重要从而值得管理层关注的内部控制其他缺陷。

本条第一款第(一)项所述事项应当采取书面方式通报。

第十二条 值得关注的内部控制缺陷的书面沟通文件应当包括以下内容：

(一)对缺陷的描述以及对其潜在影响的解释；

(二)使治理层和管理层能够了解沟通背景的充分的信息。

在向治理层和管理层提供信息时，注册会计师应当特别说明下列事项：

(一)注册会计师执行审计工作的目的是对财务报表发表审计意见；

(二)审计工作包括考虑与财务报表编制相关的内部控制，其目的是设计适合具体情况的审计程序，并非对内部控制的有效性发表意见(如果结合财务报表审计对内部控制的有效性发表意见，应当删除"并非对内部控制的有效性发表意见"的措辞)；

(三)报告的事项仅限于注册会计师在审计过程中识别出的、认为足够重要从而值得向治理层报告的缺陷。

第五章 附 则

第十三条 本准则自2012年1月1日起施行。

中国注册会计师审计准则第1201号——计划审计工作

(2010年11月1日修订)

第一章 总 则

第一条 为了规范注册会计师计划财务报表审计工作，制定本准则。

第二条 本准则基于连续审计业务作出规定，同时也对首次审计业务作出补充规定。

第三条 计划审计工作包括针对审计业务制定总体审计策略和具体审计计划。

计划审计工作有利于注册会计师执行财务报表审计工作，具体包括：

(一)有助于注册会计师适当关注重要的审计领域；

(二)有助于注册会计师及时发现和解决潜在的问题；

(三)有助于注册会计师恰当地组织和管理审计业务，以有效的方式执行审计业务；

(四)有助于选择具备必要的专业素质和胜任能力的项目组成员应对预期的风险，并有助于向项目组成员分派适当的工作；

(五)有助于指导和监督项目组成员并复核其工作；

(六)在适用的情况下，有助于协调组成部分注册会计师和专家的工作。

第二章 目 标

第四条 注册会计师的目标是，计划审计工作，以使审计工作以有效的方式得到执行。

第三章 要 求

第一节 项目组关键成员的参与

第五条 项目合伙人和项目组其他关键成员应当参与计划审计工作，包括参与项目组成员的讨论。

第二节 初步业务活动

第六条 注册会计师应当在本期审计业务开始时开展下列初步业务活动：

（一）按照《中国注册会计师审计准则第 1121 号——对财务报表审计实施的质量控制》的规定，针对保持客户关系和具体审计业务，实施相应的质量控制程序；

（二）按照《中国注册会计师审计准则第 1121 号——对财务报表审计实施的质量控制》的规定，评价遵守相关职业道德要求（包括评价遵守独立性要求）的情况；

（三）按照《中国注册会计师审计准则第 1111 号——就审计业务约定条款达成一致意见》的规定，就审计业务约定条款与被审计单位达成一致意见。

第三节　计划活动

第七条　注册会计师应当制定总体审计策略，以确定审计工作的范围、时间安排和方向，并指导具体审计计划的制订。

第八条　在制定总体审计策略时，注册会计师应当：

（一）确定审计业务的特征，以界定审计范围；

（二）明确审计业务的报告目标，以计划审计的时间安排和所需沟通的性质；

（三）根据职业判断，考虑用以指导项目组工作方向的重要因素；

（四）考虑初步业务活动的结果，并考虑项目合伙人对被审计单位执行其他业务时获得的经验是否与审计业务相关（如适用）；

（五）确定执行业务所需资源的性质、时间安排和范围。

第九条　注册会计师应当制定具体审计计划。

具体审计计划应当包括下列内容：

（一）按照《中国注册会计师审计准则第 1211 号——通过了解被审计单位及其环境识别和评估重大错报风险》的规定，计划实施的风险评估程序的性质、时间安排和范围；

（二）按照《中国注册会计师审计准则第 1231 号——针对评估的重大错报风险采取的应对措施》的规定，在认定层次计划实施的进一步审计程序的性质、时间安排和范围；

（三）根据审计准则的规定，计划应当实施的其他审计程序。

第十条　在审计过程中，注册会计师应当在必要时对总体审计策略和具体审计计划作出更新和修改。

第十一条　注册会计师应当制订计划，确定对项目组成员的指导、监督以及对其工作进行复核的性质、时间安排和范围。

第四节　审计工作底稿

第十二条　注册会计师应当就下列事项形成审计工作底稿：

（一）总体审计策略；

（二）具体审计计划；

（三）在审计过程中对总体审计策略或具体审计计划作出的任何重大修改及其理由。

第五节　首次审计业务的补充考虑

第十三条　在首次审计业务开始前，注册会计师应当开展下列活动：

（一）按照《中国注册会计师审计准则第 1121 号——对财务报表审计实施的质量控制》的规定，针对接受客户关系和具体审计业务，实施相应的质量控制程序；

（二）如果被审计单位变更了会计师事务所，按照相关审计准则和职业道德要求的规定，与前任注册会计师进行沟通。

第四章　附　　则

第十四条　本准则自 2012 年 1 月 1 日起施行。

中国注册会计师审计准则第1211号
——通过了解被审计单位及其环境识别和评估重大错报风险

（2010年11月1日修订）

第一章 总 则

第一条 为了规范注册会计师通过了解被审计单位及其环境，识别和评估财务报表重大错报风险，制定本准则。

第二章 定 义

第二条 本准则所称内部控制，与适用的法律法规有关内部控制的概念一致。

控制，是指内部控制一个或多个要素，或要素表现出的各个方面。

第三条 认定，是指管理层在财务报表中作出的明确或隐含的表达，注册会计师将其用于考虑可能发生的不同类型的潜在错报。

第四条 风险评估程序，是指注册会计师为了解被审计单位及其环境，以识别和评估财务报表层次和认定层次的重大错报风险（无论错报由于舞弊或错误导致）而实施的审计程序。

第五条 经营风险，是指可能对被审计单位实现目标和实施战略的能力产生不利影响的重要状况、事项、情况、作为（或不作为）而导致的风险，或由于制定不恰当的目标和战略而导致的风险。

第六条 特别风险，是指注册会计师识别和评估的、根据判断认为需要特别考虑的重大错报风险。

第三章 目 标

第七条 注册会计师的目标是，通过了解被审计单位及其环境，识别和评估财务报表层次和认定层次的重大错报风险（无论该错报由于舞弊或错误导致），从而为设计和实施针对评估的重大错报风险采取的应对措施提供基础。

第四章 要 求

第一节 风险评估程序和相关活动

第八条 注册会计师应当实施风险评估程序，为识别和评估财务报表层次和认定层次的重大错报风险提供基础。但是，风险评估程序本身并不能为形成审计意见提供充分、适当的审计证据。

第九条 风险评估程序应当包括：

（一）询问管理层以及被审计单位内部其他人员；

（二）分析程序；

（三）观察和检查。

需要询问的被审计单位内部其他人员，是注册会计师根据判断认为可能拥有某些信息的人员，这些信息有助于识别由于舞弊或错误导致的重大错报风险。

第十条 注册会计师应当考虑在客户接受或保持过程中获取的信息是否与识别重大错报风险相关。

第十一条 如果项目合伙人已为被审计单位执行了其他业务，项目合伙人应当考虑所获取的信息是否与识别重大错报风险相关。

第十二条 如果拟利用以往与被审计单位交往的经验和以前审计中实施审计程序获取的信息，注册会计师应当确定被审计单位及其环境自以前审计后是否已发生变化，进而可能影响这些信息对本期审计的相关性。

第十三条 项目合伙人和项目组其他关键成员应当讨论被审计单位财务报表存在重大错报的可能性，以及如何根据被审计单位的具体情况运用使用的财务报告编制基础。项目合伙人应当确定向未参与讨论的项目组成员通报哪些事项。

第二节 了解被审计单位及其环境

第十四条 注册会计师应当从下列方面了解被审计单位及其环境：

（一）相关行业状况、法律环境和监管环境及其他外部因素，包括适用的财务报告编制基础；

（二）被审计单位的性质，包括经营活动、所有权和治理结构、正在实施和计划实施的投资（包括对特殊目的实体的投资）的类型、组织结构和筹资方式。了解被审计单位的性质，可以使注册会计师了解预期在财务报表中反映的各类交易、账户余额和披露；

（三）被审计单位对会计政策的选择和运用，包括变更会计政策的原因。注册会计师应当根据被审计单位的经营活动，评价会计政策是否适当，并与适用的财务报告编制基础、相关行业使用的会计政策保持一致；

（四）被审计单位的目标、战略以及可能导致重大错报风险的相关经营风险；

（五）对被审计单位财务业绩的衡量和评价；

（六）被审计单位的内部控制。

注册会计师应当根据本章第三节的规定了解内部控制。

第三节 了解内部控制

第十五条 注册会计师应当了解与审计相关的内部控制。虽然大部分与审计相关的控制可能与财务报告相关，但并非所有与财务报告相关的控制都与审计相关。确定一项控制单独或连同其他控制是否与审计相关，需要注册会计师作出职业判断。

第十六条 在了解与审计相关的控制时，注册会计师应当综合运用询问被审计单位内部人员和其他程序，以评价这些控制的设计，并确定其是否得到执行。

第十七条 注册会计师应当了解控制环境。作为了解控制环境的一部分，注册会计师应当评价：

（一）管理层在治理层的监督下，是否营造并保持了诚实守信和合乎道德的文化；

（二）控制环境总体上的优势是否为内部控制的其他要素奠定了适当的基础，以及这些其他要素是否未被控制环境中存在的缺陷所削弱。

第十八条 注册会计师应当了解被审计单位是否已建立风险评估过程，包括：

（一）识别与财务报告目标相关的经营风险；

（二）估计风险的重要性；

（三）评估风险发生的可能性；

（四）决定应对这些风险的措施。

第十九条 如果被审计单位已建立风险评估过程，注册会计师应当了解风险评估过程及其结果。

如果识别出管理层未能识别出的重大错报风险，注册会计师应当评价是否存在这类风险，即注册会计师预期被审计单位风险评估过程应当识别出而未识别出的风险。如果存在这类风险，注册会计师应当了解风险评估过程未能识别出的原因，并评价风险评估过程是否适合具体情况，或者确定与风险评估过程相关的内部控制是否存在值得关注的内部控制缺陷。

第二十条 如果被审计单位未建立风险评估过程，或具有非正式的风险评估过程，注册会计师应当与管理层讨论是否识别出与财务报告目标相关的经营风险以及如何应对这些风险。注册会计师应当评价缺少记录的风险评估过程是否适合具体情况，或确定是否表明存在值得关注的内部控制缺陷。

第二十一条 注册会计师应当从下列方面了解与财务报告相关的信息系统（包括相关业务流程）：

（一）在被审计单位经营过程中，对财务报表具有重大影响的各类交易；

（二）在信息技术和人工系统中，被审计单位的交易生成、记录、处理、必要的更正、结转至总账以及在财务报表中报告的程序；

（三）用以生成、记录、处理和报告（包括纠正不正确的信息以及信息如何结转至总账）交易的会计记录、支持性信息和财务报表中的特定账户；

（四）被审计单位的信息系统如何获取除交易以外的对财务报表重大的事项和情况；

（五）用于编制被审计单位财务报表（包括作出的重大会计估计和披露）的财务报告过程；

（六）与会计分录相关的控制，这些分录包括用以记录非经常性的、异常的交易或调整的非标准会计分录。

第二十二条 注册会计师应当了解被审计单位如何沟通与财务报告相关的人员的角色和职责以及与财务报告相关的重大事项。这种沟通包括：

（一）管理层与治理层之间的沟通；

（二）外部沟通，如与监管机构的沟通。

第二十三条 注册会计师应当了解与审计相关的控制活动。与审计相关的控制活动，是注册会计师为评估认定层次重大错报风险并设计进一步审计程序应对评估的风险而认为有必要了解的控制活动。审计并不要求了解与财务报表中每类重大交易、账户余额和披露或与其每项认定相关的所有控制活动。

第二十四条 在了解被审计单位控制活动时，注册会计师应当了解被审计单位如何应对信息技术导致的风险。

第二十五条 注册会计师应当了解被审计单位用于监督与财务报告相关的内部控制的主要活动，包括了解针对与审计相关的控制活动的监督，以及被审计单位如何对控制缺陷采取补救措施。

第二十六条 如果被审计单位设有内部审计，注册会计师应当了解下列事项，以确定内部审计是否可能与审计相关：

（一）内部审计的职能范围以及内部审计在被审计单位组织结构中的地位和作用；

（二）内部审计已实施或拟实施的活动。

第二十七条 注册会计师应当了解被审计单位监督活动所使用信息的来源，以及管理层认为信息对于实现目的足够可靠的依据。

第四节 识别和评估重大错报风险

第二十八条 注册会计师应当在下列两个层次识别和评估重大错报风险，为设计和实施进一步审计程序提供基础：

（一）财务报表层次；

（二）各类交易、账户余额和披露的认定层次。

第二十九条 在识别和评估重大错报风险时，注册会计师应当实施下列审计程序：

（一）在了解被审计单位及其环境（包括与风险相关的控制）的整个过程中，结合对财务报表中各类交易、账户余额和披露的考虑，识别风险；

（二）评估识别出的风险，并评价其是否更广泛地与财务报表整体相关，进而潜在地影响多项认定；

（三）结合对拟测试的相关控制的考虑，将识别出的风险与认定层次可能发生错报的领域相联系；

（四）考虑发生错报的可能性（包括发生多项错报的可能性），以及潜在错报的重大程度是否足以导致重大错报。

第三十条 作为本准则第二十八条所述的风险评估的一部分，注册会计师应当根据职业判断，确定识别出的风险是否为特别风险。在进行判断时，注册会计师不应考虑识别出的控制对相关风险的抵消效果。

第三十一条 在判断哪些风险是特别风险时，注册会计师应当至少考虑下列方面：

（一）风险是否属于舞弊风险；

（二）风险是否与近期经济环境、会计处理方法或其他方面的重大变化相关，因而需要特别关注；

（三）交易的复杂程度；

（四）风险是否涉及重大的关联方交易；

（五）财务信息计量的主观程度，特别是计量结果是否具有高度不确定性；

（六）风险是否涉及异常或超出正常经营过程的重大交易。

第三十二条　如果认为存在特别风险,注册会计师应当了解被审计单位与该风险相关的控制(包括控制活动)。

第三十三条　对于某些风险,注册会计师可能认为仅从实质性程序中获取充分、适当的审计证据是不可能或不可行的。这些风险可能与对日常和重大类别的交易或账户余额作出的不准确或不完整的记录相关,对这些交易或账户余额通常可以采用高度自动化处理,不存在或存在很少人工干预。在这种情况下,被审计单位针对这类风险建立的控制与审计相关,注册会计师应当了解这些控制。

第三十四条　注册会计师对认定层次重大错报风险的评估,可能随着审计过程中不断获取审计证据而作出相应的变化。

如果实施进一步审计程序获取的审计证据,或获取的新信息,与注册会计师之前作出评估所依据的审计证据不一致,注册会计师应当修正风险评估结果,并相应修改原计划实施的进一步审计程序。

第五节　审计工作底稿

第三十五条　注册会计师应当就下列事项形成审计工作底稿:

(一)根据本准则第十三条的规定,项目组进行的讨论以及得出的重要结论;

(二)根据本准则第十四条的规定,对被审计单位及其环境各个方面的了解要点、根据本准则第十七条至第二十七条的规定对内部控制各项要素的了解要点,获取上述了解的信息来源,以及实施的风险评估程序;

(三)根据本准则第二十八条的规定,在财务报表层次和认定层次识别和评估的重大错报风险;

(四)根据本准则第三十条至第三十三条的规定,识别出的风险和了解的相关控制。

第五章　附　　则

第三十六条　本准则自 2012 年 1 月 1 日起施行。

中国注册会计师审计准则第 1221 号——计划和执行审计工作时的重要性

(2010 年 11 月 1 日修订)

第一章　总　　则

第一条　为了规范注册会计师在计划和执行财务报表审计工作时运用重要性概念,制定本准则。

第二条　《中国注册会计师审计准则第 1251 号——评价审计过程中识别出的错报》规范注册会计师在评价识别出的错报对审计的影响以及未更正错报对财务报表的影响时,如何运用重要性概念。

第三条　财务报告编制基础通常从编制和列报财务报表的角度阐释重要性概念。财务报告编制基础可能以不同的术语解释重要性,但通常而言,重要性概念可从下列方面进行理解:

(一)如果合理预期错报(包括漏报)单独或汇总起来可能影响财务报表使用者依据财务报表作出的经济决策,则通常认为错报是重大的;

(二)对重要性的判断是根据具体环境作出的,并受错报的金额或性质的影响,或受两者共同作用的影响;

(三)判断某事项对财务报表使用者是否重大,是在考虑财务报表使用者整体共同的财务信息需求的基础上作出的。由于不同财务报表使用者对财务信息的需求可能差异很大,因此不考虑错报对个别财务报表使用者可能产生的影响。

第四条　适用的财务报告编制基础对重要性概念的规定,为注册会计师在审计工作中确定重要性提供了参考依据。如果适用的财务报告编制基础未对重要性概念作出规定,本准则第三条为注册会计师确定重要性提供了参考依据。

第五条 注册会计师对重要性的确定属于职业判断，受注册会计师对财务报表使用者对财务信息需求的认识的影响。就审计而言，注册会计师针对财务报表使用者作出下列假定是合理的：

（一）拥有经营、经济活动和会计方面的适当知识，并有意愿认真研究财务报表中的信息；

（二）理解财务报表是在运用重要性水平基础上编制、列报和审计的；

（三）认可建立在对估计和判断的应用以及对未来事项的考虑的基础上的会计计量具有固有的不确定性；

（四）依据财务报表中的信息作出合理的经济决策。

第六条 在计划和执行审计工作，评价识别出的错报对审计的影响，以及未更正错报对财务报表和审计意见的影响时，注册会计师需要运用重要性概念。

第七条 在计划审计工作时，注册会计师需要对认为重大的错报金额作出判断。

作出的判断为下列方面提供了基础：

（一）确定风险评估程序的性质、时间安排和范围；

（二）识别和评估重大错报风险；

（三）确定进一步审计程序的性质、时间安排和范围。

在计划审计工作时确定的重要性（即确定的某一金额），并不必然表明单独或汇总起来低于该金额的未更正错报一定被评价为不重大。即使某些错报低于重要性，与这些错报相关的具体情形可能使注册会计师将其评价为重大。

尽管设计审计程序以发现仅因其性质而可能被评价为重大的错报并不可行，但是注册会计师在评价未更正错报对财务报表的影响时，不仅要考虑错报金额的大小，还要考虑错报的性质以及错报发生的特定环境。

第二章 定　　义

第八条 实际执行的重要性，是指注册会计师确定的低于财务报表整体的重要性的一个或多个金额，旨在将未更正和未发现错报的汇总数超过财务报表整体的重要性的可能性降至适当的低水平。如果适用，实际执行的重要性还指注册会计师确定的低于特定类别的交易、账户余额或披露的重要性水平的一个或多个金额。

第三章 目　　标

第九条 注册会计师的目标是，在计划和执行审计工作时恰当地运用重要性概念。

第四章 要　　求

第一节 计划审计工作时确定重要性和实际执行的重要性

第十条 在制定总体审计策略时，注册会计师应当确定财务报表整体的重要性。根据被审计单位的特定情况，如果存在一个或多个特定类别的交易、账户余额或披露，其发生的错报金额虽然低于财务报表整体的重要性，但合理预期可能影响财务报表使用者依据财务报表作出的经济决策，注册会计师还应当确定适用于这些交易、账户余额或披露的一个或多个重要性水平。

第十一条 注册会计师应当确定实际执行的重要性，以评估重大错报风险并确定进一步审计程序的性质、时间安排和范围。

第二节 审计过程中修改重要性

第十二条 如果在审计过程中获知了某项信息，而该信息可能导致注册会计师确定与原来不同的财务报表整体的重要性或者特定类别的交易、账户余额或披露的一个或多个重要性水平（如适用），注册会计师应当予以修改。

第十三条 如果认为运用低于最初确定的财务报表整体的重要性和特定类别的交易、账户余额或披露的一个或多个重要性水平(如适用)是适当的,注册会计师应当确定是否有必要修改实际执行的重要性,并确定进一步审计程序的性质、时间安排和范围是否仍然适当。

第三节 审计工作底稿

第十四条 注册会计师应当在审计工作底稿中记录下列金额以及在确定这些金额时考虑的因素:

(一)财务报表整体的重要性;

(二)特定类别的交易、账户余额或披露的一个或多个重要性水平(如适用);

(三)实际执行的重要性;

(四)随着审计过程的推进,对本条第(一)项至第(三)项内容作出的任何修改。

第五章 附　　则

第十五条 本准则自 2012 年 1 月 1 日起施行。

中国注册会计师审计准则第 1231 号——针对评估的重大错报风险采取的应对措施

(2010 年 11 月 1 日修订)

第一章 总　　则

第一条 为了规范注册会计师针对评估的重大错报风险设计和实施应对措施,制定本准则。

第二章 定　　义

第二条 实质性程序,是指用于发现认定层次重大错报的审计程序。实质性程序包括下列两类程序:

(一)对各类交易、账户余额和披露的细节测试;

(二)实质性分析程序。

第三条 控制测试,是指用于评价内部控制在防止或发现并纠正认定层次重大错报方面的运行有效性的审计程序。

第三章 目　　标

第四条 注册会计师的目标是,针对评估的重大错报风险,通过设计和实施恰当的应对措施,获取充分、适当的审计证据。

第四章 要　　求

第一节 总体应对措施

第五条 注册会计师应当针对评估的财务报表层次重大错报风险,设计和实施总体应对措施。

第二节 进一步审计程序

第六条 注册会计师应当针对评估的认定层次重大错报风险,设计和实施进一步审计程序,包括审计程序的性质、时间安排和范围。

第七条 在设计拟实施的进一步审计程序时，注册会计师应当：

（一）考虑形成某类交易、账户余额和披露的认定层次重大错报风险评估结果的依据；

（二）评估的风险越高，需要获取越有说服力的审计证据。

形成某类交易、账户余额和披露的认定层次重大错报风险评估结果的依据包括：

（一）因相关交易类别、账户余额或披露的具体特征而导致重大错报的可能性（即固有风险）；

（二）风险评估是否考虑了相关控制（即控制风险），从而要求注册会计师获取审计证据以确定控制是否有效运行（即注册会计师在确定实质性程序的性质、时间安排和范围时，拟信赖控制运行的有效性）。

第三节 控制测试

第八条 当存在下列情形之一时，注册会计师应当设计和实施控制测试，针对相关控制运行的有效性，获取充分、适当的审计证据：

（一）在评估认定层次重大错报风险时，预期控制的运行是有效的（即在确定实质性程序的性质、时间安排和范围时，注册会计师拟信赖控制运行的有效性）；

（二）仅实施实质性程序并不能够提供认定层次充分、适当的审计证据。

第九条 在设计和实施控制测试时，对控制有效性的信赖程度越高，注册会计师应当获取越有说服力的审计证据。

第十条 在设计和实施控制测试时，注册会计师应当：

（一）将询问与其他审计程序结合使用，以获取有关控制运行有效性的审计证据；

（二）确定拟测试的控制是否依赖其他控制（间接控制）。如果依赖其他控制，确定是否有必要获取支持这些间接控制有效运行的审计证据。

注册会计师获取的有关控制运行有效性的证据应当包括：

（一）控制在所审计期间的相关时点是如何运行的；

（二）控制是否得到一贯执行；

（三）控制由谁或以何种方式执行。

第十一条 注册会计师应当按照本准则第十二条和第十五条的规定，测试其拟信赖的特定时点或整个期间的控制，为预期信赖程度提供恰当的依据。

第十二条 如果已获取有关控制在期中运行有效性的审计证据，注册会计师应当：

（一）获取这些控制在剩余期间发生重大变化的审计证据；

（二）确定针对剩余期间还需获取的补充审计证据。

第十三条 在确定利用以前审计获取的有关控制运行有效性的审计证据是否适当，以及再次测试控制的时间间隔时，注册会计师应当考虑下列因素：

（一）内部控制其他要素的有效性，包括控制环境、被审计单位对控制的监督以及被审计单位的风险评估过程；

（二）控制特征（人工控制还是自动化控制）产生的风险；

（三）信息技术一般控制的有效性；

（四）控制设计及其运行的有效性，包括在以前审计中发现的控制运行偏差的性质和程度，以及是否发生对控制运行产生重大影响的人员变动；

（五）是否存在由于环境发生变化而特定控制缺乏相应变化导致的风险；

（六）重大错报风险和对控制的信赖程度。

第十四条 如果拟利用以前审计获取的有关控制运行有效性的审计证据，注册会计师应当通过获取这些控制在以前审计后是否发生重大变化的审计证据，确定以前审计获取的审计证据是否与本期审计持续相关。

注册会计师应当通过实施询问并结合观察或检查程序，获取这些控制是否发生重大变化的审计证据，以确认对这些控制的了解，并根据下列情况作出不同处理：

（一）如果已发生变化，且这些变化对以前审计获取的审计证据的持续相关性产生影响，注册会计师应当在本期审计中测试这些控制运行的有效性；

（二）如果未发生这些变化，注册会计师应当每三年至少对控制测试一次，并且在每年审计中测试部分控制，以避免将所有拟信赖控制的测试集中于某一年，而在之后的两年中不进行任何测试。

第十五条 如果确定评估的认定层次重大错报风险是特别风险，并拟信赖针对该风险实施的控制，注册会计师应当在本期审计中测试这些控制运行的有效性。

第十六条 在评价相关控制运行的有效性时，注册会计师应当评价通过实施实质性程序发现的错报是否表明控制未得到有效运行。但通过实质性程序未发现错报，并不能证明与所测试认定相关的控制是有效的。

第十七条 如果发现拟信赖的控制出现偏差，注册会计师应当进行专门询问以了解这些偏差及其潜在后果，并确定：

（一）已实施的控制测试是否为信赖这些控制提供了适当的基础；

（二）是否有必要实施追加的控制测试；

（三）是否需要针对潜在的错报风险实施实质性程序。

第四节 实质性程序

第十八条 无论评估的重大错报风险结果如何，注册会计师都应当针对所有重大类别的交易、账户余额和披露，设计和实施实质性程序。

第十九条 注册会计师应当考虑是否将函证程序用作实质性程序。

第二十条 注册会计师实施的实质性程序应当包括下列与财务报表编制完成阶段相关的审计程序：

（一）将财务报表与其所依据的会计记录进行核对或调节；

（二）检查财务报表编制过程中作出的重大会计分录和其他调整。

第二十一条 如果认为评估的认定层次重大错报风险是特别风险，注册会计师应当专门针对该风险实施实质性程序。如果针对特别风险实施的程序仅为实质性程序，这些程序应当包括细节测试。

第二十二条 如果在期中实施了实质性程序，注册会计师应当针对剩余期间实施下列程序之一，以将期中测试得出的结论合理延伸至期末：

（一）结合对剩余期间实施的控制测试，实施实质性程序；

（二）如果认为对剩余期间拟实施的实质性程序是充分的，仅实施实质性程序。

第二十三条 如果期中检查出注册会计师在评估重大错报风险时未预期到的错报，注册会计师应当评价是否需要修改相关的风险评估结果以及针对剩余期间拟实施的实质性程序的性质、时间安排或范围。

第五节 列报与披露的恰当性

第二十四条 注册会计师应当实施审计程序，评价财务报表的总体列报与相关披露是否符合适用的财务报告编制基础的规定。

第六节 评价审计证据的充分性和适当性

第二十五条 在得出总体结论之前，注册会计师应当根据实施的审计程序和获取的审计证据，评价对认定层次重大错报风险的评估是否仍然适当。

第二十六条 注册会计师应当确定是否已获取充分、适当的审计证据。

在形成审计意见时，注册会计师应当考虑所有相关的审计证据，无论该证据与财务报表认定相互印证还是相互矛盾。

第二十七条 如果对重大的财务报表认定没有获取充分、适当的审计证据，注册会计师应当尽可能获取进一步的审计证据。

如果仍然不能获取充分、适当的审计证据，注册会计师应当对财务报表发表保留意见或无法表示意见。

第七节 审计工作底稿

第二十八条 注册会计师应当就下列事项形成审计工作底稿：

（一）针对评估的财务报表层次重大错报风险采取的总体应对措施，以及实施的进一步审计程序的性质、时间安排和范围；

（二）实施的进一步审计程序与评估的认定层次风险之间的联系；

（三）实施进一步审计程序的结果，包括在结果不明显时得出的结论。

第二十九条 如果拟利用在以前审计中获取的有关控制运行有效性的审计证据，注册会计师应当记录信赖这些控制的理由和结论。

第三十条 注册会计师的审计工作底稿应当能够证明财务报表与其所依据的会计记录是一致的或调节相符的。

第五章 附 则

第三十一条 本准则自 2012 年 1 月 1 日起施行。

中国注册会计师审计准则第 1251 号——评价审计过程中识别出的错报

（2010 年 11 月 1 日修订）

第一章 总 则

第一条 为了规范注册会计师评价识别出的错报对审计的影响以及未更正错报对财务报表的影响，制定本准则。

第二条 《中国注册会计师审计准则第 1501 号——对财务报表形成审计意见和出具审计报告》规定了在对财务报表形成审计意见时，注册会计师应当针对财务报表整体是否不存在重大错报，确定是否已就此获取合理保证得出结论。

注册会计师按照《中国注册会计师审计准则第 1501 号——对财务报表形成审计意见和出具审计报告》的规定得出的结论，考虑了对未更正错报的评价及其对财务报表的影响。

《中国注册会计师审计准则第 1221 号——计划和执行审计工作时的重要性》规范了注册会计师在计划和执行财务报表审计工作时恰当运用重要性概念的责任。

第二章 定 义

第三条 错报，是指某一财务报表项目的金额、分类、列报或披露，与按照适用的财务报告编制基础应当列示的金额、分类、列报或披露之间存在的差异；或根据注册会计师的判断，为使财务报表在所有重大方面实现公允反映，需要对金额、分类、列报或披露作出的必要调整。错报可能是由于错误或舞弊导致的。

第四条 未更正错报，是指注册会计师在审计过程中累积的且被审计单位未更正的错报。

第三章 目 标

第五条 注册会计师的目标是：

（一）评价识别出的错报对审计的影响；

（二）评价未更正错报对财务报表的影响。

第四章 要 求

第一节 累积识别出的错报

第六条 注册会计师应当累积审计过程中识别出的错报，除非错报明显微小。

第二节 随着审计的推进考虑识别出的错报

第七条 如果出现下列情况之一，注册会计师应当确定是否需要修改总体审计策略和具体审计计划：

(一)识别出的错报的性质以及错报发生的环境表明可能存在其他错报，并且可能存在的其他错报与审计过程中累积的错报合计起来可能是重大的；

(二)审计过程中累积的错报合计数接近按照《中国注册会计师审计准则第 1221 号——计划和执行审计工作时的重要性》的规定确定的重要性。

第八条 如果管理层应注册会计师的要求，检查了某类交易、账户余额或披露并更正了已发现的错报，注册会计师应当实施追加的审计程序，以确定错报是否仍然存在。

第三节 沟通和更正错报

第九条 除非法律法规禁止，注册会计师应当及时将审计过程中累积的所有错报与适当层级的管理层进行沟通。注册会计师还应当要求管理层更正这些错报。

第十条 如果管理层拒绝更正沟通的部分或全部错报，注册会计师应当了解管理层不更正错报的理由，并在评价财务报表整体是否不存在重大错报时考虑该理由。

第四节 评价未更正错报的影响

第十一条 在评价未更正错报的影响之前，注册会计师应当重新评估按照《中国注册会计师审计准则第 1221 号——计划和执行审计工作时的重要性》的规定确定的重要性，以根据被审计单位的实际财务结果确认其是否仍然适当。

第十二条 注册会计师应当确定未更正错报单独或汇总起来是否重大。在确定时，注册会计师应当考虑：

(一)相对某类交易、账户余额或披露以及财务报表整体而言，错报的金额和性质以及错报发生的特定环境；

(二)与以前期间相关的未更正错报对相关类别的交易、账户余额或披露以及财务报表整体的影响。

第十三条 除非法律法规禁止，注册会计师应当与治理层沟通未更正错报，以及这些错报单独或汇总起来可能对审计意见产生的影响。

注册会计师在沟通时应当逐项指明重大的未更正错报。注册会计师应当要求被审计单位更正未更正错报。

第十四条 注册会计师应当与治理层沟通与以前期间相关的未更正错报对相关类别的交易、账户余额或披露以及财务报表整体的影响。

第五节 书面声明

第十五条 注册会计师应当要求管理层和治理层(如适用)提供书面声明，说明其是否认为未更正错报单独或汇总起来对财务报表整体的影响不重大。这些错报项目的概要应当包含在书面声明中或附在其后。

第六节 审计工作底稿

第十六条 注册会计师应当就下列事项形成审计工作底稿：

(一)设定的某一金额，低于该金额的错报视为明显微小；

(二)审计过程中累积的所有错报，以及是否已得到更正；

(三)注册会计师就未更正错报单独或汇总起来是否重大得出的结论，以及得出结论的基础。

第五章 附 则

第十七条 本准则自 2012 年 1 月 1 日起施行。

中国注册会计师审计准则第 1301 号——审计证据

（2010 年 11 月 1 日修订）

第一章　总　　则

第一条　为了规范注册会计师在财务报表审计中确定审计证据的构成，明确注册会计师设计和实施审计程序以获取充分、适当的审计证据的责任，制定本准则。

第二条　本准则适用于注册会计师在审计过程中获取和评价所有审计证据。其他审计准则，对获取和评价审计证据提出了进一步要求。例如，《中国注册会计师审计准则第 1211 号——通过了解被审计单位及其环境识别和评估重大错报风险》等准则规范了审计的具体方面对审计证据的要求；《中国注册会计师审计准则第 1324 号——持续经营》等准则规范了针对特定问题需要获取的审计证据；《中国注册会计师审计准则第 1313 号——分析程序》等准则规范了获取审计证据需要实施的具体程序；《中国注册会计师审计准则第 1101 号——注册会计师的总体目标和审计工作的基本要求》和《中国注册会计师审计准则第 1231 号——针对评估的重大错报风险采取的应对措施》等准则规范了对已获取审计证据的充分性和适当性的评价。

第三条　审计证据的可靠性受其来源和性质的影响，并取决于获取审计证据的具体环境。判断审计证据可靠性的一般原则包括：

（一）从被审计单位外部独立来源获取的审计证据比从其他来源获取的审计证据更可靠；

（二）相关控制有效时内部生成的审计证据比控制薄弱时内部生成的审计证据更可靠；

（三）直接获取的审计证据比间接获取或推论得出的审计证据更可靠；

（四）以文件记录形式（包括纸质、电子或其他介质）存在的审计证据比口头形式的审计证据更可靠；

（五）从原件获取的审计证据比从复印、传真或通过拍摄、数字化或其他方式转化成电子形式的文件获取的审计证据更可靠。

通常情况下，注册会计师以函证方式直接从被询证者获取的审计证据，比被审计单位内部生成的审计证据更可靠。通过函证等方式从独立来源获取的相互印证的信息，可以提高注册会计师从会计记录或管理层书面声明中获取的审计证据的保证水平。

第二章　定　　义

第四条　审计证据，是指注册会计师为了得出审计结论和形成审计意见而使用的信息。审计证据包括构成财务报表基础的会计记录所含有的信息和其他信息。

第五条　会计记录，是指对初始会计分录形成的记录和支持性记录。例如，支票、电子资金转账记录、发票和合同；总分类账、明细分类账、会计分录以及对财务报表予以调整但未在账簿中反映的其他分录；支持成本分配、计算、调节和披露的手工计算表和电子数据表。

第六条　审计证据的充分性，是对审计证据数量的衡量。注册会计师需要获取的审计证据的数量受其对重大错报风险评估的影响，并受审计证据质量的影响。

第七条　审计证据的适当性，是对审计证据质量的衡量，即审计证据在支持审计意见所依据的结论方面具有的相关性和可靠性。

第八条　管理层的专家，是指在会计、审计以外的某一领域具有专长的个人或组织，其工作被管理层利用以协助编制财务报表。

第三章　目　　标

第九条　注册会计师的目标是，通过恰当的方式设计和实施审计程序，获取充分、适当的审计证据，以得出合理的结论，作为形成审计意见的基础。

第四章　要　　求

第一节　充分、适当的审计证据

第十条　注册会计师应当根据具体情况设计和实施恰当的审计程序，以获取充分、适当的审计证据。

第二节　用作审计证据的信息

第十一条　在设计和实施审计程序时，注册会计师应当考虑用作审计证据的信息的相关性和可靠性。

第十二条　如果用作审计证据的信息在编制时利用了管理层的专家的工作，注册会计师应当考虑管理层的专家的工作对实现注册会计师目的的重要性，并在必要的范围内实施下列程序：

（一）评价管理层的专家的胜任能力、专业素质和客观性；

（二）了解管理层的专家的工作；

（三）评价将管理层的专家的工作用作相关认定的审计证据的适当性。

第十三条　在使用被审计单位生成的信息时，注册会计师应当评价该信息对实现注册会计师的目的是否足够可靠，包括根据具体情况在必要时实施下列程序：

（一）获取有关信息准确性和完整性的审计证据；

（二）评价信息对实现审计目的是否足够准确和详细。

第三节　选取测试项目以获取审计证据

第十四条　在设计控制测试和细节测试时，注册会计师应当确定选取测试项目的方法以有效实现审计程序的目的。

第四节　审计证据之间存在不一致或对审计证据可靠性存有疑虑

第十五条　如果存在下列情形之一，注册会计师应当确定需要修改或追加哪些审计程序予以解决，并考虑存在的情形对审计其他方面的影响：

（一）从某一来源获取的审计证据与从另一来源获取的不一致；

（二）注册会计师对用作审计证据的信息的可靠性存有疑虑。

第五章　附　　则

第十六条　本准则自 2012 年 1 月 1 日起施行。

中国注册会计师审计准则第 1311 号——对存货、诉讼和索赔、分部信息等特定项目获取审计证据的具体考虑

（2010 年 11 月 1 日修订）

第一章　总　　则

第一条　为了规范注册会计师在财务报表审计中对存货、诉讼和索赔、分部信息等特定项目的某些方面获取充分、适当的审计证据的具体考虑，制定本准则。

第二条　本准则适用于注册会计师按照《中国注册会计师审计准则第 1231 号——针对评估的重大错

报风险采取的应对措施》、《中国注册会计师审计准则第1301号——审计证据》和其他相关审计准则的规定对本准则第一条提及的特定项目的某些方面获取审计证据。

第二章 目 标

第三条 注册会计师的目标是，针对特定项目的下列方面获取充分、适当的审计证据：

（一）存货的存在和状况；

（二）涉及被审计单位的诉讼和索赔事项的完整性；

（三）按照适用的财务报告编制基础对分部信息的列报与披露。

第三章 要 求

第一节 存 货

第四条 如果存货对财务报表是重要的，注册会计师应当实施下列审计程序，对存货的存在和状况获取充分、适当的审计证据：

（一）在存货盘点现场实施监盘（除非不可行）；

（二）对期末存货记录实施审计程序，以确定其是否准确反映实际的存货盘点结果。

在存货盘点现场实施监盘时，注册会计师应当实施下列审计程序：

（一）评价管理层用以记录和控制存货盘点结果的指令和程序；

（二）观察管理层制订的盘点程序的执行情况；

（三）检查存货；

（四）执行抽盘。

第五条 如果存货盘点在财务报表日以外的其他日期进行，注册会计师除实施本准则第四条规定的审计程序外，还应当实施其他审计程序，以获取审计证据，确定存货盘点日与财务报表日之间的存货变动是否已得到恰当的记录。

第六条 如果由于不可预见的情况，无法在存货盘点现场实施监盘，注册会计师应当另择日期实施监盘，并对间隔期内发生的交易实施审计程序。

第七条 如果在存货盘点现场实施存货监盘不可行，注册会计师应当实施替代审计程序，以获取有关存货的存在和状况的充分、适当的审计证据。

如果不能实施替代审计程序，注册会计师应当按照《中国注册会计师审计准则第1502号——在审计报告中发表非无保留意见》的规定，在审计报告中发表非无保留意见。

第八条 如果由第三方保管或控制的存货对财务报表是重要的，注册会计师应当实施下列一项或两项审计程序，以获取有关该存货存在和状况的充分、适当的审计证据：

（一）向持有被审计单位存货的第三方函证存货的数量和状况；

（二）实施检查或其他适合具体情况的审计程序。

第二节 诉讼和索赔

第九条 注册会计师应当设计和实施审计程序，以识别涉及被审计单位的可能导致重大错报风险的诉讼和索赔事项。

这些审计程序包括：

（一）询问管理层和被审计单位其他内部人员，包括询问被审计单位内部法律顾问；

（二）查阅治理层的会议纪要和被审计单位与外部法律顾问之间的往来信函；

（三）复核法律费用账户记录。

第十条 如果评估识别出的诉讼或索赔事项存在重大错报风险，或者实施的审计程序表明可能存在其他的重大诉讼或索赔事项，注册会计师除实施其他审计准则规定的审计程序外，还应当寻求与被审计单位外部法律顾问进行直接沟通。注册会计师应当通过亲自寄发由管理层编制的询证函，要求外部法律顾问直接与注册会计师沟通。

如果法律法规禁止被审计单位的外部法律顾问与注册会计师进行直接沟通，注册会计师应当实施替代审计程序。

第十一条 如果管理层不同意注册会计师与外部法律顾问沟通或会面，或者外部法律顾问拒绝对询证函恰当回复或被禁止回复，并且注册会计师无法通过实施替代审计程序获取充分、适当的审计证据，注册会计师应当按照《中国注册会计师审计准则第 1502 号——在审计报告中发表非无保留意见》的规定在审计报告中发表非无保留意见。

第十二条 注册会计师应当要求管理层和治理层（如适用）提供书面声明，确认已向注册会计师披露所有其知悉的、已经或可能发生的、在编制财务报表时应当考虑其影响的诉讼和索赔事项，并确认已按照适用的财务报告编制基础进行了会计处理和披露。

第三节 分部信息

第十三条 针对被审计单位按照适用的财务报告编制基础列报与披露的分部信息，注册会计师应当实施下列审计程序，获取充分、适当的审计证据：

（一）了解管理层在确定分部信息时使用的方法；

（二）实施分析程序或其他适合具体情况的审计程序。

在了解管理层确定分部信息使用的方法时，注册会计师应当实施下列审计程序：

（一）评价使用的方法是否以使分部信息按照适用的财务报告编制基础披露；

（二）在适当的情况下，测试对这些方法的应用。

第四章 附 则

第十四条 本准则自 2012 年 1 月 1 日起施行。

中国注册会计师审计准则第 1312 号——函证

（2010 年 11 月 1 日修订）

第一章 总 则

第一条 为了规范注册会计师按照《中国注册会计师审计准则第 1231 号——针对评估的重大错报风险采取的应对措施》和《中国注册会计师审计准则第 1301 号——审计证据》的规定使用函证程序，以获取相关、可靠的审计证据，制定本准则。

第二条 本准则不适用于注册会计师对被审计单位诉讼和索赔事项实施询问程序。《中国注册会计师审计准则第 1311 号——对存货、诉讼和索赔、分部信息等特定项目获取审计证据的具体考虑》规定了有关诉讼和索赔的审计程序。

第三条 《中国注册会计师审计准则第 1301 号——审计证据》规定，审计证据的可靠性受其来源和性质的影响，并取决于获取审计证据的具体环境。

判断审计证据可靠性的一般原则包括：

（一）从被审计单位外部独立来源获取的审计证据比从其他来源获取的审计证据更可靠；

（二）直接获取的审计证据比间接获取或推论得出的审计证据更可靠；

（三）以文件记录形式（包括纸质、电子或其他介质）存在的审计证据比口头形式的审计证据更可靠。

通常情况下，注册会计师以函证方式直接从被询证者获取的审计证据，比被审计单位内部生成的审计证据更可靠。

第四条 下列审计准则明确了实施函证程序以获取审计证据的重要性：

（一）《中国注册会计师审计准则第 1231 号——针对评估的重大错报风险采取的应对措施》规定，注册会计师应当针对评估的财务报表层次重大错报风险，设计和实施总体应对措施，针对评估的认定层次重大错报风险，设计和实施进一步审计程序(包括审计程序的性质、时间安排和范围)；无论评估的重大错报风险结果如何，注册会计师都应当针对所有重大类别的交易、账户余额和披露，设计和实施实质性程序；注册会计师应当考虑是否将函证程序用作实质性程序。

(二)《中国注册会计师审计准则第 1231 号——针对评估的重大错报风险采取的应对措施》规定，评估的风险越高，需要获取越有说服力的审计证据。为此，注册会计师可以增加审计证据的数量或者获取更相关、更可靠的审计证据，或将两种方式结合使用。例如，注册会计师更加重视直接从第三方获取审计证据，或从不同的独立来源获取相互印证的审计证据。实施函证程序，可以帮助注册会计师获取可靠性高的审计证据，以应对由于舞弊或错误导致的特别风险。

(三)《中国注册会计师审计准则第 1141 号——财务报表审计中与舞弊相关的责任》规定，针对由于舞弊导致的认定层次重大错报风险，注册会计师应当考虑实施函证程序以获取更多的相互印证的信息。

(四)《中国注册会计师审计准则第 1301 号——审计证据》规定，通过函证等方式从独立来源获取的相互印证的信息，可以提高注册会计师从会计记录或管理层书面声明中获取的审计证据的保证水平。

第二章　定　　义

第五条　函证(即外部函证)，是指注册会计师直接从第三方(被询证者)获取书面答复作为审计证据的过程，书面答复可以采用纸质、电子或其他介质等形式。

第六条　积极式函证，是指要求被询证者直接向注册会计师回复，表明是否同意询证函所列示的信息，或填列所要求的信息的一种询证方式。

第七条　消极式函证，是指要求被询证者只有在不同意询证函所列示的信息时才直接向注册会计师回复的一种询证方式。

第八条　未回函，是指被询证者对积极式询证函未予回复或回复不完整，或询证函因未被送达而退回。

第九条　不符事项，是指被询证者提供的信息与询证函要求确认的信息不一致，或与被审计单位记录的信息不一致。

第三章　目　　标

第十条　在使用函证程序时，注册会计师的目标是，设计和实施函证程序，以获取相关、可靠的审计证据。

第四章　要　　求

第一节　函证程序

第十一条　注册会计师应当确定是否有必要实施函证程序以获取认定层次的相关、可靠的审计证据。在作出决策时，注册会计师应当考虑评估的认定层次重大错报风险，以及通过实施其他审计程序获取的审计证据如何将检查风险降至可接受的水平。

第十二条　注册会计师应当对银行存款、借款(包括零余额账户和在本期内注销的账户)、借款及与金融机构往来的其他重要信息实施函证程序，除非有充分证据表明某一银行存款、借款及与金融机构往来的其他重要信息对财务报表不重要且与之相关的重大错报风险很低。

如果不对这些项目实施函证程序，注册会计师应当在审计工作底稿中说明理由。

第十三条　注册会计师应当对应收账款实施函证程序，除非有充分证据表明应收账款对财务报表不重要，或函证很可能无效。

如果认为函证很可能无效，注册会计师应当实施替代审计程序，获取相关、可靠的审计证据。

如果不对应收账款函证，注册会计师应当在审计工作底稿中说明理由。

第十四条　当实施函证程序时，注册会计师应当对询证函保持控制，包括：

(一)确定需要确认或填列的信息；

（二）选择适当的被询证者；

（三）设计询证函，包括正确填列被询证者的姓名和地址，以及被询证者直接向注册会计师回函的地址等信息；

（四）发出询证函并予以跟进，必要时再次向被询证者寄发询证函。

第二节 管理层不允许寄发询证函

第十五条 如果管理层不允许寄发询证函，注册会计师应当：

（一）询问管理层不允许寄发询证函的原因，并就其原因的正当性及合理性收集审计证据；

（二）评价管理层不允许寄发询证函对评估的相关重大错报风险（包括舞弊风险），以及其他审计程序的性质、时间安排和范围的影响；

（三）实施替代程序，以获取相关、可靠的审计证据。

第十六条 如果认为管理层不允许寄发询证函的原因不合理，或实施替代程序无法获取相关、可靠的审计证据，注册会计师应当按照《中国注册会计师审计准则第 1151 号——与治理层的沟通》的规定，与治理层进行沟通。注册会计师还应当按照《中国注册会计师审计准则第 1502 号——在审计报告中发表非无保留意见》的规定，确定其对审计工作和审计意见的影响。

第三节 实施函证程序的结果

第十七条 如果存在对询证函回函的可靠性产生疑虑的因素，注册会计师应当进一步获取审计证据以消除这些疑虑。

第十八条 如果认为询证函回函不可靠，注册会计师应当评价其对评估的相关重大错报风险（包括舞弊风险），以及其他审计程序的性质、时间安排和范围的影响。

第十九条 在未回函的情况下，注册会计师应当实施替代程序以获取相关、可靠的审计证据。

第二十条 如果注册会计师认为取得积极式函证回函是获取充分、适当的审计证据的必要程序，则替代程序不能提供注册会计师所需要的审计证据。在这种情况下，如果未获取回函，注册会计师应当按照《中国注册会计师审计准则第 1502 号——在审计报告中发表非无保留意见》的规定，确定其对审计工作和审计意见的影响。

第二十一条 注册会计师应当调查不符事项，以确定是否表明存在错报。

第四节 消极式函证

第二十二条 消极式函证比积极式函证提供的审计证据的说服力低。除非同时满足下列条件，注册会计师不得将消极式函证作为唯一实质性程序，以应对评估的认定层次重大错报风险：

（一）注册会计师将重大错报风险评估为低水平，并已就与认定相关的控制的运行的有效性获取充分、适当的审计证据；

（二）需要实施消极式函证程序的总体由大量的小额、同质的账户余额、交易或事项构成；

（三）预期不符事项的发生率很低；

（四）没有迹象表明接收询证函的人员或机构不认真对待函证。

第五节 评价获取的审计证据

第二十三条 注册会计师应当评价实施函证程序的结果是否提供了相关、可靠的审计证据，或是否有必要进一步获取审计证据。

第五章 附 则

第二十四条 本准则自 2012 年 1 月 1 日起施行。

中国注册会计师审计准则第1313号——分析程序

（2010年11月1日修订）

第一章 总　　则

第一条 为了规范注册会计师在财务报表审计中将分析程序用作实质性程序（即实质性分析程序），以及在临近审计结束时设计和实施分析程序以有助于对财务报表形成总体结论，制定本准则。

第二条 除本准则以外，其他审计准则也对注册会计师使用分析程序作出了规定。《中国注册会计师审计准则第1211号——通过了解被审计单位及其环境识别和评估重大错报风险》规定了注册会计师将分析程序用作风险评估程序。《中国注册会计师审计准则第1231号——针对评估的重大错报风险采取的应对措施》规定了注册会计师针对评估的重大错报风险实施审计程序的性质、时间安排和范围，这些程序可能包括实质性分析程序。因此，注册会计师在审计过程中使用分析程序时，还需要遵守这些准则的规定。

第二章 定　　义

第三条 分析程序，是指注册会计师通过分析不同财务数据之间以及财务数据与非财务数据之间的内在关系，对财务信息作出评价。分析程序还包括在必要时对识别出的、与其他相关信息不一致或与预期值差异重大的波动或关系进行调查。

第三章 目　　标

第四条 注册会计师的目标是：

（一）在实施实质性分析程序时，获取相关、可靠的审计证据；

（二）在临近审计结束时，设计和实施分析程序，帮助注册会计师对财务报表形成总体结论，以确定财务报表是否与其对被审计单位的了解一致。

第四章 要　　求

第一节 实质性分析程序

第五条 在设计和实施实质性分析程序时，无论单独使用或与细节测试结合使用，注册会计师都应当：

（一）考虑针对所涉及认定评估的重大错报风险和实施的细节测试（如有），确定特定实质性分析程序对这些认定的适用性；

（二）考虑可获得信息的来源、可比性、性质和相关性以及与信息编制相关的控制，评价在对已记录的金额或比率作出预期时使用数据的可靠性；

（三）对已记录的金额或比率作出预期，并评价预期值是否足够精确地识别重大错报（包括单项重大的错报和单项虽不重大但连同其他错报可能导致财务报表产生重大错报的错报）；

（四）确定已记录金额与预期值之间可接受的，且无需按本准则第七条的要求作进一步调查的差异额。

第二节 有助于形成总体结论的分析程序

第六条 在临近审计结束时，注册会计师应当设计和实施分析程序，帮助其对财务报表形成总体结论，以确定财务报表是否与其对被审计单位的了解一致。

第三节　调查分析程序的结果

第七条　如果按照本准则的规定实施分析程序，识别出与其他相关信息不一致的波动或关系，或与预期值差异重大的波动或关系，注册会计师应当采取下列措施调查这些差异：

（一）询问管理层，并针对管理层的答复获取适当的审计证据；

（二）根据具体情况在必要时实施其他审计程序。

第五章　附　　则

第八条　本准则自 2012 年 1 月 1 日起施行。

中国注册会计师审计准则第 1314 号——审计抽样

（2010 年 11 月 1 日修订）

第一章　总　　则

第一条　为了规范注册会计师在实施审计程序时使用审计抽样，制定本准则。

第二条　《中国注册会计师审计准则第 1301 号——审计证据》要求注册会计师设计和实施审计程序，获取充分、适当的审计证据，以得出合理的结论，作为形成审计意见的基础。该准则还要求注册会计师确定用以选取测试项目的方法能够有效实现审计程序的目的，审计抽样是其中的一种方法。

第三条　本准则作为对《中国注册会计师审计准则第 1301 号——审计证据》的补充，规范了注册会计师在设计和选择审计样本以实施控制测试和细节测试，以及评价样本结果时对统计抽样和非统计抽样的使用。

第二章　定　　义

第四条　审计抽样（即抽样），是指注册会计师对具有审计相关性的总体中低于百分之百的项目实施审计程序，使所有抽样单元都有被选取的机会，为注册会计师针对整个总体得出结论提供合理基础。

第五条　总体，是指注册会计师从中选取样本并期望据此得出结论的整个数据集合。

第六条　抽样单元，是指构成总体的个体项目。

第七条　统计抽样，是指同时具备下列特征的抽样方法：

（一）随机选取样本项目；

（二）运用概率论评价样本结果，包括计量抽样风险。

不同时具备前款提及的两个特征的抽样方法为非统计抽样。

第八条　抽样风险，是指注册会计师根据样本得出的结论，可能不同于如果对整个总体实施与样本相同的审计程序得出的结论的风险。

抽样风险可能导致两种类型的错误结论：

（一）在实施控制测试时，注册会计师推断的控制有效性高于其实际有效性；或在实施细节测试时，注册会计师推断某一重大错报不存在而实际上存在。注册会计师主要关注这类错误结论，原因是其影响审计效果，非常有可能导致发表不恰当的审计意见。

（二）在实施控制测试时，注册会计师推断的控制有效性低于其实际有效性；或在实施细节测试时，注册会计师推断某一重大错报存在而实际上不存在。这类错误结论影响审计效率，原因是其通常导致注册会计师实施额外的工作，以证实初始结论是错误的。

第九条　非抽样风险，是指注册会计师由于任何与抽样风险无关的原因而得出错误结论的风险。

第十条　异常误差，是指对总体中的错报或偏差明显不具有代表性的错报或偏差。

第十一条 分层，是指将总体划分为多个子总体的过程，每个子总体由一组具有相同特征（通常为货币金额）的抽样单元组成。

第十二条 可容忍错报，是指注册会计师设定的货币金额，注册会计师试图对总体中的实际错报不超过该货币金额获取适当水平的保证。

第十三条 可容忍偏差率，是指注册会计师设定的偏离规定的内部控制程序的比率，注册会计师试图对总体中的实际偏差率不超过该比率获取适当水平的保证。

第三章 目 标

第十四条 在使用审计抽样时，注册会计师的目标是，为得出有关抽样总体的结论提供合理的基础。

第四章 要 求

第一节 样本设计、样本规模和选取测试项目

第十五条 在设计审计样本时，注册会计师应当考虑审计程序的目的和抽样总体的特征。

第十六条 注册会计师应当确定足够的样本规模，以将抽样风险降至可接受的低水平。

第十七条 注册会计师在选取样本项目时，应当使总体中的每个抽样单元都有被选取的机会。

第二节 实施审计程序

第十八条 注册会计师应当针对选取的每个项目，实施适合具体目的的审计程序。

第十九条 如果审计程序不适用于选取的项目，注册会计师应当针对替代项目实施该审计程序。

第二十条 如果未能对某个选取的项目实施设计的审计程序或适当的替代程序，注册会计师应当将该项目视为控制测试中对规定的控制的一项偏差，或细节测试中的一项错报。

第三节 偏差和错报的性质与原因

第二十一条 注册会计师应当调查识别出的所有偏差或错报的性质和原因，并评价其对审计程序的目的和审计的其他方面可能产生的影响。

第二十二条 在极其特殊的情况下，如果认为样本中发现的某项偏差或错报是异常误差，注册会计师应当对该项偏差或错报对总体不具有代表性获取高度肯定。

在获取这种高度肯定时，注册会计师应当实施追加的审计程序，获取充分、适当的审计证据，以确定该项偏差或错报不影响总体的其余部分。

第四节 推断错报

第二十三条 当实施细节测试时，注册会计师应当根据样本中发现的错报推断总体错报。

第五节 评价审计抽样结果

第二十四条 注册会计师应当对下列方面进行评价：

（一）样本结果；

（二）使用审计抽样是否已为注册会计师针对所测试的总体得出的结论提供合理基础。

第五章 附 则

第二十五条 本准则自 2012 年 1 月 1 日起施行。

中国注册会计师审计准则第1321号——审计会计估计(包括公允价值会计估计)和相关披露

(2010年11月1日修订)

第一章 总 则

第一条 为了规范注册会计师在财务报表审计中与会计估计(包括公允价值会计估计)和相关披露有关的责任,制定本准则。

第二条 在涉及审计会计估计时,本准则是对注册会计师如何应用《中国注册会计师审计准则第1211号——通过了解被审计单位及其环境识别和评估重大错报风险》、《中国注册会计师审计准则第1231号——针对评估的重大错报风险采取的应对措施》和其他相关审计准则的进一步扩展。

本准则还涉及如何处理个别会计估计的错报和可能存在管理层偏向的迹象。

第三条 某些财务报表项目不能精确计量,只能进行估计。在本准则中,对这些财务报表项目的计量作为会计估计。

管理层可获得的用以支持作出会计估计的信息的性质和可靠性差别很大,并因此影响与会计估计相关的估计不确定性的程度。估计不确定性的程度影响与会计估计相关的重大错报风险,包括会计估计对有意或无意的管理层偏向的敏感性。

第四条 会计估计的计量目标可能因适用的财务报告编制基础和所报告的报表项目而存在差异。

一些会计估计的计量目标是,在需要作出会计估计的情况下,预测一项或多项交易、事项或情况的结果。而对于包括许多公允价值会计估计在内的其他一些会计估计,计量目标有所不同,表现为按照计量日普遍存在的状况(如对某一特定类型资产或负债估计的市场价格)反映某一当前交易或财务报表项目的价值。例如,适用的财务报告编制基础可能要求公允价值计量以公平交易中熟悉情况的交易双方自愿进行的假定的当前交易为基础,而不是过去或者未来时点的交易为基础。

第五条 会计估计的结果与财务报表中原来已确认或披露的金额存在差异,并不必然表明财务报表存在错报。这对于公允价值会计估计而言尤其如此,因为任何已观察到的结果都不可避免地受到作出会计估计的时点后所发生的事项或情况的影响。

第二章 定 义

第六条 本准则所称会计估计,是指在缺乏精确计量手段的情况下采用的某项金额的近似值。会计估计一般包括存在估计不确定性时以公允价值计量的金额,以及其他需要估计的金额。

当仅针对涉及公允价值计量的会计估计时,本准则采用"公允价值会计估计"的术语。

第七条 注册会计师的点估计或区间估计,是指从审计证据中得出的、用于评价管理层点估计的金额或金额区间。

第八条 估计不确定性,是指会计估计和相关披露在计量方面对固有不精确性的敏感性。

第九条 管理层偏向,是指管理层在编制和列报信息时缺乏中立性。

第十条 管理层的点估计,是指管理层在财务报表中确认或披露一项会计估计而选择的金额。

第十一条 会计估计的结果,是指需要作出会计估计的交易、事项或情况得以解决时发生的实际货币金额。

第三章 目 标

第十二条 注册会计师的目标是,获取充分、适当的审计证据以确定:

(一)根据适用的财务报告编制基础,财务报表中确认或披露的会计估计(包括公允价值会计估计)是否合理；

（二）根据适用的财务报告编制基础，财务报表中的相关披露是否充分。

第四章　要　　求

第一节　风险评估程序和相关活动

第十三条　当实施《中国注册会计师审计准则第1211号——通过了解被审计单位及其环境识别和评估重大错报风险》要求的风险评估程序和相关活动，以了解被审计单位及其环境时，注册会计师应当了解下列内容，作为识别和评估会计估计重大错报风险的基础：

（一）与会计估计（包括相关披露）相关的适用的财务报告编制基础的规定；

（二）管理层如何识别可能需要作出会计估计并在财务报表中确认或披露的交易、事项和情况。在进行了解时，注册会计师应当向管理层询问可能导致新的或需要修改现有的会计估计的环境变化；

（三）管理层如何作出会计估计，以及会计估计所依据的数据。

管理层作出会计估计的方法和依据包括：

（一）用以作出会计估计的方法，包括模型（如适用）；

（二）相关控制；

（三）管理层是否利用专家的工作；

（四）会计估计所依据的假设；

（五）用以作出会计估计的方法是否已经发生或应当发生不同于上期的变化，以及变化的原因；

（六）管理层是否评估以及如何评估估计不确定性的影响。

第十四条　注册会计师应当复核上期财务报表中会计估计的结果，或者复核管理层在本期财务报表中对上期会计估计作出的后续重新估计（如适用）。

在确定复核的性质和范围时，注册会计师应当考虑会计估计的性质，以及复核时获取的信息是否可能与识别和评估本期财务报表中会计估计的重大错报风险相关。

但是，注册会计师复核的目的不是质疑上期依据当时可获得的信息而作出的判断。

第二节　识别和评估重大错报风险

第十五条　当按照《中国注册会计师审计准则第1211号——通过了解被审计单位及其环境识别和评估重大错报风险》的规定识别和评估重大错报风险时，注册会计师应当评价与会计估计相关的估计不确定性的程度。

第十六条　注册会计师应当根据职业判断确定识别出的具有高度估计不确定性的会计估计是否会导致特别风险。

第三节　应对评估的重大错报风险

第十七条　基于评估的重大错报风险，注册会计师应当确定：

（一）管理层是否恰当运用与会计估计相关的适用的财务报告编制基础的规定；

（二）作出会计估计的方法是否恰当，并得到一贯运用，以及会计估计或作出会计估计的方法不同于上期的变化是否适合于具体情况。

第十八条　当按照《中国注册会计师审计准则第1231号——针对评估的重大错报风险采取的应对措施》的规定应对评估的重大错报风险时，注册会计师应当考虑会计估计的性质，并实施下列一项或多项程序：

（一）确定截至审计报告日发生的事项是否提供有关会计估计的审计证据；

（二）测试管理层如何作出会计估计以及会计估计所依据的数据；在进行测试时，注册会计师应当评价采用的计量方法在具体情况下是否恰当，以及根据适用的财务报告编制基础确定的计量目标，管理层使用的假设是否合理；

（三）测试与管理层如何作出会计估计相关的控制的运行有效性，并实施恰当的实质性程序；

（四）作出注册会计师的点估计或区间估计，以评价管理层的点估计。

在执行本条第一款第（四）项的规定时，注册会计师应当针对下列两种情况分别予以处理：

（一）如果使用有别于管理层的假设或方法，注册会计师应当充分了解管理层的假设或方法，以确定注册会计师在作出点估计或区间估计时已考虑了相关变量，并评价与管理层的点估计存在的任何重大差异；

（二）如果认为使用区间估计是恰当的，注册会计师应当基于可获得的审计证据来缩小区间估计，直至该区间估计范围内的所有结果均可被视为合理。

第十九条　在确定第十七条规定的事项，或者根据第十八条的规定应对评估的重大错报风险时，注册会计师应当考虑是否需要具备与会计估计的一个或多个方面相关的专门技能或知识，以获取充分、适当的审计证据。

第四节　实施进一步实质性程序以应对特别风险

第二十条　对导致特别风险的会计估计，除实施《中国注册会计师审计准则第 1231 号——针对评估的重大错报风险采取的应对措施》规定的其他实质性程序外，注册会计师还应当：

（一）评价管理层如何考虑替代性的假设或结果，以及拒绝采纳的原因，或者在管理层没有考虑替代性的假设或结果的情况下，评价管理层在作出会计估计时如何处理估计不确定性；

（二）评价管理层使用的重大假设是否合理；

（三）当管理层实施特定措施的意图和能力与其使用的重大假设的合理性或对适用的财务报告编制基础的恰当应用相关时，评价这些意图和能力。

第二十一条　如果根据职业判断认为管理层没有适当处理估计不确定性对导致特别风险的会计估计的影响，注册会计师应当在必要时作出用于评价会计估计合理性的区间估计。

第二十二条　对导致特别风险的会计估计，注册会计师应当获取充分、适当的审计证据，以确定下列方面是否符合适用的财务报告编制基础的规定：

（一）管理层对会计估计在财务报表中予以确认或不予确认的决策；

（二）作出会计估计所选择的计量基础。

第五节　评价会计估计的合理性并确定错报

第二十三条　注册会计师应当根据获取的审计证据，评价财务报表中的会计估计在适用的财务报告编制基础下是合理的还是存在误导。

第六节　与会计估计相关的披露

第二十四条　注册会计师应当获取充分、适当的审计证据，以确定与会计估计相关的财务报表披露是否符合适用的财务报告编制基础的规定。

第二十五条　对导致特别风险的会计估计，注册会计师还应当评价在适用的财务报告编制基础下，财务报表中对估计不确定性的披露的充分性。

第七节　可能存在管理层偏向的迹象

第二十六条　注册会计师应当复核管理层在作出会计估计时的判断和决策，以识别是否可能存在管理层偏向的迹象。在得出某项会计估计是否合理的结论时，可能存在管理层偏向的迹象本身并不构成错报。

第八节　书面声明

第二十七条　注册会计师应当向管理层和治理层（如适用）获取书面声明，以确定其是否认为在作出会计估计时使用的重要假设是合理的。

第九节　审计工作底稿

第二十八条　注册会计师应当就下列事项形成审计工作底稿：

(一)对导致特别风险的会计估计的合理性及其披露的充分性,注册会计师得出结论的基础;

(二)可能存在管理层偏向的迹象。

第五章 附 则

第二十九条 本准则自 2012 年 1 月 1 日起施行。

中国注册会计师审计准则第 1323 号——关联方

(2010 年 11 月 1 日修订)

第一章 总 则

第一条 为了规范注册会计师在财务报表审计中与关联方关系及其交易的责任,制定本准则。

第二条 在涉及与关联方关系及其交易相关的重大错报风险时,本准则是对注册会计师如何应用《中国注册会计师审计准则第 1211 号——通过了解被审计单位及其环境识别和评估重大错报风险》、《中国注册会计师审计准则第 1231 号——针对评估的重大错报风险采取的应对措施》和《中国注册会计师审计准则第 1141 号——财务报表审计中与舞弊相关的责任》的进一步扩展。

第三条 许多关联方交易是在正常经营过程中发生的,与类似的非关联方交易相比,这些关联方交易可能并不具有更高的财务报表重大错报风险。但是,在某些情况下,关联方关系及其交易的性质可能导致关联方交易比非关联方交易具有更高的财务报表重大错报风险。例如:

(一)关联方可能通过广泛而复杂的关系和组织结构进行运作,相应增加关联方交易的复杂程度;

(二)信息系统可能无法有效识别或汇总被审计单位与关联方之间的交易和未结算项目的金额;

(三)关联方交易可能未按照正常的市场交易条款和条件进行,例如,某些关联方交易可能没有相应的对价。

第四条 由于关联方之间彼此并不独立,为使财务报表使用者了解关联方关系及其交易的性质,以及关联方关系及其交易对财务报表实际或潜在的影响,许多财务报告编制基础对关联方关系及其交易的会计处理和披露作出了规定。

在适用的财务报告编制基础作出这些规定的情况下,注册会计师有责任实施审计程序,以识别、评估和应对被审计单位未能按照适用的财务报告编制基础对关联方关系及其交易进行恰当会计处理或披露导致的重大错报风险。

第五条 即使适用的财务报告编制基础对关联方作出很少的规定或没有作出规定,注册会计师仍然需要了解被审计单位的关联方关系及其交易,以足以确定财务报表(就其受到关联方关系及其交易的影响而言)是否实现公允反映。

第六条 由于关联方之间更容易发生舞弊,因此注册会计师了解被审计单位的关联方关系及其交易,与其按照《中国注册会计师审计准则第 1141 号——财务报表审计中与舞弊相关的责任》的规定评价是否存在一项或多项舞弊风险因素相关。

第七条 由于审计的固有限制,即使注册会计师按照审计准则的规定恰当计划和实施了审计工作,也不可避免地存在财务报表中的某些重大错报未被发现的风险。就关联方而言,由于下列原因,审计的固有限制对注册会计师发现重大错报能力的潜在影响会加大:

(一)管理层可能未能识别出所有关联方关系及其交易,特别是在适用的财务报告编制基础没有对关联方作出规定时;

(二)关联方关系可能为管理层的串通舞弊、隐瞒或操纵行为提供更多机会。

第八条 由于存在未披露关联方关系及其交易的可能性,注册会计师按照《中国注册会计师审计准则第 1101 号——注册会计师的总体目标和审计工作的基本要求》的规定,在计划和实施与关联方关系及其交易有关的审计工作时,保持职业怀疑态度尤为重要。

本准则的规定旨在帮助注册会计师识别和评估与关联方关系及其交易有关的重大错报风险,以及设计审计程序以应对评估的风险。

第二章 定 义

第九条 在适用的财务报告编制基础对关联方作出规定的情况下,是指财务报告编制基础定义的关联方。

第十条 公平交易,是指按照互不关联、各自独立行事且追求自身最大利益的自愿的买方和自愿的卖方达成的条款和条件进行的交易。

第三章 目 标

第十一条 注册会计师的目标是:

(一)无论适用的财务报告编制基础是否对关联方作出规定,充分了解关联方关系及其交易,以便能够确认由此产生的、与识别和评估由于舞弊导致的重大错报风险相关的舞弊风险因素(如有);根据获取的审计证据,就财务报表受到关联方关系及其交易的影响而言,确定财务报表是否实现公允反映。

(二)如果适用的财务报告编制基础对关联方作出规定,获取充分、适当的审计证据,确定关联方关系及其交易是否已按照适用的财务报告编制基础得到恰当识别、会计处理和披露。

第四章 要 求

第一节 风险评估程序和相关工作

第十二条 《中国注册会计师审计准则第 1211 号——通过了解被审计单位及其环境识别和评估重大错报风险》和《中国注册会计师审计准则第 1141 号——财务报表审计中与舞弊相关的责任》规定了注册会计师在审计过程中实施的风险评估程序和相关工作。作为风险评估程序和相关工作的一部分,注册会计师应当实施本准则第十三条至第十八条规定的审计程序和相关工作,以获取与识别关联方关系及其交易相关的重大错报风险的信息。

第十三条 项目组按照《中国注册会计师审计准则第 1211 号——通过了解被审计单位及其环境识别和评估重大错报风险》和《中国注册会计师审计准则第 1141 号——财务报表审计中与舞弊相关的责任》的规定进行内部讨论时,应当特别考虑由于关联方关系及其交易导致的舞弊或错误使得财务报表存在重大错报的可能性。

第十四条 注册会计师应当向管理层询问下列事项:

(一)关联方的名称和特征,包括关联方自上期以来发生的变化;

(二)被审计单位和关联方之间关系的性质;

(三)被审计单位在本期是否与关联方发生交易,如发生,交易的类型、定价策略和目的。

第十五条 如果管理层建立了下列与关联方关系及其交易相关的控制,注册会计师应当询问管理层和被审计单位内部其他人员,实施其他适当的风险评估程序,以获取对相关控制的了解:

(一)按照适用的财务报告编制基础,对关联方关系及其交易进行识别、会计处理和披露;

(二)授权和批准重大关联方交易和安排;

(三)授权和批准超出正常经营过程的重大交易和安排。

第十六条 某些安排或其他信息可能显示管理层以前未识别或未向注册会计师披露的关联方关系或关联方交易,在审计过程中检查记录或文件时,注册会计师应当对这些安排或其他信息保持警觉。

注册会计师应当检查下列记录或文件,以确定是否存在管理层以前未识别或未向注册会计师披露的关联方关系或关联方交易:

(一)注册会计师实施审计程序时获取的银行和律师的询证函回函;

(二)股东会和治理层会议的纪要;

(三)注册会计师认为必要的其他记录或文件。

第十七条 在实施本准则第十六条规定的审计程序或其他审计程序时,如果识别出被审计单位超出正常经营过程的重大交易,注册会计师应当向管理层询问这些交易的性质以及是否涉及关联方。

第十八条 在整个审计过程中,注册会计师应当与项目组其他成员分享获取的关联方的相关信息。

第二节 识别和评估与关联方关系及其交易相关的重大错报风险

第十九条 注册会计师应当按照《中国注册会计师审计准则第1211号——通过了解被审计单位及其环境识别和评估重大错报风险》的规定,识别和评估关联方关系及其交易导致的重大错报风险,并确定这些风险是否为特别风险。在确定时,注册会计师应当将识别出的、超出被审计单位正常经营过程的重大关联方交易导致的风险确定为特别风险。

第二十条 如果在实施与关联方有关的风险评估程序和相关工作中识别出舞弊风险因素,包括与能够对被审计单位或管理层施加支配性影响的关联方有关的情形,注册会计师应当按照《中国注册会计师审计准则第1141号——财务报表审计中与舞弊相关的责任》的规定,在识别和评估由于舞弊导致的重大错报风险时考虑这些信息。

第三节 针对与关联方关系及其交易相关的重大错报风险的应对措施

第二十一条 注册会计师应当按照《中国注册会计师审计准则第1231号——针对评估的重大错报风险采取的应对措施》的规定,针对评估的与关联方关系及其交易相关的重大错报风险,设计和实施进一步审计程序,以获取充分、适当的审计证据。这些程序应当包括本准则第二十二条至第二十五条规定的审计程序。

第二十二条 如果识别出可能表明存在管理层以前未识别或未向注册会计师披露的关联方关系或关联方交易的安排或信息,注册会计师应当确定相关情况是否能够证实关联方关系或关联方交易的存在。

第二十三条 如果识别出管理层以前未识别出或未向注册会计师披露的关联方关系或重大关联方交易,注册会计师应当:

(一)立即将相关信息向项目组其他成员通报;

(二)在适用的财务报告编制基础对关联方作出规定的情况下,要求管理层识别与新识别出的关联方之间发生的所有交易,以便注册会计师作出进一步评价;询问与关联方关系及其交易相关的控制为何未能识别或披露关联方关系或交易;

(三)对新识别出的关联方或重大关联方交易实施恰当的实质性审计程序;

(四)重新考虑可能存在管理层以前未识别出或未向注册会计师披露的其他关联方或重大关联方交易的风险,如有必要,实施追加的审计程序;

(五)如果管理层不披露关联方关系或交易看似是有意的,因而显示可能存在由于舞弊导致的重大错报风险,评价这一情况对审计的影响。

第二十四条 对于识别出的超出正常经营过程的重大关联方交易,注册会计师应当:

(一)检查相关合同或协议(如有);

(二)获取交易已经恰当授权和批准的审计证据。

如果检查相关合同或协议,注册会计师应当评价:

(一)交易的商业理由(或缺乏商业理由)是否表明被审计单位从事交易的目的可能是为了对财务信息作出虚假报告或为了隐瞒侵占资产的行为;

(二)交易条款是否与管理层的解释一致;

(三)关联方交易是否已按照适用的财务报告编制基础得到恰当会计处理和披露。

第二十五条 如果管理层在财务报表中作出认定,声明关联方交易是按照等同于公平交易中通行的条款执行的,注册会计师应当就该项认定获取充分、适当的审计证据。

第四节　评价识别出的关联方关系及其交易的会计处理和披露

第二十六条　当按照《中国注册会计师审计准则第 1501 号——对财务报表形成审计意见和出具审计报告》的规定对财务报表形成审计意见时，注册会计师应当评价：

（一）识别出的关联方关系及其交易是否已按照适用的财务报告编制基础得到恰当会计处理和披露；

（二）关联方关系及其交易是否导致财务报表未实现公允反映。

第五节　书面声明

第二十七条　如果适用的财务报告编制基础对关联方作出规定，注册会计师应当向管理层和治理层（如适用）获取下列书面声明：

（一）已经向注册会计师披露了全部已知的关联方名称和特征、关联方关系及其交易；

（二）已经按照适用的财务报告编制基础的规定，对关联方关系及其交易进行了恰当的会计处理和披露。

第六节　与治理层的沟通

第二十八条　除非治理层全部成员参与管理被审计单位，注册会计师应当与治理层沟通审计工作中发现的与关联方相关的重大事项。

第七节　审计工作底稿

第二十九条　注册会计师应当就识别出的关联方名称、关联方关系的性质以及关联方交易类型和交易要素形成审计工作底稿。

第五章　附　　则

第三十条　本准则自 2012 年 1 月 1 日起施行。

中国注册会计师审计准则第 1324 号——持续经营

（2010 年 11 月 1 日修订）

第一章　总　　则

第一条　为了规范注册会计师在财务报表审计中与管理层编制财务报表时运用持续经营假设相关的责任，制定本准则。

第二条　在持续经营假设下，被审计单位被视为在可预见的将来会继续经营下去。

通用目的财务报表是在持续经营基础上编制的，除非管理层计划将被审计单位予以清算或终止经营，或者除此之外没有其他现实可行的选择。特殊目的财务报表可以根据需要按照（或不按照）以持续经营为基础的财务报告编制基础编制（例如，在特定国家或地区，持续经营基础与某些按照计税核算基础编制的财务报表无关）。

如果运用持续经营假设是适当的，则被审计单位对其资产和负债的记录是建立在正常经营过程中能够变现资产、清偿债务的基础上的。

第三条　某些适用的财务报告编制基础明确要求管理层对持续经营能力作出评估，并规定了与此相关的需要考虑的事项和作出的披露。相关法律法规还可能对管理层评估持续经营能力的责任和相关财务报表披露作出具体规定。

第四条　其他财务报告编制基础可能没有明确要求管理层对持续经营能力作出评估。然而，正如本准则第二条所述，由于持续经营假设是编制财务报表的基本原则，即使其他财务报告编制基础没有对此作出明确规定，管理层也需要在编制财务报表时评估持续经营能力。

第五条 管理层对持续经营能力的评估涉及在特定时点对事项或情况的未来结果作出判断，这些事项或情况的未来结果具有固有不确定性。下列因素与管理层的判断相关：

（一）某一事项或情况或其结果出现的时点距离管理层作出评估的时点越远，与事项或情况的结果相关的不确定性程度将显著增加。因此，明确要求管理层对持续经营能力作出评估的大多数财务报告编制基础可能规定了管理层应当考虑的所有可获得信息的期间。

（二）被审计单位的规模和复杂程度、经营活动的性质和状况以及被审计单位受外部因素影响的程度，将影响对事项或情况的结果作出的判断。

（三）对未来的所有判断都以作出判断时可获得的信息为基础。管理层作出的判断在当时情况下可能是合理的，但之后发生的事项可能导致事项或情况的结果与作出的判断不一致。

第六条 注册会计师的责任是，就管理层在编制和列报财务报表时运用持续经营假设的适当性获取充分、适当的审计证据，并就持续经营能力是否存在重大不确定性得出结论。

即使编制财务报表时采用的财务报告编制基础没有明确要求管理层对持续经营能力作出专门评估，注册会计师的这种责任仍然存在。

第七条 如果存在可能导致被审计单位不再持续经营的未来事项或情况，审计的固有限制对注册会计师发现重大错报能力的潜在影响会加大。注册会计师不能对这些未来事项或情况作出预测。相应地，注册会计师未在审计报告中提及持续经营的不确定性，不能被视为对被审计单位持续经营能力的保证。

第二章 目　标

第八条 注册会计师的目标是：

（一）就管理层编制财务报表时运用持续经营假设的适当性，获取充分、适当的审计证据；

（二）根据获取的审计证据，就可能导致对被审计单位持续经营能力产生重大疑虑的事项或情况是否存在重大不确定性得出结论；

（三）确定对审计报告的影响。

第三章 要　求

第一节 风险评估程序和相关活动

第九条 在按照《中国注册会计师审计准则第 1211 号——通过了解被审计单位及其环境识别和评估重大错报风险》的规定实施风险评估程序时，注册会计师应当考虑是否存在可能导致对被审计单位持续经营能力产生重大疑虑的事项或情况。在进行考虑时，注册会计师应当确定管理层是否已对被审计单位持续经营能力作出初步评估。

如果管理层已对持续经营能力作出初步评估，注册会计师应当与管理层进行讨论，并确定管理层是否已识别出单独或汇总起来可能导致对被审计单位持续经营能力产生重大疑虑的事项或情况。如果管理层已识别出这些事项或情况，注册会计师应当与其讨论应对计划。

如果管理层未对持续经营能力作出初步评估，注册会计师应当与管理层讨论其拟运用持续经营假设的基础，询问管理层是否存在单独或汇总起来可能导致对被审计单位持续经营能力产生重大疑虑的事项或情况。

第十条 针对有关可能导致对被审计单位持续经营能力产生重大疑虑的事项或情况的审计证据，注册会计师应当在整个审计过程中保持警觉。

第二节 评价管理层的评估

第十一条 注册会计师应当评价管理层对被审计单位持续经营能力作出的评估。

第十二条 在评价管理层对被审计单位持续经营能力作出的评估时，注册会计师的评价期间应当与管理层按照适用的财务报告编制基础或法律法规（如果法律法规要求的期间更长）的规定作出评估的涵盖期间相同。

如果管理层评估持续经营能力涵盖的期间短于自财务报表日起的十二个月，注册会计师应当提请管理层将其至少延长至自财务报表日起的十二个月。

第十三条　在评价管理层作出的评估时，注册会计师应当考虑该评估是否已包括注册会计师在审计过程中注意到的所有相关信息。

第三节　询问超出管理层评估期间的事项或情况

第十四条　注册会计师应当询问管理层是否知悉超出评估期间的、可能导致对持续经营能力产生重大疑虑的事项或情况。

第四节　识别出事项或情况时实施追加的审计程序

第十五条　如果识别出可能导致对持续经营能力产生重大疑虑的事项或情况，注册会计师应当通过实施追加的审计程序（包括考虑缓解因素），获取充分、适当的审计证据，以确定是否存在重大不确定性。

这些程序应当包括：

（一）如果管理层尚未对被审计单位持续经营能力作出评估，提请其进行评估；

（二）评价管理层与持续经营评估相关的未来应对计划，这些计划的结果是否可能改善目前的状况，以及管理层的计划对于具体情况是否可行；

（三）如果被审计单位已编制现金流量预测，且对预测的分析是评价管理层未来应对计划时所考虑的事项或情况的未来结果的重要因素，评价用于编制预测的基础数据的可靠性，并确定预测所基于的假设是否具有充分的支持；

（四）考虑自管理层作出评估后是否存在其他可获得的事实或信息；

（五）要求管理层和治理层（如适用）提供有关未来应对计划及其可行性的书面声明。

第五节　审计结论与报告

第十六条　注册会计师应当根据获取的审计证据，运用职业判断，确定是否存在与事项或情况相关的重大不确定性，且这些事项或情况单独或汇总起来可能导致对被审计单位持续经营能力产生重大疑虑。

如果注册会计师根据职业判断认为，鉴于不确定性潜在影响的重要程度和发生的可能性，为了使财务报表实现公允反映，有必要适当披露该不确定性的性质和影响，则表明存在重大不确定性。

第十七条　如果认为运用持续经营假设适合具体情况，但存在重大不确定性，注册会计师应当确定：

（一）财务报表是否已充分描述可能导致对持续经营能力产生重大疑虑的主要事项或情况，以及管理层针对这些事项或情况的应对计划；

（二）财务报表是否已清楚披露可能导致对持续经营能力产生重大疑虑的事项或情况存在重大不确定性，并由此导致被审计单位可能无法在正常的经营过程中变现资产和清偿债务。

第十八条　如果财务报表已作出充分披露，注册会计师应当发表无保留意见，并在审计报告中增加强调事项段，强调可能导致对持续经营能力产生重大疑虑的事项或情况存在重大不确定性的事实，并提醒财务报表使用者关注财务报表附注中对本准则第十七条所述事项的披露。

第十九条　如果财务报表未作出充分披露，注册会计师应当按照《中国注册会计师审计准则第 1502 号——在审计报告中发表非无保留意见》的规定，恰当发表保留意见或否定意见。

注册会计师应当在审计报告中说明，存在可能导致对被审计单位持续经营能力产生重大疑虑的重大不确定性。

第二十条　如果财务报表已在持续经营基础上编制，但根据判断认为管理层在财务报表中运用持续经营假设是不适当的，注册会计师应当发表否定意见。

第二十一条　如果管理层不愿按照注册会计师的要求作出评估或延长评估期间，注册会计师应当考虑这一情况对审计报告的影响。

第六节　与治理层沟通

第二十二条　注册会计师应当与治理层就识别出的可能导致对被审计单位持续经营能力产生重大疑虑的事项或情况进行沟通，除非治理层全部成员参与管理被审计单位。

与治理层的沟通应当包括下列方面：

（一）这些事项或情况是否构成重大不确定性；

（二）在财务报表编制和列报中运用持续经营假设是否适当；

（三）财务报表中的相关披露是否充分。

第七节 严重拖延对财务报表的批准

第二十三条 如果管理层或治理层在财务报表日后严重拖延对财务报表的批准，注册会计师应当询问拖延的原因。如果认为拖延可能涉及与持续经营评估相关的事项或情况，注册会计师应当实施本准则第十五条所述的有必要实施的追加的审计程序，并考虑本准则第十六条所述的存在重大不确定性对审计结论的影响。

第四章 附 则

第二十四条 本准则自 2012 年 1 月 1 日起开始施行。

中国注册会计师审计准则第 1331 号——首次审计业务涉及的期初余额

（2010 年 11 月 1 日修订）

第一章 总 则

第一条 为了规范注册会计师在执行首次审计业务时对期初余额的责任，制定本准则。

第二条 当财务报表包括比较财务信息时，《中国注册会计师审计准则第 1511 号——比较信息：对应数据和比较财务报表》的规定同样适用。《中国注册会计师审计准则第 1201 号——计划审计工作》对首次审计业务开始前的活动提出补充要求。

第二章 定 义

第三条 首次审计业务，是指在上期财务报表未经审计，或上期财务报表由前任注册会计师审计的情况下承接的审计业务。

第四条 期初余额，是指期初存在的账户余额。期初余额以上期期末余额为基础，反映了以前期间的交易和事项以及上期采用的会计政策的结果。期初余额也包括期初存在的需要披露的事项，如或有事项和承诺事项。

第五条 前任注册会计师，是指已对被审计单位上期财务报表进行审计，但被现任注册会计师接替的其他会计师事务所的注册会计师。

第三章 目 标

第六条 在执行首次审计业务时，注册会计师针对期初余额的目标是，获取充分、适当的审计证据以确定：

（一）期初余额是否含有对本期财务报表产生重大影响的错报；

（二）期初余额反映的恰当的会计政策是否在本期财务报表中得到一贯运用，或会计政策的变更是否已按照适用的财务报告编制基础作出恰当的会计处理和充分的列报与披露。

第四章 要 求

第一节 审计程序

第七条 注册会计师应当阅读最近期间的财务报表和前任注册会计师出具的审计报告（如有），获取与期初余额相关的信息，包括披露。

第八条　注册会计师应当通过采取下列措施，获取充分、适当的审计证据，以确定期初余额是否包含对本期财务报表产生重大影响的错报：

（一）确定上期期末余额是否已正确结转至本期，或在适当的情况下已作出重新表述；

（二）确定期初余额是否反映对恰当会计政策的运用；

（三）实施一项或多项审计程序。

注册会计师实施的一项或多项审计程序包括：

（一）如果上期财务报表已经审计，查阅前任注册会计师的工作底稿，以获取有关期初余额的审计证据；

（二）评价本期实施的审计程序是否提供了有关期初余额的审计证据；

（三）实施其他专门的审计程序，以获取有关期初余额的审计证据。

第九条　如果获取的审计证据表明期初余额存在可能对本期财务报表产生重大影响的错报，注册会计师应当实施适合具体情况的追加的审计程序，以确定对本期财务报表的影响。

如果认为本期财务报表中存在这类错报，注册会计师应当按照《中国注册会计师审计准则第 1251 号——评价审计过程中识别出的错报》的规定，就这类错报与适当层级的管理层和治理层进行沟通。

第十条　注册会计师应当获取充分、适当的审计证据，以确定期初余额反映的会计政策是否在本期财务报表中得到一贯运用，以及会计政策的变更是否已按照适用的财务报告编制基础作出恰当的会计处理和充分的列报与披露。

第十一条　如果上期财务报表已由前任注册会计师审计，并发表了非无保留意见，注册会计师应当按照《中国注册会计师审计准则第 1211 号——通过了解被审计单位及其环境识别和评估重大错报风险》的规定，在评估本期财务报表重大错报风险时，评价导致发表非无保留意见的事项的影响。

第二节　审计结论和审计报告

第十二条　如果不能获取有关期初余额的充分、适当的审计证据，注册会计师应当按照《中国注册会计师审计准则第 1502 号——在审计报告中发表非无保留意见》的规定，对财务报表发表保留意见或无法表示意见。

第十三条　如果认为期初余额存在对本期财务报表产生重大影响的错报，且错报的影响未能得到恰当的会计处理或适当的列报与披露，注册会计师应当按照《中国注册会计师审计准则第 1502 号——在审计报告中发表非无保留意见》的规定，对财务报表发表保留意见或否定意见。

第十四条　如果认为按照适用的财务报告框架，与期初余额相关的会计政策未能在本期得到一贯运用，或者会计政策的变更未能得到恰当的会计处理或适当的列报与披露，注册会计师应当按照《中国注册会计师审计准则第 1502 号——在审计报告中发表非无保留意见》的规定，对财务报表发表保留意见或否定意见。

第十五条　如果前任注册会计师对上期财务报表发表了非无保留意见，并且导致发表非无保留意见的事项对本期财务报表仍然相关和重大，注册会计师应当按照《中国注册会计师审计准则第 1502 号——在审计报告中发表非无保留意见》和《中国注册会计师审计准则第 1511 号——比较信息：对应数据和比较财务报表》的规定，对本期财务报表发表非无保留意见。

第五章　附　　则

第十六条　本准则自 2012 年 1 月 1 日起施行。

中国注册会计师审计准则第 1332 号——期后事项

（2010 年 11 月 1 日修订）

第一章　总　　则

第一条　为了规范注册会计师在财务报表审计中对期后事项的责任，制定本准则。

第二条　财务报表可能受到财务报表日后发生的事项的影响。

适用的财务报告编制基础通常专门提及期后事项，将其区分为下列两类：

（一）对财务报表日已经存在的情况提供证据的事项；

（二）对财务报表日后发生的情况提供证据的事项。

审计报告的日期向财务报表使用者表明，注册会计师已考虑其知悉的、截至审计报告日发生的事项和交易的影响。

第二章 定 义

第三条 期后事项，是指财务报表日至审计报告日之间发生的事项，以及注册会计师在审计报告日后知悉的事实。

第四条 财务报表日，是指财务报表涵盖的最近期间的截止日期。

第五条 审计报告日，是指注册会计师按照《中国注册会计师审计准则第 1501 号——对财务报表形成审计意见和出具审计报告》的规定在对财务报表出具的审计报告上签署的日期。

第六条 财务报表报出日，是指审计报告和已审计财务报表提供给第三方的日期。

第七条 财务报表批准日，是指构成整套财务报表的所有报表（包括相关附注）已编制完成，并且被审计单位的董事会、管理层或类似机构已经认可其对财务报表负责的日期。

第三章 目 标

第八条 注册会计师的目标是：

（一）获取充分、适当的审计证据，以确定财务报表日至审计报告日之间发生的、需要在财务报表中调整或披露的事项是否已经按照适用的财务报告编制基础在财务报表中得到恰当反映；

（二）恰当应对在审计报告日后注册会计师知悉的、且如果在审计报告日知悉可能导致注册会计师修改审计报告的事实。

第四章 要 求

第一节 财务报表日至审计报告日之间发生的事项

第九条 注册会计师应当设计和实施审计程序，获取充分、适当的审计证据，以确定所有在财务报表日至审计报告日之间发生的、需要在财务报表中调整或披露的事项均已得到识别。但是，注册会计师并不需要对之前已实施审计程序并已得出满意结论的事项执行追加的审计程序。

第十条 注册会计师应当按照本准则第九条的规定实施审计程序，以使审计程序能够涵盖财务报表日至审计报告日（或尽可能接近审计报告日）之间的期间。

在确定审计程序的性质和范围时，注册会计师应当考虑风险评估的结果。这些程序应当包括：

（一）了解管理层为确保识别期后事项而建立的程序；

（二）询问管理层和治理层（如适用），确定是否已发生可能影响财务报表的期后事项；

（三）查阅被审计单位的所有者、管理层和治理层在财务报表日后举行会议的纪要，在不能获取会议纪要的情况下，询问此类会议讨论的事项；

（四）查阅被审计单位最近的中期财务报表（如有）。

第十一条 在实施本准则第九条和第十条规定的审计程序后，如果注册会计师识别出需要在财务报表中调整或披露的事项，应当确定这些事项是否按照适用的财务报告编制基础的规定在财务报表中得到恰当反映。

第十二条 注册会计师应当按照《中国注册会计师审计准则第 1341 号——书面声明》的规定，要求管理层和治理层（如适用）提供书面声明，确认所有在财务报表日后发生的、按照适用的财务报告编制基础的规定应予调整或披露的事项均已得到调整或披露。

第二节 注册会计师在审计报告日后至财务报表报出日前知悉的事实

第十三条 在审计报告日后，注册会计师没有义务针对财务报表实施任何审计程序。

在审计报告日后至财务报表报出日前，如果知悉了某事实，且若在审计报告日知悉可能导致修改审计报告，注册会计师应当：

(一)与管理层和治理层(如适用)讨论该事项；

(二)确定财务报表是否需要修改；

(三)如果需要修改，询问管理层将如何在财务报表中处理该事项。

第十四条 如果管理层修改财务报表，注册会计师应当：

(一)根据具体情况对有关修改实施必要的审计程序；

(二)除非本准则第十五条所述的情形适用，将本准则第九条和第十条规定的审计程序延伸至新的审计报告日，并针对修改后的财务报表出具新的审计报告。新的审计报告日不应早于修改后的财务报表被批准的日期。

第十五条 在有关法律法规或适用的财务报告编制基础未禁止的情况下，如果管理层对财务报表的修改仅限于反映导致修改的期后事项的影响，被审计单位的董事会、管理层或类似机构也仅对有关修改进行批准，注册会计师可以仅针对有关修改将本准则第九条和第十条所述的审计程序延伸至新的审计报告日。在这种情况下，注册会计师应当选用下列处理方式之一：

(一)修改审计报告，针对财务报表修改部分增加补充报告日期，从而表明注册会计师对期后事项实施的审计程序仅限于财务报表相关附注所述的修改；

(二)出具新的或经修改的审计报告，在强调事项段或其他事项段中说明注册会计师对期后事项实施的审计程序仅限于财务报表相关附注所述的修改。

第十六条 在某些国家或地区，法律法规或财务报告框架可能不要求管理层报出经修改的财务报表，相应地，注册会计师也无需出具经修改的或新的审计报告。然而，如果认为管理层应当修改财务报表而没有修改，注册会计师应当分别以下情况予以处理：

(一)如果审计报告尚未提交给被审计单位，注册会计师应当按照《中国注册会计师审计准则第1502号——在审计报告中发表非无保留意见》的规定发表非无保留意见，然后再提交审计报告；

(二)如果审计报告已经提交给被审计单位，注册会计师应当通知管理层和治理层(除非治理层全部成员参与管理被审计单位)在财务报表作出必要修改前不要向第三方报出。如果财务报表在未经必要修改的情况下仍被报出，注册会计师应当采取适当措施，以设法防止财务报表使用者信赖该审计报告。

第三节 注册会计师在财务报表报出后知悉的事实

第十七条 在财务报表报出后，注册会计师没有义务针对财务报表实施任何审计程序。

在财务报表报出后，如果知悉了某事实，且若在审计报告日知悉该事实可能导致修改审计报告，注册会计师应当：

(一)与管理层和治理层(如适用)讨论该事项；

(二)确定财务报表是否需要修改；

(三)如果需要修改，询问管理层将如何在财务报表中处理该事项。

第十八条 如果管理层修改了财务报表，注册会计师应当：

(一)根据具体情况对有关修改实施必要的审计程序；

(二)复核管理层采取的措施能否确保所有收到原财务报表和审计报告的人士了解这一情况；

(三)除非本准则第十五条所述的情形适用，将本准则第九条和第十条规定的审计程序延伸至新的审计报告日，并针对修改后的财务报表出具新的审计报告，新的审计报告日不应早于修改后的财务报表被批准的日期；

(四)如果本准则第十五条所述的情形适用，应当按照本准则第十五条的规定修改审计报告或提供新的审计报告。

第十九条 注册会计师应当在新的或经修改的审计报告中增加强调事项段或其他事项段，提醒财务报表使用者关注财务报表附注中有关修改原财务报表的详细原因和注册会计师提供的原审计报告。

第二十条 如果管理层没有采取必要措施确保所有收到原财务报表的人士了解这一情况，也没有在注册会计师认为需要修改的情况下修改财务报表，注册会计师应当通知管理层和治理层(除非治理层全部成员参与管理被审计单位)其将设法防止财务报表使用者信赖该审计报告。

如果注册会计师已经通知管理层或治理层,而管理层或治理层没有采取必要措施,注册会计师应当采取适当措施,以设法防止财务报表使用者信赖该审计报告。

第五章　附　　则

第二十一条　本准则自2012年1月1日起施行。

中国注册会计师审计准则第1341号——书面声明

(2010年11月1日修订)

第一章　总　　则

第一条　为了规范注册会计师在财务报表审计中向管理层获取书面声明,制定本准则。

第二条　本准则附录中列示的其他审计准则,对注册会计师在特定情况下就相关事项获取书面声明提出具体要求,但并不构成对本准则普遍适用性的限制。

第三条　审计证据是注册会计师为了得出审计结论和形成审计意见而使用的信息。书面声明是注册会计师在财务报表审计中需要获取的必要信息,也是审计证据。

第四条　尽管书面声明提供必要的审计证据,但其本身并不为所涉及的任何事项提供充分、适当的审计证据。而且,管理层已提供可靠书面声明的事实,并不影响注册会计师就管理层责任履行情况或具体认定获取的其他审计证据的性质和范围。

第二章　定　　义

第五条　书面声明,是指管理层向注册会计师提供的书面陈述,用以确认某些事项或支持其他审计证据。

书面声明不包括财务报表及其认定,以及支持性账簿和相关记录。

第六条　在本准则中单独提及管理层时,应当理解为管理层和治理层(如适用)。管理层负责按照适用的财务报告编制基础编制财务报表并使其实现公允反映。

第三章　目　　标

第七条　注册会计师的目标是:

(一)向管理层获取其认为自身已履行编制财务报表和向注册会计师提供完整信息的责任的书面声明;

(二)如果注册会计师认为有必要或其他审计准则有要求,通过书面声明支持与财务报表或具体认定相关的其他审计证据;

(三)恰当应对管理层提供的书面声明或管理层不提供注册会计师要求的书面声明的情况。

第四章　要　　求

第一节　提供书面声明的管理层

第八条　注册会计师应当要求对财务报表承担相应责任并了解相关事项的管理层提供书面声明。

第二节　针对管理层责任的书面声明

第九条　针对财务报表的编制,注册会计师应当要求管理层提供书面声明,确认其根据审计业务约定条款,履行了按照适用的财务报告编制基础编制财务报表并使其实现公允反映(如适用)的责任。

第十条　针对提供的信息和交易的完整性，注册会计师应当要求管理层就下列事项提供书面声明：

（一）按照审计业务约定条款，已向注册会计师提供所有相关信息，并允许注册会计师不受限制地接触所有相关信息以及被审计单位内部人员和其他相关人员。

（二）所有交易均已记录并反映在财务报表中。

第十一条　注册会计师应当要求管理层按照审计业务约定条款中对管理层责任的描述方式，在本准则第九条和第十条要求的书面声明中对管理层责任进行描述。

第三节　其他书面声明

第十二条　除本准则和其他审计准则要求的书面声明外，如果注册会计师认为有必要获取一项或多项其他书面声明，以支持与财务报表或者一项或多项具体认定相关的其他审计证据，注册会计师应当要求管理层提供这些书面声明。

第四节　书面声明的日期和涵盖的期间

第十三条　书面声明的日期应当尽量接近对财务报表出具审计报告的日期，但不得在审计报告日后。书面声明应当涵盖审计报告针对的所有财务报表和期间。

第五节　书面声明的形式

第十四条　书面声明应当以声明书的形式致送注册会计师。如果法律法规要求管理层就其责任作出书面公开陈述，并且注册会计师认为这些陈述提供了本准则第九条和第十条要求的部分或全部声明，则这些陈述所涵盖的相关事项不必包括在声明书中。

第六节　对书面声明可靠性的疑虑以及管理层不提供要求的书面声明

第十五条　如果对管理层的胜任能力、诚信、道德价值观或勤勉尽责存在疑虑，或者对管理层在这些方面的承诺或贯彻执行存在疑虑，注册会计师应当确定这些疑虑对书面或口头声明和审计证据总体的可靠性可能产生的影响。

第十六条　如果书面声明与其他审计证据不一致，注册会计师应当实施审计程序以设法解决这些问题。如果问题仍未解决，注册会计师应当重新考虑对管理层的胜任能力、诚信、道德价值观或勤勉尽责的评估，或者重新考虑对管理层在这些方面的承诺或贯彻执行的评估，并确定书面声明与其他审计证据的不一致对书面或口头声明和审计证据总体的可靠性可能产生的影响。

第十七条　如果认为书面声明不可靠，注册会计师应当采取适当措施，包括本准则第十九条所提及的按照《中国注册会计师审计准则第 1502 号——在审计报告中发表非无保留意见》的规定，确定其对审计意见可能产生的影响。

第十八条　如果管理层不提供要求的一项或多项书面声明，注册会计师应当：

（一）与管理层讨论该事项；

（二）重新评价管理层的诚信，并评价该事项对书面或口头声明和审计证据总体的可靠性可能产生的影响；

（三）采取适当措施，包括本准则第十九条提及的按照《中国注册会计师审计准则第 1502 号——在审计报告中发表非无保留意见》的规定，确定该事项对审计意见可能产生的影响。

第十九条　按照《中国注册会计师审计准则第 1502 号——在审计报告中发表非无保留意见》的规定，如果存在下列情形之一，注册会计师应当对财务报表发表无法表示意见：

（一）注册会计师对管理层的诚信产生重大疑虑，以至于认为其按照本准则第九条和第十条的要求作出的书面声明不可靠；

（二）管理层不提供本准则第九条和第十条要求的书面声明。

第五章　附　　则

第二十条　本准则自 2012 年 1 月 1 日起施行。

附录：

其他审计准则对书面声明的具体要求

下列审计准则要求注册会计师在特定情况下就相关事项获取书面声明，但其规定并不影响本准则的普遍适用性。

1.《中国注册会计师审计准则第 1141 号——财务报表审计中与舞弊相关的责任》第四十三条；

2.《中国注册会计师审计准则第 1142 号——财务报表审计中对法律法规的考虑》第十六条；

3.《中国注册会计师审计准则第 1251 号——评价审计过程中识别出的错报》第十五条；

4.《中国注册会计师审计准则第 1311 号——对存货等、诉讼和索赔、分部信息等特定项目获取审计证据的具体考虑》第十二条；

5.《中国注册会计师审计准则第 1321 号——审计会计估计(包括公允价值会计估计)和相关披露》第二十七条；

6.《中国注册会计师审计准则第 1323 号——关联方》第二十六条；

7.《中国注册会计师审计准则第 1324 号——持续经营》第十五条第二款第(五)项；

8.《中国注册会计师审计准则第 1332 号——期后事项》第十二条；

9.《中国注册会计师审计准则第 1511 号——比较信息：对应数据和比较财务报表》第十二条。

中国注册会计师审计准则第 1401 号
——对集团财务报表审计的特殊考虑

(2010 年 11 月 1 日修订)

第一章　总　　则

第一条　为了规范注册会计师执行集团审计时的特殊考虑，特别是涉及组成部分注册会计师的特殊考虑，制定本准则。

第二条　本准则规范集团审计的特定方面，其他审计准则同样适用于集团审计。

第三条　在执行非集团审计时，如果利用其他注册会计师的工作(如委托其他注册会计师对存放在偏远地点的存货实施监盘或对存放在偏远地点的固定资产实施检查)，注册会计师可以根据具体情况遵守本准则的相关规定。

第四条　因法律法规要求或其他原因，组成部分注册会计师可能需要对组成部分财务报表发表审计意见。集团项目组可以决定利用组成部分注册会计师对组成部分财务报表发表审计意见所依据的审计证据，作为集团审计的审计证据，但仍需要遵守本准则的规定。

第五条　按照《中国注册会计师审计准则第 1121 号——对财务报表审计实施的质量控制》的规定，集团项目合伙人应当确信执行集团审计业务的人员(包括组成部分注册会计师)从整体上具备适当的胜任能力和必要素质。

集团项目合伙人还需要对指导、监督和执行集团审计业务承担责任。

第六条　无论是集团项目组还是组成部分注册会计师对组成部分财务信息执行相关工作，集团项目合伙人都需要遵守《中国注册会计师审计准则第 1121 号——对财务报表审计实施的质量控制》的相关规定。

当组成部分注册会计师对组成部分财务信息执行相关工作时，本准则有助于集团项目合伙人满足《中国注册会计师审计准则第 1121 号——对财务报表审计实施的质量控制》的要求。

第七条　审计风险取决于重大错报风险和检查风险。在集团审计中，审计风险包括组成部分注册会计师可能没有发现组成部分财务信息存在的错报(该错报导致集团财务报表发生重大错报)的风险,以及集团项目组可能没有发现该错报的风险。

本准则规定了在组成部分注册会计师对组成部分财务信息实施风险评估程序和进一步审计程序时,集团项目组在确定参与组成部分注册会计师工作的性质、时间安排和范围时需要考虑的事项。集团项目组参与组成部分注册会计师工作的目的是为了获取充分、适当的审计证据,以作为形成集团财务报表审计意见的基础。

第二章 定 义

第八条 集团,是指由所有组成部分构成的整体,并且所有组成部分的财务信息包括在集团财务报表中。集团至少拥有一个以上的组成部分。

第九条 集团财务报表,是指包括一个以上组成部分财务信息的财务报表。集团财务报表也指没有母公司但处在同一控制下的各组成部分编制的财务信息所汇总生成的财务报表。

第十条 本准则所称适用的财务报告编制基础,是指适用于集团财务报表的财务报告编制基础。

第十一条 集团管理层,是指负责编制集团财务报表的管理层。

第十二条 集团层面控制,是指集团管理层设计、执行和维护的与集团财务报告相关的控制。

第十三条 集团审计,是指对集团财务报表进行的审计。

第十四条 集团审计意见,是指对集团财务报表发表的审计意见。

第十五条 集团项目合伙人,是指会计师事务所中负责某项集团审计业务及其执行,并代表会计师事务所在对集团财务报表出具的审计报告上签字的合伙人。如果集团项目合伙人以外的其他注册会计师在对集团财务报表出具的审计报告上签字,本准则对集团项目合伙人的规定也适用于该签字注册会计师。

如果联合注册会计师执行集团审计,联合项目合伙人及其项目组整体上构成集团项目合伙人和集团项目组。但是,本准则并不规范联合注册会计师之间的关系,或参与联合审计的一方注册会计师执行的工作与另一方注册会计师执行的工作之间的关系。

第十六条 集团项目组,是指参与集团审计的,包括集团项目合伙人在内的所有合伙人和员工。集团项目组负责制定集团总体审计策略,与组成部分注册会计师沟通,针对合并过程执行相关工作,并评价根据审计证据得出的结论,作为形成集团财务报表审计意见的基础。

第十七条 组成部分,是指某一实体或某项业务活动,其财务信息由集团或组成部分管理层编制并包括在集团财务报表中。

第十八条 重要组成部分,是指集团项目组识别出的具有下列特征之一的组成部分:

(一)单个组成部分对集团具有财务重大性;

(二)由于单个组成部分的特定性质或情况,可能存在导致集团财务报表发生重大错报的特别风险。

第十九条 组成部分管理层,是指负责编制组成部分财务信息的管理层。

第二十条 组成部分注册会计师,是指基于集团审计目的,按照集团项目组的要求,对组成部分财务信息执行相关工作的注册会计师。

第二十一条 组成部分重要性,是指集团项目组为组成部分确定的重要性。

第二十二条 合并过程,是指:

(一)通过合并、比例合并、权益法或成本法,在集团财务报表中对组成部分财务信息进行确认、计量、列报和披露;

(二)对没有母公司但处在同一控制下的各组成部分编制的财务信息进行汇总。

第三章 目 标

第二十三条 注册会计师的目标是:

(一)确定是否担任集团审计的注册会计师;

(二)如果担任集团审计的注册会计师,就组成部分注册会计师对组成部分财务信息执行工作的范围、时间安排和发现的问题,与组成部分注册会计师进行清晰地沟通;针对组成部分财务信息和合并过程,获取充分、适当的审计证据,以对集团财务报表是否在所有重大方面按照适用的财务报告框架编制发表审计意见。

第四章 要 求

第一节 责 任

第二十四条 集团项目合伙人应当按照职业准则和适用的法律法规的规定，负责指导、监督和执行集团审计业务，并确定出具的审计报告是否适合具体情况。注册会计师对集团财务报表出具的审计报告不应提及组成部分注册会计师，除非法律法规另有规定。如果法律法规要求在审计报告中提及组成部分注册会计师，审计报告应当指明，这种提及并不减轻集团项目合伙人及其所在的会计师事务所对集团审计意见承担的责任。

第二节 集团审计业务的承接与保持

第二十五条 在具体运用《中国注册会计师审计准则第 1121 号——对财务报表审计实施的质量控制》时，集团项目合伙人应当确定是否能够合理预期获取与合并过程和组成部分财务信息相关的充分、适当的审计证据，以作为形成集团审计意见的基础。因此，集团项目组应当了解集团及其环境、集团组成部分及其环境，以足以识别可能的重要组成部分。如果组成部分注册会计师对重要组成部分财务信息执行相关工作，集团项目合伙人应当评价集团项目组参与组成部分注册会计师工作的程度是否足以获取充分、适当的审计证据。

第二十六条 如果集团项目合伙人认为由于集团管理层施加的限制，使集团项目组不能获取充分、适当的审计证据，由此产生的影响可能导致对集团财务报表发表无法表示意见，集团项目合伙人应当视具体情况采取下列措施：

(一)如果是新业务，拒绝接受业务委托，如果是连续审计业务，在法律法规允许的情况下，解除业务约定；

(二)如果法律法规禁止注册会计师拒绝接受业务委托，或者注册会计师不能解除业务约定，在可能的范围内对集团财务报表实施审计，并对集团财务报表发表无法表示意见。

第二十七条 集团项目合伙人应当按照《中国注册会计师审计准则第 1111 号——就审计业务约定条款达成一致意见》的规定，就集团审计业务约定条款与管理层或治理层(如适用)达成一致意见。

第三节 总体审计策略和具体审计计划

第二十八条 集团项目组应当按照《中国注册会计师审计准则第 1201 号——计划审计工作》的规定，制定集团总体审计策略和具体审计计划。

第二十九条 集团项目合伙人应当复核集团总体审计策略和具体审计计划。

第四节 了解集团及其环境、集团组成部分及其环境

第三十条 注册会计师应当通过了解被审计单位及其环境，识别和评估财务报表重大错报风险。

集团项目组应当：

(一)在业务承接或保持阶段获取信息的基础上，进一步了解集团及其环境、集团组成部分及其环境，包括集团层面控制；

(二)了解合并过程，包括集团管理层向组成部分下达的指令。

第三十一条 集团项目组应当对集团及其环境、集团组成部分及其环境获取充分的了解，以足以：

(一)确认或修正最初识别的重要组成部分；

(二)评估由于舞弊或错误导致集团财务报表发生重大错报的风险。

第五节 了解组成部分注册会计师

第三十二条 如果计划要求组成部分注册会计师执行组成部分财务信息的相关工作，集团项目组应当了解下列事项：

(一)组成部分注册会计师是否了解并将遵守与集团审计相关的职业道德要求，特别是独立性要求；

(二)组成部分注册会计师是否具备专业胜任能力；

(三)集团项目组参与组成部分注册会计师工作的程度是否足以获取充分、适当的审计证据；

(四)组成部分注册会计师是否处于积极的监管环境中。

第三十三条 如果组成部分注册会计师不符合与集团审计相关的独立性要求，或集团项目组对本准则第三十二条第(一)项至第(三)项所列事项存有重大疑虑，集团项目组应当就组成部分财务信息获取充分、适当的审计证据，而不应要求组成部分注册会计师对组成部分财务信息执行相关工作。

第六节 重 要 性

第三十四条 集团项目组应当确定与重要性相关的下列事项：

(一)在制定集团总体审计策略时，确定集团财务报表整体的重要性。

(二)根据集团的特定情况，如果存在特定类别的交易、账户余额或披露，其发生的错报金额低于集团财务报表整体的重要性，但合理预期将影响财务报表使用者依据集团财务报表作出的经济决策，则确定适用于这些交易、账户余额或披露的一个或多个重要性水平。

(三)如果组成部分注册会计师对组成部分财务信息实施审计或审阅，基于集团审计目的，为这些组成部分确定组成部分重要性。为将未更正和未发现错报的汇总数超过集团财务报表整体的重要性的可能性降至适当的低水平，组成部分重要性应当低于集团财务报表整体的重要性。

(四)设定临界值，不能将超过该临界值的错报视为对集团财务报表明显微小的错报。

第三十五条 如果基于集团审计目的，由组成部分注册会计师对组成部分财务信息执行审计工作，集团项目组应当评价在组成部分层面确定的实际执行的重要性的适当性。

第三十六条 如果因法律法规或其他原因要求对组成部分进行审计，并且集团项目组决定利用该审计为集团审计提供审计证据，集团项目组应当确定下列方面是否符合本准则的规定：

(一)组成部分财务报表整体的重要性；

(二)组成部分层面的实际执行的重要性。

第七节 针对评估的风险采取的应对措施

第三十七条 注册会计师应当针对评估的财务报表重大错报风险设计和实施恰当的应对措施。

对于组成部分财务信息，集团项目组应当确定由其亲自执行或由组成部分注册会计师代为执行的相关工作的类型。集团项目组还应当确定参与组成部分注册会计师工作的性质、时间安排和范围。

第三十八条 在确定对合并过程或组成部分财务信息拟实施的工作的性质、时间安排和范围时，如果预期集团层面控制运行有效，或者仅实施实质性程序不能提供认定层次的充分、适当的审计证据，集团项目组应当测试或要求组成部分注册会计师测试这些控制运行的有效性。

第三十九条 就集团而言，对于具有财务重大性的单个组成部分，集团项目组或代表集团项目组的组成部分注册会计师应当运用该组成部分的重要性，对组成部分财务信息实施审计。

第四十条 对由于其特定性质或情况，可能包括导致集团财务报表发生重大错报的特别风险的重要组成部分，集团项目组或代表集团项目组的组成部分注册会计师应当执行下列一项或多项工作：

(一)使用组成部分重要性对组成部分财务信息实施审计；

(二)针对与可能导致集团财务报表发生重大错报的特别风险相关的一个或多个账户余额、某类交易或披露事项实施审计；

(三)针对可能导致集团财务报表发生重大错报的特别风险实施特定的审计程序。

第四十一条 对于不重要的组成部分，集团项目组应当在集团层面实施分析程序。

第四十二条 如果集团项目组认为执行下列工作不能获取形成集团审计意见所依据的充分、适当的审计证据，应当采取本条第二款规定的措施：

(一)对重要组成部分财务信息执行的工作；

(二)对集团层面控制和合并过程执行的工作；

(三)在集团层面实施的分析程序。

集团项目组应当选择某些不重要的组成部分，并对已选择的组成部分财务信息亲自执行或由代表集团项目组的组成部分注册会计师执行下列一项或多项工作：

（一）使用组成部分重要性对组成部分财务信息实施审计；

（二）对一个或多个账户余额、一类或多类交易或披露实施审计；

（三）使用组成部分重要性对组成部分财务信息实施审阅；

（四）实施特定程序。

集团项目组应当在一段时间之后更换所选择的组成部分。

第四十三条 如果组成部分注册会计师对重要组成部分财务信息执行审计，集团项目组应当参与组成部分注册会计师实施的风险评估程序，以识别导致集团财务报表发生重大错报的特别风险。集团项目组参与的性质、时间安排和范围受其对组成部分注册会计师所了解情况的影响，但至少应当包括：

（一）与组成部分注册会计师或组成部分管理层讨论对集团而言重要的组成部分业务活动；

（二）与组成部分注册会计师讨论由于舞弊或错误导致组成部分财务信息发生重大错报的可能性；

（三）复核组成部分注册会计师对识别出的导致集团财务报表发生重大错报的特别风险形成的审计工作底稿。审计工作底稿可以采用备忘录的形式，反映组成部分注册会计师针对识别出的特别风险得出的结论。

第四十四条 如果在由组成部分注册会计师执行相关工作的组成部分内，识别出导致集团财务报表发生重大错报的特别风险，集团项目组应当评价针对识别出的特别风险拟实施的进一步审计程序的恰当性。根据对组成部分注册会计师的了解，集团项目组应当确定是否有必要参与进一步审计程序。

第八节 合并过程

第四十五条 根据本准则第三十条的规定，集团项目组应当了解集团层面的控制和合并过程，包括集团管理层向组成部分下达的指令。

根据本准则第三十八条的规定，如果对合并过程执行工作的性质、时间安排和范围基于预期集团层面控制有效运行，或者仅实施实质性程序不能提供认定层次的充分、适当的审计证据，集团项目组应当亲自测试或要求组成部分注册会计师代为测试集团层面控制运行的有效性。

第四十六条 集团项目组应当针对合并过程设计和实施进一步审计程序，以应对评估的、由合并过程导致的集团财务报表发生重大错报的风险。设计和实施的进一步审计程序应当包括评价所有组成部分是否均已包括在集团财务报表中。

第四十七条 集团项目组应当评价合并调整和重分类事项的适当性、完整性和准确性，并评价是否存在舞弊风险因素或可能存在管理层偏向的迹象。

第四十八条 如果组成部分财务信息没有按照集团财务报表采用的会计政策编制，集团项目组应当评价组成部分财务信息是否已得到适当调整，以满足编制和列报集团财务报表的要求。

第四十九条 集团项目组应当确定，组成部分注册会计师按照本准则第五十四条的规定进行的沟通中提及的财务信息是否就是包括在集团财务报表中的财务信息。

第五十条 如果集团财务报表包括的组成部分财务报表的报告期末不同于集团财务报表，集团项目组应当评价是否已按照适用的财务报告编制基础对这些财务报表作出恰当调整。

第九节 期后事项

第五十一条 如果集团项目组或组成部分注册会计师对组成部分财务信息实施审计，集团项目组或组成部分注册会计师应当实施审计程序，以识别组成部分自组成部分财务信息日至对集团财务报表出具审计报告日之间发生的、可能需要在集团财务报表中调整或披露的事项。

第五十二条 如果组成部分注册会计师执行组成部分财务信息审计以外的工作，集团项目组应当要求组成部分注册会计师告知其注意到的、可能需要在集团财务报表中调整或披露的期后事项。

第十节 与组成部分注册会计师的沟通

第五十三条 集团项目组应当及时向组成部分注册会计师通报工作要求。通报的内容应当明确组成部分注册会计师应执行的工作和集团项目组对其工作的利用，以及组成部分注册会计师与集团项目组沟通的形式和内容。

通报的内容还应当包括：

（一）在组成部分注册会计师知悉集团项目组将利用其工作的前提下，要求组成部分注册会计师确认其将配合集团项目组的工作。

（二）与集团审计相关的职业道德要求，特别是独立性要求。

（三）在对组成部分财务信息实施审计或审阅的情况下，组成部分的重要性和针对特定的某类交易、账户余额或披露采用的一个或多个重要性水平（如适用）以及临界值，超过临界值的错报不能视为对集团财务报表明显微小的错报。

（四）识别出的与组成部分注册会计师工作相关的、由于舞弊或错误导致集团财务报表发生重大错报的特别风险。集团项目组应当要求组成部分注册会计师及时沟通所有识别出的、在组成部分内的其他由于舞弊或错误可能导致集团财务报表发生重大错报的特别风险，以及组成部分注册会计师针对这些特别风险采取的应对措施。

（五）集团管理层编制的关联方清单和集团项目组知悉的任何其他关联方。集团项目组应当要求组成部分注册会计师及时沟通集团管理层或集团项目组以前未识别出的关联方。集团项目组应当确定是否需要将新识别的关联方告知其他组成部分注册会计师。

第五十四条 集团项目组应当要求组成部分注册会计师沟通与得出关于集团审计的结论相关的事项。沟通的内容应当包括：

（一）组成部分注册会计师是否已遵守与集团审计相关的职业道德要求，包括对独立性和专业胜任能力的要求；

（二）组成部分注册会计师是否已遵守集团项目组的要求；

（三）指出作为组成部分注册会计师出具报告对象的组成部分财务信息；

（四）因违反法律法规而可能导致集团财务报表发生重大错报的信息；

（五）组成部分财务信息中未更正错报的清单（清单不必包括低于集团项目组通报的临界值且明显微小的错报）；

（六）表明可能存在管理层偏向的迹象；

（七）描述识别出的组成部分层面值得关注的内部控制缺陷；

（八）组成部分注册会计师向组成部分治理层已通报或拟通报的其他重大事项，包括涉及组成部分管理层、在组成部分层面内部控制中承担重要职责的员工以及其他人员（在舞弊行为导致组成部分财务信息出现重大错报的情况下）的舞弊或舞弊嫌疑；

（九）可能与集团审计相关或者组成部分注册会计师期望集团项目组加以关注的其他事项，包括在组成部分注册会计师要求组成部分管理层提供的书面声明中指出的例外事项；

（十）组成部分注册会计师的总体发现、得出的结论和形成的意见。

第十一节 评价审计证据的充分性和适当性

第五十五条 集团项目组应当评价与组成部分注册会计师的沟通。集团项目组应当：

（一）与组成部分注册会计师、组成部分管理层或集团管理层（如适用）讨论在评价过程中发现的重大事项；

（二）确定是否有必要复核组成部分注册会计师审计工作底稿的相关部分。

第五十六条 如果认为组成部分注册会计师的工作不充分，集团项目组应当确定需要实施哪些追加的程序，以及这些程序是由组成部分注册会计师还是由集团项目组实施。

第五十七条 注册会计师应当获取充分、适当的审计证据，将审计风险降至可接受的低水平，从而得出合理的结论以作为形成审计意见的基础。

集团项目组应当评价，通过对合并过程实施的审计程序以及由集团项目组和组成部分注册会计师对组成部分财务信息执行的工作，是否已获取充分、适当的审计证据，作为形成集团审计意见的基础。

第五十八条 集团项目合伙人应当评价未更正错报（无论该错报是由集团项目组识别出的还是由组成部分注册会计师告知的）和未能获取充分、适当的审计证据的情况对集团审计意见的影响。

第十二节　与集团管理层和集团治理层的沟通

第五十九条　集团项目组应当按照《中国注册会计师审计准则第 1152 号——向治理层和管理层通报内部控制缺陷》的规定，确定哪些识别出的内部控制缺陷需要向集团治理层和集团管理层通报。

在确定通报的内容时，集团项目组应当考虑：

(一)集团项目组识别出的集团层面内部控制缺陷；

(二)集团项目组识别出的组成部分层面内部控制缺陷；

(三)组成部分注册会计师提请集团项目组关注的内部控制缺陷。

第六十条　如果集团项目组识别出舞弊或组成部分注册会计师提请集团项目组关注舞弊，或者有关信息表明可能存在舞弊，集团项目组应当及时向适当层级的集团管理层通报，以便管理层告知主要负责防止和发现舞弊事项的人员。

第六十一条　因法律法规要求或其他原因，组成部分注册会计师可能需要对组成部分财务报表发表审计意见。在这种情况下，集团项目组应当要求集团管理层告知组成部分管理层其尚未知悉的、集团项目组注意到的可能对组成部分财务报表产生重要影响的事项。

如果集团管理层拒绝向组成部分管理层通报该事项，集团项目组应当与集团治理层进行讨论。

如果该事项仍未得到解决，集团项目组在遵守法律法规和职业准则有关保密要求的前提下，应当考虑是否建议组成部分注册会计师在该事项得到解决之前，不对组成部分财务报表出具审计报告。

第六十二条　除《中国注册会计师审计准则第 1151 号——与治理层的沟通》和其他审计准则要求沟通的事项外，集团项目组还应当与集团治理层沟通下列事项：

(一)对组成部分财务信息拟执行工作的类型的概述；

(二)在组成部分注册会计师对重要组成部分财务信息拟执行的工作中，集团项目组计划参与其工作的性质的概述；

(三)对组成部分注册会计师的工作作出的评价，引起集团项目组对其工作质量产生疑虑的情形；

(四)集团审计受到的限制，如集团项目组接触某些信息受到的限制；

(五)涉及集团管理层、组成部分管理层、在集团层面控制中承担重要职责的员工以及其他人员(在舞弊行为导致集团财务报表出现重大错报的情况下)的舞弊或舞弊嫌疑。

第十三节　审计工作底稿

第六十三条　集团项目组应当就下列事项形成审计工作底稿：

(一)对组成部分的分析，指明重要组成部分以及对组成部分财务信息执行工作的类型；

(二)对于重要组成部分，集团项目组参与该组成部分注册会计师工作的性质、时间安排和范围，如果适用，还包括集团项目组对组成部分注册会计师审计工作底稿的相关部分进行的复核以及由此得出的结论；

(三)集团项目组与组成部分注册会计师就集团项目组提出的工作要求的书面沟通函件。

第五章　附　　则

第六十四条　本准则自 2012 年 1 月 1 日起施行。

中国注册会计师审计准则第 1411 号——利用内部审计人员的工作

(2010 年 11 月 1 日修订)

第一章　总　　则

第一条　为了规范注册会计师在获取充分、适当的审计证据时利用内部审计人员的工作，明确注册会计师利用内部审计人员工作的责任，制定本准则。

第二条 本准则适用于内部审计可能与注册会计师审计相关的情况，但不适用于内部审计人员在注册会计师实施审计程序时提供直接帮助的情况。

第三条 内部审计的目标是由管理层和治理层确定的。尽管内部审计的目标和注册会计师的目标不同，但用以实现各自目标的某些方式可能是相似的。

第四条 不论内部审计的自主程度和客观性如何，都不能像注册会计师那样对财务报表发表审计意见时独立于被审计单位。

注册会计师对发表的审计意见独立承担责任，这种责任并不因利用内部审计人员的工作而减轻。

第二章 定 义

第五条 内部审计职责(简称内部审计)，是指由被审计单位建立的或由外部机构以服务形式提供的一种评价活动。内部审计的职能包括检查、评价和监督内部控制的恰当性和有效性等。

第六条 内部审计人员，是指执行内部审计活动的人员。内部审计人员可能属于内部审计部门或履行内部审计职责的类似部门。

第三章 目 标

第七条 在被审计单位设有内部审计，且注册会计师认为可能与其审计相关的情况下，注册会计师的目标是：

(一)确定是否利用以及在多大程度上利用内部审计人员的特定工作；

(二)如果利用内部审计人员的特定工作，确定该项工作是否足以实现审计目的。

第四章 要 求

第一节 确定是否利用以及在多大程度上利用内部审计人员的工作

第八条 注册会计师应当确定：

(一)内部审计人员的工作是否可能足以实现审计目的；

(二)如果可能足以实现审计目的，内部审计人员的工作对注册会计师审计程序的性质、时间安排和范围产生的预期影响。

第九条 在确定内部审计人员的工作是否可能足以实现审计目的时，注册会计师应当评价：

(一)内部审计的客观性；

(二)内部审计人员的专业胜任能力；

(三)内部审计人员在执行工作时是否可能保持应有的职业关注；

(四)内部审计人员和注册会计师之间是否可能进行有效的沟通。

第十条 在确定内部审计人员的工作对注册会计师审计程序的性质、时间安排和范围产生的预期影响时，注册会计师应当考虑：

(一)内部审计人员已执行或拟执行的特定工作的性质和范围；

(二)针对特定的某类交易、账户余额和披露，评估的认定层次重大错报风险；

(三)在评价支持相关认定的审计证据时，内部审计人员的主观程度。

第二节 利用内部审计人员的特定工作

第十一条 如果拟利用内部审计人员的特定工作，注册会计师应当评价内部审计人员的特定工作并实施审计程序，以确定该项工作是否足以实现审计目的。

第十二条 在确定内部审计人员的特定工作是否足以实现审计目的时，注册会计师应当评价：

(一)内部审计工作是否由经过充分技术培训且精通业务的人员执行；

(二)内部审计人员的工作是否得到适当的监督、复核和记录；

(三)内部审计人员是否已经获取充分、适当的审计证据，使其能够得出合理的结论；

(四)内部审计人员得出的结论是否恰当,编制的报告是否与已执行工作的结果一致;

(五)内部审计人员披露的例外或异常事项是否得到恰当解决。

第三节 审计工作底稿

第十三条 如果利用内部审计人员的特定工作,注册会计师应当就下列事项形成审计工作底稿:

(一)针对内部审计人员工作的恰当性进行评价得出的结论;

(二)针对内部审计人员的工作实施的审计程序。

第五章 附 则

第十四条 本准则自2012年1月1日起施行。

中国注册会计师审计准则第1421号——利用专家的工作

(2010年11月1日修订)

第一章 总 则

第一条 为了规范注册会计师在获取充分、适当的审计证据时利用专家的工作,明确注册会计师利用专家的工作的责任,制定本准则。

第二条 本准则不适用于下列情况:

(一)项目组拥有在会计或审计专业领域中具有专长的成员,或向在会计或审计专业领域中具有专长的个人或组织咨询。《中国注册会计师审计准则第1121号——对财务报表审计实施的质量控制》及其应用指南这种情况进行了规范。

(二)注册会计师利用在会计、审计以外的某一领域具有专长的个人或组织的工作,并且其工作被管理层利用以协助编制财务报表(即利用管理层的专家的工作)。《中国注册会计师审计准则第1301号——审计证据》及其应用指南对这种情况进行了规范。

第三条 注册会计师对发表的审计意见独立承担责任,这种责任不因利用专家的工作而减轻。

如果注册会计师按照本准则的规定利用了专家的工作,并得出结论认为专家的工作足以实现审计目的,注册会计师可以接受专家在其专业领域的工作结果或结论,并作为适当的审计证据。

第二章 定 义

第四条 专家,即注册会计师的专家,是指在会计或审计以外的某一领域具有专长的个人或组织,并且其工作被注册会计师利用,以协助注册会计师获取充分、适当的审计证据。专家既可能是会计师事务所内部专家(如会计师事务所或其网络事务所的合伙人或员工,包括临时员工),也可能是会计师事务所外部专家。

第五条 专长,是指在某一特定领域中拥有的专门技能、知识和经验。

第六条 管理层的专家,是指在会计或审计以外的某一领域具有专长的个人或组织,其工作被管理层利用以协助编制财务报表。

第三章 目 标

第七条 注册会计师的目标是:

(一)确定是否利用专家的工作;

（二）如果利用专家的工作，确定专家的工作是否足以实现审计目的。

第四章 要 求

第一节 确定是否利用专家的工作

第八条 如果在会计或审计以外的某一领域的专长对获取充分、适当的审计证据是必要的，注册会计师应当确定是否利用专家的工作。

第二节 审计程序的性质、时间安排和范围

第九条 本准则第十条至第十四条规定的审计程序的性质、时间安排和范围，将随着具体情况的变化而变化。

在确定本准则第十条至第十四条规定的审计程序的性质、时间安排和范围时，注册会计师应当考虑下列事项：

（一）与专家工作相关的事项的性质；

（二）与专家工作相关的事项中存在的重大错报风险；

（三）专家的工作在审计中的重要程度；

（四）注册会计师对专家以前所做工作的了解，以及与之接触的经验；

（五）专家是否需要遵守会计师事务所的质量控制政策和程序。

第三节 专家的胜任能力、专业素质和客观性

第十条 注册会计师应当评价专家是否具有实现审计目的所必需的胜任能力、专业素质和客观性。在评价外部专家的客观性时，注册会计师应当询问可能对外部专家客观性产生不利影响的利益和关系。

第四节 了解专家的专长领域

第十一条 注册会计师应当充分了解专家的专长领域，以能够：

（一）为了实现审计目的，确定专家工作的性质、范围和目标；

（二）评价专家的工作是否足以实现注册会计师的目的。

第五节 与专家达成一致意见

第十二条 注册会计师应当与专家就下列事项达成一致意见，并根据需要形成书面协议：

（一）专家工作的性质、范围和目标；

（二）注册会计师和专家各自的角色和责任；

（三）注册会计师和专家之间沟通的性质、时间安排和范围，包括专家提供的报告的形式；

（四）对专家遵守保密规定的要求。

第六节 评价专家工作的恰当性

第十三条 注册会计师应当评价专家的工作是否足以实现审计目的，包括：

（一）专家的工作结果或结论的相关性和合理性，以及与其他审计证据的一致性；

（二）如果专家的工作涉及使用重要的假设和方法，这些假设和方法在具体情况下的相关性和合理性；

（三）如果专家的工作涉及使用重要的原始数据，这些原始数据的相关性、完整性和准确性。

第十四条 如果确定专家的工作不足以实现审计目的，注册会计师应当采取下列措施之一：

（一）就专家拟执行的进一步工作的性质和范围，与专家达成一致意见；

（二）根据具体情况，实施追加的审计程序。

第七节 在审计报告中提及专家

第十五条 注册会计师不应在无保留意见的审计报告中提及专家的工作，除非法律法规另有规定。

如果法律法规要求提及专家的工作，注册会计师应当在审计报告中指明，这种提及并不减轻注册会计师对审计意见承担的责任。

第十六条 如果注册会计师在审计报告中提及专家的工作，并且这种提及与理解审计报告中的非无保留意见相关，注册会计师应当在审计报告中指明，这种提及并不减轻注册会计师对审计意见承担的责任。

第五章 附 则

第十七条 本准则自 2012 年 1 月 1 日起施行。

中国注册会计师审计准则第 1501 号——对财务报表形成审计意见和出具审计报告

（2010 年 11 月 1 日修订）

第一章 总 则

第一条 为了规范注册会计师对财务报表形成审计意见，以及作为财务报表审计结果所出具的审计报告的格式和内容，制定本准则。

第二条 《中国注册会计师审计准则第 1502 号——在审计报告中发表非无保留意见》和《中国注册会计师审计准则第 1503 号——在审计报告中增加强调事项段和其他事项段》规定了注册会计师在审计报告中发表非无保留意见或者增加强调事项段或其他事项段时，审计报告的格式和内容如何受到影响。

第三条 本准则适用于注册会计师执行整套通用目的财务报表审计业务。

《中国注册会计师审计准则第 1601 号——对按照特殊目的编制基础编制的财务报表审计的特殊考虑》，规定了注册会计师对按照特殊目的编制基础编制的财务报表审计的特殊考虑。

《中国注册会计师审计准则第 1603 号——对单一财务报表和财务报表特定要素审计的特殊考虑》，规定了注册会计师对单一财务报表或财务报表特定要素、账户或项目审计的特殊考虑。

第四条 本准则要求注册会计师保持审计报告的一致性。在按照中国注册会计师审计准则执行了审计工作的情况下，注册会计师保持审计报告的一致性，将有助于使用者更容易识别已按照中国注册会计师审计准则执行的审计业务，从而增强审计报告的可信性，同时有助于使用者理解以及识别发生的异常情况。

第二章 定 义

第五条 本准则所称财务报表，是指整套通用目的财务报表，包括相关附注。相关附注通常包括重要会计政策概要和其他解释性信息。适用的财务报告编制基础的规定决定了财务报表的形式和内容，以及整套财务报表的构成。

第六条 通用目的财务报表，是指按照通用目的编制基础编制的财务报表。

第七条 通用目的编制基础，是指旨在满足广大财务报表使用者共同的财务信息需求的财务报告编制基础。

第八条 审计报告，是指注册会计师根据审计准则的规定，在执行审计工作的基础上，对财务报表发表审计意见的书面文件。

第九条 无保留意见，是指当注册会计师认为财务报表在所有重大方面按照适用的财务报告编制基础编制并实现公允反映时发表的审计意见。

第十条 标准审计报告，是指不含有说明段、强调事项段、其他事项段或其他任何修饰性用语的无保留意见的审计报告。

包含其他报告责任段，但不含有强调事项段或其他事项段的无保留意见的审计报告也被视为标准审计报告。

第十一条 非标准审计报告，是指带强调事项段或其他事项段的无保留意见的审计报告和非无保留意见的审计报告。

第三章 目 标

第十二条 注册会计师的目标是：

（一）在评价根据审计证据得出的结论的基础上，对财务报表形成审计意见；

（二）通过书面报告的形式清楚地表达审计意见，说明其形成基础。

第四章 要 求

第一节 对财务报表形成审计意见

第十三条 注册会计师应当就财务报表是否在所有重大方面按照适用的财务报告编制基础编制并实现公允反映形成审计意见。

第十四条 为了形成审计意见，针对财务报表整体是否不存在由于舞弊或错误导致的重大错报，注册会计师应当得出结论，确定是否已就此获取合理保证。

在得出结论时，注册会计师应当考虑下列方面：

（一）按照《中国注册会计师审计准则第1231号——针对评估的重大错报风险采取的应对措施》的规定，是否已获取充分、适当的审计证据；

（二）按照《中国注册会计师审计准则第1251号——评价审计过程中识别出的错报》的规定，未更正错报单独或汇总起来是否构成重大错报；

（三）本准则第十五条至第十八条要求作出的评价。

第十五条 注册会计师应当评价财务报表是否在所有重大方面按照适用的财务报告编制基础编制。

在评价时，注册会计师应当考虑被审计单位会计实务的质量，包括表明管理层的判断可能出现偏向的迹象。

第十六条 注册会计师应当依据适用的财务报告编制基础特别评价下列内容：

（一）财务报表是否充分披露了选择和运用的重要会计政策；

（二）选择和运用的会计政策是否符合适用的财务报告编制基础，并适合于被审计单位的具体情况；

（三）管理层作出的会计估计是否合理；

（四）财务报表列报的信息是否具有相关性、可靠性、可比性和可理解性；

（五）财务报表是否作出充分披露，使财务报表预期使用者能够理解重大交易和事项对财务报表所传递的信息的影响；

（六）财务报表使用的术语（包括每一财务报表的标题）是否适当。

第十七条 按照本准则第十五条和第十六条的规定作出的评价还应当包括财务报表是否实现公允反映。

在评价财务报表是否实现公允反映时，注册会计师应当考虑下列内容：

（一）财务报表的整体列报、结构和内容是否合理；

（二）财务报表（包括相关附注）是否公允地反映了相关交易和事项。

第十八条 注册会计师应当评价财务报表是否恰当提及或说明适用的财务报告编制基础。

第二节 审计意见的类型

第十九条 如果认为财务报表在所有重大方面按照适用的财务报告编制基础编制并实现反映，注册会计师应当发表无保留意见。

第二十条 当存在下列情形之一时，注册会计师应当按照《中国注册会计师审计准则第1502号——在审计报告中发表非无保留意见》的规定，在审计报告中发表非无保留意见：

（一）根据获取的审计证据，得出财务报表整体存在重大错报的结论；

（二）无法获取充分、适当的审计证据，不能得出财务报表整体不存在重大错报的结论。

第二十一条 如果财务报表没有实现公允反映，注册会计师应当就该事项与管理层讨论，并视适用的财务报告编制基础的规定和该事项得到解决的情况，决定是否有必要按照《中国注册会计师审计准则第1502号——在审计报告中发表非无保留意见》的规定在审计报告中发表非无保留意见。

第三节 审计报告

第二十二条 审计报告应当采用书面形式。

第二十三条 审计报告应当包括下列要素：

(一)标题；

(二)收件人；

(三)引言段；

(四)管理层对财务报表的责任段；

(五)注册会计师的责任段；

(六)审计意见段；

(七)注册会计师的签名和盖章；

(八)会计师事务所的名称、地址和盖章；

(九)报告日期。

第二十四条 审计报告应当具有标题，统一规范为“审计报告”。

第二十五条 审计报告应当按照审计业务约定的要求载明收件人。

第二十六条 审计报告的引言段应当包括下列方面：

(一)指出被审计单位的名称；

(二)说明财务报表已经审计；

(三)指出构成整套财务报表的每一财务报表的名称；

(四)提及财务报表附注，包括重要会计政策概要和其他解释性信息；

(五)指明构成整套财务报表的每一财务报表的日期或涵盖的期间。

第二十七条 审计报告应当包含标题为“管理层对财务报表的责任”的段落。

第二十八条 管理层对财务报表的责任段描述被审计单位中负责编制财务报表的人员的责任。

第二十九条 管理层对财务报表的责任段应当说明，编制财务报表是管理层的责任，这种责任包括：

(一)按照适用的财务报告编制基础编制财务报表，并使其实现公允反映；

(二)设计、执行和维护必要的内部控制，以使财务报表不存在由于舞弊或错误导致的重大错报。

第三十条 审计报告应当包含标题为“注册会计师的责任”的段落。

第三十一条 注册会计师的责任段应当说明下列内容：

(一)注册会计师的责任是在执行审计工作的基础上对财务报表发表审计意见。

(二)注册会计师按照中国注册会计师审计准则的规定执行了审计工作。中国注册会计师审计准则要求注册会计师遵守中国注册会计师职业道德守则，计划和执行审计工作以对财务报表是否不存在重大错报获取合理保证。

(三)审计工作涉及实施审计程序，以获取有关财务报表金额和披露的审计证据。选择的审计程序取决于注册会计师的判断，包括对由于舞弊或错误导致的财务报表重大错报风险的评估。在进行风险评估时，注册会计师考虑与财务报表编制和公允列报相关的内部控制，以设计恰当的审计程序，但目的并非对内部控制的有效性发表意见。审计工作还包括评价管理层选用会计政策的恰当性和作出会计估计的合理性，以及评价财务报表的总体列报。

(四)注册会计师相信获取的审计证据是充分、适当的，为其发表审计意见提供了基础。

如果结合财务报表审计对内部控制的有效性发表意见，注册会计师应当删除本条第一款第(三)项中“但目的并非对内部控制的有效性发表意见”的措辞。

第三十二条 审计报告应当包含标题为“审计意见”的段落。

第三十三条 如果对财务报表发表无保留意见，除非法律法规另有规定，审计意见应当使用“财务报表在所有重大方面按照[适用的财务报告编制基础(如企业会计准则等)]编制，公允反映了……”的措辞。

第三十四条　如果在审计意见中提及的适用的财务报告编制基础不是企业会计准则，而是国际财务报告准则、国际公共部门会计准则或者其他国家或地区的财务报告准则，注册会计师应当在审计意见段中指明国际财务报告准则或国际公共部门会计准则，或者财务报告准则所属的国家或地区。

第三十五条　除审计准则规定的注册会计师对财务报表出具审计报告的责任外，相关法律法规可能对注册会计师设定了其他报告责任。如果注册会计师在对财务报表出具的审计报告中履行其他报告责任，应，当在审计报告中将其单独作为一部分，并以“按照相关法律法规的要求报告的事项”为标题。

第三十六条　如果审计报告包含“按照相关法律法规的要求报告的事项”部分，审计报告应当区分为“对财务报表出具的审计报告”和“按照相关法律法规的要求报告的事项”两部分。本准则第二十六条至第三十四条提及的标题和段落属于第一部分，置于“对财务报表出具的审计报告”标题下；“按照相关法律法规的要求报告的事项”属于第二部分，置于“对财务报表出具的审计报告”部分之后。

第三十七条　注册会计师出具非标准审计报告时，应当遵守《中国注册会计师审计准则第 1502 号——在审计报告中发表非无保留意见》、《中国注册会计师审计准则第 1503 号——在审计报告中增加强调事项段和其他事项段》和本准则的相关规定。

第三十八条　审计报告应当由注册会计师签名和盖章。

第三十九条　审计报告应当载明会计师事务所的名称和地址，并加盖会计师事务所公章。

第四十条　审计报告应当注明报告日期。审计报告的日期不应早于注册会计师获取充分、适当的审计证据，并在此基础上对财务报表形成审计意见的日期。

在确定审计报告日期时，注册会计师应当确信已获取下列两方面的审计证据：

(一)构成整套财务报表的所有报表(包括相关附注)已编制完成；

(二)被审计单位的董事会、管理层或类似机构已经认可其对财务报表负责。

第四十一条　注册会计师在按照中国注册会计师审计准则执行审计工作时，还可能同时被要求按照其他国家或地区审计准则执行审计工作。在这种情况下，审计报告除了提及中国注册会计师审计准则外，还可能同时提及其他国家或地区审计准则。只有在同时符合下列条件时，注册会计师才应当同时提及：

(一)其他国家或地区审计准则与中国注册会计师审计准则不存在冲突，即不会导致注册会计师形成不同的审计意见，也不会导致在中国注册会计师审计准则要求增加强调事项段的情况下而其他国家或地区的审计准则不要求增加强调事项段；

(二)如果使用其他国家或地区审计准则规定的结构和措词，审计报告至少应当包括在本准则第二十四条规定的每一要素，并且指明其他国家或地区审计准则。

第四十二条　如果审计报告同时提及中国注册会计师审计准则和其他国家或地区审计准则，审计报告应当指明审计准则所属的国家或地区。

第四节　与财务报表一同列报的补充信息

第四十三条　如果被审计单位将适用的财务报告编制基础没有要求的补充信息与已审计财务报表一同列报，注册会计师应当评价被审计单位是否清楚地将这些补充信息与已审计财务报表予以区分。

如果被审计单位未能清楚地将补充信息与已审计财务报表予以区分，注册会计师应当要求管理层改变未审计补充信息的列报方式。如果管理层拒绝改变，注册会计师应当在审计报告中说明补充信息未审计。

第四十四条　对于适用的财务报告编制基础没有要求的补充信息，如果由于其性质和列报方式导致不能使其清楚地与已审计财务报表予以区分，从而构成财务报表必要的组成部分，这些补充信息应当涵盖在审计意见中。

第五章　附　　则

第四十五条　本准则自 2012 年 1 月 1 日起施行。

中国注册会计师审计准则第 1502 号——在审计报告中发表非无保留意见

（2010 年 11 月 1 日修订）

第一章 总 则

第一条 为了规范注册会计师在财务报表审计中出具非无保留意见的审计报告，制定本准则。

第二条 当按照《中国注册会计师审计准则第 1501 号——对财务报表形成审计意见和出具审计报告》的规定形成审计意见时，如果认为有必要发表非无保留意见，注册会计师应当遵守本准则。

第三条 本准则规定了三种类型的非无保留意见，即保留意见、否定意见和无法表示意见。

注册会计师确定恰当的非无保留意见类型，取决于下列事项：

（一）导致非无保留意见的事项的性质，是财务报表存在重大错报，还是在无法获取充分、适当的审计证据的情况下，财务报表可能存在重大错报；

（二）注册会计师就导致非无保留意见的事项对财务报表产生或可能产生影响的广泛性作出的判断。

第二章 定 义

第四条 非无保留意见，是指保留意见、否定意见或无法表示意见。

第五条 广泛性，是描述错报影响的术语，用以说明错报对财务报表的影响，或者由于无法获取充分、适当的审计证据而未发现的错报（如存在）对财务报表可能产生的影响。

根据注册会计师的判断，对财务报表的影响具有广泛性的情形包括：

（一）不限于对财务报表的特定要素、账户或项目产生影响；

（二）虽然仅对财务报表的特定要素、账户或项目产生影响，但这些要素、账户或项目是或可能是财务报表的主要组成部分；

（三）当与披露相关时，产生的影响对财务报表使用者理解财务报表至关重要。

第三章 目 标

第六条 注册会计师的目标是，当存在下列情形之一时，对财务报表清楚地发表恰当的非无保留意见：

（一）根据获取的审计证据，得出财务报表整体存在重大错报的结论；

（二）无法获取充分、适当的审计证据，不能得出财务报表整体不存在重大错报的结论。

第四章 要 求

第一节 应当发表非无保留意见的情形

第七条 当存在下列情形之一时，注册会计师应当在审计报告中发表非无保留意见：

（一）根据获取的审计证据，得出财务报表整体存在重大错报的结论；

（二）无法获取充分、适当的审计证据，不能得出财务报表整体不存在重大错报的结论。

第二节 确定非无保留意见的类型

第八条 当存在下列情形之一时，注册会计师应当发表保留意见：

（一）在获取充分、适当的审计证据后，注册会计师认为错报单独或累计起来对财务报表影响重大，但不具有广泛性；

（二）注册会计师无法获取充分、适当的审计证据以作为形成审计意见的基础，但认为未发现的错报（如存在）对财务报表可能产生的影响重大，但不具有广泛性。

第九条 在获取充分、适当的审计证据后，如果认为错报单独或累计起来对财务报表的影响重大且具有广泛性，注册会计师应当发表否定意见。

第十条 如果无法获取充分、适当的审计证据以作为形成审计意见的基础，但认为未发现的错报（如存在）对财务报表可能产生的影响重大且具有广泛性，注册会计师应当发表无法表示意见。

第十一条 在极其特殊的情况下，可能存在多个不确定事项。尽管注册会计师对每个单独的不确定事项获取了充分、适当的审计证据，但由于不确定事项之间可能存在相互影响，以及可能对财务报表产生累积影响，注册会计师不可能对财务报表形成审计意见。在这种情况下，注册会计师应当发表无法表示意见。

第十二条 在承接审计业务后，如果注意到管理层对审计范围施加了限制，且认为这些限制可能导致对财务报表发表保留意见或无法表示意见，注册会计师应当要求管理层消除这些限制。

第十三条 如果管理层拒绝消除本准则第十二条提及的限制，除非治理层全部成员参与管理被审计单位，注册会计师应当就此事项与治理层沟通，并确定能否实施替代程序以获取充分、适当的审计证据。

第十四条 如果无法获取充分、适当的审计证据，注册会计师应当通过下列方式确定其影响：

（一）如果未发现的错报（如存在）可能对财务报表产生的影响重大，但不具有广泛性，注册会计师应当发表保留意见；

（二）如果未发现的错报（如存在）可能对财务报表产生的影响重大且具有广泛性，以至于发表保留意见不足以反映情况的严重性，注册会计师应当在可行时解除业务约定（除非法律法规禁止）；如果在出具审计报告之前解除业务约定被禁止或不可行，应当发表无法表示意见。

第十五条 如果根据本准则第十四条第（二）项的规定解除业务约定，注册会计师应当在解除业务约定前，与治理层沟通在审计过程中发现的、将会导致发表非无保留意见的所有错报事项。

第十六条 如果认为有必要对财务报表整体发表否定意见或无法表示意见，注册会计师不应在同一审计报告中对按照相同财务报告编制基础编制的单一财务报表或者财务报表特定要素、账户或项目发表无保留意见。在同一审计报告中包含无保留意见，将会与对财务报表整体发表的否定意见或无法表示意见相矛盾。

第三节　非无保留意见审计报告的格式和内容

第十七条 如果对财务报表发表非无保留意见，除在审计报告中包含《中国注册会计师审计准则第1501号——对财务报表形成审计意见和出具审计报告》规定的审计报告要素外，注册会计师还应当增加一个段落，说明导致发表非无保留意见的事项。

注册会计师应当直接在审计意见段之前增加该段落，并使用恰当的标题，如“导致保留意见的事项”、“导致否定意见的事项”或“导致无法表示意见的事项”。

第十八条 如果财务报表中存在与具体金额（包括定量披露）相关的重大错报，注册会计师应当在导致非无保留意见的事项段中说明并量化该错报的财务影响。如果无法量化财务影响，注册会计师应当在导致非无保留意见的事项段中说明这一情况。

第十九条 如果财务报表中存在与叙述性披露相关的重大错报，注册会计师应当在导致非无保留意见的事项段中解释该错报错在何处。

第二十条 如果财务报表中存在与应披露而未披露信息相关的重大错报，注册会计师应当：

（一）与治理层讨论未披露信息的情况；

（二）在导致非无保留意见的事项段中描述未披露信息的性质；

（三）如果可行并且已针对未披露信息获取了充分、适当的审计证据，在导致非无保留意见的事项段中包含对未披露信息的披露，除非法律禁止。

第二十一条 如果无法获取充分、适当的审计证据而导致发表非无保留意见，注册会计师应当在导致非无保留意见的事项段中说明无法获取审计证据的原因。

第二十二条 即使发表了否定意见或无法表示意见，注册会计师也应当在导致非无保留意见的事项段中说明注意到的、将导致发表非无保留意见的所有其他事项及其影响。

第二十三条 在发表非无保留意见时，注册会计师应当对审计意见段使用恰当的标题，如“保留意见”、“否定意见”或“无法表示意见”。

第二十四条 当由于财务报表存在重大错报而发表保留意见时，注册会计师应当根据适用的财务报告编制基础在审计意见段中说明：注册会计师认为，除了导致保留意见的事项段所述事项产生的影响外，财务报表在所有重大方面按照适用的财务报告编制基础编制，并实现公允反映。

当无法获取充分、适当的审计证据而导致发表保留意见时，注册会计师应当在审计意见段中使用“除……可能产生的影响外”等措辞。

第二十五条 当发表否定意见时，注册会计师应当根据适用的财务报告框架在审计意见段中说明：

（一）注册会计师认为，由于导致否定意见的事项段所述事项的重要性，财务报表没有在所有重大方面按照适用的财务报告框架编制，未能实现公允反映（当财务报表按照公允列报框架编制时）；

（二）注册会计师认为，由于导致否定意见的事项段所述事项的重要性，财务报表没有在所有重大方面按照适用的财务报告框架编制（当财务报表按照遵循性框架编制时）。

第二十六条 当由于无法获取充分、适当的审计证据而发表无法表示意见时，注册会计师应当在审计意见段中说明：由于导致无法表示意见的事项段所述事项的重要性，注册会计师无法获取充分、适当的审计证据以为发表审计意见提供基础，因此，注册会计师不对这些财务报表发表审计意见。

第二十七条 当发表保留意见或否定意见时，注册会计师应当修改对注册会计师责任的描述，以说明：注册会计师相信，注册会计师已获取的审计证据是充分、适当的，为发表非无保留意见提供了基础。

第二十八条 当由于无法获取充分、适当的审计证据而发表无法表示意见时，注册会计师应当修改审计报告的引言段，说明注册会计师接受委托审计财务报表。

注册会计师还应当修改对注册会计师责任和审计范围的描述，并仅能作出如下说明：“我们的责任是在按照中国注册会计师审计准则的规定执行审计工作的基础上对财务报表发表审计意见。但由于导致无法表示意见的事项段中所述的事项，我们无法获取充分、适当的审计证据以为发表审计意见提供基础”。

第四节 与治理层的沟通

第二十九条 当拟在审计报告中发表非无保留意见时，注册会计师应当与治理层沟通导致拟发表非无保留意见的情况，以及拟使用的非无保留意见措辞。

第五章 附 则

第三十条 本准则自2012年1月1日起施行。

中国注册会计师审计准则第1503号——在审计报告中增加强调事项段和其他事项段

（2010年11月1日修订）

第一章 总 则

第一条 为了规范注册会计师在审计报告中增加强调事项段和其他事项段，以提供必要的补充信息，制定本准则。

第二条 如果认为有必要，注册会计师可以在审计报告中提供下列补充信息，以提醒使用者关注：

（一）尽管已在财务报表中列报或披露，但对使用者理解财务报表至关重要的事项；

（二）未在财务报表中列报或披露，但与使用者理解审计工作、注册会计师的责任或审计报告相关的事项。

第三条 本准则附录1和附录2列示的其他审计准则，对在审计报告中增加强调事项段和其他事项段提出具体要求。在这些情况下，本准则对强调事项段或其他事项段的格式和放置位置的要求同样适用。

第二章 定　　义

第四条 强调事项段，是指审计报告中含有的一个段落，该段落提及已在财务报表中恰当列报或披露的事项，根据注册会计师的职业判断，该事项对财务报表使用者理解财务报表至关重要。

第五条 其他事项段，是指审计报告中含有的一个段落，该段落提及未在财务报表中列报或披露的事项，根据注册会计师的职业判断，该事项与财务报表使用者理解审计工作、注册会计师的责任或审计报告相关。

第三章 目　　标

第六条 注册会计师的目标是，在对财务报表形成审计意见后，如果根据职业判断认为有必要在审计报告中增加强调事项段或其他事项段，通过明确提供补充信息的方式，提醒财务报表使用者关注下列事项：

（一）尽管已在财务报表中恰当列报或披露，但对财务报表使用者理解财务报表至关重要的事项；

（二）未在财务报表中列报或披露，但与财务报表使用者理解审计工作、注册会计师的责任或审计报告相关的其他事项。

第四章 要　　求

第一节 审计报告中的强调事项段

第七条 如果认为有必要提醒财务报表使用者关注已在财务报表中列报或披露，且根据职业判断认为对财务报表使用者理解财务报表至关重要的事项，注册会计师在已获取充分、适当的审计证据证明该事项在财务报表中不存在重大错报的条件下，应当在审计报告中增加强调事项段。强调事项段应当仅提及已在财务报表中列报或披露的信息。

第八条 如果在审计报告中增加强调事项段，注册会计师应当采取下列措施：

（一）将强调事项段紧接在审计意见段之后；

（二）使用“强调事项”或其他适当标题；

（三）明确提及被强调事项以及相关披露的位置，以便能够在财务报表中找到对该事项的详细描述；

（四）指出审计意见没有因该强调事项而改变。

第二节 审计报告中的其他事项段

第九条 对于未在财务报表中列报或披露，但根据职业判断认为与财务报表使用者理解审计工作、注册会计师的责任或审计报告相关且未被法律法规禁止的事项，如果认为有必要沟通，注册会计师应当在审计报告中增加其他事项段，并使用“其他事项”或其他适当标题。注册会计师应当将其他事项段紧接在审计意见段和强调事项段（如有）之后。如果其他事项段的内容与其他报告责任部分相关，这一段落也可以置于审计报告的其他位置。

第三节 与治理层的沟通

第十条 如果拟在审计报告中增加强调事项段或其他事项段，注册会计师应当就该事项和拟使用的措辞与治理层沟通。

第五章 附　　则

第十一条 本准则自 2012 年 1 月 1 日起施行。

附录 1：

其他审计准则对强调事项段的具体要求

下列审计准则要求注册会计师在特定情况下在审计报告中增加强调事项段，但其规定并不影响本准则的普遍适用性。

1.《中国注册会计师审计准则第 1111 号——就审计业务约定条款达成一致意见》第十九条第(二)项；

2.《中国注册会计师审计准则第 1324 号——持续经营》第十八条；

3.《中国注册会计师审计准则第 1332 号——期后事项》第十五条第(二)项和第十九条；

4.《中国注册会计师审计准则第 1601 号——对按照特殊目的编制基础编制的财务报表审计的特殊考虑》第十五条。

附录 2：

其他审计准则对其他事项段的具体要求

下列审计准则要求注册会计师在特定情况下在审计报告中增加其他事项段，但其规定并不影响本准则的普遍适用性。

1.《中国注册会计师审计准则第 1332 号——期后事项》第十五条第(二)项和第十九条；

2.《中国注册会计师审计准则第 1511 号——比较信息：对应数据和比较财务报表》第十六条、第十七条、第十九条、第二十条和第二十二条；

3.《中国注册会计师审计准则第 1521 号——注册会计师对含有已审计财务报表的文件中的其他信息的责任》第十二条第二款第(一)项。

中国注册会计师审计准则第 1511 号——比较信息：对应数据和比较财务报表

（2010 年 11 月 1 日修订）

第一章 总 则

第一条 为了规范注册会计师在财务报表审计中与比较信息相关的责任，制定本准则。

第二条 当上期财务报表已由前任注册会计师审计或未经审计时，《中国注册会计师审计准则第 1331 号——首次审计业务涉及的期初余额》对期初余额的相关规定同样适用。

第三条 财务报表中列报的比较信息的性质取决于适用的财务报告编制基础的要求。比较信息包括对应数据和比较财务报表，相应地，注册会计师履行比较信息的报告责任有两种不同的方法。采用的方法通常由法律法规规定，但也可能在业务约定条款中作出约定。

第四条 本准则第三条提及的两种方法导致审计报告存在下列主要差异：

(一)对于对应数据，审计意见仅提及本期；

(二)对于比较财务报表，审计意见提及列报的财务报表所属的各期。

本准则对每种方法分别提出不同的审计报告要求。

第二章 定 义

第五条 比较信息，是指包含于财务报表中的、符合适用的财务报告编制基础的、与一个或多个以前期间相关的金额和披露。

第六条 对应数据,属于比较信息,是指作为本期财务报表组成部分的上期金额和相关披露,这些金额和披露只能和与本期相关的金额和披露(称为“本期数据”)联系起来阅读。对应数据列报的详细程度主要取决于其与本期数据的相关程度。

第七条 比较财务报表,属于比较信息,是指为了与本期财务报表相比较而包含的上期金额和相关披露。比较财务报表包含信息的详细程度与本期财务报表包含信息的详细程度相似。如果上期金额和相关披露已经审计,则将在审计意见中提及。

第八条 当比较信息包括一期以上的金额和相关披露时,本准则所称“上期”应理解为“以前数期”。

第三章 目 标

第九条 注册会计师的目标是:

(一)获取充分、适当的审计证据,确定在财务报表中包含的比较信息是否在所有重大方面按照适用的财务报告编制基础有关比较信息的要求进行列报;

(二)按照注册会计师的报告责任出具审计报告。

第四章 要 求

第一节 审计程序

第十条 注册会计师应当确定财务报表中是否包括适用的财务报告编制基础要求的比较信息,以及比较信息是否得到恰当分类。

基于上述目的,注册会计师应当评价:

(一)比较信息是否与上期财务报表列报的金额和相关披露一致,如果必要,比较信息是否已经重述;

(二)在比较信息中反映的会计政策是否与本期采用的会计政策一致,如果会计政策已发生变更,这些变更是否得到恰当处理并得到充分列报和披露。

第十一条 在实施本期审计时,如果注意到比较信息可能存在重大错报,注册会计师应当根据实际情况追加必要的审计程序,获取充分、适当的审计证据,以确定是否存在重大错报。

如果上期财务报表已经审计,注册会计师还应当遵守《中国注册会计师审计准则第 1332 号——期后事项》的相关规定。如果上期财务报表已经得到更正,注册会计师应当确定比较信息与更正后的财务报表是否一致。

第十二条 注册会计师应当按照《中国注册会计师审计准则第 1341 号——书面声明》的规定,获取与审计意见中提及的所有期间相关的书面声明。对于管理层作出的、更正上期财务报表中影响比较信息的重大错报的任何重述,注册会计师还应当获取特定书面声明。

第二节 审计报告:对应数据

第十三条 当财务报表中列报对应数据时,除本准则第十四条、第十五条和第十七条描述的情形外,审计意见不应提及对应数据。

第十四条 如果以前针对上期财务报表发表了保留意见、无法表示意见或否定意见,且导致非无保留意见的事项仍未解决,注册会计师应当对本期财务报表发表非无保留意见。

在审计报告的导致非无保留意见的事项段中,注册会计师应当分下列两种情况予以处理:

(一)如果未解决事项对本期数据的影响或可能的影响是重大的,注册会计师应当在导致非无保留意见事项段中同时提及本期数据和对应数据;

(二)如果未解决事项对本期数据的影响或可能的影响不重大,注册会计师应当说明,由于未解决事项对本期数据和对应数据之间可比性的影响或可能的影响,因此发表了非无保留意见。

第十五条 如果注册会计师已经获取上期财务报表存在重大错报的审计证据,而以前对该财务报表发表了无保留意见,且对应数据未经适当重述或恰当披露,注册会计师应当就包括在财务报表中的对应数据,在审计报告中对本期财务报表发表保留意见或否定意见。

第十六条 如果上期财务报表已由前任注册会计师审计，注册会计师在审计报告中可以提及前任注册会计师对对应数据出具的审计报告。

当注册会计师决定提及时，应当在审计报告的其他事项段中说明：

（一）上期财务报表已由前任注册会计师审计；

（二）前任注册会计师发表的意见的类型（如果是非无保留意见，还应当说明发表非无保留意见的理由）；

（三）前任注册会计师出具的审计报告的日期。

第十七条 如果上期财务报表未经审计，注册会计师应当在审计报告的其他事项段中说明对应数据未经审计。但这种说明并不减轻注册会计师获取充分、适当的审计证据，以确定期初余额不含有对本期财务报表产生重大影错报的责任。

第三节 审计报告：比较财务报表

第十八条 当列报比较财务报表时，审计意见应当提及列报财务报表所属的各期，以及发表的审计意见涵盖的各期。

第十九条 当因本期审计而对上期财务报表发表审计意见时，如果对上期财务报表发表的意见与以前发表的意见不同，注册会计师应当按照《中国注册会计师审计准则第 1503 号——在审计报告中增加强调事项段和其他事项段》的规定，在其他事项段中披露导致不同意见的实质性原因。

第二十条 如果上期财务报表已由前任注册会计师审计，除非前任注册会计师对上期财务报表出具的审计报告与财务报表一同对外提供，注册会计师除对本期财务报表发表意见外，还应当在其他事项段中说明：

（一）上期财务报表已由前任注册会计师审计；

（二）前任注册会计师发表的意见的类型（如果是非无保留意见，还应当说明发表非无保留意见的理由）；

（三）前任注册会计师出具审计报告的日期。

第二十一条 如果认为存在影响上期财务报表的重大错报，而前任注册会计师以前出具了无保留意见的审计报告，注册会计师应当就此与适当层级的管理层沟通，并要求告知前任注册会计师。注册会计师还应当与治理层进行沟通，除非治理层全部成员参与管理被审计单位。如果上期财务报表已经更正，且前任注册会计师同意对更正后的上期财务报表出具新的审计报告，注册会计师应当仅对本期财务报表出具审计报告。

第二十二条 如果上期财务报表未经审计，注册会计师应当在其他事项段中说明比较财务报表未经审计。但这种说明并不减轻注册会计师获取充分、适当的审计证据，以确定期初余额不含有对本期财务报表产生重大影响的错报的责任。

第五章 附 则

第二十三条 本准则自 2012 年 1 月 1 日起施行。

中国注册会计师审计准则第 1521 号——含有注册会计师对含有已审计财务报表的文件中的其他信息的责任

（2010 年 11 月 1 日修订）

第一章 总 则

第一条 为了规范注册会计师对含有已审计财务报表的文件中的其他信息的责任，制定本准则。

第二条 在审计业务没有提出专门要求的情况下，审计意见不涵盖其他信息，注册会计师没有专门责任确定其他信息是否得到适当陈述。然而,由于已审计财务报表与其他信息之间可能存在的重大不一致将损害已审计财务报表的可信性,注册会计师需要阅读其他信息。

第三条 含有已审计财务报表的文件是被审计单位向股东(或类似的利益相关方)公布的含有已审计财务报表和审计报告的年度报告或类似文件。

对含有已审计财务报表的其他文件,如在证券发行中使用的文件,注册会计师可以根据具体情况遵守本准则的规定。

第二章 定 义

第四条 其他信息,是指根据法律法规的规定或惯例,在含有已审计财务报表的文件中包含的除已审计财务报表和审计报告以外的财务信息和非财务信息。

第五条 不一致,是指其他信息与已审计财务报表中的信息相矛盾。重大不一致可能导致注册会计师对依据以前获取的审计证据得出的审计结论产生怀疑,甚至对形成审计意见的基础产生怀疑。

第六条 对事实的错报,是指在其他信息中,对与已审计财务报表所反映事项不相关的信息作出的不正确陈述或列报。对事实的重大错报可能损害含有已审计财务报表的文件的可信性。

第三章 目 标

第七条 注册会计师的目标是,当含有已审计财务报表的文件中的其他信息可能损害财务报表和审计报告的可信性时,作出恰当的应对。

第四章 要 求

第一节 阅读其他信息

第八条 注册会计师应当阅读其他信息,以识别其是否与已审计财务报表存在重大不一致。

第九条 注册会计师应当与管理层或治理层作出适当安排,以便在审计报告日前获取其他信息。如果在审计报告日前无法获取所有其他信息,注册会计师应当在审计报告日后尽早阅读其他信息。

第二节 重大不一致

第十条 在阅读其他信息时,如果识别出重大不一致,注册会计师应当确定已审计财务报表或其他信息是否需要作出修改。

第十一条 如果在审计报告日前获取的其他信息中识别出重大不一致,并且需要对已审计财务报表作出修改,但管理层拒绝作出修改,注册会计师应当按照《中国注册会计师审计准则第 1502 号——在审计报告中发表非无保留意见》的规定,在审计报告中发表非无保留意见。

第十二条 如果在审计报告日前获取的其他信息中识别出重大不一致,并且需要对其他信息作出修改,但管理层拒绝作出修改,除非治理层的所有成员参与管理被审计单位,注册会计师应当就该事项与治理层进行沟通。

此外,注册会计师还应当采取下列措施之一:

(一)按照《中国注册会计师审计准则第 1503 号——在审计报告中增加强调事项段和其他事项段》的规定,在审计报告中增加其他事项段,说明重大不一致;

(二)拒绝提交审计报告;

(三)解除业务约定。

第十三条 如果在审计报告日后获取的其他信息中识别出重大不一致,并且需要对已审计财务报表作出修改,注册会计师应当遵守《中国注册会计师审计准则第 1332 号——期后事项》的相关规定。

第十四条 如果在审计报告日后获取的其他信息中识别出重大不一致,并且需要对其他信息作出修改,同时管理层同意修改,注册会计师应当根据具体情况实施必要的程序。

第十五条 如果在审计报告日后获取的其他信息中识别出重大不一致,并且需要对其他信息作出修改,但管理层拒绝作出修改,除非治理层的所有成员参与管理被审计单位,注册会计师应当将对其他信息的疑虑告知治理层,并采取适当的进一步措施。

第三节 对事实的重大错报

第十六条 在阅读其他信息以识别重大不一致时,如果注意到明显的对事实的重大错报,注册会计师应当与管理层讨论该事项。

第十七条 如果在讨论后仍然认为存在明显的对事实的重大错报,注册会计师应当提请管理层咨询被审计单位的法律顾问等有资格的第三方的意见。注册会计师应当考虑管理层收到的咨询意见。

第十八条 如果认为在其他信息中存在对事实的重大错报,但管理层拒绝作出修改,除非治理层的所有成员参与管理被审计单位,注册会计师应当将对其他信息的疑虑告知治理层,并采取适当的进一步措施。

第五章 附 则

第十九条 本准则自 2012 年 1 月 1 日起施行。

中国注册会计师审计准则第 1601 号——对按照特殊目的编制基础编制的财务报表审计的特殊考虑

(2010 年 11 月 1 日修订)

第一章 总 则

第一条 为了规范注册会计师对按照特殊目的编制基础编制的财务报表审计的特殊考虑,制定本准则。

第二条 中国注册会计师审计准则第 1101 号至第 1521 号适用于所有财务报表审计,本准则规范注册会计师运用这些审计准则对按照特殊目的编制基础编制的财务报表进行审计时的特殊考虑。

第三条 本准则是针对按照特殊目的编制基础编制的整套财务报表审计制定的。《中国注册会计师审计准则第 1603 号——对单一财务报表和财务报表特定要素审计的特殊考虑》规范注册会计师对单一财务报表,财务报表的特定要素、账户或项目审计相关的特殊考虑。

第四条 本准则并不超越其他审计准则的要求,也未涵盖注册会计师在执行特殊目的财务报表审计业务时需要根据业务的具体情况作出的所有特殊考虑。

第二章 定 义

第五条 特殊目的财务报表,是指按照特殊目的编制基础编制的财务报表。

第六条 特殊目的编制基础,是指用以满足财务报表特定使用者财务信息需求的财务报告编制基础。特殊目的编制基础包括公允列报编制基础和遵循性编制基础。

公允列报编制基础,是指要求管理层和治理层(如适用)遵守其规定并包含下列内容之一的财务报告编制基础:

(一)明确或隐含地认可,为了实现财务的公允列报,管理层和治理层(如适用)可能有必要提供除编制基础具体要求之外的其他披露;

(二)明确地认可,为了实现财务报表的公允列报,在极其特殊的情况下管理层和治理层(如适用)可能有必要偏离编制基础的某项要求。

遵循性编制基础,是指要求管理层和治理层(如适用)遵守其规定的财务报告编制基础,但不包含本条第二款第(一)项或第(二)项中的任何一项内容。

第七条 本准则所称财务报表,是指整套特殊目的财务报表包括相关附注。相关附注通常包含重要会计政策概要和其他解释性信息。适用的财务报告编制基础的规定决定了财务报表的形式和内容，以及整套财务报表的构成。

第三章 目 标

第八条 注册会计师的目标是，在运用审计准则执行特殊目的财务报表审计时，恰当处理与下列方面相关的特殊考虑：

（一）业务的承接；

（二）业务的计划和执行；

（三）对财务报表形成审计意见并出具报告。

第四章 要 求

第一节 业务承接时的考虑

第九条 注册会计师应当按照《中国注册会计师审计准则第 1111 号——就审计业务约定条款达成一致意见》的规定，确定管理层编制财务报表时采用的财务报告编制基础的可接受性。

在特殊目的财务报表审计中，注册会计师应当了解下列方面：

（一）财务报表的编制目的；

（二）财务报表预期使用者；

（三）管理层为确定财务报告编制基础在具体情况下的可接受性所采取的措施。

第二节 计划和执行审计工作时的考虑

第十条 注册会计师应当按照《中国注册会计师审计准则第 1101 号——注册会计师的总体目标和审计工作的基本要求》的规定，遵守与审计相关的所有审计准则。

在计划和执行特殊目的财务报表审计工作时，注册会计师应当确定在运用这些审计准则时是否需要根据业务的具体情况作出特殊考虑。

第十一条 注册会计师应当按照《中国注册会计师审计准则第 1211 号——通过了解被审计单位及其环境识别和评估重大错报风险》的规定，了解被审计单位会计政策选择和运用的情况。

在财务报表按照合同条款编制的情况下，注册会计师应当了解被审计单位管理层在编制的财务报表中时对合同作出的所有重要解释。如果采用其他合理解释将导致财务报表中列报的信息产生重大差异，则管理层对合同作出的解释就是重要的。

第三节 形成审计意见和出具报告时的考虑

第十二条 当对特殊目的财务报表形成审计意见并出具报告时，注册会计师应当遵守《中国注册会计师审计准则第 1501 号——对财务报表形成审计意见和出具审计报告》的规定。

第十三条 注册会计师应当按照《中国注册会计师审计准则第 1501 号——对财务报表形成审计意见和出具审计报告》的规定，评价财务报表是否恰当提及或说明适用的财务报告编制基础。

在财务报表按照合同条款编制的情况下，注册会计师应当评价财务报表是否恰当说明对财务报表编制所依据的合同作出的所有重要解释。

第十四条 《中国注册会计师审计准则第 1501 号——对财务报表形成审计意见和出具审计报告》规定了审计报告的格式和内容。

对于特殊目的财务报表审计，审计报告的内容还应当包括：

（一）说明财务报表的编制目的，并在必要时说明财务报表预期使用者，或者提及含有这些信息的特殊目的财务报表附注；

（二）如果管理层在编制特殊目的财务报表时可以选择财务报告编制基础，在说明管理层对财务报表的责任时，提及管理层负责确定适用的财务报告编制基础在具体情况下的可接受性。

第十五条 注册会计师对特殊目的财务报表出具的审计报告应当增加强调事项段，以提醒审计报告使用者关注财务报表按照特殊目的编制基础编制，因此，财务报表可能不适用于其他目的。注册会计师应当将强调事项段置于适当的标题下。

第五章　附　　则

第十六条　本准则自 2012 年 1 月 1 日起施行。

中国注册会计师审计准则第 1602 号——验资

（2006 年 2 月 15 日修订）

第一章　总　　则

第一条　为了规范注册会计师执行验资业务，明确工作要求，制定本准则。

第二条　注册会计师在执行验资业务时，应当将本准则与相关审计准则结合使用。

第三条　本准则所称验资，是指注册会计师依法接受委托，对被审验单位注册资本的实收情况或注册资本及实收资本的变更情况进行审验，并出具验资报告。

验资分为设立验资和变更验资。设立验资是指注册会计师对被审验单位申请设立登记时的注册资本实收情况进行的审验。变更验资是指注册会计师对被审验单位申请变更登记时的注册资本及实收资本的变更情况进行的审验。

本准则所称被审验单位，是指在中华人民共和国境内拟设立或已设立的，依法应当接受验资的有限责任公司和股份有限公司。

第四条　按照法律法规以及协议、合同、章程的要求出资，提供真实、合法、完整的验资资料，保护资产的安全、完整，是出资者和被审验单位的责任。

第五条　按照本准则的规定，对被审验单位注册资本的实收情况或注册资本及实收资本的变更情况进行审验，出具验资报告，是注册会计师的责任。

注册会计师的责任不能减轻出资者和被审验单位的责任。

第六条　注册会计师执行验资业务，应当遵守相关的职业道德规范，恪守独立、客观、公正的原则，保持专业胜任能力和应有的关注，并对执业过程中获知的信息保密。

第二章　业务约定书

第七条　注册会计师应当了解被审验单位基本情况，考虑自身独立性和专业胜任能力，初步评估验资风险，以确定是否接受委托。

第八条　注册会计师应当就下列主要事项与委托人沟通，并达成一致意见：

（一）委托目的；

（二）出资者和被审验单位的责任以及注册会计师的责任；

（三）审验范围；

（四）时间要求；

（五）验资收费；

（六）报告分发和使用的限制。

第九条　如果接受委托，注册会计师应当与委托人就双方达成一致的事项签订业务约定书。

第三章　计划、程序与记录

第十条　注册会计师执行验资业务，应当编制验资计划，对验资工作作出合理安排。

第十一条　注册会计师应当向被审验单位获取注册资本实收情况明细表或注册资本、实收资本变更情况明细表。

第十二条 设立验资的审验范围一般限于与被审验单位注册资本实收情况有关的事项，包括出资者、出资币种、出资金额、出资时间、出资方式和出资比例等。

第十三条 变更验资的审验范围一般限于与被审验单位注册资本及实收资本增减变动情况有关的事项。

增加注册资本及实收资本时，审验范围包括与增资相关的出资者、出资币种、出资金额、出资时间、出资方式、出资比例和相关会计处理，以及增资后的出资者、出资金额和出资比例等。

减少注册资本及实收资本时，审验范围包括与减资相关的减资者、减资币种、减资金额、减资时间、减资方式、债务清偿或债务担保情况、相关会计处理，以及减资后的出资者、出资金额和出资比例等。

第十四条 对于出资者投入的资本及其相关的资产、负债，注册会计师应当分别采用下列方法进行审验：

（一）以货币出资的，应当在检查被审验单位开户银行出具的收款凭证、对账单及银行询证函回函等的基础上，审验出资者的实际出资金额和货币出资比例是否符合规定。对于股份有限公司向社会公开募集的股本，还应当检查证券公司承销协议、募股清单和股票发行费用清单等。

（二）以实物出资的，应当观察、检查实物，审验其权属转移情况，并按照国家有关规定在资产评估的基础上审验其价值。如果被审验单位是外商投资企业，注册会计师应当按照国家有关外商投资企业的规定，审验实物出资的价值。

（三）以知识产权、土地使用权等无形资产出资的，应当审验其权属转移情况，并按照国家有关规定在资产评估的基础上审验其价值。如果被审验单位是外商投资企业，注册会计师应当按照国家有关外商投资企业的规定，审验无形资产出资的价值。

（四）以净资产折合实收资本的，或以资本公积、盈余公积、未分配利润转增注册资本及实收资本的，应当在审计的基础上按照国家有关规定审验其价值。

（五）以货币、实物、知识产权、土地使用权以外的其他财产出资的，注册会计师应当审验出资是否符合国家有关规定。

（六）外商投资企业的外方出资者以本条第（一）项至第（五）项所述方式出资的，注册会计师还应当关注其是否符合国家外汇管理有关规定，向企业注册地的外汇管理部门发出外方出资情况询证函，并根据外方出资者的出资方式附送银行询证函回函、资本项目外汇业务核准件及进口货物报关单等文件的复印件，以询证上述文件内容的真实性、合规性。

第十五条 对于出资者以实物、知识产权和土地使用权等非货币财产作价出资的，注册会计师应当在出资者依法办理财产权转移手续后予以审验。

第十六条 对于设立验资，如果出资者分次缴纳注册资本，注册会计师应当关注全体出资者的首次出资额和出资比例是否符合国家有关规定。

第十七条 对于变更验资，注册会计师应当关注被审验单位以前的注册资本实收情况，并关注出资者是否按照规定的期限缴纳注册资本。

第十八条 注册会计师在审验过程中利用专家协助工作时，应当考虑其专业胜任能力和客观性，并对利用专家工作结果所形成的审验结论负责。

第十九条 注册会计师应当向出资者和被审验单位获取与验资业务有关的重大事项的书面声明。

第二十条 注册会计师应当对验资过程及结果进行记录，形成验资工作底稿。

第四章 验资报告

第二十一条 注册会计师应当评价根据审验证据得出的结论，以作为形成审验意见和出具验资报告的基础。

第二十二条 验资报告应当包括下列要素：

（一）标题；

（二）收件人；

（三）范围段；

（四）意见段；

（五）说明段；

（六）附件；

(七)注册会计师的签名和盖章;

(八)会计师事务所的名称、地址及盖章;

(九)报告日期。

第二十三条 验资报告的标题应当统一规范为"验资报告"。

第二十四条 验资报告的收件人是指注册会计师按照业务约定书的要求致送验资报告的对象,一般是指验资业务的委托人。验资报告应当载明收件人的全称。

第二十五条 验资报告的范围段应当说明审验范围、出资者和被审验单位的责任、注册会计师的责任、审验依据和已实施的主要审验程序等。

第二十六条 验资报告的意见段应当说明已审验的被审验单位注册资本的实收情况或注册资本及实收资本的变更情况。

对于变更验资,注册会计师仅对本次注册资本及实收资本的变更情况发表审验意见。

第二十七条 验资报告的说明段应当说明验资报告的用途、使用责任及注册会计师认为应当说明的其他重要事项。

对于变更验资,注册会计师还应当在验资报告说明段中说明对以前注册资本实收情况审验的会计师事务所名称及其审验情况,并说明变更后的累计注册资本实收金额。

第二十八条 如果在注册资本及实收资本的确认方面与被审验单位存在异议,且无法协商一致,注册会计师应当在验资报告说明段中清晰地反映有关事项及其差异和理由。

第二十九条 验资报告的附件应当包括已审验的注册资本实收情况明细表或注册资本、实收资本变更情况明细表和验资事项说明等。

第三十条 验资报告应当由注册会计师签名并盖章。

第三十一条 验资报告应当载明会计师事务所的名称和地址,并加盖会计师事务所公章。

第三十二条 验资报告日期是指注册会计师完成审验工作的日期。

第三十三条 注册会计师在审验过程中,遇有下列情形之一时,应当拒绝出具验资报告并解除业务约定:

(一)被审验单位或出资者不提供真实、合法、完整的验资资料的;

(二)被审验单位或出资者对注册会计师应当实施的审验程序不予合作,甚至阻挠审验的;

(三)被审验单位或出资者坚持要求注册会计师作不实证明的。

第三十四条 验资报告具有法定证明效力,供被审验单位申请设立登记或变更登记及据以向出资者签发出资证明时使用。

验资报告不应被视为对被审验单位验资报告日后资本保全、偿债能力和持续经营能力等的保证。委托人、被审验单位及其他第三方因使用验资报告不当所造成的后果,与注册会计师及其所在的会计师事务所无关。

第五章 附 则

第三十五条 注册会计师执行有限责任公司和股份有限公司以外的其他单位的验资业务,除有特定要求者外,应当参照本准则办理。

第三十六条 本准则自2007年1月1日起施行。

中国注册会计师审计准则第1603号——对单一财务报表和财务报表特定要素审计的特殊考虑

(2010年11月1日修订)

第一章 总 则

第一条 为了规范注册会计师对单一财务报表和财务报表特定要素审计时的特殊考虑,制定本准则。

第二条 中国注册会计师审计准则第1101号至第1521号适用于所有财务报表审计。当执行其他历史财务信息(包括单一财务报表和财务报表特定要素)审计业务时,注册会计师可以根据具体情况遵守这些准则的相关规定,以满足此类业务的要求。

第三条 单一财务报表和财务报表特定要素可能按照通用目的编制基础或按照特殊目的编制基础编制。如果按照特殊目的编制基础编制,《中国注册会计师审计准则第 1601 号——对按照特殊目的编制基础编制的财务报表审计的特殊考虑》也适用于对单一财务报表和财务报表特定要素的审计。

第四条 本准则不适用于组成部分注册会计师应集团项目组的要求,基于集团财务报表审计目的,对组成部分财务信息执行工作并出具报告的情况。

第五条 本准则并不超越其他审计准则的要求,也未涵盖注册会计师在执行单一财务报表和财务报表特定要素审计业务时需要根据业务的具体情况作出的所有特殊考虑。

第二章 定　　义

第六条 财务报表特定要素(即特定要素),是指财务报表特定的要素、账户或项目。

第七条 单一财务报表或财务报表特定要素包括相关附注。相关附注通常包含重要会计政策概要以及与财务报表或要素相关的其他解释性信息。

第三章 目　　标

第八条 注册会计师的目标是,在运用审计准则执行单一财务报表和财务报表特定要素的审计时,恰当处理与下列方面相关的特殊考虑:

(一)业务的承接;

(二)业务的计划和执行;

(三)对单一财务报表和财务报表特定要素形成审计意见并出具审计报告。

第四章 要　　求

第一节 业务承接时的考虑

第九条 《中国注册会计师审计准则第 1101 号——注册会计师的总体目标和审计工作的基本要求》规定注册会计师应当遵守与审计工作相关的所有审计准则。在单一财务报表或财务报表特定要素审计中,无论注册会计师是否同时接受委托审计整套财务报表,该要求仍然适用。如果没有同时接受委托审计整套财务报表,注册会计师应当确定按照审计准则对单一财务报表或财务报表特定要素进行审计是否可行。

第十条 《中国注册会计师审计准则第 1111 号——就审计业务约定条款达成一致意见》要求注册会计师确定管理层在编制财务报表时采用的财务报告编制基础的可接受性。

在单一财务报表或财务报表特定要素审计中,前款提及的要求包括确定采用财务报告编制基础是否能够提供充分的披露或列报,以使财务报表预期使用者能够理解单一财务报表或财务报表特定要素所传递的信息,以及重大交易和事项对单一财务报表或财务报表特定要素所传递的信息的影响。

第十一条 《中国注册会计师审计准则第 1111 号——就审计业务约定条款达成一致意见》要求审计业务约定条款包括注册会计师拟出具审计报告的预期形式。

在单一财务报表或财务报表特定要素审计中,注册会计师应当考虑审计意见的预期形式是否适合具体情况。

第二节 计划和执行审计工作时的考虑

第十二条 《中国注册会计师审计准则第 1101 号——注册会计师的总体目标和审计工作的基本要求》指出,审计准则适用于注册会计师执行财务报表审计业务。当执行其他历史财务信息审计业务时,注册会计师可以根据具体情况遵守适用的相关审计准则,以满足此类业务的要求。

在计划和执行单一财务报表或财务报表特定要素的审计工作时,注册会计师应当根据业务的具体情况,遵守与审计工作相关的所有审计准则。

第三节　形成审计意见和出具审计报告时的考虑

第十三条　当对单一财务报表或财务报表特定要素形成审计意见和出具审计报告时，注册会计师应当根据业务的具体情况，遵守《中国注册会计师审计准则第 1501 号——对财务报表形成审计意见和出具审计报告》的相关规定。

第十四条　如果接受业务委托对单一财务报表或财务报表特定要素出具审计报告，并同时接受业务委托对整套财务报表进行审计，注册会计师应当针对每项业务分别发表审计意见。

第十五条　已审计的单一财务报表或财务报表特定要素可能连同已审计的整套财务报表一同公布。如果注册会计师认为管理层对单一财务报表或财务报表特定要素的列报与整套财务报表没有作出清楚的区分，注册会计师应当要求管理层纠正这种情况。

除遵守本准则第十七条和第十八条的规定外，注册会计师还应当将对单一财务报表或财务报表特定要素发表的审计意见与对整套财务报表发表的审计意见予以区分。

只有认为管理层进行了清楚的区分，注册会计师才应当对单一财务报表或财务报表特定要素发表审计意见，并出具审计报告。

第十六条　如果对整套财务报表出具非无保留意见的审计报告，或出具包含强调事项段或其他事项段的审计报告，注册会计师应当确定对单一财务报表或财务报表特定要素出具的审计报告可能因此受到的影响。

相应地，如果认为适当，注册会计师应当对单一财务报表或财务报表特定要素出具非无保留意见的审计报告，或者出具包含强调事项段或其他事项段的审计报告。

第十七条　如果认为有必要对整套财务报表整体发表否定意见或无法表示意见，按照《中国注册会计师审计准则第 1502 号——在审计报告中发表非无保留意见》的规定，注册会计师不应在同一审计报告中对构成整套财务报表组成部分的单一财务报表或财务报表特定要素发表无保留意见。这是因为，在同一审计报告中包含的无保留意见，将与对整套财务报表整体发表的否定意见或无法表示意见相矛盾。

第十八条　如果注册会计师认为有必要对整套财务报表整体发表否定意见或无法表示意见，但又对该整套财务报表中的特定要素单独审计，只有在同时满足下列条件时，注册会计师才可以认为对特定要素发表无保留意见是适当的：

（一）法律法规并未禁止注册会计师对该特定要素发表无保留意见；

（二）注册会计师对特定要素出具的无保留意见审计报告，并不与包含否定意见或无法表示意见的审计报告一同公布；

（三）特定要素并不构成整套财务报表的主要部分。

第十九条　如果已对整套财务报表整体发表否定意见或无法表示意见，注册会计师不应对整套财务报表中的单一财务报表发表无保留意见。

即使注册会计师对单一财务报表出具的审计报告并不与包含否定意见或无法表示意见的审计报告一同公布，注册会计师也不应对整套财务报表中的单一财务报表发表无保留意见。这是因为单一财务报表被视为构成整套财务报表整体的主要部分。

第五章　附　　则

第二十条　本准则自 2012 年 1 月 1 日起施行。

中国注册会计师审计准则第 1604 号——对简要财务报表出具报告的业务

（2010 年 11 月 1 日修订）

第一章　总　　则

第一条　为了规范注册会计师对简要财务报表出具报告的责任，制定本准则。

第二条 简要财务报表来源于由同一注册会计师按照审计准则的规定审计的财务报表。

第二章 定 义

第三条 简要财务报表，是指来源于财务报表但详细程度低于财务报表的历史财务信息。简要财务报表对被审计单位某一特定日期的经济资源或义务或某一会计期间的经济资源或义务变化情况提供了与财务报表一致的结构性表述。

第四条 已审计财务报表，是指注册会计师按照审计准则的规定审计的财务报表，是简要财务报表的编制来源。

第五条 采用的标准，是指管理层在编制简要财务报表时采用的标准。

第三章 目 标

第六条 注册会计师的目标是：

(一)确定承接对简要财务报表出具报告的业务是否适当；

(二)如果承接该项业务，在评价根据审计证据得出的结论的基础上对简要财务报表形成审计意见，并通过书面报告的形式清楚地表达审计意见，说明其形成基础。

第四章 要 求

第一节 业务的承接

第七条 只有当注册会计师已接受业务委托按照审计准则的规定执行财务报表审计，并且财务报表构成简要财务报表的来源时，才可以按照本准则的规定承接对简要财务报表出具报告的业务。

第八条 在承接对简要财务报表出具报告的业务之前，注册会计师应当：

(一)确定采用的标准是否可接受；

(二)就管理层认可并理解其责任与管理层达成一致意见；

(三)与管理层就拟对简要财务报表发表意见的形式达成一致意见。

本条第一款第(二)项提及的管理层的责任是：

(一)按照采用的标准编制简要财务报表；

(二)使简要财务报表的预期使用者能够比较方便地获取已审计财务报表(如果法律法规规定，已审计财务报表无需提供给简要财务报表的预期使用者，并且为编制简要财务报表制定了标准，在简要财务报表中说明法律法规的相关规定)；

(三)在含有简要财务报表并指明注册会计师已对其出具报告的所有文件中，包括注册会计师对简要财务报表出具的审计报告。

第九条 如果认为管理层采用的标准不可接受或未能按照本准则第八条第一款第(二)项的规定就管理层认可并理解其责任与管理层达成一致意见，注册会计师不应承接对简要财务报表出具报告的业务，除非法律法规另有规定。如果法律法规要求注册会计师承接该业务，由于业务的执行不符合本准则的规定，注册会计师对简要财务报表出具的审计报告不应指出已按照本准则的规定执行了该业务。注册会计师应当在业务约定条款中适当提及这一情况。注册会计师还应当确定这一情况对作为简要财务报表来源的财务报表审计业务可能产生的影响。

第二节 程序的性质

第十条 注册会计师应当实施下列程序及其可能认为必要的其他程序，作为对简要财务报表形成审计意见的基础：

(一)评价简要财务报表是否充分披露其简化的性质，并指出作为其来源的已审计财务报表；

(二)当简要财务报表未与已审计财务报表附在一起时，评价简要财务报表是否清楚地说明已审计财务报表的获取渠道；如果法律法规规定已审计财务报表无需提供给简要财务报表的预期使用者，并且为编制简要财务报表制定了标准，评价简要财务报表是否清楚地说明了相关法律法规；

（三）评价简要财务报表是否充分披露了采用的标准；

（四）将简要财务报表与已审计财务报表中的相关信息进行比较，以确定两者是否一致，或能否依据已审计财务报表中的相关信息重新计算得出简要财务报表；

（五）评价简要财务报表是否按照采用的标准编制；

（六）根据简要财务报表的目的，评价简要财务报表是否包含必要的信息，并在适当的层次进行了汇总，以使其在具体情况下不产生误导；

（七）评价简要财务报表的预期使用者能否比较方便地获取已审计财务报表，除非法律法规规定已审计财务报表无需提供给简要财务报表的预期使用者，并且为编制简要财务报表制定了标准。

第三节 意见的形式

第十一条 如果认为对简要财务报表发表无保留意见是恰当的，除非法律法规另有规定，注册会计师应当使用下列措辞之一：

（一）按照[×标准]（具体指出采用的标准），简要财务报表在所有重大方面与已审计财务报表保持了一致；

（二）按照[×标准]（具体指出采用的标准），简要财务报表公允概括了已审计财务报表。

第十二条 如果法律法规规定了对简要财务报表发表意见的措辞，并且与本准则第十一条规定的措辞存在差异，注册会计师应当实施下列程序：

（一）按照本准则第十条规定实施程序及其他必要的进一步程序，以使注册会计师能够发表符合规定的意见；

（二）评价简要财务报表的使用者是否可能误解注册会计师对简要财务报表发表的审计意见；如果可能出现误解，评价对简要财务报表出具的审计报告中的补充解释能否减轻可能出现的误解。

第十三条 在本准则第十二条第（二）项所述的情况下，如果认为对简要财务报表出具的审计报告中的补充解释不能减轻可能出现的误解，注册会计师不应承接该业务，除非法律法规另有规定。如果按照法律法规要求注册会计师承接该业务，由于业务的不执行不符合本准则的规定，注册会计师在对简要财务报表出具的审计报告中不应指出已按照本准则的规定执行了该业务。

第四节 工作的时间安排和期后事项

第十四条 简要财务报表的审计报告日可能迟于已审计财务报表的审计报告日。在这种情况下，对简要财务报表出具的审计报告应当说明，简要财务报表和已审计财务报表均未反映在已审计财务报表的审计报告日后发生的、可能需要在已审计财务报表中进行调整或披露的事项的影响。

第十五条 注册会计师可能知悉在已审计财务报表的审计报告日已经存在但以前并不知悉的事实。在这种情况下，只有在按照《中国注册会计师审计准则第 1332 号——期后事项》的规定，考虑了与已审计财务报表相关的这种事实后，注册会计师才应当对简要财务报表出具审计报告。

第五节 对简要财务报表出具的审计报告

第十六条 对简要财务报表出具的审计报告应当包括下列要素：

（一）标题；

（二）收件人；

（三）引言段；

（四）管理层对简要财务报表的责任段；

（五）注册会计师的责任段；

（六）审计意见段；

（七）注册会计师的签名和盖章；

（八）会计师事务所的名称、地址和盖章；

（九）报告日期。

第十七条　审计报告的标题应当统一规范为“对简要财务报表出具的审计报告”。

第十八条　审计报告应当按照审计业务约定条款的要求载明收件人。如果对简要财务报表出具的审计报告的收件人不同于已审计财务报表的审计报告的收件人，注册会计师应当评价使用不同收件人名称的适当性。

第十九条　引言段应当包括下列方面：

（一）指出注册会计师出具审计报告所针对的简要财务报表，包括每张简要财务报表的名称；

（二）指出已审计财务报表；

（三）提及对已审计财务报表出具的审计报告和报告日期，除本准则第二十四条和第二十五条规定的情形外，对已审计财务报表发表无保留意见这一事实；

（四）如果简要财务报表的审计报告日迟于已审计财务报表的审计报告日，说明简要财务报表和已审计财务报表均未反映在已审计财务报表的审计报告日后发生的事项的影响；

（五）指出简要财务报表未包含编制财务报表时所采用的财务报告编制基础要求披露的全部事项，因此，对简要财务报表的阅读不能替代对已审计财务报表的阅读。

第二十条　管理层对简要财务报表的责任段应当说明，按照采用的标准编制简要财务报表是管理层的责任。

第二十一条　注册会计师的责任段应当说明，注册会计师的责任是在实施本准则规定的程序的基础上对简要财务报表发表审计意见。

第二十二条　审计意见段应当清楚地表达对简要财务报表的意见。

第二十三条　简要财务报表的审计报告日期不应早于下列日期：

（一）注册会计师已获取充分、适当的证据并在此基础上形成审计意见的日期，这些证据包括简要财务报表已编制完成以及法律法规规定的被审计单位董事会、管理层或类似机构已经认可其对简要财务报表负责；

（二）已审计财务报表的审计报告日。

第二十四条　如果对已审计财务报表出具的审计报告包含保留意见、强调事项段或其他事项段，但注册会计师确信，简要财务报表按照采用的标准在所有重大方面与已审计财务报表保持一致或公允概括了已审计财务报表，对简要财务报表出具的审计报告除包括本准则第十六条规定的要素外，还应当：

（一）在引言段中说明对已审计财务报表出具的审计报告包含保留意见、强调事项段或其他事项段；

（二）在审计意见段中描述对已审计财务报表发表保留意见的依据，对已审计财务报表出具的审计报告中的保留意见，或者强调事项段或其他事项段，以及由此对简要财务报表的影响（如有）。

第二十五条　如果对已审计财务报表发表了否定意见或无法表示意见，对简要财务报表出具的审计报告除包括本准则第十六条规定的要素之外，还应当：

（一）在引言段中说明对已审计财务报表发表了否定意见或无法表示意见；

（二）在审计意见段中描述发表否定意见或无法表示意见的依据；

（三）在审计意见段中说明由于对已审计财务报表发表否定意见或无法表示意见，因此，对简要财务报表发表意见是不适当的。

第二十六条　如果简要财务报表没有按照采用的标准在所有重大方面与已审计财务报表保持一致或公允概括已审计财务报表，而管理层又不同意作出必要的修改，注册会计师应当对简要财务报表发表否定意见。

第六节　对审计报告分发或使用的限制或提醒阅读者关注编制基础

第二十七条　如果已审计财务报表出具的审计报告存在分发或使用的限制，或对已审计财务报表出具的审计报告提醒财务报表使用者关注已审计财务报表按照特殊目的编制基础编制，注册会计师应当在对简要财务报表出具的审计报告中包含相同的限制或提醒说明。

第七节　比较信息

第二十八条　如果已审计财务报表包含比较信息而简要财务报表未包含，注册会计师应当根据业务的具体情况确定这种省略是否合理。注册会计师应当确定不合理的省略对针对简要财务报表出具的审计报告的影响。

第二十九条 如果简要财务报表包含已由其他注册会计师出具审计报告的比较信息,对简要财务报表出具的审计报告还应当包含《中国注册会计师审计准则第 1511 号——比较信息:对应数据和比较财务报表》要求注册会计师在对已审计财务报表出具的审计报告中包含的事项。

第八节 与简要财务报表一同列报的未审计的补充信息

第三十条 注册会计师应当评价与简要财务报表一同列报的未审计补充信息是否清楚地与简要财务报表予以区分。如果认为被审计单位未清楚地将未审计的补充信息与简要财务报表予以区分,注册会计师应当要求管理层改变对未审计的补充信息的列报方式。如果管理层拒绝改变,注册会计师应当在对简要财务报表出具的审计报告中说明本报告未涵盖该补充信息。

第九节 含有简要财务报表的文件中的其他信息

第三十一条 注册会计师应当阅读在含有简要财务报表及其审计报告的文件中的其他信息,以识别其是否与简要财务报表存在重大不一致。

如果在阅读其他信息时识别出重大不一致,注册会计师应当确定简要财务报表或其他信息是否需要作出修改。

如果在阅读其他信息时注意到明显的对事实的重大错报,注册会计师应当就此与管理层进行讨论。

第十节 与注册会计师相关联

第三十二条 如果注意到被审计单位计划在含有简要财务报表的文件中说明注册会计师已对简要财务报表出具报告,但被审计单位并未计划在文件中包含该报告,注册会计师应当要求管理层将该报告包含在文件中。

如果管理层拒绝,注册会计师应当确定并采取其他适当的措施,以防止管理层在文件中将注册会计师与简要财务报表不适当地相关联。

第三十三条 注册会计师可能接受委托对被审计单位的财务报表出具报告,但未接受委托对简要财务报表出具报告。在这种情况下,如果注意到被审计单位计划在含有简要财务报表的文件中作出说明,包括提及注册会计师和简要财务报表来源于已审计财务报表,注册会计师应当确信:

(一)仅在提及对已审计财务报表出具的审计报告时,提及注册会计师;

(二)作出的说明不会导致简要财务报表的使用者产生注册会计师已对简要财务报表出具报告的误解。

如果注册会计师不能确信前款第(一)项或第(二)项所述事项,可以选择的方法包括:

(一)注册会计师应当要求管理层修改作出的说明以符合前款的规定,或在文件中不提及注册会计师;

(二)被审计单位可以委托注册会计师对简要财务报表出具报告,并将相关报告包含在文件中。

当采取前款第(一)项方法时,如果管理层不修改作出的说明,拒绝删除提及注册会计师的表述,或者当采取前款第(二)项方法时,管理层拒绝在含有简要财务报表的文件中包含对简要财务报表出具的审计报告,注册会计师应当告知管理层不同意提及注册会计师,并确定和采取其他适当措施,以防止管理层不恰当地提及注册会计师。

第五章 附 则

第三十四条 本准则自 2012 年 1 月 1 日起施行。

中国注册会计师审计准则第1611号——商业银行财务报表审计

（2006年2月15日修订）

第一章 总 则

第一条 为了规范注册会计师执行商业银行财务报表审计业务，制定本准则。

第二条 注册会计师在执行商业银行财务报表审计业务时，应当将本准则与相关审计准则结合使用。

第三条 本准则所称商业银行，是指依照《中华人民共和国公司法》和《中华人民共和国商业银行法》设立的从事吸收公众存款、发放贷款、办理结算等业务的企业法人。

第四条 商业银行通常具有下列主要特征：

（一）经营大量货币性项目，要求建立健全严格的内部控制；

（二）从事的交易种类繁多、次数频繁、金额巨大，要求建立严密的会计信息系统，并广泛使用计算机信息系统及电子资金转账系统；

（三）分支机构众多、分布区域广、会计处理和控制职能分散，要求保持统一的操作规程和会计信息系统；

（四）存在大量不涉及资金流动的资产负债表表外业务，要求采取控制程序进行记录和监控；

（五）高负债经营，债权人众多，与社会公众利益密切相关，受到银行监管法规的严格约束和政府有关部门的严格监管。

第五条 商业银行具有下列主要风险：

（一）信用风险；

（二）国家风险和转移风险；

（三）市场风险；

（四）利率风险；

（五）流动性风险；

（六）操作风险；

（七）法律风险；

（八）声誉风险。

第六条 由于商业银行具有的特征和风险，注册会计师应当保持应有的职业谨慎，以将审计风险降至可接受的低水平。

第二章 接受业务委托

第七条 注册会计师应当初步了解商业银行的基本情况，评价自身独立性和专业胜任能力，初步评估审计风险，以确定是否接受业务委托。

第八条 在评价自身专业胜任能力时，注册会计师应当考虑：

（一）是否具备商业银行审计所需要的专门知识和技能；

（二）是否熟悉商业银行计算机信息系统及电子资金转账系统；

（三）是否具有对商业银行国内外分支机构实施审计的充足人力资源。

第九条 注册会计师在接受业务委托时，应当就审计目标和范围、双方的责任、审计报告的用途等事项与商业银行达成一致意见。

第三章　计划审计工作

第十条　在计划审计工作前，注册会计师应当了解商业银行下列主要情况：
(一)宏观经济形势对商业银行的影响；
(二)适用的银行监管法规及银行监管机构的监管程度；
(三)特殊会计惯例及问题；
(四)组织结构及资本结构；
(五)金融产品、服务及市场状况；
(六)风险及管理策略；
(七)相关内部控制；
(八)计算机信息系统及电子资金转账系统；
(九)资产、负债结构及信贷资产质量；
(十)主要贷款对象所处行业状况；
(十一)重大诉讼。

第十一条　在了解上述情况时，注册会计师应当重点查阅商业银行下列资料：
(一)章程、营业执照、经营许可证等法律文件；
(二)组织结构图；
(三)股东会、董事会、监事会及管理委员会的会议纪要；
(四)年度财务报表和中期财务报表；
(五)分部报告；
(六)风险管理策略和相关报告；
(七)有关控制程序和会计信息系统的文件；
(八)计算机信息系统和电子资金转账系统硬件、软件清单及流程图；
(九)信贷、投资等经营政策；
(十)银行监管机构的检查报告和有关文件；
(十一)内部审计报告；
(十二)经营计划、资本补足计划；
(十三)重大诉讼法律文书；
(十四)金融产品和服务营销手册；
(十五)新近颁布的影响商业银行经营的法规。

第十二条　在制定总体审计策略时，注册会计师应当考虑下列主要事项：
(一)重要性水平；
(二)预期的重大错报风险；
(三)商业银行使用计算机信息系统和电子资金转账系统的程度；
(四)商业银行内部控制的预期可信赖程度；
(五)重点审计领域；
(六)商业银行持续经营假设的合理性；
(七)利用内部审计的工作；
(八)利用专家的工作；
(九)利用其他注册会计师的工作；
(十)利用银行监管机构的检查报告及有关文件；
(十一)审计工作的组织与安排。

第十三条　在确定重要性水平时，注册会计师应当考虑：
(一)相对小的错报对资产负债表的影响可能不重要，但对利润表和资本充足率可能产生重大影响；
(二)既影响资产负债表又影响利润表的错报，比只影响资产、负债和资产负债表表外承诺的错报更重要；

（三）重要性水平有助于识别导致商业银行严重违反监管法规的错报。

第十四条 商业银行的重大错报风险较高，内部控制对防止或发现并纠正舞弊与错误至关重要；注册会计师应当评估重大错报风险，以确定检查风险的可接受水平。

第十五条 商业银行的计算机信息系统和电子资金转账系统具有下列重要作用，注册会计师应当关注其使用的方式和程度：

（一）计算和记录利息收入和支出；

（二）计算外汇和证券交易头寸，并记录相关的损益；

（三）提供资产、负债余额的最新记录；

（四）每日处理大量巨额交易。

第十六条 由于商业银行具有的特征和风险，注册会计师通常需要依赖控制测试而不能完全依赖实质性程序。

第十七条 注册会计师应当关注下列可能导致财务报表发生重大错报风险的重点审计领域：

（一）贷款损失准备；

（二）资产负债表表外业务；

（三）不符合银行监管法规的交易和事项；

（四）发生重大变动的财务报表项目；

（五）资产负债表日前后发生的重大一次性交易；

（六）高度复杂或投机性强的交易；

（七）非常规贷款；

（八）关联方交易；

（九）新金融产品或服务；

（十）受新近颁布的监管法规影响的业务领域。

第十八条 注册会计师应当考虑商业银行编制财务报表所依据的持续经营假设的合理性。

第十九条 内部审计是商业银行内部控制的重要组成部分，注册会计师应当考虑是否利用内部审计的工作。

第二十条 在评价计算机信息系统和电子资金转账系统等特殊领域时，注册会计师应当考虑是否利用专家的工作。

第二十一条 商业银行拥有的分支机构众多且分布区域广，注册会计师应当考虑是否利用其他注册会计师的工作。

第二十二条 注册会计师应当查阅商业银行持有的银行监管机构的检查报告和有关文件，以获取对确定重点审计领域有用的信息，提高审计效率。

第二十三条 在组织和安排审计工作时，注册会计师应当考虑：

（一）项目组组成及分工；

（二）其他注册会计师参与的程度；

（三）计划利用内部审计工作的程度；

（四）计划利用专家工作的程度；

（五）出具审计报告的时间要求；

（六）需要商业银行管理层提供的专项分析资料。

第二十四条 注册会计师应当根据总体审计策略制定具体审计计划，以合理确定进一步审计程序的性质、时间和范围。

第四章 了解和测试内部控制

第二十五条 注册会计师应当充分了解商业银行的相关内部控制，以确定有效的审计方案。

第二十六条 商业银行的相关内部控制应当实现下列目标：

（一）所有交易经管理层一般授权或特别授权方可执行；

（二）所有交易和事项以正确的金额，在恰当的会计期间及时记录于适当的账户，使编制的财务报表符合适用的会计准则和相关会计制度的规定；

(三)只有经过管理层授权才能接触资产和记录；

(四)将记录的资产与实有资产定期核对，并在出现差异时采取适当的措施；

(五)恰当履行受托保管协议规定的职责。

第二十七条 注册会计师应当了解商业银行分级授权体系的下列要素：

(一)有权批准特定交易的人员；

(二)授权遵守的程序；

(三)授权限额及条件；

(四)风险报告及监控。

第二十八条 注册会计师应当检查授权控制，以确定为各类交易设定的风险限额是否得到遵守，超出风险限额是否及时向适当层次管理人员报告。

第二十九条 由于临近资产负债表日发生的交易往往尚未完成，或在确定取得资产、承担债务的价值时缺乏依据，注册会计师应当重点检查这些交易的授权控制。

第三十条 在评价与交易和事项记录有关的内部控制的有效性时，注册会计师应当考虑：

(一)商业银行处理大量交易，其中单笔或数笔交易可能涉及巨额资金，需要定期执行试算平衡和调节程序，以及时发现差错并进行调查和纠正，将造成损失的风险降至最低；

(二)许多交易的会计核算有特殊规定，商业银行需要采取控制程序以保证这些规定得以遵守；

(三)有些交易不在资产负债表中列示，甚至不在财务报表附注中披露，商业银行需要采取控制程序保证这些交易以适当的方式被记录和监控，并能及时确认因交易状况变化而产生的损益；

(四)商业银行不断推出新的金融产品和服务，需要及时更新会计信息系统和相关内部控制；

(五)每日余额可能并不反映当日系统处理的全部交易量或最大损失风险，商业银行需要对最大交易量或最大损失风险保持控制；

(六)对大多数交易的记录应便于商业银行内部、商业银行客户及交易对方核对。

第三十一条 计算机信息系统和电子资金转账系统的广泛使用，对注册会计师评价商业银行的内部控制有重要影响。

注册会计师应当对影响系统开发、修改、接触、数据登录、网络安全和应急计划的相关内部控制进行评价。

注册会计师应当考虑商业银行使用电子资金转账系统的程度，评价交易前监督控制和交易后确认及调节程序的完整性。

第三十二条 商业银行的资产易于转移，金额巨大，仅通过实物控制难以奏效，管理层通常实施下列控制程序：

(一)凭借密码和接触控制，只有获得授权的人员才能操作计算机信息系统和电子资金转账系统；

(二)将资产接触与记录职责分离；

(三)由独立人员向第三方函证和调节资产余额。

注册会计师应当合理确信上述所有控制是否有效运行，必要时，复核或参与年末函证和调节程序。

第三十三条 将记录的资产与实有资产定期进行核对是一项重要的调节控制，该项控制具有下列重要作用：

(一)验证现金、有价证券等资产的存在性，及时发现舞弊与错误；

(二)检查易发生价值波动的资产计价的正确性；

(三)验证资产接触和授权控制运行的有效性。

注册会计师应当运用检查和询问等程序，测试该项控制的有效性。

第三十四条 在评价调节控制的有效性时，注册会计师应当考虑：

(一)需要调节的账户较多且调节频率较高；

(二)调节结果具有累积性；

(三)调节项目可能被不适当地结转到同一时期内未被调节和调查的账户。

第三十五条 在评价受托保管业务的内部控制有效性时，注册会计师应当考虑：

（一）是否由专门部门履行受托保管职责；

（二）是否将自有资产与受托保管资产适当分离；

（三）是否已对受托保管资产作出适当记录。

第三十六条 在评价特定控制程序有效性时，注册会计师应当考虑下列控制环境因素的影响：

（一）组织结构和权力、责任的划分；

（二）管理层监控工作的质量；

（三）内部审计工作的范围和效果；

（四）关键管理人员的素质；

（五）银行监管机构的监管程度。

第三十七条 对审计过程中注意到的商业银行内部控制的重大缺陷，注册会计师应当及时与治理层和管理层沟通。

第五章 实质性程序

第三十八条 注册会计师应当在评估商业银行财务报表重大错报风险的基础上，确定可接受的检查风险水平和实质性程序的性质、时间和范围。

第三十九条 注册会计师对重大错报风险的评估是一种判断，可能无法充分识别所有的重大错报风险，并且由于内部控制存在固有局限性，无论评估的重大错报风险结果如何，注册会计师都应当针对所有重大的各类交易、账户余额、列报（包括披露）实施实质性程序。

第四十条 在实施实质性程序时，注册会计师应当特别考虑运用下列重要审计程序：

（一）分析程序；

（二）监盘；

（三）检查；

（四）询问和函证。

第四十一条 注册会计师应当考虑对下列项目实施分析程序，以测试其总体合理性：

（一）利息收入、支出；

（二）手续费收入；

（三）贷款损失准备。

第四十二条 注册会计师应当考虑对下列项目实施监盘程序，以测试其存在性：

（一）现金；

（二）贵金属；

（三）有价证券；

（四）其他易转移资产。

第四十三条 在实施监盘程序时，注册会计师应当关注受托保管资产是否存在，是否与自有资产相混淆。

第四十四条 注册会计师应当考虑实施检查程序，以了解贷款协议、承诺协议等重要协议的条款，评价其约束力及相关会计处理的适当性。

第四十五条 注册会计师应当考虑实施询问和函证程序，以实现下列目的：

（一）确认货币性资产、负债和资产负债表表外承诺的存在性和完整性；

（二）获取经商业银行客户或交易对方确认的某项交易金额、条款和状况的审计证据；

（三）获取不能直接从商业银行会计记录中得到的其他信息。

第四十六条 注册会计师应当考虑对下列事项实施函证程序：

（一）存款、贷款和同业往来等账户的余额；

（二）特定贷款抵押品的状况；

（三）因担保、承诺和承兑等资产负债表表外业务产生的或有负债；

（四）资产回购和返售协议以及未履约期权；

（五）与远期外汇合约和其他未履行合约有关的信息；

(六)委托保管的有价证券等项目。

第四十七条 为了提高审计效率,注册会计师应当考虑:

(一)在资产负债表日前实施某些测试;

(二)使用计算机辅助审计技术;

(三)当存在大量同质账户或交易时,使用统计抽样技术。

第四十八条 在审计资产负债表表外业务时,注册会计师应当检查相应收入的来源,并实施其他审计程序,以证实:

(一)相关会计记录是否完整;

(二)计提的损失准备是否充足;

(三)披露是否充分。

第四十九条 在审计关联方和关联方交易时,注册会计师应当实施必要的审计程序,以确定:

(一)所有重要的关联方和关联方交易是否都已被识别;

(二)所有重要的关联方交易是否都经适当授权;

(三)关联方和关联方交易是否已按照适用的会计准则和相关会计制度的规定予以充分披露。

第五十条 在实施下列审计程序时,注册会计师可能注意到商业银行持续经营假设不再合理的迹象:

(一)分析程序;

(二)检查资产负债表日后事项;

(三)检查债务协议条款的遵守情况;

(四)查阅股东会、董事会、监事会及管理委员会的会议纪要;

(五)向商业银行的法律顾问询问有关诉讼、索赔等情况;

(六)函证关联方或第三方向商业银行提供财务支持的详细情况;

(七)查阅商业银行持有的银行监管机构的检查报告和有关文件;

(八)检查法定资本要求的遵守情况。

第五十一条 注册会计师应当关注商业银行持续经营假设不再合理的下列主要迹象:

(一)贷款业务量显著下降;

(二)不良贷款剧增;

(三)大量贷款集中于陷入困境的行业;

(四)过度依赖少数存款人的大额存款;

(五)存款大量流失;

(六)信用等级下降;

(七)未能达到银行监管机构规定的流动性监管指标;

(八)未能达到最低法定资本要求或未能遵守银行监管机构批准的资本补足计划;

(九)银行监管法规的变化已对商业银行经营产生重大不利影响;

(十)严重违反银行监管法规;

(十一)银行监管机构已对商业银行的不审慎经营表示关注或采取措施。

第五十二条 注册会计师应当就下列主要事项获取商业银行管理层声明:

(一)持有的银行监管机构的检查报告和有关文件已提供给注册会计师;

(二)长期投资和短期投资的分类准确地反映了管理层的计划和意图;

(三)确定公允价值所依据的假设是合理的;

(四)资本补足计划及其实施符合银行监管机构的要求,并已作充分的披露;

(五)或有负债已在财务报表中充分披露;

(六)关联方交易符合银行监管法规的规定,并已作充分的披露;

(七)对资产负债表日持有的有价证券、贷款等资产可能发生的损失计提充足的准备;

(八)具有重大风险的资产负债表表外业务已作充分的披露。

第六章 审计报告

第五十三条 注册会计师应当在实施必要的审计程序后,对财务报表进行总体复核,根据经过核实的审计证据形成审计意见，出具审计报告。

第五十四条　在评价审计证据、形成审计意见时，注册会计师应当考虑商业银行会计处理和报告的特殊规定。

第五十五条　在出具审计报告之前，注册会计师应当根据银行监管法规的有关要求，确定是否需要将重大事项告知银行监管机构。

第七章　附　　则

第五十六条　本准则自 2007 年 1 月 1 日起施行。

中国注册会计师审计准则第 1612 号——银行间函证程序

（2006 年 2 月 15 日修订）

第一章　总　　则

第一条　为了规范注册会计师在商业银行财务报表审计中实施银行间函证程序，制定本准则。

第二条　本准则所称银行间函证程序，是指注册会计师为了获取影响商业银行财务报表或相关披露认定的项目的信息，以商业银行的名义向确认银行寄发询证函，获取和评价审计证据的过程。

本准则所称确认银行，是指接收商业银行的询证函并被请求回函的银行。

第三条　在实施银行间函证程序时，注册会计师应当保持应有的关注，对函证全过程进行控制。

第二章　询证函的编制与寄发

第四条　注册会计师在选择确认银行时，应当考虑与商业银行的账户余额或其他信息有关的下列主要因素：

（一）账户余额的大小；

（二）交易的性质、数量和金额；

（三）相关内部控制的可信赖程度；

（四）重要性与审计风险。

第五条　注册会计师应当采用积极的函证方式，要求确认银行对所函证的账户余额或其他信息予以回函。

第六条　注册会计师在编制询证函时，可选用下列方法：

（一）在询证函中列示账户余额或其他信息，要求确认银行确认其准确性和完整性；

（二）要求确认银行在询证函中列示账户余额或其他信息的详细情况，据以与商业银行的记录相比较。

在选用上述方法时，注册会计师应当考虑函证的目的、对审计证据质量的要求及回函的可能性。

第七条　注册会计师应当经商业银行同意，以商业银行的名义向确认银行寄发询证函，并要求确认银行直接向注册会计师所在的会计师事务所回函。

第八条　注册会计师应当根据函证事项的性质等因素确定寄发询证函的时间。

第三章　函证的内容

第九条　注册会计师应当根据函证目的及商业银行会计信息系统等情况确定函证的内容。

第十条　注册会计师函证的内容主要包括：

（一）商业银行与确认银行之间的存款、贷款和同业往来等账户（包括零余额的往来账户和在函证日之前十二个月内注销的往来账户)的余额及到期日、利息条款、未使用的授信额度、抵销权、抵押权和质押权等详细情况。询证函应当载明账户摘要、账号和币种等有关信息。

(二)商业银行与确认银行之间因担保、承诺和承兑等资产负债表表外业务产生的或有负债。询证函应当载明或有负债的性质、币种和金额等有关信息。

(三)资产回购和返售协议以及未履约期权。询证函应当载明协议标的、签订日、到期日和达成交易的条件等有关信息。

(四)与远期外汇合约和其他未履行合约有关的信息。询证函应当载明每项合约的编号、交易日、到期日、成交价格、币种和金额等有关信息。

(五)确认银行代为保管的有价证券等项目。询证函应当载明项目摘要和权属等有关信息。

第四章　回函的评价

第十一条　在评价通过函证程序获取的审计证据是否充分时,注册会计师应当考虑:

(一)函证程序的可靠性;

(二)不符事项的性质和金额;

(三)实施其他审计程序获取的审计证据。

第十二条　当未收到确认银行的回函时,注册会计师应当实施替代审计程序。

第十三条　如果通过函证、替代审计程序和其他审计程序所获取的审计证据不充分,注册会计师应当扩大函证范围或追加审计程序。

第五章　附　　则

第十四条　本准则自 2007 年 1 月 1 日起施行。

中国注册会计师审计准则第 1613 号——与银行监管机构的关系

(2006 年 2 月 15 日制定)

第一章　总　　则

第一条　为了明确在商业银行财务报表审计中商业银行治理层、管理层的责任和注册会计师的责任,促进注册会计师与银行监管机构之间的理解与合作,提高审计的有效性,制定本准则。

第二条　本准则适用于注册会计师执行商业银行财务报表审计业务,并适用于接受银行监管机构委托执行专项业务。

第二章　商业银行治理层和管理层的责任

第三条　商业银行的治理层和管理层应当按照《中华人民共和国公司法》、《中华人民共和国商业银行法》及其他法律法规的规定履行治理责任和管理责任。

第四条　商业银行的经营管理主要由治理层及其任命的管理层负责。这种责任旨在确保实现下列主要目的:

(一)商业银行工作人员具备充分的专业技能和诚信,关键岗位工作人员具有丰富的工作经验;

(二)针对商业银行各项业务建立并实施恰当的政策、制度和程序;

(三)建立适当的管理信息系统;

(四)具有适当的风险管理政策和程序;

(五)遵守包括有关偿付能力和流动性要求在内的法律法规及监管规定;

(六)充分保障股东、存款人及其他债权人的利益。

第五条 管理层负责建立会计信息系统,保持足以支持财务报表的会计记录,并按照适用的会计准则和相关会计制度的规定编制财务报表。管理层的责任还包括确保注册会计师完整地、不受限制地获得对财务报表和审计意见产生重大影响的所有必需信息。

第六条 治理层有责任确保建立并维护有效的内部控制,并根据法律法规的规定成立审计委员会履行有关职责。为提高工作有效性,审计委员会应当允许和鼓励内部审计人员、注册会计师参加审计委员会会议。

第七条 管理层有责任按照相关法律法规的规定和治理层的要求,设立与商业银行规模及业务性质相适应的内部审计部门并保证其有效运行。

第八条 为保证审计工作充分有效,内部审计部门应当独立于所审计或核查的业务活动,并独立于日常内部控制过程。

商业银行的所有业务活动以及分支机构、子公司和其他组成部分都应纳入内部审计部门的核查范围。

内部审计部门应当定期向治理层和管理层报告内部控制及风险管理系统的运行情况,以及内部审计目标完成情况。管理层应当建立能够确保内部审计建议得到考虑、并在适当时得以实施的程序。

第九条 注册会计师对商业银行财务报表的审计不能减轻商业银行治理层和管理层的责任。

第三章 注册会计师的责任

第十条 注册会计师的责任是按照中国注册会计师审计准则(以下简称审计准则)的规定,对商业银行财务报表是否按照适用的会计准则和相关会计制度的规定编制,是否在所有重大方面公允反映商业银行的财务状况、经营成果和现金流量发表审计意见。

第十一条 注册会计师应当根据业务约定恰当致送审计报告,致送对象通常为股东或董事会,但审计报告也可能被存款人、债权人及银行监管机构等方面获取。

注册会计师的审计意见可以提高商业银行财务报表的可信赖程度,但不是对商业银行未来生存能力或管理层经营效率、效果提供的保证。

第十二条 注册会计师应当了解商业银行及其环境,以足够识别和评估财务报表重大错报风险、设计和实施进一步审计程序。

第十三条 在评估商业银行财务报表重大错报风险时,注册会计师应当考虑商业银行的特征,主要包括:

(一)经营大量货币性项目,要求建立健全严格的内部控制;

(二)从事的交易种类繁多、次数频繁、金额巨大,要求建立严密的会计信息系统,并广泛使用信息技术及电子资金转账系统;

(三)分支机构众多,分布区域广,会计处理和控制职能分散,要求保持统一的操作规程和会计信息系统;

(四)存在大量不涉及资金流动的资产负债表表外业务,要求采取控制程序进行记录和监控;

(五)高负债经营,债权人众多,与社会公众利益密切相关,受到商业银行监管法规的严格约束和政府有关部门的严格监管。

第十四条 注册会计师应当针对评估的财务报表层次重大错报风险确定总体应对措施,并针对认定层次重大错报风险设计和实施进一步审计程序。

第十五条 商业银行的内部审计工作有助于注册会计师执行审计业务,注册会计师应当评价和考虑利用内部审计工作。

注册会计师在评价内部审计工作时,应当考虑内部审计部门在组织结构中的地位、工作范围、内部审计人员的专业胜任能力以及能否保持职业谨慎。

第十六条 职业判断贯穿于注册会计师审计工作的全过程。注册会计师主要在下列方面运用职业判断:

(一)评估重大错报风险;

（二）确定审计程序的性质、时间和范围；

（三）评价审计程序的实施结果；

（四）评估管理层在编制财务报表时所作出的判断和估计的合理性。

第十七条 注册会计师应当从财务报表层次和各类交易、账户余额、列报（包括披露）认定层次考虑重要性。

注册会计师审计商业银行财务报表时使用的重要性水平可能与其向银行监管机构提交专项报告时使用的重要性水平不同。

第十八条 注册会计师应当获取商业银行财务报表整体不存在重大错报的合理保证。但由于存在下列固有限制，注册会计师即使按照审计准则的规定恰当地计划和实施审计工作，也不可能绝对保证发现商业银行财务报表中的所有重大错报：

（一）选择性测试方法的运用；

（二）内部控制的固有局限性；

（三）大多数审计证据是说服性而非结论性的；

（四）为形成审计意见而实施的审计工作涉及大量判断；

（五）某些特殊性质的交易和事项可能影响审计证据的说服力。

第十九条 注册会计师应当考虑商业银行财务报表是否存在舞弊或错误导致的重大错报。

在考虑由舞弊导致的重大错报时，注册会计师应当关注：

（一）由于舞弊者可能通过精心策划以掩盖其舞弊行为，舞弊导致的重大错报未被发现的风险，通常大于错误导致的重大错报未被发现的风险。尤其是在串谋的情况下，舞弊导致的重大错报更难发现；

（二）由于管理层往往能够凌驾于内部控制之上，直接或间接地操纵会计记录并编报虚假财务信息，管理层舞弊导致的重大错报未被发现的风险，通常大于员工舞弊导致的重大错报未被发现的风险。

第二十条 如果发现财务报表存在重大错报，注册会计师应当提请商业银行予以更正。如果商业银行拒绝更正，注册会计师应当对财务报表出具保留意见或否定意见的审计报告。

如果商业银行未能提供审计工作所要求的所有必需信息，注册会计师应当就这些事项与商业银行管理层和治理层沟通。如果仍未获得所有必需信息，注册会计师应当对财务报表出具保留意见或无法表示意见的审计报告。

第二十一条 注册会计师应当按照《中国注册会计师审计准则第 1151 号——与治理层的沟通》的规定，及时和管理层、治理层沟通与财务报表审计相关的事项。

在某些情况下，注册会计师可以向管理层或银行监管机构提交一份长式报告，详细说明某些重大事项，如账户余额或贷款组合的明细项目、某些财务比率、内部控制的有效性、商业银行风险分析及合规情况。

第二十二条 如果存在下列事项，注册会计师应当根据相关法律法规的规定，考虑是否需要及时将这些事项告知银行监管机构：

（一）构成重大违反法律法规的事项；

（二）影响商业银行持续经营的事项或情况；

（三）出具非标准审计报告。

第四章 注册会计师与银行监管机构的关系

第二十三条 注册会计师与银行监管机构对下列事项关注的角度可能存在差异，但可以相互补充：

（一）注册会计师主要关心的是对商业银行财务报表出具审计报告，为此，应当评价管理层在编制财务报表时采用持续经营假设的合理性。银行监管机构主要关心的是保持商业银行系统的稳定性，促进各商业银行安全、稳健运行，以保证存款人的利益，因而银行监管机构需要依据财务报表评价商业银行经营状况和业绩，监控其现在和未来的生存能力。

（二）注册会计师关心的是评价内部控制，以确定在计划和实施审计工作时对内部控制的信赖程度。银行监管机构关心的是商业银行是否存在健全的内部控制，以作为商业银行安全经营和审慎管理的基础。

（三）注册会计师关心的是商业银行是否具有充分和可靠的会计记录，以使其编制的财务报表不存在重大错报。银行监管机构关心的是商业银行是否依据一贯的会计政策，保持充分的会计记录，并按规定定期公布财务报表。

第二十四条　如果银行监管机构在监管活动中使用已审计财务报表，注册会计师应当考虑以适当的方式提请商业银行管理层说明下列事项：

（一）商业银行编制财务报表的首要目的并非满足监管的需要；

（二）注册会计师依据审计准则实施审计工作旨在对财务报表整体不存在重大错报获取合理保证；

（三）商业银行在编制财务报表时，按照会计准则和相关会计制度的规定，需要在判断的基础上选择并运用会计政策；

（四）财务报表中包含的信息建立在管理层判断和估计的基础上；

（五）商业银行的财务状况可能受财务报表期后事项的影响；

（六）银行监管机构与注册会计师评价和测试内部控制的目的可能不同，银行监管机构不应假定注册会计师为审计目标而作出的有关内部控制的评价能够充分满足监管目的；

（七）注册会计师考虑的内部控制和会计政策可能不同于商业银行为银行监管机构提供信息时依据的内部控制和会计政策。

第二十五条　如果银行监管机构对商业银行出具了监管报告，注册会计师应当考虑向商业银行获取该报告。

第二十六条　基于履行保密责任的需要，注册会计师与银行监管机构进行必要联系时，通常需要事先告知商业银行管理层或请其到场。

如果需要沟通的事项涉及商业银行违反法规行为、治理层或管理层重大舞弊等事项，注册会计师应当考虑征询法律意见，以及时采取适当措施。

第二十七条　某些涉及治理层责任的事项可能为银行监管机构所关注，特别是那些需要银行监管机构采取紧急措施的事项。如果法律法规要求直接与银行监管机构沟通，注册会计师应当及时就这些事项与银行监管机构沟通。

如果法律法规没有要求直接与银行监管机构沟通，注册会计师应当提请管理层或治理层与银行监管机构沟通。如果管理层或治理层没有及时与银行监管机构沟通，注册会计师应当征询法律意见，考虑是否有必要直接与银行监管机构沟通。

第二十八条　注册会计师应当予以关注并需要提请银行监管机构采取紧急措施的事项主要包括：

（一）显示商业银行未能满足某项银行许可要求的信息；

（二）商业银行决策机构内部发生严重冲突或关键职能部门经理突然离职；

（三）显示商业银行可能严重违反法律法规、银行章程、规章或行业规范的信息；

（四）注册会计师拟辞聘或被解聘；

（五）银行经营风险的重大不利变化及影响未来经营的潜在风险。

注册会计师应当考虑就这些事项与治理层沟通。

第二十九条　注册会计师可以根据银行监管机构的委托，就商业银行的下列事项出具专项报告，以协助银行监管机构履行监管职能：

（一）是否满足许可条件；

（二）保持会计记录和其他记录的信息系统是否适当，内部控制是否有效；

（三）为银行监管机构编制的报告所使用的方法是否适当，这些报告中包含的诸如资产负债率及其他审慎指标的信息是否准确；

（四）是否根据银行监管机构规定的标准建立恰当的组织机构；

（五）是否遵守相关法律法规；

（六）是否采用恰当的会计政策。

第五章　协助完成特定监管任务时的补充要求

第三十条　如果银行监管机构依据明确的法律法规或与商业银行签订的协议，委托注册会计师协助完成特定监管任务，注册会计师应当另行签订业务约定书。

第三十一条　向银行监管机构提供完整、准确的信息是商业银行管理层的责任，注册会计师的责任是就该信息或特定程序的实施出具报告。注册会计师不承担任何监管责任，而是通过提供报告使银行监管机构更有效地对商业银行的状况作出判断。

第三十二条 注册会计师与商业银行的正常关系应被保护。如果没有法定要求或制约注册会计师工作的合约安排，注册会计师应当提请银行监管机构在商业银行的安排下进行沟通。

第三十三条 在接受银行监管机构的任务前，注册会计师应当考虑是否产生利益冲突。如果产生利益冲突，注册会计师应在工作开始前予以解决，解决方法通常是获得商业银行管理层的批准。

第三十四条 注册会计师应当提请银行监管机构以书面形式对监管要求作出详细、清楚的说明，并尽量详细描述对银行经营状况的评价标准，以便对商业银行是否符合监管要求出具报告。

注册会计师应当与银行监管机构就重要性及其运用达成一致的理解。

第三十五条 注册会计师在接受银行监管机构的委托时，应当考虑是否具有必要的素质和专业胜任能力。

第三十六条 注册会计师应当对执业过程中知悉的信息保密，尤其不应将通过业务关系获得的其他客户信息披露给被审计商业银行或公众。

第六章 附 则

第三十七条 本准则自2007年1月1日起施行。

中国注册会计师审计准则第1631号——财务报表审计中对环境事项的考虑

（2006年2月15日制定）

第一章 总 则

第一条 为了规范注册会计师在财务报表审计中对被审计单位环境事项的考虑，制定本准则。

第二条 本准则适用于注册会计师执行财务报表审计业务。

第三条 本准则所称环境事项是指：

（一）被审计单位按照有关环境保护的法律法规（以下简称环境法律法规）或合同要求，或自愿为预防、减轻或弥补对环境造成的破坏，或为保护可再生资源和不可再生资源而采取的措施；

（二）因违反环境法律法规可能导致的后果；

（三）环境的破坏对他人或自然资源造成的后果；

（四）法律法规规定的代偿责任，包括由原使用者（或所有者）造成的环境破坏引起的责任。

第四条 影响财务报表的环境事项主要包括：

（一）因环境法律法规的实施导致资产减值，需要计提资产减值准备；

（二）因没有遵守环境法律法规，需要计提补救、赔偿或诉讼费用，或支付罚款等；

（三）某些被审计单位，如石油、天然气开采企业，化工厂或废弃物管理公司，因其核心业务而随之带来的环境保护义务；

（四）被审计单位自愿承担的环境保护推定义务；

（五）被审计单位需要在财务报表附注中披露的与环境事项相关的或有负债；

（六）在特殊情况下，违反环境法律法规可能对被审计单位的持续经营产生影响，并由此影响财务报表的编制基础。

第五条 对环境事项的恰当确认、计量和列报（包括披露，下同）是被审计单位管理层的责任。

注册会计师在财务报表审计中应当考虑可能导致财务报表重大错报风险的环境事项。

第六条 注册会计师是否需要考虑环境事项以及考虑的范围，取决于其对环境事项是否会引起财务报表重大错报风险作出的职业判断。

第七条 注册会计师对财务报表的审计，并非专为发现被审计单位可能违反环境法律法规的行为，所实施的审计程序也不足以就被审计单位环境法律法规的遵守情况，或与环境事项相关的内部控制的有效性得出结论。

第二章 实施风险评估程序时对环境事项的考虑

第一节 了解环境保护要求和问题

第八条 注册会计师在实施风险评估程序时，应当从下列方面考虑对被审计单位所处行业及其业务产生重大影响的环境保护要求和问题：

(一)所处行业存在的重大环境风险，包括已有的和潜在的风险；

(二)所处行业通常面临的环境保护问题；

(三)适用于被审计单位的环境法律法规；

(四)被审计单位的产品或生产过程中使用的原材料、技术、工艺及设备等是否属于法律法规强制要求淘汰或行业自愿淘汰之列；

(五)监管机构采取的行动或发布的报告是否对被审计单位及其财务报表可能产生重大影响；

(六)被审计单位为预防、减轻或弥补对环境造成的破坏，或为保护可再生资源和不可再生资源拟采取的措施；

(七)被审计单位因环境事项遭受处罚和诉讼的记录及其原因；

(八)是否存在与遵守环境法律法规相关的未决诉讼；

(九)所投保险是否涵盖环境风险。

第九条 对具体审计业务而言，注册会计师拥有的环境事项知识程度通常不如管理层或环境专家。但注册会计师应当具备足够的环境事项知识，以识别和了解与环境事项相关的，可能对财务报表及其审计产生重大影响的交易、事项和惯例。

第十条 某些行业因性质特殊存在重大环境风险，如石油天然气、化工、制药、冶金、采矿、造纸、制革、印染和公用事业等行业，注册会计师应当特别关注被审计单位存在因环境事项导致负债和或有负债的可能性。

第十一条 某些被审计单位并不一定处于本准则第十条所述的存在重大环境风险的行业，但如果存在下列情况，可能面临潜在的重大环境风险：

(一)在很大程度上受到环境法律法规的约束；

(二)拥有被原使用者(或所有者)污染的场地，或为之担保而可能承担代偿责任；

(三)某些业务可能会造成土壤、地下水和地表水及空气的污染；使用有害物质；产生或处理有害废弃物；或可能对顾客、员工或附近居民造成不利影响。

第二节 了解内部控制

第十二条 设计和执行内部控制，以有序、有效地开展业务活动(包括环境方面的活动)是管理层的责任。

不同被审计单位的管理层可能对环境事项采取下列不同的控制方式：

(一)处于环境风险较低行业的被审计单位或小型被审计单位，管理层可能把监控环境事项作为日常内部控制的一部分；

(二)处于环境风险较高行业的被审计单位，管理层可能针对环境事项设计和执行一套单独的内部控制子系统，以符合现有的环境管理系统标准；

(三)对某些被审计单位，管理层可能在一个整合的控制系统内设计和执行其所有的控制，包括与会计、环境和其他事项(如质量、健康和安全)相关的政策和程序。

第十三条 注册会计师的审计目标并不受管理层对环境事项实施控制方式的影响，但注册会计师应当考虑与环境事项相关的内部控制是否有效。

第十四条 根据职业判断，只有认为环境事项可能对财务报表产生重大影响，注册会计师才有必要了解与环境事项相关的内部控制。

第十五条 注册会计师应当主要从下列方面了解与环境事项相关的控制环境：

（一）治理层对与环境事项相关的内部控制承担的职责；

（二）管理层对于环境事项的诚信和道德价值观念、管理理念、经营风格及其处理方法；

（三）被审计单位管理环境事项的机构以及职权与责任的划分；

（四）控制系统，包括内部审计、环境审计、与环境事项相关的人力资源政策与实务以及恰当的职责分离。

第十六条 注册会计师应当主要从下列方面了解与环境事项相关的风险评估过程：

（一）被审计单位是否建立风险评估程序以识别环境风险，并评估该风险的重要性和发生的可能性，以及针对该风险采取的措施；

（二）管理层是否识别出环境风险，并考虑这些风险是否可能导致财务报表发生重大错报。

第十七条 注册会计师应当主要从下列方面了解有关环境事项的信息系统与沟通：

（一）按照环境法律法规的规定或自身对环境风险评估的需要，被审计单位是否建立适当的信息系统，以记录排放物和有害废弃物的数量、产品的环境特征、利益相关者的投诉、监管机构的监测结果、环保事故的发生及其影响等；

（二）该信息系统是否能够为与环境事项相关的财务数据和列报提供信息支持，如为计算废弃物的处置成本提供的废弃物数量等；

（三）被审计单位是否就环境事项进行有效沟通。

第十八条 注册会计师应当从授权、业绩评价、信息处理、实物控制和职责分离等方面，了解与环境事项相关的控制活动。

注册会计师在了解与环境事项相关的控制活动时，应当特别关注被审计单位的下列行为：

（一）是否执行环境管理系统标准并取得独立机构的认证；

（二）是否发布环境绩效报告，并经独立第三方验证；

（三）是否建立适当程序，处理员工或第三方对环境事项的投诉；

（四）是否按照环境法律法规的规定，建立适当的程序处理有害物和废弃物。

第十九条 注册会计师应当主要从下列方面了解被审计单位对与环境事项相关的控制的监督：

（一）被审计单位是否及时评价与环境事项相关的内部控制设计的合理性和运行的有效性，是否遵守环境法律法规和内部规定；

（二）被审计单位是否根据环境事项的变化，及时采取必要的纠正措施。

第三节 考虑与环境事项相关的法律法规

第二十条 保证经营活动符合环境法律法规要求，防止或发现并纠正违反环境法律法规行为，是管理层的责任。

第二十一条 注册会计师应当考虑通过下列途径了解相关环境法律法规及其遵守情况：

（一）利用在了解被审计单位所处行业和业务性质时获取的信息；

（二）向管理层和负责环境事项的关键管理人员询问为遵守相关环境法律法规而采用的政策和程序；

（三）向管理层询问对经营活动具有根本性影响的环境法律法规；

（四）与管理层讨论其采用的对诉讼和索赔进行识别、评价及会计处理的政策和程序。

第二十二条 注册会计师应当按照《中国注册会计师审计准则第 1142 号——财务报表审计中对法律法规的考虑》的规定，保持职业怀疑态度，充分考虑可能导致财务报表发生重大错报的违反环境法律法规行为。

第四节 评估重大错报风险

第二十三条 注册会计师应当利用风险评估程序收集的信息，识别和评估由于环境事项引起的财务报表层次以及各类交易、账户余额、列报认定层次的重大错报风险。

第二十四条 注册会计师应当重点关注下列与财务报表层次相关的环境风险：

(一)遵守环境法律法规或执行合同的成本；

(二)违反环境法律法规的风险；

(三)顾客对环境事项的具体要求以及对被审计单位环境保护行为作出的反应可能产生的影响。

第二十五条 注册会计师应当将环境风险的评估结果与重要的交易、账户余额、列报认定层次相联系，以设计和实施进一步审计程序。

注册会计师应当重点关注下列与各类交易、账户余额、列报认定层次相关的环境风险：

(一)账户余额依据与环境事项相关的会计估计的复杂程度；

(二)账户余额受与环境事项相关的异常或非常规交易的影响程度。

第三章 针对评估的重大错报风险实施审计程序时对环境事项的考虑

第二十六条 注册会计师应当针对评估的环境事项导致的财务报表层次重大错报风险确定总体应对措施，并针对评估的环境事项导致的认定层次重大错报风险设计和实施进一步审计程序。

第二十七条 针对环境事项，注册会计师实施的实质性程序主要包括：

(一)询问管理层和负责环境事项的关键管理人员，包括询问被审计单位商业保险是否涵盖环境事项；

(二)检查与环境事项相关的文件或记录；

(三)利用环境专家的工作；

(四)利用环境审计的工作；

(五)利用内部审计的工作；

(六)执行分析程序；

(七)检查与环境事项相关的财务报表项目；

(八)检查被审计单位因环境事项作出的会计估计；

(九)检查财务报表列报的适当性；

(十)获取管理层关于环境事项的书面声明。

第二十八条 由于确认和计量环境事项的结果存在下列困难，注册会计师运用职业判断显得尤为重要：

(一)环境问题从发生到被识别通常经历较长的时间；

(二)由于会计估计建立在假设的基础上，假设的数量和性质可能导致会计估计不存在既定的模式，或会计估计在很大的区间内似乎都是合理的；

(三)环境法律法规不断变化，对其解释可能面临困难或不明确；

(四)除法定义务或合同义务引起的负债外，还可能存在其他情况产生的负债。

第二十九条 注册会计师应当检查下列与环境事项相关的文件或记录：

(一)治理层及专职负责环境事项的委员会的会议纪要或工作记录；

(二)包含环境事项的公开行业信息；

(三)环境专家报告，如场地评估报告、环境影响研究报告；

(四)环境审计报告；

(五)内部审计报告；

(六)尽职调查报告；

(七)监管机构报告及被审计单位与监管机构的往来函件；

(八)可获取的生态环境恢复公开记录或规划；

(九)被审计单位的环境绩效报告；

(十)与监管机构和律师的往来函件。

第三十条 注册会计师在利用环境专家的工作时，应当按照《中国注册会计师审计准则第 1421 号——利用专家的工作》的规定，考虑环境专家的工作对于实现审计目标是否充分，并考虑专家的专业胜任能力、客观性、经验和声誉。

第三十一条 注册会计师应当考虑将环境审计的结果作为适当的审计证据。在这种情况下，注册会计师应当按照《中国注册会计师审计准则第 1411 号——利用内部审计人员的工作》和《中国注册会计师审计准则第 1421 号——利用专家的工作》的规定，考虑利用环境审计工作的适当性。

第三十二条 如果内部审计人员已将被审计单位经营活动的环境方面作为内部审计工作的一部分，注册会计师应当按照《中国注册会计师审计准则第 1411 号——利用内部审计人员的工作》的规定，考虑利用内部审计工作的适当性。

第三十三条 注册会计师可以实施分析程序，考虑相关财务信息与环境记录中的数量信息之间的关系。

第三十四条 在实施实质性程序时，注册会计师应当重点关注下列与环境事项相关的交易或事项：

(一)本期增加的土地、房屋建筑物和机器设备；

(二)受环境事项影响的长期投资项目；

(三)因环境事项需要计提的资产减值准备；

(四)因环境事项发生的支出和取得的索赔收入；

(五)因环境事项导致的负债和或有负债。

第三十五条 在检查与环境事项相关的会计估计时，注册会计师应当遵守《中国注册会计师审计准则第 1321 号——审计会计估计(包括公允价值会计估计)和相关披露》的有关规定。

第三十六条 在整个审计过程中，如果注意到下列情形显示财务报表存在因环境事项导致的重大错报风险，注册会计师应当对此予以关注：

(一)环境专家或内部审计人员出具的报告中显示有重大环境问题；

(二)被审计单位与监管机构的往来函件或监管机构发布的报告中提及存在违反环境法律法规行为；

(三)在生态环境恢复的公开记录或规划中列有被审计单位的名称；

(四)媒体评论涉及被审计单位的重大环境问题；

(五)律师函中对环境事项的评价意见；

(六)有证据表明被审计单位购买与环境事项相关的商品或服务，相对于常规业务活动而言属于异常交易；

(七)因违反环境法律法规导致诉讼费用、环境咨询费用或罚金增加或异常。

如果出现上述情形，注册会计师应当考虑是否需要重新评估重大错报风险。

第三十七条 注册会计师应当就环境事项向管理层获取下列书面声明：

(一)没有发现由环境事项引起的重大负债和或有负债；

(二)没有发现对财务报表产生重大影响的其他环境事项；

(三)如果发现上述第(一)项或第(二)项所述的环境事项，已在财务报表中进行了恰当的列报。

第四章 出具审计报告时对环境事项的考虑

第三十八条 在形成审计意见时，注册会计师应当考虑被审计单位是否已按照适用的会计准则和相关会计制度的规定对环境事项的影响作出适当的处理，并进行恰当的列报。

注册会计师还应当阅读含有已审计财务报表的文件中的其他信息所涉及的环境事项，以识别其是否与已审计财务报表存在重大不一致。

第三十九条 注册会计师在判断不确定事项对审计报告的影响时，应当重点考虑管理层对不确定事项的评价及披露程度。

如果认为环境事项对财务报表的影响具有重大不确定性或相关披露不充分，或根据职业判断认为环境事项可能导致持续经营假设不再合理，注册会计师应当按照《中国注册会计师审计准则第 1502 号——在审计报告中发表非无保留意见》、《中国注册会计师审计准则第 1503 号——在审计报告中增加强调事项段和其他事项段》和《中国注册会计师审计准则第 1324 号——持续经营》的规定，出具恰当的审计报告。

第五章 附 则

第四十条 本准则自 2007 年 1 月 1 日起实施。

中国注册会计师审计准则第1632号——衍生金融工具的审计

（2006年2月15日制定）

第一章 总 则

第一条 为了规范注册会计师针对与衍生金融工具相关的财务报表认定计划和实施审计程序，制定本准则。

第二条 本准则适用于注册会计师在财务报表审计中，对被审计单位作为最终使用者持有的衍生金融工具的审计。

第三条 本准则所称最终使用者，是指为了达到套期、资产负债管理或投机目的，通过交易所或经纪商进行金融交易的单位。

第二章 衍生金融工具及活动

第四条 衍生金融工具是指同时具备下列特征，并形成一个单位的金融资产及其他单位的金融负债或权益工具的合同：

（一）其价值随特定利率、金融工具价格、商品价格、汇率、价格指数、费率指数、信用等级、信用指数或其他类似变量的变动而变动；变量为非金融变量的，该变量与合同的任一方不存在特定关系；

（二）不要求初始净投资，或与对市场情况变化有类似反应的其他类型合同相比，要求很少的初始净投资；

（三）在未来某一日期结算。

衍生金融工具包括金融远期合同、金融期货合同、金融互换和期权，以及具有金融远期合同、金融期货合同、金融互换和期权中一种或一种以上特征的工具。

第五条 被审计单位从事衍生活动的主要目的包括：

（一）管理当前或预期的与经营和财务状况有关的风险；

（二）通过未平仓或投机性头寸从预期市场变化中获利。

第六条 所有金融工具都有一定的风险，而衍生金融工具通常具有风险杠杆效应的特征，包括：

（一）在交易到期前不要求现金流出或流入，或只要求很少的现金流出或流入；

（二）不要求支付或收取本金或其他固定的金额；

（三）潜在的风险和回报可能远远大于目前的支出；

（四）衍生金融资产或负债的价值可能超过其在财务报表中已确认的金额，特别是那些在财务报表中未采用公允价值计量的衍生金融工具。

第七条 衍生金融工具和衍生活动的固有特征可能导致某些被审计单位经营风险的增加，注册会计师应当关注由此增加的审计风险。

第三章 管理层和治理层的责任

第八条 按照适用的会计准则和相关会计制度的规定编制财务报表是被审计单位管理层的责任。在编制财务报表时，管理层需要作出下列与衍生金融工具相关的认定：

（一）在财务报表中记录的所有衍生金融工具是存在的；

（二）在资产负债表日不存在未记录的衍生金融工具；

（三）在财务报表中记录的衍生金融工具得到恰当的计价和列报；

（四）在财务报表中作出了所有与衍生金融工具相关的披露。

第九条　被审计单位治理层通过监督管理层对下列方面负责：

（一）设计和实施内部控制，以便对风险和财务控制进行监督，合理保证被审计单位在其风险管理政策允许的范围内使用衍生金融工具，以及确保被审计单位遵守适用的法律法规；

（二）确保财务报告信息系统的完备性，以保证衍生活动的财务报告的可靠性。

第十条　财务报表审计不能减轻被审计单位管理层和治理层的责任。

第四章　注册会计师的责任

第十一条　在财务报表审计中，注册会计师对审计衍生金融工具的责任是，考虑管理层作出的与衍生金融工具相关的认定是否使得已编制的财务报表符合适用的会计准则和相关会计制度的规定。

第十二条　财务报表审计的目标是对财务报表发表审计意见，而不是对被审计单位与衍生活动相关的风险管理或控制的充分性提供保证。注册会计师应当考虑和管理层讨论与衍生活动相关的审计工作的性质和范围，以免发生误解。

第十三条　注册会计师可能需要特殊的知识和技能，以计划和实施与衍生金融工具相关的特定认定的审计程序。

这些特殊的知识和技能包括：

（一）了解被审计单位所处行业的经营特征和风险状况；

（二）了解被审计单位使用的衍生金融工具及其特征；

（三）了解被审计单位关于衍生金融工具的信息系统，包括服务机构提供的服务；

（四）了解衍生金融工具的估值方法；

（五）熟悉适用的会计准则和相关会计制度有关衍生金融工具的规定。

第十四条　在下列情形下，注册会计师应当考虑利用专家的工作：

（一）衍生金融工具本身非常复杂；

（二）简单的衍生金融工具应用于复杂的情形；

（三）衍生金融工具交易活跃；

（四）衍生金融工具的估值基于复杂的定价模型。

第五章　了解可能影响衍生活动及其审计的因素

第十五条　注册会计师应当从下列方面了解可能对衍生活动及其审计产生影响的因素：

（一）经济环境；

（二）行业状况；

（三）被审计单位相关情况；

（四）主要财务风险；

（五）与衍生金融工具认定相关的错报风险；

（六）持续经营；

（七）会计处理方法；

（八）会计信息系统；

（九）内部控制。

注册会计师应当按照本章第十六条至第二十三条的规定了解本条前款第（一）项至第（八）项，按照第六章的规定了解本条前款第（九）项。

第十六条　注册会计师应当了解经济环境对衍生活动的影响。

经济环境因素主要包括：

（一）经济活动的总体水平；

（二）利率（包括利率的期限结构）和融资的可获得性；

（三）通货膨胀和币值调整；

（四）汇率和外汇管制；

（五）与被审计单位使用的衍生金融工具相关的市场特征，包括该市场的流动性和波动性。

第十七条 注册会计师应当了解被审计单位所处行业状况对衍生活动的影响。

被审计单位所处行业状况主要包括：

(一)价格风险；

(二)市场和竞争；

(三)生产经营的季节性和周期性；

(四)经营业务的扩张或衰退；

(五)外币交易、折算或经济风险。

第十八条 注册会计师应当了解被审计单位的相关情况对衍生活动的影响。

被审计单位相关情况主要包括：

(一)管理层、治理层的知识和经验；

(二)及时和可靠的管理信息的可获得性；

(三)利用衍生金融工具的目标。

第十九条 注册会计师应当了解与衍生活动相关的主要财务风险。

与衍生活动相关的主要财务风险包括：

(一)市场风险，是指因权益价格、利率、汇率、商品价格或其他市场因素的变动导致衍生金融工具公允价值的不利变动而引起损失的风险，包括价格风险、流动性风险、模型风险、基准风险等；

(二)信用风险，是指客户或交易对方在到期时或之后期间内没有全额履行义务的风险；

(三)结算风险，是指被审计单位已履行交易义务，但没有从客户或交易对方收到对价的风险；

(四)偿债风险，是指被审计单位在付款承诺到期时没有资金履行承诺的风险；

(五)法律风险，是指某项法律法规或监管措施阻止被审计单位或交易对方执行合同条款或相关总互抵协议，或使其执行无效，从而给被审计单位带来损失的风险。

第二十条 注册会计师应当考虑下列因素，以了解与衍生金融工具认定相关的错报风险：

(一)衍生活动的经济和业务目的；

(二)衍生金融工具的复杂性；

(三)交易是否产生了涉及现金交换的衍生金融工具；

(四)被审计单位在衍生金融工具方面的经验；

(五)衍生金融工具是否嵌入在一项协议中；

(六)外部因素是否影响认定；

(七)衍生金融工具是在国内交易所交易还是跨国交易。

第二十一条 衍生金融工具潜在的损失可能足以引起对被审计单位持续经营能力的重大疑虑，注册会计师应当按照《中国注册会计师审计准则第 1324 号——持续经营》的规定，考虑被审计单位持续经营假设的合理性。

第二十二条 注册会计师应当了解被审计单位对衍生金融工具的会计处理方法，包括是否将衍生金融工具指定为套期工具并采用套期会计，以及套期关系是否高度有效。

第二十三条 注册会计师应当了解被审计单位会计信息系统的设计、变更及其运行。

如果认为会计信息系统或其中的某些方面较为薄弱，注册会计师应当关注是否有必要修改审计方案。

第六章 了解内部控制

第一节 控制环境

第二十四条 注册会计师在了解控制环境及其变化时，应当考虑治理层、管理层对衍生活动的总体态度和关注程度。

治理层负责确定被审计单位对风险的态度，管理层负责监控和管理被审计单位面临的风险。注册会计师应当了解衍生金融工具的控制环境如何对管理层的风险评估结果作出反应。

第二十五条 注册会计师应当特别关注控制环境的下列方面对衍生活动控制的潜在影响：

(一)管理层是否通过清晰表述的既定政策，指导衍生金融工具的买进、卖出和持有；

(二)衍生活动的交易、结算和记录的职责是否适当分离;

(三)总体控制环境是否已经影响负责衍生活动的人员。

第二十六条 如果被审计单位对涉及衍生活动的人员实施激励机制,注册会计师应当考虑被审计单位是否已经制定适当的规范、限额和控制,以确定执行的激励机制是否可能导致背离总体风险管理战略目标的交易。

第二十七条 如果被审计单位采用电子商务进行衍生金融工具交易,注册会计师应当按照《中国注册会计师审计准则第 1633 号——电子商务对财务报表审计的影响》的规定,考虑被审计单位如何处理与公共网络使用相关的安全和控制问题。

第二节 控制活动

第二十八条 注册会计师应当了解与衍生金融工具相关的控制活动,包括充分的职责分离、风险管理监控、管理层的监督和其他为实现控制目标而设计的政策和程序。

第二十九条 与衍生金融工具的买入、卖出和持有相关的内部控制的复杂程度因下列事项而存在差异:

(一)衍生金融工具的复杂程度和错报风险;

(二)相对于使用的资本,衍生交易的风险敞口;

(三)交易量。

第三十条 如果被审计单位在未对内部控制进行相应调整的情况下扩展其衍生活动的类型,注册会计师应当对此予以关注。

第三十一条 注册会计师应当考虑计算机信息系统环境对审计工作的影响,了解计算机信息系统活动的复杂性和重要程度、数据的可获得性以及资金转账的方法。

第三十二条 注册会计师应当了解与衍生活动相关的调节程序。

调节程序主要包括下列类型:

(一)交易员的记录与用于持续监控过程的记录以及与在总分类账中反映的头寸或利得和损失的调节;

(二)明细分类账与总分类账的调节;

(三)为保证所有尚未结清的项目及时得到识别和结算,所有的结算账户、银行账户与经纪商对账单的调节;

(四)在适用的情况下,被审计单位会计记录与服务机构持有记录的调节。

第三十三条 注册会计师应当了解被审计单位的初始成交记录是否明确反映单笔交易的性质和目的,以及每个衍生合同产生的权利和义务。

除基本财务信息外,注册会计师还应当关注下列信息:

(一)交易员的身份;

(二)记录交易人员的身份;

(三)交易的日期和具体时间;

(四)交易的性质和目的,包括是否为了某项敞口进行套期;

(五)在采用套期会计时,符合套期会计要求的信息。

第三十四条 注册会计师应当了解被审计单位是否将衍生金融工具的交易记录保存在数据库、登记簿或明细分类账中,并就记录的准确性与从交易对方收到的独立的确认信息相核对。

第三十五条 注册会计师应当了解与保持衍生交易记录完整性相关的控制,包括被审计单位是否将自身记录与交易对方的确认函进行独立比较和核对。

第三节 内部审计

第三十六条 注册会计师应当按照《中国注册会计师审计准则第 1411 号——利用内部审计人员的工作》的规定,考虑内部审计人员是否具备与审计衍生活动相适应的知识和技能,以及内部审计工作范围涵盖衍生活动的程度。

第三十七条 内部审计工作可能有助于注册会计师评价内部控制,进而评价重大错报风险。

可能与注册会计师审计相关的内部审计工作包括：

(一)编制衍生金融工具使用范围的概况；

(二)复核政策和程序的适当性及管理层的遵守情况；

(三)复核控制程序的有效性；

(四)复核用以处理衍生交易的会计信息系统；

(五)复核与衍生活动相关的系统；

(六)确保被审计单位所有部门及人员，尤其是最有可能产生风险敞口的经营部门，完全了解衍生金融工具的管理目标；

(七)评价与衍生金融工具相关的新风险是否能够被即时识别、评估和管理；

(八)评价衍生金融工具的会计处理是否符合适用的会计准则和相关会计制度的规定，包括采用套期会计处理的衍生金融工具是否满足套期关系的条件；

(九)进行定期复核，以向管理层提供衍生活动得到恰当控制的保证，并确保新风险及为管理这些风险使用的衍生金融工具被即时识别、评估和管理。

第三十八条　当拟利用内部审计的特定工作时，注册会计师应当评价和测试其适当性，以确定能否满足审计目标。

第四节　服务机构

第三十九条　被审计单位可能使用服务机构进行衍生金融工具的买入、卖出或代为记录衍生交易。

注册会计师应当按照《中国注册会计师审计准则第1241号——对被审计单位使用服务机构的考虑》的规定，考虑使用服务机构对被审计单位内部控制的影响。

第四十条　如果服务机构担任被审计单位的投资顾问，注册会计师应当考虑与服务机构相关的风险。

在评价该风险时，注册会计师应当考虑的因素包括：

(一)被审计单位如何监督服务机构提供的服务；

(二)用以保护信息完备性及保密性的程序；

(三)应急安排；

(四)如果服务机构是被审计单位的关联方，又同时作为交易对方与被审计单位进行衍生交易，将产生关联方交易的问题。

第七章　控制测试

第四十一条　在了解相关内部控制后，如果预期控制运行是有效的，注册会计师应当实施控制测试，以获取支持重大错报风险评估结果的证据。

如果认为仅实施实质性程序获取的审计证据无法将认定层次的重大错报风险降至可接受的低水平，注册会计师应当实施相关的控制测试，以获取控制运行有效性的审计证据。

当被审计单位只进行少数几笔的衍生交易，或相对被审计单位整体规模而言，衍生金融工具具有特别的重要性，注册会计师应当考虑主要实施实质性方案，包括在某些情况下结合实施控制测试。

第四十二条　注册会计师在实施控制测试时，应当选取适当规模的交易样本，重点对下列方面进行评价：

(一)衍生金融工具是否根据既定的政策、操作规范并在授权范围内使用；

(二)适当的决策程序是否已得到运用，交易的原因是否可以清楚理解；

(三)执行的交易是否符合衍生交易政策，包括条款、限额、跨境交易或关联方交易；

(四)交易对方是否具有适当的信用风险等级；

(五)衍生金融工具是否由独立于交易员的其他人员适当、及时地计量，并报告风险敞口；

(六)是否已将确认函发给交易对方；

(七)是否已对交易对方的确认回函进行适当比较、核对和调节；

(八)衍生金融工具的提前终止或延期是否受到与新的衍生交易同样的控制；

(九)投机或套期的指定及其变更是否经过适当授权；

(十)是否适当地记录交易，并将其完整、准确地反映在会计信息系统中；

（十一）是否有足够措施保证电子资金转账密码的安全。

第四十三条 在实施控制测试时，注册会计师应当考虑实施下列程序：

（一）阅读治理层的会议纪要，以获取被审计单位定期复核衍生活动和套期有效性并遵守既定政策的证据；

（二）将衍生交易（包括已结算的衍生交易）与被审计单位政策相比较，以确定这些政策是否得到遵守。

第四十四条 在确定衍生交易的政策是否得到遵守时，注册会计师应当考虑：

（一）测试交易是否依据被审计单位政策中的特定授权执行；

（二）测试买入前是否进行相关投资政策要求的敏感性分析；

（三）测试交易，以确定被审计单位是否获得了从事相关交易的批准以及是否仅使用了经授权的经纪商或交易对方；

（四）向管理层询问衍生金融工具及相关交易是否得到及时监控和报告，并阅读相关支持文件；

（五）测试已记录的衍生金融工具的买入交易，包括测试衍生金融工具的分类、价格以及相关分录；

（六）测试是否及时调查和解决调节的差异，测试是否由监督人员复核和批准调节事项；

（七）测试与未记录交易相关的控制，包括检查被审计单位的第三方确认函，及其对确认函中例外事项的处理；

（八）测试与数据安全和备份相关的控制，并考虑被审计单位对电子化记录场所进行年度检查和维护的程序。

第八章 实质性程序

第一节 总体要求

第四十五条 由于衍生金融工具性质特殊，注册会计师在确定重要性时，除了考虑资产负债表金额外，还应当考虑衍生金融工具对财务报表中各类交易或账户余额的潜在影响。

第四十六条 注册会计师在设计衍生金融工具的实质性程序时，应当考虑下列因素：

（一）会计处理的适当性；

（二）服务机构的参与程度；

（三）期中实施的审计程序；

（四）衍生交易是常规还是非常规交易；

（五）在财务报表其他领域实施的程序。

第四十七条 在审计衍生活动时，注册会计师可能将分析程序作为实质性程序，以获取有关被审计单位经营业务的信息。

由于影响衍生金融工具价值的各种因素之间复杂的相互作用往往掩盖可能出现的异常趋势，分析程序本身通常不能提供衍生金融工具相关认定的充分证据。

第四十八条 如果获得了负责衍生活动人员对衍生活动结果分析的资料，注册会计师应当在评价其完整性和准确性以及分析人员的能力和经验的基础上，考虑利用这些资料，进一步了解被审计单位的衍生活动。

第四十九条 如果被审计单位在套期策略中使用衍生金融工具，而分析程序的结果表明已发生大额的利得或损失，注册会计师应当怀疑套期的有效性，以及运用套期会计的适当性。

第五十条 由于存在下列原因，注册会计师在评价衍生金融工具认定的审计证据时，需要运用较多的职业判断：

（一）衍生金融工具的性质特殊；

（二）适用的会计政策和会计处理方法复杂；

（三）相关认定尤其是计价认定依据高度主观的假设作出，或对基本假设的变化极其敏感。

第二节 存在和发生认定

第五十一条 对衍生金融工具存在和发生认定实施的实质性程序通常包括：

（一）向衍生金融工具持有者或交易对方进行函证；

（二）检查支持报告金额的协议或其他支持文件，包括被审计单位收到的有关报告金额的书面或电子形式的确认函；

（三）检查报告期后实现或结算的支持文件；

（四）询问和观察。

第三节 权利和义务认定

第五十二条 对衍生金融工具权利和义务认定实施的实质性程序通常包括：

（一）向衍生金融工具的持有者或交易对方函证重要的条款；

（二）检查书面或电子形式的协议和其他支持文件。

第四节 完整性认定

第五十三条 对衍生金融工具完整性认定实施的实质性程序通常包括：

（一）向衍生金融工具的持有者或交易对方进行函证，要求其提供所有与被审计单位相关的衍生金融工具和交易的详细信息；

（二）对余额为零的衍生金融工具账户，向可能的持有者或交易对方发出询证函；

（三）复核经纪商的对账单以测试是否存在被审计单位未记录的衍生交易和持有的头寸；

（四）复核收到的但与交易记录不匹配的交易对方的询证函回函；

（五）复核尚未解决的调节事项；

（六）检查贷款或权益协议、销售合同等，以了解这些协议或合同是否包含嵌入衍生金融工具；

（七）检查报告期后发生的活动的支持文件；

（八）询问和观察；

（九）阅读治理层的会议纪要，以及治理层收到的与衍生活动相关的文件和报告等其他信息。

第五节 计价认定

第五十四条 注册会计师应当根据计量或披露所采用的估值方法设计计价认定的实质性程序。

对衍生金融工具计价认定实施的实质性程序通常包括：

（一）检查买入价格的支持文件；

（二）向衍生金融工具的持有者或交易对方进行函证；

（三）复核交易对方的信用状况；

（四）对按照公允价值计量或披露的衍生金融工具，获取支持其公允价值的证据。

第五十五条 如果公允价值信息由衍生金融工具交易对方提供，注册会计师应当考虑这些信息的客观性。在某些情况下，注册会计师需要从独立的第三方获取对公允价值的估计结果。

第五十六条 从财经出版物或交易所获得的市场报价通常可为衍生金融工具的价值提供充分的证据，但注册会计师在使用市场报价测试计价认定时，可能需要特别了解报价形成的环境。

在某些情况下，注册会计师可能认为有必要从经纪商或其他第三方获取对公允价值的估计。如果某一价格来源与被审计单位可能存在损害客观性的关系，注册会计师应当考虑从多个价格来源获取估计结果。

第五十七条 如果被审计单位使用估值模型估计衍生金融工具的价值，注册会计师可以通过下列程序，测试运用模型确定的公允价值的相关认定：

（一）评价估值模型的合理性和适当性；

（二）使用自身或专家开发的估值模型进行重新计算，以印证公允价值的合理性；

（三）将被审计单位估计的公允价值与最近交易价格相比较；

（四）考虑估值对变量和假设变动的敏感性；

（五）检查报告期后发生的衍生交易实现和结算的支持文件，以获取有关资产负债表日估值的进一步证据。

第五十八条 当管理层确定衍生金融工具公允价值能够可靠计量的假定不成立时，注册会计师应当获取支持管理层作出这项决定的审计证据，并确定衍生金融工具是否按照适用的会计准则和相关会计制度的规定进行恰当的会计处理。如果管理层不能提出该假定不成立的合理理由，注册会计师应当出具保留意见或否定意见的审计报告。

如果无法获取充分的审计证据确定该假定是否成立，注册会计师应当将其视为审计工作范围受到限制，出具保留意见或无法表示意见的审计报告。

第六节　列报认定

第五十九条　注册会计师应当通过对下列事项的判断，评价衍生金融工具的列报(包括披露)是否符合适用的会计准则和相关会计制度的规定：

(一)选用的会计政策和会计处理方法是否符合适用的会计准则和相关会计制度的规定；

(二)会计政策和会计处理方法是否与具体情况相适应；

(三)财务报表(包括相关附注)是否提供了可能影响其使用和理解的事项的信息；

(四)披露是否充分，以确保被审计单位完全遵守适用的会计准则和相关会计制度对披露的规定；

(五)财务报表列报信息的分类和汇总是否合理；

(六)财务报表是否在能够合理和可行地获取信息的范围内列报财务状况、经营成果和现金流量，从而反映相关的交易和事项。

第九章　对套期活动的额外考虑

第六十条　注册会计师应当考虑被审计单位对套期交易进行会计处理时，管理层是否在交易之初指定衍生金融工具为套期，并记录下列事项：

(一)套期关系；

(二)套期风险管理目标和战略；

(三)被审计单位如何评估套期工具抵销被套期项目公允价值变动风险，或被套期交易现金流量变动风险的有效性。

第六十一条　注册会计师应当获取审计证据，以确定管理层是否遵守适用的会计准则和相关会计制度有关套期会计的规定，包括指定要求和记录要求。

第十章　管理层声明

第六十二条　尽管管理层声明书通常由被审计单位负责人及财务负责人签署，注册会计师仍应当考虑向被审计单位负责衍生活动的人员获取关于衍生活动的声明。

第六十三条　管理层关于衍生金融工具的声明通常包括：

(一)持有衍生金融工具的目的；

(二)关于衍生金融工具的财务报表认定，包括已记录所有的衍生交易、已识别所有的嵌入衍生金融工具、估值模型已采用合理的假设和方法；

(三)所有的交易是否按照正常公平交易条件和公允市价进行；

(四)衍生交易的条款；

(五)是否存在与衍生金融工具相关的附属协议；

(六)是否订立签出期权；

(七)是否符合适用的会计准则和相关会计制度有关套期的记录要求。

第十一章　与管理层和治理层的沟通

第六十四条　如果注意到与衍生金融工具相关的内部控制在设计或运行方面存在重大缺陷，注册会计师应当按照《中国注册会计师审计准则第 1152 号——向治理层和管理层送报内部控制缺陷》的规定，尽早与管理层和治理层沟通。

第六十五条　在审计衍生金融工具时，注册会计师应当考虑与治理层职责相关的下列事项，并及时与治理层沟通：

(一)内部控制在设计或运行方面存在的重大缺陷;

(二)管理层对衍生活动的性质、范围以及相关风险缺乏了解;

(三)缺乏关于使用衍生金融工具的目标和战略的全面政策,包括业务控制、对套期关系有效性的界定、风险敞口监控以及财务报告政策;

(四)不相容职务缺乏分离。

第十二章 附 则

第六十六条 本准则自 2007 年 1 月 1 日起施行。

中国注册会计师审计准则第 1633 号——电子商务对财务报表审计的影响

(2006 年 2 月 15 日制定)

第一章 总 则

第一条 为了规范注册会计师在财务报表审计中对被审计单位电子商务的考虑,制定本准则。

第二条 本准则适用于注册会计师执行财务报表审计业务。

第三条 本准则所称电子商务,是指被审计单位利用互联网等公共网络从事的商品购买和销售、劳务接受和提供等交易活动。

第四条 广泛使用互联网从事电子商务,产生了新的风险因素,需要被审计单位有效应对。注册会计师应当考虑电子商务在被审计单位业务活动中的重要性,以及对重大错报风险评估的影响。

第五条 注册会计师按照本准则的规定对电子商务进行考虑,旨在对财务报表形成审计意见,而非对电子商务系统或活动本身提出鉴证结论或咨询意见。

第二章 知识和技能的要求

第六条 当电子商务对被审计单位的业务活动具有重大影响时,注册会计师应当具备适当水平的信息技术和互联网商务知识,以实现下列目的:

(一)了解开展电子商务对财务报表的影响;

(二)确定审计程序的性质、时间和范围,评价审计证据;

(三)考虑被审计单位依赖电子商务的程度对持续经营能力的影响。

第七条 由于电子商务的特殊性和复杂性,必要时,注册会计师应当考虑利用专家的工作。

第三章 对被审计单位电子商务的了解

第一节 总体要求

第八条 注册会计师应当考虑电子商务导致的被审计单位经营环境的变化,以及识别出的对财务报表产生影响的电子商务风险。

第九条 在了解被审计单位及其环境时,注册会计师应当考虑下列事项对财务报表的影响:

(一)业务活动和所处行业;

(二)电子商务战略;

(三)开展电子商务的程度;

(四)外包安排。

第二节　被审计单位的业务活动和所处行业

第十条　在了解被审计单位的业务活动和所处行业时，注册会计师应当关注与电子商务相关的下列特点：

（一）电子商务可能是对传统业务活动的补充，也可能是新的业务类型；

（二）电子商务不具备货物和服务等实体贸易所具有的清晰、固定的运送路线这一传统特征；

（三）某些行业运用电子商务的程度较高，可能增大对财务报表产生影响的经营风险。

第三节　被审计单位的电子商务战略

第十一条　被审计单位的电子商务战略，包括在电子商务中运用信息技术的方式以及对可接受风险水平的评估，可能对财务记录的安全性和相关财务信息的完整性与可靠性产生影响。

在考虑被审计单位的电子商务战略时，注册会计师应当结合对控制环境的了解，关注下列事项：

（一）在整合电子商务与总体经营战略的过程中，治理层的参与程度；

（二）被审计单位开展电子商务的目的，是为新业务提供支持，还是提高现有业务的效率，抑或为现有业务开辟新的市场；

（三）被审计单位的收入来源及其正在发生的变化；

（四）管理层对电子商务如何影响盈利状况和财务需求的评价；

（五）管理层对风险的态度及其对风险总体状况可能产生的影响；

（六）管理层在多大程度上识别出电子商务战略所描述的机遇和风险，或者管理层仅在机遇和风险出现时才临时制定应对措施；

（七）管理层对执行相关最佳实务规则或者网络签章程序的信守程度。

第四节　被审计单位开展电子商务的程度

第十二条　不同的被审计单位可能以不同的方式开展电子商务。电子商务可能用于下列方面：

（一）仅提供关于被审计单位及其活动的信息，供投资者、顾客、供应商、资金提供者和员工等访问；

（二）通过互联网处理交易，方便已有的顾客；

（三）通过在互联网上提供信息和处理交易，开拓新市场和发展新客户；

（四）访问应用服务提供商；

（五）创立一种全新的经营模式。

第十三条　随着被审计单位开展电子商务程度的加深，以及内部系统更加集成化和复杂化，新的交易方式与传统业务活动的差异可能更加明显，并可能导致新的风险。

注册会计师应当了解电子商务的开展程度如何影响被审计单位需要应对的风险的性质。

第五节　被审计单位的外包安排

第十四条　被审计单位可能在下列方面使用服务机构的工作：

（一）提供电子商务运作所需的全部或部分信息技术支持；

（二）与电子商务相关的其他工作，包括订单履行、商品交付、呼叫中心运转，以及某些会计工作等。

被审计单位使用的服务机构包括互联网服务提供商、应用服务提供商和数据服务公司等。

第十五条　在被审计单位使用服务机构的情况下，服务机构采用和保持的某些政策、程序和记录可能与被审计单位财务报表审计相关，注册会计师应当按照《中国注册会计师审计准则第 1241 号——对被审计单位使用服务机构的考虑》的规定，考虑被审计单位的外包安排及相关风险的应对措施，以确定其对审计的影响。

第四章　识别风险

第十六条　管理层可能面临下列各种与电子商务相关的经营风险：

（一）无法保证交易的完备性，尤其在缺少充分的审计轨迹（无论是纸质还是电子形式）时，该风险的影响将更大；

(二)电子商务安全风险，包括顾客、员工和其他人士通过未经授权的访问实施舞弊的可能性，以及病毒攻击；

(三)运用不恰当的会计政策，包括收入确认、网站开发成本等支出的处理、与产品质量保证相关的预计负债的确认、外币折算等问题；

(四)未能遵守税法和其他法律法规，尤其在通过互联网开展跨国或跨地区电子商务时更易出现此类情况；

(五)无法保证仅以电子形式存在的合同具有约束力；

(六)过度依赖电子商务；

(七)系统和基础架构失效或崩溃。

第十七条　注册会计师应当利用对被审计单位及其环境的了解，识别电子商务中可能导致经营风险的事项、交易和惯例。

第十八条　注册会计师应当关注被审计单位是否运用适当的安全基础架构和相关控制，应对电子商务中出现的某些经营风险。

第十九条　注册会计师应当考虑被审计单位是否已恰当处理与电子商务环境密切相关的下列法律法规问题：

(一)隐私权保护；

(二)对特定行业的管制；

(三)合同的强制执行效力；

(四)特殊交易或事项的合法性；

(五)反洗钱；

(六)知识产权保护。

第二十条　在跨国或跨地区的电子商务中，注册会计师应当考虑被审计单位是否对电子商务涉及的不同司法管辖区内的法律法规差异有足够的了解，并遵守所有适用的法律法规；注册会计师尤其要考虑被审计单位有无适当的程序确认其在不同司法管辖区内的纳税义务(特别是营业税、增值税等流转税)。

可能导致电子商务交易产生相应纳税义务的因素包括：

(一)被审计单位的法定注册地；

(二)被审计单位的实际经营所在地；

(三)被审计单位网络服务器所在地；

(四)商品和服务的来源地；

(五)顾客所在地，或商品交付地和劳务提供地。

第二十一条　注册会计师应当按照《中国注册会计师审计准则第 1142 号——财务报表审计中对法律法规的考虑》的规定，实施相关程序，充分考虑被审计单位可能存在的违反与电子商务有关的法律法规的行为及其可能对财务报表产生的重大影响。必要时，应当考虑征询法律意见。

第五章　对内部控制的考虑

第一节　总体要求

第二十二条　注册会计师应当按照《中国注册会计师审计准则第 1211 号——了解被审计单位及其环境识别和评估重大错报风险》和《中国注册会计师审计准则第 1231 号——针对评估的重大错报风险采取的应对措施》的规定，考虑被审计单位在电子商务中运用的与审计相关的内部控制。

在某些情况下，仅依靠实施实质性程序不足以将审计风险降至可接受的低水平，注册会计师应当实施控制测试，并考虑使用计算机辅助审计技术。这些情况主要包括：

(一)电子商务系统高度自动化；

(二)交易量过大；

(三)未保留包含审计轨迹的电子证据。

第二十三条 当被审计单位从事电子商务时,注册会计师应当考虑与电子商务相关的安全性控制、交易完备性控制和流程整合。

注册会计师还应当考虑内部控制中与审计特别相关的下列方面:

(一)在快速变化的电子商务环境中保持控制程序的完备性;

(二)确保能够访问相关记录,以满足被审计单位和注册会计师审计的需要。

第二节 安全性控制

第二十四条 注册会计师应当考虑被审计单位安全基础架构和相关控制是否足以应对与电子商务交易的记录和处理相关的安全性风险。

第二十五条 注册会计师应当考虑下列事项对财务报表认定的潜在影响:

(一)有效使用防火墙和病毒防护软件;

(二)有效使用加密技术;

(三)对用于支持电子商务活动的系统的开发和运行的控制;

(四)当出现的新技术可能危害互联网安全时,现有的安全控制是否仍然有效;

(五)控制环境能否对所采用的控制程序提供支持。

第三节 交易完备性控制

第二十六条 注册会计师应当考虑交易完备性控制,包括被审计单位会计处理所依据信息的完整性、准确性、及时性以及是否经过授权。

第二十七条 注册会计师针对会计系统中与电子商务交易相关的信息完备性所实施的审计程序,主要涉及评估用于采集和处理此类信息的系统的可靠性。

在针对复杂电子商务实施审计程序时,注册会计师应当重点考虑在交易信息的采集和即时自动化处理中与交易完备性相关的自动化控制。

第二十八条 在电子商务环境中,与交易完备性相关的控制通常用于:

(一)验证输入;

(二)防止交易的重复记录或遗漏;

(三)确保在处理订单之前,交易双方已就交货条件和信用条件等交易条款达成一致;

(四)区分顾客的浏览和正式订单,确保交易的一方事后不能否认已达成一致的特定条款,必要时还应确保交易是与经核准的交易方进行的;

(五)确保所有步骤均已完成并得以记录,或拒绝未完成所有步骤的订单,以防止出现处理不完整的情况;

(六)确保交易的详细信息在同一网络内的多个系统之间适当分配;

(七)确保记录得到适当保管、备份和保护。

第四节 流程整合

第二十九条 流程整合是指将多个信息技术系统集成,使之实质上如同一个系统运转的过程。

第三十条 注册会计师应当关注被审计单位采集电子商务交易数据并将其传递至会计系统的方式可能对下列事项产生影响:

(一)交易处理和信息存储的完整性和准确性;

(二)销售收入、采购和其他交易的确认时点;

(三)有争议交易的识别和记录。

第三十一条 当下列控制与财务报表认定相关时,注册会计师应当予以考虑:

(一)针对电子商务交易与内部系统的集成实施的控制;

(二)针对系统改变和数据转换实施的控制。

第六章 电子记录对审计证据的影响

第三十二条 注册会计师应当考虑被审计单位实施的信息安全政策和安全控制措施,是否足以防止未经授权修改会计系统或会计记录，或修改向会计系统提供数据的系统。

第三十三条　在考虑电子证据的充分性和适当性时，注册会计师可能需要测试自动化控制(如记录完备性检查、电子日戳、数字签章和版本控制)，并根据对这些控制的评价结论，考虑是否需要实施追加的审计程序，比如向第三方函证交易细节或账户余额。

第七章　附　　则

第三十四条　本准则自 2007 年 1 月 1 日起施行。

中国注册会计师审阅准则第 2101 号——财务报表审阅

(2006 年 2 月 15 日制定)

第一章　总　　则

第一条　为了规范注册会计师执行财务报表审阅业务，明确执业责任，制定本准则。

第二条　财务报表审阅的目标，是注册会计师在实施审阅程序的基础上，说明是否注意到某些事项，使其相信财务报表没有按照适用的会计准则和相关会计制度的规定编制，未能在所有重大方面公允反映被审阅单位的财务状况、经营成果和现金流量。

第三条　注册会计师应当遵守相关的职业道德规范，恪守独立、客观、公正的原则，保持专业胜任能力和应有的关注，并对执业过程中获知的信息保密。

第四条　注册会计师应当按照本准则的规定执行财务报表审阅业务。

第五条　在计划和实施审阅工作时，注册会计师应当保持职业怀疑态度，充分考虑可能存在导致财务报表发生重大错报的情形。

第六条　注册会计师应当主要通过询问和分析程序获取充分、适当的证据，作为得出审阅结论的基础。

第二章　审阅范围和保证程度

第七条　审阅范围是指为实现财务报表审阅目标，注册会计师根据本准则和职业判断实施的恰当的审阅程序的总和。

注册会计师应当根据本准则确定执行财务报表审阅业务所要求的程序。必要时，还应当考虑业务约定条款的要求。

第八条　由于实施审阅程序不能提供在财务报表审计中要求的所有证据，审阅业务对所审阅的财务报表不存在重大错报提供有限保证，注册会计师应当以消极方式提出结论。

第三章　业务约定书

第九条　注册会计师应当与被审阅单位就业务约定条款达成一致意见，并签订业务约定书。

第十条　业务约定书应当包括下列主要内容：

(一)审阅业务的目标；

(二)管理层对财务报表的责任；

(三)审阅范围，其中应提及按照本准则的规定执行审阅工作；

(四)注册会计师不受限制地接触审阅业务所要求的记录、文件和其他信息；

(五)预期提交的报告样本；

(六)说明不能依赖财务报表审阅揭示错误、舞弊和违反法规行为；

(七)说明没有实施审计，因此注册会计师不发表审计意见，不能满足法律法规或第三方对审计的要求。

第四章 审阅计划

第十一条 注册会计师应当计划审阅工作，以有效执行审阅业务。

第十二条 在计划审阅工作时，注册会计师应当了解被审阅单位及其环境，或更新以前了解的内容，包括考虑被审阅单位的组织结构、会计信息系统、经营管理情况以及资产、负债、收入和费用的性质等。

第五章 审阅程序和审阅证据

第十三条 在确定审阅程序的性质、时间和范围时，注册会计师应当运用职业判断，并考虑下列因素：

(一)以前期间执行财务报表审计或审阅所了解的情况；

(二)对被审阅单位及其环境的了解，包括适用的会计准则和相关会计制度、行业惯例；

(三)会计信息系统；

(四)管理层的判断对特定项目的影响程度；

(五)各类交易和账户余额的重要性。

第十四条 在考虑重要性水平时，注册会计师应当采用与执行财务报表审计业务相同的标准。

第十五条 财务报表审阅程序通常包括：

(一)了解被审阅单位及其环境；

(二)询问被审阅单位采用的会计准则和相关会计制度、行业惯例；

(三)询问被审阅单位对交易和事项的确认、计量、记录和报告的程序；

(四)询问财务报表中所有重要的认定；

(五)实施分析程序，以识别异常关系和异常项目；

(六)询问股东会、董事会以及其他类似机构决定采取的可能对财务报表产生影响的措施；

(七)阅读财务报表，以考虑是否遵循指明的编制基础；

(八)获取其他注册会计师对被审阅单位组成部分财务报表出具的审计报告或审阅报告。

注册会计师应当向负责财务会计事项的人员询问下列事项：

(一)所有交易是否均已记录；

(二)财务报表是否按照指明的编制基础编制；

(三)被审阅单位业务活动、会计政策和行业惯例的变化；

(四)在实施本条前款第(一)项至第(八)项程序时所发现的问题。

必要时，注册会计师应当获取管理层书面声明。

第十六条 注册会计师应当询问在资产负债表日后发生的、可能需要在财务报表中调整或披露的期后事项。注册会计师没有责任实施程序以识别审阅报告日后发生的事项。

第十七条 如果有理由相信所审阅的财务报表可能存在重大错报，注册会计师应当实施追加的或更为广泛的程序，以便能够以消极方式提出结论或确定是否出具非无保留结论的报告。

第十八条 在利用其他注册会计师或专家的工作时，注册会计师应当考虑其工作是否满足财务报表审阅的需要。

第十九条 注册会计师应当记录为审阅报告提供证据的重大事项，以及按照本准则的规定执行审阅业务的证据。

第六章 结论和报告

第二十条 审阅报告应当清楚地表达有限保证的结论。

注册会计师应当复核和评价根据审阅证据得出的结论，以此作为表达有限保证的基础。

第二十一条 根据已实施的工作，注册会计师应当评估在审阅过程中获知的信息是否表明财务报表没有按照适用的会计准则和相关会计制度的规定编制，未能在所有重大方面公允反映被审阅单位的财务状况、经营成果和现金流量。

第二十二条 审阅报告应当包括下列要素：

(一)标题；

(二)收件人；

(三)引言段；

(四)范围段；

(五)结论段；

(六)注册会计师的签名和盖章；

(七)会计师事务所的名称、地址及盖章；

(八)报告日期。

第二十三条 审阅报告的标题应当统一规范为“审阅报告”。

第二十四条 审阅报告的收件人应当为审阅业务的委托人。审阅报告应当载明收件人的全称。

第二十五条 审阅报告的引言段应当说明下列内容：

(一)所审阅财务报表的名称；

(二)管理层的责任和注册会计师的责任。

第二十六条 审阅报告的范围段应当说明审阅的性质，包括下列内容：

(一)审阅业务所依据的准则；

(二)审阅主要限于询问和实施分析程序，提供的保证程度低于审计；

(三)没有实施审计，因而不发表审计意见。

第二十七条 注册会计师应当根据实施审阅程序的情况，在审阅报告的结论段中提出下列之一的结论：

(一)根据注册会计师的审阅，如果没有注意到任何事项使其相信财务报表没有按照适用的会计准则和相关会计制度的规定编制，未能在所有重大方面公允反映被审阅单位的财务状况、经营成果和现金流量，注册会计师应当提出无保留的结论。

(二)如果注意到某些事项使其相信财务报表没有按照适用的会计准则和相关会计制度的规定编制，未能在所有重大方面公允反映被审阅单位的财务状况、经营成果和现金流量，注册会计师应当在审阅报告的结论段前增设说明段，说明这些事项对财务报表的影响，并提出保留结论。

如果这些事项对财务报表的影响非常重大和广泛，以至于认为仅提出保留结论不足以揭示财务报表的误导性或不完整性，注册会计师应当对财务报表提出否定结论，即财务报表没有按照适用的会计准则和相关会计制度的规定编制，未能在所有重大方面公允反映被审阅单位的财务状况、经营成果和现金流量。

(三)如果存在重大的范围限制，注册会计师应当在审阅报告中说明，假定范围不受限制，注册会计师可能发现需要调整财务报表的事项，因而提出保留结论。

如果范围限制的影响非常重大和广泛，以至于注册会计师认为不能提供任何程度的保证时，不应提供任何保证。

第二十八条 审阅报告应当由注册会计师签名并盖章。

第二十九条 审阅报告应当载明会计师事务所的名称和地址，并加盖会计师事务所公章。

第三十条 审阅报告应当注明报告日期。审阅报告的日期是指注册会计师完成审阅工作的日期，不应早于管理层批准财务报表的日期。

第七章 附 则

第三十一条 本准则自 2007 年 1 月 1 日起施行。

附录：

审阅报告参考格式

1. 无保留结论的审阅报告

审 阅 报 告

ABC股份有限公司全体股东：

我们审阅了后附的ABC股份有限公司(以下简称ABC公司)财务报表，包括20×1年12月31日的资产负债表，20×1年度的利润表、股东权益变动表和现金流量表以及财务报表附注。这些财务报表的编制是ABC公司管理层的责任，我们的责任是在实施审阅工作的基础上对这些财务报表出具审阅报告。

我们按照《中国注册会计师审阅准则第2101号——财务报表审阅》的规定执行了审阅业务。该准则要求我们计划和实施审阅工作，以对财务报表是否不存在重大错报获取有限保证。审阅主要限于询问公司有关人员和对财务数据实施分析程序，提供的保证程度低于审计。我们没有实施审计，因而不发表审计意见。

根据我们的审阅，我们没有注意到任何事项使我们相信财务报表没有按照企业会计准则和《××会计制度》的规定编制，未能在所有重大方面公允反映被审阅单位的财务状况、经营成果和现金流量。

××会计师事务所
(盖章)

中国注册会计师：×××
(签名并盖章)

中国注册会计师：×××
(签名并盖章)

中国××市
二○×二年×月×日

2. 保留结论的审阅报告

审 阅 报 告

ABC股份有限公司全体股东：

我们审阅了后附的ABC股份有限公司(以下简称ABC公司)财务报表，包括20×1年12月31日的资产负债表，20×1年度的利润表、股东权益变动表和现金流量表以及财务报表附注。这些财务报表的编制是ABC公司管理层的责任，我们的责任是在实施审阅工作的基础上对这些财务报表出具审阅报告。

我们按照《中国注册会计师审阅准则第2101号——财务报表审阅》的规定执行了审阅业务。该准则要求我们计划和实施审阅工作，以对财务报表是否不存在重大错报获取有限保证。审阅主要限于询问公司有关人员和对财务数据实施分析程序，提供的保证程度低于审计。我们没有实施审计，因而不发表审计意见。

ABC公司管理层告知我们，存货以高于可变现净值的成本计价。由ABC公司管理层编制并经过我们审阅的计算表显示，如果根据企业会计准则规定的成本与可变现净值孰低法计价，存货的账面价值将减少×元，净利润和股东权益将减少×元。

根据我们的审阅，除了上述存货价值高估所造成的影响外，我们没有注意到任何事项使我们相信财务报表没有按照适用的会计准则和相关会计制度的规定编制，未能在所有重大方面公允反映被审阅单位的财务状况、经营成果和现金流量。

××会计师事务所　　　　　　　　　　　　　　中国注册会计师：×××
（盖章）　　　　　　　　　　　　　　　　　　（签名并盖章）

中国注册会计师：×××
（签名并盖章）

中国××市
二〇×二年×月×日

3. 否定结论的审阅报告

审阅报告

ABC股份有限公司全体股东：

我们审阅了后附的ABC股份有限公司(以下简称ABC公司)财务报表,包括20×1年12月31日的资产负债表,20×1年度的利润表、股东权益变动表和现金流量表以及财务报表附注。这些财务报表的编制是ABC公司管理层的责任,我们的责任是在实施审阅工作的基础上对这些财务报表出具审阅报告。

我们按照《中国注册会计师审阅准则第2101号——财务报表审阅》的规定执行了审阅业务。该准则要求我们计划和实施审阅工作,以对财务报表是否不存在重大错报获取有限保证。审阅主要限于询问公司有关人员和对财务数据实施分析程序,提供的保证程度低于审计。我们没有实施审计,因而不发表审计意见。

如财务报表附注×所述,ABC公司在编制财务报表时未将各子公司纳入合并范围,且对这些子公司的长期股权投资以成本法核算。根据企业会计准则的规定,ABC公司应当对子公司的长期股权投资采用权益法核算,并将子公司纳入合并范围。

根据我们的审阅,由于受到前段所述事项的重大影响,财务报表未能按照企业会计准则和《××会计制度》的规定编制。

××会计师事务所　　　　　　　　　　　　　　中国注册会计师：×××
（盖章）　　　　　　　　　　　　　　　　　　（签名并盖章）

中国注册会计师：×××
（签名并盖章）

中国××市
二〇×二年×月×日

中国注册会计师其他鉴证业务准则第3101号——历史财务信息审计或审阅以外的鉴证业务

（2006年2月15日制定）

第一章　总　　则

第一条　为了规范注册会计师执行历史财务信息审计或审阅以外的鉴证业务,制定本准则。

第二条　本准则适用于注册会计师执行历史财务信息审计或审阅以外的鉴证业务(以下简称其他鉴证

业务)。

第三条 注册会计师执行其他鉴证业务,应当遵守《中国注册会计师鉴证业务基本准则》和其他鉴证业务准则,以及职业道德规范和会计师事务所质量控制准则。

第四条 其他鉴证业务的保证程度分为合理保证和有限保证。

合理保证的其他鉴证业务的目标是注册会计师将鉴证业务风险降至该业务环境下可接受的低水平,以此作为以积极方式提出结论的基础。

有限保证的其他鉴证业务的目标是注册会计师将鉴证业务风险降至该业务环境下可接受的水平,以此作为以消极方式提出结论的基础。

有限保证的其他鉴证业务的风险水平高于合理保证的其他鉴证业务的风险水平。

第二章 承接与保持业务

第五条 只有符合下列所有条件,会计师事务所才能承接或保持其他鉴证业务:

(一)鉴证对象由预期使用者和注册会计师以外的第三方负责;

(二)在初步了解业务环境的基础上,未发现不符合职业道德规范和《中国注册会计师鉴证业务基本准则》要求的情况;

(三)确信执行其他鉴证业务的人员在整体上具备必要的专业胜任能力。

第六条 注册会计师应当向责任方获取书面声明,以明确责任方对鉴证对象的责任。如果无法获取责任方的书面声明,注册会计师应当考虑:

(一)承接业务是否适当,法律法规或合同是否明确了相关责任;

(二)如果承接业务,是否在鉴证报告中披露该情况。

第七条 注册会计师应当考虑职业道德规范中有关独立性的要求,以及拟承接的其他鉴证业务是否具备《中国注册会计师鉴证业务基本准则》第十条规定的所有特征。

第八条 在某些情况下,鉴证对象要求的专业知识和技能可能超出注册会计师通常具有的专业胜任能力。在这种情况下,注册会计师应当考虑利用专家工作或拒绝接受业务委托。

第九条 注册会计师应当在其他鉴证业务开始前,与委托人就其他鉴证业务约定条款达成一致意见,并签订业务约定书,以避免双方对其他鉴证业务的理解产生分歧。如果委托人与责任方不是同一方,业务约定书的性质和内容可以有所不同。

第十条 在完成其他鉴证业务前,如果委托人要求将其他鉴证业务变更为非鉴证业务,或将合理保证的其他鉴证业务变更为有限保证的其他鉴证业务,注册会计师应当考虑这一要求的合理性。如果没有合理的理由,注册会计师不应当同意这一变更。

当业务环境变化影响到预期使用者的需求,或预期使用者对该项业务的性质存在误解时,注册会计师可以应委托人的要求,考虑同意变更该项业务。如果发生变更,注册会计师不应忽视变更前获取的证据。

第三章 计划与执行业务

第一节 总体要求

第十一条 注册会计师应当计划其他鉴证业务工作,以有效执行其他鉴证业务。

计划工作包括制定总体策略和具体计划。总体策略包括确定其他鉴证业务的范围、重点、时间安排和实施。具体计划包括拟执行的证据收集程序的性质、时间和范围以及选择这些程序的理由。

计划工作的性质和范围因被鉴证单位的规模、复杂程度以及注册会计师的相关经验等情况的不同而存在差异。在计划其他鉴证业务工作时,注册会计师应当考虑下列主要因素:

(一)业务约定条款;

(二)鉴证对象特征和既定标准;

(三)其他鉴证业务的实施过程和可能的证据来源;

(四)对被鉴证单位及其环境的了解,包括对鉴证对象信息可能存在重大错报风险的了解;

(五)确定预期使用者及其需要,考虑重要性以及鉴证业务风险要素;

(六)对参与业务的人员及其技能的要求,包括专家参与的性质和范围。

第十二条 计划其他鉴证业务工作不是一个孤立阶段,而是整个其他鉴证业务中持续的、不断修正的过程。

由于未预期事项、业务情况变化或获取的证据等因素,注册会计师可能需要在业务实施过程中修订总体策略和具体计划,进而修改计划实施的进一步程序的性质、时间和范围。

第十三条 在计划和执行其他鉴证业务时,注册会计师应当保持职业怀疑态度,以识别可能导致鉴证对象信息发生重大错报的情况。

第十四条 注册会计师应当了解鉴证对象和其他的业务环境事项,以足够识别和评估鉴证对象信息发生重大错报的风险,并设计和实施进一步的证据收集程序。

第十五条 在计划和执行其他鉴证业务时,注册会计师应当了解鉴证对象和其他的业务环境事项,以便为在下列关键环节作出职业判断提供重要基础:

(一)考虑鉴证对象特征;

(二)评估标准的适当性;

(三)确定需要特殊考虑的领域,比如显示存在舞弊的迹象、需要特殊技能或利用专家工作的领域;

(四)确定重要性水平,评价其数量的持续适当性,并考虑其性质因素;

(五)实施分析程序时确定期望值;

(六)设计和实施进一步的证据收集程序,以将鉴证业务风险降至适当水平;

(七)评价证据,包括评价责任方口头声明和书面声明的合理性。

第十六条 注册会计师应当运用职业判断,确定需要了解鉴证对象及其他的业务环境事项的程度,并考虑这种了解是否足以评估鉴证对象信息发生重大错报的风险。

第二节 评估鉴证对象的适当性

第十七条 注册会计师应当评估鉴证对象的适当性。

适当的鉴证对象应当具备下列所有条件:

(一)鉴证对象可以识别;

(二)不同的组织或人员按照既定标准对鉴证对象进行评价或计量的结果合理一致;

(三)注册会计师能够收集与鉴证对象有关的信息,获取充分、适当的证据,以支持其提出适当的鉴证结论。

第十八条 只有当对业务环境的初步了解表明鉴证对象适当时,会计师事务所才能承接其他鉴证业务。

在承接其他鉴证业务后,如果认为鉴证对象不适当,注册会计师应当出具保留结论、否定结论或无法提出结论的报告。必要时,注册会计师应当考虑解除业务约定。

第三节 评估标准的适当性

第十九条 注册会计师应当评估用于评价或计量鉴证对象的标准的适当性。

适当的标准应当具备下列所有特征:

(一)相关性:相关的标准有助于得出结论,便于预期使用者作出决策;

(二)完整性:完整的标准不应忽略业务环境中可能影响得出结论的相关因素,当涉及列报时,还包括列报的基准;

(三)可靠性:可靠的标准能够使能力相近的注册会计师在相似的业务环境中,对鉴证对象作出合理一致的评价或计量;

(四)中立性:中立的标准有助于得出无偏向的结论;

(五)可理解性:可理解的标准有助于得出清晰、易于理解、不会产生重大歧义的结论。

第二十条 只有当对业务环境的初步了解表明使用的标准适当时,会计师事务所才能承接其他鉴证业务。

在承接其他鉴证业务后,如果认为使用的标准不适当,注册会计师应当出具保留结论、否定结论或无法提出结论的报告。必要时,注册会计师应当考虑解除业务约定。

第二十一条 标准可能是由法律法规规定的，或由政府主管部门或国家认可的专业团体依照公开、适当的程序发布的(以下简称公开发布标准)，也可能是专门制定的。在通常情况下，只有当与预期使用者的需求相关时，公开发布标准才是适当的。

如果某鉴证对象存在公开发布标准，而特定的预期使用者出于特定目的使用其他标准，或专门建立一套标准满足其特殊需要，在这种情况下，注册会计师应当在鉴证报告中指明：

(一)使用的标准不是公开发布标准；

(二)使用的标准仅供特定的预期使用者使用，且仅适用于特殊目的。

第二十二条 对某些鉴证对象，可能不存在公开发布标准，而需要专门制定标准。注册会计师应当考虑专门制定的标准是否会导致鉴证报告对预期使用者产生误导。注册会计师应当尽可能使预期使用者或委托人确认专门制定的标准符合预期使用者的目的。

如果未获得对专门制定标准的确认，注册会计师应当考虑这种情况对评估既定标准适当性的影响，以及对鉴证报告中有关该标准的信息的影响。

第四节 重要性与鉴证业务风险

第二十三条 在计划和执行其他鉴证业务时，注册会计师应当考虑重要性和鉴证业务风险。

第二十四条 在确定证据收集程序的性质、时间和范围，评价鉴证对象信息是否不存在错报时，注册会计师应当考虑重要性。

在考虑重要性时，注册会计师应当了解并评价哪些因素可能会影响预期使用者的决策。

注册会计师应当综合数量和性质因素考虑重要性。在具体业务中，注册会计师需要运用职业判断，评估重要性以及数量和性质因素的相对重要程度。

第二十五条 注册会计师应当将鉴证业务风险降至该业务环境下可接受的水平。

在合理保证的其他鉴证业务中，注册会计师应当将鉴证业务风险降至该业务环境下可接受的低水平，以此作为以积极方式提出结论的基础。

由于证据收集程序的性质、时间和范围不同，有限保证的其他鉴证业务的风险水平高于合理保证的其他鉴证业务的风险水平。但在有限保证的其他鉴证业务中，证据收集程序的性质、时间和范围应当至少足以使注册会计师获得某种有意义的保证水平，以此作为注册会计师以消极方式提出结论的基础。

当注册会计师获取的保证水平很有可能在一定程度上增强预期使用者对鉴证对象信息的信任时，这种保证水平是有意义的保证水平。

第二十六条 鉴证业务风险通常体现为重大错报风险和检查风险。

重大错报风险是指鉴证对象信息在鉴证前存在重大错报的可能性。

检查风险是指注册会计师未能发现存在的重大错报的可能性。

注册会计师对重大错报风险和检查风险的考虑受具体业务环境的影响，特别受鉴证对象性质，以及所执行的是合理保证还是有限保证的其他鉴证业务的影响。

第四章 利用专家的工作

第二十七条 在收集和评价证据时，对于某些其他鉴证业务的鉴证对象和相关标准，可能需要运用特殊知识和技能。在这种情况下，注册会计师应当考虑利用专家的工作。

第二十八条 当利用专家的工作收集和评价证据时，注册会计师与专家作为一个整体，应当具备与鉴证对象和标准相关的足够的专业知识和技能。

第二十九条 参与其他鉴证业务的所有人员(包括专家)，都应当保持应有的关注。

在执行其他鉴证业务时，尽管并不要求专家在所有方面与注册会计师具备同样的专业知识和技能，但注册会计师应当确定专家已充分了解其他鉴证业务准则，以使专家能够按照具体业务目标开展工作。

第三十条 注册会计师应当实施质量控制程序，明确执行其他鉴证业务人员的责任，包括专家的工作责任，以确保其遵守其他鉴证业务准则。

第三十一条 注册会计师应当充分参与其他鉴证业务和了解专家所承担的工作，以足以对鉴证对象信息形成的结论承担责任。

在形成鉴证结论时,注册会计师应当考虑利用专家工作的程度是否合理。

第三十二条 尽管并不期望注册会计师具备与专家相同的专业知识和技能,但注册会计师应当具备足够的知识和技能,以实现下列目的:

(一)界定专家工作的目标及其如何与鉴证业务目标相联系;

(二)考虑专家使用的假设、方法和原始数据的合理性;

(三)考虑专家发现的问题和得出结论的合理性。

第三十三条 注册会计师应当获取充分、适当的证据,确定专家的工作是否符合其他鉴证业务的目标。

在评估专家提供证据的充分性和适当性时,注册会计师应当评价:

(一)专家的专业胜任能力,包括专家的经验和客观性;

(二)专家使用的假设、方法和原始数据的合理性;

(三)专家发现的问题和得出结论的合理性及其重要性。

第五章 获取证据

第一节 总体要求

第三十四条 注册会计师应当获取充分、适当的证据,据此形成鉴证结论。

证据的充分性是对证据数量的衡量。证据的适当性是对证据质量的衡量,即证据的相关性和可靠性。

第三十五条 注册会计师可以考虑获取证据的成本与所获取信息有用性之间的关系,但不应仅以获取证据的困难和成本为由减少不可替代的程序。

第三十六条 在评价证据的充分性和适当性以支持鉴证结论时,注册会计师应当运用职业判断,并保持职业怀疑态度。

第三十七条 其他鉴证业务通常不涉及鉴定文件记录的真伪,注册会计师也不是鉴定文件记录真伪的专家,但应当考虑用作证据的信息的可靠性,包括考虑与信息生成和维护相关的控制的有效性。

如果在执行业务过程中识别出的情况使其认为文件记录可能是伪造的或文件记录中的某些条款已发生变动,注册会计师应当作进一步调查,包括直接向第三方询证,或考虑利用专家的工作,以评价文件记录的真伪。

第三十八条 在合理保证的其他鉴证业务中,注册会计师应当通过下列不断修正的、系统化的执业过程,获取充分、适当的证据:

(一)了解鉴证对象及其他的业务环境事项,必要时包括了解内部控制;

(二)在了解鉴证对象及其他的业务环境事项的基础上,评估鉴证对象信息可能存在的重大错报风险;

(三)应对评估的风险,包括制定总体应对措施以及确定进一步程序的性质、时间和范围;

(四)针对识别的风险实施进一步程序,包括实施实质性程序,以及在必要时测试控制运行的有效性;

(五)评价证据的充分性和适当性。

第三十九条 合理保证提供的保证水平低于绝对保证。由于存在下列因素,将鉴证业务风险降至零几乎不可能,也不符合成本效益原则:

(一)选择性测试方法的运用;

(二)内部控制的固有局限性;

(三)大多数证据是说服性而非结论性的;

(四)在获取和评价证据以及由此得出结论时涉及大量判断;

(五)在某些情况下鉴证对象具有特殊性。

第四十条 合理保证的其他鉴证业务和有限保证的其他鉴证业务都需要运用鉴证技术和方法,收集充分、适当的证据。与合理保证的其他鉴证业务相比,有限保证的其他鉴证业务在证据收集程序的性质、时间、范围等方面是有意识地加以限制的。

第四十一条 无论是合理保证还是有限保证的其他鉴证业务,如果注意到某事项可能导致对鉴证对象信息是否需要作出重大修改产生疑问,注册会计师应当执行其他足够的程序,追踪这一事项,以支持鉴证结论。

第二节 责任方声明

第四十二条 注册会计师在必要时应当向责任方获取声明。责任方声明包括书面声明和口头声明。责任方对口头声明的书面确认,可以减少注册会计师和责任方之间产生误解的可能性。

注册会计师应当要求责任方就其按照既定标准对鉴证对象进行评价或计量出具书面声明,无论该声明作为责任方的认定能否为预期使用者获取。如果无法获取该项书面声明,注册会计师应当根据工作范围受到限制的程度,考虑出具保留结论或无法提出结论的鉴证报告,并考虑是否需要对鉴证报告的使用作出限制。

第四十三条 在其他鉴证业务中,责任方可能主动提供声明或以回复注册会计师询问的方式提供声明。当责任方声明与某一事项相关,且该事项对鉴证对象的评价或计量有重大影响时,注册会计师应当实施下列程序:

(一)评价责任方声明的合理性及其与其他证据(包括其他声明)的一致性;

(二)考虑作出声明的人员是否充分知晓所声明的特定事项;

(三)在合理保证的其他鉴证业务中,获取佐证性的证据;在有限保证的其他鉴证业务中,考虑是否有必要寻求佐证性的证据。

第四十四条 责任方声明不能替代注册会计师合理预期能够获取的其他证据。如果某事项对评价或计量鉴证对象产生重大影响或可能产生重大影响,且对该事项无法获取在正常情况下能够获取的充分、适当的证据,即使已从责任方获取相关声明,注册会计师应将其视为工作范围受到限制。

第六章 考虑期后事项

第四十五条 注册会计师应当考虑截至鉴证报告日发生的事项对鉴证对象信息和鉴证报告的影响。

第四十六条 注册会计师对期后事项的考虑程度,取决于这些事项对鉴证对象信息和鉴证结论适当性的潜在影响。

在某些其他鉴证业务中,由于鉴证对象性质特殊,注册会计师可能无需考虑期后事项,如对某一时点统计报表的准确性提出鉴证结论。

第七章 形成工作记录

第四十七条 注册会计师应当记录重大事项,以提供证据支持鉴证报告,并证明其已按照其他鉴证业务准则的规定执行业务。

第四十八条 对需要运用职业判断的所有重大事项,注册会计师应当记录推理过程和相关结论。

如果对某些事项难以进行判断,注册会计师还应当记录得出结论时已知悉的有关事实。

第四十九条 注册会计师应当将鉴证过程中考虑的所有重大事项记录于工作底稿。

在运用职业判断确定工作底稿的编制和保存范围时,注册会计师应当考虑,使未曾接触该项其他鉴证业务的有经验的专业人士了解实施的鉴证程序,以及作出重大决策的依据。

第八章 编制鉴证报告

第一节 总体要求

第五十条 注册会计师应当判断是否已获取充分、适当的证据,以支持鉴证结论。

在形成鉴证结论时,注册会计师应当考虑所有相关的证据,包括能够印证鉴证对象信息的证据和与之相矛盾的证据。

第五十一条 注册会计师应当以书面报告形式提出鉴证结论,鉴证报告应当清晰表述注册会计师对鉴证对象信息提出的结论。

第五十二条 注册会计师应当根据具体业务环境选择短式报告或长式报告,将信息有效地传达给预期使用者。

短式报告通常包括本准则第五十三条所述的鉴证报告基本内容。长式报告除包括基本内容外，还包括：

(一)对业务约定条款的详细说明；

(二)在特定方面发现的问题以及提出的相关建议。

在长式报告中，注册会计师应当将发现的问题及相关建议与鉴证结论清楚分开，并以适当措辞指出这些问题和建议不会影响鉴证结论。

第二节 鉴证报告的内容

第五十三条 鉴证报告应当包含下列基本内容：

(一)标题；

(二)收件人；

(三)对鉴证对象信息(适当时也包括鉴证对象)的界定与描述；

(四)使用的标准；

(五)适当时，对按照标准评价或计量鉴证对象存在的所有重大固有限制的说明；

(六)必要时，对报告使用者和使用目的的限定；

(七)责任方的界定，以及对责任方和注册会计师各自责任的说明；

(八)按照其他鉴证业务准则的规定执行业务的说明；

(九)工作概述；

(十)鉴证结论；

(十一)注册会计师的签名及盖章；

(十二)会计师事务所的名称、地址及盖章；

(十三)报告日期。

第五十四条 鉴证报告的标题应当清晰表述其他鉴证业务的性质。

第五十五条 鉴证报告的收件人是指鉴证报告应当提交的对象，在可行的情况下，鉴证报告的收件人应当明确为所有的预期使用者。

第五十六条 鉴证报告中对鉴证对象信息(适当时也包括鉴证对象)的界定与描述主要包括：

(一)与评价或计量鉴证对象相关的时点或期间；

(二)鉴证对象涉及的被鉴证单位或其组成部分的名称；

(三)对鉴证对象或鉴证对象信息的特征及其影响的解释，包括解释这些特征如何影响对鉴证对象按照既定标准进行评价或计量的准确性，以及如何影响所获取证据的说服力。

如果在鉴证结论中提及责任方的认定，注册会计师应当将该认定附于鉴证报告后，或在鉴证报告中复述该认定，或指明预期使用者能够从何处获取该认定。

第五十七条 鉴证报告应当指出评价或计量鉴证对象所使用的标准，以使预期使用者能够了解注册会计师提出结论的依据。

注册会计师可以将该标准直接包括在鉴证报告中。如果预期使用者能够获取的责任方认定中已包括该标准，或容易从其他来源获取该标准，注册会计师也可以仅在鉴证报告中提及该标准。

第五十八条 注册会计师应当根据具体业务环境考虑是否披露：

(一)标准的来源，以及标准是否为公开发布标准；如果不是公开发布标准，应当说明采用该标准的理由；

(二)当标准允许选用多种计量方法时，采用的计量方法；

(三)使用标准时作出的重要解释；

(四)采用的计量方法是否发生变更。

第五十九条 如果根据标准评价或计量鉴证对象存在重大固有限制，且预期鉴证报告的使用者不能充分理解，注册会计师应当在鉴证报告中明确提及该限制。

第六十条 如果用于评价或计量鉴证对象的标准仅能为特定使用者所获取，或仅与特定目的相关，注册会计师应当在鉴证报告中指明该鉴证报告的使用仅限于特定使用者或特定目的。

第六十一条 注册会计师应当在鉴证报告中界定责任方以及责任方和注册会计师各自的责任。

对于直接报告业务，注册会计师应当指明责任方对鉴证对象负责；对于基于认定的业务，注册会计师应当指明责任方对鉴证对象信息负责。

注册会计师的责任是对鉴证对象信息独立地提出结论。

第六十二条 注册会计师应当在鉴证报告中说明，该项其他鉴证业务是按照其他鉴证业务准则的规定执行的。如果存在针对该项其他鉴证业务的具体准则，注册会计师应当根据该准则的规定决定是否在鉴证报告中特别提及该准则。

第六十三条 为使预期使用者了解鉴证报告所表达的保证性质，注册会计师应当参照相关的审计准则和审阅准则，在鉴证报告中概述已执行的鉴证工作。

如果没有相关鉴证业务准则对特定鉴证对象的证据收集程序作出规定，注册会计师应当在概述时更具体地说明已执行的工作。

第六十四条 在有限保证的其他鉴证业务中，为使预期使用者理解以消极方式表达的结论所传达的保证性质，注册会计师对已执行工作的概述通常比在合理保证的其他鉴证业务中更加详细。

在有限保证的其他鉴证业务中，对已执行工作的概述应当包括下列内容：

（一）指出证据收集程序的性质、时间和范围存在的限制，必要时，说明没有执行合理保证的其他鉴证业务中通常实施的程序；

（二）说明由于证据收集程序比合理保证的其他鉴证业务更为有限，因此，获得的保证程度低于合理保证的其他鉴证业务的保证程度。

第六十五条 注册会计师应当在鉴证报告中清楚地说明鉴证结论。如果鉴证对象信息由多个方面组成，注册会计师可就每个方面分别提出结论。

虽然提出这些结论并非都需要执行相同水平的证据收集程序，但注册会计师应当根据某一方面执行的工作是合理保证还是有限保证，决定该方面结论的适当表达方式。

第六十六条 在适当情况下，注册会计师应当在鉴证报告中告知预期使用者提出该结论的背景，比如注册会计师的结论中可能包括“本结论是在受到鉴证报告中指出的固有限制的条件下形成的”的措辞。

第六十七条 在合理保证的其他鉴证业务中，注册会计师应当以积极方式提出结论，如“我们认为，根据×标准，内部控制在所有重大方面是有效的”或“我们认为，责任方作出的‘根据×标准，内部控制在所有重大方面是有效的’这一认定是公允的”。

第六十八条 在有限保证的其他鉴证业务中，注册会计师应当以消极方式提出结论，如“基于本报告所述的工作，我们没有注意到任何事项使我们相信，根据×标准，×系统在任何重大方面是无效的”或“基于本报告所述的工作，我们没有注意到任何事项使我们相信，责任方作出的‘根据×标准，×系统在所有重大方面是有效的’这一认定是不公允的”。

第六十九条 如果提出无保留结论之外的其他结论，注册会计师应当在鉴证报告中清楚地说明提出该结论的理由。

第七十条 鉴证报告应当注明报告日期，以使预期使用者了解注册会计师已考虑截至报告日发生的事项对鉴证对象信息和鉴证报告的影响。

第七十一条 注册会计师可以在鉴证报告中增加不会影响鉴证结论的其他信息或解释。这些信息或解释主要包括：

（一）注册会计师和其他参加具体业务的人员的资格和经验；

（二）重要性水平；

（三）在该业务的特定方面发现的问题及相关建议。

鉴证报告中是否包含此类信息取决于该信息对预期使用者需求的重要程度。增加的信息应当与注册会计师的结论清楚分开，并在措辞上不影响鉴证结论。

第三节　保留结论、否定结论和无法提出结论

第七十二条 如果存在下列事项，且判断该事项的影响重大或可能重大，注册会计师不应当提出无保留结论：

（一）由于工作范围受到业务环境、责任方或委托人的限制，注册会计师不能获取必要的证据将鉴证业务风险降至适当水平，在这种情况下，应当出具保留结论或无法提出结论的报告；

（二）如果结论提及责任方认定，且该认定未在所有重大方面作出公允表达，注册会计师应当提出保留结论或否定结论；如果结论直接提及鉴证对象及标准，且鉴证对象信息存在重大错报，注册会计师应当提出保留结论或否定结论；

（三）在承接业务后，如果发现标准或鉴证对象不适当，可能误导预期使用者，注册会计师应当提出保留结论或否定结论；如果发现标准或鉴证对象不适当，造成工作范围受到限制，注册会计师应当出具保留结论或无法提出结论的报告。

第七十三条 如果某事项造成影响的重大与广泛程度不足以导致出具否定结论或无法提出结论的报告，注册会计师应当提出保留结论，并在报告中使用“除……的影响外”等措辞。

第七十四条 如果责任方认定已指出并适当说明鉴证对象信息存在重大错报，注册会计师应当选择下列一种方式提出鉴证结论：

（一）直接对鉴证对象和使用的标准提出保留结论或否定结论；

（二）如果业务约定条款特别要求针对责任方认定提出结论，注册会计师应当提出无保留结论，并在鉴证报告中增加强调事项段，说明鉴证对象信息存在重大错报且责任方认定已对此作出了适当说明。

第九章 其他报告责任

第七十五条 注册会计师应当考虑其他报告责任，包括考虑就执行业务过程中注意到的与治理层责任相关的事项与治理层沟通的适当性。

如果委托人并非责任方，注册会计师直接与责任方或责任方的治理层沟通可能是不适当的。

第七十六条 如果业务约定条款没有特殊要求，注册会计师不必设计专门的程序以识别与治理层责任相关的事项。

第十章 附 则

第七十七条 本准则自 2007 年 1 月 1 日起施行。

中国注册会计师其他鉴证业务准则第 3111 号——预测性财务信息的审核

（2006 年 2 月 15 日修订）

第一章 总 则

第一条 为了规范注册会计师执行预测性财务信息审核业务，制定本准则。

第二条 本准则所称预测性财务信息，是指被审核单位依据对未来可能发生的事项或采取的行动的假设而编制的财务信息。

预测性财务信息可以表现为预测、规划或两者的结合，可能包括财务报表或财务报表的一项或多项要素。

本准则所称预测，是指管理层在最佳估计假设的基础上编制的预测性财务信息。最佳估计假设是指截至编制预测性财务信息日，管理层对预期未来发生的事项和采取的行动作出的假设。

本准则所称规划，是指管理层基于推测性假设，或同时基于推测性假设和最佳估计假设编制的预测性财务信息。推测性假设是指管理层对未来事项和采取的行动作出的假设，该事项或行动预期在未来未必发生。

第三条 在执行预测性财务信息审核业务时，注册会计师应当就下列事项获取充分、适当的证据：

（一）管理层编制预测性财务信息所依据的最佳估计假设并非不合理；在依据推测性假设的情况下，推测性假设与信息的编制目的是相适应的；

（二）预测性财务信息是在假设的基础上恰当编制的；

（三）预测性财务信息已恰当列报，所有重大假设已充分披露，包括说明采用的是推测性假设还是最佳估计假设；

（四）预测性财务信息的编制基础与历史财务报表一致，并选用了恰当的会计政策。

第四条 管理层负责编制预测性财务信息，包括识别和披露预测性财务信息依据的假设。

注册会计师接受委托对预测性财务信息实施审核并出具报告，可增强该信息的可信赖程度。

第二章 保证程度

第五条 注册会计师不应对预测性财务信息的结果能否实现发表意见。

第六条 当对管理层采用的假设的合理性发表意见时，注册会计师仅提供有限保证。

第三章 接受业务委托

第七条 在承接预测性财务信息审核业务前，注册会计师应当考虑下列因素：

（一）信息的预定用途；

（二）信息是广为分发还是有限分发；

（三）假设的性质，即假设是最佳估计假设还是推测性假设；

（四）信息中包含的要素；

（五）信息涵盖的期间。

第八条 如果假设明显不切实际，或认为预测性财务信息并不适合预定用途，注册会计师应当拒绝接受委托，或解除业务约定。

第九条 注册会计师应当与委托人就业务约定条款达成一致意见，并签订业务约定书。

第四章 了解被审核单位情况

第十条 注册会计师应当充分了解被审核单位情况，以评价管理层是否识别出编制预测性财务信息所要求的全部重要假设。

注册会计师还应当通过考虑下列事项，熟悉被审核单位编制预测性财务信息的过程：

（一）与编制预测性财务信息相关的内部控制，以及负责编制预测性财务信息人员的专业技能和经验；

（二）支持管理层作出假设的文件的性质；

（三）运用统计、数学方法及计算机辅助技术的程度；

（四）形成和运用假设时使用的方法；

（五）以前期间编制预测性财务信息的准确性，及其与实际情况出现重大差异的原因。

第十一条 注册会计师应当考虑被审核单位编制预测性财务信息时依赖历史财务信息的程度是否合理。

注册会计师应当了解被审核单位的历史财务信息，以评价预测性财务信息与历史财务信息的编制基础是否一致，并为考虑管理层假设提供历史基准。

注册会计师应当确定相关历史财务信息是否已经审计或审阅，是否选用了恰当的会计政策。

第十二条 如果对上期历史财务信息出具了非标准审计报告或非标准审阅报告，或被审核单位尚处于营业初期，注册会计师应当考虑各项相关的事实及其对预测性财务信息审核的影响。

第五章 涵盖期间

第十三条 注册会计师应当考虑预测性财务信息涵盖的期间。

随着涵盖期间的延长，假设的主观性将会增加，管理层作出最佳估计假设的能力将会减弱。预测性财务信息涵盖的期间不应超过管理层可作出合理假设的期间。

第十四条　注册会计师可以从下列方面考虑预测性财务信息涵盖的期间是否合理：
(一)经营周期；
(二)假设的可靠程度；
(三)使用者的需求。

第六章　审核程序

第十五条　在确定审核程序的性质、时间和范围时，注册会计师应当考虑下列因素：
(一)重大错报的可能性；
(二)以前期间执行业务所了解的情况；
(三)管理层编制预测性财务信息的能力；
(四)预测性财务信息受管理层判断影响的程度；
(五)基础数据的恰当性和可靠性。

第十六条　注册会计师应当评估支持管理层作出最佳估计假设的证据的来源和可靠性。注册会计师可以从内部或外部来源获取支持这些假设的充分、适当的证据，包括根据历史财务信息考虑这些假设，以及评价这些假设是否依据被审核单位有能力实现的计划。

第十七条　当使用推测性假设时，注册会计师应当确定这些假设的所有重要影响是否已得到考虑。

对推测性假设，注册会计师不需要获取支持性的证据，但应当确定这些假设与编制预测性财务信息的目的相适应，并且没有理由相信这些假设明显不切合实际。

第十八条　注册会计师应当通过检查数据计算准确性和内在一致性等，确定预测性财务信息是否依据管理层确定的假设恰当编制。

内在一致性是指管理层拟采取的各项行动相互之间不存在矛盾，以及根据共同的变量确定的金额之间不存在不一致。

第十九条　注册会计师应当关注对变化特别敏感的领域，并考虑该领域影响预测性财务信息的程度。

第二十条　当接受委托审核预测性财务信息的一项或多项要素时，注册会计师应当考虑该要素与财务信息其他要素之间的关联关系。

第二十一条　当预测性财务信息包括本期部分历史信息时，注册会计师应当考虑对历史信息需要实施的程序的范围。

第二十二条　注册会计师应当就下列事项向管理层获取书面声明：
(一)预测性财务信息的预定用途；
(二)管理层作出的重大假设的完整性；
(三)管理层认可对预测性财务信息的责任。

第七章　列　　报

第二十三条　在评价预测性财务信息的列报(包括披露)时，注册会计师除考虑相关法律法规的具体要求外，还应当考虑下列事项：

(一)预测性财务信息的列报是否提供有用信息且不会产生误导；

(二)预测性财务信息的附注中是否清楚地披露会计政策；

(三)预测性财务信息的附注中是否充分披露所依据的假设，是否明确区分最佳估计假设和推测性假设；对于涉及重大且具有高度不确定性的假设，是否已充分披露该不确定性以及由此导致的预测结果的敏感性；

(四)预测性财务信息的编制日期是否得以披露，管理层是否确认截至该日期止，编制该预测性财务信息所依据的各项假设仍然适当；

(五)当预测性财务信息的结果以区间表示时，是否已清楚说明在该区间内选取若干点的基础，该区间的选择是否不带偏见或不产生误导；

(六)从最近历史财务信息披露以来，会计政策是否发生变更、变更的原因及其对预测性财务信息的影响。

第八章　审核报告

第二十四条　注册会计师对预测性财务信息出具的审核报告应当包括下列内容：

(一)标题；

(二)收件人；

(三)指出所审核的预测性财务信息；

(四)提及审核预测性财务信息时依据的准则；

(五)说明管理层对预测性财务信息(包括编制该信息所依据的假设)负责；

(六)适当时，提及预测性财务信息的使用目的和分发限制；

(七)以消极方式说明假设是否为预测性财务信息提供合理基础；

(八)对预测性财务信息是否依据假设恰当编制，并按照适用的会计准则和相关会计制度的规定进行列报发表意见；

(九)对预测性财务信息的可实现程度作出适当警示；

(十)注册会计师的签名及盖章；

(十一)会计师事务所的名称、地址及盖章；

(十二)报告日期。报告日期应为完成审核工作的日期。

第二十五条　审核报告应当说明：

(一)根据对支持假设的证据的检查，注册会计师是否注意到任何事项，导致其认为这些假设不能为预测性财务信息提供合理基础；

(二)对预测性财务信息是否依据这些假设恰当编制，并按照适用的会计准则和相关会计制度的规定进行列报发表意见。

第二十六条　审核报告还应当说明：

(一)由于预期事项通常并非如预期那样发生，并且变动可能重大，实际结果可能与预测性财务信息存在差异；同样，当预测性财务信息以区间形式表述时，对实际结果是否处于该区间内不提供任何保证。

(二)在审核规划的情况下，编制预测性财务信息是为了特定目的(列明具体目的)。在编制过程中运用了一整套假设，包括有关未来事项和管理层行动的推测性假设，而这些事项和行动预期在未来未必发生。因此，提醒信息使用者注意，预测性财务信息不得用于该特定目的以外的其他目的。

第二十七条　如果认为预测性财务信息的列报不恰当，注册会计师应当对预测性财务信息出具保留或否定意见的审核报告，或解除业务约定。

第二十八条　如果认为一项或者多项重大假设不能为依据最佳估计假设编制的预测性财务信息提供合理基础，或在给定的推测性假设下，一项或者多项重大假设不能为依据推测性假设编制的预测性财务信息提供合理基础，注册会计师应当对预测性财务信息出具否定意见的审核报告，或解除业务约定。

第二十九条　如果审核范围受到限制，导致无法实施必要的审核程序，注册会计师应当解除业务约定，或出具无法表示意见的审核报告，并在报告中说明审核范围受到限制的情况。

第九章　附　　则

第三十条　本准则自 2007 年 1 月 1 日起施行。

附录：

审核报告参考格式

1. 对预测性财务报表出具无保留意见的报告(以预测为基础)

审核报告

ABC股份有限公司：

我们审核了后附的ABC股份有限公司(以下简称ABC公司)编制的预测(列明预测涵盖的期间和预测的名称)。我们的审核依据是《中国注册会计师其他鉴证业务准则第3111号——预测性财务信息的审核》。ABC公司管理层对该预测及其所依据的各项假设负责。这些假设已在附注×中披露。

根据我们对支持这些假设的证据的审核,我们没有注意到任何事项使我们认为这些假设没有为预测提供合理基础。而且,我们认为,该预测是在这些假设的基础上恰当编制的,并按照××编制基础的规定进行了列报。

由于预期事项通常并非如预期那样发生,并且变动可能重大,实际结果可能与预测性财务信息存在差异。

××会计师事务所
(盖章)

中国注册会计师：×××
(签名并盖章)

中国注册会计师：×××
(签名并盖章)

中国××市
二○×二年×月×日

2. 对预测性财务报表出具无保留意见的报告(以规划为基础)

审核报告

ABC股份有限公司：

我们审核了后附的ABC股份有限公司(以下简称ABC公司)编制的规划(列明规划涵盖的期间和规划的名称)。我们的审核依据是《中国注册会计师其他鉴证业务准则第3111号——预测性财务信息的审核》。ABC公司管理层对该规划及其所依据的各项假设负责。这些假设已在附注×中披露。

ABC公司编制规划是为了××目的。由于ABC公司尚处于营业初期,在编制规划时运用了一整套假设,包括有关未来事项和管理层行动的推测性假设,而这些事项和行动预期在未来未必发生。因此,我们提醒信息使用者注意,该规划不得用于××目的以外的其他目的。

根据我们对支持这些假设的证据的审核,在推测性假设(列明推测性假设)成立的前提下,我们没有注意到任何事项使我们认为这些假设没有为规划提供合理基础。我们认为,该规划是在这些假设的基础上恰当编制的,并按照××编制基础的规定进行了列报。

即使在推测性假设中所涉及的事项发生,但由于预期事项通常并非如预期那样发生,并且变动可能重大,因此实际结果仍然可能与预测性财务信息存在差异。

××会计师事务所
(盖章)

中国注册会计师：×××
(签名并盖章)

中国注册会计师：×××
(签名并盖章)

中国××市
二○×二年×月×日

中国注册会计师相关服务准则第 4101 号——对财务信息执行商定程序

（2006 年 2 月 15 日修订）

第一章　总　　则

第一条　为了规范注册会计师对财务信息执行商定程序业务，明确执业责任，制定本准则。

第二条　对财务信息执行商定程序的目标，是注册会计师对特定财务数据、单一财务报表或整套财务报表等财务信息执行与特定主体商定的具有审计性质的程序，并就执行的商定程序及其结果出具报告。

本准则所称特定主体，是指委托人和业务约定书中指明的报告致送对象。

第三条　注册会计师执行商定程序业务，仅报告执行的商定程序及其结果，并不提出鉴证结论。报告使用者自行对注册会计师执行的商定程序及其结果作出评价，并根据注册会计师的工作得出自己的结论。

第四条　商定程序业务报告仅限于参与协商确定程序的特定主体使用，以避免不了解商定程序的人对报告产生误解。

第五条　注册会计师执行商定程序业务，应当遵守相关职业道德规范，恪守客观、公正的原则，保持专业胜任能力和应有的关注，并对执业过程中获知的信息保密。

第六条　本准则不对商定程序业务提出独立性要求；但如果业务约定书或委托目的对注册会计师的独立性提出要求，注册会计师应当从其规定。

如果注册会计师不具有独立性，应当在商定程序业务报告中说明这一事实。

第七条　注册会计师应当按照本准则的规定和业务约定书的要求执行商定程序业务。

第二章　业务约定书

第八条　注册会计师应当与特定主体进行沟通，确保其已经清楚理解拟执行的商定程序和业务约定条款。

注册会计师应当就下列事项与特定主体沟通，并达成一致意见：

（一）业务性质，包括说明执行的商定程序并不构成审计或审阅，不提出鉴证结论；

（二）委托目的；

（三）拟执行商定程序的财务信息；

（四）拟执行的具体程序的性质、时间和范围；

（五）预期的报告样本；

（六）报告分发和使用的限制。

第九条　如果无法与所有的报告致送对象直接讨论拟执行的商定程序，注册会计师应当考虑采取下列措施：

（一）与报告致送对象的代表讨论拟执行的商定程序；

（二）查阅来自报告致送对象的相关信函和文件；

（三）向报告致送对象提交报告样本。

第十条　如果接受委托，注册会计师应当与委托人就双方达成一致的事项签订业务约定书，以避免双方对商定程序业务的理解产生分歧。

第三章　计划、程序与记录

第十一条　注册会计师应当合理制定工作计划，以有效执行商定程序业务。

第十二条　注册会计师应当执行商定的程序，并将获取的证据作为出具报告的基础。

第十三条 执行商定程序业务运用的程序通常包括：

(一)询问和分析；

(二)重新计算、比较和其他核对方法；

(三)观察；

(四)检查；

(五)函证。

第十四条 注册会计师应当记录支持商定程序业务报告的重大事项，并记录按照本准则的规定和业务约定书的要求执行商定程序的证据。

第四章 报 告

第十五条 商定程序业务报告应当详细说明业务的目的和商定的程序，以便使用者了解所执行工作的性质和范围。

第十六条 商定程序业务报告应当包括下列内容：

(一)标题；

(二)收件人；

(三)说明执行商定程序的财务信息；

(四)说明执行的商定程序是与特定主体协商确定的；

(五)说明已按照本准则的规定和业务约定书的要求执行了商定程序；

(六)当注册会计师不具有独立性时，说明这一事实；

(七)说明执行商定程序的目的；

(八)列出所执行的具体程序；

(九)说明执行商定程序的结果，包括详细说明发现的错误和例外事项；

(十)说明所执行的商定程序并不构成审计或审阅，注册会计师不提出鉴证结论；

(十一)说明如果执行商定程序以外的程序，或执行审计或审阅，注册会计师可能得出其他应报告的结果；

(十二)说明报告仅限于特定主体使用；

(十三)在适用的情况下，说明报告仅与执行商定程序的特定财务数据有关，不得扩展到财务报表整体；

(十四)注册会计师的签名和盖章；

(十五)会计师事务所的名称、地址及盖章；

(十六)报告日期。

第五章 附 则

第十七条 如果注册会计师具备专业胜任能力，且存在合理的判断标准，可参照本准则对非财务信息执行商定程序业务。

第十八条 本准则自2007年1月1日起施行。

中国注册会计师相关服务准则第4111号——代编财务信息

(2006年2月15日制定)

第一章 总 则

第一条 为了规范注册会计师执行代编财务信息业务(以下简称代编业务)，制定本准则。

第二条 代编业务的目标是注册会计师运用会计而非审计的专业知识和技能，代客户编制一套完整或非完整的财务报表，或代为收集、分类和汇总其他财务信息。

注册会计师执行代编业务使用的程序并不旨在、也不能对财务信息提出任何鉴证结论。

第三条 注册会计师执行代编业务，应当遵守相关职业道德规范，恪守客观、公正的原则，保持专业胜任能力和应有的关注，并对执业过程中获知的信息保密。

第四条 本准则不对代编业务提出独立性要求。但如果注册会计师不具有独立性，应当在代编业务报告中说明这一事实。

第五条 在任何情况下，如果注册会计师的姓名与代编的财务信息相联系，注册会计师应当出具代编业务报告。

第二章 业务约定书

第六条 注册会计师应当在代编业务开始前，与客户就代编业务约定条款达成一致意见，并签订业务约定书，以避免双方对代编业务的理解产生分歧。

第七条 业务约定书应当包括下列主要事项：

（一）业务的性质，包括说明拟执行的业务既非审计也非审阅，注册会计师不对代编的财务信息提出任何鉴证结论；

（二）说明不能依赖代编业务揭露可能存在的错误、舞弊以及违反法规行为；

（三）客户提供的信息的性质；

（四）说明客户管理层应当对提供给注册会计师的信息的真实性和完整性负责，以保证代编财务信息的真实性和完整性；

（五）说明代编财务信息的编制基础，并说明将在代编财务信息和出具的代编业务报告中对该编制基础以及任何重大背离予以披露；

（六）代编财务信息的预期用途和分发范围；

（七）如果注册会计师的姓名与代编的财务信息相联系，说明注册会计师出具的代编业务报告的格式；

（八）业务收费；

（九）违约责任；

（十）解决争议的方法；

（十一）签约双方法定代表人或其授权代表的签字盖章，以及签约双方加盖的公章。

第三章 计划、程序与记录

第八条 注册会计师应当制定代编业务计划，以有效执行代编业务。

第九条 注册会计师应当了解客户的业务和经营情况，熟悉其所处行业的会计政策和惯例，以及与具体情况相适应的财务信息的形式和内容。

第十条 注册会计师应当了解客户业务交易的性质、会计记录的形式和财务信息的编制基础。

注册会计师通常利用以前经验、查阅文件记录或询问客户的相关人员，获取对这些事项的了解。

第十一条 除本准则规定的程序外，注册会计师通常不需要执行下列程序：

（一）询问管理层，以评价所提供信息的可靠性和完整性；

（二）评价内部控制；

（三）验证任何事项；

（四）验证任何解释。

第十二条 如果注意到管理层提供的信息不正确、不完整或在其他方面不令人满意，注册会计师应当考虑执行本准则第十一条提及的程序，并要求管理层提供补充信息。

如果管理层拒绝提供补充信息，注册会计师应当解除该项业务约定，并告知客户解除业务约定的原因。

第十三条 注册会计师应当阅读代编的财务信息，并考虑形式是否恰当，是否不存在明显的重大错报。

本条前款所述的重大错报包括下列情形：

(一)错误运用编制基础；

(二)未披露所采用的编制基础和获知的重大背离；

(三)未披露注册会计师注意到的其他重大事项。

注册会计师应当在代编财务信息中披露采用的编制基础和获知的重大背离，但不必报告背离的定量影响。

第十四条　如果注意到存在重大错报，注册会计师应当尽可能与客户就如何恰当地更正错报达成一致意见。如果重大错报仍未得到更正，并且认为财务信息存在误导，注册会计师应当解除该项业务约定。

第十五条　注册会计师应当从管理层获取其承担恰当编制财务信息和批准财务信息的责任的书面声明。该声明还应当包括管理层对会计数据的真实性和完整性负责，以及已向注册会计师完整提供所有重要且相关的信息。

第十六条　注册会计师应当记录重大事项，以证明其已按照本准则的规定和业务约定书的要求执行代编业务。

第四章　代编业务报告

第十七条　代编业务报告应当包括下列内容：

(一)标题；

(二)收件人；

(三)说明注册会计师已按照本准则的规定执行代编业务；

(四)当注册会计师不具有独立性时，说明这一事实；

(五)指出财务信息是在管理层提供信息的基础上代编的，并说明代编财务信息的名称、日期或涵盖的期间；

(六)说明管理层对注册会计师代编的财务信息负责；

(七)说明执行的业务既非审计，也非审阅，因此不对代编的财务信息提出鉴证结论；

(八)必要时，应当增加一个段落，提醒注意代编财务信息对采用的编制基础的重大背离；

(九)注册会计师的签名及盖章；

(十)会计师事务所的名称、地址及盖章；

(十一)报告日期。

第十八条　注册会计师应当在代编财务信息的每页或一套完整的财务报表的首页明确标示“未经审计或审阅”、“与代编业务报告一并阅读”等字样。

第五章　附　　则

第十九条　注册会计师执行代编非财务信息业务，除有特定要求者外，应当参照本准则办理。

第二十条　本准则自 2007 年 1 月 1 日起施行。

附录：

代编业务报告参考格式

1. 代编财务报表业务报告

代编财务报表业务报告

(收件人名称)：

在 ABC 公司管理层提供信息的基础上，我们按照《中国注册会计师相关服务准则第 4111 号——代编财务信息》的规定，代编了 ABC 公司 20××年 12 月 31 日的资产负债表，20××年度的利润表、股东权益变动表和现金流量表以及财务报表附注。管理层对这些财务报表负责。我们未对这些财务报表进行审计或审阅,因此不对其提出鉴证结论。

××会计师事务所
（盖章）

中国注册会计师:×××
（签名并盖章）

中国注册会计师:×××
（签名并盖章）

中国××市
二○×二年×月×日

2. 代编财务报表业务报告,增加段落以引起对背离编制基础的关注

代编财务报表业务报告

（收件人名称）:

在ABC公司管理层提供信息的基础上,我们按照《中国注册会计师相关服务准则第4111号——代编财务信息》的规定,代编了ABC公司20××年12月31日的资产负债表,20××年度的利润表、股东权益变动表和现金流量表以及财务报表附注。管理层对这些财务报表负责。我们未对这些财务报表进行审计或审阅,因此不对其提出鉴证结论。

我们提请注意,如财务报表附注×所述,管理层对融资租赁的机器设备未予资本化,该事项不符合企业会计准则和《××会计制度》的规定。

××会计师事务所
（盖章）

中国注册会计师:×××
（签名并盖章）

中国注册会计师:×××
（签名并盖章）

中国××市
二○×二年×月×日

会计师事务所质量控制准则第5101号——会计师事务所对执行财务报表审计和审阅、其他鉴证和相关服务业务实施的质量控制

（2010年11月1日修订）

第一章 总 则

第一条 为了规范会计师事务所建立并保持有关财务报表审计和审阅、其他鉴证和相关服务业务的质量控制制度,制定本准则。

第二条 会计师事务所在使用本准则时,需要结合相关职业道德要求。

第三条　本准则适用于会计师事务所建立和保持业务质量控制制度。其他执业准则规定了会计师事务所人员对特定类型业务实施质量控制程序的责任，例如，《中国注册会计师审计准则第 1121 号——对财务报表审计实施的质量控制》规定了财务报表审计的质量控制程序。

第四条　质量控制制度包括为实现本准则第二十七条规定的目标而制定的政策，以及为执行政策和监督政策的遵守情况而制定的必要程序。

第五条　本准则适用于执行财务报表审计和审阅、其他鉴证和相关服务业务的所有会计师事务所。

会计师事务所按照本准则的要求制定的质量控制政策和程序的性质和范围，取决于会计师事务所的规模和运行特征以及是否是网络的一部分等诸多因素。

第六条　本准则包括会计师事务所在遵守本准则时应实现的目标，以及旨在使会计师事务所实现该目标而提出的要求。

第七条　本准则的目标为提出的要求提供了框架基础，旨在帮助会计师事务所了解需要完成的工作，以及确定是否需要完成更多的工作。

第八条　本准则的应用指南对本准则的要求提供了进一步解释，并为如何执行这些要求提供了指引。特别是，应用指南可以更为清楚地解释本准则要求的确切含义或所针对的情形，并举例说明适合具体情况的政策和程序。

尽管应用指南本身并不对会计师事务所提出要求，但与恰当运用本准则的要求是相关的。应用指南提供本准则所涉及的事项的背景信息，并包括与小型会计师事务所相关的特殊考虑（如适用）。这些特殊考虑有助于会计师事务所运用本准则的要求，但并不限制或减轻其运用和遵守本准则要求的责任。

第二章　定　　义

第九条　职业准则，是指中国注册会计师鉴证业务基本准则、中国注册会计师审计准则、中国注册会计师审阅准则、中国注册会计师其他鉴证业务准则、中国注册会计师相关服务准则、质量控制准则和相关职业道德要求。

第十条　相关职业道德要求，是指项目组和项目质量控制复核人员应当遵守的职业道德规范，通常是指中国注册会计师职业道德守则。

第十一条　人员，是指会计师事务所的合伙人和员工。

第十二条　合伙人，是指在执行专业服务业务方面有权代表会计师事务所的个人。

第十三条　员工，是指合伙人以外的专业人员，包括会计师事务所的内部专家。

第十四条　项目合伙人，是指会计师事务所中负责某项业务及其执行，并代表会计师事务所在出具的报告上签字的合伙人。

如果项目合伙人以外的其他注册会计师在报告上签字，本准则对项目合伙人作出的规定也适用于该签字注册会计师。

第十五条　项目组，是指执行某项业务的所有合伙人和员工，以及会计师事务所或网络事务所聘请的为该项业务实施程序的所有人员，但不包括会计师事务所或网络事务所聘请的外部专家。

第十六条　网络事务所，是指属于某一网络的会计师事务所或实体。

第十七条　网络，是指由多个实体组成，旨在通过合作实现下列一个或多个目的的联合体：

（一）共享收益或分担成本；

（二）共享所有权、控制权或管理权；

（三）共享统一的质量控制政策和程序；

（四）共享同一经营战略；

（五）使用同一品牌；

（六）共享重要的专业资源。

第十八条　项目质量控制复核，是指在报告日或报告日之前，项目质量控制复核人员对项目组作出的重大判断和在准备报告时得出的结论进行客观评价的过程。

项目质量控制复核适用于上市实体财务报表审计，以及会计师事务所确定需要实施项目质量控制复核的其他业务。

第十九条 上市实体，是指其股份、股票或债券在法律法规认可的证券交易所报价或挂牌，或在法律法规认可的证券交易所或其他类似机构的监管下进行交易的实体。

第二十条 项目质量控制复核人员，是指项目组成员以外的，具有足够、适当的经验和权限，对项目组作出的重大判断和在编制报告时得出的结论进行客观评价的合伙人、会计师事务所的其他人员、具有适当资格的外部人员或由这类人员组成的小组。

第二十一条 具有适当资格的外部人员，是指会计师事务所以外的具有担任项目合伙人的胜任能力和必要素质的个人，如其他会计师事务所的合伙人、注册会计师协会或提供相关质量控制服务的组织中具有适当经验的人员。

第二十二条 业务工作底稿，是指注册会计师对执行的工作、获取的结果和得出的结论作出的记录。

第二十三条 报告日，是指注册会计师在出具的报告上签署的日期。

第二十四条 监控，是指对会计师事务所质量控制制度进行持续考虑和评价的过程，包括定期选取已完成的业务进行检查，以使会计师事务所能够合理保证其质量控制制度正在有效运行。

第二十五条 检查，是指实施程序以获取证据，确定项目组在已完成的业务中是否遵守会计师事务所质量控制政策和程序。

第二十六条 合理保证，是指一种高度但非绝对的保证水平。

第三章 目　　标

第二十七条 会计师事务所的目标是建立并保持质量控制制度，以合理保证：

（一）会计师事务所及其人员遵守职业准则和适用的法律法规的规定；

（二）会计师事务所和项目合伙人出具适合具体情况的报告。

第四章 要　　求

第一节 运用和遵守相关要求

第二十八条 会计师事务所内部负责建立并保持质量控制制度的人员应当了解本准则及应用指南的全部内容，以理解本准则的目标并恰当遵守其要求。

第二十九条 会计师事务所应当遵守本准则的所有要求，除非在某些情况下，本准则的某项要求与会计师事务所执行的财务报表审计和审阅、其他鉴证和相关服务业务不相关。

第三十条 本准则的要求旨在使会计师事务所能够实现本准则设定的目标。正确运用这些要求预期可以为实现目标提供充分的依据，但由于实际情况变化很大，且无法预料，会计师事务所应当考虑是否存在特殊事项或情况，要求其制定除本准则要求外的政策和程序，以实现本准则设定的目标。

第二节 质量控制制度的要素

第三十一条 会计师事务所应当建立并保持质量控制制度。

质量控制制度包括针对下列要素而制定的政策和程序：

（一）对业务质量承担的领导责任；

（二）相关职业道德要求；

（三）客户关系和具体业务的接受与保持；

（四）人力资源；

（五）业务执行；

（六）监控。

第三十二条 会计师事务所应当将质量控制政策和程序形成书面文件，并传达到全体人员。

第三节 对业务质量承担的领导责任

第三十三条 会计师事务所应当制定政策和程序，培育以质量为导向的内部文化。这些政策和程序应当要求会计师事务所主任会计师或类似职位的人员对质量控制制度承担最终责任。

第三十四条　会计师事务所应当制定政策和程序，使受会计师事务所主任会计师或类似职位的人员委派负责质量控制制度运作的人员具有足够、适当的经验和能力以及必要的权限以履行其责任。

第四节　相关职业道德要求

第三十五条　会计师事务所应当制定政策和程序，以合理保证会计师事务所及其人员遵守相关职业道德要求。

第三十六条　会计师事务所应当制定政策和程序，以合理保证会计师事务所及其人员和其他受独立性要求约束的人员（包括网络事务所的人员），保持相关职业道德要求规定的独立性。

这些政策和程序应当使会计师事务所能够：

（一）向会计师事务所人员以及其他受独立性要求约束的人员传达独立性要求；

（二）识别和评价对独立性产生不利影响的情形，并采取适当的行动消除这些不利影响；或通过采取防范措施将其降至可接受的水平；或如果认为适当，在法律法规允许的情况下解除业务约定。

第三十七条　本准则第三十六条提及的政策和程序应当要求：

（一）项目合伙人向会计师事务所提供与客户委托业务相关的信息（包括服务范围），以使会计师事务所能够评价这些信息对保持独立性的总体影响；

（二）会计师事务所人员立即向会计师事务所报告对独立性产生不利影响的情形，以便会计师事务所采取适当行动；

（三）会计师事务所收集相关信息，并向适当人员传达。

会计师事务所应当向适当人员传达收集的相关信息，以便：

（一）会计师事务所及其人员能够容易地确定自身是否满足独立性要求；

（二）会计师事务所能够保持和更新与独立性相关的记录；

（三）会计师事务所能够针对识别出的、对独立性产生超出可接受水平的不利影响采取适当的行动。

第三十八条　会计师事务所应当制定政策和程序，以合理保证能够获知违反独立性要求的情况，并能够采取适当行动予以解决。

这些政策和程序应当包括下列要求：

（一）会计师事务所人员将注意到的、违反独立性要求的情况立即报告会计师事务所；

（二）会计师事务所将识别出的违反这些政策和程序的情况，立即传达给需要与会计师事务所共同处理这些情况的项目合伙人、需要采取适当行动的会计师事务所和网络内部的其他相关人员以及受独立性要求约束的人员；

（三）项目合伙人、会计师事务所和网络内部的其他相关人员以及受独立性要求约束的人员，在必要时立即向会计师事务所报告他们为解决有关问题而采取的行动，以使会计师事务所能够决定是否应当采取进一步的行动。

第三十九条　会计师事务所应当每年至少一次向所有需要按照相关职业道德要求保持独立性的人员获取其遵守独立性政策和程序的书面确认函。

第四十条　会计师事务所应当制定下列政策和程序：

（一）明确标准，以确定长期委派同一名合伙人或高级员工执行某项鉴证业务时，是否需要采取防范措施，将因密切关系产生的不利影响降至可接受的水平；

（二）对所有上市实体财务报表审计业务，按照相关职业道德要求和法律法规的规定，在规定期限届满时轮换项目合伙人、项目质量控制复核人员，以及受轮换要求约束的其他人员。

第五节　客户关系和具体业务的接受与保持

第四十一条　会计师事务所应当制定有关客户关系和具体业务接受与保持的政策和程序，以合理保证只有在下列情况下，才能接受或保持客户关系和具体业务：

（一）能够胜任该项业务，并具有执行该项业务必要的素质、时间和资源；

（二）能够遵守相关职业道德要求；

（三）已考虑客户的诚信，没有信息表明客户缺乏诚信。

第四十二条 本准则第四十一条提及的政策和程序应当要求：

（一）在接受新客户的业务前，或者决定是否保持现有业务和考虑接受现有客户的新业务时，会计师事务所根据具体情况获取必要信息；

（二）在接受新客户或现有客户的新业务时，如果识别出潜在的利益冲突，会计师事务所确定接受该业务是否适当；

（三）当识别出问题而又决定接受或保持客户关系或具体业务时，会计师事务所记录问题是如何得到解决的。

第四十三条 如果在接受业务后获知某项信息，而该信息若在接受业务前获知，可能导致会计师事务所拒绝接受业务，会计师事务所应当针对这种情况制定保持具体业务和客户关系的政策和程序。

这些政策和程序应当考虑下列方面：

（一）适用于这种情况的职业责任和法律责任，包括是否要求会计师事务所向委托人报告或在某些情况下向监管机构报告；

（二）解除业务约定或同时解除业务约定和客户关系的可能性。

第六节　人力资源

第四十四条 会计师事务所应当制定政策和程序，合理保证拥有足够的具有胜任能力和必要素质并承诺遵守职业道德要求的人员，以使：

（一）会计师事务所按照职业准则和适用的法律法规的规定执行业务；

（二）会计师事务所和项目合伙人能够出具适合具体情况的报告。

第四十五条 会计师事务所应当对每项业务委派至少一名项目合伙人，并制定政策和程序，明确下列要求：

（一）将项目合伙人的身份和作用告知客户管理层和治理层的关键成员；

（二）项目合伙人具有履行职责所要求的适当的胜任能力、必要素质和权限；

（三）清楚界定项目合伙人的职责，并告知该项目合伙人。

第四十六条 会计师事务所应当制定政策和程序，委派具有必要胜任能力和素质的适当人员，以便：

（一）按照职业准则和适用的法律法规的规定执行业务；

（二）会计师事务所和项目合伙人能够出具适合具体情况的报告。

第七节　业务执行

第四十七条 会计师事务所应当制定政策和程序，以合理保证按照职业准则和适用的法律法规的规定执行业务，使会计师事务所和项目合伙人能够出具适合具体情况的报告。

这些政策和程序应当包括：

（一）与保持业务执行质量一致性相关的事项；

（二）监督责任；

（三）复核责任。

第四十八条 会计师事务所在安排复核工作时，应当由项目组内经验较多的人员复核经验较少的人员的工作。会计师事务所应当根据这一原则，确定有关复核责任的政策和程序。

第四十九条 会计师事务所应当制定政策和程序，以合理保证：

（一）就疑难问题或争议事项进行适当咨询；

（二）能够获取充分的资源进行适当咨询；

（三）咨询的性质和范围以及咨询形成的结论得以记录，并经过咨询者和被咨询者的认可；

（四）咨询形成的结论得到执行。

第五十条 会计师事务所应当制定政策和程序，要求对特定业务实施项目质量控制复核，以客观评价项目组作出的重大判断以及在编制报告时得出的结论。

这些政策和程序应当包括下列要求：

（一）要求对所有上市实体财务报表审计实施项目质量控制复核；

（二）明确标准，据此评价所有其他的历史财务信息审计和审阅、其他鉴证和相关服务业务，以确定是否应当实施项目质量控制复核；

（三）要求对所有符合本条第二款第（二）项所提及标准的业务实施项目质量控制复核。

第五十一条 会计师事务所应当制定政策和程序，以明确项目质量控制复核的性质、时间安排和范围。这些政策和程序应当要求，只有完成项目质量控制复核，才可以签署业务报告。

第五十二条 会计师事务所应当制定政策和程序，要求项目质量控制复核包括下列工作：

（一）就重大事项与项目合伙人进行讨论；

（二）复核财务报表或其他业务对象信息及拟出具的报告；

（三）复核选取的与项目组作出重大判断和得出的结论相关的业务工作底稿；

（四）评价在编制报告时得出的结论，并考虑拟出具报告的恰当性。

第五十三条 针对上市实体财务报表审计，会计师事务所应当制定政策和程序，要求实施的项目质量控制复核包括对下列事项的考虑：

（一）项目组就具体业务对会计师事务所独立性作出的评价；

（二）项目组是否已就涉及意见分歧的事项，或者其他疑难问题或争议事项进行适当咨询，以及咨询得出的结论；

（三）选取的用于复核的业务工作底稿，是否反映项目组针对重大判断执行的工作，以及是否支持得出的结论。

第五十四条 会计师事务所应当制定政策和程序，解决项目质量控制复核人员的委派问题，明确项目质量控制复核人员的资格要求，包括：

（一）履行职责需要的技术资格，包括必要的经验和权限；

（二）在不损害其客观性的前提下，项目质量控制复核人员能够提供业务咨询的程度。

第五十五条 会计师事务所应当制定政策和程序，以使项目质量控制复核人员保持客观性。

第五十六条 会计师事务所的政策和程序应当规定，在项目质量控制复核人员客观实施复核的能力可能受到损害时，替换该项目质量控制复核人员。

第五十七条 会计师事务所应当制定有关项目质量控制复核记录的政策和程序，要求记录：

（一）会计师事务所有关项目质量控制复核的政策所要求的程序已得到实施；

（二）项目质量控制复核在报告日或报告日之前已完成；

（三）复核人员没有发现任何尚未解决的事项，使其认为项目组作出的重大判断和得出的结论不适当。

第五十八条 会计师事务所应当制定政策和程序，以处理和解决项目组内部、项目组与被咨询者之间以及项目合伙人与项目质量控制复核人员之间的意见分歧。

第五十九条 本准则第五十八条提及的政策和程序应当要求：

（一）得出的结论已得到记录和执行；

（二）只有问题得到解决，才可以签署业务报告。

第六十条 会计师事务所应当制定政策和程序，以使项目组在出具业务报告后及时完成最终业务档案的归整工作。

对历史财务信息审计和审阅业务、其他鉴证业务，业务工作底稿的归档期限为业务报告日后六十天内。

第六十一条 会计师事务所应当制定政策和程序，以满足下列要求：

（一）安全保管业务工作底稿并对业务工作底稿保密；

（二）保证业务工作底稿的完整性；

（三）便于使用和检索业务工作底稿。

第六十二条 会计师事务所应当制定政策和程序，以使业务工作底稿的保存期限满足会计师事务所的需要和法律法规的规定。

对历史财务信息审计和审阅业务、其他鉴证业务，会计师事务所应当自业务报告日起对业务工作底稿至少保存十年。如果组成部分业务报告日早于集团业务报告日，会计师事务所应当自集团业务报告日起对组成部分业务工作底稿至少保存十年。

第八节　监　　控

第六十三条　会计师事务所应当制定监控政策和程序，以合理保证与质量控制制度相关的政策和程序具有相关性和适当性，并正在有效运行。

监控过程应当：

（一）包括持续考虑和评价会计师事务所质量控制制度；

（二）要求委派一个或多个合伙人，或会计师事务所内部具有足够、适当的经验和权限的其他人员负责监控过程；

（三）要求执行业务或实施项目质量控制复核的人员不参与该项业务的检查工作。

持续考虑和评价会计师事务所质量控制制度应当包括：

（一）周期性地选取已完成的业务进行检查，周期最长不得超过三年；

（二）在每个周期内，对每个项目合伙人，至少检查一项已完成的业务。

第六十四条　会计师事务所应当评价在监控过程中注意到的缺陷的影响，并确定缺陷是否属于下列情况之一：

（一）该缺陷并不必然表明会计师事务所的质量控制制度不足以合理保证会计师事务所遵守职业准则和适用的法律法规的规定，以及会计师事务所和项目合伙人出具适合具体情况的报告；

（二）该缺陷是系统性的、反复出现的或其他需要及时纠正的重大缺陷。

第六十五条　会计师事务所应当将实施监控程序注意到的缺陷以及建议采取的适当补救措施，告知相关项目合伙人及其他适当人员。

第六十六条　针对注意到的缺陷，建议采取的适当补救措施应当包括：

（一）采取与某项业务或某个人员相关的适当补救措施；

（二）将发现的缺陷告知负责培训和职业发展的人员；

（三）改进质量控制政策和程序；

（四）对违反会计师事务所政策和程序的人员，尤其是对反复违规的人员实施惩戒。

第六十七条　会计师事务所应当制定政策和程序，以应对下列两种情况：

（一）实施监控程序的结果表明出具的报告可能不适当；

（二）实施监控程序的结果表明在执行业务过程中遗漏了应实施的程序。

这些政策和程序应当要求会计师事务所确定采取哪些进一步行动以遵守职业准则和适用的法律法规的规定，并考虑是否征询法律意见。

第六十八条　会计师事务所应当每年至少一次将质量控制制度的监控结果，向项目合伙人及会计师事务所内部的其他适当人员通报。这种通报应当足以使会计师事务所及其相关人员能够在其职责范围内及时采取适当的行动。

通报的信息应当包括：

（一）对已实施的监控程序的描述；

（二）实施监控程序得出的结论；

（三）如果相关，对系统性的、反复出现的缺陷或其他需要及时纠正的重大缺陷的描述。

第六十九条　如果会计师事务所是网络的一部分，可能实施以网络为基础的某些监控程序，以保持在同一网络内实施的监控程序的一致性。

如果网络内部的会计师事务所在符合本准则要求的共同的监控政策和程序下运行，并且这些会计师事务所信赖该监控制度，为了网络内部的项目合伙人信赖网络内实施监控程序的结果，会计师事务所的政策和程序应当要求：

（一）每年至少一次就监控过程的总体范围、程度和结果，向网络事务所的适当人员通报；

（二）立即将识别出的质量控制制度缺陷，向相关网络事务所的适当人员通报，以便使其采取必要的行动。

第七十条　会计师事务所应当制定政策和程序，以合理保证能够适当处理下列事项：

（一）投诉和指控会计师事务所执行的工作未能遵守职业准则和适用的法律法规的规定；

（二）指控未能遵守会计师事务所质量控制制度。

作为处理投诉和指控过程的一部分，会计师事务所应当明确投诉和指控渠道，以使会计师事务所人员能够没有顾虑地提出关注的问题。

第七十一条　如果在调查投诉和指控的过程中识别出会计师事务所质量控制政策和程序在设计或运行方面存在缺陷，或存在违反质量控制制度的情况，会计师事务所应当按照本准则第六十六条的规定采取适当行动。

第九节　对质量控制制度的记录

第七十二条　会计师事务所应当制定政策和程序，要求形成适当的工作记录，以对质量控制制度的每项要素的运行情况提供证据。

第七十三条　会计师事务所应当制定政策和程序，要求对工作记录保管足够的期限，以使执行监控程序的人员能够评价会计师事务所遵守质量控制制度的情况。

第七十四条　会计师事务所应当制定政策和程序，要求记录投诉、指控以及应对情况。

第五章　附　　则

第七十五条　本准则自2012年1月1日起施行。

中国注册会计师协会关于印发《医院财务报表审计指引》的通知

（会协〔2011〕3号，2011年1月14日）

各省、自治区、直辖市注册会计师协会：

为了指导注册会计师执行医院财务报表审计业务，明确工作要求，提高执业质量，我会起草了《医院财务报表审计指引》，现予印发，自2011年7月1日施行。执行中有何问题，请及时反馈我会。

附件：医院财务报表审计指引

中国注册会计师协会

二〇一一年一月十四日

会计师事务所以投标方式承接审计业务指导意见

（2006年2月5日）

第一章　总　　则

第一条　为了规范会计师事务所以投标方式承接审计业务的行为，维护会计服务市场秩序，树立良好职业形象，保护招标人利益、社会公众利益和投标会计师事务所的合法权益，根据《中华人民共和国招标投标法》、《中华人民共和国注册会计师法》以及中国注册会计师审计准则（以下简称审计准则）和职业道德规范，制定本指导意见。

第二条　会计师事务所可以依法参加招标人的公开招标或邀请招标。

第三条　会计师事务所在投标过程中，应当诚实守信，不得以不正当手段排挤其他投标人的公平竞争，损害招标人或者其他投标人的合法权益。

第四条 会计师事务所通过投标承接和执行审计业务，应当具备专业胜任能力，恪守独立、客观、公正的原则，遵守审计准则和职业道德规范，不得通过降低执业质量缓解投标带来的价格竞争压力。

第二章 投标准备

第五条 会计师事务所应当初步了解被审计单位的基本情况，评价自身专业胜任能力及独立性，初步评估审计风险，以确定是否响应招标。

第六条 会计师事务所应当合理保证只有在下列情况下才参与投标：

(一)已考虑客户的诚信，没有信息表明客户缺乏诚信；

(二)具有执行该项审计业务必要的素质、专业胜任能力、时间和资源；

(三)能够遵守与审计业务有关的职业道德规范。

第七条 在确定是否具有接受新业务所需的必要素质、专业胜任能力、时间和资源时，会计师事务所应当考虑下列事项，以评价新业务的特定要求和所有相关层次的现有人员的基本情况：

(一)会计师事务所人员是否熟悉相关行业或业务对象；

(二)会计师事务所人员是否具有执行类似业务的经验，或是否具备有效获取必要技能和知识的能力；

(三)会计师事务所是否拥有足够的具有必要素质和专业胜任能力的人员；

(四)会计师事务所是否符合国家财政、证券、金融等主管部门对招标单位审计业务的管理要求；

(五)在需要时，是否能够得到专家的帮助；

(六)根据会计师事务所质量控制准则，如果需要项目质量控制复核，是否具备符合标准和资格要求的项目质量控制复核人员；

(七)会计师事务所是否能够在提交报告的最后期限内完成业务。

第八条 会计师事务所决定参与投标后，应当按照招标文件的要求编制投标文件。投标文件应当对招标文件中提出的实质性要求和条件作出响应。

会计师事务所应当在投标文件中载明以下事项：

(一)会计师事务所的基本情况；

(二)拟参与招标项目的人员组成及专业资格和工作业绩；

(三)审计工作的总体安排；

(四)费用报价、报价所涵盖的服务范围及收费的计算基础。

第三章 投标报价

第九条 会计师事务所应当根据提供的专业服务价值确定投标报价，确保独立性和执业质量不会受到损害。

第十条 会计师事务所应当在考虑下列因素的基础上，确定专业服务的价值：

(一)执行该项审计业务的各类人员的级别、专业资格、经验和技能；

(二)每一专业服务人员提供服务所需的时间；

(三)审计项目所需承担的风险和责任；

(四)其他相关费用。

第十一条 会计师事务所确定的投标报价不得低于按照审计准则的要求执行该项审计业务所花费的成本。

会计师事务所应当通过当期的审计收费补偿当期的审计成本，不得通过未来各期的审计收费或提供其他服务的收入来补偿当期的审计成本。

第十二条 如果投标报价明显低于其他投标人时，会计师事务所应当确保能够遵守审计准则和质量控制准则，审计工作质量不受损害。

第十三条 投标人不得相互串通投标报价，不得排挤其他投标人的公平竞争，损害招标人或者其他投标人的合法权益。

第四章　投标与中标

第十四条　会计师事务所应当在招标文件要求提交投标文件的截止时间前，将投标文件送达投标地点。

第十五条　投标人不得与招标人串通投标，损害国家利益、社会公众利益或者他人的合法权益。

禁止投标人以向招标人或者评标委员会成员行贿的手段谋取中标。

第十六条　如果会计师事务所中标，应当在与委托人签订业务约定书之前与前任注册会计师进行必要的沟通。

第十七条　会计师事务所在中标后应当与委托人签订业务约定书。

第十八条　会计师事务所中标后，不得以报价低为借口，不遵守审计准则和质量控制准则，降低执业质量，并不得分拆转包中标的审计业务。

第五章　附　　则

第十九条　任何单位和个人有权举报会计师事务所以不正当手段进行投标的行为。中国注册会计师协会和各省、自治区、直辖市注册会计师协会一经查实，将按规定予以惩戒。

第二十条　会计师事务所以投标方式承接其他鉴证业务和相关服务业务，应参照本指导意见办理。

第二十一条　本指导意见自 2006 年 3 月 1 日起施行。

财政部国务院国有资产监督管理委员会关于会计师事务所承担中央企业财务决算审计有关问题的通知

(财会〔2011〕24 号，2011 年 12 月 29 日)

各省、自治区、直辖市、计划单列市财政厅(局)、国资委，新疆生产建设兵团国资委，各中央管理企业：

为了进一步规范会计师事务所承担中央企业财务决算审计行为，提高财务决算审计质量，促进会计师事务所做大做强和规范发展，现就会计师事务所承担中央企业财务决算审计有关事项通知如下：

一、承担中央企业财务决算审计的主审会计师事务所，应当进入全国会计师事务所综合评价排名前 50 位，承担中央企业财务决算审计的参审会计师事务所，原则上应进入全国会计师事务所综合评价排名前 100 位，具体名单以中国注册会计师协会每年公布的会计师事务所综合评价排名前百家信息为准(下同)。

经财政部、证监会审核推荐从事 H 股企业审计且已经完成特殊普通合伙转制的大型会计师事务所，在同等条件下可优先承担中央企业财务决算审计工作。

二、会计师事务所连续承担同一家中央企业财务决算审计业务应不少于 2 年，不超过 5 年；进入全国会计师事务所综合评价排名前 15 位且审计质量优良的会计师事务所，经相关企业申请、国资委核准，可适当延长审计年限，但连续审计年限应不超过 8 年。经财政部、证监会审核推荐从事 H 股企业审计且已经完成特殊普通合伙转制的大型会计师事务所，连续审计年限达到上述规定的，经相关企业申请、国资委核准，可自完成转制工商登记当年起延缓 2 年轮换，但连续审计年限最长不超过 10 年。超过上述审计年限规定的，企业应当予以轮换。中外合作会计师事务所完成特殊普通合伙转制的情况由财政部认定，认定结果抄送国资委。

会计师事务所连续审计年限按上述规定可以超过 5 年的，应当自第 6 年起更换审计项目合伙人和签字注册会计师。

三、财政部、国资委鼓励证券资格的会计师事务所尤其是大型会计师事务所在中央企业“走出去”的重点国家和地区设立分支机构或办事机构，为“走出去”的中央企业提供财务决算审计和相关咨询服务。具体办法由财政部、国资委商国务院有关部门另行制定。

四、会计师事务所承担中央企业财务决算审计，应当严格遵守国家保密法规制度的规定。会计师事务所的外籍员工(含合伙人、经理和其他从业人员),不得以任何方式接触中央企业的涉密资料和信息,不得进入军工等涉密中央企业财务决算审计现场。涉密资料、信息和涉密中央企业的认定,按照国家保密主管部门的规定执行。

承担中央企业财务决算审计的会计师事务所,其信息系统和数据库(含相应的软硬件设备)应当置于境内。该会计师事务所为国际会计公司的成员所、联系所、合作所或者与国际会计公司存在其他业务合作关系的,其信息系统和数据库应当与国际会计公司物理隔离。

会计师事务所承担中央企业所属境外上市公司财务决算审计和其他审计、咨询服务的,对于资料、信息保密和档案管理的要求,执行证监会、保密局、档案局联合制定的《关于加强在境外发行证券与上市相关保密和档案管理工作的规定》(证监会公告〔2009〕29 号)。

不符合本条款规定的会计师事务所,不得承担中央企业财务决算审计工作和相关咨询服务工作。

五、在 2013 年 6 月 30 日之前完成合伙制或者特殊普通合伙制转制工作的证券资格会计师事务所承担中央企业财务决算审计,其轮换年限可比照本通知第二条大型会计师事务所的有关规定执行。

除本通知有明确规定外,会计师事务所承担中央企业财务决算审计继续执行国资委《关于加强中央企业财务决算审计工作的通知》(国资厅发评价〔2005〕43 号)和《关于印发〈中央企业财务决算审计有关问题解答〉的通知》(国资厅发评价〔2006〕23 号)的有关规定。

财政部民政部关于加强和完善基金会注册会计师审计制度的通知

(财会〔2011〕23 号,2011 年 12 月 26 日)

各省、自治区、直辖市财政厅(局)、民政厅(局),深圳市财政委员会,新疆生产建设兵团民政局:

为了规范基金会的行为,提高基金会的财务管理和会计工作水平,扩大基金会的公开、透明程度,加强政府部门对基金会的监管,充分发挥注册会计师审计监督作用,维护基金会、捐赠人和受益人的合法权益,根据《基金会管理条例》(国务院令第 400 号)、《国务院办公厅转发财政部关于加快发展我国注册会计师行业若干意见的通知》(国办发〔2009〕56 号)和《民间非营利组织会计制度》(财会〔2004〕7 号)等法规文件的相关要求,财政部和民政部决定加大基金会注册会计师审计制度的实施力度,现就有关事项通知如下:

一、审计的类别与形式

基金会应当聘用会计师事务所对本单位的财务会计报告及相关信息进行审计,并依法披露财务会计报告和审计报告,接受社会公众的监督。登记管理机关为履行监管职责,也可以直接委托会计师事务所对基金会进行审计。

(一)年度审计。

基金会应当于每年 3 月 31 日前向登记管理机关报送上一年度经注册会计师审计的年度财务会计报告和会计师事务所出具的审计报告,接受年度检查;同时将年度财务会计报告在登记管理机关指定的统一信息公开平台上公布,接受社会公众的查询和监督。

基金会年度财务会计报告可以单独予以披露,也可以包含在年度工作报告中一并披露。基金会在依照相关法律法规申请公益性捐赠税前扣除资格、非营利组织免税资格以及办理免税手续时,应当按照有关文件的规定,将年度财务会计报告和审计报告等相关资料分别报送登记管理机关和与其同级的财政、税务部门。

(二)离任和换届审计。

1. 基金会在法定代表人变更时,应当向登记管理机关报送注册会计师出具的对法定代表人任职期间经济责任的履行情况作出审计评价并提出审计建议的审计报告,并按照登记管理机关的要求向社会公布。

2. 基金会在理事会换届时,应当向登记管理机关报送注册会计师出具的对理事会任期内财务收支真实、合法和效益等情况作出审计评价并提出审计建议的审计报告,并按照登记管理机关的要求向社会公布。

(三)专项审计。

基金会开展以下活动的,应当实施专项审计,在活动结束后向登记管理机关报送经注册会计师审计的专项审计报告，并按照登记管理机关的要求向社会公布。

1. 符合以下条件之一的重大公益项目：

(1)当年该项目的捐赠收入占基金会当年捐赠总收入的 1/5 以上且金额超过人民币 50 万元的；

(2)当年该项目的支出占基金会当年总支出的 1/5 以上且金额超过人民币 50 万元的；

(3)持续时间超过 3 年的。

2. 因参与处理自然灾害等突发事件需要开展的募捐活动。

3. 登记管理机关要求进行专项审计的其他活动。

二、审计经费来源和支付方式

基金会审计经费由下列一项或多项来源构成：

(一)基金会自行承担。

基金会应当根据《基金会管理条例》及其他有关要求，自行承担审计费用。

(二)财政资金。

按照基金会管理权限，中央财政和地方财政安排一定的资金，由登记管理机关在以下三种情形下使用：

1. 基金会确因资金困难无法承担审计费用的，可以向登记管理机关提出资助申请，登记管理机关视困难程度给予全额或一定比例的资助。相关申请和管理办法由登记管理机关商同级财政部门另行制定。

2. 对于内部治理结构完善、财务管理透明、公益项目运作规范、评估等级较高且同时具备公益性捐赠税前扣除资格和非营利组织免税资格的基金会，登记管理机关可以奖励形式全额或部分承担审计费用。

3. 登记管理机关为履行监管职责直接委托会计师事务所对基金会进行的审计，审计费用由登记管理机关承担。

登记管理机关应当按照国库集中支付管理制度和合同约定，将审计费用支付给受托会计师事务所。

(三)会计师事务所公益审计。

财政部门和民政部门鼓励会计师事务所为部分确有困难的基金会提供公益审计服务。会计师事务所提供公益审计服务，是履行社会责任的一种重要形式，中国注册会计师协会和地方注册会计师协会在具体开展全国及各省(自治区、直辖市)会计师事务所年度综合评价排名时应当予以考虑。

三、会计师事务所选聘范围和方式

(一)选聘范围。

对在民政部登记的基金会实施审计的会计师事务所，应当进入中国注册会计师协会公布的上一年度全国会计师事务所综合评价前 100 名；或具备三年以上(含三年)从事基金会或其他非营利组织审计工作经验，且注册会计师人数在 15 人以上，上一年度审计业务收入在 600 万元以上。

对在省级及以下民政部门登记的基金会实施审计的会计师事务所，应当进入全国会计师事务所综合评价前 100 名；或具备三年以上(含三年)从事基金会或其他非营利组织审计工作经验，且注册会计师人数在 10 人以上，上一年度审计业务收入在 300 万元以上。

(二)选聘方式。

基金会及其登记管理机关可以从上述范围内自行选聘会计师事务所；其中，使用财政资金聘请会计师事务所的，应当按照政府采购制度有关规定选聘会计师事务所。

四、相关要求

加强审计工作，强化社会监督，既是提高基金会公信力的有效举措，也是登记管理机关和其他有关部门依法监管的重要手段。

(一)各级财政部门和民政部门要高度重视这项工作，为会计师事务所依法依规做好审计工作提供保障，加强对会计师事务所和基金会的业务培训，加大检查力度，确保本通知的有关规定落到实处。

(二)各基金会应当深刻领会加强和完善审计制度的重要意义，积极配合注册会计师的审计工作，及时提供审计所需资料，并对所提供资料的真实性、合法性负责。基金会应当以此为契机，加强项目管理、收支管理和成本核算，不断提高财务管理和会计工作水平。

(三)参与基金会审计的会计师事务所应当按照法律法规和委托方要求，组织具有胜任能力的审计人员开展工作，严格遵守审计准则和职业道德的规定，认真完成各项审计工作，对审计报告的真实性和合法性负责。

(四)本通知自 2012 年 1 月 1 日起施行。考虑到基金会审计工作的连续性，如确有必要，基金会在参加

2011年年度检查工作时可以继续聘请原会计师事务所开展审计工作。但在2012年年检工作启动时，必须根据本通知的要求聘请符合规定的会计师事务所开展审计工作。

（五）本通知适用于在民政部门登记注册的基金会、境外基金会代表机构和其他具有公益性捐赠税前扣除资格的公益性社会团体。

财政部民政部

二〇一一年十二月二十六日

高新技术企业认定专项审计指引

（会协〔2008〕83号，2008年11月12日）

目　录

第一章　总　　则

一、制定目的与依据

为了规范注册会计师执行高新技术企业认定专项审计业务,明确工作要求,保证执业质量,增强申报企业财务信息的可信度,满足高新技术企业认定管理工作的需要,根据中国注册会计师审计准则(以下简称审计准则)、《高新技术企业认定管理办法》和《高新技术企业认定管理工作指引》,制定本指引。

二、相关定义

本指引所称高新技术企业,是指在国家重点支持的高新技术领域内,持续进行研究开发与技术成果转化,形成企业核心自主知识产权,并以此为基础开展经营活动,在中国境内(不包括港、澳、台地区)注册一年以上的居民企业。

本指引所称申报企业,是指拟向有关部门申请进行高新技术企业认定的被审计单位。

本指引所称高新技术企业认定专项审计,是指注册会计师接受申报企业委托,对其最近三个会计年度(实际经营不满三年的按实际经营年限)的研究开发费用结构明细表和最近一个会计年度的高新技术产品(服务)收入明细表进行审计,并出具专项审计报告。

本指引所称申报明细表,是指在适用的会计准则和相关会计制度框架下,申报企业根据《高新技术企业认定管理办法》和《高新技术企业认定管理工作指引》的规定编制的研究开发费用结构明细表和高新技术产品(服务)收入明细表及有关编制说明。申报明细表是以申报企业个别财务报表相关数据为基础编制的。

本指引所称研究开发活动,是指为获得科学与技术(不包括人文、社会科学)新知识,创造性运用科学技术新知识,或实质性改进技术、产品(服务)而持续进行的具有明确目标的活动。

本指引所称研究开发项目,是指不重复的,具有独立时间、财务安排和人员配置的研究开发活动。

三、申报企业管理层的责任

在适用的会计准则和相关会计制度框架下,按照《高新技术企业认定管理办法》和《高新技术企业认定管理工作指引》的规定,如实编制研究开发费用结构明细表和高新技术产品(服务)收入明细表,是申报企业管理层的责任。这种责任包括:

(一)设计、实施和维护与研究开发费用结构明细表和高新技术产品(服务)收入明细表相关的内部控制,以使研究开发费用结构明细表和高新技术产品(服务)收入明细表不存在由于舞弊或错误导致的重大错报;

(二)选择和运用恰当的会计政策;

(三)作出合理的会计估计;

(四)恰当界定研究开发项目、高新技术产品(服务)的具体范围。

根据《高新技术企业认定管理工作指引》的规定,申报企业应当建立健全有关核算体系,正确归集研究开发费用和高新技术产品(服务)收入,提供相关凭证及明细表,如实反映企业的研究开发费用和高新技术产品(服务)收入情况。

四、注册会计师的责任

按照本指引的要求,对申报企业最近三个会计年度(实际经营不满三年的按实际经营年限)的研究开发费用结构明细表、最近一个会计年度高新技术产品(服务)收入明细表进行审计,并对研究开发费用结构明细表和高新技术产品(服务)收入明细表发表审计意见,出具专项审计报告,是注册会计师的责任。

五、职业道德要求

注册会计师执行高新技术企业认定专项审计业务，应当遵守相关的职业道德规范，恪守独立、客观、公正的原则，保持专业胜任能力和应有的关注，并对执业过程中获知的信息保密。

六、职业怀疑态度

在计划和实施高新技术企业认定专项审计工作时，注册会计师应当保持职业怀疑态度，充分考虑可能存在的导致申报企业研究开发费用结构明细表和高新技术产品(服务)收入明细表发生重大错报的情形。

注册会计师应当以质疑的思维方式评价所获取证据的有效性，并对相互矛盾的证据，以及引起对文件记录或管理层和治理层提供信息的可靠性产生怀疑的证据保持警觉。

七、审计目标

高新技术企业认定专项审计的目标，是注册会计师通过实施审计工作对申报企业申报明细表的下列方面发表审计意见：

(一)研究开发费用结构明细表和高新技术产品(服务)收入明细表是否在适用的会计准则和相关会计制度框架下，按照《高新技术企业认定管理办法》和《高新技术企业认定管理工作指引》的规定编制；

(二)研究开发费用结构明细表和高新技术产品(服务)收入明细表是否在所有重大方面公允反映申报企业在所审计期间的研究开发费用和高新技术产品(服务)收入情况。

八、总体要求

注册会计师应当了解申报企业基本情况，考虑自身独立性和专业胜任能力，在初步评估风险的基础上，确定是否接受业务委托。在承接业务时，注册会计师应当与申报企业就业务性质、审计范围、时间要求、审计收费、专项审计报告的格式和内容，以及专项审计报告的分发和使用等达成一致意见并签订业务约定书。

在执行高新技术企业认定专项审计业务时，注册会计师应当实施风险评估程序，识别和评估研究开发费用结构明细表和高新技术产品(服务)收入明细表的重大错报风险。风险评估程序本身并不足以为发表审计意见提供充分、适当的审计证据，注册会计师还应当在实施风险评估程序的基础上设计和实施进一步审计程序，包括实施控制测试(必要时或决定测试时)和实质性程序，获取充分、适当的审计证据，得出合理的审计结论，作为形成审计意见的基础。

九、合理保证

注册会计师按照审计准则和本指引的规定执行高新技术企业认定专项审计业务，能够对申报企业的研究开发费用结构明细表和高新技术产品(服务)收入明细表不存在重大错报获取合理保证。

由于审计中存在的固有限制影响注册会计师发现重大错报的能力，注册会计师不能对申报企业的研究开发费用结构明细表和高新技术产品(服务)收入明细表不存在重大错报获取绝对保证。

十、适用范围

本指引适用于注册会计师执行高新技术企业认定专项审计业务。注册会计师可以结合年度财务报表审计实施专项审计业务，也可以单独实施专项审计业务。如果单独实施专项审计业务，注册会计师除遵守本指引外，还应当运用职业判断，确定是否实施其他必要的审计程序。

本指引着重规范高新技术企业认定专项审计业务的特殊方面，对于专项审计业务涉及的事项而本指引未予规范的，注册会计师应当遵守相关审计准则的规定。

第二章　初步业务活动

一、初步业务活动的目的

(一)初步业务活动的基本要求

开展初步业务活动的目的是帮助注册会计师制定审计计划，确保在计划审计工作时达到下列要求：

1. 注册会计师已具备执行业务所需要的独立性和专业胜任能力；

2. 不存在因申报企业管理层诚信问题而影响注册会计师承接该项业务意愿的情况；

3. 与申报企业不存在对业务约定条款的误解。

(二)接受委托时应当考虑的事项

在接受高新技术企业认定专项审计业务委托时，注册会计师应当考虑下列事项：

1. 与申报企业管理层和治理层讨论有关申报明细表审计的重大问题，包括这些重大问题对总体审计策略和具体审计计划的影响；

2. 针对预见到的特别风险，分派熟悉高新技术企业认定政策、专业胜任能力较强的人员；

3. 根据会计师事务所有关接受专项审计委托的质量控制制度实施的其他程序；

4. 申报企业最近三个会计年度财务报表接受审计的情况。

二、初步业务活动的内容

注册会计师在开展初步业务活动中应当考虑下列主要事项：

(一)申报企业的主要股东、关键管理人员和治理层是否诚信

注册会计师应当查阅相关资料，分析判断申报企业主要股东、关键管理人员和治理层的诚信情况。

(二)项目组是否具备专业胜任能力及必要的时间和资源

高新技术企业认定专项审计要求注册会计师具备财务、会计、审计方面的经验并熟悉高新技术企业认定的相关政策，在评价专业胜任能力时，注册会计师还应当考虑是否接受过高新技术企业认定专项审计的相关培训。

(三)会计师事务所和项目组能否遵守职业道德规范

评价遵守职业道德规范的情况也是一项非常重要的初步业务活动。质量控制准则对包括独立性在内的有关职业道德问题提出了要求，注册会计师应当按照其规定执行。

职业道德规范要求项目组成员恪守独立、客观、公正的原则，保持专业胜任能力和应有的关注，并对审计过程中获知的信息保密。

值得注意的是，由于审计过程中情况会发生变化，因此注册会计师对上述事项的考虑应当贯穿审计业务的全过程。例如，在审计过程中，如果注册会计师发现申报明细表存在舞弊迹象，而对管理层、治理层的诚信产生了极大疑虑，注册会计师需要针对这一新情况，考虑是否继续承办该项业务。

三、业务约定书

会计师事务所在确定接受该项业务后应当与申报企业签订《高新技术企业认定专项审计业务约定书》(以下简称专项审计业务约定书)。

(一)签订专项审计业务约定书的总体要求

注册会计师应当在专项审计业务开始前，与申报企业就专项审计业务约定条款达成一致意见，并以书面形式签订专项审计业务约定书，以避免双方对专项审计业务的理解产生分歧。

(二)专项审计业务约定书的内容

专项审计业务约定书的内容，包括专项审计业务约定书的必备条款和应当考虑增加的其他条款等。专项审计业务约定书的具体内容可参考《中国注册会计师审计准则第 1111 号——审计业务约定书》。

1. 专项审计业务约定书的必备条款

专项审计业务约定书应当对下列方面予以说明：

(1)申报明细表审计的目标；

(2)管理层对申报明细表的责任；

(3)注册会计师的责任；

(4)申报明细表的编制基础；

申报明细表的编制基础是《高新技术企业认定管理办法》和《高新技术企业认定管理工作指引》。

(5)审计范围；

注册会计师应当确定审计业务的特征，包括采用的会计准则和会计制度、专项审计的特殊要求以及申报企业组成部分的分布等，以确定审计范围。

2. 应当考虑增加的其他条款

注册会计师应当考虑在专项审计业务约定书中增加下列条款，明确说明专项审计的特殊性：

(1)应当说明专项审计报告仅供申报企业申报高新技术企业认定时使用，不得用于其他目的；

(2)逐一说明审计对象，包括最近三个会计年度的研究开发费用结构明细表与最近一年的高新技术产品(服务)收入明细表；

(3)在某些方面利用专家的工作情况；

(4)申报企业含有分支机构时，如果注册会计师仅审计申报企业总部申报明细表，或在审计总部申报明细表的同时只审计部分分支机构申报明细表，其余分支机构的申报明细表由其他注册会计师实施审计的，

应当在专项审计业务约定书中明确说明。

专项审计业务约定书参考格式见本指引附录1。注册会计师在使用时可以根据具体情况作适当修改。

第三章　计划审计工作

一、总体审计策略

注册会计师应当为审计工作制定总体审计策略以确定审计范围、时间、方向和如何调配审计资源，并指导制定具体审计计划。

(一)审计范围

注册会计师应结合申报企业执行的企业会计准则和相关会计制度、《高新技术企业认定管理办法》和《高新技术企业认定管理工作指引》的要求，以及申报企业分支机构的分布等，确定审计范围。主要考虑下列事项：

1. 高新技术企业认定专项审计的报告要求；
2. 预期的审计工作涵盖范围，包括需审计的分支机构的数量及所在地点；
3. 其他注册会计师参与分支机构审计的范围；
4. 拟利用年度财务报表审计工作中获取的审计证据的程度。

(二)审计时间

审计时间包括执行专项审计的时间安排，与管理层和治理层沟通的重要日期安排以及提交专项审计报告的时间要求等。

(三)审计方向

总体审计策略的制定应当考虑影响专项审计业务的重要因素，以确定项目组工作方向，包括确定适当的重要性水平，初步识别可能存在重大错报风险的领域，初步识别重要账户及交易金额，评价是否需要针对内部控制的有效性获取审计证据，识别申报企业所处行业、专项审计的报告要求及其他相关方面最近发生的重大变化等。

注册会计师在确定重要性水平时，应当结合具体环境考虑重要性性质和数量两方面的因素。在考虑性质因素时，注册会计师需要重点关注错报的性质属于错误还是舞弊。例如，某项错报使申报企业高新技术研究开发费用虚增××万元，从金额绝对值上看并不重要，但该项错报可能使得申报企业从不符合高新技术企业认定条件变为符合高新技术企业认定条件，注册会计师应当判断该项错报是否源于管理层的主观故意。

注册会计师在确定重要性水平时还应当考虑专项审计的特殊要求，包括：

1. 因高新技术企业认定专项审计涉及较多的科学技术因素，并且申报企业管理层存在获得高新技术企业资格以降低税负的动机，所以注册会计师应当对申报企业管理层对高新技术研究开发费用与高新技术产品(服务)收入的发生、截止、分类的认定予以充分关注。
2. 由于专项审计对象涉及不同的申报明细表，两者并不相互依赖、互为条件，在确定重要性水平时，注册会计师应当对研究开发费用结构明细表与高新技术产品(服务)收入明细表分别采用不同的重要性水平。对于不同年度的研究开发费用结构明细表，还应分别确定不同年度的重要性水平。
3. 鉴于专项审计的特点，确定的重要性水平(包括申报明细表层次与认定层次)应当低于相应财务报表审计的重要性水平。

(四)审计资源调配

总体审计策略中应当清楚地说明下列审计资源调配情况：

1. 向具体审计领域调配的资源，包括向复杂的研究开发项目分派熟悉高新技术企业认定政策、具有相关审计经验的项目组成员，就复杂的研究开发项目技术问题利用专家工作等；
2. 向具体审计领域分配资源的数量，包括项目组成员数量，审计时间预算等；
3. 如何管理、指导、监督审计资源的利用，包括何时召开项目组预备会和总结会，项目负责人如何进行复核，是否需要实施项目质量控制复核等。

二、具体审计计划

注册会计师应当为审计工作制定具体审计计划，以将审计风险降至可接受的低水平。具体审计计划应当包括风险评估程序、计划实施的进一步审计程序和其他审计程序。

（一）研究开发费用支出

注册会计师在制定具体审计计划时，应当考虑专项审计的特殊情况，包括：

1. 对于简单研究开发项目、研究开发费用支出发生频率不高或内部控制薄弱的申报企业，注册会计师采用实质性方案可能最为有效；

2. 由于高新技术企业研究开发费用支出的审计范围涵盖了三个会计年度，每个会计年度内研究开发费用的发生情况可能不尽相同，对每个会计年度的研究开发费用支出均应设计相应的审计程序；

3. 在测试申报企业对高新技术研究开发费用分类认定时，应当设计相关程序以测试研究开发费用与研究开发项目之间的关联性；

4. 当申报企业的指标接近高新技术企业认定标准时，应当特别关注高新技术研究开发费用支出的发生、截止与分类认定是否正确。

（二）高新技术产品（服务）收入

1. 在设计高新技术产品（服务）收入审计程序时，应当设计相关程序测试高新技术产品（服务）的确认标识，确认申报企业是否混淆高新技术产品（服务）收入与非高新技术产品（服务）收入的界限，是否虚增高新技术产品（服务）收入。

2. 注册会计师在确定测试样本时，针对高新技术产品（服务）收入的测试样本应当涵盖各类高新技术产品（服务）。在确定样本数量时，注册会计师应当关注专项审计的样本量与年度财务报表审计的样本量可能存在差异。

3. 对于高新技术产品（服务）收入发生频率不高或内部控制薄弱的申报企业，注册会计师采用实质性方案可能最为有效。

4. 当申报企业的指标接近高新技术企业认定标准时，应当特别关注高新技术产品（服务）收入的发生、截止与分类认定是否正确。

三、更改审计计划

计划审计工作并非审计业务的一个孤立阶段，而是一个持续的、不断修正的过程，贯穿于整个审计业务的始终。例如，注册会计师在风险评估过程中评估固定资产内部控制风险水平较低，但在实施控制测试时获取的审计证据不支持评估的风险水平，此时，注册会计师应当修改审计计划并设计新的审计程序。

如果注册会计师在审计过程中对审计计划作出重大更改，应当记录重大更改及其理由，以及对导致此类更改的事项、条件或审计程序结果采取的应对措施。

第四章　风险评估

了解申报企业及其环境并评估重大错报风险是注册会计师实施进一步审计程序的基础。本章重点规范了解申报企业及其环境以及评估重大错报风险，第五章规范了解申报企业内部控制。

一、了解申报企业及其环境

（一）行业状况、法律环境与监管环境以及其他外部因素

注册会计师可能需要了解与分析下列主要情况：

1. 所处行业的市场供求与竞争状况

产品（服务）关键技术指标值与行业指标值相比较是否存在较大差异，从而影响申报企业的产品销售价格（服务价格）或数量，申报企业需要进行技术研究开发活动以增强竞争能力。

2. 产品（服务）技术变化

产品（服务）是否含有较高的技术含量，产品更新换代或服务升级是否较快，申报企业是否为保持技术领先从而需要进行较多的技术研究开发。如通讯产品制造业因其产品更新换代较快，开展的研究开发项目较多。

3. 能源供应与成本

产品是否为高耗能产品，申报企业是否因能源供应日趋紧张、成本上升，需要开展研究开发活动以降低产品能耗与产品成本。

4. 法律监管环境

近年颁布的法律法规是否对申报企业的产品销售产生重大不利影响而需要进行技术研究开发活动以使产品适应法律监管要求。如汽车制造业，因尾气排放标准不断提高而需要不断进行关于降低尾气污染物

排放的研究开发项目。

（二）申报企业的性质

注册会计师应当从下列方面了解申报企业的性质：

1. 所有权结构

注册会计师应当了解申报企业的所有权结构与主要所有者，识别关联方，并分析主要所有者与申报企业关联方之间的关系是否会对高新技术产品（服务）销售等数据归集的真实性产生不利影响。

2. 治理结构

注册会计师应当考虑申报企业治理层是否能够在独立于管理层的情况下对申报相关事项（包括申报明细表）作出客观判断。

3. 组织结构

注册会计师应当了解申报企业研究开发部门的设置与分布，分析是否存在专门的机构与人员从事研究开发活动，包括：

（1）研究开发部门数量及其人员；

（2）研究开发项目组成员与来源，技术职称结构；

（3）研究开发人员的考核奖励制度等。

4. 经营活动

注册会计师应当了解申报企业主要高新技术产品（服务）的种类、最近三个会计年度的研究开发计划与主要研究开发成果、目前实施的研究开发项目名称与性质、研究开发工作外包等情况，以分析判断研究开发项目的真实性。

注册会计师应当重点了解与申报企业研究开发项目相关的各种情况，包括：

（1）研究开发项目的目的、性质与类型，关注是否属于《国家重点支持的高新技术领域》范围，获得相关审批的情况（如需要）以及目前的进展情况；

（2）研究开发项目的立项过程；

（3）是否委托关联方或者其他外部机构进行实质性研究开发；

（4）产学研的合作方式、合作研究开发项目的所有权归属等。

在了解上述研究开发项目内容时，注册会计师应当考虑利用专家的工作。

5. 投资活动

注册会计师应当重点了解为开展研究开发项目而投入的主要研究设备，考虑实施观察程序以实地考察研究开发项目所使用的固定资产是否未用于研究开发项目。

6. 筹资活动

了解申报企业的借款情况，重点分析研究开发项目是否使用了金融机构的贷款，包括是否采用融资租赁方式租赁研究开发设备。

（三）申报企业对会计政策的选择与运用

注册会计师应当分析申报企业研究开发费用和高新技术产品（服务）收入核算时所确定的会计政策与编制财务报表时所确定的会计政策是否一致，并特别考虑下列情况：

1. 了解申报企业多个研究开发项目之间费用的分配方法，分析费用分配方法是否合理；

2. 识别与确定高新技术产品（服务）收入归集的对象是否属于《高新技术认定管理办法》规定的范围，包括申报企业如何确定相关产品（服务）的识别标志、技术属性等；

3. 销售截止认定相关证据的性质，包括服务收入确认的主要标志与确认文件。

（四）申报企业的目标、战略以及相关经营风险

注册会计师应当了解申报企业的目标、战略以及相关经营风险，包括：

1. 申报企业是否制定了涉足新的业务领域与地区的经营目标。是否出于适应新的业务领域与地区消费者需求及法律监管要求等原因而增加研究开发投入；

2. 申报企业是否确立了创建科技创新型企业的发展战略，从而增加研究开发投入；

3. 申报企业是否由于涉足新的业务领域与地区、跨国界经营等因素，产生经营业绩不佳的经营风险而需要获得高新技术企业资格以降低税负、改善经营业绩指标，从而可能产生申报明细表的重大错报。

（五）申报企业财务业绩的衡量与评价

注册会计师应当了解申报企业的下列方面：

1. 高新技术产品（服务）收入是否作为主要业绩考核指标，并与管理层薪酬制度、股权激励政策相联系；

2. 计划实施的研究开发项目支出是否制定了相应的年度预算，并将实际支出与预算的差异作为研究开发人员的业绩考核指标。

二、评估重大错报风险

注册会计师应当识别和评估申报明细表层次以及各类交易、列报认定层次的重大错报风险。

（一）识别和评估重大错报风险的程序

在识别与评估重大错报风险时，注册会计师应当实施下列程序：

1. 在了解申报企业及其环境的整个过程中识别风险；

2. 将识别的风险与认定层次可能发生的错报领域相联系；

3. 考虑识别的风险是否重大；

4. 考虑识别的风险导致申报明细表发生重大错报的可能性。

（二）识别与评估申报明细表层次的重大错报风险

注册会计师应当确定所识别的重大错报风险是否与申报明细表整体广泛相关。例如，申报企业未能提供研究开发项目的相关计划与实施方案、研究开发工作记录，则其编制的研究开发费用结构明细表整体上就可能存在重大错报风险。

申报明细表层次的重大错报风险很可能源于薄弱的控制环境。薄弱的控制环境带来的风险可能对申报明细表产生广泛影响，例如申报企业未建立完善的内部控制制度，申报明细表则可能产生重大错报风险；管理层因薪酬制度、实施股权激励等原因可能凌驾于内部控制制度之上，伪造或篡改编制申报明细表所依据的会计记录或相关文件，随意变更与高新技术研究开发费用支出或产品（服务）收入相关的会计政策与会计估计，形成申报明细表层次的重大错报风险。

注册会计师应当针对申报明细表层次的重大错报风险采取总体应对措施。

（三）识别与评估认定层次重大错报风险

注册会计师应当确定所识别的重大错报风险是否与特定的某类交易和列报的认定相关。例如，申报企业对某笔较大金额的研究开发费用支出未能提供相关合同以证实其确为研究开发费用，则该笔支出将影响研究开发费用的“发生”认定。

注册会计师在识别和评估认定层次重大错报风险时，应当考虑下列情况：

1. 通过实施询问、检查文件记录程序了解研究开发项目的相关信息，包括该项目的实施进度，分析申报企业对研究开发费用归集的真实性，判断申报企业管理层对费用的发生、截止、分类等认定是否存在重大错报，考虑是否存在高估研究开发费用支出的风险。

2. 通过了解高新技术产品（服务）的识别标志与技术属性，分析高新技术产品（服务）销售收入归集的准确性，判断管理层关于收入的发生、截止、分类的认定是否存在故意误用等情况，考虑是否存在高估高新技术产品（服务）收入的风险。

（四）内部控制对评估认定层次重大错报风险的影响

在评估重大错报风险时，注册会计师应当将所了解的控制与特定认定相联系。例如，高新技术产品（服务）收入的截止、分类认定存在重大错报可能与销售收入循环的内部控制相关。

（五）需要特别考虑的重大错报风险

注册会计师应当运用职业判断，确定识别的风险中哪些是需要特别考虑的重大错报风险。在确定风险的性质时，注册会计师应当考虑下列事项：

1. 申报企业管理层可能存在为了申请高新技术企业资格以享受税收优惠政策的动机，导致高新技术研究开发费用支出与高新技术产品（服务）收入存在重大错报风险。

注册会计师应当假定申报企业的高新技术研究开发费用支出和高新技术产品（服务）收入存在舞弊风险；

2. 错报风险是否与申报企业近期高新技术产品（服务）收入、申报企业的经营状况、会计处理方法和其他方面的重大变化有关；

3. 研究开发项目的复杂程度。例如，大型复杂的研究开发项目可能涉及多个分支机构与多个部门，注册会计师应当考虑研究开发费用的归集是否完整；

4. 高新技术产品(服务)收入是否涉及重大的关联方交易；

5. 申报明细表信息计量。例如，高新技术系统集成产品收入的确认是否可能存在较大的随意性从而产生高新技术产品(服务)收入确认的风险；

6. 高新技术产品(服务)收入是否涉及异常或与商业惯例不符的重大交易。

(六)考虑与特别风险相关的控制

了解与特别风险相关的控制，有助于注册会计师制定有效的审计方案予以应对。针对特别风险，注册会计师应当评价相关控制的设计情况，并确定其是否已经得到执行。如果申报企业管理层未能实施控制以恰当应对特别风险，注册会计师应当认为内部控制存在重大缺陷，并考虑其对风险评估的影响。在此情况下，注册会计师应当就此类事项与治理层沟通。

(七)仅通过实质性程序无法应对的重大错报风险

如果申报企业对日常交易的处理高度自动化，审计证据可能仅以电子形式存在，其充分性和适当性通常取决于自动化信息系统相关控制的有效性。注册会计师应当考虑仅通过实施实质性程序不能获取充分、适当审计证据的可能性。如果认为仅通过实施实质性程序不能获取充分、适当的审计证据，注册会计师应当考虑依赖相关的内部控制。

第五章 了解内部控制

内部控制是被审计单位为了合理保证财务报告的可靠性、经营的效率和效果以及对法律法规的遵守，由治理层、管理层和其他人员设计和执行的政策和程序。了解申报企业与申报明细表相关的内部控制是识别和评估重大错报风险、设计和实施进一步审计程序的基础。

一、内部控制要素

内部控制包括下列要素：

(1)控制环境；

(2)风险评估过程；

(3)信息系统与沟通；

(4)控制活动；

(5)对控制的监督。

注册会计师实施专项审计的目的是对申报企业编制的申报明细表发表审计意见，并非对申报企业内部控制的有效性发表意见，注册会计师需要了解和评价的内部控制只是与申报明细表相关的内部控制，并非申报企业所有的内部控制。

与申报明细表相关的内部控制，包括申报企业为实现申报明细表可靠性目标设计和实施的控制。注册会计师应当运用职业判断，考虑一项控制单独或连同其他控制是否与评估重大错报风险以及针对评估的风险设计和实施的进一步审计程序有关。

在运用职业判断时，注册会计师应当考虑下列因素：(1)注册会计师确定的重要性水平；(2)申报企业的性质，包括组织结构和所有制性质；(3)申报企业的规模；(4)申报企业经营的多样性和复杂性；(5)法律法规和监管要求；(6)作为内部控制组成部分的系统(包括利用服务机构)的性质和复杂性。

注册会计师通常实施下列风险评估程序，以获取有关控制设计和执行的审计证据：(1)询问申报企业的人员；(2)观察特定控制的运用；(3)检查文件和报告；(4)追踪交易在与申报明细表相关的信息系统中的处理过程(穿行测试)。这些程序是风险评估程序在了解申报企业内部控制方面的具体运用。

在了解内部控制时，注册会计师应当考虑内部控制的人工和自动化特征及其影响。

(一)控制环境

控制环境包括治理职能和管理职能，以及治理层和管理层对内部控制及其重要性的态度、认识和措施。控制环境设定了内部控制的基调，影响员工对内部控制的认识和态度。良好的控制环境是实施有效内部控制的基础。

在评价控制环境的设计时，注册会计师应当考虑构成控制环境的下列要素，以及这些要素如何被纳入申报企业的业务流程：(1)对诚信和道德价值观念的沟通与落实；(2)对胜任能力的重视；(3)治理层的参与程度;(4)管理层的理念和经营风格;(5)组织结构;(6)职权与责任的分配;(7)人力资源政策与实务。

在评价控制环境各个要素时,注册会计师应当考虑控制环境各个要素是否得到执行。

在确定构成控制环境的要素是否得到执行时,注册会计师应当考虑将询问与其他风险评估程序相结合以获取审计证据。

控制环境对重大错报风险的评估具有广泛影响。注册会计师在评估重大错报风险时,存在令人满意的控制环境是一个积极的因素。控制环境影响进一步审计程序的性质、时间和范围。虽然令人满意的控制环境并不能绝对防止舞弊的发生,但却有助于降低发生舞弊的风险。

控制环境本身并不能防止或发现并纠正各类交易、账户余额、列报认定层次的重大错报,注册会计师在评估重大错报风险时,应当将控制环境连同其他内部控制要素产生的影响一并考虑。例如,将控制环境与对控制的监督和具体控制活动一并考虑。

(二)风险评估过程

企业在经营活动中会面临各种各样的风险,风险对其生存和竞争能力产生影响。很多风险并不为企业所控制,但企业管理层应当确定可以承受的风险水平,识别风险并采取相应的应对措施。可能产生风险的事项和情形包括:监管和经营环境的变化、新员工的加入、新信息系统的使用或对原系统进行升级、业务快速发展、新技术运用、新生产型号、产品和业务活动、企业重组、发展海外经营、实施新会计准则等。

风险评估过程的作用是识别、评估和管理影响申报企业实现经营目标的各种风险。

在评价申报企业风险评估过程的设计和执行时,注册会计师应当确定管理层如何识别与申报明细表相关的经营风险,如何估计该风险的重要性,如何评估风险发生的可能性,以及如何采取措施管理这些风险。如果申报企业的风险评估过程符合其具体情况,了解申报企业的风险评估过程和结果有助于注册会计师识别申报明细表的重大错报风险。

(三)信息系统与沟通

信息系统与沟通是收集与交换申报企业执行、管理和控制业务活动所需信息的过程。信息系统与沟通的质量直接影响到管理层对经营活动作出正确决策和编制可靠申报明细表的能力。

注册会计师应当从下列方面了解与申报明细表相关的信息系统:(1)在申报企业经营过程中,对申报明细表具有重大影响的各类交易;(2)在信息技术和人工系统中,交易生成、记录、处理和报告的程序;(3)与交易生成、记录、处理和报告相关的会计记录、支持性信息和申报明细表中的特定项目;(4)信息系统如何获取除各类交易之外的对申报明细表具有重大影响的事项和情况的信息;(5)申报企业编制申报明细表的过程。

与申报明细表相关的沟通通常包括使员工了解各自在与申报明细表有关的内部控制方面的角色和职责,员工之间的工作联系,以及向适当级别的管理层报告例外事项的方式。注册会计师应当了解申报企业内部如何对与申报明细表相关的岗位职责,以及与申报明细表相关的重大事项进行沟通。注册会计师还应当了解管理层与治理层(特别是审计委员会)之间的沟通,以及申报企业与外部(包括监管部门)的沟通。

(四)控制活动

控制活动是指有助于确保管理层的指令得以执行的政策和程序,包括与授权、业绩评价、信息处理、实物控制和职责分离等相关的活动。

在了解控制活动时,注册会计师应当重点考虑一项控制活动单独或连同其他控制活动是否能够以及如何防止或发现并纠正各类交易、账户余额、列报存在的重大错报。

(五)对控制的监督

管理层的重要职责之一就是建立和维护控制并保证其持续有效运行,对控制的监督可以实现这一目标。监督是由适当的人员在适当、及时的基础上,评估控制的设计和运行情况的过程。

注册会计师应当了解申报企业对控制的持续监督活动和专门的评价活动。通常,申报企业通过持续的监督活动、专门的评价活动或两者相结合,实现对控制的监督。

持续的监督活动通常贯穿于申报企业的日常经营活动与常规管理工作中。例如,管理层在履行其日常管理活动时,取得内部控制持续发挥功能的信息。当业务报告、申报明细表与他们获取的信息有较大差异时,将对重大差异提出疑问,并作出必要的追踪调查和处理。

申报企业可能使用内部审计人员或具有类似职能的人员对内部控制的设计和执行进行专门的评价,以找出内部控制的优点和不足,并提出改进建议。

申报企业也可能利用与外部有关各方沟通或交流所获取的信息监督相关的控制活动。在某些情况下，外部信息(如顾客投诉和监管机构的意见)可能显示内部控制存在的问题和需要改进之处。

用于监督活动的信息大多由申报企业的信息系统产生，这些信息可能会存在错报，从而导致管理层从监督活动中得出错误的结论。因此，注册会计师应当了解与申报企业监督活动相关的信息来源，以及管理层认为信息具有可靠性的依据。如果拟利用申报企业监督活动使用的信息(包括内部审计报告)，注册会计师应当考虑该信息是否具有可靠的基础，是否足以实现审计目标。

二、了解和评价与研究开发费用相关的控制活动和信息系统

这里以研究开发费用常见的业务流程为主线，以示例的形式说明注册会计师如何了解和评价申报企业与研究开发费用相关的控制活动及信息系统。

需要说明的是，申报企业的情况千差万别，本指引不可能涵盖所有的情况。在执行审计业务时，注册会计师应当结合申报企业的实际情况，对具体业务流程作出相应的调整和取舍。

(一)了解业务流程的主要步骤

对申报企业研究和开发费用相关的内部控制的了解，应当从了解研究开发的背景开始，以便于注册会计师更好地理解申报企业的研发控制活动。对研究开发背景的了解可以围绕下列内容展开：(1)申报企业拥有自主知识产权的情况；(2)从事研究开发的主要领域；(3)在研究开发方面的获奖情况；(4)从事研究开发人员的基本情况；(5)研究开发活动使用的材料、燃料、电力情况；(6)研究开发活动使用的固定资产、无形资产情况等。

研究开发费用控制通常属于申报企业费用和成本控制的重要组成部分，在对研究开发费用控制进行了解时，注册会计师需要考虑那些针对研究开发费用完整性、发生、准确性和分类等认定的控制。

研究开发业务流程通常包括下列主要活动：

1. 立项和预算管理

(1)项目的申请和批准；

(2)预算的编制和批准。

2. 人员管理

(1)研发机构的设立、研发人员的组织和聘用；

(2)工作记录；

(3)绩效考核；

(4)薪酬的计算、支付和记录。

3. 设备、材料管理

(1)设备、材料的购置申请；

(2)设备、材料的验收；

(3)设备、材料的领用和记录。

4. 委托外部研究开发

(1)委托外部研究开发的申请和审批；

(2)委托外部开发成果的验收；

(3)付款和记录。

5. 结项管理

(1)项目的总体评议和成果鉴定；

(2)预算差异分析。

了解控制的程序包括检查申报企业相关控制手册和其他书面指引，询问各部门的相关人员，观察操作流程等。例如，注册会计师可以询问研究开发项目负责人，了解研究开发项目的立项和预算情况；可以询问仓库人员，了解设备、材料管理流程；也可以询问会计人员，了解有关账务处理的流程。注册会计师应当考虑流程在各部门之间如何衔接，如单据的流转和核对，以及各部门人员的职责分工等。

注册会计师可以通过文字叙述、流程图等方式记录上述业务流程。

(二)确定错报可能发生的环节

注册会计师应当结合上述了解的结果，确定申报企业需要在哪些环节设置控制，以防止或发现并纠正交易流程中的错报，即确定错报可能发生的环节。下表列举了研究开发业务流程中错报可能发生的环节，以说明注册会计师如何确定申报企业的控制目标是否得到实现。

"错报可能发生的环节"示例表

"错报可能发生的环节"示例	认　　定
1. 人工费用	
怎样确保所有的研发工资/奖金费用均已入账?	完整性
怎样确保非研发人员的工资/奖金不计入研发费用?	发生
怎样确保研发工资/奖金费用记录于正确的期间?	截止
怎样避免记录重复的研发人员工资费用?	发生
怎样确保工资费用在不同研究开发项目间正确分配?	分类
2. 材料、工装准备	
怎样确保所有的研发材料费用均已入账?	完整性
怎样确保研发材料费用记录于正确的期间?	截止
怎样避免记录重复的研发活动材料费用?	发生
怎样确保非研发活动的材料支出不计入研发费用?	发生
怎样确保非研发活动的工装准备支出不计入研发费用?	发生
怎样确保研发材料费用在不同研究开发项目间正确分配?	分类
怎样确保研发活动的工装准备费用在不同研究开发项目间正确分配?	分类
3. 长期资产摊销	
怎样确保非研发活动的长期资产(固定资产、无形资产、长期待摊费用)计提的折旧或摊销的费用不计入研发费用?	发生
怎样确保研发活动相关长期资产计提的折旧或摊销的费用计算正确?	准确性/计价
怎样确保长期资产计提的折旧或摊销的费用在不同研究开发项目间正确分配?	分类
4. 外包	
怎样确保非研发活动的外包支出不计入研发费用?	发生
怎样确保委托境外的外部研发投入不计入境内的外部研发支出?	发生
怎样确保外包费用计入正确的研究开发项目?	分类
5. 预算	
怎样确保研发费用预算的合理性?	发生/完整性
怎样确保研发费用预算得到执行?	发生/完整性

值得注意的是,一方面,某项控制目标可能涉及几项控制。注册会计师应当重点考虑某项控制活动单独或连同其他控制活动是否能够防止或发现并纠正重大错报。另一方面,某些控制可能涉及多项控制目标。因此,在实务中,为提高审计效率,注册会计师应当考虑了解和识别能针对多项控制目标的控制。

(三)了解和识别相关控制

注册会计师应当根据申报企业的实际情况,通过询问、观察、检查、穿行测试等审计程序,了解和识别相关控制,并对其结果形成审计工作记录,包括记录控制由谁执行以及如何执行。

注册会计师了解和识别内部控制时,应当将重点放在能够发现并纠正错误的关键控制,并且对控制的描述应当说明控制活动与最终的研究开发费用结构明细表的逻辑关系。

（四）执行穿行测试

执行穿行测试，证实对研发流程和相关控制的了解，并确定相关控制是否得到执行。注册会计师应当选择一笔或几笔交易进行穿行测试。例如，针对人工费用，追踪从职工薪酬标准采用→员工人数统计→工时统计→支付审批→项目工时归集→项目人工费用分配→各研究开发项目人工费用数据生成的整个流程，考虑之前对相关内部控制的了解是否正确和完整，并确定相关控制是否得到执行。

在执行穿行测试时，注册会计师应当询问执行交易流程和控制的相关人员，并根据需要检查有关单据和文件，询问其对已发现的错报的处理。需要注意的是，如果不打算依赖控制，注册会计师仍应执行穿行测试，以确定之前对业务流程及可能发生错报环节的了解是否正确和完整。注册会计师还应当按照审计准则的规定，对相关控制的设计是否合理和得到执行进行评价，以确定进一步审计程序。

三、了解与高新技术产品(服务)收入相关的控制活动和信息系统

由于高新技术产品收入与技术性收入的业务流程具有很高的相似性，本指引以高新技术产品收入常见的业务流程为主线，以示例的形式说明注册会计师如何了解和评价申报企业与高新技术产品收入相关的控制活动和信息系统。

需要说明的是，申报企业的情况千差万别，本指引不可能涵盖所有情况。在执行审计业务时，注册会计师应当结合申报企业实际情况，对具体业务流程作出相应的调整和取舍。

（一）了解业务流程的主要步骤

销售在申报企业中通常属于重要业务流程和重要交易类别，营业收入也通常被确定为存在较高重大错报风险的重要账户。对某些企业来说，销售退回的处理可能也是重要的交易类别。

高新技术产品销售的业务流程通常包括下列主要活动：

1. 一般销售的业务流程

(1)接到客户订单；

(2)将订单输入系统；

(3)核准信用状况及赊销条款；

(4)检查订单并准备发货；

(5)编制发运凭证(或提货单)；

(6)递交发运凭证(或提货单)至客户；

(7)开具销售发票；

(8)复核销售发票的准确性并递交至客户；

(9)生成销售明细账；

(10)汇总销售明细账并过入总账。

2. 销售退回、折扣与折让的业务流程

(1)处理销售退回、折扣与折让的请求；

(2)批准请求；

(3)收到退货；

(4)编制销售退回、折扣与折让的表单，即销售方同意贷记购买方应收账款的凭证；

(5)记录销售退回、折扣与折让；

(6)更新应收账款账户。

3. 维护客户档案的业务流程

(1)提交变更申请；

(2)审核、批准；

(3)更新客户档案。

了解的程序包括检查申报企业相关控制手册和其他书面指引，询问各部门的相关人员，观察操作流程等。例如，注册会计师可以询问销售人员，了解订单处理和开票的流程；可以询问仓库人员，了解发货的流程；也可以询问会计人员，了解有关账务处理的流程。注册会计师还应当考虑流程在各部门之间如何衔接，如单据的流转和核对，以及各部门人员的职责分工等。

注册会计师可以通过文字叙述、流程图等方式记录上述业务流程。

(二)确定错报可能发生的环节

注册会计师应当结合了解的结果,确定申报企业需要在哪些环节设置控制,以防止或发现并纠正业务流程中的错报,即确定错报可能发生的环节。下表列举了一般销售、销售退回、销售折扣与折让以及维护客户档案等业务流程中错报可能发生的环节,以说明注册会计师如何确定申报企业的控制目标是否得到实现。

"错报可能发生的环节"示例表

"错报可能发生的环节"示例	认　定
1. 一般销售	
怎样确保已记录销售订单内容的准确性?	准确性
怎样确保销售订单经过管理层核准?	发生
怎样确保销售订单均已得到有效处理?	完整性
怎样确保发货记录于正确的期间?	截止
怎样确保已记录的销售均已发货?	发生
怎样确保及时开具发票?	完整性/截止
怎样确保发票开具和销售价格经过管理层批准?	准确性/计价
怎样确保登记入账的销售数量系经核准的已发货数量?	准确性/计价
怎样确保所有销售均已登记入账?	完整性
怎样确保已记录的销售均为真实发生?	发生
怎样确保销售得到及时记录?	截止
怎样确保销售记录于正确的期间?	截止
怎样确保销售均已准确记录并对高新技术产品收入进行恰当分类?	分类
2. 销售退回、折扣与折让	
怎样确保已记录的销售退回、折扣与折让均为真实发生?	完整性
怎样确保已发生的销售退回、折扣与折让均已准确记录?	准确性/分类
怎样确保已发生的销售退回、折扣与折让记录于正确的期间?	截止
怎样确保已发生的销售退回、折扣与折让均已记录?	发生
3. 维护客户档案	
怎样确保对客户档案的变更均为真实有效?	完整性/发生
怎样确保对客户档案变更是准确的?	准确性/分类
怎样确保将客户档案变更记录于正确的期间?	完整性/发生
怎样确保客户档案数据及时更新?	完整性/发生

值得注意的是,一方面,某项控制目标可能涉及几项控制,注册会计师应当重点考虑某项控制活动单独或连同其他控制活动,是否能够防止或发现并纠正重大错报。另一方面,某些控制可能涉及多项控制目标。因此,在实务中,为提高审计效率,注册会计师应当考虑了解和识别能针对多项控制目标的控制。

(三)了解和识别相关控制

注册会计师应当根据申报企业的实际情况,通过询问、观察、检查、穿行测试等审计程序,了解和识别相关控制,并对其结果形成审计工作记录,包括记录控制由谁执行以及如何执行。

在了解和识别内部控制时,注册会计师应当将重点放在能够发现并纠正错误的关键控制,并且对控制的描述应当说明控制活动与最终的高新技术产品(服务)收入明细表的逻辑关系。

(四)执行穿行测试

注册会计师应当选择一笔或几笔交易进行穿行测试。例如,针对销售,追踪从接到客户订单→将订单输入系统→核准信用状况及赊销条款→核准订单并准备发货→编制发运凭证(或提货单)→递交发运凭证(或提货单)至客户→开具销售发票→复核发票的准确性并递交至客户→生成销售明细账→汇总销售明细账过入总账等交易的整个流程,考虑之前对相关控制的了解是否正确和完整,并确定相关控制是否得到执行。

在执行穿行测试时,注册会计师应当询问执行业务流程和控制的相关人员,并根据需要检查有关单据和文件,询问其对已发现错报的处理。需要注意的是,如果不打算信赖控制,注册会计师仍应当执行穿行测试,以确定之前对业务流程及可能发生错报环节的了解是否准确和完整。注册会计师还应当按照审计准则的相关规定,对相关控制设计是否合理和得到执行进行评价,以确定进一步审计程序。

第六章　对研究开发费用实施的进一步审计程序

一、控制测试

(一)一般要求

当在评估认定层次重大错报风险时,预期控制的运行是有效的,或者实施实质性程序不足以提供认定层次充分、适当的审计证据时,注册会计师应当实施控制测试,以获取其运行有效的审计证据。注册会计师只对那些设计合理,能够防止、发现并纠正认定层次重大错报的内部控制进行测试以验证其运行是否有效。这种测试主要是出于成本效益的考虑。

需要说明的是,申报企业在所审计期间内可能由于技术更新或组织管理变更而更换了信息系统,从而导致在不同时期使用了不同的控制。如果申报企业在所审计期间内的不同时期使用了不同的控制,注册会计师应当考虑不同时期控制运行的有效性。

1. 控制测试的性质

控制测试的性质是指控制测试审计程序的类型,通常包括询问、观察、检查、穿行测试和重新执行。

注册会计师应当根据特定控制的性质选择所需实施审计程序的类型。

注册会计师不仅应当考虑与认定直接相关的控制,而且还应当考虑这些控制所依赖的与认定间接相关的控制,以获取支持控制运行有效性的审计证据。

对于一项自动化的应用控制,由于信息技术处理过程的内在一贯性,注册会计师可以利用该项控制得以执行的审计证据和信息技术一般控制(特别是对系统变动的控制)运行有效性的审计证据,作为支持该项控制在相关期间运行有效性的重要审计证据。

如果通过实施实质性程序未发现某项认定存在错报,这本身并不能说明与该认定有关的控制是有效运行的;但如果通过实施实质性程序发现某项认定存在错报,注册会计师应当在评价相关控制的运行有效性时予以考虑。

2. 控制测试的时间

对特定时点的控制进行测试,注册会计师仅得到该时点控制运行有效性的审计证据;对某一期间的控制进行测试,注册会计师可获取控制在该期间有效运行的审计证据。

注册会计师对研究开发费用进行专项审计,需要获取研究开发费用内部控制在被审计期间运行有效的审计证据,并需要对被审计期间进行测试。

研究开发费用专项审计涉及三个完整的会计年度,如果注册会计师拟信赖内部控制,应对三个完整会计年度与研究开发费用相关的内部控制进行测试。

3. 控制测试的范围

注册会计师应当设计控制测试,以获取控制在整个拟信赖的期间有效运行的充分、适当的审计证据。注册会计师在确定控制测试范围时,一般应当考虑下列因素:

(1)在整个拟信赖的期间,申报企业执行控制的频率。控制执行的频率越高,控制测试的范围越大。

(2)在所审计期间,注册会计师拟信赖控制运行有效性的时间长度。拟信赖控制运行有效性的时间长度不同,在该时间长度内发生的控制活动次数也不同。注册会计师需要根据拟信赖控制的时间长度确定控制测试的范围。拟信赖期间越长,控制测试的范围越大。

(3)为证实控制能够防止或发现并纠正认定层次重大错报,所需获取审计证据的相关性和可靠性。对审计证据的相关性和可靠性要求越高，控制测试的范围越大。

(4)通过测试与认定相关的其他控制获取的审计证据的范围。针对同一认定，可能存在不同的控制。当针对其他控制获取审计证据的充分性和适当性较高时，测试该控制的范围可适当缩小。

(5)在风险评估时拟信赖控制运行有效性的程度，并依据对控制的信赖程度相应减少实质性程序。注册会计师在风险评估时对控制运行有效性的拟信赖程度越高，需要实施控制测试的范围越大。

(6)控制的预期偏差。预期偏差可以用控制未得到执行的预期次数占控制应当得到执行次数的比率加以衡量。控制的预期偏差率越高，需要实施控制测试的范围越大。如果控制的预期偏差率过高，针对某一认定实施控制测试可能是无效的。

(二)控制测试的程序

注册会计师对内部控制的测试应涵盖内部控制的五个要素，这里重点说明对研究开发费用相关的控制活动和信息系统的测试，其他要素的测试要求应当遵循《中国注册会计师审计准则第 1231 号——针对评估的重大错报风险实施的程序》。

下面以示例的形式说明针对申报企业研究开发业务的常用的控制测试。需要注意的是，由于申报企业的情况千差万别，本指引中的相关内部控制测试并不可能涵盖所有情况，在执行审计业务时，注册会计师应当结合申报企业实际情况，作出相应的调整和取舍。

控制目标	认定	常用的控制活动	常用的控制测试
1. 人工费用			
所有研发工资薪金均已入账	完整性	员工的录用、辞退应经过研究开发项目相关负责人批准，员工名册的变更与经研究开发项目相关负责人批准的录用、辞退等支持性文件核对一致以确保员工的变动得到正确记录。	检查员工的变更是否与录用、辞退等支持性文件一致。
		对员工变更单进行连续编号，以确保所有变更都已处理。	检查员工的录用、辞退记录单据是否连续编号。
		将记入研究开发费用的工时数与考勤记录的工时数调节相符。	检查内部调节及审核的标记。
非研发人员的工资薪金不计入研发费用	发生	研究开发项目管理部门统计工时，负责工资计算的部门依据研究开发项目管理部门统计的工时和规定的工资标准制作工资表。	检查工时统计是否由研究开发项目管理部门统计、检查工资计算标准是否符合规定。
研发工资薪金记录于正确的期间	截止	研发人员的工资表经过研究开发项目有关负责人签署后报财务部门发放工资，会计人员依据研究开发项目有关负责人签署后的工资表记录工资费用。	检查研发人员的工资表是否经过研究开发项目有关负责人签署后报财务部门发放工资，会计人员是否依据研究开发项目有关负责人签署后的工资表记录工资费用。
		每月的×日前，研究开发项目有关负责人应签署上月的研发人员的工资，×日前，会计人员依据研究开发项目有关负责人签署后的工资表记录工资费用。	检查研究开发项目有关负责人是否在每月的×日前签署上月的研发人员工资表，会计人员记录的工资费用是否在每月的×日前完成。
避免记录重复的研发人员工资薪金	发生	人事部门对工资表进行复核。	检查人事部门是否每月复核工资表。

（续表）

控制目标	认定	常用的控制活动	常用的控制测试
工资薪金在不同研究开发项目间正确分配	分类	财务部门依据各研究开发项目的工时统计计算各项目的工资费用。	检查财务部门是否依据各研究开发项目的工时统计计算各项目的工资费用。
2. 材料、工装准备			
所有的研发材料费用均已入账	完整性	研发部门对领料单进行连续编号。	检查领料单是否连续编号。
研发材料费用记录于正确的期间	截止	财务部门在每月的月底处理完所有的研究开发项目的领料单、出库单。	执行领料单、出库单的截止测试。
避免记录重复的研发活动材料费用	发生	财务部门和研发部门每月核对领料情况。	检查财务部门和研发部门是否每月核对记录。
非研发活动的原材料费用不计入研发费用。	发生	财务部门作为研发费用记账依据的原材料领用单必须经过研发部门有关负责人签署。	检查研发费用的原材料领用单等单据是否经过研发部门有关负责人签署。
非研发活动的工装准备支出不计入研发费用	发生	财务部门作为研发费用记账依据的工装准备支出单据必须经过研发部门有关负责人签署。	检查作为研发费用记账依据的工装准备支出单据是否经过研发部门有关负责人签署。
材料费用在不同研究开发项目间正确分配	分类	财务部门依据各研究开发项目的领料单计算各项目的材料费用。	检查财务部门是否依据各研究开发项目的领料单计算各项目的材料费用。
研发活动工装准备费用在不同研究开发项目间正确分配	分类	财务部门依据各研究开发项目的工装准备费用单据计算各项目的工装准备费用。	检查财务部门是否依据各研究开发项目的工装准备费用单据计算各项目的工装准备费用。
3. 长期资产摊销			
非研发活动的长期资产摊销不计入研发费用	发生	研发活动所需的长期资产的购置必须经过研究开发项目相关负责人批准。	检查研发活动的长期资产的购置是否经过研究开发项目相关负责人批准。
		经过研发部门相关负责人批准购置的长期资产的摊销费用才能计入研发费用。	检查计入研发费用的长期资产的摊销费用是否限于研发活动的长期资产的摊销。
研发活动相关长期资产的摊销计算正确	准确性/计价	摊销的会计政策经过申报企业的董事会批准，会计部门执行经过批准的会计政策。	检查会计部门执行的长期资产摊销的会计政策是否经过董事会批准。
长期资产摊销费用在不同研究开发项目间正确分配	分类	长期资产摊销费用在不同研究开发项目之间按照机器工时或其他合理标准分配，各研究开发项目的机器工时或其他标准统计单据须经过研发部门相关负责人签署。	检查财务部门是否依据各研究开发项目的机器工时或其他标准统计单据分配长期资产摊销费用，机器工时或其他标准统计单据是否经过研发部门相关负责人签署。

（续表）

控制目标	认定	常用的控制活动	常用的控制测试
4. 外包			
非研发活动的外包支出不计入研发费用	发生	所有研发活动的外包合同必须经过研究开发项目负责人签署。财务部门依据经过签署的研发活动外包合同和对方提供的有效付款凭证，以及表明经过研究开发项目负责人签署的外包研发活动进展情况的验收确认单据付款，会计人员核对合同和付款单据后记账。	检查外包合同是否经过研究开发项目负责人签署。 检查账务处理是否与付款单据、合同一致。
委托境外的外部研发投入不计入境内的外部研发支出	发生	研发机构对委托境外的外部研发投入和境内的外部研发支出在费用单据上进行标注，并经相关负责人审批。	检查委托境外的外部研发投入和境内的外部研发支出在费用单据上是否分别标注，并经相关负责人审批。
		财务部门对委托境外的外部研发投入和境内的外部研发支出分别账户核算。	检查财务部门是否依据研发部门的不同标注计入不同账户。
外包费用计入正确的项目	分类	所有的外包支付申请必须说明外包所属的研究开发项目名称、项目编号。财务部门依据研究开发项目名称、项目编号将外包费用计入相应的研究开发项目。	检查费用记录与外包支付申请的研究开发项目名称、项目编号是否一致。
5. 预算			
研发费用预算的合理性	发生/完整性	研究开发项目小组编制预算，董事会审批预算。	检查研发费用预算是否经过董事会审批。
研发费用预算得到执行	发生/完整性	财务部门每月分析研发费用的实际发生额同预算的差异，分析报告经财务经理签署后报总经理。	检查财务部门是否每月分析研发费用的实际发生额同预算的差异。

二、实质性程序

（一）一般要求

实质性程序是指注册会计师针对评估的重大错报风险实施的直接用以发现认定层次重大错报的审计程序。

1. 实质性程序的性质

实质性程序的性质，是指实质性程序的类型及其组合。实质性程序的基本类型包括细节测试和实质性分析程序。

2. 实质性程序的时间

在申报企业研究开发费用专项审计中，通常不存在对期中审计证据和对以前审计获取的审计证据的考虑，因而应当在本次专项审计中实施实质性程序。

3. 实质性程序的范围

在确定实质性程序的范围时，注册会计师应当考虑评估的认定层次重大错报风险和实施控制测试的结果。注册会计师评估的认定层次的重大错报风险越高，需要实施实质性程序的范围越广；如果对控制测试结果不满意，注册会计师应当考虑扩大实质性程序的范围。

在设计细节测试时，注册会计师应当采用适当方法（包括选取全部项目、选取特定项目和审计抽样等）以选取测试项目，其中，在确定样本规模时，应当考虑能否将抽样风险降至可接受的低水平。

（二）审计目标和实质性程序

1. 审计目标与认定的对应关系

研究开发费用专项审计的对象是申报企业编制的研究开发费用结构明细表，其审计目标与研究开发费用结构明细表认定的对应关系如下：

（1）发生：研究开发费用结构明细表中记录的研究开发费用，包括人员人工、直接投入、折旧费用与长期待摊费用摊销、设计费用、设备调试费、无形资产摊销、委托外部研究开发费用、其他费用等，在所审计会计期间已发生且与申报企业及研究开发项目有关。

（2）完整性：所有应当记录的研究开发费用均已记录。

（3）准确性：与研究开发费用有关的金额及其他数据已恰当记录。

（4）截止：研究开发费用已记录于正确的会计期间。

（5）分类：研究开发费用已记录于恰当的账户。

（6）列报：研究开发费用已按照《高新技术企业认定管理工作指引》的规定恰当地列报和披露。

2. 实质性程序

申报企业进行研究开发活动需要发生费用，在按照适用的会计准则和相关会计制度的规定进行会计核算时，这些费用或列为费用而计入当期损益，或予以资本化而形成资产。基于专项审计的目的，注册会计师审计时应当重点关注研究开发费用结构明细表中列报的研究开发项目、研究开发费用是否符合《高新技术企业认定管理工作指引》的相关规定，申报企业是否存在将其他费用列报为研究开发费用的错报风险。研究开发费用专项审计常用的实质性程序如下：

（1）获取研究开发费用结构明细表，复核加计是否正确。

（2）检查研究开发费用结构明细表中列报的研究开发项目是否符合《高新技术企业认定管理工作指引》的相关规定，包括：

① 获取申报企业按单一项目填报的企业研究开发项目情况表，并取得各研究开发项目的有关立项批复，如董事会或类似权力机构的决议、政府有关主管部门的立项计划或批复等；

② 取得各项研究开发项目的实施方案、阶段性报告或工作总结、验收报告或政府有关主管部门的批复等；

③ 关注各项研究开发项目是否属于常规性升级或对某项科研成果的直接应用，必要时，利用专家的工作。

（3）根据实际情况，实施下列实质性分析程序：

① 将各项研究开发项目的研究开发费用项目（科目）进行结构性分析，判断其合理性，作出相应记录；

② 将各项研究开发项目的研究开发费用的实际金额与预算金额进行比较，并记录差异的原因。

（4）检查研究开发费用项目（科目）的分类、各项目（科目）归集范围和核算内容是否符合《高新技术企业认定管理工作指引》的相关规定，若存在费用分类错误，提请申报企业调整。

（5）人员人工

① 获取申报企业编制的研究开发人数统计表和申报企业缴纳职工“五险一金”的相关资料，检查两者之间是否相符，必要时，抽查劳动合同；

② 检查研究开发人数统计表中研发人员的认定是否符合《高新技术企业认定管理工作指引》的相关规定；

③ 对各研究开发项目企业研究开发项目情况表中的本项目研发人员数进行汇总，将汇总数与研究开发人数统计表中的合计数核对，并记录差异的原因；

④ 检查工资发放记录、奖金核准及发放记录，核实人员人工中的基本工资、津贴、补贴等以及奖金、年终加薪与相关记录是否相符；

⑤ 检查管理层相关决议及相关支付记录，核实与研发人员任职或者受雇有关的其他支出（包括股份支

付,同时取得股东大会决议及监管部门批复)与相关资料是否相符;

⑥ 检查是否存在将非研发人员工资薪金列入研究开发费用的情况,若有,提请申报企业调整;

⑦ 若存在人工相关费用在各项研究开发项目之间的分摊,检查分摊方法是否合理且前后各期是否保持一致。

(6)直接投入

① 检查开支范围是否符合《高新技术企业认定管理工作指引》的相关规定;

② 检查为实施研究开发项目而购买的原材料等相关支出,例如,水和燃料(包括煤气和电)使用费等,用于中间试验和产品试制达不到固定资产标准的模具、样品、样机及一般测试手段购置费、试制产品的检验费等,以及用于研究开发活动的仪器设备的简单维护费,核实其是否与相关原始凭证相符;

③ 对以经营租赁方式租入的固定资产所发生的租赁费,检查相关合同或协议、付款记录;

④ 检查是否存在将为实施研究开发项目以外的项目而发生的采购费用、水电费、租赁费等列入直接投入的情形,若有,提请申报企业调整;

⑤ 检查是否存在将达到固定资产、无形资产确认标准的支出一次性计入直接投入的情形,如不符合规定,提请申报企业调整。

(7)折旧费用与长期待摊费用摊销

① 检查是否属于为执行研究开发活动而购置的仪器和设备或研究开发项目在用建筑物的折旧费用;

② 检查固定资产折旧计提、长期待摊费用摊销所采用的会计政策、会计估计是否与财务报表所采用的一致,且前后各期是否保持一致,折旧或摊销的计算是否正确;

③ 对于研究开发项目和非研究开发项目共用的资产,检查折旧或摊销的分配方法是否合理,且前后各期是否保持一致,分配的金额是否正确。

(8)设计费用

① 检查是否为新产品和新工艺的构思、开发和制造,进行工序、技术规范、操作特性方面的设计等所发生的费用;

② 检查设计费用的核准、支付是否符合内部管理办法的规定,是否与原始凭证相符;

③ 检查是否存在列入与研究开发项目无关的设计费的情形,若有,提请申报企业调整。

(9)设备调试费

① 检查是否属于工装准备过程中研究开发活动(如研制生产机器、模具和工具,改变生产和质量控制程序,或制定新方法及标准等)所发生的费用;

② 检查相关费用的核准、支付是否符合内部管理办法的规定,是否与原始凭证相符;

③ 检查是否存在列入为大规模批量化和商业化生产所进行的常规性工装准备及工业工程发生的费用的情形,若有,提请申报企业调整。

(10)无形资产摊销

① 检查是否属于因研究开发活动需要而购入的专利、非专利发明、许可证、专有技术、设计和计算方法等所发生的费用摊销;

② 取得相关无形资产初始购置时的协议或合同、发票、付款凭证等,检查无形资产原值的确认是否正确;

③ 检查无形资产摊销的政策是否正确,且前后各期是否保持一致,摊销的金额是否正确;

④ 检查是否存在列入与研究开发项目无关的其他无形资产摊销的情形,若有,提请申报企业调整。

(11)其他费用

① 检查是否属于为研究开发活动所发生的其他费用,如办公费、通讯费、专利申请维护费、高新科技研发保险费等;

② 检查相关费用的核准、支付是否符合内部管理办法的规定,是否与原始凭证相符;

③ 检查是否存在列入与研究开发项目无关的其他费用的情形,若有,提请申报企业调整;

④ 若存在其他费用在研究开发项目与其他项目之间分摊的情形,检查分摊方法是否合理,且前后各期是否保持一致,分摊的金额是否正确;

⑤ 检查列报的其他费用是否超过研究开发费用总额的10%,若超过10%,提请申报企业调整;

⑥ 检查研究开发费用中列支的借款费用是否符合资本化条件,资本化金额的计算是否正确。

(12)委托外部研究开发投入

① 检查是否属于申报企业委托境内其他企业、大学、研究机构、转制院所、技术专业服务机构和境外机构进行研究开发活动所发生的费用,关注项目成果是否为申报企业拥有且与申报企业的主要经营业务紧密相关;

② 检查委托外部研究开发费用的定价是否按照非关联方交易的原则确定;

③ 取得相关协议或合同、付款记录,检查其是否与账面记录相符;

④ 检查是否存在列入研究开发项目以外的其他委托外部支出的情形,若有,提请申报企业调整;

⑤ 检查研究开发项目中委托外部研究开发的投入额是否按80%计入研究开发费用总额,若超过80%,提请申报企业调整;

⑥ 检查是否存在列入委托境外机构完成研究开发活动所发生的费用的情形,若有,提请申报企业调整。

(13)选择重要或异常的研究开发费用,检查费用的开支标准是否符合申报企业的相关规定,原始凭证是否合法,金额计算和会计处理是否正确。

(14)检查是否存在向关联方支付研究开发费用的情形,若有,应关注计价是否公允,原始凭证是否合法,会计处理是否正确。

(15)抽取会计年度终了日前、后若干天的记账凭证,实施截止测试,若存在异常迹象,考虑是否有必要追加审计程序,对于重大跨期项目,提请申报企业调整。

(16)检查研究开发费用的列报与披露是否恰当。

3. 研究开发费用总额占销售收入总额比例的复核

根据《高新技术企业认定管理办法》的规定,高新技术企业认定必须满足最近三个会计年度研究开发费用总额占销售收入总额一定比例的要求,具体要求如下:

(1)最近一年销售收入小于5000万元的企业,比例不低于6%;

(2)最近一年销售收入在5000万元至20000万元的企业,比例不低于4%;

(3)最近一年销售收入在20000万元以上的企业,比例不低于3%。

其中,企业在中国境内发生的研究开发费用总额占全部研究开发费用总额的比例不低于60%。

结合审定的研究开发费用,复核研究开发费用总额占销售收入总额比例的常用程序如下:

(1)获取经具有资质的会计师事务所审计的申报企业最近三个会计年度的财务报表。

(2)复算加计最近三个会计年度的销售收入,按《高新技术企业认定申请书》填报说明,销售收入是指产品收入和技术服务收入之和。

(3)复算加计最近三个会计年度的研究开发费用。

(4)复算研究开发费用总额占销售收入总额的比例,与申报企业计算的结果核对是否一致。

(5)复算在中国境内发生的研究开发费用总额占全部研究开发费用总额的比例,与申报企业计算的结果核对是否一致。

第七章　对高新技术产品(服务)收入实施的进一步审计程序

一、控制测试

(一)一般要求

由于高新技术产品(服务)收入控制测试的一般要求在性质、时间和范围上与研究开发费用控制测试的一般要求基本一致,具体要求可以参见研究开发费用控制测试的相应内容,这里不再赘述。

(二)控制测试的程序

注册会计师对内部控制的测试应当涵盖内部控制的五个要素,这里重点说明对与高新技术产品(服务)收入相关的控制活动和信息系统的测试,其他要素的测试要求应当遵循《中国注册会计师审计准则第1231号——针对评估的重大错报风险实施的程序》。

下面以示例的形式说明针对申报企业高新技术产品销售业务常见流程的相关内部控制测试。需要注意的是，由于申报企业的情况千差万别，本指引中的相关内部控制测试并不可能涵盖所有情况，在执行审计业务时，注册会计师应当结合申报企业的实际情况，作出相应的调整和取舍。

控制目标	认定	常用的控制活动	常用的控制测试
1. 一般销售			
已记录的销售订单内容准确	准确性	由不负责输入销售订单的人员比较销售订单数据与支持性文件是否相符。	询问具有独立性的比较人员，观察比较过程，检查比较记录。
管理层核准销售订单	发生	管理层必须审批所有销售订单，向关联方以及其他超过特定金额或毛利异常的销售应取得较高管理层核准。	检查销售订单是否经过适当授权批准。
销售订单均已得到有效处理	完整性	销售订单、销售发票已连续编号、编号连续性已被核对。	检查销售订单和销售发票是否连续编号并经核对。
发货记录于正确的期间	截止	定期对仓库进行盘点。	检查有关盘点记录。
		仓库信息系统不接受销售订单、销售发票和发运凭证（或提货单）期间不一致的情况。	重新执行以验证仓库信息系统是否确实不接受销售订单、销售发票和发运凭证（或提货单）期间不一致的情况。
已记录的销售均已发货	发生	销售发票开具前应与销售订单和发运凭证（或提货单）进行核对，如有不符应及时调查和处理。	检查有关核对记录。
		开票信息系统在核对销售订单后在开具发运凭证（或提货单）时自动生成发票。	观察开票过程，必要时进行重新执行。
及时开具发票	完整性/截止	开票信息系统在核对销售订单后在开具发运凭证（或提货单）时自动生成发票。	观察开票过程，必要时进行重新执行。
管理层批准发票的开具和销售价格	准确性/计价	发票的开具和销售价格的确定已经适当的授权批准。	检查发票的开具和销售价格是否经适当的授权批准。
登记入账的销售数量系经核准的已发货数量	准确性/计价	由独立人员对销售发票的编制进行内部核查。	检查有关凭证上的内部核查标记。
所有销售均已登记入账	完整性	总账与辅助账根据发货自动更新。	观察或重新执行发货和记账。
		销售订单、发运凭证（或提货单）和销售发票已连续编号、编号连续性已被核对。	检查销售订单、发运凭证（或提货单）和销售发票是否连续编号并经核对。
		每月将销售货物的开票数与发运数调节一致。	检查货物开票数与发运数调节表。
		分不同产品和客户对销售进行复核。	检查分部报告。

（续表）

控制目标	认定	常用的控制活动	常用的控制测试
已记录的销售均为真实发生	发生	销售是以经过批准或审核的客户订单和发运凭证（或提货单）为依据登记入账。	检查销售发票记账联是否附有客户订货单和发运凭证（或提货单）。
		定期与客户对账，如有差异应及时进行调查和处理。	观察是否寄发对账单，并检查客户回函档案。
		由独立人员对应收账款明细账作内部核查。	检查内部核查标记。
销售得到及时的记录	截止	采用尽量能在销售发生时开具销售发票和登记入账的控制方法。	检查尚未开具收款账单的发货和尚未登记入账的销售。
销售记录于正确的期间	截止	及时、准确地进行结账处理。	检查资产负债表日前、后发出的货物，以确保销售收入记录于正确的期间。
销售均已准确记录并对高新技术产品收入进行恰当分类	分类	建有区分不同产品归类的专项制度和分类方法，特别是对高新技术产品收入作出明确规定。	检查相关制度，询问分类方法，并检查高新技术产品是否属于国家重点支持的高新技术领域。
		对高新技术产品收入分类进行内部复核和检查。	检查有关数据上的内部复核和检查标记。
		核对高新技术产品收入分类方式的变更，并已正确处理。	检查变更依据。
		采用适当的会计科目记录并进行内部复核和检查。	检查会计科目记录是否适当；检查有关凭证上的内部复核和检查标记。
2. 销售退回、折扣与折让			
已记录的销售退回、折扣与折让均为真实发生	完整性	管理层制定有关销售退回、折扣与折让的政策和程序，并监督其执行。	询问具体操作人员，检查相关文件资料。
已发生的销售退回、折扣与折让均已准确记录	准确性/分类	管理层复核和批准对营业收入和应收账款的调整。	检查销售退回、折扣与折让的会计处理是否经过授权批准。
已发生的销售退回、折扣与折让记录于正确期间	截止	及时、准确地进行结账处理。	检查资产负债表日前、后发生的销售退回、折扣与折让是否记录于正确期间。
已发生的销售退回、折扣与折让均已记录	存在	定期与客户对账，如有差异应及时进行调查和处理。	观察是否寄发对账单，并检查客户回函档案。
		用以记录销售退回、折扣与折让事项的表单连续编号，编号连续性已被核对。	检查记录销售退回、折扣与折让事项的表单是否连续编号并经核对。

（续表）

控制目标	认定	常用的控制活动	常用的控制测试
3. 维护客户档案			
对客户档案的变更均为真实有效	完整性/发生	核对客户档案变更记录和原始授权文件，确定已正确处理。	检查客户档案变更记录和原始授权文件。
对客户档案变更是准确的	准确性/分类	核对客户档案变更记录和原始授权文件，确定已正确处理。	检查客户档案变更记录和原始授权文件。
对客户档案变更记录于正确的期间	完整性/发生	变更客户档案申请应连续编号，编号顺序已被记录。	检查变更客户档案申请表单连续编号的完整性。
确保客户档案数据及时更新	完整性/发生	管理层定期复核客户档案的正确性并确保其及时更新。	检查定期复核记录。

二、实质性程序

（一）一般要求

申报企业高新技术产品（服务）收入实质性程序的一般要求与研究开发费用实质性程序相同，参见第六章“对研究开发费用实施的进一步审计程序”。

（二）审计目标和实质性程序

1. 审计目标与认定的对应关系

申报企业高新技术产品（服务）收入审计的对象是申报企业编制的高新技术产品（服务）收入明细表，其审计目标与高新技术产品（服务）收入明细表认定的对应关系如下：

(1)发生：高新技术产品（服务）收入明细表中记录的收入为申报企业通过技术创新、开展研发活动而形成的符合《国家重点支持的高新技术领域》要求的产品（服务）收入，且真实发生。

(2)准确性：与高新技术产品（服务）收入有关的金额和其他数据已恰当记录。

(3)完整性：所有应当记录的高新技术产品（服务）收入均已记录。

(4)截止：高新技术产品（服务）收入已记录于正确的会计期间。

(5)分类：高新技术产品（服务）收入已记录于恰当的账户。

(6)列报：高新技术产品（服务）收入已按照《高新技术企业认定管理工作指引》的规定恰当地列报和披露。

2. 产品收入实质性程序

申报企业主营高新技术产品的研发、生产和销售时，高新技术产品收入通常是该企业的主要收入。基于专项审计的目的，注册会计师审计时应重点关注高新技术产品（服务）收入明细表中列报的产品收入是否属于《国家重点支持的高新技术领域》规定领域的产品收入，申报企业是否存在将一般产品收入列报为高新技术产品收入的错报风险。高新技术产品收入审计常用的实质性程序如下：

(1)获取高新技术产品（服务）收入明细表：

① 复核加计是否正确，并与高新技术产品收入明细账合计数核对是否相符；

② 检查以非记账本位币结算的产品收入的折算汇率及折算结果是否正确；

③ 取得知识产权证书（包括发明、实用新型、外观设计等的专利证书，软件著作权证书）或独占许可合同、生产批文、新产品或新技术证明、产品质量检验报告、省级以上科技计划立项证明以及其他相关证明材料，检查产品收入是否属于《国家重点支持的高新技术领域》规定领域的产品实现的收入，必要时，应当利用专家的工作。

(2)根据实际情况，实施下列实质性分析程序：

① 将本期的高新技术产品收入与上期的高新技术产品收入进行比较，分析产品销售的数量和价格变动是否异常，并分析异常变动的原因；

② 比较本期各月各品种高新技术产品收入的波动情况，分析其变动趋势是否正常，是否符合申报企业的经营规律（如季节性、周期性等），查明异常现象和重大波动的原因；

③ 将本期主要高新技术产品的销售数量、价格、毛利率与同行业企业本期相关资料进行对比分析，检查是否存在异常；

④ 计算本期主要高新技术产品的毛利率并与上期比较，关注收入与成本是否配比，检查是否异常，两期之间是否存在异常波动，如有异常波动，应当查明原因。

(3)检查高新技术产品收入的确认方法是否与财务报表所采用的收入确认方法一致，是否符合适用的会计准则和相关会计制度的规定，前后各期是否保持一致；关注周期性、偶然性的高新技术产品收入是否符合既定的收入确认原则、方法。

(4)获取申报企业高新技术产品价格目录，抽查售价是否符合价格政策，并关注销售给关联方或关系密切的重要客户的产品价格是否合理，有无以高价结算的方法向申报企业转移收入的现象。

(5)抽取与高新技术产品收入相关的记账凭证，核查入账日期、品名、数量、单价、金额等是否与发票、发货单、销售合同等一致。

(6)抽取与高新技术产品收入相关的发货单，核查出库日期、品名、数量等是否与发票、销售合同、记账凭证等一致。

(7)针对毛利率异常的高新技术产品，关注其成本结转是否正常，检查相关销售合同或协议、原始凭证等相关资料，分析交易的实质，必要时对毛利率异常的大额销售进行函证。

(8)选择高新技术产品销售主要客户、本期销售增幅较大的客户、关联方客户或其他异常客户，函证本期高新技术产品销售的数量和金额。

(9)对于出口销售，应当将出口销售记录与出口报关单、货运提单、销售发票等出口销售单据进行核对，必要时向海关函证。

(10)对于软件销售，应当将软件销售记录与增值税申报表、增值税退税收入表中列示的相应计税(退税)收入核对是否相符，如不相符，应当查明原因。

(11)销售的截止测试：

① 检查会计年度终了日前、后若干天的账簿记录、销售发票存根联及货运单，检查销售收入有无提前确认或延迟确认的情形；

② 取得会计年度终了日后若干月内所有的销售退回记录，检查是否存在不当确认收入或提前确认收入的情形；

③ 结合函证程序，检查有无未取得对方认可的大额销售；

④ 重大跨期销售的建议调整。

(12)存在销货退回的，检查退货手续是否符合规定，结合销售凭证检查其会计处理是否正确。

(13)取得申报企业销售折扣与折让的相关资料，了解折扣与折让的具体规定，与实际执行情况进行核对；抽查大额折扣与折让发生额，检查是否经授权批准，确认其合法性、真实性；检查销售折扣与折让的会计处理是否正确。

(14)检查有无特殊的销售行为，如委托代销、分期收款销售、商品需要安装和检验的销售、附有退回条件的销售、售后租回、售后回购、以旧换新等，选择恰当的审计程序进行审核。

(15)调查向关联方销售高新技术产品的情况，记录其交易品种、价格、数量、金额和比例，并记录其占总销售收入的比例。

(16)对于财务报表汇总范围内的内部销售活动，记录应予汇总抵销的金额。

(17)获取申报企业按单一产品(服务)填报的上年度高新技术产品(服务)情况表，加计各种产品上年度销售收入，核对其与高新技术产品(服务)收入明细表中产品收入小计数是否相符。

(18)确定高新技术产品收入的列报和披露是否恰当。

3. 技术性收入实质性程序

申报企业主营高新技术产品(服务)的研发、生产和销售时，还可能兼营技术服务、技术转让和受托技术开发等业务并取得收入，这些收入通常通过“其他业务收入”或“营业外收入”核算。对于主营技术开发和转让、技术服务的申报企业来说，技术转让收入、技术承包收入、技术服务收入和接受委托科研收入则是其主营业务收入。基于专项审计的目的，注册会计师审计时同样应当重点关注高新技术产品(服务)收入明细表中列报的技术性收入是否属于《国家重点支持的高新技术领域》规定领域的技术收入，申报企业是否存在将非技术性收入列报为技术性收入的错报风险。技术性收入审计常用的实质性程序如下：

(1)获取高新技术产品(服务)收入明细表：

① 复核加计正确，并与技术性收入明细账合计数核对是否相符；

② 检查以非记账本位币结算的技术性收入的折算汇率及折算结果是否正确；

③ 取得知识产权证书(包括发明、实用新型、外观设计等的专利证书，软件著作权证书)或独占许可合同、生产批文、新产品或新技术证明、产品质量检验报告、省级以上科技计划立项证明以及其他相关证明材料，检查技术性收入是否属于《国家重点支持的高新技术领域》规定的技术所实现的收入，必要时，应当利用专家的工作。

(2)实质性分析程序

将本期各类技术性收入与上期技术性收入相比较，检查是否存在重大波动，如有，应当查明原因。

(3)检查技术性收入的确认方法是否与财务报表所采用的收入确认方法相一致，是否符合适用的会计准则和相关会计制度的规定，前后各期是否保持一致。

① 检查技术转让收入是否在该项技术对应的无形资产所有权的主要风险和报酬转移时加以确认，包括检查相关合同或协议、财产移交手续和收款记录；

② 对于当期发生并在年度内完成的技术承包、技术服务、接受委托科研等合同，检查其收入是否及时、完整地于当期确认，包括检查相关合同或协议、交易对方(技术发包方、技术服务接受方、科研委托方)的确认函或验收报告以及收款记录；

③ 对于当期开始提供劳务、跨期完工的技术承包、技术服务、接受委托科研等合同，检查其是否采用完工百分比法确认收入，包括检查相关合同或协议、完工进度确认文件以及收款记录，关注完工进度的确认方法是否合理。

(4)关注技术性收入对应的成本，如无成本或成本较少，检查相关合同或协议、原始凭证等相关资料，分析交易的实质。

(5)选择技术性收入的主要客户、本期收入增幅较大的客户、关联方客户或其他异常客户，函证本期技术性收入的业务内容及其金额。

(6)将技术性收入记录与营业税申报表中列示的应税技术性收入核对是否相符，如有不符，应当查明原因。

(7)截止测试：

① 抽查会计年度终了日前、后若干天与技术性收入相关的记账凭证，实施截止测试，追踪到发票、收据，确定入账时间是否正确，对于重大跨期项目作必要的调整建议；

② 取得会计年度终了日后若干月所有的技术性收入冲回记录，检查是否存在非实质性交易或提前确认收入的情形。

(8)调查向关联方提供的技术性收入情况，记录其交易类型、价格、金额和比例，并记录其占技术性收入总额的比例。

(9)对于财务报表汇总范围内的技术性收入，记录应予汇总抵销的金额。

(10)获取申报企业上年度高新技术产品(服务)情况表，加计各类技术性服务的上年度收入，核对其与高新技术产品(服务)收入明细表中技术性收入小计数是否相符。

(11)确定技术性收入的列报和披露是否恰当。

4. 高新技术产品(服务)收入占企业当年总收入比例的复核

根据《高新技术企业认定管理办法》的规定，高新技术企业认定必须满足“最近一个会计年度高新技术产品(服务)收入占企业当年总收入的60%以上”的条件。结合审定的高新技术产品(服务)收入，复核高新技术产品(服务)收入占企业当年总收入比例的常用程序如下：

(1)获取经具有资质的会计师事务所审计的申报企业最近一个会计年度的财务报表。

(2)复算最近一个会计年度高新技术产品(服务)收入占申报企业当年总收入(主营业务收入与其他业务收入之和)的比例，与申报企业计算的结果核对是否一致。

第八章 专项审计报告

注册会计师应当获取充分、适当的审计证据，复核和评价审计证据及由此得出的结论，作为发表审计意见、出具专项审计报告的基础。注册会计师应当以书面报告的形式清晰地表达审计意见。

一、完成审计工作

在实施了上述所有审计程序后，注册会计师应当汇总审计测试的结果，进行更具综合性的审计工作，如编制审计差异调整表和试算平衡表，执行分析程序，撰写审计总结以及完成审计工作底稿的复核等。在此基础上，注册会计师应当评价审计结果，在与申报企业管理层和治理层沟通后，确定应出具专项审计报告的意见类型和措辞，进而编制并致送专项审计报告，终结审计工作。

在复核和评价审计证据时，注册会计师应当根据已获取的审计证据，评价是否已对所审计的申报企业研究开发费用结构明细表和高新技术产品(服务)收入明细表整体不存在重大错报获取了合理保证。这种评价包括：

1. 是否已获取充分、适当的审计证据，并将所审计的研究开发费用结构明细表和高新技术产品(服务)收入明细表的审计风险降至可接受的低水平。

2. 已识别但尚未更正的错报的影响。

3. 研究开发费用结构明细表和高新技术产品(服务)收入明细表是否在适用的会计准则和相关会计制度框架下，按照《高新技术企业认定管理办法》和《高新技术企业认定管理工作指引》的规定编制和列报。包括：

(1)研究开发费用结构明细表和高新技术产品(服务)收入明细表中使用的术语(包括标题)是否恰当；

(2)选择和运用的会计政策是否恰当；

(3)如果管理层作出了会计估计，评价其会计估计是否合理；

(4)管理层是否完整、准确地披露了关联方及其交易；

(5)研究开发费用和高新技术产品(服务)收入(包括运用的会计政策)是否具有相关性、可靠性、可比性和可理解性；

(6)研究开发费用结构明细表和高新技术产品(服务)收入明细表的编制说明是否充分描述了编制基础、编制原则和方法；

(7)申报企业是否充分披露了所运用的重大会计政策以及管理层对监管机构、法律或合同的特殊要求所作出的重要解释；

(8)申报企业是否充分披露了可能对预期使用者理解研究开发费用结构明细表和高新技术产品(服务)收入明细表产生影响的所有重大交易及事项。

在复核、评价审计证据是否充分、适当时，需要考虑已确定审计程序是否按照计划全部得以实施。如果认为获取的证据不足以对研究开发费用结构明细表和高新技术产品(服务)收入明细表是否存在重大错报形成结论，或者发现研究开发费用结构明细表和高新技术产品(服务)收入明细表可能存在重大不符合编报规定的情况，注册会计师应当追加必要的审计程序。

根据申报企业的实际情况，如果认为研究开发费用结构明细表或高新技术产品(服务)收入明细表会误导信息使用者，注册会计师应当与管理层进行讨论，并考虑其对审计意见的影响。必要时，还应当与治理层进行沟通。

在完成审计工作前，注册会计师还应当按照《中国注册会计师审计准则第1341号——管理层声明》的要求，获取管理层对研究开发费用和高新技术产品(服务)收入有重大影响的事项作出的书面声明。

管理层声明书范例：

管理层声明书

××会计师事务所并××、××注册会计师：

本公司已委托贵事务所对本公司20×1年、20×2年、20×3年的研究开发费用结构明细表，20×3年度的高新技术产品(服务)收入明细表(以下简称申报明细表)进行审计，并出具专项审计报告。

为配合贵事务所的审计工作，本公司就已知的全部事项作出如下声明：

1. 本公司承诺，在企业会计准则框架下，按照《高新技术企业认定管理办法》和《高新技术企业认定管理工作指引》的规定，如实编制研究开发费用结构明细表和高新技术产品(服务)收入明细表及其编制说明是我们的责任。这种责任包括：

(1)设计、实施和维护与研究开发费用结构明细表和高新技术产品(服务)收入明细表相关的内部控制，以使研究开发费用结构明细表和高新技术产品(服务)收入明细表不存在由于舞弊或错误而导致的重大错报；

(2)选择和运用恰当的会计政策；

(3)作出合理的会计估计；

(4)恰当界定研究开发项目、高新技术产品(服务)的具体范围。

2. 本公司已按照有关规定编制了研究开发费用结构明细表和高新技术产品(服务)收入明细表，本公司管理层对上述申报明细表的真实性、合法性和完整性承担责任。本公司承诺上述申报明细表不存在重大错报。贵事务所在审计过程中发现的未更正错报，无论是单独还是汇总起来，对上述申报明细表整体均不具有重大影响。未更正错报汇总表附后。

3. 本公司已向贵事务所提供了：

(1)与编制上述申报明细表相关的全部财务信息和其他相关数据；

(2)与高新技术研究开发和高新技术产品(服务)收入相关的决议、合同、协议、章程等相关资料；

(3)与高新技术研究开发和高新技术产品(服务)收入相关的全部股东会和董事会的会议记录；

(4)就运用的重大会计政策以及管理层对监管机构、法律法规或合同的特殊要求所作出的重要解释。

4. 本公司所有高新技术研究开发支出和高新技术产品(服务)收入均已按规定入账，不存在账外资产或未计负债。

5. 本公司已根据企业会计准则的规定识别和披露了所有重大关联方交易，并已恰当地反映在本公司编制的高新技术产品(服务)收入明细表编制说明中。

本公司已提供所有与关联方及其交易相关的资料。

6. 本公司已提供全部或有事项的相关资料。除财务报表附注中披露的事项外，本公司不存在其他应披露而未披露的与高新技术研究开发、高新技术产品销售与劳务提供相关的诉讼、赔偿、承兑、担保等或有事项。

7. 除财务报表附注中披露的承诺事项外，本公司不存在其他应披露而未披露的承诺事项。

8. 本公司不存在未披露的影响申报明细表公允性的重大不确定事项。

9. 本公司已采取必要措施防止或发现舞弊及其他违反法规行为，未发现：

(1)涉及管理层的任何舞弊行为或舞弊嫌疑的信息；

(2)涉及对内部控制产生重大影响的员工的任何舞弊行为或舞弊嫌疑的信息；

(3)涉及对申报明细表的编制具有重大影响的其他人员的任何舞弊行为或舞弊嫌疑的信息。

10. 本公司严格遵守了合同规定的条款，不存在因未履行合同而对申报明细表产生重大影响的事项。

11. 本公司已提供上述申报明细表日后事项的相关资料，除财务报表附注中披露的日后事项外，本公司不存在其他应披露而未披露的重大日后事项。

12. 本公司管理层确信：

(1)对单独占有的核心知识产权不存在任何纠纷；

(2)无高新技术研究开发方面的任何权属纠纷。

××公司(盖章)

法定代表人：(签名)

财务负责人：(签名)

技术负责人：(签名)

二〇×四年×月×日

二、专项审计报告的要素

注册会计师执行高新技术企业认定专项审计业务，应当针对研究开发费用结构明细表、高新技术产品

(服务)收入明细表分别出具专项审计报告。专项审计报告应当包括下列要素:(1)标题;(2)收件人;(3)引言段;(4)管理层的责任段;(5)注册会计师的责任段;(6)说明段;(7)审计意见段;(8)编制基础及使用限制段;(9)注册会计师的签名和盖章;(10)会计师事务所的名称、地址及盖章;(11)报告日期。

(一)标题

专项审计报告的标题应当统一规范为"专项审计报告"。

(二)收件人

专项审计报告的收件人是指注册会计师按照专项审计业务约定书的要求致送专项审计报告的对象,一般是指申报企业。专项审计报告应当载明收件人的全称。

注册会计师应当与申报企业在专项审计业务约定书中约定致送专项审计报告的对象,以防止在此问题上发生分歧或专项审计报告被申报企业滥用。

(三)引言段

专项审计报告的引言段应当说明申报企业的名称和研究开发费用结构明细表[高新技术产品(服务)收入明细表]已经过审计,并包括下列内容:

(1)指出所审计申报明细表的名称;

(2)提及申报明细表编制说明;

(3)指明申报明细表的涵盖期间。

(四)管理层的责任段

管理层的责任段应当说明,在适用的会计准则和相关会计制度框架下,按照《高新技术企业认定管理办法》和《高新技术企业认定管理工作指引》的规定,如实编制研究开发费用结构明细表[高新技术产品(服务)收入明细表],是管理层的责任。这种责任包括:

1. 设计、实施和维护与研究开发费用结构明细表[高新技术产品(服务)收入明细表]相关的内部控制,以使研究开发费用结构明细表[高新技术产品(服务)收入明细表]不存在由于舞弊或错误而导致的重大错报;

2. 选择和运用恰当的会计政策;

3. 作出合理的会计估计;

4. 恰当界定研究开发项目、高新技术产品(服务)的具体范围。

(五)注册会计师的责任段

注册会计师的责任段应当说明下列内容:

1. 注册会计师的责任是在实施审计工作的基础上对研究开发费用结构明细表[高新技术产品(服务)收入明细表]发表审计意见。注册会计师按照《高新技术企业认定专项审计指引》的规定执行了审计工作。《高新技术企业认定专项审计指引》要求注册会计师遵守职业道德规范,计划和实施审计工作以对研究开发费用结构明细表[高新技术产品(服务)收入明细表]是否不存在重大错报获取合理保证。

2. 审计工作涉及实施审计程序,以获取有关研究开发费用结构明细表[高新技术产品(服务)收入明细表]金额和披露的审计证据。选择的审计程序取决于注册会计师的判断,包括对由于舞弊或错误导致的研究开发费用结构明细表[高新技术产品(服务)收入明细表]重大错报风险的评估。在进行风险评估时,注册会计师考虑与研究开发费用结构明细表[高新技术产品(服务)收入明细表]编制相关的内部控制,以设计恰当的审计程序,但目的并非对内部控制的有效性发表意见。审计工作还包括评价管理层选用会计政策的恰当性和作出会计估计的合理性,以及评价研究开发费用结构明细表[高新技术产品(服务)收入明细表]的总体列报。

3. 注册会计师相信已获取的审计证据是充分、适当的,为其发表审计意见提供了基础。

(六)说明段

当出具非无保留意见的专项审计报告时,注册会计师应当在注册会计师的责任段之后、审计意见段之前增加说明段,清楚地说明导致发表保留意见、否定意见或无法发表意见的所有原因,并在可能的情况下,指出其对研究开发费用结构明细表[高新技术产品(服务)收入明细表]的影响程度。

(七)审计意见段

审计意见段应当说明,研究开发费用结构明细表[高新技术产品(服务)收入明细表]是否在适用的会计准则和相关会计制度框架下，按照《高新技术企业认定管理办法》和《高新技术企业认定管理工作指引》的规定编制，是否在所有重大方面公允反映了申报企业在所审计期间的研究开发费用[高新技术产品（服务）收入]情况。

（八）编制基础及使用限制段

编制基础及使用限制段应当说明研究开发费用结构明细表[高新技术产品（服务）收入明细表]是在适用的会计准则和相关会计制度框架下，按照《高新技术企业认定管理办法》和《高新技术企业认定管理工作指引》的规定编制的，可能不适用于其他目的。专项审计报告仅供申报企业申报高新技术企业认定时使用，不得用于其他目的。

（九）注册会计师的签名和盖章

专项审计报告应当由两名符合条件的注册会计师签名并盖章。

（十）会计师事务所的名称、地址及盖章

专项审计报告应当载明会计师事务所的名称和地址，并加盖会计师事务所公章。

（十一）报告日期

专项审计报告应当注明报告日期。专项审计报告的日期不应早于注册会计师获取充分、适当的审计证据（包括管理层认可对研究开发费用结构明细表[高新技术产品（服务）收入明细表]的责任且已批准申报明细表的证据），并在此基础上对研究开发费用结构明细表[高新技术产品（服务）收入明细表]形成审计意见的日期。

注册会计师在确定专项审计报告日期时，应当考虑：(1)应当实施的审计程序已经完成；(2)应当提请申报企业调整的事项已经提出，申报企业已经作出调整或拒绝作出调整；(3)管理层已经正式签署研究开发费用结构明细表[高新技术产品（服务）收入明细表]。

注册会计师应当将已审计的研究开发费用结构明细表[高新技术产品（服务）收入明细表]及其编制说明分别附于相应的专项审计报告后。研究开发费用结构明细表[高新技术产品（服务）收入明细表]及其编制说明的格式参见本指引附录3。

三、专项审计报告的类型

高新技术企业认定专项审计业务的专项审计报告可以分为无保留意见的审计报告、保留意见的审计报告、否定意见的审计报告和无法表示意见的审计报告。

当注册会计师出具的无保留意见的审计报告不附加说明段、强调事项段或任何修饰性用语时，该报告称为标准专项审计报告。非标准专项审计报告，是指标准专项审计报告以外的其他专项审计报告，包括带强调事项段的无保留意见的专项审计报告和非无保留意见的专项审计报告。非无保留意见的专项审计报告包括保留意见的专项审计报告、否定意见的专项审计报告和无法表示意见的专项审计报告。

（一）无保留意见的专项审计报告

如果认为研究开发费用结构明细表[高新技术产品（服务）收入明细表]符合下列所有条件，注册会计师应当出具无保留意见的专项审计报告：

(1)研究开发费用结构明细表[高新技术产品（服务）收入明细表]已在适用的会计准则和相关会计制度框架下，按照《高新技术企业认定管理办法》和《高新技术企业认定管理工作指引》的规定编制，在所有重大方面公允反映了申报企业在所审计期间的研究开发费用[高新技术产品（服务）收入]情况；

(2)注册会计师已经按照中国注册会计师审计准则的规定计划和实施审计工作，在审计过程中未受到限制。

当出具无保留意见的专项审计报告时，注册会计师应当以“我们认为”作为意见段的开头，并使用“在所有重大方面”、“公允反映”等术语。

无保留意见的专项审计报告意味着，注册会计师通过实施审计工作，认为申报企业的研究开发费用结构明细表[高新技术产品（服务）收入明细表]的编制符合合法性和公允性的要求，合理保证其不存在重大错报。

（二）带强调事项段的专项审计报告

1. 强调事项段的含义

专项审计报告的强调事项段是指注册会计师在审计意见段之后，在编制基础及使用限制段之前增加的对重大事项予以强调的段落。

强调事项应当同时符合下列条件：

(1)可能对研究开发费用结构明细表[高新技术产品(服务)收入明细表]产生重大影响，但申报企业进行了恰当的处理，且在申报明细表及其编制说明中作了充分披露；

(2)不影响注册会计师发表的审计意见。

注册会计师在审计意见段之前增加说明段，用来说明发表保留意见、否定意见和无法表示意见的理由；而在意见段之后增加强调事项段，只是增加专项审计报告的信息含量，提高专项审计报告的有用性，不影响发表的审计意见。如果以强调事项段代替发表审计意见，就会导致专项审计报告类型出现混乱。

2. 增加强调事项段的情形

当存在可能对研究开发费用结构明细表[高新技术产品(服务)收入明细表]产生重大影响的不确定事项、但不影响已发表的审计意见时，注册会计师应当考虑在审计意见段之后增加强调事项段对此予以强调。

不确定事项是指其结果依赖于未来行动或事项，不受申报企业的直接控制，但可能影响研究开发费用结构明细表[高新技术产品(服务)收入明细表]的事项。

注册会计师在理解不确定事项时，应当把握下列特征：(1)不确定事项的结果依赖于未来行动或事项；(2)不确定事项不受申报企业的直接控制，在管理层批准研究开发费用结构明细表[高新技术产品(服务)收入明细表]日，不可能获得更多信息消除该不确定事项；(3)不确定事项可能影响研究开发费用结构明细表[高新技术产品(服务)收入明细表]，但影响并不遥远，可以预计在未来时日得到解决。

(三)保留意见的专项审计报告

如果认为研究开发费用结构明细表[高新技术产品(服务)收入明细表]整体是公允的，但还存在下列情形之一，注册会计师应当出具保留意见的专项审计报告：

(1)注册会计师与管理层在有关研究开发费用或高新技术产品(服务)收入的会计政策的选用、会计估计的作出或披露方面存在分歧，或者认为管理层未按照《高新技术企业认定管理办法》和《高新技术企业认定管理工作指引》的规定编制研究开发费用结构明细表[高新技术产品(服务)收入明细表]，虽影响重大，但不至于出具否定意见的专项审计报告；

(2)因审计范围受到限制，不能获取充分、适当的审计证据，虽影响重大，但不至于出具无法表示意见的专项审计报告。

当出具保留意见的专项审计报告时，注册会计师应当在审计意见段中使用“除……的影响外”等术语。如果因审计范围受到限制，还应当在注册会计师的责任段中提及这一情况。

应当指出的是，只有当注册会计师认为研究开发费用结构明细表[高新技术产品(服务)收入明细表]就其整体而言是公允的，但还存在对研究开发费用结构明细表[高新技术产品(服务)收入明细表]产生重大影响的情形，才能出具保留意见的专项审计报告。如果注册会计师认为所报告的情形对研究开发费用结构明细表[高新技术产品(服务)收入明细表]产生的影响极为严重，则应出具否定意见的专项审计报告或无法表示意见的专项审计报告。

如果有关研究开发费用或高新技术产品(服务)收入的会计政策的选用、会计估计的作出或披露不符合适用的会计准则和相关会计制度，或研究开发费用结构明细表[高新技术产品(服务)收入明细表]未按照《高新技术企业认定管理办法》和《高新技术企业认定管理工作指引》的规定编制，注册会计师在判断其影响是否重大时，应当考虑该影响所涉及的金额或性质并与确定的重要性水平进行比较。

注册会计师因审计范围受到限制而出具保留意见的专项审计报告，取决于无法实施的审计程序对形成审计意见的重要性。注册会计师在判断重要性时，应当考虑有关事项潜在影响的性质和范围以及在研究开发费用结构明细表[高新技术产品(服务)收入明细表]中的重要程度。当注册会计师因审计范围受到限制而出具保留意见的专项审计报告时，意见段的措辞应当表明保留意见是针对审计范围对研究开发费用结构明细表[高新技术产品(服务)收入明细表]可能产生的影响而不是针对审计范围限制本身。

(四)否定意见的专项审计报告

如果认为研究开发费用或高新技术产品(服务)收入的会计政策的选用、会计估计的作出或披露不符合适用的会计准则和相关会计制度，或者认为研究开发费用结构明细表[高新技术产品(服务)收入明细表]未按照《高新技术企业认定管理办法》和《高新技术企业认定管理工作指引》的规定编制，未能在所有重大方面公允反映申报企业在所审计期间的研究开发费用[高新技术产品(服务)收入]情况，注册会计师应当出具否定意见的专项审计报告。

当出具否定意见的专项审计报告时，注册会计师应当在审计意见段中使用“由于上述问题造成的重大影响”、“由于受到前段所述事项的重大影响”等术语。

(五)无法表示意见的专项审计报告

如果审计范围受到限制可能产生的影响非常重大和广泛，不能获取充分、适当的审计证据，以至于无法对研究开发费用结构明细表[高新技术产品(服务)收入明细表]发表审计意见，注册会计师应当出具无法表示意见的专项审计报告。

当出具无法表示意见的专项审计报告时，注册会计师应当删除注册会计师的责任段，并在审计意见段中使用“由于审计范围受到限制可能产生的影响非常重大和广泛”、“我们无法对上述研究开发费用结构明细表[高新技术产品(服务)收入明细表]发表意见”等术语。

无法表示意见不同于否定意见，它通常仅仅适用于注册会计师不能获取充分、适当的审计证据的情形。如果注册会计师发表否定意见，必须获取充分、适当的审计证据。无论是无法表示意见还是否定意见，都只有在非常严重的情形下采用。

专项审计报告的参考格式参见本指引附录2。

四、出具专项审计报告的特殊考虑

(一)专项审计报告不应后附整套财务报表

根据《中国注册会计师审计准则第1601号——对特殊目的审计业务出具审计报告》的规定，为避免信息使用者误认为对财务报表组成部分出具的审计报告与整套财务报表相关，注册会计师不应将整套财务报表附于专项审计报告后。

(二)对年度财务报表审计报告的特殊考虑

1. 注册会计师应当考虑在实施年度财务报表审计时与研究开发费用结构明细表[高新技术产品(服务)收入明细表]审计有关的审计结论，关注年度财务报表审计报告的类型，是否存在与申报企业研究开发费用、高新技术产品(服务)收入相关的非标准审计报告的情况，并考虑其对本专项审计业务及审计意见的影响。

2. 如果已对整套财务报表出具否定意见或无法表示意见的审计报告，只有在企业年度研究开发费用和高新技术产品(服务)收入并不构成财务报表的主要部分时，注册会计师才可以对其出具专项审计报告。否则，会对整套财务报表的审计报告产生影响。

第九章　附　　则

本指引自2008年11月12日起施行。

附录1：专项审计业务约定书参考格式

专项审计业务约定书

甲方：ABC股份有限公司

乙方：××会计师事务所

兹由甲方委托乙方对甲方20×1年度、20×2年度、20×3年度研究开发费用结构明细表和20×3年度高新技术产品(服务)收入明细表进行审计，经双方协商，达成以下约定：

一、业务范围与审计目标

1. 乙方接受甲方委托，对甲方在企业会计准则框架下，按照《高新技术企业认定管理办法》和《高新技术企业认定管理工作指引》的规定编制的20×1年度、20×2年度、20×3年度研究开发费用结构明细表和20×3年度高新技术产品(服务)收入明细表及有关编制说明(以下简称申报明细表)进行专项审计。

2. 乙方通过执行审计工作，对申报明细表的下列方面发表审计意见：(1)申报明细表是否在企业会计准则框架下，按照《高新技术企业认定管理办法》和《高新技术企业认定管理工作指引》的规定编制；(2)申报明细表是否在所有重大方面公允反映申报企业在所审计期间的研究开发费用[高新技术产品(服务)收入]

情况。

二、甲方的责任与义务

(一)甲方的责任

根据《中华人民共和国会计法》及《企业财务会计报告条例》,甲方及甲方管理层有责任保证会计资料的真实性和完整性。因此,在企业会计准则框架下,按照《高新技术企业认定管理办法》和《高新技术企业认定管理工作指引》的规定,如实编制研究开发费用结构明细表和高新技术产品(服务)收入明细表是甲方管理层的责任。这种责任包括:(1)设计、实施和维护与研究开发费用结构明细表和高新技术产品(服务)收入明细表相关的内部控制,以使研究开发费用结构明细表和高新技术产品(服务)收入明细表不存在由于舞弊或错误而导致的重大错报;(2)选择和运用恰当的会计政策;(3)作出合理的会计估计;(4)恰当界定研究开发项目、高新技术产品(服务)的具体范围。

(二)甲方的义务

1. 及时为乙方的审计工作提供其所要求的全部会计资料和其他有关资料(在 20×4 年×月×日之前提供审计所需的全部资料),并保证所提供资料的真实性和完整性。

2. 确保乙方不受限制地接触任何与本次专项审计有关的记录、文件和所需的其他信息。

3. 甲方管理层对其作出的与本次专项审计有关的声明予以书面确认。

4. 为乙方派出的有关工作人员提供必要的工作条件和协助,主要事项将由乙方于外勤工作开始前提供清单。

5. 按本约定书的约定及时足额支付专项审计费用以及乙方人员在审计期间的交通、食宿和其他相关费用。

三、乙方的责任和义务

(一)乙方的责任

1. 乙方的责任是在实施专项审计工作的基础上对甲方申报明细表发表审计意见。乙方按照《高新技术企业认定专项审计指引》的规定进行专项审计,该指引要求注册会计师遵守职业道德规范,计划和实施审计工作,以对申报明细表是否不存在重大错报获取合理保证。

2. 审计工作涉及实施审计程序,以获取有关申报明细表金额和披露的审计证据。选择的审计程序取决于乙方的判断,包括对由于舞弊或错误导致的申报明细表重大错报风险的评估。在进行风险评估时,乙方考虑与申报明细表编制相关的内部控制,以设计恰当的审计程序,但目的并非对内部控制的有效性发表意见。专项审计工作还包括评价管理层编制申报明细表时选用会计政策的恰当性和作出会计估计的合理性,以及评价申报明细表的总体列报。

3. 乙方需要合理计划和实施专项审计工作,以使乙方能够获取充分、适当的审计证据,为甲方申报明细表是否不存在重大错报获取合理保证。

4. 乙方有责任在专项审计报告中指明所发现的研究开发费用结构明细表[高新技术产品(服务)收入明细表]中会计政策的选用、会计估计的作出或披露不符合企业会计准则的规定,或者未按照《高新技术企业认定管理办法》和《高新技术企业认定管理工作指引》的规定编制,且未按乙方建议进行调整的事项。

5. 由于测试的性质和审计的其他固有限制,以及内部控制的固有局限性,不可避免地存在着某些重大错报在审计后可能仍然未被乙方发现的风险。

6. 在专项审计过程中,乙方若发现甲方内部控制存在乙方认为的重要缺陷,应与甲方治理层或管理层沟通。但乙方沟通的各种事项,并不代表已全面说明所有可能存在的缺陷或已提出所有可行的改善建议。甲方在实施乙方提出的改善建议前应全面评估其影响。未经乙方书面许可,甲方不得向任何第三方提供乙方出具的沟通文件。

7. 乙方的审计工作不能减轻甲方及甲方管理层的责任。

(二)乙方的义务

1. 按照约定时间完成审计工作,出具专项审计报告。乙方应于 20×4 年×月×日前出具专项审计报告。

2. 除下列情况外,乙方应当对执行业务过程中知悉的甲方信息予以保密:(1)取得甲方的授权;(2)根据法律法规的规定,为法律诉讼准备文件或提供证据;(3)接受行业协会和监管机构依法进行的执业质量检查;(4)监管机构对乙方进行行政处罚(包括监管机构处罚前的调查、听证)以及乙方对此提起行政复议。

四、审计收费

1. 本次专项审计服务的收费是以乙方各级别工作人员在本次工作中所耗费的时间为基础计算的。乙方预计本次专项审计服务的费用总额为人民币××万元。

2. 甲方应于本约定书签署之日起××日内支付×%的审计费用，其余款项于[审计报告草稿完成日]结清。

3. 如果由于无法预见的原因，致使乙方从事本约定书所涉及的专项审计服务实际时间较本约定书签订时预计的时间有明显增加或减少时，甲乙双方应通过协商，相应调整本约定书第四条第1项下所述的审计费用。

4. 如果由于无法预见的原因，致使乙方人员抵达甲方的工作现场后，本约定书所涉及的专项审计服务不再进行，甲方不得要求退还预付的审计费用；如上述情况发生于乙方人员完成现场审计工作，并离开甲方的工作现场之后，甲方应另行向乙方支付人民币××元的补偿费，该补偿费应于甲方收到乙方的收款通知之日起××日内支付。

5. 与本次专项审计有关的其他费用(包括交通费、食宿费等)由甲方承担。

五、审计报告的出具及使用

1. 乙方按照《高新技术企业认定专项审计指引》规定的格式，针对研究开发费用结构明细表和高新技术产品(服务)收入明细表分别出具专项审计报告。

2. 乙方向甲方致送针对研究开发费用结构明细表和高新技术产品(服务)收入明细表分别出具的专项审计报告一式××份，仅供甲方申报高新技术企业认定时使用，不得用于其他目的。

3. 甲方在向高新技术企业认定机构提交专项审计报告时，不得修改乙方出具的专项审计报告及其后附的已审申报明细表。当甲方认为有必要修改申报明细表数据、编制说明时，应当事先通知乙方，乙方将考虑有关修改对专项审计报告的影响，必要时，将重新出具专项审计报告。

六、本约定书的有效期间

本约定书自签署之日起生效，并在双方履行完毕本约定书约定的所有义务后终止。但其中第三(二)2.四、五、六、八、九、十项并不因本约定书终止而失效。

七、约定事项的变更

如果出现不可预见的情况，影响审计工作如期完成，或需要提前出具专项审计报告，甲、乙双方均可要求变更约定事项，但应及时通知对方，并由双方协商解决。

八、终止条款

1. 如果根据乙方的职业道德及其他有关专业职责、适用的法律法规或其他任何法定的要求，乙方认为已不适宜继续为甲方提供本约定书约定的专项审计服务时，乙方可以采取向甲方提出合理通知的方式终止履行本约定书。

2. 在终止业务约定的情况下，乙方有权就其于本约定书终止之日前对约定的专项审计服务项目所做的工作收取合理的审计费用。

九、违约责任

甲、乙双方按照《中华人民共和国合同法》的规定承担违约责任。

十、适用法律和争议解决

本约定书的所有方面均应适用中华人民共和国法律进行解释并受其约束。本约定书履行地为乙方出具专项审计报告所在地，因本约定书所引起的或与本约定书有关的任何纠纷或争议(包括关于本约定书条款的存在、效力或终止，或无效之后果)，双方选择以下第　种解决方式：

(1)向有管辖权的人民法院提起诉讼；

(2)提交××仲裁委员会仲裁。

十一、双方约定的其他有关事项

本约定书一式两份，甲、乙方各执一份，具有同等法律效力。

甲方：ABC股份有限公司(盖章)	乙方：××会计师事务所(盖章)
授权代表：(签名并盖章)	授权代表：(签名并盖章)
二〇×四年×月×日	二〇×四年×月×日

附录 2:专项审计报告参考格式

(一)标准专项审计报告

1. 针对研究开发费用结构明细表的无保留意见专项审计报告

专项审计报告

ABC 股份有限公司:

我们审计了后附的 ABC 股份有限公司(以下简称 ABC 公司)20×1.20×2 和 20×3 年度的研究开发费用结构明细表及有关编制说明。

一、管理层的责任

在企业会计准则框架下,按照《高新技术企业认定管理办法》和《高新技术企业认定管理工作指引》的规定,如实编制研究开发费用结构明细表,是申报企业管理层的责任。这种责任包括:(1)设计、实施和维护与研究开发费用结构明细表相关的内部控制,以使研究开发费用结构明细表不存在由于舞弊或错误而导致的重大错报;(2)选择和运用恰当的会计政策;(3)作出合理的会计估计;(4)恰当界定研究开发项目的具体范围。

二、注册会计师的责任

我们的责任是在实施审计工作的基础上对研究开发费用结构明细表发表审计意见。我们按照《高新技术企业认定专项审计指引》的规定执行了审计工作。《高新技术企业认定专项审计指引》要求我们遵守职业道德规范,计划和实施审计工作以对研究开发费用结构明细表是否不存在重大错报获取合理保证。

审计工作涉及实施审计程序,以获取有关研究开发费用结构明细表金额和披露的审计证据。选择的审计程序取决于注册会计师的判断,包括对由于舞弊或错误导致的研究开发费用结构明细表重大错报风险的评估。在进行风险评估时,我们考虑与研究开发费用结构明细表编制相关的内部控制,以设计恰当的审计程序,但目的并非对内部控制的有效性发表意见。审计工作还包括评价管理层选用相关会计政策的恰当性和作出相关会计估计的合理性,以及评价研究开发费用结构明细表的总体列报。

我们相信,我们获取的审计证据是充分、适当的,为发表审计意见提供了基础。

三、审计意见

我们认为,ABC 公司 20×1.20×2 和 20×3 年度的研究开发费用结构明细表已在企业会计准则框架下,按照《高新技术企业认定管理办法》和《高新技术企业认定管理工作指引》的规定编制,在所有重大方面公允反映了 ABC 公司在所审计期间的研究开发费用情况。

四、编制基础及使用限制

我们注意到如研究开发费用结构明细表编制说明第××所述,ABC 公司 20×1.20×2 和 20×3 年度的研究开发费用结构明细表是在企业会计准则框架下,按照《高新技术企业认定管理办法》和《高新技术企业认定管理工作指引》的规定编制的,可能不适用于其他目的。本报告仅供 ABC 公司申报高新技术企业认定时使用,不得用于其他目的。本段内容不影响已发表的审计意见。

××会计师事务所
(盖章)

中国注册会计师:×××
(签名并盖章)

中国注册会计师:×××
(签名并盖章)

中国××市
二○×二年×月×日

2. 针对高新技术产品(服务)收入明细表的无保留意见专项审计报告

专项审计报告

ABC股份有限公司：

我们审计了后附的ABC股份有限公司(以下简称ABC公司)20×3年度的高新技术产品(服务)收入明细表及有关编制说明。

一、管理层的责任

在企业会计准则框架下，按照《高新技术企业认定管理办法》和《高新技术企业认定管理工作指引》的规定，如实编制高新技术产品(服务)收入明细表，是申报企业管理层的责任。这种责任包括：(1)设计、实施和维护与高新技术产品(服务)收入明细表相关的内部控制，以使高新技术产品(服务)收入明细表不存在由于舞弊或错误而导致的重大错报；(2)选择和运用恰当的会计政策；(3)作出合理的会计估计；(4)恰当界定高新技术产品(服务)的具体范围。

二、注册会计师的责任

我们的责任是在实施审计工作的基础上对高新技术产品(服务)收入明细表发表审计意见。我们按照《高新技术企业认定专项审计指引》的规定执行了审计工作。《高新技术企业认定专项审计指引》要求我们遵守职业道德规范，计划和实施审计工作以对高新技术产品(服务)收入明细表是否不存在重大错报获取合理保证。

审计工作涉及实施审计程序，以获取有关高新技术产品(服务)收入明细表金额和披露的审计证据。选择的审计程序取决于注册会计师的判断，包括对由于舞弊或错误导致的高新技术产品(服务)收入明细表重大错报风险的评估。在进行风险评估时，我们考虑与高新技术产品(服务)收入明细表编制相关的内部控制，以设计恰当的审计程序，但目的并非对内部控制的有效性发表意见。审计工作还包括评价管理层选用相关会计政策的恰当性和作出相关会计估计的合理性，以及评价高新技术产品(服务)收入明细表的总体列报。

我们相信，我们获取的审计证据是充分、适当的，为发表审计意见提供了基础。

三、审计意见

我们认为，ABC公司20×3年度的高新技术产品(服务)收入明细表已在企业会计准则框架下，按照《高新技术企业认定管理办法》和《高新技术企业认定管理工作指引》的规定编制，在所有重大方面公允反映了ABC公司在20×3年度的高新技术产品(服务)收入情况。

四、编制基础及使用限制

我们注意到如高新技术产品(服务)收入明细表编制说明第××所述，ABC公司20×3年度的高新技术产品(服务)收入明细表是在企业会计准则框架下，按照《高新技术企业认定管理办法》和《高新技术企业认定管理工作指引》的规定编制的，可能不适用于其他目的。本报告仅供ABC公司申报高新技术企业认定时使用，不得用于其他目的。本段内容不影响已发表的审计意见。

××会计师事务所　　　　　　　　　　　　　　中国注册会计师：×××
(盖章)　　　　　　　　　　　　　　　　　　　(签名并盖章)

中国注册会计师：×××
(签名并盖章)

中国××市
二○×二年×月×日

(二)非标准专项审计报告

以下以研究开发费用结构明细表或高新技术产品(服务)收入明细表的专项审计报告为例，列示了各类非标准专项审计报告的参考格式。

1. 带强调事项段的无保留意见的专项审计报告

专项审计报告

ABC股份有限公司：

我们审计了后附的ABC股份有限公司(以下简称ABC公司)20×1.20×2和20×3年度的研究开发费用结构明细表及有关编制说明。

一、管理层的责任

在企业会计准则框架下，按照《高新技术企业认定管理办法》和《高新技术企业认定管理工作指引》的规定，如实编制研究开发费用结构明细表，是申报企业管理层的责任。这种责任包括：(1)设计、实施和维护与研究开发费用结构明细表相关的内部控制，以使研究开发费用结构明细表不存在由于舞弊或错误而导致的重大错报；(2)选择和运用恰当的会计政策；(3)作出合理的会计估计；(4)恰当界定研究开发项目的具体范围。

二、注册会计师的责任

我们的责任是在实施审计工作的基础上对研究开发费用结构明细表发表审计意见。我们按照《高新技术企业认定专项审计指引》的规定执行了审计工作。《高新技术企业认定专项审计指引》要求我们遵守职业道德规范，计划和实施审计工作以对研究开发费用结构明细表是否不存在重大错报获取合理保证。

审计工作涉及实施审计程序，以获取有关研究开发费用结构明细表金额和披露的审计证据。选择的审计程序取决于注册会计师的判断，包括对由于舞弊或错误导致的研究开发费用结构明细表重大错报风险的评估。在进行风险评估时，我们考虑与研究开发费用结构明细表编制相关的内部控制，以设计恰当的审计程序，但目的并非对内部控制的有效性发表意见。审计工作还包括评价管理层选用相关会计政策的恰当性和作出相关会计估计的合理性，以及评价研究开发费用结构明细表的总体列报。

我们相信，我们获取的审计证据是充分、适当的，为发表审计意见提供了基础。

三、审计意见

我们认为，ABC公司20×1.20×2和20×3年度的研究开发费用结构明细表已在企业会计准则框架下，按照《高新技术企业认定管理办法》和《高新技术企业认定管理工作指引》的规定编制，在所有重大方面公允反映了ABC公司在所审计期间的研究开发费用情况。

四、强调事项

我们提醒研究开发费用结构明细表使用者关注，如ABC公司研究开发费用结构明细表编制说明××所述，[说明存在重大不确定性的事项]。本段内容不影响已发表的审计意见。

五、编制基础及使用限制

我们注意到如研究开发费用结构明细表编制说明××所述，ABC公司20×1.20×2和20×3年度的研究开发费用结构明细表是在企业会计准则框架下，按照《高新技术企业认定管理办法》和《高新技术企业认定管理工作指引》的规定编制的，可能不适用于其他目的。本报告仅供ABC公司申报高新技术企业认定时使用，不得用于其他目的。本段内容不影响已发表的审计意见。

××会计师事务所
(盖章)

中国注册会计师：×××
(签名并盖章)

中国注册会计师：×××
(签名并盖章)

中国××市
二○×二年×月×日

2. 保留意见的专项审计报告(审计范围受到限制)

专项审计报告

ABC股份有限公司:

我们审计了后附的ABC股份有限公司(以下简称ABC公司)20×3年度的高新技术产品(服务)收入明细表及有关编制说明。

一、管理层的责任

在企业会计准则框架下,按照《高新技术企业认定管理办法》和《高新技术企业认定管理工作指引》的规定,如实编制高新技术产品(服务)收入明细表,是申报企业管理层的责任。这种责任包括:(1)设计、实施和维护与高新技术产品(服务)收入明细表相关的内部控制,以使高新技术产品(服务)收入明细表不存在由于舞弊或错误而导致的重大错报;(2)选择和运用恰当的会计政策;(3)作出合理的会计估计;(4)恰当界定高新技术产品(服务)的具体范围。

二、注册会计师的责任

我们的责任是在实施审计工作的基础上对高新技术产品(服务)收入明细表发表审计意见。除下段"三、导致保留意见的事项"所述事项外,我们按照《高新技术企业认定专项审计指引》的规定执行了审计工作。《高新技术企业认定专项审计指引》要求我们遵守职业道德规范,计划和实施审计工作以对高新技术产品(服务)收入明细表是否不存在重大错报获取合理保证。

审计工作涉及实施审计程序,以获取有关高新技术产品(服务)收入明细表金额和披露的审计证据。选择的审计程序取决于注册会计师的判断,包括对由于舞弊或错误导致的高新技术产品(服务)收入明细表及有关编制说明重大错报风险的评估。在进行风险评估时,我们考虑与高新技术产品(服务)收入明细表编制相关的内部控制,以设计恰当的审计程序,但目的并非对内部控制的有效性发表意见。审计工作还包括评价管理层选用相关会计政策的恰当性和作出相关会计估计的合理性,以及评价高新技术产品(服务)收入明细表的总体列报。

我们相信,我们获取的审计证据是充分、适当的,为发表审计意见提供了基础。

三、导致保留意见的事项

ABC公司20×3年度的高新技术产品(服务)收入明细表反映的20×3年度高新技术产品(服务)收入合计为××万元,其中××万元的技术转让收入,由于ABC公司未能提供相关文件及凭证,致使我们无法就其获取充分、适当的审计证据。

四、审计意见

我们认为,除前段所述事项可能产生的影响外,ABC公司20×3年度高新技术产品(服务)收入明细表已在企业会计准则框架下,按照《高新技术企业认定管理办法》和《高新技术企业认定管理工作指引》的规定编制,在所有重大方面公允反映了ABC公司20×3年度的高新技术产品(服务)收入情况。

五、编制基础及使用限制

我们注意到如高新技术产品(服务)收入明细表编制说明××所述,ABC公司20×3年度的高新技术产品(服务)收入明细表是在企业会计准则框架下,按照《高新技术企业认定管理办法》和《高新技术企业认定管理工作指引》的规定编制的,可能不适用于其他目的。本报告仅供ABC公司申报高新技术企业认定时使用,不得用于其他目的。本段内容不影响已发表的审计意见。

××会计师事务所 中国注册会计师:×××
(盖章) (签名并盖章)

中国注册会计师:×××
(签名并盖章)

中国××市
二〇×二年×月×日

3. 否定意见的专项审计报告

专项审计报告

ABC股份有限公司：

我们审计了后附的ABC股份有限公司(以下简称ABC公司)20×3年度的高新技术产品(服务)收入明细表及有关编制说明。

一、管理层的责任

在企业会计准则框架下，按照《高新技术企业认定管理办法》和《高新技术企业认定管理工作指引》的规定，如实编制高新技术产品(服务)收入明细表，是申报企业管理层的责任。这种责任包括：(1)设计、实施和维护与高新技术产品(服务)收入明细表相关的内部控制，以使高新技术产品(服务)收入明细表不存在由于舞弊或错误而导致的重大错报；(2)选择和运用恰当的会计政策；(3)作出合理的会计估计；(4)恰当界定高新技术产品(服务)的具体范围。

二、注册会计师的责任

我们的责任是在实施审计工作的基础上对高新技术产品(服务)收入明细表发表审计意见。我们按照《高新技术企业认定专项审计指引》的规定执行了审计工作。《高新技术企业认定专项审计指引》要求我们遵守职业道德规范，计划和实施审计工作以对高新技术产品(服务)收入明细表是否不存在重大错报获取合理保证。

审计工作涉及实施审计程序，以获取有关高新技术产品(服务)收入明细表金额和披露的审计证据。选择的审计程序取决于注册会计师的判断，包括对由于舞弊或错误导致的高新技术产品(服务)收入明细表重大错报风险的评估。在进行风险评估时，我们考虑与高新技术产品(服务)收入明细表编制相关的内部控制，以设计恰当的审计程序，但目的并非对内部控制的有效性发表意见。审计工作还包括评价管理层选用相关会计政策的恰当性和作出相关会计估计的合理性，以及评价高新技术产品(服务)收入明细表的总体列报。

我们相信，我们获取的审计证据是充分、适当的，为发表审计意见提供了基础。

三、导致否定意见的事项

ABC公司20×3年度高新技术产品(服务)收入明细表反映的20×3年度的高新技术产品(服务)收入合计为××万元，其中××万元不符合《高新技术企业认定管理工作指引》关于高新技术产品(服务)收入分类的规定，如果予以剔除，ABC公司20×3年度的高新技术产品(服务)收入应为××万元，占ABC公司20×3年度总收入的比例将减少至××%。我们提出了调整建议，但ABC公司未予采纳。

四、审计意见

由于受到前段所述事项的重大影响，ABC公司20×3年度的高新技术产品(服务)收入明细表没有按照《高新技术企业认定管理办法》和《高新技术企业认定管理工作指引》的规定编制，未能在所有重大方面公允反映ABC公司20×3年度的高新技术产品(服务)收入情况。

××会计师事务所
(盖章)

中国注册会计师：×××
(签名并盖章)

中国注册会计师：×××
(签名并盖章)

中国××市
二〇×二年×月×日

4. 无法表示意见的专项审计报告

专项审计报告

ABC 股份有限公司：

我们接受委托，审计后附的 ABC 股份有限公司(以下简称 ABC 公司)20×1.20×2 和 20×3 年度的研究开发费用结构明细表及有关编制说明。

一、管理层的责任

在企业会计准则框架下，按照《高新技术企业认定管理办法》和《高新技术企业认定管理工作指引》的规定，如实编制研究开发费用结构明细表，是申报企业管理层的责任。这种责任包括：(1)设计、实施和维护与研究开发费用结构明细表相关的内部控制，以使研究开发费用结构明细表不存在由于舞弊或错误而导致的重大错报；(2)选择和运用恰当的会计政策；(3)作出合理的会计估计；(4)恰当界定研究开发项目的具体范围。

二、导致无法表示意见的事项

贵公司未提供科研项目的计划和预算，对研发费用支出缺乏相关的内部控制，也未见科研项目的研究记录。因此，我们无法就 ABC 公司 20×1.20×2 和 20×3 年度的研发费用支出获取充分、适当的审计证据。

三、审计意见

由于上述审计范围受到限制可能产生的影响非常重大和广泛，我们无法对 ABC 公司 20×1.20×2 和 20×3 年度的研究开发费用结构明细表发表意见。

××会计师事务所　　　　　　　　　　　　　　中国注册会计师：×××
(盖章)　　　　　　　　　　　　　　　　　　　(签名并盖章)

中国注册会计师：×××
(签名并盖章)

中国××市
二〇×二年×月×日

附录 3：研究开发费用结构明细表和高新技术产品(服务)收入明细表及其编制说明参考格式

研究开发费用结构明细表(按近 3 年每年分别填报)
××年度

编制单位：ABC 股份有限公司　　　　　　　　　　　　单位：人民币万元

研究开发项目编号 科目/本期发生数	RD01	RD02	RD03	RD…	RD…	合计
一、内部研究开发投入额						
其中：人员人工						
直接投入						
折旧费用与长期待摊费用摊销						
设计费						
设备调试费						
无形资产摊销						

续表

研究开发项目编号 科目/本期发生数	RD01	RD02	RD03	RD…	RD…	合计
其他费用						
二、委托外部研究开发投入额						
其中:境内的外部研发投入额						
三、研究开发投入额(内、外部)小计						

公司法定代表人:
主管会计工作的公司负责人:
公司会计机构负责人:
公司盖章:

ABC股份有限公司
研究开发费用结构明细表编制说明

20×1年1月1日至20×3年12月31日　　　金额单位:人民币万元

一、公司基本情况

> 提示:公司基本情况应当采用简洁的语言,一般应分段表述。其内容主要包括基本沿革、所处行业、经营范围、主要产品或提供的劳务、分支机构等有关资料。

ABC股份有限公司(以下简称公司或本公司)系经××批准,由××发起设立,于××年×月×日在××工商行政管理局登记注册,取得注册号为××的《企业法人营业执照》,现有注册资本××元。

本公司属××行业。经营范围:××。主要产品或提供的劳务:××。

[本公司下设××、××等分支机构。]

二、研究开发费用结构明细表的编制基础

本公司在企业会计准则框架下,按照《高新技术企业认定管理办法》和《高新技术企业认定管理工作指引》的规定编制研究开发费用结构明细表。

三、公司采用的编制原则和方法

> 提示:研究开发费用结构明细表是根据《高新技术企业认定管理办法》和《高新技术企业认定管理工作指引》的规定,对研究开发费用进行归集而编制的。公司应当说明各项研究开发费用的归集方法、依据以及重要估计。

(一)人员人工

人员人工是指从事研究开发活动人员(也称开发人员)的工资薪金,包括基本工资、奖金、津贴、补贴、年终加薪、加班工资以及与其任职或者受雇有关的其他支出。

本公司研发人员是指从事研究开发活动的,全年累计工作时间在183天以上的全时工作人员,具体包括……

……

(二)直接投入

直接投入是指为实施研究开发项目而购买的原材料等相关支出,包括用于研究开发的原材料、水和燃料(包括煤气和电)使用费等;用于中间试验和产品试制达不到固定资产标准的模具、样品、样机及一般测试手段购置费、试制产品的检验费等;用于研究开发活动的仪器设备的简单维护费;以经营租赁方式租入的固定资产发生的租赁费等。

……

（三）折旧费用与长期待摊费用摊销

折旧费用是指为执行研究开发活动而购置的仪器和设备以及研究开发项目在用建筑物的折旧费用。本公司各类固定资产的折旧年限、残值率如下：

固定资产类别	折旧年限	残值率
1.		
2.		
……		

（四）设计费用

设计费用是指为新产品和新工艺的构思、开发和制造，进行工序、技术规范、操作特性方面的设计等发生的费用。

……

（五）装备调试费

装备调试费是指工装准备过程中研究开发活动所发生的费用，包括研究生产机器、模具和工具，改变生产和质量控制程序，或制定新方法及标准等。为大规模批量化和商业化生产所进行的常规性工装准备和工业工程发生的费用不计入。

……

（六）无形资产摊销

无形资产摊销是指因研究开发活动而需要购入的专有技术（包括专利、非专利发明、许可证、专有技术、设计和计算方法等）所发生的支出的摊销费用。各类无形资产摊销方法如下：

无形资产类别	摊销年限	净残值率
1.		
2.		
……		

（七）委托外部研究开发费用

委托外部研究开发费用是指委托境内其他企业、大学、研究机构、转制院所、技术专业服务机构和境外机构进行的项目成果为公司所有，且与公司的主要经营业务紧密相关的研究开发活动所发生的费用。

委托外部研究开发发生的费用按独立交易的原则确定，按发生额的80%归集。

……

（八）其他费用

其他费用是指为研究开发活动所发生的其他费用，包括办公费、通讯费、专利申请维护费、高新技术研究保险费等。此项费用按不超过研究开发费用总额的10%确认。

……

四、报告期内主要研究开发项目的基本情况说明

包括项目内容、立项情况、审批情况（如需要）、项目预算情况和截至目前进展情况等。

五、其他说明

> 提示：详细阐述研究开发费用结构明细表中需要特别说明的有关项目（如关联交易）和公司认为需要说明的其他事项，如申报明细表中对前期已审财务报表中涉及研究开发支出的重大会计差错的更正情况等。

ABC股份有限公司

二〇×四年×月×日

高新技术产品(服务)收入明细表
20×3 年度

编制单位:ABC 股份有限公司　　　　单位:人民币万元

项　　目	金　　额
一、产品收入	
1.	
2.	
3.	
4.	
小计	
二、技术性收入	
1. 技术转让收入	
2. 技术承包收入	
3. 技术服务收入	
4. 接受委托科研收入	
5.	
6.	
小计	
三、高新技术产品(服务)收入合计	

公司法定代表人:
主管会计工作的公司负责人:
公司会计机构负责人:
公司盖章:

ABC 股份有限公司
高新技术产品(服务)收入明细表编制说明
20×3 年度

金额单位:人民币万元

一、公司基本情况

> 提示:公司基本情况应当采用简洁的语言,一般应分段表述。其内容主要包括基本沿革、所处行业、经营范围、主要产品或提供的劳务、分支机构等有关资料。

ABC 股份有限公司(以下简称公司或本公司)系经××批准,由××发起设立,于××年×月×日在××工商行政管理局登记注册,取得注册号为××的《企业法人营业执照》,现有注册资本××元。

本公司属××行业。经营范围:××。主要产品或提供的劳务:××。

[本公司下设××、××等分支机构。]

二、高新技术产品(服务)收入明细表的编制基础

本公司在企业会计准则框架下,按照《高新技术企业认定管理办法》和《高新技术企业认定管理工作指引》的规定编制高新技术产品(服务)收入明细表。

三、公司采用的编制原则和方法

提示:高新技术产品(服务)收入明细表是根据《高新技术企业认定管理办法》和《高新技术企业认定管理工作指引》的规定,对高新技术产品(服务)收入归集而编制的。公司应当说明各项高新技术产品(服务)收入的归集方法、依据以及重要估计。

(一)产品收入

产品收入是指通过技术创新、开展研发活动,形成符合《国家重点支持的高新技术领域》要求的产品的销售收入。

(二)技术性收入

1. 技术转让收入

技术转让收入是指技术创新成果通过技术贸易、技术转让所获得的收入。

……

2. 技术承包收入

技术承包收入是指技术项目设计、技术工程实施所获得的收入。

……

3. 技术服务收入

技术服务收入是指利用自己的人力、物力和数据系统等为社会和本公司外的用户提供技术方案、数据处理、测试分析及其他类型的服务所获得的收入。

……

4. 接受委托科研收入

接受委托科研收入是指承担社会各方面委托研究开发、中间试验及新产品开发所获得的收入。

……

四、其他说明

提示:详细阐述高新技术产品(服务)收入明细表中需要特别说明的有关项目(如关联交易)和公司认为需要说明的其他事项。

ABC股份有限公司

二〇×四年×月×日

最高人民法院关于会计师事务所、审计事务所脱钩改制前民事责任承担问题的通知

(法〔2001〕100号,2001年7月18日)

各省、自治区、直辖市高级人民法院,解放军军事法院,新疆维吾尔自治区高级人民法院生产建设兵团分院:

根据《中华人民共和国民法通则》、《中华人民共和国注册会计师法》等有关法律规定,现对审理涉及会计师事务所、审计事务所(以下统称事务所)的民事案件中,有关脱钩改制后的事务所对原事务所民事责任的承担问题,通知如下:

对原事务所的应承担的民事责任,应当由其开办单位在所接收的原事务所的剩余财产和风险基金范围

内承担清算责任。但如开办单位将原事务所的剩余财产和风险基金留给脱钩改制后的新事务所，则应当由新事务所在所接收的资产范围内对原事务所的债务承担民事责任。

内部控制审核指导意见

（会协〔2002〕41号，2002年2月9日）

第一章　总　　则

第一条　为了规范注册会计师执行内部控制审核业务，明确工作要求，保证执业质量，根据国家有关法规的要求，提出本指导意见。

第二条　本意见所称内部控制审核，是指注册会计师接受委托，就被审核单位管理当局对特定日期与会计报表相关的内部控制有效性的认定进行审核，并发表审核意见。

第三条　按照国家有关法规的要求，建立健全内部控制并保持其有效性，是被审核单位管理当局的责任。

按照本意见的要求，了解、测试和评价内部控制，出具审核报告，是注册会计师的责任。

第四条　注册会计师应当保持应有的职业谨慎，关注内部控制的固有限制，获取充分、适当的证据，将审核风险降低至可接受的水平。

第五条　注册会计师对特定期间与会计报表相关的内部控制的有效性执行审核业务，可参照本意见办理。

第二章　业务约定书

第六条　注册会计师应当在了解被审核单位基本情况的基础上，考虑自身能力和能否保持独立性，初步评估审核风险，确定是否接受委托。

如果接受委托，会计师事务所应当与委托人就约定事项达成一致意见，并签订业务约定书。

第七条　业务约定书应当包括以下主要内容：

（一）委托目的；

（二）委托业务的性质；

（三）审核范围；

（四）被审核单位管理当局的责任和注册会计师的责任；

（五）内部控制的固有限制；

（六）评价内部控制有效性的标准；

（七）报告分发和使用的限制。

第三章　审核计划

第八条　在制定审核计划前，注册会计师应当向被审核单位管理当局获取有关内部控制有效性的书面认定，以及内部控制手册、流程图、调查问卷和备忘录等文件。

第九条　在制定审核计划时，注册会计师应当考虑以下主要因素：

（一）被审核单位所在行业的情况，包括行业景气程度、经营风险、技术进步等；

（二）被审核单位的内部情况，包括组织结构、经营特征、资本构成、生产和业务流程、员工素质等；

（三）被审核单位近期在经营和内部控制方面的变化；

（四）管理当局的诚信、能力及发生舞弊的可能性；

（五）管理当局评价内部控制有效性的方法和证据；

（六）对重要性水平、固有风险及其他与确定内部控制重大缺陷有关的因素的初步判断；

(七)特定内部控制的性质及其在内部控制整体中的重要性;

(八)对内部控制有效性的初步判断;

(九)从其他专业服务中了解到的有关被审核单位内部控制的情况。

第十条 如果被审核单位有多个经营场所,注册会计师应当选择某些经营场所的内部控制进行了解和测试。

在选择了解和测试的经营场所时,注册会计师除考虑第九条列举的有关因素外,还应当考虑以下因素:

(一)不同场所之间经营活动和内部控制的相似性;

(二)会计处理的集中程度;

(三)控制环境的有效性,尤其是管理当局对各经营场所行使授权的控制和有效监督经营活动的能力;

(四)各经营场所发生交易的性质和金额。

第十一条 内部审计的工作结果是管理当局评价内部控制有效性的重要基础,注册会计师应当考虑被审核单位内部审计人员的专业能力、独立性及工作范围。

第四章 审核程序

第十二条 注册会计师应当根据审核计划,实施以下工作步骤:

(一)了解内部控制的设计;

(二)评价内部控制设计的合理性;

(三)测试和评价内部控制执行的有效性。

第十三条 注册会计师应当实施以下程序,以了解内部控制的设计:

(一)询问被审核单位的有关人员;

(二)检查内部控制生成的文件和记录;

(三)观察被审核单位的经营管理活动。

第十四条 注册会计师应当在了解内部控制各要素的基础上,根据内部控制能否防止和发现会计报表有关认定的重大错报,评价内部控制设计的合理性。

第十五条 在评价内部控制设计的合理性时,注册会计师应当关注内部控制整体能否实现控制目标,而不应孤立地关注特定内部控制。

第十六条 在确定评价特定内部控制设计合理性的程序时,注册会计师应当考虑以下因素:

(一)特定内部控制的性质;

(二)特定内部控制的描述方式;

(三)经营活动及其管理系统的复杂性。

第十七条 注册会计师应当对相关内部控制进行测试,获取充分、适当的证据,以评价内部控制执行的有效性。

在测试内部控制执行的有效性时,注册会计师应当关注该项内部控制是否得到执行、如何执行、由谁执行以及是否得到一贯执行。

第十八条 在测试内部控制执行的有效性时,注册会计师通常实施以下程序:

(一)询问被审核单位的有关人员;

(二)检查内部控制生成的文件和记录;

(三)观察被审核单位的经营管理活动;

(四)重新执行有关内部控制。

第十九条 在评价获取的证据是否充分、适当时,注册会计师应当运用专业判断,并考虑以下因素:

(一)特定内部控制的性质;

(二)特定内部控制在实现控制目标中的重要性;

(三)被审核单位对特定内部控制执行有效性进行测试的性质和范围;

(四)特定内部控制未得到遵循的风险。

第二十条 在评价内部控制执行的有效性时,注册会计师可考虑利用管理当局对内部控制执行有效性的测试结果,但应获取充分、适当的证据进行印证。

第二十一条 在评价特定内部控制未得到遵循的风险时,注册会计师应当考虑以下因素:

(一)交易的数量和性质是否发生变化,以致对特定内部控制的设计和执行产生不利影响;

(二)内部控制是否发生变化;

(三)特定内部控制对其他内部控制有效性的依赖程度;

(四)执行或监控内部控制的关键人员是否发生变动;

(五)特定内部控制的执行是依赖人工还是电子设备;

(六)特定内部控制的复杂程度;

(七)特定控制目标的实现是否依赖于多项内部控制。

第二十二条 某些内部控制是连续执行的,而某些内部控制只在特定时间执行,注册会计师应当根据内部控制的性质及其执行的时间和频率,合理确定控制测试的性质、时间和范围。

第二十三条 当管理当局在作出内部控制有效性认定之前已对内部控制作了改进时,如果注册会计师确定新的内部控制能够实现相关目标,并且已有效执行了适当的时间,可不考虑改进前内部控制设计的合理性和执行的有效性。

第二十四条 对已发现的内部控制重大缺陷,注册会计师应当及时以书面形式与被审核单位进行沟通。

第二十五条 在判断某项内部控制缺陷单独或连同其他内部控制缺陷是否为重大缺陷时,注册会计师应当考虑潜在的错误或舞弊可能导致错报的金额和性质。

第二十六条 注册会计师应当就以下重要事项向管理当局获取书面声明:

(一)管理当局对建立健全内部控制并保持其有效性负责;

(二)管理当局已对内部控制的有效性进行了评价;

(三)管理当局已作出特定日期与会计报表相关的内部控制有效性的认定;

(四)管理当局已向注册会计师告知内部控制在设计和执行方面存在的重大缺陷;

(五)管理当局已向注册会计师告知发生的重大舞弊,以及虽不重大但涉及管理人员或在内部控制过程中起关键作用的员工的其他舞弊;

(六)期后发生的内部控制变化和可能影响内部控制的其他因素,包括管理当局针对重大缺陷采取的各项改进措施。

第二十七条 如果管理当局拒绝提供有关内部控制的书面声明,注册会计师应当将其视为审核范围受到限制,并考虑管理当局其他声明的可靠性。

第二十八条 注册会计师应当将实施的审核程序及其结果,连同取得的有关资料,形成审核工作底稿。

第五章 审核报告

第二十九条 注册会计师应当复核与评价审核证据,形成审核意见,出具审核报告。

第三十条 审核报告应当包括以下基本内容:

(一)标题;

(二)收件人;

(三)引言段;

(四)范围段;

(五)固有限制段;

(六)意见段;

(七)签章和会计师事务所地址;

(八)报告日期。

第三十一条 审核报告的标题应当统一规范为“内部控制审核报告”。

第三十二条 审核报告的收件人应当为审核业务的委托人。审核报告应当载明收件人的全称。

第三十三条 审核报告的引言段应当说明以下内容:

(一)被审核单位管理当局对特定日期与会计报表相关的内部控制有效性的认定;

(二)被审核单位管理当局的责任;

(三)注册会计师的责任。

第三十四条 审核报告的范围段应当说明以下内容：

(一)审核依据，即《内部控制审核指导意见》；

(二)审核程序；

(三)实施的审核程序为注册会计师发表审核意见提供了合理的基础。

第三十五条 审核报告的固有限制段应当说明以下内容：

(一)内部控制的固有限制；

(二)根据内部控制评价结果推测未来内部控制有效性的风险。

第三十六条 审核报告的意见段应当说明被审核单位于特定日期在所有重大方面是否保持了与会计报表相关的有效的内部控制。

第三十七条 审核报告应当由注册会计师签名并盖章，加盖会计师事务所公章，标明会计师事务所地址。

第三十八条 报告日期是指注册会计师完成外勤审核工作的日期。

第三十九条 如果注册会计师认为被审核单位内部控制存在重大缺陷，而管理当局已在书面声明及认定中恰当地说明了内部控制的重大缺陷及其对实现控制目标的影响，注册会计师应当在审核意见段前增设说明段说明重大缺陷，并视其重要程度发表保留意见或否定意见。

第四十条 如果注册会计师认为被审核单位内部控制存在重大缺陷，而管理当局未在其书面声明及认定中说明内部控制的重大缺陷及其对实现控制目标的影响，或虽已说明重大缺陷，却认定其内部控制依然有效，注册会计师应当发表否定意见。

第四十一条 如果审核范围受到限制，注册会计师应当视其重要程度，发表保留意见或拒绝表示意见。

第四十二条 当存在下列情况时，注册会计师应当考虑其对审核报告的影响：

(一)管理当局的认定仅涉及部分内部控制的有效性；

(二)管理当局的认定仅涉及内部控制设计的合理性。

第四十三条 如果认为期后事项严重影响内部控制的有效性，注册会计师应当视其重要程度，发表保留意见或否定意见；如果不能确定其影响，注册会计师应当发表拒绝表示意见。

附录：内部控制审核报告参考格式

1. 无保留意见

内部控制审核报告

×股份有限公司：

我们接受委托，审核了贵公司管理当局对×年×月×日与会计报表相关的内部控制有效性的认定。贵公司管理当局的责任是建立健全内部控制并保持其有效性，我们的责任是对贵公司内部控制的有效性发表意见。

我们的审核是依据《内部控制审核指导意见》进行的。在审核过程中，我们实施了包括了解、测试和评价内部控制设计的合理性和执行的有效性，以及我们认为必要的其他程序。我们相信，我们的审核为发表意见提供了合理的基础。

内部控制具有固有限制，存在由于错误或舞弊而导致错报发生和未被发现的可能性。此外，由于情况的变化可能导致内部控制变得不恰当，或降低对控制政策、程序遵循的程度，根据内部控制评价结果推测未来内部控制有效性具有一定的风险。

我们认为，贵公司按照×标准于×年×月×日在所有重大方面保持了与会计报表相关的有效的内部控制。

×会计师事务所(公章)　　　　中国注册会计师(签名并盖章)

地　址　　　　年　月　日

2. 保留意见

内部控制审核报告

×股份有限公司：

我们接受委托，审核了贵公司管理当局对×年×月×日与会计报表相关的内部控制有效性的认定。贵公司管理当局的责任是建立健全内部控制并保持其有效性，我们的责任是对贵公司内部控制的有效性发表意见。

我们的审核是依据《内部控制审核指导意见》进行的。在审核过程中，我们实施了包括了解、测试和评价内部控制设计的合理性和执行的有效性，以及我们认为必要的其他程序。我们相信，我们的审核为发表意见提供了合理的基础。

内部控制具有固有限制，存在由于错误或舞弊而导致错报发生和未被发现的可能性。此外，由于情况的变化可能导致内部控制变得不恰当，或降低对控制政策、程序遵循的程度，根据内部控制评价结果推测未来内部控制有效性具有一定的风险。

（描述内部控制的重大缺陷及其对实现控制目标的影响）有效的内部控制能够为企业及时防止或发现会计报表中的重大错报提供合理保证，而上述重大缺陷使贵公司内部控制失去这一功能。

我们认为，除上述内部控制的重大缺陷及其对实现控制目标的影响外，贵公司按照×标准于×年×月×日在所有重大方面保持了与会计报表相关的有效的内部控制。

×会计师事务所（公章）　　　　中国注册会计师（签名并盖章）
地　址　　　　年　月　日

3. 否定意见

内部控制审核报告

×股份有限公司：

我们接受委托，审核了贵公司管理当局对×年×月×日与会计报表相关的内部控制有效性的认定。贵公司管理当局的责任是建立健全内部控制并保持其有效性，我们的责任是对贵公司内部控制的有效性发表意见。

我们的审核是依据《内部控制审核指导意见》进行的。在审核过程中，我们实施了包括了解、测试和评价内部控制设计的合理性和执行的有效性，以及我们认为必要的其他程序。我们相信，我们的审核为发表意见提供了合理的基础。

内部控制具有固有限制，存在由于错误或舞弊而导致错报发生和未被发现的可能性。此外，由于情况的变化可能导致内部控制变得不恰当，或降低对控制政策、程序遵循的程度，根据内部控制评价结果推测未来内部控制有效性具有一定的风险。

（描述内部控制的重大缺陷及其对实现控制目标的影响）有效的内部控制能够为企业及时防止或发现会计报表中的重大错报提供合理保证，而上述重大缺陷使贵公司内部控制失去这一功能。

我们认为，由于上述内部控制的重大缺陷及其对实现控制目标的影响，贵公司未能按照×标准于×年×月×日保持与会计报表相关的有效的内部控制。

×会计师事务所（公章）　　　　中国注册会计师（签名并盖章）
地　址　　　　年　月　日

4. 拒绝表示意见

内部控制审核报告

×股份有限公司：

我们接受委托审核贵公司管理当局对×年×月×日与会计报表相关的内部控制有效性的认定。贵公司管理当局的责任是建立健全内部控制并保持其有效性。

内部控制具有固有限制，存在由于错误或舞弊而导致错报发生和未被发现的可能性。此外，由于情况的变化可能导致内部控制变得不恰当，或降低对控制政策、程序遵循的程度，根据内部控制评价结果推测未来内部控制有效性具有一定的风险。

由于管理当局(描述范围限制)，我们未能实施必要的审核程序以获取充分的证据，因此，我们无法对贵公司内部控制的有效性发表意见。

×会计师事务所(公章)　　　　　　　　中国注册会计师(签名并盖章)

地　址　　　　　　　　　　　　　　　年　月　日

中国注册会计师职业道德规范指导意见

(会协〔2002〕160 号,2002 年 6 月 25 日)

第一章　总　　则

第一条　为了规范注册会计师职业道德行为，提高注册会计师职业道德水准，维护注册会计师职业形象，根据《中华人民共和国注册会计师法》和《中国注册会计师职业道德基本准则》，制定本指导意见。

第二条　注册会计师应当遵守职业道德准则，履行相应的社会责任，维护社会公众利益。

第三条　注册会计师执行审计、审核和审阅等鉴证业务，应当恪守独立、客观、公正的原则。

第四条　注册会计师应当保持应有的职业谨慎，保持和提高专业胜任能力，遵守独立审计准则等职业规范，勤勉尽责。

第五条　注册会计师应当履行对客户的责任，对执业过程中获知的客户信息保密。

第六条　注册会计师应当与同行保持良好的工作关系，配合同行的工作。

第二章　独立性

第七条　注册会计师执行鉴证业务时应当保持实质上和形式上的独立，不得因任何利害关系影响其客观、公正的立场。

第八条　可能损害独立性的因素包括经济利益、自我评价、关联关系和外界压力等。

第九条　会计师事务所和注册会计师应当考虑经济利益对独立性的损害，可能损害独立性的情形主要包括：

(一)与鉴证客户存在专业服务收费以外的直接经济利益或重大的间接经济利益；

(二)收费主要来源于某一鉴证客户；

(三)过分担心失去某项业务；

(四)与鉴证客户存在密切的经营关系；

(五)对鉴证业务采取或有收费的方式；

(六)可能与鉴证客户发生雇佣关系。

第十条　会计师事务所和注册会计师应当考虑自我评价对独立性的损害，可能损害独立性的情形主要包括：

（一）鉴证小组成员曾是鉴证客户的董事、经理、其他关键管理人员或能够对鉴证业务产生直接重大影响的员工；

（二）为鉴证客户提供直接影响鉴证业务对象的其他服务；

（三）为鉴证客户编制属于鉴证业务对象的数据或其他记录。

第十一条 会计师事务所和注册会计师应当考虑关联关系对独立性的损害，可能损害独立性的情形主要包括：

（一）与鉴证小组成员关系密切的家庭成员是鉴证客户的董事、经理、其他关键管理人员或能够对鉴证业务产生直接重大影响的员工；

（二）鉴证客户的董事、经理、其他关键管理人员或能够对鉴证业务产生直接重大影响的员工是会计师事务所的前高级管理人员；

（三）会计师事务所的高级管理人员或签字注册会计师与鉴证客户长期交往；

（四）接受鉴证客户或其董事、经理、其他关键管理人员或能够对鉴证业务产生直接重大影响的员工的贵重礼品或超出社会礼仪的款待。

第十二条 会计师事务所和注册会计师应当考虑外界压力对独立性的损害，可能损害独立性的情形主要包括：

（一）在重大会计、审计等问题上与鉴证客户存在意见分歧而受到解聘威胁；

（二）受到有关单位或个人不恰当的干预；

（三）受到鉴证客户降低收费的压力而不恰当地缩小工作范围。

第十三条 当识别出损害独立性的因素时，会计师事务所和注册会计师应当采取必要的措施以消除影响或将其降至可接受水平。

第十四条 会计师事务所应当从整体上维护其独立性。

维护独立性的措施主要包括：

（一）会计师事务所的高级管理人员重视独立性，并要求鉴证小组成员保持独立性；

（二）制定有关独立性的政策和程序，包括识别损害独立性的因素、评价损害的严重程度以及采取相应的维护措施；

（三）建立必要的监督及惩戒机制以促使有关政策和程序得到遵循；

（四）及时向所有高级管理人员和员工传达有关政策和程序及其变化；

（五）制定能使员工向更高级别人员反映独立性问题的政策和程序。

第十五条 在承办具体鉴证业务时，会计师事务所应当维护其独立性。

维护独立性的措施主要包括：

（一）安排鉴证小组以外的注册会计师进行复核；

（二）定期轮换项目负责人及签字注册会计师；

（三）与鉴证客户的审计委员会或监事会讨论独立性问题；

（四）向鉴证客户的审计委员会或监事会告知服务性质和收费范围；

（五）制定确保鉴证小组成员不代替鉴证客户行使管理决策或承担相应责任的政策和程序；

（六）将独立性受到损害的鉴证小组成员调离鉴证小组。

第十六条 当维护措施不足以消除损害独立性因素的影响或将其降至可接受水平时，会计师事务所应当拒绝承接业务或解除业务约定。

第三章　专业胜任能力

第十七条 注册会计师应当通过教育、培训和执业实践保持和提高专业胜任能力。

第十八条 注册会计师不得宣称自己具有本不具备的专业知识、技能或经验。

第十九条 注册会计师不得提供不能胜任的专业服务。

第二十条 在提供专业服务时，注册会计师可以在特定领域利用专家协助其工作。

第二十一条 在利用专家工作时，注册会计师应当对专家遵守职业道德的情况进行监督和指导。

第四章 保　　密

第二十二条 注册会计师应当对在执业过程中获知的客户信息保密，这一保密责任不因业务约定的终止而终止。

第二十三条 注册会计师应当采取措施，确保业务助理人员和专家遵守保密原则。

第二十四条 注册会计师不得利用在执业过程中获知的客户信息为自己或他人谋取不正当的利益。

第二十五条 注册会计师在以下情况下可以披露客户的有关信息：

(一)取得客户的授权；

(二)根据法规要求，为法律诉讼准备文件或提供证据，以及向监管机构报告发现的违反法规行为；

(三)接受同业复核以及注册会计师协会和监管机构依法进行的质量检查。

第二十六条 在决定披露客户的有关信息时，注册会计师应当考虑以下因素：

(一)是否了解和证实了所有相关信息；

(二)信息披露的方式和对象；

(三)可能承担的法律责任和后果。

第五章 收费与佣金

第二十七条 在确定收费时，会计师事务所应当考虑以下因素，以客观反映为客户提供专业服务的价值：

(一)专业服务所需的知识和技能；

(二)所需专业人员的水平和经验；

(三)每一专业人员提供服务所需的时间；

(四)提供专业服务所需承担的责任。

第二十八条 在专业服务得到良好的计划、监督及管理的前提下，收费通常以每一专业人员适当的小时费用率或日费用率为基础计算。

第二十九条 专业服务的收费依据、收费标准及收费结算方式与时间应在业务约定书中予以明确。

第三十条 如果收费报价明显低于前任注册会计师或其他会计师事务所的相应报价，会计师事务所应当确保：

(一)在提供专业服务时，工作质量不会受到损害，并保持应有的职业谨慎，遵守执业准则和质量控制程序；

(二)客户了解专业服务的范围和收费基础。

第三十一条 除法规允许外，会计师事务所不得以或有收费方式提供鉴证服务，收费与否或多少不得以鉴证工作结果或实现特定目的为条件。

第三十二条 会计师事务所和注册会计师不得为招揽客户而向推荐方支付佣金，也不得因向第三方推荐客户而收取佣金。

第三十三条 会计师事务所和注册会计师不得因宣传他人的产品或服务而收取佣金。

第六章 与执行鉴证业务不相容的工作

第三十四条 注册会计师不得从事有损于或可能有损于其独立性、客观性、公正性或职业声誉的业务、职业或活动。

第三十五条 注册会计师应当就其向鉴证客户提供的非鉴证服务与鉴证服务是否相容做出评价。

第三十六条 会计师事务所不得为上市公司同时提供编制会计报表和审计服务。

第三十七条 会计师事务所的高级管理人员或员工不得担任鉴证客户的董事(包括独立董事)、经理或其他关键管理职务。

第七章 接任前任注册会计师的审计业务

第三十八条 后任注册会计师在接任前任注册会计师的审计业务时不得蓄意侵害前任注册会计师的合法权益。

第三十九条 在接受审计业务委托前，后任注册会计师应当向前任注册会计师询问审计客户变更会计师事务所的原因，并关注前任注册会计师与审计客户之间在重大会计、审计等问题上可能存在的意见分歧。

第四十条 后任注册会计师应当提请审计客户授权前任注册会计师对其询问作出充分的答复。

如果审计客户拒绝授权，或限制前任注册会计师作出答复的范围，后任注册会计师应当向审计客户询问原因，并考虑是否接受业务委托。

第四十一条 前任注册会计师应当根据所了解的情况对后任注册会计师的询问作出及时、充分的答复。

如果受到审计客户的限制或存在法律诉讼的顾虑，决定不向后任注册会计师作出充分答复，前任注册会计师应当向后任注册会计师表明其答复是有限的。

第四十二条 如果审计客户委托注册会计师对已审计会计报表进行重新审计，接受委托的注册会计师应视为后任注册会计师，而之前已发表审计意见的注册会计师则视为前任注册会计师。

第四十三条 如果后任注册会计师发现前任注册会计师所审计的会计报表存在重大错报，应当提请审计客户告知前任注册会计师，并要求审计客户安排三方会谈，以便采取措施进行妥善处理。

第八章 广告、业务招揽和宣传

第四十四条 注册会计师应当维护职业形象，在向社会公众传递信息时，应当客观、真实、得体。

第四十五条 会计师事务所不得利用新闻媒体对其能力进行广告宣传，但刊登设立、合并、分立、解散、迁址、名称变更、招聘员工等信息以及注册会计师协会为会员所作的统一宣传不在此限。

第四十六条 会计师事务所和注册会计师不得采用强迫、欺诈、利诱或骚扰等方式招揽业务。

第四十七条 会计师事务所和注册会计师在招揽业务时不得有以下行为：

（一）暗示有能力影响法院、监管机构或类似机构及其官员；

（二）作出自我标榜的陈述，且陈述无法予以证实；

（三）与其他注册会计师进行比较；

（四）不恰当地声明自己是某一特定领域的专家；

（五）作出其他欺骗性的或可能导致误解的声明。

第四十八条 会计师事务所和注册会计师进行宣传时，不得有以下行为：

（一）利用政府委托或特别奖励谋取不正当利益；

（二）当会计师事务所将其名称、地址、电话号码以及其他必要的联系信息载入电话簿、信纸或其他载体时，含有自我标榜的措辞；

（三）当注册会计师就专业问题参与演讲、访谈或广播、电视节目时，抬高自己及其会计师事务所；

（四）当会计师事务所通过新闻媒体发布招聘信息时，含有抬高自己的成分。

第四十九条 会计师事务所可以将印制的手册向客户发放，也可以应非客户的要求向非客户发放，但手册的内容应当真实、客观。

第五十条 注册会计师在名片上可以印有姓名、专业资格、职务及其会计师事务所的地址和标识等，但不得印有社会职务、专家称谓以及所获荣誉等。

第九章 附 则

第五十一条 本指导意见自 2002 年 7 月 1 日起施行。

水利部委托社会审计业务管理办法

（水监〔2003〕54 号，2003 年 4 月 21 日）

第一条 为了规范水利部门及所属单位（以下均简称为“单位”）委托社会审计业务，明确内部审计职责，加强单位内部管理和监督，根据《中华人民共和国审计法》、《中华人民共和国会计法》、《审计署关于内部审计工作的规定》和水利部《关于进一步加强财务管理监督的若干意见》(水经调〔2002〕394 号),制定本办法。

第二条 本办法适用于水利部直属各单位及其所属工程建设项目法人单位。各单位所属国有控股企业、集体企业可参照本办法执行。

第三条 委托社会审计机构进行的审计业务,是单位扩大内部审计监督覆盖面的重要实现形式,是内部审计、财务监督部门的重要职责,单位所有委托社会审计业务应统一由内部审计、财务监督部门负责办理。财务检查委托社会审计业务,以财务监督部门管理为主;其他审计业务,以审计部门管理为主。

单位应加强对委托社会审计业务的管理和监督,进一步完善单位内部控制制度,充分合理地利用现有的内部审计、财务监督人力资源。

第四条 内部审计、财务监督部门负责办理委托社会审计业务的范围为:验资、年度报表查证、资产评估、基建工程预决算、经济责任、财务收支、经济效益等审计业务。但领导专门批示交办、纪检监察部门交办的审计业务一般不直接对外委托。

第五条 单位需要进行委托社会审计的业务,应向上级内部审计部门提出申请;单位的职能部门需要进行委托社会审计业务,应向单位内部审计部门提出申请。内部审计部门接到申请后,应根据国家相关规定、单位全年审计工作计划和现有内审人力资源,确定是否对外委托。如需对外委托应由接受申请的内部审计部门商财务监督部门制定出委托审计工作方案,报经批准后实施。

第六条 内部审计、财务监督部门应当收集社会审计机构的资信、业务质量、收费标准等信息。内部审计、财务监督部门委托一般性的社会审计业务,应当初选两个以上的社会审计机构,在审查资格资质,比质量、比信誉、比服务的基础上,在单位监察部门的监督指导下,选定社会审计机构。对大型和有特殊要求的审计项目,采取招标的方式选定社会审计机构。

第七条 单位内部审计、财务监督部门委托社会审计业务,应当签订书面协议,并且要求社会审计机构出具承诺函。

在审计实施过程中,内部审计、财务监督部门应负责社会审计机构与被审计单位之间的协调,监督社会审计机构的审计业务质量。

第八条 社会审计机构审计结束后,应直接向内部审计、财务监督部门提交审计报告和相关资料,内部审计、财务监督部门要严格按照相关规定和委托审计工作方案,进行审核。对领导干部经济责任审计等业务,需将审计底稿原件交单位内部审计部门归档。社会审计机构应保守被审计对象的秘密,不得在单位内部审计、财务监督部门主持的场所之外使用委托审计业务资料。

第九条 内部审计、财务监督部门应依据社会审计机构出具的正式审计报告,提出审计和检查的意见和建议,经单位主管领导批准后监督落实,必要时可进行后续审计。

第十条 单位负责人应当支持内部审计、财务监督部门做好委托社会审计业务工作。

第十一条 单位应当建立健全委托社会审计业务的委托程序和方法、质量监督机制和后续审计和检查制度。根据委托社会审计业务的内容和性质,实行分级分权管理,明确各级内部审计、财务监督部门及审计、财务检查人员责任,制定考核办法并严格执行。

第十二条 各级水利审计、财务监督部门要加强对单位委托社会审计业务的监督指导,保证对委托社会审计业务严格管理,对成绩显著的单位应当给予表彰,对委托社会审计业务管理混乱、造成损失和严重后果的单位应当给予批评。对社会审计机构不能正确有效履行审计业务的,内部审计、财务监督部门应当给予纠正,并逐级上报,必要时向社会审计机构行业管理部门反映,对社会审计机构的违规行为进行通报;建立准入制度和措施,在一定时限内,单位不得对被通报社会审计机构委托办理审计业务。

第十三条 本办法执行情况接受纪检、监察部门的监督检查。

第十四条 本办法由水利部负责解释。

第十五条 本办法自发布之日起施行。

企业集团会计报表审计指导意见

（会协〔2004〕27号，2004年5月1日）

第一章　总　　则

第一条　为了规范注册会计师执行企业集团（以下简称集团）会计报表审计业务，明确工作要求，保证执业质量，根据《独立审计基本准则》，制定本指导意见。

第二条　本指导意见使用的下列术语含义为：

（一）集团会计报表，是指通过合并程序、权益法或汇总程序将两个以上（含两个）组成部分会计信息包括在内的会计报表。

（二）组成部分，是指集团总部、母公司、分部、分公司、子公司、合营企业、联营企业以及其他需要按照合并程序、权益法或汇总程序纳入集团会计报表的主体。

（三）集团管理当局，是指负责编制集团会计报表的管理当局。

（四）组成部分管理当局，是指负责编制组成部分会计信息的管理当局。

（五）集团注册会计师，是指负责对集团会计报表实施审计、并在审计报告上签字和盖章的注册会计师及其所在的会计师事务所。

（六）其他注册会计师，是指负责对组成部分会计信息实施审计、除集团注册会计师之外的注册会计师及其所在的会计师事务所。

第三条　集团管理当局的责任是按照国家颁布的企业会计准则和相关会计制度的规定编制集团会计报表，公允反映集团的财务状况、经营成果和现金流量；保证与集团会计报表相关的内部控制设计的合理性和执行的有效性。

集团注册会计师的责任是对集团会计报表的合法性和公允性发表审计意见。

第四条　如果决定利用其他注册会计师的工作，集团注册会计师应当确定其他注册会计师的工作对集团会计报表审计的影响。

第五条　其他注册会计师应当配合集团注册会计师的工作，并在征得组成部分管理当局同意后，提供集团注册会计师需要的信息。

第六条　在对集团会计报表发表审计意见时，集团注册会计师应当对审计意见独自承担责任，除第二十九条规定的情形外，不应在审计报告中提及其他注册会计师的工作。

第二章　接受业务委托

第七条　在承接集团会计报表审计业务之前，集团注册会计师应当考虑对集团会计报表直接审计的程度是否足以承担集团注册会计师的责任。

在确定对集团会计报表直接审计的程度时，集团注册会计师应当考虑以下因素的影响：

（一）集团注册会计师直接审计的集团会计报表的比重是否占集团资产总额或主营业务收入的50%以上；

（二）是否存在可能导致集团会计报表产生重大错报的组成部分，以及这些组成部分的会计信息是否由其他注册会计师审计；

（三）集团会计报表的复杂程度；

（四）集团注册会计师对其他注册会计师的职业资格、独立性、专业胜任能力、审计资源以及质量控制程序的初步了解；

（五）集团管理当局和组成部分管理当局是否允许集团注册会计师不受限制地接触集团管理当局、组成部分管理当局、组成部分的信息或其他注册会计师（包括审计工作底稿），是否允许集团注册会计师在必要时对组成部分会计信息实施进一步的审计；

（六）集团管理当局聘用其他注册会计师审计组成部分会计信息的理念。

第八条 如果对集团会计报表直接审计的程度不足以接受业务委托，集团注册会计师应当考虑能否通过适当参与其他注册会计师的工作得到解决。

集团注册会计师通常采用以下方式参与其他注册会计师的工作：

（一）与组成部分管理当局会谈；

（二）直接或与其他注册会计师共同制定审计计划和实施审计程序；

（三）参与其他注册会计师评价审计证据的过程；

（四）参与其他注册会计师和组成部分管理当局之间举行的重要会议；

（五）复核其他注册会计师的审计工作底稿。

如果无法适当参与其他注册会计师的工作，集团注册会计师不应接受业务委托。

第九条 集团注册会计师在接受业务委托时，除按照《独立审计具体准则第 2 号——审计业务约定书》的要求就有关事项与集团管理当局达成一致意见外，还应当在业务约定书中明确以下事项：

（一）集团注册会计师和其他注册会计师之间的沟通不应受到任何限制；

（二）如果集团管理当局、组成部分管理当局或客观环境对其他注册会计师实施审计的范围施加了限制，集团管理当局和组成部分管理当局应当及时告知集团注册会计师；

（三）集团注册会计师应当及时获悉其他注册会计师与组成部分管理当局之间的重要沟通（包括就内部控制重大缺陷进行的沟通）；

（四）集团注册会计师应当及时获悉组成部分管理当局与监管机构就财务报告事项进行的重要沟通；

（五）集团管理当局应当在集团注册会计师认为必要时允许其接触组成部分的信息、组成部分管理当局或其他注册会计师（包括审计工作底稿），并允许其对组成部分会计信息实施审计程序。

第三章 确定工作范围

第十条 集团注册会计师应当针对评估的集团会计报表重大错报风险，确定对报表合并所需实施的审计程序，以及需要对组成部分会计信息直接实施、或由其他注册会计师实施的工作范围。

第十一条 在确定对组成部分会计信息所需实施的工作范围时，集团注册会计师应当识别单个组成部分是否具有财务重大性，即组成部分是否占集团财务状况或经营成果的较大比重。例如，组成部分是否占集团资产总额、主营业务收入或净利润的 10%以上。

如果单个组成部分具有财务重大性，集团注册会计师应当对组成部分会计信息直接实施审计，或要求其他注册会计师根据集团注册会计师确定的重要性实施审计。

第十二条 如果单个组成部分不具有财务重大性，集团注册会计师应当识别该组成部分是否可能导致集团会计报表产生重大错报风险。例如，某组成部分负责从事期货、外汇等高风险领域的经济交易，即使不具有财务重大性，也可能导致集团会计报表产生重大错报风险。

如果单个组成部分不具有财务重大性，但可能导致集团会计报表产生重大错报风险，集团注册会计师应当直接实施、或要求其他注册会计师实施以下一项或多项工作：

（一）根据集团注册会计师确定的重要性对组成部分会计信息实施审计；

（二）针对特定账户余额实施特殊目的审计；

（三）针对重大风险领域实施特定审计程序。

第十三条 如果单个组成部分不具有财务重大性，且很可能不会导致集团会计报表产生重大错报风险，但与其他类似的组成部分累积在一起时，可能具有财务重大性，或导致集团会计报表产生重大错报风险，集团注册会计师应当考虑直接实施、或要求其他注册会计师实施以下一项或多项工作：

（一）根据集团注册会计师确定的重要性对组成部分会计信息实施审计；

（二）针对重大风险领域实施特定审计程序；

（三）对组成部分会计信息进行审阅；

（四）在集团层次实施分析性程序。

第十四条 如果单个组成部分不具有财务重大性，也很可能不会导致集团会计报表产生重大错报风险，且与其他类似的组成部分累积在一起时仍不具有财务重大性或导致集团会计报表产生重大错报风险，集团注册会计师通常在集团层次上对此类组成部分实施分析性程序。

第四章 接触信息和沟通情况

第十五条 如果无法充分接触组成部分的信息、组成部分管理当局或其他注册会计师(包括审计工作底稿),集团注册会计师应当要求集团管理当局安排与组成部分管理当局接触,以获取必要的信息。

第十六条 如果对组成部分的信息、组成部分管理当局或其他注册会计师(包括审计工作底稿)的接触存在限制,且这种限制不能通过集团管理当局或采取其他措施予以解决时,集团注册会计师应当考虑这种限制对集团会计报表审计的影响。

第十七条 如果决定利用其他注册会计师的工作,集团注册会计师应当了解其他注册会计师的职业资格、独立性、专业胜任能力、审计资源以及质量控制程序。

在了解其他注册会计师的情况时,集团注册会计师可以向其进行问卷调查,或向注册会计师协会、政府监管机构进行询问。

第十八条 集团注册会计师应当与其他注册会计师进行沟通,以便使其了解集团注册会计师的要求。

沟通通常采用书面文件形式。集团注册会计师应当在书面沟通文件中说明由其他注册会计师实施的工作范围,并要求其他注册会计师确认以下事项:

(一)确认已收到集团注册会计师的书面沟通文件,并告知集团注册会计师是否存在不能遵循特定要求的情形,或由于要求不清楚而需要集团注册会计师予以澄清;

(二)知悉组成部分会计信息将纳入集团会计报表;

(三)充分了解并遵循《中国注册会计师职业道德基本准则》和《中国注册会计师职业道德规范指导意见》;

(四)充分了解适用于集团会计报表的企业会计准则和相关会计制度;

(五)充分了解适用于集团会计报表审计的独立审计准则和相关要求,并按照准则和相关要求对组成部分会计信息实施审计;

(六)充分了解并遵循《中国注册会计师质量控制基本准则》等有关规定;

(七)知悉集团注册会计师将考虑利用自己的工作,以满足集团会计报表审计的要求。

第十九条 集团注册会计师应当向其他注册会计师获取书面沟通文件,包括其他注册会计师在审计工作开始前提交的确认函,以及在完成审计工作时提交的报告或备忘录。

报告或备忘录的内容包括:

(一)说明由其他注册会计师出具报告的组成部分会计信息;

(二)说明由其他注册会计师实施的工作范围;

(三)确认已遵循集团注册会计师的要求;

(四)说明其他注册会计师发现的问题、得出的结论以及形成的意见;

(五)列出已发现但尚未调整的组成部分会计信息的错报。

第二十条 其他注册会计师应当将书面沟通文件直接提交给集团注册会计师,无需向第三方分发。

第五章 考虑其他注册会计师工作的充分性

第二十一条 集团注册会计师应当确定其他注册会计师的工作是否充分,以满足集团会计报表审计的要求。

第二十二条 集团注册会计师在确定其他注册会计师工作的充分性时,应当考虑以下因素:

(一)单个组成部分的财务重大性;

(二)组成部分是否可能导致集团会计报表产生重大错报风险,以及风险的性质,例如舞弊风险;

(三)在集团会计报表审计期间引起集团注册会计师关注的事项;

(四)与其他注册会计师的合作经历,对其他注册会计师职业资格、独立性、专业胜任能力、审计资源以及质量控制程序的评价;

(五)对其他注册会计师工作的参与程度。

第二十三条 如果集团注册会计师没有充分参与其他注册会计师的工作,而其他注册会计师审计的组成部分具有财务重大性,或可能导致集团会计报表产生重大错报风险,集团注册会计师应当直接复核其他注册会计师的审计工作底稿。

第二十四条　如果认为其他注册会计师的工作不充分，集团注册会计师应当要求其他注册会计师实施进一步的审计程序，也可在必要时直接实施、或与其他注册会计师共同实施进一步的审计程序。

第二十五条　集团注册会计师应当考虑其他注册会计师发现的问题对集团会计报表审计的影响。

第二十六条　集团注册会计师应当与其他注册会计师和组成部分管理当局讨论影响组成部分会计信息的重要事项，并在必要时直接实施、或与其他注册会计师共同实施进一步的审计程序。

第六章　出具审计报告时的考虑

第二十七条　集团注册会计师在出具审计报告时应当严格遵守《独立审计具体准则第 7 号——审计报告》，不得变动准则规定的审计报告的基本内容、格式和类型。

第二十八条　如果审计委托人、集团管理当局或其他利益相关者要求集团注册会计师披露《独立审计具体准则第 7 号——审计报告》规定之外的其他信息，例如集团审计情况、组成部分审计情况、内部控制重大缺陷、资本保值增值以及经济效益指标等，集团注册会计师应当以专项报告或说明予以披露，不在审计报告中列示。

第二十九条　如果集团注册会计师认为其他注册会计师的工作不能提供充分、适当的审计证据，且集团注册会计师无法获取相关的审计证据，集团注册会计师应当考虑这种范围限制对出具审计报告的影响。

第三十条　集团注册会计师应当考虑与其他注册会计师沟通所发现的问题对出具审计报告的影响。

第三十一条　如果存在对组成部分会计信息不重要且尚未调整的错报，当与其他组成部分尚未调整的错报汇总在一起时，集团注册会计师应当考虑汇总的错报对出具审计报告的影响。

第七章　形成审计工作底稿

第三十二条　集团注册会计师除了遵循《独立审计具体准则第 6 号——审计工作底稿》和其他独立审计准则中有关审计工作底稿的要求外，还应当在审计工作底稿中记录以下内容：

（一）集团注册会计师对其他注册会计师的职业资格、独立性、专业胜任能力、审计资源以及质量控制程序得出的评价结论；

（二）对集团会计报表产生重大错报风险（可能由单个组成部分单独或连同其他组成部分导致）的评估，以及集团注册会计师对风险做出的反应；

（三）对组成部分会计信息以及报表合并实施的工作范围；

（四）集团注册会计师是否获取充分、适当的审计证据，表明其他注册会计师的工作是充分的，以及集团注册会计师对组成部分会计信息实施的进一步审计程序是否足以实现审计目的；

（五）集团注册会计师就其他注册会计师发现的重大问题得出的结论；

（六）与集团管理当局、组成部分管理当局或其他注册会计师就重大的会计、审计和财务报告事项进行的讨论。

第八章　附　　则

第三十三条　本指导意见自 2004 年 5 月 1 日起施行。

外汇收支情况表审核指导意见

（2005 年 1 月 30 日）

第一章　总　　则

第一条　为了规范注册会计师执行外汇收支情况表审核业务，明确工作要求，保证执业质量，根据中国注册会计师独立审计准则，制定本指导意见。

第二条 本指导意见所称外汇收支情况表审核，是指注册会计师接受外商投资企业(以下简称被审核单位)委托，对其外汇收支情况表的编制是否符合国家外汇管理的有关规定进行审核，并发表意见。

第三条 按照国家外汇管理的有关规定，真实、完整地编制外汇收支情况表是被审核单位管理当局的责任。

按照本指导意见的要求，在实施审核工作的基础上对外汇收支情况表出具审核报告是注册会计师的责任。

第四条 注册会计师应当在年度会计报表审计的基础上对外汇收支情况表进行审核。

如果被审核单位年度会计报表审计由其他注册会计师实施，注册会计师应当考虑利用其他注册会计师的工作，或实施必要的审计程序以作为外汇收支情况表审核的基础。

第五条 注册会计师应当获取充分、适当的审核证据，以得出恰当的审核结论，作为形成审核意见的基础。

第六条 注册会计师的审核意见旨在合理保证外汇收支情况表的真实性和完整性，但不应被视为是对被审核单位外汇收支行为的合规性提供的保证。

如果在审核过程中注意到被审核单位存在严重违反国家外汇管理有关规定的情形，注册会计师应当在审核报告中予以恰当反映。

第二章 接受业务委托

第七条 在承接外汇收支情况表审核业务前，注册会计师应当了解下列基本情况，考虑自身专业胜任能力和业务风险，以确定是否接受委托：

(一)国家外汇管理的有关法规；

(二)被审核单位与外汇收支有关的经营内容；

(三)被审核单位外汇核算的原则和方法；

(四)被审核单位外汇登记情况；

(五)被审核单位与外汇收支有关的内部控制；

(六)被审核单位以前年度外汇收支情况表的审核情况；

(七)被审核单位年度会计报表是否由其他注册会计师审计。

第八条 如果接受委托，注册会计师应当就委托目的、审核范围、双方的责任、审核报告的用途、审核收费等事项与委托人沟通，并签订业务约定书。

第三章 审核程序

第九条 注册会计师应当根据被审核单位外汇业务的具体情况，合理运用重要性原则，计划和实施审核工作。

第十条 注册会计师应当在年度会计报表审计的基础上，对外汇收支情况表实施第十一条至第二十二条规定的程序。

如果发现外汇收支情况表存在重大不符合编制规定的迹象，注册会计师应当追加必要的审核程序。

注册会计师应当根据重要性水平、被审核单位与外汇收支有关的内部控制的有效性、外汇收支情况表项目的错报风险等因素确定审核程序的性质、时间和范围。

第十一条 注册会计师应当对外汇货币资金实施下列审核程序：

(一)获取外汇货币资金余额明细表，将明细余额相对应的人民币金额和非外汇账户明细余额的合计数与已审计会计报表有关项目金额进行核对；

(二)将外汇账户明细余额的分类汇总数与外汇收支情况表相关项目进行核对；

(三)获取外汇开户核准文件，检查填列项目的账户类型是否符合外汇收支情况表的编制规定；

(四)检查非美元外币的折算是否正确。

第十二条 注册会计师应当对外汇应收、应付类项目(含预付、预收类项目，不含应付外汇利息)实施下列审核程序：

(一)获取外汇应收、应付类项目余额明细表，将明细余额相对应的人民币金额和非外汇账户明细余额的合计数与已审计会计报表有关项目金额进行核对；

(二)将外汇账户明细余额的分类汇总数与外汇收支情况表相关项目进行核对；

(三)检查被审核单位是否按照外汇收支情况表的指标说明，对明细账户重新分类，外汇应付类项目账龄的划分是否正确；

(四)检查非美元外币的折算是否正确。

第十三条 注册会计师应当对境外投资和境内外汇投资实施下列审核程序：

(一)获取各被投资单位的验资报告或相关的出资证明，检查是否与外汇收支情况表相关项目金额一致；

(二)将验资报告或相关的出资证明载明的出资方式、金额与外汇收支情况表相关项目填列的金额相核对；

(三)检查本年实际取得的投资收益是否恰当反映在经常项目差额中；

(四)检查非美元外币的折算是否正确。

第十四条 注册会计师应当对非外汇形式资产实施下列审核程序：

(一)获取各类非外汇形式资产本年增减变动情况表，检查非外汇形式资产的本年变动情况；

(二)检查其他相关外汇项目余额的本年增减变动及相关文件资料，确定是否存在未包含在所获取的各类非外汇形式资产本年增减变动情况表中的非外汇形式资产；

(三)检查以外币计价而以人民币结算的债权、债务填列金额是否正确；

(四)检查以增加、减少资本方式而形成的非外汇形式资产填列金额是否正确；

(五)检查非美元外币的折算是否正确。

第十五条 注册会计师应当对结购汇差额实施下列审核程序：

(一)获取本年结汇与购汇的明细汇总表，重新计算本年结购汇差额，并与外汇收支情况表相应项目金额核对；

(二)通过分析资产负债表、利润表相关项目，检查未通过外汇账户核算、由银行直接办理的结购汇业务，是否已包含在本年结汇与购汇的明细汇总表中；

(三)检查非美元外币的折算是否正确。

第十六条 注册会计师应当对汇率折算差额实施下列审核程序：

(一)检查编制外汇收支情况表时使用的折算汇率是否符合规定；

(二)实施分析程序，评价汇率折算差额本年变动金额的合理性。

第十七条 注册会计师应当对其他资产实施下列审核程序：

(一)检查本年其他资产的形成和数据来源；

(二)如果其他资产金额较大(例如占期末资产合计数的比率超过0.5%)，应当进一步检查外汇收支情况表其他项目的真实性和完整性；

(三)如经进一步检查仍无法将其他资产金额降至可接受的低水平，应当视错报的重要程度出具保留意见或否定意见的审核报告。

第十八条 注册会计师应当对借款类项目(含应付外汇利息)实施下列审核程序：

(一)获取外汇借款明细余额表，并将外汇借款明细余额相应的人民币金额和非外汇借款明细余额的合计数与已审计会计报表相应项目金额进行核对；

(二)检查被审核单位是否按照外汇收支情况表的指标说明，对外汇借款明细余额重新分类计算，填列金额是否正确；

(三)获取外债登记证和借款合同，检查借款类项目填列金额是否完整；

(四)对计提的借款利息实施分析程序，评价应付外汇利息本年发生额的合理性，并确定其对经常项目差额的影响；

(五)检查非美元外币的折算是否正确。

第十九条 注册会计师应当对实收外汇资本实施下列审核程序：

(一)获取本年外汇资本增减变动的验资报告及相关文件，检查外汇资本增减变动金额与验资报告及相关文件载明的金额是否相符；

（二）检查本年是否发生资本对价转移及单方面资本转移的情况；如果发生，则获取相关文件，检查资本对价转移及单方面资本转移后的填列金额是否正确，同时检查资产方相应项目填列信息的一致性；

（三）检查非美元外币的折算是否正确。

第二十条 注册会计师应当对经常项目差额实施下列审核程序：

（一）如果被审核单位不存在与经常项目差额相关的编报系统，注册会计师应当对经常项目差额的本年发生额实施重新计算程序，检查填列金额是否正确；

（二）如果被审核单位存在与经常项目差额相关的编报系统，注册会计师应当在对相关编报系统有效性实施测试的基础上，对经常项目差额的本年发生额实施实质性分析程序，检查填列金额是否正确；

（三）检查非美元外币的折算是否正确。

第二十一条 如果发现外汇收支情况表项目期初数存在错报，注册会计师应当提请被审核单位调整相关项目的本年期末数，并视错报的重要程度在审核报告中予以恰当反映。

第二十二条 注册会计师应当对外汇收支情况表附注内容实施下列审核程序：

（一）对于对外担保本年变动及余额，应当结合被审核单位年度会计报表审计中针对对外担保实施的审计程序，检查填列金额是否正确；

（二）对于按股权或约定比例计算外方所有的未分配利润年末余额，应当根据已审计会计报表，检查填列金额是否正确；

（三）对于其他资产占资产合计的比率，应当根据外汇收支情况表的审核结果，检查填列数是否正确。

第二十三条 注册会计师应当就被审核单位管理当局按照国家外汇管理的有关规定真实、完整地编制外汇收支情况表获取书面声明。

第二十四条 注册会计师应当对实施的审核程序及其结果形成工作记录。

第四章 审核报告

第二十五条 注册会计师应当复核与评价审核证据，考虑在实施年度会计报表审计时与外汇收支有关的审计工作及相应审计结论，形成审核意见，出具审核报告。

第二十六条 审核报告应当包括下列要素：

（一）标题；

（二）收件人；

（三）引言段；

（四）范围段；

（五）意见段；

（六）对审核报告分发使用的限制性说明；

（七）注册会计师的签名及盖章；

（八）会计师事务所的名称、地址及盖章；

（九）报告日期。

注册会计师可以根据需要，在审核报告的意见段之前增加说明段，或在意见段之后增加强调事项段。

第二十七条 审核报告的标题应当统一规范为“外汇收支情况表审核报告”。

第二十八条 审核报告的收件人应当为审核业务的委托人。审核报告应当载明收件人全称。

第二十九条 审核报告的引言段应当说明下列内容：

（一）已审核外汇收支情况表的名称和日期；

（二）被审核单位管理当局的责任和注册会计师的责任。

第三十条 审核报告的范围段应当说明下列内容：

（一）审核的依据是中国注册会计师协会制定的《外汇收支情况表审核指导意见》；

（二）审核工作主要包括检查记录和文件、询问以及实施分析程序；

（三）审核工作为注册会计师发表意见提供了合理的基础。

第三十一条 审核报告的意见段应当说明外汇收支情况表的编制在所有重大方面是否符合国家外汇管理的有关规定。

第三十二条 注册会计师应当根据实施审核工作得出的结果，参照《独立审计具体准则第 7 号——审计报告》，对外汇收支情况表出具无保留意见、保留意见、否定意见或无法表示意见的审核报告。

第三十三条 如果在审核过程中注意到被审核单位存在严重违反国家外汇管理有关规定的情形，或发现外汇收支情况表项目期初数存在重大错报且已在本年作出调整，注册会计师应当在意见段之后增加强调事项段予以说明。

注册会计师应当在强调事项段中指明，该段内容仅用于提醒外汇收支情况表使用人关注，并不影响已发表的意见。

第三十四条 注册会计师应当在审核报告中说明，审核报告仅供被审核单位向国家外汇管理部门报送外汇收支情况表时使用，不得用于其他用途。

第三十五条 审核报告应当由注册会计师签名并盖章，载明会计师事务所的名称和地址，并加盖会计师事务所公章。

第三十六条 审核报告日期是指注册会计师完成审核工作的日期。审核报告日期不应早于被审核单位管理当局签署外汇收支情况表的日期，且通常不早于被审核单位年度会计报表审计报告的日期。

第三十七条 注册会计师出具的审核报告应当后附已审核的外汇收支情况表。

第五章 附 则

第三十八条 本指导意见自 2005 年 1 月 15 日起施行。

委托会计师事务所审计招标规范

（财会〔2006〕2 号，2006 年 1 月 26 日）

各省、自治区、直辖市财政厅（局），深圳市财政局，国务院有关部委、有关直属机构，中央管理企业：

为了规范招标委托会计师事务所从事审计业务的活动，促进注册会计师行业的公平竞争，保护招标单位和投标会计师事务所的合法权益，我部制定了《委托会计师事务所审计招标规范》，现印发给你们。自 2006 年 3 月 1 日起执行。

附件：委托会计师事务所审计招标规范

中华人民共和国财政部（章）

二〇〇六年一月二十六日

附件：

委托会计师事务所审计招标规范

第一条 为了规范招标委托会计师事务所（以下简称事务所）从事审计业务的活动，促进注册会计师行业的公平竞争，保护招标单位和投标事务所的合法权益，根据《中华人民共和国招标投标法》、《中华人民共和国注册会计师法》及相关法律，制定本规范。

第二条 招标单位采用招标方式委托事务所从事审计业务的，应当遵守《中华人民共和国招标投标法》，并符合本规范的规定。

第三条 招标投标活动应当遵循公开、公平、公正和诚实信用的原则。

任何单位和个人不得违反法律、行政法规规定，限制或者排斥事务所参加投标，不得以任何方式非法干涉招标投标活动。

事务所通过投标承接和执行审计业务的，应当遵守审计准则和职业道德规范，严格按照业务约定书履行义务、完成中标项目。

第四条 招标委托事务所从事审计业务，按照下列程序进行：

(一)招标，包括确定招标方式、发布招标公告(公开招标方式下)或发出投标邀请书(邀请招标方式下)、编制招标文件、向潜在投标事务所发出招标文件；

(二)开标；

(三)评标；

(四)确定中标事务所，发出中标通知书，与中标事务所签订业务约定书。

第五条 招标单位一般应当采用公开招标方式委托事务所。

对于符合下列情形之一的招标项目，可以采用邀请招标方式：

(一)具有特殊性，只能从有限范围的事务所中选择的；

(二)具有突发性，按公开招标程序无法在规定时间内完成委托事宜的。

第六条 采用公开招标方式的，应当发布招标公告。采用邀请招标方式的，应当向 3 家以上事务所发出投标邀请书。

招标公告和投标邀请书应当载明招标单位的名称和地址、招标项目的性质、数量、实施地点和时间以及获取招标文件的办法等事项。

第七条 招标单位可以根据招标项目本身的要求，在招标公告或者投标邀请书中，要求潜在投标事务所提供有关资质证明文件和业绩情况，并对潜在投标事务所进行资格审查。

在资格审查过程中，招标单位应当充分利用财政部门和注册会计师协会公开的行业信息，并执行财政部有关审计的管理规定。

第八条 招标单位应当根据招标项目的特点和需要编制招标文件。招标文件应当包括下列内容：

(一)招标项目介绍；

(二)对投标事务所资格审查的标准；

(三)投标报价要求；

(四)评标标准；

(五)拟签定业务约定书的主要条款。

第九条 招标单位应当在招标文件中详细披露便于投标事务所确定工作量、制定工作方案、提出合理报价、编制投标文件的招标项目信息，包括被审计单位的组织架构、所处行业、业务类型、地域分布、财务信息(如资产规模及结构、负债水平、年业务收入水平、其他相关财务指标)等。

第十条 招标单位应当根据招标项目要求，综合考虑投标事务所的工作方案、人员配备、相关工作经验、职业道德记录和质量控制水平、商务响应程度、报价等方面，合理确定评审内容、设定评审标准、设计各项评审内容分值占总分值的权重。投标事务所报价分值的权重不应高于 20%。

评标标准的具体设计可以参考所附《评审内容及其权重设计参考表》。

第十一条 招标项目需要确定工期的，招标单位应当考虑注册会计师行业服务的特殊性，合理确定事务所完成相应工作的工期，并在招标文件中载明。

第十二条 招标单位可以根据招标项目的具体情况，组织潜在投标事务所座谈、答疑。潜在投标事务所需要查询招标项目详细资料的，招标单位应当在可能的情况下提供便利。

第十三条 招标单位在做出投标事务所编制投标文件的时限要求时，应当考虑注册会计师行业服务的特殊性，自招标文件开始发出之日起至投标事务所提交投标文件截止之日止，一般不得少于 20 日。

第十四条 招标单位应当公开进行开标，并邀请所有投标事务所参加。

第十五条 招标单位应当组建评标委员会，由评标委员会负责评标。

评标委员会由招标单位的代表和熟悉注册会计师行业的专家组成，与投标单位有利害关系的人不得进入相关项目的评标委员会。

评标委员会成员(以下简称评委)人数应当为 5 人以上单数，其中熟悉注册会计师行业的专家一般不应少于成员总数的 2/3。

评委名单在中标结果确定前应当保密。

第十六条 招标单位应当采取必要的措施，保证评标在严格保密的情况下进行。任何单位和个人不得非法干预、影响评标的过程和结果。

第十七条　评委应当依据评标标准对投标事务所进行评分。

评标委员会应当按照各投标事务所得分高低次序排出名次，并根据名次推荐中标候选事务所。

第十八条　评标委员会完成评标后，应当向招标单位提出书面评标报告。

招标单位应当根据评标委员会提出的书面评标报告和推荐的中标候选事务所确定中标事务所。招标单位也可以授权评标委员会直接确定中标事务所。

第十九条　中标事务所确定后，招标单位应当向中标事务所发出中标通知书，同时将中标结果通知所有未中标的投标事务所。

第二十条　招标单位应当自中标通知书发出之日起 30 日内，以招标文件和中标事务所投标文件的内容为依据，与中标事务所签订业务约定书。

招标单位不得向中标事务所提出改变招标项目实质性内容、提高招标项目的技术要求、降低支付委托费用等要求，不得以各种名目向中标事务所索要回扣。

招标单位不得与中标事务所再行订立背离业务约定书实质性内容的其他协议。

第二十一条　财政部和各省、自治区、直辖市财政部门应当对审计招标投标活动进行监督，对审计招标投标活动中的违法违规行为予以制止并依法进行处理。

第二十二条　招标单位招标委托事务所从事其他鉴证业务和相关服务业务的，参照执行本规范。

第二十三条　本规范由财政部负责解释。

第二十四条　本规范自 2006 年 3 月 1 日起施行。

附表：

评审内容及其权重设计参考表

评审内容	权重范围
工作方案	20%—30%
人员配备	20%—30
相关工作经验	15%—25%
职业首先记录和质量控制水平	10%—15%
商务响应程度	5%
报价	10%—20%

注：对于报价的评审，应当以报价与平均报价差异的绝对值作为评审标准，差异绝对值越小，所得分值越高。

财政部关于取消外国会计师事务所在中国境内临时执行审计业务行政许可收费的通知

（财会〔2006〕7 号，2006 年 3 月 2 日）

各省、自治区、直辖市财政厅（局），深圳市财政局：

根据《注册会计师法》，外国会计师事务所需要在中国境内临时办理有关业务，须经有关省、自治区、直辖市人民政府财政部门批准。根据《行政许可法》，本通知自发布之日起，取消外国会计师事务所在中国境内临时执行审计业务的行政许可收费。

中华人民共和国财政部

二〇〇六年三月二日

中国注册会计师协会关于发布《会计师事务所综合评价办法》的通知

（会协〔2014〕22 号，2014 年 5 月 13 日）

各省、自治区、直辖市注册会计师协会：

新修订的《会计师事务所综合评价办法》已经中国注册会计师协会第五届常务理事会审议通过，现予发布，自发布之日起施行。2011 年印发的《会计师事务所综合评价办法（修订）》（会协〔2011〕41 号）同时废止。

附件：会计师事务所综合评价办法

中国注册会计师协会
2014 年 5 月 13 日

会计师事务所综合评价办法

第一条 为综合反映与评价会计师事务所（以下简称事务所）科学发展水平，引导事务所做强做大、做精做专，不断提升服务国家建设、服务市场主体、服务公众利益的能力，制定本办法。

第二条 中国注册会计师协会（以下简称中注协）以注册会计师行业管理信息系统为基础，组织开展事务所综合评价工作，并公布事务所综合评价前百家排名信息。

第三条 事务所综合评价每年进行一次。

第四条 经批准设立的事务所，除具有下列情形之一者之外，均参加综合评价：

（一）未持续达到规定的设立条件；

（二）未履行会员义务；

（三）未按时填列综合评价信息；

（四）上年度填列综合评价信息严重失实。

第五条 涉及合并、分立事项的事务所，于上年度 12 月 31 日前办结以下所有手续的，可以合并、分立后的事务所参加综合评价：

（一）签订合并分立协议，形成合并、分立相关会议决议及合伙人（股东）协议；

（二）完成主管部门和工商管理部门批准变更相关执业证书手续及变更登记手续；

（三）完成合伙人（股东）退伙（退股）、注册会计师转所手续。

第六条 参加综合评价的事务所，按照要求填写综合评价表，上报所在地的省、自治区、直辖市注册会计师协会（以下简称地方注协）审核。事务所跨省级行政区设立的分所，上报分所所在地地方注协审核。

第七条 为保证综合评价工作的公平、公正，综合评价表指标将上年度 12 月 31 日作为基准日。开始填报后，将以基准日的数据为准，从行业管理信息系统中提取综合评价表所需数据。

第八条 事务所对综合评价填报信息的真实性负责，并及时更新行业管理信息系统中与综合评价相关的信息。

第九条 地方注协负责审核本地区事务所和本地区分所的填列信息。可以结合本地区当年度注册会计师任职资格检查工作，对本地区事务所及其分所填列信息组织审查，将审查结果上报中注协。

第十条 中注协对事务所填列信息进行抽查。如果发现填列信息不实的，责令事务所限期更正。如果发现填列信息严重失实或者故意填列不实信息的，取消事务所当年度综合评价资格，并通报批评。

第十一条 中注协根据综合评价结果，按照本办法的规定，计算并确认事务所的综合评价得分，公布事务所综合评价得分前百家排名信息。

对于在公布前终止的事务所的信息，不予公布。

第十二条 事务所综合评价前百家排名指标分为：业务收入指标、综合评价其他指标、处罚和惩戒指标三大类。

（一）业务收入指标，是指事务所每年上报中注协的、经过审计的上一年度事务所本身业务收入，以及与事务所统一经营的其他执业机构业务收入。

（二）综合评价其他指标，是指综合评价表中除了业务收入指标、处罚和惩戒指标以外的指标。包括：基本情况、内部治理、执业质量、人力资源、国际业务、信息技术、党群共建、社会责任、受奖励情况等类指标。

（三）处罚和惩戒指标，是指最近两个年度内，事务所及其注册会计师在执业中受到刑事处罚、行政处罚和行业惩戒的情况。

第十三条 前百家事务所排名得分的计算公式如下：

前百家事务所排名得分＝业务收入指标得分＋综合评价其他指标得分－处罚和惩戒指标应减分值。其中：

（一）业务收入指标得分＝事务所本身业务收入指标得分＋与事务所统一经营的其他执业机构业务收入得分

其中，事务所本身业务收入指标得分＝（该事务所本身业务收入/ 上年度前百家事务所本身业务收入中位数）×47

与事务所统一经营的其他执业机构业务收入得分＝（与该事务所统一经营的其他执业机构业务收入/与上年度前百家事务所统一经营的其他执业机构业务收入中位数）×3

（二）综合评价其他指标得分＝（该事务所综合评价其他指标得分之和/全部候选前百家事务所综合评价其他指标得分之和的平均值）×50

（三）处罚和惩戒指标应减分值＝∑［刑事处罚、行政处罚和行业惩戒的次数（人数）×相关分值］

处罚和惩戒指标为直接减分项，按照下列不同处罚和惩戒种类减分：

1. 事务所受到暂停业务处罚，及与其他处罚并处的，一次减 8 分；单处警告、没收违法所得、罚款，及以上三项或者两项处罚并处的，一次减 6 分；受到公开谴责的，一次减 6 分；受到通报批评的，一次减 4 分；受到训诫的，一次减 2 分。

2. 注册会计师受到吊销注册会计师证书、撤销会员资格的，减 5 分；受到其他行政处罚和行业惩戒的应减分值，分别按照事务所受到相应行政处罚和行业惩戒应减分值的 50%计算；因执业行为受到刑事处罚的，一次减 8 分。

事务所或注册会计师受到处罚和惩戒，处罚、惩戒决定时间不在上一年度内，且违规行为发生超过 3 年的，在综合评价中不再扣分。

第十四条 地方注协可以本办法为参照，根据自身实际情况，制定本地区的综合评价办法。

第十五条 本办法自发布之日起施行。中注协印发的《会计师事务所综合评价办法（修订）》（会协〔2011〕41 号）同时废止。

中国注册会计师协会关于修订《会计师事务所综合评价办法》的通知

（会协〔2015〕42 号，2015 年 7 月 1 日）

各省、自治区、直辖市注册会计师协会：

为体现会计师事务所综合评价工作的基本要求，更加科学合理地设计评价方法，在广泛征求意见的基础上，经中国注册会计师协会常务理事会审议通过，对《会计师事务所综合评价办法》（会协〔2014〕22 号）作出修订。

现予发布，自发布之日起施行。

中国注册会计师协会

2015 年 7 月 1 日

会计师事务所综合评价办法

经中国注册会计师协会常务理事会审议通过,《会计师事务所综合评价办法》作出如下修订:

第十三条改为:"前百家事务所排名得分=业务收入指标得分 +综合评价其他指标得分-处罚和惩戒指标应减分值。其中:

(一)业务收入指标得分=[前百家候选事务所业务收入中位数+前百家候选事务所业务收入中位数×(该事务所业务收入的自然对数-前百家候选事务所业务收入中位数的自然对数)]/修正系数

(1)事务所业务收入=该事务所本身业务收入+与该事务所统一经营的其他执业机构业务收入×5%

(2)修正系数=前百家候选事务所中业务收入最高者的业务收入得分(修正前)/1000

(二)业务收入指标得分和综合评价其他指标得分,满分均为1000分

(三)处罚和惩戒指标应减分值=∑[刑事处罚、行政处罚和行业惩戒的次数(人数)×相关分值]

处罚和惩戒指标为直接减分项,按照处罚和惩戒不同种类减分:

1. 事务所受到暂停业务处罚,及与其他处罚并处的,一次减8分;单处警告、没收违法所得、罚款,及以上三项或者两项处罚并处的,一次减6分;受到公开谴责的,一次减6分;受到通报批评的,一次减4分;受到训诫的,一次减2分。

2. 注册会计师受到吊销注册会计师证书、撤销会员资格的,减5分;受到其他行政处罚和行业惩戒的应减分值,分别按照事务所受到相应行政处罚和行业惩戒应减分值的50%计算;因执业行为受到刑事处罚的,一次减8分"。

第一条、第五条、第七条、第八条、第九条、第十二条、第十五条作文字性修订。

第一条 为综合反映与科学评价会计师事务所(以下简称事务所)发展水平,引导事务所做强做大、做精做专,不断提升服务国家建设、服务市场主体、服务公众利益的能力,制定本办法。

第二条 中国注册会计师协会(以下简称中注协)以注册会计师行业管理信息系统为基础,组织开展事务所综合评价工作,并公布事务所综合评价前百家排名信息。

第三条 事务所综合评价每年进行一次。

第四条 经批准设立的事务所,除具有下列情形之一者之外,均参加综合评价:

(一)未持续达到规定的设立条件;

(二)未履行会员义务;

(三)未按时填列综合评价信息;

(四)上年度填列综合评价信息严重失实。

第五条 涉及合并、分立事项的事务所,于上年度12月31日前办结以下所有手续的,可以合并、分立后的事务所参加综合评价:

(一)签订合并、分立协议,形成合并、分立相关会议决议及合伙人(股东)协议;

(二)完成主管部门批准变更相关执业证书、变更登记手续和工商管理部门批准变更登记手续;

(三)完成合伙人(股东)退伙(退股)、注册会计师转所手续。

第六条 参加综合评价的事务所,按照要求填写综合评价表,上报所在地的省、自治区、直辖市注册会计师协会(以下简称地方注协)审核。事务所跨省级行政区设立的分所,上报分所所在地地方注协审核。

第七条 为保证综合评价工作的公平、公正,综合评价表指标将上年度12月31日作为基准日。

第八条 事务所应当及时更新行业管理信息系统中与综合评价相关的信息,并对填报信息的真实性负责。

第九条 地方注协负责审核本地区事务所和本地区分所填列的信息。可以结合注册会计师任职资格检查工作,对本地区事务所、分所填列信息组织审查,将审查结果上报中注协。

第十条 中注协对事务所填列信息进行抽查。如果发现填列信息不实的,责令事务所限期更正。如发现填列信息严重失实或故意填列不实信息的,取消事务所当年度综合评价资格,并通报批评。

第十一条 中注协根据综合评价结果,按照本办法的规定,计算并确认事务所的综合评价得分,公布事务所综合评价得分前百家排名信息。

对于在公布前终止的事务所的信息,不予公布。

第十二条 事务所综合评价前百家排名所依据指标包括业务收入指标、综合评价其他指标、处罚和惩戒指标三大类。

(一)业务收入指标是指,事务所每年上报中注协的、经过审计的上一年度事务所本身业务收入,以及与事务所统一经营的其他执业机构业务收入。

(二)综合评价其他指标是指,综合评价表中除了业务收入指标、处罚和惩戒指标以外的指标。包括:基本情况、内部治理、执业质量、人力资源、国际业务、信息技术、党群共建、社会责任、受奖励情况等。

(三)处罚和惩戒指标是指,最近两个年度内,事务所及其注册会计师在执业中受到刑事处罚、行政处罚和行业惩戒。

第十三条 前百家事务所排名得分=业务收入指标得分 +综合评价其他指标得分-处罚和惩戒指标应减分值。其中:

(一)业务收入指标得分=[前百家候选事务所业务收入中位数+前百家候选事务所业务收入中位数×(该事务所业务收入的自然对数-前百家候选事务所业务收入中位数的自然对数)]/修正系数

(1)事务所业务收入=该事务所本身业务收入+与该事务所统一经营的其他执业机构业务收入×5%

(2)修正系数=前百家候选事务所中业务收入最高者的业务收入得分(修正前)/1000

(二)业务收入指标得分和综合评价其他指标得分,满分均为1000分

(三)处罚和惩戒指标应减分值=∑[刑事处罚、行政处罚和行业惩戒的次数(人数)×相关分值]

处罚和惩戒指标为直接减分项,按照处罚和惩戒不同种类减分:

1. 事务所受到暂停业务处罚,及与其他处罚并处的,一次减8分;单处警告、没收违法所得、罚款,及以上三项或者两项处罚并处的,一次减6分;受到公开谴责的,一次减6分;受到通报批评的,一次减4分;受到训诫的,一次减2分。

2. 注册会计师受到吊销注册会计师证书、撤销会员资格的,减5分;受到其他行政处罚和行业惩戒的应减分值,分别按照事务所受到相应行政处罚和行业惩戒应减分值的50%计算;因执业行为受到刑事处罚的,一次减8分。

第十四条 地方注协可以本办法为参照,根据自身实际情况,制定本地区的综合评价办法。

财政部关于印发《会计师事务所职业责任保险暂行办法》的通知

(财会〔2015〕13号,2015年6月30日)

各省、自治区、直辖市财政厅(局),深圳市财政委员会,各保监局,各财产保险公司:

为规范会计师事务所职业责任保险投保行为,提高会计师事务所职业责任赔偿能力,促进会计师事务所可持续发展,根据《中华人民共和国注册会计师法》、《中华人民共和国保险法》和其他有关法律法规,财政部、保监会制定了《会计师事务所职业责任保险暂行办法》,现予印发,自2015年7月1日起施行。

财政部 保监会

2015年6月30日

附件:

会计师事务所职业责任保险暂行办法

第一章 总 则

第一条 为了规范会计师事务所职业责任保险投保行为,提高会计师事务所职业责任赔偿能力,促进会计师事务所可持续发展,根据《中华人民共和国注册会计师法》、《中华人民共和国保险法》和其他有关法

律法规，制定本办法。

第二条 本办法所称会计师事务所职业责任保险（以下简称职业责任保险），是指会计师事务所及其合伙人、股东和其他执业人员因执业活动造成委托人或其他利害关系人经济损失，依法应当承担赔偿责任的保险。

会计师事务所及其合伙人、股东和其他执业人员的执业活动包括其依法开展的审计业务和其他非审计业务。

第三条 鼓励会计师事务所根据本所经营管理情况和发展需要投保职业责任保险。会计师事务所投保的职业责任保险累计赔偿限额达到本办法第九条或第十条规定的金额的，可以不再提取职业风险基金。已提取的职业风险基金的处理，按照有关法律法规的规定和会计师事务所合伙协议或公司章程的约定办理。

第二章 投 保

第四条 会计师事务所对本所投保职业责任保险实行统一管理。分所的职业责任保险，原则上由总所统一投保。

第五条 会计师事务所应当优先为本所的审计业务投保职业责任保险。

会计师事务所可以根据业务风险程度和自身发展需要为其他非审计业务投保职业责任保险。

第六条 职业责任保险包括主险和附加险。会计师事务所可以在投保主险的基础上，为本所投保账册文件丢失险、首次投保追溯期扩展险等附加险。

第七条 保险公司应当建立市场化的职业责任保险费率浮动机制，根据会计师事务所风险情况及历史赔付记录进行保险费率浮动调整，促进会计师事务所加强质量控制和风险管理。

第八条 会计师事务所应当结合本所的业务范围、经营规模和风险管控能力等因素，与保险公司协商确定职业责任保险的累计赔偿限额。累计赔偿限额应当达到本办法第九条或第十条规定的金额。

前款所称累计赔偿限额，是指保险合同中载明的保险公司对保险责任范围内所有损失的最高赔偿金额。

第九条 从事上市公司、金融企业等高风险审计业务的会计师事务所，其累计赔偿限额不低于按以下两种方法计算得出的较高额：

(1)100万元与合伙人人数的乘积（按投保时的人数计算）；

(2)5000万元。

第十条 从事非上市公司、非金融企业审计业务的会计师事务所，其累计赔偿限额不低于按以下两种方法计算得出的较高额：

(1)会计师事务所最近一个年度的审计业务收入；

(2)50万元与合伙人（股东）人数的乘积（按投保时的人数计算）。

第十一条 职业责任保险合同条款应当符合《中华人民共和国保险法》的规定，并应当包含下列各事项：

（一）保险责任包含会计师事务所及其合伙人、股东和其他执业人员执业活动中因非故意行为造成委托人或其他利害关系人的经济损失，依法应当承担的赔偿责任；

（二）保险期间为1年及以上；

（三）约定合理的追溯期或报告期；

（四）会计师事务所被提起仲裁或者诉讼的，仲裁或者诉讼费用以及其他必要的、合理的法律费用，除合同另有约定外，由保险公司承担。

第十二条 会计师事务所在投保时应当向保险公司提供必要的信息资料，如实告知经营情况和风险状况。

在保险合同有效期内，如果保险合同载明的重要事项发生变更，会计师事务所应当及时通知保险公司。

第十三条 保险公司应当向会计师事务所说明保险合同的条款内容，特别是责任免除条款。未作说明的，责任免除条款不产生效力。

第十四条 保险公司及其工作人员对会计师事务所提供的信息资料负有保密义务。

第三章　赔　　偿

第十五条　会计师事务所发生本办法第二条规定的因执业活动造成委托人或其他利害关系人的经济损失，依法应当承担赔偿责任的情形的，保险公司应当根据保险合同的约定予以赔偿。

第十六条　保险公司应当严格履行保险合同义务，不得出现恶意拖赔、惜赔、无理拒赔等损害会计师事务所合法权益的行为。

第十七条　会计师事务所和保险公司对合同条款或赔偿事项有争议的，可以按照双方的约定申请仲裁，或者依法向人民法院提起诉讼。

采用保险公司提供的格式条款订立的保险合同，会计师事务所与保险公司对合同条款或赔偿事项有争议的，应当按照通常理解予以解释。有两种以上解释的，人民法院或者仲裁机构应当作出有利于会计师事务所的解释。

第十八条　省级财政部门、注册会计师协会可以会同省级保险监督管理部门、保险行业协会组织成立职业责任保险专家委员会，对履行保险合同可能产生的争议提供专家鉴定意见，供司法机关或有关方面参考。

第四章　监督检查

第十九条　会计师事务所应当在每年 5 月 31 日之前将职业责任保险保单复印件或者保险公司出具的该会计师事务所已投保职业责任保险的相关证明报所在地省级财政部门和注册会计师协会备案。

保险合同发生变更或解除的，会计师事务所应当将变更后的相关证明或新签订保险合同的相关证明报所在地省级财政部门和注册会计师协会备案。

第二十条　省级以上财政部门和注册会计师协会需要保险公司协助提供会计师事务所的投保、出险和理赔等必要信息的，保险公司应当提供。

第二十一条　省级以上财政部门和保险监督管理部门分别对会计师事务所和保险公司办理职业责任保险的情况进行监督检查，必要时可开展联合检查。

第五章　罚　　则

第二十二条　会计师事务所违反本办法规定的，由省级以上财政部门责令限期改正，逾期未改正的，列为重点监管对象并予以公告，提请审计业务委托方、其他利害关系人和社会公众关注该会计师事务所的职业责任赔偿能力。

第二十三条　保险公司办理会计师事务所职业责任保险，违反有关保险条款和保险费率管理规定的，由保险监督管理部门依照《中华人民共和国保险法》和有关规定予以处罚。

第六章　附　　则

第二十四条　本办法自 2015 年 7 月 1 日起施行。本办法施行后，此前有关规定与本办法不一致的，以本办法为准。

第二十五条　在本办法施行前已设立的会计师事务所，鼓励其在 5 年内尽快完成由提取职业风险基金向投保职业责任保险的过渡。

在本办法施行后新设立的会计师事务所，鼓励其优先采用投保职业责任保险的方式提高职业责任赔偿能力。

财政部关于做好会计师事务所工商登记后置审批改革政策衔接工作的通知

（财会〔2014〕30 号,2014 年 12 月 11 日）

各省、自治区、直辖市财政厅(局),深圳市财政委员会:

2014 年 10 月 23 日,国务院作出《关于取消和调整一批行政审批项目等事项的决定》(国发〔2014〕50 号,以下简称《决定》),将会计师事务所及其分支机构设立审批由工商登记前置审批调整为后置审批,同时将会计师事务所从事证券、期货相关业务审批明确为工商登记后置审批事项。为了贯彻落实国务院《决定》,进一步激发市场活力,推动注册会计师行业持续健康发展,现就做好会计师事务所工商登记后置审批(以下简称后置审批)改革的政策衔接工作通知如下:

一、依据《注册会计师法》有关规定,设立会计师事务所及其分支机构由省级财政部门批准,并颁发执业证书。自《决定》发布之日起,申请设立会计师事务所应先到工商登记机关办理工商登记,再向登记地所属的省级财政部门申请会计师事务所执业证书。鼓励申请人依法登记合伙制会计师事务所。

未取得会计师事务所执业证书的,不得以会计师事务所的名义开展业务活动,不得从事《注册会计师法》第十四条规定的业务(以下简称注册会计师法定业务)。依法取得执业证书的会计师事务所的相关信息可在财政会计行业管理网(www. acc. gov. cn)上查询。

二、申请取得会计师事务所执业证书时,申请人应以工商登记证书复印件或具有同等法律效力的其他证明材料(以下简称工商登记证明材料)取代原由工商登记机关出具的企业名称预先核准通知书复印件。

三、各省级财政部门应当根据《会计师事务所审批和监督暂行办法》(财政部令第 24 号)及相关配套管理制度,对申请材料进行严格审核,特别要对合伙人(股东)的资格条件、会计师事务所的名称等进行严格审核。符合条件的,作出批准决定,颁发执业证书。

四、会计师事务所应当在经营场所的醒目位置放置会计师事务所执业证书原件。

五、会计师事务所发生《会计师事务所审批和监督暂行办法》第二十九条规定的变更事项,涉及工商登记证书变更的,备案时应提供变更后的工商登记证明材料。

六、会计师事务所发生《会计师事务所审批和监督暂行办法》第四十条规定的应当终止的情形时,应当向会计师事务所所在地的省级财政部门备案,同时交回会计师事务所执业证书。

交回会计师事务所执业证书后,企业主体继续存续的,应当变更工商登记名称,不得在企业名称中继续使用“会计师事务所”字样,也不得从事注册会计师法定业务。

七、会计师事务所分支机构的设立、变更和终止事项,参照上述程序和要求办理。

八、各省级财政部门应当加强与工商登记机关的沟通协调,本着依法、便民、高效的原则,抓紧调整完善本地区的具体审批流程,确保《决定》精神落到实处,确保后置审批改革平稳顺利推进。同时,要切实改进监管理念,完善监管方式,加大监管力度,全面加强事中、事后监管,严肃查处未取得执业证书违规从事注册会计师法定业务的行为,促进注册会计师行业持续健康发展。

中国注册会计师协会关于规范注册会计师执行企业年度检验审计业务的通知

（会协〔2007〕17 号,2007 年 4 月 5 日）

各省、自治区、直辖市注册会计师协会:

《中华人民共和国公司法》和《企业年度检验办法》(国家工商行政管理总局令第 23 号)修订实施以来,对于注册会计师依法执行审计业务起到了积极作用。但注册会计师在为了满足企业年度检验的需要而针对其财务报表执行审计业务(以下简称年检审计业务)时,遇到了一些新情况、新问题。为进一步规范注册会计师执行年检审计业务，保证审计质量，现就有关问题通知如下：

一、注册会计师执行年检审计业务时，应当遵守法律法规、职业道德规范和审计准则的规定，合理计划和实施审计工作，获取充分、适当的审计证据，出具恰当的审计报告。

二、注册会计师应当按照审计准则的要求对实收资本（股本）及其有关项目实施必要的审计程序，并充分关注企业与重要出资者之间的资金往来情况。

三、注册会计师应当根据企业会计准则和相关会计制度的规定，对企业的资产负债表、利润表、现金流量表等报表及其附注发表意见，并出具审计报告。在出具审计报告时，注册会计师应当遵守《中国注册会计师审计准则第 1501 号——审计报告》和《中国注册会计师审计准则第 1502 号——非标准审计报告》的规定。

对于小企业，如果《小企业会计制度》允许不编制现金流量表，注册会计师可只针对资产负债表和利润表（损益表）及其附注发表意见，并出具审计报告（参考格式见附件）。

四、会计师事务所依法执行年检审计业务，任何单位和个人不应实行地区封锁和垄断，也不得阻挠、干预和限定注册会计师的审计工作。

五、会计师事务所应当按照国家有关中介服务收费管理的规定和中国注册会计师职业道德规范的规定收取审计费，不得恶意压价竞争，损害执业质量，或以任何名义支付回扣或其他形式的好处费。

六、中国注册会计师协会和地方注册会计师协会要加强对注册会计师执行年检审计业务的监管，组织执业质量检查，对不按审计准则和职业道德规范的要求执行年检审计业务的会计师事务所及注册会计师，将按规定予以惩戒。

附件：针对小企业资产负债表和利润表（损益表）出具的审计报告的参考格式（无保留意见）

审计报告

ABC 有限责任公司全体股东：

我们审计了后附的 ABC 有限责任公司（以下简称 ABC 公司）20×1 年 12 月 31 日的资产负债表、20×1 年度的利润表及其附注（以下简称财务报表）。

一、管理层对财务报表的责任

按照《小企业会计制度》的规定编制财务报表是 ABC 公司管理层的责任。这种责任包括：(1)设计、实施和维护与财务报表编制相关的内部控制，以使财务报表不存在由于舞弊或错误而导致的重大错报；(2)选择和运用恰当的会计政策；(3)作出合理的会计估计。

二、注册会计师的责任

我们的责任是在实施审计工作的基础上对财务报表发表审计意见。我们按照中国注册会计师审计准则的规定执行了审计工作。中国注册会计师审计准则要求我们遵守职业道德规范，计划和实施审计工作以对财务报表是否不存在重大错报获取合理保证。

审计工作涉及实施审计程序，以获取有关财务报表金额和披露的审计证据。选择的审计程序取决于注册会计师的判断，包括对由于舞弊或错误导致的财务报表重大错报风险的评估。在进行风险评估时，我们考虑与财务报表编制相关的内部控制，以设计恰当的审计程序，但目的并非对内部控制的有效性发表意见。审计工作还包括评价管理层选用会计政策的恰当性和作出会计估计的合理性，以及评价财务报表的总体列报。

我们相信，我们获取的审计证据是充分、适当的，为发表审计意见提供了基础。

三、审计意见

我们认为，ABC 公司财务报表已经按照《小企业会计制度》的规定编制，在所有重大方面公允反映了 ABC 公司 20×1 年 12 月 31 日的财务状况以及 20×1 年度的经营成果。

××会计师事务所 （盖章）	中国注册会计师：××× （签名并盖章）	中国注册会计师：××× （签名并盖章）

中国××市

二〇×二年×月×日

最高人民法院关于审理涉及会计师事务所在审计业务活动中民事侵权赔偿案件的若干规定

（法释〔2007〕12 号，2007 年 6 月 11 日）

为正确审理涉及会计师事务所在审计业务活动中民事侵权赔偿案件，维护社会公共利益和相关当事人的合法权益，根据《中华人民共和国民法通则》、《中华人民共和国注册会计师法》、《中华人民共和国公司法》、《中华人民共和国证券法》等法律，结合审判实践，制定本规定。

第一条 利害关系人以会计师事务所在从事注册会计师法第十四条规定的审计业务活动中出具不实报告并致其遭受损失为由，向人民法院提起民事侵权赔偿诉讼的，人民法院应当依法受理。

第二条 因合理信赖或者使用会计师事务所出具的不实报告，与被审计单位进行交易或者从事与被审计单位的股票、债券等有关的交易活动而遭受损失的自然人、法人或者其他组织，应认定为注册会计师法规定的利害关系人。

会计师事务所违反法律法规、中国注册会计师协会依法拟定并经国务院财政部门批准后施行的执业准则和规则以及诚信公允的原则，出具的具有虚假记载、误导性陈述或者重大遗漏的审计业务报告，应认定为不实报告。

第三条 利害关系人未对被审计单位提起诉讼而直接对会计师事务所提起诉讼的，人民法院应当告知其对会计师事务所和被审计单位一并提起诉讼；利害关系人拒不起诉被审计单位的，人民法院应当通知被审计单位作为共同被告参加诉讼。

利害关系人对会计师事务所的分支机构提起诉讼的，人民法院可以将该会计师事务所列为共同被告参加诉讼。

利害关系人提出被审计单位的出资人虚假出资或者出资不实、抽逃出资，且事后未补足的，人民法院可以将该出资人列为第三人参加诉讼。

第四条 会计师事务所因在审计业务活动中对外出具不实报告给利害关系人造成损失的，应当承担侵权赔偿责任，但其能够证明自己没有过错的除外。

会计师事务所在证明自己没有过错时，可以向人民法院提交与该案件相关的执业准则、规则以及审计工作底稿等。

第五条 注册会计师在审计业务活动中存在下列情形之一，出具不实报告并给利害关系人造成损失的，应当认定会计师事务所与被审计单位承担连带赔偿责任：

（一）与被审计单位恶意串通；

（二）明知被审计单位对重要事项的财务会计处理与国家有关规定相抵触，而不予指明；

（三）明知被审计单位的财务会计处理会直接损害利害关系人的利益，而予以隐瞒或者作不实报告；

（四）明知被审计单位的财务会计处理会导致利害关系人产生重大误解，而不予指明；

（五）明知被审计单位的会计报表的重要事项有不实的内容，而不予指明；

（六）被审计单位示意其作不实报告，而不予拒绝。

对被审计单位有前款第（二）至（五）项所列行为，注册会计师按照执业准则、规则应当知道的，人民法院应认定其明知。

第六条 会计师事务所在审计业务活动中因过失出具不实报告，并给利害关系人造成损失的，人民法院应当根据其过失大小确定其赔偿责任。

注册会计师在审计过程中未保持必要的职业谨慎，存在下列情形之一，并导致报告不实的，人民法院应当认定会计师事务所存在过失：

（一）违反注册会计师法第二十条第（二）、（三）项的规定；

（二）负责审计的注册会计师以低于行业一般成员应具备的专业水准执业；

（三）制定的审计计划存在明显疏漏；

（四）未依据执业准则、规则执行必要的审计程序；

（五）在发现可能存在错误和舞弊的迹象时，未能追加必要的审计程序予以证实或者排除；

（六）未能合理地运用执业准则和规则所要求的重要性原则；

（七）未根据审计的要求采用必要的调查方法获取充分的审计证据；

（八）明知对总体结论有重大影响的特定审计对象缺少判断能力，未能寻求专家意见而直接形成审计结论；

（九）错误判断和评价审计证据；

（十）其他违反执业准则、规则确定的工作程序的行为。

第七条　会计师事务所能够证明存在以下情形之一的，不承担民事赔偿责任：

（一）已经遵守执业准则、规则确定的工作程序并保持必要的职业谨慎，但仍未能发现被审计的会计资料错误；

（二）审计业务所必须依赖的金融机构等单位提供虚假或者不实的证明文件，会计师事务所在保持必要的职业谨慎下仍未能发现其虚假或者不实；

（三）已对被审计单位的舞弊迹象提出警告并在审计业务报告中予以指明；

（四）已经遵照验资程序进行审核并出具报告，但被验资单位在注册登记后抽逃资金；

（五）为登记时未出资或者未足额出资的出资人出具不实报告，但出资人在登记后已补足出资。

第八条　利害关系人明知会计师事务所出具的报告为不实报告而仍然使用的，人民法院应当酌情减轻会计师事务所的赔偿责任。

第九条　会计师事务所在报告中注明"本报告仅供年检使用"、"本报告仅供工商登记使用"等类似内容的，不能作为其免责的事由。

第十条　人民法院根据本规定第六条确定会计师事务所承担与其过失程度相应的赔偿责任时，应按照下列情形处理：

（一）应先由被审计单位赔偿利害关系人的损失。被审计单位的出资人虚假出资、不实出资或者抽逃出资，事后未补足，且依法强制执行被审计单位财产后仍不足以赔偿损失的，出资人应在虚假出资、不实出资或者抽逃出资数额范围内向利害关系人承担补充赔偿责任。

（二）对被审计单位、出资人的财产依法强制执行后仍不足以赔偿损失的，由会计师事务所在其不实审计金额范围内承担相应的赔偿责任。

（三）会计师事务所对一个或者多个利害关系人承担的赔偿责任应以不实审计金额为限。

第十一条　会计师事务所与其分支机构作为共同被告的，会计师事务所对其分支机构的责任部分承担连带赔偿责任。

第十二条　本规定所涉会计师事务所侵权赔偿纠纷未经审判，人民法院不得将会计师事务所追加为被执行人。

第十三条　本规定自公布之日起施行。本院过去发布的有关会计师事务所民事责任的相关规定，与本规定相抵触的，不再适用。

在本规定公布施行前已经终审，当事人申请再审或者按照审判监督程序决定再审的会计师事务所民事侵权赔偿案件，不适用本规定。

在本规定公布施行后尚在一审或者二审阶段的会计师事务所民事侵权赔偿案件，适用本规定。

会计从业资格管理办法

中华人民共和国财政部令

第 73 号

《会计从业资格管理办法》已经 2012 年 12 月 5 日财政部部务会议修订通过，现将修订后的《会计从业资格管理办法》公布，自 2013 年 7 月 1 日起施行。

财政部

2012 年 12 月 6 日

会计从业资格管理办法

第一章　总　　则

第一条　为了加强会计从业资格管理，规范会计人员行为，根据《中华人民共和国会计法》（以下简称《会计法》）及相关法律的规定，制定本办法。

第二条　会计从业资格的取得和管理适用本办法。

第三条　在国家机关、社会团体、企业、事业单位和其他组织（以下统称单位）中担任会计机构负责人（会计主管）的人员，以及从事下列会计工作的人员应当取得会计从业资格：

（一）出纳；

（二）稽核；

（三）资本、基金核算；

（四）收入、支出、债权债务核算；

（五）职工薪酬、成本费用、财务成果核算；

（六）财产物资的收发、增减核算；

（七）总账；

（八）财务会计报告编制；

（九）会计机构内会计档案管理；

（十）其他会计工作。

第四条　单位不得任用（聘用）不具备会计从业资格的人员从事会计工作。

不具备会计从业资格的人员，不得从事会计工作，不得参加会计专业技术资格考试或评审、会计专业技术职务的聘任，不得申请取得会计人员荣誉证书。

第五条　除本办法另有规定外，县级以上地方人民政府财政部门负责本行政区域内的会计从业资格管理。

第六条　财政部委托中共中央直属机关事务管理局、国务院机关事务管理局按照各自权限分别负责中央在京单位的会计从业资格的管理。

新疆生产建设兵团财务局负责所属单位的会计从业资格的管理。

财政部委托铁道部负责铁路系统的会计从业资格的管理。

财政部委托中国人民解放军总后勤部、中国人民武装警察部队后勤部分别负责中国人民解放军、中国人民武装警察部队系统的会计从业资格的管理。

第二章　会计从业资格的取得

第七条　国家实行会计从业资格考试制度。

第八条　符合下列条件的人员，可以申请参加会计从业资格考试：

（一）遵守会计和其他财经法律、法规；

（二）具备良好的道德品质；

（三）具备会计专业基础知识和技能。

因有《会计法》第四十二条、第四十三条、第四十四条所列违法情形，被依法吊销会计从业资格证书的人员，自被吊销之日起5年以内不得参加会计从业资格考试，不得重新取得会计从业资格证书。

因有提供虚假财务会计报告，做假账，隐匿或者故意销毁会计凭证、会计账簿、财务会计报告，贪污、挪用公款，职务侵占等与会计职务有关的违法行为，被依法追究刑事责任的人员，不得参加会计从业资格考试，不得取得或者重新取得会计从业资格证书。

第九条　县级以上地方人民政府财政部门、新疆生产建设兵团财务局、中共中央直属机关事务管理局、国务院机关事务管理局、铁道部、中国人民解放军总后勤部、中国人民武装警察部队后勤部（以下简称会计从业资格管理机构）应当对申请参加会计从业资格考试人员的条件进行审核，符合条件的，允许其参加会计从业资格考试。

第十条　会计从业资格考试科目为：财经法规与会计职业道德、会计基础、会计电算化（或者珠算）。

会计从业资格考试大纲、考试合格标准由财政部统一制定和公布。

会计从业资格考试科目实行无纸化考试，无纸化考试题库由财政部统一组织建设。会计从业资格无纸化考试管理相关规定由财政部另行制定。

第十一条 会计从业资格各考试科目应当一次性通过。

会计从业资格管理机构应当在考试结束后及时公布考试结果，通知考试通过人员在考试结果公布之日起6个月内，到指定的会计从业资格管理机构领取会计从业资格证书。

通过会计从业资格考试的人员，应当持本人有效身份证件原件，在规定的期限内，到指定的地点领取会计从业资格证书。

通过会计从业资格考试的人员，可以委托代理人领取会计从业资格证书。代理人领取会计从业资格证书时，应当持本人和委托人的有效身份证件原件。

第十二条 各省、自治区、直辖市、计划单列市财政厅(局)(以下简称省级财政部门)，新疆生产建设兵团财务局，中共中央直属机关事务管理局、国务院机关事务管理局、铁道部、中国人民解放军总后勤部、中国人民武装警察部队后勤部(以下简称中央主管单位)，应当按照本办法第五条、第六条规定的管理范围，负责组织实施会计从业资格考试的下列事项：

(一)制定会计从业资格考试考务规则；

(二)组织会计从业资格考试软件系统的建设及管理；

(三)接收并管理财政部下发的会计从业资格无纸化考试题库；

(四)组织开展会计从业资格考试；

(五)监督检查会计从业资格考试考风、考纪，并依法对违规违纪行为进行处理处罚。

省级财政部门、新疆生产建设兵团财务局和中央主管单位应当根据本办法制定、公布会计从业资格考试的报考办法、考务规则、考试相关要求、报名条件和考试科目。

第十三条 会计从业资格考试收费标准按照国家物价管理部门的有关规定执行。

第十四条 财政部统一规定会计从业资格证书样式和编号规则。

省级财政部门负责本地区会计从业资格证书的印制；新疆生产建设兵团财务局和中央主管单位分别负责本部门、本系统会计从业资格证书的印制。

第十五条 会计从业资格证书是具备会计从业资格的证明文件，在全国范围内有效。

持有会计从业资格证书的人员(以下简称持证人员)不得涂改、出借会计从业资格证书。

第三章 会计从业资格管理

第十六条 持证人员应当接受继续教育，提高业务素质和会计职业道德水平。

持证人员参加继续教育采取学分制管理制度。持证人员继续教育相关规定由财政部另行制定。

第十七条 会计从业资格管理机构应当加强对持证人员继续教育工作的监督、指导。

单位应当鼓励和支持持证人员参加继续教育，保证学习时间，提供必要的学习条件。

第十八条 会计从业资格管理机构应当对开展会计人员继续教育的培训机构进行监督和指导，规范培训市场，确保培训质量。

第十九条 会计从业资格实行信息化管理。会计从业资格管理机构应当建立持证人员从业档案信息系统，及时记载、更新持证人员下列信息：

(一)持证人员的相关基础信息；

(二)持证人员从事会计工作情况；

(三)持证人员的变更、调转登记情况；

(四)持证人员换发会计从业资格证书情况；

(五)持证人员接受继续教育情况；

(六)持证人员受到表彰奖励情况；

(七)持证人员因违反会计法律、法规、规章和会计职业道德被处罚情况。

第二十条 持证人员的姓名、有效身份证件及号码、照片、学历或学位、会计专业技术职务资格、开始从事会计工作时间等基础信息，以及第十九条第（五）和第（六）项内容发生变化的，应当持相关有效证明和会计从业资格证书，到所属会计从业资格管理机构办理从业档案信息变更。会计从业资格管理机构应当在核实相关信息后，为持证人员办理从业档案信息变更。

持证人员的其他相关信息发生变化的，应当登陆所属会计从业资格管理机构指定网站进行信息变更，也可以到所属会计从业资格管理机构办理。

第二十一条 持证人员所属会计从业资格管理机构发生变化的，应当及时办理调转登记手续。

持证人员所属会计从业资格管理机构在各省级财政部门、新疆生产建设兵团财务局、中央主管单位各自管辖范围内发生变化的，应当持会计从业资格证书、工作证明（或户籍证明、居住证明）到调入地所属会计从业资格管理机构办理调转登记。

持证人员所属会计从业资格管理机构在各省级财政部门、新疆生产建设兵团财务局、中央主管单位管辖范围之间发生变化的，应当及时填写调转登记表，持会计从业资格证书，到原会计从业资格管理机构办理调出手续。持证人员应当自办理调出手续之日起 3 个月内，持会计从业资格证书、调转登记表和在调入地的工作证明（或户籍证明、居住证明），到调入地会计从业资格管理机构办理调入手续。

第二十二条 持证人员应当妥善保管会计从业资格证书。如有遗失，持证人员应当在履行公告程序后，填写补发申请表，持有关证明材料，向所属会计从业资格管理机构申请补发会计从业资格证书。会计从业资格管理机构核实无误后，应当自受理之日起 20 个工作日内予以补发。

如有毁损，持证人员应当填写补发申请表，持毁损证书原件，向所属会计从业资格管理机构申请补发会计从业资格证书。会计从业资格管理机构核实无误后，应当自受理之日起 20 个工作日内予以补发。

第二十三条 会计从业资格证书实行 6 年定期换证制度。

持证人员应当在会计从业资格证书到期前 6 个月内，填写定期换证登记表，持有效身份证件原件和会计从业资格证书，到所属会计从业资格管理机构办理换证手续。

第二十四条 有下列情形之一的，会计从业资格管理机构可以撤销持证人员的会计从业资格：

（一）会计从业资格管理机构工作人员滥用职权、玩忽职守，作出给予持证人员会计从业资格决定的；

（二）超越法定职权或者违反法定程序，作出给予持证人员会计从业资格决定的；

（三）对不具备会计从业资格的人员，作出给予会计从业资格决定的。

持证人员以欺骗、贿赂、舞弊等不正当手段取得会计从业资格的，会计从业资格管理机构应当撤销其会计从业资格。

第二十五条 持证人员具有下列情形之一的，会计从业资格管理机构应当注销其会计从业资格：

（一）死亡或者丧失行为能力的；

（二）会计从业资格被依法吊销的。

第二十六条 会计从业资格管理机构应当将领取会计从业资格证书和办理会计从业资格证书换发、调转、变更登记的条件、程序、期限以及需要提交的材料和相关申请登记表格示范文本等在办公场所公示，或者在会计从业资格管理机构指定网站进行公示。相关申请登记表格示范文本应当置放于会计从业资格管理机构办公场所，免费提供，或者由申请人从会计从业资格管理机构指定网站下载。

第二十七条 会计从业资格管理机构应当对下列情况实施监督检查：

（一）从事会计工作的人员持有会计从业资格证书情况；

（二）持证人员换发、调转、变更登记会计从业资格证书情况；

（三）持证人员从事会计工作和执行国家统一的会计制度情况；

（四）持证人员遵守会计职业道德情况；

（五）持证人员接受继续教育情况。

会计从业资格管理机构在实施监督检查时，持证人员应当如实提供有关情况和材料，有关单位应当予以配合。

第二十八条 单位和个人对违反本办法规定的行为有权检举，会计从业资格管理机构应当及时核实、处理，并为检举人保密。

第二十九条 持证人员对会计从业资格管理机构的处理处罚决定，享有陈述权、申辩权；有权依法申请行政复议或者提起行政诉讼。

第四章 法律责任

第三十条 参加会计从业资格考试舞弊的，2 年内不得参加会计从业资格考试，由会计从业资格管理机构取消其考试成绩，已取得会计从业资格的，由会计从业资格管理机构撤销其会计从业资格。

第三十一条 持证人员具有下列情形之一的，由会计从业资格管理机构责令其限期改正：

（一）不参加继续教育或参加继续教育未取得规定学分的；

（二）未按照本办法规定办理调转登记的；

（三）未按照本办法规定进行信息更新的。

第三十二条 会计从业资格管理机构及其工作人员在实施会计从业资格管理中滥用职权、玩忽职守、徇私舞弊的，依法给予处分。构成犯罪的，依法追究刑事责任。

第三十三条 会计从业资格管理机构工作人员违反本办法第二十八条规定，将检举人姓名和检举材料转给被检举单位或个人，或者将应当保密的检举信息对外泄露的，由所在单位或者有关单位依法给予处分。构成犯罪的，依法追究刑事责任。

第五章 附　　则

第三十四条 省级财政部门、新疆生产建设兵团财务局和中央主管单位可以根据本办法制定具体实施办法，报财政部备案。

第三十五条 香港特别行政区、澳门特别行政区、台湾地区居民和外国居民在境内取得会计从业资格及相关管理适用本办法。

第三十六条 本办法施行之日前已被聘任为高级会计师或者从事会计工作满 20 年，且年满 50 周岁、目前尚在从事会计工作的，经本人申请并提供单位证明等相关材料，会计从业资格管理机构核实无误后，发给会计从业资格证书。

取得注册会计师证书，目前尚在从事会计工作的，经本人申请并提供单位证明等相关材料，会计从业资格管理机构核实无误后，发给会计从业资格证书。

第三十七条 本办法自 2013 年 7 月 1 日起施行。财政部 2005 年 1 月 22 日发布的《会计从业资格管理办法》（财政部令第 26 号）同时废止。

注册会计师转所规定

（会协〔2008〕105 号，2008 年 12 月 3 日）

第一条 为规范注册会计师转所工作，保证注册会计师正常、合理流动，维护注册会计师与会计师事务所的合法权益。根据《中华人民共和国注册会计师法》及《会计师事务所审批和监督暂行办法》（财政部令第 24 号）、《注册会计师注册办法》（财政部令第 25 号）的相关规定，制定本规定。

第二条 各省、自治区、直辖市注册会计师协会及深圳市注册会计师协会（以下简称地方注协）负责办理注册会计师转所事宜。

第三条 注册会计师申请设立会计师事务所，或离开原会计师事务所加入其他会计师事务所，应当办理转所手续。

注册会计师在同一会计师事务所与分所（含分所与分所）之间调动时，其注册会计师关系的变更，按本规定的相关要求办理。

会计师事务所分所负责人，应当将其注册会计师关系转入分所。有特殊情况不能将注册会计师关系转入分所的，应当报分所所在地注协备案。

第四条 具有下列情形之一的注册会计师，不得申请转所：

（一）会计师事务所清算期间，负责清算工作的该所股东（合伙人）代表。

（二）因执业行为受到司法、行政机关和行业协会等部门检查、调查，检查或调查结论未下达之前。

（三）原会计师事务所股东（合伙人），拟成为其他会计师事务所的股东（合伙人）时，尚未办理完成股权转让（退伙）手续的。

（四）受暂停执业处罚期间的。

（五）地方注协规定不得转所的其他情形。

第五条 注册会计师申请转所，应当按照与转出会计师事务所（以下简称转出所）签订的劳动合同或者其他协议、约定，办理财务、业务等方面的交接事宜，认真填写"注册会计师转所申请表"（附表1，以下简称《转所申请表》）。

注册会计师为转出所股东（合伙人）的，还应当办理股权转让（退伙）手续。

第六条 注册会计师应当先将《转所申请表》送转出所，转出所同意的，应当由主任会计师或其授权的该所其他负责人（以下简称主任会计师）在《转所申请表》上签字，并加盖转出所公章。转出所不同意的，应当说明理由。主任会计师授权该所其他负责人签署转所意见的，应将授权文件报所在地注协备案。

会计师事务所无正当理由拒绝办理注册会计师转所手续及股权转让（退伙）手续的，注册会计师可以向所在地注协提出书面投诉。地方注协接到注册会计师投诉后，应当在10个工作日内进行调解。

自地方注协调解之日起满1个月，注册会计师与会计师事务所仍未达成一致的，除第四条规定的情形外，地方注协可以直接为注册会计师办理转出手续。注册会计师与会计师事务所的纠纷，由相关当事人通过劳动仲裁和诉讼等法律途径解决。

第七条 注册会计师应当将经转出所同意的《转所申请表》送转入会计师事务所（以下简称转入所）；具有第十二条规定情形的注册会计师，应当将《转所申请表》暂存在转出地注协，待新所设立或确定转入所后，再将《转所申请表》送转入所。

转入所同意的，应当由主任会计师在《转所申请表》上签字并加盖转入所公章。

在分所工作的注册会计师，其转出或者转入，经会计师事务所授权，可由分所负责人在《转所申请表》上签字并加盖分所公章。会计师事务所应将授权文件报分所所在地注协备案。

第八条 在转入所同意后的15个工作日内，注册会计师应当持经转出所和转入所签章同意的《转所申请表》、注册会计师证书，在所在地注协办理转所手续。

注册会计师跨省级行政区域转所时，应当在转入所同意后的15个工作日内，在转出地注协办理转出手续；并在转出地注协同意后的15个工作日内，在转入地注协办理转入手续。

新设会计师事务所（含合并、分立后新设）的注册会计师，应当自会计师事务所办理完成工商登记手续之日起60日内，办理完成转入该所的手续。被吸收合并的会计师事务所的注册会计师，应自合并协议正式生效之日起30个工作日内，办理完成注册会计师的转所手续。

超过上述规定期限的，转入所签署的意见失效，注册会计师应当经转入所重新确认。

第九条 地方注协应对转所申请人提交的《转所申请表》的相关内容进行审查，对未按规定填写《转所申请表》的，应当当场或者在5个工作日内一次告知申请人需要补正的全部内容。必要时，地方注协可要求注册会计师提供《转所申请表》中相关内容的证明材料。

对于《转所申请表》的相关内容齐全或者申请人按照要求补正相关内容的，地方注协应当当场或在5个工作日内（本规定另有规定者除外），在《转所申请表》、注册会计师证书上盖章并签署意见。

第十条 因会计师事务所合并、分立需批量办理注册会计师转所的，可以简化相关手续。具体程序如下：

（一）会计师事务所向地方注协申请，跨省级行政区域转所的，应当先向转出地注协申请，再向转入地注协申请；

（二）会计师事务所提交"注册会计师批量转所、迁移汇总表"（附表2，以下简称《注册会计师汇总表》）、会计师事务所合并（分立）相关协议或决议复印件、注册会计师证书；

（三）地方注协同意的，应当在《注册会计师汇总表》及注册会计师证书上签署相关意见。

第十一条 会计师事务所跨省迁移的，应当自迁入地财政部门下达批准文件之日起30日内，由会计师事务所统一办理注册会计师的迁出、迁入手续。具体程序如下：

（一）会计师事务所向迁出地注协申请，同时提交《注册会计师汇总表》、迁入地财政部门批准迁入文件复印件、注册会计师证书；

(二)迁出地注协同意后,会计师事务所应当将上述材料提交迁入地注协;

(三)地方注协应当在《注册会计师汇总表》及注册会计师证书上签署相关意见。

第十二条 注册会计师有下列情况之一时,应当将《转所申请表》暂存转出地注协,注册会计师关系转为该协会代管:

(一)拟成为新设会计师事务所股东(合伙人)的。

(二)已办理完转出手续,尚无其他事务所同意转入的。

(三)地方注协认为可以代管的其他情形。

由地方注协代管的注册会计师,其注册会计师关系保留 1 年。超过 1 年仍未转入其他会计师事务所的,地方注协应撤销其注册,收回注册会计师证书。

第十三条 会计师事务所应加强对注册会计师的管理。注册会计师离开会计师事务所,不再执行注册会计师业务时,会计师事务所在为注册会计师办理相关人事调动手续或解除和终止劳动合同、聘用合同时,应在 20 个工作日内向地方注协书面报告并上交该注册会计师证书。地方注协应当按相关规定注销注册,收回其注册会计师证书。

第十四条 注册会计师、会计师事务所应当对《转所申请表》内容的真实性负责。

地方注协认为必要时,可对《转所申请表》所填内容的真实性进行实地检查,对于弄虚作假的,地方注协应予通报批评;符合撤销、注销注册的,应根据《中华人民共和国注册会计师法》、《注册会计师注册办法》的相关规定进行处理。

第十五条 注册会计师提出转所申请至转出地注协办理期间,尚未离开转出所的,经转出所同意可以执行业务并签署报告。

注册会计师转所手续未办理完毕时,不得在转入所执行业务并签署报告。

第十六条 注册会计师、会计师事务所、地方注协在办理注册会计师转所时,应当同时在会计行业管理网(www. acc. gov. cn)中完成转所操作。地方注协在批准注册会计师转所后的 5 个工作日内,在行业管理信息系统(cmis. cicpa. org. cn)中录入注册会计师转所情况。

第十七条 地方注协应将注册会计师转所信息在网站上进行公告。具有第六条第三款情形的,地方注协应将涉及会计师事务所、注册会计师的相关事由,在网站上予以公布。

第十八条 《转所申请表》及其他附件应当至少保存二年。

第十九条 本规定自印发之日起施行。

中国注册会计师协会颁发的《注册会计师办理转所手续的暂行规定》(会协字〔1995〕101 号)、《中国注册会计师协会关于注册会计师转所有关问题的答复》(会协字〔1998〕369 号)及《中国注册会计师协会关于具有股东(合伙人)身份的注册会计师办理转所转为非执业会员等有关事宜的批复》(会协〔2006〕68 号)同时废止。

注册会计师考试制度改革方案

(会协〔2009〕5 号,2009 年 1 月 15 日)

为了做好中国注册会计师考试制度改革工作,加快行业人才培养,实现行业人才国际化,推动实现中国注册会计师行业发展战略目标,提出如下改革方案:

一、注册会计师考试制度改革的必要性、指导思想和总体目标

中国注册会计师全国统一考试制度于 1991 年创立,至今已举办 17 次考试。经过不断的改革完善,建立健全了考试基本制度体系、质量保证体系和组织管理体系,累计 14 万余人取得全科合格证,为中国注册会计师行业的健康发展提供了重要的人才支撑。注册会计师考试已成为国内声誉最高的执业资格考试之一。

随着中国经济社会的全面进步和改革开放的持续深化,特别是中国经济与世界经济的日益融合,对注册会计师行业建设提出了更高的要求。为此,中国注册会计师行业实施了包括人才战略、国际趋同战略和做大做强战略在内的行业发展战略,行业建设取得令人瞩目的新突破。

行业发展的关键在人才。注册会计师考试制度是人才建设的基础工程。社会主义市场经济发展的新形势和企业国际化发展的新需求,对注册会计师行业人才选拔和培养提出了新的要求,现行考试制度需要改革和完善。

为不断提高注册会计师胜任能力,加快培养国际化人才,深入实施会计审计准则体系,财政部注册会计师考试委员会于2007年年初作出决定,启动注册会计师考试制度改革工作,进一步发挥注册会计师考试对深入实施行业发展战略的重要支持作用。

注册会计师考试制度改革的指导思想是,深入贯彻落实科学发展观,认真总结和继承中国注册会计师考试的基本经验,充分借鉴有关国家和地区会计职业组织的成功做法,通过比较、分析、提炼、吸收,科学改革考试制度,发挥注册会计师考试在行业人才建设中的导向作用。

注册会计师考试制度改革的总体目标是,以《中国注册会计师胜任能力指南》和《职业会计师国际教育准则》为指导,提升考试理念、充实考试内容、完善考试方式,建立起符合终身学习理念和充分体现胜任能力评价要求的考试制度,促进中国注册会计师胜任能力和执业水平的提高,使中国注册会计师考试制度与国际普遍认可的注册会计师考试制度相趋同,将中国注册会计师考试打造成中国注册会计师走向国际的"通行证"。

二、注册会计师考试制度改革的主要内容

注册会计师考试制度包括报名条件、考试阶段、科目设置、实务经历要求等基本制度,考试命题、考试评卷、考试合格标准等考试质量保证制度,以及考试组织、考场设置、考试纪律等考试组织管理制度。这次改革主要涉及注册会计师考试基本制度。主要内容如下:

(一)将注册会计师考试划分为两个阶段

第一阶段,即专业阶段,主要测试考生是否具备注册会计师执业所需的专业知识,是否掌握基本技能和职业道德要求。

第二阶段,即综合阶段,主要测试考生是否具备在注册会计师执业环境中运用专业知识,保持职业价值观、职业态度与职业道德,有效解决实务问题的能力。

考生在通过第一阶段的全部考试科目后,才能参加第二阶段的考试。两个阶段的考试,每年各举行1次。

基于第二阶段的考试侧重于考查考生的胜任能力,建议考生在参加第二阶段考试前注意积累必要的实务经验。

(二)调整考试科目

在现行考试制度5个科目的基础上,进行分拆、补充和整合,对考试科目作以下调整:

第一阶段,设会计、审计、财务成本管理、公司战略与风险管理、经济法、税法等6科。

第二阶段,设综合1科。

第一阶段和第二阶段各科目均不设英文附加题。

(三)调整成绩有效期

第一阶段的单科合格成绩5年有效。对在连续5年内取得第一阶段6个科目合格成绩的考生,发放专业阶段合格证。

第二阶段考试科目应在取得专业阶段合格证后5年内完成。对取得第二阶段考试合格成绩的考生,发放全科合格证。

三、新的考试制度与现行考试制度的衔接

新的考试制度于2009年开始实施。现行考试制度在2009年仍继续实施一年。

2009年,具有现行考试制度下有效期内任一考试科目合格成绩的考生,可以选择按新的考试制度或现行考试制度报名参加考试。

按新的考试制度报名参加考试的,其至2009年尚在有效期内的单科合格成绩转换为新的考试制度下有关科目的合格成绩。

按现行考试制度报名参加考试,取得全部5个科目合格成绩的,发放全科合格证;未取得全部5个科目合格成绩的,其至2010年尚在有效期内的单科合格成绩转换为新的考试制度下有关科目的合格成绩。

单科合格成绩的转换方式是,现行考试制度下单科合格成绩自动转换为新的考试制度下同名科目的合格成绩。其中,现行考试制度下财务成本管理科目的合格成绩,转换为新的考试制度下的财务成本管理和公司战略与风险管理2个科目的合格成绩。新的考试制度下,以转换方式取得的单科合格成绩有效期限统一至2013年。

其他考生从2009年起均按新的考试制度报名参加考试。

关于《注册会计师考试制度改革方案》的说明

（会协〔2009〕5号，2009年1月15日）

经财政部注册会计师考试委员会（以下简称"全国考委会"）批准，中国注册会计师协会（以下简称"中注协"）发布了《注册会计师考试制度改革方案》（以下简称"改革方案"）。现就改革方案有关事项说明如下：

一、注册会计师考试制度改革的必要性和可行性

我国注册会计师考试制度于1991年创立，至今已经举办了17次考试，累计14万多人取得了全科合格证书。在这一过程中，建立健全了注册会计师考试基本制度、质量保证制度和组织管理制度，注册会计师考试已经成为国内声誉最高的执业资格考试之一。

随着我国经济社会的全面进步和改革开放的持续深化，特别是我国经济与国际市场的日益融合，对注册会计师的胜任能力提出了新的更高的要求。现行考试制度，对于加快培养和选拔适应社会主义市场经济新形势和企业国际化发展新需求的行业人才，尚存在一定差距，迫切需要我们认真总结我国注册会计师考试工作的基本经验，充分借鉴注册会计师考试的国际经验，在深入探索和认识注册会计师行业人才成长规律和考试规律的基础上，对我国注册会计师考试制度进行改革。

第一，改革注册会计师考试制度，是不断提高注册会计师胜任能力的需要。

我国市场经济不断深化和公司治理不断完善，为注册会计师专业服务提供了新的巨大需求。注册会计师的业务范围在传统审计鉴证、税务服务、管理咨询等业务的基础上，不断扩大到风险管理、战略规划、司法会计、破产管理、内部控制鉴证等新的领域。这就要求注册会计师加快更新知识，不断提高知识整合能力、职业判断能力和职业道德水准。这就需要对注册会计师考试制度进行改革，提升考试理念，充实考试内容，将新的执业环境对注册会计师专业知识、专业技能和职业道德要求充实到注册会计师考试中，为选拔和培养适应社会主义市场经济新形势需要的行业专业人才提供有力的引导。

第二，改革注册会计师考试制度，是加快培养国际化人才的需要。

随着"走出去"战略的实施，我国企业跨国投资、跨国并购和国际化经营日益增多。国际化企业需要能够提供信息引导、国际鉴证、战略咨询服务的国际化会计师事务所，国际化会计师事务所需要熟悉国际经济环境、通晓国际会计审计惯例、能够承担国际业务的会计专业人才。为此，我们通过"走出去、请进来"等措施加强注册会计师国际化人才的培养，取得了一定成效，但很不够。培养注册会计师国际化人才，最有效的途径，是按照国际标准建立自己的人才培养和选拔体系。借鉴国际经验，改革注册会计师考试制度，无疑是培养和选拔注册会计师国际化人才的重要环节。

第三，改革注册会计师考试制度，是深入实施会计审计准则体系的需要。

随着会计审计准则国际趋同战略的有效实施，我国会计审计准则体系实现了与国际会计审计准则的国际趋同，并平稳过渡。内地与香港会计审计准则实现了等效，与有关国家和地区会计审计准则的等效谈判正在进一步推进。为了保证会计审计准则体系切实发挥其规范市场经济秩序、促进市场经济公平公正的重要作用，要求我们坚持不懈地做好会计审计准则体系的培训和实施工作。按会计审计准则体系的要求充实注册会计师考试内容，将有效地引导注册会计师后备人才学习和掌握会计审计准则体系，把注册会计师队伍建设推上一个新台阶，把注册会计师专业水平推上一个新台阶。

改革注册会计师考试制度，是必要的，也是可行的。

第一，《中国注册会计师胜任能力指南》为改革注册会计师考试制度提供了理论指导。

中国注册会计师协会以国际会计师联合会发布的《职业会计师国际教育准则》为指导，以中国注册会计师执业实际为背景，制定发布了《中国注册会计师胜任能力指南》，对注册会计师所必需的专业知识、职业技能、职业道德、实务经历等胜任能力要素进行了全面描述，提供了注册会计师培养和选拔的衡量标准，为全面指导注册会计师考试制度的改革，提供了有力的理论指导。

第二，我国注册会计师考试组织实践为改革注册会计师考试制度提供了经验基础。

我国注册会计师考试制度经过10多年的发展，积累了丰富的经验。建立健全了包括基本制度、质量保证制度和组织管理制度在内的制度体系，以及以全国考委会为主体的领导决策体系，为改革注册会计师考试制度提供了重要的经验基础。

第三，其他国家和地区会计职业组织考试工作经验，为我国注册会计师考试制度改革提供了有益借鉴。

在建立和完善我国注册会计师考试制度的过程中，我们十分重视学习其他国家和地区会计职业组织考试工作的成功经验，及时掌握其他国家和地区注册会计师考试制度发展趋势和改革动向，深入研究注册会计师考试规律。其他国家和地区注册会计师考试工作成功经验，为我们改革注册会计师考试制度提供了有益的借鉴。

二、注册会计师考试制度改革方案的研究起草过程

在全国考委会的指导下，中注协对考试制度改革工作高度重视，制订了详细的工作规划，全力投入，围绕考试制度改革总体目标、基本思路、工作机制、改革内容、衔接办法等，进行了全面的研究论证。主要工作如下：

第一，建立健全工作机制。

在全国考委会领导下，中注协成立考试制度改革工作组、境内外专家咨询组，建立了包括全国考委会决策、工作组研究起草和境内外专家咨询三个层次的工作机制。

第二，开展课题研究，进行理论论证。

就注册会计师考试制度改革中的关键问题和重要领域，组织相关专家开展了"注册会计师考试基本制度改革研究"、"命题制度改革研究"、"注册会计师资格互惠研究"等课题的研究工作。

在这一过程中，搜集并编译了有关国家和地区会计职业组织考试制度文献，达60万字。在此基础上，对有关国家和地区会计职业组织考试制度进行了辨析、梳理和分析，对各个国家和地区注册会计师考试制度进行了比较研究，对我国注册会计师考试制度与其他国家和地区考试制度进行了比较研究，加深了我们对注册会计师考试制度和考试规律的理解。

第三，组织起草和征求意见。

在深入调研的基础上，于2008年3月底完成了《注册会计师考试制度改革工作方案(初稿)》。初稿完成后，组织内部征求意见，前后达10次。其中包括，征求全国考委会委员的意见，征求中注协理事的意见，征求地方注协意见，征求境内和境外两个专家咨询组的意见，征求会计师事务所意见，征求开设注册会计师专业方向院校的意见等。在内部征求意见的基础上，分别于2008年8—9月，以及11—12月，先后两次公开征求意见。

内部征求意见和公开征求意见过程中，各方面给予了高度重视。在充分肯定考试制度改革方向的同时，大家对改革方案中科目结构、考查内容、衔接办法等具体方面提出了许多宝贵的建议。这些建议为方案的形成和最终定稿给予了极大的指导和帮助。

三、注册会计师考试制度改革的主要内容

注册会计师考试制度包括基本制度、质量保证制度和组织管理制度。本次改革主要涉及基本制度中考试阶段划分、科目设置、考试内容等几个方面。改革方案提出的改革内容主要是，在现行考试制度规定的5个科目基础上，进行分拆、补充和整合，将一个阶段的考试划分为两个阶段的考试；将第一阶段考试设为会计、审计、财务成本管理、公司战略与风险管理、经济法、税法等6个科目，将第二阶段考试设为综合1个科目；第二阶段考试着重考查考生在注册会计师执业环境中有效解决实务问题的能力。

第一，关于考试阶段的划分。

考试阶段的划分与报名条件密切相关。根据对其他国家和地区注册会计师考试制度的考察，报名条件对学历的要求越高，对专业的限定越多，考试阶段和考试科目越少，反之，则越多。

考试阶段的划分与考试理念也有着密切的联系。注册会计师的成长是一个学习知识、掌握技能、不断提升的过程，是一个理解职业道德、在实践中建立职业价值观、形成良好职业态度的过程。《中国注册会计师胜任能力指南》指出"注册会计师应当在取得执业资格前具备相关的实务经历"。

基于《注册会计师法》对"高等专科"等报名条件的规定，改革方案将注册会计师考试划为两个阶段，第一阶段主要考查考生是否具备注册会计师执业所需的专业知识，是否掌握基本技能和职业道德要求。第二阶段主要考查考生是否具备在注册会计师执业环境中运用专业知识和基本技能，保持职业价值观、职业态度与职业道德，有效解决实务问题的能力。

第二,关于考试科目的设置。

注册会计师考试科目的设置应当充分体现注册会计师胜任能力的要求,与考试阶段的划分相配合。改革方案在现行考试制度5个科目基础上进行分拆、补充、整合,使各阶段考试目的更加清晰,使各科目考查内容更加明确。

其中,公司战略与风险管理科目,是在现行考试制度财务成本管理科目相关内容的基础上分拆和补充形成的;第二阶段综合科目,主要是对现行考试制度各主要科目相关实务要求进行归并与整合而成。

第三,关于实务经历要求。

改革方案对考生参加第二阶段考试前的实务经历要求作出了提示。其中指出,“基于第二阶段的考试侧重于考查考生的胜任能力,建议考生在参加第二阶段考试前注意积累必要的实务经验。”也就是说,考生在参加第二阶段考试前的实务经历并非强制要求,而是提示和引导。第二阶段的考试侧重于考查考生解决实际问题的能力,而解决实际问题的能力更多的是在实践中积累。如果有了一定的经验积累,无疑会有助于考生更好地应对第二阶段考试。这里所讲的实务经历,既指独立审计实务经历,也指会计实务经历、理财实务经历等。

第四,关于英文附加题。

为培养和选拔能够在英语环境中从事注册会计师业务的国际化人才,进一步提高英语水平测试的国际认可度和实际效用,改革方案提出,两个阶段各科考试不再设英文附加题。拟将注册会计师考试英文附加题制度与英语测试制度进行整合,与有关国家和地区会计职业组织联合举办“英语水平测试”。

基本设想是,重点考查注册会计师在英语环境中工作的能力;考生在取得注册会计师全国统一考试全科合格证后自愿参加英语水平测试。英语水平测试的合格证独立于注册会计师全科合格证。

四、关于两种考试制度的衔接

为实现新的考试制度与现行考试制度的顺利过渡,改革方案提出了两种考试制度的衔接办法。主要包括以下两点:

第一,规定了单科合格成绩的转换方式。

现行考试制度下单科合格成绩自动转换为新的考试制度下同名科目的合格成绩。其中,现行考试制度下财务成本管理科目的合格成绩,转换为新的考试制度下的财务成本管理和公司战略与风险管理两个科目的合格成绩。

第二,规定了现行考试制度下有效期内合格成绩转换为新的考试制度下合格成绩的有效期限。

2009年,具有现行考试制度下有效期内任一考试科目合格成绩的考生,可以选择按新的考试制度报名参加考试,也可以按现行考试制度报名参加考试。按新的考试制度报名参加考试的,其至2009年尚在有效期内的单科合格成绩转换为新的考试制度下有关科目的合格成绩。

2009年按现行考试制度报名参加考试的考生,未取得全部5个科目合格成绩的,其至2010年尚在有效期内的单科合格成绩转换为新的考试制度下有关科目的合格成绩。

以转换方式取得的单科合格成绩有效期限统一至2013年。

关于印发《境外会计师事务所在中国内地临时执行审计业务暂行规定》的通知

(财会〔2011〕4号,2011年3月21日)

各省、自治区、直辖市财政厅(局),深圳市财政委员会:

为了进一步规范境外会计师事务所在中国内地临时执行审计业务行为,我部制定了《境外会计师事务所在中国内地临时执行审计业务暂行规定》,现予印发,请遵照执行。自本《暂行规定》发布之日起,一律使用新版《境外会计师事务所临时执行审计业务许可证》。各省级财政部门应当根据需要,及时向我部申领新版证书。

附件:境外会计师事务所在中国内地临时执行审计业务暂行规定

财政部

二〇一一年三月二十一日

附件：

境外会计师事务所在中国内地临时执行审计业务暂行规定

第一条 为了进一步规范境外会计师事务所在中国内地临时执行审计业务的行为，根据《中华人民共和国注册会计师法》和其他有关法律法规，制定本暂行规定。

第二条 本暂行规定所称的境外会计师事务所，是指在香港特别行政区、澳门特别行政区、台湾地区以及外国注册设立的会计师事务所。

本暂行规定所称的临时执行审计业务（以下简称临时执业），是指境外会计师事务所接受境外委托方的委托，对中国内地设立的公司或其他相关机构（以下简称境内相关机构）临时性执行审计业务。

临时执业的业务范围仅限于境外委托方委托的审计业务，临时执业报告在中国内地不具有法律效力。

中国法律法规规定应当由内地会计师事务所及其注册会计师执行的业务，境外会计师事务所及其注册会计师不得执行。

第三条 境外会计师事务所在中国内地临时执业应当向临时执业所在地的省级财政部门提出书面申请。境外会计师事务所需在中国内地两个或两个以上省、自治区、直辖市临时执业的，应当向财政部提出申请。经财政部门批准并颁发临时执业许可证后，境外会计师事务所方可在中国内地临时执业。

第四条 鼓励境外会计师事务所与内地会计师事务所加强在临时执业中的业务合作，并以签订业务合作协议等方式明确双方的权利和义务。

内地会计师事务所及相关单位和个人，不得与尚未取得临时执业许可证或临时执业许可证已废止的境外会计师事务所开展临时执业方面的合作，也不得向其提供审计工作底稿等相关业务资料。

第五条 申请办理临时执业许可证的境外会计师事务所，应当向财政部门提交下列书面材料：

（一）境外会计师事务所在中国内地临时执行审计业务申请表（附表 1）；

（二）境外会计师事务所所在国家或地区的开业证书复印件和营业执照复印件；

（三）境外委托方与境内相关机构信息表（附表 2）；

（四）拟派注册会计师和其他境外相关工作人员信息表（附表 3）；

（五）拟派注册会计师的执业证书复印件和其他境外相关工作人员的合法身份有效证明复印件；

（六）境外委托方委托书复印件；

（七）境内相关机构接受境外会计师事务所临时执业的确认书复印件。

境外会计师事务所、境外委托方、境内相关机构对上述申请材料的真实性、完整性负责。

第六条 财政部门批准境外会计师事务所在中国内地临时执业，应当按照下列要求办理：

（一）自受理申请之日起 20 个工作日内作出批准或者不予批准的决定。情况复杂，不能在规定期限内作出决定的，经财政部门负责人批准，可以适当延长，并告知申请人，但是延长期限最多不超过 10 个工作日。作出批准决定的，应当同时颁发《境外会计师事务所临时执行审计业务许可证》；

（二）财政部门批准临时执业的决定应当予以公告；

（三）财政部门应当自作出批准决定之日起 15 个工作日内将审批情况录入注册会计师行业管理信息系统；

（四）省级财政部门应当自作出批准决定之日起 15 个工作日内将批准文件报送财政部。

第七条 香港、澳门特别行政区会计师事务所临时执业许可证有效期为 5 年。

台湾地区会计师事务所临时执业许可证有效期为 1 年。

外国会计师事务所临时执业许可证有效期为半年。

临时执业许可证逾期的，应当重新申请办理。

第八条 境外会计师事务所在临时执业许可证有效期内新增或变更临时执业项目的，以及《境外会计师事务所临时执行审计业务许可证》上载明信息发生变更的，应当及时向审批机关报告。因前述事项变更需换发临时执业许可证的，应当提交相应的证明材料。

第九条 在临时执业许可证有效期内，境外会计师事务所终止经营或被境外相关机构撤销执业资格的，其所取得的在中国内地的临时执业许可证相应废止。

第十条 在中国内地临时执业的境外会计师事务所应当在每年5月31日之前，向临时执业许可证颁发机关报备上年度临时执业业务报告表(附表4)。向省级财政部门报备的，应当同时抄报财政部。

第十一条 临时执业许可证到期前即结束临时执业业务且在临时执业许可证有效期内不再临时执业的，应当在临时执业结束后3个月内报备临时执业业务报告表，交回临时执业许可证，并由财政部门予以公告。

第十二条 财政部门应当加强对境外会计师事务所在中国内地临时执业的监督和管理，采取约谈境外会计师事务所和境内相关机构、现场走访、定期核查等多种形式监督检查临时执业情况。

对临时执业审批和管理中发现的不当行为，按下列规定处理：

(一)未按规定办理临时执业许可证，或者临时执业许可证已过期但仍在中国内地临时执业的，责令其停止执业活动，予以公告，5年以内不再受理其临时执业申请。

(二)在申请临时执业许可证过程中弄虚作假的，不予批准，5年以内不再受理其临时执业申请。

(三)境外会计师事务所终止经营或被境外相关机构撤销执业资格后，仍以原获得的临时执业许可证在中国内地临时执业的，责令其停止执业活动，予以公告。对其执业的注册会计师，予以公告，5年以内不再受理与其相关的临时执业申请。

(四)未按临时执业申请的时间、地点、人员和境内相关机构名单开展临时执业活动且未及时向审批机关报告的，责令其限期改正；情节较重的，予以公告，5年以内不再受理其临时执业申请。

(五)未按规定报备临时执业业务活动的，责令其限期改正；情节较重的，予以公告，5年以内不再受理其临时执业申请。

(六)境外会计师事务所和境内相关机构、个人存在违反中国保密法律法规的，责令其限期改正，不再受理其临时执业申请；涉嫌犯罪的，移交司法机关处理。

第十三条 本规定自发布之日起施行。

第十四条 自本规定施行之日起，财政部于1993年12月6日发布的《外国会计师事务所在中国境内临时执行审计业务的暂行规定》(财会协字〔1993〕119号)、1993年12月27日发布的《〈外国会计师事务所在中国境内临时执行审计业务的暂行规定〉的补充规定》(财会协字〔1993〕134号)、1994年5月26日发布的《港、澳、台地区会计师事务所来内地临时执行审计业务的暂行规定》(财会协字〔1994〕81号)、2003年3月10日发布的《关于使用新版临时执行审计业务许可证书的通知》(财办会〔2003〕10号)、2003年11月26日发布的《〈港、澳、台地区会计师事务所来内地临时执行审计业务的暂行规定〉的补充规定》(财会〔2003〕33号)、2005年11月28日发布的《关于延长临时执行审计业务许可证有效期的通知》(财会〔2005〕21号)和2008年9月16日发布的《关于延长港澳地区会计师事务所来内地临时执行审计业务许可证有效期的通知》(财会〔2008〕12号)同时废止。

附表1:境外会计师事务所在中国内地临时执行审计业务申请表

附表2:境外委托方与境内相关机构信息表

附表3:拟派注册会计师和其他境外相关工作人员信息表

附表4:境外会计师事务所临时执业业务报告表

关于印发《会计师事务所从事中国内地企业境外上市审计业务暂行规定》的通知

(财政部,2015年5月26日)

会计师事务所从事中国内地企业境外上市审计业务暂行规定

第一条 为规范会计师事务所从事中国内地企业境外上市审计行为，促进境内外会计师事务所依法开展业务合作，维护投资者利益和资本市场秩序，根据《中华人民共和国注册会计师法》和其他有关法律法规，制定本暂行规定。

第二条 本暂行规定所称的境外上市审计业务，是指会计师事务所提供的与中国内地企业直接或间接在境外发行股票、债券或其他证券并上市（含拟上市，下同）相关的财务报告审计以及上市后年度财务报告审计等服务。

中国内地企业直接或间接在境外发行股票、债券或其他证券并上市的相关审计业务不属于临时执业范畴，境外会计师事务所不得通过临时执业方式入境执行相关业务。

在中国内地依法设立且由香港特别行政区、澳门特别行政区和台湾地区投资者直接或间接持有百分之五十以上股份、股权、财产份额、表决权或其他类似权益的企业，其境外上市审计不适用本暂行规定。

第三条 中国内地企业依法自主选择符合上市地法规制度和监管要求的中国内地会计师事务所或境外会计师事务所为其提供境外上市审计服务。

第四条 经境外监管机构认可，获准为中国内地企业境外上市提供审计服务的中国内地会计师事务所，应当按照法律法规和执业准则执行相关审计业务。

第五条 中国内地企业依法委托境外会计师事务所审计的，该受托境外会计师事务所应当与中国内地会计师事务所开展业务合作。双方应当签订业务合作书面协议，自主协商约定业务分工以及双方的权利和义务，其中在境内形成的审计工作底稿应由中国内地会计师事务所存放在境内。

第六条 外国会计师事务所受托开展中国内地企业境外上市审计业务的，应当优先与中国内地依法设立、具有首次公开发行财务报告审计或上市后年度财务报告审计经验、执业质量和职业道德良好且最近3年内未因执业行为受到暂停执业6个月以上行政处罚的合伙制（含特殊的普通合伙）会计师事务所开展业务合作。

受托的外国会计师事务所依法承担审计责任。

第七条 中国香港特别行政区、澳门特别行政区和台湾地区会计师事务所受托开展中国内地企业境外上市审计业务的，应当优先与中国内地依法设立、拥有25名以上中国注册会计师、执业质量和职业道德良好且最近3年内未因执业行为受到暂停执业6个月以上行政处罚的会计师事务所开展业务合作。

受托的香港特别行政区、澳门特别行政区和台湾地区会计师事务所依法承担审计责任，同时在业务合作中享有业务分派、利益分配等主导权利。

第八条 境外会计师事务所从事中国内地企业境外上市审计业务的，应当在入境执行审计业务前至少提前7日向中国内地企业所在地省级财政部门报备（具体格式见附1），并抄送财政部。同时，应提供与委托企业签订的审计业务约定书复印件以及与中国内地会计师事务所签订的业务合作书面协议复印件。

境外会计师事务所未及时报备或报备信息（含审计业务约定书和业务合作书面协议）不真实、不完整的，由省级以上财政部门予以通报，责令限期改正并转送其所在国家（地区）有关监管机构处理；情节严重的，予以公告，自公告日起5年内不得从事中国内地企业境外上市审计业务。

境外会计师事务所未按照规定与中国内地会计师事务所合作开展审计业务或保存审计工作底稿的，由省级以上财政部门责令限期改正；限期未改正并违规执业的，由省级以上财政部门予以公告，自公告日起5年内不得从事中国内地企业境外上市审计业务。

第九条 境外会计师事务所从事中国内地企业境外上市审计业务的，应当在业务报告日后60日内向中国内地企业所在地省级财政部门书面报告与中国内地会计师事务所开展业务合作的情况（具体格式见附2），并抄送财政部。

境外会计师事务所逾期不报告或报告信息不真实、不完整的，由省级以上财政部门予以通报，责令限期改正并转送其所在国家（地区）有关监管机构处理；情节严重的，予以公告，自公告日起5年内不得从事中国内地企业境外上市审计业务。

第十条 中国内地会计师事务所从事中国内地企业境外上市审计业务的，每年应当按照《会计师事务所审批和监督暂行办法》（财政部令第24号）的规定报备上一年度执行中国内地企业境外上市审计业务情况，有关具体要求按照财政部对年度报备工作的规定执行。逾期不报备或报备信息不真实、不完整的，由所在地省级财政部门予以通报，责令限期改正并列为重点监管对象。

第十一条 中国内地企业委托境外会计师事务所提供境外上市审计服务的，应当提示境外会计师事务所优先选择符合本暂行规定第六条至第七条规定的中国内地会计师事务所开展业务合作。

第十二条 中国内地企业与为其提供境外上市审计服务的会计师事务所应当严格遵守《关于加强在境外发行证券与上市相关保密和档案管理工作的规定》(中国证券监督管理委员会 国家保密局 国家档案局公告〔2009〕29号)。

中国内地企业境外上市涉及法律诉讼等事项需由境外司法部门或监管机构调阅审计工作底稿的,或境外监管机构履行监管职能需调阅审计工作底稿的,按照境内外监管机构达成的监管协议执行。

第十三条 本暂行规定所称的境外会计师事务所,包括依法设立的外国会计师事务所、中国香港特别行政区会计师事务所、中国澳门特别行政区会计师事务所和台湾地区会计师事务所。

第十四条 本暂行规定自2015年7月1日起施行。

财政部关于适当简化港澳会计师事务所来内地临时执行审计业务申请材料的通知

(财会〔2012〕16号,2012年9月4日)

各省、自治区、直辖市财政厅(局)、深圳市财政委员会,财政部驻各省、自治区、直辖市、计划单列市财政监察专员办事处:

根据《〈内地与香港关于建立更紧密经贸关系的安排〉补充协议九》和《〈内地与澳门关于建立更紧密经贸关系的安排〉补充协议九》的规定,现对适当简化香港、澳门特别行政区会计师事务所(以下简称港澳事务所)来内地临时执业相关申请材料通知如下:

一、港澳事务所来内地临时执业的非注册会计师人员,无需再提供前述人员的身份证明复印件,改由港澳事务所统一提供人员清单,清单应列明人员姓名、性别、国籍、身份证号码等信息。申请临时执业的港澳事务所对该清单内容的真实性负责。

二、申请临时执业的港澳事务所无需再提供境内相关机构的确认书,改由该事务所统一提供境内相关机构清单,清单应以中文列明境内相关机构名称、地址和联系电话等信息,并注明境外委托方与境内相关机构的关系。申请临时执业的港澳事务所对该清单内容的真实性负责。

除上述修订外,《境外会计师事务所在中国内地临时执行审计业务暂行规定》(财会〔2011〕4号)的其他规定继续执行。

财政部

2012年9月4日

第六部分

其他审计制度与政策解读

水利部直属预算单位政府采购审计办法

（水审计〔2006〕311 号，2006 年 8 月 15 日）

第一章 总 则

第一条 为了加强部直属预算单位政府采购的审计监督，规范审计行为，保障政府采购活动公开、公平、公正，提高政府采购资金使用效益，加强廉政建设，根据《中华人民共和国政府采购法》、《中央单位政府采购管理实施办法》、《水利部直属预算单位政府采购管理实施办法》及有关规定，制定本办法。

第二条 本办法所称政府采购审计，是指部直属预算单位审计机构（以下简称“审计机构”）在本单位主要负责人领导下，依法对本级及其所属单位政府采购预算、计划的编制和执行情况进行的审计和审计调查。

第三条 本办法适用于与中央预算有直接经费领拨款关系的水利部本级、部直属行政事业单位和社会团体的政府采购审计工作。

第四条 政府采购审计包括：政府采购预算、计划的编制和审批，政府集中采购、部门集中采购、单位分散采购的范围和工作程序，政府采购事项的审批、备案与合同管理，政府采购资金的审计等。

第五条 上级审计机构对下级审计机构的政府采购审计工作进行指导和监督。

第六条 政府采购审计工作由审计机构负责组织实施，也可由审计机构委托具有专业资质的社会审计机构承担。

审计机构应当依照本办法及《水利部委托社会审计业务管理办法》的有关规定，对被委托的社会审计机构的政府采购审计工作进行指导和监督。

第七条 政府采购审计的主要内容：

（一）政府采购有关法规、制度和政策的执行情况；

（二）政府采购预算和实施计划的编制和执行情况；

（三）政府采购目录及标准的执行情况；

（四）政府采购备案或审批事项的落实情况；

（五）政府采购信息在财政部指定媒体上和水利部指定媒体上的发布情况；

（六）政府采购合同的订立、履行、验收和资金支付情况；

（七）政府采购内部控制制度建设情况；

（八）对供应商询问和质疑的处理情况；

（九）政府采购的招投标及其他采购方式情况；

（十）其他需要审计的内容。

第二章 政府采购预算和计划执行审计

第八条 政府采购预算及执行审计

（一）政府采购项目是否编制政府采购预算；

（二）政府采购项目及采购资金预算是否在政府采购预算表中单列，有无应列而未列的问题；

（三）政府采购预算编制是否进行调查研究、有无弄虚作假问题；

（四）年中因追加预算、政府采购目录及标准调整或不可预见的原因而需要补报的政府采购项目，是否在政府采购活动开始前补报政府采购预算；

（五）是否存在未列入政府采购预算、未办理预算调整或补报手续的政府采购、突破预算实施的采购项目；

（六）纳入政府采购预算的项目是否正确、完整。

第九条 政府采购计划执行审计

(一)政府采购计划是否按照本单位经批复的政府采购预算编制；

(二)政府采购计划是否按照规定进行报送；

(三)政府采购计划的变更是否依照程序进行，有无随意变更采购计划的情况和计划外私自采购的行为，有无任意追加突破限额的情况；

(四)因特殊情况，政府采购计划需要调整项目技术指标或需求数量的，是否在该项目实施前向有关部门提出变更要求；属于政府集中采购的项目是否报送水利部、集中采购机构调整后再组织采购。

第三章　政府采购审批与备案执行情况审计

第十条　下列事项是否报经财政部审批后实施：

(一)政府(部门)集中采购项目达到公开招标数额标准，因特殊情况需要采用其他采购方式；

(二)因特殊情况需要采购非本国货物、工程或服务；

(三)法律、行政法规规定其他需要审批的事项。

第十一条　分散采购项目达到公开招标数额标准的，因特殊情况需要采用公开招标以外的其他采购方式，是否经水利部主管部门审批。

第十二条　下列事项是否备案：

(一)部门预算追加应当补报的政府采购预算、已经批复政府采购预算的变更；

(二)政府集中采购计划和部门集中采购计划；

(三)达到公开招标数额标准、经批准采用公开招标以外采购方式进行采购项目的执行情况；

(四)限额标准以上，公开招标数额以下的政府采购项目，采用单一来源采购方式进行采购项目的情况；

(五)限额标准以上政府采购项目的合同副本；

(六)法律、法规规定的其他需要备案的事项。

第四章　政府采购形式和方式审计

第十三条　政府采购组织形式的审计

(一)列入政府集中采购和部门集中采购目录的项目，是否按规定办理集中采购，有无采用化整为零、分解整体项目、增加采购批次等手段规避集中采购控制的情况；

(二)集中采购和分散采购是否按规定程序和权限进行，有无随意采购，擅自扩大范围、提高标准，有无规避政府采购监管的问题。

第十四条　政府采购方式的审计

(一)政府采购方式的选择是否符合法律规定，是否贯彻了以公开招标作为政府采购的主要方式，采用非公开招标方式的理由是否真实、充分；

(二)是否将应以公开招标方式采购的货物、工程或服务化整为零，有无以其他方式规避公开招标采购或擅自采用其他采购方式；

(三)是否严格按照已确定的采购方式和要求进行采购，有无在执行过程中自行改变采购方式等。

第五章　政府采购程序审计

第十五条　公开招投标程序的审计

(一)招标审计

1. 自行招标是否符合有关条件，委托代理招标是否签订委托协议，明确委托代理的事项；

2. 是否在财政部指定的政府采购信息媒体上发布招标公告；

3. 自招标文件开始发出之日起至投标人提交投标文件截止之日止的时间是否符合规定的时间；

4. 招标文件的内容是否符合法律规定，是否完整，有无以不合理的要求限制或排斥潜在投标供应商，对潜在供应商实行差别待遇或歧视待遇，招标文件指定特定的供应商，是否含有倾向性或排斥潜在供应商的其他内容的；

5. 是否存在招标机构、采购单位和供应商相互恶意串通，虚假招标行为；

6. 已发出的招标文件进行必要澄清或者修改的，是否在招标文件要求提交投标文件截止日期规定的时间前，是否以书面形式通知所有投标人，招标过程中是否存在擅自修改招标文件和投标文件的违法行为等。

(二)投标审计

1. 投标人是否具备政府采购项目所需的资质(资格)，是否具备招标文件中列举的要求；

2. 投标文件的编写、密封、撤回、更正、补充、替代方案等是否符合有关规定及招标文件的要求；

3. 两个或两个以上单位联合投标的，其资质是否符合法律规定和采购人规定的特定条件；

4. 投标人在递交投标文件的同时，是否递交了投标保证金；

5. 投标人是否向招标采购单位、评标委员会成员提供不正当利益手段谋取中标。

(三)开标、评标与定标审计

1. 参加开标会议的人员、开标时间、开标记录及开标程序是否符合规定，无效标的处理是否符合规定，开标是否在有关监督机关监督下进行，是否公正、公开；

2. 评标是否符合法定程序，评标委员会是否由招标人的代表和技术、经济等方面的专家组成，评标专家是否按规定抽取，与投标人有利害关系的人员是否按规定回避，评标标准和方法是否在招标文件中载明，在评标时是否另行制定或修改、补充任何评标标准和方法，评标标准和方法是否对所有投标人都相同，评标的指标、标准是否科学合理，标底的编制和确定是否合规、合理、科学，评标委员会是否按规定进行评标，是否执行了评标纪律或受单位非法干预、影响，评标过程是否在有关监督机关监督下进行；

3. 评标委员会完成评标后，是否向招标人提供书面评标报告，并推荐合格中标候选人，中标候选人的基本条件是否符合规定的条件，是否按规定进行了排序，采购人是否按照评标报告中推荐的中标候选供应商顺序确定中标供应商或事先授权评标委员会直接确定中标供应商；

4. 中标供应商确定后，中标结果是否在财政部指定的政府采购信息媒体上发布公告，并向中标供应商发出中标通知书；

5. 投标供应商对中标公告是否有异议，招标采购单位是否在规定时间内对质疑内容作出答复。

(四)中标审计

1. 采购人或采购代理机构是否在规定期限内与中标供应商签订书面合同，所签订的合同是否对招标文件和中标供应商投标文件作实质性修改，采购单位有无提出不合理的要求作为签订合同的条件，是否与中标供应商私下订立背离合同实质性内容的协议，是否存在中标书发出后无正当理由不与中标人签订采购合同的行为；

2. 对中标人放弃中标、拒签合同的，将中标项目转让给他人的，在投标文件中没有说明且未经采购招标机构同意，将中标项目分包给他人的，拒绝履行合同义务的，是否按规定处理。

第十六条　邀请招标及其他采购方式程序的审计

(一)邀请招标程序的审计

主要审查采购项目是否符合邀请招标方式的条件，供应商是否根据资信和业绩进行选择，供应商是否在三家以上。

(二)竞争性谈判程序的审计

主要审查采购单位是否按照规定成立谈判小组，谈判小组人数和组成是否符合规定，被邀请的供应商是否符合相应资格条件，是否不少于三家，谈判文件是否符合要求。

(三)询价采购程序的审计

主要审查采购单位是否按照规定成立询价小组，询价小组人数和组成是否符合规定，被询价的供应商是否符合相应资格条件，是否不少于三家，询价方案是否符合要求，报价方式是否符合规定，是否按照符合采购需求、质量和服务相等且报价最低的原则确定成交供应商等。

(四)单一来源采购程序的审计

主要审查其采购行为是否符合该采购方式条件，采购项目质量是否符合要求，采购价格是否合理等。

第十七条　政府采购文件完整性审计

主要审查政府采购文件，包括采购活动记录、采购预算、招标文件、投标文件、评标标准、评标报告、定标文件、合同文本、验收证明、质疑答复、投诉处理决定及其他有关文件、资料等是否齐全并得到妥善保存。

第六章 政府采购合同审计

第十八条 政府采购合同签订审计

(一)政府采购合同的合法性、合规性

1. 政府采购合同的主体、内容、形式、程序等是否符合国家法律、法规和政策的规定;

2. 政府采购合同的签订是否符合政府采购预算、采购计划的要求,合同的主要条款是否符合招标文件的要求等;

3. 有关经济合同是否按照《水利经济合同审计签证和备案暂行办法》进行了审计签证;

4. 采购代理机构以采购单位名义与供应商签订的政府采购合同,是否取得采购单位的授权委托;

5. 采购单位追加与合同标的相同的货物或服务,与供应商签订补充合同,原采购合同其他条款是否变更,所有补充合同的采购金额是否超过原采购合同金额的百分之十。

(二)政府采购合同条款和内容是否完整、明确、具体,意思表达是否清楚准确

1. 商品或服务的名称是否规范;

2. 数量、规格、质量、性能表述是否正确;

3. 价款和酬金是否明确合理;

4. 合同履行的期限、地点和方式是否明确合理;

5. 违反合同的责任是否明确。

第十九条 政府采购合同履行审计

(一)采购单位或其政府采购代理机构是否按照合同约定,对合同履约情况进行验收;

(二)政府采购合同的验收是否由专业人员来进行,验收记录、验收证明书是否齐全、完整等。重大采购项目是否委托国家认可的专业检测机构办理验收事项,验收方成员是否在验收书上签字;

(三)政府采购合同的双方当事人是否擅自变更、中止或终止合同,如合同双方当事人协商一致需要变更合同,或者合同继续履行将损害国家利益和社会公共利益必须变更、中止、终止的合同,审查合同变更、中止、终止是否经过政府采购管理部门审批,相关法律手续是否完备;

(四)合同纠纷、合同违约责任是否按法律规定或者合同约定的条款进行及时、合理、合法的处理;

(五)采购人或采购代理机构是否将应当备案的文件资料提交财政部门备案。

第七章 政府采购资金审计

第二十条 政府采购资金审计

政府采购资金的来源是否合法、合规并及时足额到位,有无挤占、挪用其他专项资金的情况。

第二十一条 采购资金支付审计

(一)采购资金的申请和划拨是否根据批准的年度采购预算,科学编制用款计划,按照规定的程序进行资金支付;

(二)预付款是否符合采购合同所约定的条件(工程采购还应审查是否符合招标文件的要求和工程进度);

(三)支付资金是否符合采购预算、采购计划、采购合同的要求;

(四)预付和结算是否由财务部门直接向供应商、劳务提供者或施工企业支付,有无采购部门或采购机构违规支付的情况;

(五)结算时是否扣除了预付款,是否预留了质量保证金,有无提前支付的情况。

第八章 责任追究

第二十二条 预算单位有下列行为之一的,审计机构视情节轻重进行责任追究。责令改正,给以通报批评;责令退还或者追回政府采购预算资金;根据违规金额建议预算主管部门核减下年度政府采购预算;建议有关部门、单位对其直接负责的主管人员和其他直接责任人员,给予行政处分或纪律处分;构成犯罪的,移交司法机关追究刑事责任。

(一)拒绝、拖延审计机构要求提供的与政府采购预算及其有关的财务情况和会计资料的;
(二)拒绝、阻碍审计机构执行政府采购审计的;
(三)编制虚假政府采购预算,骗取政府采购预算资金的;
(四)擅自变更政府采购预算,改变政府采购预算用款方向或性质,造成政府采购预算资金损失浪费的;
(五)政府采购预算执行中相互挤占、挪用、转移、虚列支出的;
(六)造成政府采购的国有资产流失的。

第二十三条 被审计单位(部门)有关责任人员干扰、阻挠、破坏政府采购审计,审计机构应当向有关部门提出处理、处罚的建议。对审计人员进行打击报复的有关责任人,由所在单位或者上级水行政主管部门追究责任。

第二十四条 审计机构和审计人员进行政府采购审计时,应当严格执行审计程序,做到客观公正、廉洁奉公、保守秘密。对滥用职权、徇私舞弊、玩忽职守的,由所在单位或上级主管部门依照有关规定追究责任。构成犯罪的,由司法机关依法追究刑事责任。

第九章 附 则

第二十五条 水利部直属预算单位可依据本办法,结合本单位实际,制定实施细则。
第二十六条 本办法由水利部负责解释。
第二十七条 本办法自印发之日起施行。

涉外企业联合税务审计工作规程

(国税发〔2007〕35 号,2007 年 3 月 27 日)

第一章 总 则

第一条 为规范和加强外商投资企业和外国企业(以下简称涉外企业)联合税务审计工作,根据《中华人民共和国税收征收管理法》及其实施细则、《涉外税务审计规程》(以下简称《规程》)和《涉外企业联合税务审计暂行办法》(以下简称《办法》),制定本规程。

第二条 涉外企业联合税务审计工作由各级税务机关国际(涉外)税务管理部门负责实施或组织实施。

第三条 对于跨区域联合税务审计,总机构或负责合并申报缴纳企业所得税的营业机构(以下简称汇缴机构)所在地主管税务机关负责前期的纳税评估初评和疑点的提供,与所属分支机构或营业机构(以下简称营业机构)所在地主管税务机关的联络和承办协调会以及资料和数据的汇总工作。营业机构所在地主管税务机关应按照汇缴机构所在地主管税务机关的统一步骤和时间安排开展工作。

第四条 对于国地税联合税务审计,国税局、地税局应成立联合税务审计领导小组,制定联席会议制度,组织、指导和监督联合税务审计工作的开展。国税局、地税局在开展联合税务审计时,应在履行好各自职责的基础上,加强配合,协调一致地开展工作。

第二章 审计对象的选择与确定

第五条 跨区域联合税务审计的对象,按照以下程序确定:

(一)跨省(含自治区、直辖市和计划单列市,下同)联合税务审计的对象,由国家税务总局国际税务司从各地上报的跨省经营的涉外企业中确定。

(二)跨市(含州、盟,下同)和县(含县级市、区和旗,下同)联合税务审计的对象,分别由省级和市级税务局根据所辖涉外企业的实际情况选择确定。

第六条 国地税联合税务审计的对象,按照以下程序确定:

(一)对涉外企业所得税和其主体业务适用的流转税均由同一税务局主管的涉外企业,由该主管税务局提出备选纳税人名单，与其他适用税种的主管税务机关共同研究确定审计对象。

（二）对涉外企业所得税和其主体业务适用的流转税由国税局、地税局分别主管的涉外企业，由主管国税局和地税局分别提出备选纳税人名单，双方共同研究确定审计对象。

（三）国地税联合税务审计对象的确定，应报经联合税务审计领导小组批准。

第三章 案头准备

第七条 跨省联合税务审计对象确定后，按照以下程序进行案头准备：

（一）汇缴机构所在地省级税务局应在一个月内组织完成以下工作：对汇缴机构的纳税评估初评；《规程》所规定的纳税人信息资料的收集整理、审计项目分析与评价、会计制度及内部控制的分析与评价；起草被审计纳税人基本情况的报告并上报总局，报告应包括纳税人投资和生产经营情况、纳税和享受税收优惠情况、案头准备情况、可能存在的问题以及联合税务审计要点提示等内容。

（二）总局在接到报告后 10 个工作日内，向汇缴机构和营业机构所在地省级税务局下文部署联合税务审计的具体工作和进度安排。

（三）各营业机构所在地省级税务局在收到总局文件后，应在规定时限内组织完成对营业机构的案头准备和相关报告工作。

在案头准备阶段，应注意结合联合税务审计要点提示，按照《规程》要求采用分析性复核、会计制度和内部控制评价等方法，提高案头分析的质量。

案头准备阶段结束后，应分别向总局和汇缴机构所在地省级税务局报送案头分析报告。报告内容应包括：纳税人基本情况（注册资本、核算方式、经营范围等）、财务管理及内控水平分析（包括收支内控、发票管理、资金运转和流向等）、税务登记和纳税情况、审计所属期经营状况、案头分析情况（主要为财务报表重要指标分析）、案头分析发现的可能存在问题的领域以及联系人姓名、联系电话等。

（四）汇缴机构所在地省级税务局应在收到各地案头分析报告后 15 个工作日内汇总完毕案头分析情况，拟定重点审计项目，并向总局报告。

（五）总局通过下文或召开工作协调会等形式，确定重点审计项目，部署现场实施阶段的工作。

（六）汇缴机构和营业机构所在地省级税务局接到总局现场实施阶段的部署后，应根据确定的重点审计项目，组织编制审计计划。

（七）汇缴机构所在地主管税务机关向汇缴机构发出《税务审计通知书》，并抄送各营业机构所在地主管税务机关。在《税务审计通知书》中，应注明委托营业机构所在地主管税务机关同期进行税务审计事项。各营业机构所在地主管税务机关按照授权分别向营业机构下发《税务审计通知书》。

第八条 国地税联合税务审计对象确定后，按照以下程序进行案头准备：

（一）国税局、地税局应根据需要收集资料，做到信息共享，并充分使用现有的税收征管信息资料。需要纳税人额外提供资料的，国税局、地税局应共同商定后以书面形式告知纳税人，不得重复收集资料。

（二）国税局、地税局应根据职责范围合理分工，按照《规程》要求采用分析性复核、会计制度和内部控制评价等方法，寻找可能存在问题的领域。

（三）国税局、地税局根据各自情况编制会计制度和内部控制调查问卷，经双方汇总整理后，共同向纳税人发放和回收。根据回收的调查问卷，由国、地税双方共同对纳税人会计制度及内部控制的有效性、完整性和准确性进行初步分析评价。

（四）国税局、地税局应共同研究确定重点审计项目，并按照《规程》的要求制定统一的审计计划，保证现场实施阶段的进度协调一致。

（五）国税局、地税局应分别填制《税务审计通知书》，同时送达纳税人。

第四章 现场实施

第九条 对于跨省联合税务审计，按照以下程序组织现场实施：

（一）汇缴机构和营业机构所在地主管税务机关应按照《规程》的要求，分别完成对所属汇缴机构和营业机构会计制度及内部控制的遵行性测试、确定性审计等程序。

（二）各营业机构所在地主管税务机关应根据审计中发现的问题形成《税务审计报告》，在规定时限内层报总局,并抄送汇缴机构所在地主管税务机关。

(三)汇缴机构所在地主管税务机关对各营业机构所在地主管税务机关的《税务审计报告》进行汇总,确定需进一步审计的问题,形成总的《税务审计报告》,并结合审计终结的需要编制《联合税务审计汇总表》(见附件),一并层报总局。

(四)总局根据现场审计结果,通过下文或召开工作协调会等形式,确定税务审计结论,部署审计终结阶段的工作。

第十条 对于国地税联合税务审计,按照以下程序组织现场实施:

(一)国、地税双方应共同派员调取或现场查阅纳税人账簿资料。

(二)在确定性审计中,国、地税双方应在规定的时间内优先完成共同需要的审计项目工作底稿。所形成的工作底稿应一式两份,一份留存,一份传递给另一方。

(三)现场实施阶段结束后,国、地税双方应及时汇总情况、交换意见、核实结果,确保相关数据口径一致,问题定性公正、准确。双方按分工对所辖税种进行汇总整理,按照《规程》要求编制《审计汇总表》,并形成《税务审计报告》。

第五章 审计终结

第十一条 对于跨省联合税务审计,按照以下程序进行审计终结:

(一)对于现场实施阶段遗漏或需进一步确认的问题,汇缴机构和营业机构所在地主管税务机关应向纳税人进一步核实。

(二)根据总局部署,各营业机构所在地主管税务机关应就发现的问题形成《初审意见通知书》,送交各营业机构确认。

(三)各营业机构所在地主管税务机关应及时将《税务审计报告》、纳税人确认的《初审意见通知书》和已填制好的《联合税务审计汇总表》及相关工作底稿报汇缴机构所在地主管税务机关汇总。

(四)汇缴机构所在地主管税务机关应在汇总各地《初审意见通知书》和整理相应工作底稿的基础上,编制总体的《初审意见通知书》,送交汇缴机构确认。

(五)汇缴机构所在地主管税务机关应根据总体的《初审意见通知书》和汇缴机构回复意见,研究下发《税务处理决定书》,同时抄送各营业机构所在地主管税务机关,并按入库级次办理税款退补、滞纳金和罚款入库事宜。

(六)审计终结阶段结束后,汇缴机构所在地省级税务局应在15个工作日内向总局上报联合税务审计工作情况报告。该报告应包括纳税人基本情况、汇缴机构和各营业机构案头准备情况、现场实施情况、审计结论和处理结果以及对此次联合税务审计的体会、存在的问题和改进建议等。

第十二条 对于国地税联合税务审计,按照以下程序进行审计终结:

(一)国税局、地税局应分别制作《初审意见通知书》,并共同派员送达纳税人确认。

(二)根据《初审意见通知书》和纳税人回复意见,国税局、地税局应共同研究,分别制作《税务处理决定书》,同时送达纳税人,并按入库级次办理税款退补、滞纳金和罚款入库事宜。

(三)审计终结阶段结束后,国税局、地税局应在年度终了后15个工作日内联合向总局上报联合税务审计工作情况报告。该报告应包括纳税人基本情况、案头准备情况、现场实施情况、审计结论和处理结果以及对此次联合税务审计的体会、存在的问题和改进建议等。

第六章 后续管理

第十三条 联合税务审计中发现纳税人有避税嫌疑的,应在联合税务审计结束后,将相关案头分析疑点、税务审计相关案卷副本移交国际税务管理部门实施反避税调查。必要时,联合税务审计和反避税调查可结合进行。

第十四条 联合税务审计中发现纳税人有重大偷、逃、骗税嫌疑的,应在联合税务审计结束后10个工作日内,将相关案头分析疑点、税务审计相关案卷副本移交税务稽查部门处理。

第十五条 联合税务审计结束后,汇缴机构和营业机构所在地主管税务机关或国、地税双方应按照《规程》要求按户归档,并加强跟踪管理。

第七章 附 则

第十六条 跨市、县的联合税务审计，由省级局或市级局主办，比照跨省联合税务审计的有关程序办理。

第十七条 根据需要，跨区域联合税务审计和国地税联合税务审计可合并进行。

第十八条 本规程由国家税务总局负责解释。各省、自治区、直辖市和计划单列市税务机关可根据本规程制定具体实施方案，并报总局备案。

第十九条 本规程自下发之日起执行。

附件：联合税务审计汇总表（略）

水利工程建设项目招标投标审计办法

（2007年12月29日）

第一章 总 则

第一条 为了加强对水利工程建设项目招标投标的审计监督，规范水利招标投标行为，提高投资效益，根据《中华人民共和国审计法》、《中华人民共和国招标投标法》、《中华人民共和国政府采购法》等法律、法规，结合水利工作实际，制定本办法。

第二条 各级水利审计部门（以下简称"审计部门"）在本单位负责人领导下，依法对本单位及其所属单位水利工程建设项目的招标投标进行审计监督。

上级水利审计部门对下级单位的招标投标审计工作进行指导和监督。

第三条 本办法适用于《水利工程建设项目招标投标管理规定》所规定的水利工程建设项目的勘察设计、施工、监理以及与水利工程建设项目有关的重要设备、材料采购等的招标投标的审计监督。

第四条 审计部门根据工作需要，对水利工程建设项目的招标投标进行事前、事中、事后的审计监督，对重点水利建设项目的招标投标进行全过程跟踪审计，对有关招标投标的重要事项进行专项审计或审计调查。

第二章 审计职责

第五条 在招标投标审计中，审计部门具有以下职责：

（一）对招标人、招标代理机构及有关人员执行招标投标有关法律、法规和行业制度的情况进行审计监督；

（二）对招标项目评标委员会成员执行招标投标有关法律、法规和行业制度的情况进行审计监督；

（三）对属于审计监督对象的投标人及有关人员遵守招标投标有关法律、法规和行业制度的情况进行审计监督；

（四）对与招标投标项目有关的投资管理和资金运行情况进行审计监督；

（五）协同行政监督部门、行政监察部门查处招标投标中的违法违纪行为。

第三章 审计权限

第六条 在招标投标审计中，审计部门具有以下权限：

（一）有权参加招标人或其代理机构组织的开标、评标、定标等活动，招标人或其代理机构应当通知同级审计部门参加。

（二）有权要求招标人或其代理机构提供与招标投标活动有关的文件、资料，招标人或其代理机构应当按照审计部门的要求提供相关文件、资料；

(三)对招标人或其代理机构正在进行的违反国家法律、法规规定的招标投标行为,有权予以纠正或制止;

(四)有权向招标人、投标人、招标代理机构等调查了解与招标投标有关的情况;

(五)监督检查招标投标结果执行情况。

第四章 审计内容

第七条 审计部门对水利工程建设项目招标投标中的下列事项进行审计监督:

(一)招标项目前期工作是否符合水利工程建设项目管理规定,是否履行规定的审批程序;

(二)招标项目资金计划是否落实,资金来源是否符合规定;

(三)招标文件确定的水利工程建设项目的标准、建设内容和投资是否符合批准的设计文件;

(四)与招标投标有关的取费是否符合规定;

(五)招标人与中标人是否签订书面合同,所签合同是否真实、合法;

(六)与水利工程建设项目招标投标有关的其他经济事项。

第八条 审计部门会同行政监督部门、行政监察部门对招标投标中的下列事项进行审计监督:

(一)招标项目的招标方式、招标范围是否符合规定;

(二)招标人是否符合规定的招标条件,招标代理机构是否具有相应资质,招标代理合同是否真实、合法;

(三)招标项目的招标、投标、开标、评标和中标程序是否合法;

(四)招标项目评标委员会、评标专家的产生及人员组成、评标标准和评标方法是否符合规定;

(五)对招投标过程中泄露保密资料、泄露标底、串通招标、串通投标、规避招标、歧视排斥投标等违法行为进行审计监督;

(六)对勘察、设计、施工单位转包、违法分包和监理单位违法转让监理业务,以及无证或借用资质承接工程业务等违法违规行为进行审计监督。

第九条 审计部门和审计人员对招标投标工作中涉及保密的事项负有保密责任。

第五章 审计程序

第十条 招标人编制的年度招标工作计划,以及重大水利工程建设项目的招投标文件,应当报送同级审计部门备案。

第十一条 审计部门根据年度审计工作计划、招标人年度招标计划和招标项目具体情况,确定招标投标项目审计计划,经单位主管审计工作负责人批准后实施审计。

第十二条 审计部门根据审计项目计划确定的审计事项组成审计组,并应在实施审计三日前,向被审计单位送达审计通知书。

被审计单位以及与招标投标活动有关的单位、部门,应当配合审计部门的工作,并提供必要的工作条件。

第十三条 审计人员通过审查招标投标文件、合同、会计资料,以及向有关单位和个人进行调查等方式实施审计,并取得证明材料。

第十四条 审计组对招标投标事项实施审计后,应当向派出的审计部门提出审计报告。审计报告应当征求被审计单位的意见。被审计单位应当自接到审计报告之日起十日内,将其书面意见送交审计组或者审计部门。

第十五条 审计部门审定审计报告,对审计事项作出评价,出具审计意见书;对违反国家规定的招标投标行为,需要依法给予处理、处罚的,在职权范围内作出审计决定或者向有关主管部门提出处理、处罚意见。

被审计单位应当执行审计决定并将结果反馈审计部门;有关主管部门对审计部门提出的处理、处罚意见应及时进行研究,并将结果反馈审计部门。

第六章 罚 则

第十六条 被审计单位违反本办法,拒绝或者拖延提供与审计事项有关的资料,或者拒绝、阻碍审计的，审计部门责令改正；拒不改正的，可以通报批评，对负有直接责任的主管人员和其他直接责任人员提出给予行政处分的建议，被审计单位或者其主管单位、监察部门应当及时作出处理，并将结果抄送审计部门。

第十七条 被审计单位拒不执行审计决定的，对负有直接责任的主管人员和其他直接责任人员提出给予行政处分的建议，被审计单位或者其主管单位、监察部门应当及时作出处理，并将结果抄送审计部门。

第十八条 招标人、招标代理机构及其有关人员违反国家招标投标的法律、法规的，依照《中华人民共和国招标投标法》予以处理。

第十九条 审计人员滥用职权、徇私舞弊、玩忽职守，涉嫌犯罪的，依法移送司法机关处理；不构成犯罪的，给予行政处分。

第七章 附 则

第二十条 各省、自治区、直辖市水行政主管部门、流域机构、新疆生产建设兵团，可以根据本办法制定实施细则并报部备案。

第二十一条 本办法由水利部负责解释。

第二十二条 本办法自 2008 年 4 月 1 日起执行。

农村集体经济组织审计规定

（农办经〔2008〕1 号，2008 年 1 月 2 日）

第一章 总 则

第一条 为了加强农村集体经济组织的审计监督，严肃财经法纪，提高经济效益，保护农村集体经济组织的合法权益，促进农村经济的发展，根据《中华人民共和国审计法》、《农民承担费用和劳务管理条例》、《审计署关于内部审计工作的规定》和有关法律、法规、政策，结合农村集体经济组织发展的具体情况，制定本规定。

第二条 农业部负责全国农村集体经济组织的审计工作。

审计业务接受国家审计机关和上级主管部门内审机构的指导。

第三条 县级以上地方人民政府农村经营管理部门负责指导农村集体经济组织的审计工作，乡级农村经营管理部门负责农村集体经济组织的审计工作。

第四条 凡建立农村集体经济组织审计机构的，都应配备相应的审计人员。

审计人员应当经过考核，发给审计证，凭证开展审计工作。

第五条 农村集体经济组织审计机构工作人员应当依法审计，忠于职守，坚持原则，客观公正，廉洁奉公，保守秘密。

第二章 审计范围和任务

第六条 农村集体经济组织审计机构的审计监督范围为村、组集体经济组织。

第七条 农村集体经济组织审计机构对前条所列单位的下列事项进行审计监督：

(一)资金、财产的验证和使用管理情况；

(二)财务收支和有关的经济活动及其经济效益；

(三)财务管理制度的制定和执行情况；

(四)承包合同的签订和履行情况；

(五)收益(利润)分配情况；

(六)承包费等集体专项资金的预算、提取和使用情况；

(七)村集体公益事业建设筹资筹劳情况；

（八）村集体经济组织负责人任期目标和离任经济责任；

（九）侵占集体财产等损害农村集体经济组织利益的行为；

（十）乡经营管理站代管的集体资金管理情况；

（十一）当地人民政府、国家审计机关和上级业务主管部门等委托的其他审计事项。

第三章　审计职权

第八条　农村集体经济组织审计机构在审计过程中有下列职权：

（一）要求被审计单位报送和提供财务计划、会计报表及有关资料；

（二）检查被审计单位的有关账目、资产，查阅有关文件资料，参加被审计单位的有关会议；

（三）向有关单位和人员进行调查，被调查的单位和人员应当如实提供有关资料及证明材料；

（四）对正在进行的损害农村集体经济组织利益、违反财经法纪的行为，有权制止；

（五）对阻挠、破坏审计工作的被审计单位，有权采取封存有关账册、资产等临时措施。

第九条　农村集体经济组织审计工作人员依法行使职权，受法律保护，任何人不得打击报复。

第四章　审计程序

第十条　农村集体经济组织审计机构根据同级人民政府和上级业务主管部门的要求，结合本地实际，确定审计工作的重点，编制审计项目计划和工作方案。

农村集体经济组织审计机构确定审计事项后，应当通知被审计单位。

第十一条　农村集体经济组织审计人员根据审计项目，审查凭证、账表，查阅文件、资料，检查现金、实物，向有关单位和人员进行调查，并取得证明材料。

证明人提供的书面证明材料应当由提供者签名或盖章。

第十二条　农村集体经济组织审计人员，在审计过程中，应当主动听取农民群众和民主理财组织的意见。

第十三条　农村集体经济组织审计人员对审计事项进行审计后，向委派其进行审计的农村集体经济组织审计机构提出审计报告。重大审计事项的审计报告，应当分别报送同级人民政府、上级农村集体经济组织审计机构和有关主管部门。

审计报告在报送之前，应当征求被审计单位的意见。被审计单位应当在收到审计报告之日起十日内提出书面意见。

第十四条　农村集体经济组织审计机构审定审计报告，作出审计结论和决定，通知被审计单位和有关单位执行，并向农民群众公布。

第十五条　被审计单位对农村集体经济组织审计机构作出的审计结论和决定如有异议，可在收到审计结论和决定之日起十五日内，向上一级农村集体经济组织审计机构申请复审。上一级农村集体经济组织审计机构应当在收到复审申请之日起三十日内，作出复审结论和决定。特殊情况下，作出复审结论和决定的期限，可适当延长。

复审期间，不停止原审计结论和决定的执行。

第十六条　农村集体经济组织审计机构应当检查审计结论和决定的执行情况。

第十七条　农村集体经济组织审计机构对办理的审计事项必须建立审计档案，加强档案管理。

第十八条　农村集体经济组织审计机构应当对农村集体经济组织财务收支按月或按季进行经常、全面的审计监督。

第五章　奖　　惩

第十九条　对遵守和维护财经法纪成绩显著的单位和个人，提出通报表扬和奖励。

第二十条　农村集体经济组织审计机构对被审计单位违反规定的收支、用工和非法所得的收入，应当在审计结论和决定中明确，分别按规定上缴国家，或退还农村集体经济组织和农户。

第二十一条　违反本规定，有下列行为之一的单位负责人、直接责任人员及其他有关人员，应当给予行政处分的，由农村集体经济组织审计机构建议当地人民政府或有关主管部门处理：

（一）拒绝提供账簿、凭证、会计报表、资料和证明材料的；

（二）阻挠审计工作人员依法行使审计职权，抗拒、破坏监督检查的；

（三）弄虚作假，隐瞒事实真相的；

（四）拒不执行审计结论和决定的；

（五）打击报复审计工作人员和检举人的。

第二十二条 违反本规定，有下列行为之一的农村集体经济组织审计人员，可由农村集体经济组织审计机构给予处分，或向同级人民政府和有关部门提出给予行政处分的建议：

（一）利用职权，谋取私利的；

（二）弄虚作假，徇私舞弊的；

（三）玩忽职守，给被审计单位和个人造成损失的；

（四）泄露秘密的。

第二十三条 对经济处理决定不服的单位和个人，可向作出处理决定机构的上一级机构提出申诉。

第二十四条 对有本规定第二十一条、第二十二条所列行为，情节严重，构成犯罪的，提请司法机关依法追究刑事责任。

第六章 附　　则

第二十五条 农村集体经济组织审计机构可接受委托向农村集体经济组织以外的单位提供审计服务，其收费标准，由省、自治区、直辖市农业行政主管部门会同同级财政、物价主管部门制定。

第二十六条 各省、自治区、直辖市可根据本规定制定实施办法。

第二十七条 本规定由农业部负责解释。

第二十八条 本规定自发布之日起施行。

交通建设项目委托审计管理办法

（交通部令2007年第4号，2007年4月11日）

第一条 为了规范交通建设项目委托审计管理工作，提高委托审计质量，防范审计风险，根据《中华人民共和国审计法》、《中华人民共和国招标投标法》，制定本办法。

第二条 列入各级交通主管部门、企事业单位固定资产投资计划的建设项目办理委托审计事项，适用本办法。

本办法所称建设项目委托审计，是指各级交通主管部门、企事业单位根据审计工作需要，将建设项目审计业务委托给包括会计师事务所、工程造价咨询企业等在内的社会审计组织实施的行为。

第三条 建设项目委托审计的业务范围包括建设项目前期审计、期间审计、竣工决算审计以及全过程跟踪审计。

第四条 建设项目委托审计管理工作由各级交通主管部门、企事业单位的审计部门或其他办理委托审计事项的部门归口管理（以下统称"委托审计归口管理部门"）。

第五条 建设项目委托审计管理工作主要包括提出委托审计项目建议、审核受托人资质、审核审计费用、监督委托过程、检查审计质量、协调处理有关问题等。

各级交通主管部门、企事业单位可结合实际情况，确定委托审计管理工作职责的具体内容。

第六条 交通部的委托审计归口管理部门负责监督管理部属单位的建设项目委托审计工作，指导全国交通行业的建设项目委托审计管理工作。

省级及其以下交通主管部门的委托审计归口管理部门负责监督管理本级及所属单位的建设项目委托审计工作，指导本辖区内交通行业的建设项目委托审计管理工作。

交通企事业单位的委托审计归口管理部门负责本单位及其所属单位的建设项目委托审计管理工作。

第七条 上级委托审计归口管理部门可检查下级的建设项目委托审计工作，并对检查发现的问题要求有关部门和单位进行整改。

第八条 委托审计归口管理部门及其工作人员办理委托审计管理工作，应严格遵守有关法律、法规和审计纪律，遵循公开、公平、公正原则。

第九条 委托人可以采取指定委托、竞争性谈判委托、招投标委托等方式选择受托人。

指定委托是指委托人指定一家符合本办法第十一条、第十二条、第十三条规定的社会审计组织为受托人的方式。指定委托适用于涉及国家安全或具有行业特殊规定的委托审计业务。

竞争性谈判委托是指委托人选择三家以上符合本办法第十一条、第十二条、第十三条规定的社会审计组织，通过谈判确定受托人的方式。竞争性谈判委托适用于指定委托和招投标委托范围以外的委托审计业务。

招投标委托是指委托人根据《中华人民共和国招标投标法》的要求确定符合本办法第十一条、第十二条、第十三条规定的受托人的方式。招投标委托适用于概算投资额在5000万元以上或根据国家收费标准估算审计基本费用在20万元以上以及其他依法需要实行招投标委托的建设项目的委托审计业务。

第十条 采取招投标委托方式确定受托人的，委托审计招投标活动应严格遵守《中华人民共和国招标投标法》、《中华人民共和国合同法》等法律和法规。

第十一条 委托人选择受托人应遵循审计质量高、信誉好、服务优、价格低的原则，且选择的受托人应符合以下要求：

(一)具有中华人民共和国法人资格；

(二)具有良好的职业道德记录和信誉；

(三)注册资本不低于50万元，上年度或最近两年年平均业务收入不少于100万元；

(四)有10名以上注册会计师；

(五)建设项目审计规定的其他条件。

委托人采取招投标方式选择的受托人，除满足本条第一款第(一)、(二)、(五)项条件外，其注册资本不得低于100万元，上年度或最近两年年平均业务收入不少于400万元，且有20名以上注册会计师。

第十二条 建设项目委托审计业务涉及工程造价审计(审核)的，委托人选择的受托人还应符合以下要求：

(一)从事一级以上公路项目(含独立特大桥梁、特长隧道)、国家高等级航道、500吨级以上通航建筑物、千吨及5万标箱以上内河港口项目以及概算投资额在5000万元以上的其他交通建设项目工程造价审计(审核)的，应具有建设行政主管部门颁发的工程造价咨询企业甲级资质或交通主管部门颁发的相应等级证书，且有5名以上从事过交通建设项目审计业务的注册造价师；

(二)从事上述第(一)项以外的交通建设项目工程造价审计(审核)的，应具有建设行政主管部门颁发的工程造价咨询企业乙级以上资质或交通主管部门颁发的相应等级证书，且有3名以上从事过交通建设项目审计业务的注册造价师。

第十三条 具有以下情形之一的社会审计组织，委托人不得委托其实施审计：

(一)不具备相应资质和能力的；

(二)受到审计、财政、监察、税务、工商、证券监管、银行监管等有关部门查处且尚未解除从业限制的；

(三)依据本办法第二十四条规定受到从业限制的。

第十四条 委托审计费用在国家规定的收费标准范围内，由委托人与受托人协商确定。委托审计费用按照国家有关规定列支。

第十五条 拟实行委托审计的建设项目，应由委托审计归口管理部门填写《交通建设项目委托审计管理审批表》，提出建设项目委托审计建议，经单位领导批准同意后，方可办理委托审计的相关事宜。

《交通建设项目委托审计管理审批表》中涉及的相关资料由委托人或有关业务管理部门提供。

第十六条 确定受托人后，委托人应填写《社会审计组织资质备案表》，与受托人协商签订《审计业务约定书》。

第十七条 委托人应当向受托人及时提供真实、完整的相关资料。

第十八条 委托人应在《审计业务约定书》中要求受托人在出具审计(审核)报告时，对审计(审核)的会计报表是否符合国家有关基本建设财务管理规定和会计制度作出明确表述。

第十九条 委托人应将审计(审核)报告报其上级主管部门的委托审计归口管理部门备案。

第二十条 委托审计归口管理部门应及时审核并合理使用审计(审核)报告。必要时可组织力量对受托人的审计情况进行质量检查或复审。

第二十一条 建设项目委托审计工作完成后,委托人应建立建设项目委托审计档案。档案主要包括《交通建设项目委托审计管理审批表》、委托审计招投标资料、《社会审计组织资质备案表》、《审计业务约定书》、审计(审核)报告及相关资料等。

第二十二条 受托人未按《审计业务约定书》实施审计或提供审计(审核)报告时,委托人应要求其补充相关资料或者重新审计。

第二十三条 受托人提供的审计(审核)报告严重失实、审计结论意见不准确,且拒绝进行重新审计或纠正的,委托人应终止委托审计业务,停止支付审计费用。

第二十四条 对存在以下问题的社会审计组织,交通主管部门、企事业单位应按以下要求进行处理,并在系统内部予以通报:

(一)未按《审计业务约定书》的要求实施审计或提供审计(审核)报告、审计工作不规范、审计结论避重就轻,且拒绝纠正的,一年内不得委托其从事审计业务;

(二)提供的审计(审核)报告存在严重失实、结论意见不准确,且拒绝进行重新审计或纠正的,两年内不得委托其从事审计业务;

(三)存在未披露应当披露的重大财务事项等重大错漏的,三年内不得委托其从事审计业务;

(四)有关部门在事后检查中发现审计(审核)报告未真实、客观反映情况或揭露问题,给委托人或交通行业造成损失和不良影响的,五年内不得委托其从事审计业务;

(五)有弄虚作假、串通作弊、泄露秘密等重大违法行为,以及通过不正当手段取得委托审计业务的,不得再次委托其从事审计业务。

第二十五条 委托人不按本办法规定实施委托审计的,上级委托审计归口管理部门应责令其改正,并责成重新实施审计。

第二十六条 参与交通建设项目委托审计管理工作的人员滥用职权、徇私舞弊、玩忽职守或泄露国家秘密、商业秘密的,依法给予处分;构成犯罪的,依法追究刑事责任。

第二十七条 本办法自2007年6月1日起施行。

救捞系统建设项目委托审计管理办法(试行)

(2008年10月28日)

第一条 为了规范救捞系统建设项目委托审计管理工作,提高委托审计质量,防范审计风险,根据《中华人民共和国审计法》、《中华人民共和国招标投标法》、《交通建设项目委托审计管理办法》(中华人民共和国交通部令2007年第4号),结合救捞系统建设项目实际情况,制定本办法。

第二条 部救捞局及各救助局、打捞局、飞行队列入救捞系统固定资产投资计划的建设项目和自筹资金投资的建设项目办理委托审计事项,适用本办法。

本办法所称建设项目委托审计,是指部救捞局及各救助局、打捞局、飞行队根据审计工作需要,将建设项目审计业务委托给包括会计师事务所、工程造价咨询企业等在内的社会审计组织实施的行为。

第三条 建设项目委托审计的业务范围包括建设项目前期审计、期间审计、竣工决算审计以及全过程跟踪审计。

第四条 建设项目委托审计管理工作由项目建设单位的审计部门或其他办理委托事项的部门归口管理(以下统称"委托审计管理部门")。

部救捞局审计处负责监督管理部救捞局及所属各单位的建设项目委托审计工作,指导系统内的建设项目委托审计管理工作。

各所属单位的委托审计管理部门负责本单位的建设项目委托审计管理工作。

第五条 建设项目委托审计管理工作主要包括提出委托审计项目建议、审核受托人资质、审核审计费用、监督委托过程、检查审计质量、协调处理有关问题等。

第六条 部救捞局审计处将定期、不定期地检查各救助局、打捞局、飞行队的建设项目委托审计工作,并对检查发现的问题要求有关部门和单位进行整改。

第七条 委托审计归口管理部门及其工作人员办理委托审计管理工作,应严格遵守有关法律、法规和审计纪律,遵循公开、公平、公正的原则。

第八条 部救捞局根据《交通建设项目委托审计管理办法》(中华人民共和国交通部令 2007 年第 4 号)要求,建立《救捞系统建设项目社会审计组织备选库》(以下简称《备选库》),对委托审计的社会审计组织实行统一管理。

部救捞局对《备选库》中登记备案的社会审计组织的资质进行跟踪,对资质不符的社会审计组织取消其《备选库》资格,每 5 年对《备选库》更新一次。

第九条 救捞系统委托社会审计组织参与建设项目审计,实行分级负责、归口管理。

救捞系统建设项目委托审计,对全部自筹资金投资和列入固定资产投资计划、概算投资额在 3000 万元以下(含 3000 万元)的建设项目,项目法人单位在《备选库》登记备案的社会审计组织中综合考虑报价和审计质量后确定受托人。

对列入固定资产投资计划、概算投资额在 3000 万元以上,5000 万元以下(不含 5000 万元)的建设项目,项目法人单位提出委托审计申请,部救捞局在《备选库》登记备案的社会审计组织中综合考虑报价和审计质量后确定受托人。

对列入固定资产投资计划、概算投资额在 5000 万元以上或根据国家收费标准估算审计基本费用在 20 万元以上以及其他依法需要实行招投标委托的建设项目,项目法人单位提出委托审计申请,部救捞局在《备选库》登记备案的社会审计组织中通过竞争性谈判方式确定受托人。

第十条 为明确职责,提高办事效率,规范建设项目委托审计工作,拟实施委托审计的建设项目,应按照以下程序办理:

(一)对全部自筹资金投资和列入固定资产投资计划概算、投资额在 3000 万元以下(含 3000 万元)的建设项目,实施委托审计的程序为:建设项目法人单位委托审计管理部门确定社会审计组织后,填写《救捞系统建设项目委托审计管理审批表》,报经本单位负责人批准后实施。建设项目法人单位应将审计(审核)报告报部救捞局审计处备案,并负责对审计(审核)报告中指出的问题进行落实整改。

(二)对列入固定资产投资计划概算、投资额在 3000 万元以上 5000 万元以下(不含 5000 万元)的建设项目,实施委托审计的程序为:建设项目法人单位向部救捞局提交书面申请和《救捞系统建设项目委托审计管理审批表》,部救捞局审计处在接到书面申请后 15 个工作日内确定社会审计组织,报主管局领导、局长审批后向建设项目法人单位下达委托审计通知书,协调跟踪审计全过程。项目法人单位负责对审计(审核)报告中指出的问题进行落实整改,并将整改情况报部救捞局。

(三)对列入固定资产投资计划、概算投资额在 5000 万元以上(含 5000 万元)或根据国家收费标准估算审计基本费用在 20 万元以上的建设项目,实施委托审计的程序为:建设项目法人单位向部救捞局提交书面申请、《救捞系统建设项目委托审计管理审批表》及项目从设立至竣工决算期间相关文件。部救捞局审计处在接到书面申请后 15 个工作日内提出建设项目委托审计竞争性谈判的申请,经主管局领导、局长审批后组织在《备选库》中登记备案的社会审计组织范围内实施竞争性谈判。确定受托人后,向建设项目法人单位下达委托审计通知书,协调跟踪审计全过程。项目法人单位负责按部局下达的审计决定进行整改,将整改情况报部救捞局。

对于部救捞局组织实施的委托审计项目,建设项目法人单位应积极配合部救捞局做好委托审计工作,部救捞局审计处应将审计(审核)报告报上级委托审计归口管理部门备案。

第十一条 委托人应当向受托人及时提供真实、完整的相关资料。

第十二条 委托审计费用在国家规定的收费标准范围内,由委托人与受托人协商确定。委托审计费用按照国家有关规定列支。

由建设项目法人单位与社会审计组织签订《审计业务约定书》的,建设项目法人单位直接支付审计费用；由部救捞局与社会审计组织签订《审计业务约定书》的，社会审计组织以书面形式向部救捞局提出支付审计费的申请，部救捞局审计处审核后报主管局领导、局长审批后，部救捞局向建设项目法人单位开具付款通知书，建设项目法人单位在收到付款通知书10个工作日内支付审计费用。

第十三条　委托人应在《审计业务约定书》中要求受托人在出具审计（审核）报告时，对审计（审核）的会计报表是否符合国家有关基本建设财务管理规定和会计制度做出明确表述。

第十四条　委托审计归口管理部门应及时审核并合理使用审计（审核）报告。必要时可组织力量对受托人的审计情况进行质量检查或复审。

第十五条　建设项目委托审计工作完成后，委托人应建立建设项目委托审计档案。档案主要包括《救捞系统建设项目委托审计管理审批表》、委托审计招投标资料、《社会审计组织资质备案表》、《审计业务约定书》、审计（审核）报告及相关资料等。

第十六条　受托人未按《审计业务约定书》实施审计或提供审计（审核）报告时，委托人应要求其补充相关资料或者重新审计。

第十七条　受托人提供的审计（审核）报告严重失实、审计结论意见不准确，且拒绝进行重新审计或纠正的，委托人应终止委托审计业务，停止支付审计费用。

第十八条　对存在以下问题的社会审计组织，部救捞局及所属单位应按以下要求进行处理，并在系统内部予以通报：

（一）未按《审计业务约定书》的要求实施审计或提供审计（审核）报告、审计工作不规范、审计结论避重就轻，且拒绝纠正的，一年内不得委托其从事审计业务；

（二）提供的审计（审核）报告存在严重失实、结论意见不准确，且拒绝进行重新审计或纠正的，两年内不得委托其从事审计业务；

（三）存在未披露应当披露的重大财务事项等重大错漏的，三年内不得委托其从事审计业务；

（四）有关部门在事后检查中发现审计（审核）报告未真实、客观反映情况或揭露问题，给救捞系统或交通运输行业造成损失和不良影响的，五年内不得委托其从事审计业务；

（五）有弄虚作假、串通作弊、泄露秘密等重大违法行为，以及通过不正当手段取得委托审计业务的，不得再次委托其从事审计业务。

凡有以上情况的社会审计组织，在其不得从事救捞系统委托审计业务期间，取消其《备选库》资格。

第十九条　委托人不按本办法规定实施委托审计的，上级委托审计归口管理部门应责令其改正，并责成重新实施审计。

第二十条　参与救捞系统建设项目委托审计管理工作的人员滥用职权、徇私舞弊、玩忽职守或泄露国家秘密、商业秘密的，依法给予处分；构成犯罪的，依法追究刑事责任。

第二十一条　建设项目法人单位有内审部门的，应在其职责范围内适当安排对建设项目的内部审计。

第二十二条　国家审计机关、上级审计机构和各单位审计部门已纳入审计计划并进行审计的建设项目，原则上不再委托社会审计组织审计。

第二十三条　本办法由部救捞局负责解释。

第二十四条　本办法自2009年1月1日起施行。